Die Zusammenarbeit und Koordination internationaler Organisationen auf dem Gebiet von Handel und Entwicklung am Beispiel der *Least Developed Countries*

Europäische Hochschulschriften
Publications Universitaires Européennes
European University Studies

Reihe II
Rechtswissenschaft

Série II Series II
Droit
Law

Bd./Vol. 4299

PETER LANG
Frankfurt am Main · Berlin · Bern · Bruxelles · New York · Oxford · Wien

Annett Löser

Die Zusammenarbeit und Koordination internationaler Organisationen auf dem Gebiet von Handel und Entwicklung am Beispiel der *Least Developed Countries*

PETER LANG
Europäischer Verlag der Wissenschaften

Bibliografische Information Der Deutschen Bibliothek
Die Deutsche Bibliothek verzeichnet diese Publikation in der Deutschen Nationalbibliografie; detaillierte bibliografische Daten sind im Internet über <http://dnb.ddb.de> abrufbar.

Zugl.: Leipzig, Univ., Diss., 2004

15
ISSN 0531-7312
ISBN 3-631-53965-7

www.peterlang.de

Danksagung

Die vorliegende Arbeit hat mich vier Jahre meines Lebens begleitet. Ich habe in dieser Zeit nicht nur fachlich sehr viel dazu gelernt, sondern bin sehr froh über die Freunde und Kollegen, die ich während dieser Zeit und auch im Rahmen meiner Auslandsaufenthalte in New York und Brüssel kennen und schätzen gelernt habe. Dass ich die Arbeit trotz meines Berufsstarts im Oktober 2001 fertigstellen konnte, verdanke ich auch diesen Erfahrungen und den Menschen, die mich durch diese Zeit begleitet haben. Ich bin sehr dankbar dafür, dass ich durch ein Landesstipendium des Freistaates Sachsen sowie ein Auslandsstipendium des Deutschen Akademischen Austauschdienstes die für mich sehr wertvollen Auslandserfahrungen sammeln konnte.

Besonderer Dank gilt meinem Doktorvater Prof. Dr. Rudolf Geiger insbesondere dafür, dass er daran geglaubt und mich trotz einiger Rückschläge darin bestärkt hat, dass ich diese umfangreiche Arbeit mit einem interdisziplinären Herangehen bewältigen kann. Bedanken möchte ich mich bei den Mitarbeitern der Dag Hammarskjöld-Bibliothek der Vereinten Nationen in New York, die mich bei der Dokumentenrecherche unterstützt haben sowie bei den Mitarbeitern der Deutschen Bücherei Leipzig und der Bibliothek des Bundesministeriums für Wirtschaft und Arbeit in Berlin.

Besonderer Dank gilt zudem meiner Schwester Anja Löser-Golm für die umfangreiche Durchsicht der Arbeit und die Unterstützung in „Krisenzeiten“ sowie meinem Vater Dr. Lothar Löser für die wertvollen Hinweise und Anregungen. Bedanken möchte ich mich sehr bei meinen Freundinnen, Freunden und Kollegen Stefanie Rübbert, Anne-Kathrin Röthemeyer, Dr. Frank Selbmann und anderen für die vielen Hinweise, Anmerkungen und Diskussionen und nicht zuletzt die Motivation für das Durchhalten in den letzten Jahren.

Nicht zuletzt danke ich meinen Eltern dafür, dass sie immer für mich da waren.

Die Arbeit ist bereits umfangreich und so habe ich beschlossen, auf weitere Ergänzungen zu verzichten, denn wie ich kürzlich im Vorwort eines Buches von Reinhard Rode gelesen habe, gibt es nur zwei Typen von Büchern: perfekte und fertig gewordene.

Berlin, 23. Juli 2003 Annett Löser

Inhaltsverzeichnis

Abkürzungsverzeichnis

ACABQ	Advisory Committee on Administrative and Budgetary Questions (Beratender Ausschuss für Verwaltungs- und Haushaltsfragen)
ACC	Administrative Committee on Co-ordination (Verwaltungsausschuss für Koordinierung, vgl. CEB)
AfDB	African Development Bank (Afrikanische Entwicklungsbank)
AIDS	Acquired Immune Deficiency Syndrome (Erworbenes Immundefektsyndrom)
AKP/ACP	Gruppe afrikanischer, karibischer und pazifischer Staaten
ALA	Staaten in Asien und Lateinamerika
APQLI	Augmented Physical Quality of Life Index
ASEAN	Association of Southeast Asian Nations
ASYCUDA	Programme on customs reform and automation (UNCTAD)
AU	African Union (Afrikanische Union)
BIP	Bruttoinlandsprodukt
BMZ	Bundesministerium für wirtschaftliche Zusammenarbeit und Entwicklung
BSP	Bruttosozialprodukt
BWIs	Bretton-Woods-Institutionen (Weltbank und IMF)
CAS	Country Assistance Strategy (Weltbank)
CARICOM	Caribbean Community and Common Market
CARTAC	Caribbean Regional Technical Assistance Center
CBI	Cross-Border Initiative
CCA	Common Country Assessment
CCF	Country Cooperation Framework (UNDP)
CCRR	Common Country Review Report
CDF	Comprehensive Development Framework
CDP	Committee for Development Planning (Ausschuss für Entwicklungsplanung), wurde umbenannt in Committee for Development Policy (Ausschuss für Entwicklungspolitik)
CEB	United Nations System Chief Executives Board for Coordination (vormals ACC)
CFC	Common Fund for Commodities (Gemeinsamer Rohstofffonds)
CFF	Compensatory Financing Facility (IMF)
CGCED	Caribbean Group for Cooperation in Economic Development
COMESA	Common Market for Eastern and Southern Africa,
COMTD	Committee on Trade and Development (WTO)
CPC	Committee for Programme and Coordination (Programm- und Koordinierungsausschuss)
CSP	Country Strategy Papers
CSS	Country Support Strategy (EG)
CWTO	Board's Committee on the WTO
DAC	Development Assistance Committee (OECD)
DC	Development Committee

DCD	Development Co-operation Directorate (OECD/DAC)
DDAGTF	Doha Development Agenda Trust Funds
DESA	Department of Economic and Social Affairs (UN)
DGAACS	Department of General Assembly Affairs and Conference Services (UN)
DMFAS	Debt Management and Financial Analysis System (UNCTAD)
DSB	Dispute Settlement Body (WTO)
EBA	Everything but Arms Initiative (EG)
EC	European Commission (Europäische Kommission)
ECA	Economic Commission for Africa (Wirtschaftskommission für Afrika)
EC-ESA	Executive Committee on Economic and Social Affairs (UN)
ECHO	Amt für Humanitäre Hilfe (Humanitarian Office), (EG-Kommission)
ECLAC	Economic Commission for Latin America and the Caribbean (Wirtschaftskommission für Lateinamerika und die Karibik)
ECOFIN	Generaldirektion Wirtschaft und Finanzen (EG-Kommission)
ECOSOC	Economic and Social Council (Wirtschafts- und Sozialrat)
ECOWAS	Economic Community of West African States
EDI	Economic Diversification Index
EEF	Europäischer Entwicklungsfonds
EFF	Extended Fund Facility (IMF)
EG	Europäische Gemeinschaft
EIB	Europäische Investitionsbank
EL	Entwicklungsland/ Entwicklungsländer
EPTA	Expanded Programme of Technical Assistance (Erweitertes Technisches Hilfsprogramm)
ESAF	Enhanced Structural Adjustment Facility (IMF)
ESCAP	Economic and Social Commission for Asia and the Pacific (Wirtschafts- und Sozialkommission für Asien und den Pazifik)
ESCWA	Economic and Social Commission for Western Asia
EU	European Union (Europäische Union)
EZ	Entwicklungszusammenarbeit
FAO	Food and Agriculture Organization of the United Nations (Ernährungs- und Landwirtschaftsorganisation der Vereinten Nationen)
FfD	Financing for Development
FDI	Foreign Direct Investment/ ausländische Direktinvestitionen
FSAP	Financial Sector Assessment Programme
FSF	Forum für Finanzstabilität
FSLC	Financial Sector Liaison Committee
GA	General Assembly, Generalversammlung der UN
GASP	Gemeinsame Außen- und Sicherheitspolitik
GATS	General Agreement on Trade in Services
GATT	General Agreement on Tariffs and Trade (Allgemeines Zoll- und Handelsabkommen)
GCF	Global Cooperation Framework (UNDP)
GD	Generaldirektion (EG-Kommission)
GDP	Gross domestic product (Bruttoinlandsprodukt)
GNP	Gross National Product
GSP	Generalized System of Preference (Allgemeines Präferenzsystem)

GEP	Global Economic Prospects (Weltbank)
GS	Generalsekretär der UN (Secretary General)
G7	Gruppe der 7
G77	Gruppe der 77
G10	Gruppe der 10
G24	Gruppe der 24
HIPC	Heavily Indebted Poor Country Debt Reduction Initiative
HIV/AIDS	Human immunodeficiency virus/ acquired immune deficiency syndrome
HDR	Human Development Report (Bericht über die menschliche Entwicklung) (UNDP)
HLCM	High-Level Committee on Management (CEB)
HLCP	High-Level Committee on Programmes (CEB)
IAEA	International Atomic Energy Agency (Internationale Atomenergie-Organisation)
IAWG	Inter-Agency Working Group (Integrated Framwork)
IBRD	International Bank for Reconstruction and Development (Internationale Bank für Wiederaufbau und Entwicklung/ Weltbank)
ICAO	International Civil Aviation Organization (Internationale Zivilluftfahrtorganisation)
ICFD	International Conference on Financing for Development
ICJ	International Court of Justice (Internationaler Gerichtshof)
ICSC	International Civil Service Commission
ICT	Information and Communications Technology
IDA	International Development Agency (Internationale Entwicklungsorganisation)
IDB	Inter-American Development Bank
IDS	International Development Stategy (Internationale Entwicklungsstrategie)
IFAD	International Fund for Agricultural Development (Internationaler Fonds für landwirtschaftliche Entwicklung)
IFC	International Finance Corporation (Internationale Finanz-Corporation)
IGH	International Court of Justice (Internationaler Gerichtshof)
ILO	International Labour Organization (Internationale Arbeitsorganisation)
IMF	International Monetary Fund (Internationaler Währungsfonds)
IMFC	International Monetary and Financial Committee (IMF)
IMIS	Integrated Management Information System
IMO	International Maritime Organization (Internationale Seeschifffahrtsorganisation)
INSTRAW	International Research and Training Institute for the Advancement of Women
IPC	Integrated Programme for Commodities (Integriertes Rohstoffprogramm)
IPF	Indicative Planning Figure (UNDP)
ITC	International Trade Centre UNCTAD/WTO (Internationales Handelszentrum)
IFTF	Integrated Framework Trust Fund
ITO	International Trade Organization
ITU	International Telecommunication Union (Internationale Fernmeldeunion)
JAG	Joint Advisory Group on the International Trade Centre UNCTAD/WTO
JCGP	Joint Consultative Group on Policy

JIU	Joint Inspection Unit (Gemeinsame Inspektionsgruppe, UN)
JSA	Joint Staff Assessment
LDCs	Least Developed Countries (am wenigsten entwickelte Länder)
LDC III	Third United Nations Conference on Least Developed Countries
MED	Mediterranean countries
MERCOSUR	Southern Common Market (Gemeinsamer Markt des Südens, Argentinien, Brasilien, Paraguay und Uruguay)
MFA	Multi-fiber Agreement
MFN	Most favored nation
MIGA	Multilateral Investment Guarantee Agency (Multilaterale Investitions-Garantie-Agentur)
MOU	Memorandum of Understanding
MTP	Medium-Term Plan
NEPAD	New Partnership for African Development (Neue Partnerschaft für die Entwicklung Afrikas)
NGO	Non-governmental organization (Nichtregierungsorganisation)
NTB	Non-tariff barriers (nichttarifäre Handelshemmnisse)
NWWO	Neue internationale Weltwirtschaftsordnung
OAU	Organization for African Unity (Organisation für Afrikanische Einheit)
ODA	Official Development Assistance (öffentliche Entwicklungshilfe)
ODCCP	United Nations Office for Drug Control and Crime Prevention
ODS	Office of Development Studies (UNDP)
OECD	Organisation for Economic Co-operation and Development (Organisation für Wirtschaftliche Zusammenarbeit und Entwicklung)
OECD/DAC	Development Assistance Committee (OECD)
OIOS	Office of Internal Oversight Services (Amt für Interne Aufsichtsdienste)
OLA	Office of Legal Affairs (Amt für Rechtsangelegenheiten)
OPEC	Organisation Erdöl exportierender Staaten
OP/BP	Operational Policy/ Bank Procedures (Weltbank)
OSCAL	Office of the Special Coordinator for Africa and the Least Developed Countries (UN)
PRS	Poverty Reduction Strategy
PRSC	Poverty Reduction Support Credit
PRSP	Poverty Reduction Strategy Paper
PRGF	Poverty Reduction and Growth Facility (IMF)
QUAD	Zur Gruppe der Quad-Länder gehören die EU, die USA, Japan und Kanada

RBB	Results-based budgeting
RCF	Regional Cooperation Framework (UNDP)
RBA	Regional Bureau for Africa (UNDP)
RELEX	Generaldirektion Außenbeziehungen (EG-Kommission)
REPA	regionales Wirtschaftspartnerschaftsabkommen
RGW	Rat für gegenseitige Wirtschaftshilfe
ROAR	results-oriented annual report (Ergebnis orientierter Jahresbericht)
SAF	Strucural Adjustment Facility (Strukturanpassungsfazilität, IMF)
SAL	Structural Adjustment Lending
SAP	Structural Adjustment Programm (Strukturanpassungsprogramm)
SAPRI	Structural Adjustment Participatory Review Initiative
SAPRIN	Structural Adjustment Participatory Review International Network
SADC	Southern African Development Community
S&D	Special and differential treatment
SDR	Special Drawing Rights
SDRM	Sovereign Debt Restructuring Mechanism
SG	Secretary General (UN-Generalsekretär)
SNPA	Substantial New Programme of Action (UN)
SPA	Special Programmes of Assistance for Africa, nunmehr: Strategic Partnership for Africa
SPS	Agreement on the Application of Sanitary and Phytosanitary Measures
SSA	Sub-Saharan Africa
STABEX	Stabilisierung der Exporterlöse für Agrarerzeugnisse (EG)
SURFs	Subregional Resource Facilities (UNDP)
SYSMIN	Stabilisierung der mineralischen Exporterlöse (EG)
S 21	Das 21. Jahrhundert gestalten: Beitrag der EZ, Strategie des OECD/DAC
TA	Technical Assistance (technische Hilfe)
TAMC	Technical Assistance Management Committee (WTO)
TBT	Technical Barriers to Trade Agreement
TCAP	Technical Cooperation Action Plan
TDB	Trade and Development Board (Rat für Handel und Entwicklung der UNCTAD)
TNC	Trade Negotiating Committee (WTO)
TNU	Transnationale Unternehmen
TPRM	Trade Policy Review Mechanism
TRI	Trade Restrictiveness Index
TRIPS	Trade-Related Intellectual Property Rights
UN	United Nations (Vereinte Nationen)
UNAIDS	United Antions Programme on HIV/AIDS (Programm der Vereinten Nationen gegen HIV/AIDS)
UNCDF	United Nations Capital Development Funds (Kapitalentwicklungsfonds der Vereinten Nationen)
UNCHS	United Nations Centre for Human Settlements (Habitat)
UNCITRAL	United Nations Commission on International Trade Law (Kommission der Vereinten Nationen für internationals Handeslrecht)

UNCTAD	United Nations Conference on Trade and Development (Handels- und Entwicklungskonferenz der Vereinten Nationen)
UNDAF	United Nations Development Assistance Framework
UNDG	United Nations Development Group
UNDP	United Nations Development Programme (Entwicklungsprogramm der Vereinten Nationen)
UNDPI	United Nations Department of Public Information
UNEP	United Nations Environment Programme (Umweltprogramm der Vereinten Nationen)
UNESCO	Uniited Nations Educational, Scientific and Cultural Organization (Organisation der Vereinten Nationen für Erziehung, Wissenschaft und Kultur)
UNFPA	United Nations Fund for Population Activities (Bevölkerungsfonds der Vereinten Nationen)
UN-HABITAT	United Nations Human Settlements Programme (Nachfolger der Commission on Human Settlements)
UNHCR	Office of the United Nations High Commissioner for Refugees (Amt des Hohen Kommissars der Vereinten Nationen für Flüchtlinge)
UNICEF	United Nations International Children's Fund (Kinderhilfswerk)
UNIDO	United Nations Industrial Development Organization (Organisation der Vereinten Nationen für industrielle Entwicklung)
UNIFEM	United Nations Development Fund for Women (Entwicklungsfonds der Vereinten Nationen für Frauen)
UN-NADAF	United Nations New Agenda for the Development of Africa in the 1990s
UNO	United Nations Organization (Organisation der Vereinten Nationen)
UNOG	United Nations Office at Geneva (Büro der Vereinten Nationen in Genf)
UNON	United Nations Office at Nairobi (Büro der Vereinten Nationen in Nairobi)
UNOPS	United Nations Office for Project Services
UNOV	United Nations Office at Vienna (Büro der Vereinten Nationen in Wien)
UNPAAERD	United Nations Programme of Action for African Economic Recovery and Development
UNRISD	United Nations Research Institute for Social Development
UNTS	United Nations Treaty Series
UNU	United Nations University
UNV	United Nations Volunteers (Entwicklungshelferprogramm der Vereinten Nationen)
UPU	Universal Postal Union (Weltpostverein)
ÜLG	überseeische Länder und Gebiete (EG)

WCO	World Customs Organization
WDR	World Development Report (Weltentwicklungsbericht)
WEO	World Economic Outlook (IMF)
WFP	World Food Programme (Welternährungsprogramm)
WHO	World Health Organization (Weltgesundheitsorganisation)
WTO	World Trade Organization (Welthandelsorganisation)
WIPO	World Intellectual Property Organization (Weltorganisation für geistiges Eigentum)

Teil 1. Zielstellung der Arbeit und Begriffserläuterungen

Zielstellung der Arbeit

Die Globalisierung stellt die Entwicklungsländer (EL) vor enorme Herausforderungen. Mit dem Begriff der Globalisierung werden Tendenzen einer zunehmenden weltweiten wirtschaftlichen, politischen und kulturellen Verflechtung beschrieben, die weitreichende Veränderungen der Rahmenbedingungen nationaler wie internationaler Politik zur Folge haben.[1] Eine Auswirkung ist das Verschwinden von Nationalgrenzen, nicht nur in Bezug auf Handel, Kapital und Informationen, sondern auch in Bezug auf Ideen, kulturelle Normen und Werte. Multinationale Unternehmen agieren zunehmend global.[2] Im Zuge der Globalisierung sind das Welthandelsvolumen sowie der Kapital- und Devisenverkehr schnell angestiegen, die internationale Kapitalverflechtung hat zugenommen. Die Globalisierung des Handels manifestiert sich unter anderem darin, dass der Austausch von Gütern und Dienstleistungen von 1981-1990 um 4,7 % und 1991-2000 um 6,1 % wuchs, das Welt-BIP dagegen nur um 3,4 (1981-1990) und 3,1 % (1991-2000). Damit war das Wachstum des Welthandels in den 1990er Jahren fast doppelt so groß wie jenes der Weltwirtschaft. Die rapide Expansion der transnationalen Unternehmen hat dazu geführt, dass der Anteil des Intra-Firmen-Handels am gesamten Welthandel mittlerweile ein Drittel beträgt.[3] Anzumerken ist dabei, dass etwa 60-80 % des Welthandels, des Kapitalverkehrs und der Auslandsinvestitionen von Transnationalen Unternehmen (TNU) zwischen den Industrieländern Europas, Nordamerikas und Japans sowie einigen wenigen Schwellenländern wie Mexiko und Südkorea verlaufen. Da fast alle dieser Staaten Mitglieder der Organisation für Wirtschaftliche Zusammenarbeit und Entwicklung (OECD) sind, ist die Globalisierung der Weltwirtschaft de facto eine „OECD-isierung plus", wobei sich das plus auf die wenigen Nicht-OECD-Mitglieder wie die aufsteigenden Märkte bezieht. Die meisten Staaten der Welt und ganze Kontinente wie Afrika sind nicht oder kaum inte griert.[4]

Dem entspricht auch, dass die enormen globalen Gewinne, die durch den Fortschritt im Rahmen des „General Agreement on Tariffs and Trade" (GATT) und die Welthandelsorganisation (WTO) bislang erzielt werden konnten, unterschiedlich verteilt sind. Ein Teil der EL und insbesondere die „am wenigsten entwickelten Länder" („Least developed countries", LDCs) haben bisher von der Globalisierung, d.h. der Liberalisierung der Märkte, des sprunghaft gewachsenen Handels und der

---

[1] Vgl. Windfuhr, Michael: Globalisierung, in: Lexikon Dritte Welt, Nohlen, Dieter (Hrsg.), Reinbeck bei Hamburg: Rowohlt, 2002, S. 332-338, S. 332.
[2] Vgl. ähnlich UNDP: Bericht über die menschliche Entwicklung, UNDP 1999, Kapitel 1, S. 29f.
[3] Vgl. Schirm, Klaus Stefan A.: Global Economic Governance? Globalisierung, Staat und Prävention weltwirtschaftlicher Krisen, in: Stabilität und Kooperation: Aufgaben internationaler Ordnungspolitik, van Scherpenberg, Jens/ Schmidt, Peter (Hrsg.), Baden-Baden: Nomos, 2000, S. 377-392, S. 380.
[4] Vgl. Schirm, Klaus Stefan: ebenda, S. 380.

Finanzströme nicht profitiert und sind weiter marginalisiert worden. So konnten die EL zwar ihren Anteil am Welthandel seit 1973 ausweiten, 1997 betrug er etwa 28 %, jedoch sank der Anteil von Afrika südlich der Sahara am Welthandel auf 1,4 % gegenüber 2,3 % 1980 und 1,6 % 1990.[5]

Auch der Zugang zu Kapital ist ein wesentlicher Faktor für Entwicklung. Die Mehrheit der EL hat nach wie vor nur einen sehr geringen Zugang zu Privatkapital und ist abhängig von Entwicklungshilfegeldern, während sie mit Problemen wie Armut, einem niedrigen sozialen Entwicklungsstand, Umweltzerstörung und in einigen Fällen politischer Instabilität zu kämpfen haben. Für 1996 wurde geschätzt, dass Auslandsinvestitionen in Asien bei etwa US$ 48 Billionen lagen, dagegen aber nur bei US$ 2,6 Billionen in Afrika südlich der Sahara.[6] Allein im Jahre 1998 flossen gut US$ 200 Milliarden an Zins- und Tilgungszahlungen aus den Ländern des Südens in den Norden. Die Gesamtschulden der Dritten Welt beliefen sich im Jahre 2000 auf mehr als US$ 1,95 Billionen.[7]

Diese und andere Faktoren haben zu wachsenden Einkommensunterschieden zwischen entwickelten Ländern und EL – insbesondere den LDCs – beigetragen. Wenn man die derzeitige Situation der Menschen in LDCs in Zahlen ausdrücken will, bedeutet dies z.B. dass das ärmste Fünftel der Weltbevölkerung nur noch einen Anteil von einem Prozent am Welteinkommen hat, während das reichste Fünftel sich eines Anteils von 86 Prozent erfreuen kann. Das Pro-Kopf-Einkommensgefälle zwischen der „OECD-Welt“ und der sog. „Vierten Welt“, den am wenigsten entwickelten Ländern, deren Mehrheit im Afrika südlich der Sahara liegt, hat sich auf ein Verhältnis von 123:1 verschlechtert. In Afrika südlich der Sahara und anderen „am wenigsten entwickelten Ländern“ sind die Pro-Kopf-Einkommen heute geringer als 1970.[8] Dagegen, stieg nach Zahlen des UNDP das Nettovermögen der 200 reichsten Menschen der Welt von US$ 440 Billionen auf mehr als US$ 1 Trillion in nur vier Jahren von 1994 bis 1998. Die Vermögen der drei reichsten Menschen sind größer als das Bruttosozialprodukt der 1999 als solche anerkannten 48 (2003:49) am wenigsten entwickelten Länder zusammen.[9] Als weitere Vergleichszahl für die ungleiche Verteilung der Entwicklungschancen zwischen Nord und Süd wird angeführt, dass während das reichste Fünftel über 93 Prozent der Internet-Anschlüsse verfüge, dem ärmsten Fünftel nur 0,2 Prozent verbleibe, was gravierend sei, ist doch der Zugang zu Wissen für Entwicklungschancen in der globalisierten Welt nicht minder wichtig als der Zugang zu Güter- und Kapitalmärkten.[10]

---

[5] Zahlen nach: BT-Drs. 14/6496 vom 7. Juni 2001: Elfter Bericht zur Entwicklungspolitik der Bundesregierung, S. 15.
[6] Vgl. Dokument A/51/950, Ziff. 146.
[7] Vgl. Deen, Thalif: Globalisierung 2000 (II): Dritte Welt auf dem Rückzug, Die neue Machtverteilung in den Vereinten Nationen, in: VN 1/2000, S. 6-11, S. 8.
[8] Vgl. Nuscheler, Franz in: Der Süden muss nicht untergehen, Süddeutsche Zeitung Nr. 25230/31. Oktober/ 1. November 1999, Feuilletonbeilage, S. I.
[9] Vgl. UNDP: Bericht über die menschliche Entwicklung, UNDP 1999, S. 37.
[10] Vgl. Nuscheler, Franz: ebenda.

Die Globalisierung ist jedoch nicht wie eine Naturgewalt über die Volkswirtschaften hereingebrochen, sondern durch ein historisch gewachsenes Netz nationaler Gesetze, bilateraler Verträge und internationaler Regimes möglich geworden. Wie bereits ausgeführt, gestattet dies die Bewegung von Gütern, Dienstleistungen, Kapital – und von Menschen, über Landesgrenzen hinweg. In dieser Entwicklung steckt ein bekannter Spielraum nationaler Souveränität: Ein Staat kann mit anderen Staaten Verträge schließen, wenn sie ihm vorteilhaft erscheinen. Er kann die Verträge aufkündigen oder sogar brechen, wenn die Kosten zu hoch werden.[11] Er kann aber auch internationale Organisationen gründen oder bestehenden Organisationen Aufgaben übertragen, wenn ihm dies bei der Problemlösung vorteilhaft erscheint.

Vor diesem Hintergrund will die vorliegende Arbeit die Zusammenarbeit und Koordination internationaler Organisationen untersuchen. Es soll um die im Bereich des Handels tätigen Organisationen gehen. Dabei soll der Frage nachgegangen werden, ob und wie diese im Interesse der EL tätig werden sowie ob und wie sie zusammenarbeiten, um den „Entwicklungsprozess" der „am wenigsten entwickelten Länder" voranzubringen. Auf internationaler Ebene arbeiten grundsätzlich Staaten in vielerlei Hinsicht zur Lösung internationaler Probleme zusammen. Die Zusammenarbeit internationaler Organisationen, d.h. die Zusammenarbeit der von Staaten errichteten, beschränkten (gekorenen), selbständigen internationalen Völkerrechtssubjekte, stellt damit einen Ausschnitt oder Teilbereich der internationalen Zusammenarbeit dar, mit der Besonderheit, dass hier von den Staaten verschiedene Völkerrechtssubjekte handeln.

Im Bereich von Handel und Entwicklung ist auf der zwischenstaatlichen Ebene eine Vielzahl von internationalen Organisationen tätig. Nach dem Ende des zweiten Weltkrieges sind 1945 die Vereinten Nationen („United Nations", UN) sowie die Weltbank und der Internationale Währungsfonds („International Monetary Fund", IMF) gegründet worden. Letztere werden nach ihrem Gründungsort auch als Bretton-Woods-Institutionen (BWIs) bezeichnet. Zudem wurde das „General Agreement on Tariffs and Trade" (GATT) in Kraft gesetzt. Zwischen 1955 und 1966 kam es zu einer weiteren Gründungswelle multilateraler Wirtschaftsorganisationen, wobei sich diese neuen Organisationen zumeist ausschließlich mit den wirtschaftlichen Interessen und Bedürfnissen der Entwicklungsländer befassen. Zur Weltbank kamen die „Internationale Finanz Corporation" (IFC, 1955) sowie die „International Development Association" (IDA, 1960) dazu. Daneben machte die im Zuge des Entkolonialisierungsprozesses entstandene Mehrheit der EL in der Generalversammlung („General Assembly", GA) die Gründung der „United Nations Conference on Trade and Development" (UNCTAD, 1964), des „United Nations Development Programme" (UNDP, 1965) und der „United Nations Industrial Development Organisation" (UNIDO, 1966) möglich, in denen die EL nach dem Prinzip des „Ein-Land-eine-Stimme" ebenfalls eine Mehrheit haben. Somit wurde in den 1960er Jahren eine Art Gegensystem zum System der Bretton-Woods-

[11] Vgl. Fischermann, Thomas: Der Staat bleibt stark: Eine Kritik der Globalisierungskritik, Die Zeit, Nr. 30 vom 19. Juli 2001, S. 1.

Institutionen errichtet. Schließlich ist 1995 durch Gründung der Welthandelsorganisation („World Trade Organization", WTO) eine neue rechtlich selbständige Organisation entstanden, die die Handelsbeziehungen ihrer Mitgliedstaaten grundlegend beeinflusst. Angesichts der Vielzahl solcher Organisationen soll analysiert werden, ob die institutionellen Voraussetzungen für die Entwicklungszusammenarbeit und die Förderung des Handels in den Entwicklungsländern ausreichend und effektiv sind.

Diese Fragen stellen sich zum einen für den Bereich der Politikkoordination. Die Gründung der WTO unter Einbeziehung des GATT als einer Wirtschaftsorganisation außerhalb der UN lässt in diesem Zusammenhang die Frage aufkommen, inwieweit die UN neben den Bretton-Woods-Institutionen und der neu gegründeten WTO, der Gruppe der 7 (G7) und der OECD Einfluss auf makroökonomischer Ebene haben. Kritiker machen geltend, dass den UN nur übrig bleibe, die sogenannten weichen wirtschaftlichen und sozialen Politikfragen wie Rezepte für Nachhaltigkeit, humanitäre Fragen usw. zu behandeln. Die UN seien letztendlich zum „rubber-stamp" für die Bretton-Woods-Institutionen oder für die Weltbank degradiert worden.[12] Seit Ende der 1990er Jahre scheinen sich die Beziehungen der UN zu den BWIs verändert zu haben. Diese Veränderungen sollen dargestellt und bewertet werden.

Die Fragen nach den institutionellen Voraussetzungen für eine Zusammenarbeit der bestehenden internationalen Organisationen stellen sich zum zweiten auch mit Blick auf den operativen Bereich. Seit Beginn der 1990er Jahre, insbesondere in den letzten Jahren, haben sich neue Mechanismen der Zusammenarbeit auf Länderebene etabliert. Diese sollen in die Untersuchung einbezogen werden. Zudem sollen weitere Gruppen von Staaten dargelegt und bewertet werden, die Einfluss auf die internationale Wirtschaftspolitik und die Beziehungen zu den EL haben.

Im Entwicklungsbereich sind neben zwischenstaatlichen Organisationen und sonstigen Gruppen eine ganze Anzahl von Nichtregierungsorganisationen („Non-governmental organizations", NGOs) tätig. Die vorliegende Arbeit beschränkt sich aber auf erstere, denn die Einbeziehung der Rolle der NGOs im Bereich von Handel und Entwicklung würde den Umfang dieser Arbeit sprengen.

Auf dem hier untersuchten Gebiet der Zusammenarbeit internationaler Organisationen, auf dem man die Lösung von Problemen eher der Wirtschafts- bzw. Politikwissenschaft aufgegeben sehen könnte, spielen auch rechtliche Probleme eine Rolle. Dies zeigt sich schon daran, dass die hier agierenden Akteure Staaten und internationale Organisationen sind, und Beziehungen zwischen diesen bzw. zwischen internationalen Organisationen untereinander durch völkerrechtliche Verträ-

[12] Vgl. kritisch der frühere GA-President Razali Ismail (Malaysia) in einer Rede während des hochrangigen Segmentes des ECOSOC in Genf, Press Release GA/9279, ECOSOC/5707 vom 3. Juli 1997.

ge, d.h. generell auf der Ebene des Völkerrechts geregelt werden.[13] Die Arbeit wird daher, ausgehend von einem völkerrechtswissenschaftlichen Standpunkt, auch interdisziplinäre, insbesondere volkswirtschaftliche und politikwissenschaftliche Überlegungen einbeziehen.

In dieser Arbeit kann nur ein Ausschnitt der komplexen Materie der Zusammenarbeit der internationaler Organisationen dargestellt werden. Sie wird sich auf Grund der Breite der Thematik auf den Bereich des internationalen Handels und der Handelsförderung beschränken. Jedoch werden ebenfalls Zusammenhänge zu anderen Aspekten einer Entwicklungsstrategie hergestellt. Ausschlaggebend für die Auswahl des Handelsbereichs war die immense Bedeutung, die der Handel für die EL haben kann.[14] Da auch der Bereich von Handel und Entwicklung sehr breit ist, soll das Thema insbesondere am Beispiel der „Least Developed Countries“ (LDCs) erörtert werden, in denen die wirtschaftlichen und sozialen Probleme am dringlichsten sind.

Die Arbeit gliedert sich in drei Teile. In einem ersten Teil erfolgt eine Erläuterung von für den Bereich von Handel und Entwicklung und die Koordination internationaler Organisationen wichtigen Begriffen. So wird analysiert, was Entwicklung ist, warum Handel notwendig aber nicht ausreichend für Entwicklung ist. Zudem werden die Begriffe Kooperation und Koordination erläutert und von den Begriffen Kohärenz und Kontrolle abgegrenzt.

Im zweiten, analytischen Teil werden die Aufgaben und Rechtsgrundlagen aller wesentlichen internationalen Organisationen und Staatengruppen dargestellt und deren Zusammenarbeit einschließlich der Rechtsgrundlagen zur Zusammenarbeit mit anderen Organisationen untersucht. Dieser Überblick schließt die Gründe für die Entstehung dieser Organisationen und deren Weiterentwicklung ein. Dieser Teil enthält eine Fülle von Literatur und kann so auch anderen Arbeiten als Grundlage für weitere Untersuchungen dienen.

Der dritte Teil wird sich mit den Ergebnissen von Kooperation und Koordination internationaler Organisationen im Bereich von Handel und Entwicklung befassen. In zwei Kapiteln werden Ergebnisse, Voraussetzungen und Schranken von Kooperation und Koordination jeweils auf der Politik- sowie auf der operativen Ebene dargelegt und untersucht. Zudem werden Möglichkeiten für eine Verbesserung von Kooperation und Koordination für beide Bereiche herausgearbeitet. Dieser Teil baut stark auf der Darstellung und Analyse des zweiten Teils auf.

Zunächst stellt sich die Frage, wie es zu „Entwicklung“ kommen kann, die für ein Land förderlich ist. Dafür ist als erstes die Frage zu klären, was Entwicklung überhaupt ist.

---

[13] Zum Begriff vgl. u.a. Volger, Helmut: Völkerrecht, in: Lexikon der Internationalen Politik, Albrecht, Ulrich/ Volger, Helmut, (Hrsg.), München, Wien: Oldenbourg, 1997, S. 540-543.
[14] Vgl. dazu Kapitel 2, Abschnitt 4.

Kapitel 1. Entwicklung, Entwicklungstheorie, Entwicklungspolitik

1. Der Begriff der Entwicklung

Nach Stiglitz bedeutet Entwicklung eine Transformation der Gesellschaft, ein Fortschreiten von traditionellen Wegen bei Umgang mit Fragen wie Gesundheit und Bildung, traditionellen Methoden der Produktion, hin zu moderneren Wegen. Die Änderung einer Gesellschaft sei nicht das Ziel an sich, sondern ein Mittel, andere Ziele zu erreichen. Die mit Entwicklung assoziierten Änderungen geben dem Einzelnen und der Gesellschaft mehr Kontrolle über sein/ ihr eigenes Schicksal. Entwicklung bereichert das Leben des Einzelnen durch Erweiterung seines Horizontes und Reduzierung des Gefühls der Isolation. Sie reduziert Elend, hervorgerufen durch Krankheit oder Armut, erhöht nicht nur die Lebenserwartung, sondern verbessert auch die Vitalität des Lebens.[15] Entwicklung bedeutet also Veränderung, wobei nicht ganz klar ist, wie genau diese auszusehen hat. Entwicklung wird allgemein mit Evolution und Fortschritt gleichgesetzt. Nahezu einig ist man sich auch darin, dass sie ein sehr komplexer, vielschichtiger Prozess ist, der nicht nur durch ökonomische Indikatoren wie das Pro-Kopf-Wachstum des Bruttosozialproduktes (BSP), sondern auch durch soziale, soziokulturelle und politische Indikatoren bestimmt werden muss.[16]

Die UN-Agenda für Entwicklung, die die Entwicklung als eine Hauptpriorität der Vereinten Nationen ansieht, definiert Entwicklung als eine multidimensionale Unternehmung, um eine höhere Lebensqualität für alle Menschen zu erreichen. Wirtschaftliche Entwicklung, soziale Entwicklung und Umweltschutz seien interdependent und sich gegenseitig verstärkende Komponenten einer nachhaltigen Entwicklung.[17] Nach Amartya Sen lässt sich Entwicklung als Prozess der Erweiterung realer Freiheiten verstehen, die den Menschen zukommen. Diese Konzentration auf menschliche Freiheiten kontrastiert mit engeren Auffassungen von Entwicklung, in denen Entwicklung mit dem Wachstum des Bruttosozialprodukts oder mit dem Anstieg des persönlichen Einkommens gleichgesetzt wird, bzw. mit Industrialisierung, technischem Fortschritt u.a.[18]

---

15 Vgl. Stiglitz, Joseph: Towards a New Paradigm for Development: Strategies, Policies, and Processes, Prebisch Lecture at UNCTAD, Genf, 19. Oktober 1998.

16 Soziale Indikatoren sind z.B. Lebenserwartung, Kindersterblichkeit, Ernährungslage und Alphabetisierungsrate; soziokulturelle Indikatoren umfassen u.a. gesellschaftliche Normen hinsichtlich der Gleichbehandlung von Geschlechtern, Gruppen oder Rassen, schließlich kann man unter politischen Indikatoren das Vorhandensein von Demokratie, d.h. der Teilhabe an politischen/gesellschaftlichen Entscheidungen oder politische Freiheit fassen, vgl. Wagner, Helmut: Wachstum und Entwicklung, München, Wien: Oldenbourg, 2. Auflage, 1997, S. 1.

17 Vgl. GA-Resolution 51/240 vom 20. Juni 1997, Annex: Agenda for Development, Ziff. 1, zur Agenda vgl. Teil 3, Kapitel 1, Abschnitt 1.2.1.

18 Vgl. Sen, Amartya: Ökonomie für den Menschen, München: Deutscher Taschenbuch Verlag, März 2002, S. 13.

Auf Gesellschaften bezogen hat das Wort „Entwicklung“ keine festgelegte, unabhängige Bedeutung, sondern seine Bedeutung wird immer in gesellschaftlichen Diskursen festgelegt. Allerdings legt das Wort immer einen Prozess im Sinne von Wachstum und Fortschritt nahe. Schon im Jahr 1949 legt der US-amerikanische Präsident Truman fest, wo die Debatte um Entwicklung geführt wird. Als er in einer Rede die nicht industrialisierten Gesellschaften der Länder im Süden der Welt als „unterentwickelt“ bezeichnete, setzte er damit voraus und legt gleichzeitig fest, dass Entwicklung etwas grundsätzlich Positives und Erstrebenswertes sei.

Die mit „Entwicklungsland“ bezeichneten Länder befinden sich in einer Situation, die häufig mit „Unterentwicklung“ beschrieben wird. Merkmale dieser „Unterentwicklung“ sind unter anderem geringes durchschnittliches Pro-Kopf-Einkommen, des Weiteren eine extrem ungleiche Einkommensverteilung, eine hohe Arbeitslosen- und Analphabetenquote, geringe Spar- und Investitionsrate, hohe Verschuldung, unzureichende Infrastruktur, geringer Anteil am Welthandel und außenwirtschaftliche Abhängigkeit von wenigen Exportprodukten (meist Rohstoffe), starkes Bevölkerungswachstum, unzureichende medizinische Versorgung, ein schwacher Staat, d.h. mangelnde staatliche Durchsetzungsfähigkeit und Korruption, soziale und politische Spannungen, z. T. diktatorische Regierungen sowie oft eine geographisch oder klimatisch ungünstige Lage.[19] Von den in 2002 bestehenden 193 Staaten werden 73 % EL, 17 % Industrieländer oder sog. entwickelte Länder und 10 % als sog. Transformationsländer[20] angesehen.[21]

Welcher Weg ist aber „der richtige“, um Entwicklung herbeizuführen und gibt es den „richtigen“ Weg überhaupt? Und wie soll das Ergebnis eines Entwicklungsprozesses aussehen? Die Diskussion um den Begriff der Entwicklung verdeutlicht zugleich die gesamte Problematik des Gegenstandes selber: der Diskussion über den Strukturwandel der EL. Sollen und müssen sie sich orientiert an der Entwicklung der Vorgängermodelle der industrialisierten Staaten verändern oder sind die Veränderungen eine Entwicklung sui generis?[22]

Nach Bellers ist Ziel der Entwicklung eine überlebensfähige Gesellschaft, die ihre Konflikte soweit eindämmt, dass sie nicht bestandsgefährdend werden, was auch

---

[19] Vgl. auch Andersen, Uwe: Entwicklungspolitik/-hilfe, in: Handwörterbuch Internationale Politik, Woyke, Wichard (Hrsg.), Opladen: Leske und Budrich, 8. Auflage, 2000, S. 79-89, S. 80f.

[20] In den internationalen Statistiken werden unter den Transformationsländern im engeren Sinne die ehemals sozialistischen Länder Asiens und Osteuropas aus dem früheren Sowjetunion verstanden. Häufig werden auch die Staaten des ehemaligen Rats für gegenseitige Wirtschaftshilfe (RGW, COMECON) als Transformationsstaaten bezeichnet, vgl. Nohlen, Dieter/ Schwehm, Johannes: Transitionsstaaten, in: Lexikon Dritte Welt, Nohlen, Dieter (Hrsg.), Reinbeck bei Hamburg: Rowohlt, 2002, S. 797f.

[21] Vgl. Hummer, Waldemar: Entwicklungsvölkerrecht, in: Lexikon Dritte Welt, Nohlen, Dieter (Hrsg.), Reinbeck bei Hamburg: Rowohlt, 2002, S. 261-264, S. 261.

[22] Vgl. Volger, Helmut: Entwicklungspolitik/ Entwicklungstheorien/ Entwicklungspolitik/ Entwicklungshilfe, in: Lexikon der Internationalen Politik, Albrecht, Ullrich/ Volger, Helmut (Hrsg.), München, Wien: Oldenbourg, 1997, S. 121-125, S. 121f.

zur Voraussetzung habe, dass Gerechtigkeitskriterien in der Verteilung des Produzierten Genüge getan wird.[23] Folgende Definition grenzt den Begriff der Entwicklung m.E. zutreffend ab:

„It is increasingly recognized that development means more than growth: growth is a necessary, but not sufficient, condition for development. However, neither development nor growth are necessarily synonymous with poverty alleviation...“[24]

Entwicklungszusammenarbeit bezweckt u.a. die Förderung der Wirtschaftsentwicklung und die Erhöhung der Wohlfahrt der Bevölkerung (vgl. auch Art. 55 UN-Charta). Das wichtigste UN-Entwicklungsziel strebt an, die Zahl der Menschen, die in extremer Armut leben, also von weniger als einem US-Dollar pro Tag leben müssen, bis zum Jahre 2015 zu halbieren. Weitere Entwicklungsziele sind von den Staaten und internationalen Organisationen aufgestellt und mehrfach bekräftigt worden.[25]

Der Begriff der Armut ist relativ. Er wird je nach Bezugsgröße unterschiedlich definiert. Mit absoluter Armut wird im allgemeinen eine Situation beschrieben, in der das Überleben ungewiss ist. Maßstab der Weltbank ist das Überleben von weniger als 1 US$ pro Tag, wobei die unterschiedliche Kaufkraft berücksichtigt wurde. Damit Armut wirklich messbar ist, müssen jedoch neben monetären Kriterien auch die Versorgung mit Trinkwasser, Lebensmitteln, Wohnraum sowie Gesundheits- und Bildungsdienstleistungen berücksichtigt werden. Dies versucht der Index für menschliche Entwicklung des „United Nations Development Programme“ (UNDP). Der Index ist in den Ländern Nord- und Westeuropas, Nordamerikas sowie in Japan, Australien und Neuseeland mit 0,9 bis 0,94 am höchsten, während die meisten Staaten Afrikas südlich der Sahara, Haiti sowie drei Länder Asiens mit einem Index von 0,26 bis 0,5 am schlechtesten abschneiden.[26]

Ausgehend vom Weltbank-Maßstab ist in den 90er Jahren des letzten Jahrhunderts extreme Armut nur langsam verringert worden. Der Anteil der Menschen, die von weniger als einem Dollar pro Tag leben müssen, fiel von 28 % in 1987 auf 23 % in 1998. Damit blieb die Anzahl der in extremer Armut lebenden Menschen auf Grund des Bevölkerungswachstums in etwa konstant. Ähnliche Trends zeichneten sich auch bei den Menschen ab, die von weniger als 2 Dollar pro Tag leben müssen. Dieser Schwellenwert (weniger als 2 $ pro Tag) ist eher relevant in Ländern

---

[23] Vgl. Bellers, Jürgen, Entwicklungspolitik in: Politikwissenschaft III, Internationale Politik, Tauras, Olaf/ Meyers, Reinhard/ Bellers, Jürgen (Hrsg.), Münster, Hamburg: Lit, 1994, S. 167-215, S. 175.

[24] Vgl. den Entwurf eines Berichtes des UN-Generalsekretärs: Implementation of the Declaration on International Economic Cooperation, in particular the Revitalization of Economic Growth and Development of the Developing Countries and the International Development Strategy for the Fourth United Nations Development Decade, vom 5. Oktober 1999, im Internet unter http://www.un.org/es/analysis/papers.htm, S. 31, Ziff. 79.

[25] Vgl. dazu Teil 2, Kapitel 1, Abschnitt 1.2.1.

[26] Der Index berechnet sich aus den drei Faktoren Lebenserwartung bei der Geburt, Alphabetisierungs- und Einschulungsquote sowie Pro-Kopf-Einkommen nach Kaufkraftparität, vgl. dazu die jährlichen Entwicklungsberichte des UNDP seit 1990.

mit mittlerem Einkommen wie in Ostasien oder Lateinamerika.[27] Die meisten der extrem Armen lebt in Südasien (43,5 % aller Armen) und in Afrika südlich der Sahara (24,3 %).[28]

Die weitere Frage, wie eine positive Entwicklung mit Blick auf Wirtschaftswachstum und Armutsreduzierung erfolgen kann, ist nicht einfach zu beantworten. Zur Analyse der Ursachen der bestehenden Entwicklungsdifferenzen und dem Aufzeigen von Wegen werden verschiedene Entwicklungstheorien genutzt. Diese werden im nächsten Abschnitt dargestellt.

2. Entwicklungstheorien

Entwicklungstheorien, die versuchen, die Ursachen von „Unterentwicklung" zu erklären und Lösungsansätze für die Überwindung dieser „Unterentwicklung" zu finden, geben oft nur für einige Probleme Erklärungen. Entwicklung ist ein sehr komplexer Prozess. Keine der Theorien kann Entwicklung umfassend und in ihrer Gesamtheit erklären. Auch die aus den Theorien entwickelten Lösungsansätze können nicht auf jedes Land und jede Entwicklungsstufe uneingeschränkt übertragen werden. Gemessen an den Erkenntnissen und Erfahrungen der vergangenen Jahrzehnte ist davon auszugehen, dass abseits der ideologischen Inanspruchnahme durch ihre Verfechter, jede der Theorien eine gewisse „Wahrheit" oder einen Teil für sich beanspruchen kann. Sowohl innere als auch äußere Faktoren eines Landes als auch die Entwicklungschancen des Einzelnen spielen eine Rolle im Entwicklungsprozess. Entwicklungstheorien sind immer auch davon abhängig, was als Ergebnis von Entwicklung angestrebt wird, in welche Richtung also der Entwicklungsprozess gehen soll. Auch das UN-System verfügte schon immer über Entwicklungstheorien, da die dort gebündelten verschiedenen Organisationen zwischenstaatliche Foren bilden und auch die Regierungen der Mitgliedstaaten dieser Organisationen in den Gremien dieser Organisationen oft nicht mit der gleichen Stimme sprechen.[29] Aus den verschiedenen Entwicklungstheorien haben im Laufe der Jahrzehnte auch die in dieser Arbeit dargestellten Organisationen ihre Handlungsoptionen abgeleitet. Zum Teil beeinflussen sie heute noch die entwicklungspolitische Diskussion. Im Folgenden soll daher ein Überblick über die wichtigsten Theorien gegeben werden.

2.1. Die Modernisierungs- und Industrialisierungstheorien

Die in den 50er Jahren des letzten Jahrhunderts entwickelten Formen der Modernisierungstheorie,[30] die im Wesentlichen bis Mitte der 1960er Jahre führend waren,

---

[27] Zu den Zahlenangaben vgl. Timmer, Hans: Prospects for Developing Countries and World Trade, in: Global Economic Prospects and the Developing Countries, World Bank, Washington, 2000, S. 1-47, S. 33f.

[28] Zahlenangaben nach: BT-Drs. 14/6496 vom 7. Juni 2001: Elfter Bericht zur Entwicklungspolitik der Bundesregierung, S. 6.

[29] Vgl. Kaul, Inge: Entwicklungstheorien und -strategien des UN-Systems in: Lexikon der Vereinten Nationen, Volger, Helmut (Hrsg.), München, Wien: Oldenbourg, 2000, S. 98-107, S. 98.

[30] Vgl. dazu ausführlich: Wolff, Jürgen H.: Entwicklungspolitik – Entwicklungsländer: Fakten – Erfahrungen – Lehren, München: Olzog, 2. Auflage, 1998, S. 285ff.

sind an einem klassischen Wachstumsbegriff orientiert, der eine rasche Entwicklung der industriellen Basis als Garanten von Modernisierung und Fortschritt betrachtete. Auf eine Kurzformel gebracht: „Wirtschaftswachstum durch Industrialisierung = Entwicklung".[31] Armut und Unterentwicklung wurden als Entwicklungsrückstand im Vergleich zu den Industrieländern verstanden (endogene Ursachen). Zur Überwindung dieses Rückstandes wurde eine Nachahmung des Entwicklungsweges der westlichen Industrieländer empfohlen. Entwicklungshilfe sollte den Aufbau moderner Industrien fördern und deren Anpassung an den Weltmarkt bewirken.[32] Ergebnis der Umsetzung dieser Theorie war das Streben nach der Schaffung einer Kopie der „entwickelten Länder". Auf dem Weg des Durchsickerns (sog. „Trickle Down"-Effekt) sollte nach und nach auch die breite Bevölkerung vom Wirtschaftswachstum profitieren. Zwar haben einige Staaten die „Aufholjagd" erfolgreich in Angriff genommen (asiatische „Tigerstaaten"), jedoch ist die Theorie auch wegen der überwiegend geringen Fortschritte vor allem in Afrika aber auch in anderen EL umstritten. Daneben trug auch die Krise der sogenannten Tigerstaaten in den 90er Jahren des letzten Jahrhunderts nicht zur Schlagkraft dieser Theorie bei. Es kommt eben nicht nur auf die inneren Bedingungen eines Staates an. Auch kann man nicht unabhängig von den politischen und sonstigen kulturellen und anderen gesellschaftlichen Bedingungen allein durch erfolgreiche Industrialisierung „Entwicklung" schaffen, denn diese muss von innen heraus wachsen und kann nicht von außen übergestülpt werden. Entwicklung ist ein multifaktorieller Prozess. Entwicklungsprojekte, wie sie auf der Basis dieser Theorie zur „nachholenden Entwicklung" bzw. Industrialisierung der EL vielfach durchgeführt wurden, sind in einen größeren politisch-wirtschaftlichen Zusammenhang im Entwicklungsland eingebunden, der sie fördern, neutralisieren oder zum Scheitern bringen kann. Daneben können auch positive Wirkungen derartiger Industrialisierungsprojekte durch eine verfehlte Wirtschaftspolitik des Entwicklungslandes, durch andere Staaten oder Staatengruppen oder durch ungünstige weltwirtschaftliche Rahmenbedingungen zum Scheitern gebracht werden.[33] Eine sogenannte „nachholende" Entwicklung dürfte sich auf Grund der anderen weltwirtschaftlichen, politischen und kulturellen Umstände aber auch der klimatischen Bedingungen nur schwer verwirklichen lassen. Zudem wäre die Konsequenz eine dadurch entstehende zusätzliche Umweltverschmutzung.

2.2. Die Dependenztheorien

Dependenztheorien[34] machen den Versuch, die komplexe sozioökonomische Situation innerhalb der EL in ihrer strukturellen Abhängigkeit von den Entwicklungsprozessen in den Industriestaaten genauer zu analysieren. Sie gehen unter anderem

---

[31] Vgl. Volger, Helmut: Entwicklungspolitik/ Entwicklungstheorien/ Entwicklungspolitik/ Entwicklungshilfe, in: Lexikon der Internationalen Politik, Albrecht, Ullrich/ Volger, Helmut (Hrsg.), München, Wien: Oldenbourg, 1997, S. 121-125, S. 123.

[32] Vgl. Lemke, Christiane, Internationale Beziehungen, Grundkonzepte, Theorien und Problemfelder, München Wien: Oldenbourg 2000, S. 69.

[33] Vgl. ähnlich Wolff, Jürgen H.: Entwicklungspolitik – Entwicklungsländer: Fakten – Erfahrungen – Lehren, München: Olzog, 2. Auflage, 1998, S. 194.

[34] Vgl. ausführlich Wolff, Jürgen H.: ebenda, S. 291ff.

davon aus, dass die Unterentwicklung statt primär aus den im Inneren eines Landes vorhandenen Entwicklungsdefiziten vielmehr aus der Struktur der Beziehungen von Industrieländern und EL abgeleitet wird. Damit gemeint sind die Wirkungen und Rahmenbedingungen des Weltmarktes, der den EL nur eine ungünstige Form der internationalen Arbeitsteilung gestatte. Diese Arbeitsteilung führe zu einer starken ökonomischen Abhängigkeit von den Industrieländern, einer finanziellen Ausbeutung und damit zu einem Entwicklungsstillstand in den EL. Ziel muss demnach sein, mehr Unabhängigkeit im Sinne von mehr Einfluss auf die Wirtschaftspolitik des eigenen Landes zu gewinnen, („Hilfe zur Selbsthilfe", Abbau der Abhängigkeit von Entwicklungshilfe, Erwirtschaftung von Erträgen zur Eigenfinanzierung, verstärkter Handel der EL untereinander).[35] Die von Anhängern dieser Theorie als Strategie empfohlene autozentrierte, binnenwirtschaftlich ausgerichtete Entwicklung wird verbunden mit dem Erfordernis einer zeitweiligen „Abkoppelung" vom Weltmarkt (sog. Strategie der Importsubstitution) und verstärktem Handel der EL untereinander.[36] Eine der Ausprägungen dieser Theorien ist die der Verschlechterung der „Terms of Trade". Im Kern heißt das, dass die „Realaustauschverhältnisse" des Außenhandels der EL sich langfristig zu ihren Ungunsten verschoben haben. EL exportieren Rohstoffe (bzw. Primärgüter oder Güter auf niedriger Verarbeitungsstufe), die relativ zu den industriellen Fertiggütern (den Exportgütern der Industrieländer bzw. Importgüter der EL) immer billiger würden.[37] Tatsache ist, dass noch immer weit höhere Zölle der Industriestaaten auf verarbeitete Produkte aus den EL erhoben werden, und diese Zölle steigen, je höher die Weiterverarbeitungsstufe des Produktes ist. Auch wenn die EU z.B. mit der „Everything but Arms-Initiative" Exporte einer großen Anzahl von Erzeugnissen und Produkten aus den am wenigsten entwickelten Ländern zulässt, so sind doch wichtige Bereiche davon mit langen Übergangsfristen ausgestattet worden.[38]

2.3. Die Grundbedürfnistheorie

Die Theorie der Befriedigung der Grundbedürfnisse, umgesetzt durch die Grundbedürfnisstrategie, versuchte in den 1970er Jahren, die Grundbedürfnisse eines Menschen in die Entwicklungspolitik zu integrieren. Der Grundgedanke von Entwicklung, welcher dieser Theorie zu Grunde liegt, lautet, den Menschen in den Mittelpunkt der Entwicklung zu rücken. Mit dieser Theorie versucht man sich von dem bis dahin vertretenen Grundgedanken, dass zuerst Wachstum erfolgen muss und erst später Gerechtigkeit bei der Verteilung des Nutzens zu erreichen ist, zu distanzieren. Demgegenüber sollen nach dieser Strategie grundlegende Probleme gelöst und strukturelle Voraussetzungen wie Ernährung, soziale Gerechtigkeit,

---

[35] Vgl. Volger, Helmut: Entwicklungspolitik/ Entwicklungstheorien/ Entwicklungspolitik/ Entwicklungshilfe, in: Lexikon der Internationalen Politik, Albrecht, Ullrich/ Volger, Helmut (Hrsg.), München, Wien: Oldenbourg 1997, S. 121-125, S. 124.

[36] Vgl. Andersen, Uwe: Entwicklungspolitik/-hilfe, in: Handwörterbuch Internationale Politik, Woyke, Wichard (Hrsg.), Opladen: Leske und Budrich, 8. Auflage, 2000, S. 79-89, S. 82.

[37] Vgl. Wolff, Jürgen H.: Entwicklungspolitik – Entwicklungsländer: Fakten – Erfahrungen – Lehren, München: Olzog, 2. Auflage, 1998, S. 293f.

[38] Vgl. dazu Teil 2, Kapitel 4, Abschnitt 2.3.

Arbeit, Gesundheit und Wohnen erfüllt sein.[39] Entwicklung bedeutet hier eine Verbesserung der Lebensbedingungen für die Menschen. Diese Theorie setzt danach nicht mehr auf der makroökonomischen sondern auf der mikrosoziologischen Ebene, d.h. den Lebensbedingungen des Einzelnen an.

Diese Theorie wurde – da als unvollständig angesehen um die Entwicklung in den EL voranzubringen – von Nohlen und Nuscheler zum magischen Fünfeck der Entwicklungspolitik ergänzt, das aus den Faktoren Wachstum, Arbeit, Gleichheit/ Gerechtigkeit, Partizipation und Unabhängigkeit besteht.[40] Nach deren Überlegungen ist die Grundbedürfnisstrategie die Grundlage, in die der Aspekt des wirtschaftlichen Wachstums integriert werden muss. Eine Entwicklung wird dann als störend angesehen, wenn sie nicht auch zu einer Verbesserung der Befriedigung der Grundbedürfnisse der Menschen in den EL führt oder diese sogar hemmt. Das Fünfeck kann auch als Kreislauf gesehen werden, denn alle fünf Faktoren befinden sich in einer Abhängigkeit voneinander. Diese fünf Faktoren besitzen der Theorie nach die gleiche Bedeutung. Allerdings werden die Grundbedürfnisse politisch mehr in den Vordergrund gestellt, da sie sich „besser verkaufen lassen". Aus diesen Gründen stieß diese Theorie gerade bei den EL auf großen Widerstand. Sie befürchteten, dass so von ihrer Forderung nach einer Reform des internationalen Wirtschaftssystems, d.h. einer neuen Weltwirtschaftsordnung abgelenkt werden sollte.[41] Seit Mitte der 1980er Jahre haben wichtige Geberländer und multilaterale Organisationen grundbedürfnisorientierte Strategien wieder zugunsten wachstumsorientierter Entwicklungskonzepte aufgegeben. Bislang ist eine hinreichend differenzierte Theorie der Grundbedürfnisbefriedigung in EL, die unmittelbare Handlungsanweisungen für die entwicklungspolitische Praxis liefern könnte, nicht verfügbar, jedoch umfangreiches Detailwissen über Einzelaspekte. Nach Sangmeister sollten grundbedürfnisorientierte Entwicklungsstrategien insofern Teil des entwicklungspolitischen Diskurses bleiben, als sie zumindest die Einsicht in die Möglichkeit und Notwendigkeit selbstbestimmter Entwicklung offen halten.[42]

2.4. Ökostrategien

In den 80er und 90er Jahren des vorigen Jahrhunderts hat sich durch die Einbeziehung ökologischer Gesichtspunkte, insbesondere durch das Kriterium der Nachhaltigkeit („Sustainablity"), das Konzept der nachhaltigen Entwicklung herausgebildet. Weltweit bekannt wurde das Leitbild der nachhaltigen Entwicklung, als 1987 die Brundtland-Kommission für Umwelt und Entwicklung ihren Bericht „Unsere gemeinsame Zukunft" vorlegte.

---

[39] Diese Theorie wird u.a. von Dudley Seers vertreten.

[40] Vgl. dazu Nohlen, Dieter/ Nuscheler, Franz: Was heißt Entwicklung, in: Handbuch der Dritten Welt, Band 1: Grundprobleme, Theorien und Strategien, Nohlen, Dieter/ Nuscheler, Franz (Hrsg.), Bonn: Dietz, 1993, S. 55-75, S. 64ff.

[41] Vgl. u.a. Sangmeister, Hartmut: Grundbedürfnisse, grundbedürfnisorientierte Entwicklungspolitik, in: Lexikon Dritte Welt, Nohlen, Dieter (Hrsg.), Reinbeck bei Hamburg: Rowohlt, 2002, S. 343-345, S. 344, m.w.N.

[42] Vgl. Sangmeister, Hartmut: ebenda, S. 344f.

Nachhaltige Entwicklung wird definiert als eine Entwicklung, die den Bedürfnissen der heutigen Generation entspricht, ohne die Möglichkeiten künftiger Generationen zu gefährden, ihre eigenen Bedürfnisse zu befriedigen.[43] Nachhaltig kann eine Entwicklung demnach nur dann sein, wenn sie die natürlichen Lebensgrundlagen, d.h. die Umwelt schont. Eine global nachhaltige Entwicklung setzt die Verfolgung von drei zentralen Zielen voraus: produktives Wirtschaftswachstum, soziale Gerechtigkeit und ökologische Nachhaltigkeit, wofür handlungsfähige, demokratische Staaten Voraussetzung sind, die sich zu sozialer und ökologischer Verantwortung bekennen.[44] Auch die Theorie der nachhaltigen Entwicklung hat in der „Entwicklungspolitik" Niederschlag gefunden. Dass ökologische Nachhaltigkeit eine zwingend einzuhaltende Forderung darstellt, dürfte angesichts der größer werdenden Umweltprobleme, des Ozonlochs oder der zunehmenden Erderwärmung niemand mehr ernsthaft in Abrede stellen. Die Strategie der nachhaltigen Entwicklung, die die wirtschaftliche Seite mit sozialen und ökologischen Aspekten in Einklang zu bringen versucht, ist daher zu befürworten.

3. Entwicklungspolitik

Seit vielen Jahren des Bestehens des multilateralen Systems führen die UN, das UNDP, die Sonderorganisationen und andere internationale Organisationen Entwicklungsprogramme und Projekte durch. Daneben gibt es die bilaterale Entwicklungszusammenarbeit einzelner sog. „Geberländer". Auch eine große Anzahl an Nichtregierungsorganisationen, kirchlichen Vereinen und Organisationen in privater Trägerschaft führen vor Ort in den EL Entwicklungsprojekte durch. Der theoretische Hintergrund für die Planung von Entwicklungsprogrammen und Projekten wird dabei von Entwicklungstheoretikern geliefert, die Gründe für die Unterentwicklung zu geben versuchen. Die Entwicklungspolitik dagegen versucht, gestützt auf Theorien und Strategien Politiken aufzustellen, mit denen die Theorien in die Wirklichkeit umgesetzt werden sollen.

3.1. Begriff

Was ist Entwicklungspolitik und wie weit reicht sie? Einige Autoren verstehen unter Entwicklungspolitik nur die wirtschaftliche Entwicklung von EL.[45] Andere fassen Entwicklungspolitik allgemeiner als Politik der Entwicklung von Nationen auf. Das Verständnis von Entwicklungspolitik als der Politik der Entwicklung von „unterentwickelten Ländern" hat sich dagegen erst in den 1950er Jahren durchgesetzt und als selbständiges wissenschaftliches Forschungs- und Lehrgebiet entwickelt.[46] Der Entwicklungspolitiker baut dabei jeweils auf Entwicklungstheorien auf.

---

[43] Weltkommission für Umwelt und Entwicklung („Brundtland-Kommission"), 1987, zitiert in: Bericht der Bundesregierung, Nachhaltiges Deutschland, Entwurf der nationalen Nachhaltigkeitsstrategie, vorgelegt auf dem Weltgipfel für soziale Entwicklung im September 2002 in Johannesburg, S. 1, vgl. zur Brundtland-Kommission Teil 3, Kapitel 1, Abschnitte 2.1. und 3.2.2.

[44] Vgl. Bohnet, Michael: Überlegungen zur Zukunft der Entwicklungspolitik: Von der Theorie zur Praxis in: E+Z, Heft 8, August 1998, S. 203-207, S. 203.

[45] Vgl. z.B. Wagner, Helmut: Wachstum und Entwicklung, München, Wien: Oldenbourg, 2. erw. Auflage, 1997, S. 7.

[46] Vgl. Wagner, Helmut: ebenda, S. 7, FN 21.

Entwicklungspolitik im engeren Sinne – die „klassische" Entwicklungspolitik – meint die vor allem von Industrieländern auf der Ebene politischer Handlungen betriebene öffentliche Entwicklungshilfe zugunsten der EL.[47] „Entwicklungshilfe", die den einen Teil ausschließlich als Geber stilisiert, den anderen Teil als (passiven) Empfänger, wird aber dem entwicklungspolitischen Tätigwerden beider Seiten nicht wirklich gerecht. Mit der Zeit hat sich, aufbauend auf neueren entwicklungstheoretischen Ansätzen, auch in der Entwicklungspolitik die Erkenntnis durchgesetzt, dass Entwicklungshilfe nur dann erfolgsversprechend ist, wenn sie das betroffene Land, die Gemeinde, den Menschen als den Empfänger der „Hilfe" mit in den Prozess einbezieht. Daher wurde der Begriff der „Entwicklungshilfe" zunehmend durch den umfassenderen und neutraleren, auf Partnerschaft abzielenden Begriff der „Entwicklungszusammenarbeit" ersetzt.

Die Entwicklungspolitik im engeren Sinne hat dabei zum Ziel, den Prozess der sozioökonomischen Entwicklung zu fördern, wobei die „Hilfe" sich sowohl auf die Überwindung von Abhängigkeit (Dependenztheorie) als auch auf den wirtschaftlichen Aufbau (Modernisierungstheorie) beziehen kann. Die Spanne möglicher Methoden und Instrumente von Entwicklungspolitik ist daher sehr breit.[48] Die wichtigsten Instrumente sind die finanzielle Zusammenarbeit (Bereitstellung von Kapital), die technische Zusammenarbeit (z.B. Infrastrukturhilfen: Aufbau und Ausbau von Verkehrswegen, Bildungseinrichtungen, Gesundheitswesen, Verwaltung, Handelsförderung) und die personelle Zusammenarbeit (Entsendung von Experten und Ausbildung von Personal der EL in den Industriestaaten oder vor Ort), sowie – mit steigender Tendenz – die Förderung der privatwirtschaftlichen Entwicklung.

Die Entwicklungspolitik im weiteren Sinne reicht allerdings deutlich über diesen Bereich hinaus, der in Deutschland das Aufgabengebiet des Bundesministeriums für wirtschaftliche Zusammenarbeit und Entwicklung (BMZ) darstellt. Unter Entwicklungspolitik im weiteren Sinne sind neben Maßnahmen der Entwicklungszusammenarbeit auch Maßnahmen wie z.B. im Bereich der Außen-, Wirtschafts-, Handels-, Währungs-, Agrar-, Umwelt- und Rüstungsexportpolitik zu verstehen, die für die EL Relevanz haben. Sie umfasst auch den von der Politik unternommenen Versuch, Nord-Süd-Spannungen abzubauen (Nord-Süd-Politik), die internationalen Rahmenbedingungen für die EL zu verbessern und zur Zukunftssicherung der „Einen Welt" beizutragen. Entwicklungspolitik nach dieser Definition ist also mit anderen Politikbereichen verzahnt und insofern eine Querschnittsaufgabe.[49] Nicht nur innerstaatlich, auf der Ebene der verschiedenen Ressorts, sondern auch auf

---

[47] Vgl. Holz, Uwe: Entwicklungspolitik – Bilanz und Herausforderungen in: Weltpolitik im neuen Jahrhundert, Kaiser, Karl/ Schwarz, Hans-Peter (Hrsg), Baden-Baden: Nomos, 2000, S. 481-508, S. 482f.

[48] Vgl. ähnlich Bellers, Jürgen: Entwicklungspolitik in: Politikwissenschaft III, Internationale Politik, Tauras, Olaf/ Meyers, Reinhard/ Bellers, Jürgen (Hrsg.), Münster, Hamburg: Lit, 1994, S. 167-215, S. 188.

[49] Vgl Holz, Uwe: ebenda.

internationaler Ebene müssen daher die verschiedenen Politikaspekte zusammen gesehen werden.[50]

Die verschiedenen Bereiche (d.h. wirtschaftliche, soziale und kulturelle Bedingungen innerhalb des Entwicklungslandes sowie internationale Rahmenbedingungen z.B. für Handel, Finanzen oder Tourismus), die Industrieländer und die EL insgesamt (z.B. bei den Themen Handel oder Umwelt) sind stark miteinander verbunden. Ähnlich verzweigt sind auch die Auswirkungen im Bereich des nationalen und internationalen Handels. So hat dieser über die Erhebung von Steuern oder Zöllen Auswirkungen auf die Erlöserzielung eines Landes und damit verbunden auf die Möglichkeit der Schuldentilgung und die Finanzierung sozialer Dienste des Staates. Privatwirtschaftlich hat er Einfluss auf die Finanzierung und auf das Ankurbeln von weiterer Produktion, d.h. den Aufbau von Industrien zur Weiterverarbeitung von Rohstoffen, auf die Arbeitskräftenachfrage, Qualifizierungserfordernisse und die Erzielung von Einkommen des Einzelnen, das wiederum eine Binnennachfrage sowie weitere Investitionen nach sich ziehen kann. Sozial gesehen schafft der Aufbau von Produktionsstrukturen Arbeitsplätze, sichert damit Einkommen und ermöglicht es Familien, ihre Kinder in die Schule zu schicken. Internationaler Handel kann aber auch Auswirkungen in anderen Ländern haben, die selbst nicht mehr zu den angebotenen Preisen produzieren können. Die Menge der produzierten Waren und die Zahl der Anbieter haben Auswirkungen auf die Weltmarktpreise usw. Die internationale Handelspolitik hat daher einen großen Einfluss auf die Entwicklung eines Landes, das am Weltmarkt teilnimmt oder teilnehmen möchte.

Thiel führt aus, dass Entwicklungspolitik einer der wichtigsten Politikbereiche sei, aber dass dies nur die Entwicklungspolitiker wüssten. Sie hätten selbst dazu beigetragen, dass dies so ist: Sie haben Entwicklungsprojekte gefördert, aber die globale Strukturpolitik anderen Ressorts überlassen. Weder für die Hungerkatastrophe im Südsudan noch für den Zusammenbruch der Volkswirtschaften in Ostasien besitzt die Entwicklungspolitik eine Zuständigkeit. In der großen Politik würde sie von niemandem ernst genommen.[51] In einer globalisierten Wirtschaft und Gesellschaft,

---

[50] In diesem Zusammenhang kritisch z.B. Holz: „Wenn das BMZ eine bessere, kohärentere Politik betreiben soll, dann muss auch die Zersplitterung entwicklungspolitischer Zuständigkeiten auf der Ebene de Bundesregierung überwunden werden.“, vgl. Holz, Uwe: Entwicklungspolitik – Bilanz und Herausforderungen in: Weltpolitik im neuen Jahrhundert, Kaiser, Karl/ Schwarz, Hans-Peter (Hrsg), Baden-Baden: Nomos, 2000, S. 481-508, S. 482f.

[51] Diese Ausführungen waren gemünzt auf das deutsche Bundesministerium für Zusammenarbeit und Entwicklung. Das BMZ, so Thiel 1998, sei „ein Ministerium für Entwicklungsprojekte, nicht für Entwicklung“. Zu dieser Erkenntnis war auch eine Arbeitsgruppe gekommen, die im Ministerium über Reformen nachdenken sollte, und im Juni (1998) ihr Ergebnis vorlegte. Vor Jahren schon wurde beschlossen, dass Projekte und Programme einem „Länderkonzept“ untergeordnet sein sollen, um ihre Wirksamkeit zu verstärken. Die Arbeitsgruppe hatte damals festgestellt, dass dies nur in wenigen Fällen erfolgt war und erhob es erneut zur Forderung. Eine noch wichtigere Erkenntnis der Arbeitsgruppe, so Thiel, sei die, dass neben den Länderprogrammen die „Mitgestaltung globaler Rahmenbedingungen“ der zweite „zentrale Aufgabenbereich“ des Ministeriums werden müsse. Was da gefordert wird, ist die „internationale Strukturpolitik“, die im April 1998 von einer Gruppe unabhängiger Entwicklungsexperten in einem „Memorandum“ zur wichtigsten

so Thiel, dürfe man aber nicht mehr in Projekten, sondern man müsse in globalen Strukturen denken. Das für Entwicklung zuständige Ressort müsse in den Gremien, in denen die globalen Strukturen verhandelt werden, die Verantwortung von anderen Ressorts übernehmen oder, in enger Kooperation mit ihnen, ein verantwortliches Mitspracherecht haben. Gesellschaftliche Reformprojekte könne man nur dann verwirklichen, wenn man auch Einfluss auf die wirtschaftlichen Schlüsselfaktoren habe.[52] Entwicklungspolitik erschöpft sich somit nicht in der Planung und Durchführung von einzelnen Entwicklungsprojekten oder dem Aufstellen von Entwicklungsplänen, deren Durchführung und Evaluierung im Entwicklungsland selbst, sondern ein wichtiger Aspekt von Entwicklungspolitik heißt globale Strukturpolitik. Auch Müller geht davon aus, dass ein „zentrales Handlungsfeld aller Entwicklungszusammenarbeit eine weitsichtige internationale Entwicklungspolitik ist, die alle Beziehungen des Nordens zum Süden einschließen muss, also Außen- und Wirtschaftspolitik ebenso wie Sicherheits-, Handels-, Agrar- oder Verkehrspolitik, insoweit sie die Entwicklungschancen der Dritten Welt beeinflussen". Eine solche Politik, so Müller, sei darum „eine politische Querschnittsaufgabe. Sie muss sich um Kohärenz mit allen anderen Politikbereichen bemühen". Das Motto „Weniger nehmen ist besser als mehr geben" fasse dieses Anliegen prägnant zusammen.[53] Die entwickelten Länder tragen aufgrund ihrer dominanten Rolle im Weltsystem dafür eine besondere Verantwortung.[54] Entwicklungspolitik ist demzufolge eine mehrdimensionale Aufgabe und muss sich auf alle Politikbereiche erstrecken und wirtschafts-, sicherheits- sowie sozialpolitische und gesellschaftliche Aspekte berücksichtigen. Auch in der vorliegenden Arbeit wird die Auffassung vertreten, dass zur Entwicklungspolitik nicht nur die Projekt- und Programmplanung und Implementierung zählt, sondern dass ein umfassender, alle Politikbereiche einbeziehender (rechtlicher, politischer) Politikrahmen Voraussetzung für Entwicklung auf internationaler und auf nationaler Ebene (sowohl im Entwicklungsland als auch in den Industriestaaten) ist.

Daraus folgt, dass sich diese Arbeit nicht nur mit Entwicklungspolitik im engeren Sinne, sondern auch mit Fragen der Politikkoordinierung zu Gunsten der LDCs befasst. Die Auswahl des Handels als Schwerpunkt ist aus der Überlegung heraus erfolgt, dass er für die wirtschaftliche Entwicklung eine besondere Bedeutung hat. Wirtschaftliche Entwicklung ist eine notwendige, aber keine hinreichende Voraussetzung für Entwicklung. D.h., dass die wirtschaftliche Entwicklung weder mit Entwicklung an sich gleichgesetzt werden darf und diese auch nicht garantieren kann, da sie für sich allein nicht ausreichend ist. Ohne die wirtschaftliche Entwick-

---

Aufgabe des BMZ erklärt wurde, vgl. Thiel, Reinold E.: Ein marginaler Politikbereich? Für eine Aufwertung der Entwicklungspolitik in: E+Z, Heft 10, Oktober 1998, S. 252.

[52] Vgl. Thiel, Reinold E.: ebenda, S. 252.

[53] Vgl. Müller, Johannes: Entwicklungspolitik als globale Herausforderung: Methode und ethische Grundlegung, Stuttgart: Kohlhammer, 1997, S. 169.

[54] Als weitere Schritte nennt Müller etwa den Verzicht auf handelsbezogene Subventionen, Schuldennachlass bzw. großzügige Entschuldung, vorausschauende Strukturanpassungen und den Verzicht auf eine rein profiorientierte Verbreitung fragwürdiger Konsummuster, vgl. Müller, Johannes: ebenda, S. 169.

lung ist aber auch eine menschenwürdige Entwicklung nicht möglich. Der Handel hat schon immer – egal ob auf lokaler, nationaler oder internationaler Ebene – eine wichtige Rolle gespielt. Welche Probleme auch immer politisch gelöst werden sollen, es braucht dazu materielle Mittel, die erwirtschaftet werden müssen. Der Ordnungspolitik, also der institutionellen Gestaltung der ökonomischen Rahmenbedingungen, kommt darum eine Schlüsselrolle zu.[55]

Zusammenfassend kann festgestellt werden, dass Entwicklungspolitik und damit die Zusammenarbeit zwischen den hier zu untersuchenden Organisationen nicht nur auf der Ebene der technischen, finanziellen oder personellen Zusammenarbeit stattfinden muss, sondern darüber hinaus insbesondere auch wichtig ist, ob und inwieweit die Politiken der in den verschiedenen Bereichen tätigen internationalen Organisationen mit den internationalen und nationalen Entwicklungszielen übereinstimmen, sich ergänzen oder widersprechen und inwieweit die Organisationen auf internationalen und nationalen Foren bzw. in der täglichen Arbeit zusammenarbeiten, um eine Kohärenz ihrer Politiken zu Gunsten der Erreichung von Entwicklungszielen zu erzielen. Zusammenarbeit muss also auf der Ebene der Ausführung (Entwicklungspolitik im engeren Sinne) *und* auf der Politikebene (Entwicklungspolitik i.S. von globaler Ordnungs- oder Strukturpolitik) erfolgen.

3.2. Funktionsbegründungen internationaler Entwicklungspolitik

In diesem Abschnitt sollen die Funktionsbegründungen internationaler Entwicklungspolitik und entwicklungspolitischer Zusammenarbeit dargelegt werden. Sie sind zum Verständnis von Politikentscheidungen in diesem Bereich unabdingbar.

Zunächst sind altruistische Beweggründe zu nennen. Den Altruismus als Motivation für Entwicklungszusammenarbeit will z.B. Wagner, wenn überhaupt, dann am ehesten hinsichtlich der aller ärmsten, den am wenigsten entwickelten Ländern, jedoch kaum hinsichtlich der Hilfe für die große Anzahl von Schwellenländern sowie die osteuropäischen Reformländer gelten lassen.[56] Angesichts oftmals dramatischer Situationen in EL sowie bei Naturkatastrophen kann auch politischer Druck der Wähler ausschlaggebend für die Leistung von Entwicklungshilfe entwickelter Länder sein.

Daneben kommen eigennutzorientierte Interessen als Begründung in Betracht. Diamond ruft nicht aus moralischen Gründen zur Hilfe auf, sondern auch er ist der Auffassung, dass dies im Eigeninteresse des Westens liege. Jeder Monat Krieg koste eine Milliarde Dollar, demgegenüber erscheine es preiswert, mehr Mittel für die medizinische Erforschung von Tropenkrankheiten, für Projekte zur Versorgung mit sauberem, erregerfreiem Trinkwasser, für Verhütungsmittel und Aufklärung, für Aufforstungsmaßnahmen und Umweltschutz in den unterentwickelten Ländern

[55] Vgl. Müller, Johannes: Entwicklungspolitik als globale Herausforderung: Methode und ethische Grundlegung, Stuttgart: Kohlhammer, 1997, S.155.

[56] Vgl. Wagner, Helmut, Wachstum und Entwicklung, München, Wien: Oldenbourg, 2. erw. Auflage, 1997, S. 9.

aufzuwenden, fallen doch die Krisenherde der Welt mit den Ländern zusammen, die am meisten unter der Abwesenheit von Gesundheitsvorsorge, instabiler Umwelt und Überbevölkerung leiden.[57] Auch die als Resolution der UN verabschiedete Agenda für Entwicklung führt aus, dass internationale Entwicklungszusammenarbeit nicht nur auf Solidarität beruht, sondern auch auf gegenseitigen Interessen und Partnerschaft basiere.[58] Neben außenpolitischen Interessen spielen im Rahmen der eigennutzorientierten Interessen vor allem wirtschaftliche, innenpolitische, sicherheitspolitische und ökologische Interessen eine Rolle. So wirkt zwar die zunehmende internationale Arbeitsteilung wohlfahrtssteigernd. Eine Folge davon ist aber, dass mit der zunehmenden Teilnahme der EL am weltwirtschaftlichen Kreislauf deren Konjunkturverlauf auch für die Industriestaaten wichtig wird. Schon aus Eigeninteresse müssen diese Staaten daher für die wirtschaftliche und politische Stabilisierung jener Länder sorgen.[59] Nach dem Wegfall des Ost-West-Konfliktes hat die Abwehr der jeweils anderen Gesellschaftsordnung und die Einflussnahme auf die EL aus diesem Grund aber ihre Bedeutung verloren.

Nach Gwin hat sich, angestoßen durch wirtschaftliche und politische Veränderungen, auch die Entwicklungszusammenarbeit hinsichtlich der Grundprinzipien und des Zweckes verändert. Sie führt aus, dass wohl immer ein Element von Altruismus bei der Bereitstellung von Entwicklungshilfe eine Rolle spiele, jedoch habe sich die stärkere Motivationskraft – das nationale Eigeninteresse – mit dem Ende des Kalten Krieges und der Beschleunigung der globalen Integration der Wirtschaft verändert. Nunmehr würden Belange betreffend die positiven und negativen Auswirkungen der Globalisierung die Beziehungen zwischen den entwickelten und den EL dominieren. Beide Gruppen von Staaten würden Wege suchen, um den Nutzen aus der stärker integrierten globalen Finanzwelt und der Märkte zu ziehen und andererseits die evidenten Risiken von stärkerer Ungleichheit und Verletzbarkeit durch den technologiebasierten Globalisierungsprozess zu minimieren. Gleichzeitig habe die weltweite wirtschaftliche Integration eine Anzahl transnationaler Probleme intensiviert. Diese grenzüberschreitenden Herausforderungen wie die Verbreitung von Infektionskrankheiten, die Schädigung der Umwelt, die internationale organisierte Kriminalität und die Ansteckung von wirtschaftlichen Schocks seien Beispiele für Probleme, die kein Land für sich alleine regeln könne. Dies erfordere globales oder regionales Tätigwerden und eine andere Nutzung von Entwicklungshilfe, um eine Ordnung von internationalen öffentlichen Gütern („public goods“) zu gewährleisten. Als Beispiele werden Informationsaustausch über kriminelle Aktivitäten, „Capacity building“ zur Implementierung von Finanzvorschriften und -aufsicht, wissenschaftliche Forschung für AIDS-Medikamente usw. genannt. Im Unterschied zu herkömmlicher Auslandshilfe, die auf einzelne Länder zielt, würden derartige

---

[57] Vgl. Albrecht, Christoph: Hier wird nichts gefördert, sondern erzeugt; Entwicklungshilfe schafft Sicherheit: Der Naturhistoriker Jared Diamond predigt das große Umkrempeln, in: FAZ, Mittwoch, 23. Januar 2002, Nr. 19, S. 52 unter Verweis auf einen Beitrag Jared Diamonds in der Washington Post.

[58] Vgl. GA-Resolution 51/240 vom vom 20. Juni 1997, Annex, Abschnitt IA. Ziff. 12.

[59] Vgl. Dolzer, Rudolf: Wirtschaft und Kultur im Völkerrecht, in: Graf Vitzthum, Wolfgang (Hrsg.), Völkerrecht, Berlin, New York: de Gruyter, 2. Auflage, 2001, S. 469-544, S. 476, Ziff. 7.

transnationale Probleme einen „multicountry, problem-oriented approach to development cooperation" erfordern.[60]

Weitgehend unauffällig erscheinen unter dem Gesichtspunkt der Sicherheit z.B. die Beziehungen zu Afrika südlich der Sahara. Die zahlreichen Konflikte des Kontinents schlagen kaum nach Europa durch. So wird etwa die Rohstoffversorgung aus Afrika, einmal Mitursache des kolonialen Wettlaufes bis hin zur kriegerischen Auseinandersetzung, heute trotz aller Krisen problemlos gewährleistet. Die hohe Anzahl von Bürgerkriegsflüchtlingen verlässt den Subkontinent kaum: Mehr als eine halbe Million liberianischer Vertriebener lebten etwa im benachbarten Guinea, nur wenige gelangten nach Europa.[61] Dass illegale Einwanderung, z.B. aus Nordafrika, für die entwickelten Länder dennoch ein Thema ist, zeigt aber z.B. der Vorschlag vor dem EU-Ministertreffen im Juni 2002, die Entwicklungshilfe der EU von der kooperativen Mitarbeit der Empfängerländer bei der Wiederaufnahme illegaler Flüchtlinge abhängig machen zu wollen. Ein Vorschlag, der sich nicht durchsetzen konnte.

Wichtig im Zusammenhang mit ökologischen Interessen zu erwähnen ist das bereits oben kurz umrissene und sich immer mehr durchsetzende Entwicklungsparadigma der nachhaltigen Entwicklung. Auf der Konferenz der Vereinten Nationen 1992 in Rio de Janeiro hat sich die internationale Staatengemeinschaft zum Leitbild der nachhaltigen Entwicklung bekannt und mit der Agenda 21 ein globales Aktionsprogramm für das 21. Jahrhundert aufgestellt. Darin wurden die Unterzeichnerstaaten aufgefordert, eine Strategie zu entwickeln, die eine wirtschaftlich leistungsfähige, sozial gerechte und ökologisch verträgliche Entwicklung zum Ziel hat. Nachhaltige Entwicklung wird von den entwickelten Ländern somit als wichtig anerkannt. Es wird gesehen, dass das eigene Land untrennbar mit dem Rest der Welt verbunden ist. Auch wird zunehmend eingesehen, dass es auf Dauer keine lokalen oder nationalen Inseln des Wohlstandes und der Sicherheit mehr geben kann. Vielmehr ist eine weltweite nachhaltige Entwicklung nur zu erreichen, wenn auch die EL ihre Chance wahrnehmen können und auch die Ärmsten an den Vorteilen wirtschaftlicher Entwicklung und internationaler Vernetzung teilhaben.[62] So sind unter anderem Armutsbekämpfung, Bevölkerungspolitik, ökologisch verträgliche Landwirtschaft und Industrialisierung Aspekte, um eine tragfähige soziale und ökologische Basis für die Gesellschaften zu schaffen, wobei die Nachhaltigkeit nur durch ein Zusammenwirken der Industrieländer und der EL zu erreichen ist, wie die

---

[60] Vgl. Gwin, Catherine: The New Development Cooperation Paradigm, Overseas Development Council, June 1999, http://www.odc.org/commentary/vpjun99.html.

[61] Vgl. Fricke, Gerhard/ Hoff, Jörg/ Horndasch, Karlheinz/ König, Josef/ Rauw, Manfred/ Schmid, Walter-Jürgen (Arbeitsgruppe C) in: Deutsche Sicherheitsinteressen and der Südperipherie des OSZE-Raumes im Handlungsrahmen uni-/ bilateraler Kooperation und überstaatlicher Integration, in: Die Zukunft von Kooperation und Integration, Rondholz, Harald (Hrsg.), Berlin: Spitz, 1997, S. 157-186, S. 159.

[62] Vgl. Bericht der Bundesregierung, Nachhaltiges Deutschland, Entwurf der nationalen Nachhaltigkeitsstrategie, vorgelegt auf dem Weltgipfel für soziale Entwicklung im September 2002 in Johannesburg, S. 3f.

Diskussion über den Klimaschutz in den UN verdeutlichte, weil beide Gruppen ihre wirtschaftliche Entwicklung so steuern müssen, dass die ökologischen Kosten verringert werden.[63] Bereits die „Unabhängige Kommission für internationale Entwicklungsfragen", die nach ihrem Vorsitzenden Willi Brandt als „Brandt-Kommission" bekannt geworden ist, hatte ihrem 1979 vorgelegten Bericht einen bezeichnenden Titel gegeben. Der Bericht „Das Überleben sichern. Gemeinsame Interessen der Industrie- und Entwicklungsländer" ging davon aus, dass das wohlverstandene Eigeninteresse der Industrieländer sie veranlassen müsste, beim globalen Umweltschutz das Verursacherprinzip (einschließlich der Überprüfung des eigenen Lebensstils) sowie eine Lastenverteilung nach Tragfähigkeit verstärkt zu akzeptieren und bei wirtschaftlichem Nutzungsverzicht der EL zu Gunsten globaler ökologischer Interessen (u.a. der Erhaltung der tropischen Regenwälder) einen Finanzausgleich zu leisten. Das läuft konzeptionell auf die Verankerung des Ordnungsrahmens einer sozialen, ökologisch verträglichen Marktwirtschaft auch auf der internationalen Ebene hinaus.[64] Ausdruck für die Verankerung des Nachhaltigkeitsprinzips ist z.B. auch die Aufnahme des Zieles der nachhaltigen Entwicklung in die Präambel des am 1. Januar 1995 in Kraft getretenen WTO-Abkommens.

Ein Beispiel für das Nachhaltigkeitserfordernis ist das Problem der ungenügenden Energieversorgung in ärmeren Ländern. Nach Schätzungen von Experten haben etwa 2 Millionen Menschen, hauptsächlich in ländlichen Gebieten, keinen Zugang zu Elektrizität. Es besteht daher für die industrialisierten Länder ein solides wirtschaftliches Motiv, hier in Bezug auf die EL tätig zu werden. So wird die große Nachfrage nach Energie in den EL in naher Zukunft einen großen Effekt auf deren Verfügbarkeit, die Umwelt und ggf. auch auf die Stabilität der Energiemärkte haben. Der Energieverbrauch in den entwickelten Ländern, sowohl in absoluten Zahlen als auch im pro Kopf-Verbrauch, übersteigt den der EL um ein Vielfaches. In den nächsten Jahrzehnten werden die sich entwickelnden Wirtschaften, insbesondere Indien und China, aufholen. Wenn die entwickelten Staaten den EL nicht dabei helfen, die Einführung umweltverträglicherer Technologien zu schaffen, dann hat dies ernorme Auswirkungen auf die Umwelt der Erde.[65] Praktisch lässt die Durchsetzung von Nachhaltigkeitsstrategien jedoch oft noch zu wünschen übrig. Entwicklungspolitik kann zur nachhaltigen Entwicklung und damit zum Erhalt der Umwelt aber einen großen Beitrag leisten.

Insgesamt wird Entwicklungspolitik daher immer mehr eingesetzt, um bestimmte internationale Kollektivgüter wie saubere Umwelt, Sicherheit und Stabilität herzustellen und zu erhalten.[66] Allgemein scheint sich auch die Einschätzung durchge-

---

[63] Vgl. auch: Volger, Helmut: Entwicklungspolitik/ Entwicklungstheorien/ Entwicklungspolitik/Entwicklungshilfe, in: Lexikon der Internationalen Politik, Albrecht, Ullrich/ Volger, Helmut (Hrsg.), München, Wien: Oldenbourg, 1997, S. 121-125, S. 124.

[64] Vgl. Andersen, Uwe: Weltwirtschaftssystem, in: Handwörterbuch Internationale Politik, Woyke, Wichard (Hrsg.), Opladen: Leske und Budrich, 8. Auflage, 2000, S. 537-546, S. 542f.

[65] Vgl. World Bank Development News vom 9. Februar 2001, S. 7.

[66] Vgl. Wagner, Helmut: Wachstum und Entwicklung, München, Wien: Oldenbourg, 2. erw. Auflage, 1997, S. 14.

setzt zu haben, dass von der Lösung der „sozialen Frage", d.h. der Begrenzung der Armut in den EL, auch die Stabilität und die ökonomische und soziale Sicherheit der „entwickelten Länder" abhängt. Mehr und mehr geht es auch um die Verhinderung alle Länder betreffende Umweltkatastrophen.

Zur Umsetzung von Entwicklungspolitik bedienen sich die Staaten internationaler Organisationen, führen daneben aber auch bilaterale Entwicklungszusammenarbeit durch. Die Befugnisse internationaler Organisationen sind grundsätzlich von den Staaten abgeleitet. Da aber bekannt ist, dass errichtete Organisationen auch ein sogenanntes Eigenleben entfalten, ist davon auszugehen, dass gerade bei den Entwicklungsorganisationen, d.h. den originär mit Entwicklungsaufgaben betrauten Organisationen, sicher der Altruismus stärker ausgeprägt ist. Es darf aber nicht vergessen werden, dass bei Entscheidungen der politiksetzenden Organe stets Staatenvertreter auf Anweisung aus den Hauptstädten handeln.

Kapitel 2: Die am wenigsten entwickelten Länder und die Bedeutung des Welthandels für die Entwicklung

Die am wenigsten entwickelten Länder („Least developed countries", LDCs) sind durch starke Entwicklungsdefizite gekennzeichnet. Sie sind schlecht ausgestattet, um ihre heimische Wirtschaft zu entwickeln und um einen adäquaten Lebensstandard für die Bevölkerung sicher stellen zu können. Staaten sind als LDCs kategorisiert wegen der bestehenden Armut, den schwachen Humanressourcen und dem geringen Grad der wirtschaftlichen Diversifizierung. Ihre Wirtschaft ist sehr stark verletzbar durch plötzliche externe Ereignisse, wie z.B. dem Anstieg der Erdölpreise oder Naturkatastrophen. Die Gruppe der LDCs besteht aus den Schwächsten der internationalen Gemeinschaft. Die wirtschaftliche und soziale Entwicklung dieser Länder stellt eine große Herausforderung für die Länder aber auch für die mit der Entwicklung befassten Partnerländer und internationalen Organisationen dar.[67] Die meisten der 614 Millionen Menschen, die in den LDCs leben – etwas mehr als ein Zehntel der Weltbevölkerung – überleben von weniger als 2 US$ pro Tag. Ihre Lebenserwartung liegt bei 50 Jahren und 50 % der erwachsenen Bevölkerung sind Analphabeten. Fast ein Viertel der LDCs sind, so warnend Rubens Ricupero, „gefangen in einer Abwärtsspirale, in der sich rückläufige wirtschaftliche Entwicklung, sozialer Druck und gewaltsame Konflikte gegenseitig verstärken."[68]

Die Thematisierung der LDCs im Rahmen dieser Arbeit erfolgt vor dem Hintergrund des dringenden Handlungsbedarfs, der bereits seit Jahren grundsätzlich von allen Organisationen erkannt worden ist, und den die dritte LDC-Konferenz, die im Mai 2001 in Brüssel stattfand, wieder erneut ins Bewusstsein gerufen hat. So stellt sich die Frage, wie dieser erkanntermaßen dringende Handlungsbedarf in der Praxis verwirklicht wird und ob angesichts des dringenden Handlungsbedarfes und der geringer werdenden Mittel an öffentlicher Entwicklungshilfe eine größere Bereitschaft der Organisationen zur Kooperation besteht.

1. Der Begriff der „Least Developed Countries"

Von einigen UN-Organisationen (UNCTAD und UNDP) werden die „Least Developed Countries" zum Teil mit LLDC bezeichnet und so noch einmal von den „Less Developed Countries" unterschieden.[69] Hier wird die Begrifflichkeit der UN zugrunde gelegt und für „Least Developed Countries" die Abkürzung LDCs verwendet.

Zur Zeit (2003) sind 50 Länder als LDCs kategorisiert,[70] von denen sich 35 in Afrika befinden. Zuletzt sind Senegal (2001) und Ost-Timor (2003) dazugekommen.

---

[67] Vgl. ähnlich UNCTAD: http://www.unctad.org/en/subsites/ldcs/3-review.ht, Ausdruck vom 3. Juni 2000.

[68] Vgl. UNCTAD-Presseerklärung zum LDC Report 2000, UNCTAD/INF/2863, 2000, S. 2.

[69] Vgl. auch Nuscheler, Franz: Lern- und Arbeitsbuch Entwicklungspolitik, Bonn: Dietz, 1995, S. 74.

[70] Die 50 LDCs sind: Afghanistan, Angola, Äquatorial Guinea, Äthiopien, Bangladesch, Benin, Bhutan, Burkina Faso, Burundi, Dschibouti, Eritrea, Gambia, Guinea, Guinea-Bissau,

Die Aufnahme eines Landes in die Liste der LDCs durch die UN hängt von der Erfüllung mehrerer wirtschaftlicher und sozialer Kriterien ab:

1. Ein jährliches Pro Kopf-Einkommen („Per capita GDP“) von US$ 900 (zum Zeitpunkt der Überprüfung 2000)
2. Ein schwaches Humankapital, gemessen am sog. „augmented physical quality of life index“ (APQLI). Dies ist ein Index, der aus 4 Indikatoren ermittelt wird: Lebenserwartung im Zeitpunkt der Geburt, Pro-Kopf-Kalorienzufuhr, Erwachsenenalphabetisierungsrate und Bildung (kombinierte „primary and secondary“-Einschulungsrate).
3. Eine hohe ökonomische Verletzbarkeit, gemessen am „economic diversification index“ (EDI). Der EDI setz sich aus 5 Indikatoren zusammen, der Instabilität der Agrarproduktion, der Instabilität der Exporte von Waren und Dienstleistungen, dem Anteil von Produktion und modernen Dienstleistungen am GDP, der Exportkonzentration (Index der Exportkonzentration nach UNCTAD) und der kleinen Größe der Wirtschaft.

Ein Land muss alle drei Kriterien erfüllen und zudem eine Bevölkerung von 75 Millionen oder weniger haben. Länder mit einer Bevölkerung von mehr als 75 Millionen werden dagegen nicht als ein LDC angesehen.

Für eine Streichung von der LDC-Liste ist Voraussetzung, dass das Land den Grenzwert (sog. „cut-off point“) des Pro-Kopf Einkommens im Zeitpunkt der Überprüfung überschritten hat und gleichfalls den Grenzwert entweder des APQLI oder des EDI bei zwei aufeinanderfolgenden Überprüfungen überschritten hat. Die Schwelle für das Pro-Kopf-Einkommen lag bei der Überprüfung 2000 bei US$ 1.035.[71]

Der Ausschuss für Entwicklungspolitik („Committee for Development Policy“, CDP), ein UN-Gremium, hat den Status der LDC-Länder auf der Grundlage dieser Kriterien alle drei Jahre zu überprüfen und gibt entsprechende Empfehlungen ab, ein Land in die Liste aufzunehmen oder von der Liste zu streichen.[72] So hat es z.B. entsprechend seiner Empfehlung auf Aufforderung durch den ECOSOC überprüft, ob die Malediven von der Liste der LDCs genommen werden können.[73] Die meis-

---

Haiti, Jemen, Kambodscha, Kap Verde, Kiribati, Komoren, Kongo (Demokratische Republik), Laos (Demokratische Republik), Lesotho, Liberia, Madagaskar, Malawi, Malediven, Mali, Mauretanien, Mosambik, Myanmar (Birma), Nepal, Niger, Ost-Timor, Ruanda, Salomonen, Sambia, Samoa, Sâo Tomé und Principe, Senegal, Sierra Leone, Somalia, Sudan, Tansania, Togo, Tschad, Tuvalu, Uganda, Vanuatu und die Zentralafrikanische Republik.

[71] Vgl. UNCTAD/LDC/2002: The Least Developed Countries Report 2002: Escaping the Poverty Trap, United Nations, New York und Genf, 2002, S. ii.

[72] Vgl. ECOSOC-Resolution 1998/46, Anhang B, Ziff.9, vgl. dazu Teil 2, Kapitel 1, Abschnitt 1.1.2.

[73] Vgl. Dazu die ECOSOC-Resolution 2001/43 vom 24. Oktober 2001 mit dem Titel: Report of the Committee for Development Policy, enthalten in E/2001/INF/2/Add.3 vom 2. November 2001, S. 3f.

ten der LDC sind derzeit weit von den Schwellen entfernt, bei deren Erfüllung sie von der Liste der LDCs gestrichen werden könnten. Nur bei Botswana ist dies 1994 erfolgt. Obwohl auch Kap Verde und die Malediven in 2000 die Kriterien zur Graduierung zum zweiten Mal in Folge erfüllten, hatte der ECOSOC entschieden, dass die Entscheidung über die Graduierung mangels einer ausreichenden Klarheit über den Willen der internationalen Gemeinschaft, Maßnahmen zum sanften Übergang an graduierende Länder zu gewähren, verschoben wird.[74]

Auch im Rahmen der UN-Sonderorganisationen und der WTO bestimmt sich ein LDC nach den Kriterien der UN. Die WTO selbst hat keine Definitionen was ein Entwicklungsland bzw. ein entwickeltes Land ist aufgestellt. Die Mitglieder können selbst angeben, ob sie ein Entwicklungsland sind, was jedoch nicht automatisch Rechte unter den Präferenzsystemen gibt. Unter Umständen kann die Ankündigung des Landes von anderen WTO-Mitgliedern angegriffen werden, was dann zu Verhandlungen und zur Klärung der Position führt. Für nach der Gründung der WTO, d.h. für nach 1995 aufgenommene Mitglieder, hängt der Status von den Bedingungen ab, die in den Verhandlungen über die Aufnahme des Staates in die WTO vereinbart wurden. Bezüglich der LDCs erkennt die WTO diejenigen Länder als LDCs an, die von den UN in die Liste der LDCs aufgenommen worden sind.[75] Bislang ist seit Gründung der WTO kein weiteres LDC in die WTO aufgenommen worden. In Bezug auf Kreditvergabe im Rahmen der Weltbank und vieler bilateraler Geber wird dagegen nicht auf den LDC-Status abgestellt. Zumeist ist hier das Kriterium des Pro-Kopf-Einkommens wesentlich. So teilt die Weltbank die Länder u.a. in „low-income“-Länder (42 LDCs und 23 andere EL) oder „lower-income“-Länder ein (7 LDCs und andere EL).[76] Der im Rahmen des Rechts der Europäischen Gemeinschaft verwendete Begriff der am meisten benachteiligten Länder ist nicht identisch ist mit dem Begriff der am wenigsten entwickelten Staaten (LDCs). Beide Begriffe dürften sich jedoch weitgehend decken, zumal die Gemeinschaft ihrerseits in der Verordnung über die allgemeinen Zollpräferenzen eine Liste der am wenigsten entwickelten Staaten aufgestellt hat, die sie regelmäßig aktualisiert und bei der sie sich an der Liste der UN orientiert.[77]

Regelungen, die den Ländern mit LDC-Status Vergünstigungen bringen sollen, bestehen auf drei Ebenen: erstens im Rahmen des multilateralen Handelssystems, zweitens in Bezug auf Finanzierung von Entwicklung und drittens im Bereich der technischen Zusammenarbeit.[78]

---

[74] Vgl. TD/B/49/7 vom 1. August 2002: Least Developed Country Status: Effective Benefits and the perspective of graduation, Bericht des UNCTAD-Sekretariates, S. 6, Ziff. 14, FN 6.

[75] Vgl. o.V.: http://www.wto.org.

[76] Vgl. TD/B/49/7 vom 1. August 2002: ebenda, S. 4, Ziff. 7, FN 4.

[77] Vgl. Zimmermann, Andreas in: Kommentar zum EU-/EG-Vertrag, Band 3, Groeben, Hans von der/ Thiesing, Jochen/ Ehlermann, Claus-Dieter (Hrsg.), Baden-Baden: Nomos, 5. Auflage, 1999, Artikel 130 u, Entwicklungszusammenarbeit, S. 2051f, Rz. 59.

[78] Vgl. E/2001/94 vom Juni 2001: Ensuring a smooth transition of countries graduating from least-developed country status, S. 3, Ziff. 6.

In Bezug auf den multilateralen Handelsrahmen sind spezielle Vorschriften im Rahmen der WTO zu nennen (z.B. verlängerte Umsetzungsfristen, Ausnahme von Verpflichtungen, sog. „special and differential treatment", S&D).[79] Unter dem „Generalized System of Preferences" (GSP) profitieren LDCs mehr im Vergleich zu anderen EL. Das WTO-Recht gestattet, dass ein entwickeltes Land nichtgegenseitige Zollkonzessionen für Importe aus den EL machen kann.[80] Jedes importierende Land legt sein eigenes System, einschließlich der Produktpalette und des Umfangs der betroffenen Importe, fest. Einige Länder wie Neuseeland, Norwegen und die Schweiz erweitern GSP-Vorzüge auf alle Produkte aus LDCs. Die EU hat mit ihrer „Everything but Arms"-Initiative Kontingente und Zölle auf alle Produkte außer Waffen aus den LDC aufgehoben. Ausnahmen bilden Zucker, Bananen und Reis, bei denen die Liberalisierung von 2006 bis 2009 erfolgen soll.[81] Präferenzschemen wie das GSP hatten in der Vergangenheit jedoch nur begrenzten Erfolg bei der Generierung von merklichem Exportwachstum oder der Verbesserung von Handelsanteilen der so begünstigten Länder.

In finanzieller Hinsicht gibt es freiwillige Verpflichtungen der Geberländer, den LDCs 0,15 % des GDP als offizielle Entwicklungshilfe zur Verfügung zu stellen. Länder, die bereits diese Quote erreichen, wurden im Aktionsprogramm für die LDCs für die 1990er darum ersucht, in 2000 eine Prozentzahl von 0,20 % zu erreichen. Auf der 3. UN-Konferenz über die LDCs (UN LDC-III) im Mai 2001 in Brüssel vereinbarten die Geberländer, die 0,15 und 0,20 %-Ziele zügig, bis spätestens 2005 zu erreichen.[82] Zudem ist eine Empfehlung des „Development Committee" der Organisation für Wirtschaftliche Zusammenarbeit und Entwicklung (DAC/OECD) erfolgt, wonach offizielle Entwicklungshilfe an LDCs keinen Lieferbindungen u.a. unterliegen sollte.[83]

In Bezug auf technische Hilfe wurde u.a. gemeinsam von WTO, Weltbank, UNCTAD, IMF, UNDP und ITC das „Integrated framework for trade-related technical assistance" entwickelt, das koordinierte technische Hilfe an die LDCs zur Verfügung stellen soll.[84]

2. Überblick über die Problemsituation der LDCs

2.1. Die soziale Situation

Die LDCs haben über die letzten 20 Jahre Fortschritte im sozialen Bereich gemacht. Im Durchschnitt hat sich aber der Unterschied zwischen ihnen und anderen EL vergrößert. Sie liegen weiter zurück in Bezug auf Lebenserwartung und Kindersterblichkeit. Auch wenn die Einschulungsrate bei Jungen Anfang der 1990er Jahre

[79] Vgl. zur Behandlung der LDCs in der WTO Teil 2, Kapitel 3, Abschnitt 2.2.2. und 2.2.
[80] Vgl. dazu Teil 2, Kapitel 3.
[81] Vgl. dazu Teil 2, Kapitel 4.
[82] Vgl. A/CONF.191/L.20 vom 20. Mai 2001, Ziff. 8.
[83] Vgl. dazu Teil 2, Kapitel 5.
[84] Vgl. dazu Teil 3, Kapitel 2, Abschnitt 1.2.1.

gestiegen zu sein scheint, der geschlechtsbezogene Bildungsunterschied ist in den LDCs viel größer als in anderen EL und dieser Unterschied hat sich noch vergrößert. UNCTAD befürchtet, dass nur 8 der LDCs das von den UN gesetzte Ziel der „universal primary education" bis 2015 erreichen könnten. Nur von 4 Ländern wird angenommen, dass sie die Kindersterblichkeit um zwei Drittel reduzieren können.[85] Das Wirtschaftswachstum war in den 1990ern in den meisten LDCs zu gering, als dass diese die hohen Armutsraten wesentlich reduzieren konnten. Zu Beginn der 1990er Jahre, konstatiert der UNCTAD-Bericht über die LDC 2000, lagen die Gesundheitsausgaben pro Kopf bei durchschnittlich US$ 11 jährlich, während sie in anderen EL bei etwas unter US$ 100 und in den OECD-Ländern bei US$ 1.700 lagen. Eine Steigerung des Ölpreises, so befürchtet die UNCTAD, habe nachteilige Auswirkungen auf die LDCs auf Grund der engen Beziehung zwischen der wirtschaftlichen Leistung und den „Terms of Trade". Es müssen nachhaltige Lösungen gefunden werden, da ansonsten die Menschen vieler LDCs weiter nur die Wahl haben werden zwischen dem Leben in Armut zu Hause oder der sozialen Ausgrenzung als illegale Arbeiter oder Bürger zweiter Klasse in anderen Ländern.[86]

Die gravierenden Probleme der LDCs im sozialen Bereich sowie das Problem der Humanressourcen werden durch die schnelle Ausbreitung von HIV/AIDS noch verschärft. Etwa 70 % der weltweit Infizierten leben in Afrika südlich der Sahara. Weltweit infiziert sind nach Schätzungen von Weltgesundheitsorganisation (WHO) und Weltbank etwa 36 Millionen Menschen (2000). Jeden Tag stecken sich weltweit etwa 15.000 Menschen mit AIDS an.[87] Die sozialen, ökonomischen und in der Zukunft demografischen Folgen des Problems für Afrika sind derzeit nicht überschaubar.[88] Erstmals am 10. Januar 2000 wurde das Thema vom Sicherheitsrat der Vereinten Nationen behandelt und als Gefahr für Frieden und die Sicherheit in Afrika erkannt.[89] Auch der ECOSOC hat das AIDS-Thema behandelt. Es besteht dringender Handlungsbedarf. Sinkende Lebenserwartung, Überforderung der traditionellen Sozialleistungssysteme, sinkende landwirtschaftliche Produktion und sinkendes Inlandsprodukt, Ausfall von medizinischem Personal sind damit zusammenhängende Probleme. Bedenklich ist insbesondere die Erkrankungsrate und Sterblichkeit in ökonomisch bedeutsamen Altersgruppen.[90] Zu verweisen ist in

[85] Vgl. UNCTAD/INF/2863, Presseerklärung: „Pockets of Poverty" Will Remain Unless Cooperation Improves, S. 2.
[86] Vgl. die UNCTAD: ebenda, S. 3.
[87] Zahlen nach: BT-Drs. 14/6496 vom 7. Juni 2001: Elfter Bericht zur Entwicklungspolitik der Bundesregierung, S. 11.
[88] Vgl. Diesfeld, Hans-Jochen: AIDS in der Dritten Welt, in: Lexikon Dritte Welt, Nohlen, Dieter (Hrsg.), Reinbeck bei Hamburg: Rowohlt, 2002, S. 332-338, S. 29.
[89] An der offenen Sitzung des Sicherheitsrates am 10. Januar 2000 (4087. Sitzung), auf welcher der Einfluss von HIV/AIDS auf die Friedenssicherung und auf die Entwicklung und die Sicherheit der Nationen, insbesondere in Afrika diskutiert wurde, nahm neben dem UN-Generalsekretär auch der Präsident der Weltbank, der Direktor von UNAIDS sowie der UNDP-Administrator teil und richteten sich an den Sicherheitsrat. Die Sitzung wurde vom Vizepräsidenten der USA geleitet.
[90] Vgl. Diesfeld, Hans-Jochen: ebenda, S. 29.

diesem Zusammenhang auf die Problematik der Versorgung mit Medikamenten in Bezug auf den im Rahmen der WTO bestehenden Schutz von Patenten.[91]

2.2. Die wirtschaftliche und finanzielle Situation

Wie bereits angedeutet, ist die soziale Situation eng mit der wirtschaftlichen Leistungsfähigkeit eines Landes verbunden. Zwar konnte die Wirtschaft der Gruppe der LDC-Länder insgesamt in den 90er Jahren des vergangenen Jahrhunderts schneller wachsen als im Jahrzehnt davor, allerdings wuchs ihr reales GDP pro Kopf nur um 0,9 % von 1990-1998 (nur 0,4 % ohne Bangladesch). Dagegen konnten die anderen Entwicklungsländer ein jährliches Wachstum von 3,6 % erzielen. Die Gruppe der sog. „low-income"-Länder konnten ein Wachstum von 5,4 % erzielen, was aber zumeist dem Wachstum in China oder Indien zu verdanken ist.[92] Während in 15 LDCs, einschließlich sieben davon in Asien, das Wachstum des GDP pro Kopf bei 2 % jährlich im Zeitraum von 1990-1998 lag, hat das Wachstum in 22 LDCs stagniert oder war rückläufig. In elf dieser Länder, die alle während der 1990er Jahre schwere bewaffnete Konflikte und interne Instabilität erfuhren, war das GDP pro Kopf um mehr als 3 % jährlich zurückgegangen.

Selbst wenn man die vergangenen wirtschaftliche Rückschläge unberücksichtigt lässt und die Wachstumsrate des Zeitraums von 1990 bis 1998 für die Zukunft unterstellt, erwartet UNCTAD, dass nur vier LDCs (Buthan, Laos, Lesotho und Sudan) die GDP-Schwelle von US$ 900 überschreiten, d.h. eines der Kriterien für die Streichung von der Liste der LDCs erfüllen werden. Für weitere 8 LDCs wurde im LDC-Report 2000 angenommen, dass sie diesen Grenzwert erst in den nächsten 50 Jahren überschreiten werden.[93]

Dem LDC-Bericht 2002 zufolge ist der Anteil an extremer Armut in den LDCs am höchsten, die von Rohstoffen abhängig sind. Zwischen 1997 und 1999 lebten 79 % der Menschen in extremer Armut in LDCs in Ländern, die sich auf Rohstoffexporte spezialisiert haben. Die Anzahl der in extremer Armut lebenden Menschen in rohstoffexportierenden LDCs stieg zwischen 1981-1983 und 1997-1999 um 105 Millionen während die Anzahl der in extremer Armut lebenden Menschen in Ländern, die deren Exporte in produzierte Güter und/ oder Dienstleistungen diversifiziert haben, nur um 10 Millionen anstieg.[94]

In Hinblick auf die finanzielle Situation der LDCs spielen öffentliche Entwicklungshilfe (ODA), Handelsbilanzdefizite, der Rückgang des Zuflusses privaten Kapitals sowie die hohe Schuldenlast eine Rolle.

---

[91] Vgl. dazu Teil 2, Kapitel 3, Ziff. 1.2.2.

[92] Zahlenangaben: UNCTAD/INF/2863, Presseerklärung, S. 2, unter Verweis auf den LDC-Report.

[93] Vgl. die UNCTAD: ebenda, S. 3.

[94] Vgl. UNCTAD/LDC/2002: The Least Developed Countries Report 2002: Escaping the Poverty Trap, United Nations, New York und Genf, 2002, S. IV.

Öffentliche Entwicklungshilfe in Afrika seit Anfang der 1980er Jahre konnte kaum den Ressourcenverlust durch ungünstige Handelsbedingungen ausgleichen. Nach Studien der UNCTAD haben über die letzten 20 Jahre Verluste bei den „Terms of Trade“ und der Verlust von Marktanteilen stattgefunden – mit der Folge von Handelsbilanzdefiziten oder „import compression“. Zwischen 1997 und 1999 ist der Jahresindex der Marktpreise für Rohstoffe, die etwa 80 % der Exportgewinne Afrikas ausmachen, um 25 % gefallen. Zusätzlich dazu haben viele Länder auf Grund der größeren Zahlungsschwierigkeiten Rückstände von Zinszahlungen für langfristige Verbindlichkeiten angehäuft, die 14 % des „current-account deficit“ des Zeitraums von 1989 bis 1998 entsprechen.[95] Bei der von den UN durchgeführten globalen Halbzeitüberprüfung wurde festgestellt, dass die externe Verschuldung und die Zinszahlungslast entscheidende Faktoren für die Mehrheit der LDCs darstellen. Nach OECD/DAC-Informationen lag die Verschuldung aller LDCs in 1993 bei insgesamt US$ 127 Billionen, was damals etwa 76 % des gemeinsamen GDP der LDCs entsprach. Für die Hälfte der LDCs war ihre externe Verschuldung genauso groß oder größer als deren jeweiliges GDP.[96] Die Gesamtschulden aller Länder in Afrika südlich der Sahara (ohne Südafrika) beliefen sich in 2001 auf US$ 208,9 Billionen, verglichen mit 215,8 in 2000 und 176,9 in 1990.[97]

Der Rückgang des Zuflusses privaten Kapitals (um 45 % seit 1990) und der ODA (um 30 % seit 1990), kombiniert mit der untragbaren Auslandsverschuldung von zwei Dritteln der LDCs, tut ein Übriges.[98] Erstmals seit 2002 sind nunmehr nach langen Jahren des Sinkens und der Stagnation der offiziellen Entwicklungshilfe die Ausgaben der Geberländer weltweit gestiegen, insgesamt von US$ 53 Milliarden auf US$ 57 Milliarden.[99] Die hohe Verschuldung behindert effektive Hilfe und ineffektive Hilfe verhindert die Lösung des Schuldenproblems in den LDCs. Die UNCTAD ist der Auffassung, dass unkoordinierte Zuflüsse von Entwicklungshilfe zur finanziellen Unsicherheit und zu verzerrten Regierungsfinanzen in vielen LDCs beigetragen haben. Zudem habe das Hilfesystem die Kapazitäten des Staates erodiert und damit die Möglichkeit einer echten nationalen „Ownership“ unterminiert. Gleichzeitig wird aber nach Meinung der UNCTAD das niedrige Level finanzieller Entwicklungshilfe die Hilfsabhängigkeit der afrikanischen Länder weiter perpetuieren, da sie nicht groß genug sei, als Katalysator für Wachstum eine Rolle zu spielen.[100] Neben der Verschuldung, der nicht ausreichenden Entwicklungshilfe und den Schwierigkeiten im Bereich des Handels besteht für die LDCs die Schwierig-

---

[95] Vgl. TAD/1923 vom 28. Juli 2000, S. 2, UNCTAD Presseerklärung unter Verweis auf die UNCTAD-Studie „Capital Flows and Growth in Africa“, UNCTAD 2000.

[96] Vgl. A/50/745 vom 10. November 1995, S. 11f, Ziff. 32.

[97] Vgl. A/57/253 vom 23. Juli 2002: External debt crisis and development, Bericht des UN-Generalsekretärs, Übersicht S. 12.

[98] Vgl. UNCTAD/INF/2863, Presseerklärung, S. 2.

[99] Vgl. Plenarprotokoll des Deutschen Bundestages 15/43, Stenographischer Bericht, 43. Sitzung, Berlin, Donnerstag, den 8. Mai 2003, Abgabe einer Regierungserklärung durch die Bundesregierung: Zukunft sichern, globale Armut bekämpfen, Heidemarie Wieczorek-Zeul, Bundesministerin für wirtschaftliche Zusammenarbeit und Entwicklung, S. 3488 (B)

[100] Vgl. UNCTAD/INF/2863, Presseerklärung, S. 2.

keit, eigene finanzielle Ressourcen im Land zu mobilisieren. Sie bleiben daher insbesondere von Entwicklungshilfe und von Krediten aus dem Ausland abhängig, um Investitionen in Infrastruktur, wirtschaftliche und soziale Investitionen vornehmen zu können. Der LDC-2000 Report der UNCTAD beschreibt einige Hauptschwierigkeiten der LDCs, Finanzen für die Entwicklung zu mobilisieren. Eine echte Aussicht für Wachstum, das auf einheimischen Ressourcen basiert, besteht dann, wenn eine hohes und andauerndes Pro-Kopf-Einkommen erreicht werden kann, was in den LDCs aber nicht der Fall ist. Diese Länder befinden sich in einem Teufelskreis, denn geringes Einkommen und langsames Wachstum beschränken den Umfang der Mobilisierung heimischer Ressourcen, während eine geringe Investitionsrate, die ineffiziente Nutzung von Ressourcen und ein schwacher heimischer Unternehmenssektor im Gegenzug das Wachstum einschränken. Zudem erhöhen eine geringe Attraktivität für privates Kapital, die Schuldenlast, die Anfälligkeit bei plötzlichen externen Einflüssen und nicht ausreichende Entwicklungshilfeleistungen die finanzielle Last eines ohnehin geringen Potentials zur Mobilisierung einheimischer Ressourcen.[101]

Zu den oben ausgeführten Schwierigkeiten kommen gravierende Lücken im Bereich der Humankapazitäten und der institutionellen und finanziellen Kapazitäten. Dies beeinflusst die Fähigkeit der Länder, eine integrierte und breit angelegte nationale Entwicklungsstrategie zu erarbeiten und umzusetzen, die alle Akteure der Gesellschaft mit einbezieht. Für eine erhebliche Anzahl von Ländern haben politische Schwierigkeiten einschließlich von Kämpfen und Bürgerkriegen zu einer Reduktion der Kapazität des Staates geführt und in vielen LDCs zu einem schwachen Staatsapparat, zum Fehlen von Rechtsstaatlichkeit und zu steigenden Transaktionskosten für öffentliche Investitionen in wirtschaftlichen und sozialen Bereichen beigetragen.

Trotz des Fortschritts in wenigen LDCs bleibt der Kampf gegen Hunger und Armut in den LDCs eine immense Herausforderung. Die LDCs, so das „Office of the Special Coordinator for Africa and the Least Developed Countries“ (OSCAL)[102], werden nicht durch eigenes Tätigwerden in der Lage sein, den Herausforderungen der

[101] Der LDC-Report argumentiert daher, dass der Schlüssel zur Erfüllung der finanziellen Bedürfnisse, um die Entwicklungsziele in den LDCs zu erreichen, nicht in der Mobilisierung heimischer Ressourcen liegt, sondern darin, wie Entwicklungshilfe und Schuldenreduzierung zur Stärkung der Mobilisierung der heimischen Ressourcen und zum Anstieg des Zuflusses privaten Kapitals für die Entwicklung beitragen können. Der Report kommt zum Ergebnis, dass viel höhere Entwicklungshilfeleistungen und Schuldenreduzierung in größerem Umfang als bisher erforderlich sind, um diese Länder aus ihrer Falle (geringes Einkommen/geringes Wachstum) heraus zu holen; höhere und effektivere Hilfe müsse die Grundlagen und die Kapazitäten zur Mobilisierung von heimischen Ressourcen stärken. So etwa auch das DAC der OECD in: OECD/DAC (2000) 21/PROV, Box III-1, S. 40.

[102] OSCAL ist an die Wirtschafts- und Sozialabteilung („Department for Economic and Social Affairs“, DESA) im Sekretariat der UN angegliedert, 2 Posten des Office wurden im Nachgang zur UN-LDCIII-Konferenz in das „Office for the High Representative for the Least Developed Countries“ integriert, vgl. dazu Teil 3.

Armutsreduzierung zu begegnen. Die Länder seien marginalisiert durch wirtschaftliche sowie Handels- und Finanzprozesse in einer zunehmend globalisierten und verbundenen Weltwirtschaft. Ohne die vollständige Umsetzung internationaler Zugeständnisse zugunsten dieser Länder und ohne adäquate Unterstützungsmaßnahmen in bestimmten anderen Bereichen (wie z.B. der Erreichung von Frieden und Stabilität im Land, der Aufstellung und Umsetzung umfassender und breit gefächerter Entwicklungspolitiken und Maßnahmen mit einer Orientierung zugunsten der Armen in Zusammenarbeit mit allen Bereichen der Gesellschaft), würden diese Länder wohl schwerlich Fortschritte bei der Armutsreduzierung machen. Hilfe sei u.a. auch nötig zum Aufbau von Angebotskapazitäten.[103]

3. Die LDCs und die internationale Gemeinschaft

3.1. Der Beginn der Bemühungen

Bemühungen, den am meisten benachteiligten Ländern besondere Aufmerksamkeit zu widmen, begannen bereits Mitte der 1960er Jahre mit dem Prozess der Gründung der UNCTAD. Ausdrücklich wurde das sozioökonomische Entwicklungsdilemma der am wenigsten entwickelten Länder erstmals 1964 auf der ersten Ministerkonferenz der UNCTAD (UNCTAD I) zur Kenntnis genommen. Die Entwicklungsprobleme und wirtschaftlichen Aussichten der LDCs wurden diskutiert und die Konferenz kam zu dem Schluss, dass auf Grund der strukturellen Unbeweglichkeiten und der extremen Verwundbarkeit der LDCs, nur drastische Maßnahmen der internationalen Gemeinschaft, in einem Maße, das frühere Anstrengungen bei Weitem übersteigt, den LDCs helfen können, ihre Entwicklungstempo zu beschleunigen.[104] Die erste Resolution zu den LDCs wurde auf der zweiten UNCTAD-Konferenz 1968 verabschiedet.[105] Drei Jahre später, nämlich 1971, nahm die UN-Generalversammlung die Kriterien zur Identifizierung der LDCs an[106], die durch den Ausschuss für Entwicklungsplanung („Committee for Development Planning“, CDP) erarbeitet worden waren. Zuvor war auf einer Sondersitzung am 24. Oktober 1970 anlässlich des 25-jährigen Bestehens der UN durch die Generalversammlung („General Assembly“, GA) einstimmig die Resolution 2626 (XXV) angenommen worden, die die 2. UN-Entwicklungsstrategie für die 1970er Jahre enthielt. Die Strategie erkannte das Bedürfnis für besondere Maßnahmen zu Gunsten der am wenigsten entwickelten Länder an und enthielt entsprechende Politikmaßnahmen.[107] Bezüglich der LDCs führte diese Strategie aus, dass

[103] Vgl. A/CONF.191/IPC/13 vom 20. Juli 2000: Office of the Special Coordinator for Africa and the Least Developed Countries (OSCAL)/ Department for Economic and Social Affairs (DESA): Contribution of Major United Nations Conferences to the Implementation of the Programme of Action for the LDCs for the 1990s and their Implications for the Third United Nations Conference on the Least Developed Countries, S. 8, Ziff. 13-15.

[104] Vgl. A/CONF.147/DR/3/Add.18 vom 19. Mai 1989.

[105] Vgl. UNCTAD Resolution 24(II) on special measures to be taken in favour of the LDCs.

[106] Vgl. GA-Resolution 2768 (XXVI).

[107] Vgl. GA-Resolution 2626 (XXV) vom 24. Oktober 1970: International Development Strategy for the Second United Nations Development Decade, Ziff. 56 bis 58.

spezielle Maßnahmen unternommen werden, um die LDCs zu befähigen, „to overcome their particular disabilities". Jede mögliche Anstrengung würde gemacht werden, um einen nachhaltigen wirtschaftlichen und sozialen Fortschritt dieser Länder sicherzustellen und deren Kapazitäten zu stärken, um von den Politikmaßnahmen für diese Dekade zu profitieren. Die Organisationen und Einheiten des UN-Systems sollten zu Beginn dieser Dekade die Aufnahme besonderer Programme erwägen, um die kritischen Entwicklungsprobleme der am wenigsten entwickelten Länder zu beheben.[108]

Gleichfalls stellte die GA die erste Liste der LDCs auf, welche zu dieser Zeit 24 Länder umfasste.[109] Die damaligen Kriterien zur Bestimmung der LDCs waren ein extrem niedriges Pro-Kopf-Einkommen, ein Anteil der Industrieproduktion am BSP (GDP) von weniger als 10 % und eine Alphabetisierungsrate von weniger als 20 % bei Erwachsenen. In den folgenden Jahren wurden die Kriterien überarbeitet und neu bestimmt und beinhalteten den „Augmented Quality of Life Index", den „Economic Diversification Index" und die Bevölkerungsgröße. Auf ihrer 28. Tagung drängte die GA die zuständigen Organisationen des UN-Systems, ihre Schritte zu beschleunigen und die notwendigen Mittel und Wege einzuleiten, um ihre Fähigkeiten zur effektiveren Durchführung von Hilfsmaßnahmen zu Gunsten der LDCs zu erhöhen.[110] Gleichzeitig stieg die Anzahl der als LDC qualifizierten Länder ständig. 1975 wurden vier Länder in die Liste aufgenommen,[111] 1977 zwei weitere[112], Guinea-Bissau in 1981, fünf weitere[113] in 1982, bis die Liste 1987 insgesamt 40 Länder und 1994 bereits 48 Länder umfasste. Mit Senegal ist 2001 schließlich das 49. Land in die LDC-Liste aufgenommen worden. Dabei hoffte man ursprünglich, dass die Entwicklungsbemühungen Auswirkungen haben würden und so Länder von der Liste gestrichen werden könnten, sobald deren Entwicklungsniveau anstieg. Praktisch ist dies mit Botswana in 1994 und Kap Verde in 2003 bislang erst zwei Ländern gelungen.[114] Als ein Ergebnis der Aufstellung der Liste konnte UNCTAD nun beginnen, gezielter analytische Arbeit bezüglich besonderer Maßnahmen zu Gunsten der LDCs aufzunehmen. Die erste umfassende Resolution zu speziellen Maßnahmen[115] wurde auf der dritten UNCTAD-Konferenz 1972 ver-

---

[108] Vgl. GA-Resolution 2626 (XXV) vom 24. Oktober 1970: International Development Strategy for the Second United Nations Development Decade, Ziff. 56.

[109] Afghanistan, Benin, Bhutan, Botsuana, Burundi, Tschad, Äthiopien, Guinea, Haiti, Laos, Lesotho, Malawi, Malediven, Mali, Nepal, Niger, Ruanda, Somalia, Sudan, Uganda, Tansania, Obervolta (jetzt Burkina Faso), Samoa und Jemen.

[110] Vgl. GA-Resolution 3174 (XXVIII) vom 17. Dezember 1973: Special measures in favour of the least developed countries, Ziff. 2 sowie Dokument E/5524/Add.3, S. 36.

[111] Bangladesch, Zentralafrikanische Republik, Jemen und Gambia.

[112] Kap Verde und die Komoren.

[113] Dschibuti, Äquatorialguinea, Sâo Tomé und Principe, Sierra Leone und Togo.

[114] Vgl. dazu u.a. JIU/REP/87/5: Technical co-opearation between organizations of the UN system and the least developed countries, enthalten in A/43/228 vom 21. März 1988, S. 1ff.

[115] Von den meisten Resolutionen usw. wird dafür die Formulierung „special measures in favour of least developed countries" gebraucht.

abschiedet[116], und von der GA mit Resolution 3036 (XXVII) vom 19. Dezember 1972 bekräftigt. Eine weitere Resolution wurde auf der vierten Konferenz 1976 angenommen.[117] Die Konferenz hatte in Resolution 80 (III) den „Trade and Development Board“ (TDB) der UNCTAD aufgefordert, eine zwischenstaatliche Gruppe („intergovernmental group on LDCs“) einzusetzen, die sich mit der Formulierung, Entwicklung, Überarbeitung und Annahme von Politiken und Maßnahmen zu Gunsten der LDCs befassen sollte. Durch Resolution 119 (XIV) entschied der TDB eine derartige Gruppe einzurichten. U.a. sollte die Gruppe auch eine methodische Analyse und Evaluierung des Fortschritts und der Schwierigkeiten, die sich bei der Umsetzung der Politikmaßnahmen und der Bestimmungen der Resolution 62 (III) ergeben, durchführen. Sie sollte Vorschläge machen, wie diese Schwierigkeiten beseitigt werden können und der Prozess beschleunigt werden kann. Daneben sollte sie dem TDB über ihre Aktivitäten berichten und Empfehlungen zur nächsten regulären Sitzungsperiode des TDB abgeben.[118] Auf einer Sitzung der zwischenstaatlichen Gruppe im Sommer 1978 wurden u.a. die Ergebnisse eines Treffens von multilateralen und bilateralen Finanzinstitutionen und Institutionen der technischen Hilfe mit Repräsentanten der LDCs eruiert, das vom 31. Oktober bis 8. November 1977 stattgefunden hatte und auf dem verschiedene Themen der Entwicklungshilfepolitik diskutiert worden waren.[119] Im Ergebnis des Treffens wurde empfohlen, nach Möglichkeiten zu suchen, die offizielle Entwicklungshilfe zu steigern, die Kapazitäten der LDCs zu verbessern, die Entwicklungshilfe zu nutzen, die Art und Weise der Finanzierung von LDCs flexibler zu gestalten[120] und die Planungs- und Umsetzungsprozesse der Geber administrativ zu verbessern. Weiter war empfohlen worden, nur nicht rückzahlbare Zuschüsse an die LDCs zu vergeben, die Hilfe an die LDCs auf einer kontinuierlicheren Basis zu leisten und mehr Koordination vorzunehmen, um die Effektivität der Hilfepolitik zu verbessern.[121]

Auf dem Treffen der zwischenstaatlichen Gruppe wurde erwähnt, dass das technische Hilfsprogramm der UNCTAD, unterstützt durch das UNDP, ausgebaut worden war. Dessen wichtigste Aktivität war eine „exploratory mission“ in 26 LDCs, die die Bedürfnisse der LDCs nach technischer Hilfe im Handelsbereich identfiziert hatte. Im Ergebnis war ein Programm aufgestellt worden, das Beratungsdienste zur Verfügung stellen sollte. Je zwei regionale Berater für vier bis fünf afrikanische Länder sollten im Bereich der Außenhandelspolitik und -planung ihre Tätigkeit

---

[116] Vgl. UNCTAD-Resolution 62 (III).

[117] Vgl. UNCTAD-Resolution 98 (IV), vgl. zum Ganzen u.a UNCTAD/OSG/286: The history of UNCTAD 1964-1984, S. 209.

[118] Vgl. TD/B/AC.17/10 vom 15. August 1978: Intergovernmental Group on the Least Developed Countries on ist second session, Bericht der Intergovernmental Group, S. 1, Ziff. 1f.

[119] Vgl. ebenda, S. 2, Ziff. 6, m.w.N.

[120] Hierfür kommen u.a. Programm- oder Sektorhilfe, Hilfe in Bezug auf die Zahlungsbilanz, Budgetunterstützung oder Unterstützung lokaler Entwicklungsbanken und Finanzinstitutionen in Betracht.

[121] Vgl. TD/B/AC.17/10 vom 15. August 1978: ebenda, S. 4f, Ziff. 13.

aufnehmen.[122] Die zwischenstaatliche Gruppe schloss sich in ihrer im Anschluss an ihr Treffen erlassenen Resolution den Schlussfolgerungen und Empfehlungen des Treffens der multilateralen und bilateralen Finanz- und technischen Hilfsinstitutionen mit den Repräsentanten der LDCs an und forderte die internationale Gemeinschaft auf, Schritte zu unternehmen, um die Empfehlungen umzusetzen. Zur Frage der verbesserten Effektivität wurde die Aufmerksamkeit darauf gelenkt, dass Hilfe im Rahmen einer geeigneten Entwicklungsstrategie erfolgen sollte. Bemühungen der LDCs zur Verbesserung von Entwicklungsplänen würden u.a. auch zur Verbesserung des Rahmens für externe Hilfe führen. Dies würde es den Gebern ermöglichen, ihre Hilfe besser auf die besonderen Bedürfnisse und Prioritäten des einzelnen LDCs zuschneiden zu können.[123] Auch in Bezug auf die Handelspolitik gab die zwischenstaatliche Gruppe in ihrer Resolution Empfehlungen ab. So sollten u.a. die Staaten, die Handelspräferenzen gewähren, in Übereinstimmung mit der Forderung der UNCTAD-Resolution 98 (IV)[124] weitere Schritte unternehmen und in ihre Präferenzschemen Produkte und potentielle Produkte der LDCs aufnehmen. In Bezug auf die Ziff. 6 der Tokio-Deklaration[125] führte die Resolution aus, dass weiterer Fortschritt in verschiedenen Bereichen der multilateralen Handelsverhandlungen bezüglich der besonderen Behandlung der LDCs gemacht werden müsse. Die zwischenstaatliche Gruppe forderte daher dringend dazu auf

„...that this provision of the Tokyo Declaration be effectively implemented in the multilateral trade negotiations and reflected in the various international codes now under negotiation in the multilateral trade negotiations ... [and] that ... [it] should be reflected in the legal framework of the General Agreement of Tariffs and Trade which will guide future world trade.“[126]

Mit Resolution 2124 (LXIII) vom 4. August 1977 hatte auch der ECOSOC die entwickelten Länder und alle internationalen Organisationen und Finanzinstitutionen gedrängt, spezielle Maßnahmen zugunsten der LDCs zu ergreifen, wie in den UNCTAD-Resolutionen 62 (III) und 98 (IV) und von anderen UN-Institutionen gefordert. Gleichfalls drängte er die Sonderorganisationen, die regionalen Kommissionen und andere UN-Einheiten, ihre Programme zu Gunsten der LDCs zu verstärken.[127]

---

[122] Vgl. TD/B/AC.17/10 vom 15. August 1978: Intergovernmental Group on the Least Developed Countries on ist second session, Bericht der Intergovernmental Group, S. 7, Ziff. 19.

[123] Vgl. Resolution 4 (II) der Intergovernmental Group on the Least Developed Countries: Special measures in favour of the least developed among the developing countries, S. 2, Ziff. 7, enthalten in Dokument TD/B/AC.17/10 vom 15. August 1978, Annex I.

[124] Vgl. TD/B/AC.17/10 vom 15. August 1978: ebenda, Ziff. 16.

[125] Die Tokio-Deklaration wurde angenommen durch die Minister im Rahmen des GATT im September 1973. Ziff. 6 der Deklaration lautet: „The Ministers recognize that the particular situations and problems of the least developed among the developing countries shall be given special attention, and stress the need to ensure that these countries receive special treatment in the context of any general or specific measures taken in favour of the developing countries during the negotiations“, vgl. TD/B/AC.17/10 vom 15. August 1978, S. 6, Ziff. 17.

[126] Vgl. Resolution 4 (II) der Intergovernmental Group on the Least Developed Countries: Special measures in favour of the least developed among the developing countries, S. 5f, Ziff. 21f, enthalten in Dokument TD/B/AC.17/10 vom 15. August 1978, Annex I.

[127] Vgl. ECOSOC-Resolution 2124 (LXIII) vom 4. August 1977, Ziff. 3 und 4.

Auch in Resolutionen der UN-Generalversammlung wurden Maßnahmen zu Gunsten der LDCs gefordert. Bereits die Internationale Entwicklungsstrategie (IDS) für die Zweite UN-Entwicklungsdekade, angenommen durch die GA in 1970[128], enthielt Politikmaßnahmen zu Gunsten der am wenigsten entwickelten unter den EL sowie der landumschlossenen EL.[129] Bezüglich der LDCs führt die Strategie aus, dass besondere Maßnahmen ergriffen werden, um die LDCs zu befähigen, ihre besonderen Nachteile zu überwinden. Jede mögliche Anstrengung solle erfolgen,

„to ensure the sustained economic and social progress of these countries and to enhance their capacity to benefit fully and equitably from the policy measures for the Decade and Organizations and bodies of the UN system will consider initiation early in the Decade special programmes to alleviate the critical development problems of the least developed among the developing countries."[130]

Die Charta über wirtschaftliche Rechte und Pflichten der Staaten, ebenfalls angenommen durch die GA, führt in Bezug auf die LDCs in ihrem Art. 25 aus:

„In furtherance of world economic development, the international community, especially its developed members, shall pay special attention to the particular needs and problems of the least developed among the developing countries, of land-locked developing countries and also island developing countries, with a view to helping them to overcome their particular difficulties and thus contribute to their economic and social development."[131]

Auch z.B. UN-Resolution 3362 (S-VII) vom 16. September 1975 führt aus, dass spezielle Maßnahmen von entwickelten Ländern und EL, die dazu in der Lage sind, erfolgen sollen, um bei der strukturellen Transformation der LDCs, landumschlossenen EL und EL-Inselstaaten Hilfe zu leisten. Auch sollten die Bedingungen der Hilfe von entwickelten Ländern in Bezug auf die LDCs verbessert werden.[132]

Obwohl bereits nach 1964 einige Schritte unternommen worden waren, um die Natur der strukturellen Schwierigkeiten und Probleme der LDCs zu klären, wurden bis zur fünften UNCTAD-Konferenz 1979 keine wirklichen Aktivitäten entfaltet. Erst dann, auf Initiative der G 77 nahm die internationale Gemeinschaft einstimmig die Resolution 122 (V) an, welche ein umfassendes Handlungsprogramm, ein „comprehensive programme of action for the LDCs", vorsah und Sofortmaßnahmen auflistete, die bis 1981 unternommen werden sollten. Zugleich machten die Staaten die Zusage, ein substantielleres und handlungsorientiertes Programm auszuarbeiten, um sich breit angelegt mit den strukturellen Problemen und langfristigen Entwicklungszielen der LDCs zu befassen. Bereits die Umsetzung der unmittelbaren Maßnahmen verlief enttäuschend langsam. Konsequenterweise und

---

[128] Vgl. GA-Resolution 2626 (XXV) vom 24. Oktober 1970: International Development Strategy for the Second United Nations Development Decade.

[129] Vgl. die GA: ebenda, Ziff. 56 bis 59.

[130] Vgl. die GA: ebenda, Ziff. 56.

[131] Vgl. GA-Resolution 3281 (XXIX) vom 12. Dezember 1974: Charter of Economic Rights and Duties of States, Artikel 25.

[132] Vgl. GA-Resolution 3362 (S-VII) vom 16. September 1975: Development and international economic cooperation, Ziff. I. 11. und II. 12.

in Antwort auf die Resolution 34/203 der UN-Generalversammlung vom 17. Dezember 1979, die auf Empfehlung von UNCTAD angenommen worden war, wurde im September 1981 eine Internationale Konferenz über die LDCs auf Einladung der französischen Regierung in Paris abgehalten.[133]

3.2. Die LDC-Konferenzen

Die auf den LDC-Konferenzen angenommenen Handlungsprogramme für jeweils 10 Jahre sollten ein koordiniertes Vorgehen des UN-Systems und anderer im Entwicklungsbereich tätigen Organisationen und Geber fördern. Auf dieser ersten LDC-Konferenz nahm die internationale Gemeinschaft einstimmig ein „Substantial New Programme of Action (SNPA) for the 1980s for the least developed countries" an,[134] welches Richtlinien für das Handeln der LDC selbst sowie Maßnahmen der internationalen Unterstützung enthielt. Hauptziel des SNPA war, die notwendigen strukturellen Änderungen, die zur Überwindung der extremen wirtschaftlichen Schwierigkeiten der LDCs erforderlich sind, zu fördern und diese zu befähigen, angemessene, international akzeptable Mindestlebensbedingungen zu erreichen sowie die Ökonomien der LDCs zu transformieren, so dass diese eine eigene nachhaltige Entwicklung erreichen.[135] Während der 1980er Jahre sollten die LDCs Programme und Projekte durchführen, die vorsahen, das Nationaleinkommen wesentlich zu erhöhen und in geeigneten Fällen bis 1990 zu verdoppeln, verglichen zur jeweiligen Einkommenshöhe Ende der 1970er Jahre, was einer durchschnittlichen jährlichen Wachstumsrate von 7,2 % bedurft hätte. Der Schwerpunkt lag dabei auf dem Agrarsektor. Im Bereich der Produktion sollten die LDCs agrarbasierte Industrien aufbauen und die Entwicklung von „small-scale and indigenous resource-based" Unternehmen unterstützen, mit dem Ziel, die jährliche Gesamtwachstumsrate auf wenigstens 9 % zu steigern. Das SNPA betonte auch die Notwendigkeit von Investitionen zur Umgestaltung, um die Wachstums- und Wohlfahrtsziele zu erreichen und für die Erforschung und den Abbau von Rohstoffen wie Mineralen und für die Erschließung von Energie und Wasserressourcen. In den sozialen Bereichen wurden die LDCs u.a. aufgefordert, zur Entwicklung der Humanressourcen durch notwendige Schritte zur Reduzierung der Analphabetisierung beizutragen und dazu eine ausgewogene Entwicklung der verschiedenen Arten und Ebenen der Bildung sicherzustellen.[136] Mit Resolution 36/194 vom 17. Dezember 1981 rief die GA alle Mitgliedstaaten sowie internationale und multilaterale Institutionen, die Organe; Organisationen und sonstige Einheiten des UN-Systems dazu auf, unverzüglich konkrete und adäquate Schritte zur Umsetzung des SNPA als Teil der internationalen Aktion zur Errichtung einer neuen internationalen Ordnung[137] zu treffen.[138]

---

[133] Vgl. A/CONF.147/DR/3/Add.18 vom 19. Mai 1989.
[134] Vgl. A/CONF/104/22/Rev.1.
[135] Vgl. JIU/REP/87/5: Technical co-operation between organizations of the UN system and the least developed countries, enthalten in A/43/228 vom 21. März 1988, S. 2.
[136] Vgl. dazu A/CONF.147/DR/3/Add.18 vom 19. Mai 1989.
[137] Vgl. dazu Teil 2, Kapitel 1, Abschnitt 1.2.1.
[138] Vgl. GA-Resolution 34/194 vom 17. Dezember 1981, Ziff. 3.

Das SNPA enthielt Bestimmungen zur Umsetzung, zur Weiterverfolgung und zur Überwachung des Programms und hat Einrichtungen auf Landesebene wie die Runden Tische des UNDP, die Konsultativgruppentreffen der Weltbank[139], den Club du Sahel[140] usw. geschaffen und auf regionaler und internationaler Ebene die Halbzeitüberprüfung eingeführt, die 1989 stattfand, sowie die globale Überprüfung am Ende des Jahrzehnts, die 1990 erfolgte.[141]

Die GA forderte die Mitgliedsstaaten, Organe, Organisationen und Programme des UN-Systems und andere relevante Organisationen auf, an den Entwicklungshilfe-Konsultationsgruppen oder den anderen, als Mechanismen zur regelmäßigen und periodischen Überprüfung und zur Umsetzung des SNPA zu errichtenden Arrangements teilzunehmen.[142] Das System der „focal points" in jeder UN-Organisation, das in Vorbereitung der Konferenz aufgebaut wurde, sollte nach dem Wunsch der GA beibehalten und effektiv genutzt werden.[143] Bestimmungen des SNPA legten die Rolle der verschiedenen Organe, Organisationen und Einheiten des UN-Systems fest, wie z.B. für das UNDP und seine Fonds, die Sonderorganisationen, die UNCTAD und die regionalen Kommissionen. Diese Bestimmungen sollten die Mobilisierung und Koordination aller Tätigkeiten zu Gunsten der LDCs unterstützen.[144]

Ein weiteres Ergebnis der ersten UN-Konferenz über die am wenigsten entwickelten Länder war die Aufforderung an die Geberländer, mindestens 0,15 % ihres BSP oder 30 % ihrer öffentlichen Entwicklungshilfeleistungen für die LDCs zu reservieren. Ende der 1980er Jahre betrug die durchschnittliche Leistung aller Geberländer für die LDCs aber nur 0,09 % des BSP.[145]

Neben den regulären oben angeführten Programmen zu Gunsten der LDCs führte die UN auch sog. „Special Programmes of economic assistance" durch. Unter anderem auf ihrer 40. Sitzung diskutierte die GA der UN über die Bedürfnisse der Länder, die eine besondere Unterstützung vielerlei Hinsicht wegen bestehender Schwierigkeiten durch Naturkatastrophen, eine schwache wirtschaftliche Infrastruktur, interne und externe Probleme verschiedenster Art haben. Die GA erließ Resolutionen und Entscheidungen zu 20 Ländern (davon 16 LDCs) und richtete

---

[139] Vgl. A/CONF/104/22/Rev.1, Ziff. 110 und 116.

[140] Der Club du Sahel war 1976 in Dakar/ Senegal gegründet worden u.a. durch 8 von Dürre bedrohte afrikanische Länder, die sich im „Committee for Drought Control in the Sahel" (CILSS) zusammengeschlossen hatten und der OECD, vgl. Dokument A/CONF.104/PC/2 vom 1. September 1980: Review of progress under the immediate action programme (1979-1981), S. 40, Ziff. 35.

[141] Vgl. JIU/REP/87/5: Technical co-operation between organizations of the UN system and the least developed countries, enthalten in A/43/228 vom 21. März 1988, S.2, Ziff. 7.

[142] Vgl. GA-Resolution 34/194 vom 17. Dezember 1981, Ziff. 10.

[143] Vgl. die GA: ebenda, Ziff. 13.

[144] Vgl. JIU/REP/87/5: ebenda, S.2, Ziff. 7.

[145] Vgl. Nuscheler, Franz: Lern- und Arbeitsbuch Entwicklungspolitik, Bonn: Dietz, 1995, S. 53.

einen Appell an die Mitgliedstaaten, zwischenstaatlichen Organisationen und die Organisationen und Sonderorganisationen des UN-Systems, einerseits ihre Hilfe für diese Länder auf verschiedenen Wegen zu verstärken, unter anderem durch den UN Trust Funds „for special programmes of economic assistance" und zum anderen an den Geberländer-Konferenzen zum Wiederaufbau und zur Entwicklung in diesen Ländern teilzunehmen.[146] Zudem wurden sog. Notfallprogramme z.B. im Sudan und in Äthiopien durchgeführt und ein „Special measures fund for the LDCs" errichtet, der finanzielle Mittel für die LDCs zur Verfügung stellen sollte.

Trotz einiger Bemühungen der LDCs um Politikreformen und strukturelle Transformation und trotz der geleisteten Unterstützung durch eine Anzahl von Gebern auf Gebieten wie Entwicklungshilfe, Verschuldung und Handel hatte sich während dieser Dekade die ökonomische Situation der LDCs verschlechtert. Auch die Anzahl der LDCs, insbesondere in Afrika war stark angestiegen. Waren 1981 noch 21 Länder in Afrika als LDCs klassifiziert, so waren es 1988 bereits 28.[147] Die Krise der Weltwirtschaft der 1980er Jahre hatte enorme Auswirkungen gerade auf die LDCs. Unter anderem mussten die LDCs auf Grund der flauen Rohstoffmärkte große Einbrüche in ihren Exporteinnahmen hinnehmen, was zu externen Zahlungsbilanzdefiziten führte. Aber auch andere Ursachen wie Trockenheit in Afrika bzw. Überflutungen in Teilen Asiens, großes Bevölkerungswachstum, Nahrungsmittelknappheit usw. waren gegeben.[148] Als die erhoffte Erholung der meisten Rohstoffmärkte ausblieb, unterwarfen sich viele bereits stark verschuldete LDCs den Stabilisierungs- und Strukturanpassungsprogrammen des IMF.[149] War das Ziel des SNPA ein GDP-Wachstum für die Gruppe der LDCs von 7,2 % jährlich, so wurde durchschnittlich nur eine Wachstumsrate von 2,3 % erreicht, verglichen mit einem Wachstum von 3,4 % in der vorausgegangenen Dekade. 23 Länder hatte gar negative Wachstumsraten im Pro-Kopf-Einkommen zu verzeichnen.[150]

Aus Sicht der LDCs war das wohl wichtigste nicht erreichte SNPA-Ziel der Zufluss von öffentlicher Entwicklungshilfe. Während einige Geberländer ODA von mehr als 0,15 % ihres GNP geleistet haben, haben viele andere ihre Zahlungen nicht erhöht. Prozentual zum GDP der LDCs hat sich der gesamte externe Zufluss von 13,3 % in 1980 auf 12,8 % in 1987 verringert. Zudem waren die LDCs nunmehr noch abhängiger von ODA. 1987 kamen 99,8 % der gesamten externen finanziellen Ressourcen der LDCs aus der Quelle der ODA, verglichen mit 81,9 % in 1980.[151] Auf Seiten der LDCs sind u.a. schwache Institutionen und fehlende politische Füh-

---

[146] Vgl. dazu. u.a. JIU/REP/87/5: Technical co-operation between organizations of the UN system and the least developed countries, enthalten in A/43/228 vom 21. März 1988.
[147] Vgl. A/CONF.147/DR/3/Add.18 vom 19. Mai 1989.
[148] Vgl. Panday, Devenda Raj/ Williams, Maurice: Aid Co-ordination and Effectiveness: Least Developed Countries 1981-1989, Studie enthalten in Dokument [A/CONF.147] UNLDC II/4/Rev.1, S. 15, Ziff. 88f.
[149] Vgl. dazu Teil 2, Kapitel 2, Abschnitt 2.2.1.
[150] Vgl. Panday, Devenda Raj/ Williams, Maurice: ebenda, S. 12, Ziff. 74.
[151] Vgl. ebenda, S. 12, Ziff. 77.

rung zur Unterstützung des Entwicklungsprozesses und zur Durchführung von Politikreformen zu erwähnen.

Die GA, wiederum auf Empfehlung der UNCTAD,[152] entschied, eine zweite Konferenz abzuhalten, um die Umsetzung des SNPA sowohl auf der Ebene der LDCs als auch in Bezug auf die internationalen Unterstützungsmaßnahmen und die offizielle Entwicklungshilfe zu überprüfen. Darüber hinaus sollte die Konferenz geeignete nationale und internationale Politiken und Maßnahmen formulieren und annehmen, die mit den eigenen langfristigen nationalen sozialen und wirtschaftlichen Zielen in Einklang standen, um den Entwicklungsprozess in den LDCs während der 1990er Jahre zu beschleunigen.[153] Die UNCTAD wurde wiederum zum zentralen Anlaufpunkt für die Vorbereitungen der Konferenz ernannt. In diese Vorbereitungen sollten alle Regierungen, zwischenstaatliche und multilaterale Organisationen sowie die Organisationen und Einheiten des UN-Systems einbezogen werden. Der Generalsekretär der UNCTAD fungierte gleichzeitig als Generalsekretär der LDC-Konferenz.[154] Das Ergebnis der Konferenz, die im September 1990 erneut in Paris stattfand, war die Verabschiedung der Erklärung von Paris und eines Handlungsprogramms für die 1990er.

In beiden Dokumenten, sowohl in der Erklärung als auch im Handlungsprogramm, verpflichtete sich die internationale Gemeinschaft, sofort und effektiv zu handeln, nach dem Wortlaut der Dokumente auf der Grundlage des Prinzips der gemeinsamen Verantwortung und verstärkter Partnerschaft, die Verschlechterung der sozioökonomischen Situation in den LDCs zu stoppen und umzukehren und deren Wachstum und Entwicklung wiederzubeleben.[155] Die Politiken und Maßnahmen zur Unterstützung dieser Ziele umfassten die folgenden Hauptbereiche:

- die Errichtung eines makro-ökonomischen Politikrahmens, der nachhaltigem Wirtschaftswachstum und langfristiger Entwicklung dienlich ist,
- die Entwicklung und Mobilisierung von Humanressourcen,
- die Entwicklung, Ausweitung und Modernisierung der produzierenden Basis,
- die Umkehr des Trends der Umweltzerstörung,
- die Förderung einer integrierten Politik ländlicher Entwicklung, die eine steigende Nahrungsmittelproduktion, die Erhöhung ländlicher Einkommen und Aktivitäten im nichtlandwirtschaftlichen Sektor anstrebt,
- die Bereitstellung adäquater externer Unterstützung.[156]

---

[152] Die Empfehlung wurde auf der UNCTAD VII in Genf 1987 angenommen, vgl. TD/351: Final Act, Ziff. 153.

[153] Vgl. GA-Resolution 42/177 vom 11. Dezember 1987: Second United Nations Conference on the Least Developed Countries, Ziff. 1 i-iii.

[154] Vgl. die GA: ebenda, Ziff. 3ff.

[155] Vgl. o.V.: http://www.unctad.org/en/subsites/ldcs/3-review.ht, Ausdruck vom 3. Juni 2000.

[156] Vgl. UNCTAD/LDC/1999: Bericht über die LDCs 1999, UNCTAD 1999, S. 9.

Die Konferenz vereinbarte erneut, dass die Mitgliedstaaten einen Anteil von 0,15 % bis 0,20 % ihres GDP den LDCs als Entwicklungshilfe leisten sollen. Die Umsetzung dieser Vereinbarung muss als für die entwickelten Länder peinlich angesehen werden. Statt einer Erhöhung der 1990 durchschnittlich geleisteten 0,09 % des GDP als Entwicklungshilfe an die LDCs waren es 1998 nur noch 0,05 %.[157] Deutschland lag 1998 dabei mit einer Mittelkürzung von US$ 1.768 Millionen auf US$ 1.164 Millionen genau auf diesem Mittelwert. Insgesamt erhielten die LDCs 1990 noch US$ 15,3 Milliarden von allen Geberländern der OECD wogegen es acht Jahre später nur noch 10,7 Milliarden Dollar waren. Zwar haben die 17 LDCs, die in die von Weltbank, Währungsfonds und weiteren Geberländern auf Drängen verschiedener Initiativen für die hoch verschuldeten Länder durchgeführte „Highly Indebted Poor Country"-Initiative" (HIPC) einbezogen worden sind, durch die Entschuldungsinitiative Ersparnisse von 0,5 Milliarden Dollar jährlich erzielt, d.h. Gelder, die auf Grund des Erlasses nicht für die Aufbringung von Schuldendiensten verwendet werden mussten. Jedoch muss demgegenüber ein Rückgang von etwa US$ 3,5 Milliarden an die 17 afrikanischen HIPC-LDCs im Zeitraum von 1995 bis 1999 gesehen werden, so dass am Ende ein Verlust von etwa US$ 3 Milliarden jährlich verblieb. Damit hatte die Kölner Schuldeninitiative bis dato nur ein Siebtel dessen ausgeglichen, was diesen Ländern zuvor durch rückläufige Entwicklungshilfe verloren gegangen war.[158]

Das auf der zweiten UN-LDC-Konferenz verabschiedete Handlungsprogramm erkannte an, dass eine effektive Nachverfolgung und ein Überwachungsmechanismus die Entwicklungsbemühungen der LDCs unterstützen würde und Schlüssel zur erfolgreichen Durchführung des Programms ist. Die Paris-Konferenz einigte sich daher erneut auf einen dreistufigen Mechanismus, der wie bereits bei dem vorangegangenen Aktionsprogramm die nationale, regionale und globale Ebene umfassen sollte, um die effektive Umsetzung des Programms zu überwachen. Auf der nationalen Ebene sollten die bereits existierenden Mechanismen für den Politikdialog, Programmkoordination und die Ressourcenmobilisierung angewendet werden. Dies waren die sog. Treffen der runden Tische des „United Nations Development Programme" (UNDP), die über die LDCs hinaus auch auf andere Länder ausgeweitet werden sollten, und die Treffen der Konsultativgruppen („Consultative Group Meetings") unter der Leitung der Weltbank. Auf der regionalen Ebene sollten die regionalen Wirtschaftskommissionen der UN die Rolle der Überwachung des Fortschrittes der wirtschaftlichen Zusammenarbeit zwischen LDCs und anderen EL übernehmen. So sollten regelmäßig sog. „Cluster meetings" organisiert werden, um die regionalen und subregionalen Kooperationsarrangements zu verbessern und zu stärken.[159] Auf der globalen Ebene sollte die UNCTAD die Aufgabe übernehmen, in Zusammenarbeit mit anderen relevanten Organisationen des UN-Systems die

[157] Mittelwert aller OECD/DAC-Staaten.

[158] Vgl. Hanfstaengel, Michael: Bericht von der UN-LDC-III-Konferenz vom 26.05.2001, http://www.tanzania-network.de/aktion/bericht-ldc-konferenz.htm, vgl. dazu Teil 2, Kapitel 2, Abschnitt 2.2.2.

[159] Vgl. UNCTAD/LDC/1999: Bericht über die LDCs 1999, UNCTAD 1999, S. 9.

Nachprüfung, Bewertung und Weiterverfolgung des Handlungsprogramms durchzuführen. Der Handels- und Entwicklungsrat der UNCTAD führte daraufhin jährliche Überprüfungen des Fortschritts der Umsetzung des Aktionsprogramms durch.[160] Während die „Economic Commission for Africa" (ECA) und die „Economic and Social Commission for Asia and the Pacific" (ESCAP) regelmäßige Überprüfungen unternommen haben, ist nach Auffassung der UNCTAD in ihrem 1999er LDC-Bericht das schwächste Glied des Umsetzungsmechanismus die unterbliebene Organisation regionaler „Cluster meetings" und sektoraler Überprüfungen der Organisationen gewesen.[161]

Mit den Resolutionen 48/171 vom 21. Dezember 1993 und 49/98 vom 19. Dezember 1994 beschloss die GA, ein hochrangiges zwischenstaatliches Treffen einzuberufen, um eine Halbzeitüberprüfung auf globaler Ebene in Übereinstimmung mit Ziff. 140 des Aktionsprogramms und der Resolution 45/206[162] bezüglich der Umsetzung des Aktionsprogramms durchzuführen.[163] Diese Halbzeitüberprüfung fand vom 25. September bis 6. Oktober 1995 in New York statt.[164] Auf diesem hochrangigen Treffen wurden Schlussfolgerungen und Empfehlungen angenommen, um die Umsetzung des Aktionsprogramms während der zweiten Hälfte der 1990er Jahre zu beschleunigen.[165] Des Weiteren wurde eine „Declaration on the Mid-term Global Review of the Programme of Action" angenommen. Die Halbzeitüberprüfung der Umsetzung des Aktionsprogramms für die LDCs in den 1990er Jahren ergab, dass diese Länder weiterhin marginalisiert sind.[166]

In den 1990er Jahren haben mehrere Veränderungen stattgefunden. Zu nennen sind die beschleunigte Globalisierung und die Gründung der WTO in 1995, einhergehend mit weiterer Liberalisierung im Zuge der Uruguay-Runde und großen Auswirkungen und Anforderungen an die Umsetzung des auf der LDC-Konferenz angenommenen Aktionsprogramms.[167] Diese Entwicklungen hatten auch einen Einfluss auf die Rolle des Staates im Entwicklungsprozess, die Art von Ent-

---

160 Vgl. o.V.: http://www.unctad.org/en/subsites/ldcs/3-review.ht, Ausdruck vom 3. Juni 2000.

161 Vgl. UNCTAD/LDC/1999: Bericht über die LDCs, UNCTAD 1999, S. 11.

162 Vgl. GA-Resolution 45/206 vom 21. Dezember 1990: Implementation of the Programme of Action for LDCs for the 1990s.

163 Vgl. GA-Resolution 49/98 vom 19. Dezember 1994: Implementation of the Programme of Action for the Least Developed Countries for the 1990s: High-level Intergovernmental Meeting on the Mid-term global Review of the Implementation of the Programme of Action for the Least Developed Countries for the 1990s, einführende Ziff. 2.

164 Vgl. dazu GA-Resolution 50/103: Mid-term global review, Annex, sowie die Aufzeichnung des Generalsekretärs, Dokument A/50/745 vom 10. November 1995: High-level Intergovernmental Meeting on the Mid-term Global Review of the Implementation of the Programme of Action for the LDCs for the 1990s.

165 Vgl dazu: o.V.: ebenda.

166 Vgl. A/50/745 vom 10. November 1995: High-level Intergovernmental Meeting on the Mid-term Global Review of the Implementation of the Programme of Action for the LDCs for the 1990s, S. 1 sowie o.V.: ebenda.

167 Vgl. Teil 2, Kapitel 3.

wicklungs- und Wirtschaftspolitiken sowie die Natur der Beziehungen zwischen den verschiedenen Akteuren im Entwicklungsbereich (Staaten, Gebern, dem privaten Sektor und der Zivilgesellschaft). Zudem haben politische und Bürgerkriege in verschiedenen LDCs einschließlich von übergreifenden Effekten in benachbarte Länder (Flüchtlinge) die Kapazitäten von LDCs geschwächt, Entwicklungsstrategien oder -politiken zu formulieren und umzusetzen. Zu nennen sind weiter der starke Rückgang offizieller Entwicklungshilfe um mehr als 20 % sowie der Anstieg von 42 LDCs in 1990 auf 48 in 1999 (nur Botswana konnte von der Liste der LDCs gestrichen werden) was gleichzeitig mit einem Anstieg der Bevölkerung um 36 % zwischen 1990 und 1997 in diesen Ländern einherging.[168]

Im UNCTAD-Bericht über die LDCs 1999 wurde die Schlussfolgerung gezogen, dass das Aktionsprogramm nicht effektiv in Bezug auf die Transformation der Ökonomien der LDCs gewesen ist.[169] Rückblickend sei das Aktionsprogramm zu optimistisch in Bezug auf die Verfügbarkeit von Ressourcen und die Entwicklung der Weltwirtschaft gewesen. Wohl die dringendste entwicklungsrelevante Frage in Bezug auf die LDCs sei, was in Hinblick auf die angebotsseitigen Beschränkungen der LDCs getan werden könne, um diese zu befähigen, wettbewerbsfähiger für den einheimischen als auch den internationalen Markt zu produzieren. Andere Beschränkungen in Bezug auf den Handel wie Marktzugang, insbesondere Zolltarifspitzen und Zolleskalation für Produkte von speziellem Interesse für LDCs, sollen damit jedoch nicht unterbewertet werden. Jedenfalls müsse das technokratische Herangehen an die Entwicklungsherausforderungen der LDCs, das die Entwicklungsprobleme innerhalb eines engen Fokus auf Handelspolitik begreift, geändert werden. Die Entwicklung der notwendigen Kapazität, im Welthandel wettbewerbsfähig zu sein, erfordere ein holistisches Vorgehen, in dem alle relevanten Akteure (Staat, Geber, privater Sektor und die Zivilgesellschaft) mehr oder weniger große Anteile haben.[170] Auch in ihrer Resolution 52/187 vom 18. Dezember 1997 hatte die GA festgestellt, dass die LDCs im Welthandel weiter marginalisiert worden sind, sich die Entwicklungshilfeleistungen an diese Länder reduziert haben und das Verschuldungsproblem der LDCs gravierend sei. Daher entschied die GA, eine dritte UN-Konferenz über die LDCs abzuhalten.[171]

In Bezug auf die LDCs in Afrika wurde auf einem Vorbereitungstreffen festgestellt, dass auch andere Bemühungen weitgehend ihre Ziele verfehlt oder nicht voll erreicht haben. Genannt wurden das „United Nations Programme of Action for African Economic Recovery and Development“ (UNPAAERD), die „United Nations New Agenda for the Development of Africa in the 1990s“ (UN-NADAF), die Strukturanpassungsprogramme („Structural Adjustment Programmes“, SAPs)[172] und die Special Programmes of Assistance (SPAs) als auch die Entschuldungsini-

---

[168] Vgl. UNCTAD/LDC/1999: Bericht über die LDCs 1999, UNCTAD 1999, S. 9.
[169] Vgl. die UNCTAD: ebenda, S. 10.
[170] Vgl. die UNCTAD: ebenda, S. 11.
[171] Vgl. die UNCTAD: ebenda, S. 10.
[172] Vgl. dazu Teil 2, Kapitel 2, Abschnitte 1.2.1. und 2.2.1.

tiative („Heavily Indebted Poor Country Initiative“, HIPC).[173] Tief wurzelnde strukturelle Fallen blieben bestehen und sind schnellen Lösungen nicht zugänglich. Mögliche Ursachen schließen neben geographischen Problemen, einem schwachen institutionellen Aufbau und ethnischen Spannungen (18 afrikanische LDCs waren bis dato seit ihrer Gründung in bewaffnete Konflikte involviert) auch schwache, meist dualistische Produktmärkte ein. Eine Reihe von LDCs litten zudem unter wiederkehrenden Naturkatastrophen.[174]

Die dritte UN-LDC-Konferenz fand im Frühjahr 2001 in Brüssel statt. Die Brüsseler Deklaration enthält eine Verpflichtung der Mitgliedstaaten, die Armut zu beseitigen und die Lebensqualität der Menschen in den LDCs zu verbessern, durch Stärkung ihrer Fähigkeiten, sich selbst eine bessere Zukunft aufzubauen und ihre Länder zu entwickeln. Dies könne nur durch ein gerechtes und nachhaltiges Wirtschaftswachstum und nachhaltige Entwicklung auf der Basis national erstellter, menschenzentrierter Strategien zur Armutsreduzierung erreicht werden. Gute Regierungsführung auf der nationalen und internationalen Ebene, Rechtsstaatlichkeit, Respektierung aller international anerkannter Menschenrechte, einschließlich des Rechtes auf Entwicklung, die Förderung der Demokratie, Sicherheit durch präventive Diplomatie und die friedliche Lösung bewaffneter Konflikte, Geschlechtergleichbehandlung, Bildung und soziale Infrastruktur, Stärkung produktiver Kapazitäten und Institutionenbildung seien essentiell, um das große und ungenutzte menschliche und wirtschaftliche Potential der LDCs zu realisieren.[175] Während die Hauptverantwortung für die Entwicklung bei den LDCs selbst liege, müssten deren Bemühungen konkret und substantiell durch Regierungen und internationalen Organisationen im Geiste geteilter Verantwortung durch Partnerschaft einschließlich mit der Zivilgesellschaft und dem privaten Sektor unterstützt werden. Die Regierungen erklärten, sie glauben, dass verstärkter Handel essentiell für die Entwicklung der LDCs sei. Ein transparentes, nicht-diskriminierendes und regelbasiertes multilaterales Handelssystem sei essentiell für die LDCs, möglichen Gewinne der Globalisierung zu realisieren. Die Aufnahme von LDCs in die WTO sollte daher gefördert und unterstützt werden. Die Möglichkeit, durch die vierte WTO-Ministerkonferenz die Entwicklungsdimension des Handels, insbesondere für die Entwicklung der LDCs voranzubringen, soll ergriffen werden. Erstrebt würde die Verbesserung präferentiellen Marktzugangs durch Hinwirken auf zoll- und quotenfreien Marktzugang für alle Produkte aus den LDCs zu den Märkten der entwickelten Länder. Maßnahmen würden auch ergriffen werden, um die Probleme der LDCs durch angebotsseitige Beschränkungen in Angriff zu nehmen. Die entscheidende Bedeutung von Handel und Wirtschaftswachstum müsse auch in den Strategien zur Armutsreduzierung reflektiert werden.[176]

---

[173] Vgl. dazu Teil 2, Kapitel 2, Abschnitt 2.2.2.
[174] Vgl. A/CONF.191/IPC/2 vom 23. Mai 2000: Report of the Expert-Level Preparatory Meeting for the English-Speaking African LDCs, 27.-29. März 2000, S. 7, Ziff. 21.
[175] Vgl. A/CONF.191/12 vom 2. Juli 2001: Brussels Declaration, S. 2, Ziff. 1f.
[176] Vgl. ebenda, S. 2, Ziff. 3 und 6.

Auch diese dritte Konferenz verabschiedete am 20. Mai 2001 ein Aktionsprogramm, dass Politiken und Maßnahmen auf Seiten der LDCs und auf Seiten der „Entwicklungspartner“ enthält, um die negativen Trends in den LDCs umzukehren, nachhaltiges Wirtschaftswachstum und nachhaltige Entwicklung der LDCs sowie deren gewinnbringenden Integration in die Weltwirtschaft zu fördern. Es baut auf den Ergebnissen der verschiedenen UN-Konferenzen auf und bestimmt Wege, um die Probleme der LDCs zu bewältigen.[177] Neben den Zielen enthält das Aktionsprogramm das sog. Rahmenwerk für Partnerschaft („Framework for Partnership“) bestehend aus sieben „Commitments“.[178] Das fünfte „Commitment“, das die Rolle des Handels für die Entwicklung behandelt, geht davon aus, dass die LDCs zunehmend durch den Handel Ressourcen zur Finanzierung von Wachstum und Entwicklung gewinnen werden. Kohärentes Tätigwerden durch die UN, die Bretton-Woods-Institutionen und die WTO, gemeinsam mit Aktionen der Regierungen, bleiben ein essentielles Element einer Gesamt-Politikreform.[179]

Daneben enthält das Programm Mechanismen und Arrangements zur Nachverfolgung, zur Überprüfung auf der nationalen, regionalen und globalen Ebene und zur Überwachung dieser Politiken und Maßnahmen.[180] Es geht zurecht davon aus, dass der Erfolg des Erreichens der Ziele vom effektiven Funktionieren dieser Arrangements abhängen wird. Auf der nationalen Ebene soll jedes LDC mit Unterstützung der Entwicklungspartner Aktionen, die im Aktionsprogramm enthalten sind, in spezifische Maßnahmen umsetzen. Dies soll im Rahmen ihres nationalen Entwicklungsrahmens, der Armutsreduzierungsstrategie sowie, wo vorhanden, ihrer „Poverty Reduction Strategy Papers“ (PRSPs), des „Common Country Assessments“ und dem „UN Development Assistance Framework“ erfolgen.[181] Die Nachverfolgung auf der regionalen Ebene soll sich auf die Kooperation zwischen den LDCs und anderen Ländern auf regionaler und subregionaler Ebene konzentrieren. Auf der globalen Ebene soll sich die Nachverfolgung hauptsächlich mit der Beurteilung der wirtschaftlichen und sozialen Situation der LDCs, der Überwachung der Umsetzung der von den LDCs und ihren Partnern gemachten Zusagen befassen und das Funktionieren der Umsetzungs- und Nachverfolgungsmechanismen auf der Länderebene, der subregionalen, der regionalen und der sektoralen Ebene sowie die Politikentwicklungen auf globaler Ebene mit Auswirkungen auf die LDCs überprüfen. Dieses dreigleisige Vorgehen soll kohärent und sich gegenseitig unterstützend

---

[177] Vgl. A/CONF.191/11 vom 8. Juni 2001: Programme of Action for the Least Developed Countries, S. 3, Ziff. 3.

[178] Diese sind: 1. Fostering a people-centred policy framework, 2. Good governance at national and international levels, 3. Building human and institutional capacities, 4. Building productive capacities to make globalization work for LDCs, 5. Enhancing the role of trade in development, 6. Reducing vulnerability and protecting the environment, 7. Mobilizing financial resources.

[179] Vgl. A/CONF.191/11 vom 8. Juni 2001: ebenda, S. 36, Ziff. 65.

[180] Vgl. ebenda, S. 3, Ziff. 3.

[181] Vgl. zu den Begriffen Teil 3, Kapitel 2, Abschnitte 1.1.1. und 1.1.2.

erfolgen.[182] Die Organisationen des UN-Systems einschließlich der Bretton-Woods-Institutionen haben dabei eine besondere Rolle zu spielen und sind aufgefordert, dem Aktionsprogramm eine hohe Priorität beizumessen und seine Bestimmungen in ihre Arbeitsprogramme zu integrieren. Der UN-Generalsekretär wurde aufgefordert, die volle Mobilisierung und Koordinierung aller Teile des UN-Systems sicherzustellen, um die koordinierte Umsetzung sowie Kohärenz der Nachverfolgung sowie der Überwachung des Aktionsprogramms auf allen Ebenen zu unterstützen.[183] Erste Schritte zur Verbesserung der Effektivität der institutionellen Arrangements wurden u.a. mit der Einrichtung des neuen „Office of the High Representative for the Least Developed Countries, Landlocked Developing Countries and Small Island Developing Countries" getroffen.[184]

Auch auf den internationalen Konferenzen der 1990er, wie z.B. der UN-Konferenz für Umwelt und Entwicklung (1992 in Rio), der Internationalen Konferenz für Bevölkerung und Entwicklung und dem Weltgipfel für Soziale Entwicklung 1995 in Kopenhagen sowie auf anderen Konferenzen, in Abkommen und Konventionen wurden Verpflichtungen übernommen, die Bemühungen der LDCs zu unterstützen. Unter anderem die Deklaration und das Aktionsprogramm von Kopenhagen in 1995 richtete die Aufmerksamkeit der internationalen Gemeinschaft auf die besondere Situation der LDCs und erkannte an, dass die Unterschiede zwischen den entwickelten und den EL und insbesondere den LDCs größer geworden sind und insbesondere die Lage der LDCs kritisch ist. Gleichfalls wurden besondere Aufmerksamkeit und Unterstützung der internationalen Gemeinschaft für diese Länder gefordert.[185]

4. Lösungsmöglichkeiten und der Beitrag des internationalen Handels

Das fünfte „Commitment" des Aktionsprogramms der dritten UN-LDC-Konferenz geht, wie dargestellt, davon aus, dass Handel für die LDCs zunehmend zur Quelle von Ressourcen zur Finanzierung von Wachstum und Entwicklung wird. Handel wurde auch auf der UN-Konferenz „on Financing for Development" als eine von fünf Finanzquellen für Entwicklung behandelt. Die UN-Konferenz, die im März 2002 in Monterrey/ Mexiko stattfand, diskutierte Finanzierungsmöglichkeiten für den Entwicklungsprozess.[186] Der Generalsekretär der UN führte in seinem Bericht zur Konferenz aus, dass die Handelspolitik eine der vordersten Politiken ist, die die Entwicklungsaussichten der EL berührt. Dem stimmte die WTO zu und führte gleichzeitig aus:

---

[182] Vgl. A/56/645 vom 23. November 2001: Follow-up mechanism for coordination, monitoring and reviewing the implementation of the Programme of Action for the Least Developed Countries for the Decade 2001-2010, Bericht des UN-Generalsekretärs, S. 2, Ziff. 7f.

[183] Vgl. ebenda, S. 2, Ziff. 9.

[184] Vgl. dazu Teil 2, Kapitel 1, Abschnitt 1.3.1.

[185] Vgl. A/CONF.191/IPC/13, S. 6f.

[186] Neben dem Handel beschäftigte sich die Konferenz mit den Themen Schuldenerlass, ausländischen Direktinvestitionen (FDI), öffentlicher Entwicklungshilfe (ODA) und privatem Sparen, vgl. dazu die Ausführungen in Teil 2, Kapitel 1, Abschnitt 1.2.1.

„We also agree ... that the potential impact of expanding market access can be many times greater than direct financial assistance, provided that it is combined with successful efforts to increase and diversify developing countries' productive capacity.“[187]

Im Folgenden soll daher die Bedeutung des Handels für die LDC und für den Entwicklungsprozess dargestellt werden.

4.1. Internationaler Handel und die LDCs

Unter den Begriff des internationalen Handels fällt jede grenzüberschreitende Transaktion von Waren und Dienstleistungen.[188] Der internationale Handel ist von wesentlicher Bedeutung für die LDCs. In 1997/1998 entfielen durchschnittlich 43 % des GDP auf Export und Import von Waren und Dienstleistungen. Auf den Export von Waren und Dienstleistungen entfielen dabei 17 %.[189] Ihr Anteil am Welthandel betrug in 2000 demgegenüber nur 0,5 %, wovon 52 % auf nur 3 LDCs entfielen.[190] Zahlen der WTO zufolge ist der Anteil der LDCs am Warenhandel nach einem Absinken von 0,9 % auf 0,5 % zwischen 1980 und 1994 in 2001 leicht auf 0,6 % gestiegen. Der Handel mit Dienstleistungen beträgt etwa 0,4 % des Welthandels.[191]

Für die EL und auch für LDCs sind es zumeist Rohstoffe, die auf dem Weltmarkt angeboten werden. Ende der 1990er Jahre umfassten unverarbeitete Waren 62 % des gesamten Warenexportes der LDCs als Gruppe. Weiter verarbeitete Rohstoffe machten 8 % des Warenexports aus und Fertigexporte standen für 30 %. Der Dienstleistungsexport war ebenfalls für LDCs nicht unerheblich mit etwa 19 % der Gesamtexporte von Waren und Dienstleistungen in den 35 Ländern, für die Daten vorhanden sind. Es bestehen jedoch große Unterschiede zwischen den LDCs, die in diesen Durchschnittswerten nicht zum Ausdruck kommen. 31 LDCs sind vom Rohstoffexport abhängig, von denen 4 Öl exportieren.[192] Etwa 18 Länder exportieren vorwiegend hergestellte Waren oder Dienstleistungen oder beides.[193] Deren Anteil

[187] Vgl. WT/COMTD/30 vom 1. Mai 2001: WTO Membership Contribution to the International Conference on Financing for Development Preparatory Committee, WTO-Ausschuss für Handel und Entwicklung, S. 1, Ziff. 3.

[188] Vgl. Büschgen, Hans E.: Internationales Finanzmanagement, Frankfurt am Main: Fritz Knapp, 3. Auflage, 1997, S. 5.

[189] Vgl. UNCTAD/LDC/2002: The Least Developed Countries Report 2002: Escaping the Poverty Trap, United Nations, New York und Genf, 2002, S. 103.

[190] Vgl. die UNCTAD: ebenda, S. 112.

[191] Vgl. WT/TRP/OV/8 vom 15. November 2002: WTO Annual Report of the Director General: Overview of Developments in the International Trading Environment, S. 33, Ziff. 102.

[192] Diese vier Länder sind Angola, Äquatorialguinea, Jemen und nach 1999 auch der Sudan. Die übrigen Rohstoffe exportierenden LDCs sind: Afghanistan, Benin, Bhutan, Burkina Faso, Burundi, Zentralafrikanische Republik, Tschad, Kongo (Demokratische Republik), Eritrea, Äthiopien, Guinea, Guinea-Bissau, Kiribati, Liberia, Malawi, Mali, Mauretanien, Niger, Ruanda, Sâo Tomé und Principe, Sierra Leone, Salomonen , Somalia, Sudan, Togo, Uganda, Tansania und Sambia, vgl. die UNCTAD: ebenda, S. 106 sowie Übersicht S. 107.

[193] Hauptsächlich verarbeitete Produkte exportieren Bangladesh, Kambodscha, Haiti, Laos, Lesotho, Madagaskar, Myanmar und Nepal. Dienstleistungen exportierende LDCs sind Kap

an unverarbeiteten Rohstoffen beträgt im Durchschnitt nur noch etwa 1/5 des gesamten Warenexportes.[194] Letztere haben während der letzten 20 Jahre eine Transformation ihrer Exportstruktur erfahren. Die wichtigsten Exportgüter sind Textilien und Bekleidung. Bei den Dienstleistungen ist es Tourismus und in einigen Inselstaaten sind es auch Geschäftsdienstleistungen.[195]

Typisch für die LDCs als Gruppe ist jedoch, dass deren Exporte sich auf einen engen Kreis an Produkten beschränkt. Die führenden drei Produkte machten 1997/1999 durchschnittlich 76 % aus. Auf der Importseite ist zu bemerken, dass die Gruppe der LDCs sehr stark von Nahrungsmittelimporten abhängig ist. Nur etwa 1,2 % des GDP wird für Importe von Maschinen und Ausrüstungen aufgewendet, was einen geringen Technologietransfer aufzeigt.[196]

Für die Mehrheit der LDCs bedeutet Handelspolitik jedoch noch immer in erster Linie Rohstoffpolitik. Die Ökonomien vieler EL, und der Mehrheit der LDCs, sind von agrarischen und mineralischen Rohstoffen geprägt. In den 1980er Jahren hatten die Rohstoffe einen Anteil an den gesamten Exporterlösen der damals 135 EL von 90 % und mehr.[197] Nur eine Minderheit konnte die Abhängigkeit von Rohstoffexporten zurückdrängen. Dies gilt insbesondere für die gut drei Dutzend Rohstoffländer, deren Exporterlöse noch vorwiegend aus dem Export eines einzigen Rohstoffes stammen. Diese Länder sind Nachfrage- und Preisschwankungen auf dem Weltmarkt ziemlich wehrlos ausgeliefert.[198] Neben der Abhängigkeit der Rohstoff exportierenden EL von den Schwankungen der Exporterlöse besteht eine starke Abhängigkeit von anderen außenwirtschaftlichen Schocks. So hatten sich die „Terms of Trade“ der meisten der LDCs, die Rohstoffe ex- und Öl importieren, in 1998 und 1999 verschlechtert. Zum einen war der Verfall der Rohstoffpreise so gravierend wie seit Anfang der 1980er Jahre nicht mehr und zum anderen traf der Anstieg der Ölpreise um das Dreifache zwischen März 1999 und August 2000 die LDCs enorm.[199]

Die „Terms of Trade“ eines Landes, die auch als reales Tauschverhältnis eines Landes bezeichnet werden, geben an, welches Importgüterbündel man für ein gegebenes Exportgüterbündel erhält. Sie sind von eminenter wirtschaftspolitischer

---

Verde, Komoren, Dschibuti, Gambia, Maldiven, Samoa, Tuvalu und Vanuatu. Die beides exportierenden Länder sind Mosambik und Senegal, vgl. UNCTAD/LDC/2002: The Least Developed Countries Report 2002: Escaping the Poverty Trap, United Nations, New York und Genf, 2002, S. 106 sowie Übersicht S. 107.

[194] Vgl. die UNCTAD: ebenda, Übersicht S. 108.

[195] Vgl. die UNCTAD: ebenda, S. 106.

[196] Vgl. die UNCTAD: ebenda, S. 106, S. 108.

[197] Vgl. Yenal, Alparslan: Integriertes Rohstoffprogramm/ Der gemeinsame Fonds, in: Lexikon der Internationalen Politik, Albrecht, Ulrich/ Volger, Helmut (Hrsg.), München, Wien: Oldenbourg, 1997, S. 229-233, S. 229.

[198] Vgl. Nuscheler, Franz: Lern- und Arbeitsbuch Entwicklungspolitik, Bonn: Dietz, 1995, S. 278.

[199] Vgl. UNCTAD/INF/2863, UNCTAD Presseerklärung, S. 3.

Bedeutung: während die Verbesserung des Tauschverhältnisses eine stärkere Verfügbarkeit von Gütern für Konsum und Investitionen bedeutet, bedeutet seine Verschlechterung eine Reduzierung der für den Konsum (und die Produktion) verfügbaren Güter. Eine Verschlechterung der „Terms of Trade", wie sie für die EL und LDCs in der Vergangenheit für eine Reihe von Produkten erfolgt ist, ist unter entwicklungspolitischen Gesichtspunkten besonders problematisch, da die EL im Interesse ihrer wirtschaftlichen Entwicklung Kapitalgüter importieren müssen. Ein gegebenes Importniveau von wachstumsnotwendigen Kapitalgütern kann nur aufrecht erhalten werden, wenn die Exportproduktion verstärkt wird.[200]

Für die Schwankungen der Exporterlöse der EL und LDCs gibt es mehrere Gründe. Ursachen sind z.B. Überangebot durch Überproduktion mit der Folge des Preisverfalls. Der Preisverfall der Rohstoffe kann nicht immer durch die Erhöhung der Absatzmengen aufgefangen werden, um ein gegebenes Niveau von Importgütern aufrecht zu erhalten. Im Gegenteil führt die Erhöhung der Absatzmengen erst recht zum weiteren Preisverfall, denn viele kleinere Produzenten müssen auch zu Dumpingpreisen anbieten, um überhaupt überleben zu können (sog. Schweinezyklus). Die Preise der beschränkten Anzahl von Rohstoffen, von deren Export die LDCs nach wie vor stark abhängig sind, sind über lange Zeit gefallen. Daneben sind sie wie z.B. im Agrarbereich Handelsbarrieren zu vielen Märkten ausgesetzt.[201] Zudem sind Produktion und Angebot agrarischer Rohstoffe erheblichen Schwankungen unterworfen. Zu nennen sind u.a. das Angebot verknappende Naturkatastrophen wie Dürre oder Überschwemmungen. Dazu kommt die Abhängigkeit der Nachfrage von der Konjunktur der Industrieländer und die marktbeherrschende Stellung großer Konzerne, die die Weltmarktpreise bestimmen (Nachfragemonopole). Zu nennen sind schließlich Konsumveränderungen, die ein langfristiges Problem darstellen, sowie Börsenspekulationen.[202]

In der Vergangenheit wurden verschiedene Versuche gemacht, durch Rohstoffabkommen oder -kartelle die Marktpreise für Rohstoffe zu stabilisieren. In den 1970er Jahren forderten die EL eine „Neue Weltwirtschaftsordnung"[203] mit dauerhaften Absatzgarantien für Rohstoffe und stabilen Preisen.[204] Zu nennen ist in diesem Zusammenhang auch die Charta der wirtschaftlichen Rechte und Pflichten der

---

200 Vgl. Siebert, Horst: Außenwirtschaft, Stuttgart: Lucius und Lucius, 7. Auflage, 2000, S. 140f.

201 Vgl. WT/TRP/OV/8 vom 15. November 2002: WTO Annual Report of the Director General: Overview of Developments in the International Trading Environment, S. 33, Ziff. 102.

202 Vgl. Nuscheler, Franz: Lern- und Arbeitsbuch Entwicklungspolitik, Bonn: Dietz, 1995, S. 278.

203 Die Forderungen der Entwicklungsländer nach einer Neuen Weltwirtschaftsordnung wurden schließlich auf der 6. Sondergeneralversammlung der UN im Mai 1974 in einer Erklärung und dem Aktionsprogramm über die Errichtung einer Neuen Weltwirtschaftsordnung verabschiedet, vgl. dazu die Ausführungen in Teil 2.

204 Vgl. dazu Bass, Hans H.: Berg- und Talfahrt der Preise bei Rohkakao, in: E+Z, Heft 3, 2001, S. 89-91, S 91.

Staaten.[205] Während an Kartellen nur Erzeugerländer beteiligt sind, sind es an Rohstoffabkommen sowohl Erzeuger als auch Abnehmerstaaten. Die 1960 gegründete Organisation Erdöl exportierender Staaten (OPEC) bezweckte eine Preisstabilisierung für Rohölpreise und stellt etwa seit den 1970er Jahren ein erfolgreiches Rohstoffkartell dar.[206] Neben als Quotensystemen ausgestatteten Rohstoffabkommen, bei denen Erzeugerländern Grundexportquoten zugeteilt werden, ist die zweite Haupterscheinungsform der Rohstoffabkommen der Buffer Stock. Diese Variante hat den Aufbau und die Unterhaltung von Ausgleichsvorräten zum Ziel.[207]

Die UNCTAD verfolgte das Ziel, durch ein integriertes Rohstoffprogramm die Preisschwankungen bzw. den Preisverfall der Rohstoffe für die EL auszugleichen. Das Integrierte Rohstoffprogramm[208] sah u.a. die Einrichtung eines Gemeinsamen Fonds für Rohstoffe vor. Das Programm stellte den Versuch dar, die strukturellen Probleme des Weltrohstoffhandels in einem globalen Rohstoffkooperationsprogramm zu lösen. Es war für insgesamt 18 Rohstoffe,[209] die etwa 70 % der Rohstoffexporte (ohne Erdöl) der EL ausmachten, konzipiert worden. Es sah vor, unter Hilfestellung der UNCTAD Einzelabkommen für diese Rohstoffe abzuschließen, Vereinbarungen über internationale Ausgleichslager und die Koordinierung der Lagerhaltungspolitik einzelner Länder sowie über Preise und Bandbreiten der Preisschwankungen und Vorkehrungen zur Regelung des Angebotes wie Export- und Produktionsquoten zu treffen. Schließlich sollten langfristige multilaterale Liefer- und Abnahmeverträge abgeschlossen werden. Die Einrichtung des Gemeinsamen Fonds sollte dazu dienen, die rohstoffpolitischen Maßnahmen und insbesondere die Ausgleichslager zu finanzieren. Durch die Einrichtung der sog. Buffer Stocks sollte versucht werden, Schwankungen auf dem Weltmarkt auszugleichen und durch den Aufkauf bzw. das zur Verfügung stellen von Rohstoffen in Abhängigkeit vom Weltmarkt die Preise stabil zu halten. Immer wieder forderten die UNCTAD und die Generalversammlung der UN auf, das Abkommen zur Errichtung des gemeinsamen Fonds („Common Fund") zu verabschieden und die entsprechenden Resolutionen der UNCTAD und der GA umzusetzen.[210] Die vorge-

---

205 Die Charta wurde auf der 29. UN-Generalversammlung im Dezember 1974 verabschiedet, vgl. dazu Kapitel 3, Abschnitt 1.3.

206 In den OPEC-Staaten befinden sich ¾ der weltweiten Rohölvorkommen, vgl. Nohlen, Dieter: OPEC, in: Lexikon Dritte Welt, Reinbeck bei Hamburg: Rohwohlt, 2002, S. 637-638.

207 Vgl. Dolzer, Rudolf: Wirtschaft und Kultur im Völkerrecht, in: Völkerrecht, Graf Vitzthum, Wolfgang (Hrsg.), Berlin, New York: de Gruyter, 2. Auflage, 2001, S. 469-544, S. 525, Rz. 115ff.

208 Das Programm (sog. Corea-Plan, benannt nach dem damaligen Generalsekretär der UNCTAD Gamani Corea) wurde auf der UNCTAD IV 1976 in Nairobi diskutiert.

209 Darunter waren 10 Primärgüter, die allein einen Anteil von 75 % am Exportwert der ausgewählten Rohstoffe hatten (Kaffee, Kakao, Tee, Zucker, Baumwolle, Kautschuk, Jute, Sisal, Kupfer und Zinn), vgl. Yenal, Alparslam: Integriertes Rohstoffprogramm/ Der gemeinsame Fonds, in: Lexikon der Internationalen Politik, Albrecht, Ullrich/ Volger, Helmut (Hrsg.), München, Wien: Oldenbourg, 1997, S. 229-232, S. 231.

210 Vgl. z.B. die GA-Resolution 34/196 vom 19. Dezember 1979: Report of the United Nations Conference on Trade and Development on its fifth session.

sehenen Rohstoffabkommen kamen jedoch nicht zustande oder funktionierten unzulänglich. Das Abkommen über den gemeinsamen Fonds trat erst fast 10 Jahre nach seiner Verabschiedung in Kraft. Beispielsweise ist Frankreich 1998, wie andere Industriestaaten zuvor, wieder ausgeschieden.[211] Das begrenzte Finanzvolumen des Gemeinsamen Fonds konnte keine effektive Preis- und Erlösstabilisierung bewirken. Insgesamt hat das ursprüngliche Konzept der globalen Rohstoffpolitik nicht funktioniert.[212] Das Übereinkommen über den Gemeinsamen Fonds für Rohstoffe ist bislang ohne praktische Bedeutung geblieben.[213]

Die EU hatte versucht, durch den STABEX-Kompensationsfonds Exporterlöse bei bestimmten landwirtschaftlichen Rohstoffen zu stabilisieren.[214] Derartige Fonds wirken aber weder umfassend, d.h. sie beziehen nicht alle Rohstoffe ein, noch wirken sie ursachenbezogen,[215] d.h. im Sinne der Lösung des Problems durch verstärkte Bemühungen zur Diversifizierung. Mit der Finanzierungsfazilität SYSMIN wurde der Export von Bergbauerzeugnissen der AKP-Staaten gefördert.[216] Die Mittel wurden als Darlehen zu Sonderkonditionen bzw. unter dem letzten Lomé-Abkommen als nichtrückzahlbare Zuschüsse vergeben.[217]

In den 1980er Jahren erzeugte die Zahlungsunfähigkeit vieler Schuldnerländer geradezu einen Zwang, durch mehr Exporte mehr Devisen zur Wiederherstellung der Zahlungsfähigkeit zu erwirtschaften. Es gab den unerbittlichen „Sachzwang Weltmarkt".[218] Die Rohstoffländer versuchen in der Regel, sinkende Rohstoffpreise durch höhere Exportmengen auszugleichen – mit der Folge, dass das Überangebot auf den Rohstoffmärkten zusätzlich auf die Preise drückt und die Exporterlöse trotz aller Anstrengungen sinken. So werden knappe Ressourcen zu immer schlechteren Bedingungen „verschleudert".

Der Teufelskreis, der besonders die LDCs in der Handelsfalle hält, kann vereinfacht folgendermaßen dargestellt werden:

---

[211] Vgl. Dolzer, Rudolf: Wirtschaft und Kultur im Völkerrecht, in: Völkerrecht, Graf Vitzthum, Wolfgang (Hrsg.), Berlin, New York: de Gruyter, 2. Auflage, 2001, S.525, Rz. 120.

[212] Vgl. Yenal, Alparslam: Integriertes Rohstoffprogramm/ Der gemeinsame Fonds, in: Lexikon der Internationalen Politik, Albrecht, Ullrich/ Volger, Helmut (Hrsg.), München, Wien: Oldenbourg, 1997, S. 229-233, S. 232f.

[213] Vgl. Herdegen, Matthias: Internationales Wirtschaftsrecht, München: Beck, 3. Auflage, 2002, S. 146, Ziff. 5.

[214] Vgl. dazu zur EU Teil 2, Kapitel 5.

[215] Vgl. auch Bass, Hans H.: Berg- und Talfahrt der Preise bei Rohkakao, in: E+Z, Heft 3, 2001, S. 89-91, S 91.

[216] Vgl. Geiger, Rudolf: EUV, EGV: Vertrag über die Europäische Union und Vertrag zur Gründung der Europäischen Gemeinschaft; Kommentar, München: Beck, 3. Auflage, 2000, Art. 310, Rz.28.

[217] Vgl. Gabler Wirtschaftslexikon, Gabler, 15. Auflage, 2000, Band Sm-U, S. 2995, zu den Lomé-Abkommen vgl. Teil 2, Kapitel 5, Abschnitt 2.5.

[218] Vgl. Nuscheler, Franz: Lern- und Arbeitsbuch Entwicklungspolitik, Bonn: Dietz, 1995, S. 269.

- geringer Entwicklungsstand
- hoher Anteil von Rohstoffen an den Exporten
- Verwundbarkeit durch Nachfrage- und Preisschwankungen
- Devisenknappheit
- geringe Spar- und Investitionsfähigkeit
- schwache Wachstumsimpulse
- geringe Produktivitätsfortschritte
- Verfestigung der Strukturgebrechen von Unterentwicklung.[219]

Erforderlich ist es, diesen Teufelskreis zu durchbrechen. Die oben geschilderte Art von Rohstoffpolitik steht im Gegensatz zu einer Strukturanpassungspolitik. Dies bedeutet: Einpassung in den Markt- und Preismechanismus durch Anpassung an die Veränderungen der Nachfrage in Mengen und Art der Güter. Ziel einer Rohstoffpolitik sollte nicht die Erhaltung von Produktionsstrukturen sein, die überproduzieren und die Preise drücken, sondern die Erschließung neuer Marktchancen und Verringerung der außenwirtschaftlichen Verwundbarkeit - also Diversifikation.[220] Ansätze zur Entkoppelung der Erlöse von den Ernten bei Naturrohstoffen wie z.B. Kakao durch Weiterverarbeitung sollten diskutiert werden.[221] Notwendig dazu ist, dass die verfügbaren in- und ausländischen Ressourcen zur Diversifizierung der Produktions- und Exportstrukturen eingesetzt werden.

Die Gründe für die schleichende Abkoppelung eines Großteils der EL und insbesondere der LDCs aus der Dynamik des Weltmarktes sind vielfältig. Ein Hauptgrund ist das Fehlen der eben genannten Diversifizierung und die fehlende oder ungenügende Ausrichtung der Produkte an der Nachfrage. Die Nachfrage nach Rohstoffen fällt langfristig aufgrund wachsender Recyclingraten, der Substitution von Metallen durch andere Werkstoffe (z.B. Plastik, Glasfiber u.a.) und technologischer Veränderungen (z.B. „Miniaturisierung“ der Hochtechnologie). Problematisch ist daher, dass sich die Industrialisierung der meisten EL entweder auf einfache Verarbeitungsstufen der Rohstoffe oder auf die Substitution von Importen, die sich nicht um Exportchancen bemüht, beschränkt. Ein weiteres Problem ist, dass die Industrieprodukte auf Grund von Qualitätsmängeln selten konkurrenzfähig sind und häufig trotz hoher Schutzzölle im Wettbewerb gegen Importware nicht bestehen können. Schließlich sind Probleme mit der Förderung mineralischer Rohstoffe zu nennen, die kaum tatsächlich Entwicklungsimpulse gibt, wenn die Rohstoffe nicht weiterverarbeitet werden. Erst die Weiterverarbeitung von Rohstoffen bewirkt eine hohe Wertschöpfung, regt Investitionen an, schafft Arbeitsplätze und gibt Anstöße zur weiteren Industrialisierung.[222] Dies wiederum wird vom Handelssystem nicht gefördert, da nach wie vor die Zölle mit der Verarbeitungsstufe der

[219] Vgl. Nuscheler, Franz: Lern- und Arbeitsbuch Entwicklungspolitik, Bonn: Dietz, 1995, S. 275.
[220] Vgl. ähnlich Nuscheler, Franz: ebenda, S. 284.
[221] Vgl. Bass, Hans H.: Berg- und Talfahrt der Preise bei Rohkakao, in: E+Z, Heft 3, 2001, S. 89-91, S 91.
[222] Vgl. Nuscheler, Franz: ebenda, S. 268.

Produkte ansteigen. Zolleskalation[223] und Zollspitzen bestehen zumeist in den Bereichen Nahrungsmittel, Getränke und Tabakwaren sowie Textilien und Bekleidung, Leder und Schuhprodukte.[224] Zolleskalationen stellen ein wesentliches Hindernis für die lokale Verarbeitung von Rohstoffen (1. Stufe) und Halbfertigprodukten (2. Stufe) in den exportierenden Ländern dar. Damit verhindern sie die Industrialisierung der EL und LDCs.[225] Zudem bestehen Mechanismen, die zumindest teilweise Verluste für Ausfälle beim Handel mit Rohstoffen ausgleichen. Der Anreiz zum Aufbau von verarbeitenden Industrien ist daher gering, so dass die EL in ihrer Abhängigkeit vom Export weniger Produkte bzw. von nicht oder gering verarbeiteten Rohstoffen verbleiben. Dies ist um so negativer als der UNCTAD-Bericht über die LDCs 2002 aufzeigt, dass eine weitere Marginalisierung in den LDCs stattgefunden hat, die überwiegend Rohstoffe (ohne Öl) exportieren. Demgegenüber sei der Marktanteil der Waren produzierenden LDCs seit den 1990er Jahren gestiegen.[226]

Zu nennen sind weiter nichttarifäre Exporthindernisse der Industriestaaten, die in der Praxis eine große Rolle spielen (u.a. Kontingente, mengenmäßige Beschränkungen, technische Handelshemmnisse, vgl. Art. XI GATT 1994). Zum einen umfasst dies Maßnahmen des Staates, die direkt Warenströme beeinflussen[227] wie etwa Anmeldungsformalitäten für Importe und Zollprozeduren oder technische Qualitäts- und Produktstandardanforderungen. Zu nennen sind hier weiter Antidumping-Maßnahmen und Quoten.[228] Des Weiteren zählen dazu Maßnahmen die ursprünglich nicht mit handelspolitischen Motiven verknüpft sind, sich aber dennoch auf die Warenströme auswirken wie z.B. umweltpolitische Produktnormen[229] oder Gesundheitsstandards. Gesundheitspolizeiliche und pflanzenschutzrechtliche Standards stellen eines der größten Hemmnisse für eine Steigerung der Exporte der EL in Industrieländer dar.[230] Es wird geschätzt, dass allein die Verschärfung der

[223] Unter Zolleskalation versteht man eine Erhöhung des Zolls mit dem Verarbeitungsgrad der Produkte, womit vor allem die Fertigwarenindustrie in den Industrieländern geschützt wird. Rohstoffe unterliegen danach nur einem relativ geringen Zoll und der Zoll auf Endprodukte ist am höchsten.

[224] Vgl. WT/TRP/OV/8 vom 15. November 2002: WTO Annual Report of the Director General: Overview of Developments in the International Trading Environment, S. 12, Ziff. 32 und Appendix, S. 43.

[225] Vgl. ebenda, S. 13, Ziff. 33.

[226] Vgl. UNCTAD/LDC/2002: The Least Developed Countries Report 2002: Escaping the Poverty Trap, United Nations, New York und Genf, 2002, S. 113.

[227] Vgl. Siebert, Horst: Außenwirtschaft, Stuttgart: Lucius und Lucius, 7. Auflage, 2000, S. 190.

[228] Diese werden von Kappel als u.a. als Gründe genannt, warum Zollpräferenzen zu Gunsten der LDCs nur geringen Nutzen für diese haben, vgl. Kappel, Robert: Entwicklung durch Handel? Was bringen geöffnete Industrieländer-Märkte den armen Ländern?, in: E+Z 2001, Heft 9, S. 248-249, S. 249.

[229] Vgl. Siebert, Horst: ebenda, S. 190.

[230] Vgl. KOM (2002) 513 endg. vom 18. September 2002, Mitteilung der Kommission an den Rat und das Europäische Parlament: Handel und Entwicklung, Unterstützung der Entwicklungsländer bei der Nutzung der Vorteile des Handels, S. 31.

Aflatoxin-Standards der EU für Getreide und Getreideprodukte, Trockenfrüchte, Gemüse und Nüsse die betroffenen Exporte afrikanischer Länder um die Hälfte verringern und Exporteinbußen von mehreren hundert Millionen US$ nach sich ziehen könnte.[231] Der Aufbau und die Unterhaltung entsprechender Institutionen zur Kontrolle von Produktionsmethoden und zum Testen und Zertifizieren von Produkten erfordern einen immensen finanziellen Aufwand, der insbesondere für die LDCs nur mit erheblicher finanzieller Unterstützung und Entwicklungszusammenarbeit möglich sein dürfte. So könnte durch Flächenerschließung, Agrarreformen und Produktivitätssteigerung bislang ungenutztes Potential in afrikanischen EL und LDCs die Agrarproduktion erhöht werden. U.a. diesbezüglich stellen die Exportbarrieren der entwickelten Länder ein erhebliches Problem dar. Die Weltbank schätzt, dass sich die Exporte aus Afrika südlich der Sahara insgesamt um 14 % erhöhen würden, wenn Nordamerika, Europa und Japan alle Hemmnisse für Importe aus dieser Region beseitigen würden. Dies würde wiederum eine jährliche Zunahme von Exporten dieser Länder im Wert von US$ 2,5 Billionen bedeuten.[232]

Für die Abkoppelung der LDCs vom Weltmarkt bestehen aber auch hausgemachte Ursachen in den Ländern, die nicht weniger relevant im Vergleich zu den externen Gründen sind. Die bestehenden Hindernisse in Bezug auf Marktzugang der LDCs werden durch eigene Import- und Exportbarrieren ergänzt. Hohe Zollsätze schützen einheimische Firmen vor ausländischer Konkurrenz, was den Verkauf von Produkten im eigenen Markt profitabler macht als den Export. Zusammen mit anderen Handelsbarrieren stellen sie ein Anti-export bias dar und behindern die Fähigkeit der Länder, Wachstum durch Exporte zu generieren.[233] Exporte aus den EL und insbesondere den LDCs werden außerdem durch inländische Angebotsbeschränkungen verhindert, insbesondere ineffiziente grundlegende Infrastrukturdienstleistungen, die zusätzliche Kosten verursachen und die Wettbewerbsfähigkeit von Firmen, die in diesen Ländern tätig sind, nachteilig beeinflussen.[234] Diese internen Angebotshemmnisse sind auch eine weitere Ursache dafür, dass Afrika und darunter viele LDCs auch noch Anteile an dem ohnehin abnehmenden Weltmarktsegment der Rohstoffe eingebüßt haben. So ist der Weltmarktanteil Afrikas (ohne Südafrika) von 1970 bis 1997 bei Nahrungsgütern von 7,7 % auf 3,2 %, bei Agrarrohstoffen von 7,2 % auf 3,9 %, bei Erzen und Metallen von 10,2 % auf 2,5 % und bei Erdöl von 14,0 % auf 11,8 % gesunken.[235] So wird z.T. die Auffassung vertreten, dass letztendlich nicht die gewährten Präferenzen für die wirtschaftliche Entwicklung entscheidend sind, sondern die endogenen Produktions- und Export-

[231] Vgl. Qualmann, Regine/ Wiemann, Jürgen: Afrikas Chancen zu weltwirtschaftlicher Reintegration, Opfer oder Mitspieler der Globalisierung, in: E+Z 2001, Heft 9, S. 252-256, S. 253, m.w.N.
[232] Vgl. World Bank Development News vom 23. April 2001, S.7.
[233] Vgl. WT/TRP/OV/8 vom 15. November 2002: WTO Annual Report of the Director General: Overview of Developments in the International Trading Environment, S. 4, Ziff. 15.
[234] Vgl. ebenda, S. 4, Ziff. 15.
[235] Vgl. Qualmann, Regine/ Wiemann, Jürgen: ebenda, S. 253.

potentiale.[236] Zur Lage der LDCs wird im Plan of Action der UNCTAD[237] ausgeführt, dass die Entwicklung der LDCs auf der nationalen Ebene durch Unzulänglichkeiten bei der physischen Infrastruktur und der Entwicklung von Humanressourcen beschränkt wurde. Daneben wurde u.a. ein geringes Niveau der Mobilisierung einheimischer Ressourcen sowie Unzulänglichkeiten im makroökonomischen Politikdesign und Management genannt.[238]

In Bezug auf die geforderten Marktzugangsmöglichkeiten konnten für die LDCs einige Fortschritte erzielt werden. Die Organisationen sowie das WTO-Sekretariat haben dazu Studien erstellt und sie auf der dritten UN-LDC-Konferenz im Mai 2001 in Brüssel vorgelegt. In seiner Rede auf der dritten UN-Konferenz über die LDCs erwähnte Mike Moore, dass bis dato 29 WTO-Mitglieder Verbesserungen beim Marktzugang zugesagt haben. Immerhin zwei Länder davon (Norwegen und Neuseeland) haben alle Barrieren für Exporte der LDCs abgeschafft und bieten nun, wie bereits einige andere Länder, offene Märkte. Der durchschnittliche „non-weighted" Zolltarif, der durch die größten Industrieländer auf Exporte der LDCs angewendet wird, sei von 10,6 % in 1997 auf 6,9 % in 2001 gefallen. In den letzten 12 Monaten vor der dritten UN-LDC-Konferenz haben Kanada, die USA, die EU und Japan wichtige Aktionen unternommen, um den Marktzugang für die LDCs anzugehen. Obwohl das nicht genug sei, wären die Verbesserungen doch Ausdruck dafür, dass die WTO-Mitglieder die Bedürfnisse der schwächsten und anfälligsten Teilnehmer des multilateralen Handelssystems erkannt haben. Gleichfalls würde es demonstrieren, dass sie vorbereitet seien, dabei zu helfen, die LDCs in das multilaterale Handelssystem zu integrieren.[239] Kanada hatte im Dezember 2000 beschlossen, weitere 570 Warenzölle für Importe aus LDCs zu senken. Hohe Zölle bestehen dennoch für Produkte wie Wein, Zuckerrohr, Textilien, Bekleidung und Schuhe. Im Rahmen des „African Growth and Opportunity Act" hatten die USA weitgehende Zollsenkungen für 34 afrikanische Länder beschlossen. Davon ausgenommen sind Garne und importsensible Agrargüter. LDCs in Afrika mit Ausnahme von sechs Ländern können Bekleidung ohne Beschränkungen zunächst für vier Jahre in die USA exportieren. Seit 1. April 2001 können Importe aus LDCs auch mehr oder weniger zoll- und quotenfrei nach Japan eingeführt werden. So wurde eine Liste von Gütern mit erleichtertem Zugang veröffentlicht. Während Industrieprodukte relativ frei importiert werden können, sind Agrar- und Lebensmittelimporte durch sehr hohe Zölle weiter eingeschränkt.[240] Der Rat der EU hatte am 26. Februar 2001 den sog. „Everything but Arms"-Vorschlag angenommen.[241] Es wird geschätzt,

---

[236] Vgl. Kappel, Robert: Entwicklung durch Handel? Was bringen geöffnete Industrieländer-Märkte den armen Ländern?, in: E+Z 2001, Heft 9, S. 248-249, S. 249.

[237] Der Aktionsplan wurde auf der letzten UNCTAD-Konferenz (UNCTAD X) im Jahr 2000 in Bangkok beschlossen, vgl. dazu Teil 2, Kapitel 1, Abschnitt 2.2.1.

[238] Vgl. TD/368 vom 18. Februar 2000, Ziff. 24 ff.

[239] Vgl. Moore, Mike: The WTO and LDCs: delivering a better future through trade, Rede auf der „Third United Nations conference on the Least Developed Countries" (LDC-III) am 17. Mai 2001 in Brüssel.

[240] Vgl. Kappel, Robert: ebenda, S. 248.

[241] Vgl. dazu Teil 2, Kapitel 4, Abschnitt 2.4.

dass die 37 LDCs in Afrika südlich der Sahara durch die angekündigten Marktöffnungen der EU, der USA und Japans mit einem Anstieg der Exporte (außer Öl) und einem davon ausgelösten Einkommenszuwachs von 1 % rechnen können.[242]

Sicherlich sind somit Bemühungen erkennbar, den LDCs verstärkten Marktzugang zu eröffnen. Man darf aber nicht verkennen, dass oftmals die für die entwickelten Länder selbst wichtigen Produkte von den Handelspräferenzen ausgenommen sind und dass wie im Beispiel der „Everything but Arms"-Initiative" der EU bei für die EL sehr wichtigen Produkten (Bananen, Zucker und Reis) z.T. sehr lange Übergangsfristen eingebaut wurden. Zum anderen ist fraglich, inwieweit die LDCs derzeit von den ihnen nun gewährten Präferenzen Gebrauch machen können. Gründe für den geringen Nutzen im Zugang zum europäischen Markt sind u.a. die bereits erwähnten nichttarifären Handelshemmnisse, die die Quad-Märkte schützen. Vielfach haben LDCs weder die Mittel noch die Kompetenz, diesen Problemen zu begegnen. Weitere Hindernisse sind die wettbewerbsverzerrenden Schutzmaßnahmen wie der Subventionen der Agrar- und Industriemärkte in den Quad-Ländern, die Nichthandelskosten wie Transport- und Telekommunikationskosten und nicht zuletzt die mangelnden Angebote und niedrigen Potentiale einiger LDCs. Kappel argumentiert, dass von wenigen Ausnahmen abgesehen, die Länder Afrikas, der Karibik und des Pazifik (AKP-Länder)[243], die ihnen von der EG gewährten Präferenzen nicht nutzen können. Es stehe zu befürchten, dass die neue Präferenzpolitik die strukturell ungünstige Exportausrichtung weiter verfestige.[244]

Problematisch ist, dass in vielen EL keine effektiven Steuersysteme existieren. Die Erhebung von Zöllen ist nach wie vor eine Haupteinnahmequelle vieler EL. Im Zuge der Marktzugangsverhandlungen der neuen Verhandlungsrunde, verbunden mit der Reduzierung von Zollsätzen, sinken zudem die Staatseinnahmen in diesem Bereich. Um Einnahmeausfälle zu reduzieren ist es erforderlich, dass die Einziehung der Zölle effektiver erfolgt und die oftmals schwachen Kontrollen verstärkt werden. Wo Zölle vor allem Einnahmezwecken dienen, ist eine steuerliche Umstrukturierung wünschenswert, da Zölle nicht die beste oder fairste Form der Besteuerung darstellen. In vielen EL ist daher eine Reform der Verwaltung des Zolls und anderer handelsfördernder Maßnahmen erforderlich. Zudem ist u.a. die Anpassung von Vorschriften an internationale Normen notwendig, um Handelsschranken abzubauen sowie die Stärkung von Einrichtungen für Normung und Konformitätsbewertung mit dem Ziel der Entwicklung gemeinsamer und kompatibler Mechanismen auf regionaler Ebene.[245] Insgesamt ist der Bereich der Handels-

---

242 Vgl. Qualmann, Regine/ Wiemann, Jürgen: Afrikas Chancen zu weltwirtschaftlicher Reintegration, Opfer oder Mitspieler der Globalisierung, in: E+Z 2001, Heft 9, S. 252-256, S. 255, m.w.N.

243 Vgl. dazu Teil 2, Kapitel 4, Abschnitt 2.5.

244 Vgl. Kappel, Robert: Entwicklung durch Handel? Was bringen geöffnete Industrieländer-Märkte den armen Ländern?, in: E+Z 2001, Heft 9, S. 248-249, S. 249.

245 Vgl. KOM (2002) 513 endg. vom 18. September 2002, Mitteilung der Kommission an den Rat und das Europäische Parlament: Handel und Entwicklung, Unterstützung der Entwicklungsländer bei der Nutzung der Vorteile des Handels, S. 26f.

erleichterungen für die EL und LDCs nicht unwichtig. Für Firmen sind Schwierigkeiten und Kosten, die produzierten Güter aus dem Land und auf den Weltmarkt zu bekommen, erhebliche Kriterien für Investitionen in dieses Land.

Ein weiteres grundsätzliches Problem der armen EL – und unter ihnen besonders der LDCs – ist in der Umsetzung der WTO-Bestimmungen sowie die Teilnahme an der Arbeit der WTO zu sehen. Die zwei Hauptverpflichtungen für WTO-Mitglieder sind, die Konformität ihrer Rechtsregeln und administrativen Prozeduren mit den WTO-Regeln sicherzustellen und an den Runden der Handelsliberalisierung teilzunehmen. Diese Verpflichtungen bereiten den EL in verschiedener Weise und unterschiedlichem Umfang Schwierigkeiten, abhängig von deren wirtschaftlicher und institutioneller Entwicklung. Beispielsweise ist in den Ländern Afrika's südlich der Sahara bzw. in den meisten der LDCs bereits der Kontrast der bestehenden Rechtssysteme zu denen der entwickelten Länder evident. Einheimisch gewachsene Stammesrechte und Institutionen erfüllen nicht die Erfordernisse der WTO. Die Anwendung der sog. „importierten" Rechtsregeln lassen zu wünschen übrig. Nach Naray ist daher die WTO-Kompatibilität in einer Reihe von Bereichen z.T illusorisch, zumindest in denen, die substantiell anspruchsvolle Regeln erfordern.[246] Übergangsfristen von fünf oder acht Jahren bieten, so Naray, keine angemessenen Lösungen für diese Probleme. Diese Situation erklärt einige der Umsetzungsprobleme der WTO.[247]

Des Weiteren macht sich. der Mangel an qualifizierten Verhandlungsführern in den multilateralen Verhandlungsrunden bemerkbar. Die Länder verfügen weder über das notwendige Fachwissen, um an solchen Runden im Rahmen der WTO aktiv teilnehmen zu können, noch über die notwendigen Informationen, um Marktzugangserleichterungen auch tatsächlich nutzen zu können. Daraus resultiert häufig, dass die eigene Handelspolitik als wirkungslos eingestuft wird und stattdessen allein auf bevorzugten Marktzugang in den Industrieländern gesetzt wird. Letzteres wird, wie bereits ausgeführt, häufig dadurch vereitelt, dass die Industrieländer sektor- oder produktspezifisch ihre Märkte abschotten.[248]

Zusammenfassend ist festzustellen, dass insgesamt vielfältige Probleme der LDCs bestehen, effektiv internationalen Handel zu treiben und durch diesen Handel Einkommen zu erzielen. Neben exogenen Ursachen sind auch wesentliche endogene Gründe herausgearbeitet worden. Im nächsten Abschnitt sollen Handlungsoptionen thematisiert werden, inwiefern der Handel einen Beitrag zur Entwicklung leisten kann.

---

246 Wie z.B. das TRIPS, vgl. dazu Teil 2, Kapitel 3, Abschnitt 1.2.2.

247 Vgl. UNCTAD/DITC/TNCD/11: WTO Accessions and Development Policy: Naray, Peter: Integration of countries into the multilateral trading system: The role of institutions and the human factor UNCTAD, New York und Genf 2001, S. 96-103, S. 99.

248 Vgl. Sachverständigenrat zu Begutachtung der gesamtwirtschaftlichen Entwicklung. Für Stetigkeit – gegen Aktionismus, Jahresgutachten 2001/02, November 2001, S. 55.

4.2. Welthandel und Entwicklung

Überwiegend wird die Auffassung vertreten, dass die Integration der EL in die Weltwirtschaft die Möglichkeit ist, um das Land aus der Armutsfalle herauszuführen. Die Freihandelstheorie geht von der Prämisse der wachstumspolitischen Überlegenheit eines liberalen Welthandels aus, d.h. dass eine liberale Welthandelsordnung langfristig allen Ländern nützt, weil offenere und wettbewerbsintensivere Märkte einen regeren internationalen Austausch bewirken. Liberaler Welthandel, so die Begründer Adam Smith und David Ricardo[249], führe zu einer Steigerung der Weltproduktion, einem größeren und besseren Angebot für die Verbraucher und letztendlich zu mehr Wohlstand.[250] Die Höhe der Wohlfahrtsgewinne für das einzelne Land hängt aber von dem realen Tauschverhältnis ab, das sich nach Aufnahme des Handels einstellt.[251] Liberalisierung besteht in der Befreiung des grenzüberschreitenden Wirtschaftsverkehrs von Handelsbeschränkungen mit dem Ziel der Erleichterung des Zugangs zu nationalen Märkten.[252] Sollen also auch EL von den Vorteilen des Welthandels profitieren, so müsse ihnen geholfen werden, sich in das multilaterale Handelssystem zu integrieren, um nachhaltige Entwicklung zu erzielen und um sicher zu stellen, dass das multilaterale System effektiv funktioniert.

Das Ziel der „Integration“ der LDCs in die Weltwirtschaft kann in dreifacher Hinsicht verstanden werden: Es meint zum einen die Anhebung des Anteils der LDCs am gesamten Welthandel (im Gegensatz zur Marginalisierung). Zum zweiten meint es den Anstieg der Handelsorientierung der Wirtschaft der LDCs (gemessen an der Rate der Gesamtim- und -exporte im Verhältnis zum GDP). Drittens kann dies eine zunehmende institutionelle Integration der LDCs in das multilaterale Handelssystem, verkörpert in den Regeln und Prozeduren der WTO, umfassen.[253]

In Bezug auf die zweite mögliche Bedeutung (Erhöhung der Handelsorientierung) wurde im vorigen Abschnitt bereits erwähnt, dass internationaler Handel bereits jetzt von wesentlicher Bedeutung für die LDCs ist. Mit durchschnittlich 43 % der Ex- und Importe von Waren und Dienstleistungen am GDP liegt der durchschnittli-

---

249 Vgl. Ricardos Theorie der komparativen Kostenvorteile, die im Kern davon ausgeht, dass universelle Wohlfahrtsgewinne durch eine internationale Arbeitsteilung erreicht werden, wobei bei bestehendem Freihandel jedes Land sein Kapital und seine Arbeit solchen Zweigen zuwendet, die jedem am vorteilhaftesten sind. Dieses Verfolgen des individuellen Vorteils sei bewundernswert mit dem allgemeinen Wohle des Ganzen verbunden, vgl. Tietje, Christian: Einführung, in: WTO, Welthandelsorganisation, München: Deutscher Taschenbuchverlag, 1. Auflage, 2000, S. XI.

250 Vgl. May, Bernhard: Die Herausforderungen für den Freihandel, in: Weltpolitik im neuen Jahrhundert, Karl Kaiser, Hans-Peter Schwarz (Hrsg.), Baden-Baden: Nomos, 2000, S. 295-306, S. 296.

251 Vgl. Siebert, Horst: Außenwirtschaft, Stuttgart: Lucius und Lucius, 7. Auflage, 2000, S. 141.

252 Vgl. Doehring, Karl: Völkerrecht: ein Lehrbuch, Heidelberg: Müller 1999, S. 521, Rz. 1215.

253 Vgl. UNCTAD/LDC/2002: The Least Developed Countries Report 2002: Escaping the Poverty Trap, United Nations, New York und Genf, 2002, S. 102.

che Grad der Handelsintegration der LDCs in etwa so hoch wie der des Weltdurchschnittes und fast genau so hoch wie der Durchschnitt der Gruppe der Länder, die kürzlich in einem Weltbank-Bericht als „more globalized developing countries" identifiziert wurden. Der durchschnittliche Grad der Handelsintegration ist aktuell höher, als der in einigen Hocheinkommensländern der OECD. Ähnliches gilt für das Angewiesensein auf externe Finanzen. Das Problem der LDCs ist daher nicht der Grad der Integration in die Weltwirtschaft, sondern die Form der Integration. Die derzeitige Form von Integration (einschließlich der schwachen Exportkapazitäten) fördere nachhaltiges Wachstum und Armutsreduzierung nicht. Der UNCTAD-Bericht über die LDCs 2002 bezeichnet die externen Handels- und Finanzbeziehungen als integralen Bestandteil der Armutsfalle, in der sich die LDCs derzeit befinden.[254]

In Bezug auf die erstgenannte mögliche Bedeutung einer Integration der LDCs in die Weltwirtschaft (Anhebung des Anteils der LDCs am Welthandel) ist auszuführen, dass es richtig ist, dass die internationalen Beziehungen eine wesentliche Rolle dabei spielen können, den Kreis wirtschaftlicher Stagnation und genereller Armut zu durchbrechen. Die „Integration" durch Anhebung des Anteils der LDCs am Welthandel stellt sich als Ziel daher zurecht. Im Folgenden soll auf einzelne Aspekte zur Erreichung dieses Zieles eingegangen werden.

Um mit Handel Gewinne zu erzielen und ihren Anteil am Welthandel zu halten bzw. auszubauen, müssen die Länder (nicht nur die EL) ihre Produktionsstrukturen ändern. Für die EL heißt dies, durch Exportdiversifizierung aus der Rohstoffabhängigkeit und der Abhängigkeit von einem oder nur wenigen Produkten herauszukommen, da die Abhängigkeit von einem einzigen Exportprodukt (Monokultur) für das EL mit einem hohen Risiko der Terms of Trade beladen ist. Zur Verbesserung des Tauschverhältnisses muss ein EL solche Güter exportieren, bei denen eine starke Zunahme der Nachfrage im Industrieland zu erwarten ist und zum anderen keine Substitutionskonkurrenz durch Importsubstitute der Industrieländer vorliegt.[255] Das heißt, es ist insgesamt eine Anpassung an den Markt erforderlich.

Eine sog. exportorientierte Industrialisierung erfordert vom Staat, dauerhaft export- und investitionsförderliche Rahmenbedingungen zu schaffen und alle Hindernisse aus dem Weg zu räumen, damit die privaten Unternehmen Exportchancen wahrnehmen können. Dazu gehören u.a. eine leistungsfähige Transport- und Kommunikationsinfrastruktur, ein den Anforderungen der Industrie angepasstes Ausbildungswesen, sowie ein von Zöllen und administrativen Importhemmnissen ungehinderter Zugang zu den für moderne industrielle Fertigung benötigten Inputs und ein angemessener realer Wechselkurs. Je mehr afrikanische und andere Länder den bisherigen Anti-export-bias ihrer Wirtschaftspolitik korrigieren, umso mehr kom-

254 Vgl. UNCTAD/LDC/2002: The Least Developed Countries Report 2002: Escaping the Poverty Trap, United Nations, New York und Genf, 2002, S. VII, m.w.N.

255 Vgl. Siebert, Horst: Außenwirtschaft, Stuttgart: Lucius und Lucius, 7. Auflage, 2000, S. 158.

men sie auch als Standorte für Auslagerungsinvestitionen multinationaler Unternehmen in Frage.[256]

In Bezug auf LDCs sind dies enorme Herausforderungen. Allein die Schaffung der erforderlichen Infrastruktur erfordert insbesondere bei landumschlossenen LDCs einen erheblichen finanziellen Aufwand. Zudem sind die LDCs um einiges von den Bedingungen in anderen EL entfernt. In Bezug auf Transport- und Kommunikationsinfrastruktur in den LDCs enthält das Aktionsprogramm der dritten UN-LDC-Konferenz fünf messbare Ziele, mit denen eine Anpassung der Bedingungen in den LDCs an die Situation in anderen EL angestrebt werden. Diese Ziele sollen mit internationaler Unterstützung im Wesentlichen bis 2010 erreicht werden.[257]

Neben der exportorientierten Industrialisierung ist die Wiedergewinnung des verlorenen Weltmarktanteils bei Rohstoffen und deren effektivere Gewinnung zur Generierung von Einkommen nicht zu vernachlässigen. So sollten sich die afrikanischen Länder und andere LDCs verlorenes Terrain auf den Rohstoff-Weltmärkten zurückerobern. Die Befürchtung, dass eine Steigerung der afrikanischen Rohstoffexporte einen Verfall der Weltmarktpreise auslösen könnte, ist angesichts der inzwischen geringen Weltmarktanteile afrikanischer Länder kaum gerechtfertigt, zumal die bevölkerungsreichen asiatischen Länder dank ihrer Industrialisierungsdynamik zunehmend als Nachfrager auf den Weltrohstoffmärkten auftreten werden. Stabile politische Rahmenbedingungen und ein verbessertes Investitionsklima würden mehr ausländisches Engagement bei der Rohstoffexploration anregen, wobei ausländische Investitionen zur Produktivitätssteigerung beim Abbau und zu mehr Wertschöpfung durch Weiterverarbeitung mineralischer Rohstoffe beitragen könnten. Zudem sind Investitionen in die Verbesserung der Transportinfrastruktur unerlässlich, damit der sich durch Währungsabwertungen allmählich herausbildende Lohnkostenvorteil afrikanischer Länder gegenüber anderen Rohstoffproduzenten wirksam wird. Gewinne aus den Rohstoffexporten können zur Verbesserung von Infrastruktur und Humankapital sowie zur Diversifizierung der Produktionsbasis und der Exporte genutzt werden, wie die Beispiele der EL Botswana und Mauritius

---

256 Vgl. Qualmann, Regine/ Wiemann, Jürgen: Afrikas Chancen zu weltwirtschaftlicher Reintegration, Opfer oder Mitspieler der Globalisierung, in: E+Z 2001, Heft 9, S. 252-256, S. 255.

257 Die Ziele sind: 1. Verstärkung der Straßennetze und -verbindungen in LDCs auf den derzeitigen Stand in anderen EL sowie der städtischen Straßenkapazitäten, einschließlich der Kanalisation und anderen damit zusammenhängenden Einrichtungen bis 2010, 2. Modernisierung und Ausweitung der Eisenbahnverbindungen und -einrichtungen und Erhöhung der Kapazitäten auf den Stand in anderen EL bis 2010, 3. Verstärkung der Kommunikationsnetzwerke in LDCs, einschließlich der Telekommunikations- und Postdienste sowie Verbesserung des Zugangs der Armen zu diesen Diensten in Städten und ländlichen Gebieten, um den Stand in anderen EL zu erreichen, 4. Verstärkung des Computerzugangs in höheren Einrichtungen und Universitäten um 50 % und in anderen Schulen um 25 % bis 2015 und 5. Steigerung der durchschnittlichen Telefondichte auf fünf Telefonleitungen pro 100 Einwohner und der Internetverbindungen auf 10 Nutzer pro 100 Einwohnern in 2010, vgl. A/CONF.191/11 vom 8. Juni 2001, S. 3, Ziff. 43.

zeigen.[258] Die Notwendigkeit der Diversifizierung ergibt sich auch für den landwirtschaftlichen Bereich. So sollte die Subsistenzproduktion um eine kleinbäuerliche Verarbeitungswirtschaft ergänzt werden, was Arbeitsplätze und Einkommensmöglichkeiten schaffen würde. Voraussetzung dafür ist aber, dass die Bodenverhältnisse geklärt werden. So besteht z.B. in Äthiopien ein Hemmnis für mehr Eigeninitiative darin, dass das Land dort in der Regel in Staatsbesitz ist.[259]

Eine weitere entwicklungspolitische Konsequenz zur Verbesserung der „Terms of Trade" eines EL ist, dass es seine Überschussnachfrage nach dem Importgut eines Industrielandes abbauen muss. Eine geeignete Maßnahme hierzu ist die verstärkte heimische Produktion des Importgutes (Strategie der Importsubstitution).[260] In Bezug auf die LDCs bedeutet dies z.B. die starke Abhängigkeit von Nahrungsmittelimporten durch den Ausbau und/ oder Effizienzsteigerung der eigenen landwirtschaftlichen Produktion zurückzudrängen. Investitionen in die Produktivität der Landwirtschaft sind daher erforderlich. Im Zusammenhang mit Nahrungsmitteln ist auch die enorme Nahrungsmittelhilfe zu nennen, die z.B. in Äthiopien, aber auch in anderen Ländern den Reformdruck auf die Regierungen gemindert und die Selbsthilfekräfte der Bevölkerung geschwächt hat.[261]

In Bezug auf weltweit konkurrierende Agrarprodukte verhindern preis- und marktverzerrende Handels- und Wechselkursregime den freien Marktzugang. Die protektionistischen Agrarpolitiken drücken die Weltmarktpreise unter das Preisniveau einer gedachten Freihandelssituation. Zudem erfolgen gezielte Subventionen der EU für Exporte von Getreide, Rindfleisch, Milchprodukte, Tomatenkonzentrat usw. in afrikanische Länder. Eine landwirtschaftliche Preis-, Markt- und Handelspolitik kann den vor- und nachgelagerten Sektoren und damit der Gesamtwirtschaft nur dann Wachstumsimpulse geben, wenn sie die verzerrenden Weltmarktpreise zumindest teilweise korrigiert. Dies könnte etwa durch Importabschöpfungen für eine befristete Periode oder durch Abwertungen der nationalen Währungen geschehen.[262]

Bei der Frage der Integration der LDCs in den Welthandel und deren Auswirkungen auf die Entwicklung kommt man nicht umhin, sich insgesamt auch mit dem Thema der Importsubstitution als Gegenstück zur Exportdiversifizierung auseinander zu setzen. Die von Raul Prebisch in den 1950er Jahren entwickelte Theorie der Importsubstitution zur Industrialisierung wird zumeist kritisch gesehen. U.a. die lateinamerikanischen, aber auch viele afrikanische Länder wendeten diese Strategie

---

[258] Vgl. Qualmann, Regine/ Wiemann, Jürgen: Afrikas Chancen zu weltwirtschaftlicher Reintegration, Opfer oder Mitspieler der Globalisierung, in: E+Z 2001, Heft 9, S. 252-256, S. 253.
[259] Vgl. u.a. Kerkow, Uwe: Straßen gegen Hunger, in: E+Z 2003, Heft 3, S. 129.
[260] Vgl. Siebert, Horst: Außenwirtschaft, Stuttgart: Lucius und Lucius, 7. Auflage, 2000, S. 159.
[261] Vgl. Kerkow, Uwe: ebenda, S. 129.
[262] Vgl. Otzen, Uwe: Afrika braucht nachholende Agrarentwicklung, E+Z 2001, Heft 9, S. 257-260, S. 258.

zur Industrialisierung an und koppelten ihre Volkswirtschaften von der weltwirtschaftlichen Entwicklung ab.[263] Die Importsubstitution war aber wenig geplant. Sie reagierte vielmehr auf die Auswirkungen der Weltwirtschaftskrise und den Rückgang der Exporterlöse. Der Aufbau einer heimischen Industrie folgte dem Muster der bislang importierten Konsumgüter und war weder verbunden mit dem Aufbau einer Investitionsgüterindustrie noch mit Produktion für die breite Bevölkerung oder mit einer solchen für den Export.[264] Oftmals waren die geschlossenen Märkte zu klein und die produzierten Waren im Vergleich zum Weltmarkt zu teuer. Zudem wurde es versäumt, nach einer Anlaufphase die importsubstituierten Industrien, die durch Zölle und Devisenkontrollen geschützt wurden, durch allmähliche Reduzierung des Schutzes dem Wettbewerb zu öffnen.[265] In diesem Zusammenhang ist auch auf die Gefahr des sog. „rent-seeking“ hinzuweisen. So hat ein an sich fürsorglicher Staat, der am Gemeinwohl seiner Bevölkerung orientiert ist, durch die verfolgte Politik der Abschottung und staatlichen Intervention gegebenenfalls erst das Spielfeld für rentensuchende wirtschaftliche Akteure geschaffen. Gegen den Widerstand entstehender starker Interessengruppen in Wirtschaft und Bürokratie waren spätere Reformen nicht mehr möglich.[266] Die gleichen Phänomene und Reformblockaden gibt es ähnlich auch in den industrialisierten Ländern.

Nach Prebisch ist Importsubstitution eine spezifische Strategie, die jedoch nicht auf Kosten der Exportexpansion gehen soll, sondern vielmehr ein Mittel in diese Richtung ist. Vorstellbar ist, wofür auch Prebisch Mitte der 1980er Jahre plädierte, eine Mischung aus Exportförderung und Importsubstitution, um die einheimische Wertschöpfung der Exportaktivitäten zu erhöhen.[267] Eine weitgehende Abkopplung vom Weltmarkt wird aber überwiegend nicht mehr als zielführend vertreten. Auch eine exzessive Importsubstitution, wo der Import bestimmter Güter vollständig verdrängt wird, scheint nur begrenzte Wachstumsimpulse zu haben. Anzumerken ist zudem, dass eine Periode des Schutzes allein keinen wettbewerbsfähigen produzierenden Sektor kreieren wird, wenn grundlegende Ursachen für den Mangel eines Landes an komparativen Vorteilen für die Produktion gegeben sind. Zumeist liegen

---

263 Vgl. dazu Siebert, Horst: Außenwirtschaft, Stuttgart: Lucius und Lucius. 7. Auflage, 2000, S. 164.

264 Vgl. Nohlen, Dieter: Importsubstitution, in: Lexikon Dritte Welt, Nohlen, Dieter (Hrsg.), Reinbeck bei Hamburg: Rowohlt, 2002, S. 382.

265 Dafür trat auch Prebisch Anfang der 1970er Jahre ein, vgl. dazu: Shafaeddin, Mehdi: Free Trade or Fair Trade? An enquiry into the causes of failure in recent trade negotiations, Fallacies surrounding the theories of trade liberalization and protection and contradictions in international trade rules, UNCTAD Discussion Paper Nr. 153, Dezember 2000, UNCTAD/OSG/DP/153, S. 18f, m.w.N.

266 Vgl. zu diesem von Anne O. Krueger auf den Punkt gebrachten Konzeptes des „rent-seeking“: Mummert, Uwe: Anne O. Krueger, Freihandel als Schlüssel zur Entwicklung, Rent-seeking als Hindernis, in E+Z 2001, Heft 9, S. 268-270, S. 269f.

267 Vgl. dazu Shafaeddin, Mehdi: Free Trade or Fair Trade? An enquiry into the causes of failure in recent trade negotiations, Fallacies surrounding the theories of trade liberalization and protection and contradictions in international trade rules, UNCTAD Discussion Paper Nr. 153, Dezember 2000, UNCTAD/OSG/DP/153, S. 18f, m.w.N.

die Gründe für das Scheitern von Entwicklung tiefer, als allein im Mangel an Erfahrung mit der Herstellung von Gütern. U.a. fehlende qualifizierte Arbeitskräfte, Unternehmer und Managementkompetenzen machen es schwer, einen produzierenden Sektor zu unterhalten, angefangen von Ersatzteilen bis hin zur Elektrizität. Diese Probleme betreffen Fragen der Wirtschaftspolitik, sie können jedoch nicht durch Handelspolitik gelöst werden. So kann eine Importquote einen uneffizienten Sektor am Leben erhalten, sie kann ihn aber selbst nicht effektiver machen.[268] Die Importsubstitution darf jedenfalls nicht nur dazu dienen, internationalem Wettbewerbsdruck auszuweichen. Im Rahmen einer umfassenden entwicklungspolitischen Strategie, die die Exportförderung und Exportdiversifizierung gleichermaßen berücksichtigt und die sich gezielt an vorhandenen oder erreichbaren komparativen Produktionsvorteilen ausrichtet, stellt die Importsubstitution jedoch sehr wohl eine erwägenswerte handelspolitische Maßnahme dar. Dies gilt insbesondere dann, wenn ein EL Gefahr läuft, sogar in traditionellen Produktionsbereichen von Importen abhängig zu werden.[269]

Zur Förderung von Exporten der LDCs kommt daneben auch eine zeitweilige Subventionierung von Waren in Betracht, wie dies die Industriestaaten für bestimmte Güter seit langem tun. Allerdings dürfte dies oftmals an den mangelnden Ressourcen der LDCs scheitern.

In Bezug auf die LDCs ist auf Grund der beschränkten Ressourcen bei allen oben genannten Möglichkeiten Entwicklungszusammenarbeit erforderlich. Auf Grund der geringen Direktinvestitionen infolge der hohen Entwicklungshilfeleistungen können die „Startchancen" der EL auf dem Weltmarkt verbessert werden und so mittelbar der Förderung des Welthandels dienen. Umgekehrt kann die umfassende Einbeziehung der EL in den Welthandel selbst als Entwicklungshilfe wirken (Hilfe durch Handel).[270] Problematisch hieran ist, dass diese beschleunigte Integration nicht nur Vorteile für die EL mit sich bringt. Die Liberalisierung durch neue Welthandelsrunden im Rahmen der WTO betrifft Staaten mit unterschiedlichen Entwicklungsstand und -bedingungen. Längere Übergangsfristen für die EL und insbesondere die LDCs in Bezug auf Liberalisierungsverpflichtungen im Rahmen der WTO sollen Abhilfe schaffen, praktisch dürften sie jedoch vielfach nicht ausreichend sein. Auch Kämmerer ist der Auffassung, dass bei einer umfassenden Einbeziehung der EL in den Welthandel, in Abweichung von den Welthandelsprinzipien, eine Bevorzugung der EL erforderlich ist[271] (GATT- und WTO-

---

[268] Vgl. dazu Krugman, Paul R./ Obstfeld, Maurice: International Economics, Theory and Policy, Fifth Edition, Addison-Wesley World Student Series, Reading, Melo Park, New York..., 2000, S. 260.
[269] Vgl. Dieckheuer, Gustav: Internationale Wirtschaftsbeziehungen, München, Wien: Oldenbourg, 5. Auflage, 2001, S. 392f.
[270] Vgl. Kämmerer, Jörn Axel: Welthandelsrecht, in: Lexikon der Vereinten Nationen, Volger, Helmut, (Hrsg.), München, Wien: Oldenbourg, 2000, S. 635-640, S. 638.
[271] Vgl. Kämmerer, Jörn Axel: ebenda, S. 638.

Bestimmungen für spezielle und differenzierte Behandlung der EL, Handelspräferenzen als vorübergehende Unterstützung struktureller Reformen).

Die Handelsliberalisierung erfordert aber auch in den entwickelten Ländern Anpassung. Nach Siebert fordert eine konsequente Anwendung des Prinzips der komparativen Vorteile (David Ricardo) für die internationale Arbeitsteilung, dass die Industrienationen auf die Produktion solcher Güter verzichten müssen, in denen sich ihre Wettbewerbsposition verschlechtert hat. Dies seien nicht nur landwirtschaftliche, umweltintensive Produkte auf Grund der in den Industrienationen bestehenden starken Übernutzung des Produktionsfaktors Umwelt, sondern auch lohnintensive Produkte und schließlich auch Produkte, die in Massenproduktion mit einem nicht allzu hohen Ausbildungsstand der Arbeitskräfte erstellt werden können. Schwellenländer haben inzwischen längst auch Industrieprodukte in ihre Exportpalette aufgenommen.[272] Die Exporterfolge der südost- und ostasiatischen Schwellenländer zeigen, dass die komparativen Vorteile durchaus nicht unveränderbar sind.[273]

Die Änderung der Produktionsstrukturen führt hier wie dort zu Gewinnern und Verlierern (z.B. bei Arbeitsplatzverlust). Gesamtwirtschaftlich wird sich die Einkommensungleichheit ändern, nicht zwangsläufig aber verschlechtern. In beiden Fällen hängen die tatsächlichen Auswirkungen von vielen Faktoren ab, den Ausgangsbedingungen und der Art und Weise der Reform, die durchgeführt wird.[274]

Problematisch ist, dass oftmals die Politik in den entwickelten Ländern ob der möglichen Verlierer (und damit Verlust von Wählergunst) notwendige (schmerzhafte) Reformen hinauszögert und zum Schutz eigener unwirtschaftlicher Branchen über gewisse Hintertüren (oder wie im Stahl-Fall der USA im Frühjahr 2002 offen) protektionistisch agieren. Hier greift erneut das Stichwort des bereits oben erwähnten „rent-seeking".

Nach den Prämissen des Freihandels ist jede Beschränkung der potentiellen Konkurrenz etwa in Form von Zöllen und Einfuhrbeschränkungen abzulehnen, denn sie führen zu einer abnehmenden Bestreitbarkeit des Marktes, da ausländische Anbieter in diesem Fall höhere Kosten zugrunde legen müssen.[275] Nicht unproblematisch ist daher insgesamt die Liberalisierung in ihrer heutigen Ausgestaltung. So werden durch Ausnutzen von Marktmacht von den entwickelten Ländern Branchen ausgenommen, die im eigenen Land im Zuge der Liberalisierung verlieren würden. Be-

---

[272] Vgl. Siebert, Horst: Außenwirtschaft, Stuttgart: Lucius und Lucius, 7. Auflage, 2000, S. 165f.
[273] Vgl. Qualmann, Regine/ Wiemann, Jürgen: Afrikas Chancen zu weltwirtschaftlicher Reintegration, Opfer oder Mitspieler der Globalisierung, in: E+Z 2001, Heft 9, S. 252-256, S. 254.
[274] Vgl. McKay, Andrew/ Winters, L. Alan/ Kedir, Abbi Mamo: A Review of Empirical Evidence on Trade, Trade Policy and Poverty, A Report to the Department for International Development (DFID), erarbeitet als Hintergrunddokument für das zweite „Development White Paper", Juni 2000, S. 3.
[275] Vgl. Siebert, Horst: ebenda, S. 121.

reiche sind seit vielen Jahren u.a. Textilien, Bekleidung, Stahl und Agrarprodukte. Die Beseitigung nichttarifärer Handelsbarrieren und langfristige Strukturanpassungen auch in den entwickelten Ländern wurden in Bezug auf den Abbau neuer protektionistischer Tendenzen von der UNCTAD bereits Ende der 1970er Jahre als kritisch bezeichnet.[276] Der komparative Produktionsvorteil der EL kommt teilweise infolge der Strukturerhaltungspolitik der Industrienationen und auch infolge Antidumping bei Textil- und einfachen Industrieerzeugnissen nicht hinreichend zum Zuge.[277] Bei der politischen Entscheidung für die Protektion dominiert häufig die gegenwärtige Position eines Sektors. Das Argument, dass auf mittlere und längere Frist Importschutz dem geschützten Sektor schadet, weil er keine Anstrengungen zu Kostensenkung und zur Qualitätsverbesserung der Produkte unternimmt, findet im politischen Markt oft keine Beachtung.[278] Protektionismus nimmt EL Produktions- und Wachstumschancen. So geben die sog. reichen Länder etwa US$ 350 Billionen jährlich für Agrarsubventionen aus, was in etwa dem jährlichen GDP aller Länder südlich der Sahara entspricht und etwa das siebenfache dessen darstellt, was die sog. armen Länder jährlich an Auslandshilfe erhalten.[279] Gleichzeitig, so Horst Köhler (IMF), James Wolfensohn (Weltbank) und Mike Moore (WTO) in einem gemeinsamen Statement auf einem OECD-Treffen in Paris im Mai 2002, sendet steigender Protektionismus das falsche Signal und droht die Fähigkeit der Regierungen zu unterminieren, Unterstützung für marktorientierte Reformen aufzubauen. Wie aber sollen Regierungsführer in EL oder in anderen Hauptstädten argumentieren, dass weitere offenere Ökonomien erforderlich sind, wenn die Führung auf diesem Gebiet nicht von den reichen Nationen kommt, so die gemeinsame Rede kritisch mit Blick auf den von den USA vorgelegten „Farm bill“, der Steigerungen von Agrarsubventionen an amerikanische Farmer um etwa 70 % vorsah, ohne diesen jedoch wörtlich zu erwähnen.[280]

Der Zugang zum Weltmarkt hat einigen EL ermöglicht, durch neue Marktmöglichkeiten aufsteigende Ökonomien zu entwickeln und ihre Produktion und Exporte von höherwertigen Technologien und weiter verarbeiteten Produkten zu verbessern. So konnten z.B. Singapur, Hongkong und China exportorientierte heimische Produktionssektoren entwickeln. Die Entwicklung ging von Stoffen zu Bekleidung, zu Plastik und Elektronik und schließlich vom Produktionssektor zum Bankenbereich und Finanzdienstleistungen. Die malaysische Wirtschaft hat sich innerhalb nur einer Generation vom Rohstoffexporteur hin zum Exporteur von Produkten (hauptsächlich Elektronik) entwickelt. Ähnliches gilt für Korea usw. Auch Länder wie Mauritius, Burkina Faso und Chile konnten ihre Exportbasis diversifizieren, in dem

[276] Vgl. Dokument TD/226 vom 6. März 1979: Implications for developing countries of the new protectionism in developed countries, Bericht des UNCTAD-Sekretariates, Ziff. 22ff.
[277] Vgl. Siebert, Horst: Außenwirtschaft, Stuttgart: Lucius und Lucius, 7. Auflage, 2000, S. 166.
[278] Vgl. Siebert, Horst: ebenda, S. 181.
[279] Zahlen nach: World Bank Development News vom 17. Mai 2002, S. 1, unter Verweis auf einen Artikel in „Le Monde“, S. 22 vom selben Tag.
[280] Vgl. ebenda, unter Verweis auf einen Artikel in der „Financial Times“, S. 1 vom selben Tag.

sie den Vorteil nutzten, der sich für den Handel im Bereich der Produktdifferenzierung und der Nischenmärkte im Produktionsbereich sowie in der Landwirtschaft bot.[281]

Es wird argumentiert, dass „offene" Volkswirtschaften schneller wachsen als solche, die sich nach außen abschotten. Ein OECD-Bericht an, dass Handelsbarrieren gegenüber Ländern in Afrika südlich der Sahara wesentlich niedriger gewesen seien als die, die auf die erfolgreicheren Länder in Asien Anwendung fanden, jedoch hätten heimische Politiken, einschließlich eines hohen Protektionsniveaus das Exportwachstum blockiert.. Ein OECD Bericht legt dar, dass die Einkommenshöhe „offener" EL stärker gestiegen sei, sie konnten ein höheres Wachstum des Pro-Kopfeinkommens erzielen als der OECD-Durchschnitt. Im Gegensatz dazu seien die Einkommenshöhen in „geschlossenen" Ökonomien weiter gefallen.[282]

Das Argument, dass „nach außen orientierte Ökonomien" (sog. „outward-oriented economies") schneller wachsen, wurde bereits vor 30 Jahren für sog. „halbindustrialisierte Ökonomien" angeführt. 1980 wurde dies auf alle EL ausgeweitet. Jedoch ist es a priori unwahrscheinlich, dass Handelsliberalisierung dieselben Effekte in einem Land hat, in dem wenig inländische unternehmerische Kapazitäten vorhanden sind, als in einem, in dem es einen gut entwickelten Unternehmenssektor gibt. Die Frage in Bezug auf die LDCs ist, welche Effekte Handelsliberalisierung in einem typischen LDC hat, in dem der private Verbrauch pro Kopf nach offiziellen Wechselkursen und gegenwärtigen Preisen nur US$ 0,57 pro Tag beträgt.[283] Viele LDCs haben seit Ende der 1980er Jahre Strukturanpassungsprogramme durchgeführt.[284] Ende der 1990er Jahre waren die Handelsregime der meisten LDCs daher viel offener als ein Jahrzehnt zuvor. Dabei sind LDCs in der Beseitigung von Handelsbarrieren weiter gegangen als andere EL. 1999 hatten von den 43 Ländern, für die Daten vorhanden sind, über 1/3 durchschnittliche Zolltarifsätze unter 20 % ohne größere nichttarifäre Handelsbarrieren. 3/5 hatten durchschnittliche Importzölle unter 20 % verbunden mit nichttarifären Handelshemmnissen, die entweder unbedeutend oder moderat waren und weniger als 25 % der Produktion oder des Handels erfassten. In Rohstoff exportierenden Ländern ging dieser Prozess weiter als in den LDCs, die produzierte Waren oder Dienstleistungen exportierten.[285]

Daten des UNCTAD LDC-Berichtes 2002 zufolge ist Armut (Leben von 1 US$ pro Tag) eindeutig in den Ökonomien gestiegen, die die offensten Handelsregime eingeführt hatten und in denen mit den geschlossensten Ökonomien. Zwischen den beiden Extremen gibt es eine Tendenz für einen Rückgang der absoluten Armut in

[281] Vgl. OECD: Trade, Investment and Development: Policy Coherence matters, OECD 1999, S. 46.
[282] Vgl. die OECD: ebenda, S. 47f.
[283] Vgl. UNCTAD/LDC/2002: The Least Developed Countries Report 2002: Escaping the Poverty Trap, United Nations, New York und Genf, 2002, S. 102.
[284] Vgl. zu diesem Thema Teil 2, Kapitel 2, Abschnitte 1.2.1. und 2.2.1.
[285] Vgl. die UNCTAD: ebenda, S. 114f.

Ländern, die ihre Handelsregimes weniger stark liberalisiert hatten, und für einen Anstieg in Ländern, die ihre Handelsregime weiter liberalisiert haben. Schnelle und starke Handelsliberalisierung ist danach – zumindest kurzfristig – mit einem steigenden Auftreten von Armut in Verbindung zu bringen.[286]

Nicht nur die Weltbank argumentiert damit, dass die positiven Effekte von Handelsliberalisierung von komplementären Maßnahmen abhängen bzw. sich erst langfristig zeigen, trotz kurzfristig steigender Armut und Arbeitslosigkeit. Dennoch scheinen die oben erwähnten durchgeführten Strukturanpassungsprogramme kaum Einfluss auf die Armut in den LDCs gehabt zu haben.[287] Das „Development Assistance Committee" (DAC) der OECD[288] verwendet die Begriffe Handel und Handelsliberalisierung ohne Unterschied. Es ist der Auffassung, dass Handel einen essentiellen Beitrag zur Entwicklung leistet, Handel und Handelsliberalisierung jedoch nicht das Ziel an sich sind. Wenn sie durch geeignete Politiken, einschließlich u.a. makroökonomischer Stabilität, vernünftigen Umweltpraktiken und guter Regierungsführung unterstützt werden, leisten sie einen essentiellen Beitrag zu Wachstum zu Gunsten der Armen und nachhaltiger Entwicklung. Sie steigern den Zugang zu Waren, Dienstleistungen, Technologien und Wissen. Durch Stimulierung der unternehmerischen Aktivitäten des privaten Sektors schaffen sie Arbeitsplätze, begünstigen Lernprozesse, ziehen privates Kapital an, steigern Deviseneinnahmen und generieren Ressourcen für nachhaltige Entwicklung und Armutsreduzierung.[289]

Die Frage der Art und Weise der Handelsliberalisierung stellt sich auch im Zusammenhang mit der Aufnahme von LDCs und anderer EL in die WTO. Kann eine substantielle und generelle Liberalisierung bereits bei Eintritt in die WTO verlangt werden, oder sind zeitliche Schritte in Abhängigkeit von der wirtschaftlichen und institutionellen Entwicklung der beitretenden Staaten erforderlich? Diesbezüglich ist festzustellen, dass die entwickelten Länder seit nunmehr einem halben Jahrhundert Handelsliberalisierung schrittweise eingeführt haben und einige für sie wichtigen Sektoren noch immer nicht vollständig in das GATT einbezogen worden sind. Die Beispiele der GATT/WTO-Liberalisierung zeigen, dass Handelsliberalisierung ein sehr komplexer Prozess ist. Er erfordert das Vorhandensein und Funktionieren von verschiedenen miteinander zusammenhängenden Institutionen, die die Umsetzung der Liberalisierungsmaßnahmen zu den geringst möglichen sozialen und politischen Kosten erleichtern (u.a. soziale Sicherheitsnetze und Weiterbildungsinstitutionen für Arbeitslose, Hilfe für Unternehmer im notwendigen Umstruktu-

---

[286] Vgl. UNCTAD/LDC/2002: The Least Developed Countries Report 2002: Escaping the Poverty Trap, United Nations, New York und Genf, 2002, S. 115 und 117.

[287] Vgl. die UNCTAD: ebenda, S. 117, m.w.N.

[288] Vgl. dazu die Ausführungen in Teil 2, Kapitel 5.

[289] Vgl. das Statement des „DAC High Level Meeting upon endorsement of the DAC Guidelines on Capacity Development for Trade in the New Global Context" mit dem Titel: Trade and Development in the new global context: A partnership for building Trade capacity, Paris, 25./26. April 2001, abgedruckt in: The DAC Guidelines: Strengthening Trade Capacity for Development, OECD 2001, S. 7.

rierungsprozess, Arbeitskräftemobilität zwischen verschiedenen Regionen des Landes). Diese Institutionen, die in entwickelten Ländern bestehen, fehlen aber zumeist vollständig in vielen EL, Transformationsländern und LDCs.[290] Auch mit diesen Institutionen ist die Durchsetzung von Reformen und Anpassungsprozessen in den entwickelten Ländern schwer. Für die EL und LDCs können die Folgen solcher Reformen jedoch mangels geeigneter Institutionen noch gravierender sein. Oft akzeptieren die beitretenden Länder die Zusagen zur Liberalisierung auf Druck von Außen und dem eigenen Interesse an einer Aufnahme in die WTO, obwohl sie diese gegebenenfalls nicht voll umsetzen können. Dies könnte dazu führen, dass dies zu nur auf dem Papier WTO-kompatiblen Mitgliedern führt. Beitretende Staaten sollten daher nicht mehr Zusagen abgeben müssen, als sie auch einhalten können. Naray ist in Bezug auf die Aufnahme neuer Mitglieder der Auffassung, dass nicht Liberalisierung als solche, sondern nachhaltige Liberalisierung das Ziel sein sollte. Übergangsperioden sollten eingeräumt werden, wo diese erforderlich sind.[291] Diese für die Aufnahme neuer Mitglieder nachvollziehbare Erkenntnis ist auch für die weitere Liberalisierung von LDCs, die bereits Mitglieder der WTO sind, zu befürworten. Anzumerken ist in diesem Zusammenhang zudem auch, dass auf Grund der großen Abgängigkeit der Länder von Handelssteuern die Einkünfte des Landes und damit die Ressourcen zur Förderung von Wachstum und Armutsreduzierung im Prozess der Handelsliberalisierung gefährdet sein können.[292]

Der UNCTAD-LDC-Bericht 2002 schlussfolgert, dass es falsch sei, die Rolle, die Handel bei der Armutsreduzierung spielen kann mit der Rolle, die Handelsliberalisierung spielen kann, zusammenzuführen. Wie und wann Handelsliberalisierung in eine Entwicklungsstrategie hineinpasst, die Wachstum und Armutsreduzierung fördert, müsse die strukturellen Beschränkungen in den LDCs berücksichtigen, insbesondere die Mangel an sozialer und ökonomischer Infrastruktur, die Schwäche der Marktentwicklung, das spärliche Unternehmertum und die geringen Produktionsfähigkeiten des privaten Sektors.[293] Wieviel Liberalisierung ein LDC „verträgt“ und in welchem Tempo, ist also auch in Abhängigkeit der von ihm gewählten handelspolitischen Strategie sowie der Auswirkungen auf die Bevölkerung im Einzelfall zu entscheiden. Wichtiger als der Grad der Liberalisierung dürfte für die Exportmöglichkeiten und das Wachstum der LDCs jedoch die Behebung der strukturellen Defizite dieser Länder sein.

Bei der Aufstellung handelspolitischer Strategien in den LDCs ist zu berücksichtigen, dass bedeutende Unterschiede zwischen den LDCs bestehen: einige haben eine Bevölkerungszahl von 20, 40 oder sogar 100 Millionen während andere weniger als

---

[290] Vgl. UNCTAD/DITC/TNCD/11: WTO Accessions and Development Policy: Naray, Peter: Integration of countries into the multilateral trading system: The role of institutions and the human factor, UNCTAD, New York und Genf 2001, S. 96-103, S. 101f.

[291] Vgl. Naray, Peter: ebenda, S. 102.

[292] Vgl. UNCTAD/LDC/2002: The Least Developed Countries Report 2002: Escaping the Poverty Trap, United Nations, New York und Genf, 2002, S. 115.

[293] Vgl. die UNCTAD: ebenda, S. 130.

100.000 Einwohner haben. Einige LDCs haben ausgedehnte und manchmal weit entfernte Gebiete, während andere nur kleine Inselstaaten im Ozean sind. Auch unterscheidet sich die Situation bezüglich des verfügbaren Ackerlandes, welche z.B. bei 0,2 Hektar oder 2 Hektar pro Einwohner liegen kann.[294] Für die Gruppe der LDCs kann es daher keine Standardlösung geben. Zwar gibt es einige sich überschneidende Ausgangsbedingungen, jedoch gibt es, wie oben im einzelnen dargelegt, bereits erhebliche Unterschiede der Exportbasis der Länder. Weiter sind u.a. politische Umstände oder unterschiedliche Ressourcenbedingungen zu nennen. Letztere, unter Berücksichtigung klimatischer Bedingungen, entscheiden darüber, inwieweit z.B. eine agrarbasierte Wirtschaftsentwicklung als realistische Option angesehen werden kann.[295] Jedes Land muss daher eine geeignete, auf die jeweiligen Bedingungen zugeschnittene Handelspolitik entwerfen, in der nicht nur der Staat, sondern auch der private Sektor eine Rolle spielen. Insgesamt kann bis hierhin festgehalten werden, dass es auf Grund der verschiedenen Bedingungen in den einzelnen LDCs nicht nur ein einziges handelspolitisches Konzept geben kann.

Der dritte, am Anfang dieses Abschnittes erwähnte Aspekt der Integration der LDCs in die Weltwirtschaft – die zunehmende institutionelle Integration der LDCs in das multilaterale Handelssystem – ist wichtig für die LDCs selbst, aber auch für ein globales Handelssystem, das nur dann als global und effektiv bezeichnet werden kann, wenn die an der Weltwirtschaft beteiligten Länder eingeschlossen sind und die Normen nicht nur anwenden, sondern auch mitgestalten. In diesem Zusammenhang ist auf das bereits in Abschnitt 4.1. erwähnte Problem der LDCs bei der Teilnahme an der Arbeit der WTO und der Umsetzungen der WTO-Verpflichtungen zu verweisen. Aufgaben der Handelsförderung sind daher u.a., die LDCs dahingehend zu unterstützen, dass sie Nutzen aus dem Globalisierungsprozess ziehen können, dass sie im Verhandlungsprozess mit der WTO und in ihrer Arbeit mit anderen internationalen Handelsorganisationen (UNCTAD, ITC) ihre Interessen vertreten und Positionen erarbeiten können, d.h. im multilateralen Handelssystem aktiver werden und eine effiziente Handelspolitik betreiben können. Dazu gehört auch, die LDCs darin zu unterstützen, die operationelle Kapazität ihrer Handelsmissionen in Genf und die der nicht in Genf vertretenen LDCs zu vergrößern. Den EL zu ermöglichen, am Tagesgeschäft und an den Verhandlungen der WTO effektiv teilnehmen zu können, ist nicht zuletzt auch eine Frage der internen Transparenz. Obwohl das Prinzip der souveränen Gleichheit der Staaten auch in der WTO Anwendung findet, entspricht die tatsächliche Möglichkeit der Teilnahme an der Arbeit der WTO nicht dieser formalen Gleichheit.[296]

---

[294] Vgl. JIU/REP/87/5, enthalten in A/43/228 vom 21. März 1988: Technical co-opearation between organizations of the UN system and the least developed countries, S. 1.

[295] Vgl. dazu: Otzen, Uwe: Afrika braucht nachholende Agrarentwicklung, Bäuerliche Landwirtschaft kann armutsmindernde wirtschaftliche Dynamik schaffen, in: E+Z 2001, Heft 9, S. 257-260, S. 259.

[296] Vgl dazu Stoll, Peter-Tobias/ Schorkopf, Frank: WTO – Welthandelsordnung und Welthandelsrecht, Köln, Berlin...: Carl Heymanns Verlag, 2002, S. 264, Rz. 763.

Der nach den oben geschilderten Erfordernissen dringende Aufbau von Kapazitäten im Handelsbereich ist als Notwendigkeit von den Staaten und internationalen Organisationen anerkannt. Insgesamt ist man sich einig, dass LDCs verstärkte, fokussierte und nachhaltige technische Hilfe und „Capacity building" benötigen, um ihnen zu helfen, die Vorteile existierender und potentieller Möglichkeiten des Marktes zu nutzen.[297] „Capacity building" im Handelsbereich hat das Ziel, die Fähigkeit der Politiker, Unternehmen und der Zivilgesellschaft der EL zu fördern,

- bei der Formulierung und Implementierung einer handelsbasierten Entwicklungsstrategie, die eingebunden ist in eine breitere nationale Entwicklungsstrategie, zusammen zuarbeiten,
- Handelspolitik und die Institutionen als Basis für die Reform von Importregimen zu stärken, das Volumen und den Mehrwert von Exporten zu vergrößern, Exportprodukte und Märkte zu diversifizieren sowie ausländische Investitionen zu steigern um Arbeitsplätze und Exporte zu schaffen, sowie
- an Institutionen, Verhandlungen und Prozessen, die die nationale Handelspolitik und die Regeln und Praktiken des internationalen Handels formen, teilzunehmen und davon zu profitieren.[298]

Handelsförderung, handelsbezogene technische Hilfe und „Capacity building" sind somit die Schlagworte, zu denen handelsorientierte Organisationen einen Beitrag leisten können.[299]

Der UN-Generalsekretär benennt in seinem bereits oben genannten Bericht im Handelsbereich die folgenden Strategien:

- Stärkung von Bemühungen, Handelspolitik in nationale Entwicklungspolitiken in Bezug auf Armutsreduzierung zu integrieren,
- Hilfe an LDCs zum „Capacity building" im Bereich der Handelspolitik und damit verbundenen Bereichen wie Zolltarifen, Zöllen, Wettbewerb, Investitionen und Technologie,
- Fortsetzung der Arbeit im Hinblick auf zoll- und quotenfreien Marktzugang für alle Produkte aus den LDCs (mit Ausnahme von Waffen),
- Hilfe an die LDCs beim Ausbau ihrer Produktions- und Exportkapazitäten und -fähigkeiten,
- Fortsetzen der Verbesserung des „Generalized System of Preferences" (GSP) für LDCs durch Reduzierung administrativer und prozeduraler Komplexitäten.[300]

---

[297] Vgl. Moore, Mike: The WTO and LDCs: delivering a better future through trade, Rede auf der „Third United Nations conference on the Least Developed Countries" (LDC-III) am 17. Mai 2001 in Brüssel.
[298] Vgl. OECD/ DAC Guidelines: Strengthening Trade Capacity for Development, OECD 2001, S. 13.
[299] Vgl. dazu die jeweiligen Kapitel in Teil 2 sowie Teil 3.

Wie bereits erwähnt sind die LDCs zumeist stark verschuldet, was ihre Politikgestaltungsmöglichkeiten einschließlich der Möglichkeiten zur Armutsreduzierung stark einschränkt. Auch sind im Zusammenhang mit der Handelsentwicklung z.B. Anforderungen an die Bildung genannt worden. Zudem können Handelspolitikreformen Auswirkungen auf die sozialen Bedingungen im Land haben. Der nächste Abschnitt befasst sich daher mit über direkte Handelsreformen hinausgehenden Anforderungen an eine geeignete Entwicklungsstrategie.

4.3. Handel als Teil einer Entwicklungsstrategie: „Integrated Strategy"

Es ist offensichtlich, dass nicht alle Regionen der Welt und auch innerhalb der Staaten nicht alle Bevölkerungsgruppen gleichmäßig von der bereits erfolgten Handelsliberalisierung profitiert haben. Es gibt eine größer werdende und beunruhigende Trennung zwischen einer Gruppe von sogenannten EL mit mittlerem Einkommen, die mehr oder weniger erfolgreich am globalen Welthandel beteiligt sind. Dagegen sind aber eine große Anzahl von etwa 80 EL und Transformationsländern, in denen über ein Drittel der Weltbevölkerung lebt, praktisch vom Welthandel ausgeschlossen. Die Gründe dafür sind vielfältig. Neben den in Abschnitt 4.1 in Bezug auf die LDCs und andere EL genannten externen Gründen ist, wie in Abschnitt 4.2. bereits angesprochen, die konkrete Gestaltung verschiedener Politikbereiche innerhalb des EL selbst wichtig. Es ist daher notwendig, Handel als einen Teil einer breiteren globalen wie nationalen Strategie anzusehen. Handel stellt ein machtvolles Instrument für die Entwicklung dar, kann aber nicht alle Antworten geben.

Der frühere WTO-Generalsekretär Ruggiero ist der Auffassung, man brauche eine neue Strategie für Entwicklung, die alle internationalen und nationalen „stakeholder" auf der höchsten Ebene involviert. Eine integrierte Strategie umfasse nicht nur Handel und Investitionen, sondern auch nachhaltige Entwicklung, Schuldenerlass, „Capacity building", Gesundheitsversorgung, Netze der sozialen Sicherheit, Armutsreduzierung, Menschenrechte, kulturelle Verschiedenheiten und Gleichbehandlung der Geschlechter. Dies seien alles Themen, die ein verbessertes Konzept des globalen Wirtschaftsmanagement einschließen müsse. Er fasst es mit dem Begriff der „human security" zusammen.[301] Ohne einen kohärenten Plan,[302] um die derzeit bestehende unakzeptable Marginalisierung in der Welt anzugehen, riskieren wir nach der Auffassung Ruggieros, die neue globale Wirtschaft „auf Sand zu bauen". Auch EU-Handelskommissar Pascal Lamy[303] geht davon aus, dass mit der der

---

[300] Vgl. A/56/326 vom 6. September 2001: Road map towards the implementation of the United Nations Millennium Declaration, Bericht des UN-Generalsekretärs, S. 28, Ziff. 143.

[301] Vgl. Ruggiero, Renato: Rede auf dem „32nd annual meeting of the Joint Advisory Group of the ITC", Geneva, 19. April 1999, http://www.intracen.org/itc/itcnews/newsrel/ruggiero.htm.

[302] Zum Begriff der Kohärenz vgl. das folgende Kapitel.

[303] Lamy ist wie Ruggiero der Auffassung, dass ein erfolgreiches Herangehen an Entwicklung erfordert, sich mit der gesamten Breite institutioneller, sozialer und struktureller Bedürfnisse der Gesellschaft zu befassen. Dies umfasse gute Regierungsführung einschließlich Transparenz, freiem Informationsfluss, Bekämpfung der Korruption und effektivem Beamtentum. Er nennt weiter ein geeignetes institutionelles und regulatives Rahmenwerk, eine einbeziehende

heimischen Politikgestaltung zugewiesenen Schlüsselrolle dafür, dass EL von der Globalisierung profitieren und die negativen Auswirkungen mindern können, nicht gesagt ist, dass die sog. entwickelten Länder nicht dafür verantwortlich sind, diese „sound policies“ zu unterstützen. Lamy ist vielmehr der Auffassung, dass mehr Marktzugang für Produkte, in denen die EL einen komparativen Vorteil haben, erforderlich ist. Zudem habe eine ernsthafte Einbeziehung der EL in den Handelsverhandlungen stattzufinden. Schließlich nennt er großzügigere Entwicklungshilfe und verstärkte Bemühungen der Finanzinstitutionen, um das Schuldenproblem zu lösen und die geleistete Hilfe und Unterstützung besser zu koordinieren.[304]

Der ehemalige WTO-Generalsekretär Mike Moore erwähnte in vielen seiner Reden die Notwendigkeit der Handelsliberalisierung für Wachstum und Entwicklung. Auch er ist der Auffassung, dass sie nicht hinreichend sei. Eine neue WTO-Runde würde wenig für eine Nation bringen, die durch Krieg zerrissen ist oder alle Exporteinkünfte in Waffen investiert, es keine gute Regierungsführung gibt oder das Land durch einen Schuldenberg gelähmt ist. Ebenso gilt dies für die armen Länder, die keine einheimischen Kapazitäten oder keine Infrastruktur haben, um von neuen Marktzugangsmöglichkeiten zu profitieren. Handelsliberalisierung müsse daher Hand in Hand gehen mit anderen Reformen, einschließlich der Reformen im Land selbst. Wenn die Menschen wohlhabender durch den Austausch von Produkten untereinander werden, ist es weniger wahrscheinlich, dass sie sich bekämpfen oder ihren Handel durch Zerstörungen behindern. Wenn sich Regierungen an WTO-Regeln halten, die Transparenz und Berechenbarkeit vorschreiben ist weniger Spielraum für Korruption. Dies sind Gründe, warum nicht zuletzt „government procurement“ und Handelsförderung thematisiert werden sollten. Auch ist Marktzugang wenig nützlich, wenn LKWs für drei Tage an der Grenze aufgehalten oder Schiffe für einen Monat im Hafen festgehalten werden oder wenn die Infrastruktur für den Transport nicht vorhanden ist.[305] Daher müssen auch Maßnahmen der Handelserleichterungen erfolgen.

Handel ist damit für den Entwicklungsprozess eine notwendige aber keinesfalls ausreichende Komponente einer Entwicklungsstrategie zur Armutsreduzierung. Es ist generell anerkannt, dass Handel in die Entwicklungsstrategien sowie die Strategien zur Reduzierung von Armut integriert werden muss, um eine umfassende und ausgewogenen Wirtschaftsreform sicherzustellen, die sich auch mit kurzfristigen Kosten und Problemen der Restrukturierung befasst. Handelsliberalisierung und handelsbezogene Regeln müssen daher mit Bemühungen in anderen Politikberei-

---

Sozialpolitik in Bereichen wie Bildung, Gesundheit und sozialem Schutz. Schließlich umfasse ein solches Herangehen auch öffentliche Dienste und Infrastruktur sowie Umweltschutz, vgl. Lamy, Pascal: The link between Trade and Development – What role for the EU Trade Policy?, Rede auf der AIF-Konferenz, Christiansburg am 12. September 2000, http://europa.eu.int/comm/trade/speeches_articles/spla31_en.htm.

[304] Vgl. Lamy, Pascal: ebenda.

[305] Vgl. dazu Moore, Mike: The WTO and LDCs: delivering a better future through trade, Rede auf der „Third United Nations Konferenz über die Least Developed Countries“ (LDC-III), Brüssel, 17. Mai 2001.

chen ergänzt werden.[306] So kann die Öffnung des Handels eine Umstrukturierung der Wirtschaft mit negativen Folgen für einige Bevölkerungsgruppen nach sich ziehen. Im Rahmen der handelspolitischen Reformen, insbesondere was die Abfolge und das Tempo der Reformen und der Begleitmaßnahmen betrifft, müssen daher die etwaigen negativen Auswirkungen der Handelsöffnung abgefedert werden können. Wenn der Handel einer nachhaltigen Entwicklung zuträglich sein soll, ist zudem insbesondere zu gewährleisten, dass eine Zunahme von Handel und Wirtschaftswachstum nicht zur Übernutzung der natürlichen Ressourcen führt. Handelspolitische Reformen müssen daher insgesamt Teil einer breit angelegten Strategie für eine nachhaltige Entwicklung sein, damit der Handel zur Bekämpfung von Armut und Ungleichheit beiträgt und die Stärkere Integration in die Weltwirtschaft einen möglichst großen Nutzen bringt.[307] Zu dieser komplementären und komplexen Agenda, die eine breite Palette von Politiken und Maßnahmen umfasst, gehören erstens Politiken und Maßnahmen, die direkt auf den Handel und auf die Kapazität bezogen sind, von den Handelsmöglichkeiten Gebrauch zu machen. Andere beziehen sich zweitens auf den breiteren Prozess der Wirtschaftsreform, des internationalen Regierens und der Zielstellung der nachhaltigen Entwicklung.[308] Dies bestätigt das Brüsseler Aktionsprogramm, angenommen auf der dritten LDC-Konferenz.[309] Darin wird ausgeführt, dass die Integration der LDCs in die Weltwirtschaft nur durch ein integriertes Vorgehen erreicht werden könne, das Handels- und makroökonomische Politik, die Entwicklung des privaten Sektors, Finanzen, Infrastruktur, Bildung und andere angebotsseitige Maßnahmen umfasst.[310] Zu nennen sind weiter u.a. ein besseres Gesundheitswesen, angemessene soziale Sicherungsnetze sowie die Anwendung von Regeln, die das ordnungsgemäße Funktionieren der Märkte gewährleisten und Kartelle und Korruption verhindern.

In Bezug auf das schnelle Wachstum der asiatischer Schwellenländer gibt es die Erkenntnis, dass fast alle dieser Länder sehr hohe Sparraten und damit die Möglichkeit zur Finanzierung von Investitionen sowie zudem eine sehr schnelle Verbesserung des Bildungslevels zu verzeichnen haben. Die Kombination aus beiden Elementen könnte zum großen Teil zum schnellen Wachstum in Ostasien beigetragen haben.[311] Auf ein besseres Bildungswesen ist daher Wert zu legen.

---

[306] Vgl. auch Juul-Jørgensen, Ditte: Enhancing Trade for development, in: the Courier, the magazine of ACP-EU development cooperation, Nr. 191, März-April 2002, Europäische Kommission, Brüssel, 2002, S. 30 bis 31, S. 30.

[307] Vgl. KOM (2002) 513 endg. vom 18. September 2002, Mitteilung der Kommission an den Rat und das Europäische Parlament: Handel und Entwicklung, Unterstützung der Entwicklungsländer bei der Nutzung der Vorteile des Handels, S. 12.

[308] Vgl. Juul-Jørgensen, Ditte: ebenda, S. 30.

[309] Vgl. oben, Abschnitt 3.2.

[310] Vgl. A/CONF.191/11, S. 36, Ziff. 65.

[311] Vgl. dazu Krugman, Paul R./ Obstfeld, Maurice: International Economics, Theory and Policy, Fifth Edition, Addison-Wesley World Student Series, Reading, Melo Park, New York..., 2000, S. 270.

Administratives und institutionelles „Capacity building" mit internationaler Unterstützung ist notwendig im Hinblick auf die Entwicklung des richtigen Politikrahmens für handelsbasiertes Wachstum und Entwicklung im Entwicklungsland selbst.[312] Handelspräferenzen können zur Unterstützung struktureller Anpassungen allein kein Ersatz für Strategien und Maßnahmen sein, die eine starke „supply response" und eine gute Exportperformance fördern. Gute Regierungsführung, Transparenz, Rechtsstaatlichkeit und Nichtdiskriminierung in handelsbezogenen und anderen Politiken sind grundlegende Elemente derartiger Politikrahmenwerke. Wichtig sind Aspekte wie politische Stabilität als einer fundamentalen Voraussetzung für Wachstum sowie ein stabiles Umfeld im Land. Andernfalls, und dies ist insbesondere häufig in LDCs der Fall, leidet das Land an einer geringen Glaubwürdigkeit seitens des privaten Sektors.[313] Nur in einem günstigen ökonomischen Umfeld, das Handel und Investment fördert, können die Länder ihr volles Potential nutzen. Dem Brüsseler Aktionsprogramm zufolge könne regionale Integration, kompatibel mit multilateralen Handelsregeln, ein wichtiger Schritt für die Integration der LDCs in die Weltwirtschaft sein und helfen „to make liberalization work" durch Stärkung der Glaubwürdigkeit und Transparenz von Politikreformen. Regionale Integration könne auch zur Vergrößerung des Marktes beitragen und LDCs damit attraktiver für ausländische Direktinvestitionen machen.[314]

Insgesamt kann man davon ausgehen, dass eine internationale Entwicklungsstrategie im wesentlichen die folgenden Komponenten berücksichtigen muss:

- direkte Maßnahmen zur Armutsreduzierung,
- die Integration in bzw. die Teilnahme der LDCs am Welthandelssystem,
- Schuldenerlass und öffentliche Entwicklungshilfe,
- vernünftige makroökonomische Politiken innerhalb eines Landes und
- internationale und nationale Finanzvorschriften.

Im Folgenden werden einzelne bedeutsame Elemente einer integrierten Strategie dargestellt:

Nach den von Weltbank und IMF geforderten Strukturanpassungsmaßnahmen ist klargeworden, dass als eine wichtige Komponente im Zuge der Integration in die Weltwirtschaft die *soziale Seite* beachtet werden muss, u.a. um die Folgen der Integration sozialverträglich zu halten. Hier spielte auch der politische Druck z.B. bei den Protesten in Seattle oder Genua eine Rolle. Das Ziel der Armutsreduzierung ist inzwischen von allen Akteuren der Entwicklungspolitik anerkannt worden. Wäh-

---

[312] Vgl. Juul-Jørgensen, Ditte: Enhancing Trade for development, in: the Courier, the magazine of ACP-EU development cooperation, Nr. 191, März-April 2002, Europäische Kommission, Brüssel, 2002, S. 30 bis 31, S. 31.

[313] Vgl. High-Level Meeting on Integrated Initiatives for the Least-Developed Countries Trade Development, Minutes of the High Level Meeting, Oktober 1997, http://www.ldcs.org/hlmmin.htm, Ausdruck vom 15. August 2000.

[314] Vgl. A/CONF.191/11, S. 36, Ziff. 65.

rend internationaler Treffen, einschließlich der Tagungen des IMF, der Weltbank und der G7 oder dem Millenniumsgipfel der UN, wurde das Ziel der Armutsbeseitigung in den armen Ländern und der Hilfe für diese Länder, damit sie von der Globalisierung zu profitieren können, regelmäßig verkündet. Auf dem Millenniumsgipfel der UN im September 2000 hat sich die internationale Staatengemeinschaft u.a. dazu verpflichtet, den Anteil der absolut Armen bis zum Jahr 2015 um die Hälfte zu verringern. Dies wurde z.T. durch konkrete Maßnahmen flankiert, einschließlich der Initiative zur Schuldenreduzierung in den ärmsten Ländern. Zu Erreichung des Zieles der Armutsreduzierung sind direkte Maßnahmen der Entwicklungszusammenarbeit z.B. im Bereich der Bildung oder des Aufbaus von Systemen zur Gesundheitsversorgung erforderlich. Gleichzeitig, und auf lange Sicht effektiver und nachhaltiger, sind aber sicher indirekte Maßnahmen wie Schuldenreduzierung, und die Förderung der Effizienz des Staates zur Ermöglichung von eigenen Maßnahmen u.a. in den o.g. Bereichen sowie die Förderung des Handels.

Es ist allgemeiner Konsens, dass EL einen gewissen Grad politischer und wirtschaftlicher Organisation mit angemessen funktionierenden Märkten und einem gut funktionierenden Staat erreichen müssen, um die Entwicklung voranzubringen. Dies muss innerhalb des EL selbst angegangen werden. In LDCs und vielen anderen EL müssen diese Bedingungen drastisch gesteigert werden, um ausländische Direktinvestitionen (FDI) anzuziehen und um den freien Handel zu einer Wohlfahrtsquelle „fairly distributed across the economy“ zu machen. Makroökonomische Stabilität ist ein essentielles Erfordernis mit Blick auf nachhaltige Entwicklung und die Beseitigung der Armut.[315] Eng damit im Zusammenhang steht die Bedingung der guten Regierungsführung. Viel Entwicklungshilfe ist oftmals in den Ländern nicht bei den Bedürftigen angekommen, sondern durch korrupte Machenschaften über gewisse Kanäle verschwunden oder in Rüstungsexporte investiert worden. Z.B. das UNDP fördert verstärkt gute Regierungsführung.

Schuldenerlass und öffentliche Entwicklungshilfe sind, wie bereits dargestellt, für die EL von großer Bedeutung. In einem Bericht des UN-Generalsekretärs, der im Nachgang des Millenniumsgipfels der UN erstellt worden ist, wurde in Bezug auf die besonderen Bedürfnisse der LDCs von den industrialisierten Staaten gefordert, neben der Gewährung zoll- und quotenfreien Marktzugang für im Wesentlichen alle Exporte von den LDCs ohne weitere Verzögerungen das erweiterte Programm der Schuldenreduzierung für die „heavily indebted poor countries“ (HIPC) umzusetzen. Zudem wurde gefordert, alle öffentlichen bilateralen Schulden der Länder, die Anstrengungen zur Armutsreduzierung demonstrieren, zu erlassen und insbesondere den Staaten, die Bemühungen zeigen, ihre Ressourcen zur Armutsreduzierung einsetzen, mehr Entwicklungshilfe zu gewähren.[316]

---

[315] Vgl. TD(X)/PC/6 vom 22. Oktober 1999: Guidelines for the Participation of the European Union in the tenth session of the United Nations Conference on Trade and Development, S. 4, Ziff. 10.

[316] Vgl. A/56/326, vom 6. September 2001: Road map towards the implementation of the United Nations Millennium Declaration, Bericht des UN-Generalsekretärs, S. 27, vor

Mit Blick auf die *Finanzpolitik* muss sichergestellt werden, dass die notwendigen Strukturen und Regelungen getroffen werden, damit Wirtschaftswachstum ermöglicht wird und ein Land sowenig wie möglich krisenanfällig ist. Hierzu sind Lehren aus der Finanzkrise in Asien gezogen worden. International gesehen haben an einem stabilen internationalen Währungssystem, welches in der Zuständigkeit des Internationalen Währungsfonds (IMF) liegt, nicht allein die EL bzw. die aufsteigenden Ökonomien ein Interesse, denn wirtschaftliche Instabilität kann zu sozialer Instabilität führen und das gesamte internationale Finanzsystem gefährden, auf dem der wirtschaftliche Wohlstand der entwickelten Länder beruht. Der Staat muss zwischen Risiken und den Chancen der finanziellen Liberalisierung abwägen können.

Viele Zusammenhänge zwischen Handel und z.B. ausländischen Direktinvestitionen auf der einen und Entwicklung auf der anderen Seite sind im Detail noch nicht geklärt.[317] Das Vorgehen und die Ausgestaltung der einzelnen Elemente ist nach wie vor teilweise umstritten. Z.B. stellt sich die Frage, wie weitgehend eine Liberalisierung der Märkte erfolgen muss bzw. darf, um sich nicht negativ für die EL auszuwirken. Fraglich ist auch, wie die Finanzvorschriften aussehen müssen, wie eine entsprechende makroökonomische Politik zu gestalten ist, an welche Bedingungen der Schuldenerlass geknüpft werden sollte und wie er ausgestaltet sein muss, damit eine Neuverschuldung vermieden werden kann.[318] Fest steht, dass es nicht eine für alle EL gleich sinnvolle generelle Strategie in allen Bereichen geben kann. Stiglitz ist der Auffassung, dass es hier wichtig ist, in Abkehr vom Washingtoner Konsensus[319], Alternativen auszuprobieren und auszuloten.[320] Klar ist jedoch, dass Handel Teil einer ausgewogenen Entwicklungsstrategie eines EL sein sollte.[321]

Ziff. 139 und Ziff. 139: „The least developed countries and their partners are committed to fostering a people-centred policy framework; good governance at the national and international levels; building productive capacities to make globalization work for least developed countries; enhancing the role of trade in development; reducing vulnerability and protecting the environment; and mobilizing financial ressources."

317 „Both trade and foreign investment have important roles here. Our understanding of how these roles work remains incomplete, but it is growing...", vgl. Stiglitz, Joseph: Towards a New Paradigm für Development: Strategies, Policies, and Processes, Prebisch Lecture at UNCTAD, Genf, 19. Oktober 1998, S. 37.

318 Vgl. dazu Teil 2, Kapitel 2, Abschnitt 2.2.2.

319 Vgl. dazu Teil 2, Kapitel 2, Abschnitt 2.2.

320 Vgl. Stiglitz, Joseph: Die Schatten der Globalisierung, Berlin: Siedler Verlag, 2002, S. 108.

321 Nach Stiglitz sind Komponenten einer derartigen neuen Strategie die Entwicklung des privaten Sektors, des öffentlichen Sektors, der Gemeinden sowie die Entwicklung der Familie und des Einzelnen. Eine solche Strategie müsse sich mit der Beschaffung und Sicherstellung von Ressourcen (Kapital, Human- und natürliche Ressourcen), mit ökonomischem Management, Wissensmanagement, Sektor- und subnationalen Strategien, sozialem und organisatorischem Kapital befassen, müsse konsistent und kohärent sein und Prioritäten setzen (Bildung, Infrastruktur, Gesundheit, Wissen, „Capacity building"). Sie soll auf Partnerschaft beruhen. Die Länderstrategien der einzelnen Geberorganisationen sollten auf dieser eigenen Strategie des EL aufbauen, die mit regionalen und globalen Bedingungen und Entwicklungen konsi-

Handelspolitische Reformen der EL müssen auch durch entsprechende Reformen auf Seiten der entwickelten Länder ergänzt werden, die ihrerseits Verantwortung übernehmen müssen.[322]

In allen aufgezählten Bereichen kann die Entwicklungszusammenarbeit einen Beitrag leisten. Hier können „Geberländer" und internationale Organisationen in Zusammenarbeit mit dem jeweiligen LDC ansetzen, um die notwendigen Voraussetzungen für Wachstum und Entwicklung zu schaffen. Die Hauptverantwortung für die Lösung der Probleme der LDCs liegt zwar bei diesen selbst, die internationale Gemeinschaft hat aber eine bedeutende Rolle dabei zu spielen und internationale Institutionen können ebenfalls einen wichtigen Beitrag leisten.[323] Hier sind durchaus Ansätze zu verzeichnen.[324] Die OECD hat in ihrem Beitrag zu einer gemeinsamen Entwicklungsagenda festgestellt, dass die grundlegenden Voraussetzungen für die Erreichung der international vereinbarten Ziele der Millenniumserklärung nunmehr vorhanden sind und sich auf einen weitreichenden Konsens stützen, wonach eine effektive Entwicklung einen umfassenden, auf Partnerschaft basierenden, ergebnisorientierten Ansatz erfordert. Die OECD-Länder sind der Auffassung, dass den EL die oberste Verantwortung für ihre wirtschaftliche und soziale Entwicklung obliegt, in dem sie eine gute Staats- und Verwaltungsführung etablieren und geeignete Maßnahmen zur Mobilisierung inländischer Ressourcen und privater Auslandsinvestitionen ergreifen, während es an den Industrieländern ist, ihr Augenmerk verstärkt auf die Konsequenzen ihrer Politiken für die EL zu richten und letztere, vor allem die am wenigsten entwickelten unter ihnen, bei ihren Bemühungen zu unterstützen, die notwendigen Kapazitäten aufzubauen, um Handel, Investitionen und Leistungen der Entwicklungszusammenarbeit möglichst effizient für Armutsbekämpfung und nachhaltige Entwicklung nutzen zu können.[325] Das ist die Theorie. Die Praxis umschreibt das folgende Zitat wohl sehr treffend:

„Goodwill is clearly not lacking...but it has been difficult to put things in place."[326]

---

stent sein muss, vgl. Stiglitz, Joseph: Towards a New Paradigm für Development: Strategies, Policies, and Processes, ebenda, S. 24ff.

[322] Stiglitz nennt Marktzugang, Einhalt gegen neuen Protektionismus im Westen und eine ausgewogene Balance zwischen Produzenten und Nutzern in Bezug auf den Schutz von Rechten am geistigen Eigentum, vgl. Stiglitz, Joseph: Towards a New Paradigm für Development: Strategies, Policies, and Processes, Prebisch Lecture at UNCTAD, Genf, 19. Oktober 1998, S. 39f.

[323] Vgl. Moore, Mike: The WTO and LDCs: delivering a better future through trade, Rede auf der „Third United Nations Konferenz über die Least Developed Countries" (LDC-III), Brüssel, 17. Mai 2001.

[324] Vgl. dazu die Ausführungen in den Teilen 2 und 3.

[325] Vgl. den Beitrag der OECD zu einer gemeinsamen Entwicklungsagenda, enthalten im Dokument PAC/COM/NEWS(2002)58 vom 16. Mai 2002: Tagung des Rates der OECD auf Ministerebene 15.-16. Mai 2002, S. 8.

[326] Vgl. World Bank Development News vom 7. September 2000, S. 7, nach einem Artikel der „La Tribune" vom selben Tag.

Kapitel 3: Kooperation und Koordination

Auf dem Millenniumsgipfel der UN im September 2000 wurde durch die auf dem Gipfel vertretenen Staats- und Regierungschefs die UN-Millenniumsdeklaration verabschiedet. Darin werden die Wörter Kooperation, Koordination und Kohärenz in Bezug auf internationale Organisationen verwendet. In Abschnitt VIII. dieser Resolution unter der Überschrift „Strengthening the United Nations" geben die Mitgliedsstaaten der UN die Verpflichtung ab, keine Bemühungen zu scheuen, die UN zu einem effektiveren Instrument zur Verfolgung der folgenden Schwerpunkte zu machen: den Kampf für Entwicklung für alle Menschen der Erde, den Kampf gegen Armut, Ignoranz und Krankheit, gegen Ungerechtigkeit, Gewalt, Terror und Kriminalität und den Kampf gegen die Degeneration und Zerstörung des gemeinsamen Zuhauses.[327] Zur Erreichung dieser Ziele beschlossen die Staaten u.a. eine größere Politikkohärenz und eine bessere Kooperation zwischen den UN, den Sonderorganisationen, den Bretton-Woods-Institutionen und der WTO sowie anderen multilateralen Gremien sicherzustellen, mit dem Ziel, ein vollständig koordiniertes Vorgehen in Bezug auf die Probleme von Frieden und Entwicklung zu erreichen.[328] Kooperation, Koordination und Politikkohärenz werden damit (zumindest theoretisch) von den Staaten als wesentlich angesehen, als erforderlich, um die genannten Ziele zu erreichen. Die Staaten „verpflichten" sich zur Kooperation und Kohärenz. Zunächst ist zu klären, was unter Kooperation zu verstehen ist und warum Kooperation und Koordination zwischen internationalen Organisationen notwendig ist.

1. Internationale Kooperation

1.1. Begriffsbestimmung

Internationale Zusammenarbeit bedeutet das gemeinsame Tätigwerden auf internationaler Ebene. Die Zusammenarbeit kann u.a. zum Zwecke der gemeinsamen Suche nach Lösungen eines erkannten Problems, zur Arbeitsteilung und/ oder zur Bündelung von Ressourcen erfolgen. Das frühere allgemeine Völkerrecht der Nichtorganisation der Staatengemeinschaft war ein bloßes Recht der Koexistenz, das die Souveränitätsbereiche voneinander abgrenzte und damit die Pflicht verband, bestimmte Eingriffe in diese Bereiche zu unterlassen. Es regelte zudem den Verkehr der Staaten untereinander. Heute ist an die Seite des Koexistenzrechts auf der normativen Basis von Völkerbundsatzung und UN-Charta ein rasch wachsendes Völkerrecht der Kooperation getreten, das die Staaten auf bilateraler, regionaler wie auch universaler Ebene auf immer mehr Sachgebieten und unter maßgeblicher Beteiligung internationaler Organisationen zu einem positiven Zusammenwirken verpflichtet.[329]

---

[327] Vgl. GA-Resolution 55/2 vom 8. September 2000: United Nations Millennium Declaration, S. 8, Ziff. 29.

[328] Vgl. die GA: ebenda, S. 8f, Ziff. 30.

[329] Vgl. Verdross, Alfred/ Simma, Bruno: Universelles Völkerrecht: Theorie und Praxis, Berlin: Dunker und Humblot, 3. Auflage, 1984, S. 41.

Träger internationaler Zusammenarbeit sind zunächst die Staaten als ursprüngliche Völkerrechtssubjekte. Haben diese in auf einem bestimmten Gebiet gemeinsame Interessen, Probleme oder Ziele erkannt und versprechen sie sich Vorteile von einer Zusammenarbeit, werden sie gemeinsam tätig. Derartige Kooperationen können einen unterschiedlichen Organisationsgrad haben. Neben internationalen Organisationen sind hier losere Kooperationsforen wie z.B. die G7 zu nennen. Auch im Rahmen internationaler Regime findet internationale Zusammenarbeit statt. Internationale Regime sind Zusammenhänge von Prinzipien, Normen, Regeln und Entscheidungsverfahren in einem ausgewählten Politikbereich wie z.B. im Umweltbereich das Klima- und Atmosphärenregime einschließlich der Klimarahmenkonferenz und dem Kyoto-Protokoll. Sie besitzen im Unterschied zu internationalen Organisationen keine Akteursqualität.[330]

Ziel der durch die Gründung internationaler Organisationen erfolgenden institutionalisierten Zusammenarbeit ist es, ihrer von dem gemeinsamen Interesse geleiteten Kooperation einen administrativen Rahmen zu geben, der, mit eigener Rechtspersönlichkeit versehen, der Realisierung der geschaffenen Rechtsordnung dient.[331] Weltweiter Träger internationaler Kooperation sind die UN mit ihren Unterorganisationen, wobei im gleichen Atemzug die Sonderstellung genannt werden muss, die die OECD und die G7 einnehmen.[332] Sie vereinen – so die OECD – die Industriestaaten ohne ein regionales Kriterium, die G7 die wichtigsten unter ihnen.[333]

Nach der Theorie des Funktionalismus sind internationale Organisationen eine endogene Antwort eines Systems, in dem die Beteiligten bezüglich spezifischer Belange zusammen arbeiten wollen. Internationale Organisationen fördern Integration und lösen Konflikte.[334] Mit den internationalen Organisationen haben sich die Möglichkeiten der internationalen Kooperation erheblich erweitert und intensiviert. Dies wirkt sich nach Klein pazifizierend auf das Verhalten der Staaten aus. Die mit der rechtlichen Verselbständigung der internationalen Organisation einhergehende Distanzierung von (einzel-) mitgliedstaatlichen Willen, so Klein, gibt der Zusammenarbeit einen neuen Charakter und stärkt ihre Effektivität.[335] Die zwischenstaatliche Kooperation vollzieht sich daneben in zahlreichen anderen Formen.

---

330 Vgl. Schwehm, Johannes: Internationale Regime, in: Lexikon Dritte Welt, Nohlen, Dieter (Hrsg.), Reinbeck bei Hamburg: Rowohlt, 2002, S. 404f, zur Frage der Akteursqualität vgl. unten.

331 Vgl. Tietje, Christian: WTO, Welthandelsorganisation, München: Deutscher Taschenbuchverlag, 1. Auflage, 2000, Einführung, S. XI.

332 Vgl. dazu Teil 2, Kapitel 5.

333 Vgl. Rondholz, Harald (Hrsg): Die Zukunft von Kooperation und Integration, Berlin: Spitz, 1997, S. 158.

334 Vgl. Fratianni, Michael/ Pattison, John: Globalization and the Market for International Organizations in: Economic Globalization, International Organizations and Crisis Management, Tilly, Richard/ Welfens, Paul. J.J. (Hrsg.), Berlin: Springer, 2000, S.127-154, S.131.

335 Klein, Eckart: Die Internationalen und Supranationalen Organisationen, in: Völkerrecht, Graf Vitzthum, Wolfgang (Hrsg.), Berlin, New York: de Gruyter, 2. Auflage, 2001, S. 267-377, S. 280, Rz. 20.

Jedoch weise die Zunahme der Zahl der Internationalen Organisationen auf das Bedürfnis nach gerade dieser besonders verfestigten Kooperationsform hin.[336] Internationale Zusammenarbeit erfolgt daneben auch in nichtstaatlichen Organisationen z.B. durch Nichtregierungsorganisationen (NGOs) sowie durch transnationale Unternehmen (TNU).

Nach den Regimetheorien in der Politikwissenschaft sind internationale Regime wie auch internationale Organisationen dazu bestimmt, die Zusammenarbeit auf einem bestimmten Politikfeld zu regeln. Sie setzen deshalb zunächst einen Regelungsbedarf auf einem bestimmten Gebiet voraus, den alle beteiligten Staaten in gleicher Weise anerkennen. Dabei kann dieser, wie im Fall der WTO, sehr breit definiert sein, aber auch eng wie z.B. im Falle eines Artenschutzabkommens.[337] Entscheidenden Einfluss haben die internationalen Organisationen auf das Recht der wirtschaftlichen und sozialen Entwicklung und Zusammenarbeit genommen. Insoweit verweist Klein nur stichwortartig auf Begriffe und Konzepte wie Freihandelszone, Zollunion, multilaterale Entwicklungshilfe, Solidaritätsrechte und Schutz arbeitender Personen vor Ausbeutung.[338]

Internationale Ziele sind für den wirtschaftlichen und sozialen Bereich in in Art. 1 III, bzw. konkretisiert in Art 55 UN-Charta enthalten. Jedoch sind diese Ziele sehr allgemein, auch werden Mittel zur Zielerreichung nicht genannt, die Charta sagt z.B. nichts darüber, wie internationale Probleme wirtschaftlicher Art i.S.v. Art. 55 b) gelöst werden können. Eine zu enge Zielsetzung kann ein System unflexibel machen. Die breiten Oberziele müssen durch Unterziele spezifiziert werden und in ein oder mehrere Arbeits- oder Handlungsprogramme umgesetzt werden. So wurden auf verschiedenen internationalen Konferenzen sowie auf den Konferenzen der UN bezüglich der Entwicklungsdekaden, die die UN seit den 1960er Jahren ausgerufen hat, Ziele definiert und Strategien oder Handlungsprogramme auf internationaler Ebene aufgestellt, um eine wirtschaftliche und soziale Entwicklung in den EL und LDCs zu fördern.

Nach Fratianni und Pattison verfolgen erfolgreiche internationale Organisationen zumeist spezifische Zielsetzungen und haben eine beschränkte und homogene Mitgliederzahl. Als Grund dafür nennen sie, dass eine beschränkte Zielsetzung und Mitgliedschaft die Möglichkeit von Konflikten zwischen den Mitgliedern verringert und die Erzielung von Konsens sicher stellt. Dagegen, so wird angeführt, bestehe bei internationalen Organisationen mit einer Vielzahl von Objektiven und einer universalen Mitgliedschaft ein größeres Konfliktpotential. Diese Konflikte laden zum Handeln ein und führen zu Kompromissen nicht nur innerhalb einer

---

[336] Vgl. Klein, Eckart: Die Internationalen und Supranationalen Organisationen, in: Völkerrecht, Graf Vitzthum, Wolfgang (Hrsg.), Berlin, New York: de Gruyter, 2. Auflage, 2001, S. 267-377, S. 280, Rz. 20.
[337] Vgl. Hartmann, Jürgen: Internationale Beziehungen, Opladen: Leske und Budrich, 2001, S. 55.
[338] Vgl. Klein, Eckart: ebenda, S. 282, Rz. 23.

Streitfrage, sondern über das eigentliche Problem hinaus auch andere Fragen einbeziehend. Zudem führen sie bei Einstimmigkeitsregeln dazu, dass Ergebnisse nur sehr bescheiden ausfallen. Im wesentlichen sei „Gerede“ das hauptsächliche Output solcher internationaler Organisationen wie z.B. den UN.[339]

Richtig ist, dass das Konfliktpotential im Rahmen der UN mit einer nahezu universellen Mitgliedschaft größer ist, als das im Rahmen einer homogenen Gruppe wie der G7. Auch ist richtig, dass die Teilnahme an internationalen Verhandlungen in Foren wie der UN einen langen Atem und eine hohe Frustrationsgrenze erfordert, da Fortschritte teilweise nur sehr langsam und mühsam erzielt werden können. Dies ist aber gerade Ausdruck der bestehenden Interessengegensätze. Die Verabschiedung einer Resolution, die am Ende das Gewollte einer Partei wenn überhaupt nur sehr vage wiedergibt, damit die andere Seite zustimmen konnte, ist nur die eine Seite. Denn oft ist es schon ein Erfolg, wenn Staaten mit wiederstreitenden Interessen im Rahmen internationaler Organisationen überhaupt an den Verhandlungstisch kommen und sich über den Verhandlungsgegenstand einigen können, wie man in Doha bei der zunehmend globaler werdenden WTO nach dem gescheiterten Seattle-Prozess miterleben durfte. Zum anderen liegt der Erfolg internationaler Organisationen nicht nur in der Menge und Qualität der produzierten Rechtssetzungsakte bzw. Resolutionen, sondern auch darin, die internationale Diskussion überhaupt auf ein bestimmtes Thema zu lenken. So verweisen auch Rittberger und Zangl darauf, dass die Verfügbarkeit von Informationen über die negativen Auswirkungen der Nicht-Kooperation die Kooperationschancen im Problemfeld der internationalen Entwicklungsdisparitäten erhöhen.[340] Diesbezüglich können auch vermeintlich erfolglose Konferenzen auf lange Sicht ihren Wert haben.

Aus der Vielzahl von Zielsetzungen können sich Probleme für die Kooperation zwischen internationalen Organisationen ergeben, denn die Gründungsverträge der verschiedenen Internationalen Organisationen geben Ziele einer jeden Organisation vor, die sich zum Teil überschneiden können. Die Arbeitsprogramme der einzelnen Sonderorganisationen werden von deren jeweiligen Regierungsorganen („governing bodies“) beschlossen, so dass, sofern hierbei keine Kooperation mit anderen Organisationen erfolgt, leicht Überschneidungen in den Tätigkeitsbereichen entstehen, was die Zusammenarbeit auf das gemeinsame Ziel hin weniger effektiv macht. Daneben ist im Einzelfall die Bündelung von Ressourcen verschiedener Organisationen zur Verwirklichung spezifischer Projekte erforderlich, was erhebliche Koordinationsleistungen erfordert. Als ein Problem lässt sich hier bereits festhalten, dass es sich bei den UN und den Sonderorganisationen nicht um Organisationen im Über- und Unterordnungsverhältnis handelt, bei der die Sonderorganisationen weisungsgebundenen handeln. Vielmehr sind die Sonderorganisationen rechtlich selb-

---

[339] Vgl. Fratianni, Michael/ Pattison, John: Globalization and the Market for International Organizations in: Economic Globalization, International Organizations and Crisis Management, Tilly, Richard/ Welfens, Paul. J.J. (Hrsg.), Berlin: Springer, 2000, S.127-154, S.131.

[340] Vgl. Rittberger, Volker/ Zangl, Bernhard: Internationale Organisationen – Politik und Geschichte, Opladen: Leske und Budrich, 3. Auflage, 2003, S. 261.

ständig und nur im Rahmen der Beziehungsabkommen an die „Mutterorganisation" gebunden. Anderes gilt für Programme und Organe der UN selbst. Diese sind enger an die UN gebunden, was daher auch eine unterschiedliche Behandlung der Koordinationsfrage erforderlich macht. Andere Organisationen wie die WTO und die EU sind selbst keine Sonderorganisationen, haben aber ebenfalls Beziehungen zu den UN und deren Sonderorganisationen auf verschiedenen Ebenen.

Zusammenarbeit durch internationale Organisationen erfolgt in Bereichen, in denen diese ein Mandat zum Tätigwerden haben. Die Tätigkeitsbereiche können sich aber im Laufe der Zeit ändern oder bestimmten Umständen anpassen. So war ursprünglich ein System von Finanzierungsorganisationen und Ausführungsorganisationen konzipiert, jedoch hat sich dies im Laufe der Jahre vermischt. So führen auch UNDP und Weltbank eigene Programme durch und beschränken sich nicht auf die Finanzierung von Projekten und Programmen anderer Geberorganisationen bzw. -länder. Zum Teil ist es für die Staaten auf Grund der verschiedenen Interessenlagen schwierig, einen bestimmten Bereich ausschließlich der einen oder der anderen Organisation zuzuweisen. So ist es z.B. mit der Frage der Kernarbeitsnormen, für deren Regelung und Formulierung an sich die Internationale Arbeitsorganisation (ILO) zuständig ist. Sozialstandards und insbesondere die Kernarbeitsnormen lassen sich schwer vom Handelsbereich trennen. So verfolgen einige Staaten das Ziel, diese und andere Politikfelder in die weltweite Handelsordnung zu integrieren mit dem Ziel einer sozial-ökonomischen Gestaltung des multilateralen Handels- und Investitionsregimes. Dem liegen die Einsichten zu Grunde, dass sozialer Zusammenhalt und wirtschaftliche Entwicklung Hand in Hand gehen müssen, die soziale Entwicklung eine Säule der nachhaltigen Entwicklung darstellt und die Globalisierung eine soziale Dimension haben muss. Das Thema „Handel und Soziales" im Rahmen einer neuen Welthandelsrunde stößt aber bei den EL aus Angst vor Protektionismus verständlicherweise auf Ablehnung. Hintergrund hier ist u.a., dass im Rahmen der WTO handelsrechtliche Konsequenzen an die Verletzung von Kernarbeitsnormen geknüpft werden könnten.[341]

1.2. Notwendigkeit Internationaler Zusammenarbeit

Die Zusammenarbeit der Staaten wird in vielen Bereichen als notwendig angesehen. Im wirtschafts- und Sozialbereich entstand sie zunehmend im Zusammenhang mit der industriewirtschaftlichen Expansion. Mit den engeren Verbindungen zunächst relativ unabhängig voneinander existierender Nationalökonomien entstanden durch die Behinderung des internationalen Handels zunehmend Kosten. Im Transportwesen kam es u.a. zur Gründung von Flusskommissionen wie der Rheinschifffahrtsakte. Im Bereich der Nachrichtenübermittlung entstand durch die Verknüpfung nationalstaatlich organisierter Telegraphennetze das Koordinationsproblem der Vereinheitlichung von Übertragungstechniken und der Verrechnung von Gebühren. Lösung war hier 1865 die Gründung der internationalen Telegrafen-Union, die 1932 mit ergänzenden Regelungen zum Weltnachrichtenverein zusammengelegt und nach dem Zweiten Weltkrieg in die Internationale Fernmeldeunion

[341] Vgl. dazu Teil 2, Kapitel 3, Abschnitt 2.2.

umbenannt wurde. Weitere Beispiele sind der Weltpostverein sowie 1907 die Gründung des Internationalen Gesundheitsamtes, einem Vorläufer der Weltgesundheitsorganisation. Eine Zusammenarbeit im Bereich des Messwesens war auf Grund der arbeitsteiligen Produktion und der Verdichtung des internationalen Handels angesichts der Vielzahl unterschiedlicher Längenmaße und Gewichtseinheiten erforderlich geworden. Unnötige Transaktionskosten sollten vermieden werden. Auch der Schutz des geistigen Eigentums wurde im Zuge der industriewirtschaftlichen Expansion erforderlich. Ohne Patentrechtsschutz ist der Anreiz, Erfindungen möglichst rasch der Allgemeinheit zugänglich zu machen, gering, da die ökonomische Verwertung durch den Erfinder erschwert ist.[342]

Daneben wurden die unerwünschten Folgen der Expansion auch in Bezug auf die Lebens- und Arbeitsbedingungen der wachsenden Zahl der in der Industrie abhängig Beschäftigten als öffentliche Aufgabe mit internationalen Dimensionen anerkannt. Bereits 1890 hatte eine erste internationale Sozialkonferenz stattgefunden. Auf der Konferenz hat die Frage der Harmonisierung der staatlichen Arbeitsgesetzgebung im Vordergrund gestanden. Ziel war die Verhinderung oder der Abbau vermeintlicher oder tatsächlicher Wettbewerbsverzerrungen zwischen den einzelnen Ländern. Das 1919 auf eine Initiative westeuropäischer Gewerkschaftsführer entstandene Internationale Arbeitsamt, in dessen Gremien Regierungen, Arbeitnehmer und Arbeitgeber repräsentiert sind, wurde nach dem Zweiten Weltkrieg und der Auflösung des Völkerbundes in den Verband der UN integriert.[343]

In der Gründungszeit der UN mit den Erfahrungen des 2. Weltkrieges sah man den Zusammenhang zwischen wirtschaftlichem Fortschritt und gemeinsamem Handeln um Kriege zu verhindern. Man wusste, dass wirtschaftliche Not und Mangel Ursachen des 2. Weltkrieges waren. Um einen krisenverschärfenden internationalen finanz- und handelspolitischen Schlagabtausch in Phasen wirtschaftlicher Rezession für die Zukunft zu verhindern und weil sie bald nach Kriegsende das Einsetzen einer starken Rezession befürchteten, wollten die anglo-amerikanischen Siegermächte des Zweiten Weltkrieges eine liberale Wirtschaftordnung begründen. Diese sollte durch internationale Organisationen krisensicher(er) gemacht werden. Stabile Wechselkurse und freie Währungskonvertibilität sowie die Errichtung einer liberalen Welthandelsordnung waren Vorkehrungen für eine Expansion des Welthandels.[344] So wurden auf der Konferenz von Bretton Woods zwei Institutionen gegründet: Die Weltbank sollte zur Finanzierung des Wiederaufbaus nach dem 2. Weltkrieg dienen, denn die Expansion des Welthandels erforderte eine zahlungsfähige Nachfrage auch außerhalb der gestärkt aus dem Zweiten Weltkrieg hervorgegangenen USA. Diese Nachfrage konnte sich nur durch eine weltmarktorientierte Produktion sowohl in den von Kriege schwer geschädigten als auch in den wirt-

---

[342] Vgl. Rittberger, Volker/ Zangl, Bernhard: Internationale Organisationen – Politik und Geschichte, Opladen: Leske und Budrich, 3. Auflage, 2003, S. 59ff, vgl. dazu Teil 2, Kapitel 3, Abschnitt 1.2.2.

[343] Vgl. Rittberger, Volker/ Zangl, Bernhard: ebenda, S. 64.

[344] Vgl. Rittberger, Volker/ Zangl, Bernhard: ebenda, S. 67.

schaftlich unterentwickelten Ländern einstellen.[345] Die Gründung des IMF erfolgte vor dem Hintergrund, einer für erforderlich erachteten Zusammenarbeit auf dem Gebiet der Währungspolitik, um eine Stabilität der Währungen zu erreichen. Dies beruhte auf den in der Weltwirtschaftskrise gemachten Erfahrungen. In den 1930er Jahren hatten die Staaten versucht, durch die Abwertung und die Beschränkung der Konvertibilität ihrer Währungen die heimische Wirtschaft gegenüber der ausländischen Konkurrenz zu stärken. Das aber hatte die Wirtschaftskrise zusätzlich verschärft.[346] Der Grundgedanke des Systems von Bretton Woods bestand darin, durch stabile Wechselkurse die Entwicklung des Welthandels zu erleichtern.[347]

Die auf der Konferenz der Vereinten Nationen über Handel und Beschäftigung 1947 verabschiedete Havanna-Charta beabsichtigte die Gründung einer dieses System im Handelsbereich ergänzenden International Trade Organization (ITO). Neben der Gründung der ITO enthielt die Havanna-Charta umfassende und weitreichende internationale Regelungen für den Handel. Enthalten waren Verpflichtungen im Hinblick auf die wirtschaftliche Entwicklung, den Arbeitsmarkt, den Rohstoffhandel und über wettbewerbsrechtliche Regelungen.[348] U.a. waren Ausnahmen bei den Handelsbestimmungen vorgesehen, wie sie vor allem von den EL gefordert wurden.[349] Die vorgeschlagenen Regelungen gingen in verschiedener Hinsicht weit über ein reines Freihandelskonzept hinaus und stießen auf scharfe Ablehnung des US-amerikanischen Senates, der die Ratifikation vornehmen sollte.[350] Auf Grund von innenpolitischen und verfassungsrechtlichen Problemen in den USA konnte die Havanna-Charta daher letztlich nicht in Kraft treten. Mit der vorläufigen Anwendung des Allgemeinen Zoll- und Handelsabkommens (GATT) seit dem 1. Januar 1948, das keine Ratifikation erforderte, konnte nach den 2. Weltkrieg zumindest das von den beteiligten Staaten erstrebte Ziel erreicht werden, in den Kernbereichen der Welthandelsbeziehungen eine Liberalisierung in Gang zu setzen (vgl. dazu Teil 2, Kapitel 3). Diese sollte endgültig mit der Hochzollpolitik und insgesamt dem Protektionismus brechen, der vor allem im Zuge der Weltwirtschaftskrise von 1929 aufgekommen war.[351]

Die EL hatten am Ende des Zweiten Weltkrieges noch überwiegend den Status von Kolonien und spielten bei den Verhandlungen über das neue Weltwirtschaftssystem nur eine marginale Rolle. Obwohl bereits z.B. das Problem der Rohstoffpreisstabi-

---

345 Vgl. Rittberger, Volker/ Zangl, Bernhard: Internationale Organisationen – Politik und Geschichte, Opladen: Leske und Budrich, 3. Auflage, 2003, S. 72.
346 Vgl. Rittberger, Volker/ Zangl, Bernhard: ebenda, S. 70.
347 Vgl. Siebert, Horst: Außenwirtschaft, Stuttgart: Lucius und Lucius, 7. Auflage, 2000, S. 391.
348 Vgl. Stoll, Peter-Tobias/ Schorkopf, Frank: WTO – Welthandelsordnung und Welthandelsrecht, Köln, Berlin…: Carl Heymanns Verlag, 2002, S. 12, Rz. 14.
349 Vgl. Neuschwander, Thomas: WTO/GATT, in: Handwörterbuch Internationale Politik, Woyke, Wichard (Hrsg.), Opladen: Leske und Budrich, 8. Auflage, 2000, S. 537-552, S. 548.
350 Vgl. Stoll, Peter-Tobias/ Schorkopf, Frank: ebenda, S. 12, Rz. 14.
351 Vgl. Tietje, Christian: Einführung, in: Welthandelsorganisation, München: Deutscher Taschenbuchverlag, 1. Auflage, 2000, S. IX.

lisierung diskutiert wurde, war der geringe Einfluss der EL sicherlich ein mitentscheidender Faktor, dass die besonderen Interessen der EL in der Rohstofffrage kaum berücksichtigt wurden.[352]

Die erste offizielle Anerkennung der Notwendigkeit dieser internationalen Zusammenarbeit auf wirtschaftlichem und sozialem Gebiet als einer grundlegenden Bedingung für die Sicherstellung eines dauerhaften Weltfriedens[353] ist bereits in der Atlantikcharta, einer gemeinsamen Erklärung des Präsidenten der Vereinigten Staaten und des Premierministers des Vereinigten Königreichs vom 14. August 1941, niedergelegt worden.[354] In der Erklärung der Vereinten Nationen vom 1. Januar 1942 wurden als ein gemeinsames Programm der damals 26 Unterzeichnerstaaten die Zielsetzungen und Prinzipien der Atlantik-Charta anerkannt.[355] Nach langen Verhandlungen bereits auf der vorbereitenden Konferenz von Dumbarton Oaks sowie der Konferenz von San Francisco wurden die UN gegründet. Die Charta der UN, die am 24. Oktober 1945 in Kraft getreten ist, führt in Art. 1 als Ziel der UN u.a. aus, eine internationale Zusammenarbeit herbeizuführen, um internationale Probleme wirtschaftlicher, sozialer, kultureller und humanitärer Art zu lösen und die Achtung vor den Menschenrechten und Grundfreiheiten für alle ohne Unterschied der Rasse, des Geschlechts, der Sprache oder der Religion zu fördern und zu festigen.

Im Handelsbereich helfen internationale Verhandlungen z.B. in Bezug auf die Reduzierung von Zöllen den Regierungen dabei, gegenseitig nachteilige „Handelskriege" zu vermeiden, die durch international unkoordinierte Politiken entstehen können.[356]

---

352 Vgl. Andersen, Uwe: Weltwirtschaftssystem, in: Handwörterbuch Internationale Politik, Woyke, Wichard (Hrsg.), Opladen: Leske und Budrich, 8. Auflage, 2000, S. 537-546, S. 540.

353 Vgl. E/5524/Add.1 vom 31. Mai 1974: Review of the Agreements between the United Nations and the Specialized Agencies and the International Atomic Energy Agency, Bericht des UN-Generalsekretärs, S. 6, Rz. 17.

354 Darin heißt es unter anderem: „Viertens: Mit gebührender Rücksicht auf ihre bestehenden Verpflichtungen werden sie (USA und Vereinigtes Königreich, Anm. des Verf.) sich bemühen, die Möglichkeiten des Zugangs aller Staaten, großer und kleiner, von Siegern und Besiegten, zu gleichen Bedingungen zum Welthandel und zu den Rohstoffen der Welt, welche für ihr wirtschaftliches Gedeihen gebraucht werden, zu fördern. Fünftens: Sie wünschen die vollste Zusammenarbeit aller Nationen auf wirtschaftlich dem Gebiet herzustellen mit dem Ziel, für alle verbesserte Arbeitsbedingungen, wirtschaftlichen Fortschritt und soziale Sicherheit zu gewährleisten.", vgl. Atlantik-Charta, abgedruckt in: Das System der Vereinten Nationen, Band I, von Mangoldt, Hans/ Rittberger, Volker (Hrsg.), München: Beck, 1995, S. 3f.

355 Vgl. Erklärung der Vereinten Nationen, abgedruckt in: Das System der Vereinten Nationen, Band I, von Mangoldt, Hans/ Rittberger, Volker, (Hrsg.) München: Beck, 1995, S. 7.

356 Vgl. dazu Krugman, Paul R./ Obstfeld, Maurice: International Economics, Theory and Policy, Fifth Edition, Addison-Wesley World Student Series, Reading, Melo Park, New York..., 2000, S. 246.

Die Notwendigkeit zur Zusammenarbeit der Staaten hat sich in den letzten Jahrzehnten durch die zunehmende Globalisierung noch erhöht. Die als Resolution der GA verabschiedete Agenda für Entwicklung führt diesbezüglich aus, dass die Globalisierung der Weltwirtschaft Möglichkeiten und Herausforderungen für den Entwicklungsprozess bereithält, jedoch auch Risiken und Unsicherheiten. Als ein Ergebnis der Globalisierung und der wachsenden Interdependenz in den wirtschaftlichen, sozialen und Umweltbereichen könne eine wachsende Anzahl von Themen von einzelnen Ländern allein nicht effektiv angegangen werden. Daher sei internationale Kooperation erforderlich. Zudem hätten nichtstaatliche Akteure wie transnationale Unternehmen mit globaler Reichweite, private Finanzinstitutionen und Nichtregierungsorganisationen wichtige Rollen in einem entstehenden Netzwerk internationaler Kooperation zu spielen.[357] Größere Interdependenz zwischen den Staaten habe die internationale Übertragung makroökonomischer Politikentscheidungen beschleunigt und damit deren Effekte auf die Weltwirtschaft. Dies betreffe insbesondere die Entwicklungsaussichten der EL, die besonders von der Globalisierung betroffen seien.[358] In einem Bericht des UN-Generalsekretärs wird unter der Überschrift „Strengthening international economic co-operation“ zur Notwendigkeit internationaler wirtschaftlicher Zusammenarbeit ausgeführt, dass die Internationalisierung vieler wirtschaftlicher Aktivitäten, die Auswirkungen der modernen Transport- und Kommunikationsmittel und die globalen Konsequenzen von Handlungen in Bezug auf die Ressourcen der Erde sowie die Beseitigung vieler wirtschaftlicher und politischer Grenzen Veränderungen von Natur und Reichweite internationaler Zusammenarbeit erfordern. Diese Vereinigung der Erde fällt zusammen mit einer Zunahme der Komplexität der Beziehungen. Zunehmende Interdependenz und Komplexität unterstreichen, dass Wachstum und Entwicklung ein gemeinsames Bestreben sein müssen, wofür internationale wirtschaftliche Zusammenarbeit essentiell ist.[359] Die auf den Weltkonferenzen[360] der 1990er und davor diskutierten Probleme sind globaler Art. Wie auch Childers und Urquhart[361] ausführen, können sie weder durch einzelne noch in den meisten Fällen durch regionale Staatengruppen gelöst werden. Sie haben weltweite Ursachen und Auswirkungen. Sie sind nicht „sektoral“ und keine Einzelerscheinungen. Sie haben vielfältige sozioökonomische und politische Ursachen und Auswirkungen. Kurz: globale Probleme bedürfen auch globaler Lösungen.

Auf politischer Ebene ist die Zusammenarbeit der Staaten erforderlich, um ein für die Entwicklung der LDCs günstiges Klima zu schaffen und diese in ihren Entwicklungsbemühungen zu unterstützen. Rechtliche und wirtschaftliche Rahmenbe-

---

357 Vgl. GA-Resolution 51/240 vom 20. Juni 1997, Annex, Ziff. 7.

358 Vgl. die GA: ebenda, Ziff. 8.

359 Vgl. A/AC.233/5: International economic co-operation, in particular the revitalization of economic growth and development of the developing countries, The state of the international economic co-operation and effective ways and means of revitalizing the economic growth and development of developing countries, Bericht des UN-Generalsekretärs , Teil D, S. 28.

360 Vgl. dazu Teil 2, Kapitel 1, Abschnitt 1.2.1.

361 Vgl. Childers, Erskine / Urquhart, Brian: Renewing the United Nations System, Development Dialogue 1994:1, S. 182.

dingungen werden immer mehr durch internationale Abkommen bestimmt (z.B. die WTO). Mitgliedstaaten, auch wenn sie Entwicklungsländer sind, müssen sich an die internationalen Handelsregeln halten, Qualitätsstandards u.ä. einhalten. Sie müssen des Weiteren die internationalen Normen national umsetzen. Die Stabilität und Legitimität der liberalen Weltwirtschaftsordnung erfordert, dass sich auch die Industriestaaten mit den Belangen der Entwicklungsländer auseinandersetzen. Allerdings spielen in diesem Zusammenhang eine Reihe kurzfristiger Eigeninteressen der Staaten eine Rolle. Nach Rittberger und Zangl ist das Wohlfahrtsdilemma im Problemfeld der internationalen Entwicklungsdisparitäten nur durch internationale Kooperation zu überwinden. Konkret bedürfe es der Kooperation sowohl der Industrieländer untereinander als auch mit den Entwicklungsländern.[362]

Zusammenarbeit ist auch in der Frage der Entwicklungszusammenarbeit erforderlich. Es erfolgt ein Ressourcentransfer durch öffentliche Entwicklungshilfe, der durch Distribution durch internationale Organisationen gebündelt werden kann. Die Staaten haben diese Aufgabe z.T. auf internationale Organisationen übertragen, zum anderen wird aber immer noch ein sehr großer Teil der Entwicklungszusammenarbeit bilateral abgewickelt. Nach wie vor läuft die bilaterale Entwicklungszusammenarbeit geprägt von eigenen Interessen ab. Jeder Staat setzt hier eigene Schwerpunkte, oftmals an eigenen nationalen Interessen orientiert.

Seidl-Hohenveldern und Stein drücken die Notwendigkeit nach internationaler Zusammenarbeit folgendermaßen aus:

> „Soll die Welt nicht untergehen, ist Zusammenarbeit aller nötig... Aufgabe des heutigen Völkerrechts wird es sein, diese Zusammenarbeit zu fördern und ihr den rechtlichen Rahmen zu geben."[363]

1.3. Die Zusammenarbeit internationaler Organisationen

Von der Zusammenarbeit der Staaten untereinander ist die Zusammenarbeit internationaler Organisationen abzugrenzen. Weltwirtschaftsregieren findet zwischenstaatlich auf drei Ebenen statt. Zwischenstaatlich geprägt sind die nationale (Zusammenarbeit der Staaten untereinander), die regionale und die Ebene internationaler Institutionen.[364] Die Zusammenarbeit internationaler Organisationen ist damit ein Ausschnitt oder Teilbereich der internationalen Zusammenarbeit. Steht schon die effektive Kooperation zwischen Staaten vor enormen Herausforderungen

---

362 Vgl. Rittberger, Volker/ Zangl, Bernhard: Internationale Organisationen – Politik und Geschichte, Opladen: Leske und Budrich, 3. Auflage, 2003, S. 260, vgl. dazu Teil 3, Kapitel 1, Abschnitte 2.1. und 2.2.

363 Vgl. Seidl-Hohenveldern, Ignaz/ Stein, Thorsten: Völkerrecht, Köln, Berlin...: Heymanns, 10. Auflage, 2000, S. 40, Ziff. 163.

364 Daneben sind intergesellschaftliche Ebenen zu nennen. Rode nennt hier Marktakteure, Nichtregierungsorganisationen und die quasi-unabhängigen Zentralbanken, wobei er letztere zwischen beiden Ebenen ansiedelt. Vgl. Rode, Reinhard: Weltregieren durch internationale Wirtschaftsorganisationen, Münster, Hamburg, London: Lit, 2002, S. 13f.

auf Grund einer Vielzahl eigener, gegebenenfalls entgegenstehender nationaler Interessen, so ist dies im Rahmen internationaler Organisationen nicht einfacher.

Zunächst ist hier die im Rahmen der Politikwissenschaften gestellte Frage zu erörtern, ob internationale Organisationen neben den Nationalstaaten überhaupt eigenständige Akteure der internationalen Politik sind. Während einige Theoretiker in den internationalen Organisationen bereits eine Vorform der „Weltregierung" sehen, sind sie für andere bloße Arenen politischer Aushandlungsprozesse oder Instrumente eines Hegemons[365], in denen die Staaten in Wirklichkeit die einzig Handelnden sind.

Nach Klein hat der Wandel von einer Staatengesellschaft zu einer Staatengemeinschaft, verbunden mit einer zunehmenden Verdichtung des Gesamtsystems (ergänzt durch viele Subsysteme), die UN – die als einzige Organisation dafür in Betracht käme – nicht zur civitas maxima werden lassen. Nach wie vor sind es die Staaten, die über Fortbestand oder Untergang der internationalen Organisation entscheiden. Ein Weltstaat ist mit den UN nicht errichtet worden. Selbst in supranationalen Gemeinschaften bleiben die Mitgliedsstaaten jedenfalls gemeinsam die „Herren der Verträge". Durch die UN hat daher keine Hierarchisierung der Staatengemeinschaft stattgefunden. Die Staaten nutzen dieses Forum zwar, sind aber die wesentlichen Akteure geblieben.[366]

Nach Meng haben internationale Organisationen gegenüber ihren Mitgliedstaaten primär die Aufgabe zu beobachten, ein Koordinationsforum zu sein, Maßnahmen zu empfehlen und Regeln vorzuschlagen, die in völkerrechtliche Verträge mit den anderen Staaten Eingang finden sollen. Sie ergänzen damit die nationale Regierungsarbeit beratend im Bereich der internationalen Zusammenarbeit, stellen aber keine internationale Bündelung von Regierungsfunktionen dar.[367] Kaum eine internationale Organisation hat, abgesehen von der EU, die Kompetenz, gegenüber ihren Mitgliedstaaten verbindliche Entscheidungen zu erlassen.[368] In einer Vielzahl von Fällen wird daher die Zuschreibung von Tätigkeiten zu bestimmten Organisa-

---

365 Vgl. Nii Addy, David: Internationale Organisationen, in: Lexikon der internationalen Politik, Albert, Ulrich/ Volger, Helmut (Hrsg.), München, Wien: Oldenbourg, 1997, S. 245-255, S. 247, mit weiteren Ausführungen und Nachweisen zu den entsprechenden Theorien.

366 Vgl. Klein, Eckhart, in: Die Internationalen und Supranationalen Organisationen, in: Völkerrecht, Graf Vitzthum, Wolfgang (Hrsg.), Berlin, New York: de Gruyter, 2. Auflage, 2001, S. 267-377, S. 282, Rz. 29f.

367 Vgl. Meng, Werner in: Charta der Vereinten Nationen, Simma, Bruno (Hrsg.), München: Beck, 1991, Art. 57, S. 744, Rz. 16.

368 Im Rahmen der WHO besteht nach Art. 22 der WHO-Satzung die Kompetenz, Verordnungen durch Ersetzung des herkömmlichen Vertragsabschlussverfahrens in Kraft zu setzen. Das Recht eines Staates über die Annahme bzw. die Ablehnung der von der Vollversammlung mit Mehrheit beschlossenen Verordnungen schrumpft auf das Recht zusammen, durch eine ausdrückliche Erklärung das ansonsten automatische Inkrafttreten für sein Gebiet zu verhindern (sog. „contracting out"), vgl. Seidl-Hohenveldern,Ignaz/ Stein, Torsten: Völkerrecht, Köln, Berlin...: Heymanns, 10. Auflage, 2000, S. 71, Ziff. 295.

tionen nur eine kürzelhafte Bezeichnung der Tatsache sein, dass ein Kollektiv von Staaten einmütig oder nach kontroverser Beratung durch Mehrheitsentscheid eine Entscheidung im Rahmen der Zuständigkeit der betreffenden internationalen Organisation herbeigeführt hat. So gesehen erscheint es zweifelhaft, internationale Organisationen als Akteure begreifen zu können, da nur Vertreter der Gesamtheit der Mitgliedstaaten oder eine obsiegende Koalition von Mitgliedstaaten gehandelt hat. Anzumerken ist aber, dass dieses Handeln das Spezifikum aufweist, dass es in und durch internationale Organisationen, genauer gesagt durch ihre Organe, stattfindet und ohne diese so oder gar nicht stattgefunden hätte.[369]

Aus juristischer Sicht ist dagegen erheblich, welche Kompetenzen eine internationale Organisation hat. Ist ihr eine bestimmte Aufgabe übertragen worden und hat sie auch eine Kompetenz zum Handeln, dann handelt sie in eigener Rechtspersönlichkeit. Beschlüsse des Ministerrates der EG sind solche eines Organs der EG, also handelt die Organisation, Beschlüsse der Ministerkonferenz der WTO sind solche eines Organs der WTO, also handelt die WTO, bei Verabschiedung einer Resolution der GA handelt ein Organ der UN, auch wenn es sich aus Vertretern aller Mitgliedsstaaten zusammensetzt.

So mag es für die EL dringend notwendig sein, Zugang zu internationalen Märkten zu erhalten. Dies selbst zu garantieren ist aber gar nicht Aufgabe z.B. der UN, die dafür auch keinerlei Kompetenzen hat, denn sie kann im wirtschaftlichen und sozialen Bereich nur Empfehlungen abgeben (z.B. durch Resolutionen der GA oder des ECOSOC), die Mitgliedsstaaten aber nicht dazu verpflichten. Verlangt werden kann aber, ein Thema wie „Marktzugang" auf die Verhandlungsagenda zu setzen. Diesbezüglich ist beispielsweise das hochrangige Segment der Sitzungen ECOSOC 1998 zu nennen, auf dem das Thema „Marktzugang" erörtert wurde und dazu zum ersten Mal in einer substantiellen Tagung des ECOSOC ein Ministerkommuniqué angenommen worden ist.[370] Anders ist es bei der EU, die im Bereich des Außenhandels Kompetenzen hat und wo daher der Ministerrat auf Vorschlag der Kommission einen weitergehenden Marktzugang für Produkte aus den LDCs beschließen konnte.[371]

Auch in anderen internationalen Verhandlungsforen wie z.B. der UNCTAD oder im Rahmen der WTO stehen Fragen des Marktzugangs auf der Verhandlungsagenda. UNCTAD kann ebenfalls keine verbindlichen Entscheidungen treffen. Die Kompetenz kann, da von der GA abgeleitet, nicht weiterreichen als bei dieser. Die Ministerkonferenz der WTO kann wiederum gemäß Art. IV Abs. 1 WTO-Übereinkommen Beschlüsse in allen unter eines der multilateralen Handelsübereinkommen fallenden Bereichen fassen. Rechtlich gesehen kann daher die WTO selbst neue Normen erlassen, die deren Mitgliedstaaten verpflichten. Dies erfolgt in

369 Vgl. Rittberger, Volker/ Zangl, Bernhard: Internationale Organisationen – Politik und Geschichte, Opladen: Leske und Budrich, 3. Auflage, 2003, S. 24.

370 Vgl. dazu Teil 2, Kapitel 1, Abschnitt 5.2.1.

371 Vgl. zur „Everything but Arms"- Initiative der EU Teil 2, Kapitel 4.

neuen internationalen Verhandlungsrunden durch die Ministerkonferenz. Die Ministerkonferenz als Organ der WTO besteht aber aus den Vertretern aller Mitgliedsstaaten, so dass letztendlich wieder diese selbst handeln, wenn auch unter der „Bezeichnung" Ministerkonferenz. Faktisch bildet die WTO daher als ein internationales Verhandlungsforum den Rahmen für Vertragsabschlüsse ihrer Mitgliedstaaten. Rechtlich gesehen handelt die Organisation, politisch gesehen handeln dagegen die Staaten im von ihnen geschaffenen Organisationsrahmen. Eine internationale Organisation stellt daher zunächst eine Kollektivbezeichnung für ihre Mitgliedstaaten dar. Jedoch gibt es ein über diesen Umstand hinausweisendes Element einer eigenen Akteursqualität. So haben sich die Mitgliedstaaten organschaftlich formalisierten Regeln des Handelns in und durch internationale Organisationen unterworfen. Zudem gibt es neben den durch Vertreter der Mitgliedstaaten zusammengesetzten Organen weitere Organe wie einen Verwaltungsstab (z.B. das Sekretariat oder im Rahmen der EU die Kommission), ein Parlament oder einen Gerichtshofe. Auch deren Zusammensetzung hängt zwar in unterschiedlichem Maße vom Willen der Mitgliedstaaten ab, ist aber nicht vollständig von ihnen bestimmt.[372] In diesen Bereich fallen u.a. die operativen und Verwaltungstätigkeiten der internationalen Organisation. Hier handelt die Organisation als solche, schließt eigenständig Verträge im Rahmen ihrer Kompetenzen und kann mit anderen Organisationen zusammen arbeiten und ihre Tätigkeiten koordinieren. Dies gilt z.B. bezüglich der Zuständigkeit der WTO, die Einhaltung der Umsetzungsverpflichtungen zu überwachen. Auch kann sie bzw. ihr Sekretariat und die für bestimmte Aufgabengebiete geschaffenen Gremien und Organe eine neue internationale Verhandlungsrunde vorbereiten und im Vorfeld durch Tagungen, die Erarbeitung von Dokumenten, Reden durch den Generalsekretär usw. versuchen, eine gewisse Kooperationsbereitschaft der Staaten zu fördern.

Bei der Frage der Zusammenarbeit der internationalen Organisationen ist daher insgesamt der politische Bereich, d.h. das Treffen politischer Entscheidungen durch aus Staatenvertretern bestehende Organe und die Ausführungs- oder Umsetzungsebene, d.h. die Durchführung weiterer Aufgaben durch die internationalen Organisationen zu unterscheiden.

Insgesamt können als die wichtigsten Funktionen/ Leistungen internationaler Organisationen die folgenden angesehen werden, die auch bei der Frage nach der Zusammenarbeit internationaler Organisationen zu Grunde zu legen sind:

- Schaffung von internationaler Öffentlichkeit durch u.a. die Sammlung von Daten, Informationsaustausch sowie die Gewährung eines Kooperationsrahmens für die internationale Zusammenarbeit,
- Entwicklung von normativen Richtlinien und internationalen Regimen als Vorstufe zur Schaffung von verbindlichen Regeln und Konventionen,

---

[372] Vgl. Rittberger, Volker/ Zangl, Bernhard: Internationale Organisationen – Politik und Geschichte, Opladen: Leske und Budrich, 3. Auflage, 2003, S. 24.

- Überwachung und Kontrolle von multilateralen Abkommen durch Berichtssysteme, Tatsachenermittlung oder durch Streitschlichtungsmechanismen und
- Durchführung von operativen Tätigkeiten, zu denen Beratung, Forschung, Entwicklungsprojekte, Vermittlungsbemühungen oder auch Militäraktionen gehören können.[373]

Wie oben bereits dargestellt, besteht eine Notwendigkeit für die Staaten, enger zusammen zu arbeiten. Dies gilt entsprechend für die internationalen Organisationen. Auch in Bezug auf die Zusammenarbeit der internationalen Organisationen wird vielfach der Prozess der Globalisierung angeführt, der es erforderlich mache, die verschiedenen Dimensionen wie Wirtschaft, Soziales und Umweltschutz besser aufeinander abzustimmen, damit, wenn richtig gelenkt, Globalisierung einen Fortschritt für alle Menschen bringen könne. Globalisierung, so das „Administrative Committee on Coordination" (ACC),[374] bringe das UN-System in einer noch nie dagewesenen Art und Weise zusammen durch die Herausforderungen, die sie mit sich bringt und dem Erfordernis, dass die Gewinne und das große Potential das sie bietet, allen zugute kommen müssen. Die Notwendigkeit von Kohärenz und engerer Partnerschaft als Antwort auf die neuen Anforderungen, die die Globalisierung an die nationalen und internationalen Systeme stellt, durchziehe nicht nur den zentralen zwischenstaatlichen und den Intersekretariatsprozess, sondern zunehmend auch die Politikentwicklung und die strategische Planung in jeder einzelnen Organisation des Systems.[375] Die internationale Gemeinschaft sei angesichts der Globalisierung vor zwei große Herausforderungen gestellt. Dies sei zum einen die Integration der EL in das internationale Handelssystem, so dass diese effektiv daran teilnehmen können, und zum zweiten die Integration von wirtschaftlichem Bereich mit dem sozialen, dem kulturellen und dem Umweltbereich auf allen Ebenen, d.h. global, regional und national. Dies könne, so das ACC, im Rahmen des UN-Systems nur durch Solidarität und ein gemeinsames Vorgehen erreicht werden, das die Organisationen befähigt

> „to tap into each other's constituencies and serve to broaden support for common core values and objectives".

Dieses Bewusstsein würde zunehmend im UN-System anzutreffen sein.[376] Der UN-Generalsekretär führt in einem Bericht zur Notwendigkeit der Zusammenarbeit der Organisationen aus, dass eine Anzahl von neueren Trends die dringende Notwendigkeit zur Zusammenarbeit verursacht haben. Während viele Organisationen mit mehr oder weniger sektoralen Mandaten begannen, wären deren Aktivitäten neuerdings zunehmend multisektoral. Dies sei das Ergebnis des multisektoralen Charak

[373] Vgl. Nii Addy, David: Internationale Organisationen, in: Lexikon der internationalen Politik, Albert, Ulrich/ Volger, Helmut (Hrsg.), München, Wien: Oldenbourg, 1997, S. 245-255, S. 249.
[374] Vgl. dazu Teil 2, Kapitel 1, Abschnitt 5.4.1.
[375] Vgl. E/2000/53: Annual overview report of the Administrative Committee on Coordination for 1999, S. 3, Ziff. 2.
[376] Vgl. ebenda, S. 3f, Ziff. 7.

ters von Entwicklung und Armutsreduzierung, der insbesondere während der globalen Konferenzen betont worden ist. Er erfordere ein integriertes Vorgehen. Dies habe nicht nur die Grenzen zwischen den verschiedenen Sektoren verwischt, sondern auch die Notwendigkeit kooperativer und gemeinsamer Aktionen unterstrichen, um Duplikation zu vermeiden. Die Notwendigkeit von Kooperation und Koordination unter solchen Umständen sei evident.[377] Es ist also nicht zielführend, wenn jede Organisation nur für sich auf ihrem Schwerpunktsektor tätig ist, wie ursprünglich angenommen. Die Aufgaben der verschiedenen Organisationen können nicht voneinander unabhängig wahrgenommen werden, denn die Praxis zeige, dass die Anforderungen andere sind.[378]

Besteht eine Notwendigkeit zur Zusammenarbeit der internationalen Organisationen im Entwicklungsbereich, so gilt sie bezüglich der LDCs im Besonderen, denn auch die Probleme der LDCs sind so vielfältig, dass sie auch nur im Zusammenwirken aller beteiligten Institutionen gelöst werden können. Dazu kommen die Schwere und die Größe der Probleme angesichts der Armut, der hohen Verschuldung und der elenden Zustände in vielen LDCs, die in einer Situation stecken, aus der sie sich nur schwer allein befreien können. Dies rechtfertigt es, von einer besonderen Dringlichkeit der Zusammenarbeit zu Gunsten und mit den LDCs auszugehen, um die Effektivität der Hilfe zu verbessern.

Erwähnt werden soll, dass im Bereich der Entwicklungszusammenarbeit auch zahllose Nichtregierungsorganisationen („Non-governmental Organizations“, NGO) arbeiten. Dies sind Organisationen, die in privater Trägerschaft stehen und eine auf einen Staat begrenzte, überregionale oder internationale Mitgliedschaft haben. Auch etwa 20 Geberländer selbst sind in der Entwicklungshilfe tätig und verfolgen eigene Entwicklungspolitiken, haben eigene Umsetzungsorganisationen, Umsetzungsstrategien und eigenes Projektmanagement, Personal usw. All diese verschiedenen Aktivitäten der Geberländer und der NGOs, sind, was stets auch in Resolutionen der UN bzw. in Dokumenten der Weltbank und anderer Geberorganisationen betont wird, von den Empfängerländern selbst zu koordinieren, was insbesondere für LDCs mit zumeist ungenügend entwickelter staatlicher Verwaltung, ungenügend qualifiziertem Personal und schwacher bis fehlender Finanzausstattung enorme Probleme mit sich bringt.

1.4. Die Pflicht zur Zusammenarbeit von Staaten und internationalen Organisationen

In der Satzung der UN verpflichten sich die Mitgliedstaaten, gemeinsam und jeder für sich mit der Organisation zusammenzuarbeiten, um die in Art. 55 dargelegten Ziele zu erreichen (Art. 56 UN-Charta). Art. 56 präzisiert dabei die sich aus Art. 2

---

[377] Vgl. E/1996/61 vom 13. Juni 1996: Coordination of policies and activities of the specialized agencies and other bodies of the United Nations system related to coordination of United Nations system activities for poverty eradiction, S. 19, Ziff 65.

[378] Vgl. auch die Ausführungen zur Koordination zwischen internationalen Organisationen in Abschnitt 2.2.2.

Ziff. 2 der Satzung ergebenden Verpflichtungen, d.h. nach Treu und Glauben die Verpflichtungen zu erfüllen, die sie mit der Charta übernehmen. Jedoch besteht keine Möglichkeit seitens der UN, die Erfüllung der Pflicht durchzusetzen, denn anders als bei Art. 25 der Charta fehlen den UN diesbezüglich jegliche Durchsetzungsmechanismen, sie sind auf eine freiwillige Zusammenarbeit der Staaten angewiesen.

Auch aus verschiedenen Resolutionen der Generalversammlung ergibt sich dem Wortlaut nach die Verpflichtung zur Zusammenarbeit. Z.B. verpflichtet die einstimmig angenommene „Friendly Relations Declaration“[379] die Staaten zur gegenseitigen Zusammenarbeit im Einklang mit der Charta.

Andere Resolutionen gehen erheblich weiter. Zu erwähnen ist die „Charter of Economic Rights and Duties of States“, die mit GA-Resolution 3281 (XXIX) am 12.12.1974 angenommen wurde. Die Satzung bestimmt, dass jeder Staat die volle und ständige Souveränität über alle seine Reichtümer, Naturschätze und wirtschaftlichen Betätigungen hat. In ihrem Art. 6 formuliert die Deklaration, dass es die Pflicht der Staaten sei, zur Entwicklung des internationalen Warenhandels beizutragen, insbesondere durch Regelungen und gegebenenfalls durch den Abschluss langfristiger mehrseitiger Rohstoffübereinkommen, wobei die Interessen der Erzeuger und Verbraucher zu berücksichtigen sind. Alle Staaten seien gemeinsam dafür verantwortlich, den regelmäßigen Fluss und Zugang aller Handelsgüter, die zu stabilen, lohnenden und gerechten Preisen gehandelt werden, zu fördern und dadurch zur gerechten Entwicklung der Weltwirtschaft beizutragen, wobei insbesondere die Interessen der Entwicklungsländer zu berücksichtigen sind. Art. 9 der Deklaration führt des Weiteren aus, dass alle Staaten die Aufgabe haben, im wirtschaftlichen, sozialen, kulturellen, wissenschaftlichen und technologischen Bereich zusammenzuarbeiten, um den wirtschaftlichen und sozialen Fortschritt in der ganzen Welt, insbesondere in den Entwicklungsländern zu fördern. Nach Art. 11 sollen alle Staaten zusammenarbeiten, um die Leistungsfähigkeit internationaler Organisationen bei der Durchführung von Maßnahmen zur Anregung des allgemeinen wirtschaftlichen Fortschritts aller Länder, insbesondere der EL, zu stärken und gemeinsam darauf hinwirken, dass diese Organisationen sich gegebenenfalls den sich ändernden Bedürfnissen der internationalen wirtschaftlichen Zusammenarbeit anpassen. Weitere Pflichten sind u.a. in Art. 14 in Bezug auf die Mitwirkung an der Förderung der Ausweitung und Liberalisierung des Welthandels, dem Treffen von Maßnahmen zur Lösung der Handelsprobleme der EL und in Art. 24 in Bezug auf die Pflicht der Staaten, ihre gegenseitigen Wirtschaftsbeziehungen so wahrzunehmen, dass Interessen anderer Staaten, insbesondere die der EL, berücksichtigt werden, enthalten. In Art. 2, der Entschädigungen für Enteignungen regelt, ist bestimmt, dass angemessene Entschädigung sich nach den relevanten Rechts- und sonstigen Vorschriften und aller Umstände richtet die der Staat, der die Maßnahmen erlassen hat, als wesentlich erachtet. Unklar dabei ist, ob diese Bestimmung beinhaltet, den Grundsatz, dass Enschädigungen sich nach internationalem

---

[379] Vgl. GA-Resolution 2625 (XXV) vom 24. Oktober 1970, Annex.

Recht richten, zu verwerfen, oder ob sie eine verschiedene Konzeption des anwendbaren internationalen Rechts formuliert. Bereits diese Unklarheit hat ausgereicht, dass eine bedeutende Minderheit gegen die Resolution gestimmt oder sich enthalten hat.[380] Die Resolution 3281 (XXIX) war gegen die Stimmen von Belgien, Dänemark, der damaligen Bundesrepublik Deutschland, Luxemburg, dem Vereinigten Königreich und der USA sowie mit Enthaltungen von 10 weiteren Industriestaaten[381] mit der Stimmenmehrheit der EL angenommen worden.

Daneben ist, nach jahrelangen kontroversen Diskussionen 1986 die Erklärung über das Recht auf Entwicklung von der GA angenommen[382] und damit das Recht auf Entwicklung als ein integraler Bestandteil der grundlegenden Menschenrechte anerkannt worden.[383] Allerdings wurde auch diese Deklaration nicht einstimmig verabschiedet.[384] Die Wiener Erklärung und das Aktionsprogramm, angenommen auf der Weltkonferenz über Menschenrechte 1993 betonten die Bedeutung des Rechts auf Entwicklung als ein universelles und unveräußerliches Menschenrecht, welches von der internationalen Gemeinschaft neben anderen fundamentalen Rechten, weltweit in einer fairen und gleichen Weise behandelt werden sollte.[385] Die „Intergovernmental Group of Experts on the Right to Development“, eingesetzt durch die Menschenrechtskommission legte in einem ihrer Berichte dar, dass ein bedeutender Schlüssel zur Realisierung und Umsetzung des Rechts auf Entwicklung die Förderung geeigneter Formen von Entwicklung sei. Es sei daher entscheidend, die Bedingungen auf der nationalen und internationalen Ebene zu fördern, die für Entwicklung benötigt werden.[386]

Anerkannt ist, dass das Recht auf Entwicklung nationale und internationale Dimensionen aufweist. Bereits die Erklärung zum Recht auf Entwicklung führt in ihrem Art. 3.1. aus, dass Staaten die Hauptverantwortung für die Schaffung günstiger nationaler und internationaler Bedingungen zur Realisierung des Rechts auf Entwicklung haben. Nach Art. 3.3. haben sie die Pflicht, mit anderen zur Sicherstellung von Entwicklung und zur Beseitigung von Hindernissen zu kooperieren. Sie sollten ihre Rechte und Pflichten in einer Weise erfüllen, die eine neue internationale Ordnung fördert. Sie haben nach der Erklärung weiter die Pflicht,

---

[380] Vgl. dazu auch: Johnstone, Ian: Global Co-operation, in: Global Economic Co-operation, A Guide to Agreements and Organizations, Colas, Bernard (Hrsg.), United Nations University Press, 2. Auflage, 1994, S. 41-51, S. 50.

[381] Das Abstimmungsergebnis lautete: dafür:120 Staaten, dagegen: 6 Staaten (Belgien, Dänemark, Deutschland, Luxemburg, USA, UK), Enthaltungen: 10 (Frankreich, Kanada, Irland, Israel, Italien Japan, die Niederlande, Norwegen, Österreich und Spanien).

[382] Vgl. GA-Resolution 41/128 vom 4. Dezember 1986, Annex.

[383] Vgl. E/CN.4/1997/22: The Intergovernmental Group of Experts on the Right to Development, S. 7, Ziff. 26.

[384] Dagegen haben die USA gestimmt, acht Staaten haben sich enthalten (Dänemark, Finnland, die damalige Bundesrepublik Deutschland, Island, Israel, Japan, Schweden und das Vereinigte Königreich).

[385] Vgl. E/CN.4/1997/22: ebenda, S. 7, Ziff. 27.

[386] Vgl. ebenda, S. 11, Ziff. 55.

einzeln und gemeinsam Schritte zu unternehmen, internationale Entwicklungsstrategien im Hinblick auf die Förderung der vollen Realisierung des Rechts auf Entwicklung zu formulieren.[387]

Aus den vorgenannten Resolutionen ergeben sich nach deren Wortlaut z.T. weitergehende Verpflichtungen zur Zusammenarbeit der Staaten über die in der Charta genannte Pflicht hinaus. Jedoch sind Resolutionen und Deklarationen der GA rechtlich nicht bindend. Sie haben i.d.R. nur empfehlenden Charakter.[388] Diese zumindest in den Industriestaaten einhellige Position stützt sich auf die Regelung der Funktionen der GA in Art. 9 folgende der UN-Charta und das in Art. 38 IGH-Statut umrissene System der Rechtsquellen. Aus ihnen lässt sich grundsätzlich keine Rechtsverbindlichkeit der Resolutionen der GA ableiten, gleichgültig ob sie als Charta oder Deklaration bezeichnet werden.[389] Dennoch haben sie die Entwicklung des internationalen Rechts auf verschiedene Weise beeinflusst. Deklarationen werden z.B. angenommen, um Bestimmungen der UN-Satzung zu interpretieren. Das autoritative Gewicht der Resolutionen und Deklarationen hängt von den Umständen zur Zeit der Annahme, aber auch von der nachfolgenden Praxis der betreffenden Staaten ab. Zwar können Resolutionen, die rechtliche Prinzipien unabhängig von einer Vertragsbestimmung deklarieren, keine direkten Verpflichtungen schaffen, aber auch dies ist abhängig von der Politikformulierung. Selbst wenn sie nicht rechtlich bindend sind, so sind sie dennoch nicht rechtlich bedeutungslos, da sie Hinweise auf rechtliche Entwicklungen und Trends geben können. Klein ist der Auffassung, dass die Mitgliedstaaten jedenfalls gut daran tun, die auf längere Frist angelegte Wirkung von GA-Resolutionen nicht zu unterschätzen.[390]

Es lässt sich sagen, dass in Einzelfällen bei einstimmig, also auch unter Beteiligung der besonders betroffenen Staaten, gefassten Resolutionen ein formloser zwischenstaatlicher Konsens entsteht, der freilich noch durch das nachfolgende Verhalten der Staaten bestätigt werden muss, bevor er selbst Rechtsquelle[391], d.h. Völkergewohnheitsrecht werden kann.[392] Sowohl bei der „Charter of Economic Rights and Duties of States“ als auch der Erklärung über das Recht auf Entwicklung fehlt es jedoch bereits an der Einstimmigkeit. Auch ein durch nachfolgendes bestätigendes

---

[387] Vgl. E/CN.4/1997/22: The Intergovernmental Group of Experts on the Right to Development, S. 12, Ziff.57f.

[388] Vgl. Klein, Eckart: Die Internationalen und Supranationalen Organisationen, in: Völkerrecht, Graf Vitzthum, Wolfgang (Hrsg.), Berlin, New York: de Gruyter, 2. Auflage, 2001, S. 267-377, S. 325, Rz. 138, u.a. mit Verweis auf den Internationalen Gerichtshof, ICJ Rep 1966, 6, 50: „Resolutions of the United Nations General Assembly ... are not binding, but only recommendatory in character“.

[389] Vgl. Paech, Norman/ Stuby, Gerhard: Völkerrecht und Machtpolitik in den internationalen Beziehungen, Hamburg: VSA-Verlag, 2001, S. 760, Rz. 108.

[390] Vgl. Klein, Eckart: ebenda, S. 325f, Rz. 139 m.w.N.

[391] Das Statut des Internationalen Gerichtshofes vom 26. Juni 1945 nennt in Art. 38 als eine von drei Rechtsquellen das internationale Gewohnheitsrecht als Ausdruck einer allgemeinen als Recht anerkannten Übung.

[392] Vgl. Klein, Eckart: ebenda, S. 325, Rz. 138.

Verhalten entstandener Konsens kann wohl kaum festgestellt werden. Diese Resolutionen signalisieren allenfalls eine Mehrheitsüberzeugung, hinter der jedoch keine längere Übung in der Überzeugung steht, rechtlich zu solchem Verhalten verpflichtet zu sein. Auch eine gewohnheitsrechtliche Verfestigung als sog. „soft law“ dürfte auf Grund der Ablehnung durch fast alle wichtigen westlichen Industriestaaten ausscheiden.[393]

Kann aus diesen Resolutionen der GA weitergehende Rechtspflicht zur Zusammenarbeit hergeleitet werden, so besteht eine allgemeine Rechtspflicht zur Zusammenarbeit der Staaten jedenfalls bereits nach der UN-Satzung.

Es fragt sich aber, ob auch eine Pflicht zur Zusammenarbeit bezüglich der von den Staaten gegründeten internationalen Organisationen untereinander besteht. Wenn Staaten grundsätzlich zusammen zu arbeiten haben, müssen sie dann nicht auch sicherstellen, dass die von ihnen zur Verwirklichung der Ziele der Staaten gegründeten Organisationen ihrerseits zusammenarbeiten?

Die UN-Charta selbst regelt nur das Verhältnis der UN gegenüber den Sonderorganisationen (Art. 63, Art. 64 und Art. 70). Art. 63 Abs. 2 enthält die Befugnis des ECOSOC, die Tätigkeit der Sonderorganisationen zu koordinieren. Deren Aufgabengebiete, so Art. 57 Abs. 1, ergeben sich bereits aus deren Gründungsverträgen und werden demzufolge von den Gründungsstaaten der Organisationen festgelegt. Dieser Befugnis des ECOSOC, die Tätigkeiten zu koordinieren, entspricht jedoch nicht automatisch eine umfassende Verpflichtung der Organisationen, mit den UN zusammenzuarbeiten, denn, wie Art. 63 I UN-Charta ausführt, sollen die Beziehungen der betreffenden Organisation zu den UN erst in den zwischen den UN und den Sonderorganisationen getroffenen Beziehungsabkommen geregelt werden. Eine explizite Verpflichtung der Sonderorganisationen zur Zusammenarbeit mit den UN enthält die Charta daher nicht. Auch aus Art. 64 der Satzung, der dem ECOSOC die Befugnis erteilt, geeignete Schritte unternehmen zu können, um von den Sonderorganisationen regelmäßig Berichte zu erhalten, kann nach dem Wortlaut nicht auf eine entsprechende Berichtspflicht der Sonderorganisationen geschlossen werden. Sonderorganisationen sind demnach nicht grundsätzlich verpflichtet mit den UN zusammenzuarbeiten, eine derartige Verpflichtung und deren Umfang ergibt sich danach erst aus den mit den UN abzuschließenden Beziehungsabkommen. Für andere Organisationen wie WTO oder EU ergibt sich eine Pflicht zur Zusammenarbeit ebenfalls nur dann, wenn entsprechende Vereinbarungen getroffen worden sind.[394]

Von der Zusammenarbeit der UN mit den Sonderorganisationen ist die Zusammenarbeit der Sonderorganisationen untereinander bzw. mit anderen internationalen Organisationen zu unterscheiden. Sind die Staaten, wie Art. 57 Abs. 1 UN-Charta

---

[393] Vgl. dazu auch Herdegen, Matthias: Internationales Wirtschaftsrecht, München: Beck, 3. Auflage, 2002, S. 13f, Ziff. 9.

[394] Vgl. dazu die Ausführungen zu den jeweiligen Rechtsgrundlagen in Teil 2.

darlegt, zuständig, die Aufgaben der Sonderorganisationen festzulegen, so sind sie auch zuständig, Regelungen zur Kooperation der Sonderorganisationen untereinander festzulegen. Diesbezüglich sind in den Gründungsverträgen der internationalen Organisationen zumeist entsprechende Regelungen getroffen worden, die die Organisationen zur Zusammenarbeit mit anderen Organisationen ermächtigen und zum Teil auch verpflichten. Eine besondere, von den UN unabhängige Verpflichtung zum kohärenten Tätigwerden und zur Zusammenarbeit ergibt sich aus dem sog. Kohärenzmandat (vgl. Art. III Abs. 5 WTO-Übereinkommen), wonach WTO, Weltbank und IMF verpflichtet sind, ihre Politiken untereinander abzustimmen. Um einen Rahmen für die Umsetzung dieser Verpflichtung zu schaffen, hat die WTO mit der Weltbank und dem IMF Kooperationsabkommen geschlossen.[395] Eine weitere internationale Pflicht zur Kooperation ergibt sich aus Art. 180 Abs. 1 EGV, wonach die Gemeinschaft und die Mitgliedsstaaten ihre Politik auf dem Gebiet der Entwicklungszusammenarbeit koordinieren und ihre Hilfsprogramme, auch in internationalen Konferenzen, abstimmen müssen.

Ob sich aus den oben angeführten Normen der Charta, die eine Verpflichtung der Staaten zur Zusammenarbeit auf wirtschaftlichem und sozialen Gebiet begründen, gleichfalls eine Verpflichtung der Staaten ergibt, die von ihnen errichteten Organisationen jeweils zur Zusammenarbeit mit anderen internationalen Organisationen zu verpflichten, ist fraglich. Diese Normen richten sich direkt nur an Staaten. Vom Wortlaut her ist dies daher abzulehnen. Die Staaten können sich jedoch durch Übertragung der Aufgaben auf internationale Organisationen nicht von ihrer bestehenden Pflicht zur Zusammenarbeit befreien. Nach diesem Ansatz müsste man annehmen, dass die Staaten bei Übertragung von Aufgaben auf internationale Organisationen sicherstellen müssen, dass auch die Organisationen ihrerseits nunmehr anstelle der Staaten untereinander zusammenarbeiten. Andererseits schreibt auch die Charta nicht vor, wie weit die Zusammenarbeit gehen muss, damit die Staaten die Verpflichtung zur Zusammenarbeit erfüllen. Zudem bleiben die Staaten zumeist für die betreffende Angelegenheit auch weiterhin selbst zuständig (Ausnahme: supranationale Organisation). Eine derartige Pflicht der Staaten, bei Übertragung von Aufgaben auf internationale Organisationen sicherstellen zu müssen, dass auch die internationalen Organisationen ihrerseits zusammenarbeiten, kann man aus den Normen der UN-Satzung demnach wohl nicht ableiten. Entscheidend ist letzten Endes, welche Regelungen zur Zusammenarbeit von den einzelnen internationalen Organisationen in den Gründungsverträgen und sonstigen Vereinbarungen tatsächlich getroffen worden sind.

2. Koordination

2.1. Der Begriff der Koordination

Der Begriff Koordination kann mehrere Bedeutungen haben. Es ist ein Sammelwort, dass in Abhängigkeit von dem Zusammenhang, in dem es verwendet wird,

[395] Vgl. dazu Teil 2, Kapitel 3, Abschnitt 3.3.

auf ganz verschiedene Prozesse verweisen kann.[396] Childers und Urquhart führen zum Begriff der Koordination aus, dass die Reform im UN-System auch durch die anhaltenden Verwirrung über das einzelne Wort „Koordination“ belastet wurde. Sie legen dar, dass manche Kapazitäten und Funktionen einfach zusammenzulegen sind, weil das benötigte Ergebnis nicht von verschiedenen, getrennt handelnden Quellen erzielt werden kann und/ oder weil diese ineffizienterweise doppelt vorliegen. Dies sei Konsolidation, nicht „Koordination“. Andere Aktivitäten benötigen dagegen getrennt unterhaltene Fachkenntnisse, jedoch müsse es für manche Zwecke möglich sein, diese in effizient entwickelte holistische Analysen und Vorschläge zusammen zubringen. Dies sei Synthese, nicht „Koordination“. Schließlich gibt es einige Funktionen, nicht so viele, wie manche Verwaltungschefs meinen, welche separat ausgeführt werden können, aber manchmal geordnet werden müssen, um sich gegenseitig zu verstärken. Das sei Koordination. Solche Koordination erfordere bestenfalls einen Leiter, der weiß wann, wie und wen er mit klaren Anweisungen zu delegieren hat.[397]

Im JIU Report 96/3 wird der Begriff der Koordination in einer kollegialen Art und Weise verwendet, um verschiedene Formen von Harmonisierung, Konvergenz, Integration oder Synchronisation von Handlungen der verschiedenen Partner bei der Programmaufstellung, Ausführung und Evaluierung ihrer Entwicklungszusammenarbeit auf der Länder, der regionalen und der internationalen Ebene einzuschließen.[398]

Für die Zwecke dieser Arbeit soll Koordination im Sinne dieser Definition verstanden werden. Eine zu detaillierte Unterscheidung zwischen verschiedenen Begrifflichkeiten wie Synthese, Konsolidation usw. würde die Darstellung verkomplizieren und ist für die hier angestrebte Darstellung der juristischen und sonstigen Probleme nicht erforderlich. Koordination im hier verstandenen Sinne eines Oberbegriffes schließt alle Formen der Abstimmung von Politiken und Aktivitäten zur Erreichung eines gemeinsamen Zieles ein. Koordination ist demnach die Beachtung und Berücksichtigung der Folgen von Maßnahmen in einem Bereich in deren Bezug auf andere Bereiche. Erforderlich ist gegenseitiges Abstimmen verschiedener Faktoren und Vorgänge. Unkoordinierte Politik führt zu den bekannten Störungen des Entwicklungsprozesses durch unbeabsichtigte – z.B. ökologische – Folgeprobleme von agrarischen oder ökonomischen Maßnahmen, durch mangelnde Abstimmung der Akteure und durch die daraus resultierenden, sich oft konter-

---

[396] Vgl. E/5524/Add.5 vom 24. Mai 1974: Review of the Agreements between the United Nations and the Specialized Agencies and the International Atomic Energy Agency, Bericht des UN-Generalsekretärs, S. 2, Ziff. 1

[397] Vgl. Childers, Erskine/ Urquhart, Brian: Renewing the United Nations System, Development dialogue 1994:1, S. 37.

[398] Vgl. JIU/REP/96/3: Coordination of policy and programming frameworks for more effective development cooperation, enthalten in doc, A/51/636 bzw. E/1996/104 vom 31.Oktober 1996, S. 2.

karierenden Zielsetzungen.[399] Anders ausgedrückt meint Koordination eine klare Verteilung von Verantwortung und eine effektive Arbeitsteilung zwischen den vielen in den Entwicklungsprozess involvierten Akteuren sowie eine Zusage jedes Akteurs, auf gemeinsame und kompatible Ziele hinzuarbeiten. Die individuellen Akteure müssen ihre Bemühungen komplementär und sich gegenseitig unterstützend ausgestalten, im Gegensatz zu isoliertem und konkurrierendem Vorgehen.[400] Im Folgenden soll die Frage beantwortet werden, was die zu erreichenden Ziele von Koordination sind, und ob und inwieweit Koordination notwendig ist.

2.2. Notwendigkeit und Ziele der Koordination

Hier ist, rückgreifend auf die im Rahmen der Zusammenarbeit getroffene Unterscheidung zwischen internationaler Kooperation und Kooperation zwischen internationalen Organisationen, wiederum zu differenzieren. Zum einen ist die Notwendigkeit der internationalen Kooperation von Wirtschafts- und/ oder Sozialpolitik zu diskutieren. Ein weiterer Aspekt ist aber die Koordinierung der Arbeit internationaler Organisationen, die von den Staaten zum Zwecke der internationalen Zusammenarbeit gegründet wurden. D.h. die Frage nach dem Erfordernis internationaler Koordination stellt sich für die Zusammenarbeit zwischen den Staaten zur Erreichung der Ziele in Art. 1 Abs. 3 und Art. 55 der UN-Charta, aber auch für die Zusammenarbeit zwischen den von den Staaten gegründeten internationalen Organisationen.

2.2.1. Internationale Politikkoordinierung

Die Grundidee der internationalen wirtschaftspolitischen Koordinierung ist folgende: Optimales Verhalten Einzelner kann insgesamt zu Suboptimalität führen. Dann lohnt der Versuch, das Verhalten im gemeinsamen Interesse aufeinander abzustimmen, zu koordinieren, d.h. die Rahmenbedingungen so zu gestalten, dass ein Gesamtoptimum erreicht wird. Dies bedeutet übertragen auf die internationale Wirtschaftspolitik, dass selbst bei optimaler Wirtschaftspolitik in einem Land dieses dabei nicht unbedingt an Wettbewerbsfähigkeit gewinnen wird, denn andere Länder werden reagieren. Es kommt zu einem Wettlauf, der neben positiven Auswirkungen (wie Effizienzgewinnen) auch gravierende Nebenwirkungen haben kann, etwa den Abbau sozialer Rechte, gesellschaftliche Destabilisierung oder zunehmende Umweltverschmutzung. Hier kann Koordinierung Abhilfe schaffen.[401] Im Bereich des internationalen Handels mag es für einen Staat beispielsweise kurzfristig günstig sein, Importkontingente festzulegen oder ausländische Produkte durch besondere technische Standards zu diskriminieren oder inländische Produkte durch Subventionen zu begünstigen. Wenn aber alle Staaten auf diese Weise ihren

[399] Vgl. Bellers, Jürgen, Entwicklungspolitik in: Politikwissenschaft III, Internationale Politik, Tauras, Olaf/ Meyers, Reinhard/ Bellers, Jürgen (Hrsg.), Münster, Hamburg: Lit, 1994, S. 167-215, S. 176.

[400] Vgl. A/48/935 vom 6. Mai 1994: An Agenda for Development, Bericht des UN-Generalsekretärs Boutros Ghali.

[401] Vgl. Sandte, Holger: Ist eine internationale wirtschaftspolitische Koordinierung möglich und machbar?, Bericht zur Podiumsdiskussion, Dialog Wirtschaft, Friedrich Ebert Stiftung, 1997, S. 9.

Anteil am Welthandel ausdehnen wollen, bleiben die Anteile aller zeitweilig weitgehend gleich, gleichzeitig sinkt aber das Gesamtvolumen des Welthandels und damit auch der Außenhandelsbeitrag zum Bruttosozialprodukt jedes einzelnen Staates. Um dieses unerwünschte Ergebnis in den internationalen Handelsbeziehungen zu verhindern, müssen die Staaten kooperieren.[402]

Im Zuge der fortschreitenden Liberalisierung und Globalisierung der Wirtschaftsbeziehungen wird das Geflecht der internationalen Ströme von Gütern, Finanzkapital und Direktinvestitionen immer enger. Dadurch steigt die Abhängigkeit von Ereignissen und wirtschaftpolitischen Maßnahmen in anderen Ländern und tendenziell auch der Bedarf an internationaler Koordination.[403] Auch für die EL ist die Koordinierung der internationalen Wirtschaftpolitik wichtig. Sie sind besonders krisenanfällig und damit abhängig von Auswirkungen, die in anderen Teilen der Welt verursacht wurden. Entscheidungen in größeren Ökonomien beeinflussen kleinere Volkswirtschaften. Krisen in den aufsteigenden Märkten oder Transformationsländern oder anderen Entwicklungsländern können ebenso die größeren Ökonomien beeinflussen und wirtschaftliche Entscheidungen erfordern.[404] Die GA der UN hat daher in mehreren Resolutionen gemeinsame Bemühungen gefordert, durch gesteigerte Kooperation und Koordination zwischen allen relevanten Foren und Institutionen, die negativen Auswirkungen von Globalisierung zu minimieren und den Nutzen der Globalisierung und Interdependenz für die EL zu maximieren.[405] Wie internationale Reaktionen auf die Asienkrise zeigten, hängt viel im Bereich des „economic policy-making" davon ab, wie nationale Politiken an globale oder internationale Entwicklungen angepasst sind. Die Gefahr, dass Länder in solchen Situationen versuchen, sich selbst vor der Ansteckung durch die Annahme von Maßnahmen, die schädlich für die Weltwirtschaft sind, zu bewahren, unterstreicht die Notwendigkeit von Kooperation und Koordination im Bereich des „economic policy-making" auf der globalen Ebene.[406]

Damit wirtschaftspolitische Koordination zustande kommt, müssen die beteiligten Parteien ähnliche Interessen und Ziele verfolgen. Die Nutzlosigkeit von Abwertungswettläufen ist weitgehend unstrittig. Dagegen ist auf anderen Gebieten der Koordinationsbedarf umstritten, so z.B. bei der Frage inwieweit sich Länder beim Steuersystem Konkurrenz machen sollten. Was in einem Land noch als faires Mittel des Wettbewerbs angesehen wird, gilt im anderen Land schon als Wettbewerbsverzerrung. Als Ausweg dafür bietet sich bei weltweit stark divergierenden

---

[402] Vgl. Rittberger, Volker/ Zangl, Bernhard: Internationale Organisationen – Politik und Geschichte, Opladen: Leske und Budrich, 3. Auflage, 2003, S. 223.

[403] Vgl. Sandte, Holger: Ist eine internationale wirtschaftspolitische Koordinierung möglich und machbar?, Bericht zur Podiumsdiskussion, Dialog Wirtschaft, Friedrich Ebert Stiftung, 1997, S. 9.

[404] Vgl. A/AC.253/25 vom 22. März 2000: Impact of globalization on social development, Bericht des UN-Generalsekretärs, S. 10, Ziff. 48.

[405] Vgl. u.a. GA-Resolution 53/169 vom 15. Dezember 1998: Role of the United Nations in promoting development in the context of globalization and interdependence.

[406] Vgl. A/AC.253/25 vom 22. März 2000: ebenda, S. 10, Ziff. 48.

Interessen an, zunächst nur regional begrenzt oder zwischen Ländern ähnlichen Entwicklungsstandes – und damit sich annähernden Interessen – zu koordinieren.[407]

Wenn Vereinbarungen getroffen werden – etwa über Umweltschutz oder Sozialstandards, so muss deren Einhaltung kontrolliert und Fehlverhalten sanktioniert werden. D.h., dass Koordination einen gewissen Aufwand und auch Souveränitätsverzicht mit sich bringt. Beides ist gerechtfertigt, wenn der Nutzen der Koordinierung die Kosten übersteigt.[408] Auch wird nur dann Koordination tatsächlich erfolgen. Internationale Politikkoordinierung setzt daher generell voraus, dass Vorteile aus der Koordinierung größer sind als die Kosten. Zudem müssen die Koordinierungsgewinne einigermaßen sicher sein.[409]

Über diese Politikkoordination hinaus ist auch eine Politikabstimmung zu Gunsten der hier näher thematisierten LDCs erforderlich. Rittberger und Zangl sprechen diesbezüglich vom Problemfeld der internationalen Entwicklungsdisparitäten. Fest steht, dass durch Handels- und währungspolitische Koordination kollektiv vorteilhafte Interaktionsergebnisse erzielt werden. Das Spiel der Marktkräfte verteile den kollektiven Nutzen aber nur dann an alle beteiligten Akteure gleich, wenn sie alle über annähernd gleiche materielle Voraussetzungen der Marktteilnahme verfügen. Ist diese Prämisse nicht erfüllt – und das sei eher die Regel als die Ausnahme –, wohne der Verteilungsleistung des Marktes eine Tendenz zur Ausweitung von schon bestehenden Wohlstandsdisparitäten inne. Ohne politisch organisierte Maßnahmen können daher in einer liberalen Weltwirtschaftsordnung bestehende Wohlstandsdisparitäten zwischen den beteiligten Gesellschaften kaum nachhaltig vermindert werden.[410]

Internationale Politikkoordinierung, d.h. das sog. „intergovernmental policymaking“, ist derzeit nach wie vor in den Händen der großen Industriemächte und den Institutionen, auf die diese Staaten auf Grund ihrer Machtposition einen größeren Einfluss ausüben können (Weltbank, IMF, „Bank for International Settlements“). Problematisch ist der relativ geringe Einfluss, den die EL in diesen Foren haben, obwohl sie etwa 80 % der Weltbevölkerung repräsentieren, andererseits jedoch nur weniger als ein Fünftel des weltweiten GDP.[411]

Internationale Politikkoordinierung zwischen den Staaten erfolgt nicht nur formell, d.h. innerhalb formeller Gremien oder Organisationen, sondern daneben auch informell. Ein Mechanismus sind z.B. die regelmäßig stattfindenden Weltwirtschafts-

---

[407] Vgl. Gesprächskreis „Dialog Wirtschaft“ zum Thema: Ist eine internationale wirtschaftspolitische Koordinierung möglich und machbar?, 28. April 1997, Friedrich-Ebert-Stiftung, 1997, S. 13.

[408] Vgl. ebenda, S. 13.

[409] Vgl. ähnlich Donges, Juergen B./ Freytag, Andreas: Allgemeine Wirtschaftpolitik, Stuttgart: Lucius und Lucius, 2001, S. 276.

[410] Vgl. Rittberger, Volker/ Zangl, Bernhard: Internationale Organisationen – Politik und Geschichte, Opladen: Leske und Budrich, 3. Auflage, 2003, S. 259.

[411] Vgl. ähnlich UNDP: Bericht über die menschliche Entwicklung 1999, UNDP 1999, S. 34.

gipfel der Gruppe der 7. Zu nennen sind die G20, die Finanzminister und Zentralbanker versammelt sowie die G10, deren Zentralbanker die Aufgabe haben, das Bankensystem zu überwachen. Solche ad hoc und „self-selected" Gruppen von Staaten haben sich in den letzen Jahrzehnten herausgebildet und machen de facto globale Wirtschaftspolitik außerhalb der UN und anderen formalen Systemen mit demokratischen Prozessen und Beteiligung. Diese Gruppen spielen eine Schlüsselrolle im Bereich der internationalen Wirtschaftspolitik.[412]

Im oben bereits zitierten Bericht des UN-Generalsekretärs wird zurecht ausgeführt, dass der Fortschritt hinsichtlich der Koordinierung der internationalen Wirtschaftpolitik konsolidiert und ausgeweitet werden sollte, um die Belange aller Länder zu berücksichtigen. Eine solche Koordination sollte auf globales wirtschaftliches Wachstum und soziale Entwicklung gerichtet sein, statt auf die begrenzten Ziele einer kleinen Gruppe von Nationen. Ziel einer solchen gesteigerten internationalen ökonomischen Kooperation sollte das Erreichen der höchst möglichen Rate eines sozial, politisch und in Bezug auf die Umwelt nachhaltigen globalen Wachstums, einer gerechten Verteilung der Früchte des Fortschritts und der Erhaltung der physischen Umwelt sein. Ein weiteres Ziel sollte die Erhöhung der Stabilität der Weltwirtschaft sein, insbesondere soweit dies verletzbare Länder und Bevölkerungsteile betrifft. Annan fordert, dass alle Länder in diesem Prozess auf einer gleichen Basis teilnehmen sollten. Insbesondere Länder, die einen bedeutenden Einfluss auf wirtschaftliche, soziale und umweltrelevante Bedingungen in anderen Ländern haben, sollten externe Konsequenzen ihrer Handlungen berücksichtigen. Ohne eine solche Stärkung der internationalen Zusammenarbeit im wirtschaftlichen Bereich im Rahmen eines globalen Herangehens, so der Bericht, greifen die Reformbemühungen einzelner EL zu kurz.[413]

Die Notwendigkeit zur Kooperation und Koordination im Bereich des „economic policy making" auf der globalen Ebene muss bejaht werden. Die Umsetzung verläuft jedoch nicht problemlos.[414]

2.2.2. Koordination zwischen internationalen Organisationen

Die Koordination internationaler Organisationen kann auf der politischen Ebene nicht von der internationalen Politikkoordinierung getrennt werden, denn die Organisationen sind von den Staaten gerade auch zur internationalen Zusammenarbeit und Koordination gegründet worden. Dass heißt, dass die Koordination auf der politischen Ebene im Rahmen internationaler Organisationen Teil der weltweiten internationalen Politikkoordination der Staaten ist.

---

[412] Vgl. zu verschiedenen Gruppen Teil 2, Kapitel 5.

[413] Vgl. A/AC.233/5: International economic co-operation, in particular the revitalization of economic growth and development of the developing countries, The state of the international economic co-operation and effective ways and means of revitalizing the economic growth and development of developing countries, Bericht des UN-Generalsekretärs, Teil D, S. 28f.

[414] Vgl. im einzelnen die Teile 2 und 3.

Neben der Politikkoordination im Rahmen internationaler Organisationen sind diese auch auf operativer Ebene tätig.[415] Demzufolge stellt sich die Frage nach Koordination zwischen den internationalen Organisationen auch auf dieser zweiten Ebene.

Zur Koordination internationaler Organisationen hat der Generalsekretär der UNCTAD in einem Bericht zu UNCTAD X vom 29. Juli 1999 ausgeführt, dass Zweck von Koordination zwischen den Organisationen sei, die internationale Zusammenarbeit zu festigen, so dass Mitgliedsstaaten von den jeweiligen Stärken der verschiedenen Organisationen profitieren, die jede eigene Sachkenntnisse und Sicht auf die Probleme haben.[416]

Das Koordinationserfordernis, das selbst auch Veränderungen unterliegt, wurde im Rahmen der UN bereits sehr früh angesprochen. Anlässlich der Annahme einiger Beziehungsabkommen durch die GA in der 2. Hälfte ihrer ersten Tagung nahm die GA die Resolution 50 (I) an, mit welcher sie den ECOSOC aufforderte, innerhalb von 3 Jahren über den Fortschritt in der Koordination der Arbeit der Sonderorganisationen zu berichten.[417] Nach einer weiteren Resolution[418] erstellte der GS zwei Berichte[419], nach deren Beratung der ECOSOC damals feststellte, dass innerhalb des bestehenden Rahmenwerkes der Beziehungsabkommen mit den Sonderorganisationen und der Satzung der UN Fortschritt in der Zusammenarbeit zwischen den UN und den Sonderorganisationen erreicht werden konnte und empfahl, dass zu diesem Zeitpunkt keine Maßnahmen zur Revision der Beziehungsabkommen ergriffen werden.[420]

Mit der Zeit tauchten jedoch mehr und mehr Probleme auf. Dies hatte insbesondere mit der Herausbildung der technischen Hilfe und der Übernahme von Aufgaben wie der Durchführung von Projekten zu tun. Der Beginn der Leistung von Entwicklungshilfe, der Entkolonialisierungsprozess, die Aufnahme neuer Mitgliedstaaten

---

[415] „According to the model established in the UN Charta itself, the United Nations was meant to promote economic cooperation on two levels. On one level, the central organs of the United Nations – the General Assembly and the ECOSOC – would set policies and would coordinate the activities of functional agencies. At a second level, the functioning agencies would carry out operations within their spheres of competence.", vgl. Zamora, Stephen: Economic Relations and Development, in: The United Nations and International Law, Joyner, Christopher C. (Hrsg.), Georgetown University/ American Society of International Law, 1997, S. 232-287, S. 234f.

[416] Vgl. TD/380 vom 29. Juli 1999: Bericht des UNCTAD-Generalsekretärs an UNCTAD X, S. 56, Teil B.1., Ziff. 163.

[417] Vgl. Repertory of Practice of United Nations Organs, Artikel 63, Ziff. 12.

[418] Vgl. GA-Resolution 125 (II), mit der der ECOSOC aufgefordert worden war, Bericht zu erstatten „on the action taken in pursuance of these agreements... so that the Council and the GA may, if necessary, and after consultation with the said agencies, formulate proposals for improving collaboration".

[419] Vgl. Dokumente E/842 und ESC (IX), Suppl. No. 17 (E/1317), Repertory of Practice, Artikel 63, Rz. 12.

[420] Vgl. Repertory of Practice, Artikel 63, Rz. 12.

und damit auch die Verlagerung der Aktivitäten der technischen Hilfe auf diese Ländergruppe hatten immense Auswirkungen auf das System. In ihrer Resolution 52 (I) hatte die GA zum ersten Mal realisiert, dass die Mitgliedstaaten der UN nicht gleich entwickelt sind und dass einige UN-Mitgliedstaaten die Hilfe von Experten in verschiedenen Bereichen der wirtschaftlichen, sozialen und kulturellen Entwicklung benötigen. Die GA erkannte auch die Verantwortlichkeit der UN und der Sonderorganisationen in deren jeweiligem Aufgabengebiet, auf dem Gebiet der Entwicklung Hilfe zu leisten. Sie entschied damals, dass der ECOSOC die Frage analysieren sollte, auf welche Art und Weise derartige Expertenhilfe den Staaten gewährt werden könnte, die diese Beratung wollen und anfordern. Der ECOSOC kam zu dem Schluss, dass es dafür innerhalb des Sekretariates eines speziellen Mechanismus bedürfe. Sodann wurde durch Resolution 200 (III) ein reguläres UN Programm auf einer dauerhaften Basis für die Leistung von technischer Hilfe an die EL errichtet und es wurden Regeln erarbeitet, die bei der Durchführung der technischen Hilfe Anwendung finden sollten.[421] Später wurde das Programm erweitert und zur Finanzierung wurde der „Special Fund" eingerichtet.

Die Bandbreite der operativen Aktivitäten, die durch das „Expanded Programme of Technical Assistance" und den „Special Fund" sowie bei dem später aus der Zusammenlegung der beiden Einheiten entstandenen „United Nations Development Programme" (UNDP) zu bewältigen waren, erweiterte sich über die Jahre hin ständig. Nicht nur das UNDP, sondern auch die Sonderorganisationen führten Projekte in den EL durch. Nach und nach bildeten sich neue Formen der Zusammenarbeit heraus. Das immer mehr ausgefüllte Entwicklungshilfefeld führte zu mehr und mehr gemeinsamen Durchführung von Projekten und zu Co-Finanzierung. Vormals sog. Finanzierungsinstitutionen führten nun auch Projekte durch, während ehemals sog. Ausführungsinstitutionen ihre eigenen Finanzierungsarrangements trafen. Entwicklungsorganisationen aller Art weiteten ihre Arbeit im Bereich der Co-Finanzierung aus, wozu sie sich mit anderen Organisationen zusammen tun, um parallel oder gleichzeitig ein bestimmtes Programm oder Projekt zu finanzieren. Die Weltbank berichtete 1989, dass damals erstmals mehr als die Hälfte der von ihr unterstützten Projekte oder Programme in eine Form der Co-Finanzierung involviert war. Alle Entwicklungsorganisationen mussten sich daher mit neuen Beziehungen, Fähigkeiten, Verwaltungsstrukturen und Möglichkeiten auseinandersetzen.[422] Mit der Ausweitung der Entwicklungshilfe wuchsen auch die Erfordernisse und die Anforderungen an die Koordinierung.

Dieses Erfordernis nach verstärkter Koordination zeigte sich zum einen innerhalb der UN selbst. Neue Aufgaben und eine breitere und komplexere Agenda der UN haben parallel zu einer Vergrößerung der „intergovermental machinery" der UN geführt. Neue Organe, Ausschüsse, Kommissionen innerhalb der UN wurden auf verschiedenen Ebenen errichtet. Bei diesem Prozess des institutionellen Wachstums, so ein Bericht einer „Group of High-Level Intergovernmental Experts", wur-

[421] Vgl. E/5524/Add.3 vom 7. Juni 1974, S. 7, Ziff. 25ff.
[422] Vgl. JIU/REP/92/1 (Teil 1), enthalten in E/1993/18, S. 7.

de nicht immer ausreichende Aufmerksamkeit darauf gelegt, dass sich die Aufgabenbereiche nicht überlappen und keine Doppelarbeit erfolgt. Dies, so der Bericht, gelte für die UN selbst, aber auch für die Beziehungen zwischen den UN und den Sonderorganisationen.[423]

Mit der u.a. aus den internationalen Konferenzen resultierenden wachsenden Erkenntnis, dass zur Herbeiführung einer wirksamen Entwicklung ganzheitlicher vorgegangen werden muss, tendierten die einzelnen sektoralen Organisationen der UN dazu, ihre Tätigkeit auf Bereiche auszudehnen, die sich mit anderen überschneiden. Dieses Phänomen, so der Reformbericht des UN-Generalsekretärs, sei bei allen Organisationen des Systems festzustellen. Überschneidungen dieser Art haben die Notwendigkeit der Zusammenarbeit und Koordinierung zwischen den betreffenden Organisationen erhöht und die durch die Fragmentierung der bestehenden Strukturen weiter verschärft. Auf Landesebene erschweren Fragmentierung und Überschneidungen den Vereinten Nationen ein konsequentes, kohärentes und kostenwirksames Herangehen an die Bedürfnisse der Länder. Diese Probleme wurden durch das Zurückgehen der finanziellen Ressourcen für operative Tätigkeiten der UN weiter verschärft.[424] Im Nachgang zur Konferenz von Monterrey, die sich mit Entwicklungsfinanzierung befasste[425], führte der UN-Generalsekretär in einem Bericht aus, dass die Angemessenheit der Ressourcen für operative Tätigkeiten und deren effektive und effiziente Nutzung eng miteinander verbunden sind und durch eine stärkere Koordination innerhalb des UN-Systems untermauert werden sollte.[426]

Die Koordination zwischen den Organisationen dient daher nicht mehr nur der Vermeidung von Doppelarbeit und zur Einsparung von Verwaltungskosten, obwohl natürlich eine effektive Arbeitsteilung und die Maximierung der Wirkung der knappen Ressourcen weiter grundlegende Ziele der „inter-agency coordination“ bleiben. Seit längerer Zeit hat sich die Notwendigkeit der „inter-agency coordination“ daneben als ein Schlüsselfaktor zur Sicherstellung der effektiven Integration aller für die Entwicklung wichtigen Sektoren in Unterstützung globaler Strategien durchgesetzt.[427] Dies muss auch für den Handelsbereich als Teil einer globalen Entwicklungsstrategie gelten.[428]

Nicht nur im Bereich der operativen Tätigkeiten, sondern auch auf der politischen/ strategischen Ebene nahm das Erfordernis der Koordination auf Grund der

---

[423] Vgl. A/41/49 vom 15. August 1986: Report of the Group of High-Level Intergovernmental Experts to review the Efficiency of the Administrative and financial functioning of the United Nations, S. 1.

[424] Vgl. A/51/950 vom 14. Juli 1997: Renewing the United Nations: A programme for Reform, Bericht des UN-Generalsekretärs, Ziff. 149f.

[425] Vgl. dazu Teil 2, Kapitel 1, Abschnitt 1.2.1.

[426] Vgl. E/2002/47 vom 14. Mai 2002: Operational Activities of the United Nations for international development cooperation, Bericht des UN-Generalsekretärs, S. 5, Ziff. 11.

[427] Vgl. E/2000/53: Annual overview report of the Administrative Committee on Coordination for 1999, S. 3, Ziff. 3.

[428] Vgl. dazu oben, Kapitel 2, Abschnitt 4.3.

Entstehung der einer ganzen Anzahl weiterer, bereits in der Einleitung aufgezählten, Akteure im Entwicklungsbereich zu. Nach der Gründung der UN in 1945, der Bretton-Woods-Institutionen sowie des GATT kam es zwischen 1955 und 1966 zur Gründung weiterer Wirtschafts- und Entwicklungsorganisationen, die sich zumeist ausschließlich mit den wirtschaftlichen Interessen und Bedürfnissen der EL befassen. In den 1960er Jahren wurde damit eine Art Gegensystem zum System der Bretton-Woods-Institutionen errichtet. Schließlich ging 1995 das GATT in der neu gegründeten WTO auf. Das Erfordernis zur Kooperation internationaler Organisationen stellt sich damit auf Grund der Vielzahl von Akteuren auch im Bereich von Handel und Entwicklung auf der Politikebene. Viele der konkreten Politikmaßnahmen, die erforderlich sind, um den EL zu helfen, von zunehmenden Handelsmöglichkeiten Gebrauch zu machen, fallen, nach EU-Handelskommissar Lamy nicht in die Verantwortung der WTO sondern in die Hauptverantwortung nationaler Regierungen oder anderen internationalen Organisationen. Ein kohärentes Vorgehen in Bezug auf „global Governance" sollte daher parallele Bemühungen beinhalten, internationale Organisationen, die für Entwicklungszusammenarbeit, Umwelt und soziale Entwicklung verantwortlich sind, zu verstärken. Zudem sollte verstärkte Zusammenarbeit zwischen der WTO, den Bretton-Woods-Institutionen und anderen internationalen Organisationen erfolgen. Klar sei aber auch, dass die WTO in einen breiteren Dialog zur Förderung eines besseren Verständnisses der Beziehungen zwischen Handel und sozialer Entwicklung involviert werden müsse. Ein solcher Dialog sollte nicht auf die Förderung von Kernarbeitsnormen beschränkt sein, sondern auch eine Reihe sozialer Entwicklungsfragen von breiter Relevanz einschließen. So bestehe z.B. die Notwendigkeit, die Beziehung zwischen Handelsliberalisierung, Schaffung von Arbeitsplätzen und dem Kampf gegen die Armut besser zu verstehen. Institutionen wie die ILO, die WTO, UNCTAD und die Weltbank sollten an einem solchen Dialog teilnehmen. Ein wichtiges Ziel sei, den nationalen Regierungen zu helfen, den sozialen Auswirkungen von Handelsliberalisierung besser Rechnung zu tragen und Politiken zu entwickeln, die die positiven Auswirkungen maximieren und die negativen Effekte begrenzen.[429]

Steuernagel legt dar, dass es offensichtlich sei, dass diese neue Struktur einer Vielzahl von internationalen Organisationen weniger das Resultat eines bewussten Planungsprozesses in Reaktion auf neue wirtschaftspolitische Herausforderungen als vielmehr eines Machtkampfes zwischen verschiedenen Interessengruppen um Einflussmöglichkeiten in der internationalen Wirtschaftspolitik war.[430] Nach Auffassung von Hüfner und Spröte haben im Zuge dieser Entwicklung, der kein strategisches Gesamtkonzept zugrunde lag, Pragmatismus und Spontaneität wie auch andere Faktoren zu zahlreichen Überschneidungen und Doppelarbeit geführt. Bemühungen um verbesserte Koordinierung hätten sich nicht als ausreichend er-

---

[429] Vgl. Lamy, Pascal: The link between Trade and Development – What role for the EU Trade Policy, Rede auf der AIF-Konferenz, Christiansburg, 12. September 2000, http: europa.eu.int/comm/trade/speeches_articles/spla31_en.htm.

[430] Vgl. Steuernagel, Axel: Zur politischen Ökonomie multilateraler Wirtschaftsorganisationen, Ein Beitrag zur Reformdebatte der Vereinten Nationen, Münster: Lit, 1997, S. 76.

wiesen, um die Autorität und Effektivität der einzelnen Organe und Organisationen zu erhöhen. Die mit den UN in Beziehung gebrachten Organisationen hätten sich zu mehr oder weniger selbständigen internationalen Organisationen entwickelt und seien mit den UN nur sehr lose verbunden.[431] Letzteres gilt auch für die WTO.

Obwohl das Koordinierungserfordernis im Rahmen der UN frühzeitig erkannt wurde und Bemühungen eingeleitet wurden, um diesem Erfordernis gerecht zu werden, sind einige Koordinierungsprobleme bereits im System angelegt. 1974 führte der UN-Generalsekretär in einem Bericht aus, dass die institutionelle Komplexität des Systems als ein Beiprodukt der Vitalität der Idee internationaler Kooperation und der sich ändernden Bedürfnisse der Weltgemeinschaft angesehen werden könne. Dennoch tendiere es unvermeidbar dazu, die Koordinationsprobleme zu vergrößern und die Schwierigkeiten zu erhöhen, ein integriertes Vorgehen zur Lösung der komplexen Probleme von internationaler Entwicklung und Zusammenarbeit erreichen.[432]

In seiner Studie mit dem Titel „Some Reflections on Reform of the United Nations", seinem letzten Bericht als Inspektor der „Joint Inspection Unit" (JIU)[433], der sich selbst jedoch nicht mit den Bretton-Woods-Institutionen sowie dem GATT befasste, kritisierte Bertrand das bisherige Scheitern der Bemühungen um Verbesserungen sowohl im Bereich systemweiter Koordinierung der UN als auch im Bereich von Planung, Programmierung, Überwachung und Evaluierung.[434] Bereits vielfach haben sich Experten mit der Koordination von Entwicklungszusammenarbeit befasst.[435] Über die Notwendigkeit der Koordination war man sich stets einig, die Umsetzung ist dagegen in vielen Bereichen problematisch.

---

[431] Vgl. Hüfner, Klaus/ Spröte, Wolfgang: Zur Reform des Wirtschafts- und Sozialbereichs der Vereinten Nationen, in: Die Reform der Vereinten Nationen, Die Weltorganisation zwischen Krise und Erneuerung, Hüfner, Klaus (Hrsg.), Opladen: Leske und Budrich, 1994, S. 99-118, S. 106.

[432] Vgl. E/5524/Add.1, vom 31. Mai 1974: Review of the Agreements between the United Nations and the Specialized Agencies and the International Atomic Energy Agency, Bericht des UN-Generalsekretärs , S. 2, Ziff. 1.

[433] Vgl. dazu unten, Abschnitt 2.4.

[434] Bertrand führt u.a. aus: „This mass of efforts, changes in structure, work on methodology and recommendations, precise though they were and formulated in an imperative way by the General Assembly, have in no way improved co-ordination. `Joint planning' has remained wishful thinking, development strategies applied by each organization have continued to diverge; and `country programming' and `field co-ordination have never been anything more than meaningless terms", vgl. Bertrand, Maurice: Some Reflections on Reform of the United Nations, JIU/REP/85/9, S. 10.

[435] Vgl. u.a. Cassen, Robert und Mitarbeiter: Does Aid work, Chapter VII, „The systematic effects of aid and the role of co-ordination, Oxford, 1986 sowie Whittington, Dale/ Calhoun, Graig: Who really wants donor co-ordination, Development Policy Review, Band 6, 1988, S. 295-309.

2.3. Koordination und Kohärenz

Im politischen Bereich bedeutet Kohärenz, dass die Politiken verschiedener Bereiche aufeinander abzustimmen sind und sich zumindest nicht entgegenlaufen dürfen.[436] Das Ergebnis von Politikkoordination ist Kohärenz. Beispielsweise stellt der EU-Vertrag seit Maastricht ein Kohärenzerfordernis auf. Er fordert in seinem Art. 3 Abs. 2 die Kohärenz aller außenpolitischen Maßnahmen im Rahmen der Außen-, Sicherheits-, Wirtschafts- und Entwicklungspolitik. Die Schwierigkeit besteht allerdings darin, tatsächlich allen Politiken denselben Stellenwert zuzumessen. Dies ist das Problem von Zielkonflikten. Frisch ist der Auffassung, dass die Entwicklungspolitiker darauf zu achten haben werden, dass ihre Politik, die eigene, langfristige Ziele verfolgt, nicht einfach der Außenpolitik instrumental untergeordnet wird, denn die Versuchung dazu bestehe in der Außen- und Sicherheitspolitik allemal.[437] Die Politik der EU hat in vielen Bereichen eine große Bedeutung für die Situation und die Zukunft der EL. So ist die EU der größte Markt für arme Länder. Damit haben Entscheidungen der EU in Politikbereichen wie Handel, Fischerei und Landwirtschaft einen großen Einfluss auf EL. Mehr als die Hälfte des gesamten afrikanischen Exports geht nach Europa, verglichen mit 15 % nach Nordamerika. Die OECD-Länder müssten nach der Auffassung Schwedens ihre Märkte öffnen. Weitere Schritte seien die Überprüfung der verbleibenden Handelsbarrieren sowie die Reform der gemeinsamen EU-Agrarpolitik in einer Art und Weise, die Gewinn für alle EL bringt.[438]

Die Mitglieder des Entwicklungsausschusses der OECD führen in ihrem Politikpapier „Shaping the 21st Century" zur Kohärenz unter der Überschrift „Bringing our policies together" aus, dass die Verzweigungen und Möglichkeiten von Politikkohärenz für Entwicklung sorgfältiger verfolgt und durchgeführt werden müssen als in der Vergangenheit. Es sollte sicher gestellt werden, dass die gesamte Breite der Politiken der industrialisierten Länder konsistent mit Entwicklungszielen sind und diese nicht unterminiert. Die Minister führten aus, zuversichtlich zu sein, mehr tun zu können, als nur Politikkonflikte zu vermeiden. Sie wollen dafür arbeiten, dass Entwicklungszusammenarbeit und andere Verbindungen zwischen industrialisierten und EL sich gegenseitig verstärken. Das 21. Jahrhundert könne ein Jahrhundert verstärkter Kooperation werden. Sie seien zuversichtlich, dass Entwicklungszusammenarbeit gemeinsam mit anderen Formen internationaler Zusammenarbeit Ergebnisse erzielen könne, die die Anstrengungen, die sie von den Gesellschaften der industrialisierten Staaten erfordern, gut wert sein werden.[439] Bereits auf einem

---

436 Vgl. Frisch, Dieter in: Kommentar zum EU-/EG-Vertrag, Band 3, von der Groeben, Hans/ Thiesing, Jochen/ Ehlermann, Claus-Dieter (Hrsg.), Baden-Baden: Nomos, 5. Auflage, 1999, Vorbemerkung zu den Artikeln 130 u bis y, Entwicklungszusammenarbeit, S. 2026, Rz. 36.

437 Vgl. Frisch, Dieter: ebenda, S. 2026, Rz. 36.

438 Vgl. die Resolution Schwedens, verabschiedet auf einer Konferenz am 21. Juni 2001, die im Zusammenhang mit Schwedens Präsidentschaft stattfand, vgl. World Bank Development News vom 22. Juni, S. 3.

439 Vgl. OECD/DAC: Shaping the 21st Century, Mai 1996, S.18, vgl. auch die Ausführungen über die OECD in Teil 2, Kapitel 5.

Treffen auf der Ebene der Minister für Entwicklungszusammenarbeit sowie Leitern von Hilfsorganisationen im Mai 1995 hatten die Mitglieder des DAC der OECD gemeinsame Richtlinien für ihre Entwicklungszusammenarbeit verabschiedet. In Bezug auf Politikkohärenz führten sie aus, dass andere Politiken der OECD-Länder Entwicklungsziele nicht untergraben dürfen.[440] Auf ihrem Ministertreffen 1998 begrüßten die OECD-Minister den Fortschritt bei der Umsetzung der OECD-Partnerschaftsstrategie, führten aber gleichzeitig aus, dass der Erfolg der Strategie auf verstärkter Politikkohärenz basieren wird, insbesondere, um den EL bei einer nachhaltigen Entwicklung zu helfen, die notwendigen finanziellen Ressourcen zu sammeln und diese Länder erfolgreich in die globale Wirtschaft zu integrieren.[441]

Ricupero führt im Vorwort zum LDC-Report 2000 aus, dass ein großes Potential zur Steigerung der positiven Synergien zwischen diesen internationalen Politiken bestehe. Politikdiskussionen würden aber in jedem dieser Bereiche zu oft in verschiedenen Abteilungen stattfinden. Somit würden nicht nur die möglichen Synergien nicht genutzt werden, sondern Unterstützungsmaßnahmen in den verschiedenen Bereichen können sich auch gegenseitig widersprechen. Für Ricupero ist klar, dass die Verschuldung bei öffentlichen Kreditgebern die Effektivität der Entwicklungshilfe unterminiere und wirtschaftliche Reformen besser funktionieren, wenn das internationale Handelsklima für die LDCs vorteilhaft ist. Er ist der Auffassung, dass jegliche negative Synergien zwischen dem derzeitigen Herangehen an das Problem der externen Verschuldung, der Entwicklung des Handels und der Förderung des Zuflusses von privatem Kapital sowie zwischen dem internationalen Handelssystem und der Effektivität der Entwicklungshilfe abgebaut werden sollten. Marktzugang und lukrative Rohstoffpreise bleiben nach wie vor notwendig für die LDCs. Wichtig sei auch, dass die internationale Entwicklungszusammenarbeit, die sich in den letzten drei Jahren in Bereichen wie Entwicklungshilfe und Schuldenpolitik schnell bewegt habe, die Handelsdimension einbeziehe. Durch den internationalen Handel, so Ricupero, würden die LDCs ihren Weg in der Welt gehen.[442]

Auch der frühere WTO-Generalsekretär Ruggiero fordert kohärentes Vorgehen, ohne das Wort ausdrücklich zu erwähnen. Er ist überzeugt davon, dass es notwendig sei, das internationale System an die Realität der Globalisierung in dreierlei Hinsicht anzupassen:

1. „move towards more collective leadership for the international system", die die Realität einer multipolaren Welt widerspiegelt, insbesondere das Entstehen von neuem Einfluss der EL,

---

440 Vgl. OECD/DAC: Shaping the 21st Century, Mai 1996, Anhang: Development Partnerships in the New Global Context, S. 19.

441 Vgl. OECD: Trade, Investment and development: Policy coherence matters, OECD 1999, Vorwort, S. 1.

442 Vgl. UNCTAD/LDC/2000: The Least Developed Countries 2000: Aid, Private Capital Flows and External Debt: The Challenge of Financing Development in the LDCs, Genf 2000, Überblick des Generalsekretärs der UNCTAD, S. XV.

2. den Blick auf die Herausforderungen an die Politik richten, die sich uns als Teile eines größeren, miteinander verbundenen Puzzles stellen und
3. ein Forum für das Management dieser komplexen Belange schaffen, das die neuen globalen Realitäten wirklich repräsentiert und die Führer der Welt zusammen bringen kann, um die größer gewordene Politikagenda anzugehen.[443]

Die Aufgabe liege darin, die „Governance“ der Interdependenz zu verbessern und seine menschliche und seine Entwicklungsdimension zu verstärken. Klar sei, dass sich die WTO nicht von ihrer Berufung für den Handel entfernen könne. Jedoch würde gleichfalls klar, dass die WTO nicht in Isolierung von den Belangen der Welt arbeiten könne, in der sie besteht.[444]

Kohärenz sollte nicht nur bezüglich der Politiken der Staaten angestrebt werden, sondern auch zwischen den Politiken, die die internationalen Organisationen setzen und verfolgen. Auf dem Ministertreffen in Marrakesch, auf dem die Abkommen der Uruguay-Runde formell angenommen wurden, stellte man Forderungen nach größerer Kohärenz zwischen dem IMF, der Weltbank und der WTO auf. Das sog. Kohärenzmandat wurde verankert.[445] Dies war eine klare Anerkennung der Beziehungen zwischen globaler Handels- und Finanzpolitik und der Fähigkeit der EL, zügiges Wirtschaftswachstum auf einer nachhaltigen Basis zu erreichen.[446]

Der oft zitierte Bericht des UN-Generalsekretärs Kofi Annan „We the peoples: the role of the United Nations in the twenty-first century“ führt zum Thema Kohärenz aus, dass der integriertere globale Kontext auch einen neuen Grad an Politikkohärenz erfordere, während wichtige Lücken geschlossen werden müssen. So müsse die internationale Finanzarchitektur gestärkt werden, ebenso wie das multilaterale Handelssystem. Größere Konsistenz müsse zwischen makroökonomischen, Handels, Entwicklungshilfe- und Umweltpolitiken erreicht werden, so dass alle das gemeinsame Ziel der Ausweitung der Gewinne der Globalisierung unterstützen. Konfliktprävention, Schaffung von Frieden nach Konflikten, humanitäre Hilfe und Entwicklungspolitik müssten effektiver integriert werden. Kurz, es sei äußerst schwierig, die Umformung in eine globalere Welt mit unvollständigen und inkompatiblen Politikfragmenten zu steuern.[447]

---

[443] Damals hoffte Ruggiero, dass der geplante Millenniumgipfel, dessen Stattfinden die Generalversammlung der UN beschlossen hatte, die geeignete Gelegenheit sein könnte, sich auf eine globale Architektur zuzubewegen, die den Herausforderungen der Globalisierung gewachsen ist.

[444] Vgl. Ruggiero, Renato: Rede auf dem „32nd annual meeting of the Joint Advisory Group of the ITC“, Genf, 19. April 1999, http://www.intracen.org/itc/itcnews/newsrel/ruggiero.htm.

[445] Vgl. dazu Teil 2, Kapitel 3, Abschnitt 1.1. und 3.3.

[446] Vgl. Krueger, Anne O: The Developing Countries and the Next Round of Multilateral Trade Negotiations, World Bank Workpapers, 2000/2118, S. 13.

[447] Vgl. A/54/2000 vom 27. März 2000: We the peoples: the role of the United Nations in the twenty-first century, Bericht des UN-Generalsekretär, Ziff. 48.

Das Thema Kohärenz ist nicht zuletzt auch Thema internationaler Konferenzen. So beschäftigte sich die Konferenz über Entwicklungsfinanzierung mit dem Thema „enhancing the coherence and consistency of the international monetary, financial and trading systems in support of development".[448] Ein im Rahmen dieser Konferenz durchgeführter „Runder Tisch" auf Ministerebene zum Thema Kohärenz kam zu dem Ergebnis, dass die international vereinbarten Entwicklungsziele[449] einen breiten Rahmen für Kohärenz nicht nur zwischen Politiken und Programmen von Ländern, sondern auch zwischen multilateralen Institutionen bieten. Da ein breiter Konsens für die Notwendigkeit von Kohärenz erreicht wurde, sollte nunmehr die Aufmerksamkeit auf praktische und effektive Maßnahmen zur Förderung von Kohärenz gerichtet werden. Am Ende wird Kohärenz zwischen wirtschaftlichen, sozialen, Umwelt-, Geschlechter- und anderen Dimensionen an ihrer Fähigkeit zu messen sein, die Anzahl der in Armut lebenden Menschen zu reduzieren.[450]

Neben internationaler Politikkohärenz ist ein koordiniertes, d.h. im Ergebnis kohärentes Vorgehen auf Länderebene erforderlich. Das „Programme of Action for the Least Developed Countries" führt unter der Überschrift „A Framework for Action" zu diesem Thema aus, dass es eine Notwendigkeit gebe, eine Kohärenz von Agenden und Handlungen in Bezug auf die nationale Entwicklung in jedem LDC zu schaffen[451]

Politikkohärenz ist nur bis zu einem gewissen Grade möglich. Kohärenzprobleme sind konstitutiv für komplexe Gesellschaften, weil es keine perfekten institutionellen Lösungen für die Bearbeitung komplexer Probleme gibt, an denen eine Vielzahl von Akteuren beteiligt sind. Man muss sie managen und reduzieren, aber man kann sie nicht abschaffen. Zudem existiert immer ein Pluralismus an Leitbildern, die im Spannungsverhältnis zueinander stehen. Diese Aussagen, die Messner in Bezug auf Forderungen nach verbesserter innerstaatlicher Kohärenz ausführt,[452] gelten erst Recht für den internationalen Bereich, da hier die Anzahl der beteiligten Akteure, mithin die verschiedenen Interessen und Leitbilder noch größer und die Probleme eher noch komplexer sind. Zwar sollte man, so Messner, nicht der Illusion perfekter Politikkohärenz anhängen. Ein sachgerechter Grad an Kohärenz sollte jedoch erreicht werden. Der erforderlichen Berücksichtigung der Entwicklungsinteressen entspricht es nicht, wenn die entwickelten Länder jährlich etwa US$ 350 Billionen an landwirtschaftlichen Subventionen ausgeben. Diese Summe entspricht in etwa

---

[448] Vgl. dazu das Abschlussdokument der Konferenz A/CONF.198/3, Ziff. 52ff, im übrigen vgl. die Ausführungen zur Konferenz in Teil 2, Kapitel 1, Abschnitt 1.2.1.

[449] Vgl. dazu Teil 2, Kapitel 1, Abschnitt 1.2.1. und Kapitel 5, Abschnitt 1.2.

[450] Vgl. A/CONF.198/8/Add.7 vom 21. März 2002: International Conference on Financing for Development, Summaries of multi-stakeholder round tables, Ministerial round table B.3, on the theme „Coherence for Development", 20. März 2002, Ziff. 2.

[451] Vgl. A/CONF.191/11 vom 8. Juni 2001: Programme of Action for the Least Developed Countries, angenommen am 20. Mai 2001 in Brüssel, S. 6, Ziff. 17.

[452] Vgl. Messner, Dirk: Zur Neuausrichtung deutscher Außenbeziehungen, in: E+Z 2002, Heft 6, S. 182-184, S. 182.

dem GDP aller Länder Afrikas südlich der Sahara zusammen und beträgt das siebenfache dessen, was die EL jährlich an ausländischer Hilfe erhalten.[453]

2.4. Koordination und Kontrolle

Der Begriff der Koordination ist von dem der Kontrolle zu unterscheiden. Zwar sind beides organisatorische und politische Begriffe, sie unterscheiden sich jedoch darin, dass Koordination gestalterische und planerische Aspekte aufweist und ex ante vorgenommen wird, während Kontrolle auf die Beschaffung von Informationen über die Implementierung von Programmen und für eine bessere Gestaltung in der Zukunft zielt und ex post durchgeführt wird.[454]

Ein Beispiel für ein Kontrollinstrument ist die „Joint Inspection Unit" (JIU). Die JIU wurde bereits 1966 von der 21. GA gegründet. Nach einer vierjährigen Experimentierphase (mit acht Inspektoren nebst dazugehörigem Sekretariat) wurden dann am 17. Dezember 1970 sowie am 24. November 1972 mit den Resolutionen 2735 A (XXV) und 2924 B (XXVII) zwei Verlängerungen beschlossen.[455] Das Inspektorat sollte gegenüber dem Sekretariat eine größere Unabhängigkeit besitzen, als dies beispielsweise bei den externen Prüfern der Fall ist, die wesentlich stärker mit der einen Organisation, die sie kontrollieren, verknüpft sind. Durch die Struktur der JIU als dauerhafte Einrichtung aus Finanz- und Verwaltungsexperten sprach man dem Gremium größere Zuverlässigkeit und Effektivität zu und sah in ihm ein wirkungsvolleres Mittel, das besser als vorhandene Kommissionen das interne Management der Organisationen und die Koordination zwischen den Organisationen beeinflussen könne.[456] Auf der 31. GA 1976 wurde nach Überprüfung der Arbeit der JIU entschieden, die JIU in eine ständige Einrichtung umzuwandeln. Die JIU ist nunmehr ein Subsidiärorgan der GA und der legislativen Organe der Sonderorganisationen, die das neue Statut der JIU anerkannt haben. Während die JIU dem Generalsekretär unterstand, so werden seit Inkrafttreten der neuen Satzung am 1. Januar 1978 die Inspektoren von der GA ernannt (Art. 3 der Satzung). Bei der Ernennung der Inspektoren gibt es neue Auswahlkriterien. Die Anzahl der Inspektoren wurde von 8 auf 11 erhöht und die Ernennung erfolgt nunmehr für fünf (zuvor vier) Jahre, mit der Möglichkeit, die Amtszeit nur noch einmal zu verlängern (Art. 4). Die neue Satzung erweiterte auch den Aufgabenbereich der JIU. Neben der Aufgabe, Erkundigungen und Untersuchungen in Effizienzfragen durchzuführen, gehört nun auch die externe Evaluation von Programmen und Aktivitäten des Systems der UN dazu. Die JIU kann auf eigene Initiative bzw. auf Anfrage der Leiter der betreffenden Organisation Evaluierungen durchführen. In 2001 hatten die UN und ihre Funds

[453] Zahlen nach: World Bank development News vom 17. Mai 2002, S. 1, unter Verweis auf einen Artikel in „Le Monde", S. 22 vom gleichen Tag.

[454] Vgl. Dicke, Klaus: Effizienz und Effektivität internationaler Organisationen: Darstellung und kritische Analyse eines Topos im Reformprozess der Vereinten Nationen, Berlin: Dunker und Humblot, 1994, S. 229.

[455] Vgl. Wündisch, Martin: Die United Nations Joint Inspection Unit als Instrument zur Einführung organisatorischer Rationalität in internationale Organisationen, Frankfurt am Main, Berlin...: Lang, 1999, S. 42f.

[456] Vgl. Wündisch, Martin: ebenda, S. 43, m. w. N.

und Programme sowie 11 Sonderorganisationen[457] und die „International Atomic Energy Agency“ (IAEA) das Statut der JIU unterzeichnet.

Die JIU ist eine Kontrollinstanz und verfügt nicht über direkte Entscheidungsgewalt. Ihr Einfluss auf strategische Entscheidungen im System kann deshalb lediglich mittelbaren Charakter haben. Vereinfacht dargestellt ist die Aufgabe der JIU, die Lernfähigkeit und die Fähigkeit zur Selbstevaluation des Systems der UN zu stärken. Das Wirken der JIU eröffnet Möglichkeiten, aus Fehlern zu lernen und inadäquate Strukturen abzuändern.[458]

Ein anderes Kontrollorgan der UN ist z.B. das Amt für interne Aufsichtsdienste („Office for internal Oversight Services“), das 1994 durch Resolution 48/218 B von der Generalversammlung eingerichtet wurde. Der Untergeneralsekretär, dessen Ernennung durch den Generalsekretär der UN Bestätigung durch die GA bedarf, ist in seiner einmaligen fünfjährigen Amtszeit in der Durchführung seines Aufsichtsprogramms unabhängig.[459]

Daneben gibt es speziell auf die Durchführung der Entwicklungszusammenarbeit bezogene Mechanismen der Erfolgskontrolle. Die Evaluierung von Programmdurchführung bzw. von Projekten ist wichtig, um Verbesserungen vornehmen zu können bzw. die Planung und Durchführung zu optimieren. Auch in diesem Bereich kann die Zusammenarbeit beteiligter internationaler Organisationen eine große Rolle spielen. Das zur Verfügung stellen gewonnener Daten und Informationen kann u.a. die Wiederholung von Fehlern vermeiden helfen. Wie Cassen es in seinem Bericht formulierte, gehört zu den Mängeln der Geber die mangelnde Fähigkeit oder Bereitschaft, aus den eigenen Fehlern zu lernen. Noch weniger aber lernen Institutionen aus den Fehlern der anderen, weil der gegenseitige Austausch von Erfahrungen und Informationen ungenügend funktioniert. Das Resultat sei, dass mit nachweisbarer Häufigkeit die gleichen Fehler immer wieder vorkamen.[460]

3. Prozesse, Akteure und Ebenen der Koordination

Zunächst ist hier zwischen der Koordination der Sonderorganisationen Fonds und Programme der UN durch die UN bzw. im Rahmen der UNO z.B. durch ein Koordinationsgremium wie den ECOSOC oder hierfür eingerichtete Mechanismen wie z.B. die „United Nations Development Group“ (UNDG)[461] einerseits zu unterscheiden. Andererseits gibt es Koordination der Sonderorganisationen untereinan-

---

[457] Dies sind: ILO, FAO, UNESCO, ICAO, WHO, UPU, ITU, WMO, IMO, WIPO und UNIDO, vgl. A/57/34 vom 1. Mai 2002: Report of the Joint Inspection Unit, S. 1. Ziff. 7.

[458] Vgl. Wündisch, Martin: Die United Nations Joint Inspection Unit als Instrument zur Einführung organisatorischer Rationalität in internationale Organisationen, Frankfurt am Main, Berlin...: Lang 1999, S. 69.

[459] Vgl. Hüfner, Klaus: Kontrolle in den UN, externe und interne, in: Lexikon der Vereinten Nationen, Volger, Helmut (Hrsg.) München, Wien: Oldenbourg, 2000, S. 312-317, S. 315.

[460] Vgl. Cassen, Robert und Mitarbeiter: Does Aid work, 1986, S. 412.

[461] Vgl. dazu Teil 2, Kapitel 1, Abschnitt 3.3.

der durch eigene Koordinationsorgane und -mechanismen bzw. gemeinsame Organe der Sonderorganisationen. Diese unterschiedlichen Arten der Koordination beruhen auf unterschiedlichen Rechtsgrundlagen und unterliegen damit unterschiedlichen Kompetenznormen. Letztere beruhen zumeist auf Vereinbarungen zwischen den Organisationen.

Sodann kann Koordination aus verschiedenen Blickwinkeln betrachtet werden. Man kann auf einzelne Tätigkeiten (Politiksetzung, Programmplanung, operative Planung, Durchführung und Evaluierung operationeller Tätigkeiten usw.) abstellen und auf dieser Ebene untersuchen, wie dabei jeweils koordiniert wird (sog. prozessorientierter Ansatz). Möglich ist dagegen auch, Koordination entsprechend der handelnden Akteure, d.h. der Organe bzw. Organisationseinheiten der Organisation, zu betrachten, die eine entsprechende Koordinationsleistung erbringen.

3.1. Koordinationsprozesse

Der prozessorientierte Ansatz erweist sich insgesamt als schwierig. Koordinationsprobleme ergeben sich im gesamten Prozess der Politikgestaltung im UN-System von der Initiative und Planung über die Entscheidung und Finanzierung bis hin zur Durchführung und Kontrolle.[462] Als Beispiele für solche funktionalen Koordinationsleistungen im UN-System nennt Dicke unter anderem:

- die Abstimmung von Initiativen z.B. in der Gruppe der 77[463] oder der 15 EU-Staaten,
- die Planung der Entwicklungstätigkeit der Organisation durch das Instrument der Entwicklungsdekaden (seit 1960),
- die Entscheidungsverfahren der „parlamentarischen Diplomatie“ in den Organen und Ausschüssen des UN-Systems, besonders bei den Finanzierungsverhandlungen unter dem Tagesordnungspunkt „operational activities for development“,
- die Durchführung der technischen Hilfe (UNDP, zusammen mit Organen, Programmen, Sonderorganisationen...) und
- sektorübergreifende Evaluierungen des „Committee for Programme and Cordination“ (CPC).[464]

Dicke geht davon aus, dass ein solcher prozessorientierter Ansatz voraussetzen würde, was erst Ergebnis effektiver Koordinationsmechanismen sein kann: dass es ein einheitlich handelndes UN-System überhaupt gibt. Dagegen scheine schon zu sprechen, dass die UN aus 191 Mitgliedstaaten bestehe (2003) und sich organisatorisch aus der UN und zahlreichen autonomen Organisationen innerhalb der UN sowie 16 sehr auf ihre Autonomie bedachten Sonderorganisationen zusammensetz-

---

[462] Vgl. Dicke, Klaus: Effizienz und Effektivität internationaler Organisationen: Darstellung und kritische Analyse eines Topos im Reformprozess der Vereinten Nationen, Berlin: Dunker und Humblot, 1994, S. 231.
[463] Vgl. zur G77 Teil 2, Kapitel 5, Abschnitt 2.4.
[464] Vgl. Dicke, Klaus: ebenda, S. 231.

te. Das „System“ entbehre sowohl eines für alle Untergliederungen verbindliche Entscheidungen treffenden Organs als auch einer hierarchischen administrativen Organisationsstruktur. Statt diesem Ansatz wählt er daher die Unterscheidung der Koordinationsebenen nach handelnden Akteuren.[465]

Zunächst sollen kurz einige Beispiele der prozessorientierten Koordination umrissen werden, um sie besser einordnen zu können, da sie für das Verständnis von Bedeutung sind.

Ein Beispiel für prozessorientierte Koordinierung ist die Koordination auf der Politikebene bzw. bei der Politikabstimmung. Auf die internationale wirtschaftspolitische Koordinierung wurde bereits oben zum Begriff der Koordination eingegangen. Sie fand und findet weltweit und regional begrenzt auf verschiedenen Gebieten und in einer Vielzahl von Organisationen und Gremien statt. Beispielhaft sei hier auf die Koordinierung im Rahmen der WTO, auf das frühere Währungssystem von Bretton Woods, den IMF, die Weltbank, die Weltwirtschaftsgipfel und die Koordinierung in regionalen Wirtschaftsblöcken wie der Europäischen Union verwiesen. In letzterer ist eine derartige Koordination der Wirtschaftpolitiken zwischen den an der Währungsunion beteiligten Ländern in der Eurozone sogar zwingend vorgeschrieben.

Damit im Zusammenhang steht die Koordinierung im Rahmen des „policy making“. So müssen z.B. Tagesordnungen internationaler Konferenzen festgelegt werden. Hierbei ist, um Überschneidungen mit anderen Organisationen zu vermeiden, eine gewisse Abstimmung innerhalb der Organisation aber auch mit anderen Organisationen erforderlich. Als ein Beispiel soll hier auf Abstimmungserfordernisse im Rahmen der Vorbereitung internationaler Konferenzen verwiesen werden. Bei Planung und Vorbereitung einer Konferenz, wie sie seit Beginn der 1990er Jahre regelmäßig im Rahmen der UN erfolgen, müssen eine Agenda aufgestellt und Konferenzbeiträge erarbeitet werden. Hieran werden die Sonderorganisationen beteiligt, die Beiträge liefern und an vorbereitenden Sitzungen teilnehmen. Auch die Entwürfe von Erklärungen und Aktionsprogrammen werden bereits im Vorfeld erörtert und ausgehandelt. Ebenso wurde in Vorbereitung der Konferenz zur Entwicklungsfinanzierung, die im März 2002 in Monterrey stattfand, verfahren. Dort wurden Finanzierungsmöglichkeiten erörtert und Lösungen für das dringende Problem der Entwicklungsfinanzierung erarbeitet.[466] Durch verschiedene GA-Resolutionen war der Vorbereitungsprozess, der sog. „Financing for Development“-Prozess (FfD) eingeleitet worden. Erst im Juni 2000 hatte eine Sondergeneralversammlung stattgefunden („World Summit for Social Development“),[467] die ebenfalls durch Vorbereitungssitzungen sowie Sitzungen mit anderen „Stakeholders“

[465] Vgl. Dicke, Klaus: Effizienz und Effektivität internationaler Organisationen: Darstellung und kritische Analyse eines Topos im Reformprozess der Vereinten Nationen, Berlin: Dunker und Humblot, 1994, S. 231.
[466] Vgl. dazu Teil 2, Kapitel 1, Abschnitt 1.2.1.
[467] Folgeprozess zum Weltgipfel für Soziale Entwicklung, (Kopenhagen + 5).

vorbereitet wurde. Auf einer Veranstaltung, organisiert u.a von der „Quaker United Nations Office“ Mitte April 2000 unter dem Titel „Panel and Discussion on FfD and the Summit for Social Development – Building the Linkages“ wurde ausgeführt, dass man auf beide Prozesse schauen müsse. Doppelte Anstrengungen und Überlappungen neuer Initiativen gelte es zu vermeiden. Der „social development process“ befasse sich mit einer Reihe von Themen, die auch eine finanzielle Dimension hätten. Es gäbe sehr spezifische Zusammenhänge. So sollte man „add value to what is already agreed upon“. Alles, was auf der Sondergeneralversammlung im Juni 2000 in Genf auf der sozialen Agenda vereinbart würde, sollte sich in den FfD-Prozess einfügen, denn schließlich würde sich die UN, d.h. die selbe Organisation, mit diesen Themen befassen.

Prozessorientierte Koordinationsleistungen sind in Bezug auf die operativen Entwicklungstätigkeiten bzw. die technische Zusammenarbeit bei der Programm- und Projektabstimmung notwendig. Dies ist einerseits auf der Ebene des Entwicklungslandes, das Partner der Entwicklungszusammenarbeit ist, erforderlich. So sollte das zuständige Ministerium des Landes aber auch die beteiligten Entwicklungsorganisationen wissen, welche Organisation was im Land tut, um u.a. Überlappungen und Doppelarbeit zu vermeiden. Aber auch auf Seiten der Geber ist Koordination notwendig, um knappe Ressourcen möglichst effektiv einzusetzen. Die Koordination der operativen Aktivitäten auf der Ebene des Entwicklungslandes erfordert eine Vielzahl von Koordinationsleistungen, an der mehrere Akteure beteiligt sind. Die Aktivitäten der technischen Zusammenarbeit zu Gunsten der LDCs durch das UN-System umfassen nahezu alle wirtschaftlichen und sozialen Bereiche und finden auf jeder Ebene der Zusammenarbeit in allen LDCs statt (von der Kapitalbeschaffung über die Programmgestaltung und Durchführung von Programmen und Projekten bis hin zur Evaluierung). Zudem sind alle Organisationen, Fonds und Programme des UN-Systems involviert., Damit ist klar, dass derartig breite Aktivitäten eine große Anzahl von Koordinationsproblemen sowohl in der Zentrale als auch vor Ort im Entwicklungsland verursachen.[468]

Nicht zuletzt ist die Koordinierung im Rahmen der Evaluierung von multilateraler Entwicklungszusammenarbeit erforderlich. Die Verwendung eines einheitlichen Mechanismus für die Durchführung des sog. „impact assessments“, verbunden mit Informationsaustausch, würde Gewähr dafür bieten, dass die Ergebnisse vergleichbar sind und aus Fehlern aber auch von anderen gelernt werden könnte.

Auf Grund der Schwierigkeit des prozessorientierten Ansatzes und der angesichts des Umfangs der Arbeit erforderlichen Übersichtlichkeit erfolgt in Teil 2 eine Darstellung an Hand der handelnden Akteure. Die internationalen Organisationen und sonstigen Gruppen und deren Koordinationsmechanismen werden dargestellt, um einen Gesamtüberblick zu schaffen und die institutionellen Strukturen aufzuzeigen. Darauf aufbauend wird in Teil 3 der prozessorientierte Ansatz verfolgt. Getrennt

---

[468] Vgl. JIU/REP/87/5: Technical co-operation between organizations of the UN system and the least developed countries, enthalten in Dokument A/43/228 vom 21. März 1988, S. 3.

nach Politikkoordinierung und Koordination auf der operativen Ebene werden bestehende institutionelle Voraussetzungen und vorhandene Mechanismen untersucht und Möglichkeiten zur Verbesserung der Koordination analysiert.

Im Folgenden sind zur Klarstellung in Bezug auf die handelnden Akteure die verschiedenen Ebenen, auf denen Koordination zu erfolgen hat, kurz darzustellen.

3.2. Ebenen der Koordination internationaler Organisationen

Die Wirkungsweise internationaler Organisationen, hängt im wesentlichen von 3 Strukturen ab. Zu nennen ist (a) die *nationale* Politikstruktur, bestehend aus Regierung, Gesetzgebung und Verwaltung. Nach ihr richtet sich die Gründung internationaler Organisationen, bzw. die Änderung der bestehenden sowie das Ratifizieren und Kodifizieren der von den internationalen Organisationen getroffenen Empfehlungen bzw. Entscheidungen. Die Pflicht zur Umsetzung von Entscheidungen der Organisation in nationale Politik durch die Mitgliedsstaaten (sog. Transformation) ergibt sich aus der jeweils geschlossenen internationalen Vereinbarung sowie in Deutschland dem Grundgesetz. Dieses legt dar, welche Körperschaft (Bund oder Land) zur Umsetzung zuständig ist. Darauf soll hier nicht weiter eingegangen werden. Die Ebene nationalstaatlicher Koordination der UN-Politik, umfasst die Koordination der UN-Politik auf der Ebene des einzelnen Mitgliedsstaates. Damit gemeint ist die Koordination innerhalb und zwischen den verschiedenen Ministerien eines Landes.

Als (b), die sog. „*intergovernmental* machinery“, werden die Regierungsorgane der multilateralen Organisationen, ihre Ausschüsse und Unterausschüsse sowie die großen globalen internationalen Konferenzen über eine Reihe wichtiger globaler Fragen bezeichnet. Diese stellen häufig den Ausgangspunkt für organisatorische Veränderungen und Katalysatoren für neue Kooperationsregime dar. Auf dieser Ebene treffen Vertreter der Mitgliedstaaten wie Regierungsdelegationen, Politiker, Diplomaten und Regierungsexperten auf internationalem Parkett zusammen. Die „intergovernmental machinery“ umfasst einen wesentlichen Teil der Koordination zwischen der UN, ihren Organisationseinheiten und den Sonderorganisationen, der auf dieser Ebene stattfindet. Hier handelnde Organe sind z.B. die Generalversammlung, der Wirtschafts- und Sozialrat sowie viele weitere Ausschüsse und Unterausschüsse, die z.T. ausschließlich zu Koordinierungszwecken eingesetzt wurden. In diese zwischenstaatlichen Organe werden Vertreter der Mitgliedstaaten entsandt. Unterstützt werden diese Organe durch Sekretariatseinheiten (c), in denen Bedienstete der Organisation selbst tätig sind.

Die Ebene (c) ist das *Sekretariat* einer jeden internationalen Organisation, d.h. das internationale Beamtentum („international civil service“), das einen unterschiedlichen Grad an Handlungsfreiheit und Autonomie innehat.[469] Eine Koordination auf

[469] Einteilung nach: Simai, Mihály: The Five Decades of the United Nations: Accomplishments and Limitations, in: Agenda for Change: New Tasks for the United Nations, Hüfner, Klaus (Hrsg.), Opladen: Leske und Budrich, 1995, S. 17-38, S. 21.

dieser Ebene umfasst die Abstimmung zwischen verschiedenen Abteilungen innerhalb des Sekretariats der UN, d.h. auch zwischen UN- und UNCTAD-Sekretariat, das ein Teil des UN Sekretariats darstellt, aber auch die Zusammenarbeit (z.B. Informationsaustausch) zwischen den Sekretariaten verschiedener Organisationen.

Als Exkurs soll hier die Koordination zwischen den Mitgliedstaaten kurz erwähnt werden. Mitgliedstaaten koordinieren sich untereinander und finden sich in verschiedenen Gruppen zusammen, die im Rahmen von Verhandlungen zu bestimmten Themen gemeinsame Interessen eher durchzusetzen in der Lage sind, als einzelne Staaten. So finden sich z.B. in der Gruppe der 77 (G77) die EL zusammen, die obwohl an sich keine homogene Gruppe, jedoch gemeinsam bestehende Interessen vor allem im Rahmen der UNCTAD bündeln und so einige Erfolge den Industrieländern abringen konnten.[470] Eine weitere wichtige Gruppe bilden auch die EU-Mitgliedstaaten, die sich im Vorfeld von Sitzungen u.a. des ECOSOC und der GA unter Leitung der jeweiligen Präsidentschaft regelmäßig koordinieren, um Interessen zu bündeln und sodann mit „einer Stimme“ zu sprechen.[471]

Koordination ist nach allem ein sehr komplexer Prozess, der auf allen Ebenen internationaler Tätigkeit und zwischen vielen Akteuren notwendig ist, um die gesetzten Ziele zu erreichen bzw. das Vorgehen zu optimieren.

---

[470] Vgl. dazu Teil 2, Kapitel 5, Abschnitt 2.4.
[471] Vgl. dazu Teil 2, Kapitel 4.

Zusammenfassung

Die Darstellung der entwicklungspolitischen Grundlagen hat ergeben, dass es keinen einheitlichen Entwicklungsbegriff gibt, Entwicklung vielmehr im jeweiligen gesellschaftlichen Kontext definiert wird. Der Entwicklungsbegriff ist eng mit dem nunmehr allgemein anerkannten Entwicklungsziel der Armutsreduzierung verknüpft. Die dargestellten Entwicklungstheorien, die jeweils verschiedene Strategieansätzen nahe legen, spiegeln einmal mehr die Komplexität von Entwicklung wider. Keine kann Entwicklung umfassend erklären. Dennoch gaben und geben sie Handlungsanleitungen und haben die entwicklungspolitische Diskussion der vergangenen Jahrzehnte mit beeinflusst. Der Begriff der nachhaltigen Entwicklung, der sich im Rahmen sog. Ökostrategien herausgebildet hat, wird die Zukunft bestimmen. Eine Alternative zur umweltgerechten nachhaltigen Entwicklung gibt es im Interesse nachfolgender Generationen nicht.

Es wurde in Teil 1 herausgearbeitet, dass Entwicklungspolitik mehr umfasst, als nur einzelne Projekte auf Länderebene durchzuführen oder Kredite an LDCs zur Verfügung zu stellen. Nachhaltige Entwicklung setzt ein umfassendes Herangehen voraus. Die vorliegende Arbeit definiert Entwicklungspolitik als mehrdimensionale Aufgabe, die sich auf alle Politikbereiche erstrecken und wirtschafts-, sicherheits- sowie sozialpolitische und gesellschaftliche Aspekte berücksichtigen muss. Der Handelsbereich ist damit nur ein Teilbereich, der hier auf Grund seiner Bedeutung für die wirtschaftliche Entwicklung und die Generierung von Ressourcen ausgewählt wurde. Als Gründe für Entwicklungspolitik spielen neben altruistischen Motiven, insbesondere bei humanitärer Hilfe, überwiegend eigennutzorientierte Interessen der entwickelten Staaten eine Rolle.

Die Arbeit legte die Probleme der LDCs dar, die im wirtschaftlichen und sozialen Bereich, aber auch in finanzieller Hinsicht bestehen. Neben externen Gründen bestehen auch eine Reihe interner Gründe dafür, dass die LDCs einen derart geringen Anteil am Welthandel haben. Der Darstellung des Handelsbereichs und möglicher Lösungsstrategien wurde breiter Raum eingeräumt. Gefordert wird im allgemeinen eine stärkere Integration in die Weltwirtschaft. Insofern wurde festgestellt, dass neben der Anhebung des Anteils der LDCs am gesamten Welthandel (im Gegensatz zur Marginalisierung) auch eine zunehmende institutionelle Integration der LDCs in das multilaterale Handelssystem, verkörpert in den Regeln und Prozeduren der WTO erforderlich ist. Eine Integration im Sinne einer Handelsorientierung der LDCs, gemessen an der Rate der Gesamtim- und -exporte im Verhältnis zum GDP, ist aber gegeben.

Die Frage der Ausgestaltung der Integration im Sinne der Anhebung des Anteils der LDCs am Welthandel ist nicht einfach zu beantworten. Hierunter fällt auch die Frage nach der „entwicklungsförderlichen" Liberalisierung. Unterschiedliche Auffassungen hierüber spiegeln sich auch im Rahmen der in Teil 2 dargestellten Organisationen wider. Es wurde herausgearbeitet, dass auf Grund der unterschiedlichen

Bedingungen und Voraussetzungen der verschiedenen LDCs eine Strategie im Handelsbereich auf das einzelne Land abgestimmt sein muss. Es kann keine allgemeingültige Strategie für alle LDCs geben. Ob z.B. eine agrarbasierte Strategie erfolgreich sein kann, hängt u.a. von den Ressourcen und den klimatischen Bedingungen ab. Wichtigster Schritt, um die in allen LDCs vorherrschende Abhängigkeit von nur einem oder wenigen Produkten und damit eine weitere Verschlechterung der „Terms of Trade" zu verhindern, ist die Exportdiversifizierung. Auch die Wiedererlangung des Weltmarktanteils bei Rohstoffen ist erforderlich, um Einkommen für die weitere wirtschaftliche Entwicklung zu erzielen. Zur Verbesserung der „Terms of Trade" kann Importsubstitution in Bezug auf einzelne Produkte erforderlich sein. Dies steht jedoch zum Grundsatz der Exportdiversifizierung nicht im Widerspruch. Festgestellt wurde, dass auch der Umfang und das Tempo der Handelsliberalisierung an Hand der institutionellen und anderen Bedingungen des einzelnen LDCs bestimmt werden muss. In einem weiteren Abschnitt wurde herausgearbeitet, dass Handel ein wesentliches Element einer Entwicklungsstrategie sein sollte, jedoch andere, ergänzende Maßnahmen erforderlich sind, um die Entwicklung eines Landes voranzubringen und die Armut dort zu reduzieren

Die Notwendigkeit von Kooperation und Koordination auf internationaler Ebene sind ausführlich diskutiert worden. Die Zusammenarbeit ist erforderlich, da viele Probleme globaler Art sind und nicht durch einzelne Staaten oder Staatengruppen gelöst werden können. Das Erfordernis der Koordination hat sich durch die Globalisierung noch verstärkt. Auch die Anfänge der internationalen Zusammenarbeit im Zuge der industriewirtschaftlichen Expansion wurden dargestellt. Die Darstellung unterscheidet zwischen der internationalen Politikkoordinierung und der Koordination zwischen internationalen Organisationen. Neben den Staaten sind die von ihnen gegründeten internationalen Organisationen Träger der internationalen Zusammenarbeit. Staaten arbeiten also auch im Rahmen internationaler Organisationen zusammen. Im Rahmen der internationalen Politikkoordination sind die Staaten die eigentlichen Akteure geblieben, die sich der internationalen Organisationen bedienen und deren Foren nutzen. Der von der Politikwissenschaft gebrauchte Akteursbegriff hat aber dennoch Bedeutung, denn internationale Organisationen stellen mehr dar, als eine Kollektivbezeichnung für ihre Mitgliedsstaaten. Neben weiteren Organen und bestimmten formalisierten Regeln des Handelns führen sie selbst daneben auch die operativen Tätigkeiten durch.

Obwohl die Notwendigkeit zur Koordination im Bereich des „economic policy making" auf der globalen Ebene bejaht wird, und auch das Kohärenzerfordernis grundsätzlich anerkannt ist, läuft die Umsetzung nicht problemlos. Dieser Frage wird daher in Teil 3 der Arbeit ausführlich nachgegangen.

Es wurde diskutiert, inwieweit die Staaten auf Grund der UN-Charta und von Resolutionen der GA zur Zusammenarbeit verpflichtet sind. Aus den aufgeführten, nicht bindenden Resolutionen können jedoch keine über die allgemeine Verpflichtung zur Zusammenarbeit auf Grund der Charta bestehenden Pflichten abgeleitet werden. In Bezug auf die internationalen Organisationen wurde festgestellt, dass eine

Verpflichtung zur Zusammenarbeit nicht schon auf Grund der UN-Satzung, abgeleitet von der allgemeinen Verpflichtung der Staaten zur Zusammenarbeit, besteht. Ob und inwieweit eine Verpflichtung zur Zusammenarbeit einer internationalen Organisation mit anderen internationalen Organisationen besteht, richtet sich allein nach einem zwischen diesen Organisationen bestehenden Beziehungsabkommen. In Teil 2 werden daher bestehende Beziehungsabkommen und sonstige Rechtsgrundlagen zur Zusammenarbeit zwischen den Organisationen dargestellt.

Herausgearbeitet wurde weiter, dass die internationale Politikkoordinierung nicht nur in internationalen Organisationen erfolgt, sondern auch in anderen Gruppen wie der G7/G8. Diese werden daher in Teil 2 ebenfalls dargestellt.

Festgestellt wurde zudem, dass eine Koordination internationaler Organisationen auch auf der operativen Ebene erforderlich ist. Dazu verwendeten Mechanismen und Strukturen werden in Teil 2 im Rahmen der jeweiligen Organisationen beschrieben und einige davon in Teil 3 näher analysiert.

Der Begriff der Kohärenz, der insbesondere im Zusammenhang von Politikkoordination auf Länder- wie auf internationaler Ebene in politischen Erklärungen und Reden sehr häufig verwendet wird, wurde erläutert. Ziel von Koordination ist es, kohärente Politiken bzw. ein kohärentes Vorgehen zu erreichen. Dabei wird zwischen internationaler Politikkoordinierung bzw. der Abstimmung der Politiken internationaler Organisationen auf der einen und der Koordination der operativen Tätigkeiten auf der anderen Seite differenziert. Diese begriffliche Trennung wird in der Gliederung des Teils 3 in zwei Kapitel wieder aufgegriffen werden.

Nicht zuletzt wurde der Begriff der Kontrolle behandelt. Durch „ex post"-Untersuchungen können Fehler und Schwächen im System aufgezeigt und für die Zukunft deren Beseitigung angestrebt werden. Dies ist Aufgabe der „Joint Inspection Unit" der UN.

Im zweiten Teil der Arbeit sollen zunächst die im Bereich von Handel und Entwicklung wesentlichen Organisationen dargestellt werden. Die Darstellung ist damit akteursorientiert. Sie schließt den Aufbau, die Aufgaben und Tätigkeiten ein, soweit diese im hier besprochenen Zusammenhang relevant sind. Es werden die Rechtsgrundlagen für das Tätigwerden im Entwicklungsbereich sowie für die Kooperation und Koordination mit anderen internationalen Organisationen dargestellt. Zudem werden Beispiele für die Zusammenarbeit in der Praxis aufgeführt. Dieser darstellende Teil dient einerseits als Grundlage für die analytische prozessorientierte Herangehensweise in Teil 3. Andererseits kann die umfangreiche Darstellung weitergehenden Untersuchungen über die Zusammenarbeit der dargestellten Organisationen als Basis dienen.

Teil 2: Darstellung internationaler Organisationen, deren Rechtsgrundlagen und Tätigkeiten insbesondere mit Blick auf den Handel und die LDCs

Aufgrund der Vielzahl von Problemen in diesem Bereich und des Zusammenspiels von makroökonomischen, politischen, sozialen und sonstigen Faktoren sowie der Fülle von Einflüssen hierauf, ist klar, dass sich die vorliegende Arbeit nur mit einem Ausschnitt befassen kann, um daran rechtliche Probleme und Lösungsansätze darzustellen. Im Folgenden soll ein Überblick über die wesentlichen internationalen Organisationen im Bereich von Handel und Entwicklung erfolgen, wobei die Darstellung der Organisationen auf ihre Tätigkeiten zu Gunsten der LDCs im Handelsbereich fokussiert wird. Die Auswahl der Organisationen erfolgte zum einen an der Bedeutung der Organisation für den Handelsbereich. Zum anderen sollen alle am „Integrated Framework" beteiligten Organisationen dargestellt werden, das im dritten Teil dargestellt und bewertet wird.[1]

Die Darstellung der EU als einer regionalen internationalen Organisation erfolgt auf Grund ihrer großen Bedeutung für den Handel sowie als einer der größten multilateralen Geber von Entwicklungshilfe. Nach ihrer Erweiterung wird die EU weltweit den größten integrierten Markt darstellen, ihr Anteil am Weltmarkt wird dann bei 20 % liegen. Bereits heute steuert die EU etwa die Hälfte der international bereitgestellten Mittel für Entwicklungszusammenarbeit bei.[2] Im Kapitel 5 wird die OECD auf Grund ihrer Bedeutung im Politikbereich dargestellt. Zudem hat sie eine Bedeutung bei der Koordinierung der Politiken der größten Entwicklungshilfegeber. Die ebenfalls in Kapitel 5 dargelegten Gruppen, unter ihnen die G7/G8, haben eine Bedeutung für die internationale Politikkoordinierung außerhalb der dargestellten bestehenden internationalen Organisationen. Will man die Ergebnisse internationaler Politikkoordinierung bewerten, so kann dies nicht ohne die G7/G8 erfolgen. Die Darlegung bildet die Grundlage für die Analyse und Diskussion in Teil 3.

Insgesamt wird in diesem Teil ein akteursorientierter Ansatz der Darstellung verfolgt, im Unterschied zum prozessorientierten Ansatz, der dem Teil 3 der Arbeit zu Grunde liegt.[3] Neben der Entstehungsgeschichte, dem Aufbau, den Aufgaben und den Rechtsgrundlagen für das Tätigwerden im Entwicklungsbereich, werden auch die Rechtsgrundlagen für die Kooperation und Koordination mit anderen internationalen Organisationen dargelegt. Zudem werden Kooperationsmechanismen und Beispiele der Zusammenarbeit aufgeführt. Die Darstellung jeder Organisation schließt mit einer kurzen Würdigung und einem Ausblick ab.

---

[1] Vgl. Teil 3, Kapitel 2, Abschnitt 1.2.1.

[2] Vgl. Krüger, Klaus/ Schmalisch, Grit: EU-Erweiterung – eine Chance für die europäische Entwicklungspolitik, in E+Z, 2003, Heft 6, S. 261.

[3] Vgl. dazu Teil 1, Kapitel 3, Abschnitt 3.1.

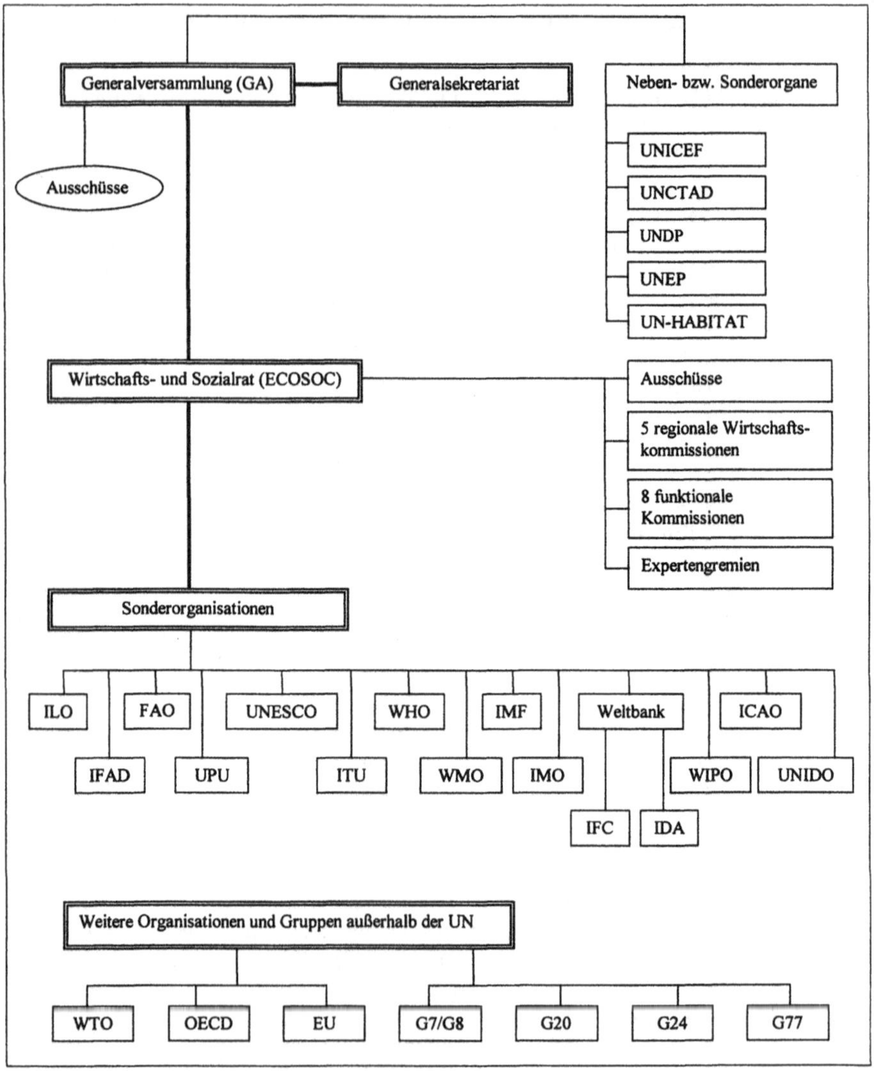

Grafik: Das UN-System im Wirtschafts- und Sozialbereich und andere Organisationen und Gruppen[4]

[4] Grafik in Anlehnung an: Unser, Günter: Aufgaben und Strukturen der Vereinten Nationen, München, Beck, 6. Auflage, 1997, S. 397.

Kapitel 1. Die Weltorganisation der Vereinten Nationen

1. Die „United Nations" und das UN-System

1.1. Aufbau der „United Nations"

Zunächst sind die Vereinten Nationen („United Nations", UN) vom Begriff des UN-Systems zu unterscheiden.[5] Neben den UN, bestehend aus ihren Organen, Unterorganen, den Programmen und sonstigen Einheiten, gehören zum UN-System die verschiedenen Sonderorganisationen einschließlich der Bretton-Woods-Institutionen.[6]

Die UN hat sich als die einzige umfassende Weltorganisation entwickelt. Um die UN herum ist ein System von verschiedenen funktionalen Kooperationsregimen errichtet worden.[7] Die Gründung der UN 1945 erfolgte durch 51 Staaten. 1960 gehörten der UN 100 Staaten an und 1990 waren es bereits 160 Staaten. Mit der Aufnahme der Pazifikstaaten Kiribati, Nauru und Tonga 1999, von Tuvalu 2000 sowie mit dem Beitritt Ost-Timors und der Schweiz haben die UN nunmehr 191 Mitgliedstaaten von weltweit 193 in 2003 bestehenden Staaten.[8]

Die Struktur der UN selbst zeichnet sich durch eine Vielzahl von Haupt- und Nebenorganen aus. Neben der Generalversammlung („General Assembly", GA) mit ihren Ausschüssen sind z.B. der Wirtschafts- und Sozialrat („Economic and Social Council", ECOSOC) mit seinen Unterkommissionen sowie die Handels- und Entwicklungskonferenz der Vereinten Nationen („United Nations Conference on Trade and Development", UNCTAD) ebenfalls politiksetzende, (sog. „policy-making") Organe.

1.1.1. Die Generalversammlung der UN

In der Generalversammlung hat jeder Mitgliedstaat hat eine Stimme. Entscheidungen werden mit einfacher Mehrheit getroffen, bei wichtigen Fragen muss eine 2/3-Mehrheit zustande kommen, wobei in der Regel auf eine Abstimmung verzichtet wird und meist eine Annahme im Konsens erfolgt. Allerdings erreichen die EL auf Grund ihrer Anzahl auch die 2/3-Mehrheit. Diese kann also letztlich von Staaten erreicht werden, die zusammen nicht mehr als 2 % der Ausgaben der UN tragen.[9]

---

[5] Vgl. dazu Abschnitt 4 in diesem Kapitel.
[6] Vgl. dazu Kapitel 2.
[7] Vgl. Simai, Mihály: The Five Decades of the United Nations: Accomplishments and Limitations, in: Agenda for Change: New Tasks for the United Nations, Hüfner, Klaus (Hrsg.), Opladen: Leske und Budrich, 1995, S. 17-38, S. 21.
[8] Vgl. Hummer, Waldemar: Entwicklungsvölkerrecht, in: Lexikon Dritte Welt, Nohlen, Dieter (Hrsg.), Reinbeck bei Hamburg: Rowohlt, 2002, S. 261-264, S. 261.
[9] Vgl. Klein, Eckart: Die Internationalen und Supranationalen Organisationen, in: Völkerrecht, Graf Vitzthum, Wolfgang (Hrsg.), Berlin, New York: de Gruyter, 2. Auflage, 2001, S. 267-377, S. 323, Rz. 134.

Als ein beratendes Organ kann die GA jedoch keine bindenden Entscheidungen treffen, mit der Ausnahme von internen Organisationsangelegenheiten.[10]

Unter anderem auf Grund der großen Anzahl von Themen auf der Tagesordnung der GA[11] leitet diese die meisten Fragen zur Behandlung an einen ihrer Ausschüsse weiter.[12] Anschließend werden deren Ergebnisse in der GA diskutiert. Viele Resolutionen beruhen auf den Empfehlungen, die die Ausschüsse abgegeben haben. Der zweite Ausschuss ist das zentrale Beratungsforum der UN internationale Wirtschaftsfragen betreffend. Es ist der Ausschuss, der globale Wirtschaftsinitiativen aufgreift oder die durch andere Gremien eingereichten Initiativen, wie z.B. die Strategien der UN-Entwicklungsdekaden oder die Promulgation einer Charta über wirtschaftliche Rechte und Pflichten von Staaten, annimmt. Auf der Millenniumsgeneralversammlung im September 2000 wurde die zentrale Position der GA erneut bestätigt.[13]

1.1.2. Der Wirtschafts- und Sozialrat der UN

Der ECOSOC wurde durch die Charta als ein Hauptorgan errichtet. Nach Art. 60 UN-Charta hat der ECOSOC unter der Autorität der GA die Hauptverantwortung für die Erfüllung der wirtschaftlichen und sozialen Funktionen der UN. Seit 1973 hat der ECOSOC 54 Mitglieder, die jeweils für drei Jahre von der GA gewählt werden. Die Abstimmung im Rat setzt die einfache Mehrheit voraus, wobei jedes Mitglied eine Stimme hat. Ein JIU-Bericht umschreibt den ECOSOC als das höchste UN-Organ, das unter Verantwortung der GA für die Formulierung kohärenter Politiken für das UN-System als ganzes verantwortlich ist, sowie für die Koordinierung der Programme der Organisationen innerhalb des UN-Systems und die Programmierung und Planung der Aktivitäten der UN.[14] Das Aufgabenfeld des ECOSOC ist damit sehr weit gesteckt. Neben seiner Aufgabe, als zentrales Forum für Diskussionen wirtschaftlicher und sozialer Fragen globaler oder interdisziplinärer Natur zu dienen, und der Formulierung von Politikempfehlungen an die Mitgliedstaaten und das UN-System, kann er im Rahmen seiner Kompetenzen internationale Konferenzen einberufen und Entwürfe von Konventionen an die GA weiterleiten. Er ist zuständig für den Abschluss von Beziehungsabkommen mit den

---

[10] Zur Bindungswirkung von Resolutionen vgl. bereits Teil 1, Kapitel 3, Abschnitt 1.3.

[11] Z.B. 166 separate Tagesordnungspunkte auf der 51. GA (1996/1997) bzw. 170 auf der 53. GA (1998/1999).

[12] Erster Ausschuss: Disarmament and International Security, zweiter Ausschuss: Economic and Financial, dritter Ausschuss: Social, Humanitarian and Cultural, vierter Ausschuss: Special Political and Decolonization, fünfter Ausschuss: Administrative and Budgetary, sechster Ausschuss: Legal.

[13] Dort heißt es: „We resolve therefore ... to reaffirm the central position of the General Assembly as the chief deliberative, policy-making and representative organ of the United Nations, and to enable it to play that role effectively", vgl. GA-Resolution 55/2 vom 8. September 2000: United Nations Millennium Declaration, Ziff. 30.

[14] Vgl. JIU/REP/89/7: Concluding Report on the implementation of General Assembly resolution 32/197 concerning the restructuring of the economic and social sectors of the United Nations system, enthalten in Dokument A/44/486 vom 25. August 1989, S. 3.

Sonderorganisationen und für die Koordination dieser Sonderorganisationen durch Konsultationen und Empfehlungen an diese, die GA und die Mitgliedstaaten. Zudem erbringt er, genehmigt durch die GA, Dienste an die Mitgliedstaaten, und auf Anforderung auch für die Sonderorganisationen.[15] Zudem kann er Auskünfte über wirtschaftliche Entwicklungen an den Sicherheitsrat erteilen und auf dessen Anfrage Gutachten erstellen (Art. 65 UN Charta) und damit Verbindungen zwischen den wirtschafts- und sicherheitspolitischen Aufgaben der UN herstellen.

Zur Erfüllung seiner Aufgaben sollte der ECOSOC die erforderlichen speziellen Komissionen einrichten (Art. 68 UN-Charta), wovon insbesondere im Nachgang zur Konferenzen rege Gebrauch gemacht wurde. Neben den Sitzungen des ECOSOC wird die tägliche Arbeit des ECOSOC in den dazu geschaffenen Nebenorganen („subsidiary bodies“) ausgeführt. Dies sind zum einen die funktionalen Kommissionen[16] sowie einige ständige Ausschüsse und Expertengremien („expert governmental bodies“).[17] Daneben sind bereits sehr früh die regionalen Kommissionen eingerichtet worden. Während der Anfangsjahre der UN, als die ersten Beziehungsabkommen[18] verhandelt wurden, waren die meisten Tätigkeiten der UN sowie der Sonderorganisationen zumeist zentral vom jeweiligen Hauptsitz ausgeführt worden. Aber schon kurz danach begann man die Bedeutung der regionalen Zusammenarbeit im Bereich der wirtschaftlichen und sozialen Entwicklung zu erkennen und hat konsequenterweise ein Netzwerk aus regionalen Kommissionen gebildet, welches nunmehr aus fünf regionalen Kommissionen besteht.[19]

---

[15] Vgl. GA-Resolution 32/197 vom 20. Dezember 1977: Restructuring of the economic and social sectors of the United Nations system, Ziff. 5 bis 6.

[16] Commission on Population and Development, Commission on Human Rights mit der Subcommission on Prevention of Discrimination and Protection of Minorities, Commission on the Status of Women, Commission on Narcotic Drugs, Commission on Crime Prevention and Criminal Justice, Commission on Science and Technology for Development, Commission on Sustainable Development, Commission on Social Development. Die vormals bestehende Commission on Human Settlements sowie dessen Sekretariat, das United Nations Centre, wurden auf Grund von GA-Resolution 56/206 vom 21. Dezember 2001 in das United Nations Human Settlements Programme (UN-Habitat) umgeformt.

[17] Committee for Programme and Coordination (CPC), Committee on Non-Governmental Organizations, Committee on Negotiations with Intergovernmental Agencies, Committee on Energy and National Resources, Committee for Development Policy.

[18] Vgl. dazu Abschnitt 3.3.

[19] Economic Commission for Africa (ECA), Addis Ababa, Äthiopien, gegründet durch ECOSOC-Resolution 671 A (XXV) vom 29. April 1958; Economic and Social Comission for Asia and the Pacific (ESCAP), Bankok, Thailand, die Kommission war ursprünglich als Economic Commission for Asia and the Far East (ECAFE) durch ECOSOC-Resolution 37 (IV) vom 28 März 1947 gegründet, jedoch später umbenannt worden; Economic Commission for Europe (ECE), Genf, Schweiz, gegründet durch ECOSOC-Resolution 336 (IV) vom 28. März 1947; Economic Commission for Latin America and the Caribbean (ECLAC), zunächst als ECLA gegründet durch ECOSOC-Resolution 106 (VI) vom 25. Februar 1948, später erweitert auf die Karibik und umbenannt in ECLAC, Santiago, Chile; Economic and Social Commission for Western Asia (ESCWA), Beirut, Libanon, die UN Economic and social office in Beirut nahm ihre Tätigkeit 1961 auf und wurde durch ECOSOC-Resolution 1818 (LV) umgeformt in

Weiter gehören zu den untergeordneten Mechanismen des ECOSOC auch die „Executive Boards" der UN-Fonds und Programme.[20] Die Kommissionen und Ausschüsse treffen sich regelmäßig und berichten an den ECOSOC.[21] Die GA empfahl in ihrer Resolution 50/227, dass die funktionalen Kommissionen in Erwägung relevanter Fragen auch weiter besondere Aufmerksamkeit auf die Situation der afrikanischen Länder und der LDCs lenken sollen, insbesondere im Hinblick auf die dritte UN-Konferenz über die LDCs und die Überprüfung der „United Nations New Agenda for the Development of Africa in the 1990s" (UN-NADAF) in 2002.[22] Dabei sollen sie durch den ECOSOC angeleitet werden.[23]

Während das Aufgabengebiet des ECOSOC sehr weit gesteckt ist, sind ihm von der Charta nur geringe Kompetenzen übertragen worden. Er kann nach Art. 62 Studien u.a. im Wirtschafts- und Sozialbereich anfertigen oder anregen und wie auch die GA Empfehlungen abgeben. Neben Empfehlungen an die GA kommen auch hier Empfehlungen an die Mitgliedstaaten oder die Sonderorganisationen in Betracht. Nicht zu vergessen sind Konsultationen mit Nichtregierungsorganisationen in Bezug auf Fragen, mit denen der ECOSOC befasst ist.[24]

In der Resolution 50/227 der GA vom 24. Mai 1996 war erneut betont worden, dass der ECOSOC, in Übereinstimmung mit den Bestimmungen der UN-Charta, die Stärkung seiner Rolle als zentraler Mechanismus für Koordination der Aktivitäten des UN-Systems und seiner Sonderorganisationen in wirtschaftlichen, sozialen und damit zusammenhängenden Bereichen und die Überwachung der untergeordneten Organe, insbesondere die funktionalen Kommissionen, fortsetzen muss. Er soll die Gesamtleitung und Koordination des UN-Entwicklungssystems erbringen. Zudem müsse er eine koordinierte Nachverfolgung der Ergebnisse der großen internationalen Konferenzen in den wirtschaftlichen, sozialen und anderen damit zusammenhängenden Bereichen fördern.[25] Auch auf der Millenniumsgeneralversammlung der UN im September 2000 beschlossen die Staaten u.a. den ECOSOC weiter zu stärken. Es solle ihm geholfen werden, seine ihm von der UN-Charta zugedachte Rolle zu erfüllen, regelmäßige Konsultationen und Koordination zwischen den Hauptor-

die Economic Commission for Western Asia (ECWA) und später umbenannt zur Economic and Social Commission for Western Asia.

[20] UNICEF, New York; UNHCR, New York, UNDP, New York; UNFPA, New York; WFP, Rom.

[21] Vgl. dazu: o.V.: http.//www.un.org/esa/coordination/ecosoc/subsidiary.htm, Stand 19. Januar 2000.

[22] Vgl. GA-Resolution 50/227 vom 24. Mai 1996: Further measures for the restructuring and revitalization of the United Nations in the economic, social and related fields, Ziff. 21.

[23] Vgl. A/56/77-E/2001/69 vom 17. Mai 2001: Restructuring of the United Nations in the economic, social and related fields, Bericht des UN-Generalsekretärs, S. 8f.

[24] Vgl. Johnstone, Ian: Global Co-operation, in: Global Economic Co-operation, A Guide to Agreements and Organizations, Colas, Bernard (Hrsg.), United Nations University Press, 2. Auflage, 1994, S. 41-51, S. 43.

[25] Vgl. GA-Resolution 50/227 vom 24. Mai 1996: ebenda, IV. Economic and Social Council, S. 7ff.

ganen der UN in Ausübung ihrer Funktionen zu begünstigen, eine größere Politikkohärenz zwischen den UN, den Sonderorganisationen, den Bretton-Woods-Institutionen und der WTO und anderen multilateralen Organisationen zu erreichen, mit Blick auf ein voll koordiniertes Vorgehen in Bezug auf die Friedens- und Entwicklungsprobleme.[26]

Der ECOSOC ist, wie auch die GA, mit den Entwicklungsaktivitäten des UN-Systems nicht operativ befasst. Sie diskutieren vielmehr Probleme, fassen Grundsatzbeschlüsse, formulieren Absichtserklärungen usw. Zuständig für die mehr oder weniger konkrete Umsetzung dieser politischen Vorgaben sind eine Vielzahl von Neben- oder Spezialorganen der UN wie z.B. das „United Nations Development Programme" (UNDP), sowie die Sonderorganisationen.[27]

Zu nennen ist in diesem Zusammenhang der Ausschuss für Entwicklungspolitik („Committee for Development Policy", CDP), der ursprünglich als Ausschuss für Entwicklungsplanung („Committee for Development Planning") eingerichtet worden war. Während der ersten UN-Entwicklungsdekade entschied der ECOSOC, sich eine Beratergruppe aus Experten zusammenzustellen, die ihn in der Entwicklungsplanung sowie in Methoden der wirtschaftlichen Vorausplanung zur Seite stehen sollte. Dies führte zur Gründung des „Committee for Development Planning". Das Ziel der Formulierung von Richtlinien und Politiken für die Zweite Entwicklungsdekade war, ein höheres Maß an Engagement der Regierungen der entwickelten sowie der EL zu sichern und gleichzeitig eine Art Aufsicht über die Entwicklungsprogramme durch die Maschinerie des UN-Systems zu erhalten. Gleichzeitig erfolgte die Errichtung neuer internationaler Organisationen und Organe. Sicherlich hätte man darin den Beweis für einen wachsenden Willen auf Seiten der internationalen Gemeinschaft sehen können, die Entwicklungsziele gewissenhafter zu verfolgen sowie ein gewachsenes Bewusstsein für die Komplexität der Entwicklungsprobleme. Jedoch wurde es, während jedes neu errichtete Organ seinen besonderen Beitrag in seinem spezifischen Gebiet leistete, immer schwieriger, Gesamtnormen zu befolgen und die echten Prioritäten von einem unbefangenen Ausgangspunkt aus zu setzen.[28]

Die GA hat das „Committe for Development Planning" in ihrer Resolution 46/206 vom 20. Dezember 1991 aufgefordert, alle drei Jahre eine generelle Überprüfung der Liste der „low-income countries" durchzuführen, um diejenigen Länder herauszufinden, die in die Liste aufgenommen werden sollten bzw. die von der Liste gestrichen werden können. Gleichfalls soll es bezüglich der neuen Kriterien, die 1991

---

[26] Vgl. GA-Resolution 55/2 vom 8. September 2000: United Nations Millennium Declaration, S. 8f, Ziff. 30.
[27] Vgl. Wesel, Reinhard: Entwicklung, in: Die Vereinten Nationen, Entwicklung, Aktivitäten, Perspektiven, Herz, Dietmar/ Jetzlspanger, Christian/ Schattenmann, Marc (Hrsg.), Frankfurt am Main: Fischer Taschenbuch Verlag, S. 125-162, S. 127.
[28] Vgl. Dokument E/5524/Add.3, S. 34f.

vom Ausschuss vorgeschlagen und von der GA angenommen wurden, weitere mögliche Verbesserungen in Betracht ziehen.[29]

In seinem Reformprogramm „Renewing the United Nations: A Programme for Reform“ hatte der UN-Generalsekretär 1997 vorgeschlagen, das „Committee for Development Planning“ durch Expertenpanels zu verschiedenen Politikfragen zu ersetzen, die ad hoc durch den ECOSOC eingesetzt werden sollten. Deren Mitglieder sollten auf der Basis von Empfehlungen des Generalsekretärs ernannt werden.[30] Mit Resolution 1998/46 vom 31. Juli 1998 entschied der ECOSOC das „Committee for Development Planning“ in „Committee for Development Policy“ umzubenennnen. Es solle weiterhin ein untergeordnetes Organ des ECOSOC bleiben und aus 24 unabhängigen Experten mit unterschiedlichen Fachkenntnissen bestehen. Es sollen Experten aus den Bereichen der wirtschaftlichen und sozialen Entwicklung und dem Umweltschutz herangezogen werden. Deren Amtszeit beträgt 3 Jahre.[31] Der Ausschuss soll die alle drei Jahre stattfindende Überprüfung des Status der LDCs beibehalten und sich diesbezüglich einmal alle drei Jahre treffen. Über das Arbeitsprogramm des Ausschusses entscheidet der ECOSOC. Im jährlichen Bericht an den ECOSOC sollen auch Vorschläge für das Arbeitsprogramm des folgenden Jahres zur Beratung durch den ECOSOC enthalten sein und sowohl die GA als auch der Generalsekretär und die Unterorgane des ECOSOC sollen Vorschläge unterbreiten können.[32]

In den 1997er und 1998er Berichten analysierte das CDP den Prozess der Globalisierung, seine positiven und negativen Effekte auf die Entwicklungsländer und die Politikvoraussetzungen für nachhaltiges Wachstum, die Entstehung von Beschäftigung und Finanzstabilität. Zum erforderlichen Tempo von Reformen führte das CDP aus, dass die Vorteile einer schrittweisen Reform gegenüber den Kosten abgewogen werden müssen. Letztere könnten anhaltende fiskalische oder „current account“-Defizite oder Einschnitte bei den Sozialausgaben einschließen. Wo dies geeignet ist, sollten beschleunigte Reformen durch die LDCs selbst unternommen und weitergeführt werden. In den meisten Ländern sollte die Priorität der Bildung von Kapazitäten zur Wirtschaftsverwaltung, einem effektiven öffentlichen Dienst und einem rechtlichen Rahmen für Verträge und Eigentumsrechte eingeräumt werden. Diese seien Vorbedingungen für ein effektives Design und die Umsetzung von sehr notwendigen Reformen im fiskalischen, im Handels- und Finanzbereich. In den meisten afrikanischen Ländern sei ein gradueller und kontrollierter Liberalisierungsprozess, zusammen mit der industriellen Restrukturierung und sowie Aufwertung vorzuziehen, als das Land schnell und umfassend den Marktkräften auszu-

---

[29] Vgl. E/1997/35: Committee for Development Planning, Report of the thirty-first session (5-9 May 1997), S. 39, Ziff. 223, vgl. zur Liste der LDCs Teil 1, Kapitel 2, Abschnitt 3.1.

[30] Vgl. A/51/950 vom 14. Juli 1997: Renewing the United Nations: A programme for Reform, Bericht des UN-Generalsekretärs, Abschnitt V. B, Ziff. 131ff.

[31] Vgl. GA-Resolution 1998/46 vom 31. Juli 1998, Anhang B, Ziff. 8.

[32] Vgl. die GA: ebenda, Ziff. 9ff.

setzen.[33] Der 1998er Bericht entfachte eine Debatte über den Vorschlag, eine „World Financial Organization" zu errichten, um die institutionelle Lücke zu schließen. Dadurch könnten die Aufsichts- und die regulierenden Aktivitäten gestärkt und eine Gesamtorientierung in der Entwicklung und Überwachung internationaler Standards und Verhaltenskodizes für privates Finanzmanagement und Kapitalflüsse bereitgestellt werden, in Zusammenarbeit mit privaten Finanzinstitutionen, Zentralbanken und dem IMF. Der zweite Vorschlag bezog sich auf die Schaffung eines ständigen „Contingency Fund", der automatischen Zugang zu vordringlichen Finanzmitteln an zuvor zertifizierte Länder, bereitstellen solle, bevor die Verhandlungen um Hilfe durch den IMF abgeschlossen sind.[34] Im 1999er Bericht begrüßte das CDP die vom IMF unternommenen Schritte in diese Richtung, obwohl Zweifel verblieben, ob die Menge der Mittel des errichteten Fonds und die Geschwindigkeit, mit denen den Kreditbedürfnissen Rechnung getragen werden kann, ausreichend sind. Der 1999er Bericht analysierte die Auswirkungen des Globalisierungsprozesses auf Beschäftigung, Armut und Geschlechtergleichbehandlung und gab diesbezüglich Politikempfehlungen ab.[35]

Entsprechend den Empfehlungen des ECOSOC an das CDP, seine Arbeitsmethoden zu verbessern, um die Arbeit des ECOSOC besser unterstützen zu können und dem Beschluss, dass das Arbeitsprogramm des CDP auf der substantiellen Sitzung des ECOSOC festgelegt werden solle[36], überprüfte das CDP in 2000 und 2001 die Themen, die für das hochrangige Segment des ECOSOC ausgewählt worden waren.

Es ist wichtig, dass die UN solche fachlich hoch spezialisierten Organe haben. Anders ist eine fundierte Politikberatung des ECOSOC nicht möglich, der ja zusammen mit der GA an sich die Funktion des Setzens eines makroökonomischen Politikrahmens innehaben sollte. Wenn man realistisch davon ausgeht, dass diese Funktion in Organisationen wie der WTO und den Bretton-Woods-Institutionen ausgeführt wird, so ist eine Beratung durch spezialisierte Ausschüsse dennoch in Bezug auf die Funktion des ECOSOC im Hinblick auf Koordination mit BWIs und der WTO erforderlich. Die Vorbereitung der Teilnahme an den Treffen und das Beisteuern zu den Beratungen mit eigenen Berichten ermöglicht es, einen gewissen Einfluss zu nehmen, wenn gleich dieser aber nicht überschätzt werden darf.

Trotz der zentralen Position, die die Charta dem ECOSOC zuweist, hatte sich die Bedeutung des ECOSOC im Bereich des globalen „policy making" in wirtschaftlichen Fragen nie realisiert. Mit steigender Zahl der Entwicklungsländer fühlten sich

---

[33] Vgl. E/1997/35: Committee for Development Planning, Report of the thirty-first session (5-9 May 1997), S. 30, Ziff. 176f.

[34] Vgl. Committee for Development Policy: Representation of the CDP Report to ECOSOC by Prof. Ouka Katseli, Vice-Chair, http://www.un.org/esa/analysis/devplan/rep99eco.htm, S. 1.

[35] Vgl. Committee for Development Policy: ebenda.

[36] Vgl. die ECOSOC-Resolutionen 1999/51 und 1998/46, Annex II3.

diese im ECOSOC unterrepräsentiert, so dass die GA auf Druck der EL andere politiksetzende Organe errichtete, die von den EL im Gegensatz zum ECOSOC als mehr für ihre Bedürfnisse zugänglich wahrgenommen wurden. Neben der 1964 gegründeten UNCTAD, der 1964 errichteten und später in eine Sonderorganisation umgewandelten UNIDO und dem 1965 eingerichteten UNDP entstand 1974 z.B. auch der „World Food Council" (WFC). Die UNCTAD hat weitgehend die Aufgabe der Koordinierung von Politikoptionen betreffend Handel und Entwicklung übernommen[37], was dennoch nicht ausschließt, dass sich auch die GA oder der ECOSOC mit Handels- und Entwicklungsfragen befassen. Dies hat zur Folge, dass oft entweder bestimmte Arbeiten unnötigerweise mehrfach ausgeführt werden, oder eine nicht sachgerechte Trennung von Aufgaben erfolgt.[38] Bertrand führte als Beispiel für dieses Problem u.a. die Dichotomie ECOSOC-UNCTAD an. Weiter übte Bertrand Kritik an der Doppelung ECOSOC – Zweiter und Dritter Ausschuss der GA. Der ECOSOC, so kritisch Bertrand, der, bestehend aus einem Drittel der Mitgliedstaaten, nur zweimal jährlich zusammentritt (seit 1992 nunmehr einmal) und die gleichen Arbeitsmethoden wie die GA hat, übe genau dieselben Tätigkeiten aus wie der Zweite und der Dritte Ausschuss der GA. Die Ausschüsse befassen sich mit Fragen, die danach im Plenum behandelt werden.[39]

1.1.3. Das Generalsekretariat und der UN-Generalsekretär

Neben dem Herz jeder UN-Organisation, dem jeweiligen gesetzgebenden Gremium (hier: ECOSOC und GA) gibt es zur Unterstützung dieses gesetzgebenden Gremiums in jeder Organisation ein Sekretariat. Obwohl Aufgabe dieser Sekretariate die Zuarbeit zu den gesetzgebenden Gremien ist, entwickeln sie oft eine eigene Identität. Sie ziehen auch häufig die Kritik an der Organisation auf sich. Grund dafür ist, dass sie oftmals über beachtliche Spielräume verfügen, politische Vorschläge an die Regierungsforen zu unterbreiten – eine Tatsache, die dem komplexen Prozess internationaler Verhandlungen eine weitere Dimension zufügt.[40] Sowohl die GA als auch der ECOSOC dienen als Foren für zwischenstaatliche Verhandlungen. Eine wichtige Funktion des Sekretariates ist daher die Vorbereitung der Sitzungen von GA und ECOSOC, um Diskussionen der Themen mit Material und Dokumenten inhaltlich und organisatorisch zu unterstützen. Bei dieser Tätigkeit gilt es, mit Se-

---

[37] Vgl. Zamora, Stephen: Economic Relations and Development, in: The United Nations and International Law, Joyner, Christopher C. (Hrsg.), Georgetown University/American Society of International Law, 1997, S. 232-287, S. 236.

[38] Vgl. Bertrand, Maurice: UNO- Geschichte und Bilanz, Frankfurt am Main 1995, S. 90.

[39] Kritisch gesehen wurde zudem die Aufspaltung der Kontrolle der Programmhaushalte zwischen einem Sachverständigenausschuss (Beratender Ausschuss für Verwaltungs- und Haushaltsfragen -ACABQ/ Finanzen) und einem zwischenstaatlichen Ausschuss (Programminhalt -Committee for Programme and Coordination/ Programm und Koordinierungsausschuss – CPC, vgl. dazu Teil 3). Die Trennung der Haushaltsprüfung von der Programmaufsicht habe zwar historische Gründe, sei aber, so Bertrand, völlig unzweckmäßig, vgl. Bertrand, ebenda, S. 89.

[40] Vgl. Kaul, Inge: Entwicklungstheorien und –strategien des UN-Systems in: Lexikon der Vereinten Nationen, Volger, Helmut (Hrsg), München, Wien, Oldenbourg: 2000, S. 98-107, S. 100.

kretariaten, insbesondere der UNCTAD bzw. mit Sekretariaten anderer Organisationen zusammenzuarbeiten, um Doppelarbeit usw. zu vermeiden und von der besonderen Spezialisierung anderer Einheiten zu profitieren.

Das Sekretariat besteht aus dem Generalsekretär („Secretary-General", GS) und den sonstigen von der Organisation benötigten Bediensteten (Art. 97 UN Charta). Der auf Empfehlung des Sicherheitsrates von der GA für fünf Jahre ernannte GS ist der höchste Verwaltungsbeamte und nimmt alle ihm von der GA, dem Sicherheitsrat, dem ECOSOC und dem Treuhandrat zugewiesenen Aufgaben wahr. Internationale Beamte der Organisation und die an deren Spitze stehende Persönlichkeit, hier der GS, verkörpern den Gemeinwillen der Organisation.[41] Der ehemalige UN-Generalsekretär Boutros Boutros Ghali umschreibt sein damaliges Amt mit folgenden Worten:

„Das Amt des Generalsekretärs ist seinem Entwurf nach schwach und zentral zugleich. Der Amtsinhaber hat keine finanzielle Basis und kein wesentliches Mitspracherecht zu dem Geschehen im System der Vereinten Nationen. In einer Weltorganisation, deren Mitgliedstaaten sich in ihrem Vermögen, ihrer Macht und Größe gewaltig unterscheiden, dient der Generalsekretär jedoch häufig als Initiator für einen gemeinsamen Fortschritt. Aber am Ende dreht sich alles um Politik, Einfluss und Interessen"[42]

Der GS hat trotz seiner Funktion als „Chief Administrative Officer" der UN keine Autorität, finanzielle Mittel zwischen den Programmen oder von Personal- zu Programmkosten ohne vorherige Genehmigung durch die Mitgliedstaaten zu verschieben. Andererseits haben die Mitgliedsstaaten den Leitern vieler Sonderorganisationen, Fonds und Programmen die Flexibilität gewährt, um deren Kapazität, auf sich schnell ändernde Anforderungen reagieren zu können, zu verbessern.[43] Der GS kann aber trotz der geringen budgetären Einflussmöglichkeiten anderweitig Einfluss ausüben. So hatte der GS in 1995 Konsultationen mit den Leitern der Bretton-Woods-Institutionen und der WTO über Politikfragen von gegenseitigem Interesse intensiviert. Zudem hatte er damals vor dem „Development Committee" von IMF und Weltbank eine Rede gehalten. Dies war das erste Mal, dass ein UN-Generalsekretär dazu eingeladen worden war.[44] Insgesamt kann festgehalten werden, dass der GS, sicherlich abhängig von seiner Person, Einfluss ausüben und Koordinationsleistungen durch Konsultationen usw. auf hoher politischer Ebene leisten kann.

---

[41] Vgl. Seidl-Hohenveldern, Ignaz/ Stein, Thorsten, Völkerrecht, Köln, Berlin...: Heymanns, 10. Auflage, 2000, S. 38, Ziff. 148ff: Zwischenstaatliche Zusammenarbeit führt zur Gründung einer Organisation, wenn diese Staaten sicherstellen wollen, dass ihr gemeinsames Ziel auch dann erreicht werden soll, wenn ein Mitgliedstaat die versprochene Zusammenarbeit nicht oder nicht so wie vorgesehen ausführt.

[42] Vgl. Boutros-Ghali, Boutros: Hinter den Kulissen der Weltpolitik, Hamburg: Discorsi, 2000, S.18.

[43] Vgl. A/57/387 vom 9. September 2002: Strenthening of the United Nations: an agenda for further change, Bericht des UN-Generalsekretärs, S. 27, Ziff. 163.

[44] Vgl. A/50/697 vom 27. Oktober 1995: Restructuring and Revitalization of the United Nations in the economic, social and related fields, Bericht des UN-Generalsekretärs, S. 18, Ziff. 62.

Nach Art 97 UN-Charta, der von den „von der Organisation benötigten Bediensteten“ spricht, in Verbindung mit Art. 101 der Charta, hat der GS die Kompetenz, in Übereinstimmung mit von der GA erlassenen Regelungen das Sekretariat zu organisieren und mit den nötigen Bediensteten auszustatten. Dabei muss der GS allerdings die Budgethoheit der GA beachten, die insofern seine Reformkompetenz beschränkt.[45] Der GS kann danach organisationsinterne Regelungen selbst umsetzen, doch muss er auch dabei einen Blick auf die Mitgliedstaaten und deren Interessenlage werfen.[46] Von seiner Organisationsbefugnis hat der GS z.B. bei den Reformen 1992 und 1997 Gebrauch gemacht.

Die Vielfalt der eingesetzten Unterorgane, Ausschüsse und Kommissionen der UN wurden u.a. von Bertrand gerügt.[47] Die unnötige Komplexität spiegele sich auch in der Struktur des Sekretariats wider.[48] Schon mehrfach wurden z.T. umfangreiche Reformen in Angriff genommen, um die Arbeit des Sekretariates effektiver zu gestalten. Als Teil eines Restrukturierungsprogramms, welches im März 1992 wirksam wurde, wurden die wirtschaftlichen Abteilungen des UN-Sekretariats in einem neuen „Department of Economic Development“ zusammengefasst. Davor waren die Kompetenzen in diesem Bereich aufgesplittet.[49] Insgesamt schaffte Boutros Boutros-Ghali im Zuge dieser Reform 18 hochrangige Posten ab, unter anderem den Generaldirektor für Entwicklung sowie die beiden Untergeneralsekretäre für Seerecht und Konferenzdienste und sparte damit rund 4 Millionen Dollar ein. Weitere Reformen hatten das Ziel, Budget und Belegschaft des Sekretariates zu reduzieren.[50] Auch durch die Reform von 1997 unter Kofi Annan[51] wurden erneut Änderungen auf organisatorischer Ebene vorgenommen. Es sollten Anpassungen erfolgen, um die Arbeitsteilung mit anderen Einheiten im Wirtschafts- und Sozialbereich zu verbessern. Eine Anzahl von Sekretariatseinheiten hatte Kofi Annan zu fünf Bereichen zusammengefasst und das neue „Department of Economic and Social Affairs“ (DESA) eingeführt. Dies bedeutete eine Zusammenlegung der vormals

---

[45] Vgl. Dicke, Klaus, Reform der UN, in: Lexikon der Vereinten Nationen, Volger, Helmut (Hrsg), München, Wien: Oldenbourg, 2000, S. 429-434, S. 431.

[46] Vgl. dazu Schuler, Thomas: Annans Anlauf zur Reform, Vereinte Nationen 1/1998, S. 30.

[47] Als Beispiel führt Bertrand die nach der Konferenz über Umwelt und Entwicklung (Juni 1992) eingesetzte Kommission für nachhaltige/dauerhafte Entwicklung an, die nun noch eine Einheit darstelle, die zu den zahlreichen Organen, die sich mit Entwicklung und Umwelt befassen, hinzukam und ebenfalls ein Beispiel für überflüssige Doppelarbeit sei.

[48] Vgl. Bertrand, Maurice: UNO- Geschichte und Bilanz, Frankfurt am Main 1995, S. 90.

[49] So bestanden u.a. das „Office of the Director-General for Development and International Economic Co-operation“, das „Department of International Economic and Social Affairs“, ein „Department of Technical Co-operation for Development“, das „United Nations Centre on Transnational Corporations“ sowie das „Centre for Science and Technology for Development“, vgl. Johnstone, Ian: Global Co-operation, in: Global Economic Co-operation, A Guide to Agreements and Organizations, Colas, Bernard (Hrsg.), United Nations University Press, 2. Auflage, 1994, S. 41-51, S. 44.

[50] Vgl. Boutros-Ghali, Boutros: Hinter den Kulissen der Weltpolitik, Hamburg: Discorsi, 2000, S. 26.

[51] Vgl. A/51/950 vom 14. Juli 1997: Renewing the United Nations: A programme for Reform, Bericht des UN-Generalsekretärs.

drei Departments auf wirtschaftlichem und sozialem Gebiet und sollte zu einer weiteren Straffung und zusätzlichen Effizienzsteigerungen führen.[52] Das neue Department sollte in enger Kooperation und Zusammenarbeit mit anderen relevanten Departments, Funds, Programmen und Organisationen des UN-Systems arbeiten.[53] Ein solches, neu gestaltetes Sekretariat sollte den ECOSOC substantiell unterstützen, insbesondere in Bezug auf die hochrangigen und die Koordinationssegmente sowie das Segment über operative Tätigkeiten. Dies erfolgte nach einer extensiven Umorganisation von UNCTAD sowohl auf Sekretariatsebene als auch von dessen „inter-governmental machinery".[54] Gleichzeitig gründete der GS das „Executive Committee on Economic and Social Affairs" (EC-ESA) als einem von vier Kommitees in den vier wesentlichen Sektorbereichen.[55] Ziel der Errichtung dieser Exekutivausschüsse ist es, den Beitrag, die jede Einheit zur Erreichung der Gesamtziele der Organisation macht, durch Reduzierung von Duplikation von Bemühungen und Förderung von größerer Komplementarität und Kohärenz zu schärfen. Das EC-ESA soll vor allem größere Kohärenz und Komplementarität im Hinblick auf normative und politikorientierte Arbeit im Entwicklungsbereich herbeiführen. Die Teilnahme von UNCTAD und UNEP neben dem DESA im EC-ESA sollte es für die Organisation möglich machen, zwei Schlüsselelemente von Entwicklung in einer kohärenten Art und Weise anzusprechen: den Umweltbereich sowie den Handels-, Investitions- und Technologiezusammenhang.[56] Die „Executive Committees" sind als Instrumente zur Politikentwicklung, zum Treffen von Entscheidungen und zum Management angelegt. Die Leiter der UN-Einheiten konsultieren sich gegenseitig bezüglich ihrer Arbeitsprogramme sowie bezüglich anderer inhaltlicher und verwaltungstechnischer Aspekte, die sie gemeinsam betreffen, um Wege zum Pooling von Ressourcen und Diensten zu identifizieren und zu untersuchen, um die Auswirkungen der Programme zu maximieren und die Verwaltungskosten zu minimieren und um generell eine gemeinsame strategische Planung und Entscheidungsfindung zu fördern.

Die Mitglieder des EC-ESA sind neben dem „Department of Economic and Social Affairs" (DESA) die fünf regionalen Kommissionen, die UNCTAD, das UNEP, das „UN Habitat" und das „UN Office for Drug Control and Crime Prevention". Schließlich gehören zu den Mitgliedern die UN-Universität sowie die die Forschungs- und Ausbildungsinstitute INSTRAW, UNRISD und das „UN Institute for Training and Research".[57] Das EC-ESA hat u.a. mehrere Berichte herausgegeben,

---

[52] Vgl. A/51/950 vom 14. Juli 1997: Renewing the United Nations: A programme for Reform, Bericht des UN-Generalsekretärs, Ziff. 69.

[53] Das Committee for Programme and Coordination hatte sich für eine derartige Zusammenlegung ausgesprochen, vgl. A/53/16 vom 9. September 1998: Report des Committee for Programme and Coordination on the work of its thirty-eighth session, S. 32, Ziff. 183.

[54] Vgl. dazu Abschnitt 2.1.

[55] Peace and Security, Economic and Social Affairs, Development Operations und Humanitarian Affairs.

[56] Vgl. A/51/950 vom 14. Juli 1997: Renewing the United Nations: A programme for Reform, Bericht des UN-Generalsekretärs, Ziff. 139.

[57] Vgl. UN: http://www.un.org/esa/coordination/ecesa/ecesa.htm, Stand 9. Juni 1999.

die sich mit der neuen internationalen Finanzarchitektur, mit den sozialen Dimensionen makroökonomischer Politik, den Fragen und Herausforderungen offizieller Entwicklungshilfe und den Problemen der Verschuldung befassen.[58]

Die Reform in 1997 hatte daneben unter anderem die Gründung der UN-Entwicklungsgruppe („United Nations Development Group", UNDG) unter der Leitung des UNDP-Administrators,[59] die Einrichtung von sog. UN-Häusern in den Entwicklungsländern zur Koordination auf Länderebene sowie Maßnahmen zur Koordination vor Ort im Entwicklungsland (sog. „field level coordination") durch die Einführung eines „Common Country Assessment" sowie eines „UN Development Assistance Framework" (CCA/UNDAF) zum Inhalt.[60]

Besondere Aufmerksamkeit des Sekretariates sollte der Verstärkung in Arbeitsgebieten gewidmet werden, die sich mit der Süd-Süd Kooperation, der Unterstützung von Afrika und den LDCs sowie den kleinen Inselstaaten befassen. Beabsichtigt wurde, diese Bereiche bei der Verwendung der durch Effizienzsteigerungsmaßnahmen durch die Reform freiwerdenden Mittel (sog. Entwicklungsdividende) vorrangig zu behandeln.[61] Dem neuen „Department of Economic and Social Affairs" (DESA) wurde mit dem „Office of the Special Coordinator for African and Least Developed Countries" (OSCAL) eine Abteilung zur Seite gestellt, die sich speziell mit diesen Belangen befassen sollte. Nach der UN-LDC-Konferenz in 2001 in Brüssel wurde das Amt eines „High Representative" für die LDCs eingerichtet.[62]

Ein weiteres, die Stärkung der Führungsfähigkeit des Sekretariates und damit die Koordination der UN betreffendes Ergebnis der Reform des UN-Generalsekretärs war die Einrichtung der von ihm vorgeschlagenen „Hochrangigen Managementgruppe"[63]. Damit sollten der Generalsekretär und seine leitenden Mitarbeiter besser in die Lage versetzt werden, seitens der gesamten UN, einschließlich ihrer Fonds und Programme, größere Geschlossenheit in der Zielverfolgung, ein kohärenteres Vorgehen und erhöhte Beweglichkeit und Reaktionsfähigkeit zu erreichen.

Nach den seit 1997 unternommenen Schritten plant der UN-Generalsekretär weitere Maßnahmen. Ein Umsetzungsplan, der in 2003 fertiggestellt werden soll, soll es ermöglichen, dass die UN-Organisationen, Funds und Programme, die in jedem Land tätig sind, fähig sein werden, ihre Ressourcen zusammenzutun und gemeinsame Programme durchzuführen. Gemeinsame Datenbanken und Wissensnetzwer-

[58] Vgl. die Berichte des EC-ESA: ECESA/1/Rev.1: Towards a New International Financial Architecture, ECESA/2: Finding Solutions to the Debt problems of Developing Countries, ECESA/3: Towards a New Aid Compact, ECESA/4: Social Dimensions of Macroeconomic Policy, im Internet unter www.un.org/esa/coordination/ecesa.

[59] Vgl. dazu unten Abschnitt 3.3.

[60] Vgl. dazu Teil 3, Kapitel 2, Abschnitt 1.1.2.

[61] Vgl. A/51/950 vom 14. Juli 1997: Renewing the United Nations: A programme for Reform, Bericht des UN-Generalsekretärs, Ziff. 141.

[62] Vgl. dazu insgesamt den Abschnitt 1.3.1.

[63] Vgl. A/51/950 vom 14. Juli 1997: ebenda, Ziff. 34.

ke sollen eingerichtet werden. Die „Residierenden Koordinatoren“ in größeren und mittleren Ländern sollen ihre eigenen Mitarbeiter erhalten. In Ländern nach einem Konflikt soll die Planung, Budgetierung und Mobilisierung von Ressourcen für alle operativen Aktivitäten der UN integriert werden. Um sie besser zu koordinieren und effektiver zu machen müssten die spezifischen Rollen und Verantwortlichkeiten der verschiedenen UN-Einheiten klar definiert werden. Ein Dokument, dass beinhalten soll, wer im Bereich der technischen Zusammenarbeit was tut, soll bis September 2003 fertig gestellt sein. Die Management- und strategische Planungskapazität des DESA soll gestärkt werden und die Unterstützung des Sekretariates für die GA und den ECOSOC in ihrer Erörterung von Fragen in Bezug auf Afrika soll besser koordiniert werden.[64] So schlägt er vor, einen weiteren „Assistant Secretary-General“ einzusetzen, der einen Beitrag zum Gesamtmanagement des DESA leisten und eine kohärente Politikentwicklung in diesem Department unterstützen soll. Zudem sollen Maßnahmen getroffen werden, um die Zusammenarbeit zwischen DESA und der UNCTAD zu stärken. Schließlich schlägt er die Einrichtung einer „policy planning unit“ im DESA vor.[65]

Neben den Fragen des Managements hat der GS auch andere Initiativen angestoßen. Genannt werden soll hier der „Global Compact“, eine Initiative des UN-Generalsekretärs Kofi Annan. Der Global Compact, gegründet im Jahr 2000, hat sich zum Ziel gesetzt, ein neues Klima zwischen Regierungen, Unternehmen und NGOs zu schaffen. Die am „Global Compact“ beteiligten Firmen verpflichten sich, neun Prinzipien aus den Bereichen Menschenrechte, Arbeitsnormen und Umweltschutz zu respektieren. Weltweit haben sich bereits mehrere Hundert Unternehmen dieser Initiative angeschlossen. Die 17 deutschen „Global-Compact“-Unternehmen haben sich zu einem informellen Netzwerk, den „German Friends of the Global Compact“ zusammengeschlossen. Die deutsche Ausführungsorganisation, die Gesellschaft für für Technische Zusammenarbeit (GTZ) tritt hier als Vermittler und Berater auf, um gemeinsam mit diesen Unternehmen Maßnahmen und Instrumente zur sozialen Verantwortung der Unternehmen zu entwickeln. Der „Global Compact“ betrifft alle maßgeblichen gesellschaftlichen Akteure.[66]

1.1.4. Weitere UN-Organe

Als weiteres Organ der UN ist der Sicherheitsrat zu nennen. Die fünf ständigen Mitglieder des Rates[67] haben im Unterschied zu den nichtständigen Mitgliedern[68], die jeweils für zwei Jahre gewählt werden, ein Vetorecht, können also den Erlass von Resolutionen verhindern. Im Unterschied zur GA sind Resolutionen des Sicherheitsrates für die Mitgliedstaaten bindend. Neben dem Treuhandrat, der jedoch

---

[64] Vgl. A/57/387 vom 9. September 2002: Strengthening of the United Nations: an agenda for further change, Bericht des UN-Generalsekretärs, S. 3.

[65] Vgl. ebenda,, S. 23, Ziff. 130.

[66] Vgl. Graf von Hardenberg, Albrecht: Neuer Wein in neuen Schläuchen, eine persönliche Bilanz zum PPP-Programm in der GTZ, in: E+Z, 2003, Heft 6, S. 236-239, S. 237f.

[67] USA, Frankreich, Großbritannien, Russland und China.

[68] Deutschland wurde im Januar 2003 zum zweiten Mal seit der Deutschen Einheit als nichtständiges Mitglied in den SR gewählt.

mangels bestehender Treuhandgebiete keine Bedeutung mehr hat, ist der internationale Gerichtshof (IGH) als Organ zu nennen. Der Gerichtshof schlichtet Streitigkeiten zwischen Staaten, die sich seiner Gerichtsbarkeit unterwerfen.[69] Die Gründungsverträge der Sonderorganisationen berechtigen die Mitglieder der Organisation häufig, den IGH bei Streitigkeiten über Auslegung und Anwendung des Statuts anzurufen. Die Beziehungsabkommen erlauben den Sonderorganisationen gemäß Art. 96 Abs. 2 der Charta, Gutachten des IGH zu Rechtsfragen anzufordern, die sich in ihrem Tätigkeitsbereich stellen. Jedoch ist die Anrufung des IGH in Fragen, die die Beziehungen zwischen UN und Sonderorganisationen oder zwischen Sonderorganisationen betreffen, ausgeschlossen.[70]

1.2. Funktionen der UN auf wirtschaftlichem und sozialem Gebiet

Die grundlegende Norm, die die Funktionen der UN auf wirtschaftlichem und sozialem Gebiet aufzählt, ist Art. 1 UN-Charta. Darin heißt es u.a. dass die UN sich die Ziele setzen:

„3. eine internationale Zusammenarbeit herbeizuführen, um internationale Probleme wirtschaftlicher, sozialer, kultureller und humanitärer Art zu lösen und die Achtung vor den Menschenrechten und Grundfreiheiten für alle ohne Unterschied der Rasse, des Geschlechts, der Sprache oder der Religion zu fördern und zu festigen;

4. ein Mittelpunkt zu sein, in dem die Bemühungen der Nationen zur Verwirklichung dieser gemeinsamen Ziele aufeinander abgestimmt werden".

Die Kapitel IX und X der Charta spiegeln das Bedürfnis der Staaten Mitte der 1940er Jahre wider, den UN eine wesentliche Rolle im ökonomischen und sozialen Bereich zuzuweisen. Kapitel IX bezieht sich auf internationale Kooperation im Wirtschafts- und Sozialbereich generell, während Kapitel X die Funktionen des ECOSOC aufführt. Dies ist ein Unterschied zum Völkerbund, dessen Satzung (Covenant) kaum einen Hinweis auf internationale Aktivitäten auf wirtschaftlichem und sozialem Gebiet aufwies, zu dessen Zeit aber trotzdem wirtschaftliche Zusammenarbeit von einigem Gewicht erfolgte.[71] Die Aufgaben und Zielstellungen im Wirtschafts- und Sozialbereich der UN (Kapitel IX der UN-Charta) sind wesentlich durch die Gegebenheiten zum Zeitpunkt der Gründung der Weltorganisation geprägt worden.[72] So wurde der Zusammenhang zwischen wirtschaftlichem Fortschritt und gemeinsamem Handeln gesehen, um Kriege zu verhindern. Weitere Ziele, speziell unter der Überschrift „Internationale Zusammenarbeit auf wirtschaft-

---

[69] Zu erwähnen ist in diesem Zusammenhang der neu zu gründende Internationale Strafgerichtshof, der unter bestimmten Voraussetzungen Einzelpersonen zur Anklage bringen kann.

[70] Vgl. Klein, Eckhart: Die Internationalen und Supranationalen Organisationen, in: Völkerrecht, Graf Vitzthum, Wolfgang (Hrsg.), Berlin, New York: de Gruyter, 2. Auflage, 2001, S. 267-377, S. 367, Ziff. 232, m.w.N.

[71] Vgl. Johnstone, Ian: Global Co-operation, in: Global Economic Co-operation, A Guide to Agreements and Organizations, Colas, Bernard (Hrsg.), United Nations University Press, 2. Auflage, 1994, S. 41-51, S. 47.

[72] Vgl. Hüfner, Klaus/ Spröte, Wolfgang: Zur Reform des Wirtschafts- und Sozialbereichs der Vereinten Nationen, in: Die Reform der Vereinten Nationen, Die Weltorganisation zwischen Krise und Erneuerung, Hüfner, Klaus (Hrsg.), Opladen 1994, S. 99-118, S. 106.

lichem und sozialem Gebiet“, sind im IX Kapitel in Art. 55 aufgeführt. Diese Schlüsselbestimmung der Charta im Bereich der wirtschaftlichen und sozialen Tätigkeiten bestimmt, dass die UN u.a. die Verbesserung des Lebensstandards, Vollbeschäftigung und die Voraussetzungen für wirtschaftlichen und sozialen Fortschritt und Aufstieg sowie die Lösung internationaler Wirtschaftsprobleme fördern.

Um die in Art. 1 und 55 der UN-Charta aufgezählten Ziele zu erreichen, wird die UN in verschiedenerlei Hinsicht tätig. Eine Funktion ergibt sich bereits aus Art. 1 Ziff. 4 der UN-Satzung, wonach die UN Verhandlungsforum für die Mitgliedstaaten sein soll. Eine weitere liegt u.a. in der Förderung der Lösung internationaler Probleme im Wirtschafts- und Sozialbereich (Art. 55 b). Praktisch haben die UN eine Vielzahl von Maßnahmen ergriffen.[73] Bemühungen zur Förderung der Erreichung der verschiedenen Ziele der UN im Wirtschafts- und Sozialbereich haben beispielsweise zur Proklamation von bislang vier Entwicklungsdekaden geführt (1961-2000), zur Errichtung neuer Organisationen und Organe wie der „United Nations Industrial Development Organization“ (UNIDO) oder der UNCTAD, zur Erarbeitung von Vorschlägen zur Errichtung einer „New International Economic Order“ oder zur Annahme der Satzung über die wirtschaftlichen Rechte und Pflichten der Staaten.[74] Ein anderes Beispiel, wie die UN nach Möglichkeiten zur Zielerreichung gesucht und reagiert hat, war die Herausbildung der operativen Tätigkeiten in den EL durch Gründung von UN-Einheiten und später dem UNDP, nachdem man erkannt hatte, dass dies erforderlich sein würde, um den Staaten, die derartige Beratung und Hilfe anfordern, beiseite stehen zu können.[75]

Auch die einzelnen Wirtschaftsorganisationen des UN-Systems[76] erfüllen zwei unterschiedliche Aufgaben, die die internationale Wirtschaft beeinflussen können: Als Operationseinheiten führen sie Aktivitäten durch (z.B. Kreditvergabe, technische Hilfe, Organisation von zwischenstaatlichen Verhandlungen, Informationsverteilung), was direkten Einfluss auf wirtschaftliche Angelegenheiten von Staaten oder Unternehmen hat. Als rechtssetzende und/ oder rechtsdurchsetzende Einheiten können sie für die Herausbildung von Regimen zur Regulierung des wirtschaftlichen Verhaltens im Rahmen ihrer Jurisdiktion verantwortlich sein. Zumeist üben sie beide Rollen aus, es kann aber auch die eine oder andere dominieren.[77]

---

[73] Vgl. dazu auch: Wolfrum, Rüdiger: Internationale Zusammenarbeit auf wirtschaftlichem und sozialem Gebiet, in: Satzung der Vereinten Nationen, Kommentar, Simma, Bruno (Hrsg.), Beck: München 1991, Art. 55 Rz. 9.

[74] Vgl. Johnstone, Ian: Global Co-operation, in: Global Economic Co-operation, A Guide to Agreements and Organizations, Colas, Bernard (Hrsg.), United Nations University Press, 2. Auflage, 1994, S. 41-51, S. 47f.

[75] Vgl. dazu bereits Teil 1, Kapitel 3, unter der Überschrift „Koordination zwischen internationalen Organisationen“.

[76] Vgl. dazu Abschnitt 3 in diesem Kapitel.

[77] Vgl. Zamora, Stephen: Economic Relations and Development, in: The United Nations and International Law, Joyner, Christopher C. (Hrsg.), Georgetown University/American Society of International Law, 1997, S. 232-287, S. 232.

Anders ausgedrückt kann man im Rahmen der wirtschaftlichen und sozialen Zusammenarbeit im allgemeinen zwischen nicht-operativen und operativen Tätigkeiten unterscheiden. Die nicht-operativen Aufgaben werden auch als normative Funktionen bezeichnet. Bei diesen Tätigkeiten handelt es sich um beratende, normative und standardsetzende Funktionen, worunter etwa Resolutionen mit entwicklungspolitischen Zielen und Strategien zu zählen sind und womit vorrangig die GA und der ECOSOC, aber auch die UNCTAD, befasst sind. Diese Funktionen standen bei den Weltkonferenzen der 1990er Jahre im Vordergrund.

Bei den operativen Tätigkeiten der UN handelt es sich dagegen um Aktivitäten wie Projekte und Programme auf regionaler oder Länderebene. Die operativen Aktivitäten der UN im Entwicklungsbereich umfassen die Leistungen, die im Rahmen der seit 1978 jährlich stattfindenden Beitragsankündigungskonferenz, angekündigt und den UN-Fonds und Programmen zur Verfügung gestellt werden. Hier sind insbesondere das UNDP, das „World Food Programme", UNICEF zu nennen.[78] Gezielte und gut koordinierte Entwicklungszusammenarbeit (EZ) kann die Bemühungen der EL, ein günstiges Umfeld für Aktivitäten im privaten Sektor herzustellen, verstärken, einheimische und ausländische Investitionen, Wirtschaftspolitik und soziale Politiken fördern und effektive, transparente und verantwortliche Wirtschafts- und Rechtsprechungsinstitutionen entwickeln helfen. Sie hat auch eine wichtige Rolle dabei zu spielen, dass EL ihre beschränkten Kapazitäten ausbauen und von den Handelsmöglichkeiten profitieren können. Hier kann die EZ einschließlich der finanziellen Hilfe zum Tragen kommen. Dies gilt, wie bereits dargelegt, insbesondere für die LDCs.
Im Folgenden soll auf einige Funktionen etwas detaillierter eingegangen werden.

1.2.1. Die UN als Verhandlungsforum, Politikformulierung und Konsensbildung

Die Funktion der Politikformulierung („Policy-Making") und die UN als Forum für zwischenstaatliche Verhandlungen multilateraler Normen sind die Funktionen, die auf Grund der großen internationalen Konferenzen im Wirtschafts- und Sozialbereich neben den operationellen Tätigkeiten vor Ort im Entwicklungsland nach außen am ehesten wahrgenommen werden. Dass die UN ein Forum zwischenstaatlicher Verhandlungen sein soll, ergibt sich dabei bereits aus Art. 1 der UN-Charta.

Sowohl die GA als auch ECOSOC und UNCTAD sowie deren Ausschüsse, Kommissionen und sonstige Organe bieten Gelegenheit für die Staatenvertreter auf höchster Ebene, durch Vertreter aus den Hauptstädten oder durch Beamte im auswärtigen Dienst sich zu den verschiedensten Themen auszutauschen, abzustimmen, Verträge oder Deklarationen auszuarbeiten und zu verhandeln. In Bezug auf die

[78] Unterscheidung so für die Entwicklungszusammenarbeit der UN: vgl. Klingebiel, Stephan: Leistungsfähigkeit und Reform des Entwicklungsprogramms der Vereinten Nationen (UNDP), Deutsches Institut für Entwicklungspolitik (DIE) (Hrsg.), Köln: Weltforumverlag, 1998, S. 17.

politische Dimension einer Entwicklungsagenda ist die UN einzigartig, da sie internationale Politikdebatten sowohl in Wirtschafts- als auch im Sozialbereich und damit zusammenhängenden Bereichen durchführen kann. Ziel sollte sein, dass die Ergebnisse dieser Debatten in andere Foren einfließen.[79]

Die GA befasst sich mit den Themen der wirtschaftlichen Entwicklung insgesamt sowie auch mit dem Thema Handel und Entwicklung. Auch mit der Globalisierung zusammenhängende Fragen werden in den UN behandelt und diskutiert. Bereits mehrfach hat die GA Resolutionen auf diesem Gebiet erlassen.[80] Das Thema Globalisierung ist nach wie vor weiter auf der Tagesordnung.[81] Insgesamt nimmt die GA zu zentralen Themen im Wirtschafts- und Entwicklungsbereich (Globalisierung, Verschuldung, Handel und Finanzierung für Entwicklung) Stellung.[82] Vorbereitet durch Berichte des UN-Generalsekretärs, die durch das UN-Sekretariat erarbeitet werden, erörtert die GA diese Themen und erlässt hierzu Resolutionen.[83] So hat sie in ihrer Resolution 55/182 vom 5. Dezember 2000 den Generalsekretär aufgefordert, in Zusammenarbeit mit dem UNCTAD-Sekretariat über Entwicklungen im multilateralen Handelssystem und über andere in der Resolution angesprochenen Themen zu berichten. Daraufhin wurden mehrere Berichte vorgelegt[84] und

---

[79] Vgl. GA-Resolution 51/240 vom vom 20. Juni1997, Annex: Agenda for Development, Ziff. 41.

[80] Vgl. die GA-Resolutionen 53/169 vom 15. Dezember 1998, 54/231 vom 22. Dezember1999 und 55/212 vom 20. Dezember 2000 „on the role of the United Nations in promoting development in the context of globalization and interdependence".

[81] Vgl. GA-Resolution 56/209 vom 21. Dezember 2001: Role of the United Nations in promoting development in the context of globalization and interdependence, vgl. A/56/568, Tagesordnungspunkt 105. Die GA beschloss, den Punkt „Globalization and interdependence" auf die Tagesordnung der 57. Tagung aufzunehmen.

[82] Im Jahr 2001 hatte sie jedoch mit Blick auf die Konferenz von Monterrey vom 18.–22. März 2002 zu diesen Themen nur prozedurale Resolutionen verabschiedet.

[83] Vgl. z.B. GA-Resolution 1707 (XVI) vom 19. Dezember 1961: International trade as the primary instrument for economic development, GA-Resolution 34/199 vom 19. Dezember 1979: Multilateral trade negotiations, GA-Entscheidung S-11/24 vom 15. September 1980: Global negotiations relating to international economic cooperation for development, GA-Resolution 40/182 vom 17. Dezember 1985: Charter of Economic Rights and Duties of States, GA-Resolution 40/185 vom 17. Dezember 1985: Economic measures as a means of political and economic coersion against developing countries, GA-Resolution 40/186 vom 17. Dezember 1985: Preferential Trade Area for Eastern and Southern African States, GA-Resolution 40/207 vom 17. Dezember 1985: Long-term trends in economic development, GA-Resolution 41/165 vom 5. Dezember 1986: Economic measures as a means of political and economic coercion against developing countries, GA-Resolution 41/168 vom 8. Dezember 1986: Commodities, GA-Resolution S-18/3 vom 1. Mai 1990, Annex: Declaration on International Economic Cooperation, in particular the Revitalization of Economic Growth and Development of Developing Countries, GA-Resolution 45/201vom 21. Dezember 1990: Strengthening international organizations in the area of multilateral trade.

[84] Vgl. u.a. die Berichte des UN-Generalsekretärs A/56/376 vom 18. September 2001: Report on trade and development, A/56/473 vom 15. Oktober 2001: Report on unilateral economic measures as a means of political and economic coersion against developing countries, sowie A/56/427: Report on the specific actions related to the particular needs and problems of land-

die GA entschied, unter dem Tagesordnungspunkt „Fragen der makroökonomischen Politik“ als Unterpunkt das Thema „Internationaler Handel und Entwicklung“ auf ihre Tagesordnung zu setzen.[85]

In ihrer Resolution 50/95 vom 20. Dezember 1995 mit der Überschrift „Internationaler Handel und Entwicklung“ hatte die GA umfassend zum Handelssystem nach Abschluss der Uruguay-Runde Stellung genommen. In den einleitenden Paragrafen führte sie aus, dass die Entwicklungsländer einen wichtigen Beitrag zum Erfolg der Uruguay-Runde[86] geleistet haben, indem sie sich insbesondere den Herausforderungen der Reformen und Maßnahmen zur Handelsliberalisierung gestellt haben. Die GA betonte, dass es notwendig sei, Maßnahmen zu ergreifen, um sicherzustellen, dass die Entwicklungsländer, insbesondere die am wenigsten entwickelten Länder, an dem Wachstum des internationalen Handels in einem Umfang Anteil haben, der den Bedürfnissen ihrer wirtschaftlichen Entwicklung entspricht. Besorgnis äußerte die GA über die nachteiligen Auswirkungen, die sich für die am wenigsten entwickelten Länder, insbesondere die in Afrika, und die Nettonahrungsmittelimporteure unter den Entwicklungsländern durch die Umsetzung der Übereinkünfte der Uruguay-Runde ergeben könnten, die in der in Marrakesch unterzeichneten Schlussakte über die Ergebnisse der multilateralen Handelsverhandlungen der Uruguay-Runde vereinbart wurden. Diesen benachteiligten Entwicklungsländern müsse Hilfe gewährt werden, damit sie von der Umsetzung der Uruguay-Runde voll profitieren können. Weiter sprach die GA die Notwendigkeit an, den Zugang zu und den Transfer von umweltgerechten Technologien und entsprechendem Know-how zu gegenseitig vereinbarten günstigen Bedingungen, namentlich auch Konzessions- und Vorzugsbedingungen, zu fördern, zu erleichtern und gegebenenfalls zu finanzieren, und dabei die Notwendigkeit des Schutzes geistigen Eigentums sowie die besonderen Bedürfnisse der Entwicklungsländer im Zusammenhang mit der Umsetzung der Agenda 21 zu berücksichtigen. Die GA betonte in derselben Resolution, dass es wichtig sei, dass das internationale Handelssystem gestärkt wird und größere Universalität erlangt, und äußerte sich positiv über den Prozess, der es denjenigen Übergangsländern und Entwicklungsländern, die nicht Mitglied des Allgemeinen Zoll- und Handelsabkommens sind, ermöglichen soll, Mitglied der Welthandelsorganisation zu werden, was zu ihrer raschen und vollständigen Integration in das multilaterale Handelssystem beitragen würde. In Ziff. 4 der Resolution betonte die GA, dass es dringend notwendig sei, die Handelsliberalisierung fortzusetzen. Dies solle namentlich durch einen erheblichen Abbau der Zölle und anderen Handelsschranken, insbesondere nichttarifärer Hemmnisse, und durch die Beseitigung diskriminierender und protektionistischer Praktiken in den internationalen Handelsbeziehungen erfolgen, sowie dadurch, den Zugang zu den Märkten aller Länder, insbesondere zu denjenigen der entwickelten Länder, zu verbessern, damit ein nachhaltiges Wirtschaftswachstum und eine bestandfähige Entwicklung

locked developing countries, Bericht des UN-Generalsekretärs und des Generalsekretärs der UNCTAD.

[85] Vgl. GA-Resolution 56/178 vom 21. Dezember 2001: International trade and development.

[86] Vgl. dazu Kapitel 3, Abschnitt 1.2.

gefördert werden. Die GA unterstrich die Notwendigkeit der vollständigen Integration der Übergangsländer sowie anderer Länder in die Weltwirtschaft, insbesondere durch einen verbesserten Marktzugang ihrer Exporte und die Beseitigung von diskriminierenden tarifären und nichttarifären Maßnahmen sowie durch eine weitere Liberalisierung ihrer Handelssysteme, auch gegenüber den Entwicklungsländern.[87] In Ziff. 6 und 7 betonte sie die Wichtigkeit der zeitgerechten und vollständigen Umsetzung der Uruguay-Übereinkünfte und wies nachdrücklich darauf hin, wie wichtig die vollständige und laufende Umsetzung der in der Schlussakte enthaltenen Bestimmungen ist, die den Entwicklungsländern eine besondere und differenzierte Behandlung einräumen, namentlich auch der Beschlüsse, wonach der Situation der LDCs und Nettonahrungsmittelimporteure unter den Entwicklungsländern besondere Aufmerksamkeit geschenkt werden soll. Sie missbilligte außerdem jeden Versuch der Umgehung oder Untergrabung der multilateral vereinbarten Maßnahmen zur Handelsliberalisierung durch den Rückgriff auf einseitige Maßnahmen, die über die in der Uruguay-Runde vereinbarten hinausgehen, und erklärte erneut, dass Umwelt- und soziale Belange nicht zu protektionistischen Zwecken eingesetzt werden dürfen.[88] Ebenfalls in dieser Resolution verwies die GA erneut auf die Notwendigkeit, das Aktionsprogramm für die neunziger Jahre zugunsten der LDCs vordringlich durchzuführen und den afrikanischen Ländern Hilfe zu gewähren, um es ihnen zu ermöglichen, unter anderem die Auswirkungen der Schlussakte über die Ergebnisse der multilateralen Handelsverhandlungen der Uruguay-Runde zu bewerten und Anpassungsmaßnahmen aufzuzeigen und durchzuführen, die es ihnen gestatten, ihre Wettbewerbsfähigkeit zu verbessern.[89] Die GA ersuchte die Länder, die eine Vorzugsbehandlung gewähren, Verbesserungen ihrer Präferenzsysteme vorzunehmen, und bat darum, dass im Rahmen der Grundsatzüberprüfung 1996 des Allgemeinen Präferenzsystems mögliche Anpassungen des Systems geprüft werden.[90]

Mit der Funktion der UN als Verhandlungsforum in unmittelbarem Zusammenhang steht die Funktion des „Agenda setting", d.h. der Herausbildung eines internationalen Konsenses über die Entwicklungsaktivitäten sowie der Politikformulierung. Zu nennen sind hier u.a. die nunmehr vier Entwicklungsdekaden, die seit den 1960er Jahren ausgerufen worden sind und für die jeweils eine Entwicklungsstrategie aufgestellt worden ist.[91] Die Entwicklungsstrategien, die neben der Präambel und den

---

[87] Vgl. GA-Resolution 50/95 vom 20. Dezember 1995: International trade and development, Ziff. 5.

[88] Vgl. die GA: ebenda, Ziff. 12.

[89] Vgl. die GA:ebenda, Ziff. 15f.

[90] Dies sollte unter Berücksichtigung der Ziff. 134 bis 140 der Verpflichtung von Cartagena sowie der Ergebnisse der Uruguay-Runde erfolgen, vgl. die GA: ebenda, Ziff. 17.

[91] Vgl. für die Erste Entwicklungsdekade die GA-Resolution 1710 (XVI) vom 19. Dezember 1961 sowie die „Proposals for action", die einstimmig mit Resolution 916 (XXXIV) des ECOSOC gebilligt worden waren, für die Zweite Entwicklungsdekade die Resolution 2626 (XXV) vom 24. Oktober 1970, die anlässlich des 25-jährigen Bestehens der UN von der GA einstimmig angenommen worden war, für die Dritte Entwicklungsdekade die Resolution 35/56 mit Annex, die durch die GA auf Empfehlung durch den Zweiten Ausschuss

Zielen und Objektiven einen umfangreichen Katalog von Politikmaßnahmen enthielten, welcher unter anderem den internationalen Handel, Industrialisierung, Nahrungsmittel und Landwirtschaft, sowie Internationale Währungs- und Finanzfragen, technische Kooperation, Umwelt, soziale Entwicklung aber auch spezielle Abschnitte zur Behandlung der besonderen Bedürfnisse der LDCs umfasste, waren zumeist wenig erfolgreich. In einem Arbeitspapier des ECOSOC, das auf Berichten des GS der UN sowie des GS der UNCTAD, des Sekretariates der UNCTAD, des CDP, sowie der regionalen Kommissionen beruht, wird in Bezug auf die Zweite internationale Entwicklungsstrategie ausgeführt, dass

„the general evaluation...suggests that the International Development strategy remains much more a wish than a policy.“[92]

Sowohl von Seiten der EL als auch der entwickelten Länder wurden Versäumnisse attestiert. Für die entwickelten Länder wurde das Fazit gezogen, dass die meisten von ihnen

"...have not yet introduced major policy changes in support of it ... most have accorded a low priority to the development problems of the developing countries ...While some progress has been made in designing practical measurers to expand the international trade of developing countries, their implementation has remained unsatisfactory, more especially in the case of measures in favour of the least developed countries...“[93]

Als weitere wichtige Resolutionen der GA sind hier u.a. die Deklaration und das Aktionsprogramm zur Errichtung einer neuen internationalen Weltwirtschaftsordnung (NWWO) zu nennen[94], die am 1. Mai 1974 auf der 6. Sondertagung der GA für Entwicklung ohne förmliche Abstimmung angenommen worden waren. Ziel der Erklärung war es, auf die Errichtung einer neuen Weltwirtschaftsordnung hinzuwirken, die auf Gerechtigkeit, souveräner Gleichheit, gemeinsamem Interesse und der Zusammenarbeit aller Staaten ungeachtet ihrer wirtschaftlichen und gesellschaftlichen Systems beruht. Des Weiteren soll die neue Weltwirtschaftsordnung die Ungleichheiten beheben und bestehende Ungerechtigkeiten beseitigen, die Aufhebung der sich vertiefenden Kluft zwischen den entwickelten Ländern und den EL ermöglichen und eine sich ständig beschleunigende wirtschaftliche und soziale Entwicklung in Frieden und Gerechtigkeit für heutige und künftige Generationen sicherstellen.[95] Die Deklaration legte verschiedene Prinzipien nieder, auf denen die neue internationale Wirtschaftsordnung begründet sein sollte und rief alle Staaten auf, mit maximalen Bemühungen an der Umsetzung zu arbeiten.[96] Für die zu

(A/35/592/Add.1) am 5. Dezember 1980 ohne Abstimmung angenommen wurde, und für die Vierte Entwicklungsdekade die GA-Resolution 45/199.

92 Vgl. ECOSOC-Resolution 1827 (LV), Annex, Ziff. 24.

93 Vgl. dazu im Detail ECOSOC-Resolution 1827 (LV), Annex, Ziff. 24ff.

94 Vgl. GA-Resolutionen 3201(S-VI) und 3202 (S-VI) vom 1. Mai 1974: Erklärung und Aktionsprogramm zur Errichtung einer neuen internationalen Weltwirtschaftsordnung.

95 Vgl. GA-Resolution 3201 (S-VI) vom 1. Mai 1974, einleitender Paragraf 3.

96 Vgl Johnstone, Ian: Global Co-operation, in: Global Economic Co-operation, A Guide to Agreements and Organizations, Colas, Bernard (Editor), United Nations University Press, 2. Auflage, 1994, S. 41-51, S. 48.

errichtende NWWO wurde eine Reihe von Grundsätzen eingefordert, darunter erleichterten Marktzugang für Waren aus EL, volle Souveränität über die natürlichen Ressourcen, gerechtere Handelsbedingungen, Gewährung einer aktiven Hilfe an die EL ohne politische und militätrische Bedingungen und freier Technologiezugang.[97] Das Aktionsprogramm über die Erichtung einer NWWO ging detaillierter auf die Probleme und Ziele der Deklaration ein, ohne jedoch verbindliche Verpflichtungen zu statuieren („Alle Anstrengungen sollen unternommen werden"), in der Erwartung, dass diese in späteren Verhandlungen nachfolgen würden. Allen voran wurde die Rohstoffproblematik aufgegriffen, Nahrungsmittel, das internationale Währungssystem, Entwicklungsfinanzierung, Industrialisierung, Technologietransfer usw. thematisiert. Im Handels- und Wirtschaftsbereich wurde Folgendes gefordert:

- Änderung der internationalen Arbeitsteilung, um den EL einen größeren Anteil an der Weltindustrieproduktion zu sichern und es ihnen zu ermöglichen, ihren Bedarf zu decken,
- Abbau protektionistischer Maßnahmen,
- Zugang zu den Märkten der Industrieländer für Halb- und Fertigwaren aus EL,
- Abschaffung von tarifären und nichttarifären Handelshemmnissen,
- Präferenzabkommen für EL im Handel und in anderen Bereichen,
- Regelung und Kontrolle der Tätigkeit transnationaler Konzerne, und
- Förderung der Zusammenarbeit der EL untereinander.[98]

Sowohl die Erklärung als auch das Aktionsprogramm enthielten in einem Sonderprogramm (Teil X) eine Reihe von Forderungen hinsichtlich der LDCs. Auf die geplante Charta der wirtschaftlichen Rechte und Pflichten der Staaten[99] wurde hingewiesen, die ein wirksames Instrument zur Errichtung eines neuen Systems der Weltwirtschaftbeziehungen darstellen sollte. Das Programm zielte auf eine graduelle Veränderung der „terms of trade" zwischen den entwickelten Ländern und den EL und auf eine verstärkte Beteiligung der EL an den internationalen Finanzmärkten und Institutionen.

Nachfolgende Bemühungen in Richtung auf eine neue Weltwirtschaftsordnung haben wenig Erfolg erzielen können. Insbesondere der 1979 erfolgte Ruf der GA zur Einberufung einer Runde globaler Verhandlungen über internationale Zusammenarbeit für Entwicklung scheiterte. Darüber hinaus wurde die NWWO z.B. in der „Declaration on International Economic Co-operation" (dazu sogleich unten) noch nicht einmal mehr erwähnt.[100]

---

[97] Vgl. Gareis, Sven Bernhard/ Varwick, Johannes: Die Vereinten Nationen, Opladen: Leske und Budrich, 2002, S. 212.

[98] Vgl. Nohlen, Dieter: Neue Weltwirtschaftsordnung (NWWO) in: Lexikon Dritte Welt, Nohlen, Dieter (Hrsg.), Reinbeck bei Hamburg: Rowohlt, 2002, S. 606-608, S. 607 unter Verweis auf eine Zusammenstellung des BMZ.

[99] Vgl. dazu bereits Teil 1, Kapitel 3, Abschnitt 1.4.

[100] Vgl. Johnstone, Ian: Global Co-operation, in: Global Economic Co-operation, A Guide to Agreements and Organizations, Colas, Bernard (Hrsg.), United Nations University Press, 2. Auflage, 1994, S. 41-51, S. 49f.

Die Forderung nach einer NWWO stellte für die Industrieländer zweifellos eine gewichtige politische und wirtschaftliche Herausforderung dar, weil sie im Kern auf eine Änderung des überkommenen Nord-Süd-Verhältnisses zugunsten der Interessen der EL abzielte und damit die althergebrachten Privilegien der Industrieländer in Frage stellte. Doch bei nüchterner Betrachtung verwundert die Reaktion der westlichen Industrieländer, die darin einen Angriff auf die „freie" Marktwirtschaft sahen und die Errichtung einer „dirigistischen" Welt-Planwirtschaft befürchteten. Denn weder die Erklärung noch das Aktionsprogramm zielten auf die Schaffung einer grundlegenden neuen Ordnung ab, sondern hielten im Prinzip an den überkommenen Mechanismen der internationalen Arbeitsteilung fest und waren prinzipiell „handelsorientiert". Lediglich die rohstoffpolitischen Zielsetzungen[101] enthielten Aspekte, die dazu geeignet wären, die Rohstoffproduzenten mit größeren Stücken als bisher an dem zu verteilenden Kuchen zu beteiligen.[102] Die bereits erwähnte „Charter of Economic Rights and Duties of States" vom 12. Dezember 1974 war ebenso wenig erfolgreich.[103]

Nach dem Ende des kalten Krieges wurde mit der 18. Sondergeneralversammlung GA im Frühjahr 1990, die sich mit der internationalen wirtschaftlichen Zusammenarbeit beschäftigte, die Chance genutzt, die neue weltwirtschaftliche Situation zu betrachten. Die auf der Sondersitzung verabschiedete „Declaration on International Economic Co-operation, in particular the Revitalizing of Economic Growth and Development of the developing countries"[104] reflektierte dann auch einen Konsens im Hinblick auf eine generelle Politikausrichtung, der durch das Ende des kalten Krieges möglich geworden war. Die Deklaration beinhaltete eine Forderung nach Revitalisierung des Wirtschaftswachstums und der sozialen Entwicklung in den EL und ließ den Bedürfnissen der LDCs besondere Aufmerksamkeit zuteil werden. Anerkannt wurde, dass die 1980er Jahre für viele Länder als ein verlorenes Jahrzehnt angesehen werden. Die Erklärung forderte die Wiedereinführung eines langfristigen Herangehens an die Entwicklung im Unterschied zu den kurzfristigen Anpassungsstrategien. Das Verschuldungsproblem wurde angesprochen und ebenso die Notwendigkeit einer umweltbewussten Entwicklung. Die wichtige Rolle des UN-Systems in der Revitalisierung der Entwicklung wurde genannt und die Rolle

---

[101] Dazu gehörten: Vereinbarung von Rohstoffabkommen für einzelne Rohstoffe als Bestandteile eines integrierten Rohstoffprogramms, Förderung der Weiterverarbeitung von Rohstoffen in den Erzeugerländern und dadurch Erhöhung ihres Wertes, Billigung von Rohstoffkartellen, Verhinderung der Vergeudung natürlicher Ressourcen, angemessener Zugang der EL zu den Erträgen des Tiefseebergbaus, vgl. Nohlen, Dieter: Neue Weltwirtschaftsordnung (NWWO) in: Lexikon Dritte Welt, Nohlen, Dieter (Hrsg.), Rowohlt, Reinbeck bei Hamburg, 2002, S. 606-608, S. 607 unter Verweis auf eine Zusammenstellung des BMZ.

[102] Vgl. Ferdowsi, Mir A.: Weltwirtschaftsordnung/ NWWO, in: Lexikon der Vereinten Nationen, Volger, Helmut (Hrsg.), München, Wien: Oldenbourg 2000, S. 646-651, S. 650.

[103] Vgl. GA-Resolution 3281 (XXIX) vom 12. Dezember 1974: Charter of Economic Rights and Duties of States, vgl. dazu Teil 1, Kapitel 3, Abschnitt 1.4.

[104] Vgl. GA-Resolution S-18/3 vom 1. Mai 1990, Annex: Declaration on International Economic Cooperation, in particular the Revitalzation of Economic Growth and Development of Developing Countries.

der Sonderorganisationen dabei herausgehoben. Die Deklaration beinhaltete jedoch, abgesehen von einer vagen Übernahme der Verpflichtung, das international vereinbarte Ziel 0,7 % des GDP an offizieller Entwicklungshilfe zu leisten, keine substantiellen Zugeständnisse von Seiten der entwickelten Länder.[105]

In den 1990er Jahren fand eine Reihe internationaler Konferenzen statt.[106] Nach dem Ende des Ost-West-Konfliktes unterschieden sich diese Konferenzen von denen früherer Jahrzehnte u.a. durch die wachsende Beteiligung von Nichtregierungsorganisationen. Mit dem Leitbild nachhaltiger Entwicklung, das auf dem „Erdgipfel“ in Rio 1992 verabschiedet wurde, war erstmals ein ganzheitlicher, soziale, wirtschaftliche und ökologische Probleme umfassender Politikansatz entwickelt worden, der in den folgenden Jahren insbesondere auf Drängen der Industrieländer noch um die politische Dimension erweitert wurde.[107]

---

[105] Vgl. ähnlich auch Johnstone, Ian: Global Co-operation, in: Global Economic Co-operation, A Guide to Agreements and Organizations, Colas, Bernard (Hrsg.), United Nations University Press, 2. Auflage, 1994, S. 41-51, S. 50f.

[106] Liste wichtiger UN-Konferenzen und Gipfel in den 1990er Jahren:
- World Summit for Children (UNICEF, New York, 1990),
- International Conference on Nutrition (FAO, Rom 1992),
- United Nations Conference on Environment and Development/Umwelt und Entwicklung (UN, Rio de Janeiro 1992),
- World Conference on Human Rights/ Menschenrechte (UN, Wien 1993),
- International Conference on Population and Development/ Bevölkerung und Entwicklung (UN/UNFPA, Kairo 1994),
- Global Conference on the Sustainable Development of Small Island Developing States (UN, Bridgetown 1994),
- Fourth World Conference on Women/ Advancement of Women (UN, Beijing 1995),
- World Summit for Social Development/ Soziale Entwicklung (UN, Kopenhagen 1995),
- United Nations Conference on Human Settlements (Habitat II) (UN, Istanbul 1996),
- World Food Summit/ Nahrungssicherheit (food security) (FAO, Rom 1996),
- 20th Special Session of the General Assembly (Drogen) (UN, New York 1998),
- World Education Forum (UNESCO, Dakar 2000),
- Anti-Rassismuskonferenz (2001) u.a. über die Folgen des Kolonialismus und die Frage der Entschädigung für Sklaverei.

Ergebnisse von Konferenzen auf UN-Ebene in den 1990er Jahren waren unter anderem:
- The International Development Strategy for the Fourth UN Development Decade, vgl. GA-Resolution 45/199, Annex;
- Programme of Action for the LDC for the 1990s (2nd UN Conference for LDC), vgl. dazu GA-Resolution 50/103, Annex: Mid-term global review;
- The United Nations New Agenda for the Development of Africa in the 1990s, vgl GA-Resolution 46/151, Annex; The Cartagena Commitment (UNCTAD VIII), vgl. TD/364/Rev.1,
- Agenda 21: Programme of Action for Sustainable Development, angenommen auf der „UN Conference on Environment and Development“ 1992.

[107] Vgl. BT-Drs. 14/6496 vom 7. Juni 2001: Elfter Bericht zur Entwicklungspolitik der Bundesregierung, S. XV, vgl. zum Begriff der nachhaltigen Entwicklung Teil 1, Kapitel 1, Abschnitt 2.4.

Erwähnt werden soll hier des Weiteren der Prozess der Ausarbeitung einer Agenda für Entwicklung im Rahmen der UN, in welcher die Entwicklungsziele mit weiteren Aspekten der Entwicklung in einem Politikrahmen zusammengebracht worden sind. Die Agenda wurde nach zweijährigen Verhandlungen am 20. Juni 1997 von der GA verabschiedet.[108] Zuvor war der UN-Generalsekretär, entsprechend seiner Agenda für den Frieden[109] durch die GA beauftragt worden, eine Agenda für Entwicklung ausarbeiten. Der ehemalige Generalsekretär der UN Boutros Boutros Ghali legte einen Bericht mit dem Titel „An Agenda for Development" vor.[110] Dieser Bericht war jedoch selbst nach Ansicht des GS nur ein Entwurf. Die GA versuchte danach, selbst eine Agenda zu erarbeiten. Bereits im Dezember 1994 hatte die GA entschieden, eine „ad hoc open-ended working group" einzurichten, die eine handlungsorientierte, umfassende Agenda für Entwicklung ausarbeiten sollte.[111] Die Erarbeitung der Agenda zog sich jedoch bis 1997 hin. Selbst dann ging sie jedoch nicht über eine Zustandsbeschreibung des Entwicklungssystems der UN hinaus. Die Agenda verknüpft Entwicklungsaufgaben mit Reform- und Strukturfragen und versucht, die entwicklungspolitische Rolle der UN sowohl in inhaltlicher als auch institutioneller Hinsicht dem geänderten Umfeld anzupassen. Die Agenda arbeitete zwei Ziele heraus: Das erste Ziel war die Stärkung der internationalen Zusammenarbeit für Entwicklung. Dazu gehören a) die Umsetzung aller internationalen Vereinbarungen und Zusagen für die Entwicklung und b) die Stärkung der Rolle, der Kapazität, Effektivität und Effizienz des UN Systems im Entwicklungsbereich. Zweites Ziel war die Förderung von Entwicklung basierend auf einem integrierten Vorgehen.[112] Auch der Agenda für Entwicklung liegt damit der aus den Weltkonferenzen resultierende, multidimensionale Entwicklungsansatz zu Grunde, der Wirtschaftswachstum, soziale Entwicklung, Umweltschutz und Menschenrechte als integrale, gleichwertige Komponenten ansieht.[113] Der Politikrahmen umfasst eine Vielzahl von Handlungsbereichen. Im Bereich der wirtschaftlichen Entwicklung sind sieben Bereiche zu nennen:

---

[108] Vgl. GA-Resolution 51/240 vom 20. Juni 1997, Annex: Agenda for Development.

[109] Die Agenda für den Frieden ging Anfang der 1990er Jahre auf eine Initiative der G77 zurück.

[110] Vgl. A/48/935 vom 6. Mai 1994: An Agenda for Development, Bericht des UN-Generalsekretärs.

[111] Vgl. GA-Resolution 49/126 vom 19. Dezember 1994: Agenda for Development, Ziff.1.

[112] Vgl. GA-Resolution 51/240 vom 20. Juni 1997, ebenda, Ziff. 44 und 46: „In order to ensure an integrated approach to development centred on human beeings and to achieve sustainable development, economic growth on its own is not sufficient and environmental protection cannot be considered in isolation from the development process. ... Economic development, social development and environmental protection are interdependent and mutually reinforcing components of sustainable development, which is the framework of efforts to achieve a higher quality of life for all people. As the well-being of human beings depends on all facets of development, a multidimensional approach to development is essential. Therefore, any formulation of strategies, policies and national, subregional, regional and international actions has to be based on an integrated and comprehensive approach."

[113] Vgl. Glanzer, Hans-Peter: Wirtschaft und Entwicklung, in: Die Vereinten Nationen in Recht und Praxis, Cede, Franz/ Sucharipa-Behrmann, Lilly (Hrsg.), Wien: Manz, 1999, S. 202.

1. Makroökonomische Politiken für ein tragendes Wirtschaftswachstum und nachhaltige Entwicklung,
2. Internationaler Handel und Rohstoffe,
3. Fragen des internationalen Handels und externer Finanzierung,[114]
4. Wissenschaft und Technologie für Entwicklung,
5. Süd-Süd-Kooperation,
6. Regionale wirtschaftliche Zusammenarbeit,
7. Entwicklung im Agrarbereich, im Industrie- und im Dienstleistungssektor.

Neben Aspekten der sozialen Entwicklung wie der Beseitigung von Armut und Hunger sowie anderen Aspekten sind in einem Abschnitt mit dem Titel „Actions related to countries in special situations" auch Maßnahmen zugunsten von Afrika und den LDCs enthalten sowie Mittel zu deren Umsetzung. Kritisch zur Agenda äußerte sich Martens. Die Agenda, ursprünglich als Fahrplan der UN-Entwicklungsarbeit ins 21. Jahrhundert gedacht, sei eher eine Zustandsbeschreibung des damals aktuellen Standes der entwicklungspolitischen Debatte zwischen Nord und Süd. Sie markiere damit bestenfalls die (ungelösten) Probleme mit denen sich die UN auch in den nächsten Jahren zu befassen haben. Letztlich spiegele sie den Stand der entwicklungspolitischen Auseinandersetzung auf Regierungsebene in ihrer ganzen Widersprüchlichkeit wider und zeige damit auch die Grenzen des zwischenstaatlichen Verhandlungsprozesses unter dem Dach der UN auf. Dieser ziele auf Konsens und an ihm sind (damals 185) Staaten mit divergierenden ökonomischen und politischen Interessen formal gleichberechtigt beteiligt.[115]

In neuerer Zeit zu erwähnen sind der Millenniumsgipfel, der im September 2001 in New York tagte. Auf dem Millenniumsgipfel wurden die auf den internationalen Konferenzen der 1990er Jahre herausgearbeiteten und verabschiedeten internationalen Entwicklungsziele („International Development Goals")[116] bekräftigt und

---

[114] Zum Finanzbereich gehören die folgenden Elemente: Mobilization of domestic resources for development, External resources, External debt, Official development assistance (ODA), Role of multilatera financial institutions, United Nations financing for development. Private investment flows, Peace dividend.

[115] Vgl. dazu Martens, Jens: Kompendium der Gemeinplätze, Die >Agenda für Entwicklung<: Chronologie eines gescheiterten Verhandlungsprozesses in: Vereinte Nationen 2/98, S. 47-52, S. 52 und 47.

[116] Die internationalen Entwicklungsziele sind:

1. Economic well-being (wirtschaftliches Wohlergehen): Der Anteil der in absoluter Amut lebenden Menschen in den EL soll bis zum Jahr 2015 mindestens halbiert werden. Die Beseitigung der Armut war bereits 1995 auf den Weltsozialgipfel in der Erklärung von Kopenhagen als „ethischer, sozialer, politischer und wirtschaftlicher Imperativ für die Menschheit" bezeichnet worden.

2. Soziale Entwicklung, umfasst die vier Breiche Grundschulbildung, Gleichberechtigung von Mann und Frau, medizinische Grundversorgung und Familienplanung.

a) Gewährleistung einer allgemeinen Grundschulbildung in allen Ländern bis 2015 (Jomtien, Beijing, Kopenhagen),

b) Beseitigung der Ungleichbehandlung der Geschlechter in der Primar- und Sekundarschulbildung bis 2005 (Kairo, Beijing, Kopenhagen), konkrete Ziele aufgestellt, die bis zum Jahr 2015 erreicht werden sollen. Die in der Millennium-Deklaration genannten Ziele stimmen im wesent-lichen mit den bis dato beschlossenen internationalen Entwicklungszielen überein, teilweise unterscheiden sie sich von Wortlaut her und gehen z.T. auch über die internationalen Entwicklungsziele hinaus. Neue Ziele betreffen die Halbierung der Anzahl der Menschen, die Hunger leiden, kein Trinkwasser haben, die Gleichbehandlung von Mädchen und Jungen auch in Bezug auf höhere Bildung, nicht nur für Grundschul- und Sekundarbildung, die Halbierung der Ausbreitung von HIV/AIDS, Malaria und anderen schweren Krankheiten, sowie besondere Hilfe für Waisenkinder durch HIV/AIDS sowie schließlich die Verbesserung der Lebensbedingungen von wenigstens 100 Millionen Slum-Bewohnern.[117] In Bezug auf die Armutsreduzierung führt die Millenniumserklärung u.a. aus:

„We are committed to making the right to development a reality for everyone and to freeing the entire human race from want... We resolve therefore to create an environment – at the national and global levels alike – which is conducive to development and to the elimination of poverty...Success in meeting these objectives depends, *inter alia*, on good governance within each country. It also depends on good governance at the international level and on transparency in the financial, monetary and trading systems. We are committed to an open, equitable, rule-based, predictable and non-discriminatory multilateral trading and financial system“[118]

Die Deklaration war einstimmig durch die Staats- und Regierungschefs angenommen worden. Sie repräsentiert einen internationalen Konsens auf höchstmöglicher politischer Ebene. Gleichzeitig bildet sie einen generellen Rahmen für Aktionen in den wirtschaftlichen und sozialen Bereichen, die sich auf die Gipfel und internationalen Konferenzen der 1990er Jahre beziehen.[119] Mit der UN-Millennium Deklaration besteht nunmehr ein einzelner übergreifender Politikrahmen, an den alle Organisationen des Systems individuell und kollektiv gebunden sind.[120]

---

c) die Reduzierung der Säuglings-und Kindersterblichkeit um zwei Dritttel des Standes von 1990 und die Verringerung der Müttersterblichkeit um drei Viertel bis 2015 (Kairo und Beijing) sowie

d) im Rahmen des Systems der primären Gesundheitsversorgung bis 2015 den Zugang zu Diensten auf dem Gebiet der reproduktiven Gesundheit, einschliesslich sicherer und verlässlicher Methoden der Familienplanung (Kairo).

3. Im Bereich der Umweltverträglichkeit und Regenerierung ist das Ziel, nationale Umweltstrategien in allen Ländern bis 2005 zu verankern, um dadurch eine Umkehrung des Trends zum Umweltressourcenschwund bis 2015 zu erreichen. Nationale Strategien zur umweltverträglichen Entwicklung waren bereits 1992 auf der Konferenz von Rio gefordert worden.

[117] Vgl. United Nations Development Group: Reporting on the Millennium Development Goals at the Country Level, Guidance Note, October 2001, Annex 2, S. 14, im Internet unter http://www.undp.org/policy/docs/MDGs_Country_%20Level.doc, Ausdruck vom 31. März 2003.

[118] Vgl. GA-Resolution 55/2 vom 8. September 2000: United Nations Millennium Declaration, S. 4ff, Ziff. 11-13.

[119] Vgl. A/57/16 vom 11. Juli 2002: Report of the Committee for Programme and Coordination, S. 81, Ziff. 312.

[120] Vgl. E/2002/55 vom 3. Mai 2002: Annual overview report of the United nations Chief Executives Board for Coodination for 2001, S. 12, Ziff. 37.

In Bezug auf die LDCs wurden die industrialisierten Staaten mit Blick auf die dritte UN-LDC Konferenz im Mai 2001 aufgefordert, eine Politik des zoll- und quotenfreien Zugangs für im Wesentlichen alle Exporte aus den LDCS anzunehmen, das verbesserte Programm zur Schuldenreduzierung für die stark verschuldeten armen Länder ohne weitere Verzögerung umzusetzen und zu vereinbaren, alle offiziellen bilateralen Schulden dieser Länder im Gegenzug zu nachweislichen Zusagen zur Armutsreduzierung zu erlassen, sowie großzügigere Entwicklungshilfe insbesondere an Länder zu erbringen, die Bemühungen zur Verwendung ihrer Ressourcen für die Armutsreduzierung machen.[121]

Im Nachgang zur Millenniumsdeklaration wurde der UN-Generalsekretär in Resolution 55/162 aufgefordert, einen Wegweiser zu erarbeiten, der im Detail darlegen sollte, wie diese Zusagen erfüllt werden können. Ausgehend davon, dass zur merklichen Armutsreduzierung ein anhaltendes und breit fundiertes Wirtschaftswachstum essentiell ist, legte dieser die einzelnen Ziele und die erforderlichen Strategien dar, die jedoch für sich zumeist zu unkonkret sind, um als verbindliche Handlungsanweisungen zu dienen. In Bezug auf die LDCs und deren Marktzugang sowie den Handelsbereich führte er als Strategien an, die Bemühungen zur Integration von Handelspolitiken in nationale Entwicklungspolitiken mit Blick auf Armutsreduzierung zu verstärken, den LDCs beim Aufbau von Kapazitäten im Bereich der Handelspolitiken und damit zusammenhängenden Bereichen wie Zollsätzen, Zöllen, Wettbewerb und Investitionen in Technologie zu helfen. Neben der weiteren Arbeit in Richtung eines zoll- und quotenfreien Marktzugangs für alle Produkte aus den LDCs mit Ausnahme von Waffen, wurde die Unterstützung der LDCs bei der Verbesserung/ Aufwertung ihrer Produktion sowie ihrer Exportkapazitäten und -fähigkeiten genannt sowie die Fortsetzung der Verbesserung des „Generalized System of Preferences" für die LDCs durch Vereinfachung administrativer und prozeduraler Regelungen.[122] In Bezug auf die Steigerung des Handels als einen Motor für Entwicklung nannte der UN-Generalsekretär u.a. die Sicherstellung der Umsetzung der Zusagen der Uruguay-Runde durch die entwickelten Länder zur Verbesserung des Marktzugangs für Produkte aus den EL, die Verbesserung des Marktzugangs für landwirtschaftliche Produkte aus den EL und Beseitigung der noch bestehenden Barrieren in Bezug auf den produzierenden Bereich, dabei insbesondere auf Textilien und Bekleidung. Zudem nannte der Generalsekretär die Ermöglichung einer begrenzten, zeitlich gebundenen Protektion neuer Industrien durch Länder in einer frühen Phase von Entwicklung, „Capacity building" und technische Hilfe für Handelsverhandlungen und Streitschlichtungen, sowie schließlich die Sicherstellung, dass die nächste Runde von Handelsverhandlungen im Rahmen der WTO eine wirkliche Entwicklungsrunde werde.[123]

---

[121] Vgl. GA-Resolution 55/2 vom 8. September 2000: United Nations Millennium Declaration, S. 4, Ziff. 15.

[122] Vgl. A/56/326 vom 6. September 2001: Road map towards the implementation of the United Nations Millennium Declaration, Bericht des UN-Generalsekretärs, S. 28, Ziff 143.

[123] Vgl. ebenda, S. 27, Ziff 138.

Als eine der wichtigsten Konferenzen im Hinblick auf die.LDCs ist hier die dritte UN-LDC-Konferenz zu nennen, die im Mai 2001 in Brüssel stattfand. Diese Konferenz, führte zur Annahme eines Aktionsprogramms für die LDCs, das als Resolutionen der GA verabschiedet worden ist und umfangreiche Maßnahmen zu Gunsten der LDCs enthält.[124] Zu nennen ist weiter die UN-Konferenz zur Entwicklungsfinanzierung, die im Frühjahr 2002 in Monterrey/ Mexiko stattfand (dazu sogleich unten).

Die globalen Konferenzen haben sich mit einem sehr breiten Spektrum befasst. Themen wie Finanzen, Handel, Technologie, die externe Verschuldung, Umweltbelange usw. wurden erörtert, was die Komplexität globaler Problemlagen widerspiegelt. Neben der Erörterung globaler Probleme wurde versucht, Lösungsmöglichkeiten herauszuarbeiten. Letztlich konnte mit Verabschiedung und mehrfacher Bestätigung der Entwicklungsziele ein globaler Konsens darüber erzielt werden. Nunmehr hat eine Umsetzung, d.h. eine Problemlösung auf der operativen Ebene zu erfolgen. Zur Umsetzung sind Strategien und Programme zu entwickeln. Die Umsetzung obliegt den Mitgliedstaaten (den entwickelten als auch den EL) und den Sonderorganisationen. Aber auch Nichtregierungsorganisationen und andere relevante „Stakeholder", die auf dem jeweiligen Gebiet tätig sind, sind in die Umsetzung einzubeziehen. So wurde z.B. die „United Nations System-wide Special Initiative" ins Leben gerufen, mit der die „United Nations New Agenda for the Development of Africa in the 1990s" (UN-NADAF) umgesetzt werden soll.

Die meisten Konferenzen haben einen Prozess zur Nachverfolgung (sog. „Follow-up-Prozess") in Gang gesetzt, d.h., dass Ergebnisse der Umsetzung der auf der Konferenz vereinbarten Ziele regelmäßig überprüft werden sollen. So fand z.B. im Jahr 2000 die 24. Sondergeneralversammlung der UN in Genf statt. Dieser Weltsozialgipfel knüpfte an den Weltsozialgipfel fünf Jahre zuvor in Kopenhagen an (Kopenhagen+5). Die Bilanz der bisher erfolgten UN-Überprüfungskonferenzen in der 2. Hälfte der 1990er Jahre fiel – insbesondere aus Sicht der auf verstärkte internationale Hilfe angewiesenen EL – verhalten aus. Früher vereinbarte Konzepte und Strategien wurden zwar bestätigt und im Falle der Armutsbekämpfung auf dem Weltsozialgipfel sogar in Form der Verpflichtung konkretisiert, den Anteil der extrem Armen bis 2015 zu halbieren, jedoch wurde auch deutlich, dass sowohl auf Seiten der Industrie- als auch der Entwicklungs- und Schwellenländer mehr politischer Wille und entsprechendes Handeln zur Umsetzung der Beschlüsse und Aktionsprogramme erforderlich ist.[125]

Eine geplante Neugestaltung des Prozesses zur Nachverfolgung basiert auf der Erkenntnis, dass eine erneute Diskussion der Resolutionen früherer Weltkonferenzen in der Regel nicht erforderlich ist und die technische Überprüfung getroffener Vereinbarungen auch von den regelmäßig tagenden Kommissionen geleistet werden

---

[124] Vgl. dazu bereits in Teil 1, Kapitel 2, Abschnitt 3.2.

[125] Vgl. BT-Drs. 14/6496 vom 7. Juni 2001: Elfter Bericht zur Entwicklungspolitik der Bundesregierung, S. XV und XVI

kann. Ob und wann Folgekonferenzen stattfinden, muss dann im Einzelfall unter Berücksichtigung neuerer Entwicklungen entschieden werden.[126]

Die von der GA verabschiedete Agenda für Entwicklung umschreibt diese Funktion der UN insgesamt wie folgt:

„The United Nations occupies a unique position for addressing the challenges of promoting development in the context of the globalization of the world economy and deepening interdependence among nations. It must play a central and more active and effective role in promoting international cooperation for development and providing policy guidance on global development issues... The United Nations constitutes a unique forum for building international consensus on global priorities for which there exists no substitute. Forging consensus and commitments through, inter alia, various international conferences, on international economic, social and related issues is one of the most important functions of the United Nations system...“[127]

Trotz der oftmals geäußerten Kritik, insbesondere wegen der Kosten derartiger Großveranstaltungen, muss gesagt werden, dass der neue globale Konsens über entwicklungspolitische Prioritäten im wesentlichen über diese Konferenzen gebildet wurde. Auch die starke Präsenz der NGOs führte dazu, dass die öffentliche Meinung für bestimmte Themen sensibilisiert werden konnte.[128] Die Herausarbeitung internationaler Entwicklungsziele wurde wesentlich auf diesen Konferenzen gefördert und erneut auf dem Millenniumsgipfel im September 2000 bekräftigt.[129] Der aus den Weltkonferenzen resultierende, multidimensionale Entwicklungsansatz sieht Wirtschaftswachstum, soziale Entwicklung, Umweltschutz und Menschenrechte als integrale und gleichwertige Komponenten an. Die Ergebnisse der Konferenzen weisen auch mit Nachdruck auf die Notwendigkeit der Kohärenz im internationalen Währungs-, Finanz- und Handelssystem zur Unterstützung von Entwicklung hin.[130]

Kritische Stimmen verweisen demgegenüber auf die meist wenig verbindlichen Aussagen zur Umsetzung der eingegangenen Verpflichtungen. So führt Martens zum wenig erfolgreich verlaufenen Weltsozialgipfel Kopenhagen+5 aus:

„Die Genfer Generalversammlung hat einmal mehr deutlich gemacht, dass derartige Veranstaltungen kaum geeignet sind, die Regierungen zur verbindlichen Umsetzung ihrer auf den Weltkonferenzen eingegangenen Verpflichtungen zu bewegen. Ein Treffen des Plenums der

---

[126] Vgl. BT-Drs. 14/6496 vom 7. Juni 2001: Elfter Bericht zur Entwicklungspolitik der Bundesregierung, S. 53.

[127] Vgl. GA-Resolution 51/240 vom 20. Juni 1997, Annex: Agenda for Development, Ziff. 233f.

[128] Vgl. Glanzer, Hans-Peter: Wirtschaft und Entwicklung, in: Die Vereinten Nationen in Recht und Praxis, Cede, Franz/ Sucharipa-Behrmann, Lilly (Hrsg.), Wien: Manz, 1999, S. 210.

[129] Vgl. die GA-Resolution 55/2 vom 8. September 2000: United Nations Millennium Declaration.

[130] Vgl. Dokument E/2000/60 vom 26. Mai 2000: Progress Report on basic indicators for the integrated and coordinated implementation of and follow-up to major United Nations conferences and summita at all levels. Bericht des UN-Generalsekretärs, S. 4f, Ziff. 11.

Staatengemeinschaft, in dem die Mitglieder die unterschiedlichsten Interessen verfolgen, in dem zugleich das Konsensprinzip herrscht – womit faktisch jedes Mitglied ein Vetorecht besitzt –, kann kaum mehr als Formelkompromisse zustande bringen."[131]

Dennoch zeigt die Geschichte der Weltkonferenzen, dass auch zunächst unverbindliche Erklärungen schrittweise eine normative Kraft entwickeln, und den Druck auf Regierungen zu Einhaltung der unverbindlichen Selbstverpflichtungen durchaus erhöhen könnten. Auch erfüllen die Konferenzen angesichts des enormen Medienaufgebotes auch wichtige Informationsfunktionen über Weltprobleme.[132]

Nicht nur die UN haben jedoch bei der Herausarbeitung von Entwicklungszielen in den letzten Jahren eine große Rolle gespielt. Der elfte Bericht zur Entwicklungspolitik der Bundesregierung spricht von einem entscheidenden Fortschritt des internationalen Dialogs gegenüber dem Dialog früherer Jahrzehnte dadurch, dass die UN-Themen der 1990er Jahre zunehmend auch die Tagesordnungen anderer multilateraler Organisationen wie der Bretton-Woods-Institutionen Weltbank und IMF, der Welthandelsorganisation (WTO), regionaler Entwicklungsbanken aber auch von Zusammenschlüssen der Industrieländer wie OECD, EU und G7/G8 bestimmten.[133]

Die bezüglich der Umsetzung von Beschlüssen internationaler Konferenzen bestehenden, eben erwähnten Probleme sind bekannt. Wie die Praxis zeigt, waren auch den meisten der zahllosen Resolutionen der GA im Entwicklungsbereich nur mäßige Auswirkungen, auch in Bezug auf die LDCs, beschieden. Die nach dem Ende des kalten Krieges erfolgten UN-Konferenzen haben zu Aktionsprogrammen geführt, die solider sind, als die in der Vergangenheit.[134] Auf der anderen Seite nehmen die Regierungen auf Grund der großen Diversität ihrer eigenen wirtschaftlichen und politischen Interessen nicht immer präzise strategische Orientierungen in den UN an.[135] Zu oft, so de Senarclens, sind UN-Entwicklungsstrategien nicht mehr als eine Liste von Prinzipien und beschreibenden Ermahnungen, entworfen ohne klare Prioritäten und ohne Bezug auf ihre konkreten politischen Implikationen. Sie könnten die notwendigen finanziellen Ressourcen zur Umsetzung dieser Resolutionen, die auf den großen Konferenzen feierlich angenommen wurden, nicht an sich binden.[136] In der Agenda für Entwicklung wird das Problem der Umsetzung treffend zusammengefasst:

---

[131] Vgl. Martens, Jens: Armutsbekämpfung als Absichtserklärung, in: Vereinte Nationen, Heft 4, 2000, S. 140-142, S. 142.
[132] Vgl. Gareis, Sven Bernhard/ Varwick, Johannes: Die Vereinten Nationen, Opladen: Leske und Budrich, 2002, S. 220.
[133] Vgl. BT-Drs. 14/6496 vom 7. Juni 2001: Elfter Bericht zur Entwicklungspolitik der Bundesregierung, S. XVI.
[134] Vgl. de Senarclens, Pierre: Reforming the United Nations: A Necessity and an Illusion, in: Agenda for Change: New Tasks for the United Nations, Opladen: Leske und Budrich, 1995, S. 211-227, S. 220, der z.B. die Kairo-Konferenz über Bevölkerung und Entwicklung nennt.
[135] Vgl. de Senarclens, Pierre: ebenda, S. 220, der hier auf die Vorbereitungsdokumente für den Sozialgipfel 1992 „with their blatant lack of cohesiveness and originality" verweist, was diese Schwäche reflektieren würde.
[136] Vgl. de Senarclens, Pierre: ebenda.

„Such Implementation requires foremost political will by all actors at all levels. Too often the gap between what has been agreed and what has been implemented leaves much to be desired at both the national and the international levels...“[137]

In Bezug auf die notwendigen finanziellen Mittel für die Entwicklung sind neben der öffentlichen Entwicklungshilfe (ODA) neue Wege der Finanzierung zu finden. Dieses Problem stand auf der Tagesordnung der internationalen Konferenz zur Entwicklungsfinanzierung. Dies war die erste Konferenz zu diesem Thema, die es jemals gegeben hat.[138] Die Durchführung einer hochrangigen Diskussion zu Fragen der Entwicklungsfinanzierung war von der GA beschlossen worden.[139] Die Konferenz fand im Frühjahr 2002 in Monterrey (Mexiko) statt. Geplant war, politische Entscheidungsträger mindestens auf Ministerebene zu versammeln, die die Probleme der Entwicklungsfinanzierung umfassend im Kontext der Globalisierung und Interdependenz diskutieren sollten.[140] Die „Ad Hoc Open-ended Working Group of the General Assembly on Financing for Development“ hatte empfohlen, dass sich die Konferenz mit einheimischen finanziellen Ressourcen, mit internationalen Ressourcen (Handel, ausländische Direktinvestitionen und andere privaten Zuflüssen), mit der internationalen finanziellen Zusammenarbeit für Entwicklung einschließlich der offiziellen Entwicklungshilfe und Schuldenreduzierung befassen sollte. Ein weiteres Thema sollte die Steigerung von Kohärenz und Konsistenz des internationalen Währungs-, Finanz- und Handelssystems zur Unterstützung von Entwicklung und zur Vermeidung finanzieller Krisen und übermäßiger finanzieller Unbeständigkeit sein. Zudem sollte sich die Konferenz mit der Steigerung der effektiven Teilnahme am und Integration der Entwicklungs- und Transformationsländer in das globale Wirtschaftssystem einschließlich durch „Capacity building“ befassen. Die besonderen Bedürfnisse Afrikas, der LDCs, der kleinen Inselstaaten, der Binnenstaaten und anderer EL mit besonderen Schwierigkeiten, Finanzmittel für die Entwicklung anzuziehen, sollten ebenfalls behandelt werden.[141] Dieser umfassende, holistischen Ansatz sollte einen Anstoß für einen kohärenten Politikrahmen geben. In dieser Ausrichtung auf mehr Kohärenz lag das Spannungsfeld der Konferenz[142], auf der der sog. Monterrey-Konsens verabschiedet wurde.

Im Vorfeld der Konferenz hatte der UN-Generalsekretär ein „High-Level Panel on Financing for Development“ eingesetzt, das Strategien für die Mobilisierung von Ressourcen zur Beschleunigung einer nachhaltigen Wachstums in den EL und zur Erfüllung der Armuts- und Entwicklungszusagen der UN-Millenniumsdeklaration

---

[137] Vgl. GA-Resolution 51/240 vom 20. Juni 1997, Annex: Agenda for Development, Ziff. 36.
[138] Vgl. auch Thiel, Reinhold E.: Mehr Geld für Entwicklungspolitik? In: E+Z 2002, Heft 7, S. 207.
[139] Vgl. GA-Resolution 54/196 vom 22. Dezember 1999: High level intergovernmental consideration of financing for development.
[140] Vgl. dazu die Homepage http//www.un.org/esa/analysis/ffd.
[141] Vgl. Dokument E/2000/60 vom 26. Mai 2000: Progress Report on basic indicators for the integrated and coordinated implementation of and follow-up to major United Nations conferences and summita at all levels. Bericht des UN-Generalsekretärs, S. 4f, Ziff. 11f.
[142] Vgl. Hofmann, Michael/ Drescher, Rolf: Der Monterrey-Konsens: Eine neue Entwicklungspartnerschaft, in: E+Z, 2002, Heft 5, S. 149-151, S. 149.

erarbeiten sollte. Der nach dem Vorsitzenden des Panels, dem ehemaligen Mexikanischen Präsidenten Ernesto Zedillo benannte Zedillo-Bericht, führte in Bezug auf die LDCs aus, dass diese unmittelbare Hilfe zur Verbesserung ihrer Position im Welthandelssystem bedürfen, sie könnten nicht auf eine neue Handelsrunde warten. In dem Bericht des Panels wurden vier Maßnahmen empfohlen:

- Großzügige Finanzierung des zur Umsetzung des „Integrated Framework" errichteten „Trust Fund"[143],
- Sofortige Umsetzung der Konzessionen der Uruguay-Runde in Bezug auf LDCs,
- die zuverlässige und prompte Umsetzung der „Everything but Arms"-Initiative durch die EU und Aktionen durch andere industrialisierte Länder, die zumindest soweit gehen, wie die Zusage der EU und
- die Wiederherstellung und Verbesserung der „Compensatory Financing Facility" des IMF sowie die Errichtung eines multilateralen „Commodity Risk Management Scheme" für weniger entwickelte Länder.[144]

Im ersten Punkt geht der auf der Konferenz von Monterrey angenommene Konsens auf die Mobilisierung nationaler Ressourcen ein. Hier wie auch in anderen Abschnitten des Dokuments werden gute Regierungsführung[145], Korruptionsbekämpfung[146], Rechtsstaatlichkeit, Achtung der Menschenwürde, eine marktwirtschaftlich orientierte Wirtschaftspolitik und makroökonomische Stabilität[147] als Rahmenbedingungen für ein nachhaltiges Wirtschaftswachstum und die Erreichung der Entwicklungsziele genannt. Der Konsens betonte die Notwendigkeit des „Capacity building" in Bereichen wie Infrastruktur, Entwicklung von Humanressourcen, öffentliche Finanzen, Finanzregulierung und Überwachung, Bildung, Schuldenmanagement u.a.m. insbesondere in Bezug auf die besonderen Bedürfnisse Afrikas und der LDCs. Des Weiteren wurde die Bindung an das Aktionsprogramm für die LDCs für die Periode 2001-2010 bekräftigt. Zudem wurde ausgeführt, dass technische Hilfe, u.a. durch die operativen Tätigkeiten der UN, unverzichtbar sei.[148] Als zweiter Punkt wurde im Monterrey-Konsens die Mobilisierung internationaler Ressourcen thematisiert. Diesbezüglich wurde die Eigenverantwortung der EL für ihre eigene wirtschaftliche und soziale Entwicklung betont.[149]

---

[143] Vgl. dazu Teil 3, Kapitel 2, Abschnitt 1.2.1.

[144] Vgl. Dokument A/55/1000 vom 26. Juni 2001: Report of the „High-Level Panel on Financing for Development", S. 8, Ziff. 3.

[145] Vgl. A/CONF.198/3 vom 1. März 2002: Draft outcome of the International Conference on Financing for Development, Ziff. 11.

[146] Vgl. ebenda, Ziff. 13.

[147] Vgl. ebenda, Ziff. 14.

[148] Vgl. ebenda, Ziff. 19.

[149] Dazu wird z.B. ausgeführt: „To attract and enhance inflows of productive capital, countries need to continue their efforts to achieve a transparent, stable and predictable investment climate, with proper contract enforcement and respect for property rights, embedded in sound macroeconomic policies and institutions that allow business, both domestic and international, to operate efficiently and profitably and with maximum development impact. Special efforts

Der dritte Punkt befasste sich mit dem internationalen Handel als Motor für Entwicklung. Handel kann einen enormen Einfluss auf die Finanzierung von Entwicklung haben. Die „Terms of Trade“ beeinflussen die Höhe der Ressourcen, die aus dem Exporteinkommen resultieren, insbesondere für Länder, die von Rohstoffen abhängen. Handel fördert zudem die produktive Nutzung ökonomischer Ressourcen. Der Monterrey-Konsens zählt eine ganze Reihe von Sachfragen von besonderem Interesse für die EL in Bezug auf den internationalen Handel im Hinblick auf die Stärkung ihrer Kapazitäten zur Finanzierung von Entwicklung auf.[150] Unter anderem wurde die Notwendigkeit genannt, Bestimmungen in den Handelsabkommen über besondere und differenzierte Behandlung der EL präziser, effektiver und operationeller auszugestalten.[151] Die auf der Ministerkonferenz der Welthandelsorganisation (WTO) in Doha getroffenen die Entscheidungen der WTO, die Bedürfnisse und Interessen der EL in das Zentrum des Arbeitsprogramms der WTO zu stellen, wurden begrüßt.[152] Gleichzeitig forderte der Monterrey-Konsens dazu auf, die „Doha-Development Agenda“ vollständig umzusetzen, einschließlich der vermehrten handelsbezogenen technischen Zusammenarbeit.[153]

In Bezug auf die Zusammenarbeit wurden multilaterale und bilaterale Finanz- und Entwicklungsinstitutionen ersucht, ihre Bemühungen mit gesteigerten Ressourcen auszuweiten und zu koordinieren. Genannt wurden diesbezüglich die graduelle Beseitigung von angebotsseitigen Beschränkungen, die Verbesserung der Handelsinfrastruktur, Diversifizierung von Exportkapazitäten und Unterstützung der Zunahme des Technologiegehalts von Exporten, die Stärkung des institutionellen Entwicklung und die Verbesserung der Produktivität und Wettbewerbsfähigkeit. Dazu wurden bilaterale Geber und internationale und regionale Finanzinstitutionen ersucht, zusammen mit den relevanten UN-Agenturen, Fonds und Programmen ihre Unterstützung für handelsbezogenes Training, Kapazitäts- und Institutionenbildung und handelsunterstützenden Diensten zu verstärken.[154] Besondere Hilfe soll den LDCs, den landumschlossenen und den kleinen Inselstaaten, Afrika und den Transformationsländern zuteil werden, wobei auf das „Integrated Framework for Trade-Related Technical Assistance to Least Developed Countries“ und dessen Nachverfolgung, das „Joint Integrated Technical Assistance Programme“, den „WTO Doha Development Agenda Trust Fund“ sowie Aktivitäten des Internationalen Handels-

are required in such priority areas as economic policy and regulatory frameworks for promoting and protecting investments, including the areas of human resouce development, avoidance of double taxation, corporate governance, accounting standards, and the promotion of a competitive environment...We emphasize the need for strengthened, adequately resourced technical assistance and productive capacity-building programmes, as requested by recipients.“, vgl. ebenda, Ziff. 21.

[150] Vgl. dazu Teil 3, Kapitel 1, Abschnitt 1 zu den Koordinationsleistungen internationaler Organisationen.

[151] Vgl. A/CONF.198/3 vom 1. März 2002: Draft outcome of the International Conference on Financing for Development, Ziff. 28.

[152] Vgl. dazu Kapitel 3 Abschnitt 2.2.

[153] Vgl. A/CONF.198/3 vom 1. März 2002: ebenda, Ziff. 26 und 29ff.

[154] Vgl. ebenda, Ziff. 36.

zentrums (ITC) verwiesen wurde.[155] Multilaterale Hilfe sei auch in Bezug auf die Milderung der Konsequenzen rückläufiger Exporteinkünfte der Länder, die immer noch von Rohstoffexporten abhängig sind, erforderlich. In diesem Zusammenhang wurde auf die vor kurzem erfolgte Überprüfung der „Compensatory Financing Facility“ des IMF verwiesen. Exportdiversifizierung sei hier der richtige Weg.[156]

Zum Punkt der öffentlichen Entwicklungshilfe (ODA) bestätigt der Monterrey-Konsens das 0,7 %-Ziel. Die EU-Mitgliedstaaten hatten schon im Vorfeld der Konferenz im Europäischen Rat die Selbstverpflichtung abgegeben, ihren durchschnittlichen ODA-Beitrag zu erhöhen.[157] Auch die USA und Kanada gaben daraufhin Zusagen ab. Damit ist es zu einer Trendwende in Richtung Wiederanstieg der Entwicklungshilfe gekommen. Neben der Höhe der ODA werden auch in Bezug auf die Effizienz der Entwicklungszusammenarbeit Empfehlungen gemacht wie z.B. eine stärkere Harmonisierung der Verfahren bi- und multilateraler Geber, eine weitere Lockerung der Lieferbindung („untying aid“), flexiblere Formen der Zusammenarbeit einschließlich einer Forderung nach vermehrter Budgethilfe und Entwicklungszusammenarbeit auf der Basis von ländereigenen Entwicklungsrahmen, d.h. auf der Basis der Entwicklungsplanung der Empfängerstaaten, die die Strategien zur Armutsreduzierung beinhalten.[158] Als ein neuer Vorschlag ist z.B. die Zuweisung von Sonderziehungsrechten des Internationalen Währungsfonds zu Entwicklungszwecken, obwohl umstritten, in den Konsens aufgenommen worden.[159] In Bezug auf die externe Verschuldung verweist der Konsens auf die erweiterte „Heavily Indebded Poor Countries Initiative“ (HIPC).[160]

Der Monterrey-Konsens erkennt die Notwendigkeit an, die EL stärker an internationalen Entscheidungsprozessen in Wirtschafts- und Finanzfragen zu beteiligen. Er bleibt aber ohne klare Aussage zum institutionellen Reformbedarf. Der Vorschlag der Schaffung eines „Global Council“ hat keinen Eingang in das Abschlussdokument gefunden.[161] Zur besseren Kooperation bzw. zur Stärkung der Effektivität der Unterstützung des globalen Wirtschaftssystems für die Entwicklung wird u.a. vorgeschlagen, die Beziehung zwischen den UN und der WTO im Entwicklungsbe-

---

[155] Vgl. zum Ganzen Kapitel 3, sowie Teil 3, Kapitel 2, Abschnitte 1.2.1. und 1.2.2.

[156] Vgl. A/CONF.198/3 vom 1. März 2002: Draft outcome of the International Conference on Financing for Development, Ziff. 37.

[157] Und zwar die Mitgliedstaaten, die mehr als 50 % der gesamten ODA zur Verfügung stellen von 0,33 % auf 0,39 % bis 2006, die Mitgliedstaaten, die unter dem derzeitigen EU-Durchschnitt liegen (wie u.a. Deutschland mit 0,27 %) bis 2006 mindestens auf 0,33 %. Die gesamte ODA der EU steigt damit von 25 Mrd. US$ auf 32 Mrd. US$ in 2006, Zahlen nach: Hofmann, Michael/ Drescher, Rolf: Der Monterrey-Konsens: Eine neue Entwicklungspartnerschaft, in: E+Z, 2002, Heft 5, S. 149-151, S. 150.

[158] Vgl. A/CONF.198/3 vom 1. März 2002: ebenda, Ziff. 43.

[159] Vgl. A/CONF.198/3 vom 1. März 2002: ebenda, Ziff. 44, vgl. auch Hofmann, Michael/ Drescher, Rolf: ebenda, S. 150.

[160] Vgl. dazu Abschnitt 2.2.2 im Kapitel über die Bretton-Woods-Institutionen.

[161] Vgl. Hofmann, Michael/ Drescher: ebenda, S. 149, vgl. dazu Teil 3, Kapitel 1, Abschnitt 3.3.1.

reich zu verbessern und deren Kapazitäten, technische Hilfe an alle Länder zur Verfügung zu stellen, die diese benötigen, zu stärken. Auch die Koordination des UN-Systems und aller anderen Finanz-, Handels- und Entwicklungsorganisationen sollte gestärkt werden, um Wirtschaftswachstum, Armutsreduzierung und nachhaltige Entwicklung weltweit zu fördern.[162]

Insgesamt muss diese Konferenz als erfolgreich angesehen werden. In ihre Vorbereitung waren alle wichtigen Organisationen intensiv einbezogen worden. Dazu wurden mit den Organisationen und Organen der UN spezielle Modalitäten zur Zusammenarbeit erarbeitet.[163] Der UN-Generalsekretär führte auf dem ECOSOC-Treffen mit den Bretton-Woods-Institutionen am 22. April 2002 aus:

„...I hope that the unprecedented level of collaboration between the United Nations, the Bretton Woods institutions and the World Trade Organization will continue, so that our institutions can respond effectively to the new responsibilities that have been placed upon us."[164]

Nunmehr kommt es darauf an, den holistischen Ansatz weiter zu verfolgen und unter der Ägide der UN Brücken zwischen den Entwicklungs-, Finanz- und Handelsorganisationen und ihren jeweiligen Politikfeldern zu bauen. Der Konsens selbst regt einen Austausch zwischen Repräsentanten des ECOSOC und den Direktoren der Verwaltungsräte („Executive boards") der Weltbank und des IMF bezüglich des „follow-up"-Prozesses der Konferenz und den Vorbereitungen der jährlichen Frühjahrstagungen zwischen diesen Institutionen an. Des Weiteren wurde angeregt, zwischen den UN, der Weltbank, dem IMF und der WTO Fragen der Kohärenz, Koordination und Kooperation auf dem Frühjahrtreffen des ECOSOC mit den Bretton-Woods-Institutionen zu besprechen.[165] Auch in der Vorbereitung des jährlichen Berichtes der UN wird eine enge Kooperation zwischen diesen Institutionen angeregt. Schließlich wurde der Generalsekretär der UN aufgefordert, unterstützt durch die Sekretariate der beteiligten Akteure, den „Chief Executives Board for Coordination" der UN (CEB)[166] voll zu nutzen.[167]

Der bereits mehrfach erwähnte Begriff des „Global economic policy making" meint, wirtschaftspolitische Entscheidungen auf globaler Ebene zu treffen. Dass die UN dafür zuständig sind, ergibt sich bereits aus Art. 1 Ziff. 3 sowie 55 b) der UN-Satzung, denn die Lösung internationaler Probleme wirtschaftlicher Art erfordert es gerade auch, Regelungs- und Problemlösungsmechanismen zu erarbeiten und um-

[162] Vgl. A/CONF.198/3 vom 1. März 2002: Draft outcome of the International Conference on Financing for Development, Ziff. 64.
[163] Vgl. A/AC.257/6 vom 23. März 2000: Modalities of the preparation of all relevant stakeholders in the substantive preparatory process and the high-level intergovernmental event on financing for development, Bericht des Vorbereitungskommittees.
[164] Vgl. Pressemitteilung SG/SM/8206, ECOSOC/6002 vom 22. April 2002: Ansprache des UN-Generalsekretärs, S. 2.
[165] Vgl. zu den hochrangigen Treffen Abschnitt 5.2.2.
[166] Der CEB ist Nachfolger des Administrative Committee for Coordination, vgl. dazu Kapitel 1, Abschnitt 5.4.1.
[167] Vgl. A/CONF.198/3 vom 1. März 2002: ebenda, Ziff. 69ff.

zusetzen sowie regulierend tätig zu werden. Dass in der Praxis die eigentlichen Entscheidungen i.d.R. immer noch im Rahmen der Bretton-Woods-Institutionen oder anderen Foren wie der G7/G8[168] getroffen werden, entspricht an sich nicht dem Leitbild der Charta. Zwar können Aufgaben auf die Sonderorganisationen übertragen werden, dennoch bleiben die UN selbst zuständig, auch in diesem Bereich tätig zu werden. Die UN sind umfassend zuständig zur Bearbeitung aller Fragen, für die auch die Sonderorganisationen zuständig sind (vgl. Art. 55).[169] So weist auch die Agenda für Entwicklung den UN in Zusammenarbeit mit den Bretton-Woods-Intitutionen eine Schlüsselrolle in diesem Bereich zu[170] Diese Zuweisung von Kompetenz an die UN erfolgt zu Recht. Der Monterrey-Konsens erklärt hierzu, dass der Stärkung des UN-Systems Priorität beigemessen wird, da dieses fundamental für die Förderung der internationalen Entwicklungszusammenarbeit und für ein globales Wirtschaftssystem sei, welches für alle funktioniere. So solle die GA befähigt werden, ihre zentrale Rolle als Hauptorgan zur Beratung, zum Setzen von Politik und zur Repräsentation zu spielen. Der ECOSOC solle weiter gestärkt werden, um die ihm in der Charta übertragebe Rolle spielen zu können.[171]

1.2.2. Standardsetzung

Nicht zuletzt die Norm und Regel setzenden Tätigkeiten (bzw. das Kreieren von Regimen) im Bereich des internationalen Handels, d.h. außerhalb des speziellen Bereichs der Entwicklungszusammenarbeit der UN, sind enorm wichtig, um das internationale Handelssystem zu regeln und zu öffnen.[172] Die UN und ihre Sonderorganisationen haben weitreichende Kompetenzen auf dem Gebiet der Norm- und Standardsetzung im Handelsbereich. So arbeitet die „United Nations Commission on International Trade Law“ (UNCITRAL) standardsetzende und harmonisierende Regeln für internationale kommerzielle Transaktionen aus.[173]

---

[168] Vgl. dazu Kapitel 5, Abschnitt 2.1.

[169] Vgl Meng, Werner: Internationale Zusammenarbeit auf wirtschaftlichem und sozialem Gebiet, in: Die Satzung der Vereinten Nationen, Kommentar, Simma, Bruno (Hrsg.), Beck: München 1991, Art. 58, Ziff. 19.

[170] „The United Nations, in cooperation with the Bretton Woods institutions, other bodies of the United Nations system, including its specialized agencies, and the World Trade Organization (WTO), has a key role in fostering greater coherence, complementarity and coordination in economic policy-making at the global level, including, inter alia, macroeconomic policy issues, and in ensuring the principles of transparency and effective participation and representation, as well as the effective implementation of internationally agreed policies and goals. In this context, the respective competencies of these institutions should be taken into account.“, vgl. GA-Resolution 51/240 vom 20. Juni 1997, Annex, Ziff. 237.

[171] Vgl. A/CONF.198/3 vom 1. März 2002: Draft outcome of the International Conference on Financing for Development, Ziff. 67.

[172] Vgl. Zacher, Mark W.: The United Nations and the International Commercial Order, United Nations, NY 1999, S. 10.

[173] Vgl. z.B. UNCITRAL Model Law on Procurement of Goods, Construction and Services (1994), UNCITRAL Model Law on Electronic Commerce (1996), UNCITRAL Model Law on Cross-Border Insolvency (1997), UNCITRAL Model Law on Electronic Signatures (2001), UNCITRAL Model Law on International Commercial Concilitation (2002), vgl.

UNCITRAL hat das Mandat, als das Hauptorgan im UN-System im Bereich des internationalen Handelsrechts rechtliche Aktivitäten in diesem Bereich zu koordinieren.[174] Bereits seit 1977 stellt die UNCITRAL damit eine globale Plattform dar, um das internationale Handelsrecht zu harmonisierern und zu vereinheitlichen und dadurch rechtliche Hindernisse für einen reibungslosen Handel zwischen den Staaten, insbesondere auch mit den EL, zu reduzieren. Neben der Verhandlung und der Erarbeitung von Übereinkommen, Mustergesetzen und Auslegungshilfen gehört zu den Aufgaben der UNCITRAL vor allem das „Capacity building".[175] So erbringt auch die UNCITRAL technische Hilfe z.B. an Staaten, die auf der Basis von UNCITRAL-Texten Gesetzgebung erarbeiten oder umsetzen, etwa durch Seminare und Informationsmissionen.[176] Die GA hat wiederholt an das UNDP sowie andere Organisationen der Entwicklungshilfe wie die Weltbank und regionale Entwicklungsbanken und Regierungen in Bezug auf deren bilaterale Hilfsprogramme appelliert, das Trainings- und technische Hilfsprogramm der Kommission zu unterstützen und ihre Aktivitäten mit denen der Kommission zu koordinieren.[177] UNCITRAL besteht derzeit aus 36 Mitgliedstaaten, die durch die GA für sechs Jahre gewählt werden. Zur Wahrung der Kontinuität finden die Wahlen in einem dreijährigen Turnus statt, wobei jeweils die Hälfte der Mitglieder neu gewählt wird. LDCs, die Mitglied der Kommission sind, erhalten auf Anfrage eine Reisekostenunterstützung, um an der Arbeit der Kommission teilnehmen zu können. Ab 2004 wird die UNCITRAL und ihre Unterorgane aus Mitgliedern von 60 Staaten bestehen. Derzeit gibt es auf Grund des gestiegenen Arbeitspensums der Kommission Überlegungen, das Sekretariat der Kommission zu verstärken. Das Sekretariat wird durch den Rechtsbereich des UN-Sekretariats, genauer der Unterabteilung für Internationales Handelsrecht in Wien gestellt. An den Sitzungen der sechs Arbeitsgruppen können auch andere Staaten und internationale Organisationen als Beobachter teilnehmen.[178] Seit der Errichtung der WTO treten häufiger Überschneidungen in den Arbeitsbereichen auf, so beispielsweise hinsichtlich des elektronischen Handels oder der Schiedsgerichtsbarkeit. Dennoch wird die Arbeit der UNCITRAL durch die WTO nicht in Frage gestellt.[179]

Nicht nur die UNCTAD, sondern auch die „International Civil Aviation Organisation" (ICAO), die „International Maritim Organisation" (IMO) und andere Organisationen entwickeln Standards für Technologien und Pozeduren zum Einsatz

---

A/57/17, 2002: Report of the United Nations Commission on International Trade Law on its thirty-fifth session 17-28 June 2002

[174] Vgl. GA-Resolution 57/17 vom 19. November 2002: Report of the United Nations Commission on International Trade Law on the work of its thirty-fifth session, einleitender Paragraf 5.

[175] Vgl. Berger, Barbara: Unspektakulärer Dienst am Welthandel, Das Arbeitsprogramm der UNCITRAL, in: Vereinte Nationen 1/2003, S. 6-10, S. 6.

[176] Vgl. A/57/17, 2002: Report of the United Nations Commission on International Trade Law on its thirty-fifth session 17-28 June 2002, S. 40, Ziff. 244ff.

[177] Vgl. GA-Resolution 57/17 vom 19. November 2002, Ziff. 4(c).

[178] Vgl. Berger, Barbara: ebenda, S. 6.

[179] Vgl. ebenda, S. 10.

im internationalen Handel. Die Standardisierung von Definitionen und Bewertungen (Measurements) ökonomischer Konzeptionen wird von der „UN Statistical Commission“, UNCITRAL, der „World Meteorological Organization“ (WMO), der „World Health Organisation“ (WHO) und der „Food and Agriculture Organisation“ (FAO) durchgeführt. Ein weiteres Beispiel ist die Arbeit der „UN Commission on Crime Prevention and Criminal Justice“ in Bezug auf die Verhinderung internationaler Geldwäsche.[180] Wenn die UN diese Funktionen, die für den Fluss des internationalen Handels entscheidend sind, nicht ausüben würde, dann würden andere globale Organisationen geschaffen werden, um sie auszuführen, denn internationale Geschäfte brauchen weltweite Regime, die eine bestimmte Form einer kommerziellen Ordnung und Offenheit zur Verfügung stellen.[181]

1.2.3. Operative Tätigkeiten

Die Funktionen UN im Bereich der Formulierung von Richtlinien und Politiken sowie der Koordination und Aufsicht wird durch operative Tätigkeiten im Wirtschafts- und Entwicklungsbereich ergänzt. Zur Herausbildung der operativen Tätigkeiten wurden bereits in Teil 1 Anmerkungen gemacht.[182] Die Sonderorganisationen und Programme sowie sonstige Organe, die operative Aufgaben wahrnehmen, unterstehen der GA und dem ECOSOC.[183] Nicht nur die Fonds und Programme der UN[184], sondern auch die regionalen Kommissionen führen operative Aktivitäten durch. Diese Funktion wird zutreffend wie folgt beschrieben:

> „An important feature of the United Nations is its operational activities for development in the field. Their fundamental characteristics should be, inter alia, their universal, voluntary, and grant nature, their neutrality and their multilateralism, as well as their ability to respond to the needs of the developing countries in a flexible manner. ... Furthermore, because of its mandate, the Organization is well suited to promote a balanced approach to development. Therefore, the challenge for the United Nations and its funds and programmes is to effectively support Governments, particularly those of the developing countries, in their efforts to address increasingly complex issues of development in an interdependent world.“[185]

Die UN und das UN System führen Medium- (4 bis 5 Jahre) oder Langzeitprogramme der technischen Zusammenarbeit sowie Notprogramme (sog. „emergency programmes“) durch. Da die Tätigkeiten der technischen Zusammenarbeit der UN und des UN-Systems in den LDCs praktisch alle Wirtschafts- und Sozialbereiche und alle Phasen der Zusammenarbeit betreffen, von der Mobilisierung von Ressourcen über die Programmaufstellung bis hin zur Umsetzung der Programme und Projekte, in allen LDCs unter Beteiligung aller Organisationen, Funds und Organe

---

[180] Vgl. Zacher, Mark W.: The United Nations and the International Commercial Order, United Nations, New York 1999, S. 14 mit weiteren Beispielen.

[181] Vgl Zacher, Mark W.: ebenda, S. 15.

[182] Vgl. Kapitel 3, Abschnitt 2.2.2.

[183] Vgl. Glanzer, Hans-Peter: Wirtschaft und Entwicklung, in: Die Vereinten Nationen in Recht und Praxis, Cede, Franz/ Sucharipa-Behrmann, Lilly (Hrsg.), Wien: Manz, 1999, S. 202.

[184] Vgl. zum UNDP Abschnitt 2.2.2 unten.

[185] Vgl. GA-Resolution 51/240 vom 20. Juni 1997, Annex: Agenda für Entwicklung, Ziff. 238.

des UN-Systems ausgeführt werden, ist es klar, dass eine solche Breite an Aktivitäten eine Anzahl praktischer Koordinationsprobleme mit sich bringt, nicht nur auf der Ebene der Zentrale, sondern auch vor Ort im LDC.[186]

Die GA hat dem UN-System seit 1977 Politikorientierung im Bereich der operativen Entwicklungsaktivitäten zur Verfügung gestellt. Zu nennen ist in diesem Zusammenhang als erste wichtige Resolution auf diesem Gebiet die Resolution 32/197, die verabschiedet wurde, als sich die GA das erste Mal formell mit dem Thema befasste.[187] Seit 1980 wird diese Aufgabe durch alle drei Jahre stattfindende Überprüfungen erfüllt.[188] Für diesen sog. „triennial comprehensive policy review" stellt das Sekretariat die Politikanalysen zur Verfügung. Der Überprüfungsprozess führt zur Annahme von Resolutionen, die jährlich durch den ECOSOC auf ihren Fortschritt hin überprüft werden. Die „triennial policy review"-Resolutionen haben grundlegende Prinzipien, Konzepte, Modalitäten und Mechanismen zur Nachverfolgung eingeführt, die das Funktionieren der UN auf Länderebene regulieren.[189]

Neben Fragen der Finanzierung operativer Tätigkeiten befassen sich die Resolutionen mit der Planung, Programmaufstellung und Umsetzung von Entwicklungstätigkeiten und in diesem Zusammenhang insbesondere mit dem Planungsrahmen der UN, dem „United Nations Development Assistance Framework" (UNDAF) (dazu sogleich unten). Weitere Themen sind die Vereinfachung und Harmonisierung von Regeln und Prozeduren sowie die Evaluierung operativer Tätigkeiten. Im Laufe der Jahre wurde das „Resident Coordinator"-System durch die Resolutionen der GA weiterentwickelt. Die Resolutionen behandeln auch Fragen der „United Nations Development Group" (UNDG),[190] der humanitären Hilfe, den regionalen Dimensionen der operativen Tätigkeiten sowie mit der Süd-Süd-Kooperation. Aufgabe des ECOSOC ist es, im operativen Segment seiner jährlichen substantiellen Tagung, die operativen Aktivitäten zu prüfen. Zudem soll er die Umsetzung der jeweiligen Resolutionen mit Blick auf ihre vollständige Umsetzung evaluieren.

Mit dem „Common Country Assessment" (CCA) und dem UNDAF, das 1997 durch die Reforminitiative Kofi Annans eingeführt wurde, befasst sich auch eine in letzter Zeit dazu verabschiedete Resolution der GA.[191] Der GS hatte damals alle

---

[186] Vgl. JIU/REP/87/5: Technical co-opearation between organizations of the UN system and the least developed countries, enthalten in A/43/228 vom 21. März 1988, S. 3.

[187] Vgl. GA-Resolution 32/197 vom 20. Dezember 1977: Restructuring of the economic and social sectors of the United Nations system, insbesondere Ziff. 5 sowie Abschnitt V des Annex über operative Aktivitäten.

[188] Vgl. GA-Resolution 35/81 vom 5. Dezember 1980: Comprehensive policy review of operational activities for development.

[189] Vgl. E/2002/60 vom 14. Mai 2002: Assessing the effectiveness of the operational activities for development of the United Nations system, Bericht des UN-Generalsekretärs, S. 3, Ziff. 1f, vgl. auch die Resolutionen 44/211, 47/199, 50/120, 53/192 und 56/201.

[190] Vgl. zu beiden Themen den Abschnitt 3 über das UNDP.

[191] Vgl. GA-Resolution 56/201 vom 21. Dezember 2001: Triennial policy review of operational activities for development of the United Nations system.

UN-Fonds und Programme aufgefordert, UNDAF als einen Rahmen zu entwickeln, der sicherstellt, dass die individuellen Länderprogramme der Fonds und Programme auf gemeinsamen Zielen und harmonisierten Zeitrahmen basiert.[192] Die Resolution führt diesbezüglich aus, dass der Vorbereitungsprozess sowie die Qualität dieser Instrumente weiter verbessert werden müssen. Das CCA und das UNDAF sollen zu größerer Kohärenz, Zusammenarbeit und Effektivität der Entwicklungsbemühungen des UN-Systems führen und zielen auf Kohärenz in Planung, Programmierung und Umsetzung von Entwicklungshilfe. Diese länderspezifischen Rahmen einer Politikplanung sollen als gemeinsamer Startpunkt für die Programmaktivitäten der UN-Organisationen dienen[193]

Die UN nimmt auf Länderebene zunehmend an der Unterstützung nationaler Armutsstrategiepapiere („Poverty Reduction Strategy Papers", PRSPs) teil[194], insbesondere im Zusammenhang mit den CCAs und UNDAFs. Zu den operativen Aktivitäten der UN vgl. auch die Ausführungen zum UNDP in Abschnitt 3.

1.2.4. Sonstige Tätigkeiten und Aufgaben

Die UN hat ebenfalls die Aufgabe der Programmplanung und Budgetierung zu bewältigen. Dazu stellt sie ein Arbeitsprogramm, unterteilt in Subprogramme, auf, und weist den Organen wie dem Sekretariat, der UNCTAD usw. unter Auflistung der jeweiligen, durch Resolution der GA bzw. des ECOSOC erteilten Mandate entsprechende Aufgaben zu. Die Programme für mehrere Jahre werden durch die GA auf Empfehlung des 5. Ausschusses angenommen.[195] Bei der Aufstellung sind zudem das „Committee for Programme and Coordination" sowie das „Advisory Committee on Administrative and Budgetary Questions" beteiligt. Der „Medium-term Plan" (MTP) ist ein vierjähriges Rahmenwerk. So enthielt der MTP für die Periode 1998 bis 2001 das Programm 9 mit der Überschrift „Handel und Entwicklung", das der UNCTAD und dem „International Trade Centre" (ITC) in diesem Bereich spezielle Aufgaben zuwies.[196] Die Subprogramme 9.1. (Globalisierung und Entwicklung), 9.2. (Investitionen, Unternehmensentwicklung und Technologie), 9.3. (Internationaler Handel mit Waren, Dienstleistungen und Rohstoffen) und 9.4. (Dienstleistungsinfrastruktur für Entwicklung und Handelseffizienz) weisen speziellen Abteilungen des Sekretariates der UNCTAD Aufgaben zu, während das Subprogramm 9.5 (LDCs, landumschlossene und Inselstaaten) dem „Special Coordinator for the Least Developed, Landlocked and Island

---

[192] Vgl. A/53/226 vom 12. August 1998: Triennial comprehensive policy review of operational activities for development of the United Nations system, Bericht des UN-Generalsekretärs, S. 14, Ziff. 72.

[193] Vgl. A/51/950 vom 14. Juli 1997: Renewing the United Nations: A programme for Reform, Bericht des UN-Generalsekretärs, Ziff. 20, vgl. dazu Teil 3, Kapitel 2, Abschnitt 1.1.2.

[194] Vgl. dazu Kapitel 2, Abschnitt 1.2.1. und 2.2.1. sowie Teil 3, Kapitel 2, Abschnitt 1.1.1.

[195] Vgl. Annahme des Medium-term Planes für den Zeitraum 1998-2001 durch GA-Resolution 51/219 vom 18. Dezember 1998 auf Empfehlung des 5. Ausschusses der GA (vgl. Dokument A/51/748), enthalten in Dokument A/51/5/Rev.1.

[196] Vgl. zu den Funktionen der UNCTAD Abschnitt 2.1.

Developing Countries" des UNCTAD Sekretariates Aufgaben zugewiesen hatte.[197] Basierend auf dem MTP wird das Programmbudget für einen Zweijahreszeitraum aufgestellt. Für das Programmbudget 2002-2003 sowie den MTP 2002-2005 wurde zum ersten Mal das 1997 auf Vorschlag des UN-Generalsekretärs eingeführte „results-based budgeting format" angewendet. Dieses neue Format soll den Budget-Prozess von einem quantitativen, auf Ressourcen fokussierten hin zu einem mehr qualitativen Vorgehen verlagern.[198] Der Programmierungsprozess ist sehr komplex und zeitaufwändig. Der UN-Generalsekretär hat daher erneut Vorschläge zur Vereinfachung und Effektivierung gemacht.[199]

Ein weiterer Tätigkeitsbereich der UN umfasst analytische Tätigkeiten. Für die Ausführung der meisten Aufgaben ist das Sammeln von Daten, deren Auswertung und Analyse unabdingbar. So soll z.B. das „Committee for Development Policy" gemäß der GA-Resolution 46/206 vom 20. Dezember 1991, alle drei Jahre eine generelle Überprüfung der Liste der „low-income countries" durchführen.[200] Um diese Aufgabe erfüllen zu können, müssen Informationen über Wirtschaft, Währung und Finanzen gesammelt und aufbereitet werden. Daneben sind Sozialstatistiken über die Lebenserwartung, die Einschulungsrate usw. über die Länder zu führen und auszuwerten. Um die z.B. im Subprogramm 5.1. dem UN-Sekretariat zugewiesene Aufgabe ausüben zu können, Vorschläge zu entwickeln und die zentralen zwischenstaatlichen Organe bei einer integrierte und koordinierte Politikreaktion auf Fragen mit Entwicklungsrelevanz und zu globalen Problemen im wirtschafts- und Sozialbereich zu unterstützen, müssen Entwicklungen globaler Probleme verfolgt und entsprechende Hintergrundinformationen beschafft werden. Analytische Kapazitäten der UN sind daher in besonderem Maße auch zur Vorbereitung internationaler Konferenzen mit Diskussionspapieren und anderen Dokumenten erforderlich. Dieser Aufgabenbereich darf nicht unterschätzt werden. Nur so können GA und der ECOSOC sowie andere Organe der UN ihre Aufgaben erfüllen. Der UN-Generalsekretär führt diesbezüglich aus, dass die UN als Schmiede innovativer Denkansätze und Ort der Konsensbildung auf weltweiter Ebene aus ihrer Analysekapazität zum Aufzeigen gemeinsamer Probleme und zur Abgabe von Empfehlungen zu deren Lösung optimalen Nutzen ziehen sollten.[201]

---

[197] Vgl. A/51/5/Rev.1: Medium-term Plan für den Zeitraum 1998-2001.

[198] Vgl. A/51/950 vom 14. Juli 1997: Renewing the United Nations: a programme for reform, und A/51/950/Add.6 vom 12. November 1997 on results-based budgeting. Kritisch dazu der Bericht der Joint Inspection Union on the results approach in the Unitd Nations: implementing the United Nations Millennium Declaration, enthalten in A/57/372 vom 2. September 2002, S. 2ff.

[199] Vgl. dazu A/57/387 vom 9. September 2002: Strengthening of the United Nations: an agenda for further change, Bericht des UN-Generalsekretärs, S. 27ff.

[200] Vgl. E/1997/35: Committee for Development Planning, Report of the thirty-first session (5-9 May 1997), S. 39, Ziff. 223, vgl. Dazu bereits oben, Abschnitt 1.1.2. sowie Teil 1, Kapitel 2, Abschnitt 1.

[201] Vgl. Dokument A/51/950 vom 14. Juli 1997: ebenda, Ziff. 129.

Neben den oben kurz erwähnten Aufgaben, die zur Erfüllung der Funktionen und damit zum Erreichen der in der Charta genannten Ziele erforderlich sind, gibt es noch weitere Aufgaben zur Aufrechterhaltung der Funktionsfähigkeit, auf die hier aber nicht weiter eingegangen werden soll.

1.3. Die UN, die LDCs und die Förderung des Handels

1.3.1. Aufgaben und Rechtsgrundlagen

Der Begriff der LDC wird in der Charta der UN selbst nicht erwähnt. LDCs sind in der von den UN aufgestellten Liste aufgezählt. Über die Aufnahme entscheiden ECOSOC und GA auf Empfehlung des „Committee for Development Policy".[202] Rechtsgrundlage für ein Tätigwerden sind daher die bereits ausgeführten allgemeinen entwicklungsorientierten Normen der Charta, sowie die zahlreichen Resolutionen, die sich mit der Förderung der LDCs befassen. Auf der Grundlage einzelner Resolutionen der GA sind Organe eingerichtet und ihnen Aufgaben übertragen worden. Eine Reihe von Resolutionen bildeten u.a. die legislative Grundlage für die Tätigkeit des „Office of the Special Coordinator for African and Least Developing Countries" (OSCAL).[203] Der Beschluss der dritten UN-LDC-Konferenz diente als Rechtsgrundlage für die Ernennung eines „Special Representative" für die LDCs in 2001 (vgl. dazu sogleich unten). Mehrere Resolutionen befassen sich speziell mit der Tätigkeit der UNCTAD in Bezug auf die LDCs.[204] Auch in anderen Resolutionen[205] sowie den internationalen Entwicklungsstrategien werden Ausführungen zu den LDCs gemacht. Erst in der Millenniumdeklaration[206] auf der Sondergeneralversammlung im September 2000 wurde erneut ausgeführt, dass man die besonderen

---

[202] Vgl. dazu Teil 1, Kapitel 2, Abschnitt 1, zum CDP vgl auch oben, Abschnitt 1.1.2.

[203] Vgl. u.a. GA-Resolution 45/206 vom 21. Dezember 1990: on the implementation of the Programme of Action for the LCDs for the 1990s, GA-Resolution 46/156 vom 19. Dezember 1991 über die Umsetzung des „Programme of Action", GA-Resolution 47/173 vom 22. Dezember 1992: on the implications of the application of the new criteria for identifying the least developed countries in the implementation of the Programme of Action, GA-Resolution 47/214 vom 23. Dezember 1992: on the United Nations System-wide Plan of Action for African Economic Recovery and Development, welcher 1994 überarbeitet worden war, GA-Resolutionen 48/214 vom 23. Dezember 1993 und 49/142 vom 23. Dezember 1994 über UN-NADAF, die insbesondere die Probleme der Diversifizierung der afrikanischen Ökonomien behandeln, GA-Resolution 51/32 vom 6. Dezember 1996, über die Halbzeitüberprüfung der Umsetzung der UN-NADAF und Resolution 48/171 vom 21. Dezember 1993: Implementation of the Programme of Action for the Least Developed Countries for the 1990s sowie Resolution 52/187 vom 4. Februar 1998 über die Umsetzung des „Programme of Action for the Least Developed Countries".

[204] Vgl. z.B. die GA-Resolutionen 49/97 und 49/99 vom 19. Dezember 1994 sowie die GA-Resolution 50/95 vom 20. Dezember 1995 über internationalen Handel und Entwicklung.

[205] Vgl. dazu u.a. die GA-Resolution 3202 (S-VI) vom 1. Mai 1974: Programme of Action on the Establishment of a New International Order, X. Special Programme, in Bezug auf „special measures to the most seriously affected countries" und GA-Resolution 3362 (S-VII) vom 16. September 1975: Development and international economic co-operation.

[206] Vgl. GA-Resolution 55/2 vom 8. September 2000: United Nations Millennium Declaration, Ziff. 15.

Bedürfnisse der LDC ansprechen wird. Gleichzeitig wurden die Industrieländer zu Maßnahmen in Bezug auf Marktzugang, Schuldenreduzierung und zur Leistung von Entwicklungshilfe aufgefordert.[207] Die dritte UN-LDC-Konferenz im Mai 2001 nahm ebenfalls eine Erklärung und ein Aktionsprogramm zu Gunsten der LDCs für die Dekade 2001-2010 an.[208] In vielen weiteren Dokumenten sind Ausführungen und Verpflichtungen in Bezug auf die LDCs enthalten. So auch in dem auf der Konferenz für Entwicklungsfinanzierung verabschiedeten Monterrey-Konsens.[209] Stets wird anerkannt, dass den LDCs auf Grund ihrer besonderen Probleme besondere Aufmerksamkeit gewidmet werden müsse. Sie sind für ihre wirtschaftliche und soziale Entwicklung zwar vornehmlich selbst verantwortlich, die Unterstützung durch die entwickelten Länder sei aber unabdingbar.[210]

Das 1997 innerhalb des „Department for Economic and Social Affairs" (DESA) neu eingerichtete „Office of the Special Coordinator" (OSCAL) hatte im wesentlichen sechs Aufgaben: Es sollte erstens die fürsprechende Rolle des GS zu Gunsten der afrikanischen Entwicklung und der Entwicklung der LDCs unterstützen, insbesondere in Bezug auf die Förderung und Harmonisierung verschiedener bilateraler und multilateraler Initiativen einschließlich der „United Nations New Agenda for the Development of Africa in the 1990s" (UN-NADAF), und dem Aktionsprogramm für die LDCs für die 1990er Jahre. Im Rahmen der Nachverfolgung globaler Fragen mit besonderer Bedeutung für Afrika und die LDCs wie externe Verschuldung, Zufluss von Ressourcen und Außenhandel sollte OSCAL unterstützend tätig werden sowie bei der Nachverfolgung und der Überwachung der Umsetzung der Empfehlungen des Berichtes des GS zu Afrika. Als eine zweite Aufgabe sollte OSCAL den GS bei seiner Koordinierungsrolle in Bezug auf die Aktivitäten des UN-Systems in Afrika unterstützen. Dies sollte Tätigkeiten im Bereich systemweiter Programme umfassen, wie z.B. der „United Nations System-wide Special Initiative for the Implementation of UN-NADAF". Des Weiteren sollte OSCAL in Verbindung zur „Organization of African Unity" (OAU) im Rahmen der Imple-

---

[207] Dort heißt es unter der Überschrift Entwicklung und Armutsreduzierung: „We…undertake to address the special needs of the least developed countries. In this context, we welcome the Third United Nations Conference on the Least Developed Countries to be held in May 2001 and will endeavour to ensure its success. We call on the industrialized countries:
- to adopt, preferably by the time of that Conference, a policy of duty- and quota-free access for essentially all exports from the least developed countries;
- to implement the enhanced programme of debt relief for the heavily indebted poor countries without further delay and to agree to cancel all official bilateral debts of those countries in return for their making demonstrable commitments to poverty reduction; and
- to grant more generous development assistance, especially to countries that are genuinely making an effort to apply their resources to poverty reduction", vgl. GA-Resolution 55/2 vom 8. September 2000: United Nations Millennium Declaration, Ziff.15.

[208] Vgl. das Aktionsprogramm, enthalten in Dokument A/CONF.191/11 vom 8. Juni 2001, vgl. dazu bereits Teil 1, Kapitel 2, Abschnitt 3.

[209] Vgl. das Dokument A/CONF.198/3 vom 1. März 2002: Draft outcome of the International Conference on Financing for Development, Ziff. 19, vgl. dazu Kapitel 1, Abschnitt 1.2.1.

[210] Zur Entwicklung der Unterstützung der LDCs durch die UN vgl. bereits Teil 1, Kapitel 2, Abschnitt 3.

mentierung des Abuja-Vertrages zur Errichtung einer Afrikanischen Wirtschaftsgemeinschaft („African Economic Community") und mit afrikanischen und nichtafrikanischen NGOs stehen. Als eine dritte Schwerpunktaufgabe wurde dem OSCAL die Koordination afrikaspezifischer Aktivitäten innerhalb des Departments sowie im Auftrag des Untergeneralsekretärs übertragen. Dies schloss die UN-systemweite besondere Initiative zur Umsetzung des UN-NADAF in Zusammenarbeit mit dem UNDP, der „Economic Commission for Africa" (ECA) und die Entwicklung der LDCs in Zusammenarbeit mit der UNCTAD ein. Die vierte Funktion betraf die substantielle Unterstützung der zwischenstaatlichen Organe, einschließlich der GA, dem ECOSOC und dem „Committee for Programme and Coordination" (CPC) in ihren Beratungen über Fragen Afrikas oder betreffend die LDCs. OSCAL sollte fünftens die Süd-Süd-Zusammenarbeit im Rahmen einer neuen globalen Partnerschaft durch Erfahrungsaustausch fördern, die afrikanische und andere Entwicklungsländer einschließen sollte. Schließlich sollte OSCAL sechstens katalytische Aktivitäten in speziellen Bereichen mit besonderer Relevanz für die afrikanische Entwicklung fördern. Die legislative Grundlage für die Aktivitäten von OSCAL im Bereich der LDCs bildeten mehrere Resolutionen der GA[211].

Wie sich bereits aus der Aufgabenstellung und auch den o.g. Resolutionen ergibt, lag der Schwerpunkt insgesamt auf Afrika und der Umsetzung von Programmen auf diesem Gebiet. Auch praktisch beschäftigt sich OSCAL überwiegend mit Afrika. In Bezug auf den Handel wurde so zum Beispiel im Rahmen des fünften Aufgabengebietes zusammen mit der Regierung Koreas im Sommer 2000 ein zweiwöchiges Trainingsprogramm unter dem Titel „Trade and Investment Promotion Strategies for African Countries" in Seoul organisiert, was im Nachgang zum Forum über „Asia-Afrika Cooperation in Export Promotion" darstellte, das im Dezember 1998 in Seoul mit 70 Teilnehmern von 22 afrikanischen, 10 asiatischen Ländern und 7 regionalen und subregionalen Organisationen in Asien und Afrika sowie Teilnehmern des UN-Systems stattfand. Dabei sollten den afrikanischen Teilnehmern die koreanischen Erfahrungen exportorientierten Wachstums sowie die Formulierung der Koreanischen Exportpolitik, Anreize zur Exportförderung, Exportfinanzierung, die Entwicklung von Märkten in Übersee, Exportmarketing-

[211] Vgl. GA-Resolution 45/206 vom 21. Dezember 1990: on the implementation of the Programme of Action for LDCs for the 1990s, GA-Resolution 46/151 vom 18. Dezember 1991: on the final review and appraisal of the implementation of the Programme of Action for African Economic Recovery and Development 1986-1990, Annex II: the United Nations New Agenda for the Development of Africa in the 1990s (UN-NADAF), GA-Resolution 46/156 vom 19. Dezember 1991: on the Implementation of the Programme of Action, GA-Resolution 47/173 vom 22. Dezember 1992: on the implications of the application of the new criteria for identifying the least developed countries in the implementation of the Programme of Action, GA-Resolution 47/214 vom 23. December 1992: on the United Nations System-wide Plan of Action for African Economic Recovery and Development, which was subsequently revised in 1994, GA-Resolutionen 48/214 vom 23. Dezember 1993 und 49/142 vom 23. Dezember 1994: on UN-NADAF, addressing in particular the issues of diversification of African economies und Resolution 51/32 vom 6. Dezember 1996: on the mid-term review of the implementation of UN-NADAF.

strategien und Export-Import-Abläufe usw. nahegebracht werden.[212] Daneben war OSCAL auch an der Vorbereitung der LDC-Konferenz beteiligt. Neben der Anfertigung eines Dokuments[213] veranstaltete OSCAL zwei Treffen, erstens über Energieentwicklung und zweitens über „best Practices from Asia for LDCs in the Area of Science and Technology Development", letzteres in Kooperation mit der „Division for Sustainable Development" sowie der ESCAP.[214]

Im Nachgang zur UN-Konferenz über die LDCs 2001 in Brüssel wurde das „Office of the High Representative for the Least Developed Countries, Landlocked Developing Countries and Small Island Developing Countries" eingerichtet. Im März 2002 wurde durch Kofi Annan der Hohe Repräsentant berufen.[215] Dieser ist gleichzeitig Mitglied im „Executive Committee on Economic and Social Affairs". Das Büro des Hohen Repräsentanten soll verantwortlich sein für Koordination, Empfehlung und Berichterstattung. Die analytischen Funktionen und die technische Zusammenarbeit sollen weiter bei anderen Organisationen des UN-Systems verbleiben, einschließlich der UNCTAD, in Übereinstimmung mit deren Mandaten und komparativen Vorteilen.[216] Hintergrund war, dass das Brüsseler Aktionsprogramm die Notwendigkeit für einen effektiven und höchst sichtbaren Mechanismus zur Nachverfolgung seiner Umsetzung und zur vollen Mobilisierung der Organisationen der UN und anderer multilateraler Organisationen aufgezeigt habe. Die Effektivität der exisitierenden Arrangements müsse verbessert und die Verantwortlichkeiten klarer und rationaler festgelegt werden. Den Überlegungen des Generalsekretärs zufolge haben sich die Funktionen der systemweiten Strukturen des Mechanismus zur Nachverfolgung weiter entwickelt oder sich als ungeeignet gezeigt, ihrer Verantwortung gerecht zu werden. So konnte die Nachverfolgung des letzten Aktionsprogramms auf der globalen Ebene als eine der Funktion der UNCTAD nicht voll erfüllt werden, hauptsächlich, da die Reichweite des Aktionsprogramms über das Mandat jeder einzelnen Organisation hinausging. Zudem sei UNCTAD nicht direkt vor Ort in den UN-Länderbüros vertreten, die in der besten Position sind, die Umsetzung des Programms auf nationaler Ebene zu überwachen. Es sei daher nicht günstig, eine Organisation wie die UNCTAD, mit breiteren Verantwortlichkeiten als Ansprechpartner für die Umsetzung des Programms zu belasten. Zwar habe OSCAL einige Aktivitäten für die LDCs unternommen, dessen Hauptaktivitäten lagen aber eher auf der Entwicklung Afrikas.[217] In enger Zusam-

---

[212] Vgl. dazu UN/DESA Newsletter, August-September 2000, im Internet unter http://www.un.org/esa/desa/44.htm.

[213] Vgl. A/CONF.191/IPC/13 vom 20. Juli 2000: Contribution of the Major United Nations Conferences to the Implementation of the Programme of Action for the Least Developed Countries for the 1990s and their Implications for the Third United Nations Conference on the Least Developed Countries.

[214] Vgl. dazu UN/DESA Newsletter, ebenda.

[215] Dies ist derzeit Anwarul K. Chowdhury.

[216] Vgl. A/56/645 vom 23. November 2001: Follow-up mechanism for coordinating, monitoring and reviewing the implementation of the Programme of Action for the Least Developed Countries for the Decade 2001-2010, Bericht des UN-Generalsekretärs, S. 3, Ziff. 14.

[217] Vgl. ebenda, S. 4, Ziff. 16.

menarbeit mit den Verwaltungsleitern der Organisationen des UN-Systems würde der Hohe Repräsentant den UN-Generalsekretär dabei unterstützen, sicherzustellen, dass das Aktionsprogramm in die Arbeit jeder Organisation einfließt. Die Umsetzung auf nationaler Ebene soll durch die „United Nations Development Group" und das „Resident Coordinator-System" erfolgen.[218] Auch das System der „focal points" für die LDCs in den einzelnen UN-Organisationen soll mit Hilfe des Hohen Repräsentanten gestärkt werden.[219]

Das Büro hat neben dem Hohen Repräsentanten auf der Ebene eines Untergeneralsekretärs und einem Stellvertreter auf der Ebene eines Direktors eine kleine „Administrative and Office Support Unit" sowie eine „Policy Development and Coordination, Monitoring and Reporting Unit" und schließlich eine „Advocacy and Outreach Unit".[220] Hauptsächlich soll das neue Büro des Hohen Repräsentanten dem Vorschlag des UN-Generalsekretärs zufolge[221] diesem bei der Mobilisierung und Koordinierung aller Teile der UN auf allen Ebenen Hilfe leisten. Zudem soll es den ECOSOC sowie die GA bei der jährlichen Überprüfung des Brüsseler Aktionsprogramms unterstützen und im Bereich der landumschlossenen Länder bei der Umsetzung des Globalen Rahmens für Transit- und Transport-Zusammenarbeit und dem Aktionsprogramm für die nachhaltige Entwicklung der kleinen Inselstaaten Unterstützung leisten. Weitere Aufgaben sind eine fürsprechende Arbeit zugunsten der LDCs, der landumschlossenen und kleinen Inselstaaten in Zusammenarbeit mit relevanten Gremien der UN sowie der Zivilgesellschaft, Wissenschaft, der Presse und Stiftungen zu leisten sowie Ressourcen für die Umsetzung des Programms zu mobilisieren und Gruppenkonsultationen von LDCs auf geeignete Weise zu unterstützen. Bei der Überwachung der Umsetzung der Zusagen des Brüsseler Aktionsprogramms durch die LDCs sowie durch die Geberländer soll das Büro eng mit den Partnern der „UN Development Group", insbesondere dem UNDP zusammenarbeiten, um sicherzustellen, dass den LDCs durch das „Resident Coordinator-System" die volle Unterstützung ihrer Bemühungen zur Umsetzung des Aktionsprogramms in konkrete Maßnahmen gegeben wird. Das Aktionsprogramm soll in das „United Nations Development Assistance Framework" und die Strategien zur Armutsreduzierung in den LDCs einfließen. Zwischen April und Juli 2002 hat der Hohe Repräsentant leitende Mitarbeiter von UNDP, UNICEF, UNFPA, UNCTAD, der WHO, dem „International Trade Centre" UNCTAD/WTO, der WTO, der „Economic Commission for Africa" (ECA), dem „World Food Programme", dem „United Nations Capital Development Fund" (UNCDF) und der „Economic and Social Commission for Asia and the Pacific" (ESCAP) über das Mandat und die geplanten

---

[218] Vgl. dazu Abschnitt 3.1.

[219] Vgl. A/56/645 vom 23. November 2001: Follow-up mechanism for coordinating, monitoring and reviewing the implementation of the Programme of Action for the Least Developed Countries for the Decade 2001-2010, Bericht des UN-Generalsekretärs, S. 4, Ziff. 18.

[220] Vgl. A/56/645/Add.1 vom 28. November 2001, Annex: Office of the High Representative for the Least Developed Countries, Landlocked Developing Countries and Small Island Developing States.

[221] Vgl. A/56/645 vom 23. November 2001: ebenda, S. 4, Ziff. 17.

Aktivitäten des Büros unterrichtet. Zudem hat er mit ihnen Wege zur Sicherstellung einer effektiven Umsetzung des Aktionsprogramms diskutiert. Dies schließe die Notwendigkeit ein, in jeder Einheit einen Ansprechpartner für die LDCs einzurichten. Eine Reihe von Organisationen haben bereit solche „focal points" bestimmt. Dies soll den Informationsfluss zwischen dem Büro und den UN-Organisationen fördern. Zudem hat der Hohe Repräsentant regelmäßige Treffen mit dem Generalsekretär der UNCTAD und anderen höheren Bediensteten des UNCTAD-Sekretariates über verschiedene Fragen abgehalten.[222]

Sowohl UNCTAD als auch der Hohe Repräsentant haben Beiträge zu den ECOSOC-Sitzungen in 2002 geleistet. Der Hohe Repräsentant nahm auch an der Sitzung des „Sessional Committee on the least developed countries" auf der 49. Sitzung des „Trade and Development Board" der UNCTAD im Oktober 2002 teil.[223]

Die UN führt auch spezielle Programme in Afrika durch. In Afrika liegen derzeit 35 der 50 LDCs, verglichen mit nur 27 afrikanischen LDCs in 1996. So befasste sich der UN-Generalsekretär in einem Bericht[224] mit Ursachen der Probleme Afrikas. Viele der Aktivitäten des UN-Systems erfolgen im Rahmen der „United Nations System-wide Special Initiative", die zur Durchführung der „United Nations New Agenda for the Development of Africa in the 1990s" initiiert worden ist.

1.3.2. Die zuständigen Organe im Bereich des Handels

Im Bereich von Handel und Entwicklung ist UNCTAD als das zentrale Organ der UN zu nennen, dass auch insbesondere für die Förderung der LDCs zuständig ist. Neben der UNCTAD nimmt das UNDP im Bereich der Koordinierung der Tätigkeiten der UN auf dem Gebiet der LDCs eine zentrale Stellung ein. Der „Round Table-Mechanismus" des UNDP, ist ursprünglich als ein Gebertreffen entstanden, um Finanzen für die LDCs zu aquirieren, findet nunmehr auch in anderen EL Anwendung und stellt einen Mechanismus zur Koordinierung der verschiedenen Geber in einem Entwicklungsland dar. Während die UNCTAD u.a. durch ihre Konferenzen vor allem auch im Politikbereich tätig ist, hat das UNDP insbesondere auf Länderebene, vor allem im Bereich der Bildung von Kapazitäten Bedeutung. Als besonderes Problem auf Länderebene ist anzumerken, dass die UNCTAD selbst nicht durch eigene Repräsentanten auf Länderebene vertreten ist.

Auch die regionalen UN-Kommissionen führen, wie bereits erwähnt, operative Tätigkeiten durch. Auf dem Gebiet der LDCs ist vor allem die „Economic Commission for Africa" tätig, da sich 35 der 50 LDCs in Afrika befinden. Die Kommis-

---

[222] Vgl. A/57/496 vom 23. Oktober 2002: Implementation of General Assembly Resolution 56/227 on the Third United Nations Conference on the Least Developed Countries, Bericht des UN-Generalsekretärs, S. 5, Ziff. 11ff

[223] Vgl. ebenda.

[224] Vgl. A/52/871- S/1998/318: Report on the causes of conflict and the promotion of durable peace and sustainable development in Africa, Bericht des UN-Generalsekretärs.

sionen verfolgen das Ziel, die Anwendung normativer Standards zu unterstützen und analytische Fähigkeiten der Mitgliedsstaaten zu entwickeln. Ihre Operationen beinhalten beratende Dienstleistungen, Training und andere Formen der technischen Hilfe sowie insbesondere„Capacity building"-Initiativen (z.B. in Bereichen wie Statistik, Entwicklungsindikatoren, Handel und Transport).[225] Die Arbeit der Kommissionen ist dabei stark auf die benachteiligten Länder ausgerichtet.[226]

Im Bereich der operativen Tätigkeiten für Entwicklung und der Finanzierung von Tätigkeiten auf dem Gebiet der LDC sind daneben UN-Fonds und Programme wie das Welternährungsprogramm (WFP) oder der „United Nations Fund for Population Activities" (UNFPA) zu nennen, natürlich auch UNICEF und der UNHCR.

2. Die UNCTAD

2.1. Aufbau, Funktionen und Tätigkeiten

Die „United Nations Conference on Trade and Development" (UNCTAD) wurde 1964 im Ergebnis der ersten Sitzung der Konferenz[227] als ein ständiges zwischenstaatliches Organ mit dem Ziel des beschleunigten wirtschaftlichen Wachstums und der Entwicklung insbesondere der EL gegründet. Die UNCTAD ist das Hauptorgan der GA auf dem Gebiet von Handel und Entwicklung.[228] Sie ist ein ständiges Organ der GA und dieser daher unmittelbar verantwortlich.[229] Das UNCTAD-Sekretariat ist faktisch ein Teil des Sekretariats der UN und wird durch einen Generalsekretär geleitet, der durch den UN-Generalsekretär ernannt und von der GA bestätigt wird.

---

[225] Die Schwerpunkte variieren dabei zwischen den verschiedenen Kommissionen je nach regionalen Prioritäten. Z.B. führt die ECA Aktivitäten im Bereich der Analyse von Wirtschafts- und Sozialpolitiken, im Handels- und Investmentbereich, der Regierungsführung und der Konfliktprävention durch sowie im Bereich der Informationstechnologie, der Geschlechtergleichbehandlung und der regionalen Integration. ESCAP konzentriert sich auf Probleme im Zusammenhang mit der Alterung, Behinderungen, Frauen und Entwicklung, ländliche Entwicklung, Handel und Investment, nachhaltige Entwicklung und HIV/AIDS. ESCWA legt den Schwerpunkt auf die Vorbereitung von Mitgliedstaaten für die Aufnahme in die WTO und führt daneben Training in Bereichen von nationalen „account systems", Wassergewinnung und Nutzung sowie Umwelt durch. Die ECE hilft den Ökonomien in Transition u.a die relevanten internationalen Rechtsinstrumente zu befolgen und die Anforderungen an eine Aufnahme in die Europäische Union zu erfüllen, vgl. E/2002/47 vom 14. Mai 2002: Operational Activities of the United Nations for international development cooperation, Bericht des UN-Generalsekretärs, S. 13, Ziff. 63.

[226] Vgl. E/2002/47 vom 14. Mai 2002: Operational Activities of the United Nations for international development cooperation, Bericht des UN-Generalsekretärs, S. 13. Ziff. 62.

[227] Die erste Sitzung der Konferenz fand vom 23. März bis 16. Juni 1964 in Genf statt in Übereinstimmung mit GA-Resolution 1785 (XVII).

[228] UNCTAD ist „focal point" im UN-System für die integrierte Behandlung von Entwicklung und damit zusammenhängenden Fragen in Bereichen Handel, Finanzen, Technologie, Investitionen und nachhaltige Entwicklung, was durch die GA mehrfach z.B. in Resolution 52/182 bestätigt wurde.

[229] Auf einstimmigen Beschluss der GA vom 30. Dezember 1964, vgl. Unser, Günter: Aufgaben und Strukturen der Vereinten Nationen, München, Beck, 6. Auflage, 1997, S. 70.

Die Konferenz als das Plenum der Institution ist der höchste „policy-making body" der Organisation. Sie kommt alle vier Jahre auf Ministerebene zusammen[230], um die hauptsächlichen Politikrichtlinien zu erlassen und um über das Arbeitsprogramm zu entscheiden. Die auf den Konferenzen beschlossenen Grundsätze, Empfehlungen und Beschlüsse sind für die Mitgliedstaaten jedoch nicht bindend.[231] Zwischen den Konferenzen ist als ständige Einrichtung der Rat für Handel und Entwicklung („Trade and Development Board", TDB) eingerichtet worden, der einmal jährlich in Genf tagt. Er ist der geschäftsführende Arm der UNCTAD und berichtet über den ECOSOC an die GA. Seine drei Ausschüsse „on Trade and Goods in Services, and Commodities", „Investment, Technology and Related financial issues" sowie „Enterprise, Business Facilitation and Development" treffen sich zur regulären Sitzung einmal jährlich und können zu spezifischen Themen bis zu 10 Expertentreffen jährlich abhalten. Dabei ist die Überwachung der breiten Palette der Tätigkeiten der UNCTAD nur eine Teilaufgabe des TDB.

Der UNCTAD gehören alle Mitglieder der UN an.[232] Viele zwischenstaatliche und Nichtregierungsorganisationen nehmen als Beobachter teil. Die Mitgliedstaaten sind in Listen A bis D unterteilt, auf die die Resolution 1995 (XIX) in Ziff. 6 Bezug nimmt.[233] Das jährliche Budget wird aus dem regulären Budget der UN bestritten[234], dagegen werden die Tätigkeiten der UNCTAD auf dem Gebiet der technischen Zusammenarbeit überwiegend durch extrabudgetäre Ressourcen finanziert.[235]

Ursprünglich sollte die UNCTAD erstens den internationalen Handel zwischen Ländern auf unterschiedlichen Stufen der Entwicklung, zwischen den EL und zwischen Ländern mit verschiedenen Wirtschafts- und Sozialsystemen fördern. Zweitens sollte sie Prinzipien und Politiken im Bereich des internationalen Handels und damit zusammenhängender Probleme formulieren, Vorschläge zur Umsetzung dieser Prinzipien und Politiken machen und erforderliche andere Schritte im Rahmen ihrer Kompetenz unternehmen, wobei die verschiedenen Wirtschaftssysteme und die verschiedenen Stufen der Entwicklung berücksichtigt werden sollten. Drittens

---

230 Bisher fanden folgende Konferenzen statt: 1964 (Genf), 1968 (Neu Delhi, Indien), 1976 (Nairobi, Kenia), 1979 (Manila, Philippinen), 1983 (Belgrad, ehemaliges Jugoslawien), 1987 (Genf), 1992 (Cartagena de Indias, Kolumbien), 1996 (Midrand, Südafrika), 2000 (Bankok, Thailand).

231 Vgl. Unser, Günter: Aufgaben und Strukturen der Vereinten Nationen, München, Beck, 6. Auflage, 1997, S. 72.

232 Stand Juli 2001: 191, vgl. TD/B/INF.196 vom 17. Juli 2001: Membership of UNCTAD, Membership of the Trade and Development Board, Mitteilung des UNCTAD-Sekretariats.

233 Vgl. TD/B/INF.196 vom 17. Juli 2001, S. 6f.

234 Vgl. GA-Resolution 1995 (XIX) vom 30. Dezember 1964, zuletzt ergänzt durch Resolution 34/3 vom 4. Oktober 1979, Ziff. 29.

235 Z.B. 2000: Trust Fund: 65,5 %, UNDP: 21,4 % und Programm Budget (einschließlich des regulären Programms für technische Zusammenarbeit und dem „Development Account"): 10,4 %, vgl. TD/B/48/5 bzw. TD/B/WP/139 vom 9. Juli 2001: Review of technical cooperation acitivities of UNCTAD, Bericht des UNCTAD-Generalsekretärs, S. 4, Ziff. 6 (Tabelle) unter der Überschrift: Overview of Activities in 2000.

sollte sie die Koordination von Tätigkeiten anderer Institutionen innerhalb des UN-Systems auf dem Gebiet des internationalen Handels und damit zusammenhängenden Problemen der wirtschaftlichen Entwicklung überwachen und fördern und dabei mit der GA und dem ECOSOC bezüglich der Ausübung von deren Verpflichtungen zur Koordination nach der UN-Charta zusammenarbeiten. Eine weitere Aufgabe war viertens, die Initiierung von Aktionen, gegebenenfalls in Zusammenarbeit mit anderen kompetenten Organen der UN, zur Verhandlung und Annahme multilateraler Rechtsinstrumente im Bereich des Handels unter Berücksichtigung bestehender adäquater Verhandlungsorgane und unter Vermeidung von Doppelarbeit. Schließlich sollte die UNCTAD fünftens, als ein Zentrum zur Harmonisierung der Handels- und handelsbezogenen Politiken der Regierungen und regionalen Wirtschaftsgruppen in Ausführung von Art. 1 der UN-Charta zur Verfügung stehen.[236]

Die erste UNCTAD-Konferenz 1964 stand unter dem Einfluss, dass die bestehende Wirtschaftsordnung die Ausbeutung der EL festgeschrieben hatte und ihnen die wirtschaftliche Entwicklung verwehre. Gefordert wurde daher uneingeschränkte Souveränität, vor allem über die eigenen Rohstoffe. Dies wurde mit Forderungen nach Erhöhung der Rohstoffpreise und dem Abbau der Handelsbarrieren gegenüber den EL sowie mehr Entwicklungshilfen verbunden. Auf der UNCTAD II 1968 in Neu Delhi wurde die Einführung eines allgemeinen Präferenzsystems beschlossen. Darin gestanden die Industrieländer und einige osteuropäische Staaten den EL Zollpräferenzen für bestimmte Fertig- und Halbfertigprodukte zu. Dies sollte den Entwicklungsprozess in den EL beschleunigen. UNCTAD III gab den Anstoß für eine bessere Vertretung der EL bei der Gestaltung der internationalen Währungsordnung. Hier zu nennen ist die Schaffung eines gemeinsamen Entwicklungsausschusses von IMF und Weltbank.[237] Die UNCTAD IV, die 1976 in Nairobi stattfand, verabschiedete das integrierte Rohstoffprogramm, das die Steuerung der Rohstoffmärkte u.a. durch den Abschluss internationaler Rohstoffabkommen vorsah.[238] Die UNCTAD V 1979 in Manila leitete den Prozess der Einberufung der ersten UN-LDC-Konferenz ein.[239] Ebenfalls in Manila wurden erstmals die Kompetenzen von GATT und UNCTAD klar getrennt. So sollte die UNCTAD Weltproduktion, Welthandel und Wirtschaftswachstum und die Effektivität der internationalen Arbeitsteilung beobachten und das GATT für die operative Behandlung handelsbeschränkender Maßnahmen zuständig sein.[240] UNCTAD IV in Belgrad brachte Resolutionen zu Währungsfragen und zur Verschuldung während auf der UNCTAD VII 1987 in Genf Diskussionen um Erleichterungen bei den Umschuldungskonditionen im Mittelpunkt standen. Insgesamt betrachteten die Industrielän-

---

[236] Vgl. E/5524/Add.3 vom 7. Juni 1974, S. 12f.

[237] Vgl. Diekmann, Berend: UNCTAD, in: Internationale Wirtschaftsorganisationen: ein Taschenlexikon, Altmann, Jörn/ Kulessa, Margareta E (Hrsg.), Stuttgart: Lucius und Lucius, 1998, S. 223, vgl. dazu Kapitel 2, Abschnitt 1.1.

[238] Vgl. dazu bereits Teil 1, Kapitel 2, Abschnitt 4.1.

[239] Vgl. dazu Teil 1 Kapitel 2 Abschnitt 3.

[240] Vgl. Diekmann, Berend: ebenda, S. 223.

der die UNCTAD kritisch als Hort der EL, d.h. als Forum ihrer Konfrontation mit den EL auf Grund einer interventionistischen Ideologie. Marktwirtschaftler standen ihr kritisch gegenüber. Im Zuge der neoliberalen Wende waren die Industrieländer immer weniger bereit, die UNCTAD als Verhandlungsforum für Fragen von Handel und Entwicklung zu akzeptieren. Nach Auffassung von Nohlen versuchte sich die UNCTAD daher anzupassen, in dem sie auf ihrer 8. Konferenz 1992 (UNCTAD VIII) in Cartagena wesentliche Elemente des Neoliberalismus anerkannte und zudem Globalisierung und Liberalisierung der Weltwirtschaft als auch für die EL positiv bewertete.[241] In der auf der UNCTAD VIII angenommenen neuen Entwicklungsstrategie der UNCTAD hatte ein marktwirtschaftlicher Ansatz in der Handels- und Entwicklungspolitik seinen Niederschlag gefunden.[242] Eine neue Entwicklungspartnerschaft erkannte die Notwendigkeit eigener Anstrengungen der EL insbesondere beim Aufbau funktionierender und demokratisch legitimierter Organisationsstrukturen an. Gleichzeitig wurde ausgeführt, dass auch den Industriestaaten bei der Schaffung eines die Reformen absichernden weltwirtschaftlichen Umfeldes einschließlich der Öffnung der Märkte für Produkte aus den EL besondere Verantwortung zukommt.[243]

Bereits im Vorfeld und insbesondere nach Gründung der WTO stellte sich die Frage nach der verbleibenden Bedeutung der UNCTAD. In ihrer Resolution 50/95 vom 20. Dezember 1995, d.h. nach Gründung der Welthandelsorganisation (WTO), hatte die GA die Rolle der UNCTAD als Koordinierungsstelle im Rahmen der UN für die integrierte Behandlung von Entwicklungs- und damit zusammenhängenden Fragen auf den Gebieten Handel, Finanzen, Technologie, Investitionen, Dienstleistungen und bestandsfähige Entwicklung bekräftigt und in diesem Zusammenhang betont, dass die Konferenz und die WTO auf der Grundlage der Komplementarität ihrer Aufgaben konstruktiv und wirksam zusammenarbeiten sollten.[244] In der selben Resolution hatte die GA die UNCTAD u.a. ersucht, ihre technische Hilfe im Lichte der Übereinkünfte der Uruguay-Runde in Zusammenarbeit mit den zuständigen internationalen Organisationen, insbesondere dem Internationalen Handelszentrum (ITC) und der WTO, neu auszurichten und gegebenenfalls zu verstärken, mit dem Ziel, die Kapazität der EL, insbesondere der LDCs, der afrikanischen Länder und der kleinen Inselstaaten unter den EL, zu erhöhen, damit diese wirksam am internationalen Handelssystem teilnehmen können.[245]

Auf ihrer 9. Konferenz 1996 in Midrand hat die UNCTAD als Teil des UN-Systems mit dem Ziel der Unterstützung der Revitalisierung der UN weitreichende

[241] Vgl. Nohlen, Dieter: UNCTAD, in: Lexikon Dritte Welt, Nohlen, Dieter (Hrsg.), Rowohlt, Reinbeck bei Hamburg, 2002, S. 828.

[242] Vgl. Diekmann, Berend: UNCTAD, in: Internationale Wirtschaftsorganisationen: ein Taschenlexikon, Altmann, Jörn/ Kulessa, Margareta E (Hrsg.), Stuttgart: Lucius und Lucius, 1998, S. 224.

[243] Vgl. Diekmann, Berend: ebenda, S. 224.

[244] Vgl. GA-Resolution 50/95 vom 20. Dezember 1995: International Trade and Development, Ziff. 18.

[245] Vgl. die GA: ebenda, Ziff. 28.

Reformen beschlossen. Möglich war dies, da unter dem Eindruck der neu gegründeten WTO und der prekären Finanzlage der UN die Reformbereitschaft sowohl auf Seiten der Delegierten als auch des Sekretariates deutlich gestiegen war.[246] Die Midrand-Deklaration und das Abschlussdokument „A Partnership for Growth and Development“[247], die im Konsens auf der Konferenz angenommen worden sind, sollten die UNCTAD an die neuen wirtschaftlichen und institutionellen Modalitäten, die durch den Prozess der Globalisierung und den Abschluss der Uruguay-Runde mit der Errichtung der WTO entstanden sind, anpassen. Die Dokumente befassen sich mit dem Arbeitsprogramm der UNCTAD, den zwischenstaatlichen Organen sowie der Reform des UNCTAD-Sekretariats, einschließlich der Komplementarität der UNCTAD mit der WTO. Letzteres sollte unter anderem dadurch erfolgen, dass die Analysen der UNCTAD auf dem Gebiet von Handel und Entwicklung der WTO zugänglich gemacht werden. Auch befasste sich die Reform mit der Zusammenarbeit zwischen UNCTAD und der „United Nations Industrial Development Organization“ (UNIDO) und anderen relevanten Organisationen.

In inhaltlicher Hinsicht bejahte UNCTAD IX die Einenverantwortlichkeit eines Landes für seinen Entwicklungsprozess und die Überlegenheit marktwirtschaftlicher Prinzipien zur Steuerung von Volkswirtschaften. Demokratie, Transparenz sowie rechenschaftspflichtige Regierungen und Verwaltungen wurden auf allen Ebenen als unentbehrliche Grundlage für eine menschengerechte, nachhaltige Entwicklung bezeichnet. Die Chancen einer handelspolitischen Liberalisierung und von privaten Kapitalzuflüssen sowie die entwicklungsfördernde Rolle des kleinen und mittleren Unternehmertums wurden begrüßt. Solide makroökonomische Politiken, Förderung des Unternehmertums und Ersparnisbildung wurden als Bestandteile einer eigenverantwortlich betriebenen Wirtschaftspolitik bezeichnet. Internationale Hilfe durch verbesserten Marktzugang, technische und finanzielle Hilfe sollten die nationalen Bemühungen ergänzen. Als Risiken der Globalisierung wurde die drohende Marginalisierung vieler EL hervorgehoben.[248]

Nach der Reform sollte die UNCTAD weiter die Rolle als „focal point“ des UN-Systems für die integrierte Behandlung von Entwicklungsfragen und damit zusammenhängenden Problemen auf den Gebieten von Handel, Finanzen, Technologie, Investment und nachhaltiger Entwicklung wahrnehmen. Die Anzahl der zwischenstaatlichen Organe wurde auf vier reduziert. Neben dem „Trade and Development Board“ (TDB), der für die Sicherstellung der Gesamtkonsistenz der UNCTAD-Aktivitäten mit den vereinbarten Prioritäten verantwortlich ist, bestehen die drei eingangs genannten Ausschüsse.

---

[246] Vgl. Diekmann, Berend: UNCTAD, in: Internationale Wirtschaftsorganisationen: ein Taschenlexikon, Altmann, Jörn/ Kulessa, Margareta E (Hrsg.), Stuttgart: Lucius und Lucius, 1998, S. 224.
[247] Vgl. Dokument A/51/308.
[248] Vgl. Diekmann, Berend: ebenda, S. 224f.

Innerhalb der UN soll UNCTAD nunmehr die Probleme der LDCs sowie Probleme im Zusammenhang mit der nachhaltigen Entwicklung, der Beseitigung der Armut, dem „empowerment" der Frau sowie der wirtschaftlichen Zusammenarbeit zwischen den EL als Querschnittsaufgaben bearbeiten und neben der Konzentration auf diese Haupttätigkeiten und Ziele soll UNCTAD seine Aufmerksamkeit auch auf die Ergebnisse der globalen Konferenzen richten. Zur Erfüllung der Aufgaben soll die UNCTAD zum einen analytisch arbeiten und Untersuchungen durchführen sowie zum anderen technische Zusammenarbeit leisten. Forschung und analytische Arbeit sollen den Politikdialog und die Politikformulierung in den Mitgliedsstaaten zur Förderung der Entwicklung unterstützen. Dagegen soll die technische Unterstützung und Zusammenarbeit dazu führen, konkrete Ergebnisse zu erzielen. Schwerpunkte sind dabei die Entwicklung von Humanressourcen und die Bildung von Institutionen zur Unterstützung der Bemühungen des Empfängerlandes bei der Herstellung eines insgesamt günstigen Entwicklungsklimas. Schließlich soll die UNCTAD zur Verbesserung der Hilfeleistung ihre Zusammenarbeit und Koordination mit der WTO, dem ITC und anderen internationalen Organisationen und Geberagenturen verstärken und auch die Zivilgesellschaft mit einbeziehen.

Das ITC soll die Forschung, die Politik und die normative Arbeit seiner beiden Mutterorganisationen UNCTAD und WTO ergänzen. Es soll sich auf die operationellen Probleme der Bereitstellung von Informationen, der Produkt- und Marktentwicklung und unterstützenden Diensten zur Handelsförderung, der Exportentwicklung sowie dem internationalen Kauf und dem „supply management" konzentrieren.[249] Die GA beschränkte sich mit der Verabschiedung der „Agenda for Development" 1997 darauf, auf die Umsetzung der Reform zu dringen. Die Agenda enthält aber keine substantiellen Neuerungen.[250]

Als zentrales Thema für die 10. und bislang letzte UNCTAD-Konferenz war das Thema „Developmental strategies in an increasing interdependent world: applying the lessons of the past to make globalization an effective instrument for the development of all countries and all people" ausgewählt worden.[251] Die Konferenz, die

---

[249] Vgl. zum ITC Kapitel 3, Abschnitt 2.4.

[250] Unter anderem führt die Agenda aus: „Having a comparative advantage in tackling trade-related development issues, UNCTAD should continue to facilitate the integration of developing countries and countries in transition into the international trading system, in a complementray manner with the WTO, and to promote development through trade and investment in cooperation and coordination with the Interantional Trade Centre, relevant institutions of the United Nations system and other international organizations. ... The efforts of UNCTAD to facilitate the integration of developing countries, in particular the least developed countries, particularly those in Africa, into the global economy and the international trading system are important for the implementation of the Agenda for development...", vgl. GA-Resolution 51/240 vom 20. Juni 1997, Annex: Agenda for Development, Ziff. 263 und 265.

[251] Als Begründung dafür war angeführt worden, dass die internationale Gemeinschaft eine rigorose und ausgewogene Überprüfung des politischen und institutionelen Rahmens für globalen Handel und Finanzen unternehmen sollte. Vor diesem Hintergrund stelle die Konferenz den Mitgliedern eine Möglichkeit zur Verfügung, eine Bestandsaufnahme zu machen und die

im Februar 2000 in Bangkok stattfand, verabschiedete einen Handlungsplan.[252] Der UNCTAD „Plan of Action 2000“ beinhaltete eine Bestandsaufnahme wichtiger internationaler Initiativen und Entwicklungen wie die Uruguay-Runde, die UN-NADAF-Initiative, die Aktionen im Bereich der LDCs wie die LDC-Konferenz 2001, Entschuldungsinitiativen und weitere wichtige UN-Konferenzen. In Bezug auf die LDCs wurde u.a. das Fazit gezogen, dass die Ergebnisse hinter den gesetzten Erwartungen zurückgeblieben sind. Die spezifischen Probleme der LDCs seien nicht in einer ausreichend integrierten Art und Weise angesprochen worden, auch hätten sie nicht die angemessene Priorität erhalten. Auch der 1997 gegründete „Trust Funds“ für die LDCs, der neue Aktivitäten und die Verbesserung der technischen Zusammenarbeit in den LDCs finanzieren sollte und dessen jährliches Ziel bei US$ 5 Millionen lag, sei mit bis dato insgesamt US$ 5,2 Millionen nicht ausreichend ausgestattet worden.[253] Der Plan forderte u.a. dazu auf, dass Handelspolitiken und Handelsliberalisierung mehr mit den Entwicklungszielen in Übereinstimmung gebracht werden sollten, nicht nur in den EL, sondern auch in den entwickelten Ländern.[254] Bezüglich der Umsetzung der WTO-Übereinkommen wurde gefordert, dass neue Übereinkommen angemessene Bestimmungen für Hilfe an die EL beinhalten sollten, damit diese befähigt würden, die notwendigen Voraussetzungen zur Umsetzung zu schaffen und damit von den neuen Bestimmungen profitieren können. Dabei sei Kooperation zwischen internationalen Organisationen notwendig, um den EL die notwendige Hilfe im Hinblick auf ihre Rechte und Verpflichtungen aus diesen Übereinkommen zuteil werden zu lassen.[255] Bezüglich des „special and different treatment“ zugunsten der LDCs führt der Plan aus:

> „The special and differential measures in favour of the LDCs as contained in the Final Act of the Uruguay Round, especially the Marrakech Declaration and Ministerial Declrations, should be implemented in full and as a matter of priority. New measures for LDCs should also be considered.“[256]

Auch das Rohstoffthema sowie Wettbewerb und Dienstleistungen wurden angesprochen. Angesichts der Bedeutung, die Rohstoffe für viele EL in Bezug auf Beschäftigung, Einkommen und Exporteinkommen haben, wurde die UNCTAD aufgefordert, ihre Unterstützung an EL in diesem Gebiet zu erhöhen. Dabei soll sich die Arbeit auf folgende Bereiche fokussieren:

---

wesentlichen internationalen Initiativen und Entwicklungen zu überprüfen. Die UNCTAD solle die Strategien und Politiken in Betracht ziehen. die die erfolgreiche Integration aller betroffenen Länder, insbesondere die EL, in die Weltwirtschaft auf einer gerechten Basis am wahrscheinlichsten sicherstellen und das Risiko weiterer Marginalisierung vermeiden, vgl. TD/B/EX(20)/L.1 vom 3. Februar 1999.

[252] Vgl. Dokument TD/386 vom 18. Februar 2000: Plan of Action.

[253] Vgl. dazu http://www.unctad.org/en/subsites/ldcs/t-fund.htm, Ausdruck vom 29.08.2000, Ziff. 2, vgl unten, Abschnitt 2.2.

[254] Vgl. Dokument TD/386 vom 18. Februar 2000: Plan of Action, Ziff. 52f.

[255] Vgl. ebenda, Ziff. 54.

[256] Vgl. ebenda, Ziff. 62.

- Identifizierung von Wegen zur Verbesserung der Angebotskapazität rohstoffproduzierender Länder und zur Beseitigung von Hindernissen der Entwicklung verarbeitender Industrien, sowie Hilfe an rohstoffabhängige EL in Bezug auf Rohstoffdiversifizierung als Weg zur Industrialisierung.
- Identifizierung der Änderungen in der Dynamik und Struktur internationaler Rohstoffmärkte, um rohstoffabhängige EL besser befähigen zu können, entsprechende Politiken zu diesen kritischen neuen Entwicklungen zu formulieren.
- Ermöglichen von Einblicken in die Komplexität internationaler Rohstoffketten, dass Unternehmen sich optimal positionieren und ihre Technologien anpassen können.
- Hilfe bei der Erhöhung von Markttransparenz und Informationsflüssen durch Sammlung und Veröffentlichung relevanter Rohstoffinformationen und Daten.
- Zur Verfügung stellen eines Forums, auf dem sich weniger effiziente Produzenten mit hocheffizienten treffen können, um Möglichkeiten für Kooperation und die Verlagerung von Produktion zu untersuchen.
- Hilfeleistung zusammen mit anderen multilateralen Partnern wie der Weltbank, in Bezug auf das Preisrisikomanagement von Händlern und Produzenten sowie die Anwendung von strukturierten Finanzinstrumenten zur Generierung zusätzlicher Ressourcen, die für Entwicklung oder Diversifizierung des Rohstoffsektors verwendet werden können.
- Zur Verfügung stellen technischer Hilfe und Politikberatung über relevante Mechanismen, einschließlich von Instrumenten zum Management finanzieller Risiken, an Produzenten und Nutzer von Öl und Gas in EL, insbesondere im Zusammenhang mit der Umsetzung von Privatisierung und Liberalisierung, um Regierungen und private Nutzer und Konsumenten vor den Risiken einer hohen Preisunbeständigkeit zu schützen.

Dabei soll eine enge Zusammenarbeit mit dem „Common Fund for Commodities" erfolgen.[257]

Während alle rohstoffabhängigen EL Unterstützung zur Förderung der Diversifizierung, Marktzugang und Wettbewerbsfähigkeit benötigen, wurde im besonderen Fall der LDCs die Notwendigkeit von Unterstützung zur Diversifizierung ihrer Produktion und Exportbasis in der Ministererklärung von Doha anerkannt.[258] Einem Bericht des UNCTAD-Sekretariates zufolge habe die UNCTAD mit ihrem integrierten Vorgehen bei der rohstoffbasierten Entwicklung und ihrer zentralen Rolle bei der Unterstützung der LDCs eine signifikante Rolle bei der Erfüllung dieser anerkannten Notwendigkeit zu spielen.[259]

Ziff. 166 des Aktionsplans enthält die Forderung, das existierende „Capacity building"-Programm der UNCTAD zu stärken. Damit könnten Funktionäre und andere

---

[257] Vgl. Dokument TD/386 vom 18. Februar 2000: Plan of Action, Ziff. 144, zum Common Fund vgl. bereits Teil 1, Kapitel 2, Abschnitt 4.1.

[258] Vgl. dazu Kapitel 3, Abschnitt 2.2.

[259] Vgl. TD/B/COM.1/54 vom 26. November 2002: Export Diversification and Market Access, Bericht des UNCTAD-Sekretariats, S. 22.

Personen der EL und der interessierten Transformationsländer in Schlüsselbereichen der internationalen Wirtschaftsagenda, insbesondere in Bezug auf die Entwicklungsdimensionen innerhalb des Kompetenzfeldes der UNCTAD, durch regelmäßige Trainingskurse in Zusammenarbeit mit dem „UN Staff College" besser informiert werden. Diese Kurse würden auf die Expertise und Politikanalyse des UNCTAD-Sekretariates zurückgreifen und von einem „Advisory body", der vom TDB errichtet würde, unterstützt werden.

„In course delivery, cooperation and coordination would be assured with relevant research and academic institutions and with other relevant international organizations, taking into consideration the commitment of UNCTAD to the Integrated Framework for Trade-Related Technical Assistance for the LDCs"[260]

Ein erster vierwöchiger Kurs fand vom 20. Juni bis 17. Juli 2001 für 18 Teilnehmer aus Afrika, Asien, Ökonomien im Übergang und Ländern aus Lateinamerika in Genf statt. Ein Bericht des UNCTAD-Sekretariats einschließlich der Bewertung durch den „Advisory Body" ging von einem grundsätzlichen Erfolg des Kurses aus und erörterte Konsequenzen für nachfolgende Kurse. Kurse könnten z.B. speziell auf bestimmte Bereiche eingehen, sie sollten länger dauern und auf Grund der Kostenintensität sollten mehr Teilnehmer an zukünftigen Kursen teilnehmen.[261] In Umsetzung des Mandats von UNCTAD X fanden daneben eine Reihe von Expertentreffen statt.[262]

Der Aktionsplan überträgt der UNCTAD im Handelsbereich ein breites Aufgabengebiet. Hauptaufgabe soll sein, den EL zu helfen, sich stärker in das multilaterale Handelssystem zu integrieren. Im Ergebnis weist der Aktionsplan der UNCTAD Aufgaben in drei Schwerpunktbereichen zu: erstens als Forum für zwischenstaatliche Verhandlungen und Diskussionen zur Bildung von Konsensen zu dienen; zweitens in den Bereichen Forschung, (Politik-) Analyse und Datensammlung tätig zu werden, um u.a. fundierte Beiträge zu Diskussionen liefern zu können und um die Parameter der Entwicklungsdimensionen des multilateralen Handelssystems klarer herauszuarbeiten, und drittens schließlich in Zusammenarbeit mit anderen Organisationen technische Hilfe zu leisten und insbesondere „Capacity building" zu fördern.[263] Die technische Kooperation soll den Fokus auf „Capacity building" haben

---

[260] Vgl. TD/386 vom 18. Februar 2000: Plan of Action, Ziff. 166.

[261] Vgl. im einzelnen dazu TD/B/EX(28)/2 vom 15. Februar 2002: Training course on key issues on the international economic agenda pursuant to paragraph 166 of the UNCTAD Plan of Action, Bericht des UNCTAD-Sekretariats.

[262] So fand z.B. einTreffen über den Einfluss von „anti-dumping and countervailing actions" vom 4.-6. Dezember 2000 statt, ein ad hoc Expertentreffen über Fragen und Probleme im Zusammenhang mit der Integration von Staaten in das multilaterale Handelssystem am 9. und 10. April 2001 sowie ein Expertentreffen über Wege zur Steigerung der Kapazitäten der EL zur Produktion und zum Export landwirtschaftlicher Produkte, einschließlich von Nichen-Produkten vom 16. bis 18. Juli 2001. Bezüglich weiterer Treffen vgl. A/56/376 vom 18. September 2001: International Trade and Development, Bericht des UN-Generalsekretärs, S. 4, Ziff. 9.

[263] Vgl. Dokument TD/386 vom 18. Februar 2000: ebenda, Ziff. 129.

und sich auf die Vorbereitung für internationale Handelsverhandlungen und die Umsetzung der Ergebnisse sowie auf die Unterstützung der Zusammenarbeit der EL untereinander konzentrieren. Wie bereits auf der UNCTAD IX vereinbart, soll die UNCTAD ihre technische Hilfe auf die Länder mit dem größten Bedarf richten. Die LDCs sollen dabei Priorität haben.[264]

Auf der politischen Ebene ist die UNCTAD in den vergangenen Jahrzehnten aktiv gewesen und hat einige wichtige Initiativen angestoßen. So gehen die LDC-Konferenzen auf das Konto der UNCTAD.[265] Im Laufe der Jahre konnte die UNCTAD zudem einige positive Ergebnisse für die EL erzielen. Auf UNCTAD geht z.B. das Ziel zurück, 0,7 % des GDP in die ODA fließen zu lassen. Daneben hat UNCTAD auch an anderen Neuerungen zu Gunsten der EL einen großen Anteil. Dazu gehört z.B. die Verbesserung der „compensatory financial facility“ des IMF, die Ausfälle des Einkommens aus dem Export von EL ausgleichen soll.[266] Auch die Einrichtung der Sonderziehungsrechte („Special Drawing Rights“, SDRs) durch den IMF geht auf Aktivitäten der UNCTAD zurück. Weiter auch die Reduzierung der kommerziellen Bankschulden für hoch verschuldete Länder durch die Weltbank und nicht zuletzt das Prinzip der „enabling clause“ für präferenzielle Behandlung von EL, welches später in das Regelwerk des GATT aufgenommen worden ist (Teil IV des GATT betreffend Handel und Entwicklung).[267] Das bereits 1971 zustandegekommene Abkommen über das „Generalized System of Preferences“[268] gehört zu den Leistungen der UNCTAD. Zudem sind die Verhandlungen internationaler Rohstoffabkommen (Kakao, Zucker, Kautschuk, Zinn, Olivenöl usw.), Verhandlungen um den „Common Fund for Commodities“ (1989)[269] oder die Aufstellung von Richtlinien für internationales Handel im Bereich der Schuldenumschichtung zu nennen. Weitere Leistungen der UNCTAD waren die Verhandlung mehrerer Konventionen im Bereich des internationalen Handels.[270]

Zu erwähnen ist die analytische Arbeit der UNCTAD. Sie bafasst sich in mehreren Berichten mit möglichen Folgen der Globalisierung und der Gefahr der Marginalisierung der EL. Die Berichte der UNCTAD setzen sich auch mit der Geschwindigkeit der Globalisierung auseinander. UNCTAD-Generalsekretär Ricupero führte dazu in einem Bericht an die UNCTAD-Konferenz aus, dass die Implikationen für

---

264 Vgl. TD/386 vom 18. Februar 2000: Plan of Action, Ziff. 164.

265 Vgl. dazu oben sowie bereits Teil 1, Kapitel 2, Abschnitt 3.2.

266 Vgl. dazu Kapitel 2, Abschnitt 2.2.

267 Vgl. JIU/REP/96/1: UNCTAD: Review of institutional and programme issues, enthalten in Dokument A/51/152 vom 30. Mai 1996, S. 6, vgl. dazu Kapitel 3, Abschnitt 1.2.1.

268 Vgl. dazu bereits Teil 1, Kapitel 2, Abschnitt 1.

269 Vgl. dazu bereits Teil 1, Kapitel 2, Abschnitt 4.1.

270 Zu nennen sind die „United Nations Convention on a Code of Conduct for Linear Conferences“ (1974), „United Nations Convention on International Carriage of Goods by Sea“ (1978), „United Nations Convention on International Multimodal Transport of Goods“ (1980), „United Nations Convention on Conditions for Registraion of Ships“ (1986) und die „United Nations Convention on Maritime Liens ans Mortages“ (1993), vgl. JIU/REP/96/1: ebenda, S. 5.

die UNCTAD klar seien. Ihre Rolle müsse über Bemühungen zum Verstehen und Interpretieren der Globalisierung hinausgehen, sie müsse eine Rolle dabei spielen, sicherzustellen, dass die Änderungen nicht um ihrer selbst Willen erfolgen, sondern für eine bessere Gestaltung. Die Mission der UNCTAD sei nicht eine unqualifizierte und uneingeschränkte Integration der EL in die Weltwirtschaft und das Handelssystem. Fakt sei, dass nicht der Umfang und das Tempo der internationalen Integration, sondern deren Qualität zähle. Es gebe in der Tat zu viel und zu schnelle Integration der falschen Art.[271] Es sollte eine Integration der EL in ein empfänglicheres globales System angestrebt werden, das ihnen hilft, in einer stabilen und sozial ausgewogenen Art und Weise zu wachsen, die einheimische Sparquote und die Produktivität zu erhöhen, ihre Angebotskapazitäten zu erhöhen, einen steigenden Anteil der „value-added chain" zu erreichen usw. Wirkliche Globalisierung sei mehr als die Reduzierung von Hemmnissen und die Vereinigung von Märkten für Handel, Investitionen und Finanzen. Sie sei nicht synonym mit Liberalisierung. Bisher sei die Globalisierung selektiv in ihrem Vorgehen in Bezug auf Liberalisierung gewesen. Länder wären zur Liberalisierung von Handel, Investitionen und Finanzflüssen gedrängt worden. Der Liberalisierungseifer sei jedoch mangelhaft, wenn es zu Produkten von Interesse für EL und Arbeitskräftemobilität komme, zu Immigration generell oder zu ungehindertem Zugang zu Wissen.[272] Nach Ricupero sei der Mangel an Kohärenz nicht allein ein Problem in Bezug auf monetäre, Finanz- und Handelsaspekte der internationalen Wirtschaft. Dieselbe Schwierigkeit stelle sich in Bezug auf wirtschaftliche Anpassungsprogramme auf der einen und sozialen oder Umweltzielen wie die Bekämpfung der Armut, der Grundbildung und Gesundheitsversorgung, der Bereitstellung eines Sicherheitsnetzes für Arbeitslose und der Schutz tropischer Wälder auf der anderen Seite.[273]

Im Handelsbereich ist die UNCTAD mit einer Vielzahl von Analysen präsent. Diese befassen sich u.a. mit Exportdiversifizierung[274], mit Entwicklungsimplikationen im Dienstleistungsbereich im Hinblick auf die Verhandlungen im Rahmen der WTO[275], sowie generell mit den Belangen der EL im Rahmen der Handelsverhandlungen.[276]

---

[271] Vgl. Beyond the Unification of Markets: A Global Community of Cooperation and shared Knowledge for Security and Development, Some personal reflections, Bericht des UNCTAD-Generalsekretärs an UNCTAD X, Bangkok, 12.-19. Februar 2000, S. 5, im Internet unter http://www.unctad-10.org/sgrep/main.en.htm.

[272] Vgl. Beyond the Unification of Markets: ebenda, S. 6.

[273] Vgl. ebenda, S. 10.

[274] Vgl. TD/B/COM.1/54 vom 26. November 2002: Export Diversification and Market Access, Bericht des UNCTAD-Sekretariats.

[275] Vgl. TD/B/COM.1/55 vom 20. Dezember 2002: Trade in Services and Development Implications, Bericht des UNCTAD-Sekretariats.

[276] Vgl. TD/B/49/12 vom 20. September 2002: Developments and issues in the Post-Doha work programme of particular concern to the developing countries.

2.2. Die UNCTAD und LDCs

Im Bereich von Handel und Entwicklung ist die UNCTAD das zentrale Organ, das sich auch insbesondere mit der Förderung der LDCs befasst. Bereits auf der UNCTAD IX wurde die Behandlung der LDCs als Querschnittsthema im Arbeitsprogramm der UNCTAD verankert. Die GA hat die UNCTAD als „focal point" der UN für die Belange der LDCs bestimmt. Der „Trade and Development Board" überprüfte jährlich die Umsetzung des Aktionsprogramms für die LDC für die 1990er Jahre. Er ist auch für das neue Aktionsprogramm der LDC III-Konferenz zuständig. Ein „Special Coordinator" soll diese Arbeit begleiten.[277] Die UNCTAD gibt zudem jährlich einen Bericht über die Lage der LDCs heraus. Seit Beginn ihrer Aktivitäten zu Gunsten der LDCs ist sie auch im Bereich der technischen Hilfe aktiv. Bereits 1977 war im UNCTAD Sekretariat ein „Special Programme on Least Developed, Land-locked and Island Developing Countries" eingerichtet worden. Die Arbeit umfasste Hilfe bei Politikformulierung und -planung im Bereich des Außenhandels. Weitere Themen waren Schifffahrt, Häfen und Transport, der Bereich der Handelserleichterungen, der Rohstoffbereich sowie Beratungen, Analyse und Auswertung der multilateralen Handelsverhandlungen. Daneben war die UNCTAD aktiv im Bereich des Technologietransfers und leistete Hilfe und Training dahingehend, dass die EL vom allgemeinen Präferenzsystem besser Gebrauch machen können. [278]

In Übereinstimmung mit den Empfehlungen der 9. UNCTAD-Konferenz, dass LDCs eine Querschnittsaufgabe in der Arbeit auch in Bezug auf die technische Zusammenarbeit der UNCTAD bilden sollen, hat der Generalsekretär der UNCTAD einen „Trust Fund" für die LDCs eingerichtet. Dieser soll neue Aktivitäten in den vier Hauptbereichen der UNCTAD (Globalisierung und Entwicklung, internationaler Handel mit Waren und Dienstleistungen und Rohstoffragen, Investment, Unternehmensentwicklung und Technologie sowie Dienstleistungsinfrastruktur für Entwicklung und Handelseffizienz) fördern.

Der Anteil der LDCs an der durch UNCTAD zur Verfügung gestellten technischen Hilfe betrug im Jahr 2000 43 % (bei Gesamtausgaben von US$ 24,1 Millionen).[279] Gleichzeitig finden Bemühungen statt, LDC-bezogene Arbeit in alle Hauptaktivitäten der UNCTAD zu integrieren.[280] Die Arbeit der UNCTAD konzentrierte sich u.a. auf den Vorbereitungsprozess der UN-LDC-III-Konferenz sowie auf die Ver-

---

[277] Vgl dazu den JIU/REP/96/1: UNCTAD: Review of institutional and programme issues, enthalten in A/51/152 vom 30. Mai 1996, S. 6, sowie die Kommentierung des UN-Generalsekretärs, enthalten in A/51/152/Add.1.

[278] Vgl. TD/B/AC.17/19 vom 31. Januar 1980: Technical Co-operation Programme for the external economic sector of the least developed countries.

[279] Vgl. TD/B/48/5 bzw. TD/B/WP/139 vom 9. Juli 2001: Review of technical cooperation acitivities of UNCTAD, Bericht des UNCTAD-Generalsekretärs, Activities regarding the Least Developed Countries, S. 13, Ziff. 30.

[280] Vgl. ebenda unter der Überschrift: Activities regarding the Least Developed Countries, S. 13, Ziff. 30.

besserung der Umsetzung des „Integrated Framework for Trade-Related Technical Assistance".[281] Die UNCTAD hat die UN-LDC-Konferenzen im wesentlichen vorbereitet und ist Ansprechpartner für andere Partner im Zuge der Vorbereitungen gewesen. Der Vorbereitungsprozess zur LDC-Konferenz hatte bereits 1999 begonnen und fand auf Länderebene, regionaler und globaler Ebene statt. Auf Länderebene formulierten 46 LDCs nationale Aktionsprogramme und übermittelten sie an den zwischenstaatlichen Vorbereitungsausschuss für die Konferenz und an die Konferenz selbst.[282] Für den Vorbereitungsprozess erhielt UNCTAD zusätzliche Ressourcen von bilateralen und multilateralen Gebern. Bereits 1999 hatte die EU den einzelnen LDCs Ressourcen zur Verfügung gestellt, um Nationale Vorbereitungsausschüsse einzurichten und nationale Aktionsprogramme zu erarbeiten. Diese Unterstützung wurde in Zusammenarbeit mit der „United Nations Development Group" (UNDG), den „UN Resident Coordinators" in den LDCs, der Europäischen Kommission und der Weltbank erbracht. Der Vorbereitungsprozess beinhaltete daneben drei Vorbereitungstreffen auf Expertenebene, drei Treffen des zwischenstaatlichen Vorbereitungsausschusses, der den Entwurf des Aktionsprogramms erarbeitete, und eine Anzahl von thematischen und sektoralen Treffen. Angesichts der Vorbereitung von „unten nach oben" war die Unterstützung Nationaler Vorbereitungsausschüsse wohl einer der wichtigsten Aspekte des Vorbereitungsprozesses.[283]

Im Nachgang zur UN-LDC-Konferenz 2001 in Brüssel ergaben sich erneut institutionelle Veränderungen der UNCTAD. So wurde das „Sessional Committee on LDCs" in einen ständigen Ausschuss umgewandelt, um die Arbeit der UNCTAD stärker auf die LDCs zu fokussieren.

Die UNCTAD ist auch aktiv an der Vorbereitung der LDCs im Vorfeld der WTO-Ministerkonferenzen beteiligt.[284] So fand z.B. in Zusammenarbeit mit UNDP und der Regierung von Südafrika im Juni 1999 ein fünftägiger Workshop für Funktionäre aus 48 LDCs statt, um ihnen zu helfen, die 3. WTO-Ministerkonferenz vorzubereiten.[285]

Nach Erscheinen des 2002er Berichts der UNCTAD über die LDCs mit dem Titel „Escaping the Poverty Trap", auf den in Teil 1 bereits mehrfach verwiesen wurde, nahm der TDB auf seiner 30. Exekutivtagung vom 2.-4. Dezember 2002 Schlussfolgerungen an. Darin betonte er die Bedeutung der schnellen Implementierung der Millenniumsdeklaration und des Brüsseler Aktionsprogramms sowie der Bestim-

---

[281] Vgl. dazu Teil 3, Kapitel 2, Abschnitt 1.2.1.

[282] Vgl. A/56/376 vom 18. September 2001: International Trade and development, Bericht des UN-Generalsekretärs, S. 9, Ziff. 36, m.w.N.

[283] Vgl. TD/B/48/5 bzw. TD/B/WP/139 vom 9. Juli 2001: Review of technical cooperation acitivities of UNCTAD, Bericht des UNCTAD-Generalsekretärs, Activities regarding the Least Developed Countries, S. 13f, Ziff. 31.

[284] Vgl. dazu Kapitel 3, Abschnitt 2.2.

[285] Vgl. UNCTAD News, Vol. I, Issue 3, 1999, S. 13.

mungen der Doha-Ministererklärung mit besonderer Bedeutung für die LDC, und den Konsens von Monterrey sowie die Deklaration von Johannesburg durch alle „Stakeholder". Die UNCTAD wurde aufgefordert, dabei ihre Rolle im Rahmen ihres Mandates und in Zusammenarbeit mit anderen internationalen Organisationen zu spielen.[286] Auf der nationalen Ebene haben die LDCs die Hauptverantwortung für die Formulierung und effektive Umsetzung nationaler Politiken und Prioritäten für ihr Wachstum und ihre Entwicklung. Es ist erforderlich, die generellen Politikempfehlungen des LDC-Reports 2002 sorgfältig in Betracht ziehen, der für eine Armutsreduzierung durch langfristige Entwicklungsstrategien plädiert, die folgende Elemente einschließen:

- mehr wachstumsorientierte makroökonomische Politiken,
- sektoriell fokussierte Bildung produktiver Kapazitäten,
- ein investitionsfreundliches Umfeld,
- wirksame Politiken zur Handelsdiversifizierung und -förderung sowie
- Politiken, die gute Regierungsführung sicherstellen.

Dies hat mit Unterstützung der Entwicklungspartner der LDCs und innerhalb ihres nationalen Entwicklungsrahmens zu erfolgen. In Bezug auf nationale Ressourcen sind Schuldenreduzierung und offizielle Entwicklungshilfe kritisch. Der TDB begrüßte die Initiative für „Heavily Indebted Poor Countries" (HIPC) und betonte die Notwendigkeit für ihre zügige Umsetzung und eine dauerhafte Lösung des Problems der Verschuldung für die ärmsten Länder. Diese Maßnahmen sollten durch Marktzugang für Produkte der LDCs ergänzt werden.[287] Der TDB äußerte Besorgnis über die fallenden Rohstoffpreise und ihre negativen Auswirkungen auf die Bemühungen der LDCs zur Armutsreduzierung. Die internationale Gemeinschaft sollte, so der TDB, geeignete Maßnahmen in Betracht ziehen, diese negativen Auswirkungen zu überwinden. Der TDB unterstrich die Wichtigkeit der internationalen Unterstützung nationaler Bemühungen zur Verbesserung der Angebotsfähigkeit („supply capabilities") und zur Rationalisierung des Angebots z.B. durch minimale Qualitätsstandards sowie horizontale und vertikale Diversifizierung. Auch die Vereinheitlichung von Geberpraktiken in Bezug auf die Erbringung von Entwicklungshilfe ist eine wichtige Vorbedingung für den Erfolg nationaler Strategien zur Armutsreduzierung. Entwicklungshilfe sollte in einer mehr vorhersehbaren Art und Weise mit langfristigen Zusagen erfolgen.[288]

Die LDCs sollten eine verstärkte „Ownership" und Autonomie übernehmen, durch Bildung von staatlichen Kapazitäten, bei dem Entwurf, der zeitlichen Planung und der Umsetzung ihrer Entwicklungsstrategien um die Armutsfalle zu durchbrechen.[289] Dies spielt auf die in Teil 1 angesprochene Fragen an, wann und in wel-

[286] Vgl. TD/B/EX(30)/2 vom 9. Dezember 2002: Escaping the Poverty Trap: national and international Policies for more effective Poverty Reduction in LDCs, S. 2, Ziff. 1.
[287] Vgl. ebenda, S. 2, Ziff. 2f.
[288] Vgl. ebenda, S. 2, Ziff. 4 und 6.
[289] Vgl. ebenda, S. 2, Ziff. 7.

chem Umfang Liberalisierung stattfinden sollte.[290] Der TDB bestätigt damit, dass dies der Entscheidung der LDCs obliegen sollte. Er legt weiter dar, dass die Methode der „Poverty Reduction Strategy Papers" (PRSPs) ein sich entwickelnder Prozess ist, und begrüßte die erneuerte Betonung der Armutsreduzierung. Er verweist in diesem Zusammenhang darauf, dass es essentiell sei, angemessene Betonung auf Wege und Mittel zur Sicherstellung nachhaltigen Wachstums, Exporte und Investitionen zu legen. Schließlich empfahl der TDB, dass die UNCTAD mit der Unterstützung der Bemühungen der LDCs im laufenden Prozess der Formulierung und Implementierung der PRSPs fortfahren soll und in diesem Zusammenhang ihre Zusammenarbeit mit relevanten internationalen Organisationen, die den LDCs Priorität einräumen, erhöhen soll.[291]

2.3. Die Technische Hilfe der UNCTAD

Neben der Unterstützung multilateraler Politikdiskussionen, die darauf angelegt sind, die internationale wirtschaftliche Zusammenarbeit zu fördern, und der analytischen Arbeit führt die UNCTAD also Programme auf dem Gebiet der technischen Zusammenarbeit durch, um praktische Schwierigkeiten auf dem Weg zu nachhaltiger Entwicklung zu beseitigen. Mit ihrer Resolution 50/95 hatte die GA die UNCTAD ersucht, ihre technische Hilfe im Lichte der Übereinkünfte der Uruguay-Runde in Zusammenarbeit mit den zuständigen internationalen Organisationen, insbesondere dem Internationalen Handelszentrum und der WTO, neu auszurichten und gegebenenfalls zu verstärken, mit dem Ziel, die Kapazität der EL, insbesondere der LDCs, zu erhöhen, damit diese wirksam an dem internationalen Handelssystem teilnehmen können.[292]

Auf ihrer 6. Sitzung vom 4.-8. Februar 2002 nahm die „Commission on Trade in Goods, Services and Commodities" Schlussfolgerungen an und gab Empfehlungen ab. Sie erkannte den Beitrag des Arbeitsprogramms der UNCTAD in Bezug auf die Handelsverhandlungen und die Handelsdiplomatie, Handelsinformationen und Analyse, Wettbewerbspolitik, Handel und Umwelt sowie Rohstofffragen bei der Förderung der effektiven Integration der EL in das multilaterale Handelssystem an und forderte die UNCTAD auf, verstärkte technische Hilfe an potentielle Empfängerländer in den Bereichen der Handelsverhandlungen, Human- und institutionellem „Capacity building" sowie Politikanalyse und -entwicklung zu leisten. Dies soll – je nach Anforderung durch die Empfängerländer – die Schwerpunktbereiche Landwirtschaft, Dienstleistungen, Implementierungsfragen im Rahmen der WTO, WTO-Regeln, Marktzugang, regionale Integration, Umwelt, Wettbewerb, Handel, Verschuldung und Finanzen sowie Technologietransfer einschließen. Mit Blick auf mögliche Synergien und der Vermeidung von Doppelarbeit wurde UNCTAD von der Kommission darin bestärkt, die Kooperation mit der WTO und anderen rele-

---

290 Vgl. Teil 1, Kapitel 2, Abschnitt 4.2.

291 Vgl. TD/B/EX(30)/2 vom 9. Dezember 2002: Escaping the Poverty Trap: national and international Policies for more effective Poverty Reduction in LDCs, S. 2, Ziff. 8.

292 Vgl. GA-Resolution 50/95 vom 20. Dezember 1995: International Trade and Development, Ziff. 28.

vanten internationalen Organisationen, den regionalen UN-Kommissionen und regionalen Institutionen entsprechend fortzusetzen unter Berücksichtigung von deren Managementkapazitäten. Um die Entwicklungsstrategien der Empfängerländer zu unterstützen und den erwarteten langfristigen Nutzen zu erzielen, sollte die Erbringung der technischen Hilfe gut koordiniert und folgerichtig sein.[293]

„Capacity building" und technische Hilfe sind zentrale Punkte zur Entwicklungsorientierung des Arbeitsprogramms der UNCTAD nach der WTO-Ministerkonferenz in Doha. Am 4. Februar 2002 hatte der Generalsekretär der UNCTAD das „Post-Doha Technical Assistance and Capacity-Building Programme" als einen nachfrageorientierten Rahmenplan vorgestellt, der auf umfangreichen Konsultationen mit Delegationen basiert, in Bezug auf die prioritären Bereiche, in denen die Hilfe der UNCTAD erforderlich ist, in Bezug auf die Arten von Hilfe und die einzelnen Formen von Hilfe, die von einzelnen Ländern oder Regionen benötigt wird. Die UNCTAD setzt danach ihre unparteiische entwicklungsorientierte technische Hilfe in Handelsfragen fort. Dies beinhaltet eine ganze Reihe von Aktivitäten auf der nationalen, regionalen und internationalen Ebene und schließt u.a. Seminare, Workshops, Trainingsmissionen, sowie, wenn erforderlich, die Unterstützung von Delegationen der EL vor Ort in Genf ein.[294]

Im Bereich der Exportförderung der EL verwaltet UNCTAD gemeinsam mit der WTO das ITC.[295]

Die Aktivitäten der UNCTAD auf dem Gebiet der technischen Zusammenarbeit werden u.a. von UNDP, individuellen Geberländern[296], der Europäischen Kommission, den internationalen Finanzinstitutionen wie insbesondere der Weltbank und der Inter-Amerikanischen Entwicklungsbank sowie anderen Stiftungen finanziert. Zunehmend finanzieren EL auch Aktivitäten der technischen Zusammenarbeit in ihrem Land selbst. Schwerpunkte der Tätigkeit der UNCTAD im Rahmen der technischen Zusammenarbeit liegen auf den Gebieten internationaler Handel, nachhaltige Entwicklung, finanzielle Ressourcen, Investment, Technologietransfer und Unternehmensentwicklung sowie Transport.[297] Die Hauptprogramme der technischen Kooperation nach der Höhe der Ausgaben waren in 2000 das „Programme on customs reform and automation" (ASYCUDA), Handelslogistik, Handelsverhand-

[293] Vgl. TD/B/COM.1/57 vom 2. Januar 2003: Progress Report on the Implementation of Agreed Conclusions and Recommendations of the Commission, including the Post-Doha Follow-up, Bericht des UNCTAD-Sekretariats, S. 12.

[294] Vgl. ebenda, S. 12, Ziff. 36ff.

[295] Vgl. dazu unten Kapitel 3, Abschnitt 2.4.

[296] Wichtige Geberländer sind Belgien, Dänemark, Finnland, Deutschland, Italien, Japan, Luxembourg, die Niederlande, Norwegen, Schweden, die Schweiz, das Vereinigte Königreich sowie die USA, vgl. o.V: http://www.unctad.org/en/techcop/ techcop.htm, Ausdruck vom 2. August 1999.

[297] Vgl. dazu o.V.: ebenda.

lungen, Handelsdiplomatie , das „Debt Management and Financial Analysis System“ (DMFAS) sowie Fragen der Investitionsanalyse.[298]

Die meisten Länder, die die Aufnahme in die WTO anstreben, aber auch andere EL, die bereits Mitglied der WTO sind, haben gemeinsam, dass eine Debatte über Handelsfragen im Land nicht stattfindet. Weder bestehende Interessengruppen noch Vertretern der Gesetzgebung sind fähig, effektiv mit der Regierung über Handelsfragen zu diskutieren. So kann z.B. die Regierung Zusagen abgeben oder andere Bestimmungen akzeptieren, die jedoch die Interessen bestimmter Gruppen negativ berühren und daher keine Akzeptanz finden. So haben viele der der WTO beitretenden Länder Schritte unternommen, um Mechanismen aufzubauen, damit die Ansichten des privaten Sektors bei der Formulierung einer Verhandlungsstrategie unterstützend wirken können. In diesem Zusammenhang hat die UNCTAD ihr „Commercial Diplomacy Programme“ entworfen, das die Bedürfnisse des privaten Sektors und der Parlamente ansprechen soll.[299]

Im Bereich des Schuldenmanagements ist die UNCTAD seit über 20 Jahren aktiv und leistet technische Hilfe an Schuldnerländer. Aufgaben sind u.a. die Unterstützung für Schuldenmanagement, einschließlich der Installierung und Weiterentwicklung des DMFAS. Ende 2000 hatte das DMFAS-Programm Projekte in 60 Ländern. In 1999 hat die UNCTAD für das „UN Executive Committee on Economic and Social Affairs“[300] einen Bericht mit dem Titel „Finding Solutions to the Debt Problems of Developing Countries“ erarbeitet.[301] Darauf basierend hat die UN die Staats- und Regierungschefs der G8 auf ihrem Treffen am 11. Juni 1999 in Köln aufgefordert, die Bedingungen zum Schuldenerlass unter der „heavily indebted poor countries initiative“ substantiell zu verbessern. In einem Brief an den damaligen Vorsitzenden des G8-Gipfels, Bundeskanzler Gerhard Schröder, hatte UN-Generalsekretär Annan auch dargelegt, dass Schuldenerlass nicht auf Kosten der offiziellen Entwicklungshilfe gehen dürfe.[302]

UNCTAD ist auch im Bereich von Handel und Umwelt aktiv. Hier arbeitet es mit UNDP, UNEP, WTO dem ITC, anderen Organisationen und Vertretern der Zivilgesellschaft zusammen. Ein weiterer Bereich ist Technologietransfer.[303] Weitere Stichpunkte sind Wettbewerbspolitik, elektronischer Handel, Statistik usw.

---

[298] Vgl. TD/B/48/5 bzw. TD/B/WP/139 vom 9. Juli 2001: Review of technical cooperation acitivities of UNCTAD, Bericht des UNCTAD-Generalsekretärs, unter der Überschrift „Activities regarding the Least Developed Countries“, S. 7, Tabelle 3.

[299] Vgl. UNCTAD/DITC/TNCD/11: WTO Accessions and Development Policy, UNCTAD, New York und Genf 2001, Gibbs, Murray: UNCTAD's role in the WTO accession process, S. 109-115, S. 111.

[300] Vgl. Kapitel 1, Abschnitt 1.3.1.

[301] Vgl. Dokument EC/ESA/99/2 von 1999.

[302] Vgl. UNCTAD News, Vol. I, Issue 3, 1999, S. 16f, vgl zur HIPC-Initiative Kapitel 2, Abschnitt 2.2.2.

[303] Vgl. z.B. Dokument TD/B/COM.2/37 vom 10. Dezember 2001: International Arrangements for the Transfer of Technology.

Der Aktionsplan von UNCTAD X, der die technische Zusammenarbeit als eine von drei Hauptfunktionen der UNCTAD identifizierte, hatte gleichzeitig ausgeführt, dass die Effektivität und Relevanz der technischen Zusammenarbeit der UNCTAD von ihrer Einbeziehung in die Politikanalyse des Sekretariats und die Arbeit der zwischenstaatlichen Organe abhängen wird. Diesbezüglich erfolgten in 2000 Bemühungen, Programme der technischen Zusammenarbeit zu planen und zu implementieren, die die Wechselbeziehungen zwischen Politikanalyse, zwischenstaatlichen Beratungen und operationellen Aktivitäten effektiv ausgenutzt haben. Programme der technischen Zusammenarbeit wurden durch eine Kombination von Aktivitäten vor Ort und Forschungsarbeit implementiert. Die analytische Arbeit des Sekretariats nutzt die Arbeit in Programmen der technischen Kooperation sowie Diskussionen auf zwischenstaatlichen Treffen. Verschiedene Workshops und Seminare sowie Treffen im Zusammenhang mit der Implementierung von Programmen und Projekten versuchen, die Politikrelevanz der Forschung durch UNCTAD zu steigern und bereiten die Basis für zukünftige analytische Arbeit.[304]

UNCTAD ist auch aktiv im Prozess der Aufnahme neuer Mitglieder in die WTO. Die Schwierigkeiten, die die meisten Aufnahmeländer haben, unterfallen in zwei Kategorien: erstens solche, die aus eigenen Schwächen resultieren (wie z.B. Humanressourcen, finanzielle Herausforderungen) und zweitens denen, die aus Positionen ihrer Verhandlungspartner, den WTO-Mitgliedern, erwachsen. Die Tätigkeiten der UNCTAD adressieren erstere. U.a. wurden die LDCs Buthan, Kambodscha, Laos, Nepal und der Sudan unterstützt. Dabei arbeitet die UNCTAD konstruktiv mit der „Accession Division" des WTO-Sektretariates zusammen. Viele der Aktivitäten wurden begonnen, nachdem der UNCTAD auf der 9. UNCTAD-Konferenz das spezielle Mandat erteilt worden war, Länder im Aufnahmeprozess zu unterstützen. Die meisten Aktivitäten erfolgen mit finanzieller Unterstützung des UNDP. Aber auch bilaterale Geber sowie der „United Nations Development Account" waren Finanzierungsquellen.[305]

Das UNCTAD-Sekretariat führt verschiedene Projekte der technischen Hilfe durch, um den EL zu helfen, das Arbeitsprogramm der Ministererklärung von Doha und dessen mögliche Implikationen für die Handelsmöglichkeiten und die Entwicklung von Kapazitäten zur Teilnahme an multilateralen Handelsverhandlungen zu verstehen. Von dieser Arbeit profitierten eine große Anzahl von Ländern und Gruppen u.a. die Karibische regionale Verhandlungsgruppe, die „Southern African Development Community" (SADC) und die „Economic Community of West African States" (ECOWAS). UNCTAD hat bei der Bereitstellung solcher technischer Hilfe auch mit den regionalen Kommissionen der UN, der „Economic Commission for

[304] Vgl. TD/B/48/5 bzw. TD/B/WP/139 vom 9. Juli 2001: Review of technical cooperation acitivities of UNCTAD, Bericht des UNCTAD-Generalsekretärs, Overview of Activities in 2000, S. 3f, Ziff. 4.

[305] Vgl. UNCTAD/DITC/TNCD/11: WTO Accessions and Development Policy, UNCTAD, New York und Genf 2001, Gibbs, Murray: UNCTAD's role in the WTO accession process, S. 109-115, S. 110.

Latin America and the Caribbean" (ECLAC), der „Economic and Social Commission for Asia and the Pacific" (ESCAP) und der „Economic Commission for Africa" (ECA) zusammengearbeitet sowie dem „Southern Common Market" (MERCOSUR). Zusammen mit dem ITC und der WTO führt UNCTAD das „Joint Integrated Technical Assistance Programme in Selected Least Developed and Other African Countries" (JITAP) durch.[306]

In Bezug auf Training und „Capacity building" ist das Programm „TrainForTrade" zu nennen, das führende UNCTAD-Programm im Bereich des internationalen Handels, handelsbezogenen Dienstleistungen, Investitionen und Hafenmanagement. Auf Bitte einer Regierung führt das „TrainforTrade"-Team eine vorbereitende Analyse der Trainingsbedürfnisse des Landes durch und übermittelt ein Projektdokument, das diese Bedürfnisse aufgreift. Die Einführung von Projekten hängt von den finanziellen Beiträgen der Geber ab, aber das Land soll sich auch an den Kosten beteiligen. Wenn Projekte beginnen werden potentielle lokale Partner identifiziert. Solche sind z.B. Trainer für künftige Kurse, Trainingszentren mit speziellen Kompetenzen und Ausstattungen, Trainer, die sich auf Fernlernkurse spezialisieren und Mitglieder nationale bzw. regionaler „Steering Committees". Am Ende jedes Projektes führt ein UNCTAD-Team oder ein externes Team eine Evaluierung durch, um die Wirkungen des Trainings zu überprüfen. Wenn Fernlerntechniken in Betracht kommen, analysiert das „TradeforTrade"-Team die vorhandenen Kapazitäten, Mittel und Möglichkeiten und erarbeitet entsprechende Lösungen. Das „TrainForTrade"-Team arbeitet mit den Forschungsprogrammen der UNCTAD zusammen, um Lernmaterial zu erarbeiten und Trainingskurse durchzuführen. Neben sog. pädagogischen Kursen (Kursentwicklungsworkshop, Lehrerworkshops – auch für Fernlehrer) finden logistische und Hafenkurse statt. Diese befassen sich mit modernem Hafenmanagement, trainieren Manager und Politiker. Internationale Handelskurse werden mit verschiedenen Schwerpunkten durchgeführt. So werden Kurse im Bereich Handel, Umwelt und Entwicklung, der Formulierung von Wettbewerbspolitik und Wettbewerbsrecht und zu deren Umsetzung angeboten. Zudem finden Kurse zur Analyse von Auswirkungen internationaler Handelspolitik unter Verwendung von Simulationsmodellen statt, sowie zu Finanzierungsprozeduren des internationalen Handels, der Praxis und den rechtlichen Aspekten von elektronischem Handel. Schließlich finden auch Kurse zum internationalen Investment statt.[307] Einem Bericht der UNCTAD zufolge, könnte die unterstützende Rolle der UNCTAD durch technische Hilfe und „Capacity building" im Rahmen der Handelsverhandlungen der WTO substantiell verstärkt werden, wenn ihr zusammen mit anderen relevanten internationalen Organisationen wie dem IMF oder der Weltbank der Beobachterstatus in den Verhandlungsgremien der WTO gewährt würde.[308]

---

[306] Vgl. zum JITAP Teil 3, Kapitel 2, Abschnitt 2.2.2.

[307] Vgl. Human Resources Development, Train For Trade, http://r0.unctad.org/trainfortrade/uk/TrainForTrade/indexTFTUk.htm, Ausdruck vom 31. Mai 2003.

[308] Vgl. TD/B/49/12 vom 20. September 2002: Developments and issues in the Post-Doha work programme of particular concern to the developing countries, S. 20, Ziff. 56.

2.4. Die UNCTAD und Koordination

Auch die UNCTAD wurde mit Koordinationsaufgaben betraut. Bereits seit ihrer Errichtung hatte die UNCTAD das Mandat, mit anderen internationalen Organisationen zusammenzuarbeiten und ihre Tätigkeiten zu koordinieren.[309] Die GA-Resolution, die die UNCTAD als ein Organ der GA errichtete, führt aus, dass eine Hauptaufgabe der Konferenz sein soll:

„Generally, to review and facilitate the co-ordination of activities of other institutions within the United Nations system in the field of international trade and related problems of economic development, and in this regard to cooperate with the General Assembly and the Economic and Social Council with respect to the performance of their responsibilities for co-ordination under the Charter of the United Nations“[310]

In ihrem Paragraf 18 fordert dieselbe Resolution, dass der TDB

„shall, as required, make arrangements to obtain reports from and establish links with inter-governmental bodies whose activities are relevant to its functions. In order to avoid duplication it shall avail itself, whenever possible, of the relevant reports made to the Economic and Social Council and other United Nations bodies“.

Nach Paragraf 19 soll der TDB enge und kontinuierliche Verbindungen zu den regionalen Wirtschaftskommissionen aufnehmen und kann dies auch in Bezug auf andere relevante regionale zwischenstaatliche Körperschaften. Die Gründungsresolution enthält auch in Bezug auf die Koordinationsfunktion der UNCTAD eine Bestimmung, die den TDB betrifft. Danach soll der TDB in seinen Beziehungen zu den Organen und Organisationen innerhalb des UN-Systems

„act in conformity with the responsibilities of the ECOSOC under the Charter, particularly those of co-ordination, and with the relationship agreements with the agencies concerned.“[311]

Daraus ergibt sich, dass der TDB in Bezug auf den ihm zugewiesenen Handelsbereich, insbesondere die nach der UN-Charta dem ECOSOC zugewiesenen Koordinationsfunktion in diesem Bereich ausüben sollte. Bereits in Ziff. 18 der selben Resolution ist geregelt, dass der Rat erforderlichenfalls Vereinbarungen treffen kann, um von zwischenstaatlichen Körperschaften, deren Tätigkeiten in Beziehung zu seinen Aufgaben stehen, Berichte zu erhalten und um Verbindung mit ihnen herzustellen. Weiter heißt es, dass der Rat, um Doppelarbeit zu vermeiden, die für den ECOSOC und andere Organe bestimmten Berichte in seinem Tätigkeitsbereich wenn möglich selbst auswerten solle. Daraus kann jedoch nicht geschlossen werden, dass der ECOSOC dafür nun nicht mehr zuständig sein sollte. Vielmehr spricht vieles dafür, dass hier eine doppelte Zuständigkeit eingerichtet worden ist. Dies wurde auch von Bertrand kritisiert. Er führte aus, dass der ECOSOC nach Art. 61 bis 72 UN-Charta als eines der Hauptorgane über internationale Angelegenheiten auf den Gebieten der Wirtschaft, des Sozialwesens, der Kultur, der Er-

---

309 Vgl. Dokument TD/380: Bericht des UNCTAD-Generalsekretärs an UNCTAD X, S. 56, Ziff. 162.

310 Vgl. GA-Resolution 1995 (XIX) vom 30. Dezember 1964, II 3 (d).

311 Vgl. die GA: ebenda, Ziff. 20. Die Gründungsresolution 1995 (XIX) wurde zuletzt ergänzt durch Resolution 34/3 vom 4. Oktober 1979.

ziehung, der Gesundheit und auf verwandten Gebieten Untersuchungen und Berichte erarbeiten oder veranlassen (Art. 62 Abs. 1), sowie die Tätigkeiten der Sonderorganisationen koordinieren soll (Art. 63 Abs. 2). Mit der Schaffung von UNCTAD im Jahre 1964 habe man ein zweites Hauptorgan geschaffen, das praktisch mit denselben Problemen befasst worden sei. Der TDB stehe in einem Konkurrenzverhältnis zum ECOSOC, während sich die alle vier Jahre stattfindenden Plenarkonferenzen der UNCTAD mit den gleichen Aufgaben beschäftigen wie die Generalversammlung. Beide Organe würden sich, so Bertrand, wenn auch aus verschiedenen Blickwinkeln, mit denselben Problemen befassen.[312]

Schließlich soll der UN-Generalsekretär, so die Resolution 1995 (XIX), adäquate Arrangements für eine enge Kooperation und Koordination zwischen dem UNCTAD-Sekretariat und dem „Department for Economic and Social Affairs“ treffen, einschließlich der Sekretariate der regionalen Wirtschaftskommissionen und anderen entsprechenden Einheiten des UN-Sekretariats, sowie mit den Sekretariaten der Sonderorganisationen.[313] Das UNCTAD-Sekretariat hat eine große Anzahl an Verbindungen mit entwicklungsorientierten internationalen Organisationen aufgebaut. Diese reichen in Bezug auf das Format von Verbindungen auf Arbeitsebene zu „Memoranda of Understanding“ und anderen förmlichen Abkommen, in substantieller Hinsicht von einfachem Informationsaustausch und Dokumentationen hin zu gemeinsamen Projekten. Sie beinhalten Organisationen, die Mitglied im ACC (CEB) sind, wie auch andere Organisationen, internationale Finanzinstitutionen und regionale Entwicklungsbanken, regionale und überregionale Organisationen sowie Rohstoff-, Investitions- und Handelsvereinigungen.[314]

Daneben wurde eine ganze Anzahl weiterer Resolutionen zur Zusammenarbeit verabschiedet. Z.B. erfolgte die Kooperation zwischen UNCTAD und der UNIDO erfolgte auf der Basis von GA-Resolution 2152 (XXI) vom 7. November 1966.[315] Bezüglich der operativen Aktivitäten auf dem Gebiet des Handels und damit zusammenhängender Gebiete wurde UNCTAD der Status einer „executing and participating agency“ des UNDP durch die GA-Resolution 2401 (XXIII) vom 13. Dezember 1968 bzw. durch Resolution 44 (VII) des TDB eingeräumt. Zwischen beiden Organisationen fand daneben 1969 ein Austausch von Memoranda

[312] Vgl. Bertrand, Maurice: UNO - Geschichte und Bilanz, Frankfurt am Main 1995, S. 88f.

[313] Vgl. GA-Resolution 1995 (XIX) vom 30. Dezember 1964, zuletzt ergänzt durch Resolution 34/3 vom 4. Oktober 1979, Ziff. 28.

[314] Vgl. TD/380: Bericht des UNCTAD-Generalsekretärs an UNCTAD X, S. 56, Ziff. 166.

315 Vgl. Dokument TD/B/337 von 1971: Report submitted in conformity with the Board's resolution 19 (II) of 15 September 1965, requesting the SG of UNCTAD to prepare a report for each session of the Board as to the progress made and concrete measures taken in respect of coordinating the activities of UNCTAD with those of other bodies in the field of trade and development as provided for in GA-Resolution 1995 (XIX), S. 7, sowie Dokument E/5524/Add.3: Review of the Agreements between the United Nations and the Specialized Agencies and the International Atomic Energy Agency, Bericht des UN-Generalsekretärs, S. 12f.

statt.[316] Bereits Anfang der 1970er Jahre hatte die Konferenz zur Kooperation zwischen dem Generalsekretär der UNCTAD und dem Administrator des UNDP in Bezug auf bestimmte Aspekte eines Trainings- und Beratungsprojektes zum „Generalized System of Preferences" aufgerufen und um Hilfe des UNDP für Tätigkeiten gebeten, die den EL helfen sollen, effektiver an multilateralen Handelsverhandlungen teilzunehmen.[317] Das bereits oben erwähnte Reformdokument „A Partnership for Growth and Development", das auf der UNCTAD IX angenommen worden ist, forderte eine Intensivierung von Kooperation und Koordination mit relevanten Institutionen.[318] Auf der UNCTAD X wurde gefordert, dass die UNCTAD zur Erfüllung ihres Mandates die Arbeit anderer internationaler Organisationen berücksichtigen und eng mit diesen kooperieren solle, um Synergien, Konsistenz, Komplementarität und gegenseitige Unterstützung von Politiken zu steigern und Duplikation zu vermeiden.[319] Der Generalsekretär der UNCTAD führt in einem Bericht zur technischen Zusammenarbeit im Jahre 2000 aus, dass die UNCTAD ihre Aktivitäten in diesem Bereich auch weiterhin in enger Zusammenarbeit und Koordination mit allen relevanten Organisationen und Bereitstellern handelsbezogener technischer Hilfe, einschließlich regionaler und subregionaler Integrationsgruppierungen von EL erbracht habe.[320]

In seiner Entscheidung 469 (XLVIII) vom 4. Oktober 2001 forderte der TDB das UNCTAD-Sekretariat zur Zusammenarbeit im Bereich der handelsbezogenen technischen Hilfe auf. Darin erhob er die Forderung an das Sekretariat

„to play ist role in combined international efforts to assist developing countries to derive full benefits from trade and to reduce poverty through, *inter alia*, mainstreaming trade into development strategies and enhanced partnership with other agencies involved in delivering trade-

---

[316] Vgl. E/5524/Add.4 vom 20. Juni 1974: Review of the Agreements between the United Nations and the Specialized Agencies and the International Atomic Energy Agency, Bericht des UN-Generalsekretärs , S. 34, Ziff. 121.

[317] Vgl. ebenda, S. 34, Ziff. 122.

[318] Dort heißt es: „UNCTAD should intensify its cooperation and coordination with WTO, ITC, relevant institutions of the United Nations system, other organizations and donor agencies, as well as with regional and subregional groupings, through formal arrangements and within existing mechanisms, as appropriate. This cooperation and coordination should aim to fully utilize existing capacities, create more synergies and avoid duplication, in order to optimize the impact of technical co-operation. It should also lead to a systematic exchange of information and best practices", vgl. Dokument A/51/308: A Partnership for Growth and Development, Ziff. 99

[319] Vgl. Dokument TD/386 vom 18. Februar 2000: Plan of Action, Ziff. 106.

[320] Der Bericht führt aus, eine enge Zusammenarbeit habe mit einer Anzahl von Organisationen, die technische Zusammenarbeit für Handel und Entwicklung fördern, stattgefunden: UNDP, ITC, WTO, Weltbank, World Intelectual Property Organization (WIPO), UNIDO, IMF, United Nations Office for Project Services (UNOPS), regionale Wirtschaftskommissionen, Department for Economic and Social Affairs der UN, FAO, ILO und IMO. Daneben werden die OECD und eine Reihe von nationalen und internationalen NGOs genannt, vgl. TD/B/48/5 bzw. TD/B/WP/139 vom 9. Juli 2001: Review of technical cooperation acitivities of UNCTAD, Bericht des UNCTAD-Generalsekretärs, unter der Überschrift „Cooperation with other organizations", S. 14f, Ziff. 34f.

related technical assistance, especially for LDCs in the context of the Integrated Framework"[321]

Zur Kooperation mit den Bretton-Woods-Institutionen und der WTO vgl. die entsprechenden Ausführungen in den Kapiteln 2 und 3.

2.5. Würdigung und Ausblick

Festzustellen ist, dass spätestens mit der Gründung der WTO 1995 der UNCTAD auf allen Arbeitsgebieten Konkurrenz durch mindestens eine andere internationale Organisation erwachsen ist. Im Entwicklungsstrategiedialog und der multilateralen Entwicklungsfinanzierung ist hier die Weltbank zu nennen. In der Gestaltung der multilateralen Handelsordnung ist dies die WTO. Auch die UNIDO und das ITC sind in Bezug auf die Durchführung von technischer Hilfe zu nennen.

Die Bedeutung der UNCTAD als Verhandlungsgremium neben der WTO dürfte weiter abnehmen. Der weitere Ausbau des WTO-Sekretariates sowie der stark gewachsene Kreis der WTO-Mitgliedstaaten haben zur Folge, dass die UNCTAD sich auf die Analyse des Handels beschränkt, während Verhandlungen unter dem Dach der WTO geführt werden.[322] Jedoch können die Politikanalyse und die Konsens bildende Funktion der UNCTAD wesentliche Beiträge zur Reifung („maturing") zwischenstaatlicher Überlegungen von Handelsfragen zu dem Punkt hin leisten können, von dem an sie ergebnisreich in der WTO verhandelt werden können. UNCTAD könne grundlegende Arbeiten ausführen, einschließlich der Identifikation und der normativen/ analytischen Untersuchung von Fragen und Politikoptionen, insbesondere im Hinblick auf deren entwicklungspolitischen Aspekte sowie der Konsensbildung über grundlegende Parameter möglicher internationaler Vereinbarungen.[323] Andererseits legt der ausgedehnte Katalog der im Rahmen der WTO diskutierten handelspolitischen Themen, die noch nicht verhandlungsreif sind und einen starken Entwicklungsbezug aufweisen, nahe, dass die WTO mehr und mehr auch diese „klassischen" Aufgaben der UNCTAD übernehmen wird.[324] Um hier Doppelarbeit zu vermeiden, ist Koordination insbesondere erforderlich. Dennoch ist derzeit die Erarbeitung kritischer Berichte und Analysen sowie die unab-

---

[321] Vgl. die Entscheidung 469 (XLVIII) vom 4. Oktober 2001: Review of technical cooperation activities of UNCTAD, Ziff. 7, abgedruckt in TD/B/48/18 (Vol.I): Report of the Trade and Development Board on its forty-eight session, S. 10f.

[322] Vgl. Diekmann, Berend: UNCTAD, in: Internationale Wirtschaftsorganisationen: ein Taschenlexikon, Altmann, Jörn/ Kulessa, Margareta E (Hrsg.), Stuttgart: Lucius und Lucius, 1998, S. 226.

[323] Die JIU legt dar, dass eine derartige potentielle Unterstützung bereits im Fall von Handel, Umwelt und Wettbewerbspolitik international anerkannt worden sei. In einer Entscheidung der Kommission für nachhaltige Entwicklung und in GA-Resolution 49/99 sei anerkannt worden, dass die Arbeit des „Trade and Environment Committee" der WTO von einer Zusammenarbeit mit UNCTAD und dem UNEP Nutzen ziehen könnte, vgl. JIU/REP/96/1: UNCTAD: Review of institutional and programme issues, enthalten in A/51/152 vom 30. Mai 1996, S. 14, Ziff. 48, vgl. zum Verhältnis von UNCTAD und WTO Kapitel 3, Abschnitt 3.2.

[324] Vgl. ähnlich auch Diekmann, Berend: ebenda, S. 226, vgl. zur WTO Kapitel 3, insbesondere Abschnitt 3.2.

hängige Politikberatung durch die UNCTAD nicht erstetzbar. Die UNCTAD ist im Unterschied zur WTO eine reine „Entwicklungsorganisation", die ausschließlich zur Förderung der EL gegründet wurde. Die „andere Sicht" einer Entwicklungsorganisation scheint erforderlich.[325]

3. Das UNDP

3.1. Aufbau, Funktionen und Tätigkeiten

Das Entwicklungsprogramm der UN („United Nations Development Programme", UNDP) ist keine Sonderorganisation, obgleich sein Administrator mit Personalhoheit ausgestattet und den Direktoren der Sonderorganisationen auch insofern gleichgestellt ist, als er im „Chief Executive Board" (CEB) vertreten ist.[326] Oberstes Entscheidungsgremium ist der Exekutivrat („Executive Board"), in den nunmehr noch 36 Mitgliedstaaten der UN vom ECOSOC für jeweils drei Jahre gewählt werden.[327] Acht Staaten davon sind aus Afrika, sieben aus Asien, vier aus Osteuropa, fünf aus Lateinamerika und der Karibik sowie zwölf aus der OECD-Welt. Entschieden wird in allen Angelegenheiten im Konsensverfahren.[328]

Das UNDP gilt als die wichtigste zentrale Koordinations- und Finanzierungsstelle des UN-Systems auf dem Gebiet der technischen Zusammenarbeit (Vermittlung von Kenntnissen durch Beratung, Ausbildung, Experten usw.) Das UNDP plant, finanziert und koordiniert die Umsetzung von Entwicklungsprojekten, wobei es in der Regel Projekte nicht selbst durchführt, sondern damit fachlich zuständige Einrichtungen (sog. Trägerorganisationen, „executive agencies") innerhalb und außerhalb des UN-Systems beauftragt.[329] Zunehmend liegt der Schwerpunkt des UNDP in der Politikberatung.

Die Gründung des UNDP durch Zusammenlegung der beiden bestehenden Einrichtungen, dem „Expanded Proramme of Technical Assistance" und dem „Special Fund"[330], hatte zum Ziel, durch das neu gegründete Organ verstärkte Koordination zu erreichen. Die Präambel der Gründungsresolution enthält die Überzeugung,

> „dass eine solche Zusammenlegung sehr dazu beitragen würde, die vom Erweiterten Programm für technische Hilfe und vom Sonderfonds einzeln und gemeinsam durchgeführten

---

[325] Vgl. zur Diskussion um eine Abschaffung der UNCTAD Teil 3, Kapitel 1, Abschnitt 3.3.2.

[326] Vgl. Dicke, Klaus: Effizienz und Effektivität internationaler Organisationen: Darstellung und kritische Analyse eines Topos im Reformprozess der Vereinten Nationen, Berlin 1994, S. 250, zum CEB vgl. Abschnitt 5.4.1.

[327] Vgl. Kulessa, Margareta: UNDP, in: Internationale Wirtschaftsorganisationen: ein Taschenlexikon, Altmann, Jörn/ Kulessa, Margareta E (Hrsg.), Stuttgart: Lucius und Lucius, 1998, S. 229, Unser, Günther: Die UNO, Aufgaben und Strukturen der Vereinten Nationen, München, Beck, 1997, S.77.

[328] Vgl. Gareis, Sven Bernhard/ Varwick, Johannes: Die Vereinten Nationen, Opladen: Leske und Budrich, 2002, S. 216.

[329] Vgl. Unser, Günther: ebenda, S. 75.

[330] Vgl. dazu bereits Teil 1, Kapitel 3, Abschnitt 2.2.2.

Aktivitäten zu rationalisieren, dass sie die organisatorischen Vorkehrungen und Verfahren vereinfachen, die Gesamtplanung und die erforderliche Koordinierung der verschiedenen Arten von technischen Kooperationsprogrammen, die innerhalb des Systems der Vereinten Nationen durchgeführt werden, erleichtern und deren Wirksamkeit erhöhen würde"[331]

Es wurde beschlossen, dass der damals neue, aus 37 Mitgliedern bestehende „Governing Council" (jetzt: „Executive Board") neben der Prüfung und Genehmigung von Projekten und Programmen und der Zuweisung von Mitteln auch allgemeine grundsätzliche Anweisungen und Richtlinien für das gesamte Entwicklungsprogramm der UN wie auch für die regulären technischen Hilfsprogramme der UN geben soll. Das UNDP sollte die zentrale Finanzierungsfunktion auch gegenüber den Sonderorganisationen übernehmen. So wurde beschlossen, anstelle des Rates für technische Hilfe („Technical Assistance Board") und des Beirates des Sonderfonds („Consultative Board of the Special Fund") einen beratenden Ausschuss mit der Bezeichnung „interinstitutioneller Beirat" („Inter-Agency Consultative Board of the UNDP") zu gründen, der unter dem Vorsitz des Administrators zusammentreten sollte und dem der UN-Generalsekretär, die Leiter der Sonderorganisationen und der Internationalen Atomenergie Agentur angehören sollten. Auch die Exekutivdirektoren von Kinderhilfswerk und „World Food Programme" (WFP) sollten zur Teilnahme eingeladen werden können. Der Ausschuss sollte über Programme und Projekte beraten, bevor sie der „Governing Council" genehmigt. Auch sollte er bei der Auswahl der für die Durchführung von Projekten zu beteiligenden Organisationen sowie bei der Ernennung der „Resident Representatives" konsultiert werden.[332] Man war der Auffassung, dass die Zusammenlegung die Arbeit rationalisieren, die Organisation vereinfachen sowie die Gesamtplanung und die erforderliche Koordinierung der verschiedenen Arten von technischen Kooperationsprogrammen, die innerhalb des Systems der UN-Organisationen durchgeführt werden, erleichtern und deren Wirksamkeit erhöhen würde.[333] Es ging dabei vor allem um eine Verbesserung der Zusammenarbeit von UNDP und ausführenden Organisationen. Es sollte eine möglichst einheitliche Entwicklungspolitik entworfen und die Koordinierung zwischen der Entwicklungspolitik der Empfängerländer und der Hilfeleistung des UN-Systems verbessert werden. Schließlich sollten die UN-Programme und die anderen multilateralen und bilateralen Hilfsprogramme aufeinander abgestimmt werden.[334] Diese Koordinierungsfunktion konnte in der Praxis jedoch nicht verwirklicht werden. Sie scheiterte u.a. daran, dass die verschiedenen Sonderorganisationen sich nicht „koordinieren lassen wollten". Zu einer Abstimmung von Hilfsprogrammen kam es kaum. Wiegand drückt es 1977 so aus:

„Während die Koordinationsfunktion des UNDP sich noch nicht voll entfalten konnte, kommt der Bereitstellung von technischer Hilfe das Hauptgewicht in der Arbeit des UNDP zu."[335]

---

[331] Vgl. GA-Resolution 2029 (XX) vom 22. November 1965, einleitender Paragraf 2.
[332] Vgl. die GA: ebenda, Ziff. 6 a)-c).
[333] Vgl. die GA: ebenda, einleitender Paragraf 2.
[334] Vgl. Wiegand, Gerd: Organisatorische Aspekte der internationalen Verwaltung von Entwicklungshilfe, Ein Beitrag zur Organisationsanalyse internationaler Organisationen am Beispiel des UNDP und der Weltbank, Dunker & Humblot, Berlin, 1978, S. 59.
[335] Vgl. ebenda, S. 59.

Bereits 1967 war eine Studie vom UNDP in Auftrag gegeben worden, die die Kapazität des UN-Entwicklungssystems überprüfen sollte. Die Studie, die nach ihrem Autor Sir Robert Jackson als Jackson-Report bekannt geworden ist,[336] war dem „Governing Council" des UNDP präsentiert worden. Sie betonte, dass das UN-System nicht für die operationellen Aufgaben der EZ entworfen worden ist und dass die sektorielle Autonomie der Sonderorganisationen eine echte Integration der Entwicklungsbemühungen behindere.[337] Die Studie ging davon aus, dass die EZ für längere Zeit erforderlich sein würde. Sie schlug u.a. vor, die Organisationen, die an der Ausführung des UN-Programms teilnahmen, stärker zu steuern und ein 5-phasiges integriertes System zur Programmaufstellung auf Länderebene einzurichten, den sog. „UN Development Co-operation Cycle", sowie ein effizientes Informationssystem einzuführen. Sowohl der „Governing Council" des UNDP als auch der ECOSOC und die GA befassten sich mit der Studie und der Frage der Kapazität des UNDP. In der als „Consensus-Resolution" bekannt gewordenen GA-Resolution 2688 (XXV) vom 11. Dezember 1970, wurde eine neue Methode zur Aufstellung von Programmen eingeführt. Nach diesem neuen System sollte die Formulierung von UNDP-Länderprogrammen die erste von 5 Phasen des Zyklus der EZ der UN („UN Development Co-operation Cycle") sein. Die Regierung des betreffenden Landes sollte die ausschließliche Verantwortung für die Erstellung ihres nationalen Entwicklungsplanes oder ihrer Entwicklungsprioritäten oder -ziele tragen. Auf Antrag sollte sie Hilfe bei der Planung sowie seitens der Sonderorganisationen bei der sektoriellen Planung erhalten.[338] Weitere Phasen des Zyklus sind die Projektformulierung, Bewertung und Genehmigung, Implementierung, Evaluierung und Nachverfolgung.[339] Bei der länderbezogenen Aufstellung von Programmen sollen auf allen Ebenen Bemühungen erfolgen, alle Quellen von Entwicklungshilfe im System der Vereinten Nationen zu koordinieren, um eine Integration der Hilfe auf Landesebene zu erzielen. Bei der Erstellung des Landesprogramms sollte die Regierung auch die Beiträge anderer multilateraler und bilateraler Beiträge berücksichtigen.[340]

Neben der Aufstellung von Länderprogrammen, die auf der Basis der nationalen Pläne, Prioritäten und Ziele des jeweiligen Entwicklungslandes erfolgen sollte, wurde auch das System der „five-year indicative planning figures (IPF) for resource allocation" eingeführt. Die IPFs stellten eine durch den Administrator kalkulierte Zahl dar, die festlegt, wie viel Prozent der gesamten Programmressourcen, d.h. der für die länderbezogene Programmierung vorgesehenen Mittel, während eines bestimmten Zeitraumes (Entwicklungszyklus) für jedes einzelne Land verwendet wird. Der Prozentsatz der Gesamtmittel für das laufende Jahr wurde über einen längeren Zeitraum projiziert und enthielt eine auf bestimmten Annahmen basieren-

---

[336] Vgl. Jackson, Robert: A Study of the Capacity of the United Nations Development System, enthalten in DP/5, United Nations, Genf, 1969.
[337] Vgl. Jackson, Robert: ebenda, S. 6.
[338] Vgl. GA-Resolution 2688 (XXV) vom 11. Dezember 1970: The capacity of the United Nations development system, Annex, Ziff. 4f.
[339] Vgl. dazu auch Dokument E/5524/Add.3, S. 34.
[340] Vgl. die GA: ebenda, Ziff. 9f.

de jährliche Zuwachsrate für diesen Zeitraum. Die Planungsleitzahlen sollten einen weitgehend verlässlichen Anhaltspunkt über einen längeren Zeitraum für die Zwecke der längerfristigen Programmierung darstellen.[341] Auch wichtige Elemente der organisatorischen Struktur des UNDP wurden geändert.[342] Dieser „Konsens" brachte eine neue Aussicht bezüglich der gemeinsam durch die UN und die Sonderorganisationen unter der Führung des UNDP zu erbringenden operationellen Aktivitäten und betonte die Notwendigkeit einer engeren „interagency cooperation" im Entwicklungsbereich[343], was sich in der Praxis leider nicht im erwarteten Maße realisiert hat. Im Juni 1995 löste der „Executive Board" des UNDP das IPF-Finanzierungssystem ab, das auf für das jeweilige Land zustehenden Beträgen basierte, und führte ein verdienst- und anreizbasiertes System ein. Dieses neue Mittelverteilungssystem stellt Anreize für die Qualität der Programmaufstellung auf, die nationale Bemühungen mit Blick auf Armutsreduzierung und nachhaltige menschliche Entwicklung unterstützt.[344]

Mit dem Beginn der Durchführung von operativen Tätigkeiten durch die UN waren, wie auch bei den Sonderorganisationen, diese Tätigkeiten zunehmend auf die Länderebene verlagert worden, was die Einrichtung von Länderbüros („country offices") erforderlich machte.[345] Das UNDP als das zentrale Finanzierungs- und Steuerungsinstrument für die multilaterale technische Zusammenarbeit im Bereich der Vereinten Nationen verfügt in den Empfängerländern über Büros (1993: 132) und residierende Vertreter („Resident Representatives"), die einerseits Kontakte zu den Empfängerregierungen halten, andererseits die Projekte der verschiedenen Sonderorganisationen aufeinander abzustimmen und sie zu beobachten haben.[346] Mit der bereits oben erwähnten „Restructuring"-Resolution entschied die GA 1977, dass in jedem Land ein residierender Koordinator („Resident Coordinator") für die Koordination der operationellen Tätigkeiten für Entwicklung des UN-Systems auf Länderebene verantwortlich sein soll. Im Nachgang zu dieser Resolution verabschiedete die GA sog. „Terms of Reference" der residierenden Koordinatoren und bestimmte, dass der residierende Vertreter des UNDP i.d.R. als residierender Koordinator berufen werden soll.[347] Bereits nach Verabschiedung der „Consensus-Resolution", verbunden mit der Änderung von wesentlichen Elementen der organisatorischen Struktur des UNDP, wurden Regionalbüros eingerichtet, die als Ver-

---

[341] Vgl. GA-Resolution 2688 (XXV) vom 11. Dezember 1970: The capacity of the United Nations development system, Annex, Ziff. 13f.

[342] Vgl. dazu: UNDP Programming Manual: Dezember 2000, S. 3, im Internet unter http://www.undp.org/osg/pm/index.htm.

[343] Vgl. Dokument E/5524/Add.3, S. 34.

[344] Vgl. UNDP Programming Manual: ebenda, S. 5, mit Verweis auf Entscheidung 95/24 des Executive Boards.

[345] Vgl. E/5524/Add.3, S.16.

[346] Vgl. Wolff, Jürgen H.: Entwicklungspolitik, Entwicklungsländer: Fakten – Erfahrungen – Lehren, München: Oldenbourg, 2. Auflage, 1998, S. 266.

[347] Vgl. dazu UNDP Programming Manual: ebenda, S. 4, mit Verweis auf die GA-Resolutionen 32/197 vom 20. Dezember 1977 und 34/213 vom 19. Dezember 1979.

bindung zwischen dem Administrator und den residierenden Vertretern auf regionaler und Länderebene fungieren sollen.[348]

Seit der Einführung der residierenden Koordinatoren für die operativen Tätigkeiten des UN-Systems auf Länderebene in 1978, haben diverse Resolutionen der GA diesen wiederholt eine zentrale Rolle bei der Unterstützung der Empfängerregierungen bei der Erzielung effektiver Koordination und Integration von Programmen der Organisationen vor Ort im EL zugewiesen[349] Als einen Mechanismus dazu empfahl die GA in Resolution 74/199, dafür ein „field-level committee“ einzurichten, das aus allen residierenden Vertretern des UN-Systems besteht, auf deren effektiver Zusammenarbeit der Erfolg des „Resident Cordinator Systems“ beruht. Das „Resident Coordinator System“ wird als Hauptmechanismus der Koordination zwischen den Organisationen auf Länderebene angesehen.[350] Die Stärkung dieses Systems ist auch eine der Top-Prioritäten der UN-Entwicklungsgruppe (UNDG). Unter anderem wurden in den letzten Jahren neue Auswahlprozeduren einschließlich eine unabhängigen Kompetenzbewertung für residierende Koordinatoren erarbeitet. Der Kreis der zur Auswahl stehenden Kandidaten wurde mit Blick auf die Erhöhung des Frauenanteils erweitert und ein beschleunigter und rationalisierter Nominierungs- und Auswahlprozess für residierende Koordinatoren umgesetzt.[351] Um trotz der hohen Nachfrage und dem Wettbewerb um qualifizierte weibliche Manager zu einer ausgeglicheneren Geschlechterbalance zu kommen, setzt die UNDG unter anderem auf eine Rekrutierung von Personal außerhalb des UN-Systems, wobei sich die Kandidaten einem Auswahlverfahren (Kompetenzassessment) unterziehen müssen.[352] Daneben wurden Bewertungs- und Berichtsrichtlinien auf der Grundlage der bisherigen Erfahrungen abgeändert, um gemeinsame Arbeitsplanung und Selbstbewertung der residierenden Koordinatoren und der UN-Länderteams zu stärken. Wichtig dabei ist, dass die Organe und Organisationen der gesamten UN-Systems aktiv an der „Resident Coordinator performance exercise“ teilnehmen und diese mehr nutzen, denn dieser Bewertungsmechanismus kann, bei umfassender Teilnahme aller Organisationen, sowohl als Bewertungsmittel für die Kompetenz amtierender und vormaliger residierender Koordinatoren als auch als Informationsquelle für neue residierende Koordinatoren dienen. Allerdings gehen

---

[348] Vgl. UNDP Programming Manual: Dezember 2000, S. 3, im Internet unter http://www.undp.org/osg/pm/index.htm.

[349] Vgl. z.B. die GA-Resolutionen 47/199 und 50/120, vgl. auch die Ausführungen des JIU/REP/96/3: Cordination of policy and programming frameworks for more effective development cooperation, enthalten in Dokument A/51/636 bzw. E/1996/104 vom 31. Oktober 1996, S. 12: „As the centrepiece of the organizations' country-level coordination arrangements, the resident coordinators obviously have a key role to play in bringing coherence to the plurality of policy and programming frameworks employed by external development partners.“

[350] Vgl. z.B. Dokument E/2000/20 vom 20. April 2000: Annual reports of the Adminstrator of the United Nations Development Programme and the Executive Director of the United Nations Population Fund to the Economic and Social Council, S. 5, Ziff. 16.

[351] Vgl. ebenda.

[352] Vgl. ebenda, S. 6, Ziff. 19.

einige Organisationen davon aus, dass das derzeit existierende System nicht zur Offenheit anregt und würden mehr informelle Arrangements für den Lernprozess und die Selbstverbesserung der residierenden Koordinatoren bevorzugen.[353] Die residierenden Koordinatoren haben jährlich über ihre Tätigkeit zu berichten. Die Jahresberichte werden durch Gruppen von Mitgliedern verschiedener Organisationen („inter-agency groups“) durchgesehen.[354] Als ein wichtiges Arbeitsmittel wurde 1999 das „Resident Coordinator Netzwerk“ (RC-Net) eingeführt, eine Internetseite, die durch das Büro der „Development Group Office“ zur Unterstützung des „Resident Coordinator Systems“ unterhalten wird und alle Vorschriften, „inter-agency guidance notes“, Berichte, Links zu Internetseiten des „Resident Coordinator Systems“ auf Länderebene, sowie weitere Informationen bereithält. Davon erwartet man sich, dass vorhandenens Wissen und Informationen besser genutzt werden und der Erfahrungsaustausch gefördert wird.[355] Das „United Nations Staff College“ in Turin schult im Rahmen eines Einführungskurses residierende Koordinatoren, die zum ersten Mal eingesetzt werden, und bietet „inter-agency“- und thematische Schulungen für residierende Koordinatoren an.

Ende der 1980er Jahre fand eine Neueinschätzung der technischen Zusammenarbeit statt. Die ursprüngliche Experten- und trainingsorientierte technische Hilfe hatte sich mehr und mehr hin zu einem multidimensionalen Prozess der technischen Zusammenarbeit verlagert, um Human- und institutionelle Fähigkeiten herauszubilden, die mit den sich ständig verändernden Entwicklungssituationen zurecht kommen sollen. Dieser institutionelle Entwicklungsprozess, insbesondere in Zeiten wirtschaftlicher Not und politischer Spannungen, ist komplex und noch nicht vollständig eruiert. Die Vorbereitung und Leistung passender, nützlicher und lange wirkender technischer Kooperation gestaltet sich oftmals als schwierig.[356] Ein UNDP-Report von 1991 und eine Entscheidung des „Governing Council“ illustrieren die Fragen und Herausforderungen, denen die Organisationen und Programme des UN-Systems gegenüberstehen. Damals wurde u.a. ein Programm diskutiert, mit dem die technische Zusammenarbeit und damit zusammenhängende Institutionen in mehr als 30 afrikanischen Ländern gestärkt werden könnte sowie die Notwendigkeit, sich neu ergebende Entwicklungsbelange und „Capacity building“-Belange in reguläre Operationen zu integrieren.[357]

---

[353] Vgl. Dokument E/2000/20 vom 20. April 2000: Annual reports of the Administrator of the United Nations Development Programme and the Executive Director of the United Nations Population Fund to the Economic and Social Council, S. 6, Ziff. 20.
[354] Vgl. ebenda, S. 6, Ziff. 18.
[355] Vgl. ebenda, S. 5f, Ziff. 17.
[356] Vgl. den Bericht mit dem Titel „Evaluation of the Effectiveness of technical assistance personnel“, März 1988, der von den nordischen Ländern finanziert wurde und auf den im JIU/REP/92/1 (Part 1), enthalten in E/1993/18, S. 6, hingewiesen wird.
[357] Vgl. den JIU/REP/92/1 (Part 1), enthalten in E/1993/18, S. 6, der auf einen Bericht des UNDP-Administrators verweist, vgl. DP/1991/22 vom 15. März 1991: Programme implementation: Evaluation, sowie auf die ECOSOC-Entscheidung 91/26: Implementation of evaluation recommendations, enthalten in E/1991/34.

Mehr und mehr ging man in den 1990er Jahren dazu über, die geringen, nach drastischen Kürzungen der Geber verbliebenen finanziellen Ressourcen zu bündeln, und sie weniger in kleine Projekte zu investieren, sondern zur Bildung von „Capacity" als Hilfe zur Selbsthilfe des Landes zu verwenden. Es wird davon ausgegangen, dass dies mehr bewirken könne, d.h. am Ende einen größeren Beitrag zur Armutsreduzierung leistet. In seiner Entscheidung 98/1 mit dem Titel „Narrowing the focus of the United Development Programme interventions" unterstrich der Exekutivrat des UNDP, dass Kohärenz und Fokus notwendig seien,

> „to achive the objectives of impact, sustainability, efficiency and effectiveness of the United Nations Development Programme interventions at the country level; and that the adoption of the programme approach should lead to fewer and larger interventions while allowing the Programme to assist programme countries in launching and piloting innovative projects."[358]

In der selben Entscheidung forderte der Exekutivrat das UNDP auf,

> „to develop further its expertise in providing capacity development assistance to programme countries in their pursuit of poverty eradication and their promotion of people's participation in development."[359]

Der Exekutivrat unterstrich, dass ein klares Profil der Rolle des UNDP, in jedem individuellen Programmland sowie auf der globalen Ebene, die Bemühungen zur Mobilisierung von Ressourcen fördern würde.[360] Bereits zu Beginn der 1990er Jahre hatte das UNDP begonnen seine Programmaktivitäten zu fokussieren. Dazu waren drei Ziele festgelegt und vier Bereiche herausgestellt worden, die Priorität genießen sollten. Die drei Ziele waren: Verstärkung der internationalen Kooperation für nachhaltige menschliche Entwicklung, der UN-Familie zu helfen, eine vereinigte und starke Kraft für die menschliche Entwicklung zu werden und Fokussierung der Ressourcen des UNDP in seinen Programmländern auf Schlüsselbereiche für nachhaltige menschliche Entwicklung. Die vier Schwerpunktbereiche waren: Beseitigung der Armut, Schaffung von Arbeitsplätzen, Umweltregeneration und die Förderung von Frauen.[361]

Die neue Strategie, die auch dem Businessplan 2000-2003 zugrunde liegt, sieht das UNDP als Anwalt für die Bedürfnisse der EL und als verlässlichen Berater und Partner bei der Bereitstellung innovativer Dienstleistungen und Lösungen im Entwicklungsbereich sowie beim „Capacity building". Das UNDP will auf Nachfrage auf Länderebene reagieren und größeren Fokus auf die ausgewählten Bereiche legen, um eine kritische Masse an Expertise zu erreichen. Es will damit einen Beitrag zur Erreichung der Millenniumsziele und insbesondere des Zieles, die Armut bis 2015 zu halbieren, leisten.[362] Dazu wurde u.a. ein „Global Knowledge-Manage-

---

[358] Vgl. Entscheidung 98/1, Ziff. 4, enhalten in Dokument DP/1999/2, S. 4.
[359] Vgl. ebenda, Ziff. 5.
[360] Vgl. ebenda.
[361] Vgl. Entscheidung 95/23: Successor programing arrangements, enthalten in Dokument DP/1996/1, S. 24, Ziff. 4 m.w.N.
[362] Vgl. DP/2002/15 vom 6. Mai 2002: Jahresbericht des UNDP-Administrators, S. 4, Ziff. 2.

ment System“ mit neun „Subregional Resource Facilities“[363] (SURFs) eingerichtet, die allen Länderbüros zeitnah hochqualitative Unterstützung bieten sollen und damit die Position des UNDP als ein verlässlicher Partner für die Programmländer stärken soll. Die SURFs stellen Politikberatung für Programmländer, technische Rückendeckung für die Länderbüros sowie Zugang zu substantiellen programmbezogenen Informationen zur Verfügung und führen auch „networking“ und Informationsaustausch, Identifizierung, Dokumentation und Verbreitung von „best practices“ in UNDP-Schwerpunktbereichen durch.[364] Mehr und mehr haben Länderbüros begonnen, ihr Wissen und ihre Expertise darüber, was funktioniert und was nicht, zu teilen, nicht nur innerhalb ihrer Region, sondern weltweit. Fast 1.500 Mitarbeiter, davon mehr als 80 % vor Ort, haben sich den Wissensnetzwerken innerhalb der ersten zwei Jahre ihres Bestehens angeschlossen.[365]

Bezüglich der UNDP-Planung soll hier beispielshalber auf den Zweiten regionalen Kooperationsrahmen („Second Regional Cooperation Framework“, RCF) für Afrika eingegangen werden, da sich 34 der 49 LDCs in Afrika befinden. Das RCF ergänzt den globalen Kooperationsrahmen („Global Cooperation Framework“, GCF), das die Arbeit des UNDP auf globaler Ebene anleitet. Das RCF will regionale afrikanische Initiativen grundsätzlich in den gleichen Bereichen unterstützen wie das GCF, jedoch prioritäre afrikanische Belange fokussieren. Gleichzeitig soll das RCF nationale „Country Cooperation Frameworks“ (CCF) ergänzen, entweder durch Erfahrungen und den Austausch guter Praktiken oder durch innovative und überzeugende Programme. Der Rahmen sieht in Übereinstimmung mit den Zielen der Millenniumsdeklaration und der „New Partnership for African Development“-Initiative (NEPAD)[366] vier in Wechselbeziehung stehende strategische Gebiete vor, in denen Programme mit den Mitteln des RCF durchgeführt werden können.[367] Das zweite strategische Gebiet, dass bezweckt, dass Afrika von der Globalisierung profitieren kann, hat drei unmittelbare Zielstellungen:

- erstens die Stärkung der regionalen und sub-regionalen wirtschaftlichen Zusammenarbeit und Integration auf Gebieten des Handels, der Märkte und Unternehmensentwicklung sowie Zugang zu Investment- und Kapitalmärkten,
- zweitens die Stärkung der „pro-poor economic Governance“ und des öffentlichen Finanzmanagements und

---

[363] Die SURFs befinden sich in Addis Ababa, Bangkok, Beirut, Bratislava, Harare, Katmandu, Port-of-Spain, Dakar und Panama.
[364] Vgl. DP/2002/15 vom 6. Mai 2002: Jahresbericht des UNDP-Administrators, S. 4, Ziff. 7.
[365] Vgl. ebenda, S. 4, Ziff. 8.
[366] Vgl. dazu die Ausführungen zur G7 im Kapitel 5.
[367] Die vier Bereiche sind:
- strengthening democratic and participatory governance,
- making globalization work for Africa,
- preventing conflict, building peace and managing disasters und
- reducing the HIV/AIDS threat to and impact on Africa,
vgl. das Dokument DP/RCF/RBA/2 vom 21. November 2001: Second regional cooperation framework for Africa (2002-2006), S. 4, Ziff. 12.

- drittens den Abbau der digitalen Trennung zwischen Afrika und der Welt. Unter anderem wird erwartet, dass ein Netzwerk nationaler und subregionaler Trainer und Institutionen aufgebaut wird.

Das Netzwerk soll über Kenntnisse zu regionalen und globalen Handelsregeln und deren Konsequenzen für Politiker und Geschäftsleute verfügen, angefangen in den Regionen der Südafrikanischen Entwicklungsgemeinschaft („South African Development Community", SADC) und des gemeinsamen Marktes für Ost- und Südafrika („Common Market for Eastern and Southern Africa", COMESA). Auf politischer Ebene sollen die Kapazitäten der nationalen Regierungen und der zwischenstaatlichen Organisationen zur Formulierung effektiver Handels- und Investitionsstrategien und Politiken verbessert werden.[368] Das „Regional Bureau for Africa" (RBA) des UNDP soll eine detaillierte Umsetzungsstrategie für das RCF erarbeiten, die eine Partnerschaftsstrategie und Programmrichtlinien umfasst. Dabei soll sichergestellt werden, dass Afrika die Leitung der unterstützen Programme (sog. „ownership") innehat und dass Kooperation und Synergien sowie Afrikas regionale institutionelle Kapazitäten in den Schwerpunktgebieten gestärkt werden. Neben der Afrikanischen Union soll das RBA auch weiterhin mit regionalen Wirtschaftsgemeinschaften, und regionalen und subregionalen NGOs zusammenarbeiten und weitere Partner suchen. Kooperation zur Unterstützung afrikanischer Institutionen soll mit der Afrikanischen Entwicklungsbank (AfDB) und der „Economic Commission for Africa" (ECA) durch spezielle Arrangements gefestigt werden und auch mit der Weltbank, anderen UN-Organisationen sowie bilateralen Gebern wie Norwegen, der Europäischen Kommission und anderen Partnern erfolgen.[369] Von etwa US$ 171 Millionen werden etwa US$ 101 Millionen für das zweite RCF zur Verfügung gestellt. Die übrigen US$ 70 Millionen, sog. „non-core"-Ressourcen, sollen unter anderem durch Kostenteilung mit den Regierungen und mit bilateralen Gebern in ausgewählten Programmbereichen, durch gemeinsame Initiativen mit dem Unternehmenssektor, Partnerschaft mit Stiftungen und durch Zugang zu thematischen „trust funds" des UNDP aufgebracht werden.[370]

Die Höhe der Finanzausstattung des UNDP insgesamt war, wie bei den UN generell, seit den 1990er Jahren stark zurückgegangen. Kernressourcen für operationelle Tätigkeiten sind entweder gleich geblieben oder waren rückläufig, was insbesondere auf das UNDP zutraf. Von einer Rekordhöhe von US$ 1.074 Millionen 1992 gingen die regulären Ressourcen des UNDP auf US$ 634,1 Millionen in 2000 zurück.[371] In 2001 stiegen sie zum ersten Mal seit 8 Jahren leicht an. Nach voläufigen Daten sind die Beiträge auf US$ 652 Millionen und damit um etwa 3 % gegenüber

---

[368] Vgl. DP/RCF/RBA/2 vom 21. November 2001: Second regional cooperation framework for Africa (2002-2006), S. 6, Ziff. 21f.

[369] Vgl. ebenda, S. 8, Ziff. 31.

[370] Vgl. ebenda, S. 9, Ziff. 44.

[371] Vgl. E/2002/47 vom 14. Mai 2002: Operational activities of the United Nations for inteernational development cooperation, Bericht des UN-Generalsekretärs, S. 5f, Rz. 16.

2000 gestiegen.[372] Bei anderen Ressourcen haben Trends in der letzten Zeit einen erheblichen Anstieg von Finanzmitteln an das UNDP aufgezeigt. Nach vorläufigen Daten fand eine Co-Finanzierung durch Dritte in Höhe von etwa US$ 672 Millionen statt. Nahezu alle OECD/DAC-Geberländer beteiligen sich mittlerweile an der Co-Finanzierung von UNDP-Programmen einschließlich der Finanzierung thematischer Bereiche. Daneben erfolgte eine Kostenteilung mit den Programmländern selbst zur Finanzierung der eigenen Entwicklungsprogramme über das UNDP durch die Regierungen der Programmländer in Höhe von etwa US$ 1.088 Millionen.[373] 2001 führte das UNDP „thematic trust funds" als flexible Co-Finanzierungselemente ein, die zusätzliche finanzielle Ressourcen in den sechs Praxisbereichen des UNDP (demokratische Regierungsführung, Armutsreduzierung, Krisenprävention und Wiederherstellung nach Krisen, Informations- und Kommunikationstechnologie, Energie und Umwelt und HIV/AIDS) gewinnen sollten, um eine größere substantielle Ausrichtung von UNDP-Aktivitäten in diesen Bereichen zu fördern. Die „Trust Funds" ermöglichen eine Reihe von Aktivitäten. Die Ressourcenverwendung erfolgt u.a. auf der Basis von Kriterien der Bedürftigkeit mit besonderer Ausrichtung auf die LDCs und Afrika.[374] Diese Ressourcen stellen eine wichtige Ergänzung zur regulären Finanzausstattung dar. Sie erlauben eine Erweiterung der Auswirkungen von Programmen und begünstigen Partnerschaften mit einer breiten Anzahl von Akteuren, einschließlich der Europäischen Kommission, den regionalen Entwicklungsbanken, der Weltbank und dem privaten Sektor. Jedoch sind reguläre und ergänzende Ressourcen nicht austauschbar und die Fähigkeit des UNDP, solche Ressourcen zu mobilisieren, hängt von einer adäquaten, sicheren multilateralen Finanzbasis ab, durch die das UNDP seine Expertise im Entwicklungsbereich einbringen kann.[375]

Insgesamt stellen Politikberatung und Kapazitätsentwicklung die Hauptformen der UNDP-Zusammenarbeit dar. Für ersteres ist eine nationale Verpflichtung auf höchster Ebene erforderlich, verbunden mit der Fähigkeit, die Ergebnisse langfristig zu sichern. Das „Capacity building" ist auf der anderen Seite zentral zu „Ownership" und Nachhaltigkeit, es erfordert aber eine relativ kostenintensive Unterstützung über eine längere Periode.[376] Das UNDP hat breite Erfahrungen darin, die sozialen Kosten makroökonomischer Politiken und wirtschaftlicher Anpassungen herauszuheben. Weniger Erfahrungen hat es mit der Bereitstellung von Politikberatung an Regierungen, um solche wirtschaftlichen Maßnahmen zu modifizieren. Die Entwicklung eines globalen Programms für Wachstum, das gleichzeitig zu größerer Gerechtigkeit führt, stellt daher einen relativ neuen Bereich der Arbeit des UNDP dar. UNDP hilft Ländern, die vielversprechendsten Quellen für Wachstum zu identifizieren sowie Ungleichheit, sowohl als Hindernis für Wachstum als auch

---

[372] Vgl. DP/2002/15 vom 6. Mai 2002: Jahresbericht des UNDP-Administrators für 2001, einschließlich des ergebnisorientierten Jahresreports, S. 12, Ziff. 53.
[373] Vgl. ebenda, S. 12, Ziff. 56.
[374] Vgl. ebenda, S. 13, Ziff. 57.
[375] Vgl. ebenda, S. 13, Ziff. 58.
[376] Vgl. ebenda, S. 28, Ziff. 141.

gegen die Umwandlung von Wachstum in Richtung Armutsreduzierung abzubauen. In Bezug auf makroökonomische Politiken unterstützt das UNDP Forschung über Stabilisierungspolitiken, die eine flexiblere Sicht auf Inflation und Haushaltsdefizite haben und mehr Betonung auf Ergebnisstabilität und nachhaltiges Wachstum durch Stimulierung von Investitionen legen. In Bezug auf Strukturanpassungspolitik unterstützt das UNDP politikorientierte Forschung in Bezug auf drei Formen wirtschaftlicher Restrukturierung: Handelsliberalisierung, Finanzliberalisierung sowie Privatisierung und Deregulierung. Im Bereich der redistributiven Politiken ist das UNDP der Auffassung, dass Budget-Umverteilung nicht ausreichend ist, um eine substantielle Wirkung auf die Armut zu haben, wenn die Verteilung des Produktivvermögens sehr ungleich ist. In diesen Fällen sind direkte distributive Politiken wie eine Landreform oder die groß angelegte Errichtung von Wohnraum für Geringverdienende essentiell. UNDP versucht, international eine wesentliche fürsprechende Rolle für mehr Gerechtigkeit und Fainess zu spielen, insbesondere in Ländern, in denen die Gewinne durch Wachstum auf Grund des Mangels an Zugang zu grundlegenden Ressourcen nicht bis zu den Armen durchdringen. Land und Obdach sind neben durch Bildung entwickeltem Humankapital oft das wichtigste Produktivvermögen für die arme Bevölkerung. Zudem wichtig sind Zugang zu Strom und Wasser. U.a. Mittel des „UNDP Thematic Trust Funds for Poverty Reduction" werden für o.g. Aufgabenbereiche verwendet.[377]

In Bezug auf die Funktion der Politikberatung des UNDP soll das das „Office of Development Studies" (ODS) erwähnt werden. Das ODS trägt zur Rolle des UNDP als Entwicklungsinstitution bei. Es führt vorwärtsgerichtete Politikanalysen und die Förderung von Forschungspartnerschaften mit führenden „Think Tanks" weltweit über Fragen der nachhaltigen menschlichen Entwicklung durch. Es ist auch verantwortlich für die Brückenfunktion zwischen Politikanalyse und „policy-making". ODS publiziert eine Reihe von Büchern und Diskussionspapieren, die für Politiker, Akademiker und Entwicklungsspezialisten wertvoll sind, organisiert runde Tische, Treffen und Vortragsreihen.[378]

Seit 1990 gibt das UNDP u.a. den „Bericht über die menschliche Entwicklung" („Human Development Report", HDR) als Kontrast zum Weltentwicklungsbericht der Weltbank heraus. Der erste Bericht stellte den Menschen in das Zentrum von Entwicklung und legte dar, dass auch die technische Zusammenarbeit sich mehr auf Themen der menschlichen Entwicklung fokussieren müsse. Bedeutsam war u.a. auch die Feststellung, dass es keinen automatischen Zusammenhang zwischen Wirtschaftswachstum und menschlichem Fortschritt gibt. Der 1992er Bericht, der sich vertieft mit dem Konzept der menschlichen Entwicklung befasst, legte dar, dass es eine Fehlkonzeption sei, menschliche Entwicklung primär sektoriell mit

---

[377] Vgl. UNDP Policy Note: The Role of Economic Policies in Poverty Reduction, April 2002, S. 4ff, im Internet unter http://www.undp.org/policy/docs/policynotes/economic-policies-poverty-reduction.doc, Ausdruck vom 15. Januar 2003.

[378] Vgl. DP/2002/17 vom 4. Juni 2002: Issues and principles for possible improvements in the present programming arrangements, Ziff 20.

Investitionen in Bildung, Gesundheit und anderen sozialen Diensten zu sehen. Richtig sei, dass die Entwicklung von Menschen wichtig, aber nur ein Teil des Ganzen ist. So bedeutet menschliche Entwicklung auch die Entwicklung für Menschen. Dies schließt die Schaffung von wirtschafltichen Möglichkeiten für alle ein. Und es bedeutet Entwicklung durch Menschen, was ein beteiligendes Vorgehen erfordert. Der Bericht kritisierte, dass viele der Politik- und institutionellen Rahmen, die eine bessere Verbindung zwischen Wirtschaftswachstum und menschlicher Entwicklung auf der nationalen Ebene schaffen, auf der internationalen Ebene schlichtweg fehlen.[379] Der Bericht führt weiter aus, dass globale Märkte nicht frei operieren. Zusammen mit der ungleichen Partnerschaft koste dies die EL pro Jahr das 10fache dessen, was diese an Entwicklungshilfe von außen erhalten würden. Erforderlich seien auch soziale Sicherungsnetze für arme Nationen.[380] Dieser Bericht enthielt im institutionellen Bereich erstmals die Idee eines „Development Security Council". Der HDR 1994 stellte die Forderung nach einem „Economic Security Council" auf.[381] Der HDR 1997 befasste sich mit dem Thema der Armutsreduzierung. Der 1999er Bericht mit dem Titel „Globalization with a human face" setzte sich mit dem Erfordernis einer stärkeren „Governance" auseinander, damit die großen Chancen für den menschlichen Fortschritt, die durch die Globalisierung entstehen, genutzt werden könnten. Die Berichte hatten zumeist großen Einfluss auf die entwicklungspolitische Diskussion.

3.2. Das UNDP und LDCs

Das UNDP arbeitet im Rahmen seiner finanziellen Möglichkeiten verstärkt auf dem Gebiet der Förderung der LDCs. Bereits 1970, als die GA der UN die oben erwähnte Länderprogrammierung auf der Basis der „indicative planning figures" (IPFs) einführte, empfahl sie, dass das UNDP der Situation der LDC sowie den neu unabhängig gewordenen Staaten besondere Aufmerksamkeit schenken sollte, da deren Mangel an einer adäquaten Verwaltungsinfrastruktur diese daran gehindert hätte, die Programmhilfe ausreichend in Anspruch zu nehmen.[382] Seitdem hat das UNDP mehrere Maßnahmen zu Gunsten der LDCs getroffen, um diese und andere Empfehlungen umzusetzen. In seiner Entscheidung 85/16 legte das UNDP 1985 fest, 80 % seiner IPF für den 4. Entwicklungszyklus (1987-1991) den Ländern mit niedrigem Einkommen zuzuweisen.[383] Im Juni 1995 beschloss der Exekutivrat des UNDP, nunmehr 88 % der ihm zur Verfügung stehenden Mittel den „low-income" Ländern und 60 % den LDCs zu Gute kommen zu lassen.[384] In der Zuweisung von fast 90 % der Mittel an EL, die ein Pro-Kopf-Einkommen von höchstens US$ 750 aufweisen, drückt sich auch eine allgemeine Armutsorientierung aus.[385] Nach der

---

[379] Vgl. Overview of HDR 1992, S. 2 bzw. 4, http://www.undp.org/hdro/e92over.htm.
[380] Vgl. ebenda, S. 7 und 9.
[381] Vgl. dazu näher Teil 3, Kapitel 1, Abschnitt 3.3.1.
[382] Vgl. GA-Resolution 2688 (XXV) vom 11. Dezember 1970: The capacity of the United Nations development system, Annex, Ziff. 16.
[383] Vgl. JIU/REP/87/5, enhalten in Dokument A/43/228 von 21 März 1988, S. 6.
[384] Vgl. Entscheidung 95/23: Successor programing arrangements, enthalten in Dokument DP/1996/1, S. 29, Ziff. 24.
[385] Vgl. Beermann, Victor: Wirtschaft und Entwicklung, in: Vereinte Nationen 1/1996, S. 19.

zweiten UN-LDC Konferenz hatte sich das UNDP im Rahmen des sog. Mechanismus der Runden Tische insbesondere um die Koordinierungen der Leistungen des Verbandes der UN auf Länderebene bemüht.

Im Nachgang zur dritten UN-LDC-Konferenz entschied der „Executive Board" des UNDP und des „United Nations Population Fund" (UNFPA), dass die Umsetzung des Brüsseler Aktionsprogramms besondere Aufmerksamkeit durch das UNDP erfordere. Gleichzeitig forderte er den UNDP-Administrator auf,

„to mainstream the implementation of the Brussels Programme of Action in UNDP activities within its programme of work as called for in United Nations General Assembly resolution 56/227, paragraph 4, as well as in UNDP managed funds activities, in particular in activities of the United Nations Capital Development Fund."[386]

Seit kurzem wird im Jahresbericht des UNDP ergebnisorientiert berichtet.[387] So enthielt der Bericht für 2001 einen Überblick über die UNDP-Kooperation in den sechs Bereichen, in denen strategische Ergebnisse erzielt werden sollten.[388]

Das UNDP verwaltet auch einige Fonds. Über den gemeinsamen Exekutivrat eng mit dem UNDP verbunden ist der „United Nations Funds for Population Activities" (UNFPA), die führende Organisation der multilateralen Zusammenarbeit im Bereich der Bevölkerungspolitik und Familienplanung, der ebenfalls einen Schwerpunkt auf die LDCs legt. Der „United Nations Capital Development Fund" (UNCDF) wird ebenfalls durch das UNDP verwaltet und sieht hauptsächlich Mittel für LDCs vor. Nur durch den UNCDF stellte das UNDP konzessionelle Finanzhilfe für kleinere Investitionsprojekte in den LDC zur Verfügung[389], so z.B. Mikrokreditprogramme, die gleichzeitig zu einem Aufbau einer Kreditstruktur, d.h. von Institutionen in den betroffenen Ländern führen sollen. Die Arbeit des UNCDF zur Erreichung des Zieles, Armut zu reduzieren, beruht auf Innovation und dem Eingehen eines kalkulierten Risikos. Auch der UNCDF hat sein Vorgehen fokussiert. Er führt zum einen kleinere Investitionen nur in den zwei Bereichen lokale Regierungsführung („local Governance") und Mikrofinanzierung durch. Zum anderen konzentriert er sich auf Investitionen in ausgewählten LDCs, von denen 15 als

---

[386] Vgl. die Entscheidung des Executive Board of the United Nations Development Programme und des United Nations Population Fund 2002/14 vom 27. Juni 2002 unter der Überschrift „Brussels Programme of Action for the Least Developed Countries for the Decade 2001-2010", enthalten in Dokument DP/2002/23 vom 5. Juli 2002: Decisions adopted at the annual session 2002, S. 9f.

[387] Sog. results-oriented annual report (ROAR).

[388] Ziel 1: „creation of an enabling environment for sustainable human development (governance)", Ziel 2: „economic and social policies and strategies focused on the reduction of poverty", Ziel 3: „environmentally sustainable development to reduce human poverty", Ziel 4: „advancement in the status of women and gender equality", Ziel 5: „reduced incidence of and sustainable recovery and transition from complex emergencies and natural disasters", Ziel 6: „a coherent and effective United Nations system", vgl. dazu auch die Ausführungen zur Koordination des UNDP; Abschnitt 3.3.

[389] Vgl. den Kommentar des ACC zum JIU/REP/87/5, enhalten in Dokument A/43/228/Add.1 vom 26. Mai. 1988, S. 3.

Schwerpunktländer angesehen werden (sog. „concentration countries").[390] Der Fonds fördert Armutsreduzierung in direkter Partnerschaft mit lokalen Autoritäten, Gemeindeinstitutionen, NGOs und dem privaten Sektor. Seine „Local Governance Unit" fördert dezentrale Methoden unter Beteiligung verschiedener Akteure zur Erbringung der grundlegenden Infrastruktur und Dienstleistungen wie Gesundheit, Bildung, Transport, Märkte und Wassersysteme sowie das Management natürlicher Ressourcen.[391] Die Partnerschaft soll sicherstellen, dass die lokalen Investitionen auch den lokalen Bedürfnissen entsprechen. Partnerschaft mit anderen Gebern und Entwicklungsagenturen fördert die Reproduktion der von UNCDF durchgeführten Interventionen. In seiner Entscheidung 99/22 hat der Exekutivrat des UNDP die Bedeutung der Stärkung der Partnerschaft des UNCDF mit dem UNDP hervorgehoben. Nunmehr enthalten alle lokalen Entwicklungsprogramme des UNCDF Partnerschaftsarrangements mit dem UNDP. In der selben Entscheidung hatte der Rat empfohlen, dass sich der UNCDF auf die sog. lokale Regierungsführung konzentrieren soll.[392]

Die Entwicklung von verlässlichen und stabilen Mikrofinanzinstitutionen erfolgt durch die „Special Unit for Microfinance", die auch als technischer und politischer Berater für den Bereich Mirkofinanzierung für die UNDP-Gruppe fungiert. UNCDF unterstützt junge und versprechende Mikrofinanzoperationen, die das Potential haben, sich am Markt zu etablieren. So soll die Anzahl der Mikrofinanzinstitutionen erhöht werden.[393] Nach einem ständigen Rückgang der freiwilligen Beiträge an UNCDF seit 1996 wurde dieser negative Trend erstmals 2001 umgekehrt mit einem leichten Anstieg von einem Prozent auf US$ 24,3 Millionen, da fünf OECD/DAC-Mitglieder ihre Beiträge erhöht und zwei neue OECD/DAC-Geber dazugekommen sind. Trotz dieser positiven Entwicklung steht die derzeitige Höhe der Beiträge im Kontrast zur Würdigung der konkreten Erfolge, die durch Konzentration auf die Bereiche der lokalen „Governance" und der Mikrofinanzierung vorzuweisen sind.[394]

3.3. Das UNDP und Koordination

Das als Koordinierungsinstrument gegründete UNDP arbeitet mit den meisten UN-Einheiten und Sonderorganisationen zusammen. Durch seine starke Präsenz auf Länderebene und die residierenden Vertreter kann es einen Beitrag zur Koordination leisten. Die oben zitierte Entscheidung des Exekutivrates fordert das UNDP auf

> „to cooperate to the maximum extent possible with all actors in the field of development cooperation, in particular the United Nations funds, programmes and specialized agencies, in order to foster synergies, avoid dupplication and make optimal use of available resources"[395]

---

[390] Vgl. DP/2002/14 vom 10. April 2002: 2001 Results-oriented annual report of the United Nations Capital Development Fund, S. 3, Ziff. 5.
[391] Vgl. ebenda, S. 3, Ziff. 7.
[392] Vgl. ebenda, S. 3f, Ziff. 7.
[393] Vgl. ebenda, S. 4, Ziff. 8.
[394] Vgl. ebenda, S. 21, Ziff. 62.
[395] Vgl. Entscheidung 98/1, Ziff. 5, enhalten in Dokument DP/1999/2, S. 4, Ziff. 8.

Das UNDP hat Kooperationsabkommen mit den Sonderorganisationen über die Durchführung der Aktivitäten der technischen Zusammenarbeit geschlossen. Die Sonderorganisationen fungieren als sog. „Executing Agencies".[396]

Der Administrator des UNDP hat gleichzeitig die Funktion des Leiters der Entwicklungsgruppe der UN („United Nations Development Group", UNDG) inne, die im Zuge der Reform des UN-Generalsekretärs von 1997 eingeführt worden ist. Die UNDG ist ein weiterer Koordinationsmechanismus innerhalb der UN. Sie stellt einen Rahmen für größere Kohärenz und Kooperation der UN-Entwicklungsoperationen dar. Sie soll die UNDG-Mitglieder befähigen, ihre komparativen Vorteile zu maximieren und auf der Arbeit anderer Mitglieder auf Länderebene aufzubauen und diese unterstützen. Die UNDG-Mitglieder stellen Politik- und Programmunterstützung in mehr als 150 Ländern zur Verfügung. Dies betrifft Bereiche wie Armut, nachhaltige Entwicklung, gute Regierungsführung, Menschenrechte, Kindeswohl, Bevölkerung und reproduktive Gesundheit/ Familienplanung, Frauenrechte, Nahrungsmittelsicherheit, Siedlungswesen und Drogenkontrolle. Die UNDG wird von einem Exekutivausschuss geleitet, der sich aus den Leitern des UNDP, des „United Nations Children's Fund" (UNICEF), des „United Nations Population Fund" (UNFPA) und dem „World Food Programme" (WFP) zusammensetzt. Mitglieder der UNDG sind UN-Programme, Fonds und einige Sonderorganisationen auf dem Gebiet der Entwicklungshilfe. Weiter sind eine Reihe von Sekretariatseinheiten und Repräsentanten der regionalen Kommissionen der UN Mitglieder der UNDG.[397] Die Weltbank nimmt als Beobachter teil.[398]

Im Zusammenhang mit der alle drei Jahre stattfindenden umfassenden Überprüfung der operativen Aktivitäten für Entwicklung[399] der UN-Generalversammlung hat die UNDG eine Programmgruppe sowie eine Managementgruppe eingerichtet, die auf die Fragen der Harmonisierung und Vereinfachung von Verfahren zwischen dem

---

396 Zum Abkommen mit der Weltbank vgl. das Kapitel 2, Abschnitt 3.3.1.

397 Mitglieder der UNDG sind: das „Department of Economic and Social Affairs" (DESA), das „United Nations Office for Drug Control and Crime Prevention" (ODCCP), das „United Nations Human Settlements Programme" (UN Habitat), das „United Nations Office for Project Services" (UNOPS), der „United Nations Development Fund for Women" (UNIFEM), das „Joint United Nations Programme on HIV/AIDS" (UNAIDS), die UNCTAD, die „World Health Organization" (WHO), der „International Fund for Agricultural Development" (IFAD), die „United Nations Educational, Scientific and Cultural Organization" (UNESCO), die „Food and Agriculture Organization" (FAO), der „Officer of the United Nations High Commissioner for Human Rights" (OHCHR), die „United Nations Industrial Development Organization" (UNIDO), die „International Labour Organization" (ILO), das „United Nations Department of Public Information" (UNDPI) und der „Special Representative of the Secretary-General for Children in Armed Conflict" sowie die regionalen Kommissionen.

398 Vgl. o.V.: UNDG General Information, http://www.undg.org/undg.cfm, Ausdruck vom 9. März 2003.

399 Sog. „triennial comprehensive policy review of operational activities for development".

UNFPA, der UNICEF, dem UNDP und dem WFP abzielt.[400] Dem Jahresbericht des UNDP-Administrators für 2001 zufolge haben Bemühungen der UNDG stattgefunden, den Nutzen des „Common Country Assessment" sowie des „UN Development Assistance Framework"-Prozesses zu steigern, die Mechanismen der Programmaufstellung zu harmonisieren und Orientierung bei Fragen wie z.B. der Überwachung der Nachverfolgungsaktivitäten in Bezug auf die Millenniumsentwicklungsziele zu geben. Diese Bemühungen haben dem Bericht zufolge das Potential des „Resident Coordinator Systems" erhöht.[401]

Die UNDG ist nahezu ständig präsent, es finden monatliche Treffen der Entscheidungsträger statt, die „UNDG Support Group" trifft sich zweimal monatlich und bereitet die Entscheidungen vor. Die Untergruppen treffen sich häufig, deren Ergebnisse werden durch die „UNDG Support Group" analysiert, bevor Fragen zur Entscheidung vorgelegt werden.[402]

Das UNDP nimmt durch den UN-Administrator auch am Mechanismus des „Chief Executive Board" teil.[403]

Die Einrichtung des „Bureau for Resources and Strategic Partnerships" in 2000 markierte eine neue Zielsetzung, sich in effektiven Partnerschaften mit wesentlichen Akteuren zu engagieren. Sogenannte „Policy guidance notes", Mittel für Zusammenarbeit, weitreichende Kampagnen und Prozeduren für Engagement wurden entwickelt und eingeführt. Sie unterstützen die Bildung strategischer Partnerschaften mit dem UN-System, den internationalen Finanzinstitutionen, Stiftungen und dem privaten Sektor.[404] Eine der bemerkenswertesten Partnerschaftsentwicklungen innerhalb des UN-Systems, so der Bericht des UNDP-Administrators, war der zwischen dem „Department for Economic and Social Affairs" der UN und dem UNDP vereinbarte „Compact" zur gegenseitigen Stärkung ihrer verschiedenen aber komplementären Funktionen, der am 9. April 2002 unterzeichnet worden ist. In Vorbereitung der Konferenz über Entwicklungsfinanzierung und des Weltgipfels über nachhaltige Entwicklung in Johannesburg wurde die Zusammenarbeit mit den regionalen Kommissionen gestärkt. Die Einführung der „New Partnership for African Development" hat ebenso zu einer engeren Zusammenarbeit zwischen der „Economic Commission for Africa" (ECA) und dem UNDP geführt. Im Rahmen des „Integrated Framework"[405] hat das UNDP die Verwaltung des „multi-donor Trust Fund" übernommen, aus dem die Aktivitäten des IF finanziert werden. Die Rolle des UNDP als Verwalter dieses „Trust Funds" und die substantielle Kooperation

[400] Vgl. DP/2002/15 vom 6. Mai 2002: Jahresbericht des UNDP-Administrators für 2001, einschließlich des ergebnisorientierten Jahresreports, Ziff. 100.
[401] Vgl. ebenda, S. 27, Ziff. 132.
[402] Vgl. E/2000/20 vom 20. April 2000: Annual reports of the Administrator of the United Nations Development Programme and the Executive Director of the United Nations Population Fund to the Economic and Social Council, S. 3, Ziff. 5.
[403] Vgl. dazu unten, Abschnitt 5.4.1.
[404] Vgl. DP/2002/15 vom 6. Mai 2002: ebenda, S. 4, Ziff. 11.
[405] Vgl. dazu Teil 3, Kapitel 2, Abschnitt 1.2.1.

mit UNCTAD, der WTO und anderen Partnern haben das UNDP auf der Entwicklungsagenda in den Vordergrund gestellt, wie dies auch auf der WTO-Konferenz in Doha im November 2001 dargelegt wurde.[406]

Die Partnerschaft mit den internationalen Finanzinstitutionen wurde 2001 gestärkt und ausgeweitet. Die Zusammenarbeit mit den Bretton-Woods-Institutionen, insbesondere der Weltbank, entwickelte sich merklich durch die Zusammenarbeit im Prozess der Erarbeitung der Strategien zur Armutsreduzierung der Weltbank und des IMF. Das UNDP arbeitet mit Regierungen und der Weltbank zusammen und unterstützt den Prozess der „Poverty Reduction Strategy Papers" (PRSPs) in über 60 Ländern.[407] Unter dem zweiten Ziel mit dem Titel „wirtschaftliche und soziale Politiken und Strategien mit dem Ziel der Armutsreduzierung" legt der Bericht des UNDP-Administrators für 2001 dar, dass sich die Zusage des UNDP, die Erarbeitung nationaler Strategien zur Armutsreduzierung einschließlich der PRSPs zu unterstützen, in 2001 klar herausgestellt habe. UNDP hat mit Regierungen und anderen Partnern in 85 Ländern zusammen gearbeitet, um Armutsreduzierungsstrategien zu stärken. Direkt in den PRSP-Prozess involviert war UNDP in 1999 in nur 11 Ländern, im Jahr 2000 bereits in 24 und in 2001 in 36 Ländern. Mehr als die Hälfte dieser Länder liegen in Afrika südlich der Sahara.[408] In 25 Ländern war Ziel, die Teilnahme von „Stakeholdern" am Prozess zu erhöhen. UNDP übernahm den Vorsitz allein oder gemeinsam mit der Regierung und nationalen Lenkungsausschüssen zur Armutsreduzierung und nahm Sekretariatsfunktionen für Themengruppen wahr. UNDP unterstützte die Überprüfung der vorläufigen PRSPs oft auf einer regionalen Basis oder mit lokalen Regierungen, Organisationen der Zivilgesellschaft und NGOs.[409] Ziel des UNDP ist es u.a. zu helfen, echte Wahlmöglichkeiten für eine Strategie und, wo geeignet, alternative Auffassungen und Analysen auszuarbeiten, basierend auf den Kriterien von Gerechtigkeit und menschlicher Entwicklung.[410] Als Hauptmedium für diese Unterstützung werden die „Common Country Assessments", die direkt in den Prozess der PRSP-Fomulierung einfließen könnten, und das UNDAF angesehen, das der Hauptrahmen zur Programmaufstellung für die UN-Unterstützung bei der Umsetzung der PRSPs sein sollte. Schwerpunktbereiche des UNDP bei der Unterstützung der PRSPs waren u.a. auch der makroökonomische Politikrahmen (d.h. die Entwicklung eines makroökonomischen Rahmens), die Entwicklung von Richtlinien und Hintergrundstudien in mehreren Ländern[411] sowie der Handelsbereich, d.h. die Einbeziehung von Fragen des

---

[406] Vgl. DP/2002/15 vom 6. Mai 2002: Jahresbericht des UNDP-Administrators für 2001, einschließlich des ergebnisorientierten Jahresreports, S. 5, Ziff. 12.

[407] Vgl. ebenda, S. 5, Ziff. 13, vgl. zu den PRSPs Kapitel 2, Abschnitt 1.2.1. sowie Teil 3, Kapitel 2, Abschnitte 1.1.1., 1.1.4. und 2.2.4.

[408] Vgl. DP/2002/15 vom 6. Mai 2002: ebenda, S. 18, Ziff. 67.

[409] Vgl. ebenda, S. 18, Ziff. 68.

[410] Vgl. UNDP Policy Note: UNDP's engagement in Poverty Reduction Strategy Papers, August 2002, S. 5, im Internet unter http://www.undp.org/policy/docs/prsp.pdf, Ausdruck vom 1. April 2003.

[411] Angola, Benin, Ghana, Lesotho, Kambodscha, Laos (demokratische Republik), Vietnam, Bolivien, Nicaragua, Georgien und Kirgisistan.

internationalen Handels, einschließlich des „Integrated Framework" in die PRSPs in Burundi und Ghana.[412]

Als Teil der Partnerschaftsinitiative, die eine Kooperation des UNDP mit den regionalen Entwicklungsbanken entwickeln sollte, fand ein engerer Dialog mit der Afrikanischen Entwicklungsbank (AfDB) statt. Auf institutioneller und Länderebene wurden konkrete Bereiche für die Partnerschaft identifiziert. In 2001 hat UNDP zwei formale Vereinbarungen in Form von „Memoranda of Understanding" mit der AfDB und der Asiatischen Entwicklungsbank unterzeichnet. Verhandlungen fanden mit der Inter-American Development Bank (IDB) statt, um ein Abkommen in Bezug auf die UNDP-Unterstützung bei der Umsetzung IDB-finanzierter Projekte zu erreichen.

Nicht zuletzt sind hier die UNDP-finanzierten „Runden Tische" zu erwähnen. Die Durchführung derartiger Treffen, wie auch der Konsultativgruppen unter der Leitung der Weltbank, die alle wichtigen multilateralen und bilateralen Geber des betreffenden Entwicklungslandes zusammenbringen, bieten eine Möglichkeit für eine Zusammenarbeit unter der Leitung des Entwicklungslandes.[413]

3.4. Würdigung und Ausblick

Das UNDP hat sich bei Gebern und in den EL einen guten Ruf als verlässlicher Partner erworben.[414] Wesentliche Bereiche der Arbeit des UNDP sind die Politikberatung und der Aufbau von Kapazitäten in den EL. Daneben sind die durch den UNCDF durchgeführten Mikrokreditprogramme, die den Aufbau eigener Existenzen und die Herstellung von Waren durch die Menschen in den LDCs ermöglicht, von großer Bedeutung für den Weg aus der Armut in den ärmsten Ländern. Zu erwähnen sind auch die regionalen Aktivitäten des UNDP in Bezug auf den Aufbau von Netzwerken und zur Verbesserung von nationalen Regierungen und zwischenstaatlichen Organisationen zur Formulierung effektiver Handels- und Investitionsstrategien und Politiken.

Insbesondere seine starke Präsenz auf Länderebene durch die residierenden Vertreter lässt es als zur Koordination auf Länderebene geeignet erscheinen. Die „Runden Tische" bieten an sich gute Ansatzpunkte. Jedoch ist es dem UNDP nicht möglich, verbindliche Anweisungen zu geben oder bestimmte Beiträge anderer Organisationen einzufordern. Seine Struktur als Programm der UN und die im Vergleich zur Weltbank relativ geringen finanziellen Mittel versetzen es nicht in eine Position,

---

412 Vgl. UNDP Policy Note: UNDP's engagement in Poverty Reduction Strategy Papers, August 2002, S. 8 sowie die Übersicht auf S. 9, im Internet unter http://www.undp.org/policy/docs/prsp.pdf, Ausdruck vom 1. April 2003.

413 World Bank: Progress Report to the World Bank's Executive Board - September 1999, S. 5, Ziff. 29, im Internet unter http.//www.worldbank.org/cdf/progressreport0999.htm.

414 Vgl. Kulessa, Margareta: UNDP, in: Internationale Wirtschaftsorganisationen: ein Taschenlexikon, Altmann, Jörn/ Kulessa, Margareta E (Hrsg.), Stuttgart: Lucius und Lucius, 1998, S. 232.

die „Fäden der Entwicklungsplanung" im UN-System in der Hand zu haben, wie dies bei Gründung des UNDP 1965 vorgesehen war. Dies gilt insbesondere gegenüber den rechtlich selbständigen Sonderorganisationen.[415] Der Aufbau der UNDG, die vom Administrator des UNDP geleitet wird, an der auch einige Sonderorganisationen teilnehmen, hat sicherlich zum Fortschritt bei der Kooperation mit anderen UN-Einheiten beigetragen. Auch im Rahmen der UNDG ist man aber auf eine Freiwilligkeit der Zusammenarbeit angewiesen. Insgesamt sind die Koordinationserfolge des UNDP bei der Koordination mit den Sonderorganisationen eher begrenzt.

Mit der Umstellung weg von einzelnen Projekten hin zu Politikberatung ist das UNDP auf dem richtigen Weg. Ein weiterer Ausbau im makroökonomischen Bereich ist in Bezug auf „pro-poor growth", d.h. von Wachstum zur Armutsreduzierung, unabdingbar.

4. Die Sonderorganisationen

4.1. Aufbau und Funktionen

Neben der Kritik in Bezug auf die UN hinsichtlich ihrer Effizienz und Effektivität ist daneben auch die Zusammenarbeit der UN mit den Sonderorganisationen, bezeichnet auch als „UN-System", immer wieder erheblicher Kritik ausgesetzt. Sonderorganisationen sind selbständige, zwischenstaatliche Organisationen, errichtet durch zwischenstaatliche Übereinkommen und i.d.R. nicht durch Resolution eines UN-Organs.[416] Somit sind sie nicht Teil des UN-Systems per se. Sie haben globale (eher als regionale) Verantwortlichkeiten, d.h. sie erfüllen nach ihrem Gründungsdokument Aufgaben in dem weiten, von Art. 1 Nr. 3 und Art. 55 UN-Charta definierten Sinn. Ihr Budget ist getrennt von dem der UNO und sie wurden durch ein Abkommen mit den UN in Beziehung gebracht, das durch den ECOSOC abgeschlossen und durch die GA bestätigt wurde (vgl. Art. 57 und 63 UN-Charta).[417]

Das UN-System baut auf einer funktionalistischen Theorie auf.[418] Internationale Organisationen, die in gut voneinander abgegrenzten technischen Bereichen arbei-

[415] Vgl. dazu unten, Abschnitt 4.

[416] Ausnahme: UNIDO, dazu vgl. unten.

[417] Vgl. Zamora, Stephen: Economic Relations and Development, in: The United Nations and International Law, Joyner, Christopher C. (Hrsg.), Georgetown University/American Society of International Law, 1997, S. 232-287, S. 236.

[418] „...the theory of functionalism, which holds that co-operation among states in various functional fields can contribute to the cause of peace, gained currency. The framers of the Charter were inspired by this history of co-operation and they recognized the need to design a functionally decentralized but co-ordinated system", so: Johnstone, Ian: Global Co-operation, in: Global Economic Co-operation, A Guide to Agreements and Organizations, Colas, Bernard (Hrsg.), United Nations University Press, 2. Auflage, 1994, S. 41-51, S. 47, vgl. dazu auch Williams, Maurice in: A Global Agenda, Issues Before the 52nd General Assembly of the United Nations, Tessitore, John/ Woolfson, Susan (Hrsg.), Lanham, New York...,1997, S. 107.

ten, würden, so nahm man an, Politiken entwickeln und Operationen ausführen, die frei sind von der politischen Einmischung nationaler Regierungen.[419] Die Vereinigten Staaten gingen davon aus, dass die funktionalen Organisationen die wirtschaftlichen und politischen Doktrinen fördern würden, die im Einklang mit der amerikanischen Außenpolitik stehen - im Zuge des Kalten Krieges ein zunehmend wichtiges Ziel.[420]

Die Charta verfolgt im Verhältnis zu den Organisationen, die sich mit wirtschaftlichen, sozialen und verwandten Angelegenheiten befassen, ein Dezentralisierungskonzept, das es der freien Entscheidung der jeweiligen Organisation überlässt, ein ihren Status als Sonderorganisation begründetes Abkommen mit den UN abzuschließen, um auf diese Weise Kooperation und Koordination zu sichern. Nach Art. 59 können die UN aber auch selbst Verhandlungen zur Gründung einer neuen Sonderorganisation initiieren.[421] Alle Sonderorganisationen ruhen damit auf einer doppelten Rechtsgrundlage: ihrem Gründungsvertrag (Statut/ Verfassung) und dem Abkommen, dass aus der internationalen Organisation eine Sonderorganisation macht (sog. Beziehungsabkommen oder „relationship agreement“). Häufig sieht der Gründungsvertrag bereits den Status als Sonderorganisation vor.[422] Das Beziehungsabkommen ist damit die Grundlage für die Zusammenarbeit der UN mit den Sonderorganisationen (Art. 57, 63 der UN-Charta). In der Regel wird auf Grund einer Entschließung des ECOSOC dessen „Committee on Negotiations“[423] aufgefordert, mit der betreffenden Sonderorganisation in Vertragsverhandlungen zu treten. Im ECOSOC wird dann der Vertragsentwurf beraten, gebilligt und and die GA und das entsprechende Organ der Sonderorganisation zur Annahme weitergeleitet. Wenn beide Seiten den Entwurf akzeptieren (die GA durch Resolution), wird das Abkommen von den höchsten Beamten beider Seiten unterzeichnet.[424] Es handelt sich bei dem Abkommen um einen Vertrag zwischen zwei Internationalen Organisationen, der analog Art. 102 UN-Charta beim UN-Sekretariat registriert und veröffentlicht wird.[425]

---

[419] „Experts in international relations adopted a theorie – functionalism – to explain this method of enhancing international cooperation through the creation of separate, narrowly defined functional agencies“, vgl. Zamora, Stephen: Economic Relations and Development, in: The United Nations and International Law, Joyner, Christopher C. (Hrsg.), Georgetown University/American Society of International Law, 1997, S. 232-287, S. 234f.

[420] Vgl. Zamora, Stephen: ebenda, S. 234.

[421] Vgl. Klein, Eckart: Die Internationalen und Supranationalen Organisationen, in: Völkerrecht, Graf Vitzthum, Wolfgang (Hrsg.), Berlin, New York: de Gruyter, 2. Auflage, 2001, S. 267-377, S. 366, Rz. 229.

[422] Vgl. Klein, Eckart: ebenda, S. 366, Rz. 230.

[423] Zum Committe on Relationships with Specialized Agencies, vgl. Repertory of Practice, Art. 63, Rz. 17ff.

[424] Vgl. Hüfner, Klaus/ Spröte, Wolfgang: Zur Reform des Wirtschafts- und Sozialbereichs der Vereinten Nationen, in: Die Reform der Vereinten Nationen - Die Weltorganisation zwischen Krise und Erneuerung, Hüfner, Klaus (Hrsg.), Opladen: Leske und Budrich, 1994, S. 99-118, S. 105.

[425] Vgl. Klein, Eckart. ebenda, S. 367, Rz. 232.

Seit ihrer Gründung sind die UN mit einer ganzen Anzahl von Organisationen in Beziehung getreten. Bis 1951 waren bereits 11 Abkommen geschlossen worden. Abkommen bestehen u.a. mit der „International Labour Organization" (ILO), der „United Nations Educational, Scientific and Cultural Organization" (UNESCO), der „Food and Agriculture Organization" (FAO, Dezember 1946), der „World Health Organization" (WHO, Juli 1948), sowie der Weltbank („International Bank for Reconstruction and Development", IBRD) und dem IMF (November 1947).[426] Derzeit bestehen insgesamt 16 Sonderorganisationen.[427] Auf Ersuchen der World Tourism Organization" vom 21. Dezember 2001 finden Verhandlungen mit der WTO über ein Beziehungsabkommen statt. Ein Abkommensentwurf soll auf der substantiellen Tagung des ECOSOC in 2003 geprüft werden.[428]

Einige der Organisationen sind bereits vor den UN (1945) geschaffen worden.[429] Die Vorgängerorganisationen der „International Telecommunication Union" (ITU), der „Universal Postal Union" (UPU) und der „World Intellectual Property Organization" (WIPO) reichen bis in die Vor-Völkerbundzeit zurück.[430] Die „International Atomic Energy Agency" (IAEA) hat de facto den Status einer Sonderorganisation obwohl sie formal nicht zu dieser Kategorie gehört, da das Abkommen mit den UN nicht nach Maßgabe der Art. 57 und 63 UN-Charta abgeschlossen wurde. Auch das GATT (Allgemeines Zoll- und Handelsabkommen) war und die in seiner Nachfolge 1995 ins Leben gerufene Welthandelsorganisation („World Trade Organization", WTO) ist ungeachtet aller UN-Nähe keine Sonderorganisation.

4.2. Die Sonderorganisationen und die LDCs – die UNIDO

Sowohl die „United Nations Industrial Development Organization" (UNIDO) als auch die WIPO aber auch die FAO und die ILO sind für das Gebiet Handel und Entwicklung wichtig. Die ILO strebt die Herstellung angemessener Arbeitsbedingungen, die Beseitigung unberechtigter Diskriminierung und die soziale Sicherheit der Arbeitnehmer an. Sie arbeitet internationale Übereinkommen und Empfehlungen aus und überwacht die vertraglichen Verpflichtungen der Mitgliedstaaten. Eine

---

[426] Vgl. Repertory of Practice, Article 63 RZ 8 und 235 und Übersicht S. 364.

[427] ILO (International Labour Organization, 1946), FAO (Food and Agriculture Organization, 1946), UNESCO (UN Educational, Scientific and Cultural Organization, 1946), ICAO (International Civil Aviation Organization, 1947), IBRD (International Bank for Reconstruction and Development, 1947), IMF (International Monetary Fund, 1947), UPU (Universal Postal Union, 1947), WHO (World Health Organization, 1948), ITU (International Telecommunication Union, 1949), WMO (World Meteorological Organization, 1948), IFC (International Finance Corporation, 1955), IMO (International Maritime Organization, 1948), IDA (International Development Organization, 1960), WIPO (World Intellectual Property Organization, 1967), IFAD (International Fund for Agricultural Development, 1977) und UNIDO (UN Industrial Development Organization, 1986).

[428] Vgl. E/2002/L.25 vom 23. Juli 2002.

[429] ILO: 1919; FAO: 1943; IBRD: 1944; IMF: 1944.

[430] Vgl. Klein, Eckart: Die Internationalen und Supranationalen Organisationen, in: Völkerrecht, Graf Vitzthum, Wolfgang (Hrsg.), Berlin, New York: de Gruyter, 2. Auflage, 2001, S. 267-377, S. 365f, Rz. 228.

weitere Funktion ist die Beilegung von Streitigkeiten. Die WIPO befasst sich mit dem Schutz geistiger Eigentumsrechte. Diese Rechte sowie die Kosten für deren Nutzung sind essentielle Fragen nach der Möglichkeit, effektive Landwirtschaft zu betreiben (Saatgut) oder eine handelsorientierte Produktion aufzubauen. Geistige Eigentumsrechte und deren internationaler Schutz im Rahmen der WTO waren und sind im Zusammenhang mit dem Zugang zu Medikamenten für Entwicklungsländer in der Diskussion.[431] Die Industrieproduktion wie auch der Landwirtschaftsbereich sind bedeutsam, wenn es um die Frage geht, ob ein LDC exportfähige Güter hat und sich mit Nahrungsmitteln selbst versorgen kann. Hier ist die Arbeit der UNIDO und der FAO von Bedeutung.

Die Sonderorganisationen geben den LDCs in ihren Programmen einen besonderen Stellenwert. Als Beispiel soll hier die UNIDO erwähnt werden[432]. Die UNIDO wurde durch die GA-Resolution 2152 (XXI) vom 17. November 1966 gegründet. Mit Resolution 3362 (S-VII) vom 16. September 1975, angenommen auf der siebenten Sondertagung der GA mit dem Titel „Development and international economic Co-operation", entschied die GA auf Empfehlung der zweiten Hauptkonferenz der UNIDO, diese Organisation in eine Sonderorganisation umzuwandeln und einen Ausschuss einzurichten, der eine Satzung ausarbeiten sollte. Die Gründungskonferenz sollte Ende 1976 stattfinden. Die so in eine Sonderorganisation umgewandelte Organisation hat zum Ziel, die Lebensbedingungen der Menschen zu verbessern, den weltweiten Wohlstand durch das Angebot zugeschnittener Lösungen für die nachhaltige industrielle Entwicklung der EL und der Übergangsländer zu fördern.[433] Industrialisierung gehört zu den wesentlichen entwicklungspolitischen Zielen der EL. Sie wird als Voraussetzung dafür begriffen, den Lebensstandard der Industrieländer zu erreichen. Industrialisierung kann für die EL ein Weg sein, um den Weg vom Rohstofflieferanten zum Warenproduzenten zu gehen. Auf der zweiten UNIDO-Konferenz beschlossen die EL das sog. Lima-Ziel eines 25 %-Anteils der EL an der Weltindustrieproduktion. In den Industrieländern stieß dies, insbesondere die mit diesem Ziel einhergehenden Forderungen nach Ressourcentransfer, auf Ablehnung. Das Ziel wurde in den folgenden Jahrzehnten nicht erreicht.[434] Eine UNIDO Konferenz 1997 nahm einen neuen Geschäftsplan für die UNIDO an und legte den Schwerpunkt auf ein zweigleisiges Vorgehen von Stärkung der industriellen Kapazitäten sowie einer sauberen und nachhaltigeren industriellen Entwicklung. Dabei soll eine Konzentration auf die LDCs erfolgen.[435]

Die LDC-Sektion der UNIDO war bereits 1977 als ein Ergebnis der zweiten UNIDO-Konferenz 1975 in Lima eingerichtet worden, d.h. bevor die UNIDO in

---

[431] Vgl. dazu auch Kapitel 3, Abschnitt 1.2.2.
[432] Vgl. zu Weltbank und IMF unten, Kapitel 2.
[433] Vgl. http://www.unido.org.
[434] Vgl. Nohlen, Dieter: Industrialisierung, in Lexikon Dritte Welt, Dieter Nohlen (Hrsg.), Reinbeck bei Hamburg: Rohwohlt, 2002, S. 394-396, S. 394f.
[435] Vgl. Allock, Sheila: Industrial development and transfer of technology in: Guides to information Sources Development Studies, London, Melbourne..., 2000, S. 86-94, S. 89.

eine Sonderorganisation umgewandelt wurde.[436] Bereits bei der Gründung der UNIDO 1966 wurde in Art. II Ziff. 2 a 7 der Gründungsresolution[437] ausgeführt, dass in Zusammenhang mit den ergriffenen Maßnahmen und deren Koordinierung im Rahmen der regionalen Planung der industriellen Entwicklung (Ziff. 6) insbesondere das wirtschaftliche Wachstum der weniger fortgeschrittenen EL stark gefördert wird. Mit der Umwandlung der UNIDO in eine Sonderorganisation 1979 wurde ihr in der Satzung vom 8. April 1979 die Aufgabe übertragen, Sondermaßnahmen zur Unterstützung der am wenigsten entwickelten, land- oder meerumschlossenen EL und den von Wirtschaftskrisen und Naturkatastrophen am härtesten betroffenen EL zu treffen und ihnen damit besondere Aufmerksamkeit zu widmen.[438]

Auch die UNIDO war in den Prozess der dritten UN-LDC-Konferenz aktiv involviert. Das UNIDO-Konzeptpapier zur dritten LDC-Konferenz verwies auf die besondere Rolle der produktiven Kapazität für Entwicklung in den LDCs.[439] Die UNIDO wollte auf der Konferenz die zentrale Stellung des herstellenden, produktiven Sektors und die Beziehung zwischen Landwirtschaft und Industrie für Wirtschaftswachstum, Integration in die Weltwirtschaft und die Beseitigung der Armut in den Vordergrund stellen. Zudem hat sie die Notwendigkeit besonders herausgestellt, verstärkte produktive Kapazitäten und Marktzugang[440] zu verbinden.[441] Ohne Aufbau einer wettbewerbsfähigen Produktion und Herstellung von Angebotskapazitäten würden die LDCs unfähig sein, Nutzen aus den liberalisierten Handelsströmen zu ziehen und bei der Integration in die Weltwirtschaft scheitern.[442]

Die UNIDO hat u.a. ein „Multi-Agency Programme on Investment Promotion for LDCs“ in Zusammenarbeit mit UNCTAD, der „Multilateral Investment Guarantee Agency“ (MIGA) und dem „Foreign Investment Advisory Service“, d.h. unter Nutzung der komparativen Expertise der auf diesem Gebiet tätigen Agenturen erarbeitet. Das Programm wurde auf der Konferenz vorgestellt. Auf der thematischen Sitzung über internationalen Handel, Rohstoffe und Dienstleistungen/ Tourismus stellte die UNIDO in einer Rede ihre Initiative „Enabling LDCs to participate in international trade (trade support services)“ vor. Zudem hat eine Pressekonferenz

---

[436] Vgl. A/43/228/Add.1, S.7, Ziff. 13.

[437] Vgl. GA-Resolution 2152 (XXI) vom 17. November 1966.

[438] Vgl. Art 2 i) der UNIDO-Satzung vom 8. April 1979.

[439] UNIDO erstellte u.a. auch eine spezielle Studie mit dem Titel „Building productive capacity for poverty alleviation in LDCs: the role of industry“, die die Notwendigkeit für LDCs unterstrich im Kampf gegen Marginalisierung Produktionskapazität und eine stärkere Produktivität zu entwickeln.

[440] Insbesondere in Bereichen mit starkem Entwicklungspotential wie Textilien, Nahrungsmitteln und Leder.

[441] Vgl. IDB.24/16/Add.1: vom 12. Juni 2001: Industrialization of the Least Developed Countries, Bericht des UNIDO-Generaldirektors, S. 1, Ziff. 1ff.

[442] Vgl. das Konzeptpapier „Spreading the Gains from Globalization, UNIDO's Approach to Support the Least Developed Countries“, zitiert in Dokument IDB.24/16/Add.1 vom 12. Juni 2001, S. 1.

des Generaldirektors der UNIDO über „Aspects of marginalization – growth, industry and trade in LDCs" stattgefunden, die die Ergebnisse einer UNIDO-Studie zu diesem Thema präsentierte und die Bedeutung des Findens von Lösungen zur Überwindung der Technologiekluft herausstellte.[443] Das Portofolio spezieller Initiativen in Bezug auf die Beseitigung der Armut, Fragen in Bezug auf Energie, angebotsseitiger Beschränkungen und Marktzugangsprobleme, die die UNIDO auf der Konferenz eingeleitet hat, sollen die Basis für das Umsetzungsprogramm der UNIDO und für Finanzierungsinitiativen sein.[444]

5. Die Koordinationsfunktion und deren Umsetzung durch die UN-Organe

5.1. Die Koordinationsfunktion und ihre Rechtsgrundlagen

Die UN haben Funktionen im Bereich der internationalen Politikkoordinierung.[445] Hier ist die GA zu nennen. Sie dient unter anderem als Forum für die Harmonisierung internationalen Handelns in wirtschaftlichen, sozialen und damit zusammenhängenden Bereichen.[446] Sie kann Untersuchungen veranlassen und Empfehlungen abgeben. Auch dem ECOSOC kommt im Bereich der Politikkoordinierung eine Bedeutung zu. Zu verweisen ist hier u.a. auf die hochrangigen Treffen mit den Bretton-Woods-Institutionen und der WTO sowie das hochrangige Segment seiner Jahrestagung.

Daneben besteht die Aufgabe, die Tätigkeiten innerhalb der UN zu koordinieren. Dies ergibt sich bereits aus der Notwendigkeit, die Funktionsfähigkeit der Organisation zum Erreichen der ihr übertragenen Aufgaben aufrecht zu erhalten und die Aufgabenerledigung zu optimieren. Die Koordination von angewendeten Politiken und Aktivitäten der Organisation ist schließlich das entscheidende Problem angesichts der großen Zahl der zur UN-Familie gehörenden Einheiten und Organisationen.

Die Koordinationsfunktion in Bezug auf das UN-System ergibt sich aus der Charta: Nach dem Modell der UN-Charta sollte die UN die wirtschaftliche Entwicklung auf zwei Ebenen fördern. Auf der einen Seite sollten die zentralen Organe der UN, die GA und der ECOSOC, die Richtlinien der Politik bestimmen und die Aktivitäten der funktionalen Organisationen koordinieren. Auf einer zweiten Ebene sollten die funktionalen Organisationen innerhalb ihres Zuständigkeitsbereiches Operationen durchführen. An der Erfüllung der Koordinationsfunktion sind neben der GA und dem ECOSOC jedoch fast alle Organe der UN beteiligt. Teilweise wurden neue

---

443 Vgl. IDB.24/16/Add.1 vom 12. Juni 2001: Industrialization of the Least Developed Countries, Bericht des UNIDO-Generaldirektors, S. 2.

444 Vgl. ebenda, S. 4, Ziff. 7.

445 Vgl. dazu schon oben, Abschnitt 1.2.1.

446 Vgl. Glanzer, Hans-Peter: Wirtschaft und Entwicklung, in: Die Vereinten Nationen in Recht und Praxis, Cede, Franz/ Sucharipa-Behrmann, Lilly (Hrsg.), Wien: Manz, 1999, S. 202.

Organe und Organisationseinheiten gegründet, um diese Funktion zu übernehmen. Diese Funktion ergibt sich in Bezug auf die Sonderorganisationen direkt aus Art. 58 UN-Charta.

Dem Wirtschafts- und Sozialrat kommt bei der Koordination des UN-Systems eine zentrale Rolle zu. Die UN-Charta enthält Regelungen zur Koordination mit den Sonderorganisationen. Art. 57 reflektiert das Prinzip, dass die Ziele und Aufgaben der Organisation im Wirtschafts- und Sozialbereich in Verbindung mit den Sonderorganisationen erfüllt werden sollen. Die Regelung zur Koordination enthält Art. 58 der Satzung, wonach die UN die „Bestrebungen und Tätigkeiten" der Sonderorganisationen koordinieren soll. Dies hat sich als sehr schwierig herausgestellt. Bezüglich der Koordinationsfunktion gegenüber den Sonderorganisationen steht dem ECOSOC, neben der Befugnis, Abkommen mit ihnen zu schließen, nur die Möglichkeit zur Verfügung, Konsultationen mit ihnen zu führen und an sie, an die GA und an die Mitgliedsstaaten der UN Empfehlungen zu richten (Art. 67 Abs. 2 UN Charta). Der ECOSOC hat nach der UN-Charta die Befugnis, Empfehlungen abzugeben (Art. 58 und 60, 62 Abs. 1 und 63 Abs. 2), Berichte anzufordern (Art. 64 Abs. 1) und Dienstleistungen zu erbringen (Art. 66). Art. 70 erlaubt die Vereinbarung wechselseitiger Sitzungsteilnahme von Vertretern des ECOSOC bzw. dessen Kommissionen und von Organen der Sonderorganisationen.[447]

Den Hauptmechanismus zur Koordinierung nennt Art. 63 UN-Charta. Die danach zu schließenden Beziehungsabkommen enthalten verschiedene gemeinsame Bestimmungen wie das gegenseitige Recht, Tagesordnungspunkte vorzuschlagen oder Bestimmungen in Bezug auf Konsultation und der Abgabe von Berichten.[448] In den Abkommen sind aber nur wenige substantielle Regeln betreffend die Koordination zwischen der UN und den Sonderorganisationen enthalten. Nach Gründung der UN standen sich im Zuge der Verhandlungen über den Abschluss von Beziehungsabkommen auf der 1. Tagung des ECOSOC zwei Meinungstrends gegenüber: Auf der einen Seite stellten sich einige der Repräsentanten eine umfassende Zentralisierung der Sonderorganisationen vor, einen engen Verbundmechanismus der unter der direkten Politikführung des ECOSOC steht. Andere Delegierte dagegen drängten darauf, in Bezug auf die Frage der Zentralisierung Vorsicht walten zu lassen, sowohl bezüglich des Sitzes der Organisation als auch in Bezug auf die Tätigkeiten, denn es stand außer Frage, dass der ECOSOC sich nicht detailliert mit dem Management einer sehr breiten Anzahl von Aktivitäten zumeist mit hoch spezialisiertem Charakter, für die Techniker zuständig sind, befassen konnte.[449] Letztendlich wurden Beziehungsabkommen mit den völkerrechtlich selbständigen Sonderorganisa-

---

[447] Vgl. Klein, Eckart: Die Internationalen und Supranationalen Organisationen, in: Völkerrecht, Graf Vitzthum, Wolfgang (Hrsg.), Berlin, New York: de Gruyter, 2. Auflage, 2001, S. 267-377, S. 367f, Rz. 233, ähnlich: Johnstone, Ian: Global Co-operation, in: Global Economic Co-operation, A Guide to Agreements and Organizations, Colas, Bernard (Hrsg.), United Nations University Press, 2. Auflage, 1994, S. 41-51, S. 48.

[448] Vgl. ähnlich: Johnstone, Ian: ebenda, S. 48.

[449] Vgl. Repertory of Practice, § 63, Rz. 16.

organisation berechtigen würde, die Aktivitäten der Sonderorganisationen inhaltlich zu kontrollieren bzw. deren Politiken deutlich zu beeinflussen".[450] Gleichwohl waren Sonderorganisationen verschiedentlich starkem politischen Druck ausgesetzt und haben ihm auch z.T. nachgegeben; die Pressionen betrafen vor allem die Entkolonisierung, Apartheit und die israelisch besetzten Gebiete. Viele Sonderorganisationen haben allerdings Verfahrenstechniken entwickelt, um ihre Arbeit in der Substanz unbeeinträchtigt durchführen zu können, ohne sich dabei von der allgemeinen politischen Mehrheitshaltung der GA distanzieren zu müssen.[451] Im Folgenden sollen einige, in Bezug auf die Koordination mit der UN wesentliche, Regelungen der Beziehungsabkommen dargestellt werden.

In Bezug auf gegenseitige Vertretung sehen die Beziehungsabkommen regelmäßig Regelungen zur Teilnahme der Sonderorganisationen an Sitzungen des ECOSOC, der GA und den Hauptausschüssen der GA, jedoch ohne Stimmrecht vor, soweit es sich um Fragen handelt, die den Bereich der Aktivitäten fallen bzw. die von Interesse für die jeweilige Sonderorganisation ist. Es werden verschiedene Formulierungen verwendet. Die Verträge mit der Bank und dem IMF mit den UN regeln, dass man sich gegenseitig ausreichend im Voraus Mitteilung über Sitzungen und deren Tagesordnung geben soll, so dass in Konsultationen Arrangements für eine adäquate Vertretung gemacht werden können.[452]

In Bezug auf Informationsaustausch regeln z.B. die Verträge von ILO, FAO, UNESCO, ICAO, WHO, UPU, ITU, WMO und IMCO, dass gegenseitiger Informationsaustausch sowie der Austausch von Dokumenten erfolgt, in Abhängigkeit von den notwendigen Arrangements für den Schutz vertraulichen Materials.[453] Zwar gibt es auch in den Kooperationsabkommen mit der Weltbank und dem IMF Regelungen z.B. zum Informationsaustausch, diese sind aber wesentlich zurückhaltender, als die in anderen Abkommen. So formulieren die Verträge von IMF und Weltbank, dass soweit als praktikabel und vorbehaltlich von Regelungen an anderer Stelle ein Austausch von Informationen und Publikationen von gemeinsamem Interesse erfolgen soll und dass auf Anfrage, besondere Berichte und Studien gegenseitig zur Verfügung gestellt werden.[454] An anderer Stelle wird geregelt, dass es, auf Grund der Natur der internationalen Verantwortlichkeiten und der Bestimmungen der Artikel in den Gründungsabkommen von Weltbank/ Fonds, erforderlich ist, dass Weltbank/ Fonds als unabhängige internationale Organisationen arbeiten. Eine weitere Regelung in Bezug auf vertrauliches Material bestimmt, dass

[450] Vgl. Hüfner, Klaus/ Spröte, Wolfgang: Zur Reform des Wirtschafts- und Sozialbereichs der Vereinten Nationen, in: Die Reform der Vereinten Nationen - Die Weltorganisation zwischen Krise und Erneuerung, Hüfner, Klaus (Hrsg.), Opladen: Leske und Budrich, 1994, S. 105.

[451] Vgl. Klein, Eckhart: Die Internationalen und Supranationalen Organisationen, in: Völkerrecht, Graf Vitzthum, Wolfgang (Hrsg.), Berlin, New York: de Gruyter, 2. Auflage, 2001, S. 267-377, S. 368, Rz. 234.

[452] Vgl. E/5524/Add.2 vom 28. Mai 1974, S. 13, Ziff. 46.

[453] Vgl. ebenda, S. 16, Ziff. 60.

[454] Vgl. ebenda, S. 16, Ziff. 61.

„nothing in this agreement shall be construed to require either of them to furnish any information the furnishing of which would, in its judgement, constitute a violation of the confidence of any of its members or anyone from whom it shall have received such information, or which would otherwise interfere with the orderly conduct of its operations.“[455]

In Bezug auf die Empfehlungen von Organen der UN regeln die Abkommen zwischen UN und ILO, FAO, UNESCO, WHO, ICAO, UPU, ITU und IMCO mit ähnlichem Wortlaut, dass die Organisationen die Verpflichtungen und Verantwortlichkeiten der UN nach Art. 55, 58, 62 und 63 der UN-Charta anerkennen und übereinkommen

„to enter into consultation with the United Nations ... with respect to... recommendations, and ... to report to the United Nations on the action taken, by the [agency] or by its members, to give effect to such recommendations, or on other results of their consideration.“[456]

Im Gegensatz dazu regeln die Beziehungsabkommen der UN mit Weltbank und IMF nur bilaterale Konsultationen und Meinungsaustausch über Fragen von gegenseitigem Interesse. Zudem regeln sie, dass weder die UN, noch die beiden Organisationen, einschließlich deren untergeordneten Organen, der jeweils andern formale Empfehlungen machen soll ohne „reasonable prior consultation“. Das Abkommen zwischen UN und Weltbank erkennt in Art. IV, Ziff. 3 zudem an, dass

„the action to be taken by the Bank on any loan is a matter to be determined by the independent exercise of the Bank's own judgement in accordance with the Bank's Articles of Agreement. The United Nations recognizes, therefore, that it would be sound policy to refrain from making recommendations to the Bank with respect to particular loans or with respect to terms or conditions of financing by the Bank.“ [457]

Demgegenüber erkannte die Bank an, dass die UN und ihre Organe Empfehlungen in Bezug auf die technischen Aspekte von Wiederaufbau- oder Entwicklungsplänen, Programmen oder Projekten machen können.

Während die Beziehungsabkommen mit den Sonderorganisationen regelmäßig auch Bestimmungen zur Kooperation in Personalfragen enthielten, erfolgte in den Abkommen mit der Weltbank und dem IMF keine Erwähnung in Bezug auf Personalarrangements.[458]

In Bezug auf die regionale Koordination enthalten die Beziehungsabkommen regelmäßig einen Artikel, der festlegt, dass

„any regional or branch office which the specialized agencies may establish shall, so far as practicable, be closely associated with such regional or branch offices as the UN may establish“.[459]

---

[455] Vgl. E/5524/Add.2 vom 28. Mai 1974, S. 11, Ziff. 33.
[456] Vgl. ebenda, S. 15, Ziff. 54.
[457] Vgl. ebenda, S. 15, Ziff. 54ff.
[458] Vgl. ebenda, S. 18, Ziff. 74ff.
[459] Vgl. ebenda, S.16, Ziff. 71.

Hat der ECOSOC die Befugnis, dass er Arrangements treffen kann, Berichte von den Sonderorganisationen zu erhalten über Schritte zur Umsetzung von Empfehlungen der GA oder des ECOSOC, so besteht aber keine Pflicht für die Sonderorganisationen, wie auch nicht für die Mitgliedstaaten, die Empfehlungen des ECOSOC zu befolgen oder Berichte zu liefern. Das Problem wird dadurch gesteigert, dass die Abkommen mit den Bretton-Woods-Institutionen entsprechend dem oben angeführten Wortlaut den unabhängigen Charakter dieser Organisationen betonen.[460] Die Sonderorganisationen, allen voran die Finanzinstitutionen, haben einen sehr großen Politikspielraum. Dem Wortlaut nach können sie nicht verpflichtet werden, die allgemeine Politik der UN im Wirtschafts- und Sozialbereich mitzutragen, denn aus einer Pflicht, die Empfehlungen von GA und ECOSOC zu prüfen und nach Möglichkeit zu beachten, kann keine darüber hinausgehende Pflicht abgeleitet werden. Darüber hinausgehende Rechtspflichten können nach Klein auch nicht aus dem allgemeinen Verhältnis von UN und Sonderorganisationen hergeleitet werden, da eine Hierarchisierung des Gesamtsystems gerade nicht vorgenommen wurde, die UN also nicht das „Oberhaupt" der UN-Familie sind.[461] Eine Bindung an Entscheidungen der GA, die auch die Mitgliedstaaten i.d.R. nicht verpflichten[462], besteht jedenfalls nicht.

Eine Möglichkeit der Einflussnahme auf die Sonderorganisationen im Hinblick auf die finanziellen Mittel besteht nach Art. 17 Abs. 3 der UN-Charta, wonach die GA theoretisch die Möglichkeit und die Befugnis hat, die budgetären Arrangements und die administrativen Budgets der Sonderorganisationen zu überprüfen, was sie jedoch bisher nicht wirklich ausgeübt hat. Einige Beziehungsabkommen treffen dazu außerdem dies abändernde Bestimmungen. Das „Advisory Committee on Administrative and Budgetary Questions" (ACABQ) berät die GA über ein breites Spektrum von administrativen und budgetären Koordinationsbelangen, die die Sonderorganisationen betreffen. Auf die budgetären Probleme soll hier jedoch nicht weiter eingegangen werden.

In der Absicht, verfügbare finanzielle und technische Mittel zusammen zu fassen und bestmöglich zu nutzen, forderte die GA den ECOSOC frühzeitig zur Überprüfung der Programme der Sonderorganisationen auf und unternahm den Versuch einer umfassenden finanziellen Bewertung aller Aktivitäten des UN-Systems.[463]

Seit dem Abschluss der ersten Beziehungsabkommen haben bedeutende konzeptionelle und organisatorische Änderungen stattgefunden. Neben der Übernahme neuer

---

[460] Vgl. ähnlich Johnstone, Ian: Global Co-operation, in: Global Economic Co-operation, A Guide to Agreements and Organizations, Colas, Bernard (Hrsg.), United Nations University Press, 2. Auflage, 1994, S. 41-51, S. 48.

[461] Vgl. Klein, Eckart: Die Internationalen und Supranationalen Organisationen, in: Völkerrecht, Graf Vitzthum, Wolfgang (Hrsg.), Berlin, New York: de Gruyter, 2. Auflage, 2001, S. 267-377, S. 368, Rz. 234.

[462] Vgl. dazu bereits Teil 1, Kapitel 3, Abschnitt 1.4.

[463] Vgl GA-Resolution 38/171 sowie 413 (V).

Aufgaben wie der technischen Zusammenarbeit, fand auch die Gründung neuer Organe und Organisationen wie dem UNDP, der UNIDO und der WTO statt. Um auf diese neuen Bedingungen zu reagieren und um einige Lücken in den Abkommen zu schließen, sind entweder ergänzende Abkommen geschlossen, Arrangements oder „Memoranda of Understanding" getroffen worden, oder es wurden informelle Arrangements ausgearbeitet. Daneben sind zahlreiche zwischenstaatliche Intersekretariatseinheiten zur Koordination der Aktivitäten des UN-Systems eingerichtet worden.[464] Die Beziehungsabkommen zwischen den UN und den meisten Sonderorganisationen hatten dagegen keine Bestimmungen in Bezug auf die operativen Tätigkeiten enthalten, da deren Bedeutung nicht vorausgesehen wurden.[465] Das neuere Abkommen mit der UNIDO von 1985 enthält diesbezüglich keine konkreten Pflichten, sondern eine allgemeine Pflicht zur Kooperation mit den UN.[466]

Die GA und der ECOSOC haben zur Koordination auf operativer Ebene zahlreiche Resolutionen erlassen und Mechanismen zur Koordination der operativen Ebene entwickelt.[467] Weitere Koordinationsvereinbarungen erfolgen in Verträgen der Sonderorganisationen untereinander sowie in „Memoranda of Understanding". Ein „Memorandum of Understanding" ist ein internationales Instrument weniger formaler Art. Der „Treaty Reference Guide" der Vertragsabteilung des „UN Office of Legal Affairs" (OLA) definiert dies wie folgt:

„It often sets out operational arrangements under a framework international agreement. It is also used for the regulation of technical or detailed matters. It ist typical in the form of a single instrument and does not require ratification..."[468]

Die UN schließen „Memoranda of Understanding" beispielsweise, um UN-Konferenzen zu arrangieren, aber auch zur Kooperation mit anderen internationalen

---

[464] Vgl. Dokument E/5524/Add.3 vom 7. Juni 1974, S.39, Ziff. 101, vgl. zum „Chief Executive Board" Abschnitt 4.4.1.

[465] Vgl. E/5524/Add.5 vom 24. Mai 1974, S. 30, Ziff. 72.

[466] Vgl. GA-Resolution 40/180 vom 17. Dezember 1985, Annex, Artikel 2: „In its relations with the United Nations, its organs and the agencies of the United Nations system, the organisation recognizes the co-ordination role, as well as the comprehensive responsibilities in promoting economic and social development, of the General Assembly and the Economic and Social Council under the Charter of the United Nations. The Organization, in exercise of its central coordination role in the field of industrial development, recognizes the need for effective co-ordination and co-operation with the United Nations, its organs and the agencies within the United Nations system. Accordingly, the Organization agrees to co-operate with the United Nations in whatever measure may be necessary to effect the required co-ordination of policies and activities. The organization agrees further to participate in the work of any United Nations bodies which have been established or may be astablished for the purpose of facilitating such co-operation, in particular through membership in the Administrative Committee on Co-ordination."

[467] Vgl. dazu u.a. Abschnitte 1.2.3. sowie 5.2.1.

[468] Vgl. Treaty Reference Guide, S. 9, im Internet unter http://untreaty.un.org/ola-internet/Assistance/Guide.htm.

Organisationen.[469] Auch die Fonds und Programme der UN haben Absprachen untereinander getroffen, um Bereiche zur Zusammenarbeit festzulegen.[470]

Zamora legt dar, dass die Erfahrung gezeigt habe, dass das der Charta zugrunde liegende Modell nur auf der operativen Ebene funktioniert habe.[471] Angesichts der Vielzahl der bestehenden Instrumente auf Länderebene von UNDP, Weltbank und anderen Organisationen wird jedoch auch das kritisch gesehen[472] Die UN, so Zamora, habe ihre zentrale Politiksetzungs- und Koordinationsfunktion nicht erfüllt, jedoch überrasche dieses Versagen nicht, berücksichtige man die dem System zugrundeliegende Theorie des Funktionalismus. Ist es doch viel einfacher, sich spezifischen wirtschaftlichen Problemen durch die allmähliche Herausbildung von Regeln und Aktivitäten durch technisch orientierte Institutionen zuzuwenden, als Probleme insgesamt in einer koordinierten Art und Weise anzugehen.[473] Zamora geht von einem Versagen von ECOSOC und GA aus, ihre Befugnisse auszuüben, die internationalen wirtschaftspolitischen Entscheidungen der UN Organisationen zu koordinieren.[474] Für den operativen Bereich rügte u.a. Bertrand das Fehlen einer zentralen Koordinierungsinstanz für sämtliche Entwicklungsaktivitäten.[475]

Nach allgemeiner Auffassung ergeben sich die Schwierigkeiten der Koordination aus den begrenzten Befugnissen, die der ECOSOC gegenüber den Sonderorganisationen hat. Grundproblem ist nach wie vor die rechtliche Selbständigkeit der Sonderorganisationen. Das der Schaffung der Sonderorganisationen zugrunde liegende Konzept des Funktionalismus geht von der Überlegung aus, für bestimmte Politikbereiche deshalb gemeinsame Lösungen finden zu können, weil hieran alle Staaten, unabhängig von ihrem politischen System und ihrer Entwicklungsstufe Interesse haben. Nähere Betrachtung zeigt indes, dass Entpolitisierung allenfalls bei den technischen Organisationen gelingen kann (z.B. ITU, UPU). Anders sieht es dagegen in Bereichen der Erziehung und Wissenschaft, der Menschenrechte und der

---

[469] Vgl. Treaty Reference Guide, S. 9, im Internet unter http://untreaty.un.org/ola-internet/Assistance/Guide.htm.

[470] Vgl. GA-Resolution 51/240 vom 20. Juni 1997, Annex: Agenda for Development, Ziff. 259: „The Funds and Programmes should build capacities for national execution in recipient countries and should seek out, as appropriate, the expertise of the specialized agencies with a view to improving the quality of services and carrying out cooperation activities more effectively and efficiently. Memoranda of understanding that clearly outline individual responsibilities and areas of cooperation have proved useful and should be encouraged between related funds, programmes and specialized agencies".

[471] Vgl. Zamora, Stephen: Economic Relations and Development, in: The United Nations and International Law, Joyner, Christopher C. (Hrsg.), Georgetown University/American Society of International Law, 1997, S. 232-287, S. 234f.

[472] Vgl. dazu Teil 3, Kapitel 2.

[473] Vgl. Zamora, Stephen: ebenda, S. 234f.

[474] Vgl. Zamora, Stephen: ebenda, S. 237.

[475] Vgl. Bertrand, Maurice: UNO - Geschichte und Bilanz, Frankfurt am Main: Fischer Tachenbuch Verlag, 1995, S. 90.

finanziellen Hilfe aus, denn diese sind erheblich ideologie- und politikanfällig.[476] Ähnliches gilt insbesondere auch für den Wirtschafts- und Finanzbereich und den Handel. Hier spielen politische Erwägungen und insbesondere Eigeninteressen der Staaten eine große Rolle.

In einem Bericht des UN-Generalsekretärs ist dieses Problem als „Choice of design“ bezeichnet worden. Die drängende Notwendigkeit des Wiederaufbaus nach dem 2. Weltkrieg, der Enthusiasmus für eine stärkere internationale wirtschaftliche und soziale Zusammenarbeit und der relativ langsame Fortschritt bei der Gründung der Organisation der UN hatte zu einer Situation geführt, in der einige autonome (spätere) UN-Sonderorganisationen bereits existierten, als die Konferenz in San Francisco 1945 stattfand. Diese Situation, so der Bericht des Generalsekretärs, scheint nicht aus einer einheitlichen, bewusst verabschiedeten Politik der internationalen Gemeinschaft resultiert zu haben, sondern war eher das Ergebnis einer Kombination verschiedener Umstände.[477] Als die „United Nations Conference on International Organizations“ (UNCIO) am 25. April 1945 in San Francisco zusammentrat, um die Satzung der UN auf der Basis eines Satzungsentwurfes der Großmächte zu diskutieren[478], war sie mit dieser faktischen Situation konfrontiert, in der neben den internationalen Organisationen, die bereits zuvor gegründet und nicht mit dem Völkerbund in Verbindung gebracht worden waren (UPU, ITU) einige Organisationen wie die ILO, die FAO, die ICAO, die IBRD und der IMF bereits bestanden oder gegründet wurden. Diese Organisationen hatten ihre eigenen „Verfassungen“, ihre Versammlung und „governing bodies“, und waren nach internationalem Recht mit einer eigenständigen Identität und autonomer internationaler Rechtspersönlichkeit ausgestattet. Die UN wurden auf der Basis bereits bestehender unabhängiger Organisationen gegründet, die jede für sich nicht ausreichte, die benötigten globalen Aufgaben zu erfüllen aber den Anspruch erhoben, auf ihrem Gebiet eine autonome Einheit zu sein.[479] Die Alternative zu einer „constitutional union“ zwischen diesen Organisationen bestand darin, das bereits errichtete dezentralisierte System, das später als „funktionaler Föderalismus“ präsentiert wurde, anzuerkennen und zu bestätigen, dass die Arbeitsbeziehungen des Systems von Koordination und Kooperation abhängen würden, wie vom „Dumbarton Oaks“-Text[480] vorgeschlagen.[481] Auch der San Fancisco-Konferenz sei bewusst gewesen,

---

[476] Vgl. Klein, Eckart: Die Internationalen und Supranationalen Organisationen, in: Völkerrecht, Graf Vitzthum, Wolfgang (Hrsg.), Berlin, New York: de Gruyter, 2.Auflage 2001, S. 267-377, S. 368, Rz. 234.

[477] Vgl. E/5524 vom 30. Mai 1974: Review of the Agreements between the United Nations and the Specialized Agencies and the International Atomic Energy Agency, Bericht des UN-Generalsekretärs, S. 9, Ziff. 28f.

[478] Vgl. Unser, Günther: Die UNO, Aufgaben und Strukturen der Vereinten Nationen, München: Beck, 6. Auflage, 1997, S. 23.

[479] Vgl. E/5524 vom 30. Mai 1974: ebenda, S. 9, Ziff. 28f.

[480] In Dumbarton Oaks, einem privaten Landsitz im Washingtoner Stadtteil Dumbarton Oaks, trafen sich Expertenvertreter der vier Großmächte vom 21. August bis 7. Oktober 1944, um Einzelheiten der organiatorischen Ausgestaltung einer zu schaffenden Organisation festzulegen. Diese Vorschläge wiesen den Großmächten eine herausragende Rolle für die Friedens-

dass die Aufgabe, die Aktivitäten der verschiedenen Elemente des Systems zu koordinieren, keine einfache sein würde.[482]

In den letzten Jahrzehnten wurden in den UN vielfältige Bemühungen unternommen, dem Koordinationsdilemma abzuhelfen.[483] Auch verschiedene Projekte von Gruppen außerhalb der UN versuchten Reformen anzustoßen.[484] Zu verweisen ist hier auch auf die bereits oben dargestellten Reformen, die durch den UN-Generalsekretär in Gang gebracht worden waren und u.a. zur Gründung der UNDG sowie zur Einführung eines Entwicklungshilferahmens geführt haben.[485] In seinem Bericht „Road Map towards the implementation of the United Nations Millennium Declaration" nennt der GS als ein Ziel, größere Politikkohärenz und bessere Koordination zwischen den UN, ihren Organisationen, den Bretton-Woods-Organisationen und der WTO sowie mit anderen multilateralen Gremien sicherzustellen.[486] Im Folgenden wird die Koordination durch die UN-Organe dargestellt.

5.2. Die Koordination durch die Generalversammlung

Wie auch der ECOSOC hat sich die GA vielfach mit dem Koordinationserfordernis im Rahmen der UN und der Zusammenarbeit mit den Bretton-Woods-Institutionen auseinander gesetzt und mit ihren Empfehlungen die Kooperationsmechanismen geformt. In Bezug auf die operativen Aktivitäten ist das „triennial comprehenisve policy review" zu nennen.[487] In zahllosen Resolutionen betonte die GA, dass eine bessere Zusammenarbeit und ein kohärenteres Vorgehen des UN-Systems erforderlich sind. Neben der Aufforderung an die einzelnen Programme, Fonds und Sonderorganisationen der UN, Verpflichtungen zur Zusammenarbeit zu übernehmen, damit die vom System der UN geleistete Hilfe in einer in jeder Hinsicht koordinierten Weise in den Entwicklungsprozess der Empfängerländer eingegliedert wird[488], hat die GA festgestellt, dass das System der UN auf der Landesebene so strukturiert

---

wahrung zu. Die Vorschläge erhielten auf der Konferenz von Jalta vom 4. bis 11. Februar 1945 wichtige Konkretisierungen, wie z.B. das Vetorecht, vgl. Unser, Günther: Die UNO, Aufgaben und Strukturen der Vereinten Nationen, München: Beck, 6. Auflage, 1997, S. 22.

[481] Vgl. E/5524 vom 30. Mai 1974: Review of the Agreements between the United Nations and the Specialized Agencies and the International Atomic Energy Agency, Bericht des UN-Generalsekretärs, S. 9, Ziff. 30.

[482] Vgl. ebenda, S. 9, Ziff. 31.

[483] Vgl. zu den Reformbemühungen bis Mitte der 80er Jahre sowie seit der Mitte der 80er Jahre: Hüfner, Klaus/ Spröte, Wolfgang: Zur Reform des Wirtschafts- und Sozialbereichs der Vereinten Nationen, in: Die Reform der Vereinten Nationen Die Weltorganisation zwischen Krise und Erneuerung, Hüfner, Klaus (Hrsg.), Opladen: Leske und Budrich, 1994, S. 99-118, S. 107ff bzw. S. 113ff.

[484] Beispielsweise zu nennen ist das Nordic UN Reform Project 1996, The United Nations in Development, Oslo.

[485] Vgl. zum UNDAF Teil 3, Kapitel 2, Abschnitt 1.2.3.

[486] Vgl. A/56/326 vom 6. September 2001: Road map towards the implementation of the United Nations Millennium Declaration, Bericht des UN-Generalsekretärs, Ziff. 291.

[487] Vgl. dazu bereits oben, Abschnitt 1.2.3.

[488] Vgl. GA-Resolution 47/199 vom 22. Dezember 1992: Triennial policy review of operational activities for development within the United Nations system, Ziff. 38 a).

und zusammengesetzt sein soll, dass es den laufenden und geplanten Kooperationsprogrammen entspricht, statt der institutionellen Struktur des UN-Systems. Die GA bekräftigte ebenfalls die Notwendigkeit für das UN-System

„to give serious consideration to ways of ensuring a more coherent response by the system...“[489]

In der GA-Resolution 50/227 vom 24. Mai 1996 wurde zur Beziehung des UN-Systems zu den Bretton-Woods-Institutionen ausgeführt, dass es generell eine größere Interaktion und Kooperation mit diesen und mit anderen Teilen des UN-Systems und zwischen deren Sekretariaten geben sollte. Ein erster praktischer Schritt könne sein, die BWIs zu bitten, spezielle Berichte und Studien über Fragen, innerhalb deren Kompetenzbereiches für den ECOSOC und die GA anzufertigen, in Übereinstimmung mit Art. V des Abkommens zwischen den UN und der Weltbank. Es bestehe eine Notwendigkeit, gemeinsam durch die UN und die BWIs eine Überprüfung der Mechanismen, Programme und Beziehungen vor Ort im Entwicklungsland, auf Hauptquartier- und zwischenstaatlicher Ebene durchzuführen und zwar im Hinblick darauf, Bereiche zu identifizieren, in denen Kommunikation, Kooperation und Koordination verbessert werden können. Basierend auf den Schlussfolgerungen der Überprüfung sollten die GA und die leitenden Organe der BWIs konkrete Bereiche und Formen der Zusammenarbeit im Entwicklungsbereich in Betracht ziehen.[490] In derselben Resolution empfahl die GA dem ECOSOC, zur Verbesserung von Kommunikation und Kooperation auf der zwischenstaatlichen Ebene zwischen dem ECOSOC und den internationalen Finanz- und Handelsinstitutionen, den Meinungsaustausch in Bezug auf globale Fragen von hoher Priorität und Relevanz zu fördern. Sie empfahl weiter, dass überlegt werden sollte, wie der ECOSOC und die internationalen Finanz- und Handelsinstitutionen ihre jeweiligen Bemühungen zur Förderung und Koordination von Programmaktivitäten innerhalb ihrer Zuständigkeitsbereiche in Bezug auf diese Fragen gegenseitig unterstützen können. Hierzu schlug die GA besondere Treffen mit den BWI auf hoher Ebene vor, die zeitlich unmittelbar mit den halbjährlichen Treffen der BWIs zusammenfallen, um soweit wie möglich von der hochrangigen Teilnahme der Leiter der Finanz- und Handelsorganisationen und anderen relevanten Organisationen zu profitieren. Der UN-Generalsekretär sollte sich mit den Leitern des IMF und der Weltbank in Bezug auf Möglichkeiten und praktische Modalitäten konsultieren und den Rat darüber informieren.[491] Das erste derartige Treffen fand am 18. April 1998 statt, weitere Treffen erfolgten seit dem jährlich.[492]

In Bezug auf die Politikkoordination fanden bereits seit Anfang der 1990er Jahre Bemühungen um einen Dialog zur Stärkung der internationalen wirtschaftlichen Zusammenarbeit für Entwicklung durch Partnerschaft statt. Nach Resolutionen der

[489] Vgl. GA-Resolution 50/120 vom 20. Dezember 1995, Ziff. 14.
[490] Vgl. GA-Resolution 50/227 vom 24. Mai 1996: Further measures for the restructuring and revitalization of the United Nations in the economic, social and related fields, S. 13, Ziff. 85ff.
[491] Vgl. die GA: ebenda, S. 13, Ziff. 80.
[492] Vgl. dazu unten Abschnitt 5.2.2.

GA in 1993 und 1994 wurde mit Resolution 50/122 vom 20. Dezember 1995 ein erster zweitägiger Dialog beschlossen, der sich mit den sozialen und wirtschaftlichen Auswirkungen von Globalisierung und Interdependenz und deren Politikimplikationen befassen sollte. Mit Resolution 51/174 vom 16. Dezember 1996 wurde dieser Dialog auf die 52. Tagung der GA verschoben. Mit Resolution 52/186 vom 18. Dezember 1997 wurde der Präsident der GA aufgefordert, Konsultationen mit den Mitgliedstaaten über Modalitäten, Fokus der Diskussion und Datum durchzuführen. Auch die UN und relevante internationale Organisationen sollten sich an den Vorbereitungen des Dialogs beteiligen. Schließlich fand der erste Dialog am 17. und 18. September 1998 zum Thema der sozialen und wirtschaftlichen Auswirkungen von Globalisierung und Interdependenz sowie deren Politikimplikationen statt. Neben einer Plenardebatte fanden zwei „Ministerial Round Tables" über nationale und internationale Antworten auf die Globalisierung statt, und ebenso zwei informelle Panels, an denen Teilnehmer des privaten Sektors, des akademischen Sektors, der Gewerkschaften und der Zivilgesellschaft als solcher beteiligt waren. Neben dem UNDP nahmen der UNFPA, die ILO, die UNESCO sowie die Bretton-Woods-Institutionen teil. In den zwischenstaatlichen Treffen auf Ministerebene bzw. deren hochrangigen hochrangigen Vertretern wurden die gravierenden sozialen Auswirkungen der Finanzkrise, einschließlich der massiven Arbeitslosigkeit, dem Verlust von Gesundheits- und Bildungsdienstleistungen und wachsender Armut in den betroffenen Ländern genannt. Für einige EL, insbesondere die weniger entwickelten und afrikanischen Länder, wären die Kosten der Globalisierung gelegentlich größer als der Nutzen. Während Maßnahmen in Bezug auf Marktversagen durch nationale Behörden erfolgen müssen, hänge der Erfolg dieser Maßnahmen von den Aktionen ab, die durch die führenden Ökonomien und multilateralen Institutionen getroffen werden. Neben der Notwendigkeit der Revision der internationalen Finanzarchitektur sei ein transparentes, regelbasiertes Handelssystem erforderlich, um die Vorteile der Globalisierung zu teilen. Obwohl seit Gründung der WTO in Bezug auf Handelsliberalisierung viele Fortschritte erzielt worden seien, bestünden dennoch signifikante Marktbarrieren. Afrika und die LDCs, die von Marginalisierung bedroht seien, benötigen freien Zugang zu Märkten. Diese Länder benötigen den Handel, die Investitionen und ein Wachstum, das durch Globalisierung erreicht würde, am meisten. Eine Reihe zusätzlicher kohärenter Maßnahmen im Bereich der Handelsliberalisierung müssten angesprochen werden. Globalisierung sei nicht nur ein wirtschaftlicher Prozess, sie müsse im richtigen sozialen und politischen Kontext stattfinden. Marktgetriebene Globalisierung würde weder Fairness noch sozialen Fortschritt sicherstellen. Wesentliche gemeinsame Bemühungen bei allen Mitgliedern der internationalen Gemeinschaft seien erforderlich, um Normen für die Globalisierung zu gestalten, die wirklich die menschliche Entwicklung unterstützen. Gemeinsame Antworten müssten auf gemeinsamen Werten aufbauen. Es sei die Rolle der UN, normative Führung zu übernehmen und eine „Werteagenda" für Globalisierung zu setzen[493]

[493] Vgl. A/53/529 vom 21. Oktober 1998: Summary by the President of the General Assembly of the high-level dialogue on the theme of the social and economic impact of globalization and interdependence and their policy implications, S. 3f, Ziff. 8ff.

Einer der direkten Ergebnisse des Dialoges war die Aufnahme des Tagesordnungspunktes „Globalisierung und Interdependenz" auf die Agenda der GA. Seitdem finden dort jährlich zwischenstaatliche Diskussionen über die Rolle der UN im Kontext von Globalisierung und Interdependenz statt. So thematisierte die 55. GA die technologiegeleitete Dimension der Globalisierung und die Rolle von Informations- und Kommunikationstechnologien für Entwicklung. Auf der 56. GA wurde das Thema der zunehmenden Verbindungen und Interdependenzen zwischen Handel, Finanzen, Wissen, Technologie und Investitionen für Wachstum und Entwicklung im Kontext der Globalisierung diskutiert.[494]

Mit Resolution 53/181 vom 15. Dezember 1998 beschloss die GA die Durchführung eines weiteren hochrangigen Dialogs. 1999 legte sie fest, dass sich dieser Dialog mit dem Thema „Responding to globalization: facilitating the integration of developing countries into the world economy in the twenty-first century" befassen sollte. Ohne vom Prinzip des aller zwei Jahre stattfindenden Dialogs generell abweichen zu wollen, sollte der nächste Dialog erst im Rahmen der 56. Tagung der GA stattfinden.[495] Der zweite „Special High-level dialogue" zu dem oben genannten Thema fand auf Grund der Anschläge vom 11. September um drei Tage verschoben am 20. und 21. September 2001 statt. Auch auf diesem Treffen war das neue Format des ersten hochrangigen Dialoges übernommen worden. Neben runden Tischen auf Ministerebene fanden informelle Panels statt. Das Ergebnis dieser zweitägigen Diskussionen fasste der Präsident der GA wiefolgt zusammen: Erstens ist Globalisierung eine Realität, die akzeptiert werden muss. Sie kann zu Wachstum und Wohlstand führen, führt aber nicht automatisch zu mehr Handel und schnellerem Wachstum für alle Länder und schützt auch nicht bereits Erreichtes. Bestehende Ungleichheiten zwischen und innerhalb von Staaten haben sich erweitert. Zweitens müssen die legitimen Belange derer, die bislang keinen Nutzen aus der Globalisierung ziehen konnten, angegangen werden und Priorität auf die Korrektur der Unausgewogenheiten des internationalen Wirtschaftssystems, das die EL benachteilige, gelegt werden. Drittens müssen verletzbare Länder zusätzlich zur Bereitstellung eines geeigneten Umfeldes Unterstützung durch „Capacity building" in Bereichen wie Handel, Investitionen, Finanzen und Technologie erhalten. Zusätzliche öffentliche Entwicklungshilfe und mehr und breiteren Schuldenerlass seien kritisch für die ärmsten Länder. Viertens müsse der Nutzen von Informations- und Kommunikationstechnologie auch für die Integration der EL in die Weltwirtschaft nutzbar gemacht werden. Fünftens sei Globalisierung ein interaktiver Prozess, der geleitet werden müsse, da seine Gewinne von Ergebnissen politischer Entscheidungen abhängig sind. Sechstens sollten die LDCs, kleine Inselstaaten,

494 Vgl. A/56/482 vom 16. Oktober 2001: Summary by the President of the General Assembly of the high-level dialogue on the theme „Responding to globalization: facilitating the integration of developing countries into the world economy in the twenty-first century", S. 2, Ziff. 5, m.w.N.

495 Vgl. GA-Resolution 54/213 vom 22. Dezember 1999: Renewal of the dialogue on strengthening international economic cooperation for development through partnership, Ziff. 1f.

landumschlossene und afrikanische Staaten auf Grund ihres niedrigen Pro-Kopf-Einkommens und der besonderen Anfälligkeiten im Zentrum der Aufmerksamkeit der internationalen Gemeinschaft stehen. Schließlich sollten siebentens, da alle Länder von der Globalisierung betroffen sind, alle sich in einer beteiligenden „Governance“ auf nationaler, regionaler und internationaler Ebene engagieren.[496] In der nachfolgenden Resolution bestätigte die GA die Bedeutung einer Fortsetzung des Dialogs und forderten den GS auf, in Konsultation mit allen Beteiligten Modalitäten für einen weiteren Dialog vorzuschlagen.[497]

Der auf der Konferenz von Monterrey verabschiedete Konsens hatte dargelegt, dass der hochrangige Dialog als der zwischenstaatliche „focal point“ für die generelle Nachverfolgung der internationalen Konferenz über Entwicklungsfinanzierung dienen solle. Er solle einen Politikdialog unter Teilnahme aller relevanten „Stakeholder“ über die Umsetzung der Ergebnisse der Konferenz einschließen. Dies solle auch das Thema Kohärenz und Konsistenz der internationalen Währungs-, Finanz und Handelssystems zur Unterstützung von Entwicklung umfassen. Im Nachgang zur Konferenz von Monterrey, die zu einer neuen Partnerschaft für Entwicklung aufgerufen hatte, legte der GS einen Bericht vor und machte Vorschläge zu deren Verwirklichung. Als Zeitpunkt für ein weiteres Treffen schlug er das Jahr 2003 vor. Dem Monterrey-Konsens zufolge, solle der hochrangige Dialog Berichte des ECOSOC und anderer Gremien in Bezug auf Entwicklungsfinanzierung einschließlich des Berichtes des ECOSOC über das Frühjahrstreffen mit den Bretton-Woods-Institutionen und der WTO debattieren. Auch mit dem Bericht des GS über den Fortschritt bei der Umsetzung der Millenniumsdeklaration und weiteren Berichten soll sich das Treffen befassen. Dabei solle die volle Teilnahme der BWIs und der WTO sichergestellt werden, auch bereits in der Vorbereitungsphase. Die Zivilgesellschaft und NGOs sowie der Unternehmenssektor sollten am hochrangigen Dialog und den runden Tischen teilnehmen und ebenso im ministeriellen Dialog vertreten sein.[498] Mit Resolution 57/250 hat die GA beschlossen, dass der Dialog weiterhin alle zwei Jahre stattfindet und in 2003 Ende Oktober zum Thema „The Monterrey Consensus: status of implementation and tasks ahead“ erfolgen wird. Entsprechend den Erfahrungen von Monterrey werden informelle Sitzungen mit acht interaktiven runden Tischen stattfinden, die zum einen die regionalen Dimensionen thematisieren sollen. Zum anderen sollen die Beziehungen zwischen der Umsetzung der Vereinbarungen und Zusagen auf der Konferenz von Monterrey und den international vereinbarten Entwicklungszielen mit der Förderung einer nachhaltigen Entwicklung, nachhaltigem Wirtschaftswachstum und der Beseitigung

[496] Vgl. A/56/482 vom 16. Oktober 2001: Summary by the President of the General Assembly of the high-level dialogue on the theme „Responding to globalization: facilitating the integration of developing countries into the world economy in the twenty-first century“, S. 3f, Ziff. 14.

[497] Vgl. GA-Resolution 56/190 vom 21. Dezember 2001: High-level dialogue on strengthening international economic cooperation for development through partnership, Ziff. 1f.

[498] Vgl. A/57/388 vom 9. September 2002: High-level dialogue on strengthening international economic cooperation for development through partnership, Bericht des UN-Generalsekretärs, S.11f, Ziff. 43ff.

der Armut mit Blick auf das Erreichen eines fairen globalen Wirtschaftssystems untersucht werden. Am zweiten Tag sind formelle und informelle Treffen zu einem Politikdialog geplant, die neben den Ergebnissen der Umsetzung der Konferenzergebnisse das Kohärenzthema der internationalen Währungs-, Finanz- und Handelssysteme zur Unterstützung von Entwicklung behandeln werden. Vorgesehen ist die Teilnahme des UN-Generalsekretärs und der Leiter von Weltbank, IMF, WTO, UNCTAD und dem UNDP-Administrator als Vorsitzendem der UNDG sowie Repräsentanten regionaler Entwicklungsbanken. Zuvor sind informelle Anhörungen mit Vertretern der Zivilgesellschaft und dem Unternehmenssektor geplant, deren Ergebnisse in die Diskussionen des hochrangigen Dialogs einfließen sollen. Auf Basis des hochrangigen Dialoges soll die GA eine Resolution über die Umsetzung der Ergebnisse der internationalen Konferenz zur Entwicklungsfinanzierung verabschieden.[499]

Diese hochrangigen Dialoge bieten eine gute Möglichkeit zum Austausch über Politikfragen und sind daher Bestandteil der Politikkoordination. Ziel der UN ist es, Politikkohärenz zu erreichen. In der Millenniumsdeklaration war unter der Überschrift „Stärkung der Vereinten Nationen“ erneut von den Staats- und Regierungschefs der Mitgliedstaaten der UN beschlossen worden, eine größere Politikkohärenz und bessere Kooperation zwischen den UN, ihren Organisationen, den Bretton-Woods-Institutionen und der WTO sowie anderen multilateralen Institutionen sicherzustellen, im Hinblick darauf, ein vollständig koordiniertes Vorgehen in Bezug auf die Probleme von Frieden und Entwicklung zu erreichen.[500] Die Teilnahme der BWIs und der WTO an diesen Dialogen ist essentiell. Zurecht hat die GA auch die Mitgliedstaaten aufgefordert, die Koordination zwischen den Außen-, Finanz-, Entwicklungshilfe und Handelsministerien sowie der Zentralbanken und anderen nationalen „Stakeholder“ für die Umsetzung des Monterrey-Konsenses und in Vorbereitung des hochrangigen Dialoges sicherzustellen.[501]

5.3. Die Koordination durch den ECOSOC

Die Erfolgsstory unter der Überschrift „An expanding UN presence in global financial issues“ in einem von den UN herausgegebenen Newsletter im Jahr 2000[502] liest sich, als wenn die UN auf dem Weg wären, Einfluss auf die Geschicke der Welt im Bereich der internationalen wirtschaftspolitischen Koordinierung zu nehmen. So kamen im April 1998 nach Beendigung des IMF-Weltbank Jahrestreffens in Washington, D.C., der damalige „Managing Director“ des IMF, Michel Camdessus, und die Finanzminister nach New York, um über die globale Finanzintegration und die Ursachen der damaligen Finanzinstabilität zu diskutieren – das erste Treffen überhaupt mit dem ECOSOC. Im Mai desselben Jahres trafen

[499] Vgl. GA-Resolution 57/250 vom 20. Dezember 2002: High-level Dialogue on strengthening international economic cooperation for development through partnership, S. 2ff, Ziff. 3ff.

[500] Vgl. GA-Resolution 55/2 vom 8. September 2000: United Nations Millennium Declaration, S. 9, Ziff. 30.

[501] Vgl. GA-Resolution 57/250 vom 20. Dezember 2002: ebenda S. 4, Ziff. 14.

[502] Vgl. Development Update, Nr. 30, Januar - Februar 2000, S. 6, http://www.un.org/News/devupdate/latest.htm, Ausdruck vom 15. Februar 2000.

überhaupt mit dem ECOSOC. Im Mai desselben Jahres trafen Gesandte des ECOSOC zum ersten Mal förmlich mit dem „Executive Board" der Weltbank in Washington, D.C., zusammen. Im Juli 1998 wurde während des hochrangigen Segments des ECOSOC in New York durch UN-Generalsekretär Kofi Annan, bei Michel Camdessus, Weltbank Präsident James Wolfensohn und UNCTAD-Sekretär Rubens Ricupero für die Zusammenarbeit zwischen den multilateralen Institutionen geworben. Das Kommuniqué des ECOSOC forderte die Regierungen auf, die Weltmärkte auch angesichts der finanziellen Instabilität und dem wirtschaftlichen „Slowdowns" offen zu halten. Im September 1998 befasste sich das hochrangige Treffen der UN-Generalversammlung mit dem Thema des sozialen und ökonomischen Einflusses der Globalisierung.[503] Im Januar 1999 gab das UN „Executive Committee for Economic and Social Affairs" ein Papier mit dem Titel „Towards a new financial architecture" heraus, welches Empfehlungen bezüglich der internationalen Finanzinstitutionen und über Politiken zur Vermeidung der Ausbreitung von Finanzkrisen abgab. Im Februar 1999 erwiderten Mitglieder des „World Bank Boards" und Präsident Wolfensohn den Besuch beim ECOSOC. Im April fand das 2. Treffen des ECOSOC mit den BWIs statt, und beschäftigte sich insbesondere mit der Notwendigkeit sozialer Unterstützungsmaßnahmen in Zusammenhang mit der Bewältigung von Krisen und Rezessionen. Im Mai 1999 trafen Gesandte des ECOSOC erstmalig mit Mitgliedern des IMF-Board in Washington, D.C. zusammen und luden den IMF-Board zu einem Gegenbesuch nach New York ein. UN-Generalsekretär Kofi Annan forderte die industrialisierten Länder in einem Brief zum Gipfeltreffen der G8[504] auf, Schritte zur Beschleunigung des Weltwirtschaftswachstums zu unternehmen, die öffentliche Entwicklungshilfe zu erhöhen und den Schuldenerlass zu Gunsten der ärmsten Länder der Welt zu intensivieren. Im November 1999 rief UN-Generalsekretär Kofi Annan in seiner Rede auf dem Ministertreffen der WTO in Seattle auf, den Marktzugang für die Entwicklungsländer zu verbessern und ein internationales Handelsregime zu schaffen, dass „fair as well as free" ist. Dies war das erste Mal, dass ein UN-Generalsekretär eingeladen worden war, anlässlich eines Ministertreffens zu Handelsverhandlungen zu sprechen. An diesen Neuerungen hatte der ECOSOC einen großen Anteil. Daher sollen die zwei wichtigsten Foren des ECOSOC zur Koordination dargestellt werden.

5.2.1. Die Tagungen des ECOSOC

Der ECOSOC hielt seit 1992 statt zwei jeweils ungefähr fünfwöchige Sitzungen nur noch eine substantielle Tagung von vier bis fünf Wochen ab. Nach Empfehlung der GA-Resolution 50/227[505] hält der ECOSOC seit 1997 jährlich nunmehr eine kürzere, vierwöchige substantielle Tagung im Juli ab, die z.T. immer noch als zu

[503] Vgl. Abschnitt 5.2.

[504] Vgl. dazu Kapitel 5, Abschnitt 2.1.

[505] Vgl. GA-Resolution 50/227 vom 24. Mai 1996: Further measures for the restructuring and revitalization of the United Nations in the economic, social and related fields, S. 7, Ziff. 40.

lang angesehen wird.[506] Die Tagungen des ECOSOC finden unter Beteiligung einer Vielzahl internationaler Organisationen statt. Neben Politikdiskussionen werden Koordinationsfragen diskutiert. Im Ergebnis werden Resolutionen verabschiedet oder Entscheidungen getroffen. Im hochrangigen Segment ist es darüber hinaus zur Verabschiedung von Ministerdeklarationen gekommen. Die substantiellen Sitzungen, die im Wechsel in Genf oder NY stattfinden, bestehen aus vier Teilen.

Das hochrangige Segment, das sog. „High-level segment", der Tagungen des ECOSOC soll die Möglichkeit schaffen, dass bestimmte Themen von hochrangigen Vertretern der Staaten diskutiert werden. Auch in Bezug auf die Sonderorganisationen und der WTO wird diesen Treffen Bedeutung beigemessen. Die GA hatte mehrfach zu einer Stärkung der Beziehungen zwischen den UN und den Bretton-Woods-Institutionen aufgerufen. In einem Bericht des UN-Generalsekretärs von 1995 heißt es, dass der eintägige Politikdialog während des hochrangigen Segments diesbezüglich eine wertvolle Gelegenheit ist.[507] Die Themen jedes hochrangigen Segments[508] des ECOSOC werden etwa ein Jahr zuvor ausgewählt. Die GA hat dazu entschieden, dass der Vorschlag für das Thema der generellen Debatte des hochrangigen Segments des ECOSOC für das darauffolgende Jahr durch den Präsident des ECOSOC nach Konsultationen mit den Mitgliedstaaten und über den ECOSOC auch mit Mitgliedern des CEB[509] auf der jährlichen substantiellen Tagung des ECOSOC eingereicht werden soll, und Konsultationen durchzuführen sind, um während der substantiellen Tagung eine Entscheidung zu erreichen. Die Entscheidung soll spätestens auf der zusammenfassenden Tagung („Resumed Ses-

---

[506] In seinem Bericht „Restructuring and revitalization of the United Nations in the economic, social and related fields" vom 1. Juni 1999 empfahl der GS, dass der ECOSOC auch weiter eine jährliche vierwöchige Sitzung im Juli, alternativ in New York und Genf abhalten soll, vgl. A/54/115-E/1999/59 vom 1. Juni 1999, S. 4 Ziff 4 (c).

[507] Vgl. A/50/697 vom 27. Oktober 1995: Restructuring and revitalization iof the United Nations in the economic, social and related fields, Bericht des UN-Generalsekretärs, Ziff. 62.

[508] Themen des hochrangigen Segments des ECOSOC seit 1995:
1995: Development of Africa, including the implementation of the United Nations New Agenda for the Development of Africa in the 1990s.
1996: International cooperation against the illicit production, sale, demand, traffic and distribution of narcotics and psychotropic substances and related activities.
1997: Fostering and enabling environment for development: financial flows, including capital flows, investment and trade.
1998: Market access: developments since the Uruguay Round: implications, opportunity and challenges, in particular for developing countries and least developed countries, in the context of globalization and liberalization.
1999: The role of employment and work in poverty eradication: the empowerment and advancement of women.
2000: Development and international cooperation in the twenty-first century: the role of information technology in the context of a knowledge-based global economy.
2001: The role of the United Nations system in supporting the efforts of African countries to achieve sustainable development.

[509] Vgl. dazu den Abschnitt 5.4.1.

sion") im Herbst erfolgen.[510] Nach Auswahl des Themas wird dieses sodann durch Berichte und Studien sowohl des Generalsekretariates als auch der Sonderorganisationen aufbereitet. Für das hochrangige Segment werden dem GS Vorschläge durch Mitgliedstaaten und durch die Einheiten und Sonderorganisationen des UN Systems aus deren Zuständigkeitsbereich (gegenüber dem Untergeneralsekretär für wirtschaftliche und soziale Fragen) gemacht. Auch die regionalen Kommissionen unterbreiten Vorschläge.[511] Schließlich schlägt auch der UN-Generalsekretär Themen vor.[512] Da eine Vielzahl von Vorschlägen gemacht werden, soll der ECOSOC bei der Auswahl der Themen für das hochrangige Segment einige Kriterien berücksichtigen. Zum einen ist ein wesentliches Wirtschafts- und/ oder sozialpolitisches Thema von aktuellem Interesse zu wählen, das ein integriertes und interdisziplinäres Vorgehen erlaubt und dem ECOSOC ermöglicht, einen maximalen Nutzen aus der Teilnahme auf Ministerebene und der Anwesenheit der Leiter der Organisationen, Fonds, Programme und anderen Gremien des UN-Systems einschließlich der internationalen Handels- und Finanzinstitutionen zu ziehen.[513] Wie bereits die Agenda für Entwicklung ausführt, soll der ECOSOC auf seinem hochrangigen Segment wesentliche Fragen der internationalen Zusammenarbeit im wirtschaftlichen, sozialen und damit verbundenen Bereichen diskutieren. Das hochrangige Segment sollte genutzt werden, so der GS in seiner Note, um die Synergie zwischen den wirtschaftlichen und sozialen Bereichen des UN-Systems zu verbesssern. Dabei soll der ECOSOC zur Steigerung der Interaktionen zwischen den UN, den BWIs und der WTO beitragen. Außerdem soll der ECOSOC für den Fall des Auftretens eines dringenden vorrangigen Problems, welches sich ebenso als ein Thema für ein hochrangiges Segment qualifizieren könnte, das Thema als ein zusätzliches Thema für die Diskussion des hochrangigen Segments in Betracht ziehen[514]

In den letzten Jahren hat sich die Zahl der anwesenden Staats- oder Regierungschefs auf den hochrangigen Segmenten erhöht und auch die Sonderorganisationen sowie die WTO sind zumeist auf höchster Ebene repräsentiert. Die Ergebnisse des

---

[510] Vgl. GA-Resolution 50/227 vom 24. Mai 1996: Further measures for the restructuring and revitalization of the United Nations in the economic, social and related fields, Annex I, Ziff. 53.

[511] Vgl. z.B. E/2001/53 vom 30 April 2001: Theme for the high-level and for the coordination segments of the substantive session of 2002 of the Economic and Social Council, Note des UN-Generalsekretärs, S. 2f, Ziff. 4 a m.

[512] Für 2002 hatte der GS den Vorschlag gemacht, im hochrangigen Segment des ECOSOC das Thema „The contribution of the United Nations system to the implementation of the United Nations Millennium Declaration in the economic, social and related fields" zu behandeln. Es sollte sichergestellt werden, dass die auf der Milleniumversammlung beschlossenen Ziele innerhalb der gesetzten Zeitrahmen erreicht werden. Dazu müsse das UN-System effektive Mittel zur Verbesserung der Kooperation, zur Stärkung der Kohärenz und zur Förderung von Synergie zur Umsetzung der Millenniumsdeklaration finden., vgl. ebenda, S. 9, Ziff. 17.

[513] Vgl. E/2001/53 vom 30 April 2001: ebenda, S. 4, Ziff 7 a-c.

[514] Vgl. ebenda, S. 4, Ziff 7 d-f, der Generalsekretär verweist diesbezüglich auf die GA-Resolution 50/227: ebenda, Annex I, Ziff. 53.

hochrangigen Segments sollen normalerweise[515] in „agreed conclusions" zusammengefasst werden.[516]. 1998 wurde jedoch zum ersten Mal auf einer substantiellen Tagung des ECOSOC ein „Ministerkommuniqué" angenommen[517]. Das hochrangige Segment 1998 befasste sich mit dem Thema: „Market access: developments since the Uruguay Round, implications, opportunities and challenges, in particular for the developing countries and the least developed among them, in the context of globalization and liberalization". Es war unterstrichen worden, dass Handelspolitik eine wichtige Rolle bei der Wiederherstellung von Stabilität und Wachstum in den von der Asienkrise betroffenen Ländern spielt. Die Zurückweisung protektionistischer Maßnahmen und ein klares Bekenntnis zu weiterer umfassender Liberalisierung im Handels- und Investitionsbereich seien essentiell in dieser Hinsicht. Die Krise hätte die Bedeutung der Förderung größerer Kohärenz zwischen Handels-, makroökonomischen, sozialen und anderen Politiken gezeigt. In dieser Hinsicht könnten die UN eine wichtige Rolle bei der Förderung eines größeren Bewusstseins dieser Interaktionen und der Entwicklung internationaler Normen haben. Verstärkte Kooperation zwischen der WTO und den BWIs sei ebenso entscheidend, wie größere Kooperation zwischen den UN und der WTO. Die WTO wurden aufgerufen, zu überlegen, wie einer Kohärenz zwischen ihren Aktivitäten und den breiteren Bedürfnissen und Belangen der Weltwirtschaft besser Rechnung getragen werden könne.[518] Das erste Ministerkommuniqué in der Geschichte des ECOSOC befasste sich auch mit den Problemen der LDCs und mit der notwendigen Zusammenarbeit der internationalen Organisationen. U.a. führten die Minister aus, dass die sich fortsetzende Marginalisierung sie tief beunruhigt. Das Aufhalten und die Umkehr von deren Marginalisierung und Förderung ihrer schnellen Integration in die Weltwirtschaft, stellen ethische Imperative für die internationale Gemeinschaft dar. Die Minister erklärten, sie wollen im Hinblick auf vermehrten Marktzugang für deren Exporte im Zusammenhang mit der Unterstützung ihrer eigenen Bemühungen um „Capacity building" zusammenarbeiten. Sie begrüßten daher die Initiativen der WTO in Zusammenarbeit mit anderen Organisationen zur Implementierung des Aktionsplanes für die LDCs, einschließlich durch die effektive Nachverfolgung des „High-level Meeting on Integrated Initiatives for least Developed Countries' Trade Development", das im Oktober 1997 stattfand. Sie erkannten an, dass die Umsetzung des Aktionsprogramms weitere Fortschritte im Hinblick auf zollfreie Importe aus den LDCs erfordere. Sie ersuchten die WTO, die UNCTAD, das UNDP, das „International Trade Centre" (ITC), die Weltbank, den IMF, die UNIDO und andere relevante Organisationen, vermehrt technische Hilfe zu erbringen, um die Angebotskapazitäten der LDCs zu stärken und ihnen zu helfen, den größtmöglichen

[515] Vgl. GA-Resolution 50/227 vom 24. Mai 1996: Further measures for the restructuring and revitalization of the United Nations in the economic, social and related fields, Annex I, Ziff 56.

[516] Gleiches gilt im Übrigen auch für das „Koordinationssegment" bzw. das „humanitarian affairs"-Segment.

[517] Vgl. Dokument A/54/115-E/1999/59 vom 1. Juni 1999, S. 12 sowie Grunberg, Isabelle/ Khan, Sarbuland, Globalization: The United Nations Development Dialogue, Finance Trade, Poverty, Peace-Building, UNU, 2000, S. 109ff.

[518] Vgl. Grunberg, Isabelle/ Khan, Sarbuland: ebenda, S. 120.

Nutzen aus den Handelsmöglichkeiten zu ziehen, die durch die Globalisierung und Liberalisierung entstehen.[519] Das Kommuniqué befasste sich zudem mit der Notwendigkeit der Kohärenz der Entwicklungsziele mit dem Funktionieren des internationalen Handels- und Finanzsystems. Es gebe auf breiterer Ebene eine Notwendigkeit für größere Kohärenz zwischen den von der internationalen Gemeinschaft vereinbarten Entwicklungszielen und dem Funktionieren des internationalen Handels- und Finanzsystems. Deshalb riefen sie zu enger Kooperation zwischen den UN und den multilateralen Handels- und Finanzorganisationen auf. Ein wichtiger Schritt in diese Richtung war nach Auffassung der Minister die erstmalige Einberufung des „special high-level meeting" des ECOSOC mit den BWIs am 18. April 1998.[520] Die Annahme einer Deklaration durch die Minister während des hochrangigen ECOSOC-Segments zeige die Bedeutung von Handel und Marktzugang in den Entwicklungsstrategien vieler EL.[521] Das Kommuniqué der Minister wurde durch den Präsidenten des ECOSOC zu den Vorsitzenden der Exekutivräte der UN-Fonds und Programme, an die funktionalen Kommissionen des ECOSOC, an die Verwaltungsleiter der Sonderorganisationen und an die Exekutivsekretäre der regionalen Kommissionen gesendet, sowie an die BWIs und die regionalen Entwicklungsbanken. In seinem Jahresbericht hat der ECOSOC darüber an die GA berichtet, die das Kommuniqué in einer Resolution erwähnte.[522] Zur Vorbereitung des hochrangigen Segments hatten die UNCTAD und die WTO gemeinsam einen Bericht erarbeitet, der an den ECOSOC übersandt worden war.[523]

Das hochrangige Segment des ECOSOC in 1999 befasste sich mit dem Thema der Rolle von Beschäftigung und Arbeit bei der Beseitigung der Armut: „empowerment and advancement of women". Auf diesem Segment wurde ein „Manifesto on Poverty" vorgelegt, welches in verschiedener Hinsicht die Formulierung der UN-Millenniumsentwicklungsziele vorwegnahm, die auf dem Millenniumsgipfel in New York angenommen worden sind.[524] Der Präsident des ECOSOC hatte in seiner abschließenden Rede zehn strategische Prioritäten zur Beseitigung der Armut dargelegt.[525]

---

[519] Vgl: das Ministerial Communiqué of the High-level Segment, abgedruckt in Grunberg, Isabell/ Khan, Sarbuland: Globalization: The United Nations Development Dialogue, Finance Trade, Poverty, Peace-Building, UNU, 2000, S. 123f.

[520] Vgl. ebenda, S. 126.

[521] Vgl. Grundberg, Isabell / Khan, Sarbuland: ebenda, S. 111.

[522] Vgl. GA-Resolution 53/169 vom 15. Dezember 1998: on the role of the United Nations in promoting development in the context of globalization and interdependence.

[523] Vgl. E/1998/55 vom 22. Mai 1998: Report prepared by the secretariats of the United Nations Conference on Trade and Development (UNCTAD) and the World Trade Organization on market access: developments since the Uruguay Round, implications, opportunities and challenges, in particular for the developing countries and the least developed among them, in the context of globalization and liberalization.

[524] Vgl. o.V.: http://www.un.org/esa/coordination/ecosoc/about.htm, Ausdruck vom 3. Mai 2003.

[525] Er nannte Empowerment der Armen (die Beseitigung der Armut könne nicht durch Wohltätigkeit erfolgen), Frauen (Stärkung be- oder entstehender Mikrokreditinstitutionen),

Weitere Ministererklärungen erfolgten u.a. 2000 in Bezug auf Informations- und Kommunikationstechnologien für Entwicklung. So schlug die Ministererklärung Aktionen vor, die „digitale Teilung“ zwischen EL und den entwickelten Ländern anzugehen, die in 2001 zur Gründung einer ICT („Information and Communication Technologies“) „Task Force“ geführt haben.[526] In 2001 stand das Thema der nachhaltigen Entwicklung Afrikas auf der Agenda. Die Überlegungen des ECOSOC zur afrikanischen Entwicklung führten zur ersten formalen internationalen Unterstützung der „New Partnership for Africa's Development“ (NEPAD). [527]

In 2002 fand das hochrangige Segment vom 1. bis 3. Juli 2002 zum Thema „The contribution of human ressources development, including in the areas of health and education, to the process of development“ statt. Auch dieses hochrangige Segment wurde mit einer Ministererklärung abgeschlossen. Darin wurde die Bedeutung von Humanressourcen als fundamental für die Beseitigung der Armut und wesentlich für den Prozess der nachhaltigen Entwicklung sowie als Beitrag zum nachhaltigen Wirtschaftswachstum, zur sozialen Entwicklung und zum Umweltschutz anerkannt. Gesundheit und Bildung seien wiederum essentiell für die Bildung von Humanressourcen und sollten daher in makroökonomische Politiken voll integriert werden, einschließlich von Initiativen zur Armutsreduzierung. Daher sollten Gesundheit und Bildung bei der Verteilungen des nationalen Budgets Priorität haben.[528] Auch diese Ministererklärung ging auf den Handel als eine der wichtigsten Quellen zur Begünstigung von Entwicklung und zur Finanzierung der Entwicklung von Humanressourcen ein. Ein universelles, regelbasiertes, offenes, nichtdiskriminierendes und gerechtes multilaterales Handelssystem sowie sinnvolle Handelsliberalisierung könne Entwicklung weltweit substantiell stimulieren. Die Minister kamen ebenfalls überein, dass der Erlass externer Schulden eine Schlüsselrolle beim Freisetzen von Ressourcen spielen kann, die in Aktivitäten geleitet werden können, die konsistent sind mit der Erzielung nachhaltigen Wachstums und Entwicklung, unter anderem in den Bereichen von Gesundheit und Bildung.[529] Für das hochrangige Segment in

---

Productive employment, Hunger und Unterernährung, Ausreichende Versorgung mit Wasser und einer sauberen Umwelt, gute Gesundheit, Bildung, soziale Dienste, gute Regierungsführung, eine globale Allianz, die die gesamte internationale Gemeinschaft sowie ein faireres internationales Handelsregime, Schuldenerlass und die Erfüllung des 0,7 %-Zieles an öffentlicher Entwicklungshilfe einschließt (Regierungen, UN, Internationale Finanzinstitutionen, regionale Organisationen, Zivilgesellschaft und privater Sektor), vgl.das Statement by the President of ECOSOC on Poverty Eradication, 30. Juli 1999 in Genf, abgedruckt in: Grundberg, Isabell/ Khan, Sarbuland: Globalization: The United Nations development dialogue, UNU, 2000, S. 177ff.

[526] Vgl. o.V.: http://www.un.org/esa/coordination/ecosoc/about.htm, Ausdruck vom 3. Mai 2003.

[527] Vgl. ebenda, vgl zur NEPAD Kapitel 5, Abschnitt 2.2.1.

[528] Vgl. die Ministererklärung „The contribution of human ressources development, including in areas of health and education, to the process of development“, enthalten in A/57/3 (Part I) vom 20. September 2002: Report of the Economic and Social Council for 2002, S. 17, Ziff. 3.

[529] Vgl. A/57/3 (Part I) vom 20. September 2002: Report of the Economic and Social Council for 2002, S. 19, Ziff. 18.

2003 wurde das Thema "Promoting an integrated approach to rural development in developing countries for poverty eradication and sustainable development" gewählt, das vom 30. Juni bis 2. Juli 2003 stattfindet. Die Annahme einer Ministerdeklaration ist vorgesehen.[530]

Die größte Bedeutung der hochrangigen Sitzungen des ECOSOC unter Beteiligung hochrangiger Politiker besteht darin, dass zentrale Themen in den Mittelpunkt der Diskussion gerückt werden und die Aufmerksamkeit der internationalen Gemeinschaft auf sie gerichtet werden kann. Die Auswahl eines zentralen Themas statt einer Vielzahl von Themen, wie in GA-Resolution 50/227 vorgeschlagen, ist daher von großer Bedeutung.

Neben dem hochrangigen Segment findet auf den regelmäßig im Sommer stattfindenden Tagungen des ECOSOC auch das Koordinationssegment statt. Für dieses Segment werden regelmäßig Themen[531] ausgewählt, die sich in den Nebenorganen, den Hauptorganen oder den Sonderorganisationen ergeben. In den Schlussfolgerungen des ECOSOC 1995/1[532], lud dieser den GS ein, Vorschläge für mögliche gemeinsame Themen für die Nachverfolgung der großen internationalen Konferenzen zur Beratung und Entscheidung durch den ECOSOC zu machen. Damit griff er einen Vorschlag des GS in seinem 1995er Report „on coordinated follow-up to major international conferences in the economic, social and related fields"[533] auf. Die Vorschläge für das Koordinationssegment sollen auf der Arbeit der relevanten

---

[530] Vgl. ECOSOC-Entscheidung 2002/309 vom 19. Dezember 2002.

[531] Themen des „Coordination Segments" des ECOSOC seit 1995:
1995: Coordinated follow-up by the United Nations system and implementation of the results of major international conferences organized by the United Nations in the economic, social and related fields.
1996: Coordination of United Nations system activities for poverty eradication (three subthemes).
1997: Mainstreaming the gender perspective into all policies and programmes in the United Nations system. Freshwater, including clean and safe water supply and sanitation.
1998: Coordinated follow-up to and implementation of the Vienna Declaration and Programme of Action.
1999: Development of Africa: implementation and coordinated follow-up by the United Nations system of initiatives on African development.
2000: Assessment of the progress made within the United Nations system, through the conference reviews, in the promotion of an integrated and coordinated implementation of and follow-up to major United Nations conferences and summits in the economic, social and related fields. Coordinated implementation by the United Nations system of the Habitat Agenda.
2001: The role of the United Nations in promoting development, particularly with respect to access to and transfer of knowledge and technology, especially information and communication technologies, inter alia, through partnership with relevant stakeholders, including the private sector.

[532] Vgl. A/50/3/Rev.1: Report of the Economic and Social Council for the year 1995, Kapitel III, Ziff. 22.

[533] Vgl. E/1995/86 vom 9. Juni 1995: Coordinated follow-up to major international conferences in the economic, social and related fields, Bericht des UN-Generalsekretärs, Ziff. 57.

Nebenorgane beruhen und, wie auch beim hochrangigen Segment, in Konsultationen mit den Mitgliedstaaten, den relevanten Organen des UN Systems sowie der Sonderorganisationen erarbeitet werden. Der ECOSOC entschied in seinen Schlussfolgerungen, dass er im Koordinationssegment eine Überprüfung von Querschnittsthemen vornehmen wird, die in den großen internationalen Konferenzen angesprochen wurden und/ oder einen Beitrag zur Gesamtüberprüfung zur Umsetzung eines Handlungsprogramms einer UN-Konferenz leisten will. Das Thema der Nachverfolgung von Konferenzen befindet sich damit fortlaufend auf der Agenda des ECOSOC. Zwar hat die GA die Gesamtverantwortung für die Sicherstellung der Umsetzung von Konferenzergebnissen und die Förderung und Überprüfung des erreichten Fortschritts, jedoch soll der ECOSOC der GA dabei helfen und an sie Empfehlungen über Politiken für eine effektive, effiziente und koordinierte Nachverfolgung der großen internationalen Konferenzen richten.[534] Das Koordinationssegment[535] hat sich z.B. im Jahr 2000 mit dem sektoralen Querschnittsthema des „Assessment of the progress made within the UN system, through the conference reviews, in the promotion of an integrated and coordinated implementation of and follow-up to major UN conferences and summits in the economic, social and related fields" befasst.[536] Für 2003 ist für das Koordinationssegment das Thema „the role of the Economic and Social Council in the integrated and coordinated implementation of the outcomes of and follow-up to major United Nations conferences and summits" vorgesehen.[537] Die koordinierte Umsetzung der auf den internationalen Konferenzen beschlossenen Politiken und die Bereitstellung harmonisierter und integrierter Politikrichtlinien unter Einbeziehung aller „Stakeholder", d.h. aller internationalen, regionalen Organisationen sowie Nichtregierungsorganisationen und dem privaten Sektor, ist ein wichtiger aber sehr komplizierter Aufgabenbereich der UN, den wohl kaum ein einzelner in seiner Gesamtheit überblicken kann. Diesem Gebiet widmet der ECOSOC seit 1995 sein Koordinierungssegment während seiner jährlichen substantiellen Sitzungen. Ebenfalls wie beim hochrangigen Segment soll auch hier das Thema auf der jeweils vorangehenden substantiellen Tagung ausgewählt werden, um eine ausreichende Vorbereitungszeit zu gewährleisten. Für 2002 wurden dem GS Themenvorschläge von Mitgliedstaaten, Organen, Organisationen und Einheiten des UN-Systems sowie von zwischenstaatlichen Gremien gemacht[538]. Typisch für die USA ist hier, wie bereits bei den The-

---

[534] Vgl. Dokument A/50/697 vom 27. Oktober 1995: Restructuring and revitalization iof the United Nations in the economic, social and related fields, Bericht des UN-Generalsekretärs, Ziff. 35.

[535] Vgl dazu ebenda, Ziff. 40 betreffend „Restructuring and revitalization issues".

[536] Vgl. dazu z.B. o.V.: http://www.un.org/esa/coordination/ecosoc/coorseg.htm, Ausdruck vom 14. Februar 2000.

[537] Vgl. zum ECOSOC o.V.: http://www.un.org/esa/coordination/ecosoc/coorseg2003.htm, Ausdruck vom 22. Juni 2003.

[538] Beispielsweise hatte China das Thema „Follow-up to the International Conference on Financing for Development" vorgeschlagen, Schweden im Auftrag der EU das Thema „Millennium Summit targets/ follow-up to United Nations conferences", Japan das Thema „Support for national efforts to build accurate statistics on development targets established by major United Nations conferences and summits". Polen wollte, dass sich der ECOSOC mit

men zum hochrangigen Segment, dass deren Vorschläge Themen betreffen, die sowenig wie möglich wirtschaftspolitische bzw. makroökonomische Bezüge haben, da insbesondere die USA der Auffassung sind, dass diese Themen nicht von den UN zu behandeln sind, sondern in den Rahmen der BWIs gehören.[539] Die Organe, Organisationen und Programme des UN-Systems können ebenfalls Vorschläge machen.[540] Bei der Auswahl der Themen soll der ECOSOC beachten, dass das Thema ein wichtiges Querschnittergebnis mehrerer internationaler Konferenzen im ökonomischen, sozialen oder damit zusammenhängenden Bereichen betrifft. Es soll ein Thema von operativer Relevanz für eine Reihe von Organisationen des Systems sein und/ oder ein Thema, in dessen Bereich verschiedene funktionale Kommissionen aktiv sind. Zudem soll es eine signifikante Politikdimension haben, um den Nutzen, der aus der Teilnahme der Leiter der Organisationen, Fonds und Programme und anderer Gremien des UN-Systems resultiert, während der Diskussionen zu maximieren. Außerdem sollen die Diskussionen des Themas sowie die anschließend vereinbarten Schlussfolgerungen des ECOSOC einen Beitrag zur stärkeren Koordination der Politiken und Aktivitäten des UN-Systems leisten.[541] Seit 1995 hat der ECOSOC als Ergebnis des Koordinationssegmentes sog. „agreed conclusions“ angenommen.[542]

Das Koordinationssegment soll sich mit einem oder mehreren Themen befassen.[543] Der GA zufolge sollte der ECOSOC ein zweites Thema, welches sich mit konkreten sektoralen Fragen befasst, wählen.[544] Um eine größere thematische Einheit zu erreichen, hat der ECOSOC in 2002 entschieden, dass die hochrangigen und Koordinationssegmente sich auf dasselbe oder ein damit zusammenhängendes Querschnittskonferenzthema richten sollen, das jedoch jeweils aus Sicht der Politik-

---

dem Thema „Information technology for economic and social development“ befasst und die USA hatte das Thema „Security of United Nations personnel in the field“ angeregt. Vgl. E/2001/53 vom 30. April 2001: Theme for the high-level and for the coordination segments of the substantive session of 2002 of the Economic and Social Council, S. 6, Ziff. 10ff.

[539] Vgl. ähnlich Childers, Erskine/ Urquhart, Brian in: Renewing the United Nations System, development dialogue 1994:1, S. 56, die ein Statement eines Amerikanschen Botschafters bezüglich der Behandlung des Verschuldensproblems in der GA der UN wiefolgt zitieren: „...we are concerned that debate [on debt] in this forum should not impede or undercut the substantial progress being made elsewhere. The United Nations has created two specialized agencies which are uniquely equipped to handle debt issues: the International Monetary Fund and the World Bank.“

[540] Vgl. z.B. für 2002: E/2001/53 vom 30. April 2001: ebenda, S. 6, Ziff. 11.

[541] Vgl. ebenda, S. 7, Ziff. 13 a-d.

[542] Vgl. E/2003/74 vom 23. Mai 2003: Strengthening further the Economic and Social Council, building on its recent achievements, to help to fulfil the role ascribed to it in the Charter of the United Nations as contained in the Millennium Declaration, Bericht des UN-Generalsekretärs, S. 9.

[543] Vgl. GA-Resolutionen 45/264 und 48/162.

[544] Vgl. GA-Resolution 50/227 vom 24. Mai 1996, Annex I: Further measures for the restructuring and revitalization of the United Nations in the economic, social and related fields.

entwicklung bzw. aus der Koordinationssicht angegangen würde.[545] In 2003 ist das Thema des hochrangigen Segments[546] gleichzeitig Thema einer Paneldiskussion während des Koordinationssegmentes, um eine Verbindung zwischen beiden Segmenten herzustellen.[547] In Übereinstimmung mit GA-Resolution 48/162, Annex I, Paragraph 22 (i) hat jeder „Executive Board" der UN-Fonds und Programme dem ECOSOC jährlich zu berichten. Die Berichte sollen auch Empfehlungen zur Verbesserung der Kooperation auf dem „field-level" enthalten.[548]

Einem Bericht des GS zufolge ist das Engagement der UN-Organisationen auf dem hochrangigen Segment gegeben. Jedoch müssten UN-Organisationen, Sonderorganisationen, Fonds, Programme sowie die regionalen und funktionalen Kommissionen sich mehr im Koordinationssegment und dessen Vorbereitung engagieren, damit dieses seine Funktion während der Umsetzung der Konferenzergebnisse erfüllen könne. Eine Herausforderung für die Zukunft sei die mehr systematische Mobilisierung der BWIs und der WTO in der Arbeit des Koordinationssegments mit Blick auf die Bedeutung von Finanzen und Handel für die Umsetzung anderer Konferenzziele.[549] Der GS empfiehlt in seinem Bericht, dass der ECOSOC eine intensivere Interaktion mit den zwischenstaatlichen Organen in den BWIs und der WTO bei der Vorbereitung der Frühjahrstagungen mit diesen haben könnte. Ziel sei, ein gemeinsames Vorgehen und ein gemeinsames Einvernehmen über Politiken und Aktionen bei der Umsetzung der Konferenzergebnisse zu erreichen. Ziel sei auch, zu handlungsorientierten Diskussionen und Ergebnissen auf den Treffen zu kommen.[550]

Bezüglich des „Operational activities for development"-Segmentes der Tagungen des ECOSOC führt die Resolution 50/227 der GA aus, dass die Rolle des ECOSOC bei der Bereitstellung von Gesamtkoordination und Orientierung für operative Entwicklungsprogramme und Fonds auf einer systemweiten Basis verstärkt werden sollte, einschließlich der Ziele, Prioritäten und Strategien bei der Umsetzung von den durch die GA formulierten Politiken. Sie sollte gleichzeitig auf Querschnitts- und Koordinationsfragen in Bezug auf operative Tätigkeiten konzentriert werden. Dies schließe ein hochrangiges Treffen ein, um Politikern die Möglichkeit zu ge-

---

[545] Vgl. E/2003/67 vom 15. Mai 2003: The role of the Economic and Social Council in the integrated and coordinated implementation of the outcomes of and follow-up to major United Nations conferences and summits, Bericht des UN-Generalsekretärs, S. 5, Ziff. 14, m.w.N.

[546] Das Segment befasst sich mit der Förderung eines integrierten Vorgehens der ländlichen Entwicklung in den EL für die Beseitigung der Armut und nachhaltige Entwicklung.

[547] Vgl. E/2003/74 vom 23. Mai 2003: Strengthening further the Economic and Social Council, building on its recent achievements, to help to fulfil the role ascribed to it in the Charter of the United Nations as contained in the Millennium Declaration, Bericht des UN-Generalsekretärs, S. 6.

[548] Vgl. JIU/REP/96/3: Cordination of policy and programming frameworks for more effective development cooperation, enthalten in Dokument A/51/636 bzw. E/1996/104 vom 31. Oktober 1996, S. 20.

[549] Vgl. E/2003/67 vom 15. Mai 2003: ebenda, S. 5, Ziff. 19f.

[550] Vgl. ebenda, S. 18, „Recommendation", nach Ziff. 61.

ben, sich in Diskussionen breiterer Fragen für Entwicklungszusammenarbeit zu engagieren. Der Beitrag zu den Vorbereitungen der alle drei Jahre stattfindenden Überprüfung der operativen Aktivitäten der UN („triennial policy review of operational activities"), welche durch die GA durchgeführt wird, sollte fortgesetzt werden.[551] In 2002 wurde im operativen Segment das Thema „Capacity building" durch das UN-System behandelt. Der ECOSOC diskutierte die Evaluierung der Gesamteffektivität der Entwicklungsarbeit des UN-Systems. Der ECOSOC schlug vor, dass ein Programm zur Harmonisierung und Vereinfachung der Prozeduren von Fonds und Programmen bis 2004 umgesetzt werden soll. Minister und hohe Beamte aus den Mitgliedstaaten sowie das „Development Assistance Committee" der OECD[552] nahmen teil sowie bilaterale Entwicklungsorganisationen.[553] Dennoch schlägt der UN-Generalsekretär in einem Bericht erneut vor, dass der ECOSOC weiter Maßnahmen in Betracht ziehen solle, um das operative Segment des ECOSOC als ein globales Forum auszubauen, das Politikanleitung für die operativen Entwicklungsaktivitäten des UN-Systems zur Verfügung stellt. Dazu solle der ECOSOC die volle Kooperation der Fonds und Programme der UN fördern.[554] Bereits in 2001 hatte der GS vorgeschlagen, dass das Segment in zwei Teilen abgehalten werden sollte. In einem ersten hochrangigen Teil könnte ein „Forum zur Entwicklungszusammenarbeit" alle zwei Jahre jeweils für zwei Tage abgehalten werden. Dabei könnte Politikern die Möglichkeit zum Austausch über ausgewählte, gut vorbereitete Themen gegeben werden. Das Forum sollte alle Formen von Entwicklungshilfe umfassen, von bilateraler bis zu multilateraler Zusammenarbeit und die Teilnahme von NGOs und dem privaten Sektor einschließen. Ziel sei nicht, als Entwicklungsrat zu fungieren. Ergebnis sei vielmehr ein größerer Dialog zwischen den wesentlichen Beteiligten und gegebenenfalls eine Erklärung über zukünftiges Handeln. Der zweite Teil des operativen Segments würde jährlich stattfinden und sich mit der Nachverfolgung des umfassenden „triennial policy review" und Verwaltungsfragen befassen sowie besser mit den Themen der anderen Segmente verknüpft sein.[555] Die Idee ist insofern interessant, als auch die Arbeit bilateraler Geber mit einbezogen würde.

Das durch den ECOSOC eingeführte humanitäre Segment soll als Forum für breitere Politikdiskussionen auf diesem Gebiet dienen.[556] Sowohl auf dem operativen, als

---

[551] Vgl. GA-Resolution 50/227 vom 24. Mai 1996: Further measures for the restructuring and revitalization of the Unites Nations in the economic, social and related fields, Annex I, Ziff. 60 und 65, vgl. dazu bereits oben, Abschnitte 1.2.3., 3.3. und 5.2.

[552] Vgl. dazu Kapitel 5.

[553] Vgl. E/2003/74 vom 23. Mai 2003: Strengthening further the Economic and Social Council, building on its recent achievements, to help to fulfil the role ascribed to it in the Charter of the United Nations as contained in the Millennium Declaration, Bericht des UN-Generalsekretärs, S. 11.

[554] Vgl. ebenda, S. 18, Ziff. 7.

[555] Vgl. A/56/77-E/2001/69 vom 17. Mai 2001: Restructuring of the United Nations in the economic, social and related fields, Bericht des UN-Generalsekretärs, S. 5f.

[556] Vgl. A/56/326 vom 6. September 2001: Road map towards the implementation of the United Nations Millennium Declaration, Bericht des UN-Generalsekretärs, S. 47, Ziff. 267.

auch auf dem humanitären Segment wurden in 2002 ECOSOC-Resolutionen verabschiedet. Das allgemeine Segment („general segment") der ECOSOC-Tagungen soll hauptsächlich eine Möglichkeit für eine handlungsorientierte Überprüfung der Tätigkeiten, Berichte und Empfehlungen der Nebenorgane des ECOSOC bieten, um eine Wiederholung der Debatten, die bereits in diesen Organen stattfanden, zu vermeiden und die Aufmerksamkeit auf wichtige Politikfragen zu lenken, die eine vorrangige und koordinierte Reaktion des gesamten UN-Systems erfordern.[557] Der ECOSOC soll die Agenda seines allgemeinen Segments regelmäßig überprüfen.[558] Der Jahresbericht des CEB wird jährlich während des allgemeinen Segments durchgesehen und erörtert.[559]

Resolution 50/227 forderte u.a. als Ergebnis der Segmente klarere und mehr handlungsorientierte Richtlinien für das UN-System, die Fonds und Programme. Resolutionen und Entscheidungen sollten von allen Teilen des UN-Systems nachverfolgt werden und dies soll durch den ECOSOC und die GA überwacht werden.[560] Hier bestehen noch Defizite. Auf Grund eines Wechsels hin zur Implementierung seien dem UN-Generalsekretär zufolge jedoch handlungsorientierte Ergebnisse der nächsten substantiellen Tagungen des ECOSOC zu erwarten.[561]

5.2.2. Die „High-level"-Treffen des ECOSOC mit den BWIs und der WTO

Mit Blick auf Koordination finden seit 1998 jährlich die sog. „high-level meetings" zwischen dem ECOSOC und den Bretton-Woods-Institutionen über internationale Finanz- und Entwicklungsfragen statt. In ihrer Resolution 50/227 vom 24. Mai 1996 hatte die GA vorgeschlagen, dass der ECOSOC

> „may convene special sessions to address urgent developments in the economic, social and related fields that may require guidance and coordination by the Council."[562]

Diese Konsultationen haben zu einer interinstitutionellen Zusammenarbeit geführt, die dem Erfolg der internationalen Konferenz über Entwicklungsfinanzierung den Weg geebnet haben. Auf der Konferenz war dem ECOSOC die Hauptrolle bei der Überwachung und Überprüfung der Nachverfolgung des Monterrey-Konsenses übertragen worden.[563]

---

[557] Vgl. GA-Resolution 50/227 vom 24. Mai 1996: Further measures for the restructuring and revitalization of the Unites Nations in the economic, social and related fields, Annex I, Ziff. 66.

[558] Vgl. die GA: ebenda, Ziff. 67.

[559] Vgl. zum CEB Abschnitt 5.4.1.

[560] Vgl. die GA: ebenda, Ziff. 40 und 44.

[561] Vgl. E/2003/74 vom 23. Mai 2003: Strengthening further the Economic and Social Council, building on its recent achievements, to help to fulfil the role ascribed to it in the Charter of the United Nations as contained in the Millennium Declaration, Bericht des UN-Generalsekretärs, S. 9.

[562] Vgl. die GA: ebenda, Ziff. 41.

[563] Vgl. UN: http://www.un.org/esa/coordination/ecosoc/about.htm, Ausdruck vom 3. Mai 2003.

In seinem Bericht vom 1. Juni 1999 mit dem Titel „Restructuring and revitalization of the United Nations in the economic, social and related fields“ empfahl der GS, der ECOSOC möge das Format und die Modalitäten zukünftiger hochrangiger Treffen an die halbjährlichen Treffen der BWIs annähern, um u.a. eine stärkere Fokussierung auf ein oder zwei substantielle Fragen und ausreichend Zeit zum Meinungsaustausch sicherzustellen und deren Beziehungen zum hochrangigen Segment des ECOSOC zu untersuchen. Außerdem schlug der GS vor, dass der ECOSOC ein ähnliches Treffen mit den Handelsinstitutionen, insbesondere der UNCTAD und der WTO, unternehmen könnte, um die sozioökonomischen Auswirkungen von Handelspolitiken, insbesondere im Rahmen der kommenden Runde von Verhandlungen zur Handelsliberalisierung, zu diskutieren.[564] Bislang findet jedoch nach wie vor ein Treffen jährlich statt. Im Monterrey-Konsens war angeregt worden, zwischen den UN, der Weltbank, dem IMF und der WTO, Fragen der Kohärenz, Koordination und Kooperation auf dem Frühjahrtreffen des ECOSOC mit den Bretton-Woods-Institutionen zu besprechen.[565] Dies führte dazu, dass seit 2002 auch die WTO an den hochrangigen Treffen des ECOSOC mit den BWIs teilnimmt. Die Treffen finden im April im Anschluss an die Treffen des „International Monetary and Financial Committe“ des IMF sowie des „Development Committee“ von Weltbank und IMF statt.[566] Die Diskussionen auf den Treffen werden regelmäßig durch den Präsidenten des ECOSOC zusammengefasst. Diese Zusammenfassung wird als Dokument des ECOSOC herausgegeben.[567]

Der Monterrey-Konsens hat den Frühjahrstreffen eine besondere Rolle zugewiesen. Das Thema des hochrangigen Treffens des ECOSOC mit den BWIs und der WTO in 2003 war dementsprechend „Increased coherence, coordination and cooperation for the implementation of the Monterrey Consensus at all levels, one year after the conference“. In Vorbereitung des Treffens erfolgten Konsultationen mit dem Management der BWIs und der WTO sowie ein Treffen mit den Exekutivdirektoren der Weltbank. Es erfolgten informelle Anhörungen und Dialoge mit NGOs und Vertretern des Unternehmenssektors. Nach der Eröffnung des Treffens fanden vier runde Tische statt. Den Vorsitz führten u.a. der Vorsitzende des „Development Committees“ von Weltbank und IMF, der Stellvertretende Generalsekretär der UN, der Finanzminister Südafrikas (Tisch 1), der Entwicklungshilfeminister Norwe-

---

[564] Vgl. A/54/115-E/1999/59 vom 1. Juni 1999: Restructuring and revitalization of the United Nations in the economic, social and related fields, Bericht des UN-Generalsekretärs, S. 4, Ziff. 4 (e), Relationship between the UN and international finance and trade institutions.

[565] Vgl. A/CONF.198/3 vom 1. März 2002, Ziff. 69ff.

[566] Vgl. dazu Kapitel 2, Abschnitt 1.1.

[567] Vgl. E/1998/91 vom 5. Juli 1998: Summary Conclusions by Ambassador Fulci, Permanent Representative of Italy to the UN at the special high-level meeting of the Council with the Bretton Woods Institutions in New York am 18. April 1998, E/1999/78 vom 14. Juni 1999: Special High-level meeting of ECOSOC with the Bretton Woods Institutions, 29. April 1999, E/2000/79 vom 16. Juni 2000: Special High-level meeting of ECOSOC with the Bretton Woods Institutions, 18. April 2000, E/2002/67 vom 30. Mai 2002: President's Summary of the special high-level meeting of the Economic ans Social Council with the Bretton Woods institutions and the WTO (New York, 22 April 2002).

gens, der Stellvertretende Generaldirektor der WTO (Tisch 2), die Vorsitzende des „Trade Policy Review Body“ der WTO und der „Managing Director“ der Weltbankgruppe (Tisch 3) sowie der Finanzminister von Marokko und der stellvertretende „Managing-Director“ des IMF (Tisch 4). Neu war in 2003 die Teilnahme der oben genannten Vertreterin eines zwischenstaatlichen Gremiums der WTO, des Präsidenten der GA und einer Reihe von Exekutivdirektoren von Weltbank und IMF. Zudem nahmen die Vorsitzenden des „Development Commitees“ von Weltbank und IMF sowie der Gruppe der 24[568] und hohe Bediensteten von UN, Weltbank, IMF, UNDP und anderen UN-Institutionen teil. Auch Finanzminister, Entwicklungshilfeminister, Gouverneure von Zentralbanken und Leiter internationaler Organisationen nahmen teil. Vertreter von NGOs und dem privaten Sektor nahmen an der Plenarsitzung und den runden Tischen in größerer Zahl teil als bei vergangenen Treffen.[569] Die Diskussionen umfassten die bestehende Weltwirtschaftssituation und das erforderliche Politikumfeld auf Länderebene. Einge Repräsentanten erklärten, dass es bei anstehenden Reformprogrammen ratsam sei, die sozialen und ökonomischen Kosten und Gewinne sorgfältig abzuschätzen und zu analysieren. Gemeinsame Überlegungen über Kosten und Nutzen mit den Entwicklungspartnern, die das Reformprogramm unterstützen, können die Effektivität von Entwicklungshilfe substantiell verbessern und gleichzeitig die zeitliche Abstimmung und Reihenfolge von verfolgten Reformen verbessern. Verschiedene Teilnehmer äußerten, dass internationale Institutionen häufig dazu neigten, Ländern in Bezug auf geeignete Politikmethoden Vorträge zu halten. Jedoch seien derartige Politiken länderspezifisch. Es gebe keine globale Formel, und ein Grad von Flexibilität und Realismus bei der Umsetzung von Reformen sei entscheidend. Es wurde vorgeschlagen, dass internationale Institutionen ihre Kapazität für einen effektiveren Dialog mit den Empfängerländern verbessern sollten. Mit Blick auf den internationalen Handel wurden die multilateralen Verhandlungen unter der Entwicklungsagenda von Doha thematisiert.[570] Festgestellt wurde, dass der Fortschritt bis dato ungleichmäßig ist. Bereiche von besonderem Interesse für EL würden besondere Probleme aufweisen. Genannt wurde die Liberalisierung im Agrarbereich in den entwickelten Ländern, die Operationalisierung des „special and differential treatment“ für EL, die handelsbezogenen Aspekte geistiger Eigentumsrechte (TRIPS) und Fragen der öffentlichen Gesundheit sowie die Schwierigkeit der Umsetzung von Abkommen durch eine Reihe von EL.[571] Auch Fragen der finanziellen Zusammenarbeit und der externen Verschuldung wurden thematisiert. In Bezug auf Kohärenz und „Governance“ wurde betont, dass Politikkohärenz auf Länder- und internationaler Ebene entscheidend sei. Einige Vertreter betonten diesbezüglichen Fortschritt. So sei das Treffen des ECOSOC mit den BWIs und der WTO ein Beleg

---

[568] Vgl. dazu Kapitel 5, Abschnitt 2.3.

[569] Vgl. E/2003/... vom 7. May 2003, Advance unedited version: Summary by the President of the Economic and Social Council of the special high-level meeting of the Council with the Bretton Woods institutions and the World Trade Organization (New York, 14 April 2003), S. 2.

[570] Vgl. dazu Kapitel 3, Abschnitt 2.2.

[571] Vgl. dazu insgesamt Kapitel 3.

dafür. Die UN, die BWIs und die WTO teilten gemeinsame Ziele und die gemeinsame Arbeit an der Millenniumsentwicklungszielen und die Nachverfolgung des Monterrey-Konsenses wäre intensiviert worden. In diesem Zusammenhang wurde der Prozess der Aufstellung von Armutsstrategien als ein Schlüsselelement für Politikkohärenz in Ländern mit niedrigem Einkommen genannt, der zu einem gemeinsamen Nenner zwischen den multilateralen Institutionen geworden sei.[572] Von einigen Repräsentanten wurde die Idee einer Art „Development Review Mechanism" in Anlehnung an den „Trade Policy Review Mechanism" der WTO[573] vorgebracht. So könnten EL und entwickelte Länder auf freiwilliger Basis Informationen für eine Überprüfung ihrer Politiken in Bezug auf Kohärenz im Zusammenhang mit den Zusagen der Millenniumserklärung, dem Monterrey-Konsens und der Brüsseler Konferenz über die LDCs übermitteln.[574] Konkrete, messbare Schlussfolgerungen, deren Umsetzung nachverfolgt werden könnten, werden auf den hochrangigen Treffen nicht gezogen. Die Diskussionen werden in den ECOSOC-Sitzungen bzw. im hochrangigen Dialog der GA, der in 2003 die Umsetzung des Konsenses von Monterrey thematisiert, aufgegriffen und fortgesetzt.

5.4. Die Koordinationsmechanismen und weitere Koordinationsorgane der UN

5.4.1. Das „Chief Executive Board"

Der Hauptmechanismus der UN zur Koordination zwischen Programmen und den Organisationen der UN auf der Sekretariatsebene[575] ist das „Administrative Committee on Coordination" (ACC), das erst kürzlich in „Chief Executive Board" (CEB) umbenannt wurde.[576] Der Ausschuss ist ein formelles Koordinationsgremium des UN-Systems, ein Mechanismus zur Koordination zwischen internationalen Organisationen, der auf Sekretariatsebene angesiedelt ist. Darin arbeiten die Verwaltungschefs der beteiligten internationalen Organisationen und UN-Programme zusammen, um ihre Aktivitäten zu koordinieren. Für die UN ist dies der UN-Generalsekretär, der auch dem UN-Sekretariat vorsteht.

Das ACC wurde bereits 1946 durch ECOSOC-Resolution 13 III als ein ständiger Ausschuss unter der Leitung des UN-Generalsekretärs der UN gegründet, um die Umsetzung der Abkommen zwischen den UN und den Sonderorganisationen zu überwachen, die Koordination der von den „Governing bodies" der verschiedenen Organisationen des UN-Systems angenommenen Programme durchzuführen und

---

[572] Vgl. dazu Kapitel 2, Abschnitte 1.2.1. und 2.2.1. sowie Teil 3, Kapitel 2, Abschnitt 1.1.1.
[573] Vgl. dazu Kapitel 3, Abschnitt 1.2.6.
[574] Vgl. E/2003/... vom 7. May 2003, Advance unedited version: Summary by the President of the Economic and Social Council of the special high-level meeting of the Council with the Bretton Woods institutions and the World Trade Organization (New York, 14 April 2003), S. 3ff.
[575] Vgl. zu den Ebenen der Koordination Teil 1, Kapitel 3, Abschnitt 3.2.
[576] Vgl. dazu die ECOSOC-Resolution 2001/321 vom 24. Oktober 2001: Further consideration of the annual overview report of the Administrative Committee on Coordination, enthalten in E/2001/INF/2/Add.3 vom 2. November 2001, S. 6.

generell die Kooperation innerhalb des Systems zu Erreichung der gemeinsamen Ziele der Mitgliedstaaten zu fördern. Hauptzweck des ACC ist also die Koordination zwischen der UN und den Sonderorganisationen, d.h. ihrer Tätigkeiten und Politikvorschläge unter der Leitung des UN-Generalsekretärs. Das ACC berichtet an den ECOSOC. Bislang bestand das ACC aus vier Nebenorganen[577], durch die es sicher stellen sollte, dass die Direktiven des ACC in den aktuellen Programmen der UN und der Sonderorganisationen reflektiert werden und dass es eine geeignete interorganisatorische Zusammenarbeit bei der Unterbreitung von Politik- und Programmvorschlägen an die verschiedenen zwischenstaatlichen Einheiten und die Umsetzung ihrer Entscheidungen gibt.[578] Bis Oktober 2000 erfolgte die Koordination im Programmbereich in sog. ständigen Ausschüssen, von denen jedes sich mit einem gegebenen Problem mit systemweiter Relevanz beschäftigte.[579]

Die Regierungsorgane der verschiedenen Organisationen werden ebenfalls durch deren Verwaltungschefs über die Arbeit des ACC unterrichtet. Obwohl die Beziehungsabkommen, die die UN mit den Bretton-Woods-Institutionen abgeschlossen haben, einen Ausnahmecharakter der Beziehungen erkennen lassen, verglichen beispielsweise mit den Beziehungen der UN zu UNIDO oder WHO, sind die Bretton-Woods-Institutionen Sonderorganisationen der UN und als solche Vollmitglieder im ACC. Sie nehmen sowohl an der Arbeit des ACC als auch in dessen Nebenorganen teil. Die Teilnahme umfasst sowohl Politikentwicklung als auch die Planung von Aktivitäten der Entwicklungszusammenarbeit auf Landesebene [580] Auch die WTO ist mit ihrem Verwaltungschef im ACC vertreten.

Im Zuge der 1997er Reform war im Sekretariat eine „Inter-agency Affairs Unit" geschaffen worden, die dem ACC dienen und den ständigen Informationsaustausch und Konsultationen im gesamten UN-System fördern sollte.[581] Es sollte das ACC sowie dessen Untergruppierungen bei seiner Arbeit unterstützten.[582]

---

[577] - Consultative Committee on Administrative Questions,
- Consultative Committee on Programme and Operational Questions,
- Inter-Agency Committee on Sustainable Development,
- Inter-Agency Committee on Women and Gender Equality.

[578] Vgl. o.V.: http://acc.unsystem.org/-about/faq.ht, Stand 4. November 1999.

[579] Neben dem „Consultative Committee on Programme and Operational Questions" (CCPOQ) waren das das „Subcommittee on Statistical Activities", das „Subcommittee on Demographic Estimates", das „Subcommittee on Nutrition", das „Inter-Agency Committee on Sustainable Development" (IACSD), das „Subcommittee on Oceans and Coastal Areas" (SOCA), das „Subcommittee on Water Resources", das „Inter-Agency Committee on Women and Gender Equality" (IACWGE) sowie das „Joint United Nations Information Committee" (JUNIC).

[580] Vgl. o.V.: http://acc.unsystem.org/-about/faq.ht, Stand 4. November 1999.

[581] Vgl. Dokument A/51/950 vom 14. Juli 1997: Renewing the United Nations: A programme for Reform, Bericht des UN-Generalsekretärs, Ziff. 140.

[582] Das „Office for Inter-Agency Affairs" hat die Aufgabe: „to strengthen substantive services to ACC and its subsidiary bodies and to promote more systematic exchanges of information on strategic issues at the inter-agency level; the formation of ad hoc consultative mechanisms involving groups of executive heads around major issues or objectives of common concern;

Eine umfassende Überprüfung der Funktion des ACC, angestoßen durch den UN-Generalsekretär in 1998, führte zur Annahme einer Reihe von Maßnahmen, um die Effektivität zu verbessern und den untergeordneten Mechanismus zu rationalisieren. Die Maßnahmen zur Verbesserung der Politikkoordination schließen die Errichtung eines „High-Level Committee on Programmes" (HLCP) und eines „High-Level Committee on Management" (HLCM) ein, die an das CEB berichten. Das HLCP soll den Verwaltungschefs ermöglichen, ihre Aufmerksamkeit auf Fragen von strategischer Relevanz für das UN-System zu richten. Es soll für die Sicherstellung der Koordination in den Programmbereichen verantwortlich sein und die Arbeit des früheren „Consultative Committee on Programme and Operational Questions" (CCPOQ) fortführen. In Bezug auf die anderen untergeordneten Ausschüsse kam man überein, dass diese Einheiten weiter die Koordination in ihren Bereichen durchführen sollten, jedoch nicht notwendigerweise als Nebenorgane des CEB. Das HLCP kommt zweimal jährlich zusammen und konsultiert und koordiniert sich zwischen den Sitzungen u.a. durch elektronische und andere Möglichkeiten. Es spricht Fragen der strategischen Planung, der Politik- und Programmentwicklung sowie der Umsetzung an. Es fördert und unterstützt die integrierte und koordinierte Nachverfolgung von UN-Konferenzen und Gipfeln, insbesondere des Millenniumsgipfels und agiert als Forum für interorganisatorischen Dialog über Entwicklung und die Einleitung neuer Programminitiativen. Des Weiteren berät das HLCP das CEB über Fragen zur zeitnahen Behandlung von Strategien und Politiken in Reaktion auf auftauchende Fragen und Herausforderungen des UN-Systems. Es trägt zur Übersetzung von Strategien und Politiken in allgemeine Orientierung („broad guidance") für die Behandlung von gemeinsamen und damit zusammenhängenden Programmen und Aktivitäten bei und stellt eine allgemeine Orientierung und Aufsicht über Koordination und effektive Programmumsetzung auf der Länderebene zur Verfügung. Weiteres Aufgabengebiet sind Erfahrungsaustausch über Politikentwicklungen, Aufstellung von Programmen und Modalitäten der Überwachung sowie die Förderung von Dialog und das Vorschlagen von Wegen, durch die Zusammenarbeit und Interaktion mit dem privaten Sektor, NGOs und anderen Teilen der Zivilgesellschaft gefördert werden können. Schließlich fördert das HLCP den Dialog über die Implikationen des Reformprozesses für Programm- und operative Tätigkeiten innerhalb des UN-Systems und identifiziert beste Praktiken.[583]

Das HLCM trifft sich dagegen nur einmal jährlich. Es hat u.a. die Aufgabe, verwaltungstechnische Managementfragen von gemeinsamem Interesse zu identifizieren und zu analysieren, die systemweite Antworten erfordern. Es kann im Namen der Verwaltungschefs Entscheidungen treffen und Managementreformen erarbeiten,

---

and the renewed attention being given by the system to strengthening links with civil society.", vgl. E/1999/48 vom 11. Mai 1999: Coordination, programme and other questions: reports of coordination bodies: Annual overview report of the Administrative Committee on Coordination for 1998, S. 4 Ziff. 5.

583 Vgl. die Terms of Reference des HLCP, enthalten in: CEB/2002/4 vom 22. März 2002: Report of the High-level Committee on Programmes on its third regular session, S. 5f, Ziff. 11ff.

fördern und koordinieren, die die Dienste verbessern, Verbesserungen der Produktivität erreichen und die Effizienz und Effektivität des UN-Systems steigern sollen.[584]

Das CEB erlässt auf Programmebene Richtlinien, wie vorher das ACC, die jedoch für die an diesem Mechanismus beteiligten Organisationen nicht bindend sind. Das ACC erarbeitete im Laufe der Jahre mehrere Richtlinien. So wurden Richtlinien in Bezug auf die Anwendung des „United Nations Development Frameworks" (UNDAF)[585] verabschiedet und überarbeitet. Auch Anleitungen und Richtlinien zum „Resident Coordinator System" wurden seit 1998 mehrfach verabschiedet. Das ACC verabschiedete zudem gemeinsame Statements zur Globalisierung (1998), zur Rolle des „Resident Coordinator Systems" (1995), zum Reformprozess des UN-Systems (1996), zur Umsetzung der Agenda 21 (1997), zum Vorgehen der UN in Afrika (1998) und zum Engagement bezüglich des Handelns zur Armutsreduzierung (1998).

In Bezug auf die Beziehung zwischen dem HLCP und der „United Nations Development Group" (UNDG), die ebenfalls wie das CEB Richtlinien und „Guidance notes" erarbeitet, kam das HLCP überein, dass der komplementäre Charakter der Rollen und Verantwortlichkeiten der beiden Mechanismen eine gute Basis für verstärkte Interaktionen zwischen ihnen biete.[586] Während die UNDG nur eine Reihe von UN-Einheiten und Organisationen umfasst, ist das HLCP wie auch der CEB systemweit tätig.

Auf seiner Sitzung im Jahr 2000 hatte sich das ACC mit dem Thema Globalisierung befasst und das UN-System darin bestärkt, in einer gegenseitig unterstützenden Art und Weise zusammen zu arbeiten, um sicher zu stellen, dass Globalisierung sich in Richtung Armutsbeseitigung und der Erreichung anderer Konferenzziele auswirke. Wichtig sei, dass der ECOSOC seinen Dialog mit dem ACC in diesem Bereich verstärke. Außerdem solle er seinen Dialog mit der WTO und UNCTAD vertiefen. Dies um so mehr, als UNCTAD auf der Konferenz von Bangkok aufgefordert wurde, eine wichtige Rolle dabei zu spielen, eine Entwicklungsperspektive in den Globalisierungsprozess einzubringen.[587]

In einem Bericht des UN-Generalsekretärs heißt es, als eine Konsequenz des neuen Geistes der Kooperation im UN-System habe das ACC mit voller Beteiligung der Bretton-Woods-Institutionen und der WTO ein starkes Engagement demonstriert,

---

584 Vgl. o.V.: http://ceb.unsystem.org/hlcm/tor.htm, Ausdruck vom 22. Juni 2002.

585 Vgl. A/56/326 vom 6. September 2001: Road map towards the implementation of the United Nations Millennium Declaration, Bericht des UN-Generalsekretärs.

586 Vgl. CEB/2002/4 vom 22. März 2002: Report of the High-level Committee on Programmes on its third regular session, S. 6, Ziff. 15.

587 Vgl. E/2000/57 vom 23. Mai 2000: Assessment of the progress made within the United Nations system, through the conference reviews, in the promotion of an integrated and coordinated follow-up to major United Nations conferences and summits in the economic, social and related fields, den Bericht des UN-Generalsekretärs, S. 15f, Ziff. 60ff.

einen größeren Grad an Politik- und Strategieharmonisierung zu erzielen. Gleiches gelte für vermehrten Informationsaustausch und gemeinsame Evaluierung und Überprüfungsprozesse. Konkrete Beispiele schließen eine stärkere Zusammenarbeit auf Feldebene, die Entwicklung gemeinsamer Methoden für die Herausforderungen in Afrika, das Herangehen an das Problem des HIV/AIDS und die Formulierung einer umfassenden systemweiten Strategie für die Armutsreduzierung ein.[588]

5.4.2. Das „Committee for Programme and Coordination"

Das „Committee for Programme and Coordination" (CPC) war bereits 1962 zunächst als „Special Committee on Coordination" durch den ECOSOC eingerichtet worden.[589] Später wurde es in „Committe for Programme and Coordination" umbenannt, um seine duale Aufgaben besser zu reflektieren.[590]

Durch GA-Resolution 31/93 und ECOSOC-Resolution 2008 (LX) wurde 1976 beschlossen, dass das CPC als das „main subsidiary organ" der GA und des ECOSOC für die Planung, Programmaufstellung und Koordinierung von UN-Aktivitäten mit finanziellen Auswirkungen auf den Haushalt fungieren sollte.[591] Der Ausschuss hatte die Aufgabe, UN-Programme, wie sie im mittelfristigen Plan ausgewiesen sind, zu prüfen, Prioritäten zu empfehlen, Evaluierungsverfahren zu entwickeln und ihren Nutzen bei der Verbesserung des Programmdesigns zu erwägen und Empfehlungen in Bezug auf die vom Sekretariat vorgeschlagenen Arbeitsprogramme abzugeben, unter Berücksichtigung der legislativen Absicht der relevanten politiksetzenden Organe sowie des Aspekts der Notwendigkeit Überlappung und Duplikation zu vermeiden. Zur Unterstützung im Bereich der Koordination soll der Ausschuss dem ECOSOC bei der Durchführung seiner Koordinationsfunktion im Rahmen des UN-Systems helfen.[592] Zur Erfüllung dieser Aufgaben sollte das CPC die Programme der Sonderorganisationen innerhalb der einzelnen Bereiche, d.h. auf einer sektoriellen Basis, ansehen, um dem ECOSOC zu ermöglichen, seine Funktion als Koordinator des UN-Systems zu erfüllen und um sicherzustellen, dass die Arbeitsprogramme des UN-Systems und seiner Agenturen kompatibel sind und sich gegenseitig ergänzen. Des Weiteren sollte das CPC Richtlinien für die UN-Agenturen über deren Programme und Aktivitäten empfehlen – unter Beachtung ihrer Funktionen und Verantwortlichkeiten und der Notwendigkeit für Kohärenz und Koordination im gesamten UN-System. Von Zeit zu Zeit sollte das CPC die Umsetzung wichtiger legislativer Entscheidungen überprüfen und feststellen, inwieweit koordinierte Bemühungen in bestimmten durch die legislativen Organe festgelegten prioritären Bereichen vorliegen. Bei Letzterem sollte es

---

[588] Vgl. A/56/326 vom 6. September 2001: Road map towards the implementation of the United Nations Millennium Declaration, Bericht des UN-Generalsekretärs, S. 51, Ziff. 295.
[589] Vgl. ECOSOC-Resolution 920 (XXXIX) vom 3. August 1963.
[590] Vgl. ECOSOC-Resolution 1171 (XLI) vom 5. August 1966.
[591] Vgl. ECOSOC-Resolution 2008 (LX) vom 14. Mai 1976: Terms of Reference of the Committee for Programme and Coordination, Annex, Ziff 1.
[592] Vgl. den ECOSOC: ebenda, Ziff 2 (b).

mit dem ACC zusammenarbeiten.[593] Das CPC sollte auch mit dem ACABQ und der JIU zusammen arbeiten[594]

Der Ausschuss bestand aus 21 Mitgliedern, ausgewählt auf der Basis einer gleichmäßigen geografischen Verteilung[595] und wurde später auf 34 Mitglieder erweitert, die jeweils von der GA auf Vorschlag des ECOSOC für 3 Jahre gewählt wurden.[596] Zur Zusammenarbeit des ACC mit dem CPC fanden gemeinsame Treffen statt.[597] Durch GA-Resolution 50/227 vom 24. Mai 1996 wurden die gemeinsamen Treffen von ACC und CPC abgeschafft und dessen Funktion auf das Koordinationssegment des ECOSOC übertragen.[598]

5.5. Würdigung und Ausblick

Die UN steht seit den 1990er Jahren in engerem Kontakt zur Weltbank und dem IMF. Die jährlich stattfindenden Treffen des ECOSOC mit den BWIs und seit 2001 auch mit der WTO bieten derzeit die einzige Möglichkeit, bei der alle vier Organisationen auf hoher Ebene zusammen kommen. Von Bedeutung für die Politikkoordination im Rahmen der UN sind auch die hochrangigen Dialoge der GA.

---

[593] Vgl. ECOSOC-Resolution 2008 (LX) vom 14. Mai 1976: Terms of Reference of the Committee for Programme and Coordination, Annex, Ziff 3.

[594] Vgl. zur JIU Teil 1, Kapitel 3, Abschnitt 2.4. und zum ACABQ Abschnitt 5.1.

[595] Fünf von afrikanischen, fünf von asiatischen, vier von lateinamerikanischen, drei von den sozialistischen Staaten Osteuropas und fünf von westeuropäischen und anderen Staaten.

[596] Vgl. Bertrand, Maurice: UNO - Geschichte und Bilanz, Frankfurt am Main, Fischer Taschenbuch Verlag, 1995, S. 83, vgl. auch E/5792 vom 15. April 1976: Restructuring of the Economic and Social Sectors of the United Nation System, Terms of Reference of the Committee for Programme and Co-ordination.

[597] So bestimmte z.B. der ECOSOC im Jahr 1974 „That the Joint Meetings of the Committee for Programme and Co-ordination and the Administrative Committee on Co-ordination which shall be chaired this year jointly by the President of the Economic and Social Council and the Chairman of the Administrative Committee on Co-ordination, deal with the role of the organizations of the United Nations system in the evolution of a new economic and social world order.", vgl. ECOSOC-Entscheidung 20 (LVI) Machinery for programme and co-ordination vom 17. Mai 1974, Ziff. (d).

[598] „The agreed conclusions of the Council concerning the selection of crosscutting themes common to major international conferences and/or the contribution to an overall review of the implementation of the programme of action of a United Nations conference should be implemented. At the organizational session of the council, consideration should be given to choosing a second theme dealing with concrete sectoral issues. The Council should develop a focused dialogue on the chosen theme or themes with the funds and programmes, the regional commissions and the relevant specialized agencies, including the Bretton Woods institutions, as well as the World Trade Organization, as appropriate ...The functions of the present joint meetings of the Administrative Committee on Coordination and the Committee for Programme and Coordination which are hereby discontinued, should be designed to this segment.", vgl. GA-Resolution 50/227 vom 24. Mai 1996, Annex I: Further measures for the restructuring and revitalization of the United Nations in the economic, social and related fields, Ziff. 57f

Fest steht aber, dass die UN durch Organe wie den ECOSOC bzw. die GA die erforderlichen Koordinierungsleistungen im Wirtschaftsbereich nicht erbringen, obwohl dies ursprünglich so vorgesehen war. Der ECOSOC und die GA sollten die Politikkoordinierung vornehmen. Die UN sollte globale Politik im Bereich von Handel, Wechselverkehr und Beschäftigung formulieren und die relevanten Sonderorganisationen wie Weltbank und IMF sowie die zu gründende Organisation ITO, deren Gründung an der fehlenden Ratifikation der USA scheiterte und bis zur Gründung der WTO damals nur das als Provisorium in Kraft gesetzt GATT übrig ließ, sollten die Politiken umsetzen.[599] Wie Childers und Urquhart ausführen, liegt dies nicht daran, dass die Themen heute sich fundamental von denen unterscheiden, die zur Zeit der Gründung der UN bestanden, sondern weil der ursprüngliche Entwurf nie wirklich ausgeführt wurde. So liege es mit der Rolle der UN in der Weltwirtschafts- und Sozialpolitik.[600]

Bislang sieht es nicht so aus, als würde die UN tatsächlich direkten Einfluss auf die Politikentscheidungen im Handels- und Entwicklungsbereich nehmen. Wie unten darzulegen sein wird, werden Inhalte und Richtung der wirtschaftlichen Programme in den EL nach wie vor in den Bretton-Woods-Institutionen entschieden, ohne, dass die UN-Organisationen darauf maßgeblichen Einfluss haben. Die hochrangigen Dialoge in Generalversammlung und ECOSOC haben dennoch ihre Berechtigung. Die Thematisierung von Belangen der EL bleibt nach wie vor Aufgabe der UN und der UNCTAD im Handelsbereich. Die UN spielen dadurch eine katalytische Rolle. Ihr Einfluss zielt im Handelsbereich auf politisches Engagement als einem wichtigen Faktor. Die Berichte des UN-Generalsekretärs zur Globalisierung zielen in die gleiche Richtung. Die laufenden Bemühungen der GA um einen hochrangigen Dialog zur Stärkung der internationalen wirtschaftlichen Zusammenarbeit für Entwicklung durch Partnerschaft sind insofern als sinnvoll anzusehen.

Die schwache oder unzureichende Koordination der Bemühungen der multilateralen Organisationen und des UN-Systems im besonderen sind seit vielen Jahren in der Diskussion. In Bezug auf die UN-Fonds und Programme wie UNDP und UNCTAD, bei denen die GA das höchste regelsetzende Organ ist, sind im Zuge der Reformen der letzten Jahre Fortschritte zu sehen. In Bezug auf die Sonderorganisationen ist dies weitaus problematischer und zweifelhaft, ob insgesamt gesehen große Fortschritten erzielt werden können. Die „special high-level meetings" mit den BWIs sowie die mehr fokussierten ECOSOC-Meetings mit der hochrangigen Komponente geben wichtige Impulse für die Koordination auf Länderebene, geben jedoch keine verbindlichen Richtlinien vor. So sind und bleiben die Sonderorganisationen wie auch die WTO rechtlich völlig selbständige Organisationen, sind unabhängig und unterstehen eigenen Statuten und „Governing bodies". Man wird hier daher stets auf eine mehr oder weniger freiwillige Mitarbeit angewiesen bleiben.

[599] Vgl. Childers, Erskine/ Urquhart, Brian: Renewing the United Nations, Development Dialog 1994:1, S. 58.
[600] Vgl. Childers, Erskine/ Urquhart, Brian: ebenda, S. 55.

Im Bereich der Kooperation zwischen den Organisationen besteht mit dem CEB ein Gremium, in dem alle wesentlichen Organisationen auf Verwaltungsebene vertreten sind. Dessen Richtlinien sind sehr allgemein und flexibel und lassen Raum für Kompromisse, sind jedoch ebenfalls nicht bindend. Auch bei der Umsetzung von Programmen durch die UN-Organisationen bleibt es dabei beim Prinzip Freiwilligkeit.

Eine verbesserte bzw. stärkere Koordination auf Länderebene hängt auch von den im Land tätigen Repräsentanten der verschiedenen Organisationen und Geberländer ab. Dem residierenden Vertreter wird daher zurecht eine große Bedeutung beigemessen. Jedoch repräsentiert auch er nicht alle UN-Organisationen im Land und insbesondere nicht die Weltbank. Die Frage der Kompetenzen dieser Ländervertreter ist aber von nicht unerheblicher Bedeutung für die Erfüllung der Koordinationsfunktion.

Kapitel 2. Die Bretton-Woods-Institutionen

Mit Bretton-Woods-Institutionen (BWIs) werden die Weltbank und der Internationale Währungsfonds („International Monetary Fund", IMF) bezeichnet, die diesen Namen von dem Ort ihrer Gründung in 1944 bekamen. Obwohl ebenfalls Sonderorganisationen, hatten sie von jeher einen Sonderstatus. Ihre Bindungen an die UN waren und sind noch loser, als die der anderen Sonderorganisationen und man könnte sagen, dass sie nicht von New York, sondern ausschließlich von Washington aus geführt werden. Wie Faux[601] in einem Artikel betreffend den Washingtoner Consensus[602] unter Verweis auf eine Aussage des (früheren) Chef-Ökonomen des IMF, Michael Mussa, ausführte,

„does (the IMF) not make a major decision without first checking with the U.S. Tresury".[603]

Neben den USA sind auch die anderen großen Mitgliedstaaten der BWIs für die Politik der beiden Institutionen verantwortlich, die entsprechend ihrer Einzahlungsquoten Einfluss ausüben. Die USA hatten mit 18,3 % in 2001 die höchste Quote. Gleich danach kamen Japan und Deutschland mit je 5,7 %.[604] Gemessen an diesen Zahlen ist der große Einfluss der USA nachvollziehbar. So mussten die G7-Partner z.B. im August 2002 mit Verwunderung zur Kenntnis nehmen, dass die amerikanische Regierung Uruguay einen Überbrückungskredit zur Überwindung der Bankenkrise von US$ 1,5 Milliarden im Namen des IMF vorgestreckt hat, ohne dass hierfür ein Beschluss des Exekutivdirektoriums vorgelegen hatte.[605] Bezeichnend ist auch, dass obwohl IMF und Weltbank heute fast ausschließlich in Entwicklungsländern aktiv sind, gemäß einer Gepflogenheit bzw. einer stillschweigenden Absprache der geschäftsführende Direktor des IMF immer ein Europäer, der Präsident der Weltbank dagegen immer ein Amerikaner ist, und beide hinter „verschlossenen Türen" gewählt werden.[606]

1. Die Weltbank

1.1. Aufbau und Funktion

Die Weltbank („International Bank for Reconstruction and Development", IBRD) ist 1944 zusammen mit dem Internationalen Währungsfonds gegründet worden. Das Abkommen trat im Dezember 1945 in Kraft nach dem es von 28 der 44 Gründungsmitglieder, die über mehr als 65 % des gezeichneten und damit stimmberech-

---

[601] Jeff Faux ist Präsident des Economic Policy Insitutes.

[602] Vgl. dazu den Abschnitt 2.2. zum IMF.

[603] Vgl. Faux, Jeff: Slouching toward Seattle, in: The American Prospect, Vol. 11, Nr. 2 vom 6. Dezember 1999.

[604] Zahlen nach Thiel, Reinhold E.: Der Währungsfonds – eine Filiale der USA?, in: E+Z, Heft 6, 2001, S. 201.

[605] Vgl.den Artikel: Brasilien hofft auf neue Milliardenhilfe vom Währungsfonds, Amerikas Finanzminister O'Neill befürwortet Kredite/ Kritik am Engagement in Lateinamerika, FAZ vom 08.08.2002, S. 11.

[606] Vgl. Stiglitz, Joseph: Die Schatten der Globalisierung, Berlin: Siedler Verlag, 2002, S. 34.

tigten Kapitals verfügten, ratifiziert worden war.[607] Später wurden die „International Finance Corporation“ (IFC, 1956), die „International Development Agency“ (IDA, 1960) und die „Multilateral Investment Guarantee Agency“ (MIGA, 1988) gegründet, die unter dem Begriff „Weltbankgruppe“ zusammengefasst werden.

In der Weltbank sind die Mitgliedstaaten „shareholder“. Jedes Mitgliedsland beruft einen Gouverneur und einen Stellvertreter, um das Land zu vertreten. Die Gouverneure (i.d.R. Vertreter auf Ministerebene) treffen sich regelmäßig auf den Jahrestreffen der Weltbank. Vor Ort in Washington sind die Regierungen durch Exekutivdirektoren vertreten. Mit Ausnahme einiger Funktionen haben die Gouverneure ihre Befugnisse auf das „Board of Executive Directors“ übertragen. Die Exekutivdirektoren haben ex officio gleichzeitig die Funktionen als Exekutivdirektoren der IDA und der IFC inne. Neben den fünf großen Ländern, d.h. den Ländern mit den höchsten Kapitaleinlagen, die je einen Direktor berufen, werden die anderen Mitgliedsstaaten von 19 Direktoren vertreten, die von Ländergruppen gewählt werden.

Die 24 Exekutivdirektoren treffen sich zweimal jährlich, um die Geschäfte der Bank zu überwachen. Dies schließt ein, Kredite und Garantien zu bewilligen, neue Politiken zu verabschieden, Budgetfragen zu klären, die „Country Assistance Strategies“ (CAS) zu verabschieden sowie Entscheidungen über Kreditaufnahme und weitere finanzielle Entscheidungen zu treffen.

Das „Development Committee“ (DC), offiziell bekannt als „the Joint Ministerial Committee of the Boards of Governors of the World Bank and the International Monetary Fund on the Transfer of Real Ressources to Developing Countries“, ist ein gemeinsamer Ausschuss auf Ministerebene des Board of Governors von Weltbank und IMF. Es ist ein Forum der Minister, die für Finanz- und Entwicklungsfragen zuständig sind. Dieser gemeinsame Entwicklungsausschuss von Weltbank und IMF besteht bereits seit 1974. Er wurde in der Resolution 3362 (S-VII) vom 16. September 1975, angenommen auf der siebenten Sondertagung der GA mit dem Titel „Development and international economic Co-operation“, in Bezug auf die Entwicklungsfinanzierung erwähnt.[608] Der Ausschuss soll Beratung und Orientierung zur Verfügung stellen und die Gouverneursräte der Bank und des Internationalen Währungsfonds über wichtige Entwicklungsfragen und über die für die wirtschaftliche und soziale Entwicklung in den Entwicklungsländern erforderlichen finanziellen Ressourcen beraten. Im Laufe der Zeit hat das DC auch Fragen des Handels und des globalen Umweltschutzes zusätzlich zu den traditionellen Entwicklungsproblemen in seine Beratungen einbezogen und sein Mandat dahinge-

[607] Vgl. Tetzlaff, Rainer: Weltbank/World Bank, in: Lexikon Dritte Welt, Nohlen, Dieter (Hrsg.), Reinbeck bei Hamburg: Rowohlt, 2002, S. 868-875, S 868.
[608] Vgl. GA-Resolution 3362 (S-VII) vom 16. September 1975: Development and international economic co-operation, Abschnitt II, Ziff. 9.

hend interpretiert.[609] Daneben hat es auch Überwachungs- und Koordinationsfunktion im Entwicklungsbereich.[610] Der mit 24 Mitgliedern – im allgemeinen Finanz- oder Entwicklungshilfeminister/innen – besetzte Ausschuss tagt zweimal im Jahr unter Teilnahme von Beobachtern einer Reihe internationaler und regionaler Organisationen. Jedes Mitglied wird für einen Zeitraum von zwei Jahren von einem der Länder oder einer der Gruppen ernannt, die ein Mitglied für das Exekutivdirektorium der Weltbank oder des IMF berufen. Das „Development Committee" tagt auch regelmäßig gemeinsam mit dem „International Monetary and Financial Committee" des IMF.

Die Weltbank hat in ihrer mehr als 50-jährigen Geschichte mehrfach den Schwerpunkt ihrer Projektdarlehen und ihre Entwicklungsziele geändert.[611] In den letzten sechs Jahren, so Wolfensohn, habe sich die Weltbank in einem fortlaufenden Erneuerungsprozess befunden. Dabei seien bedeutsame Ergebnisse wie die „Heavily Indebted Poor Country" (HIPC) Initiative, die Entwicklung der „Poverty Reduction Strategies" (PRSPs), eine neue Fokussierung der Aufgaben auf den Kampf gegen HIV/AIDS, die Arbeit in Situationen nach Konflikten und „community-driven" Entwicklungsprojekte zu nennen.[612]

1.1.1. Die „International Development Agency"

Die Internationale Entwicklungsorganisation ist 1960 gegründet worden. Anlass der Gründung war, dass die Auslandsverschuldung vieler EL Ende der 1950er Jahre bereits ein Ausmaß erreicht hatte, das eine kommerzielle Kreditaufnahme dieser Länder ausschloss. Die Gründung der IDA erfolgte auf Druck der USA, die sich lange Zeit generell gegen die Gründung einer weiteren Entwicklungshilfeinstitution gewehrt hatten. Die USA bevorzugten eine neue Institution, die „weiche" Kredite vergibt, im Rahmen der Weltbank zu gründen, anstatt sie direkt an die UN anzugliedern, was seit längerem in den UN, vor allem in Foren der UNCTAD, diskutiert worden war. Das IDA-Abkommen beauftragt diese, den Entwicklungsländern Finanzierungsmittel zu Bedingungen bereitzustellen, die flexibler sind und die Zahlungsbilanzen weniger belasten als die Bedingungen herkömmlicher Darlehen.

Die Ziele der IDA nach Art. I des IDA-Abkommens sind:

„to promote economic development, increase productivity and thus raise standards of living in the less developed areas of the world included within the Association's membership, in particular by providing finance to meet their important developmental requirements on terms which are more flexible and bear less heavily on the balance of payments than those of con-

---

609 Vgl. o.V.: Medienhandbuch Entwicklungspolitik 2002, BMZ (Hrsg.), Berlin, 2002, S. 277 sowie BT-Drs. 14/6496 vom 7. Juni 2001: Elfter Bericht zur Entwicklungspolitik der Bundesregierung, S. 54.

610 Vgl. dazu zum Abschnitt 3.2. über die Zusammenarbeit von IMF und Weltbank.

611 Vgl. dazu Tetzlaff, Rainer: Weltbank/World Bank, in: Lexikon Dritte Welt, Nohlen, Dieter (Hrsg.), Reinbeck bei Hamburg: Rowohlt, 2002, S. 868-875, S. 872.

612 Vgl. World Bank Development News vom 19. Juli 2001, S. 5, bezugnehmend auf einen Kommentar des Weltbank-Präsidenten James Wolfensohn in La Republica (Italien) vom selben Tag, S. 1.

ventional loans, thereby furthering the developmental objectives of the International Bank for Reconstruction and Development (...) and supplementing its activities. The Association shall be guided in all its decisions by the provision of this Article."[613]

Ihrer Zielsetzung entsprechend sind die Kredite der IDA unverzinslich und haben eine wesentlich längere Laufzeit und mehr tilgungsfreie Jahre als die Kredite der Weltbank. Jedoch wird zur Deckung eine jährliche Verwaltungsgebühr von 0,75 % erhoben. Betrug ursprünglich die Laufzeit aller IDA Kredite 50 Jahre mit einer tilgungsfreien Periode von zehn Jahren, so gibt es nach neuen Vergabekonditionen seit 1986 Kredite mit verschiedenen und kürzeren Laufzeiten. Die Laufzeit für Kredite an LDCs, was sich nach den Kriterien der UN bestimmt, beträgt 40 Jahre, und für alle weiteren Empfängerländer 35 Jahre.[614] Die IDA vergibt ihre Kredite an die ärmsten Länder. Sie spielt eine Schlüsselrolle bei der Umsetzung der Armutsbekämpfungsstrategie der Weltbank.[615] Immer wieder wurde von der GA der UN gefordert, die Hilfen an die LDCs zu erhöhen.[616]

Die Vergabe von Krediten durch die IDA erfolgt an Länder, die zu einem bestimmten Zeitpunkt ein bestimmtes Pro-Kopf-Einkommen nicht übersteigen. Zur Zeit sind dies Länder mit einem Pro-Kopf Einkommen in 1999 von unter US$ 885. Nahezu die Hälfte der jährlichen neuen IDA-Zusagen, etwa US$ 6,5 Billionen, werden durch Kreditrückzahlungen und Investitionen finanziert.[617] Die Kapital- (Entwicklungs-) hilfe wird damit zu wesentlich „weicheren" Bedingungen gewährt, als sie von einer sich bankmäßig finanzierenden Organisation geboten werden würde.[618]

Die finanziellen Ressourcen der IDA werden in sog. Wiederauffüllungsrunden durch Zusagen der Geberländer erneuert. Die letzten erfolgten 1996, 1999 und 2002.[619] Bei der 12. Wiederauffüllung von IDA wurde ein Volumen von

[613] Vgl. das Abkommen über die Internationale Entwicklungsorganisation vom 26. Januar 1960, abgedruckt in: Das System der Vereinten Nationen, Band I, Mangoldt, Hans von/ Rittberger, Volker (Hrsg.), München: Beck, 1995, S. 256-303, S. 257f.

[614] Vgl. Twele, Cord: Die Entwicklungspolitik der Weltbankgruppe vor dem Hintergrund der Schuldenkrise der „Dritten Welt" seit Beginn der 80er Jahre, Frankfurt am Main; Berlin...: Lang, 1995, S. 56.

[615] Vgl. o.V.: Medienhandbuch Entwicklungspolitik 2002, BMZ (Hrsg.), Berlin, 2002, S. 279.

[616] Vgl. z.B. GA-Resolution 3362 (S-VII) vom 16. September 1975: Development and international economic cooperation, Abschnitt II, Ziff. 5: „In order to enlarge the pool of ressources available for financing development, there is an urgent need to increase substantially the capital of the World Bank Group, in particular the Ressources of the International Development Association, to enable it to make additional capital available to the poorest countries on highly concessional terms."

[617] Vgl. World Bank Development News vom 11. April 2001, S. 3.

[618] Vgl. Büschgen, Hans E: Internationales Finanzmanagement, Frankfurt am Main, Fritz Knapp Verlag, 3. Auflage, 1997, S. 567.

[619] Einem Beitrag Erich Stathers in seiner Funktion als Staatssekretär im Bundesministerium für Zusammenarbeit und Entwicklung zufolge ist der deutsche Beitrag 1999 um 7,3 % gegenüber 1996 und 2002 um 22,3 % gegenüber 1999 gestiegen, vgl. Entwicklungspolitik – die Richtung stimmt, in: E+Z 2002, Heft 8/9, S. 234f, S. 235.

US$ 11,5 Milliarden erzielt (deutscher Anteil ca. 11 %). Die Wiederauffüllung ermöglichte der IDA im Zeitraum von 1.07.1999 bis 30.06.2002 ein Ausleihvolumen von US$ 20,3 Milliarden.[620]

In einer Rede am 19. Juli 2001 hatte George W. Bush vorgeschlagen, dass die IDA als der Teil der Weltbank, der sich mit den ärmsten Ländern beschäftigt, „should provide more grants and fewer loans". Von den US$ 6 Billionen jährlich sollten, so der Vorschlag, 50 % als Zuschuss ausgereicht werden.[621] Der Umfang des Vorschlages hat die anderen G7 Staaten, die im Direktorium der Weltbank dominieren, überrascht und alarmiert. Frankreich ist dagegen für einen Anteil an Zuschüssen von nur 10 %. Die Idee, um eine Neuverschuldung zu verhindern, anstatt der Vergabe neuer Kredite nichtrückzahlbare Zahlungen vorzunehmen, ist grundsätzlich begrüßenswert. Jedoch erfordert eine Umsetzung stark erhöhte Refinanzierungen der IDA innerhalb der nächsten 10 Jahre, wenn normalerweise die Rückzahlung der Kredite fällig werden würde. Andernfalls würde die Kapazität der IDA in der Zukunft reduziert werden. Bush machte aber keinerlei Zusagen bezüglich der Erhöhung von Zahlungen an die IDA durch die USA, die nur 0,1 % des Nationaleinkommens für Entwicklungshilfe ausgeben.[622]

Die Organisationsstruktur der IDA entspricht im Wesentlichen der der Weltbank. Aufgrund dessen kann man von der IDA eigentlich nicht als einer eigenständigen Organisation sprechen, obwohl sie dies aus juristischer Sicht ist. Nach Twele sei die IDA strenggenommen nichts weiter als ein Spezialfonds der Weltbank für günstige Entwicklungskredite an die ärmsten EL, und die Gründung der IDA als juristisch selbständige Organisation erkläre sich in erster Linie aus dem Bestreben der IBRD, ihr international hervorragendes „credit standing" auf den Kapitalmärkten nicht durch eine zinslose Kreditvergabe zu gefährden.[623] Kreditnehmer erhalten Mittel nur für ökonomisch sinnvolle Projekte sowie bei einem stabilen politischen Umfeld. Zudem erhalten solche Länder keine Mittel, welche mit Zahlungen an die Weltbank oder die IDA mehr als 60 Tage im Verzug sind.

1.1.2. IFC, MIGA und ICSID

Nur der Vollständigkeit halber erwähnt werden sollen im Folgenden die weiteren zur Weltbankgruppe gehörenden Organisationen und Einrichtungen.

Die „International Finance Corporation" (IFC) war 1956 gegründet worden, um Aktivitäten im privaten Sektor in den Entwicklungsländern zu fördern. Hauptsächlich arbeitet das IFC in drei Bereichen: Finanzierung von Projekten im privaten

---

620 Vgl. o.V.: Medienhandbuch Entwicklungspolitik 2002, BMZ (Hrsg.), Berlin, 2002, S. 278.

621 Vgl. World Bank Development News vom 19. Juli 2001, S. 2, unter Verweis auf ein Editorial in der Financial Times vom selben Tag, S. 16.

622 Vgl. ebenda.

623 Vgl. Twele, Cord: Die Entwicklungspolitik der Weltbankgruppe vor dem Hintergrund der Schuldenkrise der „Dritten Welt" seit Beginn der 80er Jahre, Frankfurt am Main; Berlin...: Lang, 1995, S. 56.

Sektor, Hilfe für Unternehmen in den EL bei der Mobilisierung von Finanzen auf den internationalen Finanzmärkten und Beratung und zur Verfügung stellen technischer Hilfe an Unternehmen und Regierungen. Das IFC stellt marktübliche Zinsen in Rechnung und akzeptiert keine Regierungsgarantien. Es bietet u.a. langfristige Kredite in den wichtigsten Währungen zu fixen oder variablen Zinssätzen, Garantien und sog. „standby financing", „equity" und sog. „quasi equity investment" sowie Risikomanagement. Die Mittel des IFC werden zu 80 % auf den internationalen Kapitalmärkten akquiriert und zu 20 % bei der IBRD aufgenommen.

Die „Multilateral Investment Guarantee Agency" (MIGA), die 1988 eingerichtet wurde, fördert den Fluss ausländischer Investitionen in die EL durch Versicherung privater Investoren gegen verschiedene politische („non-commercial") Risiken (Transferbeschränkungen, Enteignung, Vertragsbruch, Krieg und zivile Unruhen). Es bietet auch Dienste zum Marketing von Investitionen sowie rechtsberatende Dienste an Mitglieder, die EL sind.

Das „International Center for the Settlement of Investment Disputes" (ICSID) wurde 1966 gegründet. Es erfüllt mit der Streitschlichtung bei Konflikten zwischen ausländischen Investoren und dem betreffenden Entwicklungsland eine wichtige Funktion, um Investitionen in EL zu fördern. Daneben führt es Beratungen und Forschungsvorhaben durch und gibt Publikationen auf dem Gebiet des ausländischen Investitionsrechts heraus.

1.2. Die Entwicklungspolitik der Weltbank

Die Weltbank nimmt – wie auch der Währungsfonds – verschiedene Einstufungen der EL nach ihrem Einkommen vor. Zur Gruppe der sog. „low-income" Länder gehören 43 der 50 LDCs und 23 weitere EL.[624] Ende der 1980er Jahre gingen etwa 97 % der IDA-Kredite an Länder mit einem Pro-Kopf Einkommen von weniger als US$ 425 (Dollar 1986).[625] Wie dargelegt erfolgt eine Kreditvergabe an die ärmsten Länder durch die IDA. Grilli geht davon aus, dass die Nachfrage nach langfristigen Investitionskrediten und politikbasierter Kreditvergabe in den Ländern mit mittlerem Einkommen abnehmen wird, wenn diese Zugang zu privatem Kapital erhalten und ausländische Direktinvesititionen erhalten. Die Hilfe für die armen Länder (Aufgabe der IDA) bleibe jedoch auf hohem Niveau bestehen.[626]

---

[624] Sieben LDCs (Kap Verde, Djibouti, Equatorial Guinea, Kiribati, Maledives, Samoa und Vanuatu) werden von der Weltbank als „lower-midle-income"-Länder eingestuft (per capita GNI zwischen US$ 756 und US$ 2.995 in 2000), vgl. TD/B/49/7 vom 1. August 2002: Least Developed Country Status: Effective Benefits and the perspective of graduation, Bericht des UNCTAD-Sekretariates, S. 4, Ziff. 7 und FN 4.

[625] Vgl. A/CONF.147/DR/2 vom 3. April 1989: Self-sustained growth and accelerated Development for the Least Developed Countries during the 1990s: issues for consideration, Aufzeichnung des UNCTAD-Sekretariats, S. 46.

[626] Vgl. Grilli, Enzo, Professor of international economics, Paul Nitze School of Advanced International Studies, Johns Hopkins University: op-ed in der Financial Times (S. 17), vgl. World Bank Development News vom12. April 2001, S. 4.

Voraussetzung für ein Engagement der Weltbank in einem Land ist der Abschluss einer Vereinbarung mit der Regierung. Die Weltbank finanziert Programme, u.a. in den Bereichen Bildung, Energie und Wasser, führt aber auch sonstige finanzielle und technische Hilfe durch. Besonderer Kritik war die Weltbank wegen ihrer Beteiligung an infrastrukturellen Großprojekten wie Staudämmen usw. ausgesetzt, die, so wurde argumentiert, häufig nur international agierenden Großkonzernen, nicht aber der einheimischen Bevölkerung zugute kamen.

1.2.1. Strukturanpassung durch die Weltbank

Die operativen Tätigkeiten der Weltbank basieren auf einem Politikprogramm, das bislang einem mehrfachen Wandel der Entwicklungsstrategie gefolgt ist. Nach der Industrialisierungsphase, in der die Bank im Wesentlichen Großprojekte im Bereich der Infrastruktur unterstützte, fokussierte die Strategie in den 1970er Jahren auf der Grundbedürfnisstrategie. Unter Präsident McNamara wurden im Rahmen der Strategie zur Armutsbekämpfung verstärkt Projekte im Bereich der Landwirtschaft und der ländlichen Entwicklung unterstützt.[627]

Seit den 1980er Jahren hat die Weltbank, ebenso wie andere internationale Entwicklungsorganisationen[628], einen großen Teil ihrer Ressourcen über konditionale Programmkreditvergabe investiert, d.h. nicht zur Finanzierung eines Projektes, sondern zur Unterstützung einer Anzahl von Politikänderungen. Die Konditionierung der Weltbank konnte die gesamte Ökonomie betreffen (sog. „Structural Adjustment Lending", SAL) oder nur einzelne Sektoren.[629] Neben finanziellen Zielen, d.h. der Verminderung der akuten Schulden und der Abmilderung der Zahlungsbilanzprobleme, werden makro- und mikroökonomische Anpassungen als Zielsetzung genannt. Mosley und Toye legten dar, dass diese drei Zielstellungen nicht nur voneinander verschieden, sondern manchmal inkompatibel waren.[630] Die im Rahmen dieser Strukturanpassungsprogramme (SAPs) verwendeten Konditionen des sog. Washingtoner Konsenses waren geprägt von der sich in den 1980er Jahren durchsetzenden Doktrin der neoklassischen Ökonomie.[631] Typische Strukturanpas-

---

[627] Vgl. Rittberger, Volker/Zangl, Bernhard: Internationale Organisationen – Politik und Geschichte, Opladen: Leske und Budrich, 3. Auflage, 2003, S. 265.

[628] Vgl. zu den Strukturanpassungen auch den Abschnitt 2.2.1. in Bezug auf den IMF.

[629] So z.B. „sectoral adjustment lending", „economic recovery programme", „export rehabilitation loan".

[630] Vgl. dazu: Mosley, Paul/ Toye, John: The Design of Structural Adjustment Programmes, Development Policy Review, Jahrgang 6 (1988), S. 395-413, S. 395f.

[631] Die 10 Politikziele des sog. Washington-Konsenses waren die folgenden:
- Haushaltsdisziplin,
- Umleitung öffentlicher Ausgaben in Richtung Bildung, Gesundheit und Investitionen in Infrastruktur (in der Praxis erfolgten in Bezug auf das Budget zumeist wohl eher Ausgabenkürzungen),
- Steuerreform, Verbreiterung der Steuerbasis und „cutting" von Grenzsteuersätzen,
- Marktbestimmter Zinssatz,
- Handelsliberalisierung – Ersetzung quantitativer Beschränkungen mit niedrigen Zollsätzen,
- Offenheit zu ausländischen Direktinvestitionen,
- Privatisierung staatlicher Unternehmen,

sungen schließen zwei breite Kategorien von Reformen ein. Die sog. Reformen der ersten Generation beinhalten Handelsliberalisierung, Finanzliberalisierung und Privatisierung von Staatsunternehmen. Reformen der zweiten Generation beinhalten die Entwicklung einer unabhängigen Justiz, Reformen des öffentlichen Sektors, um diesen professioneller zu führen, Förderung von Transparenz der Regierungsarbeit, bessere Regierungsführung und größere Zuverlässigkeit des Finanzsektors.[632]

Externe und interne Kritik gegen die Strukturanpassung leitete zu Beginn der 1990er Jahre einen mehrjährigen Lernprozess der Organisation ein. Die Schlussdeklaration des „World Summit on Social Development" in Kopenhagen 1995 forderte die internationalen Kreditinstitute auf, ihre SAPs zu justieren und sicherzustellen, dass Budgetkürzungen nicht auf Kosten sozialer Programme, Bildung und Gesundheit gehen. SAPs sollten auf wirtschaftliche und soziale Bedingungen sowie auf Belange und Bedürfnisse des einzelnen Landes eingehen.[633] Auf dem hochrangigen zwischenstaatlichen Treffen zur globalen Halbzeitüberprüfung über die Umsetzung des Aktionsprogramms für die LDC für die 1990er Jahre[634] wurde festgestellt, dass die SAPs soziale Entwicklungsziele beinhalten sollten, insbesondere die Beseitigung der Armut, die Generierung produktiver Beschäftigung und die Verbesserung der sozialen Integration. Es wurde vereinbart, dass die Regierungen der LDCs, in Zusammenarbeit mit den Internationalen Finanzinstitutionen und anderen internationalen Organistionen, erstens grundlegende Sozialprogramme und Ausgaben vor Budgetbeschränkungen schützen sollen, insbesondere solche, die die Armen und verletzbaren Teile der Bevölkerung betreffen, und zweitens Politiken fördern sollten, die kleine Unternehmen, Kooperativen und andere Formen von Mikro-Unternehmen ermöglichen, um Kapazitäten zur Generierung von Einkommen und Beschäftigung zu entwickeln.[635]

Seit einigen Jahren sind neuere Denkansätze sichtbar. Im Weltentwicklungsbericht der Weltbank von 1997, der die Handschrift von Joseph Siglitz trug,[636] wurde die

---

- Deregulierung – Abschaffung von Regulierungen, die den Wettbewerb beschränken, mit Ausnahme der wegen Sicherheit, Umwelts- oder Verbraucherschutz gerechtfertigten, und
- Rechtliche Sicherheit für Eigentumsrechte, vgl. World Development Report 2000/2001: Kapitel 4: Making Markets Work Better for Poor People, World Bank, 2000, S. 62-76, S. 63, vgl. dazu auch zum IMF Abschnitt 2.2.1.

632 Vgl. Weltbank: Adjustment from Within - Lessons from the Structural Adjustment Participatory Review Initiative, A contribution from the World Bank to the Second Global SAPRI Forum, July 30-31, 2001, S. 3.

633 Vgl. Grundberg, Isabell/ Khan, Sarbuland: Globalization: The United Nations development dialogue, UNU, 2000, S. 6ff.

634 Vgl. zum Programm Teil 1, Kapitel 2, Abschnitt 3.2.

635 Vgl. A/50/746 vom 10. November 1995: Sustainable Development and international economic cooperation: Mid-term global review of the implementation of the Programme of Action for the Least Developed Countries for the 1990s, Bericht des UN-Generalsekretärs, Ziff. 22.

636 Vgl. Stiglitz, Joseph: Towards a New Paradigm für Development: Strategies, Policies, and Processes, Prebisch Lecture at UNCTAD, Genf, 19. Oktober 1998, der in der Rede die Ele-

Bedeutung von Institutionen im Entwicklungsprozess betont. Nunmehr wurde nicht mehr der minimalistische Staat propagiert. In Diskussionen wurde nach Lösungen gesucht. Anders als der IMF rückte die Weltbank bei Ausbruch der tiefen Finanz- und Wirtschaftskrise vom Washingtoner Konsens ab. Außerdem brachte der seit 1995 amtierende Präsident der Weltbank Wolfensohn in zahlreichen Reden und Beiträgen die Bekämpfung der Armut wieder in den Mittelpunkt des Interesses.[637] Bereits 1997 hatte Wolfensohn auf dem Jahrestreffen des „Boards of Governors" von Weltbank und IMF unter dem Stichwort der Integration betont, dass zu viele Menschen in den EL nicht vom Entwicklungsprozess profitierten und die Gefahr bestehe, dass der Kampf gegen die Armut verloren werde.[638] In Weiterverfolgung dieser Vision fanden im Sommer 1998 eine Reihe von Konsultationen, einschließlich vier „Runder Tische", in Amerika, Europa, Asien und Afrika statt, die sich mit einem Diskussionspapier mit dem Titel „Partnerships for Development: Proposed Actions for the World Bank" unter Teilnahme von Repräsentanten der Regierungen, bilateralen und multilateralen Geberorganisationen, den internationalen Finanzinstitutionen, der Wissenschaft und von NGOs sowie aus dem privaten Sektor statt. Im Anschluss an die Diskussionen[639] wurde ein neues Papier mit dem Titel „Partnership for Development: From Vision to Action" erstellt.

In seiner Rede an den Verwaltungsrat im Oktober 1998 hatte Wolfensohn vorgetragen, dass es notwendig sei, die Belange makroökonomische Stabilität und Wachstum mit dem Belang für effektive Armutsreduzierung gleich zu gewichten.[640] Wolfensohn führte in dieser Rede u.a. aus, dass die Weltbank schnell in Krisenländern reagieren müsse, um sicherzustellen, dass soziale, institutionelle und politische Reformen sofort Fuß fassen können usw., jedoch habe die Bank eine andere Rolle als der Fonds. Bei mehr kurzfristiger Kreditvergabe in Notfällen bleibe weni-

mente einer Entwicklungsstrategie sehr detailliert darlegt. Ziel sei die Transformation der Gesellschaft.

637 Vgl. Jakobeit, Cord: Die Weltbank und „Menschliche Entwicklung", ein neuer strategischer Ansatz aus Washington, E+Z, Heft 5, Mai 1999, S. 124f.

638 Vgl. Wolfensohn, James: Die Herausforderungen der Integration, Ansprache zur Jahreskonferenz, Rede vor dem Delegiertenausschuss, Honkong, China, 23. September 1997. In dieser Rede kamen bereits einige Elemente des später von ihm vorgeschlagenen Comprehensive Development Framework (CDF) vor. Z.B. führt er aus: „Wir können fortfahren wie bisher und uns um ein unterhalb der Armutsgrenze liegendes Projekt hier oder dort kümmern. Wir können fortfahren wie bisher und internationale Übereinkünfte abschließen, die wir dann ignorieren. Wir können fortfahren, uns um Befugnisbereiche zu streiten und darüber, wer die moralischeren Ziele verfolgt. Oder wir treten für Veränderung ein. Aber um das zu können, müssen wir von unserem Tellerrand aufblicken. Wir müssen Partnerschaften bilden, um unseren Einfluss zu maximierenund unsere knappen Ressourcen besser einzusetzen. Und wir müssen unsere Kräfte dort einsetzen, wo sie die größten Erfolgsaussichten haben."

639 Vgl. dazu: Partnership for Development: From Vision to Action, Briefing to the Board of the Executive Directors, 24. September 1998, im Internet unter http://www.worldbank.org/html/extdr/pdf-vistoact.pdf und die Ausführungen in Teil 3.

640 Vgl. Wolfensohn, James: Vorwort zum Bericht: Comprehensive Development Framework Country Experience March 1999-July 2000, Weltbank, September 2000, S. 5, Wolfensohn, James: Die andere Krise, Rede an den Verwaltungsrat, Washington (D.C.), 6. Oktober 1998.

ger für die Mission der langfristigen Entwicklung übrig. Weniger für IDA, weniger für HIPC sowie weniger für die Armen in den Krisenländern.[641] Er legte dar, dass ein mehr integriertes Vorgehen im Entwicklungsbereich erforderlich ist, das auf einem Rahmen basiert, der durch das Entwicklungsland selbst erarbeitet wurde. Ein von ihm im Januar 1999 vorgelegter Diskussionsentwurf für einen umfassenden Entwicklungsrahmen („Comprehensive Development Framework", CDF)[642], gerichtet an das Direktorium, die Verwaltung und den Mitarbeiterstab, bildete die Grundlage für einen Ansatz, einen neuen kohärenten, langfristigen und umfassenden Konsens über die Ziele, Mittel und Instrumente der EZ zwischen allen wichtigen Akteuren herzustellen. Das von Wolfensohn vorgeschlagene CDF soll neben makroökonomischen Gesichtspunkten politische, institutionelle, menschliche, soziale, infrastrukturelle, ökologische und kulturelle Aspekte berücksichtigen. Es empfiehlt einen langfristigen, holistischen Entwicklungsansatz, der die Bedeutung makroökonomischer Grundlagen anerkennt aber ein gleiches Gewicht auf institutionelle, strukturelle und soziale Untermauerung einer robusten Marktwirtschaft legt. Es betont enge Partnerschaften zwischen Regierungen, den Gebern, der Zivilgesellschaft, dem privaten Sektor und anderen Entwicklungsakteuren. Ein wichtiges Kriterium ist, dass das Land in Bezug auf die Entwicklungsagenda „auf dem Fahrersitz" sitzt und diese Agenda des Landes zusammen mit der Weltbank und den anderen Partnern des Landes, die jeder ihre Unterstützung in ihren Geschäftsplänen festlegen, umgesetzt wird. Die Ziele des neuen Ansatzes sind:

- Herstellung günstiger Rahmenbedingungen statt einer Vielzahl von Projekten in den eben genannten Bereichen,
- Einbeziehung aller wichtigen Akteure (Regierung, multilaterale und bilaterale Beteiligte, Zivilgesellschaft und Privatsektor) durch Erstellen einer Matrix, die allen offen stehen und ein Schritt in Richtung Einbeziehung aller, Transparenz und Zurechenbarkeit sein soll. Richtig angewendet sollte sie konstruktive Kritik ermöglichen – vor allem eine Grundlage zur Bewertung und Zurechenbarkeit. In Bezug auf die multi- und bilateralen Beteiligten sollte in einer Zeit schwindender Ressourcen für Übersee-Entwicklungshilfe und Etatbeschränkungen bei Behörden, die die verfügbaren Arbeitskräfte verringern, jeder wissen, was der andere tut, damit man kooperieren und doppelte Arbeit vermeiden kann.[643]
- Selektivität, d.h. es können mehr Menschen aus der Armut befreit werden, wenn zunächst den Ländern geholfen wird, die gute Rahmenbedingungen geschaffen haben, wenn die knapper werdenden Mittel auf die wirklich bedürftigen Länder konzentriert werden, in denen Bedingungen für eine effektive Verwendung vorhanden sind. Bei der Verteilung der Gelder dürfe die politische Ausrichtung des Landes nicht außer Acht gelassen werden. In Ländern mit fehlender Entwicklungsorientierung, mangelhaften Rahmenbedingungen und ausbleibender Re-

[641] Vgl. Wolfensohn, James: Die andere Krise, Rede an den Verwaltungsrat, Washington (D.C.), 6. Oktober 1998, S. 5.
[642] Vgl. Wolfensohn, James: Ein Vorschlag für einen umfassenden Entwicklungsrahmen, ein Diskussionsentwurf, Washington (D.C.), Weltbank, 21. Januar 1999.
[643] Vgl. Wolfensohn, James: ebenda, S. 12f.

formbereitschaft, d.h. wo finanzielle Unterstützung nicht den erhofften Erfolg bringen kann, ist es die Aufgabe, nach neuen Wegen zu suchen. Hier müsse Hilfe zur Selbsthilfe geleistet werden.[644]

- Verbesserte Koordinierung und Arbeitsteilung der Geber: die oben genannte Matrix aller genannten Rahmenbedingungen und aller beteiligten nationalen und internationalen Akteure mit in den Anhängen aufgelisteten Detailaktivitäten aller beteiligten Akteure soll Grundlage für größere Kooperation, Transparenz und Partnerschaft sowie für eine verbesserte Koordination der Entwicklungsanstrengungen sein. Dabei soll die Weltbank keineswegs die Rolle des Koordinators aller Programme übernehmen, sondern in einigen Fällen unter Führung der Regierungen den Prozess oder Segmente des Prozesses dirigieren, in anderen Fällen der Führung anderer folgen und in weiteren Fällen gar nicht teilnehmen.[645]

Daraus ergeben sich vier miteinander im Zusammenhang stehende Prinzipien, die auf Länderebene verfolgt werden sollen:

- Langzeitvision und -strategie als Voraussetzung zu nachhaltiger Entwicklung, basierend auf nationalen Konsultationen und unter ausgewogener Behandlung sozialer und struktureller Belange mit makroökonomischen und Finanzfragen
- Stärkere Inhaberschaft der Entwicklungsziele und -aktionen
- Mehr strategische Partnerschaften mit allen Akteuren und
- Verantwortlichkeit der Akteure für Entwicklungsergebnisse.[646]

Das CDF soll kein Entwurf sein, der auf alle Länder in der gleichen Art und Weise angewendet werden kann, sondern ein Prozess, ein Mittel, größere Entwicklungseffektivität zu erreichen. Kurzfristig soll es Mechanismen etablieren, um Menschen zusammen zubringen und Konsens herauszubilden, engere Partnerschaft zu fördern, die strategische Selektivität zulassen, kostspielige Konkurrenz reduzieren und die die Erzielung konkreter Ergebnisse betonen. Es soll den Gebern helfen, selektiver vorzugehen, in dem was sie tun. Langfristig soll das CDF die Effektivität der Entwicklung steigern und zur Erreichung des zentralen Zieles der Armutsreduzierung und der vereinbarten internationalen Entwicklungsziele beitragen.[647]

---

[644] Vgl. bereits Wolfensohn, James D.: Die Herausforderung der Integration, Ansprache zur Jahreskonferenz, Rede vor dem Delegiertenausschuss, Honkong, China, 23. September 1997, S. 6 und Wolfensohn, James: Ein Vorschlag für einen umfassenden Entwicklungsrahmen, ein Diskussionsentwurf, Washington (D.C.), Weltbank, 21. Januar 1999, S. 5f.

[645] Vgl. Jakobeit, Cord: Die Weltbank und „Menschliche Entwicklung", ein neuer strategischer Ansatz aus Washington, E+Z, Heft 5, Mai 1999, S. 124f, vgl. auch Wolfensohn, James D.: Ein Vorschlag für einen umfassenden Entwicklungsrahmen, ein Diskussionsentwurf, Washington (D.C.), Weltbank, 21. Januar 1999, S. 11.

[646] Vgl. World Bank: Comprehensive Development Framework Country Experience March 1999-July 2000, World Bank, September 2000, S. 7.

[647] Vgl. World Bank: Overview of the Comprehensive Development Framework, im Internet unter http://www.worldbank.org/cdf/ overview.htm/overview.htm, Ausdruck vom 9. Dezember 1999.

Die Bank hat im Sekretariat ein CDF-Sekretariat als zentralen „focal point" eingerichtet, das Unterstützung in der Implementierung der CDF-Prinzipien zur Verfügung stellen soll. Bei den Schlüsselpartnern der Bank sind ebenfalls bilaterale, multilaterale bzw. UN-„focal points" eingerichtet worden. Jede „focal point"-Gruppe stellt ein Forum für konstruktiven Dialog, Feedback, Erfolg, Probleme und mögliche Lösungen zur Verfügung.[648]

Auf seinem Treffen im September 1999 billigte das „Development Committee" Vorschläge, die beinhalteten, dass Armutsstrategiepapiere („Poverty Reduction Strategy Papers", PRSPs) von den nationalen Behörden in enger Zusammenarbeit mit Mitarbeitern der Bank und des Fonds in allen Ländern mit niedrigem Einkommen, die Unterstützung durch die „Enhanced Structural Adjustment Facility" (ESAF)[649] bzw. die IDA erhalten, erarbeitet werden sollen. Die Papiere sollen auf den Prinzipien des CDF aufbauen. Der Ausschuss betonte

„that the strategies set out in the new Poverty Papers should be country-driven, be developed transparently with broad participation of elected institutions, stakeholders including civil society, key donors and regional development banks, and have a clear link with the agreed international development goals - principles that are embedded in the Comprehensive Development Framework."[650]

Nunmehr arbeiten Weltbank und IMF in Ländern mit niedrigem Einkommen auf der Grundlage der PRS. Diese ländereigenen Strategien der Armutsreduzierung werden in einem „Poverty Reduction Strategy Paper (PRSP) niedergelegt, welches die Grundlage für die Schuldenreduzierung unter der HIPC-Initiative sowie für konzessionelle Kreditvergabe durch die Bank und den IMF unter der „Poverty Reduction and Growth Facility" (PRGF) bildet.[651] Ursprünglich für die 41 HIPC-Länder konzipiert, haben IMF und Weltbank die Reichweite der PRSPs auf alle 77 „low-income"-Länder ausgedehnt, die die Hilfe der „Poverty Reduction and Growth Facility" (PRGF) auf der Basis ihres Pro-Kopf-Einkommens und IDA-Berechtigung in Anspruch nehmen können.[652]

Neben anderen Kreditinstrumenten wurde ein neues Instrument eingeführt. Der sog. „Poverty Reduction and Support Credit" (PRSC) ermöglicht es der Weltbank, Kredite unabhängig von den Kreditbedingungen des IMF für arme Länder zu ver-

---

648 Vgl. Progress Report to the World Bank's Executive Board - September 1999, S. 4, Ziff. 25 sowie S. 6, Ziff. 39, im Internet unter http.//www.worldbank.org/cdf/progress report0999.htm.

649 Vgl. dazu Abschnitt 2.2.1.

650 Vgl. das Development Communiqué vom 27. September 1999 sowie Background and Overview of the Comprehensive Development Framework, im Internet unter http://www. worldbank.org/cdf/overview.htm/overview.htm, Ausdruck vom 9. Dezember 1999.

651 Vgl. dazu die Ausführungen im Kapitel über den IMF sowie ausführlicher in Teil 3.

652 Vgl. UNDP Policy Note: UNDP's engagement in Poverty Reduction Strategy Papers, August 2002, S. 3, im Internet unter http://www.undp.org/policy/docs/prsp.pdf, Ausdruck vom 1. April 2003, vgl. zu den PRSPs Teil 3, Kapitel 2, Abschnitt 1.1.1.

geben.[653] PRSC ist ein Kredit, um Ländern mit niedrigem Einkommen und starken politischen und institutionellen Bemühungen zu helfen, die Leistungen grundlegender Versorgungsdienste an die Bevölkerung zu verbessern. [654] Der PRSC hatte Kritik einiger Anteilseigner, einschließlich den USA, hervorgerufen.[655]Im Juni 2001 hat die Weltbank einen PRSC an Uganda bewilligt. Dies sei ein Eingeständnis dafür, dass viele Entwicklungsprobleme sich weitgehend auf Afrika beschränkt haben. Uganda wurde daneben auch aus einem anderen Grund begünstigt: Der Kredit sei eine Demonstration des neueren Denkansatzes der Bank, die davon ausgeht, dass die Geber die Länder der Dritten Welt, die gute Politiken praktizieren, belohnen sollten anstelle des Austausches „Hilfe gegen Reform". Weltbankpräsident Wolfensohn stellte das Instrument der PRSC auf dem Frühjahrstreffen im April 2001 in Washington als von IMF-Konditionalitäten unabhängig vor. Uganda war damit das erste Land, das von dieser neuen Kreditpolitik profitiert hat.[656]

Trotz der CDF-Prinzipien, die Kriterien wie „ownership" und vom Entwicklungsland aufgestellte eigene Entwicklungs- und Armutsreduzierungsstrategien herausstellen, bleibt Konditionalität bislang weiter im Repertoire der Weltbank. Im Zuge der durchgeführten „Pilot-CDF" stellte sich die Frage, ob unter dem Prinzip des „country ownership" die Weltbank und andere Akteure ihre eigenen Ansichten opfern müssten. Im Fortschrittsbericht, der nach den ersten 12 Monaten des CDF-Pilotprogramms im Mai 2000 erstellt wurde, heißt es dazu bezeichnender Weise unter der Überschrift „CDF and Conditionality":

„Suffice it to say the Bank and the other players should not go along with proposals which are counter to their institutional mandate and experience. However, the Bank would encourage in-depth upstream dialogue among parties to work towards consensus ... Ultimately, the Bank and the other major players must reserve the right to support only those proposals whith which they agree."[657]

Zweifel äußerte auch das „Executive Committee for Economic and Social Affairs" (EC-ESA) in Bezug auf die PRSPs. Obwohl die PRSPs die Ansichten aller relevanten „Stakeholder" in Betracht ziehen sollen, sind die PRSPs wahrscheinlich durch den Fakt beeinflusst, dass sie von den Exekutivräten von Weltbank und IMF verabschiedet werden müssen, um Finanzierungen in Bezug auf die Zahlungsbilanz bzw.

---

[653] Vgl. World Bank Development News vom 28. April 2001, S. 5.

[654] Vgl. World Bank Development News vom 26. Juni 2001, S. 8, Kommentierung des Weltbankberichtes „Can African claim the 21st century".

[655] Vgl. World Bank Development News vom 28. April 2001, S. 5: „Wolfensohn...said he hoped the Bank would soon launch ist new lending instrument, the Poverty Reduction and Support Credit (PRSC), which would give it independence from the IMF's lending conditions for poor countries. Development officials say the PRSC... has encountered opposition from several key shareholders, including the US".

[656] Vgl. World Bank Development News vom 26. Juni 2001, S. 8, Kommentierung des Weltbankberichtes „Can African claim the 21st century".

[657] Vgl. World Bank: Comprehensive Development Framework Mid-Term Progress Report, Weltbank, Mai 2000, S. 22, Ziff 80, im Internet unter http://www.worldbank.org/cdf/progressreport.htm.

durch Kredite der Weltbank (und wahrscheinlich auch von bilateralen Gebern) zu erhalten. Dem EC-ESA zufolge haben in der Vergangenheit einige Regierungen Abkommen unterzeichnet, wohl wissend, dass sie nicht fähig sein würden, diese einzuhalten oder diese nicht einhalten wollten. Teilweise erfolgte dies mit impliziter Anerkennung durch den Geber. Das selbe sei für die PRSPs möglich.[658]

Noch kritischer äußert sich Doris Bertrand im Bericht der „Joint Inspection Unit". Sie führt aus, dass das Konzept der „Ownership", benutzt durch die Weltbank und den IMF für die Errichtung von CDFs und PRSPs, zum gegenwärtigen Zeitpunkt eher theoretisch bleibt, da die „gewählten" Politiken und Strategien bereits weitgehend durch die Bedingungen von Krediten und multilateralen Politikzusagen bestimmt sind, die auf der einzelnen Länderebene nicht in Frage gestellt werden können.[659] Das UNDP, das ebenfalls an der Aufstellung der PRSPs beteiligt ist, führt aus, dass der Wert nationaler Strategien zur Armutsreduzierung darin liegt, dass sie ausdrücklich öffentliche Politiken so einstellen können, dass diese Ressourcen auf die Armen fokussieren. Ihr Einfluss wird jedoch begrenzt bleiben, es sei denn, sie können allgemeine Wirtschaftspolitik und Budgetzuweisungen mit Blick auf die Armen tatsächlich beeinflussen.[660].

Die Strukturanpassungsprogramme (SAP) der Weltbank sind nach wie vor in der Kritik. Nach Doris Bertrand haben die neue Betonung von Armutsreduzierung der BWIs und die Bemühungen der UN in dieselbe Richtung nicht zu merklichen Modifikationen der Anpassungspolitiken geführt. Änderungen beschränken sich darauf, das zu im wesentlichen unveränderten makroökonomischen Politiken einige soziale Belange dazugefügt wurden. Die Anfügung sozialer Belange ohne Sicherstellung der adäquaten Finanzierung an essentiell unveränderte makroökonomische und strukturelle Politiken könne aber das Problem der Armutsreduzierung nicht lösen.[661] Problematisch an Umverteilungsstrategien ist, dass diese nicht zum Wachstum beitragen, sondern, insoweit ähnlich wie auch in entwickelten Ländern, ein zu hohes Maß an Umverteilung, gemessen an den vorhandenen Ressourcen, Auswirkungen auf das Wachstum haben können. Auch der Abschlussbericht der „Structural Adjustment Participatory Reviews Initiative" (SAPRI), der im April 2002 veröffentlicht wurde, kritisiert die Strukturanpassung stark.[662] SAPRI war

---

658 Vgl. ECESA/3 vom 20. Juni 2001: Towards a New Aid Compact, S. 16.

659 Vgl. Bertrand, Doris: Report of the Joint Inspection Unit on the results approach in the United Nations: implementing the United Nations Millennium declaration, JIU/REP/2002/2, enthalten in Dokument A/57/372 vom 3. September 2002, S. 27f, Ziff. 116.

660 Vgl. UNDP Policy Note: The Role of Economic Policies in Poverty Reduction, April 2002, S. 2, im Internet unter http://www.undp.org/policy/docs/policynotes/economic-policies-poverty-reduction.doc, Ausdruck vom 15. Januar 2003.

661 Vgl. Bertrand, Doris: ebenda, S. 28, Ziff. 117f.

662 Vgl. Ellisen, Tillmann: Weltbankprogramme in der Kritik: „Armutsprogramme durch Strukturanpassung", E+Z, 2002, Heft 7, S. 225f, unter Verweis auf den Abschlussbericht der SAPRI, vgl. den SAPRI-Bericht „The Policy Roots of Economic Crisis and Poverty - A Multi-Country Participatory Assessment of Structural Adjustment", Based on Results of the Joint World Bank/Civil Society/Government Structural Adjustment Participatory Review Initiative

1996 gemeinsam von der Weltbank und NGOs aus aller Welt ins Leben gerufen worden. In mehreren Ländern Afrikas, Asiens und Lateinamerikas sollten die Auswirkungen der SAP der Weltbank untersucht werden.[663] Ausgewählt werden sollten Länder, in denen die Regierungen an diesem Prozess teilnehmen würden. Der SAPRI-Bericht basiert auf Untersuchungen in 9 Ländern, darunter auch zwei LDCs.[664]

Durch das blinde Vertrauen auf die vermeintlich entwicklungsfördernden Kräfte des Marktes und die einseitige Konzentration auf exportorientiertes Wachstum, so die zentrale Kritik des SAPRI-Berichtes, seien in den betroffenen Ländern lokale Industrien benachteiligt oder gar zerstört worden, womit der wichtigste Motor für eine eigenständige Entwicklung abgewürgt worden sei. Die Öffnung der Märkte im Rahmen der von der Weltbank propagierten exportorientierten Wachstumsstrategie habe in den untersuchten Ländern vor allem zu einem starken Anstieg der Importe geführt. Diese hätten einheimische Güter verdrängt und einem Rückgang der Produktion sowie einen Anstieg der Arbeitslosigkeit bewirkt. Zwar seien auch die Exporte gestiegen, jedoch insgesamt nicht so stark wie die Einfuhren. Zudem konzentrierte sich das Exportwachstum weitgehend auf einige wenige Rohstoffe und auf solche Fertigwaren, die von transnationalen Konzernen mit billigen und gering qualifizierten Arbeitskräften hergestellt werden. Nach dem SAPRI-Bericht sollte Handelspolitik aber dazu dienen, einen starken verarbeitenden Sektor zu schaffen sowie landwirtschaftliche und industrielle Produktion zu unterstützen, anstatt diese Sektoren im Namen des Kampfes gegen Ineffizienz mit einer Flut billiger Importe zu zerstören. Ein weiterer Kritikschwerpunkt betrifft die im Rahmen der SAP geförderte Privatisierung vormals öffentlicher Dienstleistungen wie Strom und Wasserversorgung. Nicht der Zugang zu diesen Gütern sei verbessert, sondern vielmehr in den meisten Fällen die Preise erhöht worden. Der dritte maßgebliche Kritikpunkt der Studie bezieht sich auf die im Rahmen der SAP vorgenommenen Kürzungen der Sozialausgaben, etwa für Bildung und Gesundheit. Davon sei vor allem die arme Bevölkerung betroffen. Begründet wurden die Einschnitte häufig mit der hohen Verschuldung der Länder. In Fällen wie Uganda, wo die Regierung die Sozialausgaben habe beibehalten oder sogar erhöhen wollen, sei dies größtenteils durch Entwicklungshilfe finanziert worden. Der Wert, den Bildung und Gesundheit – über den individuellen Nutzen hinaus – für die Gesellschaft und zukünftige Generationen haben, sei zugunsten der Bedienung der Gläubiger vernachlässigt worden."[665]

(SAPRI) and the Citizens' Assessment of Structural Adjustment (CASA), Prepared by the Structural Adjustment Participatory Review International Network (SAPRIN) First Edition, April 2002. Der Bericht wurde durch die Regierungen von Norwegen, Schweden, Belgien und Deutschland sowie die EU das UNDP sowie privaten Stiftungen wie der Rockefeller und W.K. Kellogg Foundation sowie anderen Gebern und NGOs auf Länderebene unterstützt.

663 Vgl. Ellisen, Tillmann: Weltbankprogramme in der Kritik: „Armutsprogramme durch Strukturanpassung", E+Z, 2002, Heft 7, S. 225f, S. 226.

664 Bangladesch und Uganda, die anderen Länder waren Equador, El Salvador, Ghana, Ungarn Simbabwe, Mexiko und die Philippinen.

665 Vgl. den Abschlussbericht der SAPRI, zitiert in: Ellisen, Tillmann: ebenda, S. 226.

Im Laufe der Beratungen hatte sich die Weltbank zunehmend von der Initiative distanziert, als sich abzeichnete, dass die SAP schlecht abschneiden würden.[666] Die Weltbank hatte bereits im August 2001 einen eigenen SAPRI-Bericht zur Bewertung der SAPs vorgelegt.[667] Der Weltbank-Bericht bewertet die eigene Arbeit weniger negativ, geht aber davon aus, dass in einigen Bereichen aus den Erfahrungen Lehren gezogen werden können. Zum Teil kommt eine gewisse Hilflosigkeit zum Ausdruck. Der Bericht geht davon aus, dass Politikreformen in EL sowie in entwickelten Ländern notwendig sind, um Möglichkeiten und Sicherheit der Armen zu verbessern. Wie aber Politikreformen am besten für arme und verletzbare Gruppen ausgestaltet werden können, bleibe eine Herausforderung für Regierungen, Geber und Organisationen der Zivilgesellschaft. Es gäbe keine einfachen Formeln für Strukturanpassung, die sowohl Politiken zur kurzfristigen Stabilisierung in Reaktion auf akute Zahlungsbilanzkrisen als auch langfristige strukturelle Änderungen zur Verbesserung des Funktionierens von Märkten und dem privaten Sektor oder zum Übergang von zentralen Planwirtschaftten zu Marktwirtschaften umfassen. In vielen der SAPRI-Länder seien die breiten Zielstellungen von makroökonomischen Reformen erreicht worden. Defizite und Inflation wären in der 2. Hälfte der 1990er substantiell reduziert worden. Die Bevölkerung dieser Länder lebe nunmehr statt in wirtschaftlich stagnierenden – in potentiell aufsteigenden Wirtschaften. Jedoch bleibe die Reformagenda für viele EL und auch entwickelte Länder unvollendet. Die Marktreformen und die Reformen des öffentlichen Sektors der vergangenen Jahrzehnte hätten alles in allem den Ländern in ihrer Entwicklung geholfen. Jedoch sei gelernt worden, dass Anpassung politisch und sozial gesehen kein einfacher Prozess ist. Einige potentiell negative Effekte haben sich in den SAPRI-Ländern realisiert.[668] „Ownership" der Regierung im Anpassungsprozess und eine breite Unterstützung durch die Bevölkerung u.a. durch Konsultationen seien erforderlich,

---

[666] Vgl. Ellisen, Tillmann: Weltbankprogramme in der Kritik: „Armutsprogramme durch Strukturanpassung", E+Z, 2002, Heft 7, S. 225f, S. 226.

[667] Vgl. World Bank: Adjustment from Within - Lessons from the Structural Adjustment Participatory Review Initiative, A contribution from the World Bank to the Second Global SAPRI Forum, July 30-31, World Bank 2001. Der Bericht beruht auf Evaluierungen in Bangladesch (LDC), Equador, Ghana, Ungarn, Mali (LDC) und Uganda (LDC). Der bericht basiert auf Länderstudien und einer Auswahl von Strukturanpassungspolitiken: Finanzliberalisierung (Bangladesch, Equador), Privatisierung (Bangladesch, Ungarn, Uganda), Liberalisierung im Agrarbereich (Bangladesch, Ghana, Uganda), Arbeitsmarktderegulierung (Ecuador), Handelsliberalisierung (Bangladesch, Equador, Ghana, Hungary), und Reform öffentlicher Ausgaben (Ungarn, Equador).

[668] Zu diesen Effekten zählen:
- Die Effekte reduzierter Ausgaben im Sozialbereich.
- Die Effekte in Bezug auf Beschäftigungssicherheit. Dies betraf nicht nur Arbeiter, die ihre Arbeit verloren haben, sondern die Unsicherheit besteht auch bei denen, die ihre Arbeit behalten haben.
- Die Effekte auf Verbraucherpreise. Reduzierte Nahrungsmittelsubventionen führten zu geringerer Kaufkraft und betrafen insbesondere die Armen hart, vgl. World Bank: Adjustment from Within - Lessons from the Structural Adjustment Participatory Review Initiative, A contribution from the World Bank to the Second Global SAPRI Forum, July 30-31, 2001, S. 39.

um realistische Erwartungen zu definieren. Die Überprüfung der sechs SAPRI-Länder habe gezeigt, dass Institutionen notwendig sind. Dies schließe Regeln ein, die Wettbewerb sicherstellen und durch ein rechtliches Umfeld deren Umsetzung garantieren. Damit befasste sich auch der Weltentwicklungsbericht 2002 der Weltbank. Eine weitere wichtige Erfahrung sei, dass in manchen Fällen ein schrittweises Vorgehen angemessen sei, um komplexe Reformen eng mit der Herausbildung von Institutionen zu verbinden. Wichtig sei, entsprechende Sicherheitsnetze einzurichten, um negative Effekte auf die Armen abzumildern. Besondere Aufmerksamkeit sollte auch auf die Sicherstellung von Sozialausgaben und die Aufrechterhaltung des Zugangs zu Gesundheitsversorgung und Bildung gelegt werden.[669]

Am 23. Juli 2002 fand ein Treffen von SAPRI-Vertretern mit James Wolfensohn und anderen Weltbank-Mitarbeitern statt, auf dem die verschiedenen Positionen diskutiert wurden. Wolfensohn war der Auffassung, dass eine Schwarz-Weiss-Sicht nicht geeignet und es realitätsfern sei, dass eine bloße Übernahme der Strategie der SAPRI alle Probleme lösen würde. Diskussionen über die betreffenden Punkte wären sinnvoll. Daneben erklärte er

„In the seven years that I've been here, the one thing I've learned is that bringing about change in anything takes time. We can decide everything today, and we're not going to fix it tomorrow. There needs to be a process here in which on a country-by-country basis or region-by-region basis we can bring about some change."[670]

Bereits der Weltentwicklungsbericht 2000/2001 der Weltbank führte zu den von der Weltbank durchgeführten Strukturanpassungsprogrammen aus, dass viele, wenn auch nicht alle, der in den 1980er und 1990er Jahren[671] durchgeführten „marktfreundlichen" Reformen die Prinzipien des sog. Washingtoner Konsenses reflektierten.[672] Auf Grund von externen Schocks, der weltweit gestiegenen Zinssätze verbunden mit der Erhöhung der Last der Kreditverpflichtungen seien in manchen Fällen die Gewinne der Reformen erodiert worden, in anderen Fällen hätten die Reformprogramme weniger gebracht als erhofft oder seien vollständig gescheitert. Die sog. Reformen der zweiten Generation, die Institutionenbildung u.a. einbeziehen, sind komplexer und benötigen mehr Zeit. Gründe für das Scheitern der Reformen in Afrika, so die Weltbank, seien inadäquate öffentliche Investitionen (z.B. Infrastruktur) sowie fehlende Transparenz und Verantwortlichkeit (ungenügende regulatorische Änderungen, Korruption, Bürokratie usw.).[673]

[669] Vgl. World Bank: Adjustment from Within - Lessons from the Structural Adjustment Participatory Review Initiative, A contribution from the World Bank to the Second Global SAPRI Forum, July 30-31, 2001, S. 40.

[670] Vgl. das Transkript des Treffens von James D. Wolfensohn mit SAPRIN-Repräsentanten, Dienstag, 23. Juli 2002, in Washington, S. 32 und S. 34, im Internet unter http://www.worldbank.org.

[671] Bekanntermaßen waren es in den 1950er und 1960er Jahren eher die nach innen orientierten Reformen (starker Staat und Schutz der lokalen Industrien).

[672] Vgl. dazu auch das Kapitel über den IMF.

[673] Vgl. World Bank: World Development Report 2000/2001: Kapitel 4: Making Markets Work Better for Poor People, World Bank, 2000, S. 62-76, S.64f.

Einem UNCTAD-Bericht zufolge, zeige eine Überprüfung der makroökonomischen und strukturellen Anpassungspolitikinhalte der PRSPs durch die UNCTAD, dass es kein fundamentales Abweichen von der Politikberatung nach dem Konzept des Washingtoner Konsenses gibt. Alle Hauptelemente der Reformen der sog. ersten Wirtschaftsreform seien nach wie vor enthalten. Die Reformen der zweiten Generation revidiere und verbessere das ökonomische Politikrahmenwerk nicht, sondern füge neue Elemente hinzu. Die Betonung von Institutionen bzw. guter Regierungsführung sei richtig, es bestehe fast universell Übereinstimmung, dass dies im Bereich der wirtschaftlichen, sozialen und politischen Entwicklung bedeutsam ist. Jedoch erfolgen Verbesserungen nur langsam. Konsequenterweise wäre es kontraproduktiv, Politiken unabhängig von der bestehenden Lage und des vorgeschlagenen Vorgangs der Institutionenbildung anzuwenden. Zudem könnten gute Institutionen nicht immer Fehler in der Wirtschaftspolitik vermeiden oder diese ausgleichen bzw. Marktversagen vorbeugen. Das derzeitige Vorgehen scheine daher immer noch darauf zu basieren, dass Liberalisierung und enge Integration in die globale Wirtschaft der Schlüssel zu schnellem und nachhaltigem Wachstum seien. Obwohl es anerkannt ist, dass Wachstum nicht automatisch die Armen begünstigt, sei es nicht klar, wie Politiken, die das Primat des Marktmechanismus betonen, in Bereichen wie Handel, Finanzen und Landwirtschaft, mit einem verbesserten Zugang der Armen zu produktivem Vermögen in Einklang zu bringen sind. Der Einfluss der Stabilisierungspolitiken und Strukturreformen auf Wirtschaftswachstum und Einkommen sowie das Wohl der Armen müsse neu beurteilt und diese gegebenenfalls umorientiert werden.[674]

Mit dem langsamen Fortschritt bei der Rationalisierung der Konditionalität befassten sich u.a. die Minister auf dem 6. HIPC-Ministertreffen[675] am 5. März 2002 in London. In der Ministererklärung erkannten sie die Bemühungen der BWIs zur Rationalisierung unter der PRGF und PRSC an, sie riefen jedoch zu einer weit drastischeren Rationalisierung auf: Der IMF sollte vier bs fünf Konditionen auswählen, die essentiell für einen in Bezug auf die Armen günstigen Makro-Rahmen sind, die Weltbank eine ähnliche Anzahl an strukturellen Konditionen, die einen nachweisbaren direkten positiven Einfluss auf Armutsreduzierung haben. Beide Institutionen sollten überprüfen, dass keine sich überschneidenden Konditionalitäten zwischen ihren Programmen besteht, das andere Geber keine zusätzlichen Konditionen auferlegen und dass Mikro-Konditionen vermieden werden.[676]

Derzeit werden im Rahmen der Weltbank Diskussionen geführt, die operative Politik und die Prozeduren der Bank neu zu überdenken und die „Operational Directive“ (OD) 8.60, „Adjustment Lending Policy“ zu überarbeiten. In diese Überarbeitung sollen die in den letzten zehn Jahren gemachten Erfahrungen aus der operativen Praxis einfließen. U.a. sollen Berichte über die Erfahrungen mit Struk-

---

674 Vgl. UNCTAD/GDS/AFRICA/2: Economic Development in Africa, From Adjustment to Poverty: What is new?, UNCTAD-Bericht, United Nations, Genf und New York 2002, S. 6f.

675 Vgl. zum HIPC-Begriff Abschnitt 2.2.2.

676 Vgl. UNCTAD/GDS/AFRICA/2: ebenda, S. 18f, m.w.N.

turanpassungen wie die „Adjustment Lending Retrospective“ und die Ergebnisse der SAPRI sowie informelle Diskussionen mit Regierungen, NGOs und anderen berücksichtigt werden. Das Dokument „From Adjustment Lending to Development Policy Support Lending: Key issues in the Update of World Bank Policy“ soll als Diskussionsgrundlage dienen.[677] Ziel ist es, die Bank zu einem effektiveren Entwicklungspartner zu gestalten. Die politikbasierte Kreditvergabe soll ein besseres Instrument zur Unterstützung der ländereigenen Strategien zur Armutsreduzierung werden. Die neue Politik soll die Bedeutung der „Ownership“ des Landes betonen. Länder fänden verschiedene Wege zur Formulierung und Umsetzung eigener Politiken und Institutionen für Entwicklung und Armutsreduzierung. Das Reformprogramm müsse die besonderen Umstände des Landes berücksichtigen. Die Rolle der Bank sei es, die Länder zu beraten und solche Programme zu unterstützen, nicht aber sie zu formulieren und vorzuschreiben. Das neue „Operational Policies/ Bank Procedures“-Format (OP/BP 8.60) bezweckt, prägnant die verbindlichen operativen Politiken der Bank festzulegen. Daher sollen einige Bereiche des bisherigen OD 8.60 nicht mehr enthalten sein, so z.B. die spezifischen Reformbereiche und Methoden des vorherrschenden Entwicklungsparadigmas wie öffentliche Finanzen, Handelspolitik, Finanzsektorpolitik und Reform staatlicher Unternehmen und Privatisierung. Auch Passagen in Bezug auf Interdependenz und Reihenfolge von Strukturanpassung und Stabilisierung sollen nicht mehr enthalten sein. Dieser Wechsel des Fokus reflektiere die Anerkennung der Tatsache, dass es keinen einfachen Plan für Reformen gibt, der in allen Ländern funktionieren wird, und das jedes Länderreformprogramm mit „Ownership“ des Landes entworfen werden muss, um die spezifischen Umstände des Landes zu reflektieren. Gute Erfahrungen, die als Leitfaden für die Mitarbeiter dienen können, sollen durch das „Research Department“ der Bank zusammengestellt und verbreitet werden. Diese Orientierungen über gute Praktiken werden auch Vorschläge umfassen, die durch die fortlaufende Überprüfungen und Erfahrungen mit der Konditionalität dieser Kreditvergaben und die Zusammenarbeit mit den IMF-Mitarbeitern in Bezug auf die Aufstellung von Länderprogrammen und Konditionalität gewonnen werden.[678]

Um die Bedeutung dieses Kreditvergabeinstruments zu signalisieren, seine Rolle in der Unterstützung eines landeseigenen mittelfristigen Politikrahmens, sowie gleichzeitig den Wechsel von kurzfristigen makroökonomischen Fokus hin zu einem längerfristigen entwicklungs- und institutionellem Fokus zu betonen, wurde vom Management vorgeschlagen, den Begriff des „Adjustment lending“ durch „development policy support lending“ zu ersetzen.[679] Nach dem Vorschlag soll die „Country Assistance Strategy“ (CAS) die Politiken und den institutionellen Rahmen des jeweiligen Landes bewerten und im einzelnen festsetzen, ob und wann „development policy support lending“ erfolgt. Die Bewertung sollte kritische Ele-

---

[677] Vgl. World Bank: From Adjustment Lending to Development Policy Support Lending: Key Issues in the Update of World Bank Policy, Operations Policy and Country Services, 6. Juni 2002, im Internet unter http://www1.worldbank.org/operations/OP860Consultations.

[678] Vgl. World Bank: ebenda, S. 6. Ziff. 10.

[679] Vgl. World Bank: ebenda, S. 6, Ziff. 11.

mente enthalten, wie das Landespolitikprogramm, das durch die Kreditvergabe unterstützt wird, dazu beiträgt, Armut zu reduzieren. Des Weiteren soll in Bezug auf die erforderliche „Ownership" des Landes die Unterstützung der Kreditvergabe durch die Regierung und andere „Stakeholder" und deren Auswirkungen auf die Wahrscheinlichkeit einer nachhaltigen Umsetzung dargelegt werden. Schließlich solle „development policy support lending" nur durchgeführt werden, wenn ein adäquater makroökonomischer Rahmen bereits vorhanden ist.[680] Diesbezüglich soll die derzeitige Politik beibehalten werden. Die Bank-Mitarbeiter haben zu überprüfen, ob der entsprechende makroökonomische Rahmen gegeben ist. Das Bestehen eines geeigneten IMF-Programms ist gewöhnlich ein wichtiger Faktor bei dieser Entscheidung. Wenn kein Arrangement mit dem Fonds besteht, müssen die Bank-Mitarbeiter vor ihrer eigenen Überprüfung feststellen, ob der IMF Bedenken in Bezug auf die Angemessenheit der makroökonomischen Politiken des Landes hat.[681] Faktisch bedeutet letzteres, dass diese neue Form von Kreditvergabe die „alte" Form von Strukturanpassungskreditvergabe nicht ersetzt, sondern erst in Betracht kommt, wenn diese bereits erfolgt ist, da das „development policy support lending" den makroökonomischen Rahmen bereits voraussetzt. Seit Herbst 2002 fanden mehrere Konsultationen in verschiedenen Ländern statt.[682] Die Entscheidungen hierzu bleiben abzuwarten.[683]

1.2.2. Weltbank und Handel

Handel wird von der Weltbank als ein Element im Kampf gegen die Armut angesehen. Auch auf politischer Ebene wird Handel als wichtiges Element einer Entwicklungsstrategie angesehen. So führten z.B. die Finanzminister des „Development Committees" von Weltbank und IMF auf dem Frühjahrstreffen am 30. April 2001 in Washington aus, dass die Institutionen ihre Bemühungen um einen vermehrten Zugang armer Länder zu globalen Märkten steigern sollten. Die Minister betonten die kritische Bedeutung des Handels für das Wirtschaftswachstum und die Reduzierung der Armut und die bedeutende Rolle, die die Weltbank in Zusammenarbeit mit ihren Partnern spielen könne, den EL dabei zu helfen, ihre Möglichkeiten, Zugang zum Weltmarkt zu erlangen, zu verbessern. Sie forderten die Weltbank auf, armen Ländern dabei zu helfen, ihre Fähigkeiten zu erhöhen, auf Märkte der industrialisierten Länder zu exportieren, und unterstützten eine erweiterte Rolle der Weltbank in Bezug auf den Handel durch Kreditvergabe auf Länderebene durch die „Country Assistance Strategies" der Bank und die PRSPs und durch eine engere

[680] Vgl. World Bank: From Adjustment Lending to Development Policy Support Lending: Key Issues in the Update of World Bank Policy, Operations Policy and Country Services, 6. Juni 2002, im Internet unter http://www1.worldbank.org/operations/OP860Consultations, S. 8, Ziff. 16.

[681] Vgl. World Bank: ebenda, Annex A, S. 20.

[682] Die Termine der Konsultationen waren: 10. Oktober 2002: Amman, Jordanien, 6. November 2002: Seoul, Korea, 8. November 2002: Dar es Salaam, Tanzania, 21. November 2002: Dakar, Senegal, 25. November 2002: Warschau, Polen, 6. Dezember 2002: Mexico City und 23. Januar 2003: Islamabad, Pakistan.

[683] Vgl. dazu auch Abschnitt 2.2.1.

Zusammenarbeit mit ihren Partnern im „Integrated Framework".[684] Bereits im September 1999 hatte das „Development Committee" ausgeführt, dass die Weltbank insbesondere finanzielle und technische Unterstützung zur Verbesserung der handelsbezogenen Infrastruktur und Institutionen zur Verfügung stellen, sowie beim Aufbau einheimischer Institutionen, die mit Handelspolitik und Handelsverhandlungen befasst sind, helfen könne. Gleichfalls könne sie Handelsbarrieren für Exporte aus den EL untersuchen. Erneut im April 2000 hatte das „Development Committee" darauf gedrängt, dass die Weltbank den Handel in ihre Länderhilfsprogramme integriert und zwar dadurch, dass sie mehr finanzielle und technische Unterstützung zur Verbesserung von handelsbezogener Infrastruktur und Institutionen zur Verfügung stellt.[685]

Während der 1990er Jahre hatte die Bank ihre Kreditvergabe zur Strukturanpassung[686] von den Anpassungen im Bereich der Handels- und der Agrarpolitik weg verlagert, hin zu mehr langfristigen und institutionellen Reformen und der Entwicklung des privaten Sektors. Die Kreditvergabe zur Strukturanpassung unterstützte zunehmend Reformen im Bereich der öffentlichen Verwaltung, im Finanz- und im zivilen sowie im sozialen Bereich, wobei der Schwerpunkt auf der Institutionenbildung lag (sog. Reformen der zweiten Generation). Damit nahm der Anteil der Weltbank an der Kreditvergabe zu Handelspolitikreformen ab. Sie spielte damit eine weniger direkte Rolle im Bereich der Handelsreformen als während der 1980er Jahre. Von 24 der vom IMF untersuchten Ländern war die Bank in acht Fällen in Handelsreformbemühungen involviert, von denen sie drei Reformen mit Bankkrediten unterstützte. Das Weltbankengagement erfolgte typischer Weise sektorspezifisch, z.B. durch Hilfe in Bereichen wie Forstwirtschaft, Landwirtschaft, Nahrungsmittelsicherheit und Transport. Die Weltbank unterstützte auch Reformen, die die Handelspolitik ergänzten und deren Effektivität verbesserten, insbesondere verschiedene Aspekte der Entwicklung des privaten Sektors und die Stärkung der Netze der sozialen Sicherheit.[687] Diese Änderung hatte auch Einfluss auf die Zusam-

---

[684] Unter anderem durch „streamlining" von Investitionsregularien, Beseitigung von Hindernissen für reibungslosen Transport sowie die Verbesserung von Telekommunikations- und Handelsdienstleistungen, vgl. das Communiqué des Joint Ministerial Committee of the Boards of Governors of the Bank and the Fund on the Transfer of Real Ressources to Developing Countries, Washington, 30. April 2001, Ziff. 8, vgl. World Bank Development News vom 1. Mai 2001, unter der Überschrift „Development Committee highlights trade as antipoverty tool" mit Verweis auf einen Bericht in der Agence France-Press sowie WT/TF/COH/S/5 vom 10. Oktober 2001, S. 1f, Ziff. 4, zum Integrated Framework vgl. Teil 3, Kapitel 2, Abschnitt 1.2.1.

[685] Vgl. WT/TF/COH/S/4 vom 14. Dezember 2000: Coherence in Global Economic Policy-Making: WTO Cooperation with the IMF and the World Bank, Bericht des Generaldirektors der WTO, Ziff. 4.

[686] Vgl. dazu Abschnitt 1.2.1. sowie das Kapitel über den IMF.

[687] Vgl. Policy Development and Review Department des IMF: Trade Policy Conditionality in Fund Supported Programs, 16. Februar 2001, S. 16, Ziff 29, im Internet unter http://www.imf.org/external/np/pdr/cond/2001/eng/trade/index.htm, Ausdruck vom 27. Juni 2001.

menarbeit mit dem IMF.[688] Schätzungen der Weltbank zufolge entfielen zwischen 1990 und 1998 etwa 68 % der Anpassungsoperationen auf die Unterstützung des Handels und Wechselkurspolitikreformen. Die Kreditvergabe für Investitionen in handelsbezogene Aktivitäten umfassten von 1994 bis 1999 etwa 26 % der gesamten Kreditvergabe der Weltbank.[689]

In Bezug auf Handelsreformen erwähnt der Weltentwicklungsbericht der Weltbank 2000/2001, dass den von den EL durchgeführten Reformen nicht immer durch ergänzende Reformen in den reichen Ländern entsprochen wurde. Die Ergebnisse der durchgeführten Handelsreformen, d.h. die Reduzierung von tarifären und nichttarifären Handelshemmnissen waren während der letzten 15 Jahre gemischt. Zwar hätten sie zu Wachstum und damit zur Armutsreduzierung geführt, aber die Verteilungseffekte sind komplexer gewesen.[690] Um die arme Bevölkerung zu erreichen, benötigen viele Reformen institutionelle Unterstützung, Investition in Infrastruktur und ergänzende Reformen auf der Mikroebene. U.a. die Reduzierung von Arbeitsmarkbeschränkungen, der Schutz von Arbeitsstandards und die Verbesserung des Zugangs zu Finanzmärkten durch sog. Mikrokredite wurden als Herausforderungen genannt.[691]

Nachdem die Weltbank Mitte der 1990er Jahre ihren Fokus hin zu einer breiteren Reformagenda verlagert hat, fand Ende der 1990er eine erneute Politikänderung statt. Grund dafür war die neue, breite Handelsagenda und die Erkenntnis, dass die Integration der EL in das Welthandelssystem tiefere Reformanstrengungen erfordert, um von den neuen Handelsmöglichkeiten Gebrauch zu machen. Zudem reichen die handelsbezogenen Maßnahmen in das Zentrum von Entwicklungspolitik hinein. Diese neue Agenda erfordere, dass die Integrationsbemühungen mit den Entwicklungsprogrammen der EL zusammengehen, die die externen Hemmnisse für EL sowie die internen Fähigkeiten der armen Länder und die besonderen Interessen der armen Bevölkerung berücksichtigen. Hier sei die Rolle der Bank einzigartig, da komplexe multilaterale und sektorale Handelspolitikfragen mit Zielen wie Wirtschaftswachstum und Armutsreduzierung integriert werden könnten. Die Bank kann handelspolitische Analyse mit sektorieller Expertise (u.a. in Bereichen Landwirtschaft, Finanzen, Telekommunikation, Transportinfrastruktur und Beratung des privaten Sektors) kombinieren. Instrumente sind Analyse, Fürsprache und Beratung. Die Prioritäten der Bank liegen in fünf Bereichen: Marktzugang für Warenhandel, Handel mit Dienstleistungen, geistige Eigentumsrechte, Produktstandards und die Vorbereitung für die Aufnahme in die WTO. Die breitere Agenda der

[688] Vgl. dazu den Abschnitt 3.2. über Zusammenarbeit und Koordination zwischen Weltbank und IMF.
[689] Vgl. WT/TF/COH/S/4 vom 14. Dezember 2000: Coherence in Global Economic Policy-Making: WTO Cooperation with the IMF and the World Bank, Bericht des Generaldirektors der WTO, Ziff. 4, FN 5.
[690] Vgl. World Bank: World Development Report 2000/2001: Kapitel 4: Making Markets Work Better for Poor People, World Bank, 2000, S. 62-76, S. 70.
[691] Vgl. ebenda, S. 72ff.

Weltbank im Handelsbereich zeigt sich auch in einer engeren Zusammenarbeit mit der WTO. So haben Weltbank und WTO z.B. einen gemeinsamen Fonds errichtet, die „Standards and Trade Development Facility", als Teil ihrer Bemühungen, Hilfe und Handelsmöglichkeiten im Kampf gegen Armut zu verbinden.[692]

Auf regionaler Ebene verfolgt die Weltbank das Ziel, EL zu unterstützen, regionale Arrangements effektiv zu nutzen, um den Handel auszuweiten, und sich mit Nachbarstaaten zu integrieren. Als Beispiel für Aktivitäten der Weltbank im Bereich der Handelsförderung soll hier ein in 2001 bewilligter Kredit über US$ 110 Millionen für ein regionales Projekt zur Handelsförderung genannt werden. Das Projekt umfasst die Länder Burundi, Kenia, Malawi, Ruanda, Tansania, Uganda und Sambia. Es ergänzt die Aktivitäten des Gemeinsamen Marktes für Süd- und Ostafrikanische Länder („Common Market for Southern and Eastern Africa") und soll den afrikanischen Ländern helfen, Armut zu reduzieren durch ein auf dem privaten Sektor basierendes Wachstum, und Zugang zu Ressourcen und grenzüberschreitenden Handel verbessern soll. Das Projekt solle außerdem der neu eingerichteten „Africa Trade Insurance Agency" helfen, die Versicherungen und andere Finanzdienstleistungen zur Verfügung stellen soll, um den Handel und Investitionen in Afrika zu unterstützen. Finanzierung des afrikanischen Handels ist begrenzt dadurch, dass von großen politischen Risiken ausgegangen wird. Das Projekt soll eine Gruppe von Ländern zusammen bringen, die daran arbeiten, ihr Geschäftsklima zu verbessern.[693]

Auf nationaler Ebene verfolgt die Bank das Ziel, den Regierungen bei der Aufstellung und Umsetzung von Reformen zu helfen, die den Handel ausweiten und Gewinne an die Bevölkerungsschicht mit niedrigen Einkommen überführen. Dazu will die Weltbank Länderaktivitäten, die die Handelsintegration fördern, in ihre Länderstrategien („Country Assistance Strategies" CAS) in jedem Land einbinden. Für Länder mit geringem Einkommen ist Handelspolitik im Rahmen der PRSPs zunehmend wichtiger. Anzumerken ist, dass die Weltbank die Leitung der Handelsintegrationsstudien im Rahmen des „Integrated Framework" für die LDCs übernommen hat. [694]

Eine Übersicht über die von der Weltbank im Handelsbereich laufenden und bereits beendeten Kreditvergaben und Projekte sind unter Angabe von Projektname, Finanzvolumen, Land, Status (laufend oder beendet) und Datum des Beginns auf der Homepage der Weltbank aufgelistet. Die Übersicht beginnt mit 1991. Über einen Link ist es z.T. möglich, projektbezogene Berichte unter Angabe des jeweiligen

---

[692] Vgl. WTO News, Press/314 vom 27. September 2002: Food Safety and Related Measures, World Bank grant kicks off Bank-WTO assistance on standards, http://www.wto.org/english/news_e/pres02_e/pr314_e.htm, Ausdruck vom 15. Dezember 2003, vgl. zur Zusammenarbeit Abschnitt 3.3. in diesem Kapitel sowie Kapitel 3, Abschnitt 3.3.

[693] Vgl. UN Wire vom 4. April 2001, Ziff. 18 unter Verweis auf eine World Bank Release vom 3. April 2001.

[694] Vgl. dazu Teil 3, Kapitel 2, Abschnitte 1.1.1. und 1.2.1.

Ansprechpartners einzusehen.[695] Mitte Januar 2003 waren unter der Eingabe des Stichwortes „trade" 1362 Einträge verzeichnet.

Kritik in Bezug auf die technische Hilfe der Weltbank im Bereich des Handels kam im November 2002 vom US-Handelsrepräsentanten Robert Zoellnik. Er warf der Weltbank auf einer Konferenz des US State Department, die US-Unternehmen bestärken sollte, in Afrika südlich der Sahara zu investieren, vor, nicht mehr dafür zu tun, den armen Ländern zu helfen, ihren Export anzukurbeln.[696] Trotz umfangreicher Studien über den Nutzen von zunehmendem Handel hätte die Weltbank nur wenig Ressourcen zur Verfügung gestellt, um armen Ländern dabei zu helfen, ihre Exporte auszuweiten. Im letzten Jahr habe die Weltbank sich als Anwalt für die EL in den Handelsgesprächen im Rahmen der „Doha Development Agenda" eingesetzt und eine Reihe von Studien veröffentlicht, die die US und andere reiche Länder für die Beibehaltung ihrer Handelsbarrieren in Bezug auf viele Produkte armer Länder wie Textilien und Agrarprodukte kritisiert haben. Demgegenüber verteidigte der Sprecher der WTO, Damian Milverton, die Leistungen der Weltbank, stimmte aber darin überein, dass mehr getan werden muss

> „to put the developing countries on an equal footing with rich country exporters to get the most out of the global market"[697]

Zu diesem Zweck habe die Weltbank sich Ende September 2002 mit der WTO zusammengetan, um einen neuen Fonds einzurichten, der armen Ländern helfen soll, an den Handelsverhandlungen teilzunehmen und internationale Standards für ihre Güter einhalten zu können. Die Weltbank stellte US$ 300.000 Anschubfinanzierung für den Fonds zur Verfügung und würde Beiträge der USA und anderer industrialisierter Nationen begrüßen. Zudem würde sie ihre Bemühungen steigern, armen Ländern zu helfen, Häfen, Flughäfen und andere notwendige Infrastruktur zur Teilnahme am Welthandel aufzubauen.[698]

1.2.3. Das Vorgehen der Weltbank auf der Länderebene

Wie die UN durch die CCA und UNDAF[699] hat auch die Weltbank ihre eigenen Mechanismen zum Management von Hilfe an die Länder entwickelt. Neben den bereits erwähnten „Poverty Reduction Strategy Papers" (PRSPs) und dem „Comprehensive Development Framework" (CDF) zählt die „Country Assistance Strategy" (CAS) zu den Instrumenten, die die Arbeit der Weltbank leiten. Das durch das betreffende Land entwickelte PRSP stellt dessen mittelfristige Strategie zur Armutsreduzierung dar. Das CDF ist der Aktionsrahmen, dem sich Partner des Landes anschließen können und darin darlegen, wie sie zusammenarbeiten wollen.

---

695 Vgl. http://www.worldbank.org.

696 „To be frank, in the case of the World Bank, we get some very good studies, we get some very good sounds, but... they're not doing as much as they need to do", vgl. World Bank Development News vom 8. November 2002 mit Verweis auf einen Reuters-Bericht vom selben Tag.

697 Vgl. ebenda.

698 Vgl. ebenda.

699 Vgl. Kapitel 1, Abschnitt 1.2.3.

Es enthält die Sektoren und Programme, die jeder Partner unterstützen wird. Die CAS ist dagegen der spezifische Businessplan der Weltbank zur Unterstützung der Umsetzung der „Poverty Reduction Strategy" eines Landes. Die CAS ist also der Vektor von Aktivitäten, die die Weltbank durchzuführen plant, um bei der Implementierung der PRSP zu helfen.[700]

Die Weltbank führt auf Länderebene die bereits erwähnten „Consultative group meetings" durch. Dabei arbeitet sie mit dem UNDP bei der Koordination von Entwicklungshilfe insofern zusammen, als sie die von den UNDP organisierten Runden Tische unterstützt und die residierenden Koordinatoren des UN-Systems zu allen Konsultativgruppentreffen unter ihrem Vorsitz einlädt.[701] Die Ursprünge der Konsultativgruppen liegen in einem 1958 erstmals für Indien durchgeführten Konsortium begründet. Unter Schirmherrschaft der Weltbank wurde damals versucht, die zahlreicher werdenden Entwicklungsaktivitäten verschiedenster Geberakteure in ein ausgewogeneres Verhältnis zum effektiven Bedarf im Empfängerland zu bringen. Bald folgten ähnliche Beratungsgruppen innerhalb derer die Geber jeweils die Wirtschaftslage und deren Entwicklungshilfebedarf gemeinsam mit dem jeweiligen Empfängerland beraten und ihre künftigen Hilfebeiträge bekannt gegeben haben. Neben der gemeinsamen Analyse von Entwicklungsproblemen, Engpässen und Entwicklungsstrategien erfolgt die Abstimmung nationaler Hilfebeiträge („pledging") und regelmäßiger Informationsaustausch. Die Treffen finden aller ein bis eineinhalb Jahre statt. Naturgemäß hat die Weltbank dabei einen großen Einfluss. Dies liegt nicht zuletzt an ihren umfassenden analytischen Ressourcen.

Die Überprüfung der Umsetzung des Aktionsprogramms für die LDCs für die 1990er Jahre hatte gezeigt, dass aus einer Vielzahl von Gründen sowohl die runden Tische als auch die Konsultativgruppentreffen auf Länderebene (die ein stellvertretender Indikator für den Erfolg des Politikdialogs zwischen Regierungen und Gebern und für Koordinierung und Ressourcenmobilisierung sind) nicht alle LDCs umfassten, nicht auf einer systematischen Basis organisiert wurden, nicht immer erfolgreich waren in der Mobilisierung der adäquaten finanziellen Ressourcen. Zudem setzten sie sich nicht adäquat mit der Verschuldung der LDCs auseinander, die separat im Pariser Club verhandelt wurde. Faktisch waren diese Treffen nicht mit dem Aktionsprogramm in Verbindung gebracht worden, für die sie das Rückrat bilden sollten.[702]

In diesem Zusammenhang zu nennen ist das „Special Programm of Assistance for Africa" (SPA). Das SPA wurde im Dezember 1987 als Antwort auf die schwere Verschuldens- und Entwicklungskrise der Region südlich der Sahara eingerichtet. Es zielte auf Länder mit niedrigem Einkommen und hoher Verschuldung ab, die

---

[700] Vgl. E/2001/CRP.3: The Role of the United Nations in support of the efforts of the African Countries to achieve sustainable development: An overview of activities, S. 21, Ziff. 83.
[701] Vgl. A/50/784 vom 27. November 1995: implementation of the recommendations of the JIU, Bericht des UN-Generalsekretärs, S. 7, Ziff. 16.
[702] Vgl. UNCTAD/LDC/1999: Bericht über die LDCs 1999, UNCTAD 1999, S. 10f.

makroökonomische Reformen durchführen. Im Frühjahr 1987 hatte das „Development Committee" von Weltbank und IMF festgestellt, dass es dringend notwendig sei, die außerordentlichen Schwierigkeiten anzugehen, mit denen viele Länder mit geringem Einkommen, insbesondere die schwer verschuldeten in Afrika südlich der Sahara, konfrontiert sind. Der dafür erforderliche enorme Finanzbedarf ging über die Ressourcen der internationalen Finanzinstitutionen hinaus. Der Ausschuss forderte die Geber auf, Wege zu finden, das konzessionelle Element ihres Schuldenerlasses in der Region zu erhöhen. Die Weltbank erarbeitete daher ein Hilfsprogramm, das schnell auszuzahlende („quick disbursing") konzessionelle Ressourcen von verschiedenen Gebern koordinieren und zur Verfügung stellen sollte. Geber sollten überzeugt werden, einen merklichen Anteil ihrer Entwicklungshilfe als schnell auszuzahlende, nicht projektbezogene Zahlungsbilanzunterstützung auszugeben, um die Reformen in den berechtigten Ländern zu unterstützen.[703]

Als eine informelle Vereinigung von Gebern beabsichtigte das SPA die Unterstützung wirtschaftlicher Reformprogramme, vereinbart zwischen den Regierungen der afrikanischen Länder auf der einen und dem IMF und der Weltbank-Tochter IDA auf der anderen Seite. Die Voraussetzung zur Teilnahme am SPA ist, dass das Land wirtschaftliche Reformprogramme mit den internationalen Finanzinstitutionen durchführt. Seit 1987 konnten US$ 44 Billionen für wirtschaftliche Reformen in afrikanischen Ökonomien mobilisiert werden.[704]

Vom SPA-1 (1988-1990) bis SPA-5 (2000-2002) wurde die Reichweite des Programms erweitert, um die Vereinheitlichung von Geber-Prozeduren, die Überwachung der Anpassungsprogramme mit Blick auf Armutsreduzierung sowie die Überprüfung von Geberpraktiken bei der Unterstützung dieser Reformen und die Anleitung in einer Reihe von Entwicklungsfragen einzubeziehen.[705] Neben den Plenartagungen gibt es Sitzungen der einzelnen Arbeitsgruppen unter dem Vorsitz verschiedener Geber. Die Gruppen entwickeln Empfehlungen in Bezug auf die

---

[703] Ursprünglich waren 21 Länder erfasst, bis 1994 stieg die Zahl auf 31: Benin, Burkina Faso, Burundi, Kamerun, Zentralafrikanische Republik, Tschad, Komoren, Kongo, Côte d'Ivoire, Äquatorialguinea, Eritrea, Äthiopien, Gambia, Ghana, Guinea, Guinea-Bissau, Kenia, Madagaskar, Malawi, Mali, Mauretanien, Mosambik, Niger, Ruanda, Sâo Tomé und Principe, Senegal, Sierra Leone, Tansania, Togo, Uganda und Sambia. Mit Ausnahme von Kamerun, Kongo Côte d'Ivoire, Ghana und Kenia sind es LDCs. Nach formalen Richtlinien waren Länder mit einem jährlichen Pro-Kopf-Einkommen von US$ 1.465 (in 1995) oder weniger qualifiziert. Praktisch gingen fast alle Kredite der IDA an Länder mit Pro-Kopf Einkommen unter der operativen Richtlinie von US$ 905 (in 1995), vgl. The Special Programme of Assistance for Africa (SPA), Stand 10/98, S. 1ff und insbes. S. 3, FN 4, im Internet unter http://www.spa-psa.org/1117web0.pdf, Ausdruck vom 2. Mai 2003.

[704] Vgl. die Weltbank-Presseerklärung Strategic Partnership with Africa Commits to Refrom Aid, im Internet unter http://web.worldbank.org/WBSITE/EXTERNAL/NEWS/0,,contentMDK:20086780~menuPK:34457~pagePK:34370~piPK:34424~theSitePK:4607,00.html, Ausdruck vom 2. Mai 2003.

[705] Vgl. The Special Programme of Assistance for Africa (SPA), Stand 10/98, S. 1ff, im Internet unter http://www.spa-psa.org/1117web0.pdf, Ausdruck vom 2. Mai 2003.

Geberpolitiken. Vergangene Arbeitsgruppen und Workshops befassten sich z.B. mit den Beziehungen zwischen Reform, Armutsreduzierung und Geschlechterfragen, mit dem Prozess öffentlicher Ausgaben, Reform des öffentlichen Dienstes, der Liberalisierung von Importunterstützungsprogrammen usw.[706] Die „Technical Group of the Strategic Partnership for Africa" ist eine informelle Gruppierung von Gebern unter der Leitung der Weltbank unter Co-Vorsitz der Europäischen Kommission.[707] Auf dem Plenartreffen im Dezember 1999 wurden sieben „Task teams" einberufen, von denen sich einige mit dem PRSP-Rahmen befassen, technische Fragen analysieren und „best practice"-Beispiele zusammentragen.[708]

Bis 1993 funktionierte das SPA weitgehend als Geberforum. Zunehmend wurden afrikanische Perspektiven in die Überlegungen einbezogen. So wurden prominente Afrikaner wie Finanzminister oder NGO-Mitarbeiter eingeladen, um über ihre Erfahrungen mit den Reformen zu berichten.[709] Das „Special Programme for Africa" wurde umbenannt in „Strategic Partnership for Africa", um den Aspekt der Partnerschaft zu betonen.

Am Beginn einer jeweils dreijährigen SPA-Phase zur Mobilisierung der schnell auszubezahlenden Entwicklungshilfe werden Projektionen der erforderlichen Ressourcen eines Landes (einschließlich Import-Bedürfnissen und Schuldendienst) und der vorhandenen Ressourcen (einschließlich Exporteinkünfte, offizieller und kommerzieller Projektmittel) erarbeitet. Anschließend werden Finanzierungslücken abgeschätzt. Zur Schließung dieser Lücken stehen sechs Kanäle zur Verfügung:

- Anpassungskredite der IDA,
- Strukturanpassungskredite des IMF,
- Co-Finanzierung durch andere Geber,
- bilateraler Schuldenerlass,
- Weltbank Schuldendienstunterstützung (durch zusätzliche IDA-Kredite und Geberfinanzierung) und
- Finanzierung für kommerzielle Schuldenrückkäufe (durch Bank und Geberbeiträge).

Zum Ausfüllen der Finanzierungslücken finden „pledging meetings" statt.[710] Mittlerweile befindet sich das Programm in seiner sechsten Phase.

---

[706] Vgl. The Special Programme of Assistance for Africa (SPA), Stand 10/98, S. 4, im Internet unter http://www.spa-psa.org/1117web0.pdf, Ausdruck vom 2. Mai 2003.

[707] Vgl. European Communities: Annual report 2001 on the EC development policy and the implementation of the external assistance, 2002, S. 22.

[708] Vgl. PRSP Institutionalisation Study: Report on Progress and Preliminary Findings, prepared for the Strategic Partnership with Africa, November 2000, Annex 1, S. 25, im Internet unter http://www1.worldbank.ord/prsp/newsletter/Feb_2001/Our_Partners_Perspectives/Strategic_Partnership_for_Africa/SPA_progress_report.pdf., Ausdruck von 2. Mai 2003.

[709] Vgl. The Special Programme of Assistance for Africa (SPA), ebenda, S. 5.

[710] Vgl. ebenda, S. 4.

Auf ihrem jährlichen Treffen im Januar 2002 wurde die Erweiterung der Partnerschaft beschlossen und afrikanische Staaten sowie die „New Partnership for African Development“ (NEPAD)[711] als Vollmitglieder neben den Geberpartnern aufgenommen.[712] Damit, so Weltbank Vizepräsident für Afrika Callisto Madavo, wurde die SPA von einem Geberclub umgeformt in eine echte Partnerschaft mit Afrika. Das SPA sei willens,

„aligning donor programs behind national strategies, and reducing the burden on African partners by simplifying donor procedures.“

Zudem wurde zugesagt, dass die Wirksamkeit von Entwicklungshilfe verbessert werden soll. Dazu soll sichergestellt werden, dass Entwicklungshilfe generell ländergeführte nationale Strategien zur Armutsreduzierung unterstützt. Partner würden ihre Bemühungen zu Koordination und Vereinfachung ihrer Anforderungen auf Landesebene intensivieren und daraufhin arbeiten, stärkere Kapazitäten in afrikanischen Regierungen zur Armutsreduzierung aufzubauen.[713]

1.2.4. Analysen und Studien

Eingegangen werden soll auf die bereits erwähnte umfangreiche analytische Arbeit der Weltbank. U.a. gibt sie jährlich den Weltentwicklungsbericht heraus. In diesem Bericht befasst sie sich auch mit Handelsfragen. Auch der Bericht „Can Africa Claim the 21st Century“, der von der Weltbank in Zusammenarbeit mit anderen Institutionen erarbeitet wurde[714], setzt sich mit Handel als Mittel zur Armutsreduzierung auseinander. Darin werden u.a. effektive Handelsreformen, die Exportbeschränkungen abbauen sowie Diversifizierung fördern, und ergänzende Maßnahmen, die eine stabile Grundlage für Investitionen und Produktion legen, als Herausforderungen für Afrika dargelegt.[715] Der Bericht führt aus, dass Afrika auch Einfluss auf die Regeln der WTO haben müsse. Vorteilen wie Marktzugang und klaren Rechten im internationalen Handelsrahmen stünden Verpflichtungen gegenüber, einschließlich der Aufgabe eines Teils der Souveränität über Handel und In-

---

[711] Vgl. dazu Kapitel 5, Abschnitt 2.1.1.

[712] Neben Weltbank und IMF, der Afrikanischen Entwicklungsbank, der UN Economic Commission for Africa, der Europäischen Kommission, dem OECD Development Assistance Committee, dem UNDP, den Geberländern Belgien, Dänemark, Deutschland, Finland, Frankreich, Italien, Irland, Japan, Kanada, den Niederlanden, Norwegen, der Schweiz, Schweden den USA und dem Vereinigten Königreich sind Teilnehmer nunmehr NEPAD, Äthiopien, Burkina Faso, Mosambik, Ruanda und Senegal, vgl. die Weltbank-Presseerklärung Strategic Partnership with Africa Commito to Refrom Aid, im Internet unter http://web.worldbank.org/ WBSITE/EXTERNAL/NEWS/0,,contentMDK:20086780~menuPK:34457~pagePK:34370~pi PK: 34424~theSitePK:4607,00.html, Ausdruck vom 2. Mai 2003.

[713] Vgl. die Weltbank: ebenda.

[714] An der Erarbeitung des Berichts beteiligt waren die African Development Bank, der African Economic Research Council die Global Coalition for Africa die UN Economic Commission for Africa und die Weltbank.

[715] Genannt werden eine effective und nicht korrupte Steueradministration, eine ehrliche Zollverwaltung, funktionierende Gerichte für Handelsstreitigkeiten, eine verlässliche Infrastruktur einschließlich des Lufttransports sowie ein funktionierendes Finanzsystem. Vgl. World Bank: Can Africa Claim the 21st Century, Weltbank 2000, Kapitel 7, S. 208ff.

vestitionen. Zu sehen sei auch die weitere Erosion von Präferenzen durch weitere globale Liberalisierung sowie die enormen Kosten, die durch die Einrichtung von Institutionen und der Umsetzung von geforderten Standards entstehen. Für einige LDCs, so der Bericht, würde die Umsetzung von WTO-Verpflichtungen soviel kosten, wie sie als gesamtes Entwicklungsbudget in einem Jahre zur Verfügung haben. Der Bericht weist auf Meinungen hin, wonach WTO-Verpflichtungen

> „reflect little awareness of development problems and little appreciation of the capacities of the least developed countries. In most cases standards have been developed with little input from the least developed countries undermining their sense of ownership. More fundamentally, it is not clear that all of these standards are ideal for the least developed countries, and there is the ever-present danger that they will be used to protect markets.“[716]

Der Bericht verweist u.a. darauf, dass multilaterale Organisationen technische Hilfe durch das „Integrated Framework for Trade and Development in the Least Developed Countries“ anbieten können. Auch eine Bündelung von Expertise auf der subregionalen Ebene sei für kleine, arme Staaten essentiell.[717] Als einen weiteren Schwerpunkt nennt der Bericht auch die sog. „gute Regierungsführung“ („good Governance“). Ein Kommentar zu diesem Bericht geht davon aus, dass es sinnvoll sei, die gute Regierungsführung mit Entwicklungshilfe zu verbinden.[718] Gute Regierungsführung steht in Zusammenhang mit der Beseitigung der Armut. Auch die UN-Konferenz über Entwicklungsfinanzierung hat die Wichtigkeit der „good Governance“ mehrfach betont. Der Kommentar führt aus, dass der umfassende Armutszustand in Afrika nur das Fehlen von guter Regierungsführung bedeuten könne. Notwendig sei hauptsächlich, die Strukturen von Entwicklung anzugehen, da das Versagen der afrikanischen Entwicklung darauf zurückzuführen sei. So seien z.B. die politischen Systeme Afrikas nicht auf die Probleme der Armen eingegangen. Es bestehe die Notwendigkeit, von Entwicklungsmodellen Abstand zu nehmen, die nicht funktioniert haben. Afrika habe aber wenig Zeit für Experimente. Es ist zu hoffen, dass die Zusammenarbeit zwischen afrikanischen Regierungen und ihren Entwicklungspartnern gestärkt worden ist. Gleiches gilt für den Transfer von „Ownership“, gekennzeichnet durch den gemeinsamen Besuch der Leiter der Weltbank und des IMF im Frühjahr 2001 in Afrika. Es sei auch zu hoffen, dass die Regierungspolitiken in Afrika anfangen, Arme nicht mehr zu diskriminieren, und ihnen stattdessen Möglichkeiten bereit zu halten. Das sei nur möglich, wenn Entwicklung den Schwerpunkt auf die Verbesserung der Kapazität der Armen Afrikas als langfristiges Ziel legen würde, denn „Development after all is about man.“[719]

---

[716] Vgl. World Bank: Can Africa Claim the 21st Century, Weltbank 2000, Kapitel 7, S. 231, mit Verweis auf eine Studie von Finger und Schuler.

[717] Vgl. World Bank: ebenda, vgl. zum IF Teil 3, Kapitel 2, Abschnitt 1.2.1.

[718] Vgl. World Bank Development News vom 26. Juni 2001, S. 8 unter Verweis auf einen Kommentar zum Bericht „Can African claim the 21st century“ in This Day (Uganda) vom selben Tag.

[719] Vgl. ebenda, S. 8, mit Verweis auf einen Kommentar in in This Day (Uganda) vom selben Tag.

1.3. Würdigung und Ausblick

Grilli[720] ist der Auffassung, dass Entwicklungshilfe für sich allein nicht reicht, um Wachstum und Armut in den Empfängerländern positiv zu beeinflussen. Die Weltbank habe aber dennoch eine nützliche und einzigartige Rolle zu spielen: Die Förderung der richtigen Entwicklungspolitiken und der Transfer des richtigen Wissens für Entwicklung seien Funktionen, die nicht so einfach auf andere exisitierende öffentliche Institutionen übertragen werden könnten. Das überragende Ziel der Weltbank sei das Streben nach Wirtschaftswachstum, wo die Bedingungen dafür noch nicht vorhanden sind und der Markt nicht weit genug reicht. Sie sollte daher, so Grilli, ihre zukünftigen Kreditvergabeaktivitäten auf Länder mit geringem und unterem mittlerem („lower-middle") Einkommen fokussieren, die für sich noch keinen Zugang zu Kapitalmärkten und externen Technologien haben. In Ländern ohne solide makroökonomischen Politiken sollte deren Einführung die Priorität haben. Kreditvergabe für Zwecke der Zahlungsbilanz sollte dem IMF überlassen bleiben. Zudem sollte de IDA

> „make passable governance and accountability in the use of resources and actual performance indispensable conditions for the continued supply of aid to poor countries."

Die verfolgten Ziele sollten strikt wirtschaftlicher und entwicklungspolitischer Natur sein. Bankengagements in nichtwirtschaftlichen Bereichen sollten beendet werden. Dies alles würde zu einer kleineren und effektiveren Organisation führen.[721]

Eine Konzentration der Weltbank auf Länder mit geringem bis unterem mittleren Einkommen wäre sicherlich zu begrüßen. Klar ist auch, dass die Weltbank – gerade ob ihrer größeren Ressourcen – sich auch mit Handelsfragen befassen muss. Allein die Generierung von Wirtschaftswachstum und Produktivität kann Armutsreduzierung auf längere Sicht gewährleisten. Die Untersuchungen, wie Handel in von der Weltbank geförderten Entwicklungsstrategien zu integrieren ist, sind notwendig. Die Weltbank im Sinne einer strengen Arbeitsteilung unter den Organisationen allein auf Armutsprogramme und Ausgaben im sozialen Bereich zu reduzieren, macht keinen Sinn, denn durch Umverteilung allein kann Wachstum nicht erreicht werden. Die Frage ist aber, inwieweit die Weltbank eigene Projekte im Handelsbereich selbst durchführen sollte und inwieweit hier eine Zusammenarbeit mit den für Handelsfragen zuständigen Organisationen UNCTAD, WTO und ITC erfolgen sollte.

2. Der Internationale Währungsfonds

2.1. Aufbau und Funktion

Der Internationale Währungsfonds („International Monetary Fund", IMF) wurde ebenso wie die Weltbank auf der Konferenz von Bretton Woods am 22. Juli 1944

---

[720] Enzo Grilli ist Professor of international economics an der Paul Nitze School of Advanced International Studies, Johns Hopkins University.

[721] Vgl. World Bank Development News vom 12. April 2001, S. 4 unter Verweis auf einen Artikel in der Financial Times vom selben Tag, S. 17.

gegründet. Hinter dem Abkommen über die Errichtung des IMF steht die Einsicht, dass ein funktionierender Welthandel ein stabiles Weltwährungssystem voraussetzt.[722] Der IMF ist damit keine spezifisch entwicklungspolitische Institution. Er dient der Zusammenarbeit auf dem Gebiet der Währungspolitik.

Die ursprüngliche Aufgabe des Fonds war die Wiedererrichtung eines funktionsfähigen internationalen Zahlungssystems nach dem Zweiten Weltkrieg. Durch Vergabe von kurz- und mittelfristigen Krediten sollte er seinen Mitgliedstaaten über zeitweilige Defizite in der Zahlungsbilanz hinweghelfen.[723] Er sollte also die Stabilität der Währungen fördern und als Hilfestellung bei Unausgeglichenheiten in der Zahlungsbilanz der Mitglieder Fondsmittel zur Verfügung stellen. Ziel des IMF ist nach Art. I des Abkommens aber auch:

„die Ausweitung und ein ausgewogenes Wachstum des Welthandels zu erleichtern und dadurch zur Förderung und Aufrechterhaltung eines hohen Beschäftigungsgrades und Realeinkommens sowie zur Entwicklung des Produktionspotentials aller Mitglieder als oberste Ziele der Wirtschaftspolitik beizutragen..."

Das Bretton-Woods-System war ein System fester Wechselkurse, das auf der Zusage der USA basierte, US-Dollar jederzeit in Gold umzutauschen. Das System war 1973 aufgehoben worden, nachdem die USA 1971 ihre Goldeinlösungsverpflichtung aufgehoben hatten.[724] Die Wechselkurse sollten nunmehr wie andere Preise auch von den Marktkräften festgelegt werden. Mit dem Zusammenbruch der alten Ordnung trat die Weltwirtschaft in eine Periode der Unsicherheit mit teils heftigen Währungsschwankungen ein, verbunden mit wirtschaftlichen Krisenerscheinungen in den westlichen Industriestaaten. Diese wurden durch den sog. Ölschock von 1973 noch verschärft. Mit der Reduzierung der Förderquoten ging eine Verknappung eines für diese Länder lebensnotwendigen Produktes einher. Als Antwort auf diese neuen Herausforderungen versuchten der französische Staatspräsident Valery d'Estaing und der deutsche Bundeskanzler Helmut Schmidt im November 1975 mit der Schaffung eines Koordinierungsgremiums der wichtigen westlichen Industriestaaten die Stabilität der internationalen Wirtschaftsordnung zu sichern. Aus dieser Initiative gingen die sog. G7-Gipfeltreffen hervor.[725] Rechtlich wurde die Freigabe

---

722 Vgl. Herdegen, Matthias: Internationales Wirtschaftsrecht, München: Beck, 3. Auflage, 2002, S. 247, Ziff. 6.

723 Vgl. Dolzer, Rudolf: Wirtschaft und Kultur im Völkerrecht, in: Völkerrecht, Graf Vitzthum, Wolfgang (Hrsg.), Berlin, New York: de Gruyter, 2. Auflage, 2001, S. 469-544, S. 521f, Rz. 110.

724 Vgl. Rürup, Bert: Bretton-Woods-System, in: Fischer Wirtschaftslexikon, Fischer Taschenbuch Verlag, 3. Auflage, 2000, S. 47. Das stufenflexible System der Wechselkurse mit der Konvertibilität des Dollars in Gold ließ sich auf Grund einer zunehmenden Inflation und einer weit über die Goldvorräte hinausgehenden Dollarvolumens nicht mehr aufrecht erhalten, vgl. Herdegen, Matthias: ebenda, S. 248, Ziff. 10.

725 Vgl. Schiller, Thomas: Weltwirtschaftsordnung, in: Die Vereinten Nationen, Entwicklung, Aktivitäten, Perspektiven, Herz, Dietmar/ Jetzlspanger, Christian/ Schattenmann, Marc (Hrsg.), Frankfurt am Main: Fischer Taschenbuch Verlag, S. 96-124, S. 102, vgl. zur G7 Kapitel 5, Abschnitt 2.1.

der Wechselkurse 1976 durch eine Änderung des IMF-Vertrages eingeführt. Das IMF-Abkommen verpflichtet nach den Änderungen von 1976 die Mitglieder dazu, ihre Wirtschafts- und Finanzpolitik auf das Ziel eines geordneten Wirtschaftswachstums bei angemessener Preisstabilität auszurichten, nach Stabilität zu streben und dabei ein Währungssystem ohne drastische Störungen zu schaffen sowie Manipulationen an den Wechselkursen zu vermeiden (vgl. Art. IV Abs. 1 IMF-Abkommen).[726] Wechselkurse spielen eine erhebliche Rolle in den internationalen Wirtschaftsbeziehungen, denn über eine Änderung der Wechselkurse ist auch Einfluss auf die Güterpreise und damit auf die Nachfrage möglich.

Der IMF konzentrierte sich nach dem Zusammenbruch des Systems von Bretton Woods zunehmend auf die Analyse und Überwachung der makroökonomischen Aspekte der Wirtschaftspolitik seiner Mitgliedstaten, um eine allen Mitgliedern zur Verfügung stehende Einschätzung künftiger Entwicklungen liefern zu können. Insbesondere die EL wurden zu einem zentralen Fokus der Arbeit des IMF. Die meisten ehemaligen Kolonien waren schon in den sechziger Jahren in den IMF und die Weltbank aufgenommen worden. In den 1980er und 1990er Jahren ging es um die Integration der EL in die liberale, marktwirtschaftlich geprägte Weltwirtschaft.[727]

Die wichtigste Funktion des IMF liegt heute darin, Mitgliedstaaten bei Defiziten in der Zahlungsbilanz zu helfen und so die internationale Liquidität zu sichern.[728] Dazu wurde der IMF als „Währungspool" eingerichtet, an dem jedes Mitglied nach einer bestimmten Quote beteiligt ist. Einlageverpflichtung, Stimmrecht in den IMF-Organen sowie die Möglichkeit, Kredite in Anspruch zu nehmen (Umfang der Ziehungsrechte) richten sich nach dieser Quote, die nach den wirtschaftlichen Verhältnissen der Mitgliedstaaten festgelegt wird. Die Möglichkeit, Sonderziehungsrechte des IMF zu erwerben, besteht bei Zahlungsbilanzdefiziten. Die Sonderziehungsrechte ermöglichen es, Devisen vom IMF anzukaufen.[729] Zuständig ist der IMF auch für die Überwachung nationaler Devisenkontrollbestimmungen der Mitgliedstaaten (vgl. Art. VIII, Abs. 2b, Satz 1 IMF-Abkommen), der Wechselkursregelungen sowie die Gewährleistung der Währungskonvertibilität.[730]

Institutionell ist neben dem Gouverneursrat („Board of Governors"), dem die grundlegenden Beschlüsse obliegen und in den jeder Mitgliedstaat einen Gouver-

---

[726] Vgl. Herdegen, Matthias: Internationales Wirtschaftsrecht, München: Beck, 3. Auflage, 2002, S. 249, Ziff. 12.

[727] Vgl. Schiller, Thomas: Weltwirtschaftsordnung, in: Die Vereinten Nationen, Entwicklung, Aktivitäten, Perspektiven, Herz, Dietmar/Jetzlspanger, Christian/ Schattenmann, Marc (Hrsg.), Frankfurt am Main: Fischer Taschenbuch Verlag, S. 96-124, S. 102f, vgl. auch unten den Abschnitt 2.2.1. über die Strukturanpassung.

[728] Vgl. Herdegen, Matthias: ebenda, S. 248f, Ziff. 11.

[729] Bei den Sonderziehungsrechten handelt es sich um eine aus den führenden Weltwährungen zusammengesetzte Rechnungseinheit, vgl. Dolzer, Rudolf: Wirtschaft und Kultur im Völkerrecht, in: Völkerrecht, Graf Vitzthum, Wolfgang (Hrsg.), Berlin, New York: de Gruyter, 2. Auflage, 2001, S.521f, Rz. 110.

[730] Vgl. Herdegen, Matthias: ebenda, S. 257, Ziff. 3.

neur entsendet[731], ein Exekutivdirektorium für die Geschäftsführung verantwortlich, dem 24 Exekutivdirektoren angehören. Die 5 Länder mit den höchsten Quoten können je einen Direktor ernennen, der weisungsgebunden ist. Die übrigen 19 Direktoren werden von den anderen Mitgliedstaaten, die zu Staatengruppen zusammengefasst werden, als staatenunabhängige Verwaltungsträger gewählt. Zusätzlich können zwei weitere Mitgliedstaaten, die in den zwei Jahren zwischen den periodischen Wahlen der Exekutivdirektoren die höchsten Beiträge zur Finanzierung geleistet haben, je einen weiteren Direktor ernennen.[732] Der geschäftsführende Direktor, der an der Spitze des Verwaltungsstabes steht, wird von den Direktoren gewählt. Dies war bislang immer ein Europäer, sein erster Stellvertreter dagegen ein US-Amerikaner.[733]

Dem „International Monetary and Financial Committee" (IMFC) obliegt die Beratung und Berichterstattung an den Gouverneursrat in Fragen des Managements und der Weiterentwicklung des internationalen Währungs- und Finanzsystems, einschließlich der Überprüfung von Entwicklungen der globalen Liquidität und des Transfers von Ressourcen an die EL. Zudem behandelt es Währungsturbulenzen und andere Störungen, die das internationale Währungs- und Finanzsystem bedrohen könnten. Schließlich bewertet es Vorschläge des Exekutivdirektoriums zu Satzungsänderungen.[734] Das IMFC entstand aus der Umwandlung des Interimsausschusses (formell bekannt als „Interim Committee of the Boards of Governors on the International Monetary System"), das bereits im Oktober 1974 gegründet worden war. Mit der Umwandlung wurde die Rolle des IMFC als Beratungsausschuss des Gouverneursrates gestärkt. Der Ausschuss hat wie das Exekutivdirektorium 24 Mitglieder. Jedes Mitgliedsland, welches einen Exekutivdirektor ernennt, sowie jede Gruppe, die einen Exekutivdirektor wählt, ernennt ein Ausschussmitglied. Eine Reihe internationaler Institutionen einschließlich der Weltbank nimmt an seinen Sitzungen als Beobachter teil. Der Ausschuss tritt im Allgemeinen zweimal jährlich zusammen. Ergänzend sei auf das bereits oben erwähnte „Development Committee" verwiesen, das die Gouverneursräte von IMF und Weltbank zum Ressourcentransfer in die EL berät.[735]

2.2. Die Entwicklungspolitik des IMF

Entsprechend seinem Ziel, die Expansion und das Wachstum des internationalen Handels zu unterstützen und dabei zu einer hohen Beschäftigungsrate, hohem Realeinkommen und zur Entwicklung produktiver Ressourcen seiner Mitglieder beizutragen, lag ursprünglich die Hauptaktivität des IMF darin, Mitgliedstaaten in

---

731 In der Regel ist dies der Finanzminister oder der Präsident der Notenbank.

732 Vgl. Paech, Norman/ Stuby, Gerhard: Völkerrecht und Machtpolitik in den internationalen Beziehungen, Hamburg: VSA-Verlag, 2001, S. 767, Rz. 124.

733 Vgl. Andersen, Uwe: Internationale Währungspolitik, in: Handwörterbuch Internationale Politik, Woyke, Wichard (Hrsg.), Opladen: Leske und Budrich, 8. Auflage, 2000, S. 210-221, S. 214.

734 Vgl. BT-Drs. 14/6496 vom 7. Juni 2001: Elfter Bericht zur Entwicklungspolitik der Bundesregierung, S. 54.

735 Vgl. oben, Abschnitt 1.1.

Zahlungsbilanzschwierigkeiten Hilfe zur Verfügung zu stellen, um ein Wirtschafts- und Finanzprogramm durchzuführen, welches dazu bestimmt war, diese Schwierigkeiten zu beseitigen. Obwohl der Fonds keine Entwicklungshilfeagentur ist und die Fazilitäten, die er mit Ressourcen seiner generellen Finanzausstattung errichtet hat, allen Mitgliedstaaten mit diesen Schwierigkeiten offen standen, hatte er frühzeitig besondere Fazilitäten eingerichtet, die die besondere Natur der wirtschaftlichen Probleme in den EL berücksichtigen sollten. So wurden u.a. 1963 eine „Compensatory Financing Facility" (CFF) eingerichtet. Die CFF, die seit ihrer Gründung mehrfach überarbeitet worden war, sollte hauptsächlich rohstoffexportierenden Ländern Hilfe zur Verfügung stellen, die durch Exportverluste in Zahlungsschwierigkeiten geraten waren. Erst vor kurzem war die CFF erneut überprüft worden, was im Monterrey-Konsens erwähnt wurde. Dort wurde betont, dass multilaterale Hilfe erforderlich sei, um die Konsequenzen gedrückter Exporteinkünfte von Ländern, die immer noch stark von Rohstoffexporten abhängig sind, abzumildern.[736] Daneben gibt es im Bereich der kompensierenden Finanzierung eine IMF „contingency credit line" die jedoch nicht von einem Land in Anspruch genommen werden kann, das bereits eine andere Kreditlinie des IMF in Anspruch nimmt. Die Inanspruchnahme der CFF ist dagegen so teuer, dass sie die konzessionellen Höchstgrenzen für Kreditaufnahmen, die in „Poverty Reduction Growth Facility"-Programmen Standard sind, übersteigen würden.[737]

Bereits 1969 war daneben eine „Buffer Stock Financing Facility" begründet worden. IMF-Mitgliedstaaten können über dieses Instrument Ziehungsrechte in Anspruch nehmen, um ihre Beiträge für auf Rohstoffabkommen basierende „buffer stocks" zu finanzieren.[738] Dies kommt mittelbar der Finanzierung ausgewählter Rohstofffonds zu Gute.[739] 1974 richtete der IMF eine „Extended Fund Facility" (EFF) ein. Die EFF sollte mittelfristige Hilfe an IMF-Mitgliedstaaten mit Zahlungsbilanzdefizit für eine längere Zeit und in größerem Umfang in Bezug auf die Quote zur Verfügung stellen. 1974 und 1975 war eine Öl-Fazilität eingerichtet worden. Die Fazilität sollte Länder unterstützen, die auf Grund des gestiegenen Ölpreises in Zahlungsbilanzschwierigkeiten geraten waren. Insbesondere LDCs haben diese Fazilität in Anspruch genommen. Der 1975 eingerichtete Subsidy Account für 18 der „most seriously affected developing countries" betraf auch mehrere LDCs.[740]

---

[736] Vgl. A/CONF.198/3 vom 1. März 2002, S. 8, Ziff. 37.
[737] Vgl. UNCTAD/LDC/2002: The Least Developed Countries Report 2002: Escaping the Poverty Trap, United Nations, New York und Genf, 2002, S. 233.
[738] Vgl. dazu bereits Teil 1, Kapitel 2, Abschnitt 4.1.
[739] Vgl. Dolzer, Rudolf: Wirtschaft und Kultur im Völkerrecht, in: Völkerrecht, Graf Vitzthum, Wolfgang (Hrsg.), Berlin, NY: de Gruyter, 2. Auflage, 2001, S. 469-544, S. 526, Rz. 120.
[740] Die Unterstützung der „most seriously affected countries" in Bezug auf deren große Zahlungsbilanzdefizite war von der GA mit Resolution 3362 (S-VII) vom 16. September 1975 mit dem Titel „Development and international economic Co-operation" von den Staaten und internationalen Organisationen wie der Weltbank und dem IMF gefordert worden, vgl. Abschnitt II, Ziff. 13.

Seit Mitte 1976 vewaltete der IMF einen „Trust Fund“, der den Ärmsten der EL finanzielle Hilfe zur Verfügung stellte.[741] Die Einrichtung des „Trust Funds“ war mit GA-Resolution 3362 (S-VII) vom 16. September 1975 auf der siebenten Sondertagung der GA gefordert worden.[742]

Obwohl an sich keine Entwicklungsinstitution, befasste der IMF sich damit bereits früh auch mit den LDCs. Diesbezüglich heißt es in einer Antwort des IMF auf die Anfrage des UN-Generalsekretärs in Bezug auf die Umsetzung des im Vorfeld zur ersten UN-LDC-Konferenz von der UNCTAD beschlossenen „Immediate Action Programme“ (1979-1981)[743]:

„It should be noted that while the nature of the Fund's work and objectives does not lend itself to deliberate emphasis in favour of the least developed countries, the Fund tries to express its understanding and concern for the difficult economic position of these countries through continuous flexibility in its operations. Such flexibility has led to periodic reviews of the conditionality attached to the use of Fund resources and has been reflected in a policy of innovating facilities whenever it was felt necessary to cope with a set of particular problems affecting the developing countries and, especially, the low-income countries.“[744]

2.2.1. Strukturanpassung durch den IMF

Die Politik von IMF und Weltbank, Strukturanpassung zu fördern, hatten einen großen Einfluss auf die LDCs. Bereits 1980 begann die Weltbank[745] „Structural Adjustment Loans“ auszugeben, jedoch betraf dies die LDCs erst mit der Einführung der Structural Adjustment Facility (SAF) des IMF im März 1986 und ihrer Erweiterung im September 1987 zur „Enhanced Structural Adjustment Facility“ (ESAF). Die SAF/ESAF war eine Kreditfazilität, die Länder mit niedrigem Einkommen mit konzessioneller Hilfe vom IMF ausstattete, die an die Umsetzung eines dreijährigen Programms über Politikänderungen gebunden war. Neben den ESAF-Krediten eigentlich bedeutsam für das betreffende Land war der Zugang zu anderen offiziellen Ressourcen durch Unterzeichnung des IMF-Abkommens. Ohne ein derartiges IMF-Abkommen war es unmöglich, eine Schuldenumschichtung durch den Pariser Club zu erhalten. Außerdem war ein IMF-Übereinkommen oftmals die Vorbedingung für Zuschüsse und Kredite von bilateralen Gebern und Finanzierungen durch andere internationale Finanzinstitutionen für sog. „low-income“ Länder. Neben der Funktion, Politiken in LDCs zu ändern, waren ESAF Programme damit in den 1990er Jahren auch das Rahmenwerk, um konzessionelle

---

[741] Vgl. Dokument A/CONF.104/PC/2 vom 1. September 1980: Review of Progress under the immediate action programme (1979-1981), Replies received from donor countries and from multilateral donor agencies, S. 15, Ziff. 1ff.

[742] Darin hieß es: „...Agreement should be reached at an early date on the establishment of a trust fund to be financed partly through the International Monetary Fund gold sales and partly through voluntary contributions and to be governed by an appropriate body, for the benefit of developing countries.“, vgl. GA-Resolution 3362 (S-VII) vom 16. September 1975: Development and international economic Co-operation, Abschnitt II, Ziff. 3.

[743] Vgl. UNCTAD Resolution 122 (V), vgl. dazu bereits Teil 1.

[744] Vgl. Dokument A/CONF.104/PC/2 vom 1. September 1980: ebenda, S. 16, Ziff. 8.

[745] Vgl. dazu bereits Abschnitt 1.2.1.

Finanzierung und Schuldenerlass zu erhalten.[746] Die IMF-Politik wurde dadurch von den Regierungen der Geberländer unterstützt, dass sie ein LDC-Stabilisierungsabkommen („stabilization agreement") mit dem IMF als Voraussetzung für Umschuldung oder zusätzliche Hilfe ansahen.[747] Das vom BMZ herausgegebene Medienhandbuch Entwicklungspolitik umschreibt die Funktion des IMF unkritisch wie folgt:

> „Durch diese Konditionalität seiner Kredite wirkt der IWF darauf hin, dass die Mitgliedsländer Defizite in ihren Zahlungsbilanzen nicht nur finanzieren, sondern gleichzeitig die wirtschaftspolitischen Kurskorrekturen vornehmen, die notwendig sind, um ihr außenwirtschaftliches Gleichgewicht als Basis für dauerhaftes, nicht inflationäres Wirtschaftswachstum wiederherzustellen."[748]

Die vom IMF verfolgte Zielsetzung gegenüber hochverschuldeten EL besteht, so eine kritische Äußerung, in der Wiederherstellung ihrer Fähigkeit, die Auslandsschulden termingerecht zu bedienen.[749] Der als Konsens von Washington[750] bekannt gewordene Politik-Mix setzt auf Handelsliberalisierung und Deregulierung, d.h. Minimierung der Rolle des Staates, Privatisierung, makroökonomische Stabilität und angemessene Preise. Er geht davon aus, dass im Übrigen der Markt die Ressourcen verteilen und Wachstum generieren würde.[751] Obwohl erst 1990 formuliert, bestimmte dieses programmatische Konzept das eng abgestimmte Vorgehen von IMF und Weltbank in den Verschuldungskrisen der 1980er Jahre und Anfang der 1990er Jahre.[752] Die Kreditvergabe des IMF ist an Bedingungen und Auflagen geknüpft, die das betroffene Land erfüllen muss. Daneben knüpfen, wie bereits dargelegt, auch andere Geber eine Mittelvergabe daran, ob sich das Land den Auflagen des IMF unterwirft und Strukturanpassungsmaßnahmen durchführt oder nicht. Meist haben die Kreditnehmerländer schon Umschuldungen u.a. im Rahmen des Pariser Clubs hinter sich und sehen keine andere Möglichkeit mehr, als sich den strengen Konditionen des IMF zu unterwerfen. So stehen nun an Stelle temporärer bzw. konjunktureller Zahlungsbilanzgleichgewichte, wie noch in Art. 1 (v) des IMF-Abkommens genannt, die Überwindung von „strukturellen Zahlungsbilanzkrisen" durch Strukturanpassungsprogramme im Mittelpunkt der IMF-Aktivitäten. Im Zusammenhang mit den Strukturanpassungskrediten stehen nicht mehr nur Maß-

---

[746] Vgl. UNCTAD/LDC/2000: The Least Developed Countries 2000 Report, S. 101.

[747] Vgl. Panday, Devenda Raj/ Williams, Maurice: Aid Co-ordination and Effectiveness: Least Developed Countries 1981-1989, Studie enthalten in Dokument [A/CONF.147] UNLDC II/4/Rev.1, S. 16, Ziff. 96.

[748] Vgl. o.V.: Medienhandbuch Entwicklungspolitik 2002, BMZ (Hrsg.), 2002, S. 282.

[749] Vgl. Metzger, Martina: IWF, in: Lexikon der Vereinten Nationen, Volger, Helmut (Hrsg.), München, Wien: Oldenbourg, 2000, S. 296-300, S. 299f.

[750] Zu den einzelnen Elementen vgl. bereits die Ausführungen zur Weltbank in Abschnitt 1.2. dieses Kapitels.

[751] Vgl. Stiglitz, Joseph: More Instruments and Broader Goals: Moving towards the Post-Washington Consensus, the 1998 WIDER Annual Lecture, Helsinki, 7. Januar 1998, S. 1, im Internet unter http://www.worldbank.org/html/extdr/extme/js-010798/wider.htm, Ausdruck vom 17. Oktober 2000.

[752] Vgl. Jakobeit, Cord: Die Weltbank und „Menschliche Entwicklung, ein neuer strategischer Ansatz aus Washington, E+Z, Heft 5, Mai 1999, S. 124f.

nahmen aus dem Bereich der Geld- und Währungspolitik auf der Agenda, sondern diese Maßnahmen beziehen zusätzlich die Fiskal-, Handels-, Industrie- oder Sozialpolitik ein, womit von einer starken Ausweitung des Kompetenzgebietes des IMF seit 1979 gesprochen werden kann. Diese veränderte Zielformulierung und Aufgabenstellung spiegelt sich auch in der Institutionalisierung neuer Kreditfazilitäten wie den „Strucural Adjustment Facility“ (SAF) und der ESAF sowie nunmehr der „Poverty Reduction and Growth Facility“ (PRGF) wider, deren Laufzeiten einschließlich Rückzahlung sich auf bis zu 10 Jahren erstrecken kann. Damit erfolgt eine Abkehr der kurzfristigen Refinanzierung hin zu einem mittel- bis langfristigen Planungshorizont.[753]

Am 22. November 1999 wurde die ESAF in die „Poverty Reduction and Growth Facility“ (PRGF) überführt, die nunmehr zu Politikänderungen und konditioniertem Zugang zu offiziellen Finanzen und Schuldenerlass in den meisten LDCs führen soll. Grundlage für diese Änderung war das Ergebnis der Jahrestagung im September 1999, das ein klares Mandat für den IMF enthielt, die Ziele der Armutsreduzierung und des Wachstums mehr als bisher in seine Operationen in den ärmsten Mitgliedstaaten zu integrieren.[754] Es wurde entschieden, das die Aufstellung von „Poverty Reduction Strategy Papers“ (PRSPs) als Politikinstrumente die Grundlage für Schuldenerlass unter der HIPC-Initiative und der konzessionellen Kreditvergabe durch die Weltbank und den IMF bilden soll. Die Aufstellung soll dabei durch das Entwicklungsland selbst erfolgen. Wo vorhanden, sollten die PRSPs das „Policy Framework Paper“ der Weltbank und den „Enhanced Structural Adjustment Facility“-Prozess des IMF ersetzen.[755]

Die HIPC-Initiative[756] knüpft den Schuldenerlass an die Aufstellung der Armutsstrategie durch das Land. Die damit bezweckte Verbindung von Schuldenerlass und Armutsreduzierung soll dazu führen, dass die durch Schuldenerlass frei werdenden Mittel auch zur Armutsreduzierung verwendet werden. Schuldenerlass soll es nur für die Länder geben, die die Armutsreduzierung verfolgen.

Da der „Managing Director“ des IMF, Horst Köhler, in 2001 mehrfach betont hatte, der IMF müsse sich stärker als bisher auf die makroökonomische Stabilisierung als seine Kernaufgabe konzentrieren und der Weltbank die langfristigen Strukturreformen und Entwicklungsaufgabe überlassen, war der Eindruck entstanden, die PRGF werde möglicherweise in die Weltbank eingegliedert. Der IMF will jedoch die PRGF in eigener Regie fortführen und damit in den ärmsten Ländern die Voraussetzungen für ein wirkungsvolles Engagement des Privatsektors und damit einer dauerhaften, angemessenen Entwicklung schaffen. Als Argument für ein Engage-

---

[753] Vgl. Metzger, Martina: IWF, in: Lexikon der Vereinten Nationen, Volger, Helmut (Hrsg.), München, Wien: Oldenbourg, 2000, S. 296-300, S. 299f.
[754] Vgl. The IMF's Poverty Reduction and Growth Facility (PRGF), A Factsheet, IMF, März 2001, S. 1.
[755] Vgl. dazu bereits oben, Abschnitt 1.2.1.
[756] Vgl. dazu Abschnitt 2.2.2.

ment des IMF in den ärmsten Ländern wird weiter angeführt, dass der IMF seine fortgesetzte Verantwortung für die Gruppe der ärmsten Länder als einen wichtigen Beitrag dazu ansieht, den Geist der Kooperation unter seinen Mitgliedsländern und ihr Vertrauen in seine Globalisierungsrolle zu stärken.[757]

Die Handelspolitik spielte im Rahmen der bezweckten Strukturanpassung durch IMF-Programme eine Rolle. Handelsliberalisierung war in den vergangenen 20 Jahren ein Schlüsselelement der durch den Fonds durchgeführten Strukturanpassungsprogramme. Dabei war die Anzahl der handelsbezogenen strukturellen Konditionen zwischen 1987 und 1999 relativ stabil und hat nicht wesentlich zur breiten Zunahme der Konditionen während der 1990er Jahre beigetragen.[758] Einem Bericht des IMF zufolge wurden strukturelle Konditionen insbesondere in Programmen der Transformationsländer und der Länder, die Zugang zur PRGF haben, am häufigsten genutzt.[759] Eine 1997 erfolgte Überprüfung des handelspolitischen Inhalts IMF-geförderter Programme ergab, dass fast drei Viertel der betreffenden Länder zu Beginn der Programme restriktive Handelsregime hatten. Von den zwei Dritteln der Länder, in denen quantifizierbare Reduzierungen der Handelsrestriktionen angestrebt wurden, wären diese zumeist erreicht worden. Die Länder mit Zugang zur PRGF haben trotz dieser Bewegung zu mehr Offenheit weiterhin restriktivere Handelsregime als andere Länder.[760] Der IMF verwendet als Indikator den sog. „Trade Restrictiveness Index" (TRI), der die wesentlichen Elemente der Handelsbeschränkungen kombiniert. Dabei wird die durchschnittliche Höhe des Schutzes durch Zölle und der Umfang von nichttarifären Handelshemmnissen in Beziehung zu Handel und Produktion der Wirtschaft gesetzt.[761]

Neben den Strukturanpassungskrediten im allgemeinen wurden auch die nach der Asienkrise angewandten Methoden des IMF, um den von der Krise betroffenen Staaten zu helfen, stark kritisiert „as the IMF's equivalent of imperial overstretch".[762] Unter starkem Druck der wohlhabenden Nationen, die seine Politik kontrollieren, spricht eine von Morris Goldstein[763] geleitete Studie davon, dass

> „the IMF demanded a king's ransom from Indonesia as the price for its $ 40 billion assistance package".

---

[757] Vgl. Kaps, Carola: Der Internationale Währungsfonds wird sanfter und einfühlsamer, in: FAZ.NET vom 5. Oktober 2001, S. 2f, zu den Problemen hinsichtlich der noch immer angewendeten Konditionen vgl. die Ausführungen in Abschnitt 1.2.1.

[758] Vgl. Policy Development and Review Department des IMF: Trade Policy Conditionality in Fund Supported Programs, 16. Februar 2001, S. 2, Ziff 1 und S. 13, Ziff 18, m.w.N., im Internet unter http://www.imf.org/external/np/pdr/cond/2001/eng/trade/index.htm, Ausdruck vom 27. Juni 2001.

[759] Vgl. ebenda, S. 7f, Ziff. 11.

[760] Vgl. ebenda, S. 4, Ziff. 8.

[761] Vgl. ebenda, S. 7, Box 2.

[762] Vgl. World Bank Development News vom 23. Oktober 2000 mit Verweis auf einen Artikel in der New York Times vom 21. Oktober 2000, S. B1.

[763] Goldstein arbeitete 25 Jahre für den IMF und ist nun als Ökonomist für das Institute for International Economics tätig.

Indonesien sollte u.a. Steuern für Unternehmen in Staatsbesitz anheben, zwölf Straßen-, Brücken und Hafenentwicklungsprojekte stoppen, den Schutz von Milchfarmern beseitigen und Preiskontrollen auf bestimmte Produkte eliminieren. Dahinter stand die Idee, Indonesien von einer korruptionsgeplagten, teilweise kapitalistischen Wirtschaft in eine offene, wettbewerbsfähige und stabile freie Marktwirtschaft umzuwandeln. Nach Goldstein würden zwar einige „Mainstream"-Ökonomen das Ziel unterstützen, die Methoden wären aber zu überprüfen. Sowohl Umfang als auch Intensität der IMF-Konditionen seien, so Goldstein, exzessiv. Goldstein, der den IMF selbst oft als eine wichtige Kraft für weltweite Finanzstabilität verteidigt hat, sagt, dass der in letzter Zeit ausgeübte Druck zur radikalen Überholung von Nationen, die von ihm Kredite nähmen, die Reputation des Fonds unterminiert und seine Kompetenzen überschritten habe. Goldstein ist der Auffassung, dass der IMF in der vergangenen Dekade, obwohl nicht immer bereitwillig, zum Hauptvehikel für reiche Nationen wurde, um den Kapitalismus in EL zu exportieren, einschließlich von Nationen wie Brasilien, Russland und die früheren kommunistischen Staaten in Osteuropa. Wenn die Operationen perfekt funktionierten, würden sich nur wenige beschweren, das tun sie nach Goldstein aber oft nicht. So hatte der IMF wenig Erfolg, die Wachstumsraten bei seinen afrikanischen Klienten zu erhöhen. Ein Umdenken der IMF-Methode durch den „Managing Director" Horst Köhler mag zwar erfolgt sein, der Druck, den Fund als Hebel zu Veränderungen in den EL zu nutzen, komme aber hauptsächlich von den G7-Staaten mit den USA an vorderster Stelle. Der US Treasury würde Konditionen zu IMF-Krediten insistieren.[764]

In Bezug auf die neue Afrika-Initiative[765] hatte Horst Köhler in seiner Rede vor dem ECOSOC am 16. Juli 2001 in Genf zur Konditionalität ausgeführt:

> „Respect for country ownership and priorities also underlies our effort to streamline the IMF's conditionality. Conditionality remains essential but needs to focus on measures that are critical to the macroeconomic objectives of country programmes and leave real scope for countries to make choices consistent with their political and cultural conditions..."[766]

Auch Joseph Stiglitz, ehemaliger „Senior Vice President" und Chefökonom der Weltbank kritisierte den vom IMF angewendeten Washington-Konsens offen. Nach seiner Auffassung sind die nach diesem Konsens angewandten Politiken unvollständig und manchmal unangebracht. Funktionierende Märkte bräuchten eben mehr als nur geringe Inflation, sondern daneben u.a. solide Finanzregulation, Wettbewerbspolitik und Politiken zur Förderung von Technologietransfer und

[764] Vgl. World Bank Development News vom 23. Oktober 2000 unter Verweis auf Artikel in der New York Times vom 21. Oktober 2000, S. B1 und der Internationalen Harald Tribune vom 23. Oktober, S. 9.

[765] New African Partnership for African Development, NEPAD, vgl. dazu das Kapitel über die G7/G8.

[766] Vgl. IMF Survey, Jahrgang 30, Nr. 15 vom 30. Juli 2001, S. 248.

Transparenz.[767] In den 1990er Jahren habe der IMF seine Mitgliedsländer vor allem dazu gedrängt, ihren Haushalt in Ordnung zu bringen und das Wachstum der Geldmenge zu kontrollieren. Diese Stabilisierungsstrategie sei kaum dazu geeignet, das Wachstum anzukurbeln.[768] Mittlerweile besteht generell Anerkennung, dass die von den BWIs in ihre Programme aufgenommenen Konditionen weit über deren Kompetenzbereiche hinausgegangen sind.[769] Durchgreifende Änderungen stehen noch aus.[770]

2.2.2. Die HIPC-Initiative

Das Verschuldungsproblem stellt eines der drängenden Probleme gerade für LDCs dar. Die Frage, wie Investitionen in handelbare Güter, entweder in Exportaktivitäten oder zur Ersetzung von Importen, in den in LDC bei der bestehenden Situation genereller Armut, verbunden mit einer extrem geringen Sparrate, erfolgen und Handel selbst finanziert werden kann, ist für die LDCs von vitalem Interesse. Zum einen spielt Entwicklungshilfe hier eine essentielle Rolle. Daneben muss gesehen werden, dass Exportwachstum und der Aufbau untragbarer externer Verschuldung in einer engen zweiseitigen Verbindung steht. Niedriges Exportwachstum trägt zum Entstehen eines Schuldenproblems bei. Die Schuldenlast macht es im Gegenzug viel schwieriger, ein schnelleres Exportwachstum zu erzielen.[771] Dies macht es erforderlich, sich in Bezug auf die Frage von Handel und Entwicklung auch mit dem Problem des Abbaus der Schulden zu befassen.

In den 1980er Jahren hatte die Verschuldungskrise vor allem in Lateinamerika ein „verlorenes Jahrzehnt" verursacht. Sie wurde hier durch ein vom IWF geschnürtes Bündel von Umschuldungen entschärft, aber keinesfalls gelöst. Maßnahmen zur Schuldenreduzierung hatten bis dato keine effektive und dauerhafte Lösung für die offenstehenden Schulden und die Schuldendienstlast der LDCs zur Folge, obwohl einige Maßnahmen erfolgt waren. Zu nennen sind die Annahme der „Toronto terms" 1988 und der erweiterten „Toronto terms" 1991, von denen 19 LDCs profitieren konnten, und im Anschluss daran die Annahme der „Naples terms", durch die der Pariser Club 1994 die Schuldenbehandlung für die ärmsten Länder verbesserte. Sie mögen zwar ein Schritt vorwärts für die LDCs gewesen sein, waren aber

---

[767] Vgl. Stiglitz, Joseph: More Instruments and Broader Goals: Moving towards the Post-Washington Consensus, the 1998 WIDER Annual Lecture, Helsinki, 7. Januar 1998, S. 1, im Internet unter http://www.worldbank.org/html/extdr/extme/js-010798/wider.htm, Ausdruck vom 17. Oktober 2000, vgl. auch eine weitere Rede von Stiglitz: Towards a New Paradigm für Development: Strategies, Policies, and Processes, Prebisch Lecture at UNCTAD, Genf, 19. Oktober 1998.

[768] Vgl. Stiglitz, Joseph: Die Schatten der Globalisierung, Berlin: Siedler Verlag, 2002, S. 220.

[769] Vgl. UNCTAD/GDS/AFRICA/2: Economic Development in Africa, From Adjustment to Poverty: What is new?, UNCTAD-Bericht, United Nations, Genf und New York 2002, S. 17, m.w.N.

[770] Vgl. dazu Abschnitt 1.2.1.

[771] Vgl. UNCTAD/LDC/2002: The Least Developed Countries Report 2002: Escaping the Poverty Trap, United Nations, New York und Genf, 2002, S. 102.

nicht ausreichend, um deren Verschuldensproblem zu lösen. Bis 1995 haben acht LDCs von diesen Bestimmungen profitiert, die die Möglichkeit eröffnen, die in Frage kommenden Schulden der ärmsten und am meisten verschuldeten Länder um 50 bis 67 % zu reduzieren.[772]

Die gesamten Auslandsschulden der EL wuchsen bis Ende 1998 auf rund 2,5 Billionen US-Dollar an. In der zweiten Hälfte der Neunziger Jahre attestierte auch die Weltbank den 38 hochverschuldeten armen Ländern („Higly Indebted Poor Countries“, HIPC) eine „untragbar hohe Schuldenbürde“. Sie entstand nun auch durch Forderungen der internationalen Finanzorganisationen (Weltbank, IWF, regionale Entwicklungsbanken), die als „bevorzugte Gläubiger“ grundsätzlich nicht umschulden.

Auf Beschluss der G7 starteten Weltbank und IWF 1996 die sogenannte „HIPC-Initiative“. Die Initiative für umfassenden Schuldenerlass, die auf den Jahrestagungen der Weltbank und des IMF 1996 gebilligt wurde, richtete zur Ablösung der multilateralen Schulden einen Treuhandfonds ein. Sie sah einen Erlass der öffentlichen Schulden bis zu 80 % vor, bezog aber zunächst nur wenige HIPCs in die Initiative ein und unterwarf diese außerdem einer sechsjährigen Probezeit mit harten Strukturanpassungsauflagen.[773] Erst mit dem G8-Gipfeltreffen vom Juni 1999 in Köln, auf dem die G8 auf Drängen einer internationalen Kampagne von NGOs („Erlassjahr 2000“) ihre Unterstützung für eine vertiefte Schuldenerleichterung innerhalb eines Rahmens zur Armutsreduzierung erklärte, und der anschließenden Vereinbarung auf den Jahrestreffen von Weltbankgruppe und IMF im September 1999 über eine Verstärkung der HIPC-Initiative „to provide broade, deeper and faster debt relief“, wurden auf der internationalen Ebene auf Druck durch die internationale Öffentlichkeit reagiert. Diese hatte wie auch das UNDP seit längerem gefordert, mehr Schwergewicht auf Schuldenerlass und die Armutsreduzierung zu legen, einen Aspekt, der durch den IMF lange Jahre während der Durchsetzung seiner Strukturanpassungspolitik sträflich vernachlässigt worden war. Die Initiative wurde nachgebessert, mehr HIPCs einbezogen und die Probezeiten wurden verkürzt. Die Vereinbarung beinhaltete gleichfalls, die Schuldenreduzierung mit der Erarbeitung einer Strategie zur Armutsreduzierung[774] für alle Länder, die konzessionelle Hilfe von Weltbank und IMF erhalten, zu verbinden. Unter anderem die Europäische Union ist an der HIPC-Initiative finanziell beteiligt. Die EU und ihre Mitgliedstaaten hatten dem „HIPC Trust Fund“ bis zum Jahr 2000 mehr als US$ 1,5 Billionen zur Verfügung gestellt und damit ihre Zusagen eingehalten.[775]

---

[772] Vgl. zu den Ergebnissen des Mid-term Reviews Dokument A/50/745 vom 10. November 1995: High-level Intergovernmental Meeting on the Mid-term Global Review of the Implementation of the Programme of Action for the LDCs for the 1990s, S. 11f, Ziff. 32.

[773] Vgl. Nuscheler, Franz: Reiche Welt und arme Welt, in: Weltpolitik im neuen Jahrhundert, Kaiser, Karl/ Schwarz, Hans-Peter (Hrsg.), Baden-Baden: Nomos, 2000, S. 124-136, S. 129.

[774] Vgl. dazu bereits oben, Abschnitt 1.2.1 sowie Teil 3, Kapitel 2, Abschnitt 1.1.1.

[775] Vgl. dazu Fabius, Laurent: Rede am 24. September 2000, im Internet unter http://www.imf.org/external/am/2000/imfc/eng/eu.htm

Stiglitz sieht es insbesondere für einige der ärmsten Länder, die sowieso kaum Zugang zu Privatkapital haben, als negativ an, dass Geldgeber wie die Weltbank, die EU und viele andere Länder, ihre Gewährung von Mitteln von der Zustimmung des IMF abhängig machen. Auch die neueren Initiativen für einen Schuldenerlass haben dem IMF faktisch eine immer größere Macht gegeben, denn nur wenn der IMF die Wirtschaftspolitik eines Landes gutheißt, kommt es zu einem Schuldenerlass. Dies gibt dem IMF, so Stiglitz, ein starkens Druckmittel in die Hand.[776]

Von den 38 Ländern, die sich an der erweiterten HIPC-Initiative (HIPC-II) beteiligen, erfüllten Ende 2002, d.h. etwa sechs Jahre nach Einleitung der ersten HIPC-Initiative, 26 Länder die Voraussetzungen für die vollständige oder teilweise Umsetzung des Schuldenerlasses. Von den zwölf Staaten, die bisher nicht berücksichtigt werden konnten, befinden sich acht im Bürgerkrieg, die übrigen arbeiten an der Erfüllung der Voraussetzungen. Der jährliche Schuldendienst der 26 HIPC-II-Länder, die die erste oder zweite Stufe des Schuldenerlasses erreicht haben, wird bis 2005 um ein Drittel gegenüber dem Ausgangsjahr 1999 sinken. Von 20 % der Staatseinnahmen in 1999 wird der Anteil des Schuldendienstes bis 2003 auf 11 % und bis 2005 auf unter 10 % sinken, was den Ländern ermöglicht, Ausgaben für Bildung und Gesundheitsversorgung und andere Maßnahmen zu Gunsten der Armen zu steigern.[777] Von den HIPC-Ländern sind nur neun keine LDCs.[778]

Das Schuldenproblem bleibt aber für die große Mehrheit der EL trotzdem weiter ein schwerwiegendes Problem, weil der dennoch hohe Schuldendienst den entwicklungspolitischen Handlungsspielraum einengt und in der Regel besonders die Sozialhaushalte einschnürt. Deshalb besteht ein Zusammenhang zwischen dem Schulden- und Armutsproblem.[779] Dazu kommt, dass der Handlungsspielraum vieler EL ohnehin durch den starken Rückgang an ODA im letzten Jahrzehnt drastisch verengt ist. Bei verschiedenen Erlassmaßnahmen seit den 1970er Jahren sind häufig Neukredite aufgenommen worden, um den Schuldendienst für Altkredite aufrecht erhalten zu können. Auch aktuelle Untersuchungen der Weltbank bescheinigen 12 der 26 HIPC-Ländern schlechte Aussichten, mittelfristig ihre Schuldentragfähigkeit auf einem nachhaltigen Niveau halten zu können.[780] Das Wirtschaftswachstum, insbesondere die Exporterlöse dieser Länder,[781] reicht nicht aus, um den Schuldendienst zu leisten. Ungünstige Außenwirtschaftsstruktur, schlechte makroökonomi-

---

776 Vgl. Stiglitz, Joseph: Die Schatten der Globalisierung, Berlin: Siedler Verlag, 2002, S. 59.

777 Vgl. Djafari, Nassir: Schuldenerlass allein genügt nicht. Zwischenbilanz der HIPC-II-Initiative, in: E+Z, 2002,Heft 12, S. 351- 353, S. 351.

778 Die Nicht-LDCs sind: Kamerun, Kongo (Demokratische Republik), Côte d'Ivoire, Ghana, Guyana; Honduras, Kenia, Nicaragua und Vietnam, vgl. WT/TF/COH/S/7 vom 29. April 2003: Coherence in Global Economic Policymaking and Cooperation between the WTO, the IMF and the World Bank, Note by the Secretariat, S. 5, Ziff. 20, FN 7.

779 Vgl. Nuscheler, Franz: Reiche Welt und arme Welt, in: Weltpolitik im neuen Jahrhundert, Kaiser, Karl/ Schwarz, Hans-Peter (Hrsg.), Baden-Baden: Nomos, 2000, S. 124-136, S. 129.

780 Vgl. Djafari, Nassir: ebenda, S. 351.

781 Djafari nennt Äthiopien, Bolivien, Benin, Burkina Faso, Gambia, Guinea-Bissau, Malawi, Ruanda, Sambia, Senegal, Tschad und Uganda, vgl. Djafari, Nassir: ebenda.

sche Politiken, fehlende Transparenz und Rechenschaftslegung im öffentlichen Sektor sowie geringe Produktivitätsentwicklung sind wesentliche Gründe. Auch auf Grund von AIDS könnte in den nächsten 10 bis 15 Jahren das Wirtschaftswachstum um bis zu 1,8 % des BIP pro Jahr geringer ausfallen, erwartet die Weltbank.[782] Ein zusätzlicher Schuldenerlass scheint unerlässlich. Sinnvoller wäre aber sicherlich, die Schuldentragfähigkeitskriterien neu zu diskutieren und von vornherein der Leistungsfähigkeit der Länder anzupassen.[783] Die UNCTAD hatte bereits 1998 vorgeschlagen, dass ein unabhängiges Experten-Panel, welches nicht unzulässigerweise von den Interessen der Kreditgeber beeinflusst wird, eine objektive und umfassende Bewertung in Bezug auf die Schuldennachhaltigkeit, die Berechtigung zur Schuldenreduktion und den Umfang des notwendigen Schuldenerlasses durchführt. Die enge Verbindung zwischen fallenden und anfälligen Rohstoffpreisen und untragbarer externer Verschuldung sollte in die Diskussionen einbezogen werden und Mittel und Wege zur Durchbrechung dieser Beziehung, die zentral für die internationale Armutsfalle sei, sollten erörtert werden. Vorschläge, wie „state contingent debt repayment contracts", die die Schuldendienstzahlungen mit den externen Bedingungen im Bezug auf die Weltrohstoffpreise verknüpfen, könnten dabei in Betracht gezogen werden.[784] Der Vorschlag des IMF für ein internationales Staateninsolvenzrecht („Sovereign Debt Restructuring Mechanism", SDRM), der Grundlage für eine Debatte um ein faires Entschuldungsverfahren war, ist jedoch auf der Frühjahrstagung von IMF und Weltbank im April 2003 nicht weiter verfolgt worden. Bereits eine Woche vor der Tagung hatte sich der amerikanische Finanzminister John Snow gegen den Vorschlag von IMF-Vizedirektorin Anne Krueger ausgesprochen, so dass es im Abschlusskommuniqué des Internationalen Währungs- und Finanzausschusses des IMF nur heißt, dass es nicht möglich sei, den SDRM umzusetzen. Nächste Möglichkeit ist nunmehr der ECOSOC, in dem im Rahmen der Nachverfolgung der Konferenz über Entwicklungsfinanzierung von Monterrey über neue Entschuldungsverfahren diskutiert werden soll.[785]

Zum nachhaltigen Abbau der Überschuldung sind letztlich grundlegende Reformen erforderlich wie die Schaffung einer offenen, diversifizierenden Außenwirtschaftsstruktur, die die Verletzlichkeit der Volkswirtschaft durch externe Schocks (z.B. Fall der Kaffeepreise oder die Verteuerung wichtiger Exportgüter wie Erdöl) mindern kann. Dies setzt offene Märkte der Industrieländer für die Produkte der EL voraus. Unabdingbar sind u.a. Investitionen in Bildung und die Eindämmung von Steuerflucht.[786]

[782] Vgl. Djafari, Nassir: Schuldenerlass allein genügt nicht, Zwischenbilanz der HIPC-II-Initiative, in: E+Z, 2002,Heft 12, S. 351- 353, S. 352.

[783] Dafür plädiert auch der UNCTAD-Bericht UNCTAD/GDS/AFRICA/2: Economic Development in Africa, From Adjustment to Poverty: What is new?, United Nations, Genf und New York 2002, S. 9, m.w.N.

[784] Vgl. UNCTAD/LDC/2002: The Least Developed Countries Report 2002: Escaping the Poverty Trap, United Nations, New York und Genf, 2002, S. 214.

[785] Vgl. Schneider, Ann-Kathrin: Vorschlag für Insolvenzrecht ohne großes Aufsehen beerdigt, in E+Z, 2003, Heft 5, Mai 2003, S. 216.

[786] Vgl. Djafari, Nassir: ebenda, S. 353.

2.2.3. Technische Hilfe

Das Hauptziel der technischen Hilfe des IMF liegt darin, die Entwicklung produktiver Ressourcen der Mitgliedstaaten durch die Steigerung der Wirksamkeit der Wirtschaftspolitik und des Finanzmanagements zu fördern. Zum einen sucht die technische Hilfe die Bemühungen der Mitgliedsländer in der Verbesserung ihrer „capacity“ (sowohl Human- als auch institutionelle Kapazitäten) in der Formulierung und Implementierung wachstumsorientierter und armutsreduzierender, makroökonomischer und Finanz- sowie Strukturpolitiken zu unterstützen. Zum anderen fördert der IMF Länder in der Planung makroökonomischer und Strukturpolitikreformen (Politikberatung).[787] Dabei wird der IMF nur auf Anfrage durch das jeweilige Land tätig. Auch der IMF hat als eines seiner Grundsätze „Country Ownership“, was im Sinne des IMF voraussetzt, dass das Partnerland

„is fully committed to owning the work associated with the assistance and implementing the recommendations flowing from the technical assistance“.

Der „Executive Board“ des IMF hat betont, dass der Schwerpunkt der technische Hilfe des IMF verstärkt auf Länder- und regionaler Ebene liegen soll. Sowohl Planung als auch Bereitstellung derartiger Hilfe solle innerhalb eines mehrjährigen Rahmenwerks in enger Abstimmung mit den Behörden des Empfängerlandes als auch mit anderen Gebern erfolgen.[788] Schwerpunktbereiche der technischen Hilfe des IMF liegen in seinen Hauptkompetenzgebieten wie makroökonomische Politik, Währungs- und „foreign exchange“-Politik und -Systemen, Fiskalpolitik und -management, externe Verschuldung und makroökonomische Statistik.

Drei breite Gebiete umfassen erstens das Design und die Umsetzung von Strukturreformen im Bereich der Fiskal- und Währungspolitiken, zweitens Institutionenbildung (Zentralbanken, „treasuries“, Steuer- und Zollabteilungen sowie statistische Dienste) und schließlich drittens den Entwurf und die Überarbeitung von Wirtschafts- und Finanzgesetzgebung. Dabei sendet der IMF Beraterteams von ein bis zwei Personen in das betreffende Land, führt andererseits aber auch mehrjährige Programme, mitfinanziert durch andere Geber, durch. Auch Trainingskurse für Funktionäre der Mitgliedstaaten werden durchgeführt, zum Teil auf regionaler Ebene.[789] Im Bereich der technischen Hilfe involviert sind insbesondere das „Monetary and Exchange Department“, das „Fiscal Affairs Department“, das „Statistics Department“ sowie das „IMF Institute“. Letzteres ist für die Trainingskurse verantwortlich.[790]

Da Projekte in den vergangenen Jahren größer und komplexer geworden sind, greift der IMF mehr und mehr auf verschiedene Finanzierungsquellen zurück. In

---

[787] Vgl. Technical Assistance, A Factsheet, IMF, März 2001, http://www.imf.org/external/np/exr/facts/tech.htm, S. 1.
[788] Vgl. ebenda, S. 1.
[789] Vgl. ebenda, S. 2.
[790] Vgl. eine Übersicht über die Schwerpunkte in: FY 2000 Annual Report of Technical Assistance, IMF, 2000, S. 55f.

1989 leitete er formale Schritte ein, um mit anderen multilateralen und bilateralen Organisationen zusammenzuarbeiten und zu kooperieren, um sich widersprechende Beratung und überflüssige Aktivitäten zu vermeiden. Externe Finanzierung durch andere Geber wie UNDP, Japan, die Schweiz, die Weltbank und die Europäische Union machen nunmehr nahezu ein Drittel der technischen Hilfe des IMF und etwa die Hälfte der Kosten für Lang- bzw. Kurzzeitexperten vor Ort aus.[791] Nach Japan, das in 2000 fast 60 % der Langzeitexperten des IMF im Bereich des „Capacity building" und andere Programme finanzierte, war das UNDP in der Vergangenheit (mit bis zu US$ 8 Millionen jährlich Mitte der 1990er Jahre) ein besonders wichtiger Partner bei der Finanzierung technischer Hilfe. Auf Grund der finanziellen Schwierigkeiten musste es jedoch seinen Beitrag reduzieren.[792] Partnerschaftsarrangements mit anderen Erbringern technischer Hilfe werden, so der IMF, auf Grund der wachsenden Nachfrage nach technischer Hilfe im Bereich des makroökonomischen und Finanzmanagements noch wichtiger werden.[793]

In Bezug auf die HIPC-Initiative ist beispielsweise sicherzustellen, dass die durch Schuldenerlass frei werdenden Mittel in Politikmaßnahmen fließen, die der Armutsreduzierung zu Gute kommen. (z.B. spezielle Ausgabenprogramme oder Steuersenkungen). Für fast alle betroffenen Länder erfordert dies Verbesserungen in Bezug auf Budget- und Finanzmanagementpraktiken, einschließlich der Aufstellung des Haushalts, der Entwicklung von mittelfristigen Ausgabenplänen, der Überwachung des Haushalts und dessen Evaluierung usw. Auch die Mobilisierung einheimischer Ressourcen zur Armutsreduzierung erfordert z.B. den Aufbau funktionierender Steuersysteme. Erforderlich ist die Kapazität, öffentliche Ausgaben effektiv zu verwalten und zu nutzen und ihren Mißbrauch zu verhindern. Diese Fragen betreffen auch Länder, die am PRSP-Prozess teilnehmen. Der Aufbau von „Capacity" ist ein langfristiger Prozess, der erhebliche Anforderungen an die Ressourcen der technischen Hilfe des FAD stellt, selbst bei Bemühungen um Zusammenarbeit mit der Weltbank und anderen Akteuren.[794] Bereits 1999 hatte der IMF seine Bemühungen um Zusammenarbeit mit anderen Akteuren im Bereich der technischen Hilfe erhöht und untersucht, wo finanzielle Unterstützung für die technische Hilfe in Bereichen mit gegenseitigen Interessen mobilisiert werden kann.[795]

Die Politikberatung durch den IMF betonte zunächst stets die Nachfragesteuerung („Management of agregate demand") mit dem Ziel, Bedingungen für makroökonomische Stabilität zu schaffen. Nach einer langen Phase der Strukturanpassungspolitik scheint sich nunmehr die Erkenntnis durchgesetzt zu haben, dass die soziale Komponente der Fiskalpolitik beachtet werden muss. Diese Erkenntnis will der IMF nunmehr sowohl in den von ihm geförderten Programmen zur Unterstützung

---

[791] Vgl. Technical Assistance, A Factsheet, IMF, März 2001, http://www.imf.org/external/np/exr/facts/tech.htm, S. 2.
[792] Vgl. FY 2000 Annual Report of Technical Assistance: IMF, 2000, S. 45.
[793] Vgl. Technical Assistance, A Factsheet: ebenda.
[794] Vgl. FY 2000 Annual Report of Technical Assistance: ebenda, S. 21.
[795] Vgl. ebenda, S. 46.

von Mitgliedsländern, die Reformen durchführen, als auch in seiner allgemeinen Politikberatung anwenden. Ein Hauptelement dieser Beratung ist nunmehr die Frage, wie „high-quality growth" erreicht werden kann.[796] Diese Politikänderung zeigt sich auch in weiteren Erklärungen auf internationaler Ebene. So fordern die G7 auf ihrem Treffen in Fukuoka, Japan, am 8. Juli 2000 in ihrem Statement zur Reform des IMF unter anderem:

„to explore, in the context of the review of facilities, appropriate uses of any resulting increase in IMF income within the existing framework of the Articles [of Agreement], with the objective of targeting support to the poorest countries."[797]

Der IMF befürwortet regionale Integration. Neben der Markzugangsbeschränkungen durch die entwickelten Länder, insbesondere in den die EL betreffenden Bereichen wie Agrarprodukte, Textilien und Bekleidung, müssten EL ihre eigenen Hindernisse für den Handel abbauen. Dies sollte, so ein Statement Horst Köhlers in Bezug auf den afrikanischen Kontinent, Teil eines Konzeptes für regionale wirtschaftliche Kooperation und Integration sein, als ein Vehikel, die Wettbewerbsfähigkeit und Attraktivität für Investoren zu verbessern. Köhler führt weiter aus:

„The IMF has been a major supporter of regional trade and financial integration and is encouraging the harmonization and simplification of complex and overlapping subregional trade arrangements. We will continue providing advice and technical assistance on tax, customs, and trade practices. We will also provide assistance in developing regional surveillance and the harmonization and convergence of macroeconomic policies to help underpin deeper regional integration – the ultimate aim of the new African Union."[798]

Zu erwähnen ist, dass der IMF im August 2001 die Koordination des neuen „Caribbean Regional Technical Assistance Center" (CARTAC) übernommen hat. Das CARTAC ist eine gemeinsame Initiative des IMF, der „Caribbean Community" (CARICOM)[799] und des UNDP, das im September 2001 seine Arbeit in Bridgetown, Barbados aufgenommen hat. Das Zentrum stellt den CARICOM-Mitgliedern und der Dominikanischen Republik technische Hilfe und Training zur Verfügung und soll die Zusammenarbeit zwischen der Region und einigen anderen bilateralen

---

[796] Dabei kann „high-quality growth" als ein Wachstum definiert werden, das:
- can be sustained and does not collapse in the face of the slightest external shock,
- is accompanied by appropriate domestic and external balances as well as by adequate investment, including in human capital, so as to lay the foundation for future growth,
- is accompanied by policies that protect the environment, and
- is accompanied by policies that attempt to reduce poverty, vgl. Gupta, Sanjeev/ Clements, Benedict/ McDonald, Calvin/ Schiller, Christian: The IMF and the Poor in: Waging the Global War on Poverty, Strategies and Case Studies, Halvorson-Quevedo, Raundi/ Schneider, Hartmut (Hrsg.), OECD, 2000, S. 89-111, S. 89.

[797] Vgl. IMF Survey, Jahrgang 29, Nr. 14 vom 17. Juli 2000, S. 226.

[798] Vgl. das Statement des Managing Director des IMF Horst Köhler auf dem ECOSOC-Treffen am 16. Juli 2001 in Genf, IMF Survey, Jahrgang 30, Nr. 15 vom 30. Juli 2001, S. 248.

[799] Die 14 Mitglieder der CARICOM sind: Antigua and Barbuda, die Bahamas, Barbados, Belize, Dominica, Grenada, Guyana, Jamaica, Montserrat, St. Kitts und Nevis, St. Lucia, St. Vincent und die Grenadinen, Surinam, Trinidad und Tobago. Anguila und die British Virgin Islands. Die Turks und Caicos Inseln sind mit der CARICOM assoziiert.

und multilateralen Agenturen festigen. CARTAC ist als regionales Programm des UNDP organisiert. Der IMF fungiert als ausführende Organisation. Innerhalb dieses Rahmens stellt das UNDP administrative und logistische Unterstützung zur Verfügung und der IMF ist für das Management des CARTAC verantwortlich.[800]

2.3. Würdigung und Ausblick

Mittlerweile hat der IMF durch seine führende Rolle in der Prävention und dem Management in Krisen, wie der Asienkrise in 1997, einen immensen Einfluss auf die Entwicklung der von den Krisen betroffenen Staaten. Außerdem hat sich der IMF über die Jahre zu einem wichtigen „long-term lender" für sehr arme Länder entwickelt, eine Abweichung von seinem ursprünglichen Mandat, bei kurzfristigen Zahlungsbilanzschwierigkeiten Mittel zur Verfügung zu stellen. Seine Rolle hat sich vertieft mit der oben erwähnten Umformung der erweiterten Strukturanpassungsfazilität ESAF in die „Poverty Reduction and Growth Facility" (PRGF).[801] Daneben ist der IMF mit der nunmehr wichtigsten Initiative zum Schuldenerlass für die ärmsten Länder befasst, die das Ziel hat, die dadurch frei werdenden Mittel der Armutsreduzierung zu Gute kommen zu lassen.[802] Insgesamt unterscheidet sich der IMF damit in seiner heutigen Ausprägung von dem ursprünglichen Entwurf zur Zeit seiner Gründung in erheblichem Maße.

Seit längerem läuft die Diskussion um die künftige Rolle des IMF. Neben extremen Positionen wie der Abschaffung des IMF werden Auffassungen vertreten, die ihn als führende Institution auf dem Währungssektor sehen wollen. Andere wollen den Aufgabenbereich zurückschrauben oder neu ordnen, messen dem IMF aber eine Bedeutung bei. So wird z.B. gefordert, er solle seine Arbeit auf drei Schwerpunktbereiche fokussieren: dem „short-term liquidity lending" an alle Länder, die von makroökonomischen Krisen getroffen werden, dem „advising" durch Politikdialog und schließlich dem Sammeln von Informationen über Länder bezüglich der makroökonomischen Politik und der Finanzmärkte. Der Fonds solle die führende Institution bei der Analyse makroökonomischer Probleme werden und bei der Kreditgewährung im Rahmen von Stabilisierungsbemühungen. Er soll Beratungen zum makroökonomischen Politikumfeld bei langfristiger Entwicklungsfinanzierung durchführen, selbst aber keine derartige langfristige Finanzierung mehr vornehmen und auch sein Eingreifen in schwierige strukturelle Sachverhalte in Ökonomien, selbst in Krisenzeiten, beenden.[803] Ein Verzicht auf die langfristige Kreditvergabe würde auch eine klarere Abgrenzung zum Aufgabenbereich der Weltbank bedeuten.

---

[800] Vgl. IMF: News Brief Nr. 01/85 vom 31. August 2001, IMF, 2001.

[801] Die Ersetzung der ESAF durch die PRGF trat am 22. November 1999 in Kraft, vgl. IMF: The IMF's Poverty Reduction and Growth Facility (PRGF), A Factsheet, März 2001, http://www.imf.org/external/np/exr/facts/prgf.htm.

[802] Vgl. zur Kreditvergabe durch den IMF u.a. den ODC Task Force Report, The Future Role of the IMF in Development, April 2000, im Internet unter http://www.odc.org/commentary/imfrpt.html.

[803] Vgl. ebenda, S. 2.

Die Diskussion um den IMF ist nach wie vor nicht beendet. So hat der Britische „Chancellor of the Exchequer" Gordon Brown, der den Vorsitz des „International Monetary and Financial Committee" (IMFC) inne hat, Anfang 2003 eine radikale Änderung des IMF vorgeschlagen, die die Abspaltung der Aufsicht über die Wirtschaft der Mitgliedstaaten von seinen Kreditvergabeentscheidungen vorsieht. Zudem schlug er eine „International Financing Facility" (IFF) vor, die bis zu US$ 50 Billionen von den Kapitalmärkten zur Finanzierung von Entwicklungshilfe aufnehmen soll. Der Vorschlag der Abspaltung der Aufsicht intendierte, IMF-Mitarbeiter zu mehr Ehrlichkeit über die Unzulänglichkeiten der Mitgliedsländer, insbesondere derer, die Kredite des IMF erhalten, zu bestärken. Der Vorschlag wurde jedoch von den USA und den großen europäischen Ländern in Diskussionen mit dem IMF abgelehnt. Dem „Managing Director" Horst Köhler zufolge brauche man für eine Verbesserung einer mehr unabhängigen Mitarbeiterkultur bei Aufsicht und Krisenprävention kein neues Organisationsschema.[804] Fest steht jedoch, dass mit einer Abschaffung des IMF die bestehenden Probleme keineswegs gelöst sind. Eine pragmatische Weiterentwicklung, die bestehende Unzulänglichkeiten aufgreift, sollte daher das Ziel künftiger Reformen sein.

Nicht geklärt sind bislang auch Forderungen nach einer Reform in Richtung eines Macht- und Einflusszuwachses für die Schuldnerländer. Jedoch wäre dies problematisch für das Stabilitätsziel. Rode zufolge würde eine Schuldnerdemokratie im IMF auf einen Selbstbedienungsladen der Länder mit schlechten Wirtschaftspolitiken hinauslaufen und im Regimekollaps enden. Derzeit noch eine Wunschvorstellung sei die Bereitstellung globaler Finanzstabilität, ohne dass die Führungsgruppe der großen Quotenhalter das Privileg der hegemonialen Gruppe, d.h. die Sonderbehandlung ihrer Klientel, ausnutzt. Eine bessere Einbindung und Kontrolle der Führungsgruppe müsse insgesamt das Ziel sein. Zur Gruppenhegemonie der großen Quotenhalter ist jedoch keine vernünftige Alternative erkennbar.[805]

3. Die Zusammenarbeit und Koordination der BWIs untereinander und mit anderen internationalen Organisationen

3.1. Rechtsgrundlagen der BWIs zur Zusammenarbeit

3.1.1. Rechtsgrundlagen der Weltbank

Der Gründungsvertrag führt in Art. 5, Abschnitt 8, unter dem Titel „Beziehungen zu anderen internationalen Organisationen" aus:

„(a) Die Bank arbeitet im Rahmen der Bestimmungen dieses Abkommens mit jeder allgemeinen internationalen Organisation sowie mit öffentlichen internationalen Organisationen zusammen, die auf verwandten Gebieten besondere Aufgaben haben. Alle Übereinkommen über eine solche Zusammenarbeit, die die Änderung irgendeiner Bestimmung dieses Abkommens

---

[804] Vgl. World Bank Press Review vom 14. April 2003 mit Verweis auf einen Bericht der Financial Times vom selben Tag.

[805] Vgl. Rode, Reinhard: Weltregieren durch internationale Wirtschaftsorganisationen, Münster, Hamburg, London: Lit, 2002, S. 192.

bedingen würden, können erst nach Abänderung dieses Abkommens gemäß Artikel VIII getroffen werden.

(b) Bei Entscheidungen über die Gewährung von Darlehen oder Garantien in Angelegenheiten, die unmittelbar in den Aufgabenbereich einer internationalen Organisation von der Art, wie sie im vorhergehenden Absatz beschrieben wurde, fallen und an denen vor allem Mitglieder der Bank beteiligt sind, hat die Bank die Auffassungen und Empfehlungen dieser Organisation zu berücksichtigen"[806]

Ein weiterer Hinweis auf eine Pflicht zur Kooperation lässt sich dem Art. I (iv) des Abkommens entnehmen. Danach soll die Bank die von ihr gewährten oder garantierten Anleihen mit auf anderem Wege gewährten internationalen Anleihen abstimmen, so dass „die nützlicheren und dringlicheren Projekte, große und kleine in gleicher Weise, zuerst bearbeitet werden".[807]

Anzumerken ist, dass Hauptaufgabe derWeltbank zunächst der Wiederaufbau und die Entwicklung im damals kriegszerstörten Europa war und sich der Schwerpunkt hin zur Förderung der weniger entwickelten Länder erst nach und nach verlagerte. Der Gründungsvertrag der IDA enthält in Art. 5 Abschnitt 4 zu Vorschriften über die Zusammenarbeit mit anderen internationalen Organisationen und Mitgliedern, die Entwicklungshilfe leisten Folgendes:

„The Association shall cooperate with those public international organizations and members which provide financial and technical assistance to the less-developed areas of the world"

In Art. VI. „Organisation und Geschäftsführung" heißt es in Abschnitt 7, der die Beziehungen zu anderen internationalen Organisationen regelt:

„The Association shall enter into formal arrangements with the United Nations and may enter into such arrangements with other public international organizations having special responsibilities in related fields."[808]

Neben den Grundsätzen und Ermächtigungsgrundlagen in den Gründungsverträgen hat die Weltbank Kooperationsabkommen mit vielen internationalen Organisationen geschlossen.

3.1.2. Die Rechtsgrundlagen des IMF

Im Übereinkommen über den Internationalen Währungsfonds führt Art. X unter der Überschrift „Beziehungen zu anderen Internationalen Organisationen" aus:

„Der Fonds arbeitet im Rahmen der Bestimmungen dieses Übereinkommens mit allen allgemeinen und mit öffentlichen Internationalen Organisationen zusammen, die auf verwandten Gebieten besondere Aufgaben haben. Soweit die einer solche Zusammenarbeit dienenden

---

806 Vgl. Abkommen über die Internationale Bank für Wiederaufbau und Entwicklung vom 22. Juli 1944 (in der Fassung vom 30. Juni 1987), abgedruckt in: Das System der Vereinten Nationen und seine Vorläufer, Knipping/ Mangold/ Rittberger (Hrsg), Band I/2, München 1995, S. 155-215, S. 187.

807 Vgl. ebenda, S. 157.

808 Vgl. Abkommen über die Internationale Entwicklungsorganisation vom 26. Januar 1960, ebenda, S. 256- 303, S. 278.

Regelungen eine Änderung einer Bestimmung dieses Übereinkommens mit sich bringen würden, können sie erst nach Änderung dieses Übereinkommens nach Artikel XXVII getroffen werden."[809]

Grundlagen für die Tätigkeiten von IMF und Weltbank sind neben den Regelungen in den Gründungsverträgen auch die untereinander und mit anderen Organisationen geschlossenen Kooperationsabkommen – aber auch die Ministerkommuniqués, die z.B. Forderungen an die Organisationen enthalten, in bestimmten Bereichen verstärkt tätig zu werden, wie oben erwähnt in Bezug auf die Weltbank und die Hilfe im Handelsbereich.

3.2. Die Zusammenarbeit und Koordination von Weltbank und IMF

Der IMF hat eine sehr enge Beziehung zur Weltbank. Beide Institutionen teilen die gleiche Zielstellung der Förderung eines nachhaltigen Wirtschaftswachstums in ihren Mitgliedsstaaten. Obwohl sie immer eng zusammengearbeitet haben (Richtlinien zur Zusammenarbeit wurden erstmals in 1966 definiert), wuchs die Notwendigkeit für eine solche Kooperation in den 1980er Jahren mit der zunehmenden Überschneidung ihrer Aktivitäten. So stellen beide Institutionen finanzielle Unterstützung für Strukturanpassungsprogramme zur Verfügung.[810] Im März 1989 vereinbarte das Management beider Institutionen, die Hauptverantwortung jeder Institution zu klären und Doppelung zu vermeiden. So soll der IMF für kurzfristige Stabilisierung und Wechselkursraten verantwortlich sein, die Weltbank für mittel- und langfristige Strukturreformen.[811]

Weltbank und IMF tagen einmal jährlich gemeinsam auf Ministerebene. Zudem sind sie über einen gemeinsamen Entwicklungsausschuss miteinander verbunden.[812] Der Ausschuss beschäftigt sich u.a. mit der Harmonisierung von operationellen Politiken und Prozeduren der Bank, anderer multilateraler Entwicklungsbanken und bilateraler Entwicklungshilfegeber mit dem Ziel, die Effektivität der Entwicklungshilfe zu stärken, die Effizienz zu erhöhen und die administrativen Lasten und Kosten der Empfängerregierungen zu reduzieren. So wurde von den Ministern auf dem Frühjahrstreffen 2001 die Notwendigkeit betont, damit schneller voranzuschreiten, und, trotz dass angemessene Standards aufrecht erhalten werden, Entwicklungshilfearrangements zu harmonisieren, insbesondere um den Ländern mit niedrigem Einkommen zu helfen, ihre PRSPs umzusetzen.[813]

---

[809] Übereinkommen über den Internationalen Währungsfonds vom 22. Juli 1944 (in der Fassung vom 28. Juni 1990), abgedruckt in: Das System der Vereinten Nationen und seine Vorläufer, Knipping/ Mangold/ Rittberger (Hrsg), Band I/2, München 1995, S. 3-153, S. 57.
[810] Vgl. Abschnitte 1.2.1 und 2.2.1.
[811] Vgl. Robert, Maryse: International Monetary System, in: Global Economic Co-operation, A Guide to Agreements and Organizations, Colas, Bernard (Hrsg.), United Nations University Press, 2. Auflage, 1994, S. 321-336, S. 326f.
[812] Vgl. oben Abschnitt 1.1.
[813] Vgl. Communiqué des Joint Ministerial Committee of the Boards of Governors of the Bank and the Fund on the Transfer of Real Ressources to Developing Countries, Washington, 30. April 2001, Ziff. 6.

Wie dargestellt, hat die Weltbank in den 1980er Jahren damit begonnen, Strukturanpassungskredite bereitzustellen. Dies erfolgte nur mit dem Plazet des IMF, der Auflagen für das Schuldnerland aufstellte. Obwohl es an sich eine klare Arbeitsteilung zwischen Weltbank und IMF gab, nach der der IMF sich eigentlich auf die makroökonomischen Faktoren eines Landes beschränken sollte[814] und die Weltbank dagegen für Strukturprobleme zuständig war[815], nahm der IMF quasi eine Art „Alllzuständigkeit" für sich in Anspruch, da sich praktisch jedes Strukturproblem auf die Gesamtleistung einer Volkswirtschaft und damit auf den Staatshaushalt oder das Außenhandelsdefizit auswirken konnte.[816]

Einem Bericht des IMF zufolge haben Mitarbeiter des Fonds in den 1990er Jahren, obwohl sich die Strukturanpassungskreditvergabe durch die Weltbank in den 1990er Jahren geändert hat, eng mit der Weltbank und der WTO zusammengearbeitet, um ein kohärentes Vorgehen sicherzustellen. Obwohl die direkte Involvierung der Bank in Kreditvergabeoperationen zur Förderung der Handelsliberalisierung während der 1990er Jahre zurückgegangen war, habe eine enge Zusammenarbeit in Bezug auf Handelspolitikberatung stattgefunden und es sei Vertrauen auf die Expertise der Bank im Entwurf sektorspezifischer handelsbezogener Politiken gesetzt worden. Darüber hinaus habe die Unterstützung des privaten Sektors und der Institutionenbildung durch die Bank die Handelsreformen ergänzt.[817]

Im Bereich der technischen Hilfe führen Weltbank und IMF im Finanzsektor ein gemeinsames Programm durch („Financial Sector Assessment Programme", FSAP). Diese gemeinsame Initiative bezweckt die Reduzierung von Finanzkrisen, um dadurch die Aussicht auf stärkere und stabilere Finanzsysteme zu erhöhen. Dies schließt eine umfassende Bewertung der Finanzsysteme der Länder durch gemeinsame Teams von Bank und IMF ein. Eine durch die Behörden des Landes aufgestellte und vom FSAP-Team überprüfte Strategie bildet den Anlass für technische Hilfe, vom Fonds, der Weltbank oder anderen Organisationen durchgeführt. Die Koordination dieser Hilfe kann durch verschiedene Mechanismen erfolgen: durch einen „Technical Cooperation Action Plan" (TCAP), der mit Unterstützung des IMF durch das Land formuliert wird, oder durch technische Konsultationen. Andernfalls soll das „Financial Sector Liaison Committee" (FSLC) sicherstellen, das adäquate Mechanismen zur Koordination der technischen Hilfe zur Verfügung stehen. Das FSLC ist ein gemeinsamer Ausschuss von Weltbank und IMF und hat die Aufgabe, die Zusammenarbeit mit der Weltbank in Finanzsektor zu erhöhen und die Konsistenz der Politikberatung in diesem Bereich sicherzustellen.[818]

---

[814] Dazu zählen das staatliche Haushaltsdefizit, die Geldpolitik, die Inflation, das Außenhandelsdefzit und die Auslandsverschuldung.
[815] Dazu gehört u.a. die Verwendung der Staatsausgaben eines Landes, seine Finanzinstitutionen, seine Arbeitsmärkte sowie seine Außenhandelspolitik.
[816] Vgl. Stiglitz, Joseph: Die Schatten der Globalisierung, Berlin: Siedler Verlag, 2002, S. 29.
[817] Vgl. Policy Development and Review Department des IMF: Trade Policy Conditionality in Fund Supported Programs, 16. Februar 2001, S. 18, Ziff. 38, im Internet unter http://www.imf.org/external/np/pdr/cond/2001/eng/trade/index.htm, Ausdruck vom 27. Juni 2001.
[818] Vgl. FY 2000 Annual Report on Technical Assistance, IMF, 2000, S. 18.

Ein Fortschrittsbericht über die Umsetzung des „Comprehensive Development Framework" (CDF)[819] vom September 1999, der die in einigen Ländern eingeführten Pilot-CDF auswertete, führte im Hinblick auf den IMF aus, dass die langjährige Partnerschaft zwischen Bank und Fonds die primäre Verantwortung für makroökonomische Stabilität und Überwachung und die primäre Verantwortung der Bank für soziale und strukturelle Fragen anerkenne. Der CDF-Vorschlag erkenne den IMF als einen Hauptpartner an und setze keine Änderungen in den Mandaten und Verantwortlichkeiten der zwei Institutionen voraus. Dennoch erkenne das CDF klar an, dass Wirtschaftsprogramme umfassend und holistisch sein sollten, um effektiv zu sein. Sie sollten mit einem Fokus auf lange Sicht angelegt sein und eine internationale Partnerschaft über Bank und Fonds hinaus einbeziehen. Ein laufendes Pilotprogramm über eine erweiterte Bank-Fonds-Zusammenarbeit in sechs ESAF/IDA-Ländern, von denen zwei CDF-Pilotländer sind (Äthiopien und Vietnam) wurde erwähnt. Die Schnittstelle zwischen makroökonomischen und sozialen/ strukturellen Belangen wie durch das CDF angeregt, hebe einmal mehr die Notwendigkeit für eine engere Zusammenarbeit zur Unterstützung der Bemühungen der Entwicklungsländer hervor. Der Bericht nannte außerdem die Einführung der „Poverty Reduction Strategy Papers", die einen Teil der Gesamtarchitektur zwischen den länderbezogenen CDF-Diagnosen und den „Country Assistance Strategies" der Weltbank bilden sollen.[820]

IMF und Weltbank sind nunmehr über den PRSP-Prozess verbunden, der einen Politik-Koordinationsmechanismus auf Länderebene darstellt.[821] Zuvor arbeiteten sie bei der Aufstellung der „Policy Framework Papers" zusammen, die SAF und ESAF-Länder aufstellen mussten.[822] Die Weltbank nimmt aktiv an der Erarbeitung der Armutsstrategiepapiere teil, die auch Grundlage für eine Kreditvergabe durch den IMF sind. Eine Zusammenarbeit zwischen IMF und Weltbank ist im Zusammenhang mit der Aufstellung der PRSPs auch erforderlich. Programme, die durch die PRGF unterstützt werden, sollen nur Bereiche beinhalten, die in der primären Zuständigkeit des IMF liegen. Dies schließt nach einem IMF-Dokument die Beratung über vernünftige makroökonomische Politiken, Strukturreformen in verwandten Bereichen wie Wechselkurs und Steuerpolitik, besseres Finanzmanagement, Haushaltsvollzug, Finanztransparenz sowie Steuer- und Zollverwaltung ein. Mitarbeiter der Bank müssen dabei die Führung bei der Beratung der Behörden der Empfängerländer bei der Aufstellung der Armutsreduzierungsstrategien übernehmen, einschließlich der notwendigen diagnostischen Arbeit wie der Armutsbewertung und -überwachung, strukturelle und sektorielle Fragen, soziale Belange usw.[823] Die

[819] Vgl. dazu oben, Abschnitt 1.2.1.

[820] Vgl. Progress Report to the World Bank's Executive Board - September 1999, S. 5, Ziff. 30f, im Internet unter http.//www.worldbank.org/cdf/progressreport0999.htm.

[821] Vgl. dazu oben, Abschnitt 1.2.1. und 2.2.1. sowie Teil 3, Kapitel 2, Abschnitt 1.1.1.

[822] Vgl. Robert, Maryse: International Monetary System, in: Global Economic Co-operation, A Guide to Agreements and Organizations, Colas, Bernard (Hrsg.), United Nations University Press, 2. Auflage, 1994, S. 321-336, S. 327.

[823] Vgl. The IMF's Poverty Reduction and Growth Facility (PRGF), A Factsheet, IMF, März 2001, S. 2f.

Richtlinien für das „Joint Staff Assessment" von PRSPs legen eine Arbeitsteilung zwischen IMF und Weltbank in Bezug auf die Bewertung der Länderstrategiepapiere zu Grunde. Danach fallen Geld-, Fiskal- und Wechselkurspolitik in die Kompetenz des IMF. Belange, die direkt armutsbezogen sind, einschließlich von Regierungsausgaben in sozialen Bereichen, Sozialreformen und Regierungsführung fallen in die Kompetenz der Bank. Überschneidende Bereiche, in die beide Institutionen involviert sind, befassen sich damit mit Strukturreformen, Wachstum des privaten Sektors, Handel und Finanzen, Steuer- und Zollpolitik, sowie Verwaltung, Transparenz, Management von Regierungsausgaben und Haushalt.[824]

Ein weiteres Beispiel für die Zusammenarbeit zwischen IMF und Weltbank ist die „Cross-Border Initiative" (CBI), welche ein gemeinsames Politikrahmenwerk zur Förderung grenzüberschreitender Aktivitäten sowie Marktintegration ost- und südafrikanischer Ökonomien zur Verfügung stellen soll. So wurde beispielsweise die Handelsreform im Programm Tansanias so geplant und in Gang gesetzt, das sich ein Handelsregime entwickelt, dass mit den regionalen Verpflichtungen des Landes unter der CBI in Einklang steht. Weitere Sponsoren dieser Initiative waren die Europäische Union und die AfDB. Die CBI wurde zu einem weitestgehend ländergeführten „Regional Integration Facilitation Forum" umgeformt.[825]

3.3. Zusammenarbeit und Koordination der BWIs mit anderen Internationalen Organisationen

3.3.1. Die Beziehungen zu den UN

Die Weltbank und der IMF wurden Ende der 1940er Jahre Sonderorganisationen der UN. Die Bretton-Woods-Organisationen werden häufig als Sonderorganisationen mit Sondercharakter bezeichnet. Die jeweils 1947 mit den UN geschlossenen Beziehungsabkommen des IMF bzw. der Weltbank betonen deren rechtliche Selbständigkeit gegenüber den UN. In Art. 1 der Abkommen heißt es, dass

> „by reason of the nature of its international responsibilities and the terms of its articles of agreement the Fund [the Bank] is and is required to function as an independent international organization."[826]

Andere Bestimmungen regeln die gegenseitige Vertretung, das Vorschlagen von Tagesordnungspunkten, Konsultation, Empfehlungen, Informationsaustausch, statistische Dienste sowie administrative Beziehungen und Verbindung. Die Verträge mit IMF und Weltbank sind jedoch weit loser, als die entsprechenden Kooperati-

---

[824] Vgl. UNCTAD/GDS/AFRICA/2: Economic Development in Africa, From Adjustment to Poverty: What is new?, UNCTAD-Bericht, United Nations, Genf und New York 2002, S. 18, m.w.N.

[825] Vgl. Policy Development and Review Department des IMF: Trade Policy Conditionality in Fund Supported Programs, 16. Februar 2001, S. 1, Ziff. 31 sowie Endnote 19, im Internet unter http://www.imf.org/external/np/pdr/cond/2001/eng/trade/ index.htm, Ausdruck vom 27. Juni 2001.

[826] Zitiert nach Dokument E/1996/72 vom 18. Juni 1996: Operational Activities of the United Nations for international development cooperation, S. 3 Ziff. 4.

onsverträge mit anderen Sonderorganisationen der UN. Ein entsprechender Vertrag ist auch zwischen IDA und UN geschlossen worden.[827]

IMF und Weltbank haben Büros in New York. Ein „Special Representative“ ist verantwortlich für die Beziehungen mit den UN und deren untergeordneten Organen. Der „Managing Director“ des IMF und der Präsident der Weltbank nehmen an den Sitzungen des „Chief Ececutive Board“ (CEB) und an Sitzungen des ECOSOC teil. Obwohl die Weltbank wie auch der IMF an den internationalen Konferenzen durch Vertreter beider Organisationen teilnahmen und, wie oben dargestellt, Kontakte insbesondere zum UNDP hatten, waren die Beziehungen bis 1990 lose. GA und ECOSOC forderten sowohl Weltbank als auch IMF wie auch die anderen Sonderorganisationen immer wieder zum Tätigwerden auf. Man kann jedoch sagen, dass beide Organisationen stets ausschließlich von Washington aus geleitet wurden.

In den 1990er Jahren entstanden zunehmend Kontakte der BWIs mit der UN auf politischer als auch auf Arbeitsebene. So initiierte die „JCGP Adjustment Subgroup“, eine Untergruppe der sog. „UN Joint Consultative Group on Policy“ (JCGP)[828] 1990 einen Dialog mit dem IMF über Wege, armutsrelevante Belange in die Strukturanpassungsprogramme einzubeziehen. Die Untergruppe beabsichtigte, Komplementaritäten zwischen den Mitgliedern der JCGP und dem IMF im Bereich der Strukturanpassung zu untersuchen, Bereiche zur operativen Kooperation beim Vorgehen der Geber im Bereich der Strukturanpassungen zu definieren, und ein System zur effektiven Überwachung und Evaluierung des Anpassungsprozesses zu planen. Im Oktober 1990, zum ersten Mal überhaupt, hielt der IMF ein Treffen mit den UN-Agenturen und UN-Organisationen außerhalb der BWIs in Washington ab. Auf dem dreitägigen Treffen diskutierten höhere Mitarbeiter von FAO, IFAD, ILO, UNESCO, UNFPA, UNICEF, den UN, WFC, WFP und WHO sowie Vertreter der Weltbank darüber, wie die Kooperation zwischen dem IMF und anderen Agenturen des UN-Systems im Zusammenhang mit den Strukturanpassungsprogrammen verstärkt und systematischer werden könnte. Dabei wurde die Notwendigkeit eines „high quality“-Wachstums mit Gerechtigkeit, Nachhaltigkeit und größerer Aufmerksamkeit auf Armut- und Umweltfragen betont. Das Treffen begünstigte einen Anfang in Richtung neuer operativer Beziehungen, insbesondere vor Ort im Entwicklungsland, durch verstärkte Kommunikation, offenen Dialog und verbesserte technische Kontakte. Einem Bericht der JIU zufolge hat sich die Kooperation zwischen IMF, Weltbank und UNDP in Bezug auf Aktivitäten der technischen Zusammenarbeit seitdem merklich gesteigert. Als Beispiel dafür nannte der Bericht der JIU von 1993 koordinierte Aktivitäten auf Länderebene in Namibia oder Angola.[829]

Den Beziehungen zwischen den UN und den Bretton-Woods-Institutionen ist während der Verhandlungen im Zusammenhang um eine Agenda für Entwicklung[830]

[827] Vgl. bereits Kapitel 1, Abschnitt 5.1. zu den Rechtsgrundlagen der Koordination der UN.
[828] Die Gruppe bestand aus 5 Mitgliedern: UNDP, UNICEF, UNFPA, WFP und IFAD.
[829] Vgl. JIU/REP/92/1 (Part 1), enthalten in E/1993/18, S. 18.
[830] Vgl. dazu oben Kapitel 1, Abschnitt 1.2.1.

und der Restrukturierung des Wirtschafts- und Sozialbereichs der UN, die bereits 1992 durch die G77 initiiert worden waren, besondere Aufmerksamkeit entgegen gebracht worden. Dies ist leicht verständlich, steht doch Frage der Zusammenarbeit der UN mit den internationalen Finanzinstitutionen (und auch mit der WTO) in einem sehr engen Zusammenhang zu der Frage nach Stärkung der Kompetenzen der UN im wirtschaftspolitischen Bereich. Die wirtschaftliche Dimension spielt eine zentrale Rolle im Prozess der Entwicklung und die UN wird entwicklungspolitisch auf Dauer nur dann erfolgreich sein können, wenn sie auch im wirtschaftlichen Bereich „etwas zu sagen" hat.[831] Die Vorschläge in der Agenda für Entwicklung zur Zusammenarbeit zwischen den UN und den internationalen Finanzorganisationen sowie der WTO beschränken sich allerdings auf den Ausbau des Politikdialogs und einer besseren Koordination auf der Projektebene.[832] In dem daran anschließend eingeleiteten Prozess von Weltbank und UN sollten noch 1998 konkrete Vorschläge für eine engere Zusammenarbeit formuliert werden. Dabei wurde die Gefahr gesehen, dass dieser Prozess nicht zu einer Stärkung der UN, sondern eher zu ihrer „Weltbankisierung" führt, in deren Verlauf sich das neoliberale Entwicklungskonzept auch in den UN gegenüber dem ganzheitlichen Ansatz nachhaltiger Entwicklung durchsetzt. Die Agenda für die Entwicklung, so Martens, sei bereits ein Indiz für diesen Trend.[833]

Seit Mitte der 1990er Jahre haben die BWIs zunehmend zum politischen Dialog auf den sog. hochrangigen Segmenten des ECOSOC beigetragen. Sie haben auch aktiv an der 9. und 10. UNCTAD-Konferenz teilgenommen. Zudem finden seit 1998 hochrangige Treffen von Repräsentanten der BWIs mit dem ECOSOC jeweils im Anschluss an die Frühjahrstagungen der BWIs statt.[834]

Die gemeinsamen Jahrestagungen von IMF und Weltbank sowie die Tagungen des „Development Committee" und des „International Monetary and Financial Committee" des IMF sind, so der elfte Bericht zur Entwicklungspolitik der Bundesregierung, zunehmend Ort und Anlass, die Ergebnisse anderer Foren des globalen Dialogs (GA der UN, ECOSOC, UN-Sonderorganisationen) zu verzahnen. Die Spitzen von UN-Sonderorganisationen wie ILO, WTO sowie von UNCTAD nehmen nun an den Plenarsitzungen dieser Tagungen teil, die der Bretton-Woods-Institutionen berichten regelmäßig nach der Frühjahrstagung dem ECOSOC in einer gemeinsamen Sitzung, an der auch viele Gouverneure der Bank und des Fonds teilnehmen[835] Diese engere Verbindung drücke sich auch in der Auswahl der in den Tagungen der Bretton-Woods-Institutionen behandelten Themen aus. Beim IMF

---

[831] Vgl. Martens, Jens in: Kompendium für Gemeinplätze, >Die Agenda für die Entwicklung<: Chronologie eines gescheiterten Verhandlungsprozesses, Vereinte Nationen 2/1998, S. 47-52, S. 52.

[832] Vg. Martens, Jens: ebenda, S. 52.

[833] Vgl. Martens, Jens: ebenda, S. 52.

[834] Vgl. dazu die Ausführungen in Kapitel 1, Abschnitt 5.2.2.

[835] Vgl. BT-Drs. 14/6496 vom 7. Juni 2001: Elfter Bericht zur Entwicklungspolitik der Bundesregierung, S. 55, vgl. zu den hochrangigen Treffen des ECOSOC mit den BWIs und der WTO, Kapitel 1, Abschnitt 5.2.2.

stehe die Stabilität des internationalen Finanzsystems im Vordergrund, bei der Weltbank würden Themen aus dem UN-Bereich aufgegriffen wie z.B. die AIDS-Problematik oder im Vorfeld von „Kopenhagen+5“ die Frage einer geeigneten Sozialpolitik in den EL. Maßstäbe für institutionelle Zusammenarbeit setze die „Global Environment Facility“, die gemeinsam von UNDP, UNEP und Weltbank als Durchführungsorganisation getragen wird und als Finanzmechanismus der beiden Rio-Konventionen zu Klima und Biodiversität dient.[836]

Auf dem Treffen des „Development Committees“ von Weltbank und IMF am 27. September 1999 haben die Minister angeführt, dass die Entwicklungs- und Handelsagenden sich zunehmend verflochten haben. Sie betonten insbesondere die Bedeutung des Handels für die Entwicklung und die Reduzierung von Armut sowie die Notwendigkeit für EL und Transformationsländer, aktive Partner in der nächsten Runde der Handelsverhandlungen zu werden. Die Minister forderten die Weltbank, den IMF und die WTO auf, mit anderen Beteiligten bei der Unterstützung zur Steigerung der Handelsleistung und des „Capacity building“ zusammenzuarbeiten, insbesondere im Hinblick auf die LDCs.[837]

Auf der Sekretariatsebene finden, einem Bericht des UN-Generalsekretärs zufolge, enge und häufige Konsultationen zwischen ihm und den Verwaltungsleitern der BWIs sowie der WTO statt. Zusammenarbeit auf der Programmebene sei substantiell verstärkt worden.[838] Daneben seien Politikinteraktionen und Programmkooperation im Zusammenhang mit den Arrangements des CEB zur Förderung einer integrierten Nachverfolgung von globalen UN-Konferenzen ausgeweitet worden. Gleiches gelte für die „System-wide Special initiative on Africa“.[839]

Die Herausgabe eines gemeinsamen Berichtes durch UN, Weltbank, IMF und OECD am Rande der UN-Sondergeneralversammlung „World Summit and beyond: achieving social development for all in a globalising world“ (Kopenhagen+5) im Jahr 2000 wird zumeist ebenfalls als Beleg eines neuen Geistes der Zusammenarbeit zwischen diesen Institutionen angeführt. Von den NGOs wurde die Mitzeichnung des Berichtes mit dem Titel „A Better World for All“ durch UN-Generalsekretär Kofi Annan jedoch scharf kritisiert. Als Argument wurde angebracht, dass der mit den von den entwickelten Ländern dominierten BWIs gemeinsam herausgegebene Bericht allein auf Aktionen abziele, die die EL ergreifen sollen. Demgegenüber richte sich der „Kopenhagen+5-Prozess“ auf Zusagen und

---

[836] Vgl. BT-Drs. 14/6496 vom 7. Juni 2001: Elfter Bericht zur Entwicklungspolitik der Bundesregierung, S. 55.

[837] Vgl. das Communiqué of the Development Committee, 27. September 1999. Für die Diskussionen der Committees war von der Weltbank ein Hintergrundpapier erarbeitet worden, vgl. DC99-19 vom 14. September 1999: World Bank Support for Developing Countries on International Trade Issues.

[838] Vgl. dazu E/1996/72 vom 18. Juni 1996 und Corr.1 vom 27. Juni 1996.

[839] Vgl. die Kommentare des UN-Generalsekretärs zum JIU/REP/96/1, enthalten in A/51/152 vom 30. Mai 1996, enthalten in A/51/152/Add.1, S.7f.

Verpflichtungen aller Länder. In diesem Sinne würde der Bericht nicht den Geist und die Meinung der UN als Ganzes repräsentieren.

Der bereits oben erwähnte Fortschrittsbericht über die Umsetzung des CDF[840] vom September 1999, der die in einigen Ländern eingeführten Pilot-CDF auswertete, befasste sich auch mit der Zusammenarbeit der verschiedenen Organisationen. Der Bericht führt aus, dass das UN-System mit seinen Missionen und extensiven Repräsentationen vor Ort in Zusammenarbeit mit anderen Partnern ein sehr wertvoller Partner für die Umsetzung des CDF sei. Der UN-Generalsekretär hat seine Unterstützung für das CDF ausgedrückt und der UNDP-Administrator forderte alle residierenden Koordinatoren in einem Brief dazu auf, mit der Bank darin zusammenzuarbeiten. Kontakte zwischen dem UN-System, insbesondere dem UNDP und der „United Nations Development Group" (UNDG) seien auf allen Ebenen intensiviert worden. Ein Treffen mit den UN-„focal points" über die CDF-Zusammenarbeit fand im September 1999 statt. UN-Instrumente wie das „United Nations Development Assistance Framework" (UNDAF) und das „Common Country Assessment" (CCA)[841] würden eine Basis für eine engere Zusammenarbeit mit der Bank und anderen Partnern bieten. Entwicklungshilfekoordinationsmechanismen wie die Konsultativgruppen der Bank und die „Runden Tische" des UNDP würden Raum für die Zusammenarbeit unter der Führung durch die Empfängerländer bieten.[842]

a) Die Beziehungen zum UNDP

Das UNDP hat wie mit anderen Sonderorganisationen auch mit der Weltbank ein Abkommen in Bezug auf die Aktivitäten der technischen Kooperation für Entwicklung geschlossen. In dem Abkommen vom am 7. Februar 1978 in Washington kamen die Parteien überein

„to join efforts and to maintain close and continuing working relationships in order to achieve their individual and common purposes."[843]

Weiter heißt es in dem Abkommen:

„The Parties also recognize their separate and complementary roles within the United Nations system for the achievements of those purposes, and the Executive Agency agrees to carry out such relevant activities as it (the Executive Agency) may accept at the request of UNDP."[844]

Die Aktivitäten sollten die Durchführung spezifischer technischer UNDP-Aktivitäten mit den Regierungen einschließen. Von den Vertragsparteien wurde in dem Abkommen anerkannt, dass die residierenden Vertreter des UNDP in einem Land die volle Verantwortung und die höchste Autorität im Namen des UNDP-

---

[840] Vgl. zum CDF Abschnitt 1.2.1.

[841] Vgl. dazu Teil 3, Kapitel 2, Abschnitt 1.1.2.

[842] Vgl. Progress Report to the World Bank's Executive Board - September 1999, S. 5, Ziff. 26ff, im Internet unter http.//www.worldbank.org/cdf/progressreport0999.htm.

[843] Vgl. das Abkommen zwischen UNDP und der IBRD, UNTS 1978, Volume 1074, II-804, Artikel I.

[844] Vgl. ebenda.

Administrators in Bezug auf alle Aspekte des UNDP-Programms in dem betreffenden Land innehaben und das diesbezüglich der residierende Vertreter in Beziehung zum Repräsentanten der Ausführungsorganisation die führende Rolle übernimmt. Die Ausführungsorganisation erkennt, so das Abkommen, weiter die zentrale Koordinierungsrolle des residierenden Vertreters auf Landesebene in Bezug auf die Programme der technischen Zusammenarbeit des UN-Systems an und erklärt sich einverstanden, den residierenden Vertreter zu konsultieren und ihn soweit wie möglich über die Planung und Formulierung der eigenen Aktivitäten der technischen Zusammenarbeit informiert zu halten und ihm über die Ausführung dieser Aktivitäten zu berichten.[845] Ein fast wortgleiches Abkommen wurde am 8. Februar 1988 zwischen dem UNDP und der „International Finance Corporation“ geschlossen.[846]

Eine UNDP/ World Bank „Task Force“, die bereits seit 1982 existierte, war Anfang der 1990er Jahre wiederbelebt und umgestaltet worden. Treffen fanden seit dem zweimal jährlich auf höherer Ebene statt. Technische Arbeitsgruppen wurden mit Einzelfragen beauftragt. Auf einem Treffen 1995 wurden 5 Bereiche identifiziert, in denen eine engere Beziehung zwischen den beiden Organisationen aufgebaut werden soll. Geplant waren danach erstens substantielle Partnerschaften einschließlich des sektoriellen bzw. des programmatischen Vorgehens insbesondere in Afrika, zweitens die Zusammenarbeit bei der Thematik der Nachverfolgung internationaler UN-Konferenzen und drittens ein vertraulicher Politikdialog in sensiblen Bereichen. Viertens beabsichtigten UNDP und Weltbank eine Kooperation in Bezug auf die Reform und Stärkung des ACC[847] sowie fünftens eine Verstärkung der Zusammenarbeit auf Länderebene.[848] In Bezug auf den letzten Punkt, der Kooperation auf Länderebene, identifiziert eine gemeinsame Note der Verwaltungschefs der Bank und des UNDP an deren Repräsentanten vor Ort vom 15. Dezember 1995, vier Bereiche für die Zusammenarbeit. Ein Bereich davon umfasst das Management und die Koordination von Entwicklungshilfe.[849]

Die Weltbank bezeichnet das UNDP als einen „principal interlocutor“ zwischen der Afrikanischen Region der Weltbank und dem UN-System bei der Steigerung des Wohlergehens der in Afrika südlich der Sahara lebenden Menschen. Regelmäßige

---

[845] Vgl. das Abkommen zwischen UNDP und der IBRD, UNTS 1978, Volume 1074, II-804, Artikel III.

[846] Vgl. das Abkommen zwischen UNDP und der IFC vom 8. Februar 1988, UNTS 1988, Volume 1492, II-984.

[847] Vgl. dazu Kapitel 1, Abschnitt 5.4.1.

[848] Vgl. A/50/784, 27. November 1995: Implementation of the recommendation of the JIU, Bericht des UN-Generalsekretärs, S. 8, Ziff. 17.

[849] Die vier Bereiche sind:
- Human resources development in conjunction with adjustment programmes,
- Decentralized governance and community-based development,
- Management and coordination of development assistance, und
- Rehabilitation and reconstruction of countries emerging from conflict, vgl. E/1996/72 vom 18. Juni 1996: Operational Activities of the United Nations for international development cooperation, S. 4f, Ziff. 7.

Konsultationen zwischen dem UNDP-Administrator, dem Weltbank-Vizepräsident für Afrika und anderen höherrangigen Mitarbeitern von UN und Weltbank auf Sekretariatsebene erfolgen parallel zu einer engen Verbindung zwischen den residierenden Koordinatoren der UN (zusammen mit deren UN-System-Kollegen) und Weltbankdirektoren/ residierenden Vertretern vor Ort im Entwicklungsland. Ziel sei, die Programme und Prozeduren der Arbeit der Weltbank in Afrika mit komplementären Aktivitäten des UN-Systems, einschließlich der Sonderorganisationen, fortlaufend zu harmonisieren. So könnten die konzeptionellen Rahmen wie das „Comprehensive Development Framework" der Weltbank und der „UN New Agenda for the Development of Africa" (UN-NADAF) und deren jeweiligen Implementierungsmechanismen, d.h. den „Country Assistance Strategies" der Weltbank und dem „UN Development Assistance Frameworks" in Übereinstimmung gebracht werden.[850]

Die Zusammenarbeit des UNDP mit dem IMF richtet sich nach dem „Executing Agency"-Abkommen von 1989, das das rechtliche Rahmenwerk für die Durchführung von UNDP-finanzierter technischer Hilfe des IMF bildet.[851]

b) Die Beziehungen zur UNCTAD

Die Bretton-Woods-Institutionen sind regelmäßig eingeladen, an Sitzungen der zwischenstaatlichen Organe der UNCTAD teilzunehmen und auch die UNCTAD kann regelmäßig als Beobachter an den Sitzungen des Interim- bzw. des Entwicklungsausschusses sowie an den Jahrestreffen der Weltbank und des IMF teilnehmen. Seit 1975 hat die UNCTAD der Gruppe der 24[852] technische Unterstützung geleistet, zumeist in Form von Forschungspapieren über Fragen, die im Rahmen des IMF und der Weltbank diskutiert und verhandelt wurden.

Verschiedene Aktivitäten der UNCTAD beziehen die BWIs ein. So hat die UNCTAD z.B. im Bereich des Schuldenmanagements das „Debt Management and Financial Analysis System" (DMFAS) entwickelt und bietet Hilfe bei der Installation und Training an. Ein gemeinsames Programm mit der Weltbank hat stattgefunden. Die Installierung des DMFAS wurde in einigen Ländern durch Weltbank „trust funds" und den Kreditnehmern finanziert. Mit dem IMF arbeitete UNCTAD eng im Zollbereich zusammen.[853]

Insgesamt war aber die Zusammenarbeit zwischen der UNCTAD und den BWIs eher gering und hauptsächlich auf die Aktivitäten der technischen Hilfe beschränkt. Der Dialog auf Politikebene war nahezu nichtexistent, so ein Bericht der „Joint

---

850 Vgl. o.V.: http://www.worldbank.org/afr/index/partners.htm, Ausdruck vom 2. Mai 2003, vgl. zur Problematik der unterschiedlichen Planungsrahmen Teil 3, Kapitel 2, Abschnitt 1.1.

851 Vgl. A/50/784, 27. November 1995: Implementation of the recommendation of the JIU, Bericht des UN-Generalsekretärs, S. 8, Ziff. 17.

852 Vgl. dazu Kapitel 5, Abschnitt 2.3.

853 Vgl dazu JIU/REP/96/1: UNCTAD: Review of institutional and programme issues, enthalten in A/51/152 vom 30. Mai 1996, S. 17, Ziff. 54f mit weiteren Beispielen zur Kooperation.

Inspection Unit“ zu diesem Thema. Darin stellte die JIU die Frage, wie eine Zusammenarbeit zwischen der UNCTAD und den BWIs entwickelt und gestärkt werden könnte unter Berücksichtigung des Gewinns, den die Mitgliedstaaten aus einem stärkeren Politikdialog ziehen könnten. Der Bericht führt weiter aus:

„The major changes that have taken place in the world economy in recent years have underlined the crucial importance of the relationships between the United Nations and the Bretton Woods Institutions in particular. Over the years these relationships have been fruitful. Consultation and, in some cases, collaborative activity on substantive matters of mutual concern, have been maintained between the United Nations and these institutions, including exchange of information and documentation.“[854]

Angesichts der relativ geringen Bedeutung, der der UNCTAD im Bereich des „global economic policy making“ von den Industrieländern eingeräumt wird, ist ein weiterer Ausbau der Zusammenarbeit in diesem Bereich aber kaum zu erwarten.

3.3.2. Beziehungen zu anderen internationalen Organisationen

Verschiedene Sonderorganisationen haben seit langer Zeit bestehende kooperative Aktivitäten mit den BWIs innerhalb des formalen Rahmens von gemeinsamen Memoranda. Die Kooperation vor Ort im Entwicklungsland zwischen dem UN-System und den BWIs schließt die meisten Sonderorganisationen ein.[855] Die Zusammenarbeit umfasst daneben auch Aktivitäten im Bereich von Information und Datensammlung sowie -verteilung, sowie Forschung und Analysen.[856]

Währen der substantiellen Tagung des ECOSOC 1995 initiierte der Präsident der Weltbank ein Treffen mit den Leitern einer Reihe von Organisationen des UN-Systems, welches, so der UN-Generalsekretär in einem Bericht von 1995, durch weiteren Dialog in Bezug auf zukünftige Belange von gegenseitigem Interesse fortzusetzen sei.[857] Auf dem Treffen, das am 28. November 1995 stattfand, sollten Wege zur Stärkung des Ausbaus der Kooperation der Sonderorganisationen mit der Bank diskutiert werden.[858] Bei einer Mitte der 1990er Jahre erfolgten Umfrage des GS in Bezug auf die Entwicklung der Kooperation mit den BWIs, unterstrichen die Antworten der Sonderorganisationen, dass ein erheblicher Spielraum für die Verbesserung und Stärkung der Kooperation verbleibe. Einer der spezifischen Vorschläge der Verwaltungsleiter der Sonderorganisationen betraf die Schaffung formeller Abkommen zwischen den BWIs durch „Memoranda of Understanding“, die Belange wie die Teilnahme an relevanten Sitzungen, Sammlung und Austausch von Informationen, Forschung und Politikanalyse und der operativen Aktivitäten

---

[854] Vgl. JIU/REP/96/1: UNCTAD: Review of institutional and programme issues, enthalten in A/51/152 vom 30. Mai 1996, S. 17, Ziff. 59.

[855] Vgl. E/1996/72 vom 18. Juni 1996: Operational Activities of the United Nations for international development cooperation, S. 5, Ziff. 10.

[856] Vgl. eine Übersicht über bis dato existierende Kooperationsarrangements zwischen den UN, den Sonderorganisationen und den BWIs, ebenda, S. 18ff.

[857] Vgl. A/50/784 vom 27. November 1995: Implementation of the recommendation of the JIU, Bericht des UN-Generalsekretärs, S.7f, Ziff. 16.

[858] Vgl. E/1996/72 vom 18. Juni 1996: ebenda, S. 7, Ziff. 13.

einschließen sollten. Vorgeschlagen wurden auch gemeinsame Treffen zwischen den BWIs und den Sonderorganisationen zu spezifischen Themen, die Einrichtung geeigneter Mechanismen auf der nationalen und regionalen Ebene, so dass die BWIs regionalen Büros kleinerer Organisationen Hilfe leisten können. Auch Arrangements, die kleineren Organisationen Zugang zu „Policy Framework Papers" der Weltbank ermöglichen oder die Unterrichtung kleinerer Organisationen über Weltbankaktivitäten und Prozeduren zum Zugang zu Finanzierung und Projektdurchführung waren einige der Vorschläge. Ein weiterer Vorschlag befasste sich damit, den Sonderorganisationen in ihren jeweiligen Kompetenzbereichen die Möglichkeit zu geben, an der Identifizierung, Vorbereitung und Bewertung von Krediten der Weltbank teilzunehmen. Erwähnt wurde u.a. der Vorschlag von gemeinsamen Treffen zwischen dem ECOSOC und dem „Development Committee" (DC) von Weltbank und IMF, wie dies bereits auf dem Weltsozialgipfel empfohlen wurde, sowie gemeinsame Treffen der Leiter von IMF, Weltbank, ILO, den UN-Fonds und Programmen im Vorfeld zu den Sitzungen des DCs.[859]

Im Bereich der Koordination sind eine Reihe von Mechanismen und Partnerschaften zu nennen. Bereits angesprochen wurde die 1987 damals unter dem Namen „Special Programme of Assistance for Africa" ins Leben gerufene „Strategische Partnerschaft mit Afrika" (SPA).[860] Ebenfalls genannt wurden die Konsultationsgruppentreffen, an denen neben bilateralen Gebern auch andere multilaterale Organisationen teilnehmen. Zu erwähnen ist daneben die bereits 1977 gegründete „Caribbean Group for Cooperation in Economic Development" (CGCED) als ein regionales Kooperationsforum.[861] Förmliche Treffen der CGCED finden aller zwei Jahre in Washington unter der Leitung der Weltbank statt. In der Zwischenzeit finden ad hoc-Treffen in einem karibischen Land oder in Washington statt. Den Gruppentreffen gehen vorbereitende Gebertreffen im Weltbankbüro in Paris oder der Europäischen Kommission in Brüssel voraus. Die CGCED ist ein Forum für direkten Dialog zwischen den Ländern der Karibik und der Gebergemeinschaft. Auf den Gebertreffen sind u.a. der IMF, die Europäische Kommission, die Inter-Amerikanische Entwicklungsbank, das UNDP, das UNEP, die Europäische Investitionsbank, UNAIDS und die Karibische Entwicklungsbank vertreten sowie einzelne bilaterale Geber wie z.B. USAID. Ziele des Forums sind u.a. die Mobilisierung von Ressourcen, die Koordination von Entwicklungshilfe in die Karibik u.a. um eine Dopplung von Bemühungen zu vermeiden, die Verbesserung der Qualität des Politikdialoges und die Förderung der regionalen Integration. Geber haben die wirtschaftliche Situation in der Region periodisch zu überprüfen und ihre Hilfsprogramme entsprechend den Notwendigkeiten anzupassen. Die Länder der Karibik sind dagegen gezwungen, ihre öffentlichen Investitionsprogramme zu überprüfen.

[859] Vgl. E/1996/72 vom 18. Juni 1996: Operational Activities of the United Nations for international development cooperation, S. 6f, Ziff. 12.
[860] Vgl. oben, Abschnitt 1.2.3.
[861] Einziges karibisches LDC ist Haiti.

Für die Weltbank bedeutet dies einerseits einen gewissen Aufwand bei den Vorbereitungen der Themen, in die aber andere Geber einbezogen werden, andererseits aber auch Sichtbarkeit, da sie die wesentlichen Sitzungen selbst leitet. Für die Geber bietet es den Vorteil, in den einzelnen Ländersitzungen Fragen zur wirtschaftlichen Leistungsfähigkeit zu stellen und „best practice"-Informationen auszutauschen. Im Sinne der Geberkoordination ist dieses Arrangement daher vorteilhaft.

Daneben erfolgt eine systemweite Kooperation der Bretton-Woods-Institutionen mit den UN auf Sekretariatsebene im Rahmen des CEB, in dem die Verwaltungschefs der Organisationen vertreten sind.[862]

Zu den Beziehungen der BWIs mit der EU vgl. das Kapitel 4, Abschnitt 3.3.

[862] Vgl. Kapitel 1, Abschnitt 5.4.1.

Kapitel 3. Die Welthandelsorganisation

1. Das WTO-System

1.1. Aufbau und Funktion

Die Welthandelsorganisation („World Trade Organisation", WTO) ist eine internationale Organisationen außerhalb des UN-Systems. Sie wird, obwohl sie vertragliche Verbindungen mit dem UN-System hat, nicht als Sonderorganisation bezeichnet, sondern gehört allenfalls „quasi" zum UN-System. Im Unterschied zu Weltbank und IMF legt die WTO selbst keine Regeln fest, sondern bildet ein Forum für Verhandlungen über handelspolitische Fragen. Zudem sorgt sie dafür, dass ihre Abkommen eingehalten werden.[863] Vorläufer der WTO war bis 1995 das „General Agreement on Tariffs and Trade" (GATT). Hintergrund der Gründung des GATT war die erstrebte Herstellung der Liberalisierung der Märkte. Staaten können danach grundsätzlich jede wirtschaftpolitische Maßnahme ergreifen, solange diese nicht den Marktzugang behindert und nicht diskriminierend angewandt wird. Die WTO-Rechtsordnung ist, obwohl nachhaltig vom Freihandelsgedanken geprägt,[864] kein Freihandelsregime, sondern eine Völkerrechtsordnung zur Liberalisierung der Märkte.[865]

Starke protektionistische Tendenzen in den 1980er Jahren waren ein Grund für die damalige neue multilaterale (Uruguay-) Handelsrunde, die 1986 eröffnet, nach langen Verhandlungen im Dezember 1993 in Genf verabschiedet und mit Unterzeichnung des Abkommens von Marrakesch am 15. April 1994 formell beendet wurde. Das Marrakesch-Abkommen hat nicht nur die Uruguay-Runde des GATT beendet, sondern praktisch alle Zölle sowie andere Handelsbarrieren reduziert sowie ein auf Regeln beruhendes System der globalen Handelsregulierung eingeführt. Das GATT ist von einem multilateralen Vertrag zu einer echten internationalen Organisation ausgebaut worden, um das Abkommen durchzusetzen. Die WTO hat eine weit reichende Kompetenz, die Handelspolitiken der Mitgliedsländer zu überprüfen und Handelsstreitigkeiten zu schlichten.[866] Multilaterale Abkommen treffen Regelungen auf neuen Gebieten – Dienstleistungen wie Banken und Versicherungen sowie Regelungen zu Rechten am geistigen Eigentum. Kritisch merkt dazu der 1999er „Human Development Report" des UNDP an, dass

> „Unprecedented in scope and commitment, these multilateral agreements bind national governments in their domestic policy choices, driving a convergence of policy in a world of enormously diverse conditions".[867]

---

[863] Vgl. Stiglitz, Joseph: Die Schatten der Globalisierung, Berlin: Siedler Verlag, 2002, S. 30f.
[864] Vgl. dazu bereits Teil 1, Kapitel 2, Abschnitt 4.2.
[865] Vgl. Tietje, Christian: Einführung, in: Welthandelsorganisation, München: Deutscher Taschenbuchverlag, 1. Auflage, 2000, S. XII.
[866] Vgl. dazu Abschnitt 1.2.5.
[867] Vgl. UNDP: Human Development Report 1999, Kapitel 1, S. 29.

Der WTO-Vertragskomplex vom 15. April 1994 besteht aus 20 internationalen Verträgen, davon 16 multilateralen[868] sowie vier plurilateralen Abkommen,[869] allesamt überarbeitete Vereinbarungen, die zuvor bereits in Ergänzung zum GATT bestanden hatten. Das Marrakesch-Abkommen trat am 1. Januar 1995 in Kraft. Ursprüngliches Mitglied wurde auch die Europäische Gemeinschaft, deren Zulässigkeit als Zollunion im WTO-System damit konstitutionell abgesichert wurde[870] und die damit die einzige Integrationszone ist, die als ursprüngliches Mitglied in die WTO aufgenommen wurde.[871] Bedeutsam für die globale Reichweite dieser Handelsordnung ist der „Single-Package-Ansatz", der alle der WTO angehörenden oder beitretenden Staaten verpflichtet, mit Ausnahme der plurilateralen Abkommen, sämtliche unter dem WTO-Dach stehenden Abkommen zu übernehmen.[872] Zur Einordnung der Bedeutung des Regelwerkes der WTO ist anzumerken, dass die Mitglieder der WTO über 90 % des Welthandels unter sich ausmachen. Dreiviertel der WTO Mitglieder sind EL oder LDCs.[873] Die überwiegende Mehrheit der LDCs sind Mitglied in der WTO, bzw. Beobachter. Mit der nunmehr erfolgten Aufnahme Chinas ist die WTO noch globaler geworden. Ungefähr 30 Staaten führen derzeit Verhandlungen über eine Aufnahme in die WTO, darunter Russland.

Die WTO besteht neben der Ministerkonferenz aus dem Allgemeinen Rat („General Council"), ein ständiges Exekutivorgan, der auch als „Trade Policy Review Body" sowie als „Dispute Settlement Body" (DSB) zusammentreten kann. Sowohl die Ministerkonferenz als auch der „General Council" besteht aus allen Mitgliedsstaaten, letzterer tagt jedoch nur auf der Ebene der in Genf akkreditierten Vertreter der Mitgliedstaaten. Dem „General Council" untergeordnet ist der „Appellate Body" sowie die „Dispute Settlement Panels", die an den DSB berichten. Anders als die Ministerkonferenz hat der „General Council" die Kompetenz, eigene Unterorgane zu schaffen. Als weitere, dem „General Council" untergeordnete Organe bestehen drei besondere Ratsorgane: der „Council for Trade in Goods" mit derzeit zwölf Ausschüssen,[874] der „Council for Trade in Services"[875] und der „Council for

---

[868] Dies sind u.a: GATT 94, GATS, TRIPS, sowie ein Zusatzabkommen zu speziellen Sachfragen.

[869] Vgl. Übereinkommen über den Handel mit Zivilluftfahrzeugen und Übereinkommen über das öffentlichen Beschaffungswesen; die anderen beiden Abkommen, das Internationale Rindfleisch-, sowie Milchabkommen sind bereits nicht mehr in Kraft.

[870] Vgl. so auch Hilpold, Peter: Die EU im GATT/WTO-System: Aspekte einer Beziehung „sui generis", Frankfurt am Main; Berlin...: Lang, 2000, S. 41.

[871] Vgl. Hilpold, Peter: ebenda, S. 41.

[872] Vgl. Bender, Dieter: Anforderungen an eine wohlstands- und entwicklungsfördernde Weltwirtschaftsordnung im Zeitalter der Globalisierung, in: Globaler Wettbewerb und weltwirtschaftliche Ordnungspolitik, Reimut Joachimsen (Hrsg.), Bonn: Dietz, 2000, S. 156-181, S. 170.

[873] Zahlenangaben nach: EuropaWorld Nr. 34 vom 11. Mai 2001, S. 8.

[874] Dem Rat unterstehen die folgenden Ausschüsse: „Market Access", „Agriculture", „Sanitary and Phytosanitary Measures", „Technical Barriers to Trade", „Subsidies and Countervailing Measures", „Anti-Dumping Practices", „Customs Valuation", „Rules of Origin", „Import Licensing",Trade-Related Investment Measures", „Safeguards".

Trade-Related Aspects of Intellectual Property". Daneben bestehen weitere Organe wie der „Textiles Monitoring Body" sowie die „Working Party on State-Trading Enterprises". Schließlich unterstehen dem „General Council" direkt einige Ausschüsse und Arbeitsgruppen.[876] Zuständiges Organ für die Behandlung von Entwicklungsthemen im Zusammenhang mit dem Aufgabengebiet der WTO ist das „Committee on Trade and Development" (COMTD) mit dem „Subcommittee on Least Developed Countries".[877]

Das Sekretariat der WTO in Genf mit mehr als 500 Mitarbeitern, das unter der Leitung eines von der Ministerkonferenz ernannten Generaldirektors steht, hat die Aufgabe, die Räte und Ausschüsse logistisch, technisch und fachlich zu unterstützen. Es erbringt Leistungen zu Gunsten der EL[878] und Informationsarbeit für Medien und Öffentlichkeit sowie die Ausrichtung der Ministerkonferenzen.[879] Daneben erstellt es u.a. Analysen des Welthandels und berät beitrittswillige Staaten.

Der breite Aufgabenbereich der WTO, der sich in einer vollen Tagesordnung und einer Vielzahl von Gremien und Ausschüssen widerspiegelt, stellt insbesondere die nicht in Genf vertretenen EL vor enorme Schwierigkeiten, an der Arbeit der WTO teilzunehmen und auf Entscheidungen Einfluss zu nehmen.

Im Gegensatz zu anderen internationalen Organisationen wie dem IMF oder der Weltbank, werden Stimmrechte in der WTO nicht nach ökonomischen Kriterien gewichtet. Es gilt stattdessen das „ein-Land-eine-Stimme"-Prinzip. Damit ist der institutionelle Rahmen der Welthandelsordnung für die schwächeren Mitglieder eher vorteilhaft. Wie das GATT verfolgt auch die WTO das Ziel, Entscheidungen im gegenseitigen Einvernehmen zu fällen (Konsens der anwesenden Staaten). Für Vorschläge, die die Kernregeln der WTO berühren (Meistbegünstigung, Inländerbehandlung und Entscheidungsverfahren), ist Einstimmigkeit in der Ministerkonferenz bzw. im Allgemeinen Rat erforderlich. Ändern Vorschläge Rechte und Pflichten der Mitglieder, so ist eine Zweidrittel-Mehrheit erforderlich. Die dabei angenommene Vertragsänderung ist allerdings nur für die zustimmenden Staaten bindend. Nunmehr hat die WTO-Ministerkonferenz das Recht, ein nicht zustimmendes Land aus der WTO auszuschließen, wozu eine Dreiviertel-Mehrheit aller

---

[875] Dem Rat unterstehen das „Committee on Trade in Financial Services", das „Committee on Specific Committments" und die „Working Party on Domestic Regulation" sowie die „Working Party on GATS Rules".

[876] Dabei handelt es sich um folgende Ausschüsse: „Trade and Environment", „Trade and Development" mit dem „Subcommittee on Least Developed Countries" (dazu s.u.), „Regional Trade Agreements", „Balance of Payments Restrictions", „Budget, Finance and Administration". Daneben gibt es die „Working Party on Accession" und die Arbeitsgruppen zu den Themen „Relationship between Trade and Investment", „Interaction between Trade and Competition Policy" und „Transparency in Government Procurement".

[877] Vgl. dazu unten, Abschnitt 2.1.

[878] Vgl. unten, Abschnitt 2.3.

[879] Vgl. Stoll, Peter-Tobias/ Schorkopf, Frank: WTO – Welthandelsordnung und Welthandelsrecht, Köln, Berlin...: Carl Heymanns Verlag, 2002, S. 17, Rz. 30.

Konferenzteilnehmer erforderlich ist. Wenn Vorschläge angenommen werden, die keine Rechte und Pflichten der Mitgliedstaaten ändern, ist eine Dreiviertel-Mehrheit der Mitgliedstaaten erforderlich. Diese Änderungen sind dann für alle Mitgliedstaaten verbindlich, auch für solche, die nicht zugestimmt haben.[880] Zu bemerken ist, dass bereits 1994 die Nicht-OECD-Staaten über eine Zweidrittel-Mehrheit verfügten. Durch den Beitritt neuer Nicht-OECD-Staaten ist dieser Anteil auf über drei Viertel gewachsen. Darin liegt eine erhebliche potentielle Verhandlungsmacht der EL, z.B. durch Bildung von Interessengruppen mit klar definierten Zielen. Bislang bestimmten aber letztlich die großen Handelspartner untereinander das Ergebnis einer Verhandlungsrunde, die entweder gleichwertige Angebote unterbreiten können oder über ein gleichwertiges Vergeltungspotential verfügen.[881]

Die WTO soll nach Art. II des Übereinkommens zur Errichtung der WTO den gemeinsamen institutionellen Rahmen für die Wahrnehmung von Handelsbeziehungen zwischen ihren Mitgliedern in Angelegenheiten im Zusammenhang mit WTO-Übereinkommen und den dazugehörigen Rechtsinstrumenten bilden. Außerdem, soll sie nach Art. III

„facilitate the implementation, administration and operation, and further the objectives, of this agreement and the Multilateral Trade Arrangements, and shall also provide the framework for the implementation, administration and operation of the Plurilateral Trade Agreements."

Daneben fungiert sie nach Art. III Ziff. 2 als Verhandlungsforum zwischen den Mitgliedstaaten (bislang in Singapur, Seattle, Doha und geplant: Cancun im September 2003) und ist für die Durchführung des Streitschlichtungsverfahrens (Art. III Ziff. 3) sowie den „Trade Policy Review" (Art. III Ziff. 4) verantwortlich. Besonders bemerkenswert ist, dass Art. III des WTO-Abkommens mit dem Titel „Functions" gleichzeitig eine Vorschrift enthält, die eigentlich die Beziehung zu den Bretton-Woods-Institutionen regelt. Danach ist es Aufgabe der WTO „with a view to achieving greater coherence in global economic policy making" mit dem IMF und der Weltbank zu kooperieren (sog. „Kohärenzmandat"). Zu den Kernaufgaben der WTO gehört damit auch die Zusammenarbeit mit anderen internationalen Organisationen.[882]

Zentrales Ziel der Marrakesch-Erklärung „on the Contribution of the WTO to Achieving Greater Coherence in Global Economic Policy Making" ist die Ausweitung des Handels, eines nachhaltigen Wachstums und der Entwicklung der EL, einschließlich der LDCs, durch engere Kooperation der WTO mit der Weltbank und dem IMF.[883]

---

[880] Vgl. Sachverständigenrat zur Begutachtung der gesamtwirtschaftlichen Entwicklung: Für Stetigkeit – gegen Aktionismus, Jahresgutachten 2001/02, November 2001, S. 58.

[881] Vgl. den Sachverständigenrat: ebenda, S. 58f.

[882] Vgl. so auch Wolffgang, Hans-Michael: Außenwirtschaftsrecht, in: Handbuch des Außenwirtschaftsrechts, Bieneck, Klaus (Hrsg.), Münster: Aschendorff, 1998, § 8, Rz. 13, S. 152.

[883] Vgl. dazu WT/MIN (96)/14 vom 7. Januar 1997: Comprehensive and Integrated WTO Plan of Action for the Least-developed Countries, angenommen am 13. Dezember 1996, Präambel.

1.2. Der WTO-Normenkomplex

1.2.1. Das GATT

Das GATT, als der handelspolitische Teil der Havanna-Charta wurde bereits zum 1.1.1948 als Interimslösung bis zum Inkrafttreten der Havanna-Charta in Kraft gesetzt. Letzteres scheiterte schließlich an der Nichtratifikation durch die USA, von welcher die Initiative zur Gründung einer Handelsorganisation als Gegenstück zum IMF (Weltwährungsordnung) und Weltbank (Finanzierung des Wiederaufbaus nach dem Krieg und für die EL) auf dem Gebiet des internationalen Handels ausgegangen war.[884]

Die Ziele des globalen Handelssystems, wie in der Präambel des GATT niedergelegt, beinhalten:

„...raising standards of living, ensuring full employment, growing volume of real income and effective demand, developing the full use of the resources of the world and expanding the production and the exchange of goods."

Ziel der Errichtung des GATT war es, nach den protektionistischen Erfahrungen der 1930er Jahre eine stabile Rahmenordnung für den internationalen Handel zu schaffen und damit eine wichtige Voraussetzung für eine Steigerung des Wohlstandes zu legen. Zölle und andere tarifäre Handelshemmnisse sollten vermieden werden. Durch die Selbstbindung der einzelnen Länder sollten die partikularen protektionistischen Interessen dieser Länder in Schach gehalten werden.[885]

Das GATT fußt im wesentlichen auf den folgenden Prinzipien: Das erste besteht im Grundsatz des Abbaus von Handelshemmnissen. Der Abbau dieser Hemmnisse führt zu verstärktem Marktzugang. Markzugang für Waren meint im Rahmen der WTO die Bedingungen, d.h. die tarifären und nichttarifären Maßnahmen, vereinbart durch die Mitgliedstaaten für den Eintritt spezifischer Güter in ihre Märkte. Die Bindung der von den Staaten einseitig festgelegten und änderbaren Zölle sowie nachfolgend ihr stufenweiser Abbau ist ein Kernelement des GATT 1947 gewesen. Die dauerhafte Senkung der Zölle bleibt auch nach Inkrafttreten des WTO-Übereinkommens unter dem Stichwort des Marktzugangs eines der maßgeblichen Anliegen der Welthandelsordnung.[886] Mit dem zunehmenden Abbau der Zölle und der Kontingente spielen insbesondere die technischen Handelshemmnisse eine bedeutende Rolle. Sie stellen die Verwirklichung der angestrebten Liberalisierung in Frage und stellen eine neue, versteckte Form des Schutzes der einheimischen Wirtschaft dar.[887] Diese Anforderungen stellen für die LDCs erhebliche Handelshürden

[884] Vgl. dazu bereits Teil 1, Kapitel 3, Abschnitt 1.2.
[885] Vgl. Siebert, Horst: Außenwirtschaft, Stuttgart: Lucius und Lucius, 7. Auflage, 2000, S. 194.
[886] Vgl. Stoll, Peter-Tobias/ Schorkopf, Frank: WTO – Welthandelsordnung und Welthandelsrecht, Köln, Berlin...: Carl Heymanns Verlag, 2002, S. 68, Rz. 193.
[887] Vgl. Stoll, Peter-Tobias/ Schorkopf, Frank: ebenda, S. 79f, Rz. 220f.

dar.[888] Der kritischen Bedeutung des Spannungsverhältnisses zwischen Marktzugangsinteresse und Nichtdiskriminierung einerseits und legitimen nationalen Regulierungsinteressen andererseits tragen nunmehr auch die Übereinkommen über technische Handelshemmnisse („technical barriers to trade", TBT) und über die Anwendung gesundheitspolizeilicher und pflanzenschutzrechtlicher Maßnahmen („Agreement on the Application of Sanitary and Phytosanitary Measures, SPS") Rechnung.[889]

Zweites Prinzip des GATT ist das der Nichtdiskriminierung. Nach der Meistbegünstigungsklausel („Most Favoured Nation"-Prinzip), ist eine Ungleichbehandlung der Anbieter in verschiedenen Ländern verboten. Für Importe sollen die gleichen Handelsbedingungen unabhängig vom Ursprungsland der Importe gelten. So soll eine Zollsenkung, die ein Land einem anderen einräumt, grundsätzlich auf alle Handelspartner ausgedehnt werden. Bilaterale Abmachungen haben dadurch multilaterale Auswirkungen.[890]

Das dritte Prinzip besteht in dem Grundsatz der „Inländerbehandlung", welcher fordert, dass ausländische Anbieter keinen Wettbewerbsnachteilen gegenüber inländischen Produzenten ausgesetzt werden dürfen.[891] Importe sind also bei Steuern und Regulierungen wie nationale Güter zu behandeln. Dieses Prinzip gilt auch für Dienstleistungen.[892]

Ein weiteres Prinzip ist das der Reziprozität. Dies verlangt, dass Konzessionen gegenseitig sein müssen, d.h. die Zollsenkung eines Landes durch eine entsprechende Zollsenkung eines anderen Landes beantwortet werden muss. Dahinter steht die Vorstellung, dass der Abbau von Handelshemmnissen ein Opfer ist, was so an sich nicht zutrifft, da ein Land nach der Theorie der internationalen Arbeitsteilung durch unilaterale Zollsenkungen seine Wohlfahrt steigern kann.[893]

Das GATT wurde 1966 durch einen neuen Teil IV ergänzt, der den besonderen Interessen der EL Rechnung tragen soll. Sie sollen einen den Bedürfnissen ihrer wirtschaftlichen Entwicklung entsprechenden Anteil am Wachstum des Welthandels erreichen. Dieser Vertragstext hatte zum Ziel: erstens die Ausfuhrerlöse der EL zu erhöhen, zweitens die Preise für Rohstoffe, falls nötig, auf den Weltmärkten auf einem „angemessenen" Niveau zu stabilisieren und drittens den Zugang zu den Märkten der Industrieländer für Fertigerzeugnisse zu verbessern. Um dies zu errei-

---

[888] Vgl. dazu bereits Teil 1, Kapitel 2, Abschnitt 4.1.

[889] Vgl. Stoll, Peter-Tobias/ Schorkopf, Frank: WTO – Welthandelsordnung und Welthandelsrecht, Köln, Berlin…: Carl Heymanns Verlag, 2002, S. 79f, Rz. 220f.

[890] Vgl. Siebert, Horst: Außenwirtschaft, Stuttgart: Lucius und Lucius, 7. Auflage, 2000, S. 194.

[891] Vgl. Lemke, Christiane, Internationale Beziehungen: Grundkonzepte, Theorien und Problemfelder, München, Wien: Oldenbourg, 2000, S. 62.

[892] Vgl. Siebert, Horst: Außenwirtschaft, Stuttgart: Lucius und Lucius, 7. Auflage, 2000, S. 194.

[893] Vgl. Siebert, Horst: ebenda, S. 194f.

chen, wurden die Prinzipien der Reziprozität und der Nicht-Diskriminierung zugunsten der EL eingeschränkt. Diese brauchten für Zugeständnisse, die ihnen die Industrieländer machen, keine Gegenleistung zu erbringen.[894] Dieser Sonderstatus wurde mit den von der Europäischen Wirtschaftgemeinschaft, Japan und anderen Ländern eingeführten nicht-reziproken Zollpräferenzen für EL umgesetzt, die ohne die Ausnahmeregelungen des Kapitels IV gegen Art. I des GATT verstoßen würden. Des Weiteren ist auch das Prinzip der Liberalisierung zugunsten der EL eingeschränkt: Diese hatten die Möglichkeit, ihre Zolltarife zu erhöhen und mengenmäßige Einfuhrbeschränkungen neu einzuführen.[895]

Die von den entwickelten Ländern gewährten Präferenzen wiesen zwei Probleme auf. Zum einen waren sie unvollständig, d.h. es wurden nicht alle EL begünstigt. Auch waren nicht alle Produkte erfasst, sondern uneingeschränkt nur die Produkte, bei denen die EL wenig oder gar nicht exportfähig sind. Zollfreiheit gab es nur innerhalb gewisser Einfuhrgrenzen („Plafonds"), an denen jedes Entwicklungsland nur einen bestimmten Anteil haben durfte („Puffer").[896] Zu erwähnen ist in diesem Zusammenhang auch die sog. „Enabling Clause", die im November 1979 als ein Teil der Ergebnisse der Tokio-Runde vereinbart worden war.[897] Diese Befähigungsklausel lässt eine Vorzugsbehandlung von Waren aus den EL gegenüber Waren anderen Ursprungs zu. Dahinter steht der Gedanke, dass wirtschaftlich benachteiligten Staaten, formal betrachtet, Wettbewerbsvorteile eingeräumt werden sollten, um ihnen erst eine Basis zur Wahrnehmung von Marktchancen zu geben. Das dahinter stehende entwicklungspolitische Konzept wurzelt in der Idee einer Gleichheitsförderung durch Ungleichbehandlung.[898] Eine WTO-Studie von 1995 führt dazu aus:

„The enabling clause ... includes a number of provisions permitting GATT contracting parties to grant differential and more favourable treatment to developing countries, notwithstanding the non-discrimination requirement in Article I of the General Agreement. It thus provides the legal cover for, most notably, trade concessions granted to developing countries under the Generalized System of Preferences (GSP), the subject of a Decision of 25 June 1971, waiving the provisions of Article I, its application to developing countries, initially for a period of ten years. Paragraph 2 (c) of the Clause applies such treatment to regional or global arrangements entered into among developing contracting parties for the mutual reduction or elimination of tariffs and non-tariff measures."[899]

---

[894] Vgl. Art. XXXVI Ziff. 8 des GATT.

[895] Vgl. Glismann, Hans Heinrich/ Horn, Ernst-Jürgen/ Nehring, Sighart/ Vaubel, Roland: Weltwirtschaftslehre: Eine problemorientierte Einführung, I. Außenhandels- und Währungspolitik, Göttingen: Vandenhoek und Ruprecht, 3. Auflage, 1986, S. 98.

[896] Vgl. Glismann, Hans Heinrich/Horn, Ernst-Jürgen/Nehring, Sighart/Vaubel, Roland: ebenda, S. 104.

[897] Der volle Titel der „Enabling clause" lautet „Decision on Differential and More Favourable Treatment, Reciprocity and Fuller Participation of Developing Countries".

[898] Vgl. Dolzer, Rudolf: Wirtschaft und Kultur im Völkerrecht, in: Völkerrecht, Graf Vitzthum, Wolfgang (Hrsg.), Berlin, New York: de Gruyter, 2. Auflage, 2001, S. 482, Rz. 20.

[899] Vgl. Blackhurst, Richard: Regionalism in a Rules-based World Trading System, in: Regionalism and Development, Report of the European Commission and World Bank Seminar,

Kritisch in Bezug auf das „Special and differential treatment" (S&D) äußert sich u.a. Watkins. Er führt aus, dass die Bestimmungen des Teils IV des GATT den EL theoretisch eine Möglichkeit zur Verfügung stellen, ohne korrespondierende Verpflichtungen von der globalen Liberalisierung zu profitieren. In der Praxis hätten Argumente bei Zuflucht zu S&D jedoch dazu geführt, dass EL in den folgenden multilateralen Handelsrunden marginalisiert worden sind, da entwickelte Länder kein unmittelbares Eigeninteresse daran haben, ihre Märkte auf einer nicht reziproken Basis zu öffnen. Stattdessen waren die entwickelten Länder fähig, ihren Einfluss über den IMF und die Weltbank zu nutzen, um Liberalisierungsmaßnahmen zu erreichen, welche sie andernfalls in Verhandlungen unter dem GATT hätten aushandeln müssen.[900] Auch Hoeckmann geht davon aus, dass weiterer Marktzugang für alle EL Reziprozität erfordert. Unilaterale Liberalisierung in den OECD-Ländern sei politisch nicht machbar, was die Resistenz Kanadas und der USA gegen jegliche Anhebung der Steigerungsraten bei Textilquoten, wie sie in der Uruguay-Runde vereinbart worden waren, gezeigt habe. Es müsse den Regierungen möglich sein, auf kompensierende Reduktionen von Handelsbarrieren der EL zu verweisen.[901]

In Bezug auf Textilien und Bekleidung war im Ergebnis der Verhandlungen in der Uruguay-Runde das Übereinkommen über Textilien und Bekleidung abgeschlossen worden, („Agreement on Textiles and Clothing"), das eine zeitlich gestufte Einbeziehung des Handels mit Textil- und Bekleidungswaren in das GATT 94 bis 2005 vorsieht. Bei der Durchführung der beiden ersten von 4 Stufen des Überleitungsprozesses haben die Industriestaaten ihre Verpflichtungen zunächst durch die Überleitung „unproblematischer" Textil- und Bekleidungswaren erfüllt, so dass bislang Konflikte in die dritte Stufe verlagert werden konnten.[902]

Das neue GATT 94 enthält den ursprünglichen Text des GATT 47 sowie weitere Rechtsinstrumente und ergänzende Vereinbarungen zur Auslegung von Artikeln des GATT sowie das Protokoll von Marrakesch und ist vollständig neu in Kraft gesetzt worden. Die warenbezogenen Rechtsnormen des GATT werden in zahlreichen Spezialmaterien durch gesonderte Übereinkommen ergänzt bzw. konkretisiert. Die Regelungen dieser, im Anhang 1A zum WTO-Übereinkommen aufgeführten Abkommen sind jeweils für sich lex specialis zum GATT.[903] Neben den oben bereits erwähnten Übereinkommen in Bezug auf Gesundheitspolizeiliche und pflan-

---

Brüssel, 2. Juni 1997, Europäische Kommission, 1998, S. 76-82, S. 78, mit Verweis auf die WTO-Studie Regionalism and the World Trading System, WTO, 1995.

[900] Vgl. dazu Watkins, Kevin: Globalisation and liberalisation: implications for poverty, distribution and inequality, Occasional paper 32, 1997, http://www.undp.org/hdro/oc32a.htm, S. 17.

[901] Vgl. Hoeckmann, Bernard: Strengthening the Global Trade Architecture for Development: The Post Doha Agenda, The World Bank and CEPR, Januar 2002, S. 3.

[902] Vgl. Stoll, Peter-Tobias/ Schorkopf, Frank: WTO – Welthandelsordnung und Welthandelsrecht, Köln, Berlin...: Carl Heymanns Verlag, 2002, S. 97, Rz. 264.

[903] Vgl. Tietje, Christian: Einführung, in: Welthandelsorganisation, München: Deutscher Taschenbuchverlag, 1. Auflage, 2000, S. XVI.

zenschutzrechtliche Maßnahmen und Technische Handelshemmnisse befassen sich die multilateralen Abkommen im einzelnen mit einer ganzen Reihe von Materien.[904]

Das neue GATT 94 brachte einige Fortschritte, insbesondere Zollsenkungen um durchschnittlich ein Drittel und Bindungen der gesenkten Zollsätze, die die zukünftige Anhebung gesenkter Zollsätze ausschließen. Der Abbau von Zöllen führte jedoch dazu, dass der Wert der „preferential arrangements" zu Gunsten der EL für diese an Wert verloren hat, z.B. für die AKP-Staaten bezüglich der ihnen durch die EG gewährten Handelspräferenzen. Auch niedrigere Nahrungsmittelpreise durch die Ergebnisse der Uruguay Runde verringern die Exportgewinne von EL, was teilweise zu Verlusten für einige afrikanische Ökonomien führen kann.[905] Des Weiteren bringt das GATT 94 die Ausrottung der Grauzonenmaßnahmen wie z.B. „freiwillige" Exportbeschränkungsabkommen. Allerdings ist auch das protektionistische Schutzklausel-Regime mit Präzisierungen der Anwendungsvoraussetzungen aus dem GATT 47 übernommen und nicht grundlegend reformiert worden.[906] Für gewissen Protektionismus durch die Staaten bleibt daher durchaus noch Raum.[907] Nicht auszuschließen ist daher auch, dass die Verpflichtungen zum Abbau noch bestehender quantitativer Importbeschränkungen und der Grauzonenmaßnahmen[908] durch gesteigerte Aktivitäten bei Anti-Dumping-Verfahren nach Art. 6 oder durch Schutzbegehren nach Art. 19 unterlaufen wird.[909]

---

[904] Landwirtschaft, Textilien, handelsbezogene Investitionmaßnahmen, Antidumping, Zollwertbestimmung, Warenkontrollen vor dem Versand, Ursprungsregeln, Einfuhrlizenzverfahren, Subventionen und Schutzmaßnahmen.

[905] Vgl. Grundberg, Isabell/ Khan, Sarbuland: Globalization: The United Nations development dialogue, UNU, 2000, S. 110f

[906] Dieses Regime umfaßt:
- Anti-Dumping Maßnahmen (Art. VI), die eine zollpolitische Sanktionierung tatsächlicher oder vorgeblicher privater Wettbewerbsverzerrungen legalisieren (Vgl dazu auch das Übereinkommen zur Durchführung des Art. VI des GATT vom 15. April 1994),
- Die Ermächtigung zu Handelsbeschränkungen zum Schutz der Zahlungsbilanz (Art. XII),
- Zu befristende selektive Schutzmaßnahmen zu Gunsten der eigenen Wirtschaft bei unvorhergesehenem und schnell wachsendem Anstieg der Einfuhr bestimmter Güter (Art. XIX). Bezüglich der Schutzmaßnahmen wurde ein eigenes Übereinkommen geschlossen, das Bestandteil des Anhangs 1A des WTO-Übereinkommens ist und verfahrensmäßige wie inhaltliche Vorgaben enthält und so zu einer gewissen Verrechtlichung der Ausnahmen führt, vgl. Wolffgang, Hans-Michael: Außenwirtschaftsrecht, in: Handbuch des Außenwirtschaftsrechts, Bieneck, Klaus (Hrsg.), Münster: Aschendorff, 1998, § 8, S. 157, Rz. 24.

[907] Vgl. Doehring, Karl: Völkerrecht: ein Lehrbuch, Heidelberg: Müller 1999, S. 525, Rz. 1221.

[908] Das sind Vereinbarungen, die auf Druck eines Importlandes zustande kommen, z.B. „freiwillige" Selbstbeschränkungsabkommen, vgl. Wolffgang, Hans-Michael: Außenwirtschaftsrecht, in: Handbuch des Außenwirtschaftsrechts, Bieneck, Klaus (Hrsg.), Münster: Aschendorff, 1998, § 8, Rz. 16, FN 21, S. 153.

[909] Vgl. Bender, Dieter: Anforderungen an eine wohlstands- und entwicklungsfördernde Weltwirtschaftsordnung im Zeitalter der Globalisierung, in: Globaler Wettbewerb und weltwirtschaftliche Ordnungspolitik, Joachimsen, Reimut (Hrsg.), Bonn: Dietz, 2000, S. 156-181, S.174.

Art. XVIII Abschnitt B des GATT 94 erlaubt den EL, Importe zu beschränken, wenn sie Zahlungsbilanzprobleme („balance of payments") haben. Diesbezüglich wird kritisiert, die Anwendungsmethode dieser Vorschrift sowie einige neue Entscheidungen hätten diese Bestimmung weniger effektiv und damit ein bedeutendes Instrument, die Unausgewogenheit des Systems zu reduzieren, nahezu unanwendbar gemacht. Unter anderem wird angeführt, die WTO würde zunehmend auf IMF-Berichte angewiesen sein, um zu bestimmen, ob ein Zahlungsbilanzproblem vorliegt oder nicht. Der IMF würde aber auch unbeständige und unsichere „short-term flows" und unsichere Reserven in seine Überprüfung der Auslandsreserven eines Landes einbeziehen und dabei dazu tendieren, diese zu überschätzen.[910]

1.2.2. Das TRIPs

Das Abkommen über handelsrelevante Aspekte geistigen Eigentums („Trade-Related Aspects of Intellectual Property Rights", TRIPs) betrifft Handelsverzerrungen, die auf einen unzureichenden Schutz immaterieller Güter (wie Patente, Marken, Computerprogramme, Halbleitertopographien und Geschäftsgeheimnisse) zurückzuführen sind.[911] Für diese Güter sind Mindestschutzbestimmungen vereinbart worden. Ebenso vereinbart wurden die Grundsätze der Meistbegünstigung und Inländergleichbehandlung. Eine internationale Zusammenarbeit auf dem Gebiet des Urheberrechtsschutzes und des geistigen Eigentums begann bereits im 19. Jahrhundert mit einer Reihe bilateraler Verträge. Meilensteine waren die Gründung eines verwaltenden internationalen Büros 1883, das die Pariser Konvention über den gewerblichen Rechtsschutz verwalten sollte, sowie die 1886 unterzeichnete Berner Konvention über den Urheberrechtschutz, die ebenfalls durch ein internationales Büro verwaltet wurde. Die beiden, seit 1893 zusammengelegten Büros gingen in der 1967 gegründeten Weltorganisation für geistiges Eigentum (WIPO) auf, die 1974 den Status einer UN-Sonderorganisation erhielt. Die WIPO verwaltete die geschlossenen Verträge (1992: 24), verfügt aber über keine Möglichkeit, Staaten, die einzelne Bestimmungen der von ihnen unterzeichneten Verträge nicht einhielten, mit Sanktionen zu belegen. Erst auf eine Initiative der USA zu Beginn der 1990er Jahre wurde das Nebeneinander der nationalen Regelungen durch eine weitgehende Vereinheitlichung der Rechte geistigen Eigentums abgelöst. Die im TRIPs enthaltenen Standards bilden einen für alle Mitgliedsstaaten der WTO verbindlichen Normenkatalog, der in nationales Recht umgesetzt werden muss.[912] Dass sowohl GATS als auch TRIPs in das WTO-Regelwerk Eingang fanden, kann ohne die glaubhafte Drohung der USA, notfalls unilateral Sanktionen zu verhängen, nicht erklärt werden.[913]

---

[910] Vgl. dazu. Khor, Martin, u.a.: The Multilateral Trading System: A Development Perspective, erarbeitet durch das Third World Network für das UNDP als background paper zum UNDP-Projekt „Trade and sustainable human development", Dezember 2001, S. 9.

[911] Vgl. Wolfgang, Hans-Michael: Außenwirtschaftsrecht, in: Handbuch des Außenwirtschaftsrechts, Bieneck, Klaus (Hrsg.), Münster: Aschendorff, 1998, § 8, Rz.. 18, S. 154.

[912] Vgl. Rittberger, Volker/Zangl, Bernhard: Internationale Organisationen – Politik und Geschichte, Opladen: Leske und Budrich, 3. Auflage, 2003, S. 63f.

[913] Vgl. Rittberger, Volker/Zangl, Bernhard: ebenda, S. 69.

Im TRIPs sind die besonderen Bedürfnisse der EL und speziell der LDCs in den Regelungen teilweise berücksichtigt worden. Es regelt u.a. in Art. 65 und 66 verlängerte Fristen für die Anwendung des TRIPs-Abkommens für Entwicklungs- und Transformationsländer für vier bzw. weitere fünf Jahre (Art. 65 Abs. 4). Für LDCs gilt nach Art. 66 des TRIPs-Abkommens eine Frist von zehn Jahren, innerhalb der ein LDC die meisten Bestimmungen des Abkommens nicht anwenden muss. Diese Frist wird im Jahre 2005 auslaufen. Jedoch soll der „Council for TRIPs", „upon duly motivated request" durch einen LDC-Mitgliedsstaat, diesbezüglich Verlängerung der Fristen gewähren können (vgl. Art. 66 Abs. 1 S. 2). Das TRIPs-Abkommen enthält zudem eine Regelung zur technischen Hilfe durch die Mitgliedstaaten (Art. 67), die hier jedoch nicht auf multilateraler Ebene zu erfolgen hat.

Aus ökonomischer Sicht ist das TRIPs-Abkommen insgesamt nicht unumstritten. Einerseits ist ein grenzüberschreitender Schutz geistiger Eigentumsrechte erforderlich, um den individuellen Anreiz für Innovation und Technologietransfer zu gewährleisten, andererseits können, vor allem mit eng ausgelegten Regelungen, marktbeherrschende Positionen bestimmter Anbieter geschützt werden. Es ist daher Aufgabe der WTO, diesen Bereich immer wieder kritisch zu überprüfen und zu verhindern, dass mit dem TRIPs-Abkommen neue Formen eines internationalen Protektionismus und damit Wohlfahrtsverluste entstehen und die positiven Wohlfahrtseffekte des Abkommens erzielt werden.[914] So hat der Schutz des geistigen Eigentums Kritik im Hinblick auf die Versorgung mit lebenswichtigen Medikamenten zur Bekämpfung von Krankheiten, insbesondere von AIDS in den EL, gerade in Afrika hervorgerufen. Im Zusammenhang mit der Behandlung der großen Zahl an AIDS-Infizierten wurde das Thema um Medikamente und Patente, die durch das WTO-System geschützt werden, diskutiert. Dies ging bis zu einer Klage führender Pharmakonzerne gegen Südafrika, die gegen ein Gesetz vorgingen, das den Import bzw. die Herstellung billigerer Medikamente unter Umgehung des Patentrechts erlaubte, da sie dies als Präzedenzfall ansahen, der die Patentgesetze untergraben könnte. Schließlich, z.T. auf Druck der UN sowie der WHO, die sich gegen die Klage ausgesprochen hatten und nach langen Verhandlungen boten einige der Konzerne an, die Medikamente in EL billiger zu verkaufen und die Klage wurde zurückgenommen. Die Ministererklärung von Doha spricht diese Fragen an.[915]

Nach Stoll und Schorkopf hängt die Frage, ob das TRIPs eine dauerhafte Sicherung und Weiterentwicklung des Schutzes des geistigen Eigentums sicherstellen kann, wesentlich davon ab, ob die für seinen Abschluss maßgeblichen Bedingungen fortwirken. Tragend sei hier die Erwartung vieler Mitglieder, im Gegenzug für übernommene Verpflichtungen zum Schutz des geistigen Eigentums einen besseren Zugang zu den Märkten der Industriestaaten zu erhalten und ihre Handelsinteressen

---

[914] Vgl. Dieckheuer, Gustav: Internationale Wirtschaftsbeziehungen, München, Wien: Oldenbourg, 5. Auflage, 2001, S. 229
[915] Vgl. dazu unten, Abschnitt 2.2.

in einer Welthandelsordnung auf der Grundlage des Rechts gewährleistet zu sehen.[916]

1.2.3. Das GATS

Im „General Agreement on Trade in Services" (Allgemeines Übereinkommen über den Handel mit Dienstleistungen, GATS), welches multilaterale Prinzipien und Vorschriften zur Regelung des Handels mit Dienstleistungen enthält,[917] hat das Prinzip des `Liberalismus´ in der Regelung, dass ausländische Unternehmen wie inländische behandelt werden müssen, Ausdruck gefunden. Dass heißt, dass Dienstleistungsmärkte von den Staaten nicht im traditionellen Sinne liberalisiert (dereguliert) werden müssen. So sind Post- und Bahnmonopole ebenso denkbar, wie weitreichende und umfassende Regulationen einzelner Marktsegmente. Jedoch müssen ausländische Anbieter nationalen Anbietern gleichgestellt werden.[918] Die Bedeutung dieses neuen Abkommens steht dem GATT in nichts nach, denn Dienstleistungstransaktionen betragen heute schon einen großen Teil des Welthandels, und sind für einige Staaten, wie z.B. die USA, wichtiger als der Güterhandel.[919] Der Dienstleistungssektor ist seit Jahren der einzige real wachsende Markt in den Industrieländern.[920] Da die Öffnung und Erschließung neuer Märkte für Dienstleistungen vor allem eine Chance für die weiter entwickelten Mitgliedstaaten der WTO darstellt, mussten den Schwellen- und EL im Gegenzug für die Einbeziehung Zugeständnisse auf dem Warensektor eingeräumt werden, wie etwa im Bereich der Textilproduktion mit dem Auslaufen des Multifaser-Abkommens (MFA)[921] in 2005.[922]

Das GATS enthält neben den Regelungen für die EL darüber hinaus solche für die LDCs. Nach Art. IV Abs. 3 GATS ist bei der Durchführung des Prinzips der zu-

---

[916] Vgl. Stoll, Peter-Tobias/ Schorkopf, Frank: WTO – Welthandelsordnung und Welthandelsrecht, Köln, Berlin…: Carl Heymanns Verlag, 2002, S. 226, Rz. 659.

[917] Handel mit Dienstleistungen schließt den Reisemarkt, Transport, Kommunikationsdienstleistungen sowie Finanz- und „professional" Dienstleistungen ein. Vgl. UNCTAD/LDC (1998) (Overview): The Least Developed Countries 1998 Report, Überblick des Generalsekretärs der UNCTAD, S. 19.

[918] Vgl. Plümper, Thomas: Der Wandel weltwirtschaftlicher Institutionen, Regimedynamik durch ökonomische Prozesse, Berlin: Duncker und Humblot, 1996, S. 186.

[919] Vgl. Plümper, Thomas: ebenda, S. 186.
1996 nahm der Servicebereich etwa 25 % des gesamten Welthandels ein. Vgl. UNCTAD/LDC (1998) (Overview): „The Least Developed Countries" 1998 Report, Überblick des Generalsekretärs der UNCTAD, S. 19.

[920] Vgl. Wolffgang, Hans-Michael: Außenwirtschaftsrecht, in: Handbuch des Außenwirtschaftsrechts, Bieneck, Klaus (Hrsg.), Münster: Aschendorff, 1998, § 8, Rz.. 17, S. 153.

[921] Das MFA nahm den Textil- und Bekleidungshandel von der Geltung des GATT aus. Waren im MFA von 1974 in weitem Umfang noch Quotenregelungen und Selbstbeschränkungsverpflichtungen zugelassen, sieht das WTO-Textilabkommen nunmehr den schrittweisen Abbau aller Handelsrestriktionen bis 2005 vor, vgl. Dolzer, Rudolf: Wirtschaft und Kultur im Völkerrecht, in: Völkerrecht, Graf Vitzthum, Wolfgang (Hrsg.), Berlin, New York: de Gruyter, 2. Auflage, 2001, S.510, Rz. 82.

[922] Vgl. Wolffgang, Hans-Michael: ebenda, § 8, Rz.. 17, S. 153f.

nehmenden Beteiligung der EL am Dienstleistungsbereich den am wenigsten entwickelten Ländern ein besonderer Vorrang einzuräumen. Dabei sind die schwerwiegenden Probleme der LDCs in Bezug auf die Annahme ausgehandelter spezifischer Verpflichtungen angesichts ihrer besonderen wirtschaftlichen Lage und der Bedürfnisse im Entwicklungs-, Handels- und Finanzbereich besonders zu berücksichtigen. Nach Art. XIX Abs. 2 soll der Liberalisierungsprozess im Dienstleistungsbereich unter angemessener Berücksichtigung der nationalen politischen Zielsetzungen und des Entwicklungsstandes der einzelnen Mitglieder stattfinden. Die EL erhalten hinreichende Flexibilität, indem ihnen die Möglichkeit eingeräumt wurde, eine geringe Zahl von Sektoren zu öffnen, weniger Arten von Transaktionen zu liberalisieren, schrittweise und in Abhängigkeit von ihrem Entwicklungsstand den Marktzugang zu erweitern und, wenn sie ausländischen Dienstleistungserbringern Zugang zu ihren Märkten gewähren, hieran Bedingungen zu knüpfen, die darauf gerichtet sind, die Ziele des Art. IV des GATS zu erreichen.

Das GATS hat wichtige Auswirkungen auf die LDCs, obwohl deren Dienstleistungssektor erst am Anfang seiner Entwicklung steht. Die Marktöffnung erfordert eine Abwägung zwischen den Kosten und den Vorteilen stärkeren Wettbewerbs. Die Gesetzgebung der LDCs ist gefordert, Reformpolitiken umzusetzen und das erforderliche Rechtsinstrumentarium zu schaffen. Die oft schlechte Ausstattung (Institutionen, Human- und finanzielle Ressourcen) trägt nicht dazu bei, die Teilnahme am internationalen Dienstleistungshandel zu stärken und auszubauen, sich auf internationale Verhandlungsrunden vorzubereiten und Politikreformen durchzuführen.[923] Daher sind „Capacity building", die Unterstützung von institutionenbildenden Maßnahmen sowie die Vermittlung von Wissen zur besseren Teilnahme am internationalen Handel und zur Vertretung eigener Interessen erforderlich.

1.2.4. Das TRIMs

Das Abkommen über handelsbezogene Investitionsmaßnahmen („Trade-Related Investment Measures", TRIMs) vom 15. April 1994 soll handelsverzerrende Auswirkungen von Investitionsmaßnahmen verhindern. Auch bei diesem Abkommen gibt es Sonderregelungen für EL, die Übergangsperiode betrug 5 Jahre (vgl. Art. 4 und 5 TRIMs), wobei bereits die Ausnahmen des GATS auch für das TRIMs gelten (vgl. Art. 3 TRIMs). In Bezug auf die LDCs besteht eine Übergangsperiode von 7 Jahren, ebenfalls mit der Möglichkeit der Verlängerung, um handelsbezogene Investitionsmaßnahmen, die nicht mit dem Übereinkommen übereinstimmen, zu beseitigen (vgl. Art. 5 Abs. 2). Einige EL hatten beantragt, die Übergangsperiode für ihre notifizierten Investitionsmaßnahmen nach Art. 5 Ziff. 3 des Abkommens zu verlängern. Der Rat für Warenverkehr hatte nach 14-monatigen Konsultationen entschieden, die Übergangsfrist rückwirkend für acht Länder zu verlängern (bis 31. Dezember 2001 mit einer weiteren Verlängerungsoption auf Antrag und unter bestimmten Bedingungen). Außerdem wurde vereinbart

[923] Vgl. UNCTAD/LDC (1998) (Overview): The Least Developed Countries 1998 Report, Überblick des Generalsekretärs der UNCTAD, S. 20.

„to continue to give positive consideration to difficulties developing country members might face in the future and to provide equitable treatment as provided for in the World Trade Organization Agreements".[924]

Nach Art. 9 TRIMs soll der Rat für Warenverkehr spätestens fünf Jahre nach Inkrafttreten des TRIPs-Abkommens das Funktionieren dieses Abkommens überprüfen und der Ministerkonferenz gegebenenfalls Änderungen vorschlagen. Am 31. Mai 2001 forderte der Rat für Warenverkehr eine gemeinsame WTO/UNCTAD-Studie über TRIMs an, die in diesem Kontext erfolgen soll.[925]

1.2.5. Das Streitbeilegungsverfahren

Für die im WTO-Abkommen geregelten Bereiche (GATT, GATS, TRIPs und weitere 30 Abkommen) gilt ein neues Streitbeilegungsverfahren („dispute settlement"), für dessen Durchführung ein „Dispute Settlement Body" (DSB) der WTO zuständig ist. Allerdings sind nur Staaten als solche befugt, diesen anzurufen, nicht z.B. Unternehmen selbst, welche durch eine Handelsmaßnahme betroffen sind. Der Durchsetzungsmechanismus basiert auf der Grundlage von Retaliation (Vergeltung), die effektiver durch „reiche" als durch „arme" Länder eingesetzt werden kann. Bei Beteiligung eines LDCs am Verfahren gilt nach Art. 24 der Vereinbarung über Regeln und Verfahren zur Beilegung von Streitigkeiten, dass dessen spezielle Lage in allen Phasen der Ermittlung der Gründe für eine Streitigkeit und eines Streitbeilegungsverfahrens besonders Rechnung zu tragen ist. In diesem Zusammenhang halten sich die Mitglieder gebührend zurück, Angelegenheiten aufzuwerfen, an denen ein LDC beteiligt ist. Auch bei der Umsetzung eines Schiedsspruches halten sich beschwerdeführende Parteien bei einem Antrag auf Entschädigung oder auf Genehmigung der Aussetzung von Zugeständnissen oder anderen Pflichten auf Grund eines Verfahrens gebührend zurück.

1.2.6. Der Mechanismus zur Überprüfung der Handelspolitik

Im Zusammenhang mit der Arbeit der WTO ist der „Trade Policy Review Mechanism" (TPRM) zu erwähnen.[926] Der Mechanismus stellt einem Bericht des TPRB zufolge ein nützliches Forum zur Erreichung von Transparenz und Verständnis der Handelspolitiken und -praktiken der Mitgliedstaaten dar. Er ermöglicht Diskussionen und objektive Analysen über die gegenseitigen Handelspolitiken der Mitgliedstaaten. Die durch das Sekretariat vorbereiteten Berichte stellen eine sachliche und unabhängige Überprüfung der Handelspolitiken und -praktiken der überprüften Mitglieder dar. Sie geben ein Gesamtbild der institutionellen Interaktionen bei der Formulierung und Umsetzung der Handelspolitik und deren Auswirkungen auf verschiedene Sektoren ab. In einigen Fällen haben sie als Beitrag zur Politikformulierung gedient. Zudem werden die Auswirkungen auf die jeweilige Region berücksichtigt. Diese Diskussionen können angesichts der wachsenden Bedeutung regionaler Handelsabkommen und Gruppierungen u.a. in Bezug auf den Einfluss

---

[924] Vgl. A/56/376 vom 18. September 2001: International Trade and development, Bericht des UN-Generalsekretärs, S. 7, Ziff. 23, m.w.N.
[925] Vgl. ebenda, S. 7, Ziff. 24, m.w.N.
[926] Vgl. Anhang 3 zum Übereinkommen zur Errichtung der WTO.

von Regionalismus auf das multilaterale Handelssystem nützlich sein.[927] Der Bericht des „Trade Policy Review Body's" an das Singapur-Ministertreffen schlug vor, dass der Einbeziehung von LDCs in den TPRB-Zeitplan größere Aufmerksamkeit geschenkt wird. Der TPRB überprüft eine gleichbleibende Zahl LDC-Mitgliedstaaten.[928] Die Überprüfungen der Handelspolitik von LDCs haben zunehmend eine Funktion der technischen Hilfe erfüllt und sich im Hinblick auf zunehmendes Verständnis der Struktur der bestehenden Handelspolitik und deren Beziehung zu den WTO-Abkommen als nützlich erwiesen. Seit 2000 reagiert die Vorbereitung der Überprüfung systematischer auf die Bedürfnisse nach technischer Hilfe. Der Überprüfungsprozess eines LDCs schließt nunmehr ein drei- bis viertägiges Seminar über die WTO und insbesondere den TPRM sowie die Rolle des Handels in der Wirtschaftpolitik ein.[929] Der vom Sekretariat erstellte Bericht umfasst nunmehr ebenfalls einen Abschnitt über den Bedarf des Landes in Bezug auf technische Hilfe und dessen Prioritäten, die gemeinsam mit dem betreffenden Land identifiziert werden. Dies soll in den „Integrated Framework"-Prozess einfließen.[930] Sowohl Seminare als auch die Ausführungen zur technischen Hilfe erfordern eine enge Zusammenarbeit mit der „Technical Cooperation Division" der WTO.[931]

2. Die Entwicklungspolitik der WTO

2.1. Die Entwicklungspolitik und ihre Rechtsgrundlagen

2.1.1. Die WTO und die Entwicklungsländer

Im Unterschied zu den UN, wo alles aus der Entwicklungsperspektive gesehen wird, ist die WTO, so die überreinstimmende Meinung, keine „eigentliche Entwicklungsorganisation". So führt z.B. EU-Handelskommissar Pascal Lamy aus:

> „In considering how to enhance the contribution of the WTO to development, it is important to bear in mind that the WTO is and will remain a trade institution. Many of the concrete policy measures that are required to help developing countries benefit from increased trading opportunities fall within the primary responsibility of national governments or other international organisations."[932]

Jedoch hat das Bestehen der WTO große Auswirkungen auf die EL sowie die LDCs. Da sind zum einen Zollsenkungen, die an sich positiv sind, jedoch für einige

---

[927] Vgl. WT/TPR/101 vom 18. September 2001: Trade Policy Review Mechanism, Report of the Trade Policy Review Body for 2001, S. 2f, Ziff. 10f.

[928] Von den 30 LDC-Migliedern der WTO, waren 14 bis Ende 2001 überprüft, drei davon 2001, für 2002 waren vier LDCs vorgesehen (Haiti, Malawi, Mauritania, and Zambia).

[929] Derartige Seminare fanden 2001 im Zusammenhang mit der Überprüfung von Uganda und den Überprüfungen von Haiti, Malawi and Mauritania in 2002 statt.

[930] Vgl. dazu Abschnitte 2.2. und 2.3. sowie Teil 3.

[931] Vgl. WT/TPR/101 vom 18. September 2001: Trade Policy Review Mechanism, Report of the Trade Policy Review Body for 2001, S. 3, Ziff. 13-16.

[932] Vgl. Lamy, Pascal: The link between Trade and Development – What role for the EU Trade Policy, Rede auf der AIF-Konferenz, Christiansburg, 12. September 2000, http:europa. eu.int/comm/trade/speeches_articles/spla31_en.htm.

EL mit dem Verlust von Handelspräferenzen einhergehen, die im Rahmen der UNCTAD mühevoll erkämpft worden waren. Zum anderen ist die Öffnung der Märkte für Produkte und Dienstleistungen aus anderen Ländern trotz wenig konkurrenzfähiger eigener Industrien zu nennen. Immer noch bestehen Handelsbarrieren wie nichttarifäre Maßnahmen, die die Exporte aus EL in Bereichen, in denen diese Wettbewerbsvorteile haben, beschränken. Zu nennen ist auch das Streitschlichtungssystem, in dem Länder mit großen Märkten einen strukturellen Vorteil besitzen, aber immerhin ist es ein System, das bindend Entscheidungen treffen kann und für alle Mitgliedsstaaten zur Durchsetzungen ihrer Interessen im Rahmen der rechtlichen Regelungen offen steht. Zu nennen sind zudem nationale und internationale Produktstandards, die für LDCs schwer einzuhalten sind und deren Exportmöglichkeiten beschränken. Weiter besteht aber auch die Chance, durch bestehende und neue Handelsregeln und dem Abbau bestehender und der Verhinderung neuer protektionistischer Praktiken von diesem Handelssystem zu profitieren.

Die Entstehung der WTO, so wird kritisch argumentiert, beruhte auf einem Kompromiss zwischen Brüssel und Washington, den die an einer Einbindung in das Weltwirtschaftssystem interessierten EL aufgrund ihrer fehlenden Verhandlungsmacht akzeptieren mussten. Der Eintritt in die WTO sei für die EL mit vielen einseitigen Konzessionen verbunden, die von einem Abbau von Zöllen – ohne dadurch einen besseren Zugang zu den Agrar- und Textilmärkten der Industrieländer zu erlangen – bis zu dem Verzicht auf viele Errungenschaften der 1970er Jahre (z.B. den Kodex über Technologietransfers) reichten.[933] Die Welthandelsorganisation sei nicht für den partnerschaftlichen Dialog zwischen „Nord“ und „Süd“, sondern für die Förderung des Handels zwischen den größten und reichsten Ländern konzipiert worden. Dazu gehörten im zunehmenden Maße die südostasiatischen Länder und einige wenige Länder Lateinamerikas, aber auch die beiden größten Märkte der Zukunft, China und Indien.[934] Im Jahr 2001 traten China und Chinesisch-Taipeh als 143. bzw. 144. Mitglied der WTO bei.[935]

Die Rolle der EL in der WTO hat sich geändert. Bei der Gründung des GATT waren von den 23 Mitgliedern nur elf EL. Jetzt machen die EL oder Transformationsländer einen Anteil von 80 % aus und auch die etwa 30 Länder, die sich um eine Aufnahme bemühen, sind praktisch alle EL oder Transformationsländer. EL werden daher immer wichtiger für das Wohlergehen der Weltwirtschaft und auch die Verdreifachung des Anteils der verarbeiteten Exporte der EL in die entwickelten Länder von 7,5 auf 23 % (1973-1997) zeigen eine geänderte Wirklichkeit.[936] Dage-

[933] Vgl. Steuernagel, Axel: Zur politischen Ökonomie multilateraler Wirtschaftsorganisationen: Ein Beitrag zur Reformdebatte der Vereinten Nationen, München: Lit, 1997, S.154.
[934] Vgl. Steuernagel, Axel: ebenda, S. 154.
[935] Die Verhandlungen mit den beiden Ländern wurden im September 2001 abgeschlossen und auf der vierten Ministerkonferenz in Doha genehmigt.
[936] Vgl. auch Ruggiero, Renato, früherer WTO-Generaldirektor in einer Eröffnungsrede auf dem WTO High-Level Symposium on Trade and Development, 17.-18. März 1999, vgl. http://www.wto.org, Ausdruck vom 23. Februar 2001.

gen ist der Anteil der LDCs am Welthandel auf ein Minimum gesunken.[937] Jedoch würden bei einer universellen Mitgliedschaft nach Aufnahme neuer Mitglieder in die WTO über ein Viertel aller Mitglieder LDCs sein,[938] was durchaus Konsequenzen auf die Arbeit der WTO hat.

Die Gruppe der EL ist, was bereits mit der Absonderung der LDCs aber auch durch Begriffe wie Schwellenländer deutlich wird, keineswegs homogen. Die Schwellenländer haben innerhalb der WTO ein anderes Gewicht und verfolgen in Verhandlungen oft andere Interessen als die LDCs. 30 LDCs sind Mitglieder der WTO, weitere neun befinden sich im Aufnahmeprozess (Stand: 2002),[939] teilweise in einer frühen Phase. Die Aufnahme ist für die LDCs schwierig, verlangt doch der Zutritt zur WTO die Übernahme der gesamten WTO-Normen mit Ausnahme der plurilateralen Verträge. Die Aufnahme von LDCs ist jedoch eine Priorität für die WTO. So vereinbarten die Minister in der Doha-Ministererklärung „to work to facilitate and accelerate negotiations with acceeding LDCs". Seit Gründung der WTO ist bislang kein LDC als Mitglied aufgenommen worden. Bis zur Ministerkonferenz in Cancun könnten jedoch gegebenenfalls die zwei in einem fortgeschrittenen Aufnahmeprozess befindlichen LDCs Kambodscha und Nepal aufgenommen werden.[940]

Kritiker meinen, dass die WTO-Verpflichtungen wenig Bewusstsein der Entwicklungsprobleme der LDCs reflektieren. In den meisten Fällen seien Standards mit wenig Beiträgen von den LDCs entwickelt worden, was deren Gefühl für „Ownership" unterminiere. So waren 1999 z.B. 20 afrikanische WTO-Mitgliedstaaten gar nicht vor Ort in Genf vertreten. Unklar ist auch, ob alle diese Standards ideal für die LDCs sind. Zudem würden die Kosten für die Umsetzung der WTO-Verpflichtungen für einige LDCs dem ganzen Entwicklungsbudget eines Jahres entsprechen.[941]

Der starke Anstieg der Anzahl der Mitgliedsländer in der WTO hat die Verhandlungen in der WTO stark verkompliziert, ein Fakt, der manche Länder dazu geführt haben mag, sich mehr auf regionale Arrangements mit geringerer Mitgliedschaft zu konzentrieren, wo gegenseitige Konzessionen transparenter und unmittelbarer sein

---

[937] Vgl. WT/TRP/OV/8 vom 15. November 2002: WTO Annual Report of the Director General: Overview of Developments in the International Trading Environment, S. 33, Ziff. 102, vgl. zu den LDCs und Handel bereits Teil 1, Kapitel 2, Abschnitt 4.1.

[938] Vgl. UNCTAD/DITC/TNCD/11: WTO Accessions and Development Policy, UNCTAD, New York und Genf 2001, Gibbs, Murray: UNCTAD's role in the WTO accession process, S. 109-115, S. 115.

[939] Vgl. WT/TRP/OV/8 vom 15. November 2002: ebenda, S. 32, Ziff. 102. Die im Aufnahmeprozess befindlichen LDCs sind: Bhutan, Kambodscha, Kape Verde, Laos, Nepal, Samoa, Sudan, Vanuatu und Jemen.

[940] Vgl. dazu WT/COMTD/LDC/M/32 vom 17. März 2003: Sub-Committee on Least-Developed Countries, Note on the Meeting of 24 January 2003, S. 1ff, Ziff. 3ff.

[941] Vgl. World Bank: Can Africa Claim the 21st Century?, World Bank, Washington (D.C.) 2000, Kapitel 7, S. 231.

können, was den Verhandlungsprozess erleichtert.[942] Die WTO ist damit zwar keine Entwicklungsorganisation, sie muss sich jedoch schon auf Grund ihrer geänderten Zusammensetzung zunehmend mit Fragen der Entwicklung auseinandersetzen. Klar sei, so der frühere WTO-Generalsekretär Ruggiero, dass die WTO

„can not drift away from its trade vocation. But it is becoming equally clear that the WTO cannot operate in isolation from the concerns of the world in which it exists."[943]

Auch das WTO-Abkommen erkennt die Bedeutung der EL an. In Art. IV Abs. 7 des Abkommens ist die Einsetzung eines Ausschusses für Handel und Entwicklung („Committee on Trade and Development", COMTD) vorgesehen. Der Ausschuss soll alle im WTO-Abkommen vorgesehenen Aufgaben übernehmen. Ihm können auch weitere Aufgaben durch den „General Council" übertragen werden. Insbesondere soll er in regelmäßigen Abständen die besonderen Bestimmungen in den multilateralen Handelsübereinkommen zugunsten der LDCs, die Mitglieder der WTO sind, überprüfen und dem „General Council" berichten, damit dieser geeignete Maßnahmen trifft (vgl. Art. IV Ziff. 7 S. 2 des WTO-Abkommens). Der durch Entscheidung des „General Council" der WTO eingerichtete Ausschuss hat die Aufgabe,

„To serve as a focal point for consideration and coordination of work on development in the World Trade Organization (WTO) and its relationship to development-related activities in other multilateral agencies",

wobei, Tätigkeiten in Bezug auf die Aktivitäten in anderen multilateralen Organisationen unter der Anleitung des „General Councils" stehen sollen.[944] Aufgabe sollte des Weiteren sein, die Teilnahme der EL, die Mitglieder der WTO sind, am multilateralen Handelssystem fortlaufend zu überprüfen und Maßnahmen und Initiativen zur Hilfe der WTO-EL und insbesondere der LDC-Mitglieder in der Erweiterung ihrer Handels- und Investmentmöglichkeiten einschließlich ihrer Maßnahmen zur Handelsliberalisierung in Erwägung zu ziehen. Auch die Anwendung der Sonderbestimmungen der Multilateralen Handelsabkommen sowie der Ministerentscheidungen zu Gunsten der EL und insbesondere der LDCs sollen periodisch überwacht werden. Der Ausschuss soll sich auch mit allen Fragen, die sich in Bezug auf die Anwendung oder die Inanspruchnahme der Sonderbestimmungen stellen, befassen und jeweils an den „General Council" berichten. Die Durchführung der die EL begünstigenden Vorschriften ist für die diese sehr relevant. Die Zuständigkeit des COMTD betrifft z.B. alle GATT-Bestimmungen zu Gunsten der EL wie Teil IV und die sog. „Enabling Clause".[945] Schließlich soll der Ausschuss Richtlinien für die Aktivitäten der technischen Zusammenarbeit erarbeiten und regelmäßig über-

[942] Vgl. ähnlich Timmer, Hans: Prospects for Developing Countries and World Trade, in: Global Economic Prospects and the Developing Countries, World Bank, Washington 2000, S. 1-47, S. 16f.
[943] Vgl. Ruggiero, Renato: Rede auf dem „32nd annual meeting of the Joint Advisory Group of the ITC", Genf, 19. April 1999, http://www.intracen.org/itc/itcnews/newsrel/ruggiero.htm.
[944] Vgl. Entscheidung des „General Council" vom 31. Januar 1995, enthalten in WT/L/46 vom 23. Februar 1995, Ziff.1, FN 1.
[945] Vgl. dazu bereits oben.

prüfen.[946] Zur besonderen Befassung mit den LDCs wurde schließlich der bereits oben erwähnte Unterausschuss für die LDCs gegründet.

Bereits im Rahmen des GATT bestand ein „Committee on Trade and Development", dem nach dem GATT-Arbeitsprogramm nach Abschluss der Verhandlungen der Uruguay Runde das Mandat übertragen worden war:

„to work on trade policy and development policies including trade liberalization in areas of special interest to developing countries"[947]

Die „Terms of Reference" des Ausschusses beinhalteten, besondere Aufmerksamkeit auf die Probleme der LDCs zu richten. Im Zuge seiner erweiterten „Terms of Reference" nach der Tokio-Runde hatte auch das COMTD entschieden, ein „Sub-Committee on Trade of Least-Developed Countries" mit den folgenden „Terms of Reference" zu errichten:

„In the light of paragraph 6 of the Tokyo Declaration, to give special attention to the particular situation and trade problems of the least-developed among the developing countries in GATT's work programme following the Tokyo Round, including that relating to the results of the multilateral trade negotiations, and to keep under review the special treatment which could be accorded these countries in the context of any general or specific measures taken in favour of developing countries."[948]

2.2.2. Rechtsgrundlagen der Entwicklungspolitik

„Entwicklungspolitische" Rechtsgrundlagen sind zunächst im Gründungsvertrag der WTO aber auch in den geschlossenen multilateralen Handelsabkommen enthalten. Die Präambel des WTO-Übereinkommens erkennt an, dass es positiver Bemühungen bedarf, damit sich die EL, insbesondere die am wenigsten entwickelten unter ihnen, einen Anteil am Wachstum des internationalen Handels sichern, der den Erfordernissen ihrer wirtschaftlichen Entwicklung entspricht.

Bestimmungen, die die besondere Situation von EL und LDCs berücksichtigen, werden mit „special and differential treatment" (S&D) bezeichnet. Die Abkommen der Uruguay-Runde enthalten einem Bericht des WTO-Sekretariates zufolge 97 Bestimmungen über S&D, die in 6 Kategorien unterteilt werden können:

1. Bestimmungen, um die Handelsmöglichkeiten zu steigern,
2. Bestimmungen, die die WTO-Mitglieder auffordern, die Interessen von EL-Mitgliedern zu schützen,
3. Flexibilität von Zugeständnissen,
4. Übergangsfristen,

---

[946] Vgl. Entscheidung des „General Council" vom 31. Januar 1995, enthalten in WT/L/46 vom 23. Februar 1995, Ziff. 2-5.

[947] Zitiert nach A/CONF.147/DR/3/Add.2 vom 13. März 1989: Second United Nations Conference on the Least Developed Countries: Preparatory process for the Conference, The GATT and the Least Developed Countries, S. 16, Ziff. 32.

[948] Zitiert nach A/CONF.147/DR/3/Add.2 vom 13. März 1989: ebenda, S. 8, Ziff. 15.

5. Technische Hilfe und
6. Bestimmungen in Bezug auf Hilfe für LDC-Mitgliedstaaten.[949]

Schon vorher gab es im GATT Ausnahmeregeln zu Gunsten der EL und der LDC. Zu den Regelungen gehören Teil IV des GATT sowie Art. XVIII des GATT. In Bezug auf die S&D-Normen des WTO-Vertragskomplexes ist Art. XI Abs. 2 („Original Membership") zu nennen, der bestimmt, dass die LDCs, die von den UN als solche anerkannt sind, Verpflichtungen und Zugeständnisse nur insoweit übernehmen brauchen, als diese mit ihren jeweiligen Entwicklungs-, Finanz- und Handelserfordernissen oder ihrer administrativen und institutionellen Leistungsfähigkeit vereinbar sind. Auch die einzelnen „Multilateral Trade Agreements" enthalten Sonderregelungen und Vorschriften für die EL, stets mit besonderem Hinweis auf deren besondere Bedürfnisse. Zu nennen sind die Schonfristen, etwa im TRIPS- und im TRIMs-Abkommen.[950] Das Übereinkommen über die Anwendung gesundheitspolizeilicher und pflanzenschutzrechtlicher Maßnahmen (SPS) sah für EL und LDCs vor, dass diesen auf Ersuchen zeitlich begrenzt vollständige oder teilweise Ausnahmen von den Verpflichtungen zu gewähren sind. In Bezug auf die Umsetzung von Bestimmungen des Abkommens, die Maßnahmen betreffen, die Auswirkungen auf Importe haben, wurde für LDCs eine Übergangsfrist von fünf Jahren, für EL eine Übergangsfrist von nur zwei Jahren gewährt.[951]

Art. 27 des Übereinkommens über Subventionen und Ausgleichsmaßnahmen bestimmt, dass LDCs, die Mitglied der WTO sind, (sowie EL mit einem GNP pro Kopf von weniger als US$ 1.000 pro Jahr) vom Verbot der Exportsubventionen ausgenommen sind. Subventionen nach Art. 3 Abs. 1b), die davon abhängig sind, dass einheimische Waren Vorrang vor eingeführten Waren enthalten, dürfen bis 1. Januar 2004 von LDC-Mitgliedern gewährt werden, vgl. Art. 27 Abs. 3). Damit erkennt das Abkommen an, dass Subventionen in den wirtschaftlichen Entwicklungsprogrammen von LDC-Mitgliedern eine bedeutende Rolle spielen können.[952] Die auf der Doha-Ministerkonferenz im November 2001 angenommene Entscheidung zur Implementierung regelt diesbezüglich, dass für LDCs oder kleinere Länder die „Schonfrist" zur Beendigung dieser Exportsubventionen über das bisherige Enddatum von Ende 2003 hinaus für LDCs zeitlich unbegrenzt und für kleinere Länder nach einem bestimmten Verfahren bis Ende 2007 ausgedehnt wird.[953]

Die vertragsschließenden Parteien des Uruguay-Übereinkommens erkannten damals auch an, dass die Erreichung des Zieles des Subventionsabkommens durch die

[949] Vgl. WT/COMTD/W/66 vom 16. Februar 2000: Concerns Regarding Special and Differential Treatment Provisions in WTO Agreements and Decisions.
[950] Vgl. dazu bereits oben, Abschnitt 1.2.
[951] Vgl. TD/B/49/7 vom 1. August 2002: Least Developed Country Status: Effective Benefits and the perspective of graduation, Bericht des UNCTAD-Sekretariates, Annex 2, S. 15.
[952] Vgl. UNCTAD/LDC/2002: The Least Developed Countries Report 2002: Escaping the Poverty Trap, United Nations, New York und Genf, 2002, S. 198.
[953] Vgl. WT/MIN(01)/W/10, Ziff. 19.

fortschreitende Entwicklung ihrer Ökonomien, insbesondere der vertragsschließenden Parteien, die nur geringe Lebensstandards unterstützen können und in einer frühen Phase ihrer Entwicklung sind, gefördert wird. Sie erkannten weiter an, dass es für diese vertragsschließenden Parteien notwendig sein könne, protektionistische oder andere Maßnahmen mit Auswirkung auf Importe zu treffen, um Programme und Politiken zur Erhöhung des generellen Lebensstandards ihrer Bevölkerung umzusetzen, und das derartige Maßnahmen insoweit gerechtfertigt sind, als sie die Erreichung der Ziele des Abkommens fördern.[954]

Mit der Gewährung technischer Hilfe befassen sich eine ganze Anzahl von Bestimmungen in den Verträgen. So ist die WTO zuständig z.B. für technische Hilfe im Dienstleistungsbereich, die auf multilateraler Ebene vom Sekretariat geleistet und vom „Council for Trade in Goods" beschlossen werden (GATS, Art. IV, XXV). Im Bereich der Telekommunikation sollen die Mitglieder technische Hilfe leisten (GATS, Anlage zur Telekommunikation, Ziff. 6) und in Bezug auf SPS sollen die WTO-Mitglieder technische Unterstützung insbesondere für EL-Mitglieder entweder bilateral oder durch die zuständigen internationalen Organisationen erleichtern. Auch die auf der Ministerkonferenz 2001 in Doha angenommene Development-Agenda enthält weitreichende Bestimmungen zur technischen Hilfe und zum „Capacity building".[955]

Letztlich sollten S&D-Behandlungen als ein Mechanismus angesehen werden, mit dem systemischen Ungleichgewichten des Handelssystems abgeholfen werden kann. So sind die Partner des Systems extrem ungleich und auch die bestehenden Regeln resultieren aus Verhandlungen ungleicher Partner.[956] Die Unzufriedenheit der EL mit den bestehenden Bestimmungen und deren Drängen nach einer Überprüfung der S&D-Bestimmungen begann bereits vor der Seattle-Konferenz. Erst auf der Ministerkonferenz in Doha wurde im Hinblick auf die S&D-Bestimmungen in Ziff. 44 der Ministererklärung vereinbart:

> „that all special and differential treatment provisions shall be reviewed with a vew to strengtening them and making them more precise, effective and operational"[957]

Das gesetzte Etappenziel, bis Ende 2002 klare Entscheidungsempfehlungen für die Sonderbehandlung von EL zu verabschieden, ist jedoch verfehlt worden.[958]

---

[954] Vgl. UNCTAD/LDC/2002: The Least Developed Countries Report 2002: Escaping the Poverty Trap, United Nations, New York und Genf, 2002, S. 198 mit Verweis auf einen Bericht des GATT-Sektretariats von 1994.

[955] Vgl. dazu Abschnitt 2.2.

[956] Vgl. UNCTAD/ICTSD/UNDP: International Dialogue: Making Special & Differential Treatmen More Effective And Responsive to Development Needs, Draft Meeting Report vom 19. Mai 2003, S. 17, http://www.ictsd.org/dlogue/2003-05-06/Dialogue-draft-meeting-report.pdf, Ausdruck vom 15. Juni 2003.

[957] Vgl. WT/MIN(01)/DEC/1 vom 20. November 2001: Ministerial Declaration, angenommen am 14. November 2001

[958] Vgl. Hefeker, Carsten/ Koopmann, Georg: WTO und Internationale Handelsarchitektur, Wirtschaftsdienst, Heft 6, Juni 2003, S. 402-406, S. 402.

Auf einem zweitägigen informellen Treffen Ende Juli 2001 in Genf haben die Mitglieder der WTO vereinbart, den Wortlaut von einigen Handelsübereinkommen zu ändern, „to take poor countries' concerns into account". Die Änderungen erfolgten, um die Chancen für die Eröffnung einer neuen Welthandelsrunde zu erhöhen. Wenigstens fünf Änderungen wurden vereinbart, die technischer Natur sind und einen Teil der Forderungen der EL an die entwickelten Staaten betreffen, nachsichtiger bezüglich der Anwendung von „previous trade accords" gegenüber EL zu sein. Das Treffen war vom Generaldirektor Mike Moore als „reality check" bezeichnet worden und man erwartete sich davon, so der Botschafter von Mautitius bei der WTO, Jaynarain Meetoo, dass

> „if these issues are addressed, then they (die EL) will be less skeptical about a new round and they provide proof of good faith."[959]

Neben den Regelungen im WTO-Abkommen sind die LDCs und ihre besondere Behandlung in vielen Ministererklärungen enthalten. Bereits im Rahmen des GATT sollten die besonderen Bedürfnisse der LDCs berücksichtigt werden. So führte Art. 6 der Ministerdeklaration von Tokio im September 1973 aus:

> „The Ministers recognize that the particular situations and problems of the least developed among the developing countries shall be given special attention, and stress the need to ensure that these countries receive special treatment in the context of any general or specific measures taken in favour of the developing countries during the negotiations."[960]

In den Ministererklärungen von Marrakesch wurden Aussagen in Bezug auf die LDCs getroffen. Die „Uruguay Round Decision on Measures in Favour of Least Developed Countries" enthält entwicklungspolitische Bestimmungen. Sie führt u.a. aus, dass LDCs bei der Einhaltung der in der Uruguay-Runde verhandelten generellen Regeln, Zugeständnisse nur in Übereinstimmung mit ihren individuellen Entwicklungs-, Finanz- und Handelsbedürfnissen oder ihrer administrativen oder institutionellen Leistungsfähigkeit übernehmen brauchen.[961] Die schnelle Implementierung aller S&D-Maßnahmen zugunsten der LDCs soll durch regelmäßige Überprüfungen sichergestellt werden. Weiter erklärten die Minister, dass in der Uruguay-Runde vereinbarte „most favoured Nation"-Zugeständnisse (MFN) in Bezug auf tarifäre und nichttarifäre Maßnahmen auf Produkte, die von Exportinteresse für die LDCs sind, soweit als möglich umgesetzt werden sollen, „autonomously, in advance and without stageing". Die Regeln der verschiedenen Übereinkommen und Instrumente sowie die Übergangsbestimmungen der Uruguay-Runde sollten in Bezug auf die LDCs in einer flexiblen und unterstützenden Art und Weise angewendet werden. Bei der Anwendung von Import unterstützenden Maßnahmen und anderen Maßnahmen nach Ziff. 3 des Artikels XXXVII des GATT 1947 (Teil IV) sollen die entwickelten Staaten die Exportinteressen der LDCs besonders berücksichtigen. Die Minister vereinbarten auch, dass den LDCs substantiell verstärkt technische Hilfe zur

---

[959] Vgl. Fowler, Jonathan: WTO members agree to changes in trade accords, Associated Press, The Nando Times, S.1, http://www.nandotimes.com/world/story/53344p-788588c.html, Ausdruck vom 7. August 2001.

[960] Vgl. TD/B/AC.17/10 vom 15. August 1978, S. 6, Ziff. 17.

[961] Vgl. die „Decision on Measures in Favour of Least-Developed Countries", Ziff. 1.

Entwicklung, Stärkung und Diversifizierung ihrer Produktions- und Exportbasis gewährt werden soll. Dies solle den Dienstleistungsbereich und die Handelsförderung einschließen und die LDCs befähigen, ihren Nutzen aus liberalisiertem Marktzugang zu maximieren. Die besonderen Bedürfnisse der LDCs sollen weiter überprüft werden und die Annahme positiver Maßnahmen zur Förderung der Ausweitung der Handelsmöglichkeiten zu Gunsten dieser Länder weiter fortgesetzt werden.[962]

Daneben wurde eine „Decision on Measures concerning the possible negative Effects of the Reform Programme on Least Developing Countries and Net Food-importing Developing Countries" angenommen. Darin erkannten die Minister an, dass während des Reformprogramms, das zu größerer Liberalisierung des Handels im Agrarbereich führt, LDCs und nettonahrungsmittelimportierende Ländern negative Effekte in Bezug auf die Verfügbarkeit adäquater Angebote von Nahrungsmitteln von externen Quellen zu vernünftigen Bedingungen und Konditionen erfahren können, was kurzfristige Schwierigkeiten der Finanzierung kommerzieller Importe des normalen Niveaus von Grundnahrungsmitteln einschließt. Die Minister vereinbarten daher, dass jedes Übereinkommen in Bezug auf Agrarexportkredite geeignete Bestimmungen zum S&D zu Gunsten von LDCs und nettonahrungsmittelimportierenden Ländern machen soll. Es sollten Mechanismen eingerichtet werden, die sicherstellen, dass Agrarpolitikreformen, die in der Uruguay-Runde vereinbart wurden, die Verfügbarkeit von Nahrungsmittelhilfe nicht nachteilig beeinträchtigen. In Bezug auf die kurzfristigen Schwierigkeiten Nahrungsmittelimporte zu finanzieren, erkannten die Minister an, dass diesen Ländern ermöglicht werden sollte, Ressourcen der internationalen Finanzinstitutionen unter bestehenden Fazilitäten in Anspruch zu nehmen bzw. dass solche Fazilitäten im Kontext von Anpassungsprogrammen errichtet werden sollten, um diesen Finanzierungsschwierigkeiten Rechnung zu tragen. In diesem Zusammenhang nahmen die Minister Kenntnis von § 37 des Berichtes des Generaldirektors der vertragsschließenden Parteien des GATT 47 über seine Konsultationen mit dem „Managing Director" des IMF und des Präsidenten der Weltbank.[963]

Auf der 1. WTO-Ministerkonferenz in Singapur im Dezember 1996 wurden die besonderen Bedürfnisse der LDCs anerkannt und die spezifischen Handelsprobleme der EL und insbesondere der LDCs als eine zentrale Aufgabe künftiger WTO-Arbeit bekräftigt. Die auf dieser Ministerkonferenz angenommene Ministererklärung vom 13. Dezember 1996 enthielt die Verpflichtung der Minister, das Problem der Marginalisierung für LDCs und das Risiko für bestimmte andere EL angehen zu wollen. Gleichfalls wollen sie ihre Arbeit im Hinblick auf größere Kohärenz im

[962] Vgl. die „Decision on Measures in Favour of Least-Developed Countries", Ziff. 2 sowie WT/TPR/OV/1 vom 1. Dezember 1995: Annual Overview of the Director General: Overview of Developments in International Trade and the Trading System, S. 12.

[963] Vgl. die „Decision on Measures concerning the possible negative Effects of the Reform Programme on Least Developing Countries and Net Food-importing Developing Countries", Ziff. 2ff, sowie WT/TPR/OV/1 vom 1. Dezember 1995: WTO Annual Report of the Director General: Overview of Developments in International Trade and the Trading System, S. 12.

„international economic policy-making" und in Bezug auf verbesserte Koordination zwischen der WTO und anderen Organisationen bei der Erbringung technischer Hilfe fortsetzen.[964] Die Integration der EL in das multilaterale Handelssystem, so die Minister, sei wichtig für deren wirtschaftliche Entwicklung und für die Ausweitung des Welthandels. In diesem Zusammenhang riefen sie in Erinnerung, dass das WTO-Abkommen Bestimmungen in Bezug auf S&D für EL, einschließlich der besonderen Beachtung der besonderen Situation der LDCs enthält.[965]

Ebenfalls in Singapur wurde der „Comprehensive and Integrated WTO Plan of Action for the Least-Developed Countries" angenommen. Der Plan zielte auf eine engere Kooperation zwischen der WTO und anderen multilateralen Organisationen bei der Unterstützung von LDCs auf dem Gebiet des Handels[966] Der Aktionsplan hatte zum Ziel, die Gesamtkapazität der LDCs in Reaktion auf die Herausforderungen und Möglichkeiten, die das Handelssystem bietet, zu verbessern. Entsprechend dem Plan vereinbarten die Sekretariate von WTO, UNCTAD und ITC in Zusammenarbeit mit den Mitarbeitern von IMF, der Weltbank und dem UNDP, ein „Integrated Framework" (IF) für die Bereitstellung von handelsbezogener technischer Hilfe und „Capacity building", einschließlich des Human- und institutionellen „Capacity building". Dies soll auch Bemühungen um die Verbesserung von Angebotskapazitäten umfassen, einzelfallbezogen entworfen und angewendet werden, um den Bedürfnissen des einzelnen LDCs im Handelsbereich gerecht zu werden.[967] In diesem Aktionsplan wurden sowohl der WTO als auch den Mitgliedsstaaten der WTO Aufgaben zur Förderung der LDCs zugewiesen. So solle zollfreier Marktzugang für Produkte aus den LDCs zu den Märkten der entwickelten Länder auf einer autonomen Basis ermöglicht werden, der die Verbesserung der Gesamtkapazität der LDCs bezwecke, von den Möglichkeiten des internationalen Handelssystems Gebrauch zu machen. Im Bereich des „Capacity building" sowie bezüglich anderer Initiativen sind auch der WTO bzw. dem WTO Sekretariat Aufgaben zugewiesen worden. Der Aktionsplan ruft zu einem umfassenden Vorgehen auf, um die Ausweitung des Handels, des nachhaltigen Wachstums und die Entwicklung der ärmsten Länder zu fördern. Um den EL bei ihren Bemühungen zu helfen, einschließlich der Bemühungen zur Notifizierung und gesetzgeberischen Anforderungen, beschlossen die Minister, die Verfügbarkeit der technischen Hilfe unter den vereinbarten Richtlinien zu verbessern.[968] Im Plan wurde auch die Überprüfung und Vereinfachung der Ursprungs- oder Herkunftsregeln und die Überprüfung der Regeln des „Generalized System of Preferences" (GSP) in Betracht gezogen. Die Minister erklärten

[964] Vgl. WT/MIN(96)/DEC, vom 18. Dezember 1996, angenommen am 13. Dezember 1996, Ziff. 5.
[965] Vgl. ebenda, Ziff. 13.
[966] Vgl. WT/Min(96)/14 vom 7. Januar 1997, angenommen am 13. Dezember 1996.
[967] o.V.: An Integrated Framework for Trade-Related Technnical Assistance, including for Human and Institutional Capacity-Building, to Support Least-Developed Countries in Their Trade and Trade-Related Activities, Revision, http://www.ldcs.org/intframe.htm, Ausdruck vom 15. August 2000.
[968] Vgl. WT/MIN(96)/DEC, vom 18. Dezember 1996, Ziff. 13.

„to give operational content to the Plan of Action, for example, by enhancing conditions for investment and providing predictable and favourable market access conditions for LLDCs'products, to foster expansion and diversification of their exports to the markets of all developed countries; and in the case of relevant developing countries in the context of the Global System of Trade Preferences.“[969]

Aller zwei Jahre soll eine Überprüfung der Umsetzung der Marrakesch-Entscheidung betreffend die LDCs auf Ministerebene erfolgen. Eine enge Kooperation zwischen allen wichtigen internationalen Organisationen einschließlich der OECD solle aufgenommen werden, um die Arbeit zu teilen und das Handeln zu koordinieren. Die WTO soll auch mit anderen kompetenten Organisationen und Agenturen kooperieren, um ein investitionsförderliches Klima zu begünstigen. Außerdem sei es notwendig, dass Minister der entwickelten und der EL konkrete Verbesserungen des Marktzugangs sowie andere autonome Maßnahmen vorschlagen, um die LDCs zu unterstützen.[970]

Der Plan sah die Einberufung eines „High-Level Meeting on Integrated Initiatives for LDC's Trade Development“ vor. Das Treffen der WTO mit der UNCTAD und dem „International Trade Centre“ sollte so bald wie möglich 1997 unter Beteiligung der Entwicklungshilfeorganisationen, den multilateralen Finanzinstitutionen und den LDCs organisiert werden, um ein integriertes Vorgehen bei der Hilfe der LDCs zur Steigerung ihrer Handelsmöglichkeiten zu begünstigen.[971] Das erste „High-Level Meeting on Integrated Initiatives for LDCs“ fand am 27./ 28. Oktober 1997 bei der WTO statt und billigte das „Integrated Framework“.[972]

Zu verweisen ist hier auch auf Doha-Ministererklärung, die wesentliche Ausführungen zu den EL und insbesondere auch zu den LDCs enthält.

2.2. Die Doha-Ministerkonferenz und die Entwicklungsagenda

Enorm wichtig für die EL sind Fragen im Zusammenhang mit der neuen Verhandlungsrunde. Eine neue Verhandlungsrunde, die zu weiterer Liberalisierung und zum Abbau von Handelshemmnissen führen soll, soll auch, was sich zahlreichen Statements vieler Beteiligter (EU, WTO-Generalsekretär, UN usw.) entnehmen lässt, eine Entwicklungsrunde werden, die den Bedürfnissen der EL Rechnung trägt.[973]

---

[969] Vgl. WT/MIN(96)/DEC, vom 18. Dezember 1996, Ziff. 14.

[970] WTO Press Brief, http://www.wto.org/english/thewto_e/minist_e/min96_e/tradeven.htm.

[971] Vgl. WT/MIN(96)/DEC vom 18. Dezember 1996, Ziff. 14.

[972] o.V.: An Integrated Framework for Trade-Related Technnical Assistance, including for Human and Institutional Capacity-Building, to Support Least-Developed Countries in Their Trade and Trade-Related Activities, Revision, http://www.ldcs.org/intframe.htm, Ausdruck vom 15. August 2000, zum IF vgl. Teil 3, Kapitel 2, Abschnitt 1.2.1.

[973] Z.B. die Deklaration der Dritten UN-LDC-Konferenz führt aus: „We commit ourselves to seizing the opportunity of the fourth WTO Ministerial meeting in Doha in November 2001, to advance the development dimension of trade, in particular for the development of LDCs. We aim at improving preferential market access for LDCs by working towards the objective of duty-free and quota-free market access for all LDCs'products in the markets of developed contries. Measures will also be taken to address problems caused by supply-side constraints.

Die letzte Ministerkonferenz 1999 in Seattle war, ohne, dass sich die Mitgliedsstaaten auf eine Tagesordnung. bzw. Verhandlungsagenda einigen konnten, ergebnislos abgebrochen (bzw. für unterbrochen erklärt) worden. EL, unter ihnen z.B. Indien, wollten zuerst eine Korrektur der Unausgewogenheiten der Uruguay-Runde, bevor Diskussionen über eine neue Runde zugestimmt werden. Sie wollten vor allem, dass die entwickelten Länder ihre Bemühungen in Bezug auf bereits vereinbarte Marktöffnungen verstärken, vor allem im Textil- und Agrarbereich. Außerdem erwarteten sie Zugeständnisse in der Durchsetzung von Abkommen z.B. im Bereich der geistigen Eigentumsrechte bei Software und Musikpiraterie, in denen die EL Schwierigkeiten in der Umsetzung der Abkommen haben.[974] Auch die im Zuge der Uruguay-Runde geschlossenen neuen Abkommen über handelsbezogene Investitionsmaßnahmen (TRIMs), über technische Handelshemmnisse (TBT) und das Abkommen über gesundheitspolizeiliche und pflanzenschutzrechtliche Standards (SPS) haben schwierige Fragen in Bezug auf die Umsetzung, Infrastrukturerfordernisse, Modernisierung und Bildung von Kapazität für die EL aufgeworfen. Auf der anderen Seite fehlten Zugeständnisse vor allem von Seiten der USA und der EU.[975]

The crucial importance o trade and economic growth must be refleted in poverty reduction strategies.", vgl. Deklaration enthalten in A/CONF.191/L.20 vom 20. Mai 2001, Ziff. 6.

[974] Vgl. Fowler, Jonathan: WTO members agree to changes in trade accords, Associated Press, The Nando Times, S.2, http://www.nandotimes.com/world/story/53344p-788588c.html, Ausdruck vom 7. August 2001, zu den Forderungen der EL im Vorfeld von Doha vgl. auch A/56/376 vom 18. September 2001: International trade and development, Bericht des UN-Generalsekretärs, S. 3, Ziff. 7, der sich auf ein Treffen der Handelsminister der LDCs in Sansibar, Tansania vom 22. – 24. Juli 2001 bezieht. Gefordert werden dort eine bindende Zusage des zoll- und quotenfreien Marktzugangs für alle Produkte der LDCs auf einer sicheren, verlässlichen Basis mit realistischen und flexiblen Ursprungsregeln, um der industriellen Kapazität der LDCs zu entsprechen, sowie die volle Umsetzung der Zugeständnisse der Marrakesch-Deklaration und Ministerenstscheidungen zu Gunsten der LDCs sowie über Maßnahmen, die mögliche negativen Effekte der Reformprogramme auf die LDCs und nettonahrungsmittelimportierende Entwicklungsländer haben. Gefordert wurde die bindende und volle Umsetzung der Bestimmungen über „special and differential treatment", einschließlich der Annahme neuer S&D-Maßnahmen, die die Probleme der LDCs bei der Umsetzung berücksichtigen. Die Zusagen der LDC III-Konferenz sollten vollständig umgesetzt werden. Die Aufnahme von LDCs in die WTO sollte gefördert werden und unter Bedingungen erfolgen, die deren Entwicklungs-, finanziellen und Handelsbedürfnissen entsprechen und mit Verpflichtungen, die nicht höher sind als die der bisherigen LDC-WTO-Mitglieder. Gefordert wurde ein Recht, das TRIPS-Abkommen so anwenden zu können, dass es den Mitgliedern einen einfachen Zugang zu Medizin erlaubt, um HIV/AIDS, Tuberkulose, Malaria und andere töliche Krankheiten zu bekämpfen. Eine weitere Forderung betraf die Interpretation des TRIPS-Abkommens im Zusammenhang mit Nahrungsmittelsicherheit. Zudem solle die WTO Technologiefragen als eine Priorität in ihr Arbeitsprogramm aufnehmen, um relevante Bestimmungen zum Technologietransfer vollständig umzusetzen. Schließlich soll auf Grund der begrenzten Verhandlungskapazität der LDCs der Umfang des zukünftigen Arbeitsprogramms der WTO machbar sein und von allen Mitgliedern im Konsens angenommen werden, zukünftige Verhandlungen sollen die Interessen der LDCs berücksichtigen.

[975] Vgl. zu einer neuen Initiative der Quad-Länder, die EL für eine neue WTO-Runde zu gewinnen: World Bank Development News vom 18. Mai 2001, S. 1f.

Unmittelbar nach der Ministerkonferenz in Seattle begann eine Serie von Konsultationen und Verhandlungen der WTO-Mitglieder, um eine gemeinsame Verständigung in Bezug auf einige Fragen zu erzielen, die vor und während der Ministerkonferenz zu Divergenzen geführt hatten. Dazu gehörten Umsetzungsfragen und Marktzugangspositionen für LDCs.[976] Gleichzeitig begannen Verhandlungen über Landwirtschaft[977] und Dienstleistungen. Einige schwierige Fragen z.B. im Bereich der Landwirtschaft waren bis zum Schluss der Verhandlungen heftig umstritten. Die Frage der Umsetzung der bestehenden WTO-Abkommen wurde ein entscheidendes Element während der Vorbereitungen, da wie oben bereits erwähnt, einige EL die Umsetzung als Vorbedingung ihres Einverständnisses in eine neue Handelsrunde einzutreten gemacht hatten.[978]

Die in Doha angenommene Ministererklärung[979] besteht aus drei Teilen: einer Präambel, einem Arbeitsprogramm, das die Themen beschreibt, die Gegenstand der Verhandlungen bzw. in Arbeitsgruppen außerhalb des Verhandlungsprogramms vertieft werden sollen, und einem abschließenden organisatorischen Teil. Die Verhandlungen zur neuen WTO-Runde sollen bis zum 1. Januar 2005 abgeschlossen sein. Eine Zwischenbilanz soll auf der fünften WTO-Ministerkonferenz in Mexiko im September 2003 gezogen werden. Die Verhandlungen leitet das sog. „Trade Negotiating Committe“ (TNC), dessen Vorsitzender der jeweilige Generaldirektor der WTO ex officio ist. Das TNC soll bei seiner Arbeit dem bereits oben erwähnten Grundsatz des S&D für EL und LDCs besonders Rechnung tragen. In der Ministererklärung ist eine Überprüfung der im WTO-Regelwerk diesbezüglich verankerten Vorschriften vorgesehen, die in Sondersitzungen des „Committee on Trade and Development“ (COMTD) erfolgen soll. Die Ministererklärung von Doha stellt die Bedürfnisse und Interessen der EL ins Zentrum der neuen Runde:

„The majority of WTO members are developing countries. We seek to place their needs and interests at the heart of the Work Programme adopted in this Declaration. Recalling the Preamble of the Marrakesh Agreement, we shall continue to make positive efforts designed to ensure that developing countries, and especially the least-developing countries among them, secure a share in the growth of world trade commensurate with the needs of their economic development. In this context, enhances market access, balanced rules, and well targeted, sustainable financed technical assistance and capacity-building programmes have important roles to play.“[980]

Die Erklärung verweist auf die Verpflichtung zu nachhaltiger Entwicklung, auf den Zusammenhang zwischen Handel, Entwicklung und Armutsbekämpfung und er-

---

[976] Vgl. A/56/376 vom 18. September 2001: International trade and development, Bericht des UN-Generalsekretärs, S. 3f, Ziff. 8.

[977] Vgl. Artikel 20 des Abkommens über Landwirtschaft, im Zuge dieser Verhandlungen wurden bis März 2001 45 Vorschläge übermittelt, auch die EL-Mitglieder der WTO übermittelten einzeln oder gemeinsam mit anderen WTO-Mitgliedern Vorschläge.

[978] Vgl. A/56/376 vom 18. September 2001: ebenda, S. 6, Ziff. 21.

[979] Vgl. WT/MIN(01)/DEC/1 vom 20. November 2001: Ministererklärung vom 14. November 2001.

[980] Vgl. die Präambel der Doha-Ministererklärung, ebenda, Ziff. 2.

kennt die Notwendigkeit an, EL einen Anteil am Wachstum des Welthandels zu sichern, der den Bedürfnissen ihrer ökonomischen Entwicklung gerecht wird. Darin kommt die im Nachgang zu den Anschlägen vom 11. September wieder aufgelebte Diskussion zum Ausdruck, dass es ohne einen Abbau von Armut und Ungleichheit in der Welt keine Sicherheit geben wird und internationale Zusammenarbeit vorrangig auch diesem Ziel dienen muss. Dadurch werden Fragen der Entwicklung innerhalb der WTO eine zentrale Bedeutung eingeräumt. Dies muss nunmehr durch ein entsprechendes Entgegenkommen von Seiten der Industrieländer bei Verlauf und Abschluss der kommenden Verhandlungen in die Tat umgesetzt werden.

Während die einen sich zum zumindest teilweisen Erfolg der Einberufung einer neuen Welthandelsrunde gratulieren und die Doha-Agenda als Entwicklungsagenda ansehen, befürchten andere, dass dies nicht weiter von der Wahrheit entfernt sein könnte. So wird behauptet „Doha spells disaster for poor people".[981] Was wurde aber wirklich vereinbart? Die Agenda enthält im Wesentlichen die sechs folgenden Punkte:

2.2.1. Marktzugang

Die EL sollen enger in das Handelssystem integriert werden. Unter diesem Stichwort sind zwei Aspekte zu nennen: erstens, Marktzugang für nichtlandwirtschaftliche Produkte (Handelsschranken beseitigen, Zolleskalation und Spitzenzölle abbauen, insbesondere für Exportprodukte von EL) und zweitens im Rahmen eines multilateralen Systems das Ziel eines zollfreien und quotenfreien Marktzugangs für alle Produkte der LDCs weiterverfolgen und die Bestimmungen zu S&D stärken, die den Zwängen, denen sich EL gegenüber sehen, gerecht werden. Diese Bestimmungen sind exakter zu formulieren und wirkungsvoller und operationeller zu gestalten.[982] Das „Trade and Development Committee" wurde beauftragt, Vorschläge zum S&D der EL zu machen. Mit mehr als 80 vorliegenden Vorschlägen zu diesem Thema beschloss das Committee am 24. Juli 2002, seine Frist zur Abgabe von Empfehlungen bis Ende 2002 zu verlängern.[983]

Bezüglich der LDCs[984] enthält die Ministererklärung die Anerkennung der Tatsache, dass die Integration der LDCs in das Welthandelssystem und in die Weltwirtschaft, Marktzugang, Unterstützung zur Diversifizierung ihrer Produktion und Exportgrundlagen, handelsbezogene technische Hilfe und „Capacity building" erfordert. Die Erklärung erkennt die besondere Verwundbarkeit der LDCs und deren

---

981 Vgl. Lucas, Caroline: „Doha spells disaster for development", in: Guardian Unlimited, The Observer, 18. November 2001, http://www.observer.com.

982 Vgl. KOM (2002) 82 endgültig, vom 13. Februar 2002: Auf dem Weg zu einer globalen Partnerschat für nachhaltige Entwicklung, Mitteilung der Kommission an das Europäische Parlament, den Rat, den Wirtschafts- und Sozialausschuss und den Ausschuss der Regionen, S. 8f.

983 Vgl. o.V.: http://www.wto.org/english/news_e/news02_e/spec_and_diff_treatment_24july 02_e.htm, Ausdruck vom 26. Juli 2002.

984 Vgl. WT/MIN(01)/DEC/1 vom 20. November 2001: Ministererklärung vom 14. November 2001, Ziff 42f.

strukturelle Schwierigkeiten in der Weltwirtschaft an.[985] Die Marktzugangsverbesserungen der WTO-Mitglieder wurden begrüßt. Das Ziel eines zoll- und quotenfreien Marktzugangs für LDC-Produkte wurde in der Erklärung noch einmal ausdrücklich bekräftigt, jedoch nicht mit einer ausdrücklichen Erneuerung der politischen Verpflichtung eines Marktzugangs für alle Produkte, wie sie in dem G8-Gipfelkommuniqué von Juli 2001 sowie der Erklärung der dritten UN-LDC-Konferenz von Mai 2001 enthalten ist. Die Aufnahmeverhandlungen von LDCs sollen beschleunigt werden. Auch dafür soll technische Hilfe bereit gestellt werden. Gleichfalls wird auf die Zusagen der dritten UN-LDC-Konferenz Bezug genommen und ausgeführt, dass die WTO bei der Aufstellung ihres Arbeitsprogramms für die LDCs die handelsbezogenen Elemente der Brüsseler Deklaration und des Aktionsprogramms berücksichtigen soll.

2.2.2. Landwirtschaft

Die Vereinbarungen zum Thema Landwirtschaft umfassen folgende drei Aspekte: erstens sollen umfassende Verhandlungen über Marktzugang (weitere wesentliche Verbesserungen), alle Formen von Exportsubventionen (weiterer substantieller Abbau mit Blick auf völliges Auslaufen) und handelsverzerrende Stützungsmaßnahmen (weiterer substantieller Abbau) geführt werden. Zweitens soll die Berücksichtigung nicht handelsbezogener Belange in den Verhandlungsvorschlägen (z.B. Verbraucher-, Umwelt- und Tierschutz, Stichwort: Multifunktionalität der Landwirtschaft) erfolgen und drittens wurde festgelegt, dass S&D ein integraler Teil der Verhandlungen sein müsse. Dies garantiere die praktische Umsetzung der Verpflichtungen und erlaubt es den EL, ihrem Entwicklungsbedarf Rechnung zu tragen, einschließlich Lebensmittelsicherheit und der ländlichen Entwicklung.[986]

Probleme des Marktzugangs betreffen insbesondere Agrar-, aber auch Textilprodukte. Die Beseitigung von tarifären und nichttarifären Maßnahmen könnte den EL jährlich ein Einkommen von US$ 100 Billionen bescheren, Geld, was, so die Weltbank, die Möglichkeit geben würde, „to help the world´s poorest people help themselves“.[987] So erwiesen sich denn auch die Verhandlungen zum Agrarteil der Ministererklärung als besonders schwierig.

---

[985] „We are committed to addressing the marginalization of least developed countries in international trade and to improving their effective participation in the multilateral trading system. We recall the committments made by ministers at our meetungs in Marrakesh, Singapore ans Geneva, and by the international community at the Third UN Conference on Least-Developed Countries in Brussels, to help least developed countries secure benefical and meaningful integration into the multilateral trading system and the global economy...“, vgl. WT/MIN(01)/DEC/1 vom 20. November 2001: Ministererklärung vom 14. November 2001, Ziff. 3.

[986] Vgl. KOM (2002) 82 endgültig, vom 13. Februar 2002: Auf dem Weg zu ener globalen Partnerschat für nachhaltige Entwicklung, Mitteilung der Kommission an das Europäische Parlament, den Rat, den Wirtschafts- und Sozialausschuss und den Ausschuss der Regionen, S. 8f.

[987] Vgl. World Bank Development News vom 1. Mai 2001, S.7 unter der Überschrift „World Bank calls for urgent action to fight poverty“.

Obwohl landwirtschaftliche Erzeugnisse von Beginn an in den Anwendungsbereich des GATT 1947 fielen, hatten Ausnahmetatbestände und Einzelfallentscheidungen dazu geführt, dass sich in den 1950er Jahren gegen den Wortlaut, Sinn und Zweck des GATT eine Sonderregelung bildete. So wurden auf der Grundlage der Ausnahmebestimmungen des Art. XI Abs. 2c des GATT 1947 im Agrar- und Fischereisektor in großem Umfang mengenmäßige Einfuhrbeschränkungen angewendet. Die Ausfuhr von landwirtschaftlichen Grunderzeugnissen wurde unter Inanspruchnahme des Art. XVI abs. 3 GATT 1947 weiterhin subventioniert. Auch die inländische Produktion wurde vielfältig unterstützt. Zu nennen ist hier insbesondere die EU-Agrarpolitik oder die den USA bereits 1955 gewährte unbefristete Ausnahmegenehmigung in Bezug auf Milchprodukte.[988] In der Uruguay-Runde hatten die sog. Cairns-Gruppe, bestehend aus 15 traditionellen Agrarexportländern, und viele EL, die auf Erlöse aus dem Export von Agrargütern angewiesen sind, den Regelungs- und Gestaltungsanspruch der WTO in diesem Bereich durchgesetzt. Nach harten Kontroversen wurde das Übereinkommen über die Landwirtschaft abgeschlossen, dass die Schaffung eines fairen und marktorientierten Agrarhandelssystems mit dem langfristigen Ziel einer schrittweisen Senkung der Stützungs- und Schutzmaßnahmen anstrebt.[989] Das Inkrafttreten einer Weltagrarordnung, die sich gegen Handelsverzerrungen richtet, war ein wichtiges Ergebnis der Uruguay-Runde. An die Stelle nichttarifärer Einfuhrabgaben treten feste Importzölle. Export-, Einkommens- und Preissubventionen sollen abgebaut werden, die Industriestaaten wollen ihre Ausfuhrsubventionen deutlich senken. Von der Regel ausgenommen sind allerdings regional-, sozial- und umweltpolitisch motivierte Maßnahmen sowie produktionsunabhängige Direktzahlungen an Landwirte.[990] Aufgrund eines Verhandlungsmandates der Uruguay-Runde laufen Verhandlungen im WTO-Agrarausschuss bereits seit Anfang 2000. Das durch die Doha-Ministererklärung präzisierte Mandat wurde mit einem Zeitplan verknüpft, wonach bis 31. März 2003 die Modalitäten künftiger Verpflichtungen erarbeitet werden sollten. Die Frist wurde jedoch nicht eingehalten.

Es war richtig und notwendig, das Problem der Agrarsubventionen in einer neuen Handelsrunde anzusprechen. Die hohen Agrarbeihilfen der entwickelten Länder übersteigen US$ 300 Billionen jährlich. Die Beihilfen der EU und anderer entwickelten Länder sind derzeit nach den Regeln der WTO legal. Sie sind von den EL stark kritisiert worden, als verzerrend und nur die Reichen begünstigend. Auf dem „World Economic Forum" 2000 in Davos, hatte Weltbank-Präsident Wolfensohn dem beigepflichtet und ausgeführt, dass die Agrarbeihilfen in Angriff genommen werden müssen. Von der jährlichen offiziellen Entwicklungshilfe (ODA) von etwa US$ 55 Billionen könnten die EL weit mehr gewinnen, so Wolfensohn, wenn sie ihre Agrarprodukte frei in entwickelte Länder exportieren könnten, ohne sich sub-

[988] Vgl. Stoll, Peter-Tobias/ Schorkopf, Frank: WTO – Welthandelsordnung und Welthandelsrecht, Köln, Berlin…: Carl Heymanns Verlag, 2002, S. 87, Rz. 239.

[989] Vgl. Stoll, Peter-Tobias/ Schorkopf, Frank: ebenda, S. 88, Rz. 242.

[990] Vgl. Neuschwander, Thomas: WTO/GATT, in: Handwörterbuch Internationale Politik, Woyke, Wichard (Hrsg.), Opladen: Leske und Budrich, 8. Auflage, 2000, S. 537-552, S. 550.

ventionsverzerrtem Wettbewerb ausgesetzt zu sehen.[991] Die Europäische Union stimmte in letzter Minute einer Kompromissformulierung zum schrittweisen Ausstieg aus den Exportsubventionen in der Landwirtschaft zu. Im Abschlusstext ist jetzt von einer „Reduktion im Hinblick auf das vollständige Auslaufen aller Formen von Exportsubventionen" die Rede. Gleichzeitig hält die Erklärung ausdrücklich fest, dass der Ausgang der Verhandlungen über die Agrarsubventionen offen sei.[992] Neben Deutschland hatte sich auch Frankreich gegen ein Auslaufen der Agrarsubventionen gesperrt.[993] Diese Formulierung in Bezug auf den Abbau von Exportsubventionen kann als Erfolg für die EL gewertet werden.

2.2.3. Umwelt- und Verbraucherschutz sowie Arbeitsnormen

Ziele setzen, die ökologischen Interessen und Verbraucherinteressen sowie Erfordernissen der sozialen Entwicklung berücksichtigen: Unter diesem Punkt sollen flankierende Verhandlungen über Fragen wie Verbraucherschutz, Gesundheit und Umwelt geführt werden sowie eine Verpflichtung auf grundlegende Arbeitsnormen erfolgen. Die in der Ministererklärung zum Thema Kernarbeitsnormen enthaltene Formulierung bekräftigt zwar die Singapur-Erklärung zur Beachtung international anerkannter Kernarbeitsnormen, verweist aber sonst lediglich auf die aktuellen Arbeiten der ILO zur sozialen Dimension der Globalisierung, ohne die WTO ausdrücklich mit in diese Arbeiten einzubeziehen. Nach der Doha-Konferenz ist das Thema Sozialstandards nunmehr vom Tisch – was als ein Verhandlungserfolg für die EL bezeichnet wird. Die Abschlusserklärung verweist darauf, dass für diese Fragen die ILO zuständig ist.[994] Die Formulierung (vgl. Ziff. 8) schließt aber eine Zusammenarbeit der WTO mit anderen internationalen Organisationen auch nicht mehr ausdrücklich aus. Das Ziel der EU, ein institutionalisiertes „Ständiges Forum" zu Fragen der sozialen Entwicklung und zur Einhaltung der Kernarbeitsnormen einzurichten, das ein Dialogforum zwischen WTO, ILO sowie anderen internationalen Institutionen zu diesen Fragen sein sollte, wurde nicht erreicht. Derzeit besteht in der ILO eine Arbeitsgruppe „Soziale Dimension der Globalisierung", an der die WTO und die anderen betroffenen Organisationen beteiligt sind.[995]

Die Integration von Sozial- und Umweltstandards in das Regelwerk der WTO[996] war bis zuletzt zwischen entwickelten und EL umstritten. Die Forderung der EL,

---

991 Vgl. World Bank Development News vom 31. Januar 2001, S. 8, mit Verweis auf das Japan Economic Newswire.

992 Vgl. die Formulierung „with the view to phasing out", relativiert durch den Zusatz „without prejudging the outcome of the negotiations", vgl. WT/MIN(01)/DEC/1 vom 20. November 2001: Ministererklärung vom 14. November 2001, Ziff. 13.

993 Vgl. dazu o.V.: Nach der WTO-Konferenz in Quatar: NRO's kritisieren Verhandlungsergebnisse, E+Z, 2001, Heft 12, S. 350.

994 Vgl. o.V.: ebenda, S. 350.

995 Vgl. dazu Teil 3, Kapitel 1, Abschnitt 3.3.2.

996 Vgl. zum Überblick über die internationale Sozialpolitik bzw. die internationale Umweltpolitik die Beiträge von Riedmüller, Barbara und von Prittwitz, Volker in: Lexikon der internationalen Politik, Ullrich Albrecht/Helmut Volger (Hrsg.), München, Wien: Oldenbourg, 1997, S. 254-256 bzw. S. 256-258.

die sozialen Fragen ausschließlich in die Zuständigkeit der ILO zu verweisen und sie nicht mit Handelsfragen bzw. Handelskonsequenzen zu verknüpfen, ist vor der Befürchtung zu sehen, dass diese neuerlichen Standards zu weiteren Handelshemmnissen für die EL führen.

Im Umweltbereich wird schon in der Präambel erwähnt, dass das multilaterale Handelssystem und die Förderung des Umweltschutzes und der nachhaltigen Entwicklung sich gegenseitig unterstützen. Die Zusammenarbeit von UNDP und WTO wird ausdrücklich begrüßt. Beispielsweise wird das Thema der Öko-Labels weiter Teil des Arbeitsprogramms des „Committee for Trade and Environment" sein. Die Entscheidung, ob Handelsverhandlungen stattfinden, soll auf der 5. Ministerkonferenz getroffen werden.[997] Auch sollen u.a. die Auswirkungen von Umweltmaßnahmen auf den Marktzugang für EL und die positiven Auswirkungen der Handelsliberalisierung auf Handel, Umwelt und Entwicklung genauer untersucht werden (vgl. Ziff. 32 der Doha-Erklärung).

Hoekmann ist der Auffassung, dass sowohl Kooperation in Bezug auf Sozialstandards als auch auf Umweltvorschriften am besten außerhalb der WTO verfolgt werden könne. EL müssten dabei unterstützt werden, Normen zu schaffen, die sicherstellen, dass nationale Ressourcen fair und effizient verteilt werden. Die WTO sei nicht die Stelle, inländische Standards auf diesen Gebieten zu setzen, noch sei Handel das optimale Durchsetzungsinstrument dafür. Handelssanktionen könnten leicht soziale oder umweltbezogene Ergebnisse verschlechtern, z.B. dadurch, dass Arbeiter in den Zielländern in informelle oder illegale Aktivitäten gezwungen werden. Zudem bestehe die offensichtliche Gefahr protektionistischer Interessen, den Prozess für sich einzunehmen. Sinnvoller wäre es, Anreize zu setzen. Hoeckmann nennt hierfür direkte Unterstützung und Hilfe, wie z.B. durch Verbesserung der Qualität von und des Zugangs zu Grundschulbildung, um die Ausbeutung von Kinderarbeit zu reduzieren, durch Ausstattung von Schulen oder der Reduzierung von Schulkosten.[998] Dem ist beizupflichten, obwohl dies allein nicht ausreichen dürfte, wenn Kinder arbeiten müssen, um das Existenzminimum für die Familie mitzusichern. Nach Hoeckmann würde das Vorgehen der WTO diesen Prinzipien entsprechen.[999]

Der Zedillo-Bericht des vom UN-Generalsekretär in Vorbereitung der UN-Konferenz zur Entwicklungsfinanzierung eingesetzten Experten-Panels hatte hierzu vorgeschlagen, die ILO zu stärken. Für den Umweltbereich hatte der Bericht vorgeschlagen, die bislang bestehenden Organisationen in eine globale Umweltorganisation äquivalent zur WTO, dem IMF und der Weltbank zusammenzuführen.[1000]

---

[997] Vgl. Hoeckmann, Bernard: Strengthening the Global Trade Architecture for Development: The Post Doha Agenda, The World Bank and CEPR, Januar 2002, S. 16.
[998] Vgl. Hoeckmann, Bernard: ebenda, S. 15f.
[999] Vgl. Hoeckmann, Bernard: ebenda, S. 16.
[1000] Vgl. A/55/1000 vom 26. Juni 2001: Report of the „High-Level Panel on Financing for Development", S. 6.

2.2.4. Öffentliche Gesundheit und Zugang zu Medikamenten

Zum Stichwort der Einbeziehung gesundheitlicher Belange soll bekräftigt werden, dass das TRIPS-Abkommen WTO-Mitglieder nicht daran hindert bzw. nicht daran hindern sollte, Maßnahmen zum Schutz der öffentlichen Gesundheit zu treffen, u.a. durch Anwendung der im Abkommen vorgesehenen Klauseln.[1001] Dieser Punkt betrifft das Stichwort „Intellectual property rights".[1002] Die schnell wachsende Anzahl multilateraler Abkommen, verbunden mit neuen Regeln, binden die nationalen Regierungen stark und schränken heimische Politikentscheidungsmöglichkeiten ein, einschließlich derer, die für die menschliche Entwicklung kritisch sind. Sie nähern Politiken in einer Welt mit enorm unterschiedlichen Bedingungen sowohl wirtschaftlich, sozial als auch ökologisch aneinander an. So sind zum Beispiel in den meisten EL die Landwirtschaft, Medizin und andere Produkte von nationalen Patentrechtsregeln ausgenommen, was durch die Passage im TRIPS-Abkommen nicht mehr möglich ist, da danach nahezu alle wissensbasierte Produktion unter den Schutz des geistigen Eigentums fällt, und zwar international einheitlich.[1003] Dies kann für die EL folgenreich sein, wie an den Auseinandersetzungen um die Herstellung von AIDS-Medikamenten zu sehen war. Das Problem betrifft einerseits die Erteilung von Zwangslizenzen und die Auslegung von Art. 31 TRIPS. Art. 31 TRIPS enthält eine umfangreiche Regelung über die Benutzung von Patenten ohne Zustimmung des Rechtsinhabers, die die Vergabe von Zwangslizenzen an den Staat und private Dritte regelt.[1004] Im Bereich des Patentschutzes für Medikamente konnten die EL in Doha einen Erfolg erzielen. In einer separaten Erklärung heißt es, im Falle einer „Krise der öffentlichen Gesundheit", über deren Feststellung jedes Land selbst entscheiden kann, dürften Zwangslizenzen vergeben und die notwendigen Medikamente vom betroffenen Land selbst produziert werden. Unter welchen Bedingungen der Import von Generika in solchen Fällen erlaubt ist, sollte bis Ende 2002 geklärt werden.[1005] Hiermit war der TRIPS-Rat beauftragt worden. Damit soll insbesondere bedürftigen EL und LDCs der Zugriff auf Zwangslizenzen zur Bekämpfung gravierender Epidemien auch dann eröffnet werden, wenn sie die benötigten Medikamente nicht selbst herstellen können.

Im Gegensatz zu den EL betonten die USA als wichtigster Vertreter der forschenden Pharmaunternehmen, dass es sich bei dem Zusatzdokument nur um eine „politische Erklärung" handele. Das WTO-Abkommen zum geistigen Eigentum

---

[1001] Vgl. KOM (2002) 82 endgültig, vom 13. Februar 2002: Auf dem Weg zu einer globalen Partnerschaft für nachhaltige Entwicklung, Mitteilung der Kommission an das Europäische Parlament, den Rat, den Wirtschafts- und Sozialausschuss und den Ausschuss der Regionen", S. 8f.

[1002] Vgl. bereits oben Abschnitt 1.2.2.

[1003] Vgl. UNDP: Human Development Report 1999, S. 35.

[1004] Vgl. Stoll, Peter-Tobias/ Schorkopf, Frank: WTO – Welthandelsordnung und Welthandelsrecht, Köln, Berlin…: Carl Heymanns Verlag, 2002, S. 215, Rz. 624.

[1005] Vgl. o.V.: Nach der WTO-Konferenz in Quatar: NRO's kritisieren Verhandlungsergebnisse, E+Z, 2001, Heft 12, S. 350.

(TRIPS), das unter anderem die Patente der Pharmafirmen schützt, werde juristisch dadurch nicht beeinträchtigt.[1006]

Bezüglich der LDCs hat der TRIPS-Rat, der sich mit dem Thema der Rechte am geistigen Eigentum beschäftigt, am 27. Juni 2002 eine Entscheidung angenommen, wodurch die Umsetzungsperiode nach Art. 66.1 des TRIPS-Abkommens für LDCs bis 2016 ausgedehnt wurde.[1007] Zudem wurde eine Ausnahmeregelung („waiver") angenommen, wonach LDCs keine exklusiven Vermarktungsrechte für einen Zeitraum von 5 Jahren für neue Medikamente gewähren müssen, obwohl sie kein Patent dafür haben.

„The obligations of least-developed country Members under paragraph 9 of Article 70 of the TRIPS Agreement shall be waived with respect to pharmaceutical products until 1 January 2016..."[1008]

Beide Entscheidungen seien, so eine WTO-Pressemitteilung, Teil der Bemühungen, sicherzustellen, dass der Schutz des geistigen Eigentums ärmere Länder unterstützt und ihre Bedürfnisse, ernste öffentliche Gesundheitsprobleme anzugehen, nicht behindert.[1009] Sie stellen eine Umsetzung der Doha-Erklärung in diesem Bereich dar. In Bezug auf den Import von Generika für Länder, die die Medikamente nicht selbst herstellen können, war bis Ende 2002 jedoch noch keine Lösung erzielt worden, obwohl dies in der Doha-Erklärung zum TRIPS vorgesehen war.

2.2.5. Singapur-Themen

Unter dem Stichwort Vorbereitung von Verhandlungen über Investitionen, Wettbewerb, Handelserleichterung und Transparenz im öffentlichen Auftragswesen (sog. Singapur-Themen) soll ein ausgewogener regulatorischer Rahmen für diese Bereiche erarbeitet werden, um deren Beitrag für Handel und Entwicklung zu optimieren. Diese Themen werden nach der 5. Ministerkonferenz im September 2003 offizielle Verhandlungsthemen. In Bezug auf den Bereich der Handelserleichterungen hatte die Ministererklärung von Singapur den „Council for Trade in Goods" angewiesen, Forschung und analytische Arbeit in Bezug auf die Vereinfachung von Handelsprozeduren durchzuführen und dabei auf die Arbeit anderer

---

[1006] Vgl. o.V.: WTO-Konferenz nur bei Patenten weitergekommen, in: vwd Europa, Eschborn, Mittwoch, 14. November 2001, Nr. 200, S. 2.

[1007] Darin heißt es: „Having regard to the decision of the Ministerial Conference to the Council for TRIPS contained in paragraph 7 of the Declaration on the TRIPS Agreement and Public Health (WT/MIN(01)/DEC/2) (the „Declaration"); Considering that paragraph 7 of the Declaration constitutes a duly motivated request by the least developed country Members for an extension of the period under paragraph 1 of Article 66 of the TRIPS Agreement; Decides as follows: 1. Least-developed country Members wll not be obliged, with respect to pharmaceutical products, to implement or apply Sections 5 and 7 of part II of the TRIPS Agreement or to enforce rights provides for under these Sections until January 2016...", vgl. WTO News, Press/301 vom 28. Juni 2002: Council approves LDC decision with additional waiver, http://www.wto.org/english/news_e/pres02_e/pr301_e.htm, Ausdruck vom 11. Juli 2002.

[1008] Vgl. ebenda.

[1009] Vgl. ebenda.

relevanter Organisationen zurückgreifen, um den Umfang für WTO-Regeln in diesem Bereich einzuschätzen.[1010] Dabei soll darauf geachtet werden, dass Sitzungen mit denen relevanter UNCTAD-Gremien koordiniert werden. Um die Teilnahme von EL und insbesondere LDCs an dieser Arbeit zu erleichtern, soll das Programm der technischen Kooperation des WTO-Sekretariats dafür zur Verfügung stehen.[1011] Die Doha-Development-Agenda enthält in Ziff. 27 ein Mandat, die WTO-Regeln in Bezug auf die Veröffentlichung und Anwendung von Handelsbestimmungen (Art. X des GATT), Import-, Export- und Zollprozeduren, d.h. Gebühren und Förmlichkeiten im Zusammenhang mit der Ein- und Ausfuhr (Art. VIII GATT) sowie Transitbestimmungen (Art. V GATT) zu verbessern und zu stärken. Bestandteil der Diskussionen ist auch die notwendige technische Hilfe für die EL in Bezug auf die Umsetzung neuer Vereinbarungen.

2.2.6. Technische Hilfe und „Capacity building"

Im Bereich der technischen Hilfe und des „Capacity building" wurden umfangreiche Zusagen abgegeben. Die Erklärung bestätigt, dass technische Zusammenarbeit und „Capacity building" Kernelemente der Entwicklungsdimension des multilateralen Handelssystems sind.[1012] Der Aufbau handelsbezogener Kapazitäten soll auf einer umfassenden Strategie erfolgen.[1013]

2.2.7. Sonstige Regelungen und Würdigung

Schließlich wurden die Themen Handel, Verschuldung und Finanzierung sowie Handel und Technologietransfer in die Ministererklärung aufgenommen, die für viele EL von großer Bedeutung sind. Diese Fragen werden in zwei neuen Arbeitsgruppen behandelt, die die Beziehungen zwischen Handel, Verschuldung und Finanzierung sowie zwischen Handel und Technologietransfer untersuchen sollen. Der „General Council" soll bis zur nächsten Tagung der Ministerkonferenz über den Fortschritt dieser Untersuchung berichten. Diese Themen werden jedoch nicht Teil der Verhandlungen sein.

Bezüglich der in Ziff. 12 der Ministererklärung genannten Entscheidung zu Fragen in Bezug auf die Umsetzung von WTO-Verpflichtungen[1014] sind für die EL insbesondere die Entscheidungen zu Exportsubventionen wichtig.[1015]

Zu erwähnen ist auch die auf der Doha-Ministerkonferenz erfolgte WTO-rechtliche Absicherung der entwicklungspolitischen Zusammenarbeit der EU mit den 77 Staaten aus Afrika, der Karibik und dem Pazifik (AKP-Staaten) durch eine Ausnahme-

---

[1010] Der Council for Trade in Goods wurde mit dem Mandat ausgestattet „to undertake exploratory and analytical work ... on the simplification of trade procedures in order to assess the scope for WTO rules in this area."

[1011] Vgl. WT/GC/M/61, Ziff. 21f.

[1012] Vgl. WT/MIN(01)/DEC/1 vom 20. November 2001: Ministeerklärung vom 14. November 2001, Ziff. 38.

[1013] Vgl. dazu Abschnitt 2.3.

[1014] Vgl. WT/MIN(01)/17: Decision on Implementation-Related Issues and Concerns.

[1015] Vgl. dazu bereits oben, Abschnitt 2.2.2.

regelung zu Gunsten des EU-AKP-Abkommens von Cotonou („Cotonou-Waiver").[1016] Die AKP-Länder hatten ihre Zustimmung zuletzt von dieser Ausnahmeregelung abhängig gemacht. Der Gruppe der AKP-Staaten kommt eine wichtige meinungsbildende Funktion unter den EL zu.

Die Ministererklärung trägt die Bezeichnung „Doha-Development-Agenda" insgesamt nicht zu Unrecht, denn mehr bei jeder anderen bisherigen Welthandelskonferenz standen in Doha EL-relevante Themen im Vordergrund. Es wird nun auf die Umsetzung dieser Aussagen, insbesondere die Bereitschaft der Industrieländer zur Gewährung ausreichender Finanzmittel für die Technische Hilfe an die WTO ankommen. Das Verstreichenlassen der teilweise oben genannten Fristen z.B. in Bezug auf den Zugang zu preiswerten Medikamenten bis Ende 2002, für Eckpunkte für den Zoll- und Subventionsabbau im Agrarsektor bzw. in Bezug auf Dienstleistungen einschließlich von Einreiseerlaubnissen zur Erbringung von Dienstleistungen (jeweils März 2003) lassen hier Zweifel aufkommen. Insoweit wird die Konferenz in Cancún hier für den weiteren Prozess bis 2005 relevant sein.

Ohne amerikanische Führungsrolle wird die Doha-Verhandlungsrunde nicht von Erfolg gekrönt sein. Die Präsident Bush am 1. August 2002 durch den Senat gewährte „fast-track"-Verhandlungsvollmacht im Handelsbereich kann dies ermöglichen.[1017] Die für fünf Jahre gewährte „fast-track authority" ermöglicht es der Bush-Administration, neue Verträge auszuhandeln, die durch den amerikanischen Gesetzgeber genehmigt oder nur insgesamt abgelehnt werden können, was den Spielraum für die Verhandlungen erheblich erweitert.

Am 12. Februar 2002 hat das „Sub-Committee on Least-Developed Countries" der WTO das Arbeitsprogramm für die LDCs angenommen.[1018] Neben Marktzugang[1019] befasst es sich mit handelsbezogener technischer Hilfe und „Capacity building". Es will Unterstützung an Agenturen und Institutionen zur Verfügung stellen, die den LDCs bei der Diversifizierung ihrer Produktion und Exportbasis helfen. Punkt 4 befasst sich mit dem „Mainstreaming" handelsbezogener Elemente in das LDC III-Aktionsprogramm. Unterstützung soll auch zur Teilnahme der LDCs am multilateralen Handelssystem geleistet werden, da LDCs entweder nicht oder nur mit beschränkten Kapazitäten in Genf vertreten sind. Zudem sollen die im Aufnahmeprozess der WTO befindlichen LDCs unterstützt werden.[1020]

[1016] Zum Vertrag von Cotonou vgl. Kapitel 5, Abschnitt 2.5.

[1017] Vgl. World Bank Development News vom 2. August 2002, S. 6 unter Verweis auf einen Artikel in der Financial Times vom selben Tag.

[1018] Vgl. WT/COMTD/LDC/11 vom 13. Februar 2002: WTO Work Programme for the Least Developed Countries (LDCs) adopted by the Sub-Committee on Least-Developed Countries.

[1019] Diesbezüglich soll es Marktzugangsbarrieren identifizieren und untersuchen, einschließlich von Zoll- und nichttarifären Maßnahmen, die den Zugang von LDC-Produkten zu Mäkten von Interesse und mögliche zusätzliche Maßnahmen erörtern, insbesondere die Beseitigung o.g. Barrieren und weitere Verbesserungen von Präferenzschemen wie dem GSP.

[1020] Vgl. WTO News, Press/272 vom 13. Februar 2002: WTO adopts work programme for LDCs.

2.3. Technische Hilfe und „Capacity building" der WTO

Bereits im Rahmen des GATT wurden seit der Einführung des „Technical Assistance Programme" 1956 vielfältige Aufgaben der technischen Hilfe („Technical Assistance", TA) ausgeführt. Zunächst beschränkte sich dies auf die Durchführung von Kursen zur Handelspolitik, die jährlich durch das Sekretariat für höhere Bedienstete aus EL durchgeführt wurden und den Teilnehmern insbesondere ein besseres Verständnis für die Handelspolitik sowie die Aktivitäten des GATT verschaffen sollten. Mit Beginn der Tokio-Runde wurde die TA 1974 durch Errichtung einer „Special Assistance Unit" innerhalb des GATT-Sekretariates institutionalisiert. Die Unit wurde 1980 zur „Technical Cooperation Division" des GATT Sekretariates umgeformt und hat seitdem als „focal point" für TA fungiert. Sie bot TA in allen Bereichen der GATT-Aktivitäten an. Mit der Eröffnung der Uruguay-Runde im Oktober 1986 wurden die Aktivitäten ausgeweitet und umfassten die Durchführung von Länderstudien, die Breitstellung von generellen Daten über tarifäre und nichttarifäre Maßnahmen und Handelsströme bezüglich verschiedener Produkte oder Produktbereiche, die Erarbeitung von sachlichen Hintergrundvermerken auf Gebieten von besonderem Interesse für EL, die Bereitstellung von Informationen und die Organisation von Workshops zu Verhandlungstechniken, die Unterrichtung von Delegationen und Bediensteten von EL, besonders für die mit kleinen Vertretungen. Zudem wurden Seminare auf Länder- oder regionaler Ebene durchgeführt.[1021] Mit der Gründung der WTO 1995 übernahm das WTO-Sekretariat diese Aufgabe. Es organisierte u.a. Seminare und Missionen in EL und erbrachte auf Anforderung spezielle technische Zusammenarbeit an Regierungsmitglieder und Bedienstete in EL, informierte und beriet sie, insbesondere in Bezug auf ihre Teilnahme an WTO-Aktivitäten und multilateralen Handelsverhandlungen.[1022]

Seit Gründung der WTO hat sich, u.a. auf Grund der Aufnahme einer Reihe neuer Mitgliedstaaten, der neuen Verhandlungsrunde, und der dem Sekretariat im Bereich der TA neu übertragenen Aufgaben, der Bedarf an TA von 79 Aktivitäten 1995 auf über 600 für 2002 ersuchte Aktivitäten stark erhöht.[1023] Nicht nur die Verhandlungen, sondern auch die Umsetzung von Verhandlungsergebnissen sind in der WTO immer komplexer geworden. Neben der Senkung von Zöllen oder der Abschaffung von Quoten sind vielmehr Abkommen wie GATS und TRIPS sowie Regeln zu neuen Themen in nationales Recht umzusetzen. Kosten für die Gesetzgebung, Schaffung von Verwaltungs- und Gerichtsstrukturen durch Einrichtung entsprechender Behörden sowie die Einstellung und Ausbildung von Fachleuten können, gerade in Ländern, in denen derartige Strukturen vollständig fehlen, beträchtlich sein. Zudem ist für viele EL der Nutzen derartiger Strukturen erst auf lange Sicht

---

[1021] Vgl. A/CONF.147/DR/3/Add.2 vom 13. März 1989: Second United Nations Conference on the Least Developed Countries: Preparatory process for the Conference, The GATT and the Least Developed Countries, S. 19f., Ziff. 40ff.

[1022] Vgl. den WTO Press Brief, http://www.wto.org/english/thewto_e/minist_e/ min96_e/ tradeven.htm.

[1023] Vgl. WT/COMTD/W/104/Rev.1 vom 7. November 2002: Coordinated WTO Secretariat Annual Technical Assistance Plan 2003, Note by the Secretariat, Revision, S. 7, Ziff. 13.

erkennbar. Insbesondere den LDCs muss daher besondere Hilfe geleistet werden. Dem entsprechen eine Reihe organisatorischer Veränderungen der TA. Zum einen wurde im Februar 2001 durch den Generaldirektor eine „Technical Cooperation Audit Unit" eingerichtet, die für die laufende Überwachung und Evaluierung der gesamten, durch die WTO geleisteten TA, verantwortlich ist. Dadurch soll das Sekretariat gewährleisten, dass die finanziellen und Humanressourcen optimal genutzt werden. Im Juni 2001 wurden einige organisatorische Veränderungen innerhalb des Sekretariates vorgenommen, um die Effizienz zu steigern. U.a. erfolgte die Zusammenführung der „Technical Cooperation Division" und der Sekretariatsarbeitsgruppe für LDCs und das „Integrated Framework" unter ein neues Management. Die Leiter der beiden nunmehr bestehenden Abteilungen („Policy"/ „Operations" Sections) sollen Politik- und operative Arbeit auch mit anderen WTO-Abteilungen koordinieren, die mit TA befasst sind. Zusätzlich wurde im Juni 2001 ein „Technical Assistance Management Committee" (TAMC) eingerichtet, das unter der Leitung des stellvertretenden Generalsekretärs, der für technische Hilfe verantwortlich ist, Fragen von generellem Interesse in Bezug auf handelsbezogene TA überprüfen soll.[1024] Das TAMC soll die Koordination und Kohärenz innerhalb des Sekretariates sicherstellen. Nach den „Terms of Reference" können, wenn erforderlich, auch Mitgliedstaaten und andere Agenturen (Entwicklungspartner) eingeladen werden, um die Erbringung von handelsbezogener TA besser zu koordinieren.[1025] Diese Änderungen unterstreichen, dass die Erbringung von TA eine Funktion des gesamten Sekretariates und nicht nur beschränkt auf die TCD sein soll.

Neben Veränderungen im Bereich der technischen Hilfe ist zudem im Oktober 2001 ein „Advisory Centre on WTO Law" eingerichtet worden, das den EL und den LDC-Mitgliedsländern bei der Nutzung des WTO-Streitschlichtungsmechanismus helfen soll.[1026] Im Februar 2003 fand mit der Einrichtung einer „LDC Unit" innerhalb der neugestalteten Entwicklungsdivision die Neuorganisation vorerst ihren Abschluss. Die Einheit ist der Hauptansprechpunkt für LDC-Fragen innerhalb des Sekretariates. Sie befasst sich mit Politikfragen von Interesse für die LDCs, verwaltet und unterstützt das „Integrated Framework" und dessen Gremien.[1027]

Das Mandat der Ministererklärung von Doha vom November 2001 enthält ein umfangreiches Politikrahmenwerk im Bereich der technischen Zusammenarbeit und des „Capacity building". Es kann in acht wesentliche Bereiche unterteilt werden:

1. „Mainstreaming" und „Integrated Framework": Aktivitäten der technischen Hilfe sollen, in Koordination mit anderen relevanten Institutionen, nationale

---

[1024] Vgl. World Trade Organization: Annual Report 2002, S. 121.

[1025] Vgl. WT/COMTD/W/90 vom 21. September 2001: A New Strategy for WTO Technical Cooperation for Capacity Building, Growth and Integration,, S. 6, Ziff. 8.

[1026] Vgl. WT/TRP/OV/8 vom 15. November 2002: WTO Annual Report of the Director General: Overview of Developments in the International Trading Environment, S. 33, Ziff. 103.

[1027] Vgl. WT/COMTD/LDC/INF/1 vom 28. Mai 2003: The Doha Development Agenda and the Paticipation of Least-Developed Countries, Note by the Secretariat, S. 11, Ziff. 59.

Bemühungen zur Einbeziehung des Handels in nationale Pläne für wirtschaftliche Entwicklung und Strategien zur Armutsreduzierung in den EL und LDCs unterstützen, d.h. Handelspolitiken sollen kohärent mit damit verbundenen makroökonomischen und regulatorischen Politiken formuliert werden (vgl. Ziff 38). Die Ministererklärung bestätigte die existierenden Strukturen für die technische Hilfe. Das IF wurde als ein „lebensfähiges" Model für die Entwicklung des Handels in LDCs begrüßt (Ziff. 43). Es soll auch bei der Trust-Funds-Lösung mit freiwillig zu erbringenden Beiträgen der Geberländer bleiben[1028]

2. Hilfen im Bereich der Umsetzung der WTO-Abkommen (Ziff. 38).[1029]
3. Steigerung der Verhandlungskapazität: Ziff. 41 der Erklärung bekräftigt die spezifischen Zusagen in Bezug auf technische Kooperation, wie sie in verschiedenen anderen Ziffern wiedergegeben sind. Diese betreffen Zolltarifverhandlungen für nichtlandwirtschaftliche Produkte (Ziff. 16), Handel und Investitionen (Ziff. 21), Handel und Wettbewerb (Ziff. 24), Transparenz im öffentlichen Beschaffungswesen (Ziff. 26), Handelserleichterungen (Ziff. 27), Handel und Umwelt (Ziff. 33), Aufnahme von LDCs (Ziff. 42) sowie das IF (Ziff. 43).
4. „Capacity building" zur Formulierung und Umsetzung von Handelspolitik (Ziff. 38-41).
5. Aufnahme: Die Unterstützung und Beschleunigung von Verhandlungen mit beitretenden LDCs soll eine Priorität in den Jahresplänen für technische Hilfe einnehmen (Ziff. 42).
6. Technische Hilfe für die 23 nicht in Genf vertretenen Mitgliedsländer der WTO, die aber dennoch ihre Verpflichtungen erfüllen müssen und die Chancen nutzen können sollen.[1030]
7. Informationstechnologie: Anhang VIII der „New Strategy for WTO Technical Cooperation" zielt auf Informationsaustausch und „Capacity building" durch die Nutzung von Informationstechnologie, insbesondere durch WTO-Referenzzentren für LDCs. Modernisierung und Ausweitung der „Technical Assistance Tools" einschließlich des existierenden IT-Materials ist angesichts des nach Doha gestiegenen Arbeitspensums für das Sekretariat dringend erforderlich.
8. Sichere und voraussehbare Ressourcen zur langfristigen Finanzierung verstärkter technischer Hilfeleistung für EL, damit diese ihre Rechte in der Welthandelsordnung besser wahrnehmen können. Ein erster Schritt in diese Richtung war die Verabschiedung des WTO-Budgets für das Jahr 2002. Die dort insgesamt für technische Hilfe vorgesehenen Mittel wurden von 11,58 % des Gesamtbudgets auf 12,25 % auf nunmehr insgesamt 17.536.050 CHF gesteigert. Ziff. 40 der Doha-Erklärung bildete auch die Grundlage für die Einrichtung des

---

[1028] Vgl. dazu Teil 3, Kapitel 2, Abschnitt 2.2.1.

[1029] Nach Ziff. 38 der Erklärung soll die TA der WTO „assist developing and least developing countries and low-income countries in transition to adjust to WTO rules and disciplines, implement obligations and exercise the rights of membership, including drawing on the benefits of an open, rules-based multilateral trading system", vgl. WT/MIN(01)/DEC/1 vom 20. November 2001: Ministererklärung vom 14. November 2001, Ziff 38.

[1030] Vgl. WTO: Annual Report 2002, WTO, 2002, S. 121.

„Doha Development Agenda Trust Funds“ (DDAGTF). Der Fonds sollte durch eine „Pledging-Konferenz“ finanziell ausgestattet werden. Im März 2001 sagten Dänemark, die Niederlanden, Schweden, das UNDP, die Weltbank und das Vereinigte Königreich US$ 4.5 Millionen an Hilfe für den „Trust Funds“ zu. Am 11. März 2002 verpflichteten sich in Genf einige der etablierten WTO-Mitgliedsländer im Rahmen der Entwicklungsagenda von Doha insgesamt 30 Millionen CHF für diesen globalen „Trust Fund“ bereitzustellen, um die Initiative zu finanzieren, was einer Verdoppelung gegenüber der ursprünglich vorgesehenen Summe von nur 15 Millionen CHF entsprach.[1031] Im Dezember 2002 nahm der Allgemeine Rat ein Ziel in Höhe von 24 Millionen CHF für 2003 an.[1032]

Insgesamt setzten die Minister in Bezug auf technische Hilfe und „Capacity building“ ein extensives Mandat fest und übernahmen eine Reihe von Zusagen, um die begünstigten Länder zu befähigen, die WTO-Regeln und Verpflichtungen umzusetzen und sie für eine effektive Teilnahme an der Arbeit der WTO bereit zu machen.

Im Oktober 2001 wurde eine neue Strategie für technische Zusammenarbeit der WTO an den Handels- und Entwicklungsausschuss übermittelt[1033] und von den Ministern in der Doha-Erklärung[1034] gebilligt. Die Strategie enthält zehn Kernelemente. Technische Hilfe (TA) soll danach erstens, wie auch in der Doha-Erklärung beschlossen, ein Mechanismus zur Einbeziehung („Mainstreaming“) sein, d.h., Handelsfragen in nationale Entwicklungspläne und/ oder Strategien zur Armutsreduzierung, insbesondere PRSPs, integrieren. Nach den Erfahrungen der WTO werden optimale Resultate dann erzielt, wenn TA in ein kohärentes Politikrahmenwerk integriert wird. Zweiter Punkt ist das in 2001 erneuerte „Integrated Framework“.[1035] Drittes Element ist der Grundsatz, dass die WTO ihre TA im Rahmen integrierter nationaler Pläne zur Umsetzung der WTO-Abkommen und im Zusammenhang mit den Entwicklungsplänen und -strategien zur Armutsreduzierung erbringen wird. Vierter Punkt ist die Frage nach effektiven und funktionierenden nationalen Kontakt- oder Ansprechpartnern, die für WTO-Fragen zuständig sind. Alle sich mit Wirtschafts- (und gegebenenfalls Landwirtschafts- und Gesundheitsfragen) befassenden Abteilungen bzw. Ministerien sollten in die TA einbezogen sein. In diesem Zusammenhang sollen auch die einzurichtenden bzw. bereits bestehenden WTO-Referenzzentren den Kreis der diese täglich nutzenden nationalen Repräsentanten ausweiten. Die Zentren, die seit 1997 in LDCs und EL zumeist in

[1031] Vgl. Schmidt, Uwe: Wer kann mitreden bei der Welthandelsrunde? Capacity Building für die ärmsten Länder, in: E+Z, 2002, Heft 6, S. 190-191, S. 190.
[1032] Vgl. WTO News, Press/ 340 vom 12. Mai 2003: France donates 1,5 million Swiss Francs to WTO technical assistance, http://www.wto.org/english/news_e/press03_e/pr340_e.htm, Ausdruck vom 15. Mai 2003.
[1033] Vgl. die Strategie in WT/COMTD/W/90 vom 21. September 2001: A New Strategy for WTO Technical Cooperation for Capacity Building, Growth and Integration.
[1034] Vgl. WT/MIN(01)/DEC/1 vom 20. November 2001: Ministererklärung vom 14. November 2001, Ziff. 38.
[1035] Vgl. dazu Teil 3, Kapitel 2, Abschnitt 1.2.1.

den Handelsministerien eingerichtet werden, stellen Zugang zu WTO-Informationen und Dokumenten u.a. durch Zugang zu Internet-Webseiten, Datenbanken und CD-ROMs zur Verfügung.[1036]

Der fünfte Punkt der Strategie spricht die Verknüpfung von TA, Aufnahme in die WTO, Überprüfungen der Handelspolitiken und Training an. So sollen die „Accession Division", die „Trade Policy Review Division" sowie das Trainingsinstitut in Bezug auf „Capacity building" zusammenarbeiten.[1037] Ein sechstes Element der Strategie ist die Zusammenarbeit mit dem „Development Assistance Committee" (DAC) der OECD.[1038] Die Beziehungen zu wichtigen Geberländern in der OECD und deren Einbeziehung in TA-Aktivitäten, einschließlich das IF, sei kritisch. Zum Zweck der effektiveren Koordination mit bilateralen Gebern ist am 15. März 2001 das „Integrated Framework Steering Committee" (IFSC) eingerichtet worden, das den Gebern helfen soll, die Erbringung von TA für „Capacity building", Integration der EL und Entwicklung innerhalb eines kohärenten makroökonomischen und regulatorischen Rahmens zu koordinieren.[1039]

Effektive Koordination ist siebentens auf verschiedenen Ebenen erforderlich: zwischen multilateralen Agenturen, bilateralen Gebern, einzelnen WTO-Ausschüssen und innerhalb des Sekretariates selbst.[1040] Evaluierung, Auditierung, Überwachung und Evaluierung von TA als achtem Punkt der Strategie, soll durch die oben erwähnte „Technical Cooperation Audit Unit" erfolgen.

Neunter Schwerpunkt der TA-Strategie sind regionale und problemspezifische Strategien, die der TA-Strategie als Anlagen beigefügt wurden. Neben fünf regionalen Strategien[1041] wurde eine Strategie in Bezug auf die LDCs[1042] und eine weitere zu Informationstechnologie und den WTO-Referenzzentren erarbeitet. Die „WTO Technical Assistance Strategy/ Policy for African Countries" soll Afrikas Handel- und Wirtschaftsreformen unterstützen, den Prozess afrikanischer Integration in das multilaterale Handelssystem stärken und „maintain the momentum for the Continent's sustainable trade and economic development".[1043] Liberalisierung der Han-

---

[1036] Vgl. WT/COMTD/W/90 vom 21. September 2001, Annex VIII, S. 25f: WTO Technical Assistance Strategy/Policy for Information Technology – The Reference Centres.

[1037] Vgl. auch die Ausführungen zum „Trade Policy Review Mechanism" in Abschnitt 1.2.6.

[1038] Vgl. dazu Kapitel 5, Abschnitt 1.2.

[1039] Vgl. dazu Teil 3, Kapitel 2, Abschnitt 1.2.1.

[1040] Vgl. oben zum „Technical Assistance Management Committee" (TAMC).

[1041] Die fünf Strategien umfassen: 1. Afrikanische Staaten, 2. Asiatische und Pazifische Staaten, 3. Arabische Staaten und Staaten des Mittlerern Ostens, 4. Osteuropäische und Zentralasiatische Staaten sowie 5. Lateinamerikanische und Karibische Staaten.

[1042] Vgl. zum Integrated Framework Teil 3, Kapitel 2, Abschnitt 1.2.3.

[1043] Ziele der TA im Rahmen der Afrika-Strategie sind:
- Bildung von „human und institutional capacity" in Fragen der Handelspolitik, Formulierung von Handelspolitik und Handelsverhandlungen in Zusammenarbeit mit anderen intergovernmentalen Institutionen durch nationale, regionale Seminare, Training lokaler Trainer, Fallstudien, Herausarbeiten von „good practices" (z.B. Gesetzgebungsentwürfen in Bereichen wie

dels- und Investitionsregime, die Rationalisierung von Zolltarifen und Wechselkursraten, das Auslaufen verbotener Subventionen und die Reduzierung von Barrieren für Investitionen würden der Strategie zufolge das Wachstum in afrikanischen Ländern stimulieren und in bessere Marktzugangsmöglichkeiten umsetzen. Diese WTO-Politik für Afrika soll durch dreiseitige „Memoranda of Understanding“ zwischen der WTO, der Afrikanischen Entwicklungsbank (AfDB) und der regionalen Wirtschaftskommission der UN für Afrika (ECA) erfolgen. Die Prioritäten der „New African Initiative“[1044] sollen berücksichtigt werden. Die TA der WTO für Afrika soll verstärkte logistische und inhaltliche Unterstützung der WTO „African Group“ einschließen.[1045]

Zehnter und letzter Schwerpunkt der Strategie der WTO für technische Zusammenarbeit ist die Einführung eines regulären Budgets für TA. Bis dato war die TA ausschließlich aus extrabudgetären Mitteln finanziert worden.[1046]

Nach dieser Strategie sollen zudem nunmehr Jahrespläne, die sich in sechs Sektionen unterteilen, Basis für die TA der WTO sein. Die Erfahrungen mit den vorherigen Drei-Jahrs-Plänen hatte gezeigt, dass sie auf Grund einer zunehmenden Anzahl von außerplanmäßigen Anfragen während des Jahres nur ungleichmäßig umgesetzt wurden. Daher wurde entschieden, auf einer 12-Monats-Basis zu operieren und ad hoc-Anfragen auf ein Minimum zu reduzieren.[1047] Der für 2003 aufgestellte „Coordinated WTO Secretariat Annual Technical Assistance Plan“ (TA-Plan) ist nach 2002 der zweite seiner Art. Neben etwa zwei nationalen Aktivitäten pro Entwicklungsland (drei pro LDC) enthält er 190 regionale Aktivitäten. Auf Grund der Steigerung um 660 % von 79 Aktivitäten 1995 auf über 600 Aktivitäten, um die in 2002 ersucht wurde, erfolgt nunmehr auf der Basis der Prioritäten der Mitglieder, die diese bis 31. Juli 2002 beim Sekretariat eingereicht hatten, eine Auswahl über die Aktivitäten, die durchgeführt werden.[1048]

„customs valuation“, Antidumping, Schutzmaßnahmen, Beihilfen und Ausgleichsmaßnahmen),
- Ansprechen angebotsorientierte Beschränkungen in Zusammenarbeit mit anderen Organisationen und Agenturen, insbesondere durch das IF sowie
- technische Unterstützung Afrikanischer Staaten bei der Einbeziehung der Handelspolitik in makroökonomische und regulatorische Politiken, so dass Handel der Motor von Entwicklung wird, vgl. WT/COMTD/W/90 vom 21. September 2001: A New Strategy for WTO Technical Cooperation for Capacity Building, Growth and Integration, Annex II, S. 12, Ziff. 26.

1044 Vgl. dazu die Ausführungen zur G7/G8 in Kapitel 5, Abschnitt 2.1.

1045 Die Gruppe war 1995 in Genf gegründet worden und ist zu einem Zentrum für die Entwicklung einer Handelspolitik für Afrika geworden, vgl. ebenda, Annex II, S. 12f.

1046 Vgl. zu den zehn Schwerpunkten der TA-Strategie das Strategiedokument WT/COMTD/W/90 vom 21. September 2001: A New Strategy for WTO Technical Cooperation for Capacity Building, Growth and Integration, S. 4ff, Ziff. 8

1047 Vgl. WTO: Annual Report 2002, S. 121.

1048 Vgl. WT/COMTD/W/104/Rev.1 vom 7. November 2002: Coordinated WTO Secretariat Annual Technical Assistance Plan 2003, Note by the Secretariat, Revision, S. 7, Ziff. 13.

Der Plan geht davon aus, dass die TA der WTO nicht isoliert steht, sondern integraler Bestandteil der Entwicklungspläne ist und zu Wirtschaftswachstum und Armutsreduzierung beitragen soll, wie dies in der TA-Strategie vorgesehen und von der Doha-Erklärung gefordert worden ist. Die Anforderungen der TA müssten daher notwendigerweise mit den Prioritäten der Länder in ihren Entwicklungsplänen verknüpft werden.[1049] In einer Anlage zum Plan sind alle Aktivitäten der TA aufgelistet.[1050] Untergliedert nach Schwerpunkten enthält der Plan eine Unterteilung nach globalen, regionalen bzw. nationalen Aktivitäten, nennt die Region bzw. das Land, das betreffende spezielle Thema (z.B. Einrichtung eines Referenzzentrums oder „Mainstreaming" von Handelsprioritäten in nationale Entwicklungspläne und PRSPs) und die Maßnahme (z.B. technische Mission, nationaler oder regionaler Workshop, Trainingskurs, Seminar, Symposium). Der Plan gibt an, ob und mit welchen anderen Institutionen und Gebern bei der Durchführung zusammengearbeitet wird, wann die Maßnahme stattfindet und wer im WTO-Sekretariat Ansprechpartner ist.[1051]

Die WTO führt Trainingsaktivitäten auch speziell für LDCs durch. In den sog. „Genfer Wochen" werden Vertreter der Mitgliedstaaten ohne Repräsentanz in Genf über WTO-Fragen informiert. Bislang fanden vier derartige Wochen statt. In 2002 fanden diese zeitgleich mit Treffen des „Trade Negotiation Committees" statt.[1052] Das WTO-Sekretariat hält Kurse über Handelspolitik ab, die 12 Wochen dauern und in Genf für Vertreter aus Entwicklungs-, Transformationsländern und LDCs stattfinden, die mit der Formulierung und Umsetzung von Handelspolitik befasst sind sowie für Vertreter aus Transformationsländern. Zudem finden Kurse über das Streitschlichtungsverfahren, einführende und spezielle regionale oder nationale Kurse statt. Neben den Kursen berät das Sekretariat täglich Mitglieder und Länder mit Beobachterstatus vor Ort in Genf sowie per Telefon oder Videokonferenz in den Hauptstädten. Auch dieser Bereich wird zur TA der WTO gezählt.[1053]

Im Juni 2001 war das WTO-Trainingsinstitut gegründet und im Oktober ein „Joint Consultative Board on WTO Training" eingerichtet worden, der die Trainingsaktivitäten überwachen soll. Mandat des Institutes ist es u.a., Trainingsprogramme für Trainer für Vertreter der EL zu organisieren sowie das Beziehungsnetzwerk mit

---

[1049] Vgl. WT/COMTD/W/104/Rev.1 vom 7. November 2002: Coordinated WTO Secretariat Annual Technical Assistance Plan 2003, Note by the Secretariat, Revision, S. 3, Ziff. 2.

[1050] Die Themen sind: Aufnahme in die WTO, Landwirtschaft, „capacity building", „customs valuation", Streitschlichtung, Umsetzungsfragen, Informationstechnologie und Referenzzentren, IF und LDCs, „Mainstreaming", Marktzugang, Nationale Parlamente und Zivilgesellschaft, Regionale Handelspolitikkurse, WTO-Regeln, gesundheitspolizeiliche und pflanzenschutzrechtliche Maßnahmen, Dienstleistungen, kurze Handelspolitikkurse, Singapur-Fragen, technische Handelshemmnisse, Textilien und Bekleidung, Handel und Umwelt, Handelsverhandlungen sowie TRIPS.

[1051] Vgl. WT/COMTD/W/104/Add.1/Rev.1 vom 7. November 2002, ebenda.

[1052] Vgl. WT/TRP/OV/8 vom 15. November 2002: WTO Annual Report of the Director General: Overview of Developments in the International Trading Environment, S. 34, Ziff. 109.

[1053] Vgl. WT/COMTD/W/104/Rev.1 vom 7. November 2002: ebenda, S. 6, Ziff. 4.

dem akademischen Bereich weiter zu entwickeln. Das Institut begann seine Tätigkeit im Juni 2001 mit mehreren Pilotprojekten und Kursen. Seine volle Arbeit sollte es bis Ende 2002 aufnehmen. Generelles Ziel dieser Aktivitäten ist, durch Erweiterung des Verständnisses der Teilnehmer für Fragen der Handelspolitik, das multilaterale Handelssystem, das internationale Handelsrecht und das Funktionieren der WTO institutionelle Kapazitäten aufzubauen. Das Wissen soll die Teilnehmer befähigen, die Effektivität ihrer Arbeit in ihren eigenen Verwaltungen zu erhöhen und eine aktivere Teilnahme ihrer Länder an der Arbeit in der WTO zu fördern.[1054]

Die Nutzung von technischer Hilfe für den Prozess zur Integration von Handel in Entwicklung umfasst drei Bereiche. Neben der Entwicklung von Verhandlungskapazitäten für die weiteren WTO-Verhandlungen und die Mitarbeit in der WTO ist zweitens die TA zur Bildung institutioneller Kapazität zum Verstehen der Regeln der WTO und der Umsetzung der Abkommen erforderlich. Drittens ist die Entwicklung kommerzieller Infrastruktur zur Erreichung der Entwicklungsziele wie Einkommensgenerierung, erhöhte Beschäftigung und Armutsreduzierung notwendig. Die WTO sieht ihre komparativen Vorteile bei den ersten beiden Punkten, bei dem zweiten in Zusammenarbeit mit den Sonderorganisationen. Zu diesen Bereichen sind Aktivitäten im Plan enthalten. In Bezug auf den dritten Bereich will die WTO durch Fürsprache, Koordination und Kohärenz Entwicklungs- und regionale Institutionen bestärken, handelsbezogene kommerzielle Infrastruktur zu finanzieren.[1055] Der TA-Plan 2003 für sich könne, so das Sekretariat, nicht auf alle Bedürfnisse der EL eingehen. Der Plan fokussiere auf TA, die die WTO selbst bzw. zusammen mit anderen Institutionen bereitstellen kann. Er ist daher nur eines von fünf Elementen der Struktur, um dem breiten Mandat von Doha im Bereich der TA und des „Capacity building“ gerecht zu werden.

Neben dem Plan sind als weitere vier Elemente zu nennen: Erstens: strategische Partnerschaften mit internationalen Organisationen sowie den regionalen Entwicklungsbanken, regionalen Institutionen und Kommissionen. Hierzu hat die WTO Abkommen und „Memoranda of Understanding“ mit einer Reihe von Organisationen geschlossen.[1056] Zweites Element sind strategische Partnerschaften mit bilateralen Gebern. Dies verfolgt die WTO u.a. über eine enge Zusammenarbeit mit der OECD. In diesem Zusammenhang ist zu erwähnen, dass das WTO-Sekretariat in Bezug auf die Ersuchen um TA, die nicht in den TA-Plan 2003 aufgenommen werden konnten (insgesamt waren es mehr als 1000 Gesuche von 104 Ländern), förmlich mit dem „Development Committee“ der OECD, den regionalen Entwicklungsbanken, der Weltbank und den fünf regionalen UN-Kommissionen Kontakt aufgenommen hat. In Briefen wurde darum gebeten, Möglichkeiten in Betracht zu ziehen, geeignete Maßnahmen zu ergreifen. Zudem wurde eine Zusammenstellung

[1054] Vgl. WTO: Annual Report 2002, WTO, 2002, S. 122.
[1055] Vgl. WT/COMTD/W/104/Rev.1 vom 7. November 2002: Coordinated WTO Secretariat Annual Technical Assistance Plan 2003, Note by the Secretariat, Revision, S. 3, Ziff. 2 sowie S. 7, Ziff. 11.
[1056] Vgl. dazu Abschnitt 3 über Kooperation der WTO mit internationalen Organisationen.

der im TA-Plan nicht berücksichtigten Aktivitäten übersandt.[1057] Der dritte Bereich umfasst Mechanismen für „inter-agency" Kooperation mit mehreren internationalen Organisationen wie dem „Integrated Framework".[1058]

Ein wichtiges Element ist viertens die „Doha Development Agenda Trade-Related Technical Assistance and Capacity Building Database".[1059] Sie ist ein gemeinsames Projekt von WTO und OECD. Die Errichtung wurde formal gemeinsam durch den WTO-Generalsekretär und den OECD-Generalsekretär am 16. Mai 2002 angekündigt. Auf der Dezembersitzung wurde ein gemeinsamer OECD/WTO-Bericht vorgelegt. Die Datenbank ist ein Mechanismus für Transparenz der erbrachten handelsbezogenen TA, für den Austausch und die Mitteilung von Informationen und für die Minimierung und Vermeidung von Doppelarbeit. Zudem soll sie dazu dienen, den Fortschritt in der Umsetzung des Doha-Mandates in Bezug auf TA und „Capacity building" einzuschätzen, Koordination und Kohärenz sicherstellen und die Grundlage für den Bericht an die 5. Ministerkonferenz legen, der über die Umsetzung und das Ausreichen der abgegebenen Zusagen in der Doha-Agenda berichten soll (vgl. Ziff. 41 der Agenda). Schließlich ist Ziel der Datenbank, die Empfängerländer zu bestärken und dabei zu unterstützen, ihren handelsbezogenen TA-Bedarf zu managen und im Land zu koordinieren.[1060]

Die Datenbank wurde nach der Präsentation an den „General Council" im Dezember 2002 formal aufgesetzt. Ähnlich dem Gedanken von Wolfensohn, eine Geber-Matrix zu errichten, wird diese Datenbank Aktivitäten aufführen, die durch eine oder mehrere Institutionen und Akteure in verschiedenen Foren erbracht wurden. Sie wird auch verschiedene Aktivitäten innerhalb eines Empfängerlandes aufzeigen.[1061] Die Einrichtung der Datenbank beruht auf dem Mandat von Doha, TA effektiv mit bilateralen Gebern im DAC der OECD, anderen internationalen und regionalen zwischenstaatlichen Institutionen koordinierte TA innerhalb eines kohärenten Politikrahmenwerks und Zeitplans zu erbringen (vgl. Ziff. 39). In Vorarbeiten musste die Definition vergleichbarer Kategorien von TA und „Capacity building" geklärt werden. Dazu haben Kontakte mit anderen Organisationen stattgefunden. Auf dem Treffen am 19. Februar 2002 mit den Hauptakteuren der TA, wurden Struktur, Parameter und Kategorien für die Datenbank diskutiert.[1062] Sodann wurden die Mitglieder des DAC der OECD, internationale Organisationen, regionale Banken und andere Länder, die TA erbringen, am Rande der OECD-

---

[1057] Vgl. die Briefe an das DAC/OECD, die Weltbank, die regionalen Entwicklungsbanke und die regionalen Kommissionen, abgedruckt in: WT/COMTD/W/104/Rev.1 vom 7. November 2002, S. 21ff.

[1058] Vgl. Teil 3, Kapitel 2, Abschnitt 1.2.1.

[1059] Vgl. WT/COMTD/W/101 vom 30. Juli 2002: Implementation of the WTO technical assistance plan 2002, Note by the Secretariat, S. 3, Ziff. 8. Die Datenbank ist im Internet zugänglich unter: http://tcbdb.wto.org/index.asp?lang=ENG.

[1060] Vgl. WT/COMTD/W/104/Rev.1 vom 7. November 2002: Coordinated WTO Secretariat Annual Technical Assistance Plan 2003, Note by the Secretariat, Revision, S. 14, Ziff. 27.

[1061] Vgl. ebenda, S. 15, Ziff. 29.

[1062] Vgl. WT/COMTD/W/101 vom 30. Juli 2002: ebenda, S. 2, Ziff. 6 c).

Ministerkonferenz im Mai 2002 in Paris aufgefordert, Informationen über die in 2001 und 2002 erbrachten Aktivitäten bis 31. Juli 2002 einzureichen. Diese Informationen wurden geprüft, zusammengefasst und in die Datenbank eingegeben, die über Internet zugänglich ist. Bis zur 5. Ministerkonferenz sollen die Informationen aktualisiert werden.[1063]

Auf einem Treffen des neuen Generalsekretärs der WTO, Dr. Supachai Panitchpakdi, in Genf im September 2002 mit 15 Repräsentanten der „LDCs Consultative Group“, die die Interessen der LDCs in der WTO vertritt, auf dem Fragen der Aufnahmeprozeduren für LDCs, technische Hilfe und „Capacity building“ sowie die Steigerung der Kohärenz im Bereich der internationalen Wirtschaftspolitik angesprochen wurden, betonte der Generalsekretär, dass eine seiner Prioritäten sei, sicherzustellen, dass Bemühungen der technischen Hilfe effektiv, gezielt und fokussiert sind. Demgemäß würde er einen seiner Stellvertreter mit der besonderen Verantwortung für verstärkte technische Hilfe beauftragen. Gleichzeitig informierte er darüber, dass er einen anderen seiner Stellvertreter mit dem Ziel stärkerer Bemühungen um Kohärenz betrauen wird.[1064]

2.4. Das Internationale Handelszentrum UNCTAD/WTO

Die WTO ist neben den oben dargestellten Tätigkeiten zudem mit ihrem finanziellen Anteil am ITC und dessen Tätigkeiten vor allem im Bereich der Exportförderung der EL involviert. Das Internationale Handelszentrum („International Trade Centre“, ITC) ist durch eine Entscheidung der vertragschließenden Parteien des GATT vom 19. März 1964[1065] errichtet worden und nahm im Mai 1964 seine Arbeit auf. Seit 1968 wurde das Zentrum gemeinsam durch das GATT und UNCTAD geführt. Diese gemeinsame Operation wurde durch die GA[1066] und durch die vertragschließenden Parteien des GATT bestätigt.[1067] Unter Berücksichtigung der Notwendigkeit für eine Konzentration der Bemühungen und für enge Zusammenarbeit zwischen den betroffenen internationalen Organisationen ermächtigte die GA den GS der UNCTAD „to come to an agreement with the Director General of the General Agreement on Tariffs and Trade on the detailed administrative arrangements for 1968“.[1068]

Ursprünglich waren die Arbeitsarrangements der gemeinsamen Durchführung von vorläufigem Charakter. Der rechtliche Status des Handelszentrums gegenüber den UN ist 1973 und 1974 überarbeitet und neue verwaltungstechnische Vereinbarungen durch die vertragschließenden Parteien sowie die GA im November bzw. De-

---

[1063] Vgl. WT/COMTD/W/101/Add.3 vom 30. Juli 2002: Implementation of the WTO technical assistance plan 2002, Note by the Secretariat, Addendum, S. 2, Ziff 6f.

[1064] Vgl. WTO News, Press/313 vom 24. September 2002, http://www.wto.org/english/news_e/pres02/pr313_htm.

[1065] Vgl. die GATT-Entscheidung SR.21/9 vom 19. März 1964.

[1066] Vgl. GA-Resolution 2297 (XXII) vom 12. Dezember 1967: International Trade Center UNCTAD/GATT.

[1067] Vgl. GATT-Dokument SR.24/11 vom 23. November 1967.

[1068] Vgl. die GA: ebenda.

zember 1974 angenommen worden.[1069] Beide Organisationen, die vertragschließenden Parteien des GATT und UNCTAD, hatten eine gemeinsame und gleiche Verantwortung bezüglich der allgemeinen Politik und Orientierung des Arbeitsprogramms des ITC. Das ITC war als gemeinsames nachgeordnetes Organ des GATT und der UN, diese vertreten durch UNCTAD, anerkannt worden. Beide Organisationen finanzierten das Budget des ITC zu gleichen Teilen, welches durch Mittel für spezielle Projekte durch das UNDP und freiwillige Beiträge durch einige Regierungen ergänzt wird.[1070] Die Aktivitäten des ITC konzentrieren sich auf sechs Bereiche:

- Produkt- und Marktentwicklung (Marketing, Messeteilnahme, Verpackung) mit dem Ziel, international wettbewerbsfähige diversifizierte Produkte zu entwickeln,
- Entwicklung handelsunterstützender Dienstleistungen (z.B. Aufbau nationaler Handelsinstitutionen im Ausland, Erstellung juristischer Leitfäden für den Außenhandel) zur Erleichterung von Im- und Export,
- Handelsinformationen (z.B. Training, Seminare, Nachrichtendienste), um eine solide Basis für Unternehmensentscheidungen zu schaffen,
- Entwicklung von Humanressourcen (z.B. Ausbildungsprogramme),
- Internationales Management der Beschaffung und Vorratshaltung (z.B. Beratung bezüglich Importreglementierung, Wartung) für den effizienten Einsatz knapper Ressourcen bei Importen,
- Bedarfsanalyse und Programmentwicklung für Handelsförderung zur besseren Umsetzung der Handelspolitik in handelsfördernde Maßnahmen.[1071]

Als eine Durchführungsorganisation des UNDP ist das ITC direkt verantwortlich, UNDP-finanzierte Projekte zur Handelsförderung in EL und Transformationsländern auszuführen. Nach Gründung der WTO als Nachfolgerin des GATT trat diese in die Stellung des GATT ein. Im Briefwechsel zwischen der WTO und der UN wird dazu von Seiten des Generaldirektors der WTO ausgeführt:

> „We agreed in our consultations, to recommend to the responsible intergovernmental organs that present arrangements governing the status of the ITC as a joint body be confirmed and renewed with the WTO, subject to revised budgetary arrangements as called for by the General Council of the WTO".[1072]

Als ein gemeinsames Organ von WTO und UN, letztere handelnd durch UNCTAD, werden die allgemeinen Richtlinien der Politik für die Arbeit auf dem Gebiet der technischen Zusammenarbeit durch die rechtsetzenden Organe der beiden Organisationen bestimmt. Die „Joint Advisory Group on the International Trade Centre UNCTAD/WTO" (JAG) unterbreitet den beiden Organen Vorschläge auf dem jähr-

---

[1069] Vgl. A/AC.179/5 vom 9. März 1976, S. 5.

[1070] Vgl. ebenda, S. 5.

[1071] Vgl. Lachmann, Werner: Entwicklungspolitik, Band 4: Entwicklungshilfe, unter Mitarbeit von Schneider, Andrea M., München, Wien: Oldenbourg, 1999, S. 52.

[1072] Vgl. E/1995/125 vom 30. Oktober 1995: Letter dated 29 September 1995 from the Secretary-General to the Direcor-General of the WTO, sowie vice versa, S. 2 bzw. 3.

lichen zwischenstaatlichen Treffen des ITC. Die JAG macht ebenso Vorschläge zum Medium-Term-Plan, welcher einen Rahmen für die Tätigkeiten des ITC über einen Zeitraum von sechs Jahren absteckt und Teil des UN Medium-Term-Planes ist. Am JAG-Treffen nehmen Repräsentanten der Mitgliedstaaten von WTO und UNCTAD teil. Neben diesen zwischenstaatlichen Treffen werden die Politiken des ITC auch regelmäßig in anderen Treffen unter Teilnahme von Repräsentanten der WTO und der UNCTAD sowie des Exekutivdirektors des ITC überprüft.[1073]

Das ITC ist der zentrale Punkt im UN-System für technische Zusammenarbeit mit den EL auf dem Gebiet der Handelsförderung. In allen oben genannten Tätigkeitsbereichen widmet das ITC den Aktivitäten mit den LDCs besondere Aufmerksamkeit.[1074] Die Aktivitäten des ITC reichen vom Entwurf von Handelsentwicklungsstrategien für bestimmte Länder bis hin zu Programmen, die die Kapazitäten und Fähigkeiten im Bereich des elektronischen Handels in EL und LDCs erhöhen sollen. Wie bereits erwähnt, ist das ITC einer der Hauptpartner des JITAP und des IF, das die Integration der LDCs verbessern soll.[1075]

Die Arbeit der technischen Zusammenarbeit des ITC ist mit einer ganzen Anzahl von Organisationen innerhalb und außerhalb des UN-Systems koordiniert. Das ITC unterhält eine enge Verbindung zu UNCTAD und WTO für spezifische Aktivitäten der technischen Kooperation neben seiner mehr förmlichen Verbindung zu den beiden Organisationen für sein gesamtes Programm der technischen Zusammenarbeit. Bei Aktivitäten zur Entwicklung von Exportmärkten werden die Tätigkeiten mit FAO und UNIDO koordiniert, wann immer relevant. Enge Kontakte bestehen zum UNDP, das einen Teil der ITC Projekte finanziert und dessen residierenden Koordinatoren auch als offizielle Repräsentanten für das ITC auftreten. Zusammenarbeit besteht auch mit anderen Organisationen des UN-Systems, NGOs und weiteren handelsbezogenen Institutionen.[1076] Wie die UNCTAD ist das ITC jedoch nicht regelmäßig vor Ort im EL repräsentiert, was seine Teilnahme an der Entwicklung von Strategiepapieren wie den PRSPs oder dem UNDAF begrenzt.

3. Zusammenarbeit und Koordination mit den UN und anderen internationalen Organisationen

3.1. Rechtsgrundlagen der WTO zur Zusammenarbeit

Bezüglich der Kooperation der WTO sind in ihrem Gründungsabkommen zwei spezifische Regelungen enthalten. In Art. III Abs. 5 enthält das Abkommen das sog. Kohärenz-Mandat:

„Im Interesse einer kohärenten Gestaltung der weltweiten wirtschaftpolitischen Entscheidungen arbeitet die WTO gegebenenfalls mit dem Internationalen Währungsfonds und mit der

[1073] Vgl. dazu: o.V.: http://www.intracen.org/itcinfo/itc.htm, Ausdruck vom 2. August 1999.
[1074] Vgl. dazu o.V.: http://intracen.org/itcinfo/itc.htm.
[1075] Vgl. WTO: Annual Report 2002, WTO, 2002, S. 123, vgl. dazu Teil 3, Kapitel 2, Abschnitte 1.2.1. und 1.2.2.
[1076] Vgl. o.V.: http//www.intrace.org/itcinfo/itc.htm: ebenda.

Internationalen Bank für Wiederaufbau und Entwicklung und den mit ihr verbundenen Institutionen zusammen."

Die WTO-Zusammenarbeit mit dem IMF und der Weltbank basiert daneben auf der „Marrakesch-Deklaration on the Contribution of the WTO to Achieving Greater Coherence in Global Economic Policy-Making". Auf dem Ministertreffen in Marrakesch wurde anerkannt, dass die Globalisierung der Weltwirtschaft zu ständig wachsenden Interaktionen zwischen den Wirtschaftspolitiken der einzelnen Länder, einschließlich der Interaktionen zwischen den strukturellen, makroökonomischen, Handels-, Finanz- und Entwicklungsaspekten des Setzens von Wirtschaftspolitik, geführt hat. Die Aufgabe, eine Harmonie zwischen diesen Politiken zu schaffen liege in erster Linie bei den Regierungen auf der nationalen Ebene, aber deren internationale Kohärenz sei ein wichtiges und nützliches Element der Steigerung der Effektivität dieser Politiken auf der nationalen Ebene.[1077] Auf dieser Basis sind mit der Weltbank und dem IMF Kooperationsabkommen geschlossen worden. Dies soll Möglichkeiten des größeren Einflusses der gemeinsamen Ressourcen der drei Institutionen in Bereichen geben, in denen Aktivitäten konvergieren, insbesondere bei Unterstützung der LDCs, größeren Nutzen aus der Involvierung im internationalen Handel und deren Teilnahme am multilateralen Handelssystem zu ziehen.[1078]

Ein weiterer Artikel regelt die Beziehungen der WTO zu anderen Organisationen. Abs. 1 des Artikels V betrifft dabei zwischenstaatliche Organisationen:

„1. The General Council shall make appropriate arrangements for effective cooperation with other intergovernmental organizations that have responsibilities related to those of the WTO"

Auf dieser Grundlage ist 1995 durch einen Briefwechsel zwischen den UN und der WTO ein umfassendes Kooperationsarrangement zustande gekommen.[1079]

Daneben sind in den einzelnen multilateralen Handelsvereinbarungen gesonderte Regelungen zur Zusammenarbeit mit anderen Organisationen getroffen worden. Z.B. der GATS- Vertrag enthält die folgende Regelung in Art. XXVI:

„The General Council shall make appropriate arrangements for consultation and cooperation with the United Nations and its specialized agencies as well as with other intergovernmental organiszations concerned with services".

Schon im GATT 1947 war in Art. XXXVI Ziff. 7 des Teils IV die Aussage enthalten, dass es notwendig sei, dass die Vertragsparteien, sonstige zwischenstaatliche Gremien sowie die Organe und Organisationen der UN, die sich mit dem Handel und der wirtschaftlichen Entwicklung der weniger entwickelten Staaten befassen, in geeigneter Weise zusammenarbeiten. Unter der Überschrift „Gemeinsames Vorgehen" enthält Art. XXXVIII Ziff. 2b) die Aussage, dass die Vertragsparteien insbe-

---

[1077] Vgl. die „Declaration on the contribution of the WTO to achieving greater coherence in global economic policy-making", darauf wird verwiesen in: OECD Guidelines: Strengthening Trade Capacity for Development, OECD 2001, S. 11.

[1078] Vgl. WTO: Annual Report 2002, WTO, 2002, S. 122f, zu den Abkommen vgl. unten.

[1079] Vgl. dazu die Ausführungen in Abschnitt 3.2., zu weiteren Abkommen vgl. Abschnitt 3.4.

sondere eine zweckdienliche Zusammenarbeit auf dem Gebiet der Handels- und Entwicklungspolitik mit den UN, ihren Organen und Organisationen einschließlich derjenigen Institutionen anstreben, die gegebenenfalls auf Grund der Empfehlungen der UNCTAD geschaffen werden. In Bezug auf die Prüfung von Entwicklungsplänen und der Entwicklungspolitik von weniger entwickelten Vertragsparteien sowie bei der Prüfung des Verhältnisses zwischen Handel und Entwicklung werden die Vertragsparteien des GATT nach Art. XXXVIII Ziff. 2b) mitwirken, um konkrete Maßnahmen zu erarbeiten. Dabei soll eine zweckdienliche Zusammenarbeit mit Regierungen und internationalen Organisationen, insbesondere solchen, die für finanzielle Unterstützung der wirtschaftlichen Entwicklung zuständig sind, angestrebt werden, um das Verhältnis von Handel und Hilfe bei einzelnen weniger entwickelten Vertragsparteien mit dem Ziel einer klaren Erkenntnis der Ausfuhrtätigkeit, der Marktaussichten und aller sonst etwa erforderlichen Maßnahmen planmäßig zu untersuchen.

Weitere Entscheidungen und Erklärungen zur Kooperation der WTO mit anderen Organisationen auf Ministerebene können zwar nicht als Rechtsgrundlage im engeren Sinne angesehen werden, sie sind aber für die Organisation bindend und haben politischen Einfluss auf die Aufgabenwahrnehmung der WTO. In der oben erwähnten Ministererklärung von Singapur vom 13. Dezember 1996 führen die Minister zur Zusammenarbeit der WTO mit anderen internationalen Organisationen aus:

„With a view to assisting in the institutional capacity-building in the area of trade, the WTO shall work with other relevant agencies to develope a comprehensive approach and outline a division of labour, in particular with UNCTAD and the ITC, as well as with UNDP, the World Bank, IMF and Regional Banks. The Development Assistance Committee (DAC) of the OECD should also be involved. With regard to supply-side constraints, priority should be attached to export diversification and facilitating the implementation of commitments to allow least-developed countries deriving from the Uruguay Round. The WTO should cooperate with other relevant institutions in order to encourage a favourable investment climate. Joint WTO/ITC training courses could be organized for public sector officials and the private sector. In accordance with its mandate, the WTO shall endeavour to work jointly with other relevant multilateral and regional institutions to induce investment in least-developed countries as a result of new trade opportunities."[1080]

Die Ministererklärung der WTO-Konferenz in Doha enthält wesentliche Ausführungen zur Kooperation. Die Minister unterstreichen die dringende Notwendigkeit einer effektiven koordinierten Bereitstellung technischer Hilfe mit bilateralen Gebern des DAC der OECD und relevanten internationalen und regionalen zwischenstaatlichen Institutionen innerhalb eines kohärenten Politikrahmens. Der Generaldirektor wurde beauftragt, sich mit relevanten Institutionen und bilateralen Gebern zu konsultieren, um Wege zu finden, das IF und das „Integrated Technical Assistance Programme" zu verbessern und zu rationalisieren.[1081]

[1080] Vgl. WT/MIN/(96)/14 vom 7. Januar 1997: Comprehensive and Integrated WTO Plan of Action for the LDCs vom 13. Dezember 1996.

[1081] Vgl. WT/MIN(01)/DEC/1 vom 20. November 2001: Ministeerklärung vom 14. November 2001, Ziff. 39.

In Bezug auf die Durchführung von technischer Hilfe und „Capacity building" schließt das WTO-Sekretariat formale „inter-agency cooperation agreements" bzw. „Memoranda of Understanding" (MOU) mit anderen Organisationen oder Agenturen mit relevanter, sich überschneidender oder komplementärer Expertise. Diese Arrangements zielen auf bestimmte Regionen und spezifische WTO-Bereiche oder Abkommen.[1082] Die Prozeduren für die Aushandlung und Umsetzung von „Memoranda of Understanding" unterscheiden zwischen „Global Trust Funds"-MOUs und regionalen, Politik- oder Kooperations-Memoranda.[1083] Einige der MOUs sollen konsolidiert werden, mit dem Ziel, zweiseitige MOUs durch dreiseitige zwischen der regionalen UN-Agentur, der regionalen Entwicklungsbank und dem WTO-Sekretariat zu ersetzen.[1084]

3.2. Die WTO-Kooperation mit den UN

Die Zusammenarbeit der WTO mit den UN beruht, wie bereits erwähnt, auf einem globalen Arrangement über Kooperation, das durch einen Briefwechsel zwischen beiden Organisationen in Genf und New York zustande kam und gleichfalls mit dem Austausch der Briefe am 29. September 1995 in Kraft getreten ist.[1085] Dem Abschluss waren Konsultationen des UN-Generalsekretärs mit dem Generaldirektor der WTO vorausgegangen. Das flexible Rahmenwerk für Kooperation unterliegt der Überprüfung und Anpassung im Zuge von Entwicklungen und sich ergebenden Erfordernissen.[1086] In den Konsultationen sei dies, aufbauend auf den Erfahrungen in den Beziehungen zwischen der UN und dem GATT, als „the most desirable course of action" angesehen worden. Im Briefwechsel, der den Rahmen für die Kooperation umreißt, heißt es dazu:

> „We agreed, in that light, that the arrangements and practices described in the attached United Nations General Assebly document of 9th March 1976 (A/AC.179/5) in respect of the United Nations/ GATT relationship (see annex III) provide a suitable basis to continue to guide relations between the UN and the WTO. Relations between the UN and the WTO will thus include the provision and exchange of relevant information, reciproccal representation, in accordance with the decisions of the competent bodies of the respective organizations, participation of the WTO in thte ACC and its subsidiary bodies, cooperation between secratariats, including in the statistical area, and administrative matters."

Bis zu diesem Briefwechsel beruhte die Zusammenarbeit zwischen beiden Organisationen auf Dokument A/AC.179/5 vom 9. März 1976. Der Inhalt dieses Dokuments war durch das GATT auf Aufforderung des ad hoc Ausschusses „on the

---

[1082] Vgl. WT/COMTD/W/90 vom 21. September 2001: A New Strategy for WTO Technical Cooperation for Capacity Building, Growth and Integration, S. 3, Ziff. 6, vgl. zu einzelnen Abkommen Abschnitt 3.4.1.

[1083] Vgl. ebenda, Annex I, S. 10, Ziff. 21ff.

[1084] Vgl. ebenda, S. 3, Ziff 6 und FN 7.

[1085] Vgl. E/1995/125 vom 30. Oktober 1995: Letter dated 29 September 1995 from the Secretary-General to the Direcor-General of the WTO, Annex I und II. Der Briefwechsel wurde bei den UN unter der UNTS-Nummer 1136 registriert.

[1086] Vgl. dazu u.a. Dokument A/50/697 vom 27. Oktober 1995: Restructuring and revitalization of the United Nations in the economic, social and related fields, Bericht des UN-Generalsekretärs, Ziff. 63.

Restructuring of the Economic and Social Sectors of the United Nations System" erstellt und in einer Note des UN-Sekretariats als Dokument A/AC.179/5 unter der Überschrift „Relations of the General Agreement on Tariffs and Trade with the United Nations" herausgegeben worden. Das Dokument führt aus, dass die Kooperation zwischen beiden Organisationen auf einem Briefwechsel zwischen dem „Executive Secretary" (ab 1965 „Director-General") des GATT und dem Generalsekretär der UN vom August 1952 beruht.[1087] Diese Arrangements, die damit auch weiterhin zwischen der WTO und den UN bestehen bleiben, enthalten neben dem Informationsaustausch auch die Regel, dass jede Resolution der GA oder des ECOSOC, die sich an die vertragsschließenden Parteien, also nunmehr an die WTO richtet, zu berücksichtigen ist („is taken into consideration"). Das GATT legt auf Ersuchen einen Bericht über jede im Ergebnis der Berücksichtigung vorgenommene Aktion vor. Weiter ist geregelt:

> „On essential political matters the CONTRACTING PARTIES follow the policy expressed in Article 86 of the Havanna Charter, namely, to avoid passing judgement in any way on such matters and to follow decisions of the United Nations on such questions (SR.22/3 of 8 March 1965)."

Neben der gegenseitigen Vertretung in Sitzungen wurde bereits damals geregelt, dass das GATT (und nunmehr auch die WTO) an der Arbeit des ACC (nunmehr CEB) und dessen relevanten Unterorganen sowie, sofern geeignet, von anderen Organen der UN, die gegründet werden, um derartige Kooperation und Koordination zu fördern, teilnimmt.[1088] Auch die Kooperation zwischen den Sekretariaten wurde genannt:

> „A close working relation exists between the secretariat of the UN, including the Secretariat of the Economic and Social Council and the regional commissions, and the Secretariat of the GATT."

Um unerwünschte Duplikation zwischen den statistischen Diensten der UN und des GATT zu vermeiden, enthielt Dokument A/AC.179/5 die Aussage, dass regelmäßige Konsultationen über die effizienteste Nutzung von Ressourcen stattfinden. Diese erfolgen direkt zwischen den betreffenden Diensten oder durch die Jahrestreffen des ACC-Unterausschusses über Statistik.[1089] Personalarrangements und Zusammenarbeit auf der Verwaltungsebene[1090] waren weitere Themen. Ausführungen

---

1087 „This formal exchange of letters defined, and continues to define, the relationship between the CONTRACTING PARTIES and the United Nations, under which the GATT is treated as a specialized agency on an de facto basis. As a result, arrangements of a practical nature have developed in the course of years.", vgl. Dokument A/AC.179/5 vom 9. März 1976.

1088 Besonders erwähnt wurden in Dokument A/AC.179/5 vom 9. März 1976 das „ACC Preparatory Committee" und das „Consultative Committee on Administrative Question" (CCAQ): „The GATT contributes pro rata share in the budget of CCAQ".

1089 „GATT greatly relies on supply of statistics by the United Nations statisical services", vgl. A/AC.179/5 vom 9. März 1976, S. 3, zum ACC, das in CEB umbenannt wurde, vgl. Kapitel 1, Abschnitt 5.4.1.

1090 Das GATT wendete die „UN Staff Rules and regulations" sowie die „UN Financial Regulations" an. Es nahm unter Tragung der Kosten pro rata auch an einer Reihe von Verwalerfolgten auch zur Zusammenarbeit mit den regionalen Kommissionen und anderen UN-Organen. Danach finden die genannten Arrangements in Bezug auf gegenseitige Vertretung und Austausch von Informationen und Dokumenten gleichfalls auch auf diese Anwendung.[1091]

Der Briefwechsel vom 29. September 1995 beinhaltete die Aussage, dass spezifische Arrangements über die Zusammenarbeit zwischen der WTO und UNCTAD auf Sekretariatsebene erfolgen sollen.[1092]

Das Ergebnis der VIII. UNCTAD-Konferenz hatte für eine verstärkte Komplementarität zwischen UNCTAD und dem GATT gesorgt. Während die Möglichkeit der Errichtung der WTO im „Cartagena Commitment" bereits vorherzusehen war, bestätigten die Mitgliedstaaten dennoch das Mandat der UNCTAD und seine Rolle im internationalen Handelssystem und statteten die UNCTAD mit neuen Mandaten in handels- und handelsbezogenen Bereichen aus, einschließlich von Sachfragen, die aus dem Abschluss der Uruguay-Runde resultierten. Da die Hauptfunktionen der WTO in der Umsetzung und Verhandlung vertraglicher Handelsregeln und Disziplinen liegen, sei, so ein Bericht der JIU, beträchtlicher Spielraum für Komplementarität zwischen UNCTAD und der WTO gegeben, wobei die Rollen der beiden Organisationen gegenseitig förderlich sein können.[1093] Dies wurde auch von der GA sowie durch den TDB der UNCTAD so gesehen und bestätigt.[1094] Auch der Vorbereitungsausschuss der WTO empfahl, dass die WTO frühzeitig mit der UNCTAD Arrangements für eine effektive Kooperation treffen sollte.[1095]

Der TDB hatte bereits in seinen Entscheidungen 410 (XL) und 419 (XLI) mehr Politikanalysen gefordert, um die sich aus dem WTO-Abkommen ergebenden neuen Handelsmöglichkeiten für EL und Transformationsländer zu identifizieren. Auf Forderung der GA in ihrer Resolution 49/99 soll UNCTAD die spezifischen Herausforderungen für LDCs und nettonahrungsmittelimportierende Länder untersuchen und konkrete Vorschläge für die Umsetzung der Ministererklärung von Marrakesch in konkrete Aktionen machen. Aktivitäten der technischen Zusammenarbeit sollen intensiviert werden, um die Kapazitäten der EL zur

---

tungsarrangements teil (Gemeinsamer Medizinischer Dienst, gemeinsame „housing society", „UN Staff Mutual Insurance Society against Sickness and Accident", UN Sprachkurse und Mitarbeiterentwicklungsprogramm).

1091 Vgl. A/AC.179/5 vom 9. März 1976, S. 4.

1092 „We further concluded that specific arrangements for cooperation between the WTO and UNCTAD, in accordance with the relevant decisions of the General Council of the WTO, will be prusued by the two secretariats within the overall framework set out above and in the light of recent relevant decisions of the Trade and Development Board as well as GA resolution 49/97", vgl. E/1995/125 vom 30. Oktober 1995: Letter dated 29 September 1995 from the Secretary-General to the Direcor-General of the WTO, S. 2 und 3.

1093 Vgl. JIU/REP/96/1: UNCTAD: Review of institutional and programme issues, enthalten in A/51/152 vom 30. Mai 1996, S.14f.

1094 Vgl. GA-Resolutionen 49/97 und 50/95.

1095 Vgl. dazu bereits oben, Kapitel 1, Abschnitt 2.5.

Teilnahme am internationalen Handelssystem zu stärken. Auch der „Trade and Development Board" hatte zu einer konstruktiven Kooperation zwischen UNCTAD und der WTO im Bereich der technischen Kooperation aufgerufen.[1096]

Am 7. November 1995 trafen sich der UNCTAD-Generalsekretär und der Generaldirektor der WTO und vereinbarten eine institutionelle Basis für Kooperation. So sollten ab Mitte Januar 1996 alle sechs Monate Treffen unter gemeinsamem Vorsitz abgehalten und die Arbeitsbeziehungen zwischen den zwei Organisationen auf allen Ebenen in Bereichen wie Forschung, Handel und Investment, Handel und Wettbewerb und Handel und Entwicklung verbessert werden. Eine angemessene gegenseitige Teilnahme an Treffen in diesen Bereichen solle erfolgen. Im Bereich der technischen Kooperation soll auf größere Komplementarität – nicht nur zwischen der WTO, UNCTAD und dem ITC, sondern auch mit anderen Institutionen im UN-System, den BWIs und regionalen Organisationen – hingearbeitet werden. Ziel sei, die Koordination zu verbessern und Ressourcen besser zu nutzen. Afrika solle eine hohe Priorität zukommen. Maßnahmen, um den LDCs und afrikanischen Ländern zu helfen, ihre exportorientierte Produktion zu steigern und die Diversifizierung ihrer Exportproduktion und –märkte sollen dabei eine Schlüsselstellung einnehmen. UNCTAD und die WTO werden eng zusammenarbeiten und mit anderen Organisationen kooperieren, mit dem Ziel, einen Aktionsplan für Afrika aufzustellen.[1097]

Die GA der UN hatte die Maßnahmen, die die Sekretariate der UNCTAD und der Welthandelsorganisation ergriffen haben, begrüßt und sie gebeten, ihre Arbeitsbeziehungen, ihre gegenseitige Zusammenarbeit und ihre Komplementarität weiter auszubauen.[1098]

Eine Anzahl von Aktivitäten, wie die alle sechs Monate abgehaltenen Treffen, führten dem UN-Generalsekretär zufolge zu verstärkter und systematischerer Kooperation zwischen UNCTAD und der WTO auf der Grundlage der Komplementarität ihrer Funktionen.[1099] 1996 waren bereits spezifische Bereiche für gemeinsame Aktionen herausgearbeitet worden.[1100] Ein Beispiel war die erzielte Vereinbarung in

---

[1096] Vgl. JIU/REP/96/1: UNCTAD: Review of institutional and programme issues, enthalten in A/51/152 vom 30. Mai 1996, S.14f.

[1097] Vgl. TD/B/EX(14)/2 vom 4. März 1997, Annex II, S. 27, Ziff. 2 sowie WT/TPR/OV/1 vom 1. Dezember 1995: Jahresbericht des WTO-Generaldirektors: Overview of Developments in International Trade and the Trading System, S. 12.

[1098] Vgl. GA-Resolution 50/95 vom 20. September 1995: International trade and development, Ziff. 24.

[1099] Vgl. Kommentar des UN-Generalsekretärs zum JIU/REP/96/1: UNCTAD: Review of institutional and programme issues, enthalten in A/51/152 vom 30. Mai 1996, Kommentar enthalten in A/51/152/Add.1, S. 7.

[1100] Auf ihrem ersten regulären Treffen am 11. Januar 1996 vereinbarten der GS der UNCTAD und der Generaldirector der WTO drei Bereiche der Zusammenarbeit:
- Erarbeitung eines gemeinsamen Papiers zusammen mit dem ITC über die Stärkung der Kapazitäten der EL zur Teilnahme am multiateralen Handelssystem und zur Identifikation neuer Handelsmöglichkeiten für EL und den Wegen, um diese auszuschöpfen,

Bezug auf die Bereitstellung technischer Hilfe an afrikanische Staaten im Prozess der Umsetzung der Vereinbarungen der Uruguay-Runde.[1101] So hatten die Verwaltungsleiter im Zusammenhang mit der Umsetzung der „System-wide Special Initiative on Africa“ von UNCTAD und WTO einen Aktionsplan für die Steigerung der Export orientierten Produktion in Afrika und die Verbesserung von Exportdiversifikation und -märkten ausgearbeitet.[1102] Die zweite konkrete Aktion bezog sich auf die Entscheidung der GA, die die UNCTAD bat, auf ihrer neunten Tagung der Ministerkonferenz der Welthandelsorganisation (Singapur 1996) ihre Bewertung der Herausforderungen und Möglichkeiten zu übermitteln, die sich aus den Übereinkünften der Uruguay-Runde im Hinblick auf die Entwicklung ergeben.[1103]

Der Jahresbericht 2002 der WTO führt aus, dass die WTO die Stärkung ihrer Arbeitsbeziehungen mit den UN-Agenturen, insbesondere mit UNCTAD mit dem Ziel, die Entwicklungsdimension des Handels zu fördern, fortgesetzt hat. Dem Bericht nach arbeiten die zwei Organisationen eng zusammen, um die Entwicklungsdimension der Handelsliberalisierung innerhalb des Rahmens des multilateralen Handelssystems voranzubringen, mit einem Hauptschwerpunkt auf „Capacity building“ und technischer Hilfe für EL, insbesondere für die LDCs und afrikanische Länder. UNCTAD sei ein Hauptpartner im „Integrated Framework for Technical Assistance Programme“ (IF) und dem „Joint Integrated Technical Assistance Programme“ (JITAP).[1104] Die WTO habe aktiv an den von UNCTAD organisierten handelsbezogenen Konferenzen wie der dritten UN-LDC-Konferenz teilgenommen und WTO-Mitarbeiter waren involviert in von UNCTAD finanzierte regionale und interregionale Treffen, um EL und LDCs auf die 4. Ministerkonferenz der WTO vorzubereiten.[1105]

Am 25. Januar 2002 hatte eine „inter-agency“-Konsultation des WTO-Sekretariates mit der Weltbank, der OECD und der UNCTAD stattgefunden. Das Treffen sollte verstärkte Kooperation zwischen den Institutionen bei der technischen Hilfe und dem „Capacity building“ im Bereich der Wettbewerbspolitik entwickeln. Das im Bereich der Wettbewerbspolitik bestehende Doha-Mandat sollte den anderen Orga-

---

- Aufbau eines Rahmenwerkes für technische Kooperation in Africa, mit aktivitäten weitgehend auf der nationalen Ebene,
- Identifizierung konkreter kooperativer Bemühungen und ggf. gemeinsamer Aktionen in den Bereichen Handel mit Dienstleistungen, Handel und Umwelt und Beitrittsländer zur WTO, vgl. TD/B/EX(14)/2, Annex, S. 28, Ziff. 3.

[1101] Vgl. GA-Resolution 50/95 vom 20. September 1995: International trade and development, Ziff. 9; so auch JIU/REP/96/1: UNCTAD: Review of institutional and programme issues, enthalten in A/51/152 vom 30. Mai 1996.

[1102] Kommentar des UN-Generalsekretärs zum JIU/REP/96/1: UNCTAD: Review of institutional and programme issues, enthalten in A/51/152 vom 30. Mai 1996, Kommentar enthalten in A/51/152/Add.1, S. 7.

[1103] Vgl. die GA: ebenda, Ziff. 9; so auch JIU/REP/96/1: UNCTAD: Review of institutional and programme issues, enthalten in A/51/152 vom 30. Mai 1996.

[1104] Vgl. dazu Teil 3, Kapitel 2, Abschnitte 1.2.1. und 1.2.2.

[1105] Vgl. WTO: Annual Report 2002, WTO, 2002, S. 122.

nisationen nahegebracht und um deren Unterstützung und Kooperation bei der Umsetzung dieses Mandates geworben werden. Auf dem Treffen tauschte das WTO-Sekretariat Erfahrungen aus über den Bedarf der EL und die besten Wege, diesen zu decken, sowie über die jeweiligen Pläne der Organisationen zur technische Hilfe. Thema war auch die Identifikation spezieller Möglichkeiten zu Koordination und Kooperation zwischen den Organisationen. Die Teilnehmer sahen das Treffen als erfolgreich an. So konnten Komplementaritäten zwischen den Arten der durch die verschiedenen Organisationen erbrachten TA herausgearbeitet werden. Auch gemeinsame Aktivitäten, insbesondere mit der UNCTAD wurden identifiziert.[1106] Man kam überein, dass „inter-agency cooperation" als ein fortdauernder Prozess der verschiedenen Organisationen anzusehen ist und die Repräsentanten der Organisationen in regelmäßigem Kontakt bleiben und Informationen über geplante Ereignisse austauschen. Das WTO-Sekretariat arbeitet dazu die praktischen Details aus.[1107]

Kooperation im TA-Bereich findet neben dem eben genannten Bereich der Wettbewerbspolitik auch insbesondere im Bereich von Handel und Investitionen statt. Hier wird die UNDTAD vier Intensivtrainingskurse organisieren und finanzieren, während dies die WTO für fünf regionale Seminare übernimmt.[1108] Ein weiterer Bereich der Zusammenarbeit betrifft Handel und Umwelt statt.

Auf einem weiteren Treffen zwischen WTO, UNCTAD und ITC am 30. Oktober 2002 wurde eine erneute Zusage zur Zusammenarbeit in Umsetzung der Doha-Entwicklungsagenda von den Leitern der Organisationen abgegeben. Es wurde die Bedeutung der TA und des „Capacity building" in Vorbereitung der WTO-Ministerkonferenz in Cancún in Umsetzung der Doha-Entwicklungsagenda betont sowie vereinbart, in koordinierter Art und Weise technische Hilfe zur Verfügung zu stellen. Als ein Ergebnis des Treffens arbeiten nun Bedienstete von WTO und UNCTAD daran, ein „Memorandum of Understanding" abzuschließen, um spezielle Aktivitäten auf eine feste, sichere und berechenbare Grundlage zu stellen.[1109] Bereits einem WTO-Dokument vom Juli 2002 zufolge sollte ein „Memoranda of Understanding" in der näheren Zukunft unterzeichnet werden.[1110]

Die drei Leiter der Institutionen vereinbarten, dass sie sich zweimal jährlich treffen werden. Ihre höheren Mitarbeiter würden regelmäßig Treffen abhalten, um eine engere Koordination ihrer Programme sicherzustellen. Dr. Supachai betonte größere Kohärenz sowohl in diesen Bereichen als auch in gemeinsamen Forschungspro-

---

1106 So hat UNCTAD in der zweiten Hälfte 2002 an eine Reihe von der WTO organisierter regionaler Workshops teilgenommen, u.a. zwei Workshops für afrikanische Länder.

1107 Vgl. WT/COMTD/W/101 vom 30. Juli 2002: Implementation of the WTO technical assistance plan 2002, Note by the Secretariat, S. 2, Ziff. 6 a).

1108 Vgl. WT/COMTD/W/102 vom 16. Juli 2002: Inter-agency cooperation: state-of-play, S. 6, Ziff. 35.

1109 Vgl. WT/GC/W/484 vom 2. Dezember 2002: Interim Report by the Director General: Paragraph 41 of the Doha Ministerial Declaration, S. 12f, Ziff. 35.

1110 Vgl. WT/COMTD/W/102 vom 16. Juli 2002: ebenda, S. 6f, Ziff. 35.

jekten in Bezug auf Fragen der Doha-Agenda. Auf Grund von Meinungsverschiedenheiten der Regierungen der WTO-Mitglieder über den Status der internationalen Organisationen in den Doha-Verhandlungen haben UNCTAD und das ITC bislang keinen Beobachterstatus in den Verhandlungen relevanter WTO-Gremien. Dr. Supachai erklärte, weiter an einer Lösung zu arbeiten, die den beiden Organisationen und anderen Beobachterstatus gewähren würde.[1111]

Insgesamt findet die Zusammenarbeit zwischen UNCTAD und der WTO bislang jedoch nur ad hoc und ohne einen zweckmäßigen Rahmen statt. Ungeklärte Punkte sind z.B. die allgemeinen Unkosten sowie Vorauszahlungen bei der Abwicklung von Projekten.[1112]

Die WTO war am Vorbereitungsprozess der internationalen Konferenz zur Entwicklungsfinanzierung beteiligt[1113] und hat dort an einer Reihe von Treffen teilgenommen, auf denen handelsbezogene Themen diskutiert worden sind. Ein gestiegenes Interesse an der Arbeit der WTO zeigt sich darin, dass Vertreter von 57 internationalen Organisationen an der 4. Ministerkonferenz als Beobachter teilnahmen.[1114]

3.3. Die WTO-Kooperation mit den Bretton-Woods-Institutionen

Die Kooperation der WTO mit dem IMF und der Weltbank basiert, wie dargelegt, auf Art. III, Abs. 5 des WTO-Abkommens und der in Marrakesch angenommenen „Declaration on the Contribution of the WTO to Achieving Greater Coherence in Global Economic Policy-Making", sowie auf den formalen Kooperationsabkommen der WTO mit dem IMF und der Weltbank. Sie soll ermöglichen, den Einfluss der gemeinsamen Ressourcen der drei Institutionen in Bereichen zu erhöhen, in denen deren Aktivitäten konvergieren, insbesondere bei der Hilfe an die EL und LDCs, größeren Nutzen aus ihrer Beteiligung am internationalen Handel und ihrer Teilnahme am internationalen Handelssystem zu ziehen.

Nach Weltbankökonomin Anne O. Krueger ist im Aufruf der Minister in Marrakesch nach größerer Kohärenz zwischen dem IMF, der Weltbank und der WTO eine klare Anerkennung der Verbindungen zwischen globalem Handel und Währungspolitik („monetary policy") und der Fähigkeit der EL, ein schnelles Wirtschaftswachstum auf nachhaltiger Basis zu erreichen, zu sehen. Die Notwendigkeit von größerer Kohärenz sei seit der letzten Schuldenkrise der 1980er sichtbar, als simple Arithmetik zeigte, dass schwer verschuldete EL ihre Schulden nicht bedienen können und diese weiter steigen, ohne dass deren Exporte mit einer ausrei-

---

[1111] Vgl. WTO News vom 30. Oktober 2002: UNCTAD-ITC-WTO chiefs agree to enhance cooperation, http://www.wto.org/english/news_e/news02_e/unctad_itc_30oct02_e.htm, Ausdruck vom 15. Dezember 2002.

[1112] Vgl. WT/COMTD/W/102 vom 16. Juli 2002: Inter-agency cooperation: state-of-play, S. 6f, Ziff. 35.

[1113] Vgl. dazu Kapitel 1, Abschnitt 1.2.1.

[1114] Vgl. WTO: Annual Report 2002, WTO, 2002, S. 122.

chend hohen Rate wachsen. Diese Rate lag gut über der Wachstumsrate des Welt-GDP, womit nach Krueger klar war, dass im Fall steigender protektionistischer Maßnahmen in den entwickelten Ländern die Bemühungen der Weltbank und des IMF, notwendige Maßnahmen in den EL zu unterstützen, in jedem Fall zum Scheitern verurteilt wären. Dies gelte immer noch. Gesundes Wachstum des Welthandels kann ohne das zugrundeliegende Funktionieren des internationalen Finanzsystems nicht andauern. Der Fluss von Kapital aus Ländern mit geringeren „real rates of return" zu solchen mit höheren kann nicht andauern ohne ein offenes multilaterales Handelssystem. Zu versuchen, größere Kohärenz zu erreichen, sei klar im Interesse aller Länder, obwohl die Hindernisse für jegliche formale Arrangements groß seien. Für EL sei die Bedeutung, mehr Kohärenz zu erreichen, noch größer als für entwickelte Länder, denn die G7-Länder hätten andere Foren, durch die sie Zusammenhänge und Politikalternativen erwägen können. In dem Umfang, in dem Wege, diese Ergebnisse durch den IMF, die Weltbank und die WTO zu erreichen, nicht gefunden werden können, werden die Interessen der EL weniger direkt vertreten sein. Zudem, so Krueger, würden Sprecher der Weltbank und des IMF allgemein die Situation der EL und deren Interessen mehr erkennen als Minister, die an G7-Treffen teilnehmen.[1115]

In Bezug auf die Kooperation des IMF mit dem GATT bestand schon immer eine Sonderstatus. Mit allen UN-Organen und Sonderorganisationen wurden „practical working arrangements" mit dem IMF eingerichtet – insoweit, als sie mit Fragen von Interesse für den IMF befasst waren. In Bezug auf den IMF erforderten die Bestimmungen des Artikels XV des GATT, dass die vertragsschließenden Parteien eine Kooperation mit dem Fonds anstreben, so dass das GATT und der Fonds eine koordinierte Politik in Bezug auf Fragen der quantitativen Beschränkungen und anderer Handelsmaßnahmen innerhalb des Zuständigkeitsbereiches des GATT haben und Fragen innerhalb des Zuständigkeitsbereichs des Fonds austauschen.[1116] Immer, wenn die vertragschließenden Parteien aufgerufen sind, Probleme monetärer Natur zu bedenken, bestand eine Verpflichtung des GATT, sich mit dem Fonds zu konsultieren und den Beschluss des IMF in Bezug auf Finanz- und Zahlungsbilanzaspekte der Sache zu akzeptieren. So waren Arrangements durch Briefwechsel zwischen den vertragsschließenden Parteien und dem „Managing Director" des IMF über Zusammenarbeit, Konsultation und Koordination bei der Sammlung von Informationen und in Bezug auf öffentliche Bekanntgaben zustande gekommen.[1117]

Nach Gründung der WTO war der Generaldirektor durch den „General Council" der WTO beauftragt worden, Entwürfe für Abkommen mit dem IMF und der Welt-

---

[1115] Vgl. Krueger, Anne O.: The Developing Countries and the Next Round of Multilateral Trade Negotiations, World Bank Workpapers 2000/2118, http://www.worldbank.org/html/dec/Publications/workpapers/wps2000series/wps2118/wps2118.pdf.

[1116] Vgl. Dokument A/AC.179/5 vom 9. März 1976, S. 5.

[1117] Die Inhalte der Briefe sind in Dokument E/5476/Add.12. vom 24. Mai 1974 enthalten, vgl. Dokument A/AC.179/5 vom 9. März 1976, S. 5.

bank zu entwickeln.[1118] Zu diesem Zeitpunkt hatte bereits ein erstes Treffen des Generaldirektors der WTO mit den Verwaltungsleitern des IMF und der Weltbank sowie dem UN-Generalsekretär anlässlich eines ECOSOC-Treffens in Genf stattgefunden, auf dem vereinbart wurde, so bald wie möglich mit Diskussionen in Bezug auf das Erreichen einer guten Beziehung der WTO zu diesen Organisationen zu beginnen.[1119] Nach Vorlage der Entwürfe der beiden Abkommen nahm der „General Council" diese auf seinem Treffen am 7., 8. und 13. November 1996 an und autorisierte den Generalsekretär, diese für die WTO zu unterzeichnen und umzusetzen.[1120] In seiner Entscheidung führte der „General Council" aus:

„The Director-General is invited to build on the Agreements that have been concluded and thus to pursue the consultations on Coherence provided for in paragraph 2 of each Agreement, with a view to meeting the provision established in Article III:5 of the Marrakesh Agreement Establishing the World Trade Organization and the mandate contained in the Declaration on the Contribution of the World Trade Organization to Achieving Greater Coherence in Global Economic Policymaking. Any conclusions reached as a result of such consultations shall be submitted to the General Council for approval."[1121]

Am 9. Dezember 1996, dem Tag der Eröffnung der ersten WTO-Ministerkonferenz in Singapur, wurde das Abkommen der WTO mit dem IMF unterzeichnet.[1122] Einer Presseinformation des IMF zufolge ist das Abkommen auf drei wesentliche Elemente fokussiert: Es lege die Grundlage zum Voranbringen des Mandates der Minister, größere Kohärenz in der globalen Wirtschaftspolitik durch Kooperation mit dem IMF und der Weltbank zu erreichen, und reflektiere die Synergien in der Arbeit und die Verpflichtungen des IMF und der WTO. Zweitens stelle es Kanäle zur Verständigung zur Verfügung, um sicherzustellen, dass die Rechte und Verpflichtungen der Mitglieder unerlässlich für das Denken jeder Organisation sind. Drittens gebe das Abkommen dem IMF und der WTO gegenseitig Beobachterstatus in bestimmten Beschlussorganen.[1123] So kann die WTO durch einen Repräsentanten des Sekretariats an entsprechenden Treffen des „Executive Boards" des IMF teilneh-

---

[1118] Vgl. Dokument WT/GC/M/5 vom 17. August 1995, Ziff. 4, S. 6f. Darin wird u.a. ausgeführt: „The Director-General, while implementing his mandate in accordance with the criteria containes in the Declaration (on Achieving greater Coherence in global Economic Policy Making), is invited to give necessary attention to possible means for cooperation in global economic policy making and specific policies followed by each international institution within their respective area of competence. As to the means to achieve greater coherence in global economic policymaking, the General-Council recalls that the interlinkages between the different aspects of economic policy require that the international institutions with responsibilities in each of this areas follow consistent and mutually supportive policies."

[1119] Vgl. WT/GC/M/5 vom 17. August 1995, Ziff. 4, S. 7.

[1120] Vgl. WT/L/194 vom 18. November 1996: Agreements between the WTO and the IMF and the World Bank, Decisison adopted by the General Council at its meeting on 7, 8 and 13 November 1996, S. 1f, Ziff. 1.

[1121] Vgl. ebenda, S. 2, Ziff. 3.

[1122] Vgl. Dokument WT/GC/W/43 vom 4. November 1996. Die Entwürfe der Abkommen lagen den Mitgliedstaaten auf informeller Grundlage bereits am 6. Juni 1996 vor.

[1123] Vgl. WTO News, Press/62 vom 9. Dezember 1996: WTO and IMF sign Cooperation Agreement.

men, wenn dieser Handelsfragen behandelt, sowie an den „Interim Committee Meetings", den Treffen des „Development Committees" und den Jahrestagungen von IMF und Weltbank.[1124] Im Gegenzug hat der IMF Beobachterstatus in den meisten WTO-Gremien.[1125]

Besserer Zugang zu Informationen und Daten soll unnötige Duplikation vermeiden. Die makroökonomischen Informationen des IMF stehen der WTO zur Verfügung, die das Sekretariat insbesondere in Vorbereitung der intensiven und der regulären TPRs der WTO-Mitglieder verwenden kann. Im Gegenzug hat der IMF Zugang zu einer ganzen Reihe von WTO-Informationen. Dies schließt die „Integrated Data Base" der WTO ein, die Handelsstatistiken und Informationen über Zollsätze der Mitgliedstaaten enthält, und die der IMF für die Überwachungs- und Kreditvergabeaktivitäten nutzen kann.[1126] In Bezug auf Konsultationen enthält das Abkommen in § 10 die Regelung

„The Fund staff shall consult with the WTO Secretariat on issues of possible inconsistency between measures under discussion with a common member and that member's obligations under the WTO Agreement. The WTO Secretariat shall consult with the Fund's staff on issues of possible inconsistency between measures under discussion with a common member and that member's obligation under the Funds's Articles of Agreement."

Das am 28. April 1997 unterzeichnete Abkommen der WTO mit der Weltbank enthält ähnliche Regelungen zum Informationsaustausch. Nach dem Abkommen hat die WTO Zugang zur „Economic and Social Database" und den „World Debt Tables", zum Weltbankatlas und den „World Development Indicators" sowie „die African Development Indicators". Diese Informationen sind u.a. für den „Trade Policy Review Body", das „Committee on Trade and Development" und das „Sub-Committee on LDCs" von Nutzen.[1127] In § 8 enthält das Abkommen eine dem § 10 des IMF-Abkommens ähnliche Regelung.[1128]

In Bezug auf Kohärenz enthalten beide Abkommen in § 2 die wortgleiche Regelung:

„The Fund (World Bank) and the WTO shall consult with each other with a view to achieve greater coherence in global economic policymaking"

[1124] Vgl. WT/GC/M/5 vom 17. August 1995, S. 6, Ziff. 2.

[1125] Dies sind: Ministerkonferenz, „General Council", „Dispute Settlement Body", „Trade review Policy Body", die drei sektoriellen Räte und relevante Gremien der vier Councils, vgl. WT/GC/M/5 vom 17. August 1995, S. 6, Ziff. 2.

[1126] Vgl. WTO News, Press/62 vom 9. Dezember 1996: WTO and IMF sign Cooperation Agreement, vgl. dazu oben, Abschnitt 2.3.

[1127] Vgl. WTO News, Press/72 vom 28. April 1997: WTO and World Bank sign Coopration Agreement.

[1128] § 8 lautet: „The WTO Secretariat and the World Bank staff shall consult and exchange views on all matters of mutual interest with the view to ensuring the adoption of consistent and mutually supportive policies. To that end, they shall keep each other regularly informed of their programmes and activities in matters related to trade.", vgl. Dokument WT/GC/W/43 vom 4. November 1996, Annex II, § 8.

Der damalige WTO-Generalsekretär hat in seinem „Statement on Consultations and Coherence“ ausgeführt, dieses neue Mandat

„provides us with what has up until now been missing, the formal engagement for the three organizations to address the coherence issue together.“[1129]

WTO-Generalsekretär Mike Moore hat sich auf einem informellen Treffen des „General Council“ am 18. Januar 2001 wiefolgt dazu geäußert:

„Our „Coherence“ mandate from Marrakesh gives us the opportunity to take a broader view than ususal of the importance of the work we are doing in the WTO – to place it in the context of the inter-actions between trade, structural, macroeconomic, financial and development aspects of economic policy making, and to review our institutional cooperation with the World Bank and the IMF so as to ensure that in these areas we are following consistent and mutually supportive policies.“

In seinem Jahresbericht 2000 hatte er dargelegt, dass sich die Kooperation der WTO mit der Weltbank und dem IMF in den letzten 12 Monaten insbesondere auf die Hilfe von EL und LDCs konzentriert hat, größeren Nutzen aus der Beteiligung am internationalen Handel und von der Teilnahme am internationalen Handelssystem zu ziehen. Dies stimme eng mit der Aufmerksamkeit überein, die die Finanz- und Entwicklungsminister notwendigen Schritten zur Beseitigung des Problems der weitverbreiteten Armut in der Welt beigemessen haben.[1130]

Nach Abschluss der Verträge haben sich der Generaldirektor der WTO, der „Managing Director“ des IMF und der Präsident der Weltbank mehrfach getroffen. Auf der Grundlage von § 2 der Abkommen geben sie einen jährlichen Bericht über Kohärenz heraus.[1131] Die Berichte befassen sich mit Mechanismen für mehr Kohärenz. So wurde eine „High-level Working Group on Coherence“ eingerichtet, die Kohärenzfragen erörtern und Empfehlungen abgeben soll. Die Berichte befassen sich auch mit Möglichkeiten, Kooperation und Kohärenz zu verbessern.

Der 1998er Bericht über Kohärenz führte aus, dass im Rahmen ihrer jeweiligen Zuständigkeiten der IMF, die Weltbank und die WTO die Ziele der Förderung der Ausweitung des internationalen Handels und dadurch die Förderung und Beibehaltung eines hohen Beschäftigungsgrades und der Realeinkommen und der effektiven Nutzung der Ressourcen aller Mitglieder teilen. Nachhaltiges Wachstum sei das Ziel aller drei Organisationen. Es bestehe substantielle Übereinstimmung zwischen den drei Institutionen in Bezug auf die notwendigen Wirtschaftspolitiken, um diese Ziele zu erreichen. Insbesondere unterstützen alle drei Handels- und Wechselkursliberalisierung und sehen ein regelbasiertes multilaterales Handelssystem als Schlüsselelement für weltweites Wirtschaftswachstum an. Trotzdem sei Spielraum für eine verbesserte Kooperation und Kohärenz gegeben. Erstens, in Bezug auf die

---

[1129] Vgl. WT/GC/W/42/Add.1 vom 4. November 1996.

[1130] Vgl. http://www.wto.org/english/news_e/spmm_e/spmm49_e.htm.

[1131] Vgl. die Dokumente WT/GC/13 vom 19. Oktober 1998, WT/TF/COH/S/3 vom 21. Oktober 1999, WT/TF/COH/S/4 vom 14. Dezember 2000 und WT/TF/COH/S/5 vom 10. Oktober 2001.

Formulierung ihrer Politikrahmen im Hinblick auf bessere gegenseitige Information und Unterstützung in Fragen von gegenseitigem Interesse und zweitens bei der operativen Arbeit mit ihren Mitgliedern.[1132]

Die Diskussionen der Treffen der drei Führungspersonen in 2001 befassten sich mit einer Reihe handelsbezogener und Kohärenzthemen einschließlich der Vorbereitung für die Ministerkonferenz in Doha, die Bedeutung der Aufrechterhaltung eines offenen Handelssystems und von Wegen, wie die drei Institutionen effektiver bei der Bereitstellung handelsbezogener technischer Hilfe, „Capacity building" und Training zusammenarbeiten können. Sie betonten die Bedeutung des Handels für die wirtschaftliche Entwicklung und die Armutsreduzierung sowie die Bedeutung von Marktzugang für Exporte aus den Entwicklungsländern und verstärkte Hilfe für handelsbezogenes „Capacity building". Kooperation auf Personalebene sei in vielen Bereichen der Arbeit der WTO vorhanden, in 2001 jedoch insbesondere in Bezug auf die Ausweitung von technischer Hilfe durch Training und „Capacity building"-Aktivitäten. Unter anderem sei dies durch das IF erfolgt. Enge Zusammenarbeit auf Arbeitsebene habe 2001 zwischen den drei Organisationen auch im Bereich der handelsbezogenen Analyse, Forschung und Überprüfung der Handelspolitik durch den TPRM der WTO stattgefunden.[1133]

Nach Abschluss der Verträge nimmt das WTO-Sekretariat an den Diskussionen über den „World Economic Outlook" (WEO), einer der wesentlichen Publikationen des IMF teil, die zweimal pro Jahr erscheint. Der WEO gibt einen Überblick über die wesentlichen Indikatoren wie Wachstum und Inflationsrate sowie Handelsvolumen. Das WTO-Sekretariat kann Kommentare zum Entwurf abgeben und so sicherstellen, dass die WTO-Perspektiven berücksichtigt werden. Ein ähnliches Verfahren findet in Bezug auf das Bank-Papier „Global Economic Prospects" (GEP) statt.[1134]

Ein Schwerpunkt für die Zusammenarbeit der drei Institutionen im Hinblick auf Kohärenz bildet die Notwendigkeit konsistenter Beratung ihrer Mitglieder und der zur Bereitstellung von technischer Hilfe, um ein internationales Wirtschaftssystem zu entwickeln, das Stabilität fördert, Wirtschaftswachstum und soziale Entwicklung.[1135] Zu nennen ist Informationsaustausch in Bereichen von gegenseitigem Interesse, z.B. die Expertise von IMF und Weltbank im Bereich der ausländischen Direktinvestitionen sowie in Fragen nachhaltiger Entwicklung oder die Kenntnisse der WTO in Bereich der Handelsliberalisierung einschließlich des Handels mit Dienstleistungen. Letztere können hilfreich für die Politikformulierung von IMF

[1132] Vgl. WT/GC/13 vom 19. Oktober 1998: The international Monetary Fund, the World Bank and the World Trade Organization, Report of the Managing Director, President, and Director-General on Coherence, 21 October 1998, S. 3, Ziff. 3.

[1133] Vgl. WTO: Annual Report 2002, WTO, 2002, S. 123.

[1134] Vgl. WT/GC/W/68 vom 13. November 1997: Agreements between the WTO and the IMF and the World Bank, Bericht des WTO-Generaldirektors, Ziff. 6ff.

[1135] Vgl. WT/GC/13 vom 19. Oktober 1998: ebenda, S. 5, Ziff. 13.

und Weltbank sein. Sich überschneidende Konditionalitäten sollen vermieden werden. U.a. mit der „Marrakesh Declaration on the Contribution of the World Trade Organization to Achieving Greater Coherence in Global Economic Policymaking" war die WTO aufgefordert worden, die Auferlegung von entgegengesetzten Konditionalitäten oder zusätzlichen Konditionen auf die Regierungen zu vermeiden.

Überschneidungen bestehen auch in Bezug auf die Beziehung zwischen Handelsliberalisierung im Ergebnis der WTO-Verhandlungen und unilateralen Handelsreformen durch Staaten, wie sie im Rahmen von Strukturanpassungsprogrammen von Weltbank und IMF seit den 1980er Jahren durchgeführt werden.[1136] Bei der autonomen Reduzierung von Handelsbarrieren, d.h. außerhalb der WTO-Verhandlungen, stellt sich die Frage, ob diese permanent sind, d.h. durch das Land wieder rückgängig gemacht werden können. Die zweite Frage ist die, ob und inwieweit derartige Liberalisierungsmaßnahmen in späteren Handelsverhandlungen berücksichtigt werden, d.h. inwiefern sie dem Land gutgeschrieben werden.[1137] Die WTO ist beispielsweise auch an Diskussionen des IMF „Executive Board" beteiligt, wenn es um Handelsliberalisierung im Zusammenhang mit durch den IMF unterstützten Programmen geht. So war das WTO-Sekretariat z.B. 1997 bei Diskussionen des IMF „Executive Board" über Entwicklungen der Wirtschaft Ugandas anwesend, wo Handelsliberalisierung ein bedeutender Faktor im Anpassungsprozess des Landes spielte.[1138] Bislang sind, anders als beim Handel mit Dienstleistungen, für die Behandlung autonomer Liberalisierung im Bereich des Warenhandels jedoch keine Modalitäten für eine spätere Berücksichtigung vereinbart worden. Derartige Modalitäten könnten jedoch die Handelsliberalisierung fördern und sicherstellen, dass erforderliche Handelsreformen, die die Unterstützung durch IMF und Weltbank erhalten würden, nicht verzögert werden.[1139]

Ein Bereich für Zusammenarbeit sind auch die Auswirkungen von Handelsliberalisierung, die trotz ihrer langfristig erwarteten positiven Effekte im Übergang nachteilige Auswirkungen auf die Zahlungsbilanz, die Finanzumstände und bestimmte soziale Indikatoren haben kann. Hier könnten durch im Rahmen bestehender IMF und Weltbank-Fazilitäten Hilfen zur Verfügung gestellt werden.[1140] Überschneidungen im Aufgabenbereich von IMF und WTO bestehen auch im Bereich der Zahlungsbilanzen. Während es Aufgabe des IMF ist, in Ländern die Anpassun-

---

[1136] Vgl dazu bereits Kapitel 2, Abschnitte 2.2.1 und 1.2.1.

[1137] Vgl. dazu WT/TF/COH/S/1 vom 18. Juni 1999: Coherence in Global Economic Policy-Making: WTO Cooperation with the IMF and the World Bank, Autonomus Trade Liberalization.

[1138] Vgl. WT/GC/W/68 vom 13. November 1997: Agreements between the WTO and the IMF and the World Bank, Bericht des WTO-Generaldirektors, Ziff. 12.

[1139] Vgl. WT/TF/COH/S/7 vom 29. April 2003: Coherence in Global Economic Policymaking and Cooperation between the WTO, the IMF and the World Bank, Note by the Secretariat, S. 3, Ziff. 10.

[1140] Vgl. WT/GC/13 vom 19. Oktober 1998: The international Monetary Fund, the World Bank and the World Trade Organization, Report of the Managing Director, President, and Director-General on Coherence, 21 October 1998, S. 5f, Ziff. 16.

gen unternehmen, Hilfe für den Fall von Zahlungsbilanzdefiziten zur Verfügung zustellen, ist es Aufgabe der WTO, insbesondere des „Commitees on Balance of Payments Restrictions", in enger Zusammenarbeit mit dem IMF, Maßnahmen oder geplante Maßnahmen von Ländern zu überprüfen, die zusätzliche Handelsbeschränkungen vornehmen und diese mit der Zahlungsbilanz begründen (vgl. Art. XII GATT).[1141] Unter anderem in diesen Bereichen hat der IMF bereits mehrere Papiere in Bezug auf von den EL in der Doha-Runde aufgeworfenen Fragen übersandt.[1142] Dies erfolgte im Nachgang zu Konsultationen zwischen dem WTO-Generalsekretär und dem stellvertretenden „Managing Director" des IMF, wie der IMF dem WTO-Sekretariat und den Mitgliedern in bestimmten Bereichen Unterstützung leisten kann.

Wichtig ist die Zusammenarbeit bei der Aufnahme neuer Mitgliedstaaten in die WTO. WTO – aber auch die Weltbank – unterstützen die Länder in ihrem Aufnahmeprozess. Dieser Prozess kann in Kombination der Kenntnisse der WTO über das, was zur Aufnahme erforderlich ist, mit den länderspezifischen Kenntnissen von Weltbank und IMF schneller und reibungsloser erfolgen. Einen Bereich für die Zusammenarbeit stellt auch die zunehmende regionale Kooperation dar.

Wichtig ist insbesondere auch der Bereich der Bildung von Humanressourcen und institutionellem „Capacity building". Dies ist von Bedeutung für die Erarbeitung und Umsetzung effizienter Reformpolitiken und zur Förderung der Integration in die Weltwirtschaft und hier insbesondere für die LDCs. Es erfolgt eine gegenseitige Teilnahme von Experten an Seminaren für EL und LDCs in Handelsfragen und in Bezug auf die WTO-Übereinkommen und Mechanismen. Ein Weltbankprojekt über Informationstechnologien für Entwicklung ermöglicht Ministern und Vertretern der EL permanenten elektronischen Zugriff auf Trainings-, Bildungs- und Informationsangeboten und elektronischen Kontakt zur WTO. Eine Internet-Bibliothek soll elektronische Handbücher einschließlich solcher über die WTO, die Uruguay-Runde, WTO-Plänen, Dienstleistungen, Güter und Streitschlichtung zur Verfügung stellen.[1143]

IMF und Weltbank haben auch an dem „High Level Meeting for Least Developed Countries" im Oktober 1997 teilgenommen, auf dem das „Integrated Framework"

[1141] Vgl. WT/GC/13 vom 19. Oktober 1998: The international Monetary Fund, the World Bank and the World Trade Organization, Report of the Managing Director, President, and Director-General on Coherence,_21 October 1998, S. 6, Ziff. 17.

[1142] Vgl. WT/TF/COH/13 vom 14. Februar 2003: Trade Restrictions for Balance-of-Payments Purposes, WT/TF/COH/16 vom 14. Februar 2003: Liberalizing Trade and Safeguarding Public Revenues. Weitere Mitteilungen des IMF an die WTO erfolgten z.B. in Bezug auf die Finanzierung von Verlusten durch Präferenzerosionen sowie zur Exportfinanzierung und Duty Drawbacks, vgl. WT/TF/COH/14 vom 14. Februar 2003: Financing of Losses from Preference Erosion, WT/TF/COH/15 vom 14. Februar 2003: Export Financing and Dut y Drawbacks.

[1143] Vgl. WT/GC/W/68 vom 13. November 1997: Agreements between the WTO and the IMF and the World Bank, Bericht des WTO-Generaldirektors, Ziff. 24f.

gebilligt wurde. Die drei Organisationen arbeiten auch im Rahmen des „Integrated Framework“ zusammen.[1144]

Die Handelsaussichten für EL und LDCs sind ein weiteres Thema für Zusammenarbeit unter dem Kohärenzmandat. Wirtschaftswachstum in diesen Ländern hängt von einem günstigen globalen Umfeld ab, einschließlich vom Marktzugang zu Märkten entwickelter Länder. Dem WTO-Bericht zufolge habe sich das Umfeld für schnelleres Exportwachstum und steigenden Zuflüssen ausländischer Direktinvestitionen mit dem Abschluss der Uruguay-Runde verbessert. Dies sollte sich mit der Umsetzung der „built-in-Agenda“ der Uruguay-Runde sowie der WTO-Konferenz in Singapur weiter fortsetzen. Jedoch ist das Erodieren von Präferenzgrenzen durch sinkende Zolltarife zu nennen. Eine Zusammenarbeit der drei Organisationen zur Identifizierung solcher Änderungen und zur Formulierung eines Rahmens, um bessere Politiken zur Steigerung der Handelsmöglichkeiten zu setzen, sei sinnvoll.[1145]

Ein weiterer Bereich auf der Politik- und operativen Ebene ist die Effizienz von Zolltarifen im Unterschied zu deren Bedeutung für die Erzielung von Einkommen für die Staaten. Während einerseits die Reduzierung von Zolltarifen, deren Vereinfachung in multilateralen Handelsverhandlungen sowie in den Programmen von IMF und Weltbank verfolgt werden, und Tarifbindungen bedeutsam für die Sicherheit des Marktzugangs sind, sind sie auf der anderen Seite wichtige Einnahmequellen für EL. Einem WTO-Bericht zufolge hat dieser Bereich wichtige Auswirkungen auf die Politiken und die tägliche Arbeit der drei Organisationen.[1146]

Ein weiterer Bereich betrifft die Frage der Auswirkungen der Uruguay-Runde auf LDCs und Nettonahrungsmittelimporteure, die Mitglied der WTO sind. Die Rolle der Bretton-Woods-Institutionen kann bedeutsam sein in Bezug auf die Finanzierung unter dort bestehenden Fazilitäten, um die notwendigen Anpassungen zu unterstützen.

Die „High Level Working Group on Coherence“ überprüft auf ihren Treffen regelmäßig die Fortschritte, die in diesen Bereichen erfolgen und diskutiert, ob die Zusammenarbeit in weiteren Bereichen erfolgen sollte.[1147]

Der WTO-Generaldirektor gibt entsprechend der Entscheidung des „General Council“ über die Abkommen zwischen der WTO und dem IMF und der Weltbank[1148] jährlich einen Bericht über die Zusammenarbeit der WTO mit dem IMF und der

---

[1144] Vgl. Teil 3, Kapitel 2, Abschnitt 1.2.1.

[1145] Vgl. WT/GC/13 vom 19. Oktober 1998: The international Monetary Fund, the World Bank and the World Trade Organization, Report of the Managing Director, President, and Director-General on Coherence, 21 October 1998, S. 7, Ziff. 22.

[1146] Vgl. ebenda, S. 7, Ziff. 23.

[1147] Vgl. ebenda, S. 7, Ziff. 24f.

[1148] Vgl. WT/L/194 vom 18. November 1996: Agreements between the WTO and thc IMF and the World Bank, Decisison adopted by the General Council at its meeting on 7, 8 and 13 November 1996, Ziff. 2.

Weltbank heraus. Der Bericht befasst sich mit Kohärenzfragen und dokumentiert die gegenseitige Teilnahme an Treffen.[1149] Zudem sind Kohärenzfragen in einem Bericht des WTO-Sekretariates dargelegt. Darin heißt es u.a., dass der größte Beitrag, den die WTO zu einem kohärenteren Politiksetzen unter den derzeitigen wirtschaftlichen Umständen machen könne, der sei, mit dem Doha-Arbeitsprogramm und insbesondere bei den Marktzugangsverhandlungen voranzuschreiten.[1150]

3.4. WTO-Kooperation mit anderen internationalen Organisationen

3.4.1. Die UN-Sonderorganisationen und andere Organisationen

Bereits am 22. Dezember 1995 war ein Abkommen zwischen der „World Intellectual Property Organization" (WIPO) und der WTO abgeschlossen worden, das am 1. Januar 1996 in Kraft getreten ist. Ziel des Abkommens, so dessen Präambel, ist:

„Desiring to establish a mutually supportive relationship between them, and with a view to establishing appropriate arrangements for cooperation between them".

Darin wurde u.a. in Bezug auf technische Hilfe im Rechtsbereich und technische Zusammenarbeit vereinbart, dass das Internationale Büro der WIPO den EL, die Mitglied der WTO, nicht aber Mitglied der WIPO sind, dieselbe „legal-technical assistance" in Bezug auf das TRIPS-Abkommen zur Verfügung stellen soll, wie Mitgliedsländern der WIPO. Gleiches solle umgekehrt in Bezug auf technische Hilfe für das WTO-Sekretariat gelten. Das Abkommen schreibt auch vor, dass das Internationale Büro und das WTO-Sekretariat die Zusammenarbeit bei ihren Aktivitäten der „legal-technical assistance" und der Aktivitäten der technischen Zusammenarbeit erhöhen sollen, um den Nutzen dieser Aktivitäten zu maximieren und deren gegenseitige unterstützende Natur sicherzustellen. Für diese Zwecke sollen WTO-Sekretariat und Internationales Büro regelmäßig in Kontakt bleiben und nichtvertrauliche Informationen austauschen.[1151] Aufbauend auf diesem Abkommen wurde im Juni 2001 durch die Generaldirektoren der beiden Organisationen eine gemeinsame Initiative unterzeichnet, um den LDCs dabei zu helfen, ihre Verpflichtungen nach dem TRIPs-Übereinkommen umzusetzen, die in 2006 wirksam werden.

Weitere Abkommen sind in 2000 mit der ITU[1152] und 1999 mit dem UNEP geschlossen worden.[1153] Ein Arrangement mit der UNIDO fehlt bislang. Die UNIDO, die in ihren TA-Aktivitäten Programme zur Unterstützung der industriellen Ent-

---

[1149] Vgl. zuletzt Dokument WT/TF/COH/S/6 vom 26. März 2003: Coherence in Global Economic Policy-Making: WTO Cooperation with the IMF and the World Bank, Bericht des WTO-Generaldirektors (2002).

[1150] Vgl. Dokument WT/TF/COH/S/7 vom 29. April 2003: Coherence in Global Economic Policymaking and Cooperation between the WTO, the IMF and the World Bank, Note by the Secretariat, S. 1, Ziff. 2.

[1151] Vgl. Art. 4 des WTO-WIPO-Abkommens vom 22. Dezember 1995.

[1152] Vgl. dazu WT/COMTD/W/102 vom 16. Juli 2002: Inter-agency cooperation: state-of-play, S. 3, Ziff. 14.

[1153] Vgl. ebenda, S. 4, Ziff. 22ff mit weiteren Ausführungen zur Kooperation mit der WTO.

wicklung in LDCs und anderen Entwicklungs- und Transformationsländern plant und durchführt, ist insbesondere in einigen WTO-relevanten Bereichen tätig.[1154] Das WTO-Sekretariat hatte vom Sekretariat der UNIDO eine Anfrage in Bezug auf mögliche Kooperationsbereiche erhalten. Bislang wurden keine gemeinsamen Aktivitäten durchgeführt, jedoch sind einer Notiz des WTO-Sekretariats zufolge Diskussionen im Gange.[1155] „Memoranda of Understanding“ bestehen mit den regionalen UN-Kommissionen UNECA, ESCAP, ESCWA und dem UNEP.[1156] Im Nachgang zur Doha-Konferenz, auf der die Bedeutung von „Capacity building“ als Priorität der Doha-Entwicklungsagenda genannt wurde, hat die WTO beispielsweise auch mit der „Asian Development Bank“ am 9. Mai 2002 ein „Memorandum of Understanding“ unterzeichnet, in dem beide Institutionen vereinbarten, bei gemeinsamen Programmen der technischen Hilfe zusammenzuarbeiten. [1157] Ein mit dem Internationalen Tierseuchenamt („Office International des Epizooties“, OIE) geschlossenes Abkommen legt die Grundlage für gemeinsame Aktionen u.a. im Bereich der technischen Hilfe, enthält aber keinen Hinweis auf finanzielle Arrangements.[1158]

Anzumerken sind auch Verbindungen der WTO zur „World Customs Organization“ (WCO).[1159] Bereits der WTO-Plan zur technischen Hilfe 2002 enthielt nationale technische Missionen zur Zollwertbestimmung und anderen Fragen im Bereich der Handelserleichterungen, auch für einige LDCs.[1160]

Noch ungelöst sind Fragen im Bereich der Finanzierungs- und Kostenteilungsarrangements. Die erfolgreiche „Pledging Conference“ hat die Position einiger Institutionen, dass die WTO freie Ressourcen zur Finanzierung gemeinsam mit anderen Partneragenturen organisierter Aktivitäten hat, verbessert. Das Sekretariat handelt bislang entsprechende Arrangements mit den Partnerinstitutionen aus. Dies funktioniert überwiegend, dennoch zahlt die WTO kurzfristig und ausnahmsweise die

---

1154 Dies betrifft insbesondere die WTO-Abkommen über technische Handelshemmnisse, gesundheitspolizeiliche und pflanzenschutzrechtliche Maßnahmen sowie das Thema der Handelserleichterungen.

1155 Vgl. WT/COMTD/W/102 vom 16. Juli 2002: Inter-agency cooperation: state-of-play, S. 7, Ziff. 38.

1156 Vgl. Dokument WT/GC/W/484 vom 2. Dezember 2002: Interim Report by the Director-General: Paragraph 41 of the Doha Ministerial Declaration, S. 16, FN 13.

1157 Vgl. WTO News, Press/294 vom 9. Mai 2002, http://www.wto.org/english/news_e/press02_e/pr294_e.htm.

1158 Obwohl das Übereinkommen über die Anwendung gesundheits polizeilicher und pflanzenschutzrechtlicher Maßnahmen (Sanitary and Phytosanitary Measures, SPS) auch auf die anderen beiden standardsetzenden Organisationen verweist (Kommission des Codex Alimentarius, Internationale Pflanzenschutzkonvention), besteht nur ein Abkommen mit dem OIE, vgl. WT/COMTD/W/102 vom 16. Juli 2002: ebenda, S. 3, Ziff. 16.

1159 Der offizielle Name der WCO ist „Customs Cooperation Council“. Die Organisation hat 161 Mitgliedstaaten. Sie arbeitet aktiv z.B. mit der ECE zusammen (u.a. im Committee for Trade, Industry and Enterprise Development). Auch die EU-Kommission ist intensiv in diesem Bereich involviert.

1160 Vgl. WT/COMTD/W/102 vom 16. Juli 2002: ebenda, S. 7, Ziff. 39.

Kosten von Repräsentanten, wenn die Verhandlungen von Kostenteilungsarrangements noch nicht abgeschlossen waren.[1161]

Bei Verhandlungen von „Memoranda of Understanding“ oder Arrangements zwischen der WTO und anderen Institutionen beachtet die WTO strikt die Integrität bestehender Verhandlungspositionen der WTO-Mitglieder. In Fällen, in denen Politikdifferenzen auftauchen, wird zwar weiterverhandelt, die Partnerschaft wird jedoch auf die Bereiche begrenzt, in denen Übereinstimmung besteht.[1162]

3.4.2. Die Beziehungen zur OECD

Mit der OECD arbeitet die WTO insbesondere in Bezug auf die Koordination mit den bilateralen Gebern im DAC zusammen. So nahm das DAC am ersten Treffen der „Inter-Agency Working Group“ am 17./ 18. Januar 2002 teil. Koordination zwischen den Handels- und Entwicklungsgemeinden bilateraler und multilateraler Geber wird als kritisch angesehen. Die Einrichtung der „Doha Development Agenda Trade-Related Technical Assistance and Capacity Building Database“ (DDADB) ist ein weiterer Schwerpunkt der Zusammenarbeit.[1163] Schließlich arbeiten beide Organisationen an einem Programm über Wettbewerbspolitik. Diesbezüglich nahm das Sekretariat der WTO an einem „Global Trade Forum“ der OECD in Hongkong teil. Andere Möglichkeiten für eine Zusammenarbeit werden untersucht. Ein förmliches Kooperationsabkommen mit der OECD besteht nicht.[1164]

3.5. Würdigung und Ausblick

Die WTO hat – wie dargelegt – eine enorm breite Verhandlungsagenda zu bewältigen. Sie befasst sich mit vielen Themen, die auch in anderen Organisationen behandelt werden und ist längst nicht mehr auf den Zollbreich beschränkt. Neben WIPO in Bezug auf geistige Eigentumsrechte, der ILO in Bezug auf Kernarbeitsnormen und dem UNEP in Bezug auf Umweltfragen überschneidet sich das Aufgabengebiet auch insbesondere mit der UNCTAD, die mit einer umfangreichen Analysetätigkeit u.a. Bereiche wie Handelspolitik, Investitionen, Wettbewerb abdeckt.

Obwohl keine spezifische Entwicklungsorganisation hat die WTO durchaus Kapazitäten, Entwicklung zu fördern. Neben der Fortsetzung der Handelsliberalisierung, die jedoch auch Bereiche von Interesse für Entwicklungsländer umfassen müssen, sind die Stärkung und Zunahme von Regeln in entwicklungsfördernder Art und Weise sowie das Erbringen von technischer Hilfe in Bereichen, in denen die WTO einen komparativen Vorteil hat, zu nennen.

[1161] Vgl. WT/COMTD/W/102 vom 16. Juli 2002: Inter-agency cooperation: state-of-play, S. 7f, Ziff. 40.
[1162] Vgl. ebenda, S. 8, Ziff. 41.
[1163] Vgl. dazu bereits oben, Abschnitt 2.3.
[1164] Vgl. WT/COMTD/W/102 vom 16. Juli 2002: ebenda, S. 6, Ziff. 31ff.

Eine wesentliche Herausforderung ist, einen armutsorientierten Fokus in Handelspolitiken und das internationale Handelssystem zu integrieren und sicherzustellen, dass diese die Erreichung der Entwicklungsziele unterstützen und der Integration insbesondere der LDCs förderlich sind. Insofern müssen die Agrar- und Energiepolitiken der entwickelten Länder im Hinblick auf Politikkohärenz einer Überprüfung unterzogen werden.[1165] Die Vereinbarungen der Doha-Ministerkonferenz stellen insgesamt eine historische Möglichkeit dar, Entwicklungsbelange in die Handelsliberalisierungsagenda der WTO zu integrieren.[1166] Deren Umsetzung bleibt aber abzuwarten und wird zum Teil skeptisch beurteilt.

Die Doha-Entwicklungsagenda hat der WTO im Bereich der technischen Hilfe breite Aufgaben übertragen. Die WTO-spezifischen Bereiche wie Aufnahme in die WTO, Marktzugang für Nicht-Agrarprodukte, Landwirtschaft, Dienstleistungen, WTO-Regeln[1167], Handel und Umwelt, die unter dem Stichwort Singapur-Themen zusammengefassten Aufgaben[1168] und der Bereich Standards und technische Handelshemmnisse fordern den EL und insbesondere den LDCs eine enorme Kapazität ab. Die Teilnahme an Verhandlungen erfordert gut ausgebildete Verhandlungsführer. Dass die WTO den EL ermöglichen muss, effektiv am Tagesgeschäft teilzunehmen, ist eine Frage der internen Transparenz. Andernfalls ist die zwar formell gegebene Gleichheit der Staaten im WTO-System faktisch nicht gewährleistet.

Zudem haben die EL auf der Angebotsseite ebenfalls ein breites Pensum zu bewältigen. Neben der Umsetzung der WTO-Normen bestehen u.a. die Aufgaben, eine effiziente Zollverwaltung sicherzustellen, Handel zu entwickeln, produktive Sektoren aufzubauen, die nötige Infrastruktur zur Verfügung zu stellen und Systeme zur Finanzierung von Investitionen aufzubauen. Regionale Integration stellt eine weitere Herausforderung dar. Insbesondere dieser zweite Bereich würde allein die WTO mit ihren begrenzten Ressourcen überfordern.

Festzustellen ist, dass die WTO diese enormen Aufgaben nicht allein bewältigen kann. Der wichtigste Beitrag, den die WTO aus einer Entwicklungsperspektive heraus leisten kann, ist Marktzugangsbedingungen für Waren und Dienstleistungen zu verbessern und sicherzustellen, dass Handelsregeln für die EL nützlich sind. Die Steigerung der Handelskapazität erfordert jedoch gemeinsames Handeln außerhalb der WTO („aid for trade") sowie unilaterale Aktionen der industrialisierten Länder

---

1165 Vgl. A/CONF.198/8/Add.8 vom 21. März 2002: International Conference on Financing for Development, Summaries of multi-stakeholder round tables, Ministerial round table B.2, on the theme „Coherence for Development", 20. März 2002, Ziff. 4.

1166 Vgl. A/CONF.198/8/Add.10 (un-edited advance text): International Conference on Financing for Development, Summary of Summit round table C3, on the theme „Looking ahead", 21. März 2002, S. 4.

1167 Die Verhandlungen in diesem Bereich umfassen Antidumping, Subventionen, einschließlich Fischereisubventionen und Regeln für Regionalabkommen.

1168 Dazu zählen die Komplexe Handel und Invesititonen, Handel und Wettbewerb, öffentliches Auftragswesen und Handelserleichterungen.

und der EL, um deren „anti-trade bias" zu reduzieren.[1169] Dies heißt nicht, dass dabei die Mitarbeit der WTO entbehrlich ist. Eine Zusammenarbeit mit anderen internationalen Organisationen im Bereich der technischen Hilfe und des „Capacity building" ist aber dringend erforderlich. Schon aus dem Blickwinkel eines kohärenten Vorgehens ist die Abstimmung der verschiedenen Bereiche erforderlich. In diesem Zusammenhang soll in Teil 3 untersucht werden, inwieweit das „Integrierte Framework" dazu einen Beitrag leisten kann.

[1169] Vgl. Hoekman, Bernard: Strengthening the Global Trade Architecture for Development, The World Bank and CEPR, January 2002.

Kapitel 4. Exkurs - Die EG als eine regionale internationale Organisation

1. Europäische Gemeinschaft und Europäische Union – Aufbau und Funktion

Die Europäische Wirtschaftsgemeinschaft (EWG) wurde 1957 als eine regionale Integrationszone nach Art. XXIV GATT durch den Vertrag zur Gründung der Europäischen Wirtschaftsgemeinschaft geschaffen. Mit der Einheitlichen Europäischen Akte von 1986 und dem Vertrag über die Gründung der Europäischen Union von 1992 hat die EG einige Änderungen erfahren. Die Umbenennung von EWG zu Europäische Gemeinschaft (EG) deutet an, dass die Aufgaben sowohl wirtschaftlicher als auch nichtwirtschaftlicher Art sind.[1170] Zu nennen ist weiter der Vertrag von Amsterdam, der 1999 in Kraft getreten ist und die Voraussetzungen für die Erweiterung schaffen sollte. Die EG ist Kernelement der Europäischen Union (EU). In Titel V des EU-Vertrages, der Bestimmungen über die gemeinsame Außen und Sicherheitspolitik enthält, ist in Art. 11 EUV als Ziel der EU die Förderung der internationalen Zusammenarbeit genannt.

Aufgabe und Ziel der Gemeinschaft ist es, durch die Errichtung eines Gemeinsamen Marktes und einer Wirtschafts- und Währungsunion sowie durch die gemeinsamen Politiken und Maßnahmen der Art. 3 und 4 EGV eine harmonische, ausgewogene und nachhaltige Entwicklung des Wirtschaftslebens, ein hohes Beschäftigungsniveau und ein hohes Maß an sozialem Schutz, die Gleichstellung von Mann und Frau, ein beständiges, nicht inflationäres Wachstum, einen hohen Grad von Wettbewerbsfähigkeit und Konvergenz der Wirtschaftsleistungen, die Hebung von Umwelt- und Lebensqualität sowie den wirtschaftlichen und sozialen Zusammenhalt und die Solidarität zwischen den Mitgliedern zu fördern (vgl. Art. 2 EGV).

Die Tätigkeit der Gemeinschaft soll u.a. eine gemeinsame Handelspolitik, eine Politik auf dem Gebiet der Entwicklungszusammenarbeit (EZ) und die Assoziierung der überseeischen Länder und Hoheitsgebiete, um den Handelsverkehr zu steigern und die wirtschaftliche und soziale Entwicklung durch gemeinsame Bemühungen zu fördern, umfassen.[1171] Das Europäische Gemeinschaftsrecht lässt sich längst nicht mehr mit herkömmlichen Kategorien des Völkerrechts erfassen, sondern ist zu einer eigenständigen Rechtsordnung geworden, die mehr und mehr bundesstaatliche Elemente aufnimmt.[1172]

[1170] Wobei auch die Aufgaben der EWG nicht ausschließlich auf wirtschaftlichem Gebiet lagen, vgl. Fischer, Hans Georg: Europarecht, München: Beck, 2. Auflage, 1997, S. 29, Ziff. 6.

[1171] Vgl. Art. 3 EGV, Buchstaben b), r) und s).

[1172] Vgl. Herdegen, Matthias: Internationales Wirtschaftsrecht, München: Beck, 3. Auflage, 2002, S. 15, Ziff. 13.

Der EG-Ministerrat kontrolliert die Handels- und Entwicklungspolitik der Gemeinschaft u.a. durch den Abschluss von Handelsverträgen, im Bereich der Entwicklungspolitik durch Kooperationsverträge wie die Verträge von Yaoundé, Lomé oder Cotonou, die nach Art. 300 EGV abzuschließen sind. Vielfach enthalten solche Kooperationsverträge starke handelspolitische Elemente. Außerdem erlässt der Rat Resolutionen. Die Gemeinschaftskompetenz für den Bereich der Entwicklungszusammenarbeit ergibt sich dabei aus Art. 179 EGV. Ausgeführt wird die Entwicklungspolitik durch die Kommission in Brüssel[1173] sowie deren Außenvertretungen in den Staaten in Afrika, im karibischen und pazifischen Raum (AKP-Staaten), in den überseeischen Gebieten und anderen Drittstaaten. Die Finanzierung erfolgt durch den Europäischen Entwicklungsfonds (EEF), der inzwischen zum neunten Mal aufgelegt worden ist. Der erste Fonds war bereits 1958 eingerichtet worden.

Humanitäre Hilfe wird durch das „Humanitarian Office“ (ECHO) durchgeführt. Das 1992 als Dienst der Europäischen Kommission eingerichteta Amt untersteht dem Kommissar für Entwicklungspolitik. Es soll kurzfristige humanitäre Hilfe für Opfer von Naturkatastrophen, gewaltsam ausgetragenen Konflikten und sonstigen Krisen außerhalb der EU geben, je nach Anforderung u.a. Lebensmittel, Medizin oder Kraftstoff. Die Hilfen werden vor Ort durch Partnerorganisationen wie den UN oder dem Internationalen Komitee des Roten Kreuzes organisiert.[1174]

Institutionelle Reformen zur Verbesserung der Effektivität der EZ resultierten in der Gründung eines neuen Kommissions-Service, dem „EuropeAid Co-operation Office“, das mit der Durchführung von Projekten in EL beauftragt wurde. Damit verbundenen war die Zusammenführung des Projektzyklus, d.h. der Vereinigung von Projektplanung und Ausführung in einer Abteilung sowie einer Verlagerung von mehr Managementverantwortung auf die externen Delegationen der Kommission. EuropeAid ist verantwortlich für den gesamten Projektzyklus von der Ausschreibung bis zur Bewertung von Projekten. Das seit Januar 2001 bestehende Amt ist für die Koordination von etwa 80 % der EU-Außenhilfe zuständig.[1175] Einige Programme werden weiterhin von anderen Generaldirektionen (GD) der Kommissionen ausgeführt, so bleibt die GD Erweiterung für Programme im Zusammenhang mit der EU-Erweiterung zuständig,[1176] ECHO für humanitäre Hilfe, die GD Wirtschaft und Finanzen (ECOFIN) für makro-finanzielle Hilfsprogramme und die GD Außenbeziehungen (RELEX) für die Gemeinsame Außen- und Sicherheitspolitik (GASP) und die „Rapid Reaction Facility“.[1177] Die Aufsicht über das Amt führt

---

[1173] Hier zu nennen sind die Generaldirektionen für Entwicklung, für Handel und in Bezug auf die humanitäre Hilfe ECHO

[1174] Vgl. EU-Nachrichten vom 2. August 2002, Themenheft Nr. 2: Die Gemeinsame Außen- und Sicherheitspolitik der Europäischen Union, Vertretung der Europäischen Kommission in der Bundesrepublik Deutschland, Berlin 2002, S. 13.

[1175] Vgl. ebenda, S. 13.

[1176] Z.B. die Heranführungsinstrumente für die Beitrittsstaaten PHARE, ISPA und SAPARED.

[1177] Vgl. EU: Presseerklärung vom 21. Dezember 2000: The Commission today agreed on the creation of the EuropeAid Cooperation Office in a significant move to unify all EU External

ein Ausschuss von fünf Kommissaren, darunter der Kommissar für Entwicklung und der Kommissar für Außenbeziehungen.[1178] EuropeAid verwaltet das größte internationale Hilfsbudget weltweit. Die EU ist in über 150 Ländern auf fünf Kontinenten vor Ort vertreten und verantwortlich für 10 % aller ODA weltweit.[1179] Die Entwicklungshilfe der EU umfasste 2001 5.243 Millionen Euro. Der größte Teil mit 2.068 Millionen Euro entfel davon auf den Europäischen Entwicklungsfonds, auf die Balkan-Länder entfielen 854 Millionen und auf Lebensmittelhilfe 484 Millionen Euro.[1180] Neben ihrer Entwicklungspolitik ist die EU auch als Handelspartner für die EL von Bedeutung. Sie produziert über 30 % aller weltweit erzeugten Güter und wickelt gut 20 % des Welthandels ab, obwohl sie lediglich 6 % der Weltbevölkerung umfasst.[1181] Präferenzbehandlung und Marktzugang zu den Staaten der EG haben daher einiges Gewicht.[1182]

2. Die Entwicklungspolitik der EG

2.1. Rechtsgrundlagen

In Bezug auf die EG-Entwicklungspolitik nennt Art. 177 des EG-Vertrages[1183] drei gleichberechtigt nebeneinander stehende Ziele: Neben der nachhaltigen wirtschaftlichen und sozialen Entwicklung der EL, insbesondere der am meisten benachteiligten EL, soll die Entwicklungspolitik zweitens zur harmonischen, schrittweisen Eingliederung der EL in die Weltwirtschaft, und drittens, zur Bekämpfung der Armut beitragen. Diese Ziele sind nach Art. 178 EGV bei den von der Gemeinschaft verfolgten Politiken, welche die EL berühren können, zu berücksichtigen.

Neben diesen überragenden Vertragszielen bestimmen auch Verordnungen und internationale Verträge, basierend auf geographischen Regionen, die spezifischen Ziele der EU/EG-Zusammenarbeit. Dabei werden verschiene Elemente in jedem

---

Assistance management services, im Internet unter http://europa.eu.int/comm/europeaid/news/20001221_en.htm, Ausdruck vom 31. Januar 2001.

1178 Vgl. EU-Nachrichten vom 2. August 2002, Themenheft Nr. 2: Die Gemeinsame Außen- und Sicherheitspolitik der Europäischen Union, Vertretung der Europäischen Kommission in der Bundesrepublik Deutschland, Berlin 2002, S. 13

1179 Vgl. EU: Presseerklärung vom 21. Dezember 2000: The Commission today agreed on the creation of the EuropeAid Cooperation Office in a significant move to unify all EU External Assistance management services, im Internet unter http://europa.eu.int/comm/europeaid/news/20001221_en.htm, Ausdruck vom 31. Januar 2001.

1180 Weitere Ausgabenblöcke waren: MEDA (Hilfe für mediterrane Regionen): 480 Millionen Euro; Lateinamerika/ Asien: 438 Millionen; TACIS: 397 Millionen Euro, andere: 378 Millionen Euro, Südafrika: 99 Millionen Euro und Menschenrechte: 54 Millionen Euro, vgl. EU-Nachrichten vom 2. August 2002, ebenda, S. 13.

1181 Vgl. Schmalz, Uwe: Europäische Union als internationaler Akteur, in Handwörterbuch internationale Politik, Woyke, Wichard (Hrsg.), Opladen: Leske und Budrich, 2000, S. 109-131, S. 111.

1182 Vgl. zur besonderen Beziehung zu den AKP-Staaten vgl. Abschnitt 2.5.

1183 Vgl. Vertrag zur Gründung der Europäischen Gemeinschaft vom 25. März 1957, zuletzt geändert durch den Amsterdamer Vertrag vom 2.10.1997, in dieser Fassung in Kraft seit 1.5.1999, BGBl. 1998 II, S. 387.

geographischen Programm verschieden gewichtet, abhängig von den verschiedenen politischen und wirtschaftlichen Beziehungen, die die EU mit den verschiedenen Ländern und Regionen hat. Die Beziehungen zwischen den Ländern Afrikas, der Karibik und des Pazifik (AKP) und der Europäischen Gemeinschaft waren über Jahrzehnte hinweg niedergelegt im „umfassenden Handels- und Entwicklungsrahmen" des Lomé-Vertrages (Lomé I-IV). Nunmehr ist mit dem Vertrag von Cotonou ein Nachfolgevertrag geschlossen worden, der die Beziehungen zum Teil grundlegend verändern wird. Das Cotonou-Abkommen ist am 1. April 2003 in Kraft getreten.[1184] Besondere Beziehungen, begonnen bereits 1976, bestehen auch zu den Staaten in Asien und Lateinamerika (ALA). Der Schwerpunkt hier liegt auf der Stärkung des Kooperationsrahmens und darauf, einen effektiven Beitrag zur nachhaltigen Entwicklung, Sicherheit, Stabilität und Demokratie durch institutionellen Dialog und wirtschaftliche und finanzielle Zusammenarbeit zu leisten. Bei der Kooperation mit den „Mediterranean countries" (MED) liegt der Schwerpunkt auf der Errichtung einer Zone des Friedens, der Stabilität und des Wohlstands, auf der Unterstützung von Reform und Übergang, mit dem Ziel der Errichtung einer EU-MED-Freihandelszone bis 2010, und auf einem Beitrag zum Friedensprozess im mittleren Osten. Die Barcelona-Deklaration wurde bereits im November 1995 von den 27 Partnern unterzeichnet. Eine Schlüsselstellung der Partnerschaft nimmt der Abschluss von sogenannten Assoziationsabkommen zwischen der Union und den Partnerländern ein. Bis April 2001 waren bereits sechs Abkommen abgeschlossen[1185], die eine Freihandelszone zwischen der Union und dem Partnerland begründen sollen. Ein Programm für technische und finanzielle Hilfe (MEDA) soll die Länder bei der Umsetzung der Assoziationsabkommen unterstützen und wird ergänzt durch Kredite der Europäischen Investitionsbank (EIB).[1186]

Schließlich sind die Beziehungen der EG zu den überseeischen Ländern und Gebieten (ÜLG) zu erwähnen, die eine eigenständige Regelung im EGV erfahren haben[1187]. Diese Zusammenarbeit erfolgt ebenfalls durch die Kommission und ihre externen Delegationen in AKP-Staaten, die zumeist auch für mehrere ÜLGs zuständig sind. Die Finanzierung erfolgt auch hier durch den EEF und die EIB.

2.2. Die Handlungsformen der Entwicklungszusammenarbeit

Die einzelnen Handlungsformen der EZ sind im EGV selbst nicht aufgezählt.[1188] Zur Verwirklichung ihrer entwicklungspolitischen Ziele stehen der Gemeinschaft

---

[1184] Vgl. dazu siehe unten, Abschnitt 2.5.

[1185] Mit Ägypten, Jordanien, Marokko, Israel, Tunesien und der Palesinensischen Nationalbehörde.

[1186] Vgl. Nielson, Poul: European Community Development Policy more than Financial Assistance alone, Rede auf dem Seminar des Nobel-Institutes, Oslo, 23. April 2001, Speech/01/178, S. 5, im Internet unter http://www.europa.eu.int.

[1187] Vgl. Art 182ff. EGV.

[1188] Einzelne Vorentwürfe zum Maastricht-Vertrag enthielten z.T. eine Auflistung von Formen der Entwicklungszusammenarbeit wie Maßnahmen im Bereich der Handelspolitik, finanzieller und technischer Zusammenarbeit, Nahrungsmittel- und humanitäre Hilfe sowie jede andere Maßnahme mit dem Ziel der Entwicklungsförderung, jedoch ist trotz Nichtaufim wesentlichen drei Aktionsbereiche zur Verfügung: politischer Dialog, EZ und Handel. Auch andere Aktivitäten der EG haben Einfluss im Entwicklungsbereich, vor allem auf den Gebieten Umwelt, Forschung, Technologie und Informationsgesellschaft. So sind z.B. die gemeinschaftlichen Forschungsaktivitäten in den Bereichen nachhaltiger Entwicklung (Saatgutverbesserungen, Veterinärgesundheit usw.) komplementär mit den Zielen der Entwicklungspolitik.

Politischer Dialog erfolgt mit einzelnen Ländern oder regionalen Zusammenschlüssen.[1189] Der Dialog findet auch im Rahmen der gemeinsamen Außen- und Sicherheitspolitik (GASP) sowie der Assoziations- und Kooperationsabkommen statt.[1190] Die EZ ist also neben der GASP, den Außenwirtschaftsbeziehungen und der humanitären Hilfe nur ein Teil der nach außen gerichteten Politik der EU. Handlungsformen der EZ im weitesten Sinn sind Nahrungsmittel- und humanitäre Hilfe, handelspolitische Maßnahmen, worunter Kooperationsabkommen, sektorielle Handelsabkommen mit entwicklungspolitischen Komponenten, die allgemeinen Handelspräferenzen, Rohstoffabkommen und Gemeinsamer Fonds zu zählen sind, sowie die Entwicklungshilfe im engeren Sinne (finanzielle und technische Hilfe), die durch die Generaldirektion für Entwicklung sowie EuropeAid und die Vertretungen vor Ort durchgeführt wird.

Bezüglich der Kohärenz der verschiedenen Politikbereiche führt Art. 3 des EUV aus:

„(1) Die Union verfügt über einen einheitlichen institutionellen Rahmen, der die Kohärenz und Kontinuität der Maßnahmen zur Erreichung ihrer Ziele unter gleichzeitiger Wahrung und Weiterentwicklung des gemeinschaftlichen Besitzstands sicherstellt.

(2) Die Union achtet insbesondere auf die Kohärenz aller von ihr ergriffenen außenpolitischen Maßnahmen im Rahmen ihrer Außen-, Sicherheits-, Wirtschafts-, und Entwicklungspolitik. Der Rat und die Kommission sind für diese Kohärenz verantwortlich und arbeiten zu diesem Zweck zusammen. Sie stellen jeweils in ihrem Zuständigkeitsbereich die Durchführung der betreffenden Politiken sicher."

Der Kommission kommt bei der Aufgabe, für Kohärenz in der GASP zu sorgen, eine wichtige Rolle zu. Sie koordiniert ferner andere Bereiche der Außenbeziehungen einschließlich der EZ. Auf Grund von Kritiken an einer fehlenden kohärenten Gemeinschaftspolitik hat sie im April 2000 die Grundsätze einer neuen europäischen Entwicklungspolitik niedergelegt, die sie im Mai 2000 in einer Mitteilung an

---

nahme eines derartigen Kataloges davon auszugehen, dass alle bis dato bestehenden Handlungsformen als rechtlich zulässig vorausgesetzt werden sollten (acquis communautaire), vgl. Zimmermann, Andreas in: Kommentar zum EU-/EG-Vertrag, Band 3, Groeben, Hans von der/ Thiesing, Jochen/ Ehlermann , Claus-Dieter (Hrsg), Baden-Baden: Nomos, 5. Auflage, 1999, Artikel 130 u bis y, Entwicklungszusammenarbeit, S. 2037, Rz. 17.

1189 Dies sind: Partnerschaft Europa-Mittelmeer, AKP-EU-Ministerrat und Paritätische Versammlung, Gemischter Rat EU-Südafrika, ASEAN, ASEM, SAARC usw.

1190 Vgl. KOM (2000) 212 endgültig vom 26. April 2000: Die Entwicklungspolitk der Europäischen Gemeinschaft, Mitteilung der Kommission an den Rat und das Europäische Parlament, S. 11f.

den Rat und das Parlament unter dem Titel „Communication on the European Community's Development Policy" übersandt hat.[1191] Aufbauend auf diesem Vorschlag und nach Diskussionen darüber im Rat und in der Kommission haben Kommission und Rat im November 2000 die Grundsätze der neuen europäischen Entwicklungspolitik in einem gemeinsamen Statement mit dem Titel „The European Community's Development Policy" bestätigt und dabei nachdrücklich die Bedeutung von Koordination und Komplementarität für eine effektivere und effizientere EZ der Gemeinschaft betont.[1192] Dieser Prozess begann bereits im Mai 1999, als die 15 Mitgliedsstaaten die Kommission aufforderten, eine Konzeption zur gemeinschaftlichen Entwicklungspolitik zu erarbeiten.[1193] Der EG-Entwicklungsministerrat betonte damals die Notwendigkeit für ein integriertes und strategisches aktuelles Statement zur Entwicklungspolitik, basierend auf den breiten Zielen des EGV. Entwicklungshilfe müsse auf klare Ziele gerichtet sein, um eindeutige Ergebnisse zu erzielen. Das Statement solle ein Gesamtprofil der Entwicklungszusammenarbeit der EG erstellen und einen generellen Rahmen für Priorisation von Zielen, Politiken und Aktionsfeldern bilden.[1194] In Bezug auf die Umsetzung der Strategie betonte der Rat in seinen Schlussfolgerungen, dass es wichtig sei, das „overall policy statement" in konkrete Aktion umzusetzen. Dazu führte er u.a. aus, dass die „Country Strategy Papers" der Gemeinschaft und sektorielle Politiken und Richtlinien wichtige Mittel zum Implementierung von Politiken und zur Definition von Strategien und Ergebnissen sind, die auf Länderebene erreicht werden sollen. Es sei notwendig, Sektorstrategien für alle wesentlichen Sektoren, in denen die Gemeinschaft aktiv ist, auszuarbeiten.[1195]

Neben der Neuausrichtung der Entwicklungspolitik erfolgte auch eine Reform des Managements der externen Entwicklungshilfe der Gemeinschaft. Zu nennen ist u.a. die Neugründung des bereits oben erwähnten Kommissions-Service „EuropeAid Co-operation Office" und eine damit verbundenen Zusammenführung des Projektzyklus, d.h. der Vereinigung von Projektplanung und Ausführung, also von der Projektidentifikation bis zur Evaluierung in einer Abteilung. Das neue Amt ist auch verantwortlich für die technischen und finanziellen Aspekte der meisten externen Hilfsprogramme der EG und des EEF.[1196] Die GD für Außenbeziehungen sowie die

---

[1191] Vgl. KOM (2000) 212 endgültig vom 26. April 2000: Die Entwicklungspolitk der Europäischen Gemeinschaft, Mitteilung der Kommission an den Rat und das Europäische Parlament, S. 11f.

[1192] Vgl. Statement by the Council and the Comission: The European Communities Development Policy, Europäische Kommission DE 105, Luxembourg: Office for Official Publications of the European Communities, Dezember 2000.

[1193] Vgl. Council Conclusions vom 21. Mai 1999, 2180. Rat-Entwicklung, Evaluation of EC Development Instruments and Programmes, S. 1, im Internet unter http://europa.eu.int/comm/development/lex/en/pdf/conc_99_evaluation.pdf.

[1194] Vgl. ebenda, S. 1.

[1195] Vgl. ebenda, S. 3.

[1196] Vgl. Presseerklärung vom 21. Dezember 2000: The Commission today agreed on the creation of the EuropeAid Cooperation Office in a significant move to unify all EU External

GD für Entwicklung, die bis dato u.a. für die Finalisierung der vor Ort durch die Delegationen in den EL ausgearbeiteten Programme in Nicht-AKP- bzw. in AKP-Staaten[1197] zuständig waren, bleiben nunmehr für die mehrjährige Programmierung der externen Hilfe verantwortlich. Das umfasst die strategischen Politikentscheidungen über die Zuweisung von Mitteln pro Sektor, die in engem Dialog mit den Empfängerländern getroffen werden sollen. Mehrjähriger Programmierung von Entwicklungshilfe soll mehr Substanz gegeben werden, um den richtigen Politikmix für jedes Land bzw. jede Region zu finden, unter Einbeziehung der externe Hilfe sowie anderer EU-Politiken und Prioritäten (wie Handel oder Außen- und Sicherheitspolitik) und der Interessen der Partnerländer.[1198]

Das neue Amt soll nach dem Prinzip funktionieren, dass alles, was besser vor Ort verwaltet und entschieden werden kann, nicht in Brüssel verwaltet oder entschieden wird. Diese geänderte Verantwortung sollte sich auch in vor Ort verstärktem Personal widerspiegeln, was nach Einführung von EuropeAid als Priorität angesehen wurde.[1199] Die Verlagerung von mehr Managementverantwortung auf die externen Delegationen der Kommission war bereits vom EG-Ministerrat befürwortet worden. Dieser hatte in seinen Schlussfolgerungen vom 21. Mai 1999 ausgeführt, dass die organisatorische Fragmentierung der EZ in der Kommission für eine kohärente und integrierte EZ der Gemeinschaft Schwierigkeiten bereitet und daher alle Schritte in Richtung Integration und Vereinfachung der organisatorischen Struktur begrüßt. Der Rat hatte weiter Empfehlungen begrüßt, den Delegationen vor Ort klare und breitere Verantwortung, mehr Entscheidungsbefugnisse und ausreichende Ressourcen für ihre Arbeit zu Verfügung zu stellen. Dekonzentration, so der Rat, würde zu einer engeren Kooperation mit den Partnerländern führen und länderspezifische Zusammenarbeit zwischen den Mitgliedstaaten, der Kommission und anderen Gebern fördern.[1200]

Neben den institutionellen Veränderungen wurde die EG-Entwicklungspolitik weitreichenden Veränderungen unterworfen. Nach Nielson ist die Reorientierung der Entwicklungspolitik und die Schwerpunktlegung auf das Ziel der Armutsreduzierung auch auf einen neuen Konsens über gute Entwicklungspolitiken zurückzuführen, der sich in den 1990er Jahren aus der internationalen Debatte heraus entwickelt

---

Assistance management services, im Internet unter http://europa.eu.int/comm/europeaid/news/20001221_en.htm, Ausdruck vom 31. Januar 2001.

[1197] Vgl. dazu Abschnitt 2.5.

[1198] Vgl. Presseerklärung vom 16. Mai 2000: Commission shakes up management of external assistance, IP/00/480, im Internet unter http://wwweuropa.eu.int/comm/europeaid/news/20000516_en.htm.

[1199] Vgl. Presseerklärung vom 21. Dezember 2000: The Commission today agreed on the creation of the EuropeAid Cooperation Office in a significant move to unify all EU External Assistance management services, im Internet unter http://europa.eu.int/comm/europeaid/news/20001221_en.htm, Ausdruck vom 31. Januar 2001.

[1200] Vgl. Council Conclusions vom 21. Mai 1999, 2180. Rat-Entwicklung, Evaluation of EC Development Instruments and Programmes, S. 5, im Internet unter http://europa.eu.int/comm/development/lex/en/pdf/conc_99_evaluation.pdf.

hat.[1201] Die Notwendigkeit, die Weltarmut effektiver zu bekämpfen, und die Betonung von sozialen Entwicklungszielen sowie der Umweltnachhaltigkeit, der natürlichen Ressourcen, der Menschenrechte und der Geschlechtergleichbehandlung hätten die Definition einer international akzeptierten Politikagenda unterstützt.[1202]

Eine Neuerung in der Entwicklungspolitik ist, dass die Gemeinschaft sich stärker darauf beziehen will, was andere Geber tun. Die Gemeinschaft müsse ihre spezifischen Kompetenzen in den Dienst der international vereinbarten Strategie stellen. Eine Konsequenz daraus ist, dass die Gemeinschaft einen sektoriellen Ansatz verfolgen will, d.h. sie wird in einigen Sektoren eine zentrale Rolle spielen, in anderen dagegen die Führung anderen Gebern überlassen und deren Aktivitäten co-finanzieren. Eine derartige sektorielle Konzentration soll obligatorisch sein für jede „Country Support Strategy“ (CSS) und steht im Einklang mit der überarbeiteten Konzeption der EU in Bezug auf ihre Entwicklungsprioritäten.[1203] Als eine generelle Regel im Rahmen der Kooperation mit normal funktionierenden Partnerländern heißt dies, dass in einem indikativen Programm mittleren bis großen Umfangs (über 40 Millionen Euro) nicht mehr als zwei klar identifizierte Schwerpunktsektoren mit so wenig Aktivitäten wie möglich innerhalb jeden Sektors enthalten sein sollten. In kleineren Programmen sollte es generell nur einen Schwerpunktsektor geben und in Programmen mit unter 10 Millionen Euro nur ein Projekt. Andernfalls sind die Delegationen dazu aufgefordert, die Streuung zu rechtfertigen und zu erklären, wie die zusätzliche Managementlast aus den bestehenden Personalressourcen aufgefangen werden kann.

Ein weiterer Grundsatz der neuen Entwicklungspolitik ist die Priorisation. Die Kommission will sich auf eine begrenzte Anzahl von Prioritäten, auf Grundlage ihrer komparativen Vorteile und dem Mehrwert der Entwicklungszusammenarbeit der Gemeinschaft konzentrieren. Die folgenden Sektoren sind entsprechend der o.g. Kriterien identifiziert worden:

- Handel und Entwicklung,
- Förderung der regionalen Integration und Zusammenarbeit,
- Unterstützung makroökonomischer Politiken mit einem expliziten Bezug zur Armutsreduzierung, insbesondere zu Sektorprogrammen auf sozialem Gebiet wie Gesundheit und Bildung,
- Transport,
- Nahrungssicherheit und nachhaltige ländliche Entwicklungsstrategien und
- Institutionelles „Capacity building“ gute Regierungsführung und Rechtsstaatlichkeit.

1201 Dazu zählt Nielson u.a. die UN-Konferenzen, die DAC-Strategie, die PRSPs sowie das CDF.

1202 Vgl. Nielson, Poul: European Community Development Policy more than Financial Assistance alone, Rede auf dem Seminar des Nobel-Institutes, Oslo, 23. April 2001, Speech/01/178, S. 2, im Internet unter http://www.europa.eu.int.

1203 Vgl. dazu unten das Stichwort „Priorisation“.

In allen diesen Bereichen sollen Querschnittsprinzipien beachtet werden, d.h. die Beachtung von Menschenrechten, der Einfluss auf die Armutsreduzierung, Geschlechtergleichbehandlung und Umweltnachhaltigkeit sollen stets Berücksichtigung finden.

Die gleichen Sektoren und Querschnittsfragen haben ihren Niederschlag in Teil III des neuen Cotonou-Abkommens gefunden, welches den Schwerpunkt auf folgende vier Gebiete der Unterstützung durch die Gemeinschaft legt:

1. wirtschaftliche Entwicklung mit den Komponenten Entwicklung des privaten Sektors und Investment, makro-ökonomische und strukturelle Politiken und Reformen und sektorielle Politiken,
2. soziale und menschliche Entwicklung auf Politiken im sozialen Bereich zielend, Jugendfragen und kulturelle Entwicklung,
3. regionale Zusammenarbeit und Integration und
4. thematische und Querschnittsthemen wie Geschlechterfragen, Umwelt und natürliche Ressourcen sowie Entwicklung von Institutionen und „Capacity building".[1204]

In anderen Bereichen soll der EG-Beitrag die Form einer Co-Finanzierung von Programmen annehmen, in denen andere Geber die Hauptrolle spielen.[1205] Die Voraussetzung dafür sind geänderte Regelungen, die der EG die Mitfinanzierung gestattet. Programmvorschläge müssen sich dabei stets an diesen gemeinsamen Prioritäten messen lassen. Dabei sollen diese Prinzipien der neuen Entwicklungsstrategie darauf ausgerichtet sein, die Entwicklungsziele der OECD zu erreichen, die nunmehr von allen Gebern für den Zeitraum bis 2015 akzeptiert worden sind.[1206] Bei der Aufstellung der „Country Support Strategy" durch die Delegationen soll jeweils darauf geachtet werden, ob und wie der vorgeschlagene Arbeitsplan diese internationalen Entwicklungsziele unterstützt.

Das Europäische Parlament begrüßte am 1. März 2001 in seiner Entschließung die Mitteilung der Kommission vom April 2000 über die Entwicklungspolitik der Europäischen Gemeinschaft,[1207] dass sich das vorgeschlagene Konzept im wesentlichen auf die Beseitigung der Armut konzentriert. Diese Stellungnahme war jedoch mit einer kritischen Analyse der Ziele, der Strategie und der Organisation der Ent-

---

[1204] Vgl. KOM (2000) 212 endgültig vom 26. April 2000: Die Entwicklungspolitik der Europäischen Gemeinschaft, Mitteilung der Kommission an den Rat und das Europäische Parlament.

[1205] Vgl. Nielson, Poul: Neue Schwerpunkte und verbesserte Organisation für die Entwicklungszusammenarbeit der Europäischen Gemeinschaft, Rede anlässlich eines DSE-Forums, http://www.dse.de/ef/unity/nielso_d.htm, Mai 2000, S. 5.

[1206] Vgl dazu die Ausführungen zur Millenniumsgeneralversammlung in Kapitel 1, Abschnitt 1.2.1.

[1207] Vgl. die Entschließung des Europäischen Parlaments zu der Mitteilung der Kommission über die Entwicklungspolitik der Europäischen Gemeinschaft, ABl. C 277 vom 1. Oktober 2001.

wicklungspolitik verbunden. Obwohl es anderer Auffassung ist und für eine Strategie der nachhaltigen Nutzung der natürlichen Ressourcen und zielgerichteten Investitionen plädiert, unterstützt es den Ansatz der Kommission, wonach sich die Entwicklungspolitik innerhalb des allgemeinen Rahmens der Außenbeziehungen der Union auf das Ziel der Beseitigung der Armut konzentrieren soll. Es unterstreicht, dass wirksame Strategien zur Beseitigung der Armut gleichermaßen auf die Verbesserung der Infrastrukturen im sozialen Bereich und im Gesundheitsbereich sowie der Produktionskapazitäten der Armen, d.h. Zugang zu Land, Technologie, Bildung, Krediten, Stärkung des gesellschaftlichen und organisatorischen Gefüges usw., ausgerichtet sein müssen. Darüber hinaus ist das Parlament der Ansicht, dass die organisierte Bekämpfung der Armut auf der Grundlage einer langfristigen Planung erfolgen muss, deren Ziel es ist, die EL bei der Stärkung ihrer institutionellen Kapazitäten und im Hinblick auf die verantwortungsvolle Staatsführung und Verwaltung, vor allem die Kontrolle der Verwendung öffentlicher Gelder, zu unterstützen.[1208]

Ein Aspekt der neuen Entwicklungspolitik betrifft Bestrebungen, eine größere Kohärenz zu erlangen zwischen dem, was die Gemeinschaft in anderen Politikbereichen, wie zum Beispiel der Landwirtschafts- und Fischereipolitik oder Handelspolitik unternimmt und was sie mit ihrer EZ erreichen will (Art. 178 EGV, vgl. oben). Diesbezüglich war eine neue Abteilung innerhalb der Generaldirektion für Entwicklung eingerichtet worden, die neue Vorhaben in verschiedenen Bereichen auf ihre Vereinbarkeit mit entwicklungspolitischen Zielen überprüfen sollte.

Auf Länderebene arbeitet die EG bei der Umsetzung des „Comprehensive Development Framework" und den PRSPs mit.[1209] Die EG geht davon aus, dass „Ownership" der Strategien für nachhaltige Entwicklung und Armutsreduzierung der Schlüssel für den Erfolg von Entwicklungspolitiken ist. Daher strebt sie an, ihre Unterstützung, die in den Länderstrategiepapieren („Country Strategy Papers", CSP)[1210] dargestellt ist, in einen breiteren Rahmen zu integrieren. Für Länder mit geringem Einkommen ist der Hauptrahmen das PRSP und der Prozess, der diese begleitet. Bei einer Aktualisierung der CSPs können diese angepasst werden, um den Fortschritt des Landes bei der Aufstellung eines vollständigen PRSPs zu reflektieren. Die Entwicklung des PRSP-Prozesses eröffne eine wesentliche Möglichkeit, die Wirksamkeit der globalen Entwicklungsbemühungen zu erhöhen. Die Kommission habe zur Entwicklung dieser Methode u.a. durch ihre eigene Refokussierung beigetragen. Dies schließt die Verlagerung der Hilfe in Richtung direkter Beiträge an die Budgets der Partnerländer ein, wo notwendige Voraussetzungen gegeben sind.[1211]

[1208] Vgl. Bulletin der EU, 3-2001, Entwicklungszusammenarbeit (3/6).
[1209] Vgl. dazu Kapitel 2, Abschnitt 1.2.1. sowie Teil 3, Kapitel 2, Abschnitt 1.1.1.
[1210] Vgl. zu den „Country Strategy Papers" Teil 3, Kapitel 2, Abschnitt 1.1.3.
[1211] Vgl. European Communities: Annual report 2001 on the EC development policy and the implementation of the external assistance, 2002, S. 22.

In diesem Zusammenhang ist auch das 1997 gestartete Pilotprojekt zur Erprobung einer neuen Methode der Implementierung wirtschaftlicher Reformprogramme zu nennen, das im Rahmen der „Strategic Partnership for Africa" angesiedelt ist[1212] und bei dem die Europäische Kommission die Koordinierung übernommen hat. Das Projekt zielt auf eine Steigerung und Verstärkung der „Ownership" der Regierung bei Reformen durch intensivere Vorbereitung des Reformprogramms durch die Regierung. Zudem werden potentielle „Stop-and-go"-Probleme angesprochen, die entstehen können, wenn die Auszahlung der Mittel an vereinbarte Durchführungsziele geknüpft werden. Zudem versucht es, die Vielzahl der Gebermissionen durch gemeinsame Geber-Bewertungen zu ersetzen und damit die Belastung durch sich doppelnde Geberanfragen an Regierungsbedienstete zu reduzieren.[1213]

Zu erwähnen ist weiter, dass regionale Kooperation und Integration insgesamt ein Schwerpunkt der EG-Entwicklungszusammenarbeit darstellt. Dies gilt auch im Hinblick auf die neuen Partnerschaftsabkommen, die bis 2008 abgeschlossen werden sollen.[1214] Regionale Integration sei, so die Kommission, in allen Regionen ein Schlüsselelement für nachhaltige Entwicklung. Viele EL haben regionale Integration als einen Mechanismus zur Integration ihrer Volkswirtschaften in die Weltwirtschaft gewählt. Regionale Integration beinhalte als eine wichtige Komponente die Unterstützung des Aufbaus von Institutionen und Kapazitäten und ist die einzige effektive Art, grenzüberschreitende Probleme anzugehen. Daneben sei regionale Integration außerdem in vielen Gegenden der Welt der effektivste Mechanismus zur Konfliktprävention und Konfliktlösung geworden. Eigene Erfahrungen sprechen für eine aktive Führungsrolle der EG in diesem Bereich.[1215]

2.3. Handels- und Entwicklungspolitik

Neben rein entwicklungspolitischen Maßnahmen sind auf der anderen Seite die handelspolitischen Maßnahmen zu nennen, die entwicklungspolitisch großen Einfluss auf die EL haben können. Handelspolitische Maßnahmen sind z.B. allgemeine Handelspräferenzen, verbesserte Markzugangskonditionen und Mechanismen zur Stabilisierung von Exporterlösen für Rohstoffe.[1216] Die EG, die sich verstärkt für den Kampf gegen die Armut einsetzen will, sollte, so Kommissar Nielson, diesen Kampf nicht nur durch politischen Dialog und EZ, sondern auch mit Hilfe des Handels führen. Die Gemeinschaft ist der größte Handelspartner der EL. Nielson ist der Auffassung, dass in einem globalisierten internationalen System nur durch Handel die nachhaltige Verringerung der Armut möglich ist. Im Bereich des Handels könne die EG auf drei Ebenen ansetzen: Erstens kann die Gemeinschaft den

---

1212 Vgl. dazu Kapitel 2, Abschnitt 1.2.3.

1213 Vgl. o.V.: http://www.worldbank.org/afr/index/partners.htm, Ausdruck vom 2. Mai 2003.

1214 Vgl. dazu Abschnitt 2.5.

1215 Vgl. Mitteilung der Kommission an den Rat und das Europäische Parlament: Die Entwicklungspolitik der Europäischen Gemeinschaft, KOM (2000) 212 endgültig vom 26. April 2000, S. 28.

1216 Vgl. Schmalz, Uwe: Europäische Union als internationaler Akteur, in Handwörterbuch internationale Politik, Woyke, Wichard (Hrsg.), Opladen, 2000, S. 109-131, S. 115.

EL helfen, ihre eigene Handelspolitik zu konsolidieren und zu verbessern. Zweitens kann sie ihren Markt für die Exporte der EL zur Verfügung stellen und drittens im internationalen Handelssystem, vor allem in der Welthandelsorganisation, für die Interessen der EL eintreten. Daneben kann und sollte die EG auf der Grundlage ihrer eigenen Erfahrungen die EL in ihren Bemühungen zur regionalen Integration als einem wichtigen Schritt zur Integration in die Weltwirtschaft unterstützen.[1217]

Die Gemeinschaft hat im Bereich der Handelspolitik eine ausschließliche Kompetenz gegenüber ihren Mitgliedstaaten. Art. 131 EGV enthält eine Grundsatzerklärung zur gemeinsamen Handelspolitik der EG gegenüber Drittstaaten. Die Norm enthält ein Bekenntnis zu einer liberalen Handelspolitik. Jedoch ist die Gemeinschaft danach nicht verpflichtet, die Einfuhr aus Drittländern zu liberalisieren, wenn sich ein solches Vorgehen als den Interessen der Gemeinschaft zuwiderlaufend erweist. So kann deshalb z.B. die Einfuhr von Kontingenten für bestimmte Waren erlaubt werden.[1218] Der Inhalt handelspolitischer Maßnahmen ist offen. Art. 133 Abs. 1 EGV zählt typische Maßnahmen auf. Möglich sind u.a. Änderungen von mit Drittstaaten vereinbarten Zolltarifen des Gemeinsamen Zolltarifs oder die autonome Festsetzung von Zolltarifen mit handelspolitischer Zielsetzung. Zu diesen Zollregelungen zählt auch das jährlich erneuerte „General System of Preferences" (GSP) für bestimmte gewerbliche Waren und Textilwaren zugunsten bestimmter EL.[1219]

Am 10. Dezember 2001 erließ der Rat die Verordnung (EG) Nr. 2501/2001 über das Schema allgemeiner Zollpräferenzen für den Zeitraum 2002-2004. Handelskommissar Pascal Lamy begrüßte die Entscheidung des Allgemeinen Rates vom 10. Dezember 2001, mit der eine Regulation in Bezug auf die Erneuerung der Zollpräferenzen zu Gunsten der EL angenommen worden war.[1220] Das neue Regime des GSP sei ein einfacheres, klareres und berechenbareres Rahmenwerk und steigere das GSP als ein Mittel für nachhaltige Entwicklung. Lamy kommentierte dies wie folgt:

> „Following the launch of the Doha Development Agenda, and agreement to the Everything But Arms initiative, this is further concrete evidence that the interests of developing countries are at the top of our agenda...This is the most generous GSP package ever put forward by the European Union. We want to see more use made of GSP, and particularly of the strong incentives provided for compliance with core labour standards."[1221]

[1217] Vgl. Nielson, Poul: Neue Schwerpunkte und verbesserte Organisation für die Entwicklungszusammenarbeit der Europäischen Gemeinschaft, Rede anlässlich eines DSE Forums, http://www.dse.de/ef/unity/nielso_d.htm, Mai 2000, S. 3.

[1218] Vgl. Geiger, Rudolf: EUV, EGV: Vertrag über die Europäische Union und Vertrag zur Gründung der Europäischen Gemeinschaft; Kommentar, München: Beck, 3. Auflage, 2000, Art. 131, Rz.1, mit Verweis auf EuGH 1998 I, 7278 – Vereinigtes Königreich/Rat.

[1219] Vgl. Geiger, Rudolf: ebenda, Art. 133, Rz.16.

[1220] Vgl. EU: Presseerklärung IP/01/1763 vom 10. Dezember 2001: Council adopts new scheme of tariff preferences (GSP) for developing countries, Brüssel, 10. Dezember 2001.

[1221] Vgl. EU: ebenda.

Die GSP-Regelung, die am 1. Januar 2002 in Kraft getreten ist und bis Ende 2004 gilt, soll die Präferenzspannen wieder herstellen, die durch die andauernde Reduzierung der MFN-Zollsätze erodiert worden sind. Sie soll die Effektivität des GSP als ein Mittel für nachhaltige Entwicklung erhöhen und die Verwaltung des Systems vereinfachen, die Prozeduren vereinfachen, die Regeln klarstellen und die Berechenbarkeit erhöhen. Ziel sei, dass die davon profitierenden Länder davon mehr und besser Gebrauch machen und die Importe steigern, für die die bevorzugte Behandlung möglich ist. Die Produktkategorien wurden auf zwei reduziert. Während nicht-sensible Produkte weiterhin zollfreien Zugang auf den Gemeinschaftsmarkt haben, gilt für alle anderen Produkte eine einheitliche „flat rate"-Reduzierung von 3,5 Prozentpunkten. Eine „stand-still"-Klausel stellt sicher, dass die Präferenzbehandlung unter der alten Regelung dann Anwendung findet, wenn sie günstiger ist. Dies gilt mit der Ausnahme, dass Zollermäßigungen auf Textilien und Bekleidung um 20 % reduziert werden (5 % mehr als unter der vorherigen Regelung). Präferenzen unter besonderen Arrangements für die LDCs (sog. „Everything but Arms"-Initiative, vgl. dazu unten) sowie unter besonderen Arrangements zur Bekämpfung von Drogenproduktion und illegalem Handel bleiben unverändert. Besondere Anreiz-Arrangements zum Schutz von Arbeitsrechten und der Umwelt werden durch das neue Regelwerk erheblich attraktiver. Sie bieten nunmehr Zollvergünstigungen von 5 Prozentpunkten, zusätzlich zu den 3,5 Prozentpunkten unter dem allgemeinen Arrangement.[1222] In Bezug auf „Graduation" wurden die Regeln klargestellt und ergänzt. Die Bedingungen dafür sollen jährlich überprüft und angewendet werden. Das neue System vereinfacht die Regeln und harmonisiert die Prozeduren und soll damit Nutzerfreundlicher sein, sowohl für die Händler als auch für die betreffenden Länder.[1223]

Themen, die die EU auf der Millenniumsagenda der WTO reflektiert sehen wollte, waren Diskussionen über spezielle Bestimmungen, um den besonderen Bedürfnissen der LDCs gerecht zu werden, Hilfen zur Umsetzung der bereits vereinbarten WTO-Bestimmungen und die wesentliche Verbesserung des Marktzugangs der LDCs und ihrer Handelsmöglichkeiten. Weitere Themen waren die Berücksichtigung der Entwicklungsperspektive bei Verhandlung neuer Bereiche im Rahmen der WTO, „Capacity building" sowie die Frage nach größerer Kohärenz im „global economic policy making".[1224]

In Bezug auf die Ministerkonferenz in Cancun im September 2003 hat das Europäische Parlament eine Resolution verabschiedet. Darin bestätigt es die von der Kommission ausgearbeiteten Verhandlungspositionen sowohl in Bezug auf den

[1222] Die besonderen Anreiz-Arrangements zum Schutz der Arbeitsrechte wurden erneuert und in Übereinstimmung mit der „ILO Declaration on Fundamental Principles and Rights at Work" von 1998 gebracht.

[1223] Vgl. EU: Presseerklärung IP/01/1763 vom 10. Dezember 2001: Council adopts new scheme of tariff preferences (GSP) for developing countries.

[1224] Vgl. EU: http://europa.eu.int/comm/trade/miti/devel/index_en.html, Ausdruck vom 19. Februar 2000.

Marktzugang als auch in Bezug auf Rechtssetzung. Dazu gehört u.a. die Sicherstellung, dass das Ergebnis der Runde zu stärkerem Wachstum, Entwicklung und wirtschaftlichen Möglichkeiten für die EL führt. Es wurde die Bedeutung von technischer Hilfe für die EL betont sowie das Erfordernis des Zugangs zu Medizin als eine Priorität. Das Parlament betonte die Notwendigkeit, die Exportunterstützungen für landwirtschaftliche Produkte zu reduzieren und den Marktzugang zu erhöhen. Insbesondere die USA und die Länder der Cairns-Gruppe wurden aufgefordert, sich flexibel zu zeigen und den Zusagen der EU gleichzuziehen. In Bezug auf Industriegüter sollten Zollspitzen, hohe Zölle und nichttarifäre Maßnahmen angegangen werden und den LDCs geholfen werden, von den Handelspräferenzen Gebrauch zu machen. Weiter wurde unter anderem die formelle Aufnahme der Verhandlungen in Bezug auf die Singapur-Themen unterstützt, jedoch solle sichergestellt werden, dass die Belange der EL berücksichtigt werden.[1225]

Die Überprüfung der Handelspolitik durch die WTO[1226] ergab, dass die EU, strebend nach Handelsliberalisierung durch multilaterale, regionale und bilaterale Initiativen, ihre Märkte mit Ausnahme von Textilien und Landwirtschaft im Wesentlichen offen gehalten hat.[1227]

In Bezug auf die handelsbezogenen Entwicklungshilfe[1228] ist die EU in zwei Bereichen tätig. Neben der Unterstützung einer wirksamen Beteiligung der EL am multilateralen Handelssystem leistet sie sonstige handelsbezogene Entwicklungshilfe. Zu ersterem gehört Hilfe beim WTO-Beitritt und den multilateralen Handelsverhandlungen, vor allem durch Schulungsprogramme und Beiträge zur Deckung logistischer Kosten. Daneben erfolgt Unterstützung bei der Umsetzung und Anwendung bestehender und künftiger WTO-Übereinkommen sowie die Unterstützung der politischen Reformen und Investitionen, die für eine größere wirtschaftliche Effizienz und eine stärkere Beteiligung am multilateralen Handelssystem erforderlich sind.[1229] Die EU unterstützt das Ziel des „Integrated Framework", die Erbringung und die Relevanz von handelsbezogener technischer Hilfe der daran beteiligten Institutionen an LDCs zu verbessern. Solche Hilfe müsse auf einer Bewertung der Bedürfnisse einzelner Länder im Zusammenhang mit deren Gesamtentwicklungsstrategie basieren. Die Verbesserung der Durchführung des IF habe eine hohe Prio-

---

1225 Vgl. EU: Presseerklärung IP/03/947 vom 3. Juli 2003: EU-WTO: Pascal Lamy welcomes Euopean Parliament resolution on the road to Cancun.

1226 Vgl. dazu Kapitel 3, Abschnitt 1.2.6.

1227 WTO Mitglieder überprüften die EU-Handelspolitiken am 24. und 26. Juli 2002, vgl. WTO: Presseerklärung unter http://www.wto.org/english/tratop_e/tpr_e/tp198_e.htm, Ausdruck vom 26. Juli 2002.

1228 Vgl. die Aufzählung handelsbezogener Hilfsprogramme aus jüngerer Zeit in: KOM (2002) 513 endg. vom 18. September 2002: Mitteilung der Kommission an den Rat und das Europäische Parlament: Handel und Entwicklung, Unterstützung der Entwicklungsländer bei der Nutzung der Vorteile des Handels, Anhang 1, S. 33f.

1229 Vgl. KOM (2002) 513 endg. vom 18. September 2002: ebenda, S. 25f.

rität für alle Beteiligten.[1230] Im Rahmen der sonstigen handelsbezogenen Entwicklungshilfe sind auf nationaler und regionaler Ebene eine Reihe von Mechanismen eingeführt worden, um die Neupositionierung der Wirtschaft zu unterstützen und die Wettbewerbsfähigkeit des Privatsektors in den EL zu verbessern. Darüber hinaus bilden die Stärkung der Fördereinrichtungen und die Verbesserung der Infrastruktur einen Kernbereich der Unterstützung der EU. Durch die Doha-Entwicklungsgenda und die Initiativen für regionale Integration wird die Hilfe bei der Verbesserung der Reaktion der Angebotsseite noch verstärkt. So wurde für die AKP-Länder im Rahmen des 9. Europäischen Entwicklungsfonds eine Investitionsfazilität geschaffen. Zudem ist auf die Wirtschaftspartnerschaftsabkommen zu verweisen, über die seit September 2002 verhandelt wird.[1231] Unter dem Cotonou-Abkommen[1232] wird Hilfe in handelsbezogenen Bereichen auf nationaler, regionaler und horizontaler Ebene (verfügbar für alle AKP-Länder) erfolgen. 10 Billionen Euro sind geplant für ersteres und etwa 260 Millionen Euro für regionale Interventionen. Horizontale Programme schließen eine 10 Millionen Euro WTO-Unterstützungsinitiative ein, sowie ein 20 Millionen Euro Unterstützungsprogramm, um AKP-Ländern einen effektiven Eintritt in die Verhandlungen um die wirtschaftlichen Partnerschaftsabkommen zu ermöglichen.[1233]

2.4. Die Stellung der LDCs im Rahmen der EG-Entwicklungspolitik

Die EZ der Gemeinschaft soll sich gemäß Art. 177 EGV primär an die am meisten benachteiligten Länder richten. Dieser Begriff des Gemeinschaftsrechts ist nicht identisch mit dem Begriff der am wenigsten entwickelten Staaten (LDCs), dürfte sich jedoch weitgehend damit decken.[1234]

Noch vor der dritten UN-LDC-Konferenz und im Hinblick auf konkrete praktische Ergebnisse der Konferenz, die im Mai 2001 in Brüssel stattfand, hatte die Kommission am 11. April 2001 ein Maßnahmenpaket angenommen, dass die europäische Unterstützung aufzeigt.[1235] Geplant war danach erstens eine schärfere Fokussierung des Zuflusses von Hilfe an die ärmsten Länder. Ungefähr 90 % des 9. Europäischen Entwicklungsfonds (13,5 Billionen Euro) werden danach an die LDCs fließen und auch die EZ der Gemeinschaft in Ländern mit mittlerem Einkommen soll eine starke Armutsfixierung haben.

[1230] Vgl. Development co-operation with the least developed countries, Fighting poverty, Europäische Kommission, 2001, S. 28.

[1231] Vgl. KOM (2002) 513 endg. vom 18. September 2002: Handel und Entwicklung, Unterstützung der Entwicklungsländer bei der Nutzung der Vorteile des Handels, Mitteilung der Kommission an den Rat und das Europäische Parlament, S. 27f.

[1232] Vgl. dazu insgesamt Abschnitt 2.5.

[1233] Vgl. European Communities: Annual report 2001 on the EC development policy and the implementation of the external assistance, 2002, S. 130f.

[1234] Vgl. Zimmermann, Andreas in: Kommentar zum EU-/EG-Vertrag, Band 3, Groeben, Hans von der/ Thiesing, Jochen/ Ehlermann, Claus-Dieter (Hrsg.), Baden-Baden: Nomos, 5. Auflage, 1999, Artikel 130 u, Entwicklungszusammenarbeit, S2051f, Rz. 59.

[1235] Vgl. EU: Presseerklärung IP/01/677 vom 11. Mai 2001: Commission calls for a renewed effort to fight poverty on eve of UN Conference to help least developed countries, S. 2.

Eine zweite Maßnahme stellte die bereits erwähnte „Everything but Arms Initiative" (EBA) dar, die den LDCs zollfreien und unbeschränkten Zugang zum Markt für alle Produkte aus LDCs (nicht nur die AKP-LDCs) mit Ausnahme von Waffen verschaffen soll. Der EU-Handel mit den LDCs ist für diese bedeutsam, denn die Gemeinschaft ist der weitaus größte Importeur von Produkten der LDCs. 1998 haben die LDCs Güter im Wert von 15,488 Millionen Euro exportiert, davon entfällt ein Importanteil von 56 %, d.h. 8.714 Millionen, auf die EU, 5.586 Millionen auf die USA (36 %), 942 Millionen auf Japan (6 %) sowie 244 Millionen auf Kanada (2 %).[1236] Bereits seit 1997 hat die EU zollfreien Zugang zu ihrem Markt für 99 % aller Exporte gewährt, was 91 % aller Tarif-Linien umfasste, jedoch eine Anzahl von Agrarprodukten von der vollständigen Handelsliberalisierung ausnahm.[1237]

Am 26. Februar 2001 hat der Ministerrat den EBA-Vorschlag der Kommission angenommen. Mit der Verordnung (EG) Nr. 416/2001 änderte er am 26. Februar 2001 die Verordnung (EG) Nr. 2820/98 über ein Mehrjahresschema allgemeiner Zollpräferenzen, um für alle Waren mit Ursprung in den am wenigsten entwickelten Ländern mit Ausnahme von Waffen und Munition Zollfreiheit ohne mengenmäßige Beschränkungen zu gewähren. Diese Initiative, die unter der Bezeichnung „Alles außer Waffen" bekannt geworden ist, geht über diejenigen Verpflichtungen hinaus, die die Gemeinschaft im Bereich des freien Marktzugangs für sämtliche Waren der am wenigsten entwickelten Länder eingegangen war. Sie wurde am 16. Mai vom Europäischen Parlament in einer Entschließung begrüßt.[1238] Am 19. Dezember 2001 beschloss der Rat, Senegal in die Liste der Begünstigen dieser Regelung aufzunehmen[1239], das in 2001 von den UN in die Liste der LDCs aufgenommen worden war. Allerdings war der ursprüngliche EBA-Vorschlag in langen Diskussionen erheblich eingeschränkt worden, so dass die Regelung für die sensibelsten Produkte wie Bananen, Zucker und Reis lange Übergangsfristen vorsieht. Für Bananen soll die Liberalisierung im Zeitraum vom 1. Januar 2002 bis 1. Januar

---

[1236] Vgl. Development co-operation with the least developed countries, Fighting poverty, Europäische Kommission, 2001, S. 26 sowie EU: http://europa.eu.int/comm/trade/miti/devel/eba2.htm, Ausdruck vom 13. Februar 2001.

[1237] Vgl. dazu auch Lamy, Pascal: The link between Trade and Development – What role for the EU Trade Policy, Rede auf der AIF-Konferenz, Christiansborg, 12. September 2000, http://europa.eu.int/comm/trade/speeches_articles/spla31_en.htm, vgl. z.B. auch Council Regulation (EC) Nr. 2820/98 vom 21. Dezember 1998: applying a multiannual scheme of generalized tariff preferences for the period 1 July 1999 to 31 December 2001, die in Abschnitt 4, Art. 6 vorsah: „For the least-developed countries listed in Annex IV, Common Customs Tariff duties shall be suspended in their entirety in respect of all products listed in Annex I and reduced according to the modulation mechanism provided for in Article 2 in respect to the products listed in Annex VII." sowie COM (2000) 561 final: proposal for a Council Regulation amending Council Regulation (EC) No 2820/98 applying a multiannual scheme of generalized tariff preferences for the period 1 July 1999 to 31 December 2001 so as to extend duty-free access without any quantitative restrictions to products originating in the least-developing countries.

[1238] Vgl. EU: http://www.europa.eu.int/abc/doc/off/rg/de/2001#fn3, Ausdruck vom 23. Januar 2002.

[1239] Vgl. Verordnung (EG) Nr. 2586/2001 (ABl. L 345 vom 29.12.2001).

2006 erfolgen, für Zucker vom 1. Juli 2006 bis 1. Juli 2009 und für Reis vom 1. September 2006 bis 1. September 2009. Jedoch sollen für Zucker und Reis bereits 2001/2002 zollfreie Tarifquoten eingeführt werden, die sich an den besten Exporten der LDCs in der letzten Zeit orientieren und sich ab sofort jährlich um 15 % steigern sollen.[1240] Zum einen ist eine solche Liberalisierungsmaßnahme ein politisches Signal der Unterstützung der LDCs bei der Integration in die Weltwirtschaft, zum anderen erhoffte sich EU dadurch natürlich, dass auch andere Industriestaaten (einschließlich der USA) sowie Schwellenländer ihre Märkte öffnen. Der EBA-Vorschlag trat am 5. März 2001 in Kraft.[1241] Er erfolgte in Änderung des bereits existierenden allgemeinen Präferenzsystems.

Drittens werden Maßnahmen, um HIV/AIDS, Malaria und Tuberkulose zu bekämpfen, unter Nutzung aller Entwicklungs- Handels- und Forschungsinstrumente als vordringlich erachtet.

Schließlich wurde viertens ein Vorschlag über 60 Millionen Euro gemacht, die aus den Reserven des 9. EEF entnommen werden sollten, um alle nach voller Anwendung der HIPC-Mechanismen verbleibenden Rückzahlungen für Sonderdarlehen von hoch verschuldeten LDC-AKP-Ländern zu erlassen. Ebenso wurde der Beitrag der Kommission erwähnt, die bereits mit 1 Billion Euro den weitaus größten Anteil an der HIPC-Initiative leistet.[1242]

2.5. Die Verträge von Lomé und Cotonou

Da sich diese Arbeit speziell mit den LDC befasst, soll die besondere Beziehung der EU mit den nunmehr 77 AKP-Staaten[1243] im Folgenden näher dargestellt werden. 40 der 49 Staaten der UN-LDC-Liste sind auch AKP-Staaten.[1244]

1240 Vgl. Development co-operation with the least developed countries, Fighting poverty, Europäische Kommission, 2001, S. 27.

1241 Vgl. die Verordnung des Rates 416/2001vom 28. Februar 2001.

1242 Vgl. Presseerklärung IP/01/677 vom 11.05.2001: Commission calls for a renewed effort to fight poverty on the eve of UN Conference to help least developed countries, S. 2 sowie KOM (2001) 209 endg. vom 11. April 2001: 3. UN-Konferenz über die am wenigsten entwickelten Länder, Mitteilung der Kommission an den Rat und das Europäische Parlament, S. 9.

1243 Die 77 AKP-Staaten sind: Angola, Ghana , Saint Vincent und die Grenadinen, Antigua und Barbuda, Grenada, Samoa, Bahamas, Guinea, São Tomé und Principe, Barbados, Guinea-Bissau, Senegal, Belize, Äquatorialguinea, Seychellen, Benin, Gyuana, Sierra Leone, Botsuana, Haiti, Salomonen, Burkina Faso, Jamaika, Somalia, Burundi, Kenia, Südafrika, Kamerun, Kiribati, Sudan, Kap Verde, Lesotho, Surinam, Zentralafrikanische Republik, Liberia, Swaziland, Tschad, Madagaskar, Tansania, Komoren, Malawi, Togo, Kongo (Brazzaville), Mali, Tonga, Kongo (Demokratisce Republik), Mauretanien, Trinidad und Tobago, Côte d'Ivoire, Mauritius, Tuvalu, Dschibuti, Mosambik, Uganda, Dominica, Namibia, Vanuatu, Dominikanische Republik, Niger, Sambia, Eritrea, Nigeria, Simbabwe, Äthiopien, Papua-Neuguinea, Fidschi, Ruanda, Gabun, St. Kitts und Nevis, Gambia, St. Lucia sowie zuletzt mit dem Cotonou-Vertrag neu dazugekommenen Pazifikstaaten Palau, Mikronesien, die Marschallinseln, Nauru, die Cookinseln und Niue.

1244 Vgl. Anhang VI zum Cotonou-Abkommen vom 23. Juni 2000. Die Nicht-AKP-LDCs sind Jemen, Afghanistan, Bangladesch, die Malediven, Nepal, Bhutan, Myanmar, Laos und

Bereits der Vertrag von Rom enthielt Bestimmungen, die die Beziehungen der Mitgliedstaaten zu den ehemaligen Kolonien auf EG-Ebene hob, um die Kostenlast zu verteilen. Naturgemäß ging dies von Frankreich aus, da zunächst 27 der 31 Länder, die damals finanzielle Hilfe erhielten, ehemalige französische Kolonien waren. Die finanzielle Hilfe durch die EG sollte dabei die bilaterale Hilfe nur ergänzen. Mit Einrichtung des ersten Fonds bereits 1958 wurde ein institutionelles Rahmenwerk errichtet, das so derzeit heute noch besteht. Die Hilfe durch den Fonds floss zumeist in Sektoren wie Transport, Landwirtschaft, Häfen, Bildung und öffentliche Gesundheit, was während der zwei Yaoundé-Konventionen (1964-1971 sowie 1971-1976) unverändert blieb. Bereits während der Yaoundé I wurden sogenannte „weiche Kredite" durch die Europäische Investitionsbank (EIB) ausgereicht. Unter Yaoundé II wurde der Stabilisationsfonds für Exporte (STABEX) eingerichtet, der schwere Verluste durch landwirtschaftliche Exporte in den ACP Staaten ausgleichen sollte. Gesamtzahlungen nach oben waren begrenzt, auch fallen nicht alle wichtigen Produkte unter das System. Ausgeklammert waren z.B. Zucker und Tabak, die durch EG-Marktordnungen gestützt werden. Ein Land erhielt nur dann Ausgleichszahlungen für ein Produkt, wenn das betroffene Produkt mindestens 5 % der Exporterlöse des Landes erbringt. Die Transferzahlungen sollten für Programme und Projekte zur Stabilisierung oder Stärkung des betroffenen Sektors genutzt werden. Nur dann, wenn darlegbar war, dass ein Sektor nicht mehr länger lebensfähig ist, konnten STABEX-Fonds auch für Zwecke der Diversifizierung von Produktion verwendet werden und waren dann als Hilfe zur Umstellung von Aktivitäten bestimmt.[1245] Praktisch waren die Ausgleichzahlungen bis 1989 ein direkter Einkommenstransfer und nicht an Bedingungen geknüpft.[1246] Ein Land erhielt durch das System kaum Anreize zur Diversifizierung der Produktion. Das STABEX-System ist nun nicht mehr Bestandteil der neuen AKP-Vereinbarung.[1247] Collar formulierte die Kritik am STABEX-System wie folgt:

> „The time-lag between a shock and the STABEX money coming in was so long that STABEX was useless as a cushion."[1248]

SYSMIN, der Sonderfonds für Bergbauerzeugnisse ist erstmals unter Lomé II (1980-1985) eingerichtet worden. Zuletzt stellte der Fonds, der der EG vor allem

---

Kambodscha, vgl. EU: http://europa.eu.int/comm/trade/miti/devel/eba2.htm, Ausdruck vom 13. Februar 2001.

[1245] Vgl. Europäische Kommission: The Stabex System and export revenues in ACP countries, Brüssel, Dezember 1997, S. 14, vgl. dazu auch Cox, Aidan/ Chapman, Jonny: The European Community External Cooperation Programmes – Policies, Management and Distribution, Overseas Development Institute, London, 1999, S. 62f.

[1246] Vgl. Europäische Kommission: ebenda S. 14, vgl. auch Kappel, Robert: Zweifelhafte Vorzugsbehandlung: An einer Reform der Handelsprivilegien für die AKP-Staaten führt kein Weg vorbei, Der Überblick, 33. Jahrgang, Nr. 2, Juni 1997, S. 7-12.

[1247] Vgl. dazu unten Abschnitt 2.5.

[1248] Vgl. Collier, Paul, Senior World Bank Expert on development economics research in : Aid: new callenges to traditional modes of development assistance, Paul Collier speaks to the Courier, in: the Courier, the magazine of ACP-EU development cooperation, Nr. 191, März-April 2002, Europäische Kommission, Brüssel, 2002, S. 25 bis 27, S. 26.

eine möglichst reibungslose Zufuhr an Rohstoffen sichern sollte, bei Erlösausfällen für neun mineralische Rohstoffe 575 Millionen ECU zur Verfügung, was ein Anreiz darstellt, mehr der neun Rohstoffe zu fördern.[1249]

Wirtschaftlich gesehen schafften die Lomé-Verträge eine Integrationsbeziehung der EG zu ehemaligen Kolonien einzelner Mitgliedsstaaten, auf deren Grundlage Waren mit Ursprung in den AKP-Staaten frei von Zöllen und Abgaben gleicher Wirkung in die Gemeinschaft eingeführt werden konnten (Präferenzsystem), was diese EL gegenüber anderen bevorzugte und damit gegen das Meistbegünstigungsprinzip des GATT verstieß. Obwohl die EG hier, wie auch bei Präferenzabkommen mit anderen EL lange Zeit die Auffassung vertrat, dass der in den Jahren 1964/65 dem Allgemeinen Abkommen hinzugefügte Teil IV, der der Entwicklungsproblematik gewidmet ist, und nichtreziproke Handelsvereinbarungen zulässt, als Rechtsgrundlage für die Abkommen herangezogen werden könne, wurde für das vierte Lomé-Abkommen ein „waiver" nach Art. XXV des GATT für die Zeit vom 9. Dezember 1994 bis 29. Februar 2000 beantragt und auch gewährt.[1250]

Den am wenigsten entwickelten AKP-Staaten sowie den Binnen- und Inselstaaten wurden auch im Rahmen des vierten Lomé-Abkommens (1990-2000), so beispielsweise in den Bereichen STABEX und SYSMIN, Sonderkonditionen eingeräumt (Art. 331, 334 bzw. 337).[1251]

Das große Interesse der EG an einer Partnerschaft mit den AKP-Staaten, wie eben beschrieben, hatte vor allem wirtschaftliche und politische Gründe. Da waren die Rohstoffkrise mit dem Ölpreisschock 1973 und die Forderungen der erstarkten Position der EL, die sich 1964 zur Gruppe der 77 zusammengeschlossen hatten. Zu nennen ist auch die Systemkonkurrenz zwischen Ost und West, die zur vertraglichen Festlegung der Handelspräferenzen und der Rohstoffpreisstabilisierung mittels STABEX und SYSMIN beitrugen. Schließlich spielte auch die Konkurrenz zu den USA eine Rolle, die die EG bewog, Afrika durch Absicherung von stabilen Preisen und Europa als Exportmarkt an sich zu binden.[1252]

Zusätzlich zur Vorzugsbehandlung von Exporten aus den AKPs stellten die Lomé-Konventionen Unterstützung für Handelsförderung und -entwicklung zur Verfü-

---

1249 Vgl. Kappel, Robert: Zweifelhafte Vorzugsbehandlung: An einer Reform der Handelsprivilegien für die AKP-Staaten führt kein Weg vorbei, Der Überblick, 33. Jahrgang, Nr. 2, Juni 1997, S. 7-12.

1250 Vgl. Hilpold, Peter: Die EU im GATT/WTO-System: Aspekte einer Beziehung „sui generis", Frankfurt am Main, Berlin...: Lang, 2000, S. 36f.

1251 Vgl. Zimmermann, Andreas in: Kommentar zum EU-/EG-Vertrag, Band 3, von der Groeben, Hans/ Thiesing, Jochen/ Ehlermann, Claus-Dieter (Hrsg), Baden-Baden: Nomos, 5. Auflage, 1999, Vorbemerkung zu den Artikeln 130 w, Entwicklungszusammenarbeit, S. 2078, Rz. 85.

1252 Diese Kriterien erwähnt auch Kappel, Robert in: Zweifelhafte Vorzugsbehandlung: An einer Reform der Handelsprivilegien für die AKP-Staaten führt kein Weg vorbei, Der Überblick, 33. Jahrgang, Nr. 2, Juni 1997, S. 7-12.

gung. Gelder des EEF wurden u.a. für die Teilnahme an Handelsmessen und technischer Hilfe bereit gestellt. Zudem wurden einige spezielle Handelsinstitutionen wie u.a. die „Centres for Development of Industry“ und „Tropical Agriculture“ unterstützt.[1253]

Nach den vier Abkommen von Lomé, die damit über Jahrzehnte hinweg die EZ zwischen der EG und der Gruppe der AKP-Staaten bestimmt haben, hat die EG am 3. Februar 2000 Verhandlungen mit den Staaten über ein neues Partnerschaftsabkommen beendet. Das Abkommen wurde am 8. Juni 2000 unterzeichnet und stand für zwei Jahre zur Ratifikation offen. Es regelt sowohl die Handelsbeziehungen, als auch die politische Dimension der Zusammenarbeit, die Strategie der Entwicklungszusammenarbeit sowie die finanzielle Zusammenarbeit nach dem Auslaufen der vierten Lomé Konvention am 29. Februar 2000. Das Cotonou-Abkommen ist wie bereits erwähnt am 1. April 2003 in Kraft getreten. Die Handelsbestimmungen des neuen Abkommens traten auf der Grundlage von Übergangsmaßnahmen bereits zum 1. März 2000 in Kraft und leiten eine Vorbereitungsperiode für den Abschluss neuer Handelsvereinbarungen am Ende der Vorbereitungsperiode ein. Die neuen Handelsvereinbarungen sollen völlig konform mit Verpflichtungen der WTO sein. Sie sollen schrittweise die Handelsbarrieren zwischen der Gemeinschaft und den AKP-Staaten abbauen und die Kooperation in allen handelsrelevanten Bereichen verstärken.[1254] Zur Durchführung des Abkommens hatte die EG erneut einen sogenannten „Waiver“ von den Bestimmungen des Paragrafs 1 des Artikels 1 des GATT 94 bei der WTO beantragt, um der EG erneut zu gestatten, den AKP-Staaten eine Vorzugsbehandlung für Produkte aus diesen Staaten zu gewähren, was die entsprechenden Bestimmungen des EG-AKP Partnerschaftsabkommens für die achtjährige Vorbereitungsperiode vom 1. März 2000 bis 31. Dezember 2007 wiederum vorsehen.[1255] Von den 77 AKP-Staaten sind 55 Mitglieder der WTO. Die Beziehungen zu Südafrika, ebenfalls ein AKP-Staat, wurden durch ein separates Abkommen geregelt.[1256] 76 Staaten kommen für den Abschluss der regionalen Wirtschaftspartnerschaftsabkommen (REPAs) in Betracht. Kuba, obwohl auch ein AKP-Staat, hat das Cotonou-Abkommen nicht unterzeichnet. Das Cotonou-Abkommen zählt in seinem Annex 6 die Staaten auf, die in dessen Rahmen als „least-developed“ angesehen werden sollen.[1257] In Art. 85 bestimmt es:

[1253] Vgl. Cox, Aidan/ Chapman, Jenny: The European Community External Cooperation Programmes – Policies, Management and Distribution, Overseas Development Institute, London, 1999, veröffentlicht durch die Europäische Kommission, Brüssel, 2000, S. 59.

[1254] Vgl. o.V.: Request for a WTO Waiver for the ACP-EC Partnership Agreement, Brüssel, 6. März 2000, S. 1, im Internet unter http://www.acpsec.org/gb/trade/6101100e.htm, Ausdruck vom 7. Februar 2001.

[1255] Vgl. ebenda, S. 2.

[1256] Vgl. dazu: Agreement on Trade, Development and Co-operation between the European Community and the Republic of South Africa, European Commission, February 1999.

[1257] Die LDCs im Rahmen des Cotonou-Vertrages sind: Angola, Benin, Burkina Faso, Burundi, Kap Verde, die Zentralafrikanische Republik, Tschad, die Komoren, Kongo (Demokratische Republik), Dschibuti, Äthiopien, Eritrea, Gambia, Guinea, Guinea Bissau, Äquatorialguinea, Haiti, Kiribati, Lesotho, Liberia, Malawi, Mali, Mauretanien, Madagaskar,

„The least-developed ACP States shall be accorded a special treatment in order to enable them to overcome the serious economic and social difficulties hindering their development so as to step up their respective rates of development."

Bereits das „Grünbuch über die Beziehungen zwischen der EU und den AKP-Staaten an der Schwelle zum 21. Jahrhundert" von 1997 hatte die Anpassung des Kooperationsrahmens im Hinblick auf das sich schnell wandelnde internationale Umfeld vorgeschlagen. Das Grünbuch sollte Denkanstöße geben und eine Diskussion im Hinblick auf die Zusammenarbeit nach Ablaufen des Lomé-Abkommens auslösen. Ziel einer Neuregelung war u.a. auch die Steigerung der Effizienz der EZ mit den AKP-Staaten. Das Grünbuch legte dar, dass neben dem nur unzureichend umgesetzten Partnerschaftsprinzip und Problemen auf der praktischen Ebene der finanziellen und technischen Zusammenarbeit auch das Ergebnis der Handelspräferenzen insgesamt enttäuschend sei. Das Instrument und die Protokolle für bestimmte Erzeugnisse habe zwar zweifellos maßgeblich zum Handelserfolg für die Länder beigetragen, die gleichzeitig eine entsprechende Politik der Diversifizierung eingeleitet haben. In den meisten AKP-Ländern fehlten jedoch die für den Ausbau der wirtschaftlichen und handelspolitischen Beziehungen unerlässlichen wirtschaftspolitischen und strukturellen Voraussetzungen. Zudem wären drei neue Entwicklungen zu berücksichtigen: die Übereinkommen von Marrakesch und die Verstärkung der Streitschlichtungsmechanismen, die den Fortbestand der Präferenzbeziehungen gefährden können, die immer raschere Liberalisierung der multilateralen und interregionalen Beziehungen und die zunehmende Bedeutung neuer Themen[1258] in der internationalen Handelsdiskussion. Angesichts dieser Änderungen wandle sich die relative Bedeutung der Zollregelungen. Auch die Ausdehnung der Arbeiten zur Vereinfachung und Harmonisierung geltender Ursprungsregeln der Präferenzabkommen wäre zu berücksichtigen.[1259] Schließlich müsse die EU auch auf Grund der stärkeren Differenzierung zwischen den einzelnen AKP-Staaten eine modulierfähige Form der Zusammenarbeit wählen, wobei die Maßnahmen von Land zu Land in jeweils unterschiedlichen Bereichen durchgeführt würden. Das Grünbuch schlägt vor, dass die Maßnahmen der Gemeinschaft zur Förderung der Wirtschaft auf die Integration der AKP-Staaten in die Weltwirtschaft abzielen sollten. Es müsse eine neue Handelsregelung entwickelt werden.[1260]

Mozambik, Niger, Ruanda, Samoa, Sâo Tomé und Principe, Sierra Leone, die Salomonen, Somalia, Sudan, Tansania, Tuvalu, Togo, Uganda, Vanuatu, Sambia, vgl. EU: http://europa.eu.int/comm/development/cotonou/landlocked_en.htm.

[1258] Dies sind z.B Umwelt, Wettbewerbspolitik, gesetzliche Regelungen für Investitionen, technische Normen, Hygienevorschriften und die Wahrung sozialer Grundrechte.

[1259] Vgl. Grünbuch über die Beziehungen zwischen der Europäischen Union und den AKP-Staaten an der Schwelle zum 21. Jahrhundert, Herausforderungen und Optionen für eine neue Partnerschaft, Luxemburg, Amt für amtliche Veröffentlichungen der Europäischen Gemeinschaften, 1997, S. VII.

[1260] Das Grünbuch stellte vier Varianten vor:

- Die Status quo-Option (Vertraglich vereinbartes System nicht gegenseitiger Präferenzen) mit den oben erwähnten Problemen,

Die neuen Wirtschaftspartnerschaftsabkommen, die in der Übergangsphase nach dem neuen Cotonou-Abkommen zwischen September 2002 und Januar 2008 ausgehandelt werden sollen, bedeuten faktisch eine Abschaffung der Präferenzbehandlung. Obwohl weitere Tarifreduktionen im Zuge der WTO ohnehin kommen werden, besteht der Vorteil des Cotonou-Abkommens für die AKP darin, dass es Handel mit Hilfe verknüpft, d.h. die EG stellt für die Umstellung und bereits während der Ausarbeitung der REPAs finanzielle und technische Hilfe zur Entwicklung und zur regionalen und internationalen Integration zur Verfügung. Die Abkommen werden auf vier grundlegenden Prinzipien beruhen: Partnerschaft bedeutet erstens, dass die Abkommen Rechte und Pflichten für beide Seiten beinhalten. Auf der einen Seite wird sich die EU auf eine weitere Öffnung ihres Marktes für AKP-Produkte und auf den Abbau aller übrigen Handelsschranken vorbereiten und entsprechende Hilfe gewähren, während die AKP-Staaten sich im Gegenzug auf die Öffnung ihrer Märkte und die Umsetzung angemessener Politiken zur Stärkung ihrer Angebotskapazitäten und zur Senkung der Transaktionskosten vorbereiten müssen. Zweitens wird regionale Integration von der EU als wirkungsvolles Mittel zur Förderung der Integration in die Weltwirtschaft angesehen. Daher sollen die Abkommen die in den AKP-Ländern laufenden Initiativen für regionale Integration stärken. Ein weiteres Prinzip soll Flexibilität sein. Da die Abkommen ein Entwicklungsinstrument darstellen, sollen sie mit aller notwendigen Flexibilität für die Berücksichtigung der wirtschaftlichen und sozialen und ökologischen Sachzwänge der betreffenden AKP-Länder sowie ihrer Fähigkeit zur Anpassung an die neuen Handelsbedingungen ausgestattet werden. Sie müssen außerdem in die Entwicklungspolitik der AKP-Länder und in die Förderstrategien der EU eingebunden werden. Viertes Prinzip ist ihr Bezug zur WTO.[1261]

Die Wirtschaftspartnerschaftsabkommen stellen keinen Selbstzweck dar, sondern sollen als Mittel zur Erleichterung der Integration der AKP-Länder in die Weltwirtschaft dienen. Sie sollen daher auf den WTO-Regeln aufbauen und den Ergebnissen der Entwicklungsagenda von Doha Rechnung tragen. Allerdings sollen sie in man-

---

- Anwendung des Allgemeinen Präferenzssystems (einseitige Maßnahme mit der Folge, dass die Handelsbestimmungen aus dem Kooperationsabkommen herausfallen und nicht mehr Gegenstand der Verhandlungen wären,
- die einheitliche Anwendung des Gegenseitigkeitsprinzips (Nach einer Übergangszeit müssten alle AKP-Staaten gemäß den WTO-Regeln der EU dieselben Vergünstigungen gewähren, wie sie ihnen) oder
- die differenzierte Anwendung des Gegenseitigkeitsprinzips (Einführung gegenseitiger Präferenzen zwischen der EU und einzelnen Ländergruppen bzw. einzelnen Ländern). Diese Optionen würden sich nicht gegenseitig ausschließen und könnten auch kombiniert werden, vgl. Grünbuch über die Beziehungen zwischen der Europäischen Union und den AKP-Staaten an der Schwelle zum 21. Jahrhundert, Herausforderungen und Optionen für eine neue Partnerschaft, Luxemburg, Amt für amtliche Veröffentlichungen der Europäischen Gemeinschaften, 1997, S. XIII.

[1261] Vgl. KOM (2002) 513 endg. vom 18.September 2002: Unterstützung der Entwicklungsländer bei der Nutzung der Vorteile des Handels, Mitteilung der Kommission an den Rat und das Europäische Parlament: Handel und Entwicklung, S. 28f.

cher Hinsicht über die WTO-Vereinbarungen hinausgehen und spezifischere und operationellere bilaterale Handelsbeziehungen vorsehen, durch die die praktischen Handelshemmnisse zwischen den AKP-Staaten und der EU abgebaut werden sollen und eine stärkere Integration der Volkswirtschaften beider Seiten entstehen soll.[1262]

Durch die Vereinbarung, bis zum Jahr 2008 zwischen der EU und den AKP-Staaten regionale Freihandelsabkommen zu entwickeln, so wird vertreten, würde den globalen Veränderungen entsprochen und gleichzeitig würde die entwicklungspolitisch beste Lösung auch für die AKP-Staaten gewählt: selbst nach 2008 könne es noch lange Übergangsfristen geben, in denen die Märkte der AKP-Staaten vergleichsweise geschützt werden, um sich gründlich auf das an die Region angepasste Freihandelsabkommen vorzubereiten.[1263] Andererseits bringt der in den Neuregelungen zum Ausdruck kommende Wechsel von rein konzessionellen Handelsbeziehungen (Lomé-Präferenzen) hin zu Verhandlungen, die AKP-Länder in die ungewöhnliche Situation, darum zu verhandeln, ihren Marktzugang zu behalten und der EU Marktzugang zu gewähren, ohne etwas dabei zu gewinnen. Auf der anderen Seite kann die EU nur gewinnen. Die AKP-Staaten könnten Importe aus der EU ohne Verhandlungen durch einseitiges Handeln liberalisieren. In den Verhandlungen geht es also nur darum, was sie gewinnen können, während „Gewinne" jedoch faktisch „Verluste" des Marktzugangs nach Lomé darstellen. Die Umsetzung der bereits 1997 gemachten Vorschläge markierten nach Page eine klare Verschiebung in der EU-Handelspolitik mit den AKP-Staaten von einer Entwicklungsorientierung hin zu einer strategischen Sicht (insbesondere in Richtung der Betonung von Marktzugang im Unterschied zur Versorgung mit Rohstoffen).[1264] Für die AKP-LDCs wird es jedoch wahrscheinlich auch nach 2008 noch bei einem nicht-reziproken Handelsregime verbleiben.[1265]

Organisatorisch ist der AKP-Handel nunmehr mit anderen Handelsfragen in der Generaldirektion für Handel angesiedelt, im Unterschied zu anderen Beziehungen, für die die Generaldirektion für Entwicklung zuständig ist. Kritisch merkt Page an, dass das Cotonou-Abkommen dennoch Handel mit Hilfe verbindet. Damit stelle sich das Problem, dass die AKP-Länder gleichzeitig mit der EU als Erbringer von Hilfe sowie als Forderer von Handelszugang verhandeln (und gleichzeitig gegenüber der EU auch Marktzugang fordern). Dies, so Page, würde die Nutzung wirt-

---

[1262] Vgl. KOM (2002) 513 endg. vom 18.September 2002: Unterstützung der Entwicklungsländer bei der Nutzung der Vorteile des Handels, Mitteilung der Kommission an den Rat und das Europäische Parlament: Handel und Entwicklung, S. 28f.

[1263] So: Wieczorek-Zeul, Heidemarie: Steigerung von Wirksamkeit und Effizienz der europäischen Entwicklungspolitik, Vortrag auf einem Forum der DSE, Mai 2000, http://www.dse.de/ef/unity/wiczo_d.htm, S. 4f.

[1264] Vgl. Page, Sheila: Helping the ACP to integrate into the World Economy: Current Challenges in trade commitments and negotiations, ecdpm, Overseas Development Institute.

[1265] Vgl. dazu TD/B/49/7 vom 1. August 2002: Least Developed Country Status: Effective benefits and the perspective of graduation, Bericht des UNCTAD-Sekretariates, Annex 2, S. 14.

schaftlicher Macht durch die EU als das größere „Land“ in diesen Handelsverhandlungen verstärken.[1266]

Des Weiteren zu erwähnen ist die Ablösung der SABEX und SYSMIN-Systeme zur Kompensation von Exportausfällen. Die nunmehr bestehende „B envelope“-Finanzierung der EU führt eine „contingency“-Finanzierung von Exportausfällen und Budget-Fehlbeträgen ein, die auf Indikatoren der Verletzbarkeit bei wirtschaftlichen und klimatischen Schocks beruht. Leider sind die Zugangsbedingungen zu dieser Finanzierung sehr restriktiv. Erforderlich sind Schocks, die einem 10 %-igen Rückgang bei Exporteinkünften sowie eine Verschlechterung des Budgetdefizits um 10 % entsprechen.[1267]

2.6. Strukturanpassung

Auch die EG hat seit 1986 Strukturanpassung unterstützt. Unterstützung des Budgets oder eines bestimmten Sektors des Budgets werden schnell ausgezahlt und unterliegen Konditionen in Bezug auf wirtschaftliche oder institutionelle Reformen. Unter Lomé III wurden Programme zur Importunterstützung entwickelt. Seit 1987 existierte ein „Special Debt Programm“, das offiziell einen Bezug zu den Strukturanpassungsbemühungen hatte, dessen Interventionen jedoch keine besonderen Reformziele auf sektorieller oder makroökonomischer Ebene hatte. Unter Lomé IV (1990-2000) vergab die Gemeinschaft Importunterstützung nur an die Länder, die ein Strukturanpassungsprogramm mit der Weltbank oder dem IMF unterzeichnet haben.[1268] 1992 wurde eine Strukturanpassungsfazilität eingerichtet. Ebenfalls 1992 wurde die Betonung auf mehrere Belange gerichtet: Anpassung sollte mit langfristiger Entwicklung in Einklang gebracht, das Tempo der Reformen an die landesspezifische Situation angepasst und regionale und soziale Dimensionen sollten berücksichtigt werden. Die Konsistenz mit anderen Gemeinschaftsinstrumenten, die die Zahlungsbilanz eines Landes beeinflussen, sollte maximiert und die Koordination mit anderen Gebern verbessert werden. Schließlich wollte die Gemeinschaft mehr in die öffentlichen Finanzen der AKP-Staaten involviert werden.[1269]

Im Rahmen der makroökonomischen Programmierung bringt der Cotonou-Vertrag einige Änderungen bezüglich der makroökonomischen Unterstützung für Länder mit sich, die ökonomische Reformen durchführen. Diese Veränderungen und die im Rahmen der BWIs erfolgten Änderungen (PRSP und PRGF in Bezug auf LDCs) sowie die neuen Orientierungen durch die von der Kommission vorgeschlagenen

---

1266 Vgl. Page, Sheila: Helping the ACP to integrate into the World Economy: Current Challenges in trade commitments and negotiations, ecdpm, Overseas Development Institute.

1267 Vgl. UNCTAD/LDC/2002: The Least Developed Countries Report 2002: Escaping the Poverty Trap, United Nations, New York und Genf, 2002, S. 233.

1268 Vgl. Cox, Aidan/ Chapmann, Jenny: The European Community External Cooperation Programme, Policies, Management and Distribution, Overseas Development Institute, London 1999, veröffentlicht durch die Europäische Kommission, Brüssel, 2000, S. 61.

1269 Vgl. Cox, Aidan/ Chapmann, Jenny: ebenda, S. 61.

Entwicklungsprioritäten in Bezug auf die Unterstützung makroökonomischer Reformen werden zu Anpassungen in der Art und Weise der Unterstützung führen.[1270]

Die Mitteilung der Kommission an den Rat unterstreicht die Notwendigkeit, zu einer zweiten Generation von Programmen überzugehen, die neben makroökonomischer Stabilisierung, sozialen Bedürfnissen und der regionalen Dimension neue Dimensionen einbezieht. Die Kommission identifizierte vier prioritäre Themen. Neben Unterstützung für einen verstärkten Fokus auf Armutsreduzierung, für solides Finanzmanagement sowie Fiskal- und Steuerreformen nennt sie die Unterstützung für die Entwicklung des privaten Sektors. Sie sprach sich weiter für eine engere Koordination innerhalb der Union sowie mit anderen internationalen Organisationen aus.[1271] Die darauf hin angenommene Resolution des Rates führte aus, dass es nur ein wirtschaftliches Reformprogramm in jedem Land geben soll, das als eine Referenz für alle Geber dient, unabhängig, ob es PRSP-Länder betrifft oder solche, die in einen Kooperationsrahmen mit den BWIs eingebunden sind. Das Programm müsse wenigstens von den wichtigen multilateralen Gebern anerkannt und unterstützt werden oder mit diesen Gebern vereinbart sein, selbst wenn es nicht maßgeblich von ihnen unterstützt wird. Der Rat erwähnte in einer Resolution, dass Konsens über die Beziehungen zwischen Wirtschaftsreformen und deren soziale Auswirkungen, den Kampf gegen die Armut sowie eine geeignete Reihenfolge von Reformen erzielt werden konnte. Gleichfalls legte er dar, dass die Unterstützung der Geber zu breiteren Reformprogrammen tendiere, die die Konsistenz mit sektoriellen Politiken und deren Finanzierungsbedarf berücksichtigen. Der Rat sieht den Einfluss der EU in der Vorbereitung und Verhandlung von Anpassungsprogrammen als immer noch nicht ausreichend an. Eine Reform der Arrangements zur Verwaltung dieser Instrumente, einschließlich der Frage der Konditionalität, sei notwendig.[1272] Drei grundsätzliche Ansätze sind erstens die Förderung der „Ownership" des Landes bei der Durchführung von Wirtschaftsreformen, zweitens das Verstärken von Kohärenz und Komplementarität im Hinblick auf Entwicklungshilfeleistungen und drittens eine Verlagerung weg von projektbasierter hin zu budgetärer Unterstützung, wo dies geeignet ist. Auf die Programmaufstellung hat auch Auswirkung, dass die bislang bestehende Strukturanpassungsfazilität aufgelöst wird. Die Unterstützung der Wirtschaftsreformen ist nunmehr durch die regulären, dem Land zugewiesenen Ressourcen zu finanzieren. In Bezug auf Strukturanpassungsprogramme vollzieht die Gemeinschaft damit die Entwicklungen im Rahmen der Bretton-Woods-Institutionen nach, im Hinblick auf deren Politikrichtlinien zur Armutsreduzierung.[1273] Der Rat sprach sich weiter für eine regelmäßige Konsultation mit den BWIs über das globale Vorgehen in Bezug auf Wirtschaftsreformen und die Koordination spezieller Interventionen in Konsultation mit den Mitglied-

[1270] Vgl. Resolution des Entwicklungsministerrates: Structural Adjustment in Developing Countries, vom 18. Mai 2000, 2263. Ratstreffen-Entwicklung, Ziff. 6f.

[1271] Vgl. COM (2000) 58 final vom 4. Februar 2000: Support to economic reform programmes and structural adjustment, Communication from the Commission to the Council.

[1272] Vgl. Resolution des Entwicklungsministerrates: ebenda, Ziff. 6ff.

[1273] Vgl. dazu Kapitel 2, Abschnitte 1.2.1. und. 2.2.1.

staaten aus. Die Kommission soll sich des Weiteren auf Länderebene in den Prozess der Aufstellung, Diskussion und Nachverfolgung der PRSPs einbringen, um deren Inhalt zu beeinflussen. An die Mitgliedstaaten gerichtet, sollten Wege und Mittel gefunden werden, die Konsistenz und den Einfluss Europas in den Verwaltungsräten der BWIs, insbesondere im Rahmen der PRSPs zu erhöhen.[1274]

3. EU-Zusammenarbeit und Koordination innerhalb und außerhalb der EU

3.1. EU-Zusammenarbeit und Koordination

Auch im Rahmen der Gemeinschaft sind mehrere Ebenen voneinander zu unterscheiden, in denen sich das Koordinationserfordernis stellt. Zu nennen sind die Koordination zwischen der EZ zwischen der Gemeinschaft und den Mitgliedsstaaten, sowie die zwischen Aktivitäten der Gemeinschaft und denen anderer internationaler Organisationen und dritter Staaten. Daneben besteht auch ein Koordinierungsbedarf der EU-Länder bei einem Auftreten innerhalb internationaler Organisationen. Schließlich stellt sich auch hier das Problem der Kohärenz, d.h. die Berücksichtigung von Entwicklungsaspekten in anderen Politikbereichen wie der Handels- oder Agrarpolitik. Ebenfalls bestehen auch hier wieder die verschiedenen Bereiche der Koordinierung wie die Politikebene und die Ausführungsebene in internationalen Organisationen.

3.1.1. Regelung in den Gründungsverträgen

Die Regelungen im Rahmen der EG/EU-Gründungsverträge sind relativ neu. Ursprünglich waren keine Regelungen zur EZ,[1275] daher auch keine Regelungen zum Umgang mit anderen internationalen Organisationen im EGV enthalten. Die erst durch den Vertrag von Maastricht eingeführten Bestimmungen zur EZ unterscheiden in Art. 180 und 181 zwischen der Koordinierung der Politik auf dem Gebiet der EZ zwischen der Gemeinschaft und den Mitgliedstaaten und der Zusammenarbeit der Gemeinschaft und den Mitgliedstaaten mit dritten Ländern und den zuständigen internationalen Organisationen. Nach Art. 177 Abs. 3 EGV wird die Zulässigkeit einer Zusammenarbeit der Gemeinschaft mit den im Bereich der EZ tätigen internationalen Organisationen vorausgesetzt.[1276] Die Norm verpflichtet die Gemeinschaft, aber auch die der Mitgliedstaaten, die im Rahmen der UN und anderer internationaler Organisationen abgegebenen Verpflichtungen einzuhalten. In den Fällen, in denen die Zusagen bereits in völkerrechtlich verbindlicher Form erfolgt sind, kodifiziert die Norm lediglich den Grundsatz „pacta sunt servanda“. Darüber hinaus erklärt die Norm aber auch diejenigen Zusagen für gemeinschaftsrechtlich bindend,

---

[1274] Vgl. Resolution des Entwicklungsministerrates: Structural Adjustment in Developing Countries, vom 18. Mai 2000, 2263. Ratstreffen-Entwicklung, Ziff. 10f.

[1275] Mit Ausnahme von Regelungen bezüglich der von der Gemeinschaft abhängigen überseeischen Länder und Gebiete.

[1276] Art. 177 Abs. 3 EGV lautet: „Die Gemeinschaft und die Mitgliedsstaaten kommen den im Rahmen der Vereinten Nationen und anderer zuständiger Organisationen gegebenen Zusagen nach und berücksichtigen die in diesem Rahmen gebilligten Zielsetzungen“.

zu denen sich die Gemeinschaft und ihre Mitgliedsstaaten in nur politisch verbindlicher Form verpflichtet haben, ohne jedoch zugleich individuelle Rechtspositionen einzuräumen. Das bedeutet, dass Zusagen der Gemeinschaft im Sinne des Art. 177 Abs. 3 auch in den Haushalt der Gemeinschaft einzustellen sind. Dabei reicht aus, dass die Zusagen im Zusammenhang mit der Tätigkeit einer internationalen Organisation abgegeben wurden. Die Gemeinschaft muss selbst nicht Mitglied der jeweiligen Organisation sein. Andernfalls wäre die Norm auf Zusagen im Rahmen der „Food and Agriculture Organization“ (FAO) beschränkt.[1277] Zusagen sind also im Umfang ihrer völkerrechtlichen Bindung auch kraft Gemeinschaftsrechts einzuhalten, die gebilligten Zielsetzungen sind „zu berücksichtigen“.[1278]

Art. 180 Abs. 1 EGV begründet eine Koordinierungspflicht. Die Norm fordert, dass die Gemeinschaft und die Mitgliedsstaaten ihre Politik auf dem Gebiet der Entwicklungszusammenarbeit koordinieren und ihre Hilfsprogramme, auch in internationalen Konferenzen, abstimmen. Daneben statuiert sie, dass auch gemeinsame Maßnahmen ergriffen werden können und die Mitgliedsstaaten erforderlichenfalls zur Durchführung von Hilfsprogrammen der Gemeinschaft beitragen.

Nach Art. 181 EGV können Einzelheiten der Zusammenarbeit der Gemeinschaft mit internationalen Organisationen und Drittstaaten Gegenstand von Abkommen zwischen der Gemeinschaft und den betreffenden dritten Parteien sein. Die Gemeinschaft und die Mitgliedsstaaten sollen im Rahmen ihrer jeweiligen Befugnisse mit dritten Ländern und den zuständigen internationalen Organisationen zusammen arbeiten. Die Abkommen werden nach Art. 300 EGV ausgehandelt und geschlossen. Dabei berührt die Zuständigkeit der Gemeinschaft zum Abschluss von Verträgen mit internationalen Organisationen auf dem Gebiet der EZ, wie Art. 181 Abs. 2 klarstellt, nicht die Zuständigkeit der Mitgliedstaaten, in internationalen Gremien zu verhandeln und internationale Abkommen zu schließen. Anders ist dies, so das AETR-Urteil des EuGHc,[1279] wenn die Gemeinschaft einen Politikbereich durch Rechtsakte gemeinschaftsintern geregelt hat. Dann sind die Mitgliedstaaten am Abschluss diesbezüglicher Abkommen mit Drittstaaten und internationalen Organisationen gehindert.[1280] Zur Kohärenz war bereits im Vertrag von Maastricht in Art. 130v (jetzt Art 178 EGV) die Bestimmung enthalten, dass die Gemeinschaft

---

[1277] Vgl. Zimmermann, Andreas in: Kommentar zum EU-/EG-Vertrag, Band 3, Groeben, Hans von der/ Thiesing, Jochen/ Ehlermann, Claus-Dieter (Hrsg.), Baden-Baden: Nomos, 5. Auflage, 1999, Vorbemerkung zu den Artikeln 130 u bis y, Entwicklungszusammenarbeit, S. 2057ff, Rz. 69ff.

[1278] Vgl. Geiger, Rudolf, EUV, EGV: Vertrag über die Europäische Union und Vertrag zur Gründung der Europäischen Gemeinschaft; Kommentar, München: Beck, 3. Auflage, 2000, Art. 177, Rz. 8.

[1279] Vgl. das Urteil EuGH 1971, 263 (AETR), zu dieser Rechtsprechung siehe auch: Hilpold, Peter: Die EU im GATT/WTO-System, Aspekte einer Beziehung „sui generis“, Frankfurt am Main, Berlin...: Lang, 2. Auflage, 2000, S. 73ff.

[1280] Vgl. Geiger, Rudolf, EUV, EGV: ebenda, Art. 181, Rz. 3; vgl. Hilpold, Peter: ebenda, S. 83f.

die Ziele des Art 130u, bei den von der Gemeinschaft verfolgten Politiken, welche die EL berühren können, berücksichtigt.

3.1.2. Regelungen im sekundären Gemeinschaftsrecht

Im Bereich der Komplementarität und Kohärenz zu den Entwicklungspolitiken der Mitgliedstaaten und zu anderen Gebern gibt es schon seit längerem Bemühungen, diese zu verbessern. Die Kommission hat sich in mehreren Mitteilungen der Kommission an den Rat mit der Entwicklungszusammenarbeit auseinander gesetzt. Der Rat hat dazu jeweils Resolutionen erlassen.[1281] In der „Declaration of the Council and of Representatives of Governments of Member States meeting in the Council on Aspects of development cooperation policy in the run-up to 2000“ vom 18. November 1992 wurden Fragen wie Politikkoordination, operationelle Kooperation, Koordination außerhalb der Gemeinschaft, Koordination der Entwicklungsinstrumente und Politiken der Gemeinschaft und deren Beziehungen zu anderen Gemeinschaftspolitiken behandelt. In Bezug auf die Koordination mit den Mitgliedstaaten kam sie zu dem Schluss, dass die sektorielle Koordination auf einer systematischeren Basis erfolgen sollte. Auch die Koordination auf Länderebene sollte intensiviert werden. Die Koordination der Gemeinschaft und der Mitgliedstaaten zu anderen bilateralen und multilateralen Gebern sollte ebenfalls systematischer geplant werden.[1282]

In Bezug auf Koordination innerhalb der EU mit den Mitgliedstaaten rief auch das bereits oben erwähnte gemeinsame Statement von Kommission und Rat zu stärkerem gegenseitigen Informationsaustausch auf.[1283] Ein weiterer wichtiger Belang ist die Notwendigkeit zur Konsistenz in EU-Statements. Die EU sollte, wann immer möglich, in internationalen Foren mit einer Stimme sprechen, um die EU-Entwicklungspolitik stärker zu betonen und einen größeren Einfluss in Bezug auf einen entstehenden internationalen Konsens auf diesem Gebiet auszuüben. Kommission und Rat äußerten ihre Überzeugung, dass bessere Koordination innerhalb

---

[1281] Vgl. SEC (92) 915 final vom 15. Mai 1992: Communication from the Commission to the Council and the European Parliament on development cooperation policy in the run-up to 2000, sowie dazu die „Declaration of the Council and of Representatives of Governments of Member States meeting in the Council on Aspects of development cooperation policy in the run-up to 2000“ vom 18. November 1992; COM (93) 518 final vom 16. November 1993: Communication from the Commission to the Council and the European Parliament on the Campaign against poverty in developing countries sowie dazu die Council Resolution on the fight against poverty vom 2. Dezember 1993; COM (95) 160 final vom 3. Mai 1995: Communication from the Comission on Complementarity between the development policies and actions of the Union and the Member States, und dazu die Council Resolution on complementarity between the development policies and actions of the Union and the Member States vom 1. Juni 1995.

[1282] Vgl. die „Declaration of the Council and of Representatives of Governments of Member States meeting in the Council on Aspects of development cooperation policy in the run-up to 2000“ vom 18. November 1992, Ziff. 23f.

[1283] Vgl. Statement by the Council and the Comission: The European Communities Development Policy, Europäische Kommission DE 105, Luxembourg: Office for Official Publications of the European Communities, Dezember 2000, Ziff. 30.

der EU die Sichtbarkeit der Europäischen EZ erhöhen und die Zielerreichung fördern würde. In Bezug auf Komplementarität wurde bestätigt, dass stärkere Komplementarität aus einer besseren Arbeitsteilung zwischen der Gemeinschaft und den Mitgliedstaaten resultiert. Kein Geber könne in jedem Land und jedem Sektor der Zusammenarbeit hervorragend sein, daher sollte jeder Geber dort tätig werden, wo komparative Vorteile gegeben sind. [1284]

Trotz vielfältiger Bemühungen lässt bislang die Kooperation der Gemeinschaft mit den Mitgliedsstaaten sehr zu wünschen übrig. Von einem einheitlichen Vorgehen auf Länderebene kann in weiten Bereichen nicht gesprochen werden.

3.1.3. Geplante Regelungen des Europäischen Konvents

Im Rahmen der Erarbeitung einer Europäischen Verfassung legte die für den Bereich „Außenpolitisches Handeln" der EU zuständige Gruppe VII in ihrem Schlussbericht dar, dass Kohärenz und Effizienz des außenpolitischen Handelns der EU „unbedingt maximiert" werden müssen. Dies gelte ungeachtet der unterschiedlichen Zuständigkeitsabgrenzungen zwischen Union/ Gemeinschaft und Mitgliedstaaten und der verschiedenen Beschlussfassungsverfahren in den einzelnen Bereichen. Die Union müsse zur größtmöglichen Ausweitung ihres Einflusses auf internationaler Ebene sämtliche ihr zur Verfügung stehenden politischen und wirtschaftlichen Instrumente auf koordinierte und einander verstärkende Weise einsetzen. Die Palette der Instrumente und Hilfsmittel reiche von Programmen der technischen und wirtschaftlichen Zusammenarbeit mit Drittländern, humanitären Hilfsfonds, Fonds für Programme zur Entwicklungszusammenarbeit usw. über Maßnahmen des Vorsitzes und des Hohen Vertreters bis hin zu Vorschriften für den Abschluss verschiedener Arten von bilateralen und multilateralen Übereinkünften und unterschiedlichen Aktionsmöglichkeiten in internationalen Organisationen und multilateralen Foren. Nachdrücklich wurde darauf hingewiesen, dass ein kohärenter Ansatz in internationalen Angelegenheiten die Glaubwürdigkeit der Union gegenüber ihren Partnern erhöht. Die Gruppe betonte auch, dass es innerhalb der Kommission eine zentrale Stelle geben müsse, die alle außenpolitischen Aspekte innerhalb der Dienststellen der Kommission koordiniert, wo verschiedene Generaldirektionen mit dem außenpolitischen Handeln befasst sind und interne Politikbereiche eine externe Dimension haben können.[1285] U.a. erörterte die Gruppe das dringende Erfordernis, den Zweck und die Rolle der Entwicklungspolitik der EG/EU – sowohl im Verhältnis zur entsprechenden Politik der Mitgliedstaaten als auch im Verhältnis zu anderen externen Politikbereichen – klar zu bestimmen. Im Hinblick auf eine erhöhte Effizienz und Kohärenz der Politik der Entwicklungszusammenarbeit, die eine die Zuständigkeit der Mitgliedstaaten ergänzende Zuständigkeit darstellt, wurde hervorgehoben, dass die Ziele der Entwicklungsprogramme

---

[1284] Vgl. Statement by the Council and the Comission: The European Communities Development Policy, Europäische Kommission DE 105, Luxembourg: Office for Official Publications of the European Communities, Dezember 2000, Ziff. 33 und 35.

[1285] Vgl. das Dokument CONV 459/02 vom 16. Dezember 2002: Schlussbericht der Gruppe VII „Außenpolitisches Handeln", S. 16 bis 18, Ziff 19, 20 und 27.

der EG/EU klarer formuliert werden müssten und der zusätzliche Nutzen der Tätigkeiten der EG/EU bei der Sicherstellung der Armutsbekämpfung gewährleistet werden müsse. Zudem wurde überlegt, den Europäischen Entwicklungsfonds in den Gemeinschaftshaushalt einzubeziehen.[1286]

Im Verfassungsentwurf ist die Entwicklungszusammenarbeit nunmehr als einer von drei Abschnitten unter der Überschrift „Zusammenarbeit mit Drittländern und humanitäre Hilfe" neben den Abschnitten über die Zusammenarbeit mit Drittländern und über die humanitäre Hilfe enthalten, taucht also in der Überschrift selbst nicht auf (vgl. Art. III-213). Den Rahmen für die Politik der Union auf dem Gebiet der Entwicklungszusammenarbeit sollen die im neuen Art III-188 aufgeführten Grundsätze und Ziele des auswärtigen Handelns der Union bilden[1287], wobei sich die Politik der Union und die der Mitgliedstaaten auf dem Gebiet der Entwicklungszusammenarbeit ergänzen und gegenseitig verstärken soll. Hauptziel der Unionspolitik in diesem Bereich soll die Bekämpfung und langfristig die Beseitigung der Armut sein.[1288]. Der oben aufgeführte Zielkatalog des jetzigen Art. 177 EGV ist in Art. III-188 aufgegangen, der u.a. das Ziel der nachhaltigen Entwicklung in den EL und die Förderung der Integration aller Länder in die Weltwirtschaft nennt[1289], ohne jedoch ausdrücklich auf die am meisten benachteiligten EL zu verweisen, wie dies in Art. 177 Abs. 1 EGV der Fall ist.

Die Vorschrift über die Zusammenarbeit der Union mit ihren Mitgliedstaaten wird insoweit substantiell ergänzt, als die bislang in Art. 180 EGV geforderte Koordinationspflicht in Bezug auf die Politik der Entwicklungszusammenarbeit bzw. die Hilfsprogramme nunmehr ausdrücklich den Zweck der Koordination enthält. Ziel ist, dass ihre Maßnahmen einander besser ergänzen und wirksamer sein sollen (vgl. Art. III-215, Abs. 1).[1290]

Auch bislang sollte die EU nach Art. 11 EUV die internationale Zusammenarbeit fördern. Nunmehr regelt Art III-188, dass die Union anstrebt, die Beziehungen zu Drittländern und zu regionalen oder weltweiten internationalen Organisationen, die die Werte der EU teilen, auszubauen und Partnerschaften mit ihnen aufzubauen. Sie setzt sich zudem im Rahmen der UN für multilaterale Lösungen bei gemeinsamen Problemen ein.

[1286] Vgl. Dokument CONV 459/02 vom 16. Dezember 2002: Schlussbericht der Gruppe VII „Außenpolitisches Handeln", S. 27, Ziff. 53.

[1287] Dies sind Demokratie, Rechtsstaatlichkeit, die universelle Gültigkeit und Unteilbarkeit der Menschenrechte und Grundfreiheiten, die Achtung der Menschenwürde, der Gundsatz der Gleichheit und der Grundsatz der Solidarität sowie die Achtung des Völkerrechts gemäß den Grundsätzen der Charta der UN, vgl. Art. III-188, vgl. das Dokument CONV 848/03 vom 9. Juli 2003: Entwurf der Verfassung, Band II, S. 99.

[1288] Vgl. das Dokument CONV 848/03 vom 9. Juli 2003: Entwurf der Verfassung, Band II, S. 113.

[1289] Vgl. ebenda, S. 99 und 113.

[1290] Vgl. ebenda, S. 114.

Für den Bereich der Entwicklungszusammenarbeit der EU mit anderen internationalen Organisationen bestimmt der Verfassungsentwurf hier ohne Änderung im Vergleich zum derzeitigen Art. 177 Abs. 3 EGV, dass die Union und die Mitgliedstaaten den im Rahmen der UN und anderer zuständiger internationaler Organisa tionen gegebenen Zusagen nachkommen und die in diesem Rahmen gebilligten Zusagen berücksichtigen (vgl. Art. III-213, Abs. 2). Eine Abstimmung einer gemeinsamen Entwicklungsstrategie auf Länderebene[1291] scheint auf der Basis dieser selben vagen Bestimmung aber weiter eher unwahrscheinlich.

Nach wie vor soll die Union auf Kohärenz zwischen den einzelnen Bereichen ihres auswärtigen Handelns sowie zwischen diesen und ihren übrigen Politikbereichen handeln. Dies sollen Ministerrat und Kommission, unterstützt durch den vorgesehenen Außenminister der Union sicherstellen (vgl. Art. III-188, Abs. 3).[1292]

3.2. Zusammenarbeit und Koordination der EU mit anderen internationalen Organisationen

3.2.1. Zusammenarbeit und Koordination mit den UN

Die UN-Generalversammlung hat der Europäischen Wirtschaftsgemeinschaft (EEC) am 11. Oktober 1974 den Beobachterstatus verliehen, der auf die Europäische Gemeinschaft übergegangen ist. Die EU darf damit an Sitzungen teilnehmen, hat aber kein Stimmrecht. Dabei wird die Gemeinschaft durch die Delegation der Kommission in New York vertreten sowie jeweils durch das Mitgliedsland, das die alle sechs Monate wechselnde Präsidentschaft im Rat innehat. Aufgabe der Delegation ist es, auf gemeinsame EU-Positionen in den Vereinten Nationen hinzuwirken.

Koordinationstreffen der Mitgliedsstaaten werden vor den meisten Sitzungen der Organe und Kommissionen der UN abgehalten, organisiert und geleitet durch die jeweilige Ratspräsidentschaft. Anders als im Bereich der Fragen mit denen der Sicherheitsrat befasst ist (zwei ständige Mitglieder) wird in den wirtschaftlichen und sozialen Bereichen stets versucht, einen gemeinsamen Standpunkt zu erarbeiten. Der Vertreter der Präsidentschaft vertritt bei Verhandlungen in Sitzungen von ECOSOC und GA die Position der EU sowie nunmehr oft auch die der mit der EU assoziierten anderen europäischen Staaten bzw. Beitrittsländer. Auch in der GA wird die EU bei der jährlichen Rede durch die jeweilige Präsidentschaft vertreten. Gleiches gilt für die UNCTAD. Als Beobachter in der GA und den meisten Sonderorganisationen[1293] hat die Gemeinschaft keine Stimme, jedoch ist sie Partei einer Vielzahl multilateraler Verträge und hat in einer Reihe von Konferenzen einen besonderen „full participant status" inne.[1294]

[1291] Vgl. dazu Teil 3, Kapitel 2, Abschnitt 1.1.4.

[1292] Vgl. das Dokument CONV 848/03 vom 9. Juli 2003: Entwurf der Verfassung, Band II, S. 99f.

[1293] Mit Ausnahme der FAO, dort ist sie 1991 als Vollmitglied aufgenommen worden.

[1294] Rio (Earth Summit), Kairo (Bevölkerung), Kopenhagen (Sozial), Beijing (Frauen), Kyoto (Klima).

Für den Bereich der operativen Entwicklungstätigkeiten wurde im August 1999 durch einen Briefwechsel ein EC/UN-Rahmenübereinkommen „on the principles for financing or co-financing of programmes and projects administered by the UN" abgeschlossen. Ein zweiter Briefwechsel im Oktober 2000 ergänzte und erneuerte das Abkommen, das pragmatische Lösungen vieler prozeduraler Schwierigkeiten zwischen den zwei Systemen bietet.[1295] Es sollte bis August 2001 überarbeitet werden. Bislang gibt es im politischen Bereich nicht viel her. Es werden z.B. keinerlei Regelungen zur Abstimmung im Programmbereich getroffen. Es heißt darin u.a.:

„The United Nations and the European Community declare their intention to work together in a spirit of partnership on programmes and projects in particular in the fields of humanitarian aid and development co-operation, with the aim of securing the best possible results for the beneficaries in the widest possible range of countries.

Both parties will endeavour to strengthen their mutual contacts with a view to improving the exchange of information on programming and content throughout the cycle of their operations. In particular, the United Nations will welcome the presence and participation, where this is possible, of European Commission observers in relevant United Nations boards and committees."

Die Kommission hat anschließend bis Dezember 2000 ein „standard grant agreement with international organisations" entwickelt, das die Bestimmungen und Prinzipien des Abkommens in vertragliche, operationelle Bedingungen umsetzt. Dieses „standard grant agreement" findet nunmehr breite Anwendung für Operationen, die durch die Gemeinschaft finanziert und durch UN-Einheiten durchgeführt werden. Es vereinfacht und beschleunigt die Vorbereitung spezifischer Abkommen für die betreffenden Operationen.[1296]

Das bereits erwähnte gemeinsame Statement von Kommission und Rat vom Dezember 2000 rief zu einem stärkeren Dialog mit anderen Gebern, insbesondere den BWIs und den UN-Institutionen auf. Zudem sollte das Partnerland in seiner Koordinierungsrolle bei der Aufstellung und Umsetzung eigener Entwicklungsstrategien und bei seiner führenden Rolle der Koordination der gemeinsamen Bemühungen aller Geber unter Initiativen wie dem „Comprehensive Development Framework" der Weltbank unterstützt werden. Die große Wichtigkeit der Beziehungen zu den BWIs und den UN-Institutionen wurde betont. Es wurde zum Austausch von Erfahrungen und Analysen zwischen den Gebern aufgefordert, insbesondere, wenn sektorielle Methoden angewendet werden.

Für die Stärkung der Kooperation mit den UN sollen zwei Hauptprinzipien gelten:

1. die Arbeitsteilung zwischen den Gebern und „added value"/ komparative Vorteile von UN-Aktivitäten sowie

---

[1295] Vgl. COM (2001) 231 final vom 2. Mai 2001: Communication from the Commission to the Council and the European Parliament: Building an effective partnership with the United Nations in the fields of Development and Humanitarian Affairs, S. 6.

[1296] Vgl. ebenda, S. 6.

2. das Refokussieren der Entwicklungsaktivitäten der Gemeinschaft auf eine bestimmte Anzahl auf der Basis ihres Bezuges zur Armutsreduzierung und des „added value" der Gemeinschaft.[1297]

In ihrer Mitteilung „Aufbau einer effizienten Partnerschaft mit den Vereinten Nationen in den Bereichen Entwicklung und humanitäre Hilfe", die am 2. Mai 2001 angenommen worden war,[1298] zeigt die Kommission Möglichkeiten einer verstärkten Zusammenarbeit zwischen den UN und der EU in den Bereichen Entwicklung und humanitäre Fragen im Hinblick auf den Aufbau einer effizienteren Partnerschaft auf, wobei sie von einem Konsens über die grundlegenden Ziele und Strategien der EZ ausgeht, der sich in den letzten Jahren auf globaler Ebene herausgebildet habe. In den Empfehlungen werden im Wesentlichen bestehende Verfahren und Vorgehensweisen in Frage gestellt. Ziel der Kommission ist es, die Koordinierung und den Dialog zwischen beiden Seiten zu intensivieren, die Rahmenbedingungen ihrer Zusammenarbeit zu verbessern und die politischen Prioritäten der Europäischen Gemeinschaft mit den Kapazitäten der Agenturen, der Fonds und der Programme der UN in Einklang zu bringen.

In seinen Schlussfolgerungen vom 15./16. Juni 2001 begrüßte der Europäische Rat von Göteborg die Stärkung des politischen Dialogs und der Zusammenarbeit zwischen der EU und den UN. Beträchtliche Fortschritte im Hinblick auf eine Partnerschaft seien neben anderen Bereichen[1299] u.a. im Bereich der EZ erzielt worden. Der Rat äußerte den Wunsch, dass der westliche Balkan, der Nahe Osten und Afrika in den Mittelpunkt dieser Partnerschaft gestellt und Rahmenabkommen zwischen der Gemeinschaft und den verschiedenen UN-Organisationen geschlossen würden, um ihre Maßnahmen besser zu koordinieren.[1300]

Eine Zusammenarbeit zwischen UNCTAD und der EU fand im Hinblick auf die Vorbereitung der UNCTAD X im Februar 2000 statt. In diesem Zusammenhang hat die Kommission eine Kommunikation an den Rat über die Positionen, die im Rahmen der Konferenz eingenommen werden sollten, vorgelegt. Diese Positionen sind an die Konferenz übersendet worden.[1301] Die EU hat insbesondere Interesse daran, dass im Rahmen der UNCTAD Themen wie regionale Integration, institutionelle Reformen und „Capacity building", die Rolle der Zivilgesellschaft, die Teilnahme der EL an den WTO-Verhandlungen und Informationsgesellschaft behandelt

---

[1297] Vgl. Statement by the Council and the Commission: The European Communities Development Policy, Europäische Kommission DE 105, Luxembourg: Office for Official Publications of the European Communities, Dezember 2000, S. 16, Ziff. 30ff., vgl. dazu auch COM (2001) 231 final vom 2. Mai 2001, S. 9.

[1298] Vgl. COM (2001) 231 final vom 2. Mai 2001.

[1299] Diese Bereiche sind: humanitäre Hilfe der Konfliktvermeidung, Krisenmanagement, Asylpolitik und Flüchtlingshilfe.

[1300] Vgl. den EU-Gesamtbericht 2001, Kapitel VI: Die Rolle der Union in der Welt, Abschnitt 2: Internationale Organisationen und Konferenzen (1/17), Ziff. 858.

[1301] Vgl. TD(X)PC/6 vom 22. Oktober 1999: Guidelines for the Participation of the European Union in the tenth session of the Conference.

werden. Anzumerken ist, dass die EU die dritte UN-Konferenz über die LDCs vom 13.-20. Mai 2001 in Brüssel ausgerichtet hat.

Auch im Rahmen des UNDP ist die EU aktiv. So waren die EU und das UNDP seit 1998 z.B. in einer gemeinsamen Initiative zum Thema Armut und Umwelt involviert. Diese sollte konkrete Politikempfehlungen und praktische Maßnahmen herausarbeiten, die Umweltbelange der armen Bevölkerung in den EL betreffen.[1302] Als Begründung hierfür wurde in einem gemeinsamen Treffen der Experten über Armut und Umwelt vom 19.-21. Januar 1999 ausgeführt, dass sowohl das UNDP die Beseitigung der Armut als alles überragende Priorität zum Erreichen nachhaltiger Entwicklung als auch die Europäische Kommission dies als kritisch ansehe. Es sei auf Grund der enormen Abhängigkeit der Armen der Welt von der Umwelt notwendig, einen Dialog zu führen, der zu einem Konsens in Bezug auf bestimmte Politikreformen kommen soll. Daneben gäbe es eine zunehmende Notwendigkeit auf Grund der geringer werdenden finanziellen Ressourcen für die Entwicklungshilfe, einen Konsens über die Fokussierung der Ressourcen der multilateralen Agenturen, der internationalen Finanzinstitutionen und der bilateralen Organisationen über die Politikreformen herbeizuführen, wie sowohl die Armut beseitigt als auch die Umwelt geschützt werden kann.[1303] Die EU beteiligt sich z.B. auch am UNCTAD-„Trust Fund", der zu 65,5 % die Aktivitäten der technischen Zusammenarbeit der UNCTAD finanziert.[1304]

3.2.2. Zusammenarbeit und Koordination mit anderen internationalen Organisationen

Die EU ist selbst Mitglied in der FAO. Auch die Beziehungen der EG zur WTO unterliegen der Besonderheit, dass die EG selbst Gründungsmitglied der WTO und damit selbst an die Normen des WTO-Vertragswerkes gebunden ist. Die EU nimmt als Mitglied der WTO aktiv an den Verhandlungsrunden der WTO teil. Das Verhandlungsgewicht der EU 15 ist nicht unerheblich. Ihre Politik in Bezug auf in der WTO behandelte Fragen stimmt sie in dem sog. Ausschuss 133 ab, der nach der Rechtsgrundlage im EGV benannt wurde. Der Ausschuss trifft sich einmal wöchentlich. In der WTO selbst tritt nur die Kommission als Verhandlungsführerin auf. Die Mitgliedstaaten haben kein eigenes Rederecht.

1302 Vgl. dazu o.V.: http://www.undp.org/seed/pei/aboutpei/detail.htm, Ausdruck vom 29. Januar 2001.

1303 Vgl. den zusammenfassenden Bericht des Meetings of Experts on Poverty and the Environment, http://www.undp.org/seed/pei/meetings/brussel.html, Ausdruck vom 29. Januar 2001.

1304 Im Jahr 2000 betrug der EU-Anteil 3,7 %. Weitere finanzielle Zuwendungen an den Trust Funds kamen zu 71,2 % von den entwickelten Staaten, zu 6,5 % von Stiftungen und anderen Einrichtungen, zu 3,2 % aus anderen multilateralen Quellen und zu 15,9 % von den EL. Die Gesamtausgaben der UNCTAD im Bereich der technischen Zusammenarbeit betrugen US$ 24,1 Millionen, vgl. den Bericht des UNCTAD-Generalsekretärs: Review of technical cooperation acitivities of UNCTAD, TD/B/48/5 bzw. TD/B/WP/139 vom 9. Juli 2001 unter der Überschrift: Overview of Activities in 2000, S. 4, Ziff. 6 (Tabelle).

Die Zusammenarbeit der EU mit Weltbank und IMF gestaltet sich auf zwei Ebenen. Zu nennen ist zum einen die politische Ebene. So nimmt der amtierende Ratspräsident und ein Kommissionsmitglied an den Frühjahrstagungen von IMF und Weltbank sowie des Entwicklungsausschusses und der Zehnergruppe in Washington teil. Gleiches gilt für die Herbsttagungen. So nahm die Kommission z.B. im November 2001 an den Erörterungen und insbesondere an den Beratungen über die infolge der Anschläge vom 11. September noch verstärkte Verlangsamung des Weltwirtschaftwachstums teil. Unter anderem wurden die Industrieländer ermutigt, Maßnahmen zur Belebung der Wirtschaft durchzuführen und die öffentliche Entwicklungshilfe zu erhöhen.[1305]

Zum anderen arbeitet die EU mit der Weltbank auf Länderebene zusammen. Sie hat mehrfach betont, dass sie am PRSP-Prozess der Weltbank mitarbeiten wird.[1306] An alle Delegationsleiter vor Ort, sowie die „Heads of Unit" und die Mitarbeiter wurde eine „Guidance Note" in Bezug auf die PRSPs herausgegeben.[1307] Es fanden intensive Kontakte mit der Weltbank und dem IMF statt. Nach Treffen von Weltbank, IMF und Kommission im Herbst 2000 fand im Januar 2001 ein Folgebesuch eines EG-PRSP-Teams in Washington statt, in dessen Folge ein Co-Finanzierungsabkommen in Bezug auf den von der Weltbank neu eingeführten „Poverty Reduction Support Credit" (PRSC) in einigen Pilotländern und zur Verstärkung der Zusammenarbeit bei der Unterstützung von öffentlichem Finanzmanagement geschlossen wurde.[1308] Pläne in Bezug auf das öffentliche Finanzmanagement führten zur Einrichtung eines „Public expenditure and financial accountability" Programms, das durch die Weltbank, die Kommission und die britische Entwicklungsagentur DFID unterstützt und teilweise durch einen EG-Beitrag von 1,9 Millionen Euro an einen Trust Fund finanziert wird. Dagegen fand eine Co-Finanzierung von PRSC bis Ende 2001 in der Praxis nicht statt. Die Möglichkeiten dazu werden zudem durch die Involvierung der EG in Budgetunterstützung mit anderen Gebern limitiert. Beispielsweise fanden in 2001 eine Reihe von hochrangigen Kontakten statt, so z.B. der Besuch von Weltbank-Präsident James Wolfensohn bei der Kommission im November 2001. Durch ihre Teilnahme an der HIPC-Initiative wurde die EG der größte Zahler an von der Weltbank verwalteten „Trust Funds".[1309] Die EU-Kommission ist auch auf den Jahrestagungen des OECD-Rates auf Ministerebene anwesend.

[1305] Vgl. den EU-Gesamtbericht 2001, Kapitel VI: Die Rolle der Union in der Welt, Abschnitt 2: Internationale Organisationen und Konferenzen (9/17), Ziff. 866.

[1306] Vgl. dazu bereits oben, Abschnitt 2.6.

[1307] Vgl. Note to Heads of Delegation, Heads of Unit and Desk Officers, Poverty Reduction Strategy Papers: Guidance Notes vom 11. Mai 2000, im Internet unter http://europa.eu.int/com/development/sector/poverty_reduction/guidelines_en.pdf, Ausdruck vom 15. Januar 2001

[1308] Vgl. zum PRSC oben, Kapitel 2, Abschnitt 1.2.1.

[1309] Vgl. European Communities: Annual report 2001 on the EC development policy and the implementation of the external assistance, 2002, S. 15.

Zur Erhöhung der Wirksamkeit der von der EU geleisteten Unterstützung will sie u.a. Möglichkeiten für die Finanzierung von Initiativen der horizontalen handelsbezogenen Hilfe, die allen EL zu gute kommen, vor allem in Zusammenarbeit mit multilateralen Organisationen prüfen. Derzeit wird fast die gesamte Hilfe der EU auf Länder- oder Regionalbasis erbracht. Es zeichne sich jedoch auf diesem Gebiet immer deutlicher ein Bedarf an Unterstützung für multilaterale Initiativen (u.a. der Weltbank, der WTO, der UNCTAD und der gemeinsamen „Task Force" von UNEP und UNCTAD für den Kapazitätsaufbau in den Bereichen Handel, Umwelt und Entwicklung) und einige EU-Initiativen (insbesondere im Bereich der Schulung von Verwaltungskräften) ohne Beschränkung auf bestimmte Länder oder Regionen ab.[1310]

Als Beitrag zu internationaler Wirksamkeit und Koordination von Entwicklungshilfe im Handelsbereich will die EU u.a. für eine effizientere Zusammenarbeit mit Organisationen wie WHO, UNCTAD, WTO, ITC, UNDP, UNEP, Weltbank, IMF, UNIDO und ILO eintreten, die über spezielles Fachwissen in Handels- und handelsbezogenen Fragen verfügen. So sollen die Stärken der verschiedenen, mit Handelsfragen befassten internationalen Einrichtungen geprüft und die besten Wege der Zusammenarbeit mit ihnen ermittelt werden. Gegebenenfalls könnte dies auch die Weiterleitung von Hilfe über Organisationen beinhalten, die über einen komparativen Vorteil verfügen, so dass Wirksamkeit und Effizienz erhöht und Doppelarbeiten vermieden werden. Das „Integrated Framework" für die LDCs wird weiter befürwortet als solides Instrument für die Einbeziehung des Handels in die Entwicklungspolitiken der LDCs. Gleichzeitig sollen Bemühungen erfolgen um die Ausdehnung der Grundsätze und Methoden des IF auf die EL, vorrangig andere Niedrigeinkommensländer mit ähnlichen Bedürfnissen und Sachzwängen wie die LDCs. Gegebenenfalls könne eine Unterstützung des IF-Treuhandsfonds mit Ressourcen der Entwicklungszusammenarbeit erfolgen. Die EU will das WTO-Sektretariat bei der Erbringung technischer Hilfe im Rahmen der WTO-Pläne für technische Hilfe unterstützen. Die Kommission beabsichtigt auch, sich am „Doha Development Global Trust Fund" zu beteiligen, der die Finanzierungsquelle für die WTO-Pläne für technische Hilfe darstellt.[1311] Vor dem Hintergrund dieser und anderer spezifischer Verpflichtungen will die Kommission bis Ende 2005 eine allgemeine Überprüfung der handelsbezogenen Hilfe der EU erstellen.[1312]

Zu erwähnen ist hier auch die Beteiligung der EU am „Commodities Risk Management Trust Fund", der von der Weltbank verwaltet wird. Dazu wurde im Juli 2001 ein Finanzierungsabkommen mit der Bank unterzeichnet, wonach die Finanzierung für die Entwicklung von acht Prototyp-Testfällen von Rohstoffpreis-Risikomanagementinstrumenten in AKP-Ländern zur Verfügung gestellt wird. Ziel

[1310] Vgl. KOM (2002) 513 endg. vom 18. September 2002: Unterstützung der Entwicklungsländer bei der Nutzung der Vorteile des Handels, Mitteilung der Kommission an den Rat und das Europäische Parlament: Handel und Entwicklung, S. 31.

[1311] Vgl. dazu Kapitel 3, Abschnitt 2.3.

[1312] Vgl. KOM (2002) 513 endg. vom 18. September 2002: ebenda, S. 32.

der Initiative ist die Ausweitung von in den entwickelten Ländern bestehenden Preisversicherungsmechanismen für EL, um die Risiken von starkem Preisverfall bei wesentlichen Rohstoffen wie Kaffee, Kakao, Baumwolle, Zucker usw. insbesondere zu Gunsten armer Bauern zu reduzieren. Der Gesamtbetrag der für den AKP/EU-„Commodities Risk Management Trust Fund" für diesen Zweck zur Verfügung gestellt wird, beträgt etwa 1,74 Millionen Euro.[1313]

3.3. Würdigung und Ausblick

Die EU hat schon auf Grund der finanziellen Mittel eine Bedeutung für die EL und die LDCs. Sie steuert bereits heute die Hälfte der international bereitgestellten finanziellen Mittel für Entwicklungszusammenarbeit bei.[1314] Die größere Bedeutung liegt aber in ihrer wirtschaftlichen Stellung, der nach ihrer Erweiterung auf 25 Mitglieder einen Anteil von etwa 20 % am Weltmarkt ausmachen wird. Die bis 2008 auszuhandelnden Partnerschaftsabkommen sind für die AKP-Staaten daher immens wichtig. Mit der „Alles außer Waffen"-Initiative hat die EU einen Schritt in die richtige Richtung getan. Zur besseren Kohärenz ihrer Politiken sind Änderungen im Bereich der gemeinsamen Agrarpolitik jedoch unvermeidbar. Das (Export-) Potenzial, das ein größerer EU-Markt den EL bietet, reicht jedoch möglicherweise nicht aus, um mögliche Verluste im Agrar- und Textilbereich durch den EU-Beitritt der osteuropäischen Konkurrenz auszugleichen. Möglich ist auch, dass künftige Investitionen verstärkt in die neuen Mitgliedstaaten der EU statt in den Süden fließen.[1315] Eine besondere Bedeutung hat die EU auch im Rahmen der WTO-Verhandlungen. Die im Juni 2003 erfolgte Einigung über die Agrarbeihilfen, die eine Entkoppelung der Beihilfe von der Produktion vorsieht, um den Anreiz zu Überproduktionen zu verhindern, ist in diesem Zusammenhang als Fortschritt anzusehen. Die EU steht bei den WTO-Verhandlungen unter Druck, mindestens die Hälfte ihrer direkten Agrarbeihilfen aufzugeben, die als handelsverzerrend gelten. Im Rahmen der Doha-Verhandlungsrunde will die EU den Agrarerzeugnissen aus EL einen besseren Marktzugang ermöglichen.[1316] Bis zuletzt hatte Frankreich die Umstellung blockiert. Nunmehr sind Ausnahmen für Frankreich z.B. bei Rindfleisch sowie für Deutschland vorgesehen. Die Kommission hatte bereits im Januar 2003 Vorschläge für eine grundlegende Agrar-Reform vorgelegt.

Die Koordination der bilateralen Entwicklungshilfe der EU-Mitgliedstaaten untereinander sollte verbessert werden. Die geplanten Regelungen einer Europäischen Verfassung, die nunmehr ausdrücklich eine bessere Ergänzung und Wirksamkeit fordern, scheinen in diese Richtung zu zielen. In Bezug auf die Kohärenz des außenpolitischen Handelns der EU hängen Fortschritte u.a. von einem weiteren Ab-

---

[1313] Vgl. European Communities: Annual report 2001 on the EC development policy and the implementation of the external assistance, 2002, S. 131.

[1314] Vgl. Krüger, Klaus/ Schmalisch, Grit: EU-Erweiterung – eine Chance für die europäische Entwicklungspolitik, in E+Z, 2003, Heft 6, S. 261.

[1315] Vgl. Krüger, Klaus/ Schmalisch, Grit: ebenda, S. 261.

[1316] Vgl. u.a. o.V.: Einigung über Agrarbeihilfen, Artikel vom 26. Juni 2003, www.faz.net, Ausdruck vom 26. Juni 2003.

bau der Agrarbeihilfen ab, wofür mit der oben genannten Reform der Agrarpolitik ein Schritt in die richtige Richtung gemacht wurde. Eine Verbesserung ist auch für die Zusammenarbeit der EU mit den UN und der Weltbank angezeigt. Hier sind gute Ansätze vorhanden. Wenn es jedoch darum geht, dass die EU wie von der Gruppe VII des Konvents vorgetragen, eine größtmögliche Ausweitung ihres Einflusses auf internationaler Ebene erreichen will, so spricht dies für die Entwicklungszusammenarbeit im Zweifel eher dagegen, dass die EU ihre Aktivitäten einer ländereigenen Strategie unterordnet. Insgesamt bleibt abzuwarten, inwieweit sich durch die Neuregelungen des Konvents eine Eigenständigkeit der Entwicklungszusammenarbeit behaupten kann.

Kapitel 5. Die OECD und weitere Gruppen mit Einflussnahme auf politische Entscheidungen auf internationaler Ebene

1. Die OECD

1.1. Aufbau und Funktion

Die Organisation für wirtschaftliche Zusammenarbeit und Entwicklung (OECD) erlässt Entscheidungen, Empfehlungen und andere Instrumente zur internationalen Zusammenarbeit und zur Entwicklungspolitik. Diese werden vom OECD Rat erlassen, der aus allen Mitgliedstaaten besteht, oder im Rahmen der Organisation ausgehandelt. Sie befassen sich mit politischen und technischen Fragen, die die Mitgliedstaaten betreffen. Der OECD-Rat tagt einmal jährlich auf Ministerebene. Der OECD-Ministerrat kann nur gemeinsam bindende Beschlüsse fassen. Jedes Land hat eine Stimme, Mehrheitsbeschlüsse gibt es nicht. Die Aufnahme neuer Mitglieder erfordert Einstimmigkeit.[1317] Neben den ursprünglich 19 Mitgliedsstaaten[1318] sind nachträglich eine ganze Anzahl neuer Mitglieder aufgenommen worden, zuletzt eine Reihe von osteuropäischen Staaten.[1319] Von den Bewerbern wird die Akzeptanz der gemeinsamen Werte wie Marktwirtschaft, Demokratie und Menschenrechte verlangt. Da die Organisation eher schwach und auf gutwillige Zusammenarbeit aller Mitglieder angewiesen ist, braucht sie ihre liberale Wertehomogenität, um nicht bedeutungslos zu werden.[1320]

Nachdem auf die Konjunktur der Weltwirtschaft, die Überwindung der mit den Terroranschlägen im September 2001 verbundenen Schockwirkungen eingegangen, die Notwendigkeit weiterer Strukturreformen und einer angemessenen Geld- und Finanzpolitik, betont und die Probleme im Bereich der „Corporate Governance" erwähnt wurden, führte der Ministerrat der OECD auf seiner Tagung im Mai 2002 weiter zum Entwicklungsbereich und zur Funktion der OECD insgesamt aus:

„Die Entwicklungsagenda von Doha, der Monterrey-Konsens wie auch der bevorstehende Gipfel von Johannesburg schaffen eine neue Partnerschaft zwischen Industrie- und Entwicklungsländern zur Bewältigung einer der größten Herausforderungen des neuen Jahrhunderts, nämlich der Frage, wie sich die Lebensqualität in den ärmeren Regionen der Welt wesentlich verbessern lässt und wie eine nachhaltige Entwicklung in allen Ländern gewährleistet werden

---

1317 Vgl. Rode, Reinhard: Weltregieren durch internationale Wirtschaftsorganisationen, Münster, Hamburg, London: Lit, 2002, S. 33.

1318 Belgien, Kanada, Dänemark, Deutschland, Frankreich, Griechenland, Island, Irland, Luxemburg, die Niederlande, Norwegen, Österreich, Portugal, Schweden, Spanien, die Schweiz, die Türkei, das Vereinigte Königreich und die Vereinigten Staaten.

1319 Die später aufgenommenen Mitgliedstaaten sind Japan (1964), Finnland (1969), Australien (1971), Neuseeland (1973), Mexiko (1994), die Tschechische Republik (Dezember1995), Ungarn (Mai 1996), Polen (November 1996), Korea (Dezember 1996) und die Slowakische Republik (Dezember 2000).

1320 Vgl. Rode, Reinhard: ebenda, S. 33.

kann. In all diesen Bereichen fällt der OECD die wesentliche Rolle zu, ihre Mitgliedsländer wie auch andere Volkswirtschaften bei der Konzipierung und Umsetzung der zur Erreichung dieser Ziele notwendigen Politiken zu unterstützen."[1321]

Nach Art. 1 der Konvention vom 14. Dezember 1960, die am 30. September 1961 in Kraft trat, soll die OECD Politiken unterstützen, die darauf gerichtet sind,

- das höchste nachhaltige Wirtschaftswachstum und Beschäftigung zu erreichen, den Lebensstandard in den Mitgliedstaaten zu erhöhen und gleichzeitig finanzielle Stabilität aufrecht zu erhalten und damit zur Entwicklung der Weltwirtschaft beizutragen,
- zur soliden wirtschaftlichen Expansion sowohl in Mitglieds- als auch in Nichtmitgliedsstaaten in deren Prozess der wirtschaftlichen Entwicklung und
- zur Expansion des Welthandels auf einer multilateralen, nichtdiskriminierenden Basis und in Übereinstimmung mit internationalen Verpflichtungen beizutragen.

An zweiter Stelle kommen Finanzstabilität und Liberalisierung des Kapitalverkehrs (Art. 2). Die Konvention wird durch verschiedene Protokolle in Bezug auf Privilegien und Immunitäten der Organisation sowie zum Status der Europäischen Gemeinschaft in der OECD ergänzt. Die Europäische Kommission nimmt nach Art. 13 der OECD-Konvention an der Arbeit der OECD teil.

1.2. Die Entwicklungspolitik der OECD

Für den Entwicklungsbereich zuständig ist der Entwicklungshilfeausschuss („Development Assistance Committee", DAC). Das DAC der OECD ist ein Koordinierungsgremium der bilateralen Entwicklungshilfegeber, mit dem Hauptziel, die Wirksamkeit der Entwicklungszusammenarbeit EZ zu verbessern. Die DAC-Arbeit hat drei Schwerpunkte: Festlegung der Qualitätsstandards für die EZ und die einheitliche Erfassung der EZ-Leistungen, die konzeptionelle Koordinierung durch Erarbeitung von Leitlinien für wichtige EZ-Bereiche und schließlich die periodische Überprüfung der EZ der DAC-Mitglieder im Lichte der gemeinsamen Standards und Leitlinien (sog. „Aid-Reviews").[1322] In Bezug auf die Entwicklung von Richtlinien und Standards sowie der Herausbildung von Entwicklungszielen spricht der elfte Entwicklungsbericht der Bundesregierung von einer „herausragenden Stellung des DAC unter den Initiatoren globaler Denkanstöße".[1323]

[1321] Vgl. Kommuniqué der Tagung des Rates der OECD auf Ministerebene, enthalten in: PAC/COM/NEWS (2002) 58 vom 16. Mai 2002: Beitrag der OECD zu einer gemeinsamen Entwicklungsagenda, Tagung des Rates der OECD auf Ministerebene 15.-16. Mai 2002, S. 1, Ziff. 2.

[1322] Vgl. Ashoff, Guido: Der Entwicklungshilfeausschuss der OECD und die deutsche Entwicklungszusammenarbeit: ein Verhältnis auf dem Prüfstand, Deutsches Institut für Entwicklungspolitik, Analysen und Stellungnahmen 1/2000; S.1, Box.

[1323] Vgl. BT-Drs. 14/6496 vom 7. Juni 2001: Elfter Bericht zur Entwicklungspolitik der Bundesregierung, S. 58.

Das höchste Gremium des DAC ist das „Hochrangige Treffen" („high-level meeting") auf Ministerebene. Neben den 15 EU-Staaten, der Europäischen Kommission als Vertreterin der gemeinschaftlichen EZ der EG hat das DAC weitere Mitgliedstaaten wie Australien, Japan, Kanada, Neuseeland, Norwegen, der Schweiz und den USA. Vereinbarungen werden im DAC – wie in der OECD insgesamt – im Konsens getroffen. Sie sind zwar rechtlich nicht bindend, haben aber als Konsensentscheidungen eine politische Verbindlichkeit, die dadurch verstärkt wird, dass die Umsetzung durch die Mitglieder vom DAC überprüft wird.[1324] Die Arbeit des DAC wird unterstützt durch das „Development Co-operation Directorate" (DCD), einem von mehreren Direktorien, dem ein Direktor vorsteht und das zuweilen wegen dessen Hauptfunktion auch als das Sekretariat des DAC bezeichnet wird. Dessen vier Abteilungen[1325] arbeiten mit 40 Fachleuten und einigen unterstützenden Mitarbeitern. Daneben wurde 1962 durch die OECD das „Development Centre" in Paris gegründet, das als Schnittstelle zwischen den OECD-Mitgliedsstaaten und den aufstrebenden und sich entwickelnden Ökonomien Afrikas, Asiens und Lateinamerikas fungieren soll. Gemäß ihrem Einsatzauftrag erfüllt das Zentrum seine Aufgaben durch aktuelle Forschung über Fragen der sozialen und wirtschaftlichen Entwicklung sowie durch Förderung des informellen Dialogs zwischen Politikern, Akademikern, Unternehmerkreisen und der Zivilgesellschaft. Die Mitgliedstaaten des Zentrums werden auf Botschafterebene durch ein „Advisory Board" repräsentiert, das die Planung und Durchführung der zweijährigen Arbeitsprogramms beaufsichtigt.[1326]

Das DAC führt regelmäßig Überprüfungen der EZ der OECD-Länder durch (sog. „DAC Aid Reviews"), vergleicht die Managementsysteme der OECD/ODA-Mitgliedstaaten,[1327] zeigt Schwachstellen auf und kann so zur Verbesserung der Qualität der Entwicklungshilfeleistungen der OECD-Länder beitragen. Die DAC-„Aid Reviews" stellen die einzige von unabhängiger Stelle und für alle DAC-Mitglieder nach einheitlichen Standards und Verfahren regelmäßig ca. alle drei Jahre durchgeführten Überprüfungen des Gesamtsystems der EZ der Mitglieder dar. Keine andere nationale oder internationale Institution führt ähnliche Prüfungen durch.[1328]

Um ein politisches Signal gegen die zunehmende Hilfsmüdigkeit zu setzen, verabschiedeten die DAC-Mitglieder 1996 das Grundsatzdokument „Shaping the 21st

---

[1324] Vgl. Ashoff, Guido: Der Entwicklungshilfeausschuss der OECD und die deutsche Entwicklungszusammenarbeit: ein Verhältnis auf dem Prüfstand, Deutsches Institut für Entwicklungspolitik, Analysen und Stellungnahmen 1/2000; S. 1.

[1325] Die vier Abteilungen sind: „Peer Review and Policy Monitoring Division", „Resource Mobilisation and Private Sector Development Division", „Strategic Management of Development Co-operation Division" und „Reporting Systems Division".

[1326] Vgl. dazu http://www.oecd.org.

[1327] Vgl. Chang, Hyun-sik/ Fell, Atrhur M./ Laird, Michael: A Comparison of Management Systems for Development Co-operation in OECD/DAC Members, OECD, 1999.

[1328] Vgl. Ashoff, Guido: ebenda, S. 2.

Century: The Contribution of Development Cooperation" (S 21).[1329] Dem war ein Diskussionsprozess vorausgegangen. Bereits auf der DAC-Jahrestagung am 4. Mai 1995 war eine Erklärung mit dem Titel „Entwicklungspartnerschaften im neuen globalen Kontext" verabschiedet worden. Die OECD sprach damit das Thema der auf den Menschen konzentrierten Entwicklung sowie das der wirtschaftlichen Globalisierung an und legte vier Grundsätze fest, an denen sich die EZ orientieren sollte. Die Entwicklung soll erstens auf den Menschen konzentriert sein, zweitens in „lokaler Trägerschaft" erfolgen, drittens die „Globale Integration" zum Ziel haben und viertens auf „Internationaler Partnerschaft" basieren. Dabei ging man von sechs strategischen Orientierungen aus: Erster Punkt ist, dass EZ als eine Investition in die Zukunft zu sehen ist. Zweitens ist die Bekämpfung der Armut an ihren Wurzeln als zentrale Herausforderung anzusehen. Ein dritter Punkt betrifft die Notwendigkeit integrierter Entwicklungsstrategien, die bestimmte Schlüsselelemente enthalten müssen.[1330] Viertens ist anzuerkennen, dass Entwicklungshilfe wichtig ist, um andere Ressourcen zu ergänzen. Dazu gehört die Anerkennung der Notwendigkeit einer Arbeitsteilung die die primäre (einschließlich der finanziellen) Verantwortung von Regierungen, Institutionen und Bürgern der EL für diese Schlüsselelemente integrierter Entwicklungsstrategien respektiert. Für eine erfolgreiche Entwicklung ist Voraussetzung, dass die betroffenen Menschen der EL die Inhaber ihrer Entwicklungspolitiken und Programme sind. Von externen Akteuren wird dagegen erwartet, dass sie die Stärkung der einheimischen Kapazitäten unterstützen und notwendige ergänzende Mittel zur Verfügung stellen. Ein wichtiges fünftes Element ist, dass andere Politiken mit den Entwicklungszielen kohärent sein müssen: Zu nennen sind der erweiterte Handel, Investment und andere Zusammenhänge sowie die wachsende Rolle der EL im internationalen Wirtschaftssystem (insbesondere im Rahmen der WTO). Es ist entscheidend, dass andere Politiken die Entwicklungsziele nicht unterhöhlen.[1331] Ein letzter, ebenso wichtiger Punkt ist die

---

[1329] Vgl. Ashoff, Guido: Der Entwicklungshilfeausschuss der OECD und die deutsche Entwicklungszusammenarbeit: ein Verhältnis auf dem Prüfstand, Deutsches Institut für Entwicklungspolitik, Analysen und Stellungnahmen 1/2000, S. 3.

[1330] Dazu gehören die folgenden Elemente:
- Gesunde politische Rahmenbedingungen, die das Wachstum stabiler Volkswirtschaften begünstigen, mit einem straken privatwirtschaftlichen Sektor und einer angemessenen Lage der öffentlichen Haushalte,
- Investitionen in die soziale Entwicklung, insbesondere Erziehung und Ausbildung, grundlegende Gesundheitsversorgung und Bevölkerungsprogramme,
- Verstärkte Beteiligung aller Bürger, und insbesondere der Frauen, am wirtschaftlichen und politischen Leben sowie Abbau sozialer Ungleichheiten,
- Gute Staatsführung und öffentliche Verwaltung, demokratische Selbstkontrolle, Schutz der Menschenrechte und Rechtsstaatlichkeit,
- Umweltverträgliche Praktiken,
- Abwendung potentieller Konflikte durch Behandlung der Ursachen, Begrenzung der Militärausgaben sowie Ausrichtung der wiederaufbau- und friedensbildenden Maßnahmen auf längerfristige Aussöhnung und Entwicklung.

[1331] Die Aussage der OECD-Minister hierzu lautet: „We will work with the other policy makers concerned to ensure that our countries follow consistent, open economic policies in relations with our development partners."

Frage der Effektivität und Effizienz der Zusammenarbeit. Sowohl bilaterale als auch multilaterale Entwicklungshilfe müsse maximal effizient und effektiv verwendet werden. Vereinbarte Prinzipien und gute Praktiken zur effektiven Hilfe müssen weiterentwickelt werden, um die besten und kosteneffektivsten Methoden zu identifizieren.[1332]

Darauf aufbauend ist durch Entwicklungsminister und Leiter der Entwicklungshilfestellen der DAC-Mitglieder eine Strategie entwickelt worden, die in dem Bericht „Das 21. Jahrhundert gestalten: Beitrag der EZ" der DAC Jahrestagung vorgestellt, von dieser am 6./7. Mai 1996 angenommen und auf der OECD-Ministerratstagung am 21. und 22. Mai 1996 ausdrücklich bekräftigt worden ist (S 21). Die neue Strategie der Entwicklungspartnerschaften war dabei als Basis für Diskussionen und konzertierte Maßnahmen gedacht und sollte andere Initiativen nicht verdrängen.[1333] Die Erklärung der DAC-Minister enthält u.a. folgende Aussagen:

„we commit ourselves to do the utmost to help:
- First, by a willingness to make mutual commitments with our development partners, supported by adequate resources,
- Second, by improving the co-ordination of assistance in support of locally-owned development strategies, and
- Third, by a determined effort to achieve coherence between aid policies and other policies which impact the developing countries."[1334]

Hauptaufgabe besteht nun darin, dies in die Realität umzusetzen.[1335] Neu an der S 21 war, dass sich die DAC-Mitglieder nicht nur zur Steigerung ihrer EZ-Leistungen bekannt haben (sog. Input), sondern auch dazu, mit ihrer EZ einen Beitrag zur Erreichung von sieben quantifizierten Entwicklungszielen zu leisten, die auf früheren Konferenzen verabschiedet worden waren (Outputziele). Diese Entwicklungsziele bis 2015 sind nunmehr von den Staaten und internationalen Organisationen mehrfach bekräftigt worden, zuletzt auf der Millenniumsversammlung im September 2000 sowie auf der UN-LDC-Konferenz im Mai 2001 in Brüssel und der Konferenz über Entwicklungsfinanzierung in Monterrey.[1336]

Das DAC geht in seinem Bericht davon aus, dass effektive internationale Unterstützung einen realen Unterschied bei der Erreichung der Ziele machen kann. Zwar könnten die Ziele nicht allein dadurch erreicht werden, denn am wichtigsten seien Leistungen der EL selbst, aber dort wo Bemühungen erfolgen, ist eine starke Unterstützung durch die industrialisierten Länder notwendig und verdient.[1337]

[1332] Vgl. dazu o.V.: http://www.oecd.org/DAC/htm/dpngc.htm.
[1333] Vgl. Michel, James H., in: Nachhaltige Entwicklung, Politikkonzepte der OECD für das 21. Jahrhundert, OECD, 1998, Kapitel 2, S.32f.
[1334] Vgl. OECD/DAC, Mai 1996: Shaping the 21st Century, S.2.
[1335] Vgl. Michel, James H.: ebenda, S. 32f sowie http://www.oecd.org/dac/Indicators/htm/list.htm.
[1336] Vgl. dazu oben, Kapitel 1, Abschnitt 1.2.1.
[1337] Vgl. OECD/DAC, Mai 1996: Shaping the 21st Century, S. 2.

Die Verabschiedung der S 21 rief Kritik dagegen hervor, dass der DAC-Vorsitzende und das DCD mit Unterstützung einiger Mitglieder (z.B. Japan und Großbritannien) die S 21 als neue DAC-Strategie propagierten, die Outputziele als Vorgabe für die Geber und die künftige DAC-Arbeit interpretierten und zur zügigen Umsetzung mahnten. Deutschland, unterstützt von den USA und Frankreich argumentierten damals, dass Art und Tempo der Umsetzung von S 21 Sache jedes einzelnen DAC-Mitglieds seien und nicht vom DAC vorgegeben werden dürften und dass die „Output"-Ziele als Orientierung keinen Ausschließlichkeitsanspruch hätten.[1338] Das damals existierende Unbehagen gegen die Outputziele dürfte nunmehr, nach Verabschiedung der Millenniumserklärung der UN und weiteren Konferenzen, auf denen diese Ziele als Millenniumsziele verabschiedet und mehrfach bekräftigt worden sind, keine Rolle mehr spielen.

Durch Verabschiedung von gemeinsamen EZ-Standards übt das DAC eine Qualitätssicherungsfunktion aus.[1339] Zu nennen sind die Aktivitäten, für die EZ mit den LDCs einen Verzicht auf Lieferbindungen zu vereinbaren, um die Effektivität der EZ zu erhöhen. Nach Schätzungen der Weltbank können die LDCs durch den größeren Wettbewerb bei internationalen Ausschreibungen Effizienzgewinne zwischen 15 und 20 % erzielen.[1340] Zudem stehen bei der Koordinierung der finanziellen Zusammenarbeit keine Lieferinteressen mehr im Wege. Nach mehr als zwei Jahren kontroverser Verhandlungen im DAC wurde auf dem G8-Gipfel in Okinawa[1341] ein Grundsatzbeschluss über einen Verzicht auf Lieferbindung im Rahmen der finan-

---

[1338] Vgl. Ashoff, Guido: Der Entwicklungshilfeausschuss der OECD und die deutsche Entwicklungszusammenarbeit: ein Verhältnis auf dem Prüfstand, Deutsches Institut für Entwicklungspolitik, Analysen und Stellungnahmen 1/2000, S. 3f.

[1339] Grundlegende Standards sind:
- ODA-Definition: öffentliche Leistungen an EL und multilaterale Organisationen mit dem Ziel der wirtschaftlichen und sozialen Entwicklung und einem Mindestzuschusselement von 25 %,
- DAC-Liste der Empfängerländer (Teil I: EL, Teil II: Übergangsländer),
- EZ-Konditionenempfehlung u.a. Mindestzuschusselement von 86 % bei den gesamten ODA-Zusagen,
- Statistische Melderichtlinien zur einheitlichen Erfassung der EZ-Leistungen der DAC-Mitglieder,
- Evaluierungsgrundsätze für die EZ,
- Regelungen zur Begrenzug der Lieferbindung, d.h. der Bindung von EZ-Krediten an Lieferungen aus dem Geberland. Bemühungen um weitere Einschränkungen der Lieferbindung haben zur Annahme einer neuen Regelung geführt,
- Antikorruptionsklausel für EZ_Vereinbarungen mit Partnerländern, vgl. Ashoff, Guido: Der Entwicklungshilfeausschuss der OECD und die deutsche Entwicklungszusammenarbeit: ein Verhältnis auf dem Prüfstand, Deutsches Institut für Entwicklungspolitik, Analysen und Stellungnahmen 1/2000; S. 2.

[1340] Die Lieferbindungsregelung hatte einen starken Einfluss auf die deutsche EZ: als Folge ist die deutsche Mischfinanzierung, bei der öffentliche EZ-Mittel mit Kapitalmarktmitteln gemischt werden und die wegen der staatlichen Ausfuhrbürgschaften an deutsche Lieferungen gebunden ist, erheblich zurückgegangen, vgl. Ashoff, Guido: ebenda, S. 2.

[1341] Vgl. dazu unten, Abschnitt 2.1.

ziellen Zusammenarbeit vereinbart.[1342] Im Mai 2001 hat das DAC in Folge dessen eine entsprechende Empfehlung „on Untying Official Development Assistance to the Least Developed Countries" verabschiedet.[1343] Darin empfiehlt es, dass offizielle Entwicklungshilfe an LDCs in mehreren Kategorien nicht an Lieferbedingungen des Geberlandes geknüpft werden sollte. Darunter fällt ODA im Bereich der Unterstützung der Zahlungsbilanz und der Strukturanpassung, im Bereich des Schuldenerlasses, der Sektor oder Multisektor-Programmhilfe. Weiter fallen darunter Hilfen bei Investitionsprojekten, zur Import- und Rohstoffunterstützung, Verträge über kommerzielle Dienstleistungen, sowie ODA an NGOs zur Unterstützung beschaffungsbezogener Aktivitäten. Bereits im Mai 2002 hatten fast alle OECD-Mitglieder alle Kategorien von ODA an LDCs von Bindungen gelöst. Einige sind sogar darüber hinaus gegangen und haben z.B. auch unabhängige und investitionsbezogene technische Zusammenarbeit oder Nahrungsmittelhilfe oder ODA an andere EL von Bindungen befreit.[1344]

Das DAC hat weitere Politikrichtlinien angenommen, um die gesteckten Entwicklungsziele zu erreichen.[1345] Bereits 1986 hatte die OECD Prinzipien für die Hilfe-Koordinierung mit den EL aufgestellt,[1346] die acht essentielle Elemente enthalten:

1. Die zentrale Verantwortung für die Koordinierung von Entwicklungshilfe liegt bei der jeweiligen Empfängerregierung.
2. Die EL brauchen gut geplante Politiken und sorgfältig bewertete Investitions- und Ausgabenprogramme für effektive und koordinierte Nutzung nationaler und externer Ressourcen.

[1342] Vgl. BT-Drs. 14/6496 vom 7. Juni 2001: Elfter Bericht zur Entwicklungspolitik der Bundesregierung, S. 59.

[1343] Vgl. DCD/DAC (2001) 12/FINAL: The 2001 DAC Recommendation on Untying Official Development Asistance to the Least Developed Countries. Die Empfehlungen traten am 1. Januar 2002 in Kraft.

[1344] Vgl. DCD/DAC (2002) 14/REV1 vom 15. Mai 2002: Implementing the DAC Recommendation on Untying Official Development Assistance to the Least Developing Countries, First Progress Report, S. 3, Ziff. 6.

[1345] Im Jahr 2001 wurden vier Richtlinien erlassen: „Poverty Reduction", „Strategies for Sustainable Development", „Strengthening Trade Capacity for Development", „Helping Prevent Violent Conflict". Bereits davor wurden weitere Richtlinien erarbeitet: DAC Guidelines for Gender Equality and Women's Empowerment in Development Co-operation, Support of Private Sector Development, Participatory Development and Good Governance, Donor Assistance to Capacity Development in Environment, neun Richtlinien über EZ und Umwelt, vgl. die Übersicht in: The DAC Guidelines: Strengthening Trade Capacity for Development, OECD 2001, S. 72, bereits zuvor war eine Reihe von Richtlinien zur konzeptionellen Koordinierung des DAC erlassen worden. Eine Übersicht über wichtige Ergebnisse seit 1990 befindet sich auch in: Ashoff, Guido: Der Entwicklungshilfeausschuss der OECD und die deutsche Entwicklungszusammenarbeit: ein Verhältnis auf dem Prüfstand, Deutsches Institut für Entwicklungspolitik, Analysen und Stellungnahmen 1/2000, S. 3, Box.

[1346] Vgl. Guiding Principles for Aid Co-ordination with Developing Countries, angenommen durch das DAC auf einem Treffen der Minister für Entwicklungszusammenarbeit und den Leitern der Hilfsagenturen 1986.

3. Es besteht die Notwendigkeit, dass die Hilfsagenturen den EL helfen, ihre analytischen und Managementkapazitäten zur Aufstellung und Implementierung effektiver Politiken und Programme zu stärken.
4. Empfänger und Geber sollten an sorgfältig bewerteten und produktiven Investitionsprogrammen festhalten, die eine besonders nützliche Basis für die Verteilung der Hilfe zur Verfügung stellen, wenn sie sorgfältig mit den Gebern mit Unterstützung und Beratung durch die internationalen Finanzinstitutionen überarbeitet und diskutiert wurden. Sie sind eine gute Basis für Koordination von Entwicklungshilfe.
5. Es besteht eine Notwendigkeit für enge Koordination zwischen Empfängerregierung und den führenden multilateralen Agenturen, wobei der Konsultations- und Koordinationsprozess eine Möglichkeit für bilaterale Geber bieten sollte, ihre Ansichten während der formenden Phasen der Politik- und Programmkonsultationen darzulegen.
6. Erforderlich für erfolgreiche Koordination und effektive Nutzung von Entwicklungshilfe ist ein vollständiger und offener Austausch über sachdienliche Informationen der laufenden und geplanten Aktivitäten zwischen den Gebern und zwischen Gebern und Empfängern.
7. Es besteht die Notwendigkeit, die Koordination von Entwicklungshilfe auf der lokalen Ebene (z.B. Hauptstadt des Entwicklungslandes) zu stärken und engere Verbindungen zwischen zentralen und lokalen Kooperationsarrangements zu schaffen. Zentrale Kooperationsarrangements sollten die Führung der lokalen und sektoralen Koordination übertragen, u.a. durch Identifizieren von Problemen, die auf lokaler/ sektoraler Ebene angesprochen werden müssen. Politikdialog sollte ein wesentliches Element der Koordination von Entwicklungshilfe auf der lokalen/ sektoralen Ebene sein, wobei die Empfängerregierungen im Mittelpunkt des Prozesses stehen sollten.
8. Schließlich sollte die effektive Teilnahme sowohl am Politikdialog als auch bei der Programmierung von Entwicklungshilfe auf der lokalen Ebene durch die Anwesenheit von politikorientiertem Personal vor Ort in den Empfängerländern unterstützt werden, in denen einzelne OECD/DAC-Mitglieder ein maßgebliches Entwicklungshilfeinteresse haben.[1347]

Die OECD vertritt die Auffassung, dass die Menschen in den EL „Owner" ihrer Entwicklungspolitiken und -programme sein müssen. Erforderlich ist der Aufbau von Partnerschaften, bei denen die lokalen Akteure im Land nach und nach die Führung übernehmen sollen, während die externen Partner sie dabei in ihren Bemühungen unterstützen, größere Verantwortung für ihren Entwicklungsprozess zu übernehmen.[1348] Dieses Prinzip und andere Prinzipien stimmen mit den Prinzipien anderer internationaler Organisationen wie den UN, der Weltbank sowie anderen Gebern überein. Beispielsweise darin, dass die EL selbst die „Owner" des Entwicklungsprozesses sein sollen (allgemeine Ansicht), dass der Ausbau von Kapazitäten

[1347] Vgl. Chang, Hyun-sik/ Fell, Arthur M./ Laird, Michael: A Comparison of Management Systems for Development Co-operation in OECD/DAC Members, OECD, 1999, S. 52, Box 4.
[1348] Vgl. Chang, Hyun-sik/ Fell, Arthur M./ Laird, Michael: ebenda, S. 51.

zur eigenständigen Planung und Durchführung von Programmen mit Unterstützung der Geber erfolgen muss (UNDP u.a), dass ein offener Informationsaustausch über vor Ort erfolgende Programme und Projekte stattfinden muss (z.B. von der CDF-Matrix der Weltbank vorgesehen und von der „Doha Development Agenda trade related TA and capacity building Database" umgesetzt) oder die Übertragung von Verantwortung von der zentralen auf die lokale Ebene (z.B. UNDP im Zusammenhang mit den residierenden Vertretern, Weltbank).

Erst im Mai 2001 hatte das DAC-Richtlinien zur Armutsreduzierung erlassen. Auch im Bereich des „Capacity building" im Handelsbereich hat die OECD Richtlinien herausgegeben, die durch das DAC Sekretariat in enger Zusammenarbeit u.a. mit Regierungsrepräsentanten von EL und Unternehmensorganisationen erarbeitet worden waren. Zu Beginn der Vorbereitungen ist eine informelle Steuerungsgruppe, bestehend aus Repräsentanten multilateraler Organisationen wie der WTO, der UNCTAD, des ITC, des UNDP und der Weltbank, unabhängigen Forschungsinstitutionen sowie bilateraler Entwicklungshilfeagenturen einschließlich der Kanadas, der Europäischen Kommission, der Niederlande, des Vereinigten Königreichs und der Vereinigten Staaten gegründet worden, die sich mehrfach traf, um die Erarbeitung der Richtlinien zu leiten.[1349] Daneben ist ein weiteres Dokument mit dem Titel „Building Trade Policy Capacity in Developing Countries and Transition Economies – A Practical Guide to the Design of Trade Policy-Related Technical Cooperation" herausgegeben worden. Dieser Leitfaden, der durch das „Department for International Development" (DFID) des Vereinigten Königreiches erarbeitet wurde, richtet sich spezifisch an Mitarbeiter von Geberagenturen, die für das Design, die Umsetzung oder Verbesserung von Programmen zur Bildung von Handelskapazitäten vor Ort tätig sind. Die Richtlinien unterstreichen u.a. den Beitrag, den Handelsliberalisierung für die Entwicklung leisten kann, die Notwendigkeit und die Anforderungen für eine gewinnbringende Integration der EL in das multilaterale Handelssystem und den Anteil, den Handelspolitiker dabei haben, handelsbezogene Kapazitäten von EL zu stärken. Schließlich wurde der Faktor der Geberunterstützung bei der Stärkung des multilateralen Handelssystems unterstrichen. Das System werde gestärkt durch das Angehen der Herausforderungen, denen die EL gegenüberstehen. In diesem Zusammenhang wurde der Wert des „Integrated Framework" betont und dessen Stärkung gefordert[1350]. Die in den Richtlinien aufgestellten Grundsätze wurden von den Ministern auf dem „Hochrangigen Treffen" des DAC, das am 25. und 26. April 2001 in Paris stattfand, gebilligt.

In dem Statement mit dem Titel „Development in the new global context: A partnership for building trade capacity" heißt es u.a. dass die OECD-Länder ein großes Interesse an der Stärkung der handelsbezogenen Kapazitäten der EL haben. Es sei

---

[1349] Vgl. OECD/DAC Guidelines: Strengthening Trade Capacity for Development, OECD 2001, S. 3.

[1350] Vgl. WT/COMTD/W/90 vom 21. September 2001: A New Strategy for WTO Technical Cooperation for Capacity Building, Growth and Integration, S. 5, FN 8, vgl. zum IF Teil 3, Kapitel 2, Abschnitt 1.2.1.

in ihrem Interesse, den EL zu helfen, deren Handelskapazitätslücken zu beseitigen, effektiv zu verhandeln, Handelsabkommen umzusetzen und ihre sich daraus ergebenden Verpflichtungen zu erfüllen. Andernfalls würden viele EL ihr Vertrauen an die Gewinne einer offenen Wirtschaft verlieren, weniger Kapazitäten haben, um Importe aufrecht zu erhalten und abhängig von ausländischer Hilfe bleiben. Um die Integration der EL in das Welthandelssystem zu fördern, vereinbarten die Minister, aufbauend auf die vom DAC aufgestellten Richtlinien, mit den EL, d.h. den Partnerländern zusammen zu arbeiten, um ihnen zu helfen, Handelskapazitäten aufzubauen, ihre Handelsleistung zu steigern und effektiv an der Regelsetzung und institutionellen Mechanismen teilzunehmen, die die globale Wirtschaft gestalten. „Capacity building“, so die Minister, ergänzt im Handelsbereich innerstaatliche Reformbemühungen und das Tätigwerden der Industrieländer, ihre Märkte für Waren und Dienstleistungen der EL zu öffnen. Sie vereinbarten weiter, die Bemühungen der Partnerländer, Handel als einen Teil in ihre nationalen Entwicklungsstrategien zu integrieren. Dabei wurde der Zusammenhang zwischen Aktivitäten der Bildung von Handelskapazität und der Einbeziehung von Handel als Teil der Armutsreduzierungsstrategien (PRSPs)[1351] anerkannt und ausgeführt, dass die OECD-Staaten diesbezüglich eng mit Weltbank und IMF sowie anderen verbundenen Institutionen zusammen arbeiten werden. Weiter wurde vereinbart, die EL bei der Errichtung effektiver und nachhaltiger Handelspolitikrahmen und Prozesse zu unterstützen. Der private Sektor soll im Zentrum der Bildung eines Handelspolitikprozesses stehen. EZ könne auch helfen, Vereinigungen des privaten Sektors zu stärken, damit diese einen aktiven Beitrag zum Prozess der Handelspolitikgestaltung machen können. Die Entwicklungshilfemanager auf Länderebene sollen ermutigt werden, sich stärker zur Entwicklung im Bereich des Handels zu verpflichten. Gleichzeitig sollen sie mit den notwendigen institutionellen Ressourcen, Anreizen und Fachkenntnissen in Handelsfragen ausgestattet werden, um „Capacity building“-Aktivitäten im Handelsbereich durchzuführen. Regelmäßige Dialoge zwischen der Entwicklungshilfegemeinschaft und der mit Handelsfragen befassten Öffentlichkeit können diesen Prozess fördern. Schließlich wurde vereinbart, den Partnerländern bei der Stärkung ihrer Fähigkeiten zu helfen, die führende Rolle in ihrem Entwicklungsprozess zu übernehmen. Dieser Prozess sollte nachhaltig sein. Lokale Experten, Institutionen und Berater sollten einbezogen werden, um bereits vorhandene Kapazitäten zu nutzen und neue nachhaltige Kapazitäten aufzubauen. Dies verlangt langfristiges Engagement, das aber effektiver sei als ad hoc-Methoden, die keinen nachhaltigen Politikprozess im Handelsbereich initiieren können.[1352] Nach Auffassung der Minister solle sichergestellt werden, dass „capacity building“-Initiativen umfassend sind und bei ihrer Ausführung in andere Bereiche integriert werden, denn die Bildung von Handelspolitikrahmenwerken

[1351] Vgl. dazu Teil 3, Kapitel 2, Abschnitt 1.1.1.

[1352] Vgl. das Statement by the DAC High Level Meeting upon endorsement of the DAC Guidelines on Capacity Development for Trade in the New Global Context mit dem Titel: Trade and Development in the new global context: A partnership for building trade capacity, Paris, 25-26 April 2001, abgedruckt in: OECD/ DAC Guidelines: Strengthening Trade Capacity for Development, OECD 2001, S. 7f, S. 8.

erfordere Aktionen in verschiedenen Bereichen und beziehe verschiedene Akteure ein. Nur eine umfassende Methode könne sicherstellen, dass Initiativen in einem Bereich nicht fehlgehen, weil die komplementären Aktionen fehlen. Hier wurde auf das „Joint Integrated Technical Assistance Programme" (JITAP) verwiesen,[1353] welches sowohl bilaterale als auch multilaterale Geber und acht EL umfasst und zeigen könne, wie dies erfolgen kann. In Zusammenarbeit mit den Hauptakteuren des IF solle sichergestellt werden, dass Handelskapazität bildende Aktivitäten in Übereinstimmung mit den Partnerschaftsprinzipien umgesetzt und koordiniert werden. Anerkannt wurde, dass bilaterale Institutionen dort eine wichtigere Rolle bei der Geberkoordinierung in den Ländern haben können und sollten, wo sie eine starke Repräsentanz vor Ort und ein Interesse an handelsbezogenem „Capacity building" haben. Die Minister vereinbarten außerdem eine aktive Zusammenarbeit mit der Handels-„community", um Entwicklungsperspektiven in die handelsbezogene Politikformulierung und Umsetzung einzubeziehen. Bemühungen, Prozesse wie den „Trade Policy Review Mechanism" der WTO oder den „Investment Policy Review" der UNCTAD sollten unterstützt werden. Sie sind gegebenenfalls nützliche Instrumente, um auf Einschränkungen in Bezug auf Handel und Investment in den EL aufmerksam zu machen. Daneben können sie Kohärenz zwischen Handelspolitiken und regulierenden Regimen einerseits und den Entwicklungszielen andererseits sicherstellen.[1354]

Ein weiterer Schwerpunkt war die Verbesserung des gegenseitigen Informationsflusses und Koordination zwischen bilateralen und multilateralen Gebern auf diesem Gebiet. Die Herausforderungen der Handelskapazität in den einzelnen EL gehen über die Kapazität jedes einzelnen Gebers hinaus. Eine bessere Koordination und eine schärfere Arbeitsteilung solle Duplikation vermeiden, Ressourcen optimal nutzen und helfen, die Kapazitäten der Partnerländer nicht zu überfordern. Als wichtige Instrumente zur Erhöhung der Koordination nannten die Minister in ihrem Statement den PRSP-Prozess sowie das IF.[1355]

Zur Förderung des „Capacity building" führt die OECD u.a. globale Foren, aber auch Dialoge auf regionaler Ebene durch. So wurde durch das „Development Cooperation Directorate" und das „Development Centre" der OECD in Zusammenarbeit mit der regionalen UN-Wirtschaftskommission für Afrika (ECA) und dem UNDP ein „Regional Workshop on Trade Capacity Building" in Mombasa, Kenia, am 26./27. August 2002 organisiert, der mit Teilnehmern des öffentlichen und privaten Sektors sowie der Zivilgesellschaft der ostafrikanischen Region sowie einer Reihe von internationalen Organisationen wie dem ITC, der WTO und der

---

1353 Vgl. dazu Teil 3, Kapitel 2, Abschnitt 1.2.2.

1354 Vgl. das Statement by the DAC High Level Meeting upon endorsement of the DAC Guidelines on Capacity Development for Trade in the New Global Context mit dem Titel: Trade and Development in the new global context: A partnership for building trade capacity, Paris, 25-26 April 2001, abgedruckt in: OECD/The DAC Guidelines: Strengthening Trade Capacity for Development, OECD 2001, S. 7f, S. 9.

1355 Vgl. ebenda, S. 7f, S. 9.

UNCTAD stattfand. Ziel war, eine Möglichkeit für die Beteiligten zu schaffen, zusammen mit Repräsentanten von Geberorganisationen Erfahrungen und gute Praktiken im Bereich der Bildung von Handelskapazität auszutauschen.[1356]

Das „OECD Development Centre" will sich 2003 und 2004 mit Handel, Wettbewerbsfähigkeit und Anpassungskapazität der EL auseinandersetzen.[1357] Eine Zusammenarbeit soll u.a. mit dem „Development Cooperation Directorate", dem WTO-Sekretariat, der Weltbank, der „United Nations University" und anderen Forschungsinstitutionen erfolgen. Geplant ist eine Bewertung über potentielle Handelsmöglichkeiten auf der Basis der Außenhandelsdatenbank der OECD für verschiedene Gruppen von EL, u.a der LDCs. Die Evaluierung des Beitrags regionaler Integrationsabkommen soll in Bezug auf die Anziehung ausländischer Direktinvestitionen und dem Potential engerer Partnerschaften mit entwickelten Staaten vorgenommen werden. Möglichkeiten, besser mit unabwendbaren externen Ereignissen wie Naturkatastrophen oder Schocks der „Terms of Trade" fertig zu werden, sollen untersucht und dazu alternative Risiko-Managementoptionen überprüft werden. Neben der Entwicklung von Wettbewerbsindikatoren zur Analyse der Handels- und Wachstumsmuster und der geographischen Verteilung von FDI sollen verschiedene Faktoren, die die Transaktionskosten innerhalb eines Landes beeinflussen, identifiziert und eingeschätzt werden. Auch das „Development Cooperation Directorate" will sich weiter mit handelsbezogenem „Capacity building" befassen.[1358]

Wichtige Impulse im Zusammenhang mit dem hier behandelten Thema gehen auch vom „Trade Committee" der OECD aus. Es ist für den Bereich des Handels auch in Bezug auf Probleme der LDCs zuständig und hat in der Vergangenheit insbesondere bei der Behandlung der LDCs im Rahmen des allgemeinen Präferenzsystems („Generalized System of Preferences", GSP) eine Rolle gespielt. Beide OECD-Kommittees haben sich auf einem informellen Treffen ausgetauscht. Hauptziel des informalen Treffens war, in einen Dialog einzusteigen darüber, wie verschiedene

„policy communities can share perspectives on the linkages between trade liberalization, economic growth and poverty reduction."[1359]

Bereits am 24. April 2001, d.h. vor dem „Hochrangigen Treffen" des DAC, hatte eine „Informal Brainstorming Session on Trade and Development" mit Delegierten des DAC und des „Trade Committee" stattgefunden, auf der Fragen in Bezug auf Handel und Entwicklung diskutiert worden sind. Die Diskussion zielte auf die Interessen, Bedürfnisse und Belange der EL in der Weltwirtschaft und basierte auf den

[1356] Vgl. o.V.: http://www.oecd.org.

[1357] Weitere Aktivitäten sind: „Governance and Finance" sowie „Social Institutions and Dialogue".

[1358] Vgl. CD/AB (2002) 2/REV1 vom 18. September 2002: Adaptive Capacity and inclusive Development, The OECD Development Centre's Proposed Programme of Work and Budget: 2003-2004, S. 6ff, Ziff. 9ff.

[1359] Vgl. Summary des Trade Committee Meetings vom 23.-24. April 2001, 131st Session, http://www.oecd.org/ech/meetings/ 131summary-e.htm.

Studien des „Trade Committees“[1360] und den DAC-Richtlinien zum „Capacity building“. Es wurden Meinungen darüber ausgetauscht, wie beide Politikbereiche im Hinblick auf gemeinsame und effektive Politikreaktionen besser zusammen arbeiten können. Der Generaldirektor der WTO Mike Moore führte in seinem Statement[1361] aus, dass das multilaterale Handelssystem in den vergangenen 50 Jahren mehr für die Anhebung der Lebensbedingungen getan habe, als jede andere Regierungsintervention und dass die beste Art und Weise der WTO, die Erreichung der internationalen Entwicklungsziele zu fördern, die Eröffnung einer neuen Runde multilateraler Handelsverhandlungen sei. Eine neue Runde würde die weitere Marginalisierung der EL verhindern, indem sie deren Belange anspricht. Die Delegierten des Treffens sahen es als essentiell an, umfassende Entwicklungsstrategien anzunehmen, die Bedingungen für auf dem privaten Sektor basierende Entwicklung zur Förderung der Integrationsbemühungen der Nicht-OECD-Staaten schaffen, insbesondere in den ärmsten unter ihnen. Die Gebergemeinschaft habe sich tatsächlich in Richtung umfassender Methoden bewegt, in dem sie die Armutsreduzierung als zentrales Ziel ihrer Unterstützung der Partnerländer gesetzt habe. Schlechte Handelspolitik könne die für Entwicklung kritischen Politiken in den Bereichen Bildung, Gesundheit, Infrastruktur und makroökonomisches Management unterminieren. Dieser Meinungsaustausch wurde als hilfreich angesehen, den Dialog zwischen den Handels- und Entwicklungshilfe-„communities“ der OECD zu fördern. Weitere Treffen der Delegierten des DAC und des „Trade Commitees“ sollen folgen. Die OECD-Direktorien sollten ihre enge Zusammenarbeit zu Handels- und Entwicklungsfragen fortsetzen und in ihre Arbeitsprogramme aufnehmen.[1362]

In Bezug auf die Bedeutung des Handels für die Entwicklung ist die OECD-Publikation mit dem Titel „Trade, Investment and Development: Policy Coherence matters“ zu nennen. Der Bericht legt dar, dass nachhaltiges Wachstum effektiv zur Armutsreduzierung beitragen kann, dass die Öffnung der Ökonomien für Handel und Investitionen zwar eine notwendige Voraussetzungen für EL zum Erreichen dieses nachhaltigen Wachstums durch Engagement in der globalen Weltwirtschaft, jedoch keinesfalls ausreichend sei. Die drei grundlegenden Konditionen für nachhaltiges Wachstum seien eine solide, marktorientierte Wirtschaftspolitik, geeignete soziale Politikrahmen, einschließlich einer starken Investition in Humankapital und adäquate Netze der sozialen Sicherheit sowie gute Regierungsführung. Der Bericht geht davon aus, dass Politikkohärenz vermeiden muss, dass OECD-Regierungen Politiken verfolgen, die ihre anderen Bemühungen zur Förderung des Entwicklungsprozesses unterminieren, z.B. durch Handelsaktionen, die das Einkommen und das potentielle Wachstum reduzieren und den Entwicklungshilfepolitiken, die die Exportkapazitäten der EL entwickeln wollen, zuwiderlaufen.[1363]

[1360] Zu nennen ist u.a. die Studie „Trade and Development Issues in non-OECD Countries“.
[1361] Der Titel lautete: The WTO and Developing Countries: Future Challenges.
[1362] Vgl. den zweiseitigen Informationsvermerk der OECD zu diesem Treffen unter der Überschrift: Informal Brainstorming Session on Trade and Development.
[1363] Vgl. Trade, Investment and Development: Policy Coherence matters, veröffentlicht unter Verantwortung des Generalsekretärs, OECD 1999, S. 3f.

Im September 2002 hat die OECD eine CD herausgegeben, die als Werkzeug für Politiker gedacht ist und den Regierungen helfen soll, ihr Verständnis für handelspolitische Fragen zu verstärken und die Verhandlungsprozeduren in der WTO zu verstehen. Die CD enthält über 40 Publikationen und analytische Berichte zu relevanten handelspolitischen Fragen in Bezug auf die Doha-Ministererklärung sowie Internetlinks. Die Zusammenstellung ist eine Reaktion der OECD zur Doha-Entwicklungsagenda. Sie soll ein Beitrag zu den koordinierten internationalen Bemühungen um handelsbezogene technische Hilfe und „Capacity building" sein und zum Erfolg der Ministerkonferenz im September 2003 in Cancun beitragen.[1364]

Kohärenzfragen in Bezug auf das Entwicklungshilfesystem werden im Rahmen der „Peer Reviews" der Entwicklungshilfepolitiken der Mitgliedsstaaten angesprochen.

Das „Trade Committee" der OECD befasst sich mit der Stärkung eines Rahmens für internationale Handelsströme, offene Märkte und Liberalisierung, insbesondere in Bezug auf den Marktzugang von Waren und Dienstleistungen im Rahmen der neuen multilateralen Handelsverhandlungen. Die Agrarpolitik wird durch die OECD durch Kalkulation von Schätzungen der Unterstützung an Produzenten und Evaluierung alternativer Politikoptionen überwacht. In Zusammenarbeit mit anderen internationalen Organisationen hatte die OECD auch Aktionen für die Stärkung eines internationalen Rahmens für Investitionen geplant. Zu erwähnen sind weiter die „Tax Codes" der OECD, die „Anti-Bribery Convention" sowie die „Gorporate Governance"-Prinzipien.[1365]

Im Mai 1999 haben die OECD-Minister vereinbart, dass Kohärenz der Politiken in OECD-Ländern essentiell zur Erreichung der internationalen Entwicklungsziele sind. Weiter vereinbarten sie, in ihrer Arbeit im Rahmen der OECD die Auswirkungen ihrer eigenen Politikrahmenwerke in den EL mehr in Betracht zu ziehen. Zudem solle die OECD weitere analytische Arbeit in Bezug auf Politikkohärenz leisten und darüber berichten.[1366]

Der Rat der OECD hat sich mehrfach mit Handelsfragen, auch speziell in Bezug auf die LDCs beschäftigt. Bereits in einer „Deklaration on Trade Policy" auf dem OECD-Rat auf Ministerebene am 4. Juni 1980 wurde explizit auf die Notwendigkeit der Stärkung der Handelsbeziehungen mit den EL hingewiesen. Besonders betont wurden die besonderen Bedürfnisse der ärmeren unter ihnen.[1367] Auf einem Treffen auf Ministerebene am 16. und 17. Mai 2001 in Paris verpflichteten sich die OECD-Mitglieder, eine neue globale Runde von Handelsverhandlungen auf der

[1364] Die CD ist unter dem Titel „An OECD Tool Kit for Trade Policy Makers, Responding to the Development Agenda" herausgegeben worden.
[1365] Vgl. Trade, Investment and Development: Policy Coherence matters, veröffentlicht unter Verantwortung des Generalsekretärs, OECD 1999, S. 41.
[1366] Vgl. ebenda, S. 11.
[1367] Vgl. dazu A/CONF.104/PC/2: Review of Progress under the immediate action programme (1979-1981), S. 39, Ziff. 28f.

WTO-Ministerkonferenz in Doha im November 2001 einzuleiten. Gleichfalls wurde bekräftigt, dass alle WTO-Mitglieder ihre Belange und Interessen im Ergebnis wiederfinden müssen und dass die Verhandlungen in einer transparenten Art und Weise stattzufinden haben. Alle WTO-Mitglieder wurden aufgefordert, die Forderungen und Belange der EL anzusprechen und in Vorbereitung von Doha Vertrauen zu bilden.[1368] Es müsse dafür gesorgt werden, dass die Globalisierung allen zugute komme und auch die Interessen der Ärmsten beachtet werden. Auf nationaler und internationaler Ebene müsse mehr Kohärenz aller politischen Maßnahmen erzielt werden, die auf die Verwirklichung des Zieles Einfluss haben. Die Handelspolitik, die Investitionstätigkeit und die EZ müssten einen wesentlichen Beitrag zur nachhaltigen Entwicklung sowie zur Verminderung der Armut leisten.[1369]

Auf seiner Tagung im Mai 2002 hat sich der OECD-Ministerrat mit der Doha-Entwicklungsagenda und deren Konsequenzen befasst, auf die Ergebnisse der Konferenz in Monterrey verwiesen und sich mit der Rolle der OECD auseinandergesetzt.[1370] Die OECD will auf dem Monterrey-Konsens aufbauen, der zu Gunsten eines umfassenden, auf Partnerschaft basierenden, ergebnisorientierten Ansatz zur Erreichung der international vereinbarten Ziele der Millenniumserklärung erreicht wurde. Der Organisation komme dabei eine wichtige Rolle zu, den Konsens weiter voran zu bringen. Diese Rolle, so die Minister der OECD-Länder, bestehe darin, die Politikkohärenz im Dienst der Entwicklung zu fördern, die Kapazitäten in den Bereichen gute Regierungsführung und Politikgestaltung der EL zu stärken, den Nutzen der Leistungen der EZ zu verbessern, ein angemessenes Volumen der Entwicklungszusammenarbeit zu gewährleisten, die Partnerschaften zu konsolidieren und die Rechenschaftspflicht zu stärken.[1371] Dies wurde im einzelnen in einem dem Kommuniqué als Anlage beigefügten Aktionsprogramm der OECD für eine gemeinsame Entwicklungsagenda ausgeführt.[1372] Das Ministerkommuniqué legt dar, dass der belgische Premierminister den „PAIR-Vorschlag" zur Einrichtung eines globalen Fonds für die Entschuldung der am wenigsten entwickelten Länder vorgestellt hat und dass auch über andere Vorschläge zur Beantwortung der Frage diskutiert wird, wie die OECD-Länder im Rahmen der HIPC-Initiative angesichts des Rückgangs der Rohstoffpreise eine nachhaltige Schuldenerleichterung erreichen können. Die OECD wurde aufgefordert, weiter an der Erfüllung ihres auf der Ministertagung 2001 erteilten Mandates zu arbeiten, insbesondere in Bezug auf dic Überwachung der Fortschritte in hinsichtlich der drei Dimensionen nachhaltiger Entwicklung (Stärkung des Wirtschaftswachstums, Förderung der Human- und

[1368] Vgl. A/56/376 vom 18. September 2001: International Trade and Development, Bericht des UN-Generalsekretärs:, S. 2, Ziff. 5.

[1369] Vgl. Vgl. den EU-Gesamtbericht 2001, Kapitel VI: Die Rolle der Union in der Welt, Abschnitt 2: Internationale Organisationen und Konferenzen (16/17), Ziff. 873.

[1370] Vgl. das Kommuniqué der Tagung des Rates der OECD auf Ministerebene, enthalten in Dokument PAC/COM/NEWS (2002) 58 vom 16. Mai 2002: Beitrag der OECD zu einer gemeinsamen Entwicklungsagenda, Tagung des Rates der OECD auf Ministerebene 15.-16. Mai 2002.

[1371] Vgl. ebenda, S. 6, Ziff. 19f.

[1372] Vgl. die Anlage zum Kommuniqué, ebenda, S. 8f.

Sozialentwicklung sowie Schutz der Umwelt). Sie wurde u.a. ermutigt, auf einen Konsens über Maßnahmen hinzuarbeiten, die den OECD-Staaten bei Erreichung ihrer Ziele einer nachhaltigen Entwicklung helfen können.[1373]

Auch zu internationalen Konferenzen leistet die OECD durch Berichte und Analysen einen Beitrag.[1374]

1.3. Würdigung und Ausblick

In den 1970er und 1980er Jahren kam der OECD als Zusammenschluss der Industrieländer ein Gegengewicht zur UNCTAD zu. Inzwischen hat sich die Rolle der OECD gewandelt, ihre Bedeutung hat insgesamt abgenommen. Sie kann einerseits nicht wie die WTO einen Anspruch auf (nahezu) Universalität erheben, andererseits repräsentiert sie auf Grund der Erweiterung ihrer Mitgliedszahl keinen geschlossenen Interessenbereich mehr.[1375] Dennoch wird sie üblicherweise unterschätzt. Neben ihrer Funktion als Integrationsraum auf den Feldern Kapitalverflechtung, Finanzbeziehungen und Handel liegt allein in ihrer Funktion als Hüterin liberaler Werte schon eine beachtliche positive „Governance"-Leistung. Das „Vorbild" OECD regiere nicht nur durch Anordnung, sondern durch das attraktive Beispiel, das neue Mitglieder integriert und bei den Altmitgliedern für mehr Leistungstransparenz sorgt. Ein festes Regierungsforum für die Weltwirtschaft kann die OECD jedoch u.a. auf Grund ihrer Größe und ihres diffusen Aufgabenfeldes nicht sein und nicht werden.[1376]

Die OECD hat seit Gründung der WTO für die Aushandlung neuer Regelungen an Bedeutung verloren. Die WTO bietet gegenüber der OECD ein sehr viel größeres Potential für einen Interessenausgleich. So erwarten viele Staaten ggf. für ihre Beteiligung an einer multilateralen Investitionsregelung Zugeständnisse auf anderen Gebieten, die in der OECD nicht verhandelt und gewährt werden können.[1377] Insgesamt gesehen hat die OECD ob ihres breiten Tätigkeitsbereiches eine Fülle von Aufgaben inne. Die Arbeit der OECD im Hinblick auf die Herausarbeitung des

---

[1373] Vgl. das Kommuniqué der Tagung des Rates der OECD auf Ministerebene, enthalten in Dokument PAC/COM/NEWS (2002) 58 vom 16. Mai 2002: Beitrag der OECD zu einer gemeinsamen Entwicklungsagenda, Tagung des Rates der OECD auf Ministerebene 15.-16. Mai 2002, S. 6, Ziff. 22.

[1374] So hat sie auf Aufforderung der OECD-Minister zum Weltgipfel für nachhaltige Entwicklung (WSSD), der vom 26. August bis 4. September 2002 in Johannesburg, Südafrika statt fand, einen Bericht erarbeitet, der die Beiträge der OECD-Länder zur nachhaltigen Entwicklung sowohl national als auch international bewertet und wesentliche Lehren aus der umfangreichen Arbeit der OECD auf dem Gebiet der nachhaltigen Entwicklung zusammenstellt, der auf dem letzten Treffen des Vorbereitungskomitees des WSSD in Bali im Juni 2002 offiziell vorgestellt worden war.

[1375] Vgl dazu Stoll, Peter-Tobias/ Schorkopf, Frank: WTO – Welthandelsordnung und Welthandelsrecht, Köln, Berlin…: Carl Heymanns Verlag, 2002, S. 24, Rz. 45.

[1376] Vgl. Rode, Reinhard: Weltregieren durch internationale Wirtschaftsorganisationen, Münster, Hamburg, London: Lit, 2002, S. 52f.

[1377] Vgl. Stoll, Peter-Tobias/ Schorkopf, Frank: ebenda, S. 247, Rz. 709.

Kohärenzerfordernisses auf internationaler Ebene ist nicht unbedeutend und kann als Vorarbeit zur Arbeit in anderen Gremien angesehen werden. Insgesamt ist die OECD vornehmlich ein Gebilde zur Datensammlung und zur Bereitstellung von Expertisen geworden.[1378]

Bedeutsam sind im Entwicklungsbereich zudem die Bemühungen um eine bessere Koordination der bilateralen Geber, die Mitglied das DAC sind. Die Abkehr von Lieferbindungen und Konditionen im Hinblick auf die ODA an die LDCs kann als ein wichtiger Schritt im Hinblick auf effektivere Entwicklungszusammenarbeit angesehen werden. Dennoch ist die Zusammenarbeit bilateraler Geber noch verbesserungswürdig. Ein abgestimmtes Vorgehen auf Länderebene gibt es bislang nicht. Zu nennen sind auch Bemühungen der OECD um die Herausarbeitung der Entwicklungsziele, die letztendlich auf internationaler Ebene mehrfach bekräftigt worden sind.

Angesichts der Vielzahl von Gremien und des ausgeweiteten Konferenzapparates stellt sich aber angesichts der u.a. mit der WTO stark überlappenden Aufgabenbereiche die Frage, ob hier nicht ein Überdenken und ggf. eine Rationalisierung angezeigt wäre.

2. Weitere Gruppen auf internationaler Ebene

2.1. Die G7/G8

2.1.1. Aufbau und Funktion

Kern und Führungsgruppe der OECD-Welt sind die G7-Staaten (Gruppe der 7, G7). Sie koordinieren ihre wirtschaftlichen und politischen Positionen seit 1975 im Rahmen jährlicher Treffen ihrer Staats- und Regierungschefs. Die gängigen wirtschaftlichen Indikatoren weist die G7 als die hegemoniale Gruppe der Weltwirtschaft aus. Ihr Zentrum ist die G3, bestehend aus den USA, den EU-Staaten und Japan. Die G7-Länder haben den weitaus größten Anteil am Welthandel, der, so kann man sagen, sich weitgehend unter ihnen abspielt. Seit den Fünfziger Jahren des letzten Jahrhunderts bestreiten sie etwa die Hälfte des Weltexports. Sie sind führend bei den Direktinvestitionen[1379] und bestimmen das Währungs- und Finanzsystem mit den Leitwährungen Dollar, Euro und Yen. Die G7-Staaten halten praktisch die Devisenreserven der Welt. Sie sind auch führens bei neuen Technologien. Dollarraum und Euroland bilden zusammen ein Oligopol des technologischen Fortschritts. Zahlen des UNDP zufolge haben die 29 Mitglieder der OECD 1998 US$ 520 Billionen für Forschung und Entwicklung ausgegeben, ein Volumen, das größer als die gemeinsame Wirtschaftsleistung der 30 ärmsten Länder ist.[1380] Bei

---

[1378] Vgl. Rode, Reinhard: Weltregieren durch internationale Wirtschaftsorganisationen, Münster, Hamburg, London: Lit, 2002, S. 33.

[1379] Ihr Anteil an den Auslandsdirektinvestitionen betrug 62,6 Prozent im Jahr 1996.

[1380] Der neue UNDP Development Report sieht neue Technologien als Schlüssel zur Armustreduzierung, vgl. World Bank Development News vom 9. Juli 2001, S. 4f.

den Informationstechnologien nimmt der Abstand zum Rest der Welt zu. Bei der Digitalisierung der Wirtschaft führt der atlantische Raum, also die USA und die EU, und verfestigt damit diese führende Rolle. Neue Handelsformen wie das rapide wachsende elektronische Geschäft (e-business) haben hier ihren Schwerpunkt.[1381] Anzumerken ist aber, dass die sieben Staaten der G7 nicht mehr die größten Volkswirtschaften der Welt sind. Nach Stiglitz ist die Mitgliedschaft der G7 teilweise einem historischen Zufall zu verdanken.[1382]

Die G7-Staaten geben in Wirtschaftsregimen wie IMF, Weltbank und WTO den Ton an. Ihre positive gruppenhegemoniale Leistung besteht in der Bereitstellung von Wirtschaftswachstum, makroökonomischer Koordination, Stabilität und Krisenmanagement.[1383] Da die Industriestaaten der Welt ökonomisch und politisch stark, jedoch zahlenmäßig schwach sind, haben sie Rode zufolge einen Sonderbedarf für die Regelung ihrer eigenen Angelegenheiten und das Management ihres Einflusses in der Welt. Zwar überwiege ihr Einfluss in den Großregimen wie Weltbank, IMF und WTO wegen ihrer wirtschaftlichen Kraft, sie sind dort aber in der Minderheit und stehen unter ständigem Rechtfertigungszwang gegenüber den ärmeren und nicht-liberalen Mehrheiten. Ein Bedarf für die Koordinierung im kleinen Kreis, d.h. für ein Forum zur Binnensteuerung und zur Gruppenhegemonie nach außen, sei gegeben, weil diese Leistung in den Großregimen nicht gesichert sei.[1384] Ähnlich den Bretton-Woods-Institutionen hat die G7 marktwirtschaftliche und liberaldemokratische Prinzipien als gemeinsame Werte. Ihre Normen reichen von möglichst freiem Handel über freien Kapitalverkehr bis zur Investitionsfreiheit.[1385] Eine Erweiterung dieser Gruppe um weitere erfolgreiche Schwellenländer ist in Sicht. Nach Auffassung von Rode ist dafür aber deren reale Leistungsfähigkeit Voraussetzung und nicht die Aufnahme aus Prestigegründen, um kurzfristigen politischen Konsens zu erzeugen. Die Erweiterung um Russland zur G8 sei nur der politischen Logik gefolgt und damit ein Negativbeispiel.[1386] Trotzdem wurde auf dem G8-Gipfel im Juni 2002 im kanadischen Kananaskis beschlossen, dass Russland trotz der wenig vorzeigbaren wirtschaftlichen Voraussetzungen ab 2006 Vollmitglied in der G7, d.h. der dann endgültig erweiterten G8 werden soll. Dafür verzichtete Deutschland sogar auf seinen Vorsitz im Jahre 2006, den es dadurch erst im Jahre 2007 antreten wird. Deutschland, einer der wichtigsten Investoren in Russland, erwartet sich davon u.a. den Ausbau bestehender Gesetze usw. Dem weiteren Ausbau der Demokratie unter Putin steht durch die gestiegene internationale Anerkennung nichts im Wege.

[1381] Vgl. Rode, Reinhard: Weltwirtschaft im Zeichen der Globalisierung, in: Weltpolitik im neuen Jahrhundert, Baden-Baden: Nomos, 2000, S. 255-264, S. 257f.

[1382] Vgl. Stiglitz, Joseph: Die Schatten der Globalisierung, Berlin: Siedler Verlag, 2002, S. 289, Ziff. 4.

[1383] Vgl. Rode, Reinhard: ebenda, S. 257f.

[1384] Vgl. Rode, Reinhard: Weltregieren durch internationale Wirtschaftsorganisationen, Münster, Hamburg, London: Lit, 2002, S. 70.

[1385] Vgl. Rode, Reinhard: ebenda, S. 59.

[1386] Vgl. Rode, Reinhard: Weltwirtschaft im Zeichen der Globalisierung: ebenda, S. 257f.

Die Themenpalette der „Weltwirtschaftsgipfel" hat sich deutlich über ökonomische Probleme hinaus erweitert. Neben wirtschaftspolitischen Fragen werden schon seit langem z.B. neben der Handelspolitik, der Währungspolitik, der Entwicklungspolitik und der Umweltschutzpolitik, Fragen der allgemeinen Politik wie die Lösung regionaler Konflikte und Kriege oder die Bekämpfung des internationalen Terrorismus, des Drogenhandels und der Korruption behandelt.[1387] Im Zuge der thematischen Ausweitung bildete die G7 ein Netz von Ministerforen und über die Ministertreffen hinaus hat die G7 Arbeitsgruppen („Task Forces") für bestimmte Problemfelder gebildet.[1388] Ausgehend von den Finanzministern der G7-Länder ist z.B. 1999 das Forum für Finanzstabilität (FSF) aus hochrangigen Vertretern der Finanzministerien, der Notenbanken und Aufsichtsbehörden der G7-Länder, den Vertretern von IMF, Weltbank, der Bank für internationalen Zahlungsausgleich[1389] und OECD gegründet worden. Themen des Forums sind u.a. kurzfristige volatile Finanzströme und die „Offshore"-Finanzzentren.[1390]

Die G7-Gipfel haben sich auch bereits mehrfach mit den Problemen Afrikas befasst. In den letzten Jahren haben sie zunehmend auch allgemeine Entwicklungsfragen thematisiert. Die Gruppe griff regelmäßig die von der Staatengemeinschaft auf die Tagesordnung der UN und die Weltkonferenzen gesetzten Themen auf und gab Impulse.[1391] Nicht zuletzt zu erwähnen ist die „Heavily Indebted Poor Countries" (HIPC) Initiative, deren Verstärkung auf dem 1999er Gipfel in Köln angestoßen worden war.[1392] Auf ihrem Gipfel in Halifax 1997 hatte die G7 ausgeführt, dass das Ziel der nachhaltigen Entwicklung eine höhere Lebensqualität für alle Menschen ist.[1393]

In Okinawa im Jahr 2000 bekannte sich die G8[1394] dazu, dass das 21. Jahrhundert ein Jahrhundert des Wohlstandes für alle werden müsse. Sie bekannte sich zu den international vereinbarten Entwicklungszielen, einschließlich der überragenden Zielstellung, den Anteil der Weltbevölkerung, der in extremer Armut lebt, bis 2015

[1387] Vgl. Donges, Jürgen B./ Freytag, Andreas: Allgemeine Wirtschaftspolitik, Stuttgart: Lucius und Lucius, 2001, S. 273f.

[1388] So entstand 1982 das Forum der quadrilateralen Handelsminister, 1984 folgten die Außenminister, 1986 die Finanzminister, 1992 die Umweltminister und in den 1990er Jahren entstanden ad hoc Ministertreffen zu Sonderthemen, vgl. Rode, Reinhard: Weltregieren durch internationale Wirtschaftsorganisationen, LIT, Münster, Hamburg, London, 2002, S. 61f.

[1389] Die Bank für Internationalen Zahlungsausgleich (BIZ) mit Sitz in Basel spielt als Instrument der wichtigsten Notenbanken der Welt insbesondere für die Bemühungen um eine konzertierte Aufsicht des Finanzsektors eine wachsende Rolle, vgl. Andersen, Uwe: Weltwirtschaftssystem, in: Handwörterbuch internationale Politik, Woyke, Wichard (Hrsg.), Opladen: Leske und Budrich, 8. Auflage, 2000, S. 537-546, S. 543.

[1390] Vgl. Andersen, Uwe: ebenda, S. 544.

[1391] Vgl. BT-Drs. 14/6496 vom 7. Juni 2001: Elfter Bericht zur Entwicklungspolitik der Bundesregierung, S. 58.

[1392] Vgl. dazu Kapitel 2, Abschnitt 2.2.2.

[1393] Vgl. OECD/DAC, Mai 1996: Shaping the 21st Century, S. 8.

[1394] Vertreten waren die Leiter der acht Länder und der Präsident der Europäischen Kommission

gegenüber ihrem Stand von 1990 um die Hälfte zu reduzieren[1395]. Des Weiteren führte die G8 in ihrem Kommuniqué unter der Überschrift „Entwicklung“ aus:

„...We will work with developing countries to put in place policies, programmes and institutions that offer people a fair chance to better their lives. We therefore welcome the constructive discussions of the Tenth Meeting of UNCTAD (UNCTAD X) in Bangkok, and will work in the United Nations and other fora to further reduce poverty, especially in the Least Developed Countries (LDCs)...Trade and Investment are critical to promoting sustainable economic growth and reducing poverty. We commit ourselves to put a higher priority on trade-related capacity-building activities. We are also concerned that certain regions remain marginalised as regards foreign direct investment, and that the 48 LDCs attract less than 1% of total foreing direct investment flows to the developing countries. We urge multilateral development organizations and financial institutions to support developing countries′ efforts to create a favourable trade and investment climate, including through the Poverty Reduction Strategy Papers (PRSPs) and the Integrated Framework (IF).“ [1396]

Im gleichen Kommuniqué sind die Staats- und Regierungschefs auch auf die Probleme der LDCs eingegangen.[1397] Um ihnen zu helfen, haben sie vereinbart, die HIPC-Initiative voranzutreiben, deutlich verbesserten Zugang zu ihren Märkten zu gewähren und die Effektivität ihrer offiziellen Entwicklungshilfe zu verstärken.[1398]

Speziell in Bezug auf den Handel wurde in diesem Kommuniqué anerkannt, dass Handel für die Entwicklung der EL kritisch sei und daher das handelsbezogene „Capacity building“ substantiell ausgeweitet werden sollte. Dies würde eine effektivere Teilnahme der EL am Handelssystem fördern und insbesondere ermöglichen, dass die EL von den verbesserten Marktzugangsmöglichkeiten Gebrauch machen können. Es stünde im gemeinsamen Interesse, alle Ökonomien in das multilaterale Handelssystem zu integrieren.[1399] Weiter wurde ausgeführt:

„We commit ourselves to playing a leading role by strengthening our support to developing country members for capacity building in line with their individual needs. We also call on international organisations including the WTO, the World Bank, the IMF, the United Natitons Development Programme (UNDP), and UNCTAD, to join with us in working collectively toward this objective...“

Auch in Bezug auf Politikkohärenz wurden Ausführungen gemacht und anerkannt, dass eine umfassendere Partnerschaft entwickelt werden muss, um zu helfen, die Herausforderungen der Globalisierung anzugehen. Diesbezüglich sollte die interna-

---

1395 Vgl. das G8-Kommuniqué Okinawa 2000: Ziff. 13, http://acc.unsystem.org/documents/repository/G8.communique.pdf.
1396 Vgl. das G8-Kommuniqué: ebenda.
1397 Die G8 führten aus: „18. We are partculary concerned about the severity of the challenges facing the LDCs, particularly those in Africa, which are held back from sharing the fruits of globalization by a debilitating and self-reinforcing combination of conflict, poverty and weak governance. 19. We are committed to mobilize the instruments and resources of the international community to support and reinforce the efforts of these countries to combat and overcome these challenges, with particular priority on promoting equitable distribution of the benefits of growth through sound social policies, including regarding health and education.“
1398 Vgl. das G8-Kommuniqué: ebenda.
1399 Vgl. das G8-Kommuniqué: ebenda, Ziff. 36f.

tionale und nationale Politikkohärenz verbessert werden. Gleichfalls wurde die Bedeutung des Engagements der G8-Staaten mit deren jeweiligen Öffentlichkeit unterstrichen, um einen konstruktiven Dialog über die Vorteile und die Herausforderungen der Handelsliberalisierung zu begründen.[1400]

Die internationalen Staatengruppen wie die G7/G8 haben nur teilweise Konsultationen mit EL, so z.B. die G22.[1401] Die sogenannte „shadow G8", offiziell die „preparatory conference" der G8 genannt, die aus einer Gruppe von Staatsmännern[1402] besteht, und privat finanziert wird, rief Präsident Bush und andere Staatsführer des G8-Gipfels in Genua auf, China, Brasilien, Indien und andere weniger entwickelte Länder zu ihren Diskussionen zuzulassen, um die geänderte Wirklichkeit der sich ändernden Weltwirtschaft zu reflektieren.[1403]

Es gibt Bemühungen, einen Dialog mit den ärmeren Ländern aufzubauen. Die G8 bemüht sich zunehmend, durch Teilnahme von Regierungsvertretern von Entwicklungsstaaten, deren Interessen Gehör zu verschaffen. Eine erster Schritt, einen Dialog mit den ärmeren Ländern aufzubauen, war eine Sitzung mit den Führern von EL,[1404] die im Rahmen des G8-Gipfels im Juli 2001 im italienischen Genua stattfand. Daran nahmen auch der Präsident der Weltbank, James Wolfensohn, der WTO-Generaldirektor Mike Moore, UN-Generalsekretär Kofi Annan und der Präsident der Europäischen Kommission Romano Prodi teil. Im Vorfeld des Gipfels führte der italienische Premierminister Giuliano Amato aus, dass die G8 eine Bedeutung hat, wenn sie fähig ist, einen Dialog mit dem Rest der Welt zu entwickeln, insbesondere mit den ärmsten Ländern und der Gesellschaft insgesamt.[1405] Der italienische Außenminister Renato Ruggiero fasste dies so zusammen:

„The signal is clear. The Genoa G8 will not be a summit just for the rich, the Italian government welcomes the participation of developing countries with interest and hopes they can play a greater and more significant part in the future."[1406]

Für den G8-Gipfel in Genua sollten, so der italienische Premierminister Giuliano Amato, zwei Bedingungen erfüllt werden: Zum einen müsse die G8 die Schlüsselprobleme, die die Welt insgesamt betreffen, identifizieren und zweitens müsse die G8 Führungsqualitäten in der Lieferung konstruktiver Lösungen zeigen. Die damalige italienische Präsidentschaft hatte sich entschieden, das Treffen auf die Schlüsselprobleme und Herausforderungen des neuen Jahrhunderts zu richten: die größer

---

1400 Vgl. das G8-Kommuniqué Okinawa 2000: Ziff. 37, http://acc.unsystem.org/documents/repository/G8.communique.pdf.

1401 Vgl. UNDP: Human Development Report 1999, S. 34.

1402 Z.B. Henry Kissinger und Paul Volcker (früherer FED Board Chairman).

1403 Vgl. World Bank Development News vom 19. Juli 2001, S. 4, unter Bezugnahme auf die International Herald Tribue vom selben Tag, S. 1.

1404 Teilnehmer waren: der Präsident Südafrikas Thabo Mbeki, der Präsident Nigerias Olusegun Obasanjo und die Premierministerin Bangladeschs Sheikh Hasina, Sprecherin der „world´s less developed countries".

1405 Vgl. World Bank Development News vom 7. Juni 2001, S. 1f, und vom 5. Juli, S. 1f.

1406 Vgl. World Bank Development News vom 5. Juli 2001, S. 1.

werdende Ungleichheit zwischen den reichen und den armen Ländern der Welt und der Zustand des Sich-Selbst-Überlassenseins, in welchem sich letztere hinsichtlich der Bedingungen in Bezug auf Gesundheit, Bildung, Technologie und Lebenserwartung befinden. Die vier Pfeiler, diese Probleme anzusprechen seien: Schuldenreduzierung, Öffnung der Märkte der industrialisierten Staaten für die Exporte der ärmsten Länder sowie Beseitigung der Handelsbarrieren, eine neue Rolle für den privaten Sektor in Bezug auf die Förderung des Technologietransfers in arme Länder zusammen mit den internationalen Finanzinstitutionen und schließlich die Lenkung und Konzentration der Entwicklungshilfe auf den Schutz und die Entwicklung des Humankapitals in den ärmsten Ländern, insbesondere durch die Unterstützung im Gesundheits- und Bildungsbereich.[1407] In ihrem Abschlusskommuniqué kündigten die Teilnehmer die Einrichtung eines weltweiten Fonds zur Bekämpfung übertragbarer Krankheiten (AIDS, Tuberkulose, Malaria) an. Insgesamt gaben sie Zusagen von US$ 1.3 Billionen für den Kampf gegen AIDS ab.[1408] Es wurde die Erarbeitung eines Aktionsplans für Afrika angekündigt.[1409] Daneben wurden Themen, wie u.a. der internationale Handel mit Blick auf eine neue Runde multilateraler Handelsverhandlungen, Armutsbekämpfung, Entwicklung und Ernährungssicherheit behandelt. Die Teilnehmer des G7-Gipfels (ohne Russland, den EU-Präsidenten und den Ratsvorsitzenden), die am 20. Juli zu einem Diskussionsforum zusammen kamen, erörterten Wirtschaftsfragen sowie Themen wie internationaler Handel, Schuldennachlass für hochverschuldete arme Länder, verlangsamtes Entwicklungstempo der Weltwirtschaft und Wirkung sozialpolitischer Maßnahmen.[1410] Am Rande des Gipfeltreffens war es, wie bereits auf dem Weltwirtschaftsforum in Davos und den Treffen von Weltbank und IMF, zu Antiglobalisierungs-Demonstrationen und gewalttätigen Auseinandersetzungen zwischen einigen Demonstranten und der Polizei gekommen. WTO-Generalsekretär Mike Moore, der auf dem Genua-Treffen eine Rede vor den Staats- und Regierungschefs hielt, begrüßte das G8-Engagement und führte aus:

„Looking back at previous G-8 Communiqués one is struck by the fact that Genoa marks a turning-point in the commitment of leaders to making trade a critical element in the war on poverty. Together with debt relief, good governance, adequate levels of finance to assist capacity building and sound macroeconomic policies, trade is a vital element in the cocktail of development assistance“.[1411]

Nachdem auf dem G8-Gipfel 2001 in Genua bereits einige Staatsführer von EL sowie der Präsident der Weltbank, James Wolfensohn, der WTO-Generaldirektor Mike Moore, UN-Generalsekretär Kofi Annan und der Präsident der Europäischen

---

[1407] Vgl. World Bank Development News vom 7. Juni 2001, S. 1f, und vom 5. Juli, S. 1f.
[1408] Vgl. WTO News, Press/238 vom 23. Juli 2001: Moore hails G-8 pledges on development and poverty alleviation.
[1409] Der Plan wurde durch den italienischen Botschafter an den UN-Generalsekretär übermittelt und als Dokument A/56/222-S/2001/736 herausgegeben.
[1410] Vgl. den EU-Gesamtbericht 2001 - Kapitel VI: Die Rolle der Union in der Welt, Abschnitt 10: Beziehungen zu den Vereinigten Staaten, Japan und anderen Industrieländern (2/24), Gruppe der Acht (G8).
[1411] Vgl. WTO News: ebenda.

Kommission Romano Prodi teilnahmen, waren 2002 erneut vier afrikanische Staatschefs sowie Kofi Annan zum G8-Gipfel in Kanada geladen, um über die Hilfe für Afrika zu beraten.[1412]

Die G8 befasst sich auch mit der UN, deren Reform und zur in dieser Arbeit thematisierten Frage der Koordination. Zur UN-Refom führten die G8-Außenminister in den Schlussfolgerungen eines Treffens am 13. Juli 2000 in Miyazaki aus:

„In this year of the Millennium Summit and Assembly, and in view of the challenges posed to the organization, we reaffirm our commitment to reform, strengthen and enhance the effectiveness of the UN system, including the Security Council, which has primary responsibility under the UN Charter to maintain international peace and security. We encourage the United Nations to strengthen partnership and coordination between relevant organizations and other actors in the area of humanitarian and development assistance“.[1413]

Gleich zu Beginn der Schlussfolgerungen der G8-Außenminister ist zu lesen, dass im Zeitalter der rapiden Globalisierung eine fortdauernde Verpflichtung zu Frieden und den grundlegenden Prinzipien der Demokratie, der Rechtsstaatlichkeit, der Menschenrechte und einer offenen Wirtschaft unverzichtbar sind. Die Schaffung eines sicheren Umfeldes, in dem Würde, Wohlergehen, Sicherheit und Menschenrechte aller Menschen gesichert sind, wird genannt. Das, so die Außenminister, erfordert intensivere Kooperation zwischen souveränen Staaten, internationalen und regionalen Organisationen und der Zivilgesellschaft.

„It is imperative that the United Nations continue to play a pivotal role in the century to come“.[1414]

Auf dem Gipfel 2002 in Kananaskis trafen sich die Staats- und Regierungschefs der G8 mit den Präsidenten von Algerien, Nigeria, Senegal und Südafrika sowie dem UN-Generalsekretär Kofi Annan und diskutierten die Herausforderungen Afrikas. Ergebnis war die Annahme eines „G8 Africa Action Plans“ als Rahmen für Aktionen zur Unterstützung der „Neuen Partnerschaft für die Entwicklung Afrikas“ (NEPAD).[1415] Die NEPAD-Initiative war bereits auf dem G8-Gipfel 2001 vorgestellt worden. Sie ist ein Programm zur Überwindung der politischen, ökonomischen und sozialen Rückständigkeit des Kontinents, d.h. sie bildet einen Politik- und Programmrahmen, der von den afrikanischen Führern aufgestellt wurde, um die afrikanische Entwicklungsagenda umzusetzen. NEPAD ist kein institutioneller Mechanismus und auch keine von der „Organisation of African Unity“ (OAU) bzw. der Afrikanischen Union (AU)[1416] verschiedene Organisation.[1417] Das lang-

---

[1412] Vgl. dazu unten.

[1413] Vgl. die „Conclusions of the G8 Foreign Ministers' Meeting Miyazaki“ vom 13. Juli 2000, enthalten in Dokument A/55/162 mit dem Titel: Letter dated 18 July 2000 from the Permanent Representative of Japan to the United Nations addressed to the Secretary-General, Annex, S. 4, Ziff. 15.

[1414] Vgl. ebenda, S. 1, Ziff. 3.

[1415] Vgl. The Kananaskis Summit Chair's Summary.

[1416] Die AU ist die Nachfolgeorganisation der OAU. Die Überführung der OAU in die AU ist von den 53 Mitgliedern der OAU auf ihrer Gipfelkonferenz in Lusaka im Juli 2001 beschlosfristige Ziel der Initiative ist es, die Armut in Afrika zu beseitigen und die afrikanischen Länder sowohl individuell als auch zusammen auf einen Pfad in Richtung Wachstum und Entwicklung zu bringen und die Marginalisierung Afrikas im Prozess der Globalisierung anzuhalten.[1418] Die Initiatoren waren Ägypten, Algerien, Liberia, Senegal und Südafrika. NEPAD macht für die Armut Afrikas auch Korruption und schlechte Regierungsführung verantwortlich.[1419] Die NEPAD-Initiative war bereits im Juli 2001 in Lusaka von der neu gebildeten AU angenommen worden.[1420] Während die einen NEPAD als einen historischen Schritt reformorientierter Länder ansehen und die im NEPAD-Statut festgehaltenen These, dass Entwicklung ohne Demokratie, Achtung der Menschenrechte, Frieden und gute Regierungsführung nicht möglich sei, bekräftigen, kritisieren andere, dass die NEPAD-Programmatik zu stark an den Interessen der G8-Staaten orientiert sei. NEPAD setze den Rahmen für neoliberal geprägte Strukturanpassungsprogramme, die gerade in den letzte Jahren wieder gewaltige Schäden angerichtet hätten.[1421] NEPAD sei, so kritisch Breytenbach, durchaus auch im Interesse der afrikanischen Elite: Es sei zu befürchten, dass sie mit Hilfe von NEPAD ihre eigene Unfähigkeit kaschiere, indem sie die Lösung „afrikanischer Probleme" wie Bürgerkriege und Armut auf eine internationale Ebene verlagere.[1422] Nach anderen Stimmen seien afrikanische Parlamente am NEPAD-Prozess bis dato nicht beteiligt worden. Geschlechterfragen, wie die Diskriminierung und Unterdrückung der Frauen würden nicht thematisiert.[1423]

Auf dem G8-Gipfel 2002 wurde in Bezug auf die NEPAD vereinbart

„to each establish enhanced partnerships with Afican Countries whose performance reflects the NEPAD commitments."[1424]

Gleichfalls wurde vereinbart, dass die Hälfte oder mehr der neuen Entwicklungshilfezusagen, die auf der Monterrey-Konferenz abgegeben worden sind, den afrikanischen Nationen zugute kommen solle, die gerecht regieren, in ihre Menschen

---

sen worden. Sitz der AU ist Addis Abeba, vgl. dazu Schwehm, Johannes: AU, in: Lexikon Dritte Welt, Nohlen, Dieter (Hrsg.), Reinbeck bei Hamburg: Rowohlt, 2002, S. 79.

1417 Vgl. CEB/2002/4 vom 22. März 2002: Report of the High-level Committee on Programmes on its third regular session, S. 4, Ziff. 8.

1418 Vgl. DP/RCF/RBA/2 vom 21. November 2001 mit dem Titel: Second regional cooperation framework for Africa (2002-2006), S. 2, Ziff. 3.

1419 Vgl. dazu, Bitala, Michael: Verblasste Vorbilder: Fünf Afrikanische Staaten wollten Korruption bekämpfen und Investoren anziehen – das Ziel haben sie bisher verfehlt, in: Süddeutsche Zeitung vom 28. Juni 2002, S. 8.

1420 Vgl. das UNDP/UNFPA-Dokument DP/RCF/RBA/2 vom 21. November 2001: Second regional cooperation framework for Africa (2002-2006), S. 2, Ziff. 2.

1421 Vgl Wendt, Johannes: NEPAD: Chance für Afrika oder nur ein Instrument im Interesse der Elite? In: E+Z, 2002, Heft 7, S. 206f, S. 206 mit Verweis auf die Kritik von Mark Orkin vom Human Sciences Research Council in Südafrika.

1422 Vgl. Wendt, Johannes: ebenda, mit Verweis auf die Kritik des südafrikanischen Schriftstellers Breyten Breytenbach, Leiter des Panafrikanischen Kulturinstituts auf Gorée, Senegal.

1423 Vgl. Wendt, Johannes: ebenda, S. 206f.

1424 Vgl. The Kananaskis Summit Chair's Summary.

investieren und wirtschaftliche Freiheit fördern. Der Dialog mit den afrikanischen Staaten soll aufrecht erhalten werden und der Fortschritt bezüglich der Umsetzung des G8-Afrika-Aktionsplanes auf dem nächsten Gipfeltreffen überprüft werden.[1425] Dies war wohl das erste Mal, dass in dieser Form beschlossen wurde, einem Kontinent beiseite zu stehen. Zwar wurden weniger neue Finanzmittel beschlossen, aber dafür ein Ablaufplan, um demokratischen Staaten bei der Umsetzung zu helfen. Die Stärkung der Demokratiebewegung soll sich langfristig bezahlt machen. Daneben wurde auf dem Kananaskis-Gipfel beschlossen, den Anteil am Fehlbetrag der erweiterten HIPC-Initiative zur Auffüllung des „HIPC Trust Funds" zu finanzieren, der bis zu US$ 1 Billion betragen kann. Gleichzeitig wurden die Wichtigkeit der guten Regierungsführung in den Ländern betont, die von der HIPC-Schuldenerlass-Initiative profitieren. In Bezug auf den Handel kam man überein

„to resist protectionist pressures and stressed our commitment to work with developing countries to ensure the successful conclusion of the Doha Development Agenda by January 1, 2005"[1426]

Gleichzeitig vereinbarte die G7 in Kananaskis das Ziel, allen Produkten der LDCs zoll- und quotenfreien Marktzugang zu gewähren.

In 2003 wurde vereinbart, den Dialog über NEPAD und die Umsetzung des Afrika-Aktionsplanes der G8 auf andere afrikanische Staats- und Regierungschefs auszudehnen. Dazu würden interessierte Länder und einschlägige internationale Organisationen eingeladen, hochrangige Beauftragte zu benennen, die sich an dieser Partnerschaft beteiligen. Die Fortschritte des G8-Aktionsplanes sollen spätestens im Jahr 2005 auf der Grundlage eines Berichtes überprüft werden.[1427]

Auch zur technischen Hilfe hat die G7 bereits mehrfach Stellung genommen. Aus einem Statement der G7 im Jahr 2001 zum Thema „Codes and Standards" ist deutlich deren ureigenstes Interesse daran zu erkennen:

„Technical assistance and support are crucial to ensure that no country is left behind in the global effort to raise standards.We welcome the important contribution of the IMF, the World Bank, and national authorities toward addressing resource constraints to implementing standards by providing advice and assistance...We agree to make every effort, working together with the international financial institutions, the Financial Stability Forum, and the international regulatory and supervisory bodies, to consider ways to supplement the amount of human, technical, and financial resources available to assist countries to implement codes and standards. In this respect, we welcome the commitments that have been made so far."[1428]

Festzustellen ist, dass auch die G7/G8 nicht umhin kommt, sich mit den drängenden Problemen der EL und insbesondere dem afrikanischen Kontinent zu befassen.

[1425] Vgl. The Kananaskis Summit Chair's Summary.
[1426] Vgl. ebenda.
[1427] Vgl. die Zusammenfassung des Vorsitzenden, Evian, 3. Juni 2003, im Internet unter http://www.g8.fr.
[1428] Vgl. IMF Survey, Volume 30, Nr. 14 vom 16. Juli 2001, S. 232.

Grund dafür dürften u.a. auch eigene Sicherheitsinteressen sein und das Interesse an der Stabilität dieses Kontinents.

Die G7 ist starke Befürworterin einer neuen Handelsrunde. Auf dem G7-Treffen 2001 wurde daher auf die Eröffnung einer neuen multilateralen Handelsrunde gedrängt. Die Minister führten auf ihrem Treffen am 20. Juli 2001 aus, dass nachhaltiges Wirtschaftswachstum weltweit ein erneuertes Engagement für den Freihandel erfordere. Weltweit offene Märkte und eine Stärkung der WTO als Grundlage des multilateralen Handelssystems seien daher eine ökonomische Imperative. Aus diesem Grund sagten sie zu, sich persönlich und gemeinsam für die Einleitung einer neuen, ambitionierten Runde globaler Handelsverhandlungen auf der 4. WTO-Ministerkonferenz in Doha im November 2001 engagieren zu wollen.[1429]

2.1.2. Würdigung und Ausblick

Nach Donges und Freytag haben die auf den jährlichen Treffen in offiziellen Dokumenten festgehaltenen Ergebnisse regelmäßig eher den Charakter einer „salbungsvollen" Absichtserklärung als einer ernsthaften wirtschaftspolitischen Agenda. Donges und Freytag meinen kritisch, dass die Absprachen von den Unterzeichnern entweder gar nicht oder nur unvollkommen und mit mehr oder weniger großen Verzögerungen umgesetzt werden. Die Treffen würden sich vor allem als ein großes Medienspektakel auszeichnen.[1430] Jedoch sind einige Ergebnisse der Koordinationsleistungen der G7/G8 in Bezug auf die EL nicht von der Hand zu weisen, wie u.a. die verbesserte HIPC-Initiative zeigt, die freilich immer noch nicht frei von Kritik ist.[1431] Erst auf Beschluss der G8 kam auch die im Rahmen der OECD erarbeitete Entscheidung zum Verzicht auf Lieferbindungen bei offizieller Entwicklungshilfe zu Gunsten der LDCs zustande.[1432] Insgesamt erbringt die G7/G8 daher eine beachtliche Koordinierungsleistung, auch zu Gunsten der LDCs.

Nach dem Gipfel in Genua, der mit Straßenschlachten, einem Toten und Milliardenschäden und weniger dem Abschlusskommuniqué oder der als kleinen Erfolg bezeichneten Einrichtung eines Gesundheitsfonds im Gedächtnis der internationalen Öffentlichkeit haften bleiben wird, wurden erneut Überlegungen laut, die Gipfel zu verkleinern und die Agenda zu verkürzen. So wurde beschlossen, dass der Gipfel in Kanada unter Teilnahme von extrem verkleinerten Delegationen stattfinden sollte. Die Verkleinerung der G7/G8-Gipfel kann sicher zu einer effektiveren Arbeit auf den Treffen führen. Der Frage, ob und wie die EL an den G7/G8-Treffen beteiligt werden sollten, wird in Teil 3 nachgegangen.[1433]

[1429] Vgl das Statement der G7 vom 20. Juli 2001, auszugsweise abgedruckt in: IMF Survey, Volume 30, Nr. 15 vom 30. Juli 2001, S. 2f, S. 3.

[1430] Vgl. Donges, Jürgen B./ Freytag, Andreas: Allgemeine Wirtschaftspolitik, Stuttgart: Lucius und Lucius, 2001, S. 274.

[1431] Vgl. Kapitel 2, Abschnitt 2.2.2.

[1432] Vgl. dazu oben Abschnitt 1.2.

[1433] Vgl. dazu Teil 3, Kapitel 1, Abschnitt 3.4.

2.2. Die G20

Die Gruppe der 20 (G20) ist ein informelles Gremium, welches die Staaten der G7 mit Russland (G8) und 11 aufsteigenden Marktwirtschaften zusammenbringt.[1434] Sie wurde im September 1999 im Nachgang der Krise des Mexikanischen Peso sowie der asiatischen Finanzkrise auf Anregung der G7 gegründet. Hintergrund war die wachsende Kritik an dem elitären Charakter und damit an der mangelnden Legitimität der G7, insbesondere in ihrem Negieren der wachsenden Bedeutung der Schwellenländer. Immerhin repräsentiert die G20 zwei Drittel der Weltbevölkerung und 85 % des BIP der Welt. Dennoch bleibt ihre Legitimität im Hinblick auf die kleinen Länder fragwürdig.[1435] Der G20 gehören Finanzminister und Zentralbankvertreter aus den oben genannten Ländern an. An den Treffen nehmen daneben der Präsident der Europäischen Zentralbank sowie Repräsentanten der Weltbank und des IMF teil. Ziel der Gruppe ist, durch informellen Dialog und kontinuierlichen Austausch zwischen den global bedeutendsten Ländern und den Bretton-Woods-Institutionen zur Stabilität der internationalen Finanzmärkte beizutragen.[1436] Das erste Treffen fand im Dezember 1999 in Berlin statt. Das 2. Treffen der G 20 fand Ende Oktober 2000 in Montreal, Kanada, statt. Das 2-tägige Treffen legte den Schwerpunkt seiner Diskussionen auf die Fragen der Globalisierung und Armut. Grund dafür war, wie der Kanadische Finanzminister Paul Martin, der den Vorsitz der G 20 innehatte, ausführte:

> „The fact is that you cannot discuss globalization without discussing poverty, if we are going to deal with globalization in all its aspects... there is no way to deal with globalization unless you confront [directly] the terrible problem of poverty“.[1437]

Begleitet von Protesten und Demonstrationen von Globalisierungsgegnern auf den Straßen von Montreal wurden auch Gespräche über Politiken zur Reduzierung der „Vulnerability to financial crises“ geführt. In einem Abschlusskommuniqué heißt es, dass die G20 Finanzminister übereingekommen sind, dass Länder ihre Verletzbarkeit in Krisensituationen durch solide Politiken in Schlüsselbereichen reduzieren können. Dazu sind geeignete Wechselkursarrangements, eine vernünftige Handhabung von Haftungsfragen, die Entwicklung und Umsetzung internationaler Standards und Kodizes und die angemessene Einbeziehung des privaten Sektors zu zählen. Die Erfahrungen der letzten Jahre, so die G 20, legten nahe, dass Länder ein viel größeres Risiko finanzieller Krisen haben, wenn sie ein Wechselkursregime wählen, das nicht durch konsistente makroökonomische und strukturelle Politiken und geeignete institutionelle Arrangements gestützt wird.[1438] Die Finanzminister führten aus, dass sie sich dafür engagieren, günstigere Bedingungen zur Integration

---

[1434] Argentinien, Australien, Brasilien, China, Indien, Indonesien, Mexiko, Saudi Arabien, Südafrika, Südkorea und die Türkei.

[1435] Vgl. Andersen, Uwe: Weltwirtschaftssystem, in: Handwörterbuch internationale Politik, Woyke, Wichard (Hrsg.), Opladen: Leske und Budrich, 8. Auflage, 2000, S. 537-546, S. 544.

[1436] Vgl. BT-Drs. 14/6496 vom 7. Juni 2001: Elfter Bericht zur Entwicklungspolitik der Bundesregierung, S. 57.

[1437] Vgl. World Bank Development News vom 25. Oktober 2000.

[1438] Vgl. World Bank Development News vom 26. Oktober 2000.

der schwer verschuldeten armen Länder in die Weltwirtschaft mit Hilfe von multilateralen und bilateralen Kreditgebern herzustellen. Daneben verpflichtete sich die G20, die Planung und die effektive Implementierung sozialer Sicherungsnetze, die die verletzlichsten Gruppen der Gesellschaft im Prozess der Liberalisierung schützen, zu unterstützen. Sie stimmten darin überein, dass die Schlüsselherausforderung für die internationale Gemeinschaft im 21. Jahrhundert darin liegt, die richtigen Rahmenwerke und Politiken zur Förderung des Prozesses der Globalisierung aufzustellen, damit dieser Prozess für alle Teilnehmer gut funktioniert.[1439]

2.3. Die G24

Ziel der G24 ist die Koordinierung der Interessen der EL in Fragen der globalen Finanzmärkte und der Entwicklungsfinanzierung sowie diese in den Gremien der internationalen Finanzinstitutionen zu vertreten. Die Gruppe wurde 1971 gegründet. Ihr gehören je acht EL aus Afrika, Lateinamerika/ Karibik und Asien an. Die G24 treffen sich zweimal jährlich auf Ministerebene, jeweils vor den Tagungen der Bretton-Woods-Institutionen, um ihre Positionen abzustimmen und Beiträge für die Treffen von Weltbank und IMF vorzubereiten.[1440] Zu befürchten ist, dass die G24 durch die 1999 gegründete G20 eher weiter geschwächt wird.[1441]

2.4. Die G77

Die Gruppe der 77 (G77) wurde im Juni 1964 von damals 77 EL gegründet. Sie ist die größte Koalition der Dritten Welt in den UN. Ihr Zweck ist es, Mittel und Wege für die sich entwickelnde Welt zu finden, um ihre kollektiven wirtschaftlichen Interessen zu fördern und die gemeinsame Verhandlungskapazität in allen wichtigen internationalen Wirtschaftfragen innerhalb des UN-Systems zu steigern. Daneben fördert die Gruppe wirtschaftliche und technische Zusammenarbeit zwischen den EL. Im April 2000 trafen sich die Staats- und Regierungschefs der Gruppe in ihrer 36 jährigen Geschichte zum ersten mal außerhalb der UN.[1442]

Durch die Mehrheit, über die die G77 in der GA der UN verfügt, wurden dort Resolutionen über eine „neue internationale Weltwirtschaftsordnung"[1443] und über eine Charta der wirtschaftlichen Rechte und Pflichten der Staaten beschlossen.[1444] Sie forderten darin ein besonderes Entwicklungsvölkerrecht. Einige Forderungen betreffen den Ressourcentransfer, d.h. einen Rechtsanspruch auf Entwicklungshilfe, den der Internationale Gerichtshof (IGH) in seinem Nicaragua-Urteil jedoch abgelehnt hat.[1445] Weitere Stichworte sind Forderungen nach Technologietransfer und

---

1439 Vgl. World Bank Development News vom 26. Oktober 2000.

1440 Vgl. BT-Drs. 14/6496 vom 7. Juni 2001: Elfter Bericht zur Entwicklungspolitik der Bundesregierung , S. 57.

1441 Vgl. Andersen, Uwe: Weltwirtschaftssystem, in: Handwörterbuch internationale Politik, Woyke, Wichard (Hrsg.), Opladen: Leske und Budrich, 8. Auflage, 2000, S. 537-546, S. 544.

1442 Vgl. World Cronicle, Programm Nr. 787, vom 18. Mai 2000.

1443 Vgl. dazu Kapitel 1, Abschnitt 1.2.1.

1444 Vgl. bereits Teil 1, Abschnitt 1.4.

1445 Vgl. Seidl-Hohenveldern, Ignaz/ Stein, Thorsten: Völkerrecht, Köln, Berlin...: Heymanns, 10. Auflage, 2000, S. 38, Ziff. 148ff.

Sonderregelungen für EL. Durch eine solche Ungleichbehandlung soll die als untragbar empfundene wirtschaftliche Lage der EL verbessert und sie so rasch wie möglich an die der Industrieländer angeglichen werden.

Seit ihrer Gründung ist die G77 auf 133 Nationen angewachsen. Diese 133 Staaten befinden sich auf verschiedenen Stufen von Entwicklung. Neben relativ weit entwickelten Staaten, sog. Schwellenländern, die relativ bald den Status eines entwickelten Industriestaates erreichen können, gibt es sich entwickelnde Staaten und schließlich LDCs. Die Diskussionen um das Ende der Dritten Welt als einheitliche politische und wirtschaftliche Größe, d.h. den Zerfall in Entwicklungsstaaten und marginalisierte Quasi-Aussteiger,[1446] ist auch an der G77 nicht vorbei gegangen. Die zunehmend größer werdenden Interessenunterschiede erschweren das Finden gemeinsamer Verhandlungspositionen.

[1446] Auch Rode geht von einem derartigen Zerfall aus, vgl. Rode, Reinhard: Weltwirtschaft im Zeichen der Globalisierung, in: Weltpolitik im neuen Jahrhundert, Baden-Baden: Nomos, 2000, S. 255-264, S. 257f.

Zusammenfassung

Die umfangreiche Zusammenstellung der Rechtsgrundlagen und Tätigkeiten der ausgewählten internationalen Organisationen auf dem Gebiet von Handel und Entwicklung zeigt, dass sich eine Vielzahl von Gremien mit diesem Thema in unterschiedlicher Hinsicht befassen. Neben direkt entwicklungsorientierten Organisationen und Organen wie der UNCTAD, der UNIDO oder dem UNDP, arbeiten insbesondere die Handels- und Finanzinstitutionen WTO, Weltbank und IMF auf diesem Gebiet und haben mit ihren Tätigkeiten enormen Einfluss auf die internationale und nationale Handelspolitik und auf die Förderung des Handels in den LDCs. Die institutionelle Basis der geltenden Weltwirtschaftsordnung bilden im Wesentlichen IMF, Weltbankgruppe und WTO.[1447] Entscheidungen der G7 haben einen erheblichen Einfluss auf die internationale Wirtschaftspolitik und auf die EL. In Bezug auf letzteres zu nennen sind beispielsweise die Beschlüsse zur HIPC-Initiative bzw. zum „untying aid".

Es kann festgestellt werden, dass zwischen allen hier behandelten internationalen Organisationen Rechtsgrundlagen für die Zusammenarbeit bestehen. Diese sind aber in ihrer Qualität und Reichweite unterschiedlich. Während zwischen IMF, Weltbank und WTO mit dem Kohärenzmandat eine direkte Verpflichtung zur Zusammenarbeit im Hinblick auf das Erreichen von Kohärenz besteht, sehen die Beziehungsabkommen von Weltbank und IMF mit den UN eine große Unabhängigkeit dieser beiden Sonderorganisationen gegenüber den UN vor. Obwohl die WTO keine Sonderorganisation der UN ist, ist sie über vielfältige Kooperationsstrukturen und Abkommen mit dem IMF, der Weltbank und der UNCTAD an das UN-System angebunden. Ein Briefwechsel zwischen WTO und UN regelt hier die Grundlagen zur Zusammenarbeit zwischen den beiden Institutionen. Auf operativer Ebene fehlt es derzeit noch an einem „Memorandum of Understanding" zwischen WTO und UNCTAD. Auch zwischen IMF bzw. Weltbank und der WTO bestehen seit 1996 bzw. 1997 Kooperationsabkommen, die u.a. einen gegensesitigen Beobachterstatus in den wesentlichen Gremien einräumen. Jedoch ist die Frage nach einem Beobachterstatus von Weltbank, IMF, UNCTAD und ITC im „Trade Negotiation Committee" der WTO noch nicht geklärt.

Die UNCTAD ist die zentrale UN-Einheit auf dem Gebiet des Handels. An der umfassend dargestellten Entstehungsgeschichte und Entwicklung zeigt sich, wie Veränderungen des politischen Umfeldes Anpassungsleistungen internationaler Organisationen erfordern können. Das Aufgabengebiet der UNCTAD überschneidet sich erheblich insbesondere mit dem der WTO. Es gibt Bemühungen, um eine größere Kohärenz, sowohl in den Bereichen der technischen Hilfe als auch in Bezug auf gemeinsame Forschungsprojekte, zwischen WTO, UNCTAD und ITC herzustellen. So werden sich die Leiter der drei Institutionen zukünftig zweimal jährlich treffen und höhere Mitarbeiter sollen regelmäßig zusammenkommen.

[1447] Zu nennen wäre daneben noch die Bank für internationalen Zahlungsausgleich.

Die Darstellung des UNDP mit seiner starken Präsenz auf Länderebene durch die residierenden Vertreter in diesem Teil bietet unter anderem die Grundlage für die in Teil 3 zu diskutierende Frage, ob die dem UNDP zugedachte Koordinierungsfunktion auch für den Handelsbereich nutzbar gemacht werden kann. Erwähnt wurden auch die regel- und standardsetzenden Funktionen von UN-Gremien wie beispielsweise der UNCITRAL, der IMO aber auch der WHO und der FAO und anderen, deren Ergebnisse für den Fluss des internationalen Handels bedeutsam sind.

In Bezug auf die zu Beginn der Arbeit gestellte Frage, inwieweit die UN neben den Bretton-Woods-Institutionen und der neu gegründeten WTO, der Gruppe der 7 (G7) und der OECD Einfluss auf makroökonomischer Ebene haben, kann festgestellt werden, dass es Veränderungen der Zusammenarbeit auf Politikebene zwischen den UN und den BWIs sowie der WTO gegeben hat. Seit 1998 finden hochrangige Treffen des ECOSOC mit den BWIs statt. Seit 2002 nimmt nunmehr auch die WTO an diesen hochrangigen Treffen teil. Auf hochrangigen Segmenten des ECOSOC und der GA sind auch Vertreter der BWIs und der WTO vertreten und der Präsident des ECOSOC nimmt an Tagungen des „Development Committee" von Weltbank und IMF teil. Inwieweit dem ein „Output" im Sinne von tatsächlichen Politikänderungen zu Gunsten der LDCs zuzurechnen ist, kann nicht konkret festgestellt werden. Dass die Belange der EL und der LDCs aber auf der internationalen Tagesordnung, auch im Rahmen der WTO und der G7/G8 stehen, ist sicher auch ein Verdienst der fürsprechenden Arbeit der UN und ihrer Gremien. Diskussionen über Art und Umfang der Konditionen im Rahmen von Weltbank und IMF sind hier Schritte in die richtige Richtung.

Insgesamt hat die UN im makroökonomischen Bereich selbst aber wenig Einfluss. Die im ursprünglichen Konzept vorgesehene Koordinationsfunktion kann sie durch Organe wie den ECOSOC bzw. die GA im Wirtschaftsbereich nicht erbringen. Die wesentlichen Entscheidungen in wirtschaftspolitischer Sicht sowie Inhalte und Richtung der wirtschaftlichen Programme in den EL werden nach wie vor in den Bretton-Woods-Institutionen entschieden. Den maßgeblichen Einfluss auf die Handelsbeziehungen hat die WTO. Auf operativer Ebene kann das UNDP die ihm angedachte Kooperationsfunktion nur begrenzt erfüllen. Seine Struktur als Programm der UN und die im Vergleich zur Weltbank relativ geringen finanziellen Mittel versetzen es nicht in eine Position, die „Fäden der Entwicklungsplanung" im UN-System in der Hand zu haben, wie dies bei seiner Gründung 1965 vorgesehen war.

Die dargestellten Reformprozesse in den UN und in den BWIs, d.h. die Reformen Kofi Annans sowie die verstärkte Ausrichtung der BWIs auf die Armutsreduzierung erfolgte nahezu parallel. Dies scheint darauf schließen zu lassen, dass hier eine Annäherung zwischen den Politiken der Organisationen erfolgt ist. Wie an Hand der Strukturanpassungsprogramme aufgezeigt, ist bislang ein echter Durchbruch jedoch noch nicht erzielt worden. In Teil 3 wird daher noch einmal im Detail auf einige Strategie- und Programminstrumente eingegangen und die bestehenden Probleme vertieft erörtert.

Die hochrangigen Dialoge in GA und ECOSOC haben dennoch ihre Berechtigung. Es bleibt nach wie vor Aufgabe von UN und UNCTAD, die Belange der EL im Handels- und Entwicklungsbereich zu thematisieren. Die UN spielen dadurch eine katalytische Rolle. Ihr Einfluss zielt im Handelsbereich auf politisches Engagement als einem wichtigen Faktor. Die Berichte des UN-Generalsekretärs zur Globalisierung zielen in die gleiche Richtung. Insofern sind die laufenden Bemühungen der GA um einen hochrangigen Dialog zur Stärkung der internationalen wirtschaftlichen Zusammenarbeit für Entwicklung durch Partnerschaft als sinnvoll anzusehen. Da die UN, wie festgestellt, keinerlei Möglichkeiten haben, den Sonderorganisationen sowie der WTO die maßgeblichen Politikrichtlinien vorzugeben, ist der Dialog die einzige Möglichkeit, entsprechend Einfluss zu nehmen.

Der Darstellung der WTO und ihres Normenkomplexes sowie der gegebenen Konstellationen wurde breiter Raum eingeräumt. Die auf der WTO-Ministerkonferenz von Doha beschlossene Entwicklungsagenda enthält wesentliche Elemente einer Politikkoordination zu Gunsten der LDCs. Deren Umsetzung im Rahmen der bis 2005 erfolgenden Verhandlungen bleibt aber abzuwarten. Der Ausbau der Kapazitäten der WTO im Bereich der technischen Hilfe und der Erbringung von Leistungen zum „Capacity building" ist vor dem Hintergrund zu sehen, dass nicht nur die Verhandlungen, sondern auch die Umsetzung der Verhandlungsergebnisse immer komplexer geworden sind. Die Ministererklärung von Doha enthält mit Blick auf die neue Verhandlungsrunde eine Reihe von Zusagen, um die EL und insbesondere die LDCs zu befähigen, an den Verhandlungen teilzunehmen und die Verpflichtungen umzusetzen. Den EL zu ermöglichen, an den WTO-Verhandlungen und der täglichen Arbeit der WTO teilzunehmen, ist nicht zuletzt eine Frage der internen Transparenz. Andernfalls wird der formalen Gleichheit der Staaten in der WTO nicht durch die tatsächliche Möglichkeit der Teilnahme entsprochen. Festgestellt wurde, dass es zwischen dem Aufgabengebiet von UNCTAD und WTO erhebliche Überschneidungen gibt. Eine enge Abstimmung und die gegenseitige Nutzung von Studien und Forschungsergebnissen ist daher sinnvoll.

WTO, Weltbank und IMF sind über das sog. Kohärenzmandat zur Zusammenarbeit verpflichtet, ihre Politik und ihre Tätigkeiten abzustimmen. Zwischen IMF und Weltbank bestehen enge Beziehungen. Auch auf Länderebene arbeiten sie intensiv bei der Aufstellung der Strategien zur Armutsreduzierung zusammen, in die auch der Handelsbereich integriert werden soll. Sowohl zwischen Weltbank und IMF als auch zwischen ersteren und der WTO bestehen eine ganze Reihe von Berührungspunkten und Überschneidungen.[1448] So ist bislang beispielsweise das Verhältnis zwischen Handelsliberalisierung im Ergebnis von WTO-Verhandlungen und im Rahmen von Strukturanpassungsprogrammen von Weltbank und IMF nicht geklärt. Anders als beim Handel mit Dienstleistungen sind bislang keine Modalitäten für die Berücksichtigung autonomer Liberalisierungen im Rahmen späterer Handelsverhandlungen der WTO vereinbart worden. Insgesamt besteht in Bezug auf die Zusammenarbeit und Koordination noch Verbesserungsbedarf. Auch auf die Zu-

[1448] Vgl. Kapitel 3, Abschnitt 3.3.

sammenarbeit der beiden Organisationen mit der WTO wird daher in Teil 3 noch einmal eingegangen.

Im Bereich der Kooperation zwischen den bestehenden internationalen Organisationen besteht mit dem CEB ein Gremium, in dem alle wesentlichen Organisationen auf Verwaltungsebene vertreten sind. Es kann jedoch keine bindenden Beschlüsse fassen und seine Richtlinien haben nur empfehlenden Charakter. Diesbezüglich werden in Teil 3 Möglichkeiten zur Verbesserung von Kooperation und Koordination zwischen den bestehenden internationalen Organisationen erörtert.

Die EU wurde als regionale Organisation in den darstellenden Teil der Arbeit einbezogen, da sie auf Grund ihres erheblichen finanziellen Beitrages einer der wichtigsten Akteure der Entwicklungszusammenarbeit ist. Ihre besonderen Bindungen zu den AKP-Staaten, von denen viele LDCs sind, und die Politikänderung weg von der Sonderbehandlung hin zur Integration in die Weltwirtschaft, verbunden mit Entwicklungshilfeleistungen im Rahmen des neuen Cotonou-Abkommens, das die Aushandlung von Partnerschaftsabkommen bis 2008 vorsieht, sind wesentliche Änderungen, die erhebliche Auswirkungen auf die betroffenen Länder haben werden. Vor allem spielt die EU als Markt für die Entwicklungsländer eine große Rolle. Ein weiterer Marktzugang zum EU-Markt und der Abbau der Agrarsubventionen und -beihilfen sind für die EL daher von erheblicher Bedeutung.

Die OECD, die alle wichtigen Geberländer umfasst, wurde auf Grund ihre Bedeutung in Handelsfragen sowie in der Koordinierung der Entwicklungshilfeleistungen der wichtigsten Geberländer in die Darstellung aufgenommen. Es zeigt sich aber, dass die Bedeutung der OECD im Bereich von Handelsfragen als Gegenspieler zur UNCTAD abgenommen hat, da die WTO ein größeres Potential für einen Interessenausgleich zu bieten scheint. Die OECD hat auch Bedeutung bei der Koordinierung der Entwicklungshilfe einzelnen Geberländer, wie die Entscheidung zum „untying“ von Entwicklungshilfeleistungen in Bezug auf die LDCs zeigt. Jedoch ist ein einheitliches Vorgehen der bilateralen Geber auf Länderebene bislang kaum vorhanden. Angesichts des riesigen Konferenzmechanismus und etwa 200 verschiedener Ausschüsse stellt sich die Frage, ob hier Reformen erforderlich sind, um u.a. auch Überschneidungen mit den Arbeitsgebieten anderer Organisationen wie der WTO abzubauen.

Die Darstellung der verschiedenen Staatengruppen (G7/G8, G24 usw.) zeigt, dass ein erheblicher Teil der wirtschaftspolitischen Koordination außerhalb der bestehenden internationalen Organisationen erfolgt. Die dominierende Rolle der G7, die zurecht als Gruppenhegemonie bezeichnet wird,[1449] spiegelt sich auch in den Organisationen Weltbank und IMF wider, in denen sie auf Grund der Stimmengewichtung tonangebend sind. Ähnliches gilt aber auf Grund ihrer wirtschaftlichen Bedeutung auch im Rahmen der WTO. In Teil 3 wird diskutiert werden, ob und

[1449] Vgl. Rode, Reinhard: Weltregieren durch internationale Wirtschaftsorganisationen, Münster, Hamburg, London: Lit, 2002.

inwieweit hier Möglichkeiten bestehen, die EL mehr an den Entscheidungsprozessen im Rahmen der G7/G8 zu beteiligen.

Zusammen mit weiteren, hier überwiegend dargestellten, mit Fragen der internationalen Wirtschafts- und Finanzbeziehungen befassten Institutionen sowie informellen Gremien ergibt sich eine überaus komplexe institutionelle Struktur der heutigen Weltwirtschaft mit einer Vielzahl miteinander kooperierender Gremien und Organisationen.[1450]

Die Problematik der LDCs erfährt in allen hier dargestellten Organisationen eine besondere Aufmerksamkeit. In UNDP und UNCTAD und anderen UN-Sonderorganisationen ist die Priorität auf die LDCs gerichtet. Im Rahmen von IMF und Weltbank werden über die „Poverty Reduction and Growth Facility" und die HIPC-Initiative Mittel an arme Länder zur Verfügung gestellt. Im Rahmen der WTO bestehen eine Reihe von Sonderbestimmungen für die besondere Behandlung der EL und der LDCs. Auf operativer Ebene unterstützen die Organisationen die LDCs im Handelsbereich in verschiedenerlei Hinsicht. Während die WTO hauptsächlich die Fähigkeiten vermitteln will, dass die EL und LDCs am internationalen Handelssystem teilnehmen und die Normen und Regeln der WTO umsetzen und anwenden können, haben die EL auf der sog. Angebotsseite ebenfalls ein breites Pensum zu bewältigen. Die Aufgaben, eine effiziente Zollverwaltung sicherzustellen, Handelsinstitutionen und produktive Sektoren aufzubauen, die nötige Infrastruktur sowie Systeme zur Finanzierung von Investitionen bereitzustellen, würde allein die WTO mit ihren begrenzten Ressourcen überfordern und kann von ihr nicht allein bewältigt werden. Dies ist aber als Handelsorganisation auch nicht ihre Aufgabe. Der wichtigste Beitrag, den die WTO aus einer Entwicklungsperspektive heraus leisten kann, ist Marktzugangsbedingungen für Waren und Dienstleistungen zu verbessern und sicherzustellen, dass Handelsregeln für die EL nützlich sind. Die Steigerung der Handelskapazitäten der LDCs erfordert jedoch ein gemeinsames Handeln der WTO mit den anderen internationalen Organisationen („aid for trade"). So ist das ITC direkt mit der Unterstützung von Unternehmen und den Aufbau von Institutionen im Handelsbereich befasst. Der IMF erbringt technische Hilfe unter anderem im Bereich des Finanzmanagements und dem Aufbau von Institutionen wie Zentralbanken, Steuer- und Zollabteilungen usw. Die UNCTAD und das UNDP leisten Politikberatung und „Capacity building". Nicht zuletzt die Weltbank ist vor allem durch Vergabe finanzieller Mittel durch die IDA an die LDCs und die Erarbeitung der Handelsintegrationsstudien im Rahmen des „Integrated Framework" maßgeblich in diesem Bereich tätig.

Dieser überwiegend deskriptive Teil hat die Organisationen und Gruppen sowie deren Rechtsgrundlagen, die Rechtsgrundlagen zur Zusammenarbeit mit anderen Organisationen sowie bestehende Koordinationsorgane und -mechanismen sehr

---

[1450] Vgl. Schiller, Thomas: Weltwirtschaftsordnung, in: Die Vereinten Nationen, Entwicklung, Aktivitäten, Perspektiven, Herz, Dietmar/ Jetzlspanger, Christian/ Schattenmann, Marc (Hrsg.), Frankfurt am Main, Fischer Taschenbuchverlag, S. 96-124, S. 107.

umfangreich dargestellt. Er enthält eine Vielzahl von Informationen und kann damit auch anderen Arbeiten als Grundlage für weitere Untersuchungen dienen.

Nunmehr erfolgt im dritten Teil der Arbeit ein analytisches Herangehen an Hand der prozessorientierten Darstellung von Koordinationsleistungen[1451] mit Blick darauf herauszuarbeiten, welche Möglichkeiten es für eine Verbesserung der Zusammenarbeit und Koordination sowohl auf der Politik- als auch auf der operativen Ebene gibt. Um Wiederholungen zu vermeiden wird dabei vielfach auf die bereits erfolgten Ausführungen in Teil 2 verwiesen.

[1451] Vgl. zum Begriff Teil 1, Kapitel 3, Abschnitt 3.1.

Teil 3: Die Zusammenarbeit und Koordination internationaler Organisationen auf der Politik- und der operativen Ebene – Voraussetzungen, Schranken und Möglichkeiten zur Verbesserung

In Teil 3 werden die Koordinationsleistungen internationaler Organisationen dargestellt und die Voraussetzungen sowie die Schranken von Kooperation internationaler Organisationen dargelegt. Anschließend werden rechtliche Möglichkeiten für verbesserte Koordination erörtert. Anhand der bereits in Teil 1 herausgearbeiteten verschiedenen Formen der Koordination – nämlich der Unterscheidung zwischen „policy making“ und der operativen Arbeit der Organisation – wird auch hier eine Darlegung an Hand dieser Unterscheidung in den folgenden zwei Kapiteln erfolgen.[1] Kapitel 1 wird sich daher mit der internationalen Politikkoordinierung im Rahmen internationaler Organisationen befassen. Kapitel 2 wird auf die Koordination internationaler Organisationen auf der operativen Ebene eingehen. Es ist jedoch festzuhalten, dass die politischen Entscheidungen starken Einfluss auch auf den operativen Bereich haben. Eine vollständige Trennung beider Bereiche ist nicht möglich. So wird z.B. die Frage nach der Konditionalität auf der politischen Ebene entschieden, diese Entscheidung hat aber erhebliche Auswirkungen auf die operativen Tätigkeiten der Organisationen.

Kapitel 1: Internationale Politikkoordinierung durch internationale Organisationen

Bereits in Teil 1 wurde festgestellt, dass die Notwendigkeit zur Kooperation und Koordination im Bereich des „economic policy making“ auf globaler Ebene bejaht werden muss.[2] Festgestellt wurde auch, dass die Koordination internationaler Organisationen auf der politischen Ebene nicht von der internationalen Politikkoordinierung der Staaten getrennt werden kann, da Koordination auf der politischen Ebene im Rahmen internationaler Organisationen Teil der weltweiten internationalen Politikkoordination der Staaten ist. Bei der Kooperation internationaler Organisationen im Bereich des „international economic policy making“ ist zudem zu berücksichtigen, dass im Rahmen der politiksetzenden Organe die Mitgliedstaaten der Organisation als solche handeln. Jedoch finden auch in diesem Bereich der internationalen Politikkoordinierung Tätigkeiten anderer, nicht durch alle oder mehrere Mitgliedstaaten repräsentierte Organe, statt. Zu nennen sind hier z.B. die Generaldirektoren, der Generalsekretär der UN sowie die Sekretariate der Organisationen, auch wenn diese keine die Mitgliedstaaten bindende Entscheidungen treffen können. Im Folgenden werden die Ergebnisse der Politikkoordination einschließlich der Leistungen der in Teil 2 dargestellten internationalen Organisationen in Bezug auf die LDCs sowie deren Voraussetzungen und Schranken im Bereich des „international economic policy making“ erläutert.

---

[1] Vgl. Teil 1, Kapitel 3, Abschnitt 3.1.

[2] Vgl. Teil 1, Kapitel 3, Abschnitt 2.2.

1. Koordinationsleistungen der internationalen Organisationen

Ein ideales Ergebnis internationaler Politikkoordination wäre eine globale Weltwirtschaftsordnung, die sowohl die internationalen Wirtschaftsbeziehungen fördert, als auch eine möglichst gleichmäßige weltwirtschaftliche Entwicklung gewährleistet und grenzüberschreitende ökonomische Konflikte vermeidet. Nach Dieckheuer gibt es auf die Frage, wie diese internationale Wirtschaftsordnung beschaffen sein müsste, um dieses Ziel zu erreichen, bis heute keine befriedigende Antwort. Vermutlich sei es eine unlösbare Aufgabe, den äußerst komplexen weltwirtschaftlichen Beziehungen einen allgemein gültigen Ordnungsrahmen zu geben, der den Ansprüchen und Zielvorstellungen aller oder zumindest der meisten Länder gerecht wird.[3] Vor diesem Dilemma steht aber die Politik. Von ihr wird damit das „Unmögliche" verlangt. Auch hier kann die Frage nach der Beschaffenheit eines umfassenden Weltwirtschaftssystems nicht beantwortet werden. Es sollen wesentlichen Aspekte, insbesondere im Handelsbereich mit Blick auf die entwicklungspolitischen Zielsetzungen angerissen werden.

Die Problemsituation der LDCs mit Blick auf ihre wirtschaftliche, finanzielle und soziale Situation wurde in Teil 1 ausführlich dargestellt.[4] Ausgangspunkt der Frage, ob eine internationale Politikkoordinierung zu Gunsten der LDCs stattfindet, ist die Feststellung, dass internationale Unterstützungsmaßnahmen für die LDCs strukturellen, sozio-ökonomischen Fortschritt oder Transformation, insbesondere Entwicklung von Humankapital und wirtschaftliche Diversifizierung, bewirken sollen.[5] Ziel aus entwicklungspolitischer Sicht ist die Beseitigung der Armut und das Erreichen von Nachhaltigkeit, auch in Bezug auf die natürlichen Ressourcen.[6]

Die Politikkoordinierung findet im Wesentlichen im Rahmen der in Teil 2 dargelegten Organisationen und Staatengruppen statt, die einen unterschiedlichen Einfluss auf internationale Wirtschaftspolitik haben. Die Leitprinzipien für den internationalen Wirtschaftsverkehr sind in eine Koordinationsordnung eingebettet, die souveräne Staaten miteinander verbindet.[7] Die UN-Charta enthält das Bekenntnis zur internationalen Zusammenarbeit in wirtschaftlichen und sozialen Bereichen. Das Entwicklungsvölkerrecht hat sich im Prozess der Entkolonialisierung herausgebildet. Die neu entstandenen, wirtschaftlich schwachen Staaten suchten nach Wegen, um ihre wirtschaftliche Entwicklung zu sichern, ohne ihre errungene nationale Selbstbestimmung aufgeben zu müssen. Als geeignete Plattform hierfür erwiesen sich die UN, die in den 1960er Jahren diverse Grundsätze für die

[3] Vgl. Dieckheuer, Gustav: Internationale Wirtschaftsbeziehungen, München, Wien: Oldenbourg, 5. Auflage, 2001, S. 41.
[4] Vgl. Teil 1, Kapitel 2, Abschnitte 2.1. und 2.2.
[5] Vgl. dazu TD/B/49/7 vom 1. August 2002: Least Developed Country Status: Effective Benefits and the perspective of graduation, Bericht des UNCTAD-Sekretariates, S. 5, Ziff. 10.
[6] Vgl. Teil 1, Kapitel 1, Abschnitt 1.
[7] Vgl. Herdegen, Matthias: Internationales Wirtschaftsrecht, München: Beck, 3. Auflage, 2002, S. 49, Ziff. 6.

wirtschaftliche Entwicklung der unterindustrialisierten Staaten aufstellten.[8] Obwohl die UN, wie in Teil 2 dargelegt, auch Fragen des internationalen Handels im Zusammenhang mit Entwicklung behandelt und die GA dazu Resolutionen verabschiedet, ist das sog. „intergovernmental policy-making“ wie in Teil 1 bereits erwähnt, derzeit aber nach wie vor in den Händen der großen Industriemächte und den Institutionen, auf die diese Staaten auf Grund ihrer Machtposition einen größeren Einfluss ausüben können. Weltbank und IMF legen u.a. die Regeln für die Kreditvergabe für die Länder fest, denen dann auch ggf. private Investitionen zufließen, und vergeben Kredite in nicht unerheblichem Umfang.[9] Ähnlich wie beim IMF werden auch bei der Weltbank die Stimmen der Mitglieder nach einer bestimmten Quote gewichtet, daher ist der Einfluss der EL relativ gering.[10] Demgegenüber ist ihr Einfluss in der GA der UN auf Grund des Grundsatzes „one state one vote“ erheblich, wo sie über die Mehrheit verfügen. In der WTO, in der die Regeln für den internationalen Handel und zunehmend weitere, damit zusammenhängende Bereiche wie der Schutz geistigen Eigentums und in Zukunft ggf. auch Investitionsregeln ausgehandelt werden, haben die EL und LDCs mit Blick auf die Aushandlung neuer Abkommen auf Grund ihrer steigenden Zahl eine zunehmende Bedeutung,[11] was sich mit Blick auf die Umsetzung für die LDCs auf Grund ihrer beschränkten bzw. fehlenden Wirtschaftskraft stark relativiert.

1.1. Anerkennung von Entwicklungsbelangen der LDC

Wie in Teil 2 dargelegt, werden die besonderen Bedürfnisse der LDCs von der internationalen Gemeinschaft und von allen dargelegten Organisationen anerkannt. Bemühungen der internationalen Gemeinschaft finden bereits seit eingen Jahrzehnten statt. Die UN hat durch ihre internationalen Konferenzen auf Initiative der UNCTAD dabei einen erheblichen Beitrag geleistet.[12] Nicht nur in der Millenniumsdeklaration der UN-Millenniumsgeneralversammlung sowie der Konferenz über Entwicklungsfinanzierung, sondern auch in zahlreichen Statements der anderen internationalen Organisationen werden die besonderen Bedürfnisse der LDCs anerkannt und deren besondere Förderung gefordert. Mit der dritten UN-Konferenz über die LDCs im Mai 2001 wurde den LDCs gar eine internationale Konferenz gewidmet auf der deren Interessen auf hoher internationaler Ebene im Mittelpunkt der Diskussionen standen.[13] Das Aktionsprogramm für die LDCs für die Dekade 2001-2010 nennt den Aspekt des sog. integrierten Vorgehens. So soll der Entwicklungsprozess sowohl von den LDCs als auch von deren Partnern, d.h. den multilateralen Organisationen innerhalb und außerhalb des UN-Systems als umfassend, kohärent und langfristig angesehen werden. In Bezug auf wirtschaftliche Entwick-

[8] Vgl. Dolzer, Rudolf: Wirtschaft und Kultur im Völkerrecht, in: Völkerrecht, Graf Vitzthum, Wolfgang (Hrsg.), Berlin, New York: de Gruyter, 2. Auflage, 2001, S. 469-544, S. 521, Rz. 107.
[9] Vgl. Teil 2, Kapitel 2, Abschnitte 1.2. und 2.2.
[10] Vgl. dazu Teil 2, Kapitel 2.
[11] Vgl. Teil 2, Kapitel 3, Abschnitt 2.2.1.
[12] Vgl. u.a. Teil 1, Kapitel 2, Abschnitt 3.
[13] Vgl. dazu insbesondere Teil 1, Kapitel 2, Abschnitt 3.2.

lung und Armutsreduzierung müsse es vor allem eine Balance zwischen wirtschaftlichen und anderen Zielen von Entwicklung geben.[14]

Die regelmäßigen Überprüfungen der Umsetzung des Aktionsprogramms der zweiten LDC-Konferenz durch die GA, die UNCTAD-Konferenzen und den TDB der UNCTAD haben einem UNCTAD-Bericht zufolge wesentlich dazu beigetragen, die „visibility" der LDCs zu erhöhen und die Aufmerksamkeit der internationalen Gemeinschaft auf deren Notlage gerichtet. So habe z.B. das wachsende Bewusstsein dieser Notlage dazu geführt, ihnen Maßnahmen des „special and differential treatment" in einigen WTO-Abkommen zu gewähren. Zudem habe sich die Kampagne für mehr Ressourcen an LDCs und breiteren Schuldenerlass für LDCs intensiviert. Innerhalb des UN-Systems und in anderen internationalen Organisationen sind besondere Einheiten oder Büros eingerichtet worden, die für Belange der LDCs verantwortlich sind. Verschiedene Aktivitäten in den LDCs wurden durchgeführt. Auch die Einberufung des „High-Level Meetings on Integrated Initiatives for Least Developed Countries' Trade Development" durch die WTO 1997 sei ein weiteres Zeugnis für die gestiegene Aufmerksamkeit der internationalen Gemeinschaft für die besonderen Schwierigkeiten der LDCs.[15]

Generell sind Entwicklungsbelange im Handelsbereich sowohl von den Staaten als auch im Rahmen der internationalen Organisationen anerkannt. Die Probleme der LDCs im Handelsbereich wurden in Teil 1 ausführlich dargestellt.[16] Anerkannt ist, dass Handel einen wesentlichen Beitrag zur Entwicklung leisten kann und Teil von Entwicklungsstrategien sein sollte.[17] Wesentliche Elemente einer internationalen Politikkoordination zu Gunsten der LDCs im Handelsbereich sind in der Entwicklungsagenda enthalten, die auf der Ministerkonferenz der WTO in Doha verabschiedet wurde. Danach sollen die Interessen der EL in den Verhandlungen bis 2005 berücksichtigt werden.[18] Auch auf der internationalen Konferenz über Entwicklungsfinanzierung in 2002 haben die Staats- und Regierungschefs die Fragen von besonderem Belang für alle EL und Transformationsländer im Bereich des internationalen Handels, um deren Kapazitäten zur Finanzierung ihrer Entwicklung zu erhöhen, anerkannt. Dazu zählen der Erklärung der Staats- und Regierungschefs zufolge Handelshemmnisse, handelsverzerrende Subventionen und andere handelsverzerrende Maßnahmen, insbesondere in Sektoren von besonderem Exportinteresse für EL, einschließlich der Landwirtschaft. Genannt wurden der Missbrauch von Antidumping-Maßnahmen, technische Hemmnisse sowie gesundheitspolizeiliche und pflanzenschutzrechtliche Maßnahmen. Handelsliberalisierung in arbeitsintensiver Herstellung und bei Agrarprodukten, Handel mit Dienstleistungen, Zollspit-

---

[14] Vgl. A/CONF.191/11 vom 8. Juni 2001: Programme of Action for the Least Developed Countries, angenommen am 20. Mai 2001 in Brüssel, S. 7, Ziff. 21.

[15] Vgl. UNCTAD/LDC/1999: Bericht über die LDCs 1999, UNCTAD 1999, S. 10f., vgl. dazu die Ausführungen zu den einzelnen Organisationen in Teil 2.

[16] Vgl. Teil 1, Kapitel 2, Abschnitt 4.1.

[17] Vgl. Teil 1, Kapitel 2, Abschnitte 4.2. und 4.3.

[18] Vgl. dazu Teil 2, Kapitel 3, Abschnitt 2.2.

zen, hohe Zölle und „tariff escalation" waren weitere Punkte. Nichttarifäre Hemmnisse, die Freizügigkeit natürlicher Personen und die fehlende Anerkennung geistiger Eigentumsrechte für den Schutz traditionellen Wissens und Bräuchen wurden ebenso aufgezählt wie der Transfer von Wissen und Technologie und die Umsetzung und Auslegung des „Agreement on Trade-Related Aspects of Intellectual Property Rights" (TRIPs) in einer die öffentliche Gesundheit unterstützenden Art und Weise.[19] Es wurde die Notwendigkeit anerkannt, Bestimmungen zur besonderen und unterschiedlichen Behandlung von EL in Handelsabkommen präziser, effektiver und wirksamer zu machen.[20] Die in Doha gemachten Zusagen, die Marginalisierung der LDCs im internationalen Handel anzugehen, sollen umgesetzt werden.[21]

Im Rahmen der WTO gibt es eine Reihe von Ausnahmevorschriften zu Gunsten der LDCs.[22] Auch im Rahmen der anderen internationalen Organisationen sind die Belange der EL in Bezug auf die Teilhabe am internationalen Handel auf der Tagesordnung. Sowohl der „Managing Director" des IMF, der Weltbankchef, als auch der WTO-Generalsekretär sind, ähnlich wie der UN-Generalsekretär, politisch aktiv und haben Einfluss auf den Dialog über die Politikkoordinierung der Staaten. Die Leiter und Repräsentanten der sechs am „Integrated Framework" teilnehmenden Organisationen IMF, ITC, UNCTAD, UNDP, Weltbank und WTO führten in ihrem gemeinsamen Communiqué im Februar 2002 aus:

„Markets also need to be open, so as to ensure that developing countries, and especially the least-developed among them, secure a share in the growth of world trade commensurate with the needs of their economic development. In this regard, we further recall the commitment by WTO Ministers in the Doha Ministerial Declaration to the objective of duty-free, quota-free market access for products originating from LDCs."[23]

Die regelmäßigen Forderungen nach besserem Marktzugang für die EL – insbesondere die LDCs – in einer Vielzahl von öffentlichen Reden, den Treffen der Exekutivdirektoren, den Jahrestagungen der Organisationen sowie im Rahmen der UN, z.B. auf der dritten UN-LDC-Konferenz 2001 in Brüssel, haben Einfluss auf die Entscheidungen der Staaten gehabt, letztlich Zugeständnisse an die LDCs zu machen und einen gewissen Handlungsdruck erzeugt. In Vorbereitung der dritten LDC-Konferenz und seit dem haben alle Leiter der oben genannten Organisationen die Forderungen nach verbessertem Marktzugang z.T. zum Ärger der Industrieländer – wie am Beispiel der Reaktion der USA erwähnt – mit Nachdruck vertreten.[24] Nach wie vor äußert sich z.B. auch Chefökonom der Weltbank Nicolas Stern kri-

---

[19] Vgl. dazu Kapitel 3, Abschnitt 1.2.2.
[20] Vgl. dazu auch Teil 2, Kapitel 1, Abschnitt 1.2.1.
[21] Vgl. A/CONF.198/3 vom 1. März 2002: Monterrey-Konsens, Ziff. 28 und 31, vgl. dazu Teil 2, Kapitel 3, Abschnitt 2.2.
[22] Vgl. Teil 2, Kapitel 3, insbesondere Abschnitt 2.2.2.
[23] Vgl. WT/IFSC/1 vom 28. Februar 2002: Joint communiqué by the six core agencies of the Integrated Framework – IMF, ITC, UNCTAD, UNDP, World Bank and WTO, Integrated Framework Steering Committee, S. 1, Ziff. 3, zum IF vgl. Kapitel 2, Abschnitt 1.2.1.
[24] Vgl. Kapitel 2, Abschnitt 1.2.2.

tisch gegenüber der Politik der reichen Staaten wie den USA, Japan und den europäischen Staaten, „not living up to their end of a bargain struck when a new round of global trade talks began in 2001“. Obwohl EL Fortschritt bei der Reform ihrer Politiken, Institutionen und Regierungen gemacht hätten, hätten reiche Länder wenig getan, Barrieren für landwirtschaftliche und Bekleidungsimporte zu reduzieren.[25] Auch der frühere WTO-Generaldirektor Ruggiero hatte mehrfach die Annahme verschiedener Maßnahmen zur Unterstützung der LDCs vorgeschlagen, so z.B. auf dem G7-Treffen in Lyon 1996, auf Konferenzen der UNCTAD, des IMF sowie der Weltbank.[26] Die Idee dahinter kommt in folgendem Zitat Ruggieros zum Ausdruck:

„The political message from Singapore should be a message of unity among industrial countries and developing countries, and one of determination to help the least-developed come in from the margins through bold and specific measures. This... is a particularly urgent need. An interdependent world means that we are all in the same boat together, and no one can watch with equanimity while the other end of the boat sinks“.[27]

Zu nennen ist das G7-Übereinkommen über „A New Partnership for Development“ von 1996 und der auf der Ministerkonferenz der WTO in Singapur im Dezember 1996 angenommene „Comprehensive and Integrated WTO Plan of Action for the Least-Developed Countries“, der auf eine engere Kooperation zwischen der WTO und anderen multilateralen Organisationen bei der Unterstützung von LDCs auf dem Gebiet des Handels abzielte.[28] Die Minister riefen u.a. zu verbessertem Marktzugang für Exporte aus den LDCs und zur Beseitigung der angebotsseitigen Beschränkungen ihrer Exportkapazitäten auf.[29] Das 1997 folgende „High Level Meeting for LDCs“ hatte neben dem „Integrated Framework“[30] das Ergebnis, dass mit der Umsetzung einer Initiative zur Bereitstellung von zoll- und quotenfreiem Marktzugang von Exporten aus LDCs begonnen wurde. Diese Initiative wurde in Doha bekräftigt. Die WTO-Minister sagten zu, eine Reihe zusätzlicher Maßnahmen

---

[25] Vgl. World Bank Development News vom 14. April 2003 unter der Überschrift „Commitment to World's Poor Nations is Reaffirmed“, mit Verweis auf einen Bericht der Los Angeles Times vom selben Tag.

[26] Nach seiner Ansicht sollten Maßnahmen in vier Bereichen erfolgen: 1. Umfassende und zügige Umsetzung der Marakesch-Entscheidung betreffend die LDCs, 2. Verbesserter Marktzugang für die LDCs und die Beseitigung aller Zoll- und zollgleicher Barrieren, 3. Ein verbessertes Investitionsklima durch Verhandlungen zu gegebener Zeit von multilateralen Investitionsregeln in der WTO und 4. Unterstützung auf dem Gebiet des institutionellen und das Humankapital betreffenden „Capacity building“ durch bessere Koordination der technischen Zusammenarbeit, was insbesondere durch neue Informationstechnologien erfolgen könnte.

[27] Vgl. WTO Press Brief, http://www.wto.org/english/thewto_e/minist_e/min96_e/tradeven.htm.

[28] Vgl. WT/Min(96)/14 vom 7. Januar 1997, angenommen am 13. Dezember 1996.

[29] Vgl. Teil 2, Kapitel 3, Abschnitt 2.2.2., zum Marktzugang für LDCs vgl. auch Teil 1, Kapitel 2, Abschnitt 4.1.

[30] Vgl. dazu Kapitel 2, Abschnitt 1.2.1.

zur Verbesserung des Marktzugangs für LDCs in Betracht zu ziehen.[31] Das Ergebnis des verbesserten Marktzugangs für nahezu alle Produkte aus den LDCs ist mit Blick auf die in Teil 1 geschilderten Schwierigkeiten der LDCs im Handelsbereich zu begrüßen.[32] Die Beseitigung von Handelsbarrieren und Zolleskalation[33] von Exporten von LDCs und Ländern mit niedrigem Einkommen durch die Doha-Handelsverhandlungen kann einen weiteren Beitrag zu mehr kohärenter Politiksetzung im Handels-, Finanz- und Entwicklungsbereich leisten. Da die Schuldenfinanzierung in EL durch den privaten Sektor zurückgegangen ist, ohne dass kompensierend die offizielle Entwicklungsfinanzierung zugenommen hat, ist der Export von Waren und Dienstleistungen und die Anziehung ausländischer Direktinvestitionen für die Zunahme von Finanz- und Investitionsressourcen noch kritischer geworden. Dies wurde im Monterrey-Konsens über Entwicklungsfinanzierung in 2002[34] und nicht zuletzt auch wiederholt durch die Finanz- und Entwicklungsminister auf Tagungen von IMF und Weltbank betont.[35] Insbesondere die Liberalisierung im landwirtschaftlichen Bereich könnte auf Grund der Armutskonzentration in ländlichen Gebieten armer Länder eine entscheidende Rolle bei der Armutsreduzierung bis 2015 im Rahmen der UN-Millenniums-Entwicklungsziele spielen.

Dennoch beschränkt der derzeit bestehende internationale Handelsrahmen die Anzahl der Optionen der EL für ihre Entwicklungspolitik und die Zeit, die ihnen verfügbar ist, um ihre nationalen Politiken mit den Anforderungen des internationalen Marktes in Übereinstimmung zu bringen.[36] LDCs sehen sich einer Reihe von Barrieren in globalen Märkten gegenüber. Ein Beispiel dafür sind Produktstandards. Daher sollte ihnen Hilfe gegeben werden, Kapazitäten zu entwickeln und zu stärken, um diese Standards einzuhalten und auch mehr an der internationalen Standardsetzung teilzunehmen.[37] Bestehende Umsetzungsverpflichtungen von Übereinkommen im Handelsbereich belasten die EL, insbesondere die LDCs stark. So stellt

---

[31] Vgl. WT/COMTD/LDC/W/28 vom 30. Oktober 2002: Market access issues related to products of export interest originating from least developed countries. Übersicht 8 enthält eine Liste von Maßnahmen, die zwischen 1996 und 2002 getroffen worden sind.

[32] Vgl. dazu bereits Teil 1, Kapitel 2, Abschnitt 4.1.

[33] Vgl. zum Begriff vgl. ebenda.

[34] Vgl. dazu Teil 2, Kapitel 1, Abschnitt 1.2.1.

[35] Vgl. WT/TF/COH/S/7 vom 29. April 2003: Coherence in Global Economic Policymaking and Cooperation between the WTO, the IMF and the World Bank, Note by the Secretariat, S. 4, Ziff. 18.

[36] Vgl. Jordan, Lisa: The Death of Development?, The Converging Policy Agendas of the World Bank and The World Trade Organization, Bank Information Center, November 1999, S. 1f, im Internet unter http://www.bicusa.org/publications/deathdev.htm, Ausdruck vom 19. März 2003, vgl. dazu auch Teil 2, Kapitel 2, Abschnitt 1.2.4. zum Bericht der Weltbank „Can Africa Claim the 21st Century“.

[37] Vgl. WT/LDC/SWG/IF/15/Rev.1 vom 17. April 2001: Report on the Seminar by the Integrated Framework Core Agencies, The Policy Relevance of Mainstreaming Trade Into Country Development Strategies: Perspectives of Least-Developed Countries, WTO, Geneva, 29-30 January 2001, Panel D: Global Dimensions and core Issues in Mainstreaming, Key Issues, S. 23-24, S. 24.

sich die Frage, ob nicht Investitionen in Bildung und Gesundheit usw. gegenüber der Umsetzung eines Abkommens angesichts der knappen Ressourcen für LDCs Priorität haben sollten, zumal die LDCs an der Aushandlung der Abkommen selbst nur marginal beteiligt waren. Die enormen Kosten der Umsetzung und der für die LDCs entstehende Nutzen sollten gegeneinander abgewogen werden. Die Weltbank erkenne an, dass die WTO und ihre Unterzeichnerstaaten die Umsetzungsprobleme der EL unterschätzt haben.[38] Hilfen zur Umsetzung derartiger Abkommen, die z.B. durch die Weltbank erfolgen, reduzieren die verfügbaren Ressourcen für andere Bereiche. Die Umsetzung der Entwicklungsagenda von Doha und eine neue Welthandelsrunde, die den Entwicklungsbelangen der EL und insbesondere der LDCs stärker Rechnung trägt, wäre daher ein Schritt in die richtige Richtung.[39]

Damit zusammenhängendes Ergebnis internationaler Politikkoordination ist die Anerkennung des Erfordernisses von technischer Hilfe und „Capacity building" im Handelsbereich. Von der UNCTAD wurde dies bereits früh zu Gunsten der EL und insbesondere der LDCs gefordert und auch im Rahmen der vorhandenen Kapazitäten durchgeführt.[40] Im Rahmen der WTO wurde dies auf den Ministerkonferenzen mehrfach bestätigt und ist zentraler Bestandteil der Ministererklärung von Doha. Mit der Reorganisation des Sekretariates, dem Plan für technische Hilfe und die Einrichtung des Trust Funds wurden Schritte unternommen, den Auftrag der Ministerkonferenz in die Tat umzusetzen.[41] Die OECD hat Richtlinien zur Stärkung der Handelskapazität für Entwicklung herausgegeben.[42] Die Weltbank engagiert sich im Bereich von Handel und Entwicklung und auch der IMF führt technische Hilfe im Handelsbereich durch und ist am „Integrated Framework" beteiligt.[43] Gleichzeitig haben die entwickelten Länder die Notwendigkeit von mehr technischer Hilfe anerkannt, und leisten Beiträge an die UNCTAD bzw. den „Doha Trust Fund". Auf die technische Hilfe im Handelsbereich wird in Kapitel 2 unter dem Thema der operativen Zusammenarbeit der internationalen Organisationen näher eingegangen.

Problematisch ist, dass oftmals trotz der oben geschilderten LDC-spezifischen Sonderregeln und Vorteile in einigen Bereichen keine Anzeichen eines konsequenten strukturellen Fortschrittes zu sehen sind. Dies ist z.B. in Bezug auf Handelspräferenzen der Fall, die zwar potentiell vorteilhaft für zukünftige Exporteure aus LDCs sind, die jedoch auf Grund des Fehlens relevanter Exportangebotskapazitäten

---

[38] Vgl. Jordan, Lisa: The Death of Development?, The Converging Policy Agendas of the World Bank and The World Trade Organization, Bank Information Center, November 1999, S. 5, im Internet unter http://www.bicusa.org/publications/deathdev.htm, Ausdruck vom 19. März 2003.

[39] Vgl. Teil 2, Kapitel 3, Abschnitt 2.2.

[40] Vgl. Teil 1, Kapitel 2, Abschnitt 3.

[41] Vgl. Teil 2, Kapitel 3, Abschnitt 2.1.

[42] Vgl. OECD/ DAC Guidelines: Strengthening Trade Capacity for Development, OECD 2001, vgl. dazu Teil 1, Kapitel 2, Abschnitt 4.2. sowie Teil 2, Kapitel 5, Abschnitt 1.2.

[43] Vgl. Teil 2, Kapitel 2, Abschnitte 1.2.2. und 2.2.3.

oftmals keine strukturellen Auswirkungen hatten.[44] Ähnlich ist es teilweise in Bezug auf angebotene technische Hilfe, deren Möglichkeiten der Inanspruchnahme auf Grund institutioneller Schwächen in LDCs eingeschränkt sind. Ebenso waren viele LDCs nicht fähig, ausreichende Aufnahmekapazitäten im Hinblick auf Finanzierungsmöglichkeiten von Projekten zu entwickeln oder zu unterhalten.[45] Nicht unerwähnt bleiben sollen an dieser Stelle die z.T. problematischen innenpolitischen Verhältnisse einer Reihe von LDCs. Mangelnde Stabilität oder Bürgerkriege machen bereits Erreichtes zunichte. Andererseits gibt es Fälle, in denen sozioökonomischer Fortschritt erzielt werden konnte, der jedoch nicht als ein Ergebnis des effektiven Vorteils des LDC-Status anzusehen ist.[46]

Wie der Bericht über die LDCs 2002 darlegt, kann bevorzugter Marktzugang durch verschiedene Initiativen Wettbewerbsvorteile von LDC-Exporteuren theoretisch verbessern und damit ein schnelleres Exportwachstum in den LDCs fördern. In der Praxis hängt dieser Wettbewerbsvorteil jedoch kritisch von den Angebotskapazitäten ab. Verbesserter Marktzugang ist daher bedeutungslos, wenn LDCs in den Sektoren, für die ihnen der Marktzugang gewährt wird, nicht produzieren können und ihnen die Marketing-Fähigkeiten, Informationen und Beziehungen fehlen, um den Marktzugang auch in einem Markteintritt zu realisieren. In der Vergangenheit wurden unilaterale Handelspräferenzen oder zollfreier Marktzugang zu Gunsten von Exporten aus den LDCs in erheblichem Umfang nicht genutzt. Schätzungen der UNCTAD zufolge hätten sich Ende der 1990er Jahre etwa die Hälfte aller Exporte aus den LDCs, die potentiell unter die bevorzugte Behandlung des GSP gefallen wären, tatsächlich nicht für die präferentiellen Zollsätze qualifiziert.[47] Obwohl das EU-Präferenzschema etwa 99 % aller Produkte aus nicht AKP-LDCs umfasste, zahlten z.B. 1999 mehr als 2/3 der Exporte aus Nicht-AKP-LDCs Zölle nach dem „Most favoured Nations"-Prinzip, anstatt die Präferenzen zu erhalten. In einigen Arrangements für bevorzugte Behandlung waren demgegenüber wichtige Sektoren von Interesse für LDC-Exporteure ausgenommen.[48] Es bleibt abzuwarten, ob die jüngsten Initiativen zur Ausweitung der Produktpalette zu einer größeren Inanspruchnahme als unter den bisher bestehenden Präferenzschemen für diese Sektoren führen werden.[49]

---

[44] Vgl. dazu TD/B/49/7 vom 1. August 2002: Least Developed Country Status: Effective Benefits and the perspective of graduation, Bericht des UNCTAD-Sekretariates, S. 7, Ziff. 19.
[45] Vgl. ebenda, S. 5, Ziff. 9.
[46] Vgl. ebenda, S. 7, Ziff. 19.
[47] Der Nutzungsquotient (Verhältnis zwischen Gesamtimporten, die Präferenzen erhalten und den Gesamtimporten, für die Präferenzen in Betracht kommen) lag bei den USA bei 77 %, für Japan bei 73 %, Kanada bei 59 %. 34 % der Exporte aus Nicht-AKP-LDCs, die potentiell für präferentielle Behandlung nach dem GSP berechtigt wären erhielten diese in 1999, vgl. UNCTAD/LDC/2002: The Least Developed Countries Report 2002: Escaping the Poverty Trap, United Nations, New York und Genf, 2002, S. 224.
[48] Vgl. dazu bereits Teil 1, Kapitel 2, Abschnitt 4.1.
[49] Vgl. UNCTAD/LDC/2002: ebenda, S. 224.

Zwar hat sich, wie Herdegen beschreibt, der Gedanke der Solidarität gegenüber EL im gegenwärtigen Völkerrecht noch nicht zu konkreten Leistungsverpflichtungen verdichtet,[50] gleichwohl ist in Bezug auf die LDCs im Rahmen der WTO eine Art Sonderrecht – ein Entwicklungsvölkerrecht – entstanden. Ursache ist die Entwicklung eines Bewusstseins über die besonderen Probleme der LDC, das in den letzten Jahrzehnten zu einer Herausbildung von einem besonderen Entwicklungsvölkerrecht zu Gunsten dieser Länder im internationalen Handelsrecht geführt hat. Die den EL in den Abkommen eingeräumten Umsetzungsfristen[51] sind jedoch rein politische Lösungen. Angesichts der enormen Kosten, die mit der Umsetzung von Handelsabkommen gerade für kleine Länder und LDCs verbunden sind, können diese keine ökonomisch tragfähige Grundlage haben. Diese Umsetzungsfristen gehen davon aus, dass die EL in der Zukunft, d.h. mit Auslaufen der Schonfrist fähig sein werden, die WTO-Übereinkommen einhalten zu können. Mit begrenzten Optionen und nicht ausreichender Entwicklungshilfe scheint diese Annahme fehl zu gehen.[52]

1.2. Entwicklungshilfe, Schuldenerlass und Entwicklungsfinanzierung

Weiteres Ergebnis von Politikkoordination ist Leistung von öffentlicher Entwicklungshilfe, die sowohl durch bilaterale Geber als durch die genannten multilateralen Organisationen erfolgt. In Weltbank und IMF wird bei der Kreditvergabe nicht an das formelle Kriterium der UN-Kategorie der LDCs, sondern an das Pro-Kopf-Einkommen und andere Kriterien angeknüpft.[53] Dennoch profitieren die meisten LDCs von einer Anzahl konzessioneller Finanzierungsfazilitäten.[54] Im Rahmen der UN sollen LDCs verstärkt berücksichtigt werden.[55]

Zu nennen ist die im Rahmen der UN-Konferenzen übernommene freiwillige Verpflichtung der Geberländer, 0,15 % des GDP als offizielle Entwicklungshilfe an die LDCs zu leisten. Die Entwicklungshilfe ist jedoch insgesamt nicht ausreichend. Länder, die bereits die genannte Quote erreichen, wurden im Aktionsprogramm für die LDCs für die 1990er Jahre darum ersucht, in 2000 eine Prozentzahl von 0,20 % zu erreichen. Da dies nicht erfolgte wurde auf der dritten UN-Konferenz über die LDCs im Mai 2001 in Brüssel durch die Geberländer vereinbart, die 0,15 und 0,20 %-Ziele zügig bis spätestens 2005 zu erreichen.[56] Die praktische Umsetzung ist jedoch begrenzt. Das immer wieder bekräftigte 0,7 %- GDP Ziel in Bezug auf

---

[50] Vgl. Herdegen, Matthias: Internationales Wirtschaftsrecht, München: Beck, 3. Auflage, 2002, S. 262, Ziff. 13.

[51] Vgl. dazu Teil 2, Kapitel 3, Abschnitt 2.2.2.

[52] Vgl. Jordan, Lisa: The Death of Development?, The Converging Policy Agendas of the World Bank and The World Trade Organization, Bank Information Center, November 1999, S. 10, m.w.N., im Internet unter http://www.bicusa.org/publications/deathdev.htm, Ausdruck vom 19. März 2003.

[53] Vgl. Teil 1, Kapitel 2, Abschnitt 1.

[54] Vgl. dazu TD/B/49/7 vom 1. August 2002: Least Developed Country Status: Effective Benefits and the perspective of graduation, Bericht des UNCTAD-Sekretariates, S. 4, Ziff. 7 und FN 4.

[55] Vgl. u.a. Teil 2, Kapitel 1, Abschnitt 3.2.

[56] Vgl. A/CONF.191/L.20 vom 20. Mai 2001, Ziff. 8.

die offizielle Entwicklungshilfe an die EL wurde in den vergangenen Jahren nur durch wenige Staaten erreicht. In 2002 waren dies einem Bericht des „Development Committees" der OECD zufolge nur Dänemark, Luxemburg, die Niederlande, Norwegen und Schweden. Nur drei weitere legten Zeitpunkte fest, bis zu denen sie das Ziel erreichen wollen.[57] Die offizielle Entwicklungshilfe war in den 1990er Jahren in den meisten entwickelten Ländern stark rückläufig. Nach der Verpflichtung auf der UN-Konferenz von Monterrey müssten die Geberländer ihre ODA-Quote von derzeit 0,23 % bis 2006 auf 0,26 % erhöhen. Im Vergleich zum Vorjahr haben sie ihre Hilfeleistungen in 2002 real um 4,8 % auf knapp US$ 57 Milliarden erhöht. Von ihrem Spitzenwert von 0,33 % in 1992 ist die Quote der Geberländer mit etwa 0,23 % des GDP aber weit entfernt.[58]

Zur Höhe der europäischen Entwicklungshilfe ist der Beschluss des Rates von Barcelona zu nennen. Dort wurde beschlossen, die öffentliche Entwicklungshilfe (ODA) der EU-Länder bis zum Jahr 2006 auf durchschnittlich 0,39 % des Bruttoinlandsprodukts (BIP) anzuheben.[59] Dies erfolgte im Zusammenhang mit der UN-Konferenz zur Entwicklungsfinanzierung, in deren Vorfeld Präsident Bush verkündet hatte, die USA würden ihre ODA in den kommenden drei Jahren stufenweise von US$ 10 auf US$ 20 Milliarden jährlich verdoppeln wenn die EU-Mitgliedstaaten parallel dazu ihre Bereitschaft erklärten, ihre ODA-Quote von derzeit 0,33 % auf 0,39 % anzuheben.[60] Selbst nach dieser Anhebung wären bis auf wenige Staaten die meisten entwickelten Länder weit von der durch die UN aufgestellten 0,7 %-Quote für Entwicklungshilfe entfernt.

Der UN-Generalsekretär hatte in seinem „Road Map"-Bericht gefordert, dass sichergestellt werden müsse, dass Schuldenerlass zusätzlich und nicht alternativ zu anderen Formen der Entwicklungshilfe gewährt wird.[61] Beispielsweise wird in Deutschland der Erlass von Handelskrediten in voller Höhe auf die ODA angerechnet. Beim Erlass von Krediten der finanziellen Zusammenarbeit werden nur die erlassenen Zinsen ODA-wirksam. Erlassene Kreditbeträge der finanziellen Zusammenarbeit dürfen nach den OECD-Melderichtlinien nicht der ODA zugerechnet werden, da die zugehörigen Beträge bereits im Jahr der Kreditvergabe als ODA gemeldet wurden. Die Tatsache, dass durch den Schuldenerlass Kreditrückzahlun-

---

[57] Die drei Länder sind Belgien (bis 2010), Irland (bis 2007) und Frankreich (bis 2012), vgl. Elliesen, Tillmann: Von ihrem Spitzenwert ist die internationale ODA-Quote weit entfernt, in: E+Z, 2003, Heft 6, S. 258 mit Verweis auf den DAC-Bericht zur Entwicklungszusammenarbeit (DAC Development Cooperation 2002 Report).

[58] Vgl. Elliesen, Tillmann: ebenda, S. 258 mit Verweis auf den DAC-Bericht zur Entwicklungszusammenarbeit (DAC Development Cooperation 2002 Report).

[59] Für Deutschland bedeutet dieser Beschluss, dass bis 2006 eine Quote von 0,33 % erreicht werden muss (vgl. 2000 und 2001: 0,27 %), vgl. Thiel, Reinhold E.: Mehr Geld für Entwicklungspolitik? In: E+Z 2002, Heft 7, S. 207.

[60] Vgl. Thiel, Reinhold E.: ebenda, S. 207.

[61] Vgl. A/56/326 vom 6. September 2001: Road map towards the implementation of the United Nations Millennium Declaration, Bericht des UN-Generalsekretärs, S. 29, Ziff 147.

gen, die negativ auf die ODA zu Buche schlagen, entfallen, führt allerdings zu einer Steigerung der ODA.[62]

Eine Bereitschaft, finanzielle Mittel an die EL und LDCs zur Verfügung zu stellen, ist bei bilateraler Entwicklungshilfe häufig an Lieferbedingungen geknüpft, die z.B. vorschreiben, dass erforderliche Güter im Geberland zu beschaffen sind. Eine Lockerung dieser Lieferbindung für LDCs, die im Rahmen der OECD ausgehandelt und den DAC-Mitgliedern empfohlen wurde, ist daher als Fortschritt und als positive Koordinationsleistung anzusehen.[63]

Im Bereich der offiziellen Entwicklungshilfe sind die internationalen Institutionen wie die UN, insbesondere die UNCTAD oder die Weltbank aktiv und fordern einmütig eine Erhöhung. Die Weltbank ist der Auffassung, dass die weltweiten Ausgaben für Entwicklungshilfe mit etwa US$ 50 Billionen pro Jahr verdoppelt werden müssten, um die von den UN in 2000 gesetzten Entwicklungsziele zur Verbesserung der Lebensbedingungen der ärmsten Menschen der Welt zu erreichen. Daten der Weltbank zufolge erreichen bislang viele arme Nationen die international vereinbarten Ziele nicht. Chefökonom Stern führte aus, dass Entwicklungshilfe nie produktiver war als jetzt, gleichzeitig jedoch der Anteil am GDP nie geringer war. Dies sei ein beunruhigendes Paradoxon.[64] Die Frage nach öffentlicher Entwicklungshilfe stellt sich auch insbesondere in den LDCs, die weit stärker als andere von der Erosion von Präferenzen im Zuge der multilateralen Handelsverhandlungen durch die Verhandlungen der Doha-Runde betroffen sein werden. Während die meisten LDCs nur etwa Wohlfahrtsverluste von weniger als 2 % ihrer Exporte kompensieren müssen, sind dies für einige LDCs, die sehr stark von den Präferenzen abhängig sind, bis zu 10 %. Die Bestätigung, dass solche Verluste kompensiert würden, wären daher für die betroffenen Länder von hohem Wert. So regt der IMF an, finanzielle Hilfe durch bestehende Finanzierungsfazilitäten zur Verfügung zu stellen. Beispielweise könnten die potentiellen Verluste durch die Erosion von Präferenzen bei Zahlungsbilanzschwierigkeiten als ein die Exportaussichten des Landes bestimmender Faktor berücksichtigt werden.[65]

In diesem Zusammenhang ist auf die letzten Beschlüsse des G8-Gipfels vom Juni 2003 in Evian zu verweisen. Darin bekannten sich die Staats- und Regierungschefs erneut dazu, die Herausforderungen der globalen Armut zu bewältigen und die Millenniums Entwicklungsziele und den Konsens von Monterrey zu unterstützen.

[62] Vgl. BT-Drs. 14/8757 vom 10. April 2002: Antwort der Bundesregierung: Berechnungsverfahren der Official Development Aid (ODA)-Quote eines Geberlandes, S. 2, Ziff. 3.
[63] Vgl. dazu Teil 2, Kapitel 5, Abschnitt 1.2.
[64] Vgl. World Bank Development News vom 14. April 2003 unter der Überschrift „Commitment to World's Poor Nations is Reaffirmed, u.a. mit Verweis auf einen Bericht der Washington Post vom selben Tag.
[65] Vgl. WT/TF/COH/S/7 vom 29. April 2003: Coherence in Global Economic Policymaking and Cooperation between the WTO, the IMF and the World Bank, Note by the Secretariat, S. 5, Ziff. 21, vgl. WT/TF/COH/14 von 14. Februar 2003: Financing of Losses from Preference Erosion.

Sie verwiesen darauf, dass das Erreichen dieser ehrgeizigen Ziele erhebliche Bemühungen von den entwickelten und den EL erfordern wird, darunter auch die vermehrte Bereitstellung von Ressourcen. Sie begrüßten einen Bericht ihrer Finanzminister über Gespräche zu aufgestockten Mitteln und zu Finanzierungsinstrumenten und ersuchten die Minister, im September über die im Zusammenhang mit den Finanzierungsinstrumenten aufgeworfenen Fragen einschließlich des Vorschlages für eine neue internationale Finanzierungsfazilität zu berichten.[66]

In Bezug auf nachhaltigen Schuldenabbau durch multilaterale Organisationen gibt es Fortschritte, aber auch noch Verbesserungsbedarf. Die HIPC-Initiative[67] ist Teil einer komplementären multilateralen Initiative, die zusammen mit verbessertem Marktzugang und mehr ausländischer Entwicklungshilfe für LDCs und andere Länder mit niedrigem Einkommen den Weg aus der Armut erleichtern kann. Die Staats- und Regierungschefs bekräftigten auf dem G8-Gipfel im Juni 2003 in Evian ihr Bekenntnis zu der HIPC-Initiative, die auf dem Kölner Gipfel auf den Weg gebracht wurde. Angesichts der fortgesetzten Implementierungsprobleme und der langsamen Fortschritte der Länder bei dieser Initiative wurden mehrere Bereiche als vorrangig ermittelt. U.a. haben die G8-Finanzminister den IMF und die Weltbank ersucht, bis zu ihren nächsten Jahrestreffen die konkreten Hindernisse in jedem Land und die Schritte zu deren Beseitigung zu benennen, um den in Frage kommenden Ländern dabei zu helfen bzw. sie zu ermutigen, die erforderlichen Schritte zur Vollendung des HIPC-Prozesses zu tun. Die Staats- und Regierungschefs ersuchten Weltbank und IMF daher dringend, ihre Bemühungen zur Sicherung der vollständigen Teilnahme aller Gläubiger zu intensivieren. Sie begrüßten die Fortschritte bei der Verwirklichung ihrer in Kananaskis gemachten Zusage, die geschätzte Finanzierungslücke im HIPC-Treuhandsfonds zu füllen in Gestalt der in Paris im Oktober 2002 gemachten Zusage von US$ 850 Millionen. Auch künftig würden sie den Finanzbedarf des Treuhandfonds im Auge behalten. Es wurde weiter das Ziel bekräftigt, ein dauerhaft tragfähiges Schuldenniveau in den HIPC-Ländern zu gewährleisten. Die Staats- und Regierungschefs wiesen darauf hin, dass diese Länder auch nach Erreichen des Vollendungspunktes weiterhin anfällig für exogene Schocks sind. In diesem Zusammenhang haben sie ihre Finanzminister aufgefordert, bis zum September 2003 die Mechanismen zur Förderung verantwortungsbewussten staatlichen Handelns und die Methoden zur Berechnung der Summe für die Aufstockung der Schuldenerleichterung, die Ländern nach Erreichen des Vollendungszeitpunktes zur Verfügung gestellt werden sollen, auf der Grundlage einer aktualisierten Kostenschätzung zu überprüfen. Marktbasierte Mechanismen und andere effektive Instrumente, um die Auswirkungen von Rohstoffpreisfluktuationen auf Länder mit geringem Einkommen in den Griff zu bekommen, sollten ebenfalls ausgelotet werden.[68]

---

[66] Vgl. die Zusammenfassung des Vorsitzenden, Evian, 3. Juni 2003, im Internet unter http://www.g8.fr.

[67] Vgl. dazu Teil 2, Kapitel 2, Abschnitt 2.2.2.

[68] Vgl. die Zusammenfassung des Vorsitzenden, Evian, 3. Juni 2003: ebenda.

Derzeit sind die bestehenden Regelungen hinsichtlich der Rohstoffausfallerlöse weniger befriedigend.[69]

Der IMF hat Möglichkeiten, z.B. bei zeitweiligen Defiziten in der Zahlungsbilanz Kredite zu gewähren. Dem IMF zufolge wird makroökonomische Stabilität definiert als Ausgeglichenheit der Zahlungsbilanz und der öffentlichen Haushalte konsistent mit niedrigem und abnehmendem Schuldenstand, einer Inflation im niedrigen einstelligen Bereich und steigendem Pro-Kopf-Einkommen. Instabilität beinhalte dagegen große Zahlungsbilanzdefizite, finanziert durch kurzfristige Kredite, hohe und steigende öffentliche Schulden, zweistellige Inflationsraten und ein stagnierendes oder abnehmendes GDP.[70] Kernfrage dieses Konzepts makroökonomischer Stabilität ist der „trade off" zwischen Inflation und Wachstum und dem Grad der Preisinstabilität, der toleriert werden kann, ohne die langfristige Expansion der Wirtschaft zu unterminieren. Gleich wichtig sei das Ausmaß, in dem Stabilisierungspolitiken sich je nach Ursache der makroökonomischen Instabilität unterscheiden sollten, z.B. ob sie auf inländischen Ungleichgewichten zwischen Angebot und Nachfrage beruht oder auf externem Handel und Finanzschocks, die über die Kontrolle des Landes hinausgehen. In Bezug auf letzteres lautet die gängige Politikempfehlung, in Reaktion auf externe Schocks die makroökonomische Politik zu straffen, wenn der Schock nicht nur ein vorübergehender ist. Erfolgreiche Anpassung an einen permanenten ungünstigen Schock, der die Zahlungsbilanz verschlechtert, erfordere dem IMF zufolge oft eine anhaltende Straffung der fiskalischen Haltung. Demzufolge müsse ein zeitweiliger Schock für die Zahlungsbilanz eher durch externe Finanzierung aufgefangen werden, als durch Einschränkungen der wirtschaftlichen Aktivität. Diese Unterscheidung ist dem Bericht der UNCTAD zufolge für afrikanische Länder, die Verschlechterungen in ihren „Terms of Trade" sowie kurzfristigen Schwankungen ausgesetzt sind, nicht sehr hilfreich. Eine positive Anpassung an einen Abwärtstrend in den „Terms of Trade" erfordere eine Diversifizierung der Produktionsstruktur, was wiederum erhebliche Investitionen und folglich externe Finanzierung erfordere. Mit anderen Worten erfordere die Anpassung an permanente Schocks eine Kombination aus innerstaatlichen Politikbemühungen und externer Finanzierung. Dem Bericht zufolge ist die Entwicklungsfinanzierung, die derzeit für solche Zwecke zur Verfügung steht, höchst inadäquat. Die internationale Gemeinschaft habe sich stets von jeglichen Ideen kompensatorischer Finanzierung distanziert, die die Basis für eine positive Anpassung an anhaltende „Terms of Trade" Schocks bilden können. Zudem, so der Bericht, wären die internationalen Finanzinstitutionen weniger willig, zeitweilige „current account imbalances" in ärmeren EL zu finanzieren, als die Forderungen von Kreditgebern in Krisen der aufsteigenden Märkte durch finanzielle „bail-out"-Operationen zu erfüllen. Zunehmend würden EL aufgefordert, größere inländische Bemühungen in Reaktion auf externe Schocks zu unternehmen, ungeachtet deren Natur und Effekten,

---

[69] Vgl. dazu Teil 2, Kapitel 2, Abschnitt 2.2. bzw. Kapitel 4, Abschnitt 2.5.

[70] Vgl. UNCTAD/GDS/AFRICA/2: Economic Development in Africa, From Adjustment to Poverty: What is new?, UNCTAD-Bericht, United Nations, Genf und New York 2002, S. 22, m.w.N.

anstatt die EL mit den notwendigen Finanzen auszustatten, um Anpassungen durchführen zu können, ohne das Wachstum zu opfern. Größere inländische Bemühungen, selbst wenn es die richtigen sind, reichen oft nicht aus, um die Knappheit externer Finanzierung wettzumachen. Im Ergebnis war das Wachstum schwach und unstet und die Armut ist gestiegen.[71]

Inwieweit sich trotz der Beschlüsse des G8-Gipfels von Evian 2003 nach der im September angeforderten Überprüfung sowohl in Bezug auf eine neue Finanzierungsfazilität zur Entwicklungsfinanzierung, als auch die HIPC-Initiative sowie die Finanzierung von Rohstoffausfallerlösen Fortschritte ergeben werden, bleibt abzuwarten. Fest steht, dass diese Probleme allesamt bekannt sind. Es besteht nur die Frage, inwieweit sie einer politischen und praktischen Umsetzung zugänglich sind.

Unter dem Blickwinkel der Erzielung finanzieller Mittel ist schließlich zu erwähnen, dass es bislang keine Lösung für die auch vom Zedillo-Bericht angeregten Regeln für eine temporäre Freizügigkeit von Arbeitnehmern („temporary movement of labour") gibt.[72] Im Ausland verdientes Geld könnte in die LDCs fließen und dort zur Finanzierung von Nahrungsmitteln und anderen Wirtschaftsgütern dienen. Einem Weltbankbericht zufolge wurden die Überweisungen von Arbeitern aus EL, die im Ausland ihr Geld verdienen, bislang unterschätzt. Nach den Direktinvestitionen bilden diese Überweisungen mittlerweile den zweitgrößten Kapitalstrom in die EL und stellen, in Relation zum BIP, vor allem für die ärmsten Länder eine wichtigen Finanzquelle dar. Ein großer Teil des Geldes werde in den EL investiert und nicht lediglich für Konsumzwecke verwendet. Daher appelliert die Weltbank an EL und Industrieländer, die Modalitäten für Auslandsüberweisungen zu vereinfachen sowie die Kosten zu senken – und für größere Freizügigkeit auf den internationalen Arbeitsmärkten zu sorgen.[73] In diesem Zusammenhang hatte im April 2002 ein zweitägiges gemeinsames WTO-Weltbank-Symposium mit Vertretern von Forschung, Experten, Vertretern von Arbeitgebern und Arbeitnehmern sowie Politikern stattgefunden, welches das öffentliche Bewusstsein in Bezug auf diese Fragen erhöhen und den WTO-Verhandlungen unter der derzeitigen Runde der Dienstleistungsverhandlungen unter dem „General Agreement on Trade in Services" (GATS)[74] Schwung verleihen sollte. Bislang sei dieses Thema zu wenig untersucht.[75]

---

[71] Vgl. UNCTAD/GDS/AFRICA/2: Economic Development in Africa, From Adjustment to Poverty: What is new?, UNCTAD-Bericht, United Nations, Genf und New York 2002, S. 22f.
[72] Vgl. Dokument A/55/1000 vom 26. Juni 2001S. 8, Ziff. 3.
[73] Vgl. Ellisen, Tillmann: Privates Kapital kein Ersatz für Entwicklungshilfe, in: E+Z 2003, Heft 5, Mai 2003, S. 180, unter Verweis auf den Weltbankbericht Global Development Finance 2003.
[74] Vgl. zum GATS, Teil 2, Kapitel 3, Abschnitt 1.2.3.
[75] Vgl. World Bank: Joint WTO-World Bank Symposium: Movement of Natural Persons (Mode 4) under the GATS, WTO, Genf, 11-12 April 2002, im Internet unter http://www1.worldbank.org/wbiep/trade/services/hottopics.htm, Ausdruck vom 2. Juni 2003.

1.3. Ergebnisse

Insgesamt kann man sagen, dass es eine Politikkoordination zu Gunsten der LDCs gibt. Die bestehenden Entwicklungsprobleme sind bekannt, Maßnahmen u.a. von den G8 angefordert und im Rahmen der internationalen Organisationen ergriffen worden. Es ist als Koordinationserfolg anzusehen, dass nunmehr übereinstimmende Entwicklungsziele exisitieren, die von allen Organisationen anerkannt werden. Wie der UN-Generalsekretär anlässlich des ECOSOC-Treffens mit den BWIs im April 2002 rückblickend auf die UN-Konferenz über Entwicklungsfinanzierung in Monterrey ausführte, gibt es in den Millenniumsentwicklungszielen nunmehr eine gemeinsame Plattform, deren Erreichen die Organisationen und Mitgliedstaaten anstreben und zusammen jedes Jahr überwachen, während einst über konkurrierende Visionen von Entwicklung debattiert wurde und wie man diese messen könne. Wo einst Finanz-, Handels- und Entwicklungshilfeminister ihrer Arbeit separat nachgingen, so der GS, sei heute die Notwendigkeit von Kohärenz und Zusammenarbeit erkannt worden, die die jeweilige Arbeit verstärken und effizienter machen könne. Das alles einschließende Vorgehen durch die Teilnahme von verschiedenen Ministerien und „Stakeholdern“ müsse beibehalten werden. Es müsste dafür gesorgt werden, dass Prozesse, die bereits anderswo stattfinden, nicht doppelt erfolgen. Der GS hoffe, dass sich der noch nie da gewesene Grad der Zusammenarbeit zwischen den UN, den BWIs und der WTO fortsetzen werde, so dass die Institutionen effektiv auf die neuen, ihnen übertragenen Verantwortlichkeiten reagieren können.[76]

Das Aufstellen von Zielen ist jedoch nur der erste Schritt. Die bislang erfolgten Maßnahmen sind, wie oben geschildert, in verschiedener Hinsicht nicht ausreichend, was auch von internationalen Organisationen und der G8 anerkannt wird, weswegen an der Verbesserung der Mechanismen gearbeitet und z.B. weiterer Marktzugang gefordert wird. Es bestehen häufig Differenzen zwischen der anerkannten Notwendigkeit der Beachtung der Interessen der LDCs und deren praktischer Umsetzung.

2. Voraussetzungen und Schranken effektiver Politikkoordination

2.1. Voraussetzungen effektiver Politikkoordination

Wie in Teil 1 herausgearbeitet wurde, setzt wirtschaftspolitische Koordination das Verfolgen ähnlicher Interessen und Ziele voraus. Zudem sollten die Vorteile aus der Koordinierung größer als die Kosten sein.[77] Gleiches muss auch für die Gestaltung des internationalen Wirtschafts- und Handelssystem im Interesse der EL und insbesondere der LDCs gelten.

---

[76] Vgl. Pressemitteilung SG/SM/8206, ECOSOC/6002 vom 22. April 2002: Ansprache des UN-Generalsekretärs, S. 1f.

[77] Vgl. Teil 1, Kapitel 3, Abschnitt 2.2.1.

Festzustellen ist, dass in Bezug auf die Übereinstimmung der verfolgten Interessen und Ziele angesichts der von den hier behandelten Organisationen verfolgten Ziele dem Wortlaut nach in deren Gründungsverträgen an sich gute Voraussetzungen für eine Kooperation und Koordination von Politik bestehen. So lehnen sich die Ziele der WTO an die Zielvorgaben der Weltbank, des IMF und letztlich Art. 55 der Satzung der UN an. Die WTO-Präambel nennt als Ziele die Erhöhung des Lebensstandards, Vollbeschäftigung, ein hohes und ständig steigendes Realeinkommen, die wirksame Nachfrage und die Ausweitung der Produktion und des Handels mit Waren und Dienstleistungen, die optimale Nutzung der Hilfsquellen der Welt im Einklang mit dem Ziel einer nachhaltigen Entwicklung sowie Schutz und Erhaltung der Umwelt. Struktur und Einzelelemente dieser grundlegenden Zielvorgabe ähneln auch dem Zielkatalog des EGV.[78]

Auch in Bezug auf eine Politikkoordination zu Gunsten der LDCs sind dem Wortlaut nach die Voraussetzungen gut. Das WTO-Übereinkommen spricht in seinem zweiten Erwägungsgrund die Erfordernisse der wirtschaftlichen Entwicklung und das Interesse an der Sicherung eines entsprechenden Anteils am Wachstum des internationalen Handels auf Seiten der EL und insbesondere der LDCs an. Ziel des IMF ist die Ausweitung und ein ausgewogenes Wachstum des Welthandels zu erleichtern und dadurch zur Förderung und Aufrechterhaltung eines hohen Beschäftigungsgrades und Realeinkommens sowie zur Entwicklung des Produktionspotentials aller Mitglieder (also auch der Entwicklungslandmitglieder) als oberste Ziele der Wirtschaftspolitik beizutragen. Auch die IDA der Weltbankgruppe bezweckt, die wirtschaftliche Entwicklung in den weniger entwickelten Gebieten zu fördern, die Produktivität zu steigern und auf diese Weise den Lebensstandard zu erhöhen. Dies erfolgt in der Erwägung, dass eine Beschleunigung der wirtschaftlichen Entwicklung, die zur Hebung des Lebensstandards und zu wirtschaftlichem und sozialem Fortschritt in den EL beiträgt, im Interesse nicht nur dieser Länder, sondern auch im Interesse der gesamten Völkergemeinschaft ist.[79] Nach der UN-Charta sollen die UN ebenfalls die Verbesserung des Lebensstandards, die Vollbeschäftigung und die Voraussetzungen für wirtschaftlichen und sozialen Fortschritt sowie die Lösung internationaler Probleme wirtschaftlicher, sozialer und anderer Art fördern. Die UNCTAD wurde mit dem Ziel des beschleunigten wirtschaftlichen Wachstums und der Entwicklung insbesondere der EL gegründet. Art. 177 EGV nennt als Ziele der Entwicklungspolitik die nachhaltige wirtschaftliche und soziale Entwicklung der EL, insbesondere der am meisten benachteiligten EL, die harmonische, schrittweise Eingliederung der EL in die Weltwirtschaft und die Bekämpfung der Armut.

Gelten diese Ziele grundsätzlich für alle oben genannten Organisationen, besteht in den genannten Zielen in gewisser Weise ein Zielkonflikt bei den Mitgliedstaaten der Organisationen. Dieser Zielkonflikt ist je nach Machtverteilung innerhalb der

---

[78] Vgl. dazu Stoll, Peter-Tobias/ Schorkopf, Frank: WTO – Welthandelsordnung und Welthandelsrecht, Köln, Berlin..., 2002: Carl Heymanns Verlag, S. 31f, Rz. 62ff.

[79] Vgl. die Präambel des IDA-Übereinkommens sowie Artikel I.

Organisationen auch im Rahmen dieser Organisation mehr oder weniger ausgeprägt. Rittberger und Zangl legen dar, dass liberale Handels- und Finanzbeziehungen zwar die Erreichung des Wohlstandsziels „Wachstum der Nutzenerzeugung" fördern, jedoch zumeist das Ziel „Gerechtigkeit der Nutzenverteilung" verfehlen, denn allen Gründungsverträgen zufolge soll eine Wohlstandsmehrung in allen Mitgliedstaaten erreicht werden. Die Gerechtigkeit der Nutzenverteilung wird vor allem von Staaten gefordert, die durch die laufenden Nutzenverteilungen benachteiligt werden. Gerechte Nutzenverteilung und Nutzenmehrung fallen für die wirtschaftlich schwachen Staaten des Südens zusammen. Dies steht im Gegensatz zu den hochentwickelten Industriestaaten, bei denen die Zielorientierungen „gerechte Nutzenverteilung" und „Wachstum der Nutzenerzeugung bzw. Nutzenmehrung" teilweise auseinander fallen und in Konkurrenz zueinander treten.[80] Dies sehe jedoch langfristig anders aus. Auch die hochindustrialisierten Staaten sind langfristig gesehen nicht nur an Nutzenmehrung, sondern auch an gerechter Nutzenverteilung interessiert. Zum einen berge ungleiche Nutzenverteilung langfristig die Gefahr, die Legitimität einer liberalen Wirtschaftsordnung zu untergraben. Sie erzeuge Akteure, die ein Interesse an der Veränderung der liberalen Austauschbeziehungen haben und stattdessen eine gerechtere internationale Wohlstandsverteilung fordern. Dies erfolgte bereits im Rahmen der UN und insbesondere der UNCTAD, wo die Legitimität der liberalen Weltwirtschaftsordnung offen in Zweifel gezogen und ein Rechtfertigungsdruck gegenüber den westlichen Industriestaaten ausgeübt wurde. Eine sich verschärfende Ungleichverteilung materieller Güter erzeugt zudem sozialen Sprengstoff, der in verschiedenen Bereichen auch für die Industriestaaten unerwünschte Ergebnisse zeigen kann. Neben Migrationsströmen als Herausforderung für die innere Stabilität der Industriestaaten nennen Rittberger und Zangl auch die durch Armut indizierte Umweltschädigung in den EL, sichtbar u.a. durch die Übernutzung der tropischen Regenwälder und die dadurch bedingte Ausbreitung der Wüstenzonen.[81] Im Wesentlichen können hier die gleichen (eigennutzorientierten) Gründe angeführt werden, die auch für die Begründung der Notwendigkeit von Entwicklungspolitik und Entwicklungshilfe herangezogen werden.[82]

Die 1983 auf Beschluss der UN-Generalversammlung eingesetzte und unter dem Namen Brundtland-Kommission bekannt gewordene UN-Sonderkommission[83] war zu dem Ergebnis gekommen, dass es eine gemeinsame Zukunft für die Menschheit nur im Rahmen einer neuen Phase wirtschaftlichen Wachstums vor allem in den EL geben kann, da hier die Armut zum Raubbau an den natürlichen Lebensgrundlagen zwingt und damit Hauptursache der Umweltzerstörung ist.[84] So kann man sagen, dass gewisse übereinstimmende Interessen gegeben sind. Jedoch befinden sich die

[80] Vgl. Rittberger, Volker/ Zangl, Bernhard: Internationale Organisationen – Politik und Geschichte, Opladen: Leske und Budrich, 3. Auflage, 2003, S. 259.
[81] Vgl. Rittberger, Volker/ Zangl, Bernhard: ebenda, S. 259f.
[82] Vgl. dazu Teil 1, Kapitel 1, Abschnitt 3.2.
[83] World Commission on Environment and Development.
[84] Vgl. dazu Hillebrands, Bernd: Brundtland-Bericht, in: Lexikon Dritte Welt, Nohlen, Dieter (Hrsg.), Reinbeck bei Hamburg: Rowohlt, 2002, S. 133f, S. 134.

Industrieländer in einem Widerstreit zwischen langfristigen und kurzfristigen Interessen, so dass man die Voraussetzungen für eine gerechtere Verteilung des Nutzens liberaler internationaler Wirtschaftsbeziehungen im Interesse der EL als insgesamt weniger positiv beurteilen muss. Dem entsprechen auch die oben aufgeführten Ergebnisse der Politikkoordinierung zu Gunsten der LDCs. Trotz einer generellen Anerkennung der Problemlage und auch einigen wichtigen Schritten in die richtige Richtung bleibt der große Durchbruch bislang aus.

Bereits in den Auseinandersetzungen über eine neue internationale Weltwirtschaftsordnung in den 1970er Jahren konnten sich Positivansprüche gegen die Industrieländer, die konkrete Leistungen zur Überwindung der ökonomischen Unterentwicklung und Ungleichheit einforderten im Gegensatz zu Negativansprüchen kaum durchsetzen. Bei letzteren ging es um den Umfang der Souveränitätsrechte der EL, die sich von alten, zumeist vertraglich gesicherten Abhängigkeiten befreien wollten. So hatten das Selbstbestimmungsrecht und das Recht zur Nationalisierung größere Chancen, die normative Kraft von Völkergewohnheitsrecht zu erreichen. Dagegen sind die Leistungsansprüche z.B. auf Transfer von mehr Kapitalhilfe und Technologietransfer, auf die Verbesserung der „Terms of Trade“ oder die „Wiedergutmachung und volle Entschädigung für die Ausbeutung und Erschöpfung sowie die Schädigung der natürlichen und aller sonstigen Hilfsquellen dieser Länder, Hoheitsgebiete und Völker“ (vgl. Art. 16 der „Erklärung über die Errichtung einer Neuen Internationalen Weltwirtschaftsordnung“) auf die Bereitschaft der Industrieländer angewiesen.[85] Bei einer Weigerung der Industrieländer läuft auch die Verabschiedung als Resolution der GA letztlich ins Leere.[86]

Selbst wenn man aber davon ausgeht, dass zumindest langfristig alle Industriestaaten eine gerechtere Wohlstandsverteilung befürworten, ist die Kooperation der Industriestaaten und der EL zum Ausgleich der internationalen Entwicklungsdisparitäten nicht gesichert, denn für jedes Industrieland bleibt der Anreiz bestehen, die Kosten der Transferleistungen auf die anderen Industrieländer abzuwälzen und selbst als Trittbrettfahrer unbelastet zu bleiben. Dieses Dilemma könne Rittberger und Zangl zufolge nur durch internationale Kooperation überwunden werden, denn geben diesem Anreiz alle Industriestaaten nach, so unterbleiben Transferleistungen, welche die Wohlstandsdisparitäten verringern könnten.[87] Fehlt es bei einer Kooperation im Interesse der EL somit insgesamt nicht an der Voraussetzung, dass die Vorteile der Koordination größer sein müssen als deren Kosten, da dies langfristig der Fall ist, so ist diese Sicht jedenfalls auf Grund des relativ kurzfristigen Planungshorizonts von Politikern in Demokratien, deren Interesse auf eine Wiederwahl in vier oder fünf Jahren zielt, kurzfristig weniger ausschlaggebend.

---

[85] Vgl. Paech, Norman/ Stuby, Gerhard: Völkerrecht und Machtpolitik in den internationalen Beziehungen, Hamburg: VSA-Verlag, 2001, S. 761, Rz. 110.
[86] Vgl. zur neuen internationalen Weltwirtschaftsordnung Teil 2, Kapitel 1, Abschnitt 1.2.1., zur Bindungswirkung von Resolutionen der GA vgl. Teil 1, Kapitel 3, Abschnitt 1.4.
[87] Vgl. Rittberger, Volker/ Zangl, Bernhard: Internationale Organisationen – Politik und Geschichte, Opladen: Leske und Budrich, 3. Auflage, 2003, S. 260.

Es stellt sich die Frage, ob es für eine Zusammenarbeit verschiedener internationaler Organisationen in jedem Fall einer rechtlichen Grundlage zur Zusammenarbeit auf der Politikebene bedarf. Axelrod geht davon aus, dass es zur Entstehung von Kooperation grundsätzlich keiner formalen Übereinkünfte bedarf.[88] So läuft Politikkoordination in weiten Teilen z.B. im Rahmen der G7 ohne formale Rechtsgrundlage ab. Wenn der gegenseitige Nutzen groß genug ist, wird man dem auch für internationale Organisationen zustimmen können.

Festzustellen ist, dass es in weitem Umfang rechtliche Grundlagen für die Zusammenarbeit der hier maßgeblichen internationalen Organisationen gibt, deren Reichweite jedoch unterschiedlich ist. Die explizite, relativ weitgehende Vorschrift des WTO-Abkommens zur Zusammenarbeit der WTO mit den BWIs zur besseren Kohärenz durch das sog. Kohärenzmandat hat eine andere Qualität als die Regelungen zur Zusammenarbeit zwischen WTO und UN, die auf dem dargestellten Briefwechsel beruht.[89]

Als Voraussetzung für den Erfolg von Koordination nennt Axelrod zudem, dass diese auf Gegenseitigkeit beruhen müsse.[90] In Bezug auf eine Politikkoordinierung zu Gunsten der EL ist anzumerken, dass die Regeln im Rahmen der WTO auf dem Verhandlungsweg zustande kommen. Erfolge bei derartigen Verhandlungen hängen auch davon ab, ob für Zugeständnisse von Staaten auf einem Gebiet dafür Regelungen auf anderen Gebieten geboten werden können, die die möglichen Nachteile durch ein Zugeständnis auf dem einen Gebiet durch andere Vorteile für den/ die Verhandlungsstaaten wieder ausgleichen können (Bildung von Kompromissen). Bereits die Zusammenstellung der Verhandlungsagenda kann daher für den Erfolg oder Misserfolg einer Verhandlungsrunde entscheidend sein. Das dies bei stark verschiedenen Interessen schwierig ist, hat das Scheitern der Aufstellung einer Verhandlungsagenda für eine neue Welthandelsrunde 1999 in Seattle gezeigt. Jedoch können hier gerade die größeren EL wie Indien mit einem gewissen Gewicht eigene Interessen durchzusetzen versuchen. Die große Anzahl der EL kann hier auch in gewissem Maße Forderungen nach einer mehr entwicklungsfreundlicheren Ausgestaltung der Regelungen des internationalen Welthandels sowie nach technischer Hilfe bei der Umsetzung von WTO-Bestimmungen stellen und davon ihre Zustimmung abhängig machen. Bereits die Einberufung der neuen Verhandlungsrunde in Doha und der Bezeichnung der Doha-Agenda als Entwicklungsagenda geht in diese Richtung. Jedoch wird man sagen müssen, dass in den Verhandlungen eher die größeren EL wie Indien eine Rolle spielen. Die LDCs dürften trotz ihrer Anzahl (derzeit sind 30 LDCs Mitglieder der WTO) auf Mitdurchsetzung ihrer Interessen durch andere EL angewiesen sein.

[88] Vgl. Axelrod, Robert: Die Evolution der Kooperation, München: Oldenbourg, 5. Auflage, 2000, S. 162f.
[89] Vgl. Teil 2, Kapitel 3, Abschnitt 3.2.
[90] Vgl. Axelrod, Robert: ebenda, S. 156.

2.2. Schranken effektiver Politikkoordination

Politikinkohärenz ist häufig das Ergebnis divergierender politischer Interessen. Diese bestehen aber nicht nur zwischen Industrie- und Entwicklungsländern, sondern zunehmend auch zwischen den EL auf unterschiedlichen Entwicklungsstufen. So verfolgen die Schwellenländer im Rahmen der WTO eigene, von den LDCs z.T. verschiedene Interessen. Schranken der Politikkoordinierung zu Gunsten der LDCs sind bereits in dem oben angesprochenen Interessenkonflikt zu sehen.

Die Erfahrung zeigt, so die JIU in einem Bericht, dass wegen der inadäquaten Koordination nationaler Positionen, Inkonsistenzen in einer Reihe von Politikbereichen auftreten können:

- zwischen den Bemühungen der Schuldner, ihren Kreditverpflichtungen durch Exportexpansion nachzukommen, und den protektionistischen Politiken einiger der kreditgebenden Länder,
- zwischen Aspekten der Strukturanpassungsprogramme und dem langsamen Wachstum der Weltwirtschaft insgesamt,
- zwischen den Entwicklungszielen der internationalen Gemeinschaft und dem stagnierenden Fluss von Entwicklungshilfe,
- zwischen der Anerkennung der dringenden Bedürfnisse der EL nach mehr Einfluss und den unzureichenden Ressourcen, gemessen an dem generell akzeptierten Umfang des Problems und
- zwischen den umfassenden Politikansätzen, die ergriffen wurden, um sich mit politischen bzw. mit wirtschaftlichen Problemen auseinander zu setzen.[91]

In einigen dieser Punkte kommt zum Teil das oben bereits angesprochene Trittbrettfahrerphänomen zum Ausdruck.

Schranken bestehen auch in der Einflussnahme globaler „Player“ auf die Politik. Damit im Zusammenhang steht die Frage der Verteilung des Reichtums und damit die wirtschaftliche Macht, Druck auf Entscheidungsträger auszuüben. Es ist allgemein bekannt und Hauptkritikpunkt der Globalisierungsgegner, dass oftmals große international agierende private Unternehmen, sog. „Global Players“ ihre Interessen in den Verhandlungsrunden der WTO, die schon vorab durch Vorverhandlungen und Konsultationen vorbereitet werden, durchzusetzen vermögen, wogegen vielen Entwicklungsländern schlichtweg die Kapazitäten fehlen, um an all den unzähligen Sitzungen und Konsultationsgruppen teilzunehmen, bzw. überhaupt vor Ort am Sitz der WTO vertreten zu sein. So ist z.B. der Schutz des geistigen Eigentums in der Uruguay-Runde geregelt worden, eine Regelung, die vorwiegend größeren Unternehmen zugute kommt und für die Entwicklungsländer oftmals bedeutet, dass hohe Kosten aufgewendet werden müssen, um Rechte für die Produktion z.B. von Arzneimitteln zu erwerben. Dagegen waren, wie auch das „Commitee for Development

---

[91] Vgl. JIU/REP/96/1: UNCTAD: Review of institutional and programme issues, Bericht der Joint Inspection Unit, enthalten in A/51/152 vom 30. Mai 1996, S. 17, Ziff. 62.

Policy“ festgestellt hat, auf der WTO-Ministerkonferenz im Dezember 1996 in Singapur nur begrenzt Ergebnisse betreffend Maßnahmen zu Gunsten der LDCs zu verzeichnen.[92] Der Vorsitzende der Bundestags-Enquete-Kommission zu den Folgen der Globalisierung, Ernst Ulrich von Weizsäcker, hat bei der Vorstellung des Abschlussberichts der Kommission vor einem zunehmenden Verlust von staatlichem Einfluss auf Kosten internationaler Konzerne als Folge der Globalisierung gewarnt. Internationale Firmen würden heute weitgehend Einfluss auf das Verhalten von Staaten nehmen. Es bestehe ein systematischer Abwärtstrend bei der Erhebung von Unternehmenssteuern bei gleichzeitiger Anhebung der Individualbesteuerung. Dadurch stehe dem Staat immer weniger Geld für die Pflege öffentlicher Einrichtungen zur Verfügung. Man müsse versuchen, durch eine Art „Global Governance“ die Anstandsregeln wieder herzustellen, an die sich alle Staaten hielten. Auch die Opposition, die der Globalisierung im allgemeinen weniger kritisch gegenüberstand, räumte ein, dass der Einfluss der Wirtschaft zunehme und globale Verhaltensnormen mehr Bedeutung erhalten werden.[93]

Entwicklungspolitische Zielsetzungen sind dagegen im politischen Kräftespiel, ob national oder international, eher schwach, da sie keine mächtigen innenpolitischen Interessengruppen hinter sich haben und die EL ihre Interessen in Foren wie der WTO nur schwer vertreten können.[94] Als weitere Ursachen von Politikinkohärenz führt Ashoff z.B. unterlassene Gegenmaßnahmen der EL gegen inkohärente Politikmaßnahmen, Defizite in der Organisation politischer Entscheidungsprozesse, Informationsdefizite sowie die Komplexität des Entwicklungsprozesses an.[95]

Sind schon die Voraussetzungen internationaler Politikkoordination von den einzelstaatlichen Interessen geprägt, so stellen diese Interessen gleichzeitig auch eine gewichtige Schranke für die Kooperation internationaler Organisationen im politischen Bereich dar. Eine Ausgestaltung der internationalen Regeln zu Gunsten der EL und der LDCs durch die Staaten oder deren internationale Organisationen stößt immer dann an Grenzen, wenn Interessen der Industrie-, aber auch der Schwellenländer betroffen sind. Dies ist im Handelsbereich in den bekannten Bereichen wie Textilien und Bekleidung sowie landwirtschaftlichen Rohstoffen, aber auch in Fragen des Schutzes von geistigem Eigentum usw. der Fall.[96] Diese verschiedenen Interessen setzen auch einer Kooperation zwischen den UN, d.h. im Handelsbereich der UNCTAD und des UNDP, auf der einen und den Bretton-Woods-Institutionen und der WTO auf der anderen Seite Grenzen. So ist die UNCTAD voll auf die

[92] Vgl. Dokument E/1997/35: Committee for Development Planning, Report of the thirty-first session (5-9 May 1997), Abschnitt V.A.3., S. 33, Ziff. 192, vgl. zum CDP Teil 2, Kapitel 1, Abschnitt 1.1.2.
[93] Vgl. dazu Heuwagen, Marianne: Kommission warnt vor Macht großer Konzerne, in Süddeutsche Zeitung Nr. 147 vom 28. Juni 2002, S. 21.
[94] Vgl. ähnlich bezüglich der innenpolitischen Kohärenzproblematik auch Ashoff, Guido: Für eine Verbesserung der Kohärenz zwischen Entwicklungspolitik und anderen Politiken, E+Z 2002, Heft 6, S. 172- 176, S. 174.
[95] Vgl. Ashoff, Guido: ebenda, S. 175.
[96] Vgl. dazu Teil 2, Kapitel 3, Abschnitt 2.2.

Interessen der EL orientiert. Ihr Mandat ist allein auf die Verbesserung der Situation der EL gerichtet während im Rahmen von Weltbank, IMF und WTO die industrialisierten Staaten wesentlich präsenter sind und daher der bereits erwähnte Ziel- und Interessenkonflikt ausgeprägter ist.[97]

Auf Grund der verschiedenen Interessen sind auch Schwierigkeiten bei den Verhandlungen im Rahmen der WTO vorprogrammiert. So forderte WTO-Generaldirektor Supachai Panitchpakdi im Vorfeld der Ministerkonferenz im September 2003 in Cancún die Regierungen auf:

„to recall and reaffirm what unites them, so they can work together more effectively to overcome their divisions. What I know we all share is a strong commitment to a vigorous and effective multilateral trading system that works for the benefit of all its members. Governments acted on this understanding at Doha, and it is even more valid in today's climate of uncertainty."

Ein erfolgreicher Abschluss der Runde im geplanten Zeitrahmen bis 2005 würde nicht nur einen wirtschaftlicher Stimulus, sondern auch ein machtvolles Zeichen internationaler Zusammenarbeit setzen. Auf der anderen Seite könnte ein Scheitern einen wesentlichen Teil der Architektur der Zusammenarbeit schwächen.[98] Damit ist gesagt, dass es Grenzen für Kompromisse im Rahmen internationaler Organisationen gibt. Wenn die entwickelten Staaten ihre Interessen im Rahmen der multilateralen Organisation nicht durchsetzen können besteht die Möglichkeit, dass z.B. Staaten wie die USA verstärkt auf regionale Lösungen ausweichen.

Schranken für eine Koordination internationaler Organisationen auf der Politikebene bestehen vor allem auf der Ebene der Mitgliedstaaten der Internationalen Organisationen. Nicht nur bei der Durchführung von Entwicklungszusammenarbeit auf Länderebene ist eine Abstimmung im Geberland erforderlich,[99] ein einheitliches Vorgehen eines Landes und die Beachtung entwicklungspolitischer Belange sind auch bei der Mitwirkung an der nationalen und internationalen Politikgestaltung notwendig. Die Frage ist, ob das Entwicklungshilfeministerium oder das „Department for Development" bzw. der/ die „Secretary of State for International Development" Möglichkeiten der Einflussnahme auf Entscheidungen beispielsweise auf dem Gebiet der Handels- oder Landwirtschaftspolitik, bei Entscheidungen, die die EL betreffen, hat. Politikformulierung zu den großen Fragen internationaler Strukturpolitik mit Entwicklungsbezug (d.h. Armutsstrategien, Entschuldung und Strukturanpassung, EL und Welthandel, Internationale Finanzarchitektur und Entwicklungsfinanzierung, Konfliktbewältigung und Krisenprävention) ist eine Aufgabe, die Kritikern zufolge in den gegenwärtigen Strukturen der deutschen Entwick-

[97] Vgl. oben, Abschnitt 2.1.
[98] Vgl. WTO-Generaldirektor Supachai Panitchpakdi: Talking Points for OECD Ministerial, Paris, 30. April 2003, http://www.wto.org/english/news_e/spsp_e/spsp11_e.htm, Ausdruck vom 3. Mai 2003.
[99] Vgl. dazu unten Kapitel 2.

lungszusammenarbeit nur mit großer Mühe bewältigt werden könne.[100] Für Großbritannien gilt Claire Short zufolge bezüglich des Zieles Politikkohärenz:

„The Commitment is there to allow the Department to have a say across trade, agriculture and so on, to try to get coherence into out policies..."[101]

Das deutsche Bundesministerium für wirtschaftliche Zusammenarbeit und Entwicklung (BMZ) hat im Juli 2000 im Rahmen der „Gemeinsamen Geschäftsordnung" der Bundesministerien ein erweitertes entwicklungspolitisches Prüfungsrecht bei allen Gesetzesvorhaben anderer Ressorts erhalten. Auch soll es jetzt eher in den Gesetzgebungsprozess einbezogen werden, indem es Gesetzesvorlagen frühzeitig erhält.[102] Insofern ist hier auf Fortschritte zu hoffen.

Sehr wichtig ist das einheitliche Auftreten in verschiedenen internationalen Organisationen. Problem ist, dass Minister aus verschiedenen Fachressorts das Land in den verschiedenen „Governing Bodies" der Organisationen vertreten. Findet kein oder ein ungenügender Informationsaustausch und keine entsprechende Absprache untereinander statt, kann es vorkommen, dass in den „Governing Bodies", der GA oder dem ECOSOC usw., unterschiedliche Meinungen zu einem Problem vertreten werden bzw. ein unterschiedliches Abstimmungsverhalten zu Tage tritt. Durch ihr inkohärentes Verhalten zur gleichen Frage in verschiedenen Organisationen erschweren die Staaten die Koordination innerhalb der UN-Familie wesentlich.[103]

Zum anderen bestehen Interessen der Staaten, bestimmte Funktionen der Organisation zu überlassen, in der sie einen größeren Einfluss ausüben können, im Gegensatz zu einer anderen Organisation, in der die Stimmgewichtung anders verteilt ist. Dies ist durchaus nachvollziehbar. So zeigt z.B. die Auswahl von Themen im Rahmen der ECOSOC-Sitzungen, dass die USA weniger gewillt sind, wirtschaftspolitische Fragen im Rahmen der UN verhandeln zu lassen.[104] Hierin ist auch eine Ursache für das bereits mehrfach erwähnte Problem zu sehen, dass der ECOSOC bisher nicht in der Lage ist, seine Aufgaben und Funktionen gemäß der Charta der UN zu erfüllen. Darüber gibt es weitgehende Übereinstimmung. Eine der Ursachen ist das Zustandekommen einer nicht mehr zu überschauenden Vielzahl von Organen und Institutionen und die mangelnde Fähigkeit des ECOSOC, die Tätigkeit dieser Organe und Institutionen zu leiten und zu koordinieren. Als entscheidende Ursache für das Scheitern des ECOSOC gibt jedoch u.a. Spröte zurecht die fehlen-

---

[100] Vgl. Asche, Helmut/ Küppers, Harald/ Peltzer, Roger: Reform der entwicklungspolitischen Institutionen, in: E+Z, Heft 2, 2001, S. 32-33, S. 32 unter Verweis auf ein Papier der Bundesarbeitsgemeinschaft Nord-Süd Politik von Bündnis 90/Die Grünen „Einstiegspapier in eine Reform der entwicklungspolitischen Institutionen".

[101] Vgl. dazu das Interview mit Claire Short, New Internationalist Magazine, http://www.one world.org/ni/issur296/short.html

[102] Vgl. Ashoff, Guido: Für eine Verbesserung der Kohärenz: zwischen Entwicklungspolitik und anderen Politiken, in: E+Z, Heft 6, 2002, S. 172-176, S. 174.

[103] Vgl. Meng, Werner in: Charta der Vereinten Nationen, Simma, Bruno (Hrsg.), München: Beck, 1991, Art. 57, S. 750, Rz. 46.

[104] Vgl. Teil 2, Kapitel 1, Abschnitt 5.2.1.

de politischen Bereitschaft von Mitgliedstaaten der UN an, die Dominanz der Finanzorganisationen wie der Weltbank und des Internationalen Währungsfonds zugunsten des ECOSOC aufzugeben.[105] Childers und Urquhart führen aus, dass die UN nach Art. 58 UN-Charta als das Beratungs- und Verhandlungszentrum für wirkliche makro-ökonomische Politiken ermächtigt werden müsse. Das Unterlassen, Art. 58 für eine Koordination von Politik im UN-System heranzuziehen, sei auch einer der Hauptgründe dafür, dass der ECOSOC solche dauernden Probleme bei der Koordination der Aktivitäten des UN-Systems gehabt habe. Faktisch hätten die Regierungen Art. 58 der UN-Charta zu einem solchen Ausmaß ignoriert, dass man sich kaum noch überhaupt daran erinnere.[106] Auch Steuernagel ist der Auffassung, dass die Einflussmöglichkeiten des ECOSOC auf die internationale Wirtschaftspolitik und die Koordination der multilateralen Wirtschaftsorganisationen von Anfang an fraglich waren. Seine institutionelle Effizienz war von dem politischen Willen der großen Industriestaaten, insbesondere der Vereinigten Staaten, abhängig, ihre nationale Wirtschaftspolitik und die Politik der einzelnen Sonderorganisationen in diesem universalen Forum zu koordinieren.[107]

Die Probleme der Weltwirtschaft erfordern neue und menschengerechtere Lösungen, neue Strukturen und innovative Systemkorrekturen. Der Handlungsbedarf ist dringend. Weltweit wächst die Kritik am Agieren der Wirtschaft, verursacht durch eine asymmetrische Machtverteilung, die Unternehmen ausnutzen und damit Ergebnisse erzielen, die als ungerecht empfunden werden und den sozialen Frieden stören. Eine Grundwelle des Protestes, z.B. gegen das Multilaterale Investitionsabkommen (MAI), das im Rahmen der OECD verhandelt wurde, jedoch gescheitert ist, Anti-WTO-Proteste in Seattle und Davos, Proteste gegen Weltbank und IMF in Washington, ist Ausdruck weitverbreiteter Ängste und tiefen Unbehagens.[108] Die UNDP-Studie „Global Public Goods: International Cooperation in the 21st Century“ betont die Notwendigkeit, länderübergreifend für die ausreichende Verfügbarkeit sog. „globaler öffentlicher Güter“ wie vor allem Frieden und Sicherheit, Fairness und Gerechtigkeit, Umwelt und Kulturerbe aber auch Zugang zu Wissen und Information oder Markteffizienz Sorge zu tragen. Ergebnis der Studie ist, dass eine globale Problembetrachtung und das Prinzip internationaler Kooperation zu Kernbestandteilen aller nationalen Politiken werden müssen, um den Bedrohungen wirksam entgegen zu treten, die sich aus der unzureichenden Versorgung mit diesen Gütern ergeben.[109]

---

105 Vgl. Spröte, Wolfgang: Wirtschafts- und Sozialrat, in: Lexikon der Vereinten Nationen, Volger, Helmut (Hrsg.), München, Wien: Oldenbourg, 2000, S. 663.

106 Vgl. Childers, Erskine/ Urquhart, Brian in: Renewing the United Nations System, development dialogue 1994:1, S. 63.

107 Vgl. Steuernagel, Axel: Zur politischen Ökonomie multilateraler Wirtschaftsorganisationen: Ein Beitrag zur Reformdebatte der Vereinten Nationen, Münster: Lit, 1997, S. 54.

108 Vgl. Meier-Solfrian, Walter: Globale neue Welt, Reformkonzepte für eine integrierte Wirtschaft, Zürich: Orell Füssli, 2000, S. 172.

109 Vgl. BT-Drs. 14/6496 vom 7. Juni 2001: Elfter Bericht zur Entwicklungspolitik der Bundesregierung, S. 53.

Es fragt sich, ob die internationalen Organisationen in ihrer derzeitigen Ausgestaltung überhaupt fähig sind, gemeinsam, d.h. in einem koordinierten Vorgehen, die bestehenden Probleme zu lösen. Der elfte Bericht zur Entwicklungspolitik der Bundesregierung stellte fest, dass die institutionellen Strukturen für gemeinschaftliches Handeln auf überstaatlicher Ebene (sog. „global Governance") zwar noch nicht ausreichend entwickelt sind, um zu global bedeutsamen Fragen allgemein verbindliche Entscheidungen treffen und deren Durchsetzung sicherstellen zu können. Er führt weiter aus, dass es trotz mancher Rückschläge und Blockaden im vergangenen Jahrzehnt angesichts der wachsenden Herausforderungen und des steigenden Problemdruckes jedoch keine sinnvolle Alternative zu „global Governance", zur Stärkung der internationalen Kooperations-, Koordinations- und kollektiven Entscheidungsfindungsstrukturen gibt. Die Herausbildung solcher Strukturen sei freilich nur über einen längeren Zeitraum zu erreichen und müsse als politischer Prozess verstanden und aktiv mitgestaltet werden. Konturen einer „global-Governance"-Architektur würden sich aber bereits abzeichnen.[110] Als Fortschritt in dieser Hinsicht sei die zunehmende Vernetzung der verschiedenen Ebenen der internationalen Diskussion anzusehen. So habe der Entwicklungshilfeausschuss („Development Assistance Committee", DAC) der OECD sich mit seinem 1996 veröffentlichten Strategiedokument „Shaping the 21st Century" darum verdient gemacht, die zentralen Ergebnisse der Weltkonferenzen der ersten Hälfte der 1990er Jahre zu einem umfassenden Katalog von sieben vorrangigen Entwicklungszielen gebündelt und konkretisiert zu haben.[111] In den folgenden Jahren seien diese Entwicklungsziele zu einem zentralen Bezugspunkt der internationalen Entwicklungsdiskussion geworden. So hätten sich die UN-Folgekonferenzen und auch die Bretton-Woods-Institutionen zu diesen Zielen bekannt und im Rahmen der Sondergeneralversammlung „Kopenhagen+5" im Juni 2000 und beim Millenniumsgipfel der UN im September 2000 wurden sie als zentrale Entwicklungsziele durch die gesamte internationale Staatengemeinschaft übernommen.[112]

Richtig daran ist, dass es keine Alternative zur Stärkung der internationalen Kooperations-, Koordinations- und kollektiven Entscheidungsfindungsstrukturen gibt. Auch ist eine Übereinstimmung der Entwicklungsziele und deren verbindliche Aufstellung sicherlich als Fortschritt anzusehen. Jedoch setzt eine „Governance" auch voraus, dass die aufgestellten Regeln und Ziele durchgesetzt werden. Ist eine nationale Regierung nicht in der Lage, das von ihr aufgestellte Programm umzusetzen, wird sie im Zweifel nicht mehr gewählt. An dieser Konsequenz fehlt es im internationalen Bereich.

Als wesentliches Defizit der heutigen globalen Ordnung wird in der bereits oben angesprochenen Studie des UNDP „Global Public Goods: International Cooperati-

[110] Vgl. BT-Drs. 14/6496 vom 7. Juni 2001: Elfter Bericht zur Entwicklungspolitik der Bundesregierung, S. XVI.
[111] Vgl. dazu das Kapitel über die OECD in Teil 2, Abschnitt 1.2.
[112] Vgl. BT-Drs. 14/6496 vom 7. Juni 2001: ebenda, vgl. dazu Teil 2, Kapitel 1, Abschnitt 1.2.1. zur Politikformulierung und Konsensbildung.

on in the 21st Century" vor allem das Fehlen von Anreizen für einzelne Regierungen hervorgehoben, globale und nicht nur nationale Interessen zu vertreten, wie auch das Fehlen rechtlicher Mechanismen zur Durchsetzung internationaler Vereinbarungen. Ein weiteres Defizit ist nach der Studie die fehlende Mitwirkungsmöglichkeit insbesondere von kleinen und armen Ländern.[113]

Festzustellen ist insgesamt, dass trotz internationaler Organisationen die internationalen Herrschaftsstrukturen unverändert bleiben, da die Abhängigkeit der internationalen Organisationen von ihren Mitgliedern und die völkerrechtlichen Durchsetzungsprobleme bestehen bleiben.[114]

Eine weitere Schranke effektiver Politikkoordination auf der Ebene internationaler Organisationen könnte in der Vielzahl der bestehenden Organisationen und Einheiten zu sehen sein. Zu den Kooperationsabkommen mit IMF und Weltbank führte der damalige Generaldirektor der WTO, Mike Moore, auf einem informellen Treffen des „General Council" am 18. Januar 2001 aus:

„...The success of our cooperation agreements with the IMF and the World Bank – the benefits that the WTO is deriving from them- suggests to me that Member governments should not be shy in thinking through how the WTO can improve its cooperation with other organisations, UN and otherwise, in areas where our core activities converge with theirs."

Zwar wisse er, dass diese Kooperation nicht unter dem Marrakesch-Kohärenzmandat formalisiert sei[115] und schlägt auch nicht vor, dass das Mandat geändert wird. Auch versuche er nicht, einen Hintereingang zu strittigen Fragen zu öffen, aber man sehe im Sekretariat mehr und mehr Belege dafür, dass andere zwischenstaatliche Organisationen eine Kernkomponente in Bezug auf den Handel in ihre Arbeitsprogramme aufgenommen haben, und in einigen Fällen eine formale Position zu handelsbezogenen Fragen haben. Dabei denkt er an Organisationen wie die UN, UNDP, FAO, WHO – Organisationen mit denen die WTO bereits auf der technischen Ebene zusammenarbeite und wo ohne Zweifel Raum sei, diese Zusammenarbeit weiter auszuweiten. Er kritisiert, dass zumeist kein gemeinsames, sondern paralleles Vorgehen anzutreffen sei.[116] Diese Organisationen, so Moore, würden internationale Standards setzen, von denen einige auch in der Arbeit der WTO genutzt würden, sie arbeiten im Bereich des „Capacity building" für EL, dabei einige von ihnen direkt handelsbezogen, sie führen Politiküberwachung

---

[113] Vgl. BT-Drs. 14/6496 vom 7. Juni 2001: Elfter Bericht zur Entwicklungspolitik der Bundesregierung, S. 59.

[114] Vgl. Addy, David Nii: Internationale Organisationen, in: Lexikon der internationalen Politik, Ulrich Albert/ Helmut Volger (Hrsg.), München, Wien: Oldenbourg, 1997, S. 245-255, S. 249, zu Alternativen vgl. den Abschnitt 3.3.1 in Bezug auf die Idee des „Economic Security Council".

[115] Vgl. dazu Teil 2, Kapitel 3, Abschnitt 3.3.

[116] „But we find ourselves operating at present mostly on parallel tracks, and lacking policy guidance from our governing bodies on how to make those tracks converge." Vgl. Moore, Mike: Rede vom 18. Januar 2001, im Internet unter http://www.wto.org/english/news_e/spmm49_e.htm.

durch, wiederum einige davon handelsbezogen, und sie betreiben Forschung, einige mit einer starken Handelskomponente. Solange all diese Komponenten in relativer Isolation voneinander durchgeführt werden, gebe es ein klares Risiko von Duplikation und Überlappung – und dass die WTO von ihren Kernverantwortlichkeiten abgelenkt ist, um Lücken anderswo zu füllen. Dieses Thema sollte mehr Aufmerksamkeit erhalten. Es liege zwar nicht im Rahmen des Kohärenzmandates, sollte jedoch weiter überdacht werden. Dies sei, so Moore eine persönliche Sichtweise außerhalb des Mandates der WTO und ministerieller Instruktionen.[117] Dass derartige Überschneidungen bestehen, wurde in Teil 2 dargelegt. Von den operativen Tätigkeiten einmal abgesehen ist festzustellen, dass nicht nur WTO und UNCTAD und UN, sondern auch Weltbank, IMF und OECD z.B. Berichte zu Handelsthemen erarbeiten, und sich mit diesen Fragen auf ihren Tagungen befassen. Mit dem Setzen von Standards sind verschiedene UN-Einheiten befasst.

Moore schlussfolgert daher, dass es nach der Teilnahme an Treffen des CEB, den Bemühungen um bessere Kooperation und dem Suchen danach, mit den Schwesterorganisationen zu kooperieren, hilfreich sein würde, wenn alle Organisationen eine Bestandsaufnahme machen würden, um ihre Kernmissionen und Zuständigkeiten besser zu definieren und Ressourcen besser zu nutzen. Moore schlug vor, eine Gruppe weiser Frauen und Männer ohne maßgebliche eigene Interessen mit einer Studie zu beauftragen, die die Zielsetzungen und Ergebnisse aller Organisationen untersucht.[118] Bislang scheint dieser Vorschlag in offizieller Form nicht aufgegriffen worden zu sein. In diese Richtung geht, allerdings nur in Bezug auf den Bereich der technischen Hilfe, die Idee des UN-Generalsekretärs, einen Bericht zu erarbeiten, der darlegt, welche Einheit innerhalb des UN-Systems was tut.[119]

3. Möglichkeiten für verbesserte Politikkoordination

3.1. Abschluss oder Änderung internationaler Verträge

Eine Möglichkeit, eine engere und vertiefte Zusammenarbeit und verbesserte Politikkoordination im Rahmen internationaler Organisationen herbeizuführen, kann im Abschluss neuer oder in der Änderung bestehender Verträge oder anderer Vereinbarungen gegeben sein. Auch internationale Organisationen können als Völkerrechtssubjekte untereinander sowie mit ihren Mitgliedstaaten und Drittstaaten völkerrechtliche Verträge abschließen. Die Abschlussberechtigung richtet sich nach der Satzung bzw. dem Gründungsvertrag der betreffenden Organisation.[120]

Art. 57 der UN-Satzung schreibt vor, dass die verschiedenen durch zwischenstaatliche Übereinkünfte errichteten Sonderorganisationen, die auf den Gebieten der

[117] Vgl. Moore, Mike: Rede vom 18. Januar 2001, im Internet unter http://www.wto.org/english/news_e/spmm49_e.htm.

[118] Vgl. Moore, Mike: ebenda.

[119] Vgl. dazu Teil 2, Kapitel 1, Abschnitt 1.1.3.

[120] Vgl. Seidl-Hohenveldern, Ignaz/ Stein, Thorsten, Völkerrecht, Köln, Berlin...: Heymanns, 10. Auflage, 2000, S. 72, Ziff. 301f.

Wirtschaft, des Sozialwesens, der Kultur, der Erziehung, der Gesundheit und auf verwandten Gebieten weitreichende, in ihren maßgebenden Urkunden umschriebene internationale Aufgaben zu erfüllen haben, gemäß Art. 63 mit den UN in Beziehung gebracht werden. Dieser sich aus dieser Formulierung ergebende zwingende Charakter des Artikels 57 wurde schon durch den Vorbereitungsausschuss in seinem Bericht an die GA der UN betont. Darin erwog der Ausschuss, dass Art. 57 die UN und ihre Mitglieder verpflichtete, die UN mit den verschiedenen Sonderorganisationen, die durch zwischenstaatliche Abkommen errichtet wurden und gemäß der Definition in Art. 57 weitreichende internationale Aufgaben haben, in Verbindung zu bringen, was nicht nur für die bereits bestehenden Organisationen dieser Art sondern auch für die danach gegründeten Organisationen gelte.[121] Die WTO kann beispielsweise nach Art. V Abs. 1 des WTO-Übereinkommens „geeignete Vorkehrungen zur wirksamen Zusammenarbeit mit anderen zwischenstaatlichen Organisationen" treffen. Zur Zusammenarbeit der WTO mit IMF und Weltbank im Interesse einer kohärenten Gestaltung der weltweiten politischen Entscheidungen besteht ohnehin bereits ein Mandat nach Art. III, Abs. 5.[122]

Zu berücksichtigen ist jedoch, dass auch durch Abschluss eines internationalen Vertrages zur Kooperation die betreffenden Organisationen keine weitergehenden Kompetenzen in Bezug auf die Politikkoordination haben können, als die, die ihnen zuvor durch die jeweiligen Mitgliedstaaten eingeräumt wurden. Die im Gründungsvertrag angelegten Kompetenzen könnten jedoch voll ausgeschöpft werden. Vielfach, wie im Fall der Kompetenzen des ECOSOC, gibt es sie dem Papier nach, jedoch werden sie bislang nicht genutzt. So wäre denkbar, dass zwischen ECOSOC und Sonderorganisationen mit Genehmigung der GA (vgl. Art. 63 UN-Charta) neue Beziehungsabkommen geschlossen werden, in dem sich die betreffende Sonderorganisation verpflichtet, durch den ECOSOC oder die GA einstimmig oder mit Mehrheit angenommene Empfehlungen nicht nur zu berücksichtigen, sondern zu prüfen und eine Nichtanwendung zu begründen. Regelungsinhalt derartiger Beziehungsabkommen oder diese ergänzender Verträge kann auch eine rechtliche Verankerung oder institutionelle Ausgestaltung von gemeinsamen Treffen auf verschiedenen Ebenen sein. Bislang ist häufig zwischen internationalen Organisationen die gegenseitige Teilnahme an Sitzungen vereinbart. Möglich wäre darüber hinaus, gemeinsame Tagungen, vergleichbar denen von Weltbank und IMF zu regeln. Hintergrund dieser Überlegungen sind Ergebnisse spieltheoretischer Untersuchungen, die herausfanden, dass das Gewicht künftiger Interaktionen wichtig ist für die Stabilität von Kooperation. Dies könne Hilfestellung bei der Gestaltung von Institutionen leisten. Um zur Förderung der Kooperation unter Organisationsmitgliedern beizutragen, sollten Beziehungen so strukturiert werden, dass es häufige

[121] Vgl. Repertory of Practice of United Nations Organs, Art. 57, Ziff. 4 unter Verweis auf den Bericht des Preparatory Committee (PC/20, vom 23. Dezember 1945, Kapitel III, Abschnitt 5, Ziff. 2).
[122] Zu weiteren Rechtsgrundlagen vgl. die jeweiligen Abschnitte in Teil 2.

und dauerhafte Interaktionen zwischen spezifischen Individuen gibt.[123] Bereits jetzt finden regelmäßig Sitzungen der Leiter im Rahmen des „Chief Executive Board“ (CEB) statt. Das CEB ist wie vor seiner Umbenennung das ACC ein Konsultativmechanismus. Zudem finden jährliche Treffen des ECOSOC mit Weltbank, IMF und WTO statt. In einer Ergänzung zum bestehenden Beziehungsabkommen könnten diese bestehenden Treffen im Rahmen des ECOSOC rechtlich verankert werden und gleichzeitig könnte geregelt werden, dass die Treffen mit einem förmlichen Beschluss enden, der entsprechend bekannt zu machen und von den Organisationen zu berücksichtigen ist. Derzeit erfolgt nur eine schriftliche Zusammenfassung des Präsidenten des ECOSOC, die in einem Dokument des ECOSOC herausgegeben wird.[124] Dies würde die Verbindlichkeit erhöhen, birgt aber andererseits auch die Gefahr, dass allenfalls sehr allgemeine, wenig verbindliche Beschlüsse verabschiedet werden, mit denen eine Verbindlichkeit umgangen wird.

Neben der Institutionalisierung von ECOSOC-Treffen kommt auch die Einrichtung gemeinsamer Beratungsorgane von UN, Weltbank, IMF und WTO über die auf der Leitungsebene stattfindenden Beratungen im Rahmen des „Chief Executive Board“ hinaus in Betracht.[125] Dies ist durch mehrseitigen Vertrag möglich und erfordert, solange diesem Organ keine weitgehenden Befugnisse übertragen werden, keine Änderung der Gründungsverträge der genannten internationalen Organisationen, die allesamt Vorschriften für die Zusammenarbeit mit anderen internationalen Organisationen enthalten, welche eine entsprechende Rechtsgrundlage darstellen können. Die Umsetzung müsste nach den jeweiligen Vorschriften der einzelnen Organisationen erfolgen (z.B. Beschluss durch die Legislativorgane, Unterzeichnung durch den GS bzw. den Leiter der Organisation usw.). Ein solches gemeinsames Beratungsorgan, vergleichbar dem „Development Committee“ von Weltbank und IMF könnte regelmäßig mehrmals im Jahr tagen, gezielt die Schnittstellen von Handel und Entwicklung mit anderen Bereichen und Kohärenzfragen behandeln und an die entsprechenden Organisationen berichten. Bislang ist der ECOSOC das einzige Forum, in dem alle Organisationen zu einem Politikdialog zusammenkommen. Ein ständiges Beratungsorgan, kleiner als der ECOSOC, dass auf höhere Ebene aus Mitarbeitern aller Organisationen zusammengesetzt ist und auftretende Fragen schnell einer Diskussion und zumindest einer Vorklärung zuführen kann, könnte den im Rahmen des ECOSOC auf höchster Ebene stattfindenden Politikdialog voranbringen und ergänzen sowie versuchen, kritische Fragen vorzuklären.

Die Regelung einer Berichtspflicht von Weltbank und IMF über maßgebliche Politikänderungen könnte in den Beziehungsabkommen ebenfalls geregelt werden.

---

[123] Vgl. Axelrod, Robert: Die Evolution der Kooperation, München: Oldenbourg, 5. Auflage, 2000, S. 162.

[124] Vgl. z.B. E/2002/67 vom 30. Mai 2002: President's Summary of the special high-level meeting of the Economic ans Social Council with the Bretton Woods institutions and the WTO (New York, 22. April 2002), vgl. auch Teil 2, Kapitel 1, Abschnitt 5.2.2., m.w.N.

[125] Vgl. zum CEB Teil 2, Kapitel 1, Abschnitt 5.4.1.

Dazu wäre der ECOSOC nach Art. 64 der UN-Charta befugt. Jedoch sind die eben genannten Vorschläge, obwohl ggf. wünschenswert, politisch kaum realistisch.

3.2. Änderungen interner Regelungen internationaler Organisationen

Möglich ist es, Regelungen zur Kooperation auch von der Organisation selbst zu erlassen. Das von den Organen einer Organisation intern geschaffene sog. interne Staatengemeinschaftsrecht (im Rahmen der EU spricht man vom sekundären Gemeinschaftsrecht) gehört zum Völkerrecht im weiteren Sinne, da es auf einem völkerrechtlichen Vertrag beruht und/oder von auf Grund eines solchen Vertrages eingesetzten Organen geschaffen wurde. Daraus folgt aber, dass zwischen dem primären Recht der Organisation und dem aus ihm abgeleiteten sekundären Recht eine Normenhierarchie vergleichbar der des innerstaatlichen Rechts besteht.[126] Derartiges internes Recht kann daher keine weitergehenden Befugnisse beinhalten, als dem dies erlassenden Organ selbst zusteht. So kann der ECOSOC z.B. die Sonderorganisationen nicht durch Resolution zu einer engeren Zusammenarbeit verpflichten, als die Sonderabkommen mit den Sonderorganisationen dies vorsehen. Hier sind seine Befugnisse klar durch Art. 62ff UN-Charta begrenzt.

Das sekundäre Recht beruht auf ausdrücklichen oder stillschweigenden Ermächtigungen im Gründungsvertrag. Jedoch erhalten die Gründungsverträge vieler Organisationen nur einen Rahmen, der nach den jeweiligen Bedürfnissen der Organisation von deren Organen auszufüllen ist.[127] So sagt die Charta nichts zu den nach und nach neu errichteten Organen wie der UNCTAD, dem UNDP und weiteren Organen der UN. Die Änderung interner Regelungen ist an sich möglich, ändert aber nichts an den bestehenden Machtverhältnissen der Mitgliedstaaten in den internationalen Organisationen und dürfte daher auf die internationale Politikkoordination kaum Einfluss haben.

3.3. Möglichkeiten für verbesserte Politikkoordination im Rahmen internationaler Organisationen

Überlegungen, eine effektivere Politikkoordination zu erreichen, können innerhalb des UN-Systems, d.h. unter Nutzung des bestehenden UN-Systems einschließlich der UN-Sonderorganisationen und sonstigen Organen und Fonds angestellt werden. Ebenso zu überlegen sind Möglichkeiten außerhalb des UN-Systems, also unter Einschluss der WTO oder schließlich außerhalb der bestehenden internationalen Organisationen in anderen Gremien und Zusammenschlüssen.

3.3.1. Innerhalb des UN-Systems durch Charta-Änderung

Da die Charta alle Hauptorgane aufzählt, können weitere Hauptorgane nur durch eine Änderung der Charta (Art. 108, 109) geschaffen werden, ebenso können Hauptorgane nur durch eine Chartaänderung abgeschafft werden oder ihnen weiter reichende Kompetenzen übertragen werden. Auch Änderungen in der Zusammen-

---

[126] Vgl. Seidl-Hohenveldern, Ignaz/ Stein, Thorsten: Völkerrecht, Köln, Berlin...: Heymanns, 10. Auflage, 2000, S. 96, Ziff. 443ff.

[127] Vgl. Seidl-Hohenveldern, Ignaz/ Stein, Thorsten: ebenda, S. 96, Ziff. 447.

setzung und den Funktionen können nur durch eine Chartaänderung herbeigeführt werden, wie dies bei der Erhöhung der Mitgliederzahlen im Sicherheitsrat und im ECOSOC durch 1965 bzw. 1973 in Kraft getretene Änderungen der Fall war.[128]

Die Chartaänderung stellt das stärkste Reforminstrument für eine UN-Reform dar. Sie ist jedoch nur schwer zu erreichen, denn nach Art. 108 ist dafür eine Beschlussfassung mit 2/3-Mehrheit der GA erforderlich. Ein Inkrafttreten erfordert weiterhin eine Ratifikation von zwei Dritteln der Mitglieder, einschließlich der fünf ständigen Mitglieder des Sicherheitsrates.[129] Jedes der ständigen Mitglieder im Sicherheitsrat hat ein Vetorecht gegen Chartaänderungen.[130] Beispielsweise die Übertragung von weitergehenden Kompetenzen an den ECOSOC bedürfte einer solchen Chartaänderung. Der UN-Generalsekretär hatte in seinem Reformdokument 1997 ausgeführt, dass der ECOSOC in die Lage versetzt werden müsse, die für ihn in der Charta vorgesehene Rolle wirksamer wahrzunehmen. Langfristig gesehen, so der GS, wird die Rolle des Rates unter dem Blickwinkel der Erfahrungen der letzten fünfzig Jahre und der neuen wirtschaftlichen und sozialen Gegebenheiten möglicherweise von Grund auf überdacht werden müssen, was auch dazu führen könne, dass ihm im Wege einer Änderung der Charta größere Befugnisse übertragen werden. Eine unmittelbare Priorität sei die Stärkung des Rates auf dem Gebiet der Grundsatzpolitik und der Koordinierung und seine Ausstattung mit besseren Voraussetzungen für die Wahrnehmung seiner Rolle im Rahmen des Dialogs über die makroökonomische Politikkoordinierung.[131]

Auch die Schaffung eines neuen Organs würde, wie erwähnt, eine Chartaänderung erfordern. Für die Schaffung neuer Organe wird angeführt, dass in den bestehenden Strukturen kein wirkungsvolles Organ zur Koordinierung der Aktivitäten in Wirtschafts-, Finanz- und Sozialfragen vorhanden ist. Die BWIs seien bisher unzureichend in die UN-Politik der nachhaltigen Entwicklung eingebunden. Der ECOSOC hat nur geringe Kompetenzen entfalten dürfen und die ihm in der Charta zugewiesene Funktion einer zentralen Koordinierungsinstanz im Bereich der Weltwirtschaft, der Umwelt und der Entwicklung nicht erfüllt. Weder er noch die ihm zugeordneten Sonderorganisationen haben effektive Beiträge zur Bekämpfung des Nord-Süd-Gefälles und der globalen Umweltzerstörung leisten können.[132] Stiglitz bedauert beispielweise, dass es keine Weltregierung gibt, die den Menschen aller Länder rechenschaftspflichtig wäre und die den Globalisierungsprozess in ähnlicher Weise gestalten könnte, wie die US-amerikanische und andere nationale Regierungen die Entstehung nationaler Volkswirtschaften steuerten. Stattdessen, so Stiglitz,

---

[128] Vgl. Volger, Helmut: Haupt-/Neben-/Vertragsorgane in: Lexikon der Vereinten Nationen, Volger, Helmut (Hrsg.), München, Wien: Oldenbourg, 2000, S. 217-220, S. 218.

[129] Vgl. Dicke, Klaus, Reform der UN, in: Lexikon der Vereinten Nationen, Volger, Helmut (Hrsg.), München, Wien: Oldenbourg, 2000, S. 429-434, S. 430.

[130] Vgl. Varwick, Johannes: Vereinte Nationen, in: Handwörterbuch internationale Politik, Woyke, Wichard (Hrsg.), Opladen: Leske und Budrich, 8. Auflage, 2000, S. 496-506, S. 501.

[131] Vgl. Dokument A/51/950, Ziff. 130.

[132] Vgl. Varwick, Johannes: ebenda, S. 502.

hätten wir ein System, das man globale Politikgestaltung ohne globale Regierung nennen könne, in dem einige wenige Institutionen – Weltbank, IMF, WTO – und einige Akteure – die Finanz-, Wirtschafts- und Handelsminister, die eng mit bestimmten Finanz- und Handelsinteressen verquickt sind – das Sagen haben, während viele Menschen, die von deren Entscheidungen betroffen sind, praktisch kein Mitspracherecht besitzen.[133] Ein für Wirtschaftsfragen auf internationaler Ebene zuständiges Organ mit ggf. dem UN-Sicherheitsrat vergleichbaren Entscheidungskompetenzen, d.h. der Befugnis, verbindliche Resolutionen zu erlassen, könnte zentrale Fragen lösen und die Globalisierung gestalten. Ein dem Sicherheitsrat vergleichbares oder ähnliches Organ würde dennoch nicht die Funktion einer Weltregierung einnehmen. Es würde bereits an einer direkten demokratischen Legitimierung fehlen, den auch in diesem Fall würden die Staaten Vertreter entsenden.

Die Idee der Gründung eines „Economic Security Council" war u.a. von Jacques Delors vorgebracht worden. Die Idee ist, Differenzen zwischen reichen und armen Nationen darüber, wie Armut reduziert und Entwicklung gefördert werden kann, zu überbrücken. Delors schlug diese Idee erstmals Mitte der 1990er Jahre vor den UN vor, um, wie er es bezeichnet, die klassische Opposition zwischen den G7-industrialisierten Nationen und der aus Entwicklungs- und Schwellenländern bestehenden G77 zu durchbrechen. Dies sei damals zurückgewiesen worden, da die Weltbank, der IMF und die europäischen Länder glaubten, der Rat würde alles entscheiden, was nach Delors nicht das Ziel war.[134] Delors war Mitglied eines Expertenpanels, das in Vorbereitung der Konferenz über Entwicklungsfinanzierung von UN-Generalsekretär Kofi Annan eingesetzt wurde („High-Level Panel on Financing for Development"). Das Panel sollte neue Wege zur Entwicklungsfinanzierung diskutieren. Der als Zedillo-Report[135] bekannt gewordene Abschlussbericht enthält den Vorschlag, einen neuen Rat einzurichten. Es sei klar, dass die Herausforderungen der Globalisierung heute nicht adäquat mit einem System gehandhabt werden können, das größtenteils für eine Welt von vor 50 Jahren errichtet worden sei. Der Bericht legte dar, dass die Veränderungen in der internationalen wirtschaftlichen „Governance" nicht mit der Zunahme der internationalen Interdependenz Schritt gehalten hätte. Das Panel schloss sich daher dem Vorschlag der „Commission on Global Governance"[136] an, einen „globalen Rat" auf höchster politischer Ebene einzurichten, um die Leitung in Fragen der „global Governance" zu übernehmen. Der Rat auf höchster politischer Ebene würde auf einer breiteren Basis als die G7 oder die BWIs stehen. Er würde keine rechtlich bindende Autorität haben, aber durch seine politische Führung einen langfristigen politischen Rahmen zur Förde-

[133] Vgl. Stiglitz, Joseph: Die Schatten der Globalisierung, Berlin: Siedler Verlag, 2002, S. 36.
[134] Vgl. Lederer, Edith: Associated Press, 3. April 2001, enthalten in: UN Wire: an independent briefing about the UN, 4. April 2001, Ziff. 16.
[135] Der Bericht war im Auftrag des UN-Generalsekretärs zur Konferenzvorbereitung unter der Leitung des ehemaligen mexikanischen Präsidenten Ernesto Zedillo erarbeitet und im Juni 2001 vorgelegt worden.
[136] Die Kommission hatte 1995 ihren Bericht mit dem Titel „Our Global Neighborhood. The Report of the Commission on Global Governance" vorgelegt.

rung von Entwicklung bereitstellen, um Entwicklung zu fördern, Konsistenz der politischen Ziele der wesentlichen internationalen Organisationen sicherstellen und die Konsensbildung zwischen den Regierungen über mögliche Lösungen für globale wirtschaftliche und soziale „Governance“ fördern.[137] Das Panel erkannte die enormen politischen Schwierigkeiten an, die die Einrichtung eines solchen Rates, obwohl vom Panel als notwendig angesehen, mit sich bringen würde.[138]

Der von Delors mehrfach öffentlich vorgeschlagenen Rat würde ein Forum zum Experimentieren sein, und dafür arbeiten, die globale Finanz- und Umweltstabilität zu verbessern und alle Länder in die Debatte einbeziehen. Nach Delors hätten Differenzen zwischen reichen und armen Ländern Bemühungen der wichtigen Finanzinstitutionen einschließlich des IMF, der Weltbank sowie der WTO und UNCTAD vereitelt.[139] Ein solcher Rat solle helfen, neue Wege zur Finanzierung der Entwicklung in den ärmsten Ländern der Welt zu identifizieren. Er würde die reichsten und die ärmsten Länder der Welt zusammenbringen, um u.a. die internationale Wirtschaftssituation zu überwachen und Wege zu untersuchen, wie den Armen besser geholfen werden kann. Der Rat soll die G7-Nationen sowie Russland, China, Indien, Brasilien und wichtige regionale Gruppen wie die „Organisation of African Union“ (OAU) und die ASEAN umfassen. Internationale Organisationen wie die Weltbank und der IMF würden eng mit dem Rat zusammenarbeiten und ihm Berichte und Gutachten zur Verfügung stellen.[140] Der vorgeschlagene Rat sollte ein Sekretariat im Rahmen der UN haben. Die Vision Delors ist

> „that the council would lead in perhaps 15 years toward a good organization of the global village.“[141]

Auch auf der Konferenz über Entwicklungsfinanzierung wurde über Kohärenzfragen des „global economic policy making“ diskutiert. Der Vorschlag des „Global Council“ wurde im Abschlussbericht des bereits oben erwähnten Zedillo-Bericht, vorgebracht. Letztendlich hat der Vorschlag aber keinen Eingang in das Abschlussdokument der Konferenz, den Monterrey-Konsens, gefunden. Der Vorschlag bleibe aber, wie Bundesministerin Heidemarie Wieczorek-Zeul betonte, auf der Tagesordnung für eine sozial- und entwicklungsverträgliche Gestaltung des Globalisierungsprozesses. Auch Präsident Jaques Chirac griff das Thema der Einrichtung eines „Wirtschafts- und sozialpolitischen Sicherheitsrates“ ausdrücklich auf. Die Diskussion über einen hochrangigen „Global Council“ wird also fortgesetzt.[142]

---

137 Vgl. Dokument A/55/1000 vom 26. Juni 2001: Report of the „High-Level Panel on Financing for Development“, S. 5.

138 Vgl. ebenda, S. 5f.

139 Vgl. Lederer, Edith: Associated Press, 3. April 2001, enthalten in: UN Wire: an independent briefing about the UN, 4. April 2001, Ziff. 16.

140 Vgl. World Bank Development News vom 3. April 2001 unter Verweis auf eine Reuters-Mitteilung.

141 Vgl. Lederer, Edith: ebenda, Ziff. 16.

142 Vgl. Hofmann, Michael/ Drescher, Rolf: Der Monterrey-Konsens: Eine neue Entwicklungspartnerschaft, in: E+Z, Heft 5, 2002, S. 149-151, S. 149.

Der von Delors vorgeschlagene Rat würde im Unterschied zum ECOSOC eine völlig geänderte Stimmenverteilung umfassen. Er wäre damit ein mehr oder weniger von den G7 dominiertes Organ und könnte wie der ECOSOC nur Empfehlungen abgeben. Die EL wären unterrepräsentiert. Sie würden sich, allen voran die G77, einer solchen Reform der UN widersetzen. Selbst wenn sich aber eine Mehrheit der Staaten für einen derartigen „Rat für Wirtschaftliche Sicherheit" mit Beratungskompetenz aussprechen würde, wäre dessen Schlagkraft im Sinne einer Koordination zu Gunsten der EL zumindest fragwürdig. Paech und Stuby sind insgesamt skeptisch. Ihrer Auffassung nach ist die UNO-Ebene derzeit keine Plattform mehr für die Formulierung handels- und entwicklungspolitischer Regeln. Diese Kompetenz würde auch durch eine Reorganisation des ECOSOC in Richtung eines „Rates für Wirtschaftliche Sicherheit" nicht wieder zu erlangen sein, denn in ihr sei an keine Neuverteilung der bestehenden Mandate gedacht.[143]

Ein anderer Vorschlag wurde von einer durch die „Ford Foundation" auf Bitte des damaligen Generalsekretärs Boutros-Ghali Ende 1993 eingesetzten „Independent Working Group on the Future of the United Nations" gemacht. Die Gruppe hatte in ihrem im Mai 1995 angenommenen Bericht die Einrichtung eines „Economic Council" als Hauptorgan der UN vorgeschlagen. Der Rat solle nach diesem Vorschlag in Konsultation mit dem Sicherheitsrat und der GA Richtlinien formulieren, um die Arbeit aller UN-Institutionen und internationalen Organisationen, Programme und Büros zu integrieren, die in wirtschaftliche Fragen engagiert sind. Er solle die Harmonisierung von Fiskal-, Währungs- und Handelspolitik der Mitgliedstaaten fördern und die internationale Kooperation über Fragen wie Technologie- und Ressourcentransfer, Verschuldung und dem Funktionieren der Rohstoffmärkte unterstützen. Wie der Sicherheitsrat soll er viel kleiner sein als der ECOSOC und auf etwa 23 Mitglieder beschränkt sein, die auf einer rotierenden Basis durch die GA ausgewählt werden, unter Berücksichtigung der geographischen Vertretung, Bevölkerung und einer Balance der nationalen Ökonomien verschiedener Größe. Vertreter der Sonderorganisationen, Finanzinstitutionen und nichtstaatlichen Akteuren würden Beiträge zu den Beratungen liefern. Der Rat würde regelmäßig Berichte von den UN-Gremien erhalten und die Autorität haben, spezielle Berichte anzufordern und Repräsentanten dieser Wirtschaftsgremien einladen. Der Rat würde beraten und den verschiedenen UN-Organisationen innerhalb des UN-Systems Anweisungen geben, insbesondere in Bezug auf eine effektive Arbeitsteilung und gegenseitige Unterstützung dieser Arbeit. Er würde ein globales Forum darstellen, um Konsens über globale Fragen und Politiken zu überprüfen und herauszubilden. Das Treffen von Finanz- oder Wirtschaftsministern im Rahmen des „Economic Council" würde ein alternatives Forum bereitstellen, das internationale Zusammenarbeit in Wirtschafts- und Finanzfragen im Vergleich zu den bislang bestehenden beschränkten Foren der G7 oder der „Bank for International Settlements" verbessern könne. In substantiellen Fragen solle der Rat mit 2/3-Mehrheit entscheiden,

[143] Vgl. Paech, Norman/ Stuby, Gerhard: Völkerrecht und Machtpolitik in den internationalen Beziehungen, Hamburg: VSA-Verlag, 2001, S. 761, Rz. 111.

mit einfacher bei prozeduralen Fragen. An sich sollte der Rat jedoch soweit wie möglich im Konsens entscheiden.[144]

Ein solches neues Organ mit 23 Mitgliedern würde erhebliche Kompetenzen haben. Letztlich müsste sichergestellt werden, dass die gegebenenfalls wenigen, durch die GA gewählten Vertreter der Industrieländer nicht überstimmt werden können. Andernfalls wäre die praktische Durchsetzung der ggf. ohne Beteiligung oder gegen den Willen der dominierenden Staaten getroffenen Entscheidungen des Rates nicht sichergestellt. Auf Grund der bestehenden Gruppenhegemonie wäre ein dahingehender Vorschlag realistischer Weise nicht umsetzbar und auch nicht zielführend. Wäre aber eine Dominanz der wichtigen Industriestaaten sichergestellt, dann würde eine dafür erforderliche Chartaänderung in der GA keine Mehrheit finden.

Bereits zuvor hatte das UNDP in seinem „Human Development Report" 1992 den Vorschlag gemacht, einen „Economic Security Council" einzurichten, der die Interessen der wichtigen Industriestaaten berücksichtigen sollte. Die Idee wurde erneut in den 1994er und 1999er Berichten aufgegriffen. Dem Bericht zufolge sollte ein zuvor bereits 1985 von Maurice Bertrand vorgeschlagener „Development Security Council" eingerichtet werden.[145] Der Rat sollte aus elf ständigen Mitgliedern von den wesentlichen Industriestaaten bzw. bevölkerungsstärkeren EL und elf rotierenden, gewählten Mitgliedern bestehen und ein Entscheidungsgremium auf höchster Ebene sein.[146] Die Auswahl solle an Hand von Kriterien wie dem GNP, der Bevölkerung, dem Anteil am internationalen Handel, der strategischen politischen Bedeutung und Überlegungen einer regionalen Balance erfolgen. Hintergrund für die Zusammensetzung des neuen Gremiums war, dass die großen industrialisierten Staaten eine Rückversicherung bräuchten, dass ihre Stimmen nicht in nicht handhabbaren Treffen untergehen. Die EL müssten ebenfalls wissen, dass ihre Interessen besser geschützt werden.[147] Der Rat soll Bedrohungen für die globale menschliche Sicherheit überprüfen und entsprechende Maßnahmen beschließen. Zudem sollte er sich mit Fragen der globalen Armut, Arbeitslosigkeit, Nahrungssicherheit, Migration und einem neuen Rahmen für nachhaltige menschliche Entwicklung befassen. Es sollte ein geschützter Abstimmungsmechanismus sichergestellt werden. Das heißt, dass trotz einer Gesamtmehrheit alle Entscheidungen

[144] Vgl. Report of the Independent Working Group on the Future of the United Nations, abgedruckt in: Agenda for Change: new tasks for the United Nations, Hüfner, Klaus (Hrsg.), Opladen: Leske und Budrich, 1995, S. 271-312, S. 294ff und S. 311, die Gruppe bestand aus 12 Mitgliedern. Die zwei Co-Vorsitzenden waren Moeen Qureshi (früherer pakistanischer Premierminister) sowie Richard von Weizsäcker.
[145] Vgl. Beigbeder, Yves: Reforming the Economic and Social Sectors of the United Nations: An Incomplete Process, in: Agenda for Change: new tasks for the United Nations, Hüfner, Klaus (Hrsg.), Opladen: Leske und Budrich, 1995, S. 239-256, S. 250, m.w.N.
[146] Vgl. UNDP: Overview of HDR 1994, http://www.undp.org/hdro/e94 over.htm, Ausdruck vom 1. Dezember 1999, S. 14.
[147] Vgl. Beigbeder, Yves: ebenda, S. 250, m.w.N.

durch die Mehrheit von sowohl den industrialisierten als auch den EL gebilligt werden müssen.[148]

Insgesamt ist eine Übertragung von Kompetenzen zur Beschlussfassung auf ein neues Organ zur Verbesserung der Politikkoordination nicht realistisch. Auch der „Human Development Report" kommt zu der Auffassung, dass die Errichtung eines solchen Rates auf Grund der erforderlichen Chartaänderung schwierig sei.[149]

Wandelt man den Vorschlag ab und gibt dem derart neu geschaffenen Rat nur eine Beratungskompetenz, stellt sich dagegen die Frage, ob ein solcher Rat überhaupt erforderlich ist, wenn ihm keine weitergehenden Beschlussrechte oder Kompetenzen übertragen werden. Die Frage der Ausstattung des ECOSOC mit entsprechenden Befugnissen wurde bereits diskutiert. So stellt sich hier die Frage, ob es sinnvoller wäre, die Beratungen des bestehenden ECOSOC effizienter zu gestalten. Man könnte ihm ein kleineres Politikberatungsgremium beiseite stellen, da der ECOSOC mit seinen 54 Mitgliedern als Beratungsgremium spezieller technischer Fragen nur bedingt geeignet ist. Dazu sollten dem ECOSOC entsprechend einem Vorschlag des UN-Generalsekretärs in seinem Reformprogramm 1997 Sachverständigengruppen zur Verfügung gestellt werden, denen wiederum ein eigenes Sekretariat zur Seite stehen sollte. Diese Gruppe solle den Rat dabei unterstützen, im Dialog über die makroökonomische Politikkoordinierung eine eigenständige Rolle zu spielen. Durch Einberufung von Sachverständigengruppen würde der Rat auf das Fachwissen führender Experten zurückgreifen können. Gleichzeitig hatte der UN-Generalsekretär vorgeschlagen, den Ausschuss für Entwicklungsplanung aufzulösen. Die Gruppen würden vom ECOSOC ad hoc eingesetzt und deren Mitglieder auf Empfehlung des GS ernannt.[150] Diesem Vorschlag war jedoch nicht gefolgt worden. Der „Human Development Report" 1994 hatte dagegen vorgeschlagen, dass der ECOSOC seine Entscheidungskompetenzen auf ein kleineres Gremium mit etwa 15 Mitgliedern übertragen könnte, dass permanent zusammentreten könnte. Die Entscheidungen könnten im Nachgang durch den ECOSOC und die GA genehmigt werden. Nach Art. 65 der UN-Charta könnte der ECOSOC dazu ein derartiges Mandat durch den Sicherheitsrat erhalten.[151] Beide Varianten wären sinnvolle Alternativen, die Effektivität des ECOSOC zu verbessern. An den beschränkten Kompetenzen des Organ würde sich freilich nichts ändern.

Dennoch: eine bessere Ausstattung des ECOSOC mit Expertenwissen zu speziellen Themen ist sicherlich von Vorteil. Anders, als das ständig bestehende „Committee

---

[148] Vgl. UNDP: Overview of HDR 1994, http://www.undp.org/hdro/e94 over.htm, Ausdruck vom 1. Dezember 1999, S. 14.

[149] Vgl. das UNDP: ebenda, S. 15.

[150] Vgl. den Reformbericht des GS, enthalten in Dokument A/51/940 vom 14. Juli 1997, Ziff. 131ff.

[151] Vgl. das UNDP: ebenda, S. 15.

for Development Policy“[152] könnten so die jeweils fachlich spezialisiertesten Experten eingesetzt werden. Es ist nicht auszuschließen, dass durch fachlich hoch qualifizierte Politikberatung Einfluss auf die Geschicke der Welt genommen werden kann.

Gehen aber mit einer Einsetzung eines neuen „Rates für Wirtschaftliche Sicherheit“ im Sinne einer effektiven Politikkoordination keine neuen Entscheidungskompetenzen einher, dann ist eine effektivere Gestaltung der Arbeitsweise des bestehenden ECOSOC im Hinblick auf seine Funktion zur Politikberatung sinnvoller, als die Einsetzung eines weiteren Gremiums.

Auch eine Änderung des Statuts des Internationalen Gerichtshofes (IGH), das Bestandteil der Charta der UN ist, würde eine Chartaänderung erforderlich machen. Es stellt sich die Frage, ob die Möglichkeit verbindlicher Entscheidungen über Streitigkeiten zwischen den verschiedenen Organisationen eine Zusammenarbeit verbessern könnte. Derzeit ist nicht vorgesehen, dass der IGH in Bezug auf Fragen zu den Beziehungen zwischen UN und Sonderorganisationen oder zwischen Sonderorganisationen angerufen werden kann.[153] Sowohl UN als auch Sonderorganisationen können nicht als Parteien vor dem Gerichtshof auftreten.[154] Bei einer Änderung des Statutes diesbezüglich könnte das Gericht im Streitfall eingesetzt werden, um zwischen zwei Organisationen bestehende Rechtsfragen z.B. im Zusammenhang mit bestehenden Beziehungs- bzw. Kooperationsabkommen zu klären (z.B. Pflichten zum Informationsaustausch, zur gegenseitigen Teilnahme an Sitzungen usw.).

Es sollte jedoch davon abgesehen werden, ein Gericht faktisch mit der Last zu belegen, Politikfragen entscheiden und so als Art Gesetzgeber auftreten zu müssen. Im Zweifel würde die Einschaltung eines Gerichts den Konsensbildungsprozess im politischen Bereich eher hemmen als stärken. Zudem wäre eine Umsetzung mangels möglicher Vollstreckungsmittel nicht gesichert. Bereits jetzt können internationale Organisationen (UN und die meisten ihrer Sonderorganisationen) Rechtsgutachten des IGH einholen, die jedoch nicht bindend sind.[155]

3.3.2. Innerhalb des UN-Systems ohne Charta-Änderung

Die Charta enthält keinerlei Regelungen über die Zusammensetzung, Kompetenzen und Aufgabenbereiche der Neben- oder nachgeordneten Organe („subsidiary organs“). Darunter fallen alle diejenigen Organe der UN, die gemäß Art. 7 Abs. 2 UN-Charta durch einen Beschluss eines Hauptorgans oder aufgrund einer Ermächtigung eines Hauptorgans durch Beschluss des zuständigen Gremiums eingerichtet

---

[152] Vgl. vormals „Committee for Development Planning“, vgl. dazu Teil 2, Kapitel 1, Abschnitt 1.1.2.

[153] Vgl. Teil 2, Kapitel 1, Abschnitt 1.1.4.

[154] Vgl. Seidl-Hohenveldern, Ignaz/ Stein, Thorsten: Völkerrecht, Köln, Berlin...: Heymanns, 10. Auflage, 2000, S. 343, Rz. 1747.

[155] Vgl. Seidl-Hohenveldern, Ignaz/ Stein, Thorsten: ebenda.

wurden. Ebenso können sie auch durch Beschlüsse der entsprechenden Organe wieder aufgelöst werden.[156] Unterhalb der „Verfassungsänderung" räumen die Charta und das sog. interne Organisationsrecht den Hauptorganen vielfältige Reformmöglichkeiten ein. Einrichtungskompetenzen (und Geschäftsordnungshoheit) der wichtigsten Hauptorgane (Sicherheitsrat, GA und unter deren Leitung ECOSOC), ermöglichen in aller Regel mit einfacher Mehrheit die Neuerrichtung von Hilfs- und Nebenorganen.

Hier ist daher auch eine Reform des ECOSOC zu thematisieren, bei dem ihm keine neuen Kompetenzen übertragen werden. Beispielsweise kommt in Betracht, einen neuen Sitzungsrhythmus einzuführen, um effektiver arbeiten zu können. Auch könnte der ECOSOC ad hoc zusammen kommen, um flexibel auf auftretende Probleme reagieren zu können. In seinem Bericht mit dem Titel „Restructuring of the United Nations in the economic, social and related fields" hatte der GS diesbezüglich ausgeführt, dass der ECOSOC nunmehr durch das ganze Jahr hindurch aktiv ist mit größerer Intensität als in der Vergangenheit und ehrgeizigen Zielen, einschließlich der besonderen hochrangigen Treffen mit den BWIs, thematischen Treffen und Treffen über die Ergebnisse des CEB usw. Darauf sollte der ECOSOC aufbauen und flexibler bei der Planung seiner Tagungen sein. Die Segmente und Treffen könnten über das Jahr verteilt werden, um die Kapazität des ECOSOC, sich für die Arbeit vorzubereiten, zu maximieren. Insbesondere sollte der ECOSOC soweit wie möglich fortsetzen, sich in Reaktion auf globale Entwicklungen im Wirtschafts- und Sozialbereich zu treffen und dringende Fragen zu adressieren wie ein Sicherheitsrat. Der GS bezeichnet dies als „being on call".[157]

Dem ist zuzustimmen. Ein flexibler ECOSOC, der sich bei brisanten Entwicklungen und Ereignissen schnell zusammenfinden und die Lage erörtern kann, hat mehr Chancen, Einfluss zu nehmen, als ein Organ, das erst Monate danach zusammentritt und nachträglich Stellung nimmt. Will die UN z.B. durch den ECOSOC international mehr Einfluss auf der Politikebene nehmen, dann braucht es eines Organs, das wie der Sicherheitsrat auch schnell zusammentreten kann. Problematisch dürfte in diesem Zusammenhang die Größe des ECOSOC sein (57 Mitglieder im Unterschied zu den 20 Mitgliedern des Sicherheitsrates), was gegebenenfalls durch kleinere Einheiten die ad hoc zu einem bestimmten Problem zusammentreten, gelöst werden kann. Die Frage stellt sich dann jedoch nach der Auswahl eines solchen kleineren Gremiums. Derartig weitgehende Regelungen zur Zusammensetzung des Organs ECOSOC dürften auch hier nicht ohne eine Chartaänderung erfolgen können.

Eine weitere Möglichkeit zur besseren Politikkoordination kann im Einsetzen neuer Unterorgane oder Kommissionen zu sehen sein. Im Rahmen der ILO gibt es seit

---

[156] Vgl. Volger, Helmut: Haupt-/ Neben-/ Vertragsorgane in: Lexikon der Vereinten Nationen, Volger, Helmut (Hrsg.), München, Wien: Oldenbourg, 2000, S. 217-220, S. 219.

[157] Vgl. A/56/77-E/2001/69 vom 17. Mai 2001: Restructuring of the United Nations in the economic, social and related fields, Bericht des UN-Generalsekretärs, S. 5.

1994 die durch den „Governing Body" der ILO eingesetzte „Working Party on the Social Dimensions of the Liberalization of International Trade", die alle relevanten Aspekte dieses Themas diskutieren soll. Seitdem hat sich die „Working Party" regelmäßig getroffen und eine ganze Reihe von Aspekten der wirtschaftlichen Globalisierung und ihrer Auswirkung auf die Ziele und Möglichkeiten untersucht. Drei wesentliche Themen waren die Verbesserung der institutionellen Kapazität der ILO, die Verbesserung der empirischen Kenntnisse und die Suche nach einem generellen Vorgehen und die Koordination von externen und internen Aktivitäten in Bezug auf die sozialen Dimensionen der Globalisierung. Im November 1999 hat der „Governing Body" die Arbeit der „Working Party" neu bewertet und über dessen Zukunft diskutiert. Im März 2000 wurde der Name der „Working Party" geändert in „Working Party on the Social Dimensions of Globalization" und entschieden, dass die Breite der diskutierten Probleme über die Handelsliberalisierung hinaus ausgeweitet werden soll.[158] Auf Vorschlag des ILO-Generaldirektors Juan Somavia[159] hat die „Working Party" über einen Vorschlag beraten, eine Weltkommission von 18 bedeutenden Persönlichkeiten einzusetzen. Sie hatte über Methoden beraten, ihren Einfluss zu erhöhen. Die Entscheidung dafür erfolgte im Konsens.[160] Auf seiner Tagung im November 2001 entschied der „Governing Body" der ILO, eine „World Commission of eminent personalities" einzusetzen. In der Folge unternahm der ILO-Generaldirektor breite Konsultationen über die Mitgliedschaft und berief Personen mit anerkannter bedeutender Persönlichkeit und Autorität, unter Berücksichtigung von Geschlecht, regionaler Balance, Perspektiven und den wesentlichen Ansichten und Wahrnehmungen von Globalisierung. Um dem gerecht zu werden wurde die ursprünglich anvisierte Zahl von 18 auf 21 erhöht. Zum ersten Mal waren mit der Finnischen Präsidentin Tarja Halonen und dem Präsidenten von Tansania Benjamin Mkapa zwei amtierende Staatsführer Co-Vorsitzende einer derartigen Kommission. Die weiteren 19 Persönlichkeiten haben international anerkannte Beiträge zum „policy-making", Entwicklung von Kenntnissen und Meinungsbildung in verschiedenen Teilen der Welt geleistet.[161] Die

---

[158] Vgl. ILO: www.ilo.org/public/english/bureau/exrel/global/index-wpsdg.htm, Ausdruck vom 10. Mai 2003.

[159] Vgl. ILO: GB.281/WP/SDG/1, Juni 2001.

[160] Vgl. ILO/01/49 vom 21. November 2001: World Comission on Globalization, im Internet unter http://www.ilo.org/public/english/bureau/inf/pr/2001/49.htm, Ausdruck vom 10. Mai 2003.

[161] Die weiteren Mitglieder der Kommission sind: Giuliano Amato (Italien), Ruth Cardoso (Brasilien), Heba Handoussa (Ägypten), Eveline Herfkens (Niederlande), Ann McLaughlin Korologos (United States), Lu Mai (China), Deepak Nayyar (Indien), Taizo Nishimuro (Japan), Valentina Matvienko (Russische Föderation), François Perigot (Frankreich), Surin Pitsuwan (Thailand), Julio Maria Sanguinetti (Uruguay), Hernando de Soto (Peru), Joseph Stiglitz (United States), John J. Sweeney (United States), Victoria Tauli-Corpuz (Philippinen), Aminata D. Traoré (Mali), Zwelinzima Vavi (South Africa), Ernst Ulrich von Weizsaecker (Deutschland), vgl. ILO: GB.283/WP/SDG/3, März 2002: The World Commission on the Social Dimension of Globalization established by the ILO: Information on progress to date, 283rd Session, Governing Body Geneva, Working Party on the Social Dimension of Globalization, S. 1, Ziff. 1f sowie Appendix, S. 4ff.

Kommission hat einen „Executive Secretary" und ein Sekretariat, das operative und technische Unterstützung der Arbeit der Kommission leisten soll, sowie zeitweise von der ILO abgeordnete Mitarbeiter. UN-Generalsekretär Annan und die Leiter der relevanten internationalen Organisationen wurden vom Generaldirektor der ILO über die Einrichtung der Kommission unterrichtet. Dies folgt früheren Diskussionen des CEB über die Notwendigkeit von größerer Konsistenz und Politikintegration auf internationaler Ebene. Zudem wurden andere internationale Organisationen eingeladen, Beiträge zur Arbeit der Kommission zu leisten. Das Sekretariat hat sich mit höheren Bediensteten von UN, IMF, Weltbank, WTO und UNCTAD getroffen, um deren substantielle Beiträge in Form von relevanten Informationen, laufender Forschung und Hintergrundmaterial zu besprechen. Verschiedene Organisationen haben Ansprechpartner für die Unterstützung der Arbeit benannt, gegebenenfalls soll kurzzeitig Personal abgeordnet werden. Die Kommission wurde am 27. Februar 2002 unter großer Medienberichterstattung einberufen. Sie soll als ein unabhängiges, hochrangiges Gremium einen eigenen Bericht vorlegen.[162]

Bereits mehrfach wurde versucht, über hochrangig besetzte Kommissionen durch Erstellen von Berichten Einfluss auf die Politik zu nehmen. So wurde 1977 die nach ihrem Vorsitzenden Willi Brandt unter dem Namen Brandt-Kommission bekannt gewordene Nord-Süd-Kommission eingesetzt, die 1980 ihren Bericht „Das Überleben sichern" vorlegte. Dessen Forderungen richteten sich sowohl an die Industrie- als auch die Entwicklungsländer. Der Bericht unterbreitete zahlreiche Vorschläge zur Lösung der als dramatisch dargestellten internationalen sozialen Lage mit Armut, Hunger, Stagnation der Weltwirtschaft mit Inflation und Währungsproblemen, steigender Verschuldung, Protektionismus, erheblichen Spannungen zwischen Staaten im Wettlauf um Energie, Nahrung und Rohstoffe, wachsende Weltbevölkerung und zunehmender Arbeitslosigkeit in Nord und Süd, zunehmender Umweltgefährdung, Wettrüsten usw. Der Bericht enthielt Überlegungen zur Entwicklungsfinanzierung. Im institutionellen Bereich empfahl die Kommission ein Gipfeltreffen von Staats- und Regierungschefs aus Industrie- und Entwicklungsländern mit beschränkter Teilnehmerzahl, das sich mit einem Sofortprogramm 1980 bis 1985 befassen sollte. Der Bericht fand in der Weltöffentlichkeit breites Echo. Er war Gegenstand von öffentlichen Diskussionsveranstaltungen und parlamentarischen Debatten. Zahlreiche seiner Empfehlungen wurden von internationalen Organisationen wie Weltbank und Währungsfonds aufgenommen. Jedoch blieb die unmittelbare Wirkung des Berichts hinter den Erwartungen der Kommission zurück.[163]

---

[162] Vgl. ILO: GB.283/WP/SDG/3, März 2002: The World Commission on the Social Dimension of Globalization established by the ILO: Information on progress to date, 283rd Session, Governing Body Geneva, Working Party on the Social Dimension of Globalization, S. 2ff, Ziff. 4ff.

[163] Vgl. Nohlen, Dieter: Brandt-Bericht, in: Lexikon Dritte Welt, Nohlen, Dieter (Hrsg.), Reinbeck bei Hamburg: Rowohlt, 2002, S. 127f, S. 127, m.w.N.

Weiteres Beispiel ist die Brundtland-Kommission, eine von der GA eingesetzte UN-Sonderkommission, die unter dem Vorsitz von Gro Harlem Brundtland einen Bericht erarbeitete.[164] Der im April 1987 vorgelegte Bericht mit dem Titel „Our Common Future", der auf einen globalen Bewusstseinswandel zielte, fand bereits bei seiner Veröffentlichung ein breites Presseecho. Inzwischen wurde er zu einem zentralen Dokument in der Auseinandersetzung über Umwelt und Entwicklung auf UN-Ebene. Danach soll das Kriterium für anzustrebendes Wachstum seine soziale und ökologische Verträglichkeit sein. In EL muss in ökologisch angepasster Weise die Befriedigung der Grundbedürfnisse und weiter reichende Entwicklung ermöglicht werden. Zunächst ist dazu die Lösung der Verschuldungskrise dringend erforderlich. Gleichzeitig müssen die Industrieländer Lebensstil und Wirtschaftsstruktur ändern, wo deren Ausdehnung auf die gesamte Welt von der Biosphäre nicht vertragen würde wie z.B. beim Energieverbrauch. Ziel sei eine nachhaltige Entwicklung in Nord und Süd, die die Bedürfnisse der Gegenwart befriedigt, ohne zu riskieren, das künftige Generationen dies nicht können. Bislang ist jedoch nicht zu erkennen, dass die Industrieländer zu den längerfristig im eigenen Interesse liegenden einschneidenden Maßnahmen zu Gunsten der EL bereit wären.[165]

Die oben erwähnte Weltkommission der ILO hat sich im Februar 2003 getroffen und einen Entwurf ihres Berichtes überprüft, der die Hauptelemente ihrer Perspektive der Globalisierung und Bereiche enthält, in denen Politikempfehlungen möglich sind. Diese enthalten Bereiche wie Handel, Finanzen, internationale Migration und „global Governance", aber auch speziellere Themen wie Wege, durch die Beschäftigung in das Zentrum der globalen Agenda gesetzt werden kann, und was auf lokaler und nationaler Ebene notwendigerweise verstärkt werden muss, um die Gewinne der Globalisierung zu verteilen und mit nachteiligen Effekten umzugehen. Der Bericht wird für Ende 2003 erwartet.[166] Seine Wirkung bleibt abzuwarten. Kann er keine bindenden Empfehlungen abgeben, so wird er wie die vorhergehenden Berichte jedenfalls Anlass zu Diskussionen geben. Gegebenenfalls werden auch einige Empfehlungen umgesetzt. Derartige Kommissionen, die hohe politische Vertreter von Industrie- und Entwicklungsländern, aber auch Arbeitnehmer- und Arbeitgeberseite sowie solche von Forschungseinrichtungen zusammenbringen, bieten die Chance, Konsens über strittige Punkte zu erzielen. Jedoch darf an ihre unmittelbaren Wirkungen über das Anregen von Diskussionen hinaus keine zu großen Erwartungen gestellt werden, denn letztlich ist auch hier der politische Wille der Staaten und deren Organisationen zur Umsetzung von Empfehlungen erforderlich.

---

[164] Die Kommission bestand aus 22 Mitgliedern aus 21 Staaten, davon 13 aus EL und neun aus Industrieländern, vgl. Hillebrands, Bernd: Brundtland-Bericht, in: Lexikon Dritte Welt, Nohlen, Dieter (Hrsg.), Reinbeck bei Hamburg: Rowohlt, 2002, S. 133f, S. 133.
[165] Vgl. dazu Hillebrands, Bernd: ebenda, S. 134, m.w.N.
[166] Vgl. ILO: GB.286/18, März 2003: Report of the Working Party on the Social Dimension of Globalization, Oral report by the Chairperson of the Working Party, Ambassador Eui-yong Chung of the Republic of Korea, 286th Session, S. 4, Ziff. 18, im Internet unter http://www.ilo.org/public/english/standards/relm/gb/docs/gb286/pdf/gb-18.pdf.

Zumeist wurden in den UN neue Organe oder Strukturen eingerichtet, wenn ein neues Problem auftauchte. Dies hat zu den kaum überschaubaren Geflecht an Organen und Kommissionen geführt. Fest steht, dass ein mehr integrierter globaler Hintergrund auch einen neuen Grad an Politikkohärenz erfordert, während wichtige Lücken zu füllen sind. Die internationale Finanzarchitektur muss gestärkt werden, ebenso wie das multilaterale Handelsregime. UN-Generalsekretär Annan zufolge müsse eine größere Konsistenz zwischen makroökonomischen, Handels-, Entwicklungs-, Finanz- und Umweltpolitiken erreicht werden, das alle das gemeinsame Ziel unterstützen, die Vorteile der Globalisierung auszuweiten. Konfliktprävention, Friedensaufbau nach Konflikten, humanitäre Hilfe und Entwicklungspolitiken müssten mehr integriert werden. Es sei zunehmend schwierig, den Übergang in eine globalere Welt mit unvollständigen und inkompatiblen Politikfragmenten zu navigieren. Formalen institutionellen Arrangements mag es oft an Reichweite, Geschwindigkeit und Informationskapazität mangeln, um mit der sich schnell ändernden globalen Agenda Schritt zu halten. Die Mobilisierung von Wissen und anderen Ressourcen diverser globaler Akteure könne daher zunehmend die Formung loser und zeitweiliger globaler Politiknetzwerke involvieren, die über nationale, institutionelle und disziplinäre Grenzen gehen. Dafür sei die UN gut situiert, um solche informellen „coalitions for change“ über ihre verschiedenen Verantwortungsbereiche zu legen. Viele dieser Netzwerke können virtuell sein und die gewöhnlichen Beschränkungen durch Entfernung und Zeit überwinden. Die essentielle Rolle, die formale „Governance“-Strukturen weiter spielen müssen, ist normativ: Definieren von Objektiven, Setzen von Standards und Überwachung der Befolgung dieser Standards.[167]

Die Reform des CEB, statt der festen Strukturen und der immer fortdauernden Aufgabenzuweisung an eingesetzte Unterkommissionen eher auf flexible Strukturen zu setzen, geht in diese Richtung, um bei neu auftretenden Fragen und Problemen ad hoc einen Dialog zwischen allen am UN-System beteiligten Organisationen, einschließlich der an diesem Mechanismus beteiligten WTO herbeizuführen. Erledigt sich die Aufgabe, dann besteht auch das Gremium nicht ewig fort, sondern ist flexibel, sich mit neu auftauchenden Themen zu befassen.

Richtig ist, dass Netzwerke und Diskussionsforen eine große Rolle bei der Suche nach Lösungen spielen können. Die UN ist als Forum dafür prädestiniert. Die Herausarbeitung von Konsensen und das Aufgreifen von Themen ist unzweifelhaft eine Leistung, die der UN auch in Zukunft obliegen wird. Der größere politische Einfluss auf die praktische Umsetzung im Handels- und Finanzbereich wird auch weiter im Rahmen der Sonderorganisationen IMF, Weltbank und der WTO erfolgen. Die Frage bleibt jedoch, in wieweit die UN in Zukunft tatsächlich Einfluss auf die Arbeit dieser Organisationen nehmen und diesen auch durchsetzen kann. Bei unveränderter Struktur und unveränderten Kompetenzen sind Veränderungen diesbezüglich unwahrscheinlich.

---

[167] Vgl. Dokument A/54/2000 vom 27. März 2000: We the peoples: the role of the United Nations in the twenty-first century, Bericht des UN-Generalsekretärs, Ziff. 48f.

Neben der Diskussion um die Schaffung neuer Organe und Gremien zur Verbesserung von Politikkoordination ist auch die Frage einer Auflösung bestehender Einheiten zu diskutieren. Mit Gründung der WTO war fraglich, welche Rolle die im Bereich von Handel und Investitionen sowie Schuldenmanagement tätige UNCTAD noch spielen könne. Sie stand unter dem Druck, ihre Existenz zu rechtfertigen.[168] Eine Auflösung der UNCTAD kann, unabhängig von der politischen Durchsetzbarkeit gegen die Interessen der die Mehrheit der GA bildenden EL, jedoch nicht angeraten werden. In Bezug auf eine Politikkoordination zu Gunsten der LDCs hat die UNCTAD eine wichtige fürsprechende Rolle inne. So werden z.B. im jährlich erscheinenden Bericht u.a. die Fragen Handel, Verschuldung und Entwicklungshilfe thematisiert. Die „andere Sicht" der UNCTAD, das vorsichtigere Herangehen und die kritische Auseinandersetzung mit Fragen der Globalisierung und Liberalisierung sowie der durch die Arbeit der UNCTAD erfolgende Rechtfertigungsdruck zu Gunsten der EL und der LDCs sind mangels anderer institutionalisierter Foren zu Gunsten der LDCs, in denen die LDCs umfassend ihre Interessen vertreten können, nicht zu befürworten. Zwar gibt es auch in der WTO Gremien wie den Ausschusses für Handel und Entwicklung und das „Sub-Committee on Least-Developed Countries".[169] Die unabhängige Unterstützung der LDCs durch die UNCTAD, d.h. durch Berichte, Studien und Politikberatung, scheint aber dennoch erforderlich.

In die Richtung fürsprechende Funktion geht auch die Funktion des nach der dritten UN-LDC-Konferenz eingesetzten „High Representative for the Least Developed Countries, Landlocked Developing Countries and Small Island Developing Countries" auf der Ebene eines Untergeneralsekretärs.[170] Unter dem Gesichtspunkt, dass es entscheidend auf den politischen Willen und die Vermittlung der Interessen ankommt, ist eine solche Funktion als sinnvoll einzuschätzen.

3.3.3. Außerhalb des UN-Systems

Eine bessere Politikkoordination durch Änderungen der bestehenden Regelungen in anderen internationalen Organisationen muss am bestehenden Kohärenzmandat ansetzen, nach dem die WTO mit IMF und Weltbank im Interesse einer kohärenten Gestaltung der weltweiten wirtschaftspolitischen Entscheidungen, also mit Blick auf die Erreichung einer größeren Kohärenz im „global economic policymaking" zusammenarbeiten soll.[171] Alle drei Organisationen haben übereinstimmend das Ziel, das Wirtschaftswachstum zu fördern und den Lebensstandard in den Mitgliedstaaten, d.h. auch in den EL zu erhöhen. Dennoch bestehen Inkonsistenzen im Vorgehen der drei Organisationen.

So besteht in der WTO die Ausnahme von der Pflicht zur Reziprozität, wonach die Industrieländer angehalten sind, von den EL für Zugeständnisse beim Abbau von

[168] Vgl. Teil 2, Kapitel 1, Abschnitt 2.1. sowie Kapitel 3, Abschnitt 3.2.
[169] Vgl. dazu Teil 2, Kapitel 3, Abschnitt 2.1.1.
[170] Vgl. Teil 2, Kapitel 1, Abschnitt 1.3.1.
[171] Vgl. Teil 2, Kapitel 3, Abschnitt 3.3.

Handelshindernissen keine Gegenleistung zu fordern. Dadurch sollen die Exportchancen der EL gesteigert werden, ohne sich für Importe der Industrieländer weiter öffnen zu müssen.[172] Damit im Widerspruch steht es, wenn Weltbank und IMF im Rahmen ihrer Strukturanpassungsprogramme dennoch eine einseitige Marktöffnung von den betroffenen EL fordern, die bei multilateraler Liberalisierung im Rahmen der WTO nicht berücksichtigt werden. Insofern besteht, angesichts des schon bestehenden Kohärenzmandates, hier Spielraum, das Vorgehen besser aufeinander abzustimmen. Eine Änderung der rechtlichen Regeln scheint dazu nicht erforderlich. Eine Verpflichtung der Organisationen zur Abstimmung mit der Folge, dass andernfalls betroffene Staaten diese Abstimmung und damit eine Abänderung der Konditionalität erzwingen können, wäre politisch realitätsfern.

Während es regelmäßige Kontakte zwischen Ministern und Beamten für Finanzen und Entwicklung gibt, gibt es kein internationales Forum an dem auch Handelsminister oder andere höhere Beamte teilnehmen. Bislang muss eine Verknüpfung von Handelspolitiken mit Finanz- und Entwicklungspolitiken auf der multilateralen Ebene weitgehend indirekt durch das Management und die Mitarbeiter von WTO, IMF und Weltbank erfolgen. Einem Bericht des WTO-Sekretariates zufolge sollten auf Grund des Fehlens eines solchen Forums auf internationaler Ebene für regelmäßige Kontakte zwischen Funktionären im Handelsbereich mit deren Gegenspielern aus den Finanz- und Entwicklungshilfeministerien Überlegungen zur Identifizierung der besten institutionellen Träger innerhalb der WTO angestellt werden, die der Konsultation mit dem IMF und der Weltbank über prioritäre Bereiche der Kooperation und über jegliche Probleme, die auftauchen, dienen. Angefangen von der Unterstützung des IMF dabei, die den EL unter den WTO-Regeln verfügbare Flexibilität voll in Betracht zu ziehen, wenn dieser seine Handelspolitik-Konditionalitäten erstellt, über die Erarbeitung von Lösungen für erkannte Probleme von Inkonsistenzen zwischen der IMF-Konditionalität und den WTO-Regeln, gehen mögliche Themen bis hin zum Vorwegnehmen des Entwurfs zukünftiger WTO-Regeln und wie diese am besten konstruiert sein müssen, um Kohärenz mit internationalen Finanzregeln und Entwicklungspraktiken sicherzustellen.[173]

Bereits im Rahmen der Uruguay-Runde war ein Vorschlag gemacht worden, regelmäßig gemeinsame Treffen von Handels-, Finanz- und Entwicklungshilfeministern abzuhalten. Jedoch waren Schwierigkeiten, Handels- mit Finanz- und Entwicklungsbeamten eng zu verbinden, auf Grund des IMF/Weltbank-Systems der Repräsentation vorausgesehen worden.[174] Jedoch scheint es angesichts der zahlreichen Zusammenhänge von WTO und IMF, d.h. von Handels- und Finanzfragen,

---

[172] Vgl. Rittberger, Volker/ Zangl, Bernhard: Internationale Organisationen – Politik und Geschichte, Opladen: Leske und Budrich, 3. Auflage, 2003, S. 226, vgl. Teil 2, Kapitel 3, Abschnitt 1.2.1.

[173] Vgl. WT/TF/COH/S/7 vom 29. April 2003: Coherence in Global Economic Policymaking and Cooperation between the WTO, the IMF and the World Bank, Note by the Secretariat, S. 3, Ziff. 11.

[174] Vgl. ebenda, S. 12, Ziff. 54, FN 28.

naheliegend, die Errichtung eines solchen Gremiums, dass die Grundsatzfragen umfassend beraten und an die internationalen Organisationen Empfehlungen richten kann, in Angriff zu nehmen. Das Gremium könnte, ähnlich dem „Development Committee", das mit Finanz- und Entwicklungshilfeministern besetzt ist und das im Laufe der Zeit auch Fragen des Handels und des globalen Umweltschutzes zusätzlich zu den traditionellen Entwicklungsproblemen in seine Beratungen einbezogen und sein Mandat dahingehend interpretiert hat,[175] als Beratungsorgan fungieren und Empfehlungen an die Gouverneursräte von IMF und Weltbank bzw. an den „General Council" oder die Ministerkonferenz der WTO abgeben. Jedoch kann die Einsetzung eines solchen Organs, das auch die Handelsminister einbezieht, eine Vertragsänderung erfordern. Im Falle des IMF würde nach Art. X des IMF-Übereinkommens gelten, dass soweit die einer Zusammenarbeit mit anderen internationalen Organisationen dienenden Regelungen eine Änderung einer Bestimmung des IMF-Übereinkommens mit sich bringen würden, diese erst nach Änderung des Übereinkommens nach Art. XXVIII getroffen werden könnte. Eine solche Vertragsänderung scheint nicht realistisch.

Als weitere Bereiche für eine engere Zusammenarbeit mit IMF und Weltbank in Unterstützung des Doha-Arbeitsprogramms identifiziert der WTO-Sekretariatsbericht die folgenden Themen:

- Ein Beobachterstatus von IMF und Weltbank im „Trade Negotiations Committee" (TNC) und dessen untergeordneten Gremien würde ihnen Informationen aus erster Hand darüber geben, wo ein Beitrag zum Erfolg der Handelsverhandlungen am nützlichsten erbracht werden kann.[176]
- Die Förderung und Beschleunigung der WTO-Aufnahme-Prozedur für alle Länder mit niedrigem Einkommen und für die aufsteigenden Ökonomien, in denen die Stabilität und die Berechenbarkeit von Handelsbeziehungen ein wichtiger Teil der wirtschaftlichen Stabilität insgesamt ist, würde helfen, den Erfolg der Politiken und Praktiken, die die Regierungen durch WTO, IMF und Weltbank fördern, zu erhöhen.
- Die Annahme von WTO-Modalitäten für die Behandlung autonomer Liberalisierung im Bereich des Warenhandels, wie kürzlich erfolgt für den Handel mit Dienstleistungen,[177] könnte die Handelsliberalisierung fördern und sicherstellen, dass erforderliche Handelsreformen, die die Unterstützung durch IMF und Weltbank erhalten würden, nicht verzögert werden.
- Das Sicherstellen, dass Handelsliberalisierung, Liberalisierung des Finanzsektors und „capital account liberalization" in EL und insbesondere in den aufsteigenden Marktökonomien richtig sequentiert sind und dass die Liberalisierung von Finanzdienstleistungen durch vernünftige Regulierung und Reform des Finanzsektors unterlegt ist, kann eine mehr fokussierte Unterstützung für Mit-

---

[175] Vgl. dazu Teil 2, Kapitel 2, Abschnitt 1.1.
[176] Dieselbe Forderung stellte die UNCTAD, vgl. Teil 2, Kapitel 1, am Ende von Abschnitt 2.2.
[177] Vgl. TN/S/6 vom 10. März 2003.

gliedsstaaten durch den IMF im Zusammenhang mit seiner Arbeit über Finanzstabilität fördern.

- Der Entwurf einer Methode in Richtung des „special and differential treatment" in der WTO, die die Entwicklungsprioritäten und institutionellen Kapazitäten der Mitgliedsstaaten reflektiert, kann die Bereitstellung von mehr technischer Hilfe und finanzieller Unterstützung als derzeit durch die Weltbank und andere Geber für handelsbezogenes „Capacity building" und angebotsseitige Entwicklung erleichtern. Die Arbeit der WTO am „S&D treatment" für EL im Rahmen der WTO kann die zeitliche und die Reihenfolge von Handelsliberalisierung beeinflussen. In Ländern mit niedrigem Einkommen muss Handel mit anderen Prioritäten um Ressourcen konkurrieren. Einige dieser Prioritäten mögen in Bezug auf ihren Beitrag für wirtschaftliche Entwicklung und Armutsreduzierung ein direkteres Anrecht auf Ressourcen haben. Zwar ist allgemein bekannt, dass Handelsoffenheit und Wachstum gegenseitig unterstützend sind, und das Armutsreduzierung Wirtschaftswachstum erfordert. Der direkte Einfluss von Handelsliberalisierung auf verschiedene Gruppen unter den Armen kann jedoch variieren. Aus Sicht der Mission der Weltbank für Armutsreduzierung betont dies die Bedeutung des zeitlichen Ablaufs und der Reihenfolge der Handelsliberalisierung und der Notwendigkeit, diese in eine breitere Entwicklungs- und Armutsreduzierungsstrategie einzubauen, mit dem Ziel, die sozialen und anderen Anpassungskosten abzumildern, insbesondere, wenn die Gefahr besteht, dass die Kosten unproportional den Armen auferlegt würden.[178]

Dieser breite Aufgabenbereich spricht dafür, neben den bereits bestehenden Mechanismen, ggf. weitere organisationenübergreifende Mechanismen zwischen WTO auf der einen und IMF und Weltbank auf der anderen Seite zu etablieren. Ein intensiverer Austausch scheint hier sinnvoll.

Derzeit nehmen der Generaldirektor der WTO, „Managing Director" des IMF und Präsidenten der Weltbank gegenseitig an den Jahrestagungen teil. Es besteht ein Beobachterstatus der WTO an IMF- und Weltbanktagungen und es erfolgt eine Teilnahme von IMF und Weltbank an WTO-Treffen.[179] Der WTO-Generalsekretär nimmt an Treffen des „International Monetary and Finance Committee" des IMF (IMFC) sowie des „Development Committee" teil. Mitglieder des „Executive Board" des IMF treffen sich regelmäßig im „Board's Committee on the WTO" (CWTO), das Empfehlungen an den „Executiv Board" über Fragen abgibt, die aus der Beziehung des IMF mit der WTO resultieren oder im Zusammenhang mit Fragen von gemeinsamem Interesse für IMF und WTO stehen. Das CWTO bietet eine Möglichkeit für IMF-Mitarbeiter und Regierungen der Mitgliedstaaten, Meinungen

---

[178] Vgl. WT/TF/COH/S/7 vom 29. April 2003: Coherence in Global Economic Policymaking and Cooperation between the WTO, the IMF and the World Bank, Note by the Secretariat, S. 2f, Ziff. 10.

[179] Vgl. WT/TF/COH/S/6 vom 26. März 2003: Coherence in Global Economic Policy-Making: WTO Cooperation with the IMF and the World Bank, Report (2002) by the Director-General, S. 1ff.

über spezifische Fragen im Zusammenhang mit der IMF/WTO-Zusammenarbeit auftauchen. WTO-Management und Mitarbeiter werden zur Teilnahme eingeladen. Diskutiert werden u.a. die Beziehungen zwischen IMF-Konditionalität und WTO-Verpflichtungen oder die Handhabung konvergierender Punkte in der inhaltlichen Arbeit von IMF und WTO im Hinblick auf deren separate Mandate und Verantwortungsbereiche.[180] Daneben finden derzeit bereits nach Art. 10 des WTO/IMF-Abkommens[181] Konsultationen zwischen WTO-Sekretariat und IMF-Mitarbeitern statt. Diese betreffen Fragen über mögliche Inkonsistenzen zwischen Maßnahmen unter Diskussion mit einem gemeinsamen Mitgliedsstaat und den Verpflichtungen des Mitglieds nach dem WTO-Abkommen bzw. über mögliche Inkonsistenzen zwischen Maßnahmen unter Diskussion mit einem gemeinsamen Mitgliedsstaat und dessen Verpflichtungen nach dem IMF-Übereinkommen. Beide, das WTO-Sekretariat und die IMF-Mitarbeiter, tragen dem Bericht des WTO-Generalsekretärs zufolge Sorge, dass die Zusammenarbeit in diesem Bereich in einer Art und Weise erfolgt, die voll die verschiedenen Mandate, die Vertrauensschutzanforderungen und die notwendige Autonomie im Entscheidungsfindungsprozess der zwei Organisationen respektiert und im Ergebnis nicht zu sich überschneidender Konditionalität oder Extra-Konditionen für WTO-Mitglieder führt.[182] Dieser Bereich der Zusammenarbeit in Bezug auf Konsistenz von Politikberatung und Vorschriften mit den Regeln und Disziplinen der beiden Organisationen, der zumeist auf informellen Mitarbeiterkontakten basiert, muss einem Bericht des WTO-Sekretariates zufolge durch den Direktor General der WTO und den „Managing Director" des IMF gestärkt werden. Dies gelte insbesondere in Fällen, in denen ein Mitglied Maßnahmen einführt, die es als dringend und kritisch in Bezug auf die Anpassung seiner Zahlungsbilanz ansieht, die aber nach WTO-Regeln angezweifelt werden können.[183]

Insgesamt scheinen eine Ausweitung der bestehenden Kontakte ggf. durch Einsetzen gemeinsamer Gremien und einer stärkeren Formalisierung durch gemeinsame Beschlussfassung, die jedoch der Bestätigung der jeweiligen Entscheidungsgremien der Organisationen bedarf, hier gangbare Wege zu sein. Ein derart formalisiertes Verfahren kann jedoch im Einzelfall zu langsam sein, um bei kurzfristig auftauchenden Problemen helfen zu können, denn ein Land muss unter Umständen schnell wissen, ob eine Maßnahme nach den Vorschriften beider Organisationen zulässig ist. Ein gemeinsames Gremium mit Beschlussfassungskompetenz, das auch ad hoc zusammentreten kann, wäre hier die Lösung. Die Einrichtung gemeinsamer Gremien mit mehr als beratenden Kompetenzen kann jedoch, je nach Aus-

[180] Vgl. WT/TF/COH/S/7 vom 29. April 2003: Coherence in Global Economic Policymaking and Cooperation between the WTO, the IMF and the World Bank, Note by the Secretariat, S. 13, Ziff. 60.
[181] Vgl. dazu Teil 2, Kapitel 3, Abschnitt 3.3.
[182] Vgl. WT/TF/COH/S/6 vom 26. März 2003: Coherence in Global Economic Policy-Making: WTO Cooperation with the IMF and the World Bank, Report (2002) by the Director-General, Ziff. 29.
[183] Vgl. WT/TF/COH/S/7 vom 29. April 2003: ebenda, S. 11f, Ziff. 50.

gestaltung, die Änderung der Gründungsverträge bzw. der Kooperationsabkommen erfordern. Dies dürfte sich in der Praxis als schwierig erweisen. Der Ausbau informeller Kontakte von Mitarbeitern auf regelmäßiger Basis ohne Beschlussfassungsmöglichkeit ist aber in jedem Fall ohne eine solche Änderung möglich.

3.4. Außerhalb bestehender internationaler Organisationen

Hier stellt sich die Frage, ob eine Nord-Süd-Gipfelkonferenz als Ansatz für Lösungen dienen kann. Die bereits oben erwähnte Brandt-Kommission[184] kam in ihren Schlussüberlegungen zu der Feststellung, dass - ungeachtet der Notwendigkeit einer Umstrukturierung der internationalen Wirtschaftsbeziehungen - eine Reihe von miteinander verknüpften Problemen im Energie- und Nahrungsbereich sowie bezüglich der ärmsten Länder vorrangig gelöst werden müssen, um eine katastrophale und immer gefährlicher werdende Entwicklung abzuwenden. Dies mache es notwendig, so der Vorsitzende der Kommission Willi Brandt, neue Beratungsmechanismen zu erwägen, um möglichst bald die Voraussetzungen für dringende Lösungen zu schaffen.[185] Die Kommission schlug vor, in Abstimmung mit den UN eine repräsentative Auswahl von Staats- und Regierungschefs aus Industrie- und Entwicklungsländern zu einem offenen Meinungsaustausch zu versammeln. Eine solche begrenzte Anzahl von verantwortlichen Politikern, so nahm man an, könnte – abseits der Konferenzmaschinerie – eine Art von Verständigung darüber erreichen, was vorrangig geschehen sollte. Auf diese Weise könnten die internationalen Verhandlungen neue Impulse erhalten und das System der UN gestärkt werden. Die Aussichten für eine Annäherung der Standpunkte und damit für tragfähige Lösungen könnte sich so verbessern.[186]

Mit anderen Worten stellt sich die Frage, ob sich die Koordinationsprobleme der internationalen Organisationen durch Impulse der Staatenvertreter, d.h. auch ohne Änderung der rechtlichen Regelungen in den Abkommen der internationalen Organisationen, lösen oder wenigstens entschärfen lassen. So könnten die Staatenvertreter bestimmte Prioritäten vorgeben und den von ihnen gegründeten Organisationen die Umsetzung dieser Prioritäten aufgeben und die Umsetzung in folgenden Treffen überprüfen. Bereits oben wurden im Rahmen der UN eingesetzte Kommissionen erwähnt, die Impulse zu Diskussionen gegeben und deren Politikempfehlungen zumindest teilweise berücksichtigt wurden.

Bereits jetzt besteht ein großer Einfluss formeller Kooperationsgremien außerhalb der UN wie der G7/G8 und der G20[187] auf die Zusammenarbeit und Koordination der wichtigen, im Bereich der internationalen Wirtschaft agierenden Organisationen. So war auf Drängen internationaler Kampagnen und Initiativen zum Schuldenabbau wie z.B. Jubilee auf dem G7-Gipfel im Sommer 1999 in Köln eine

---

[184] Vgl. dazu Abschnitt 3.3.2.
[185] Vgl. Brandt, Willi: Neustrukturierung der internationalen Beziehungen statt Hilfe, in: VN 1/1980, S. 2.
[186] Vgl. Brandt, Willi: ebenda.
[187] Vgl. dazu Teil 2, Kapitel 5, Abschnitt 2.

Intensivierung des Schuldenerlasses gegenüber den am meisten verschuldeten Ländern der Welt beschlossen worden. Auch die Armutsreduzierung stand auf der Agenda der Konferenz. Dies hatte zur Folge, dass IMF und Weltbank ihre Schuldenerlasskonzepte überarbeiteten. Es fanden geänderte Kriterien zur Qualifizierung für den Schuldenerlass Anwendung, wurden mehr Länder in die Initiative einbezogen und die Umsetzung beschleunigt, indem Fristen verkürzt wurden. Gleichzeitig wurde der Schuldenerlass mit der Armutsreduzierung verbunden, indem die Aufstellung von „Poverty Reduction Strategy Papers" unter Beteiligung der Gesellschaft des Landes gefordert wurde, wobei zur Beschleunigung des Erlasses auch „Interim-PRSPs" ausreichen sollten, da die Erstellung umfassender Konzepte unter Einbeziehung der von der Armut betroffenen Schichten der Gesellschaft erfahrungsgemäß einige Zeit in Anspruch nimmt.[188]

Es stellt sich dennoch die Frage nach einer Teilnahme von Entwicklungsländern an den Gipfeln, um deren Interessen besser zu repräsentieren. Auf dem Gipfel in Genua in 2001 haben erstmals Staatschefs afrikanischer Länder gesprochen und auch der Generalsekretär der UN sprach zu den Staats- und Regierungschefs der G7.[189] Eine „echte" Teilnahme im Sinne einer Beeinflussung der Politik durch Teilnahme an den Verhandlungen kann darin aber nicht gesehen werden. Der Anfang 2000 ausgeschiedene langjährige „Managing Director" des IMF hatte zum Ende seiner Amtszeit vergeblich vorgeschlagen, die Weltwirtschaftsgipfel alle zwei Jahre durch eine besser legitimierte Gipfelkonferenz der Länder zu ersetzen, die auch in IMF oder Weltbank einen Exekutivdirektor stellen.[190] Auf der anderen Seite ist auf Grund der Interessengegensätze fraglich, inwieweit eine um eine Reihe von EL erweiterte G7 überhaupt noch handlungsfähig wäre, eine Steuerungsleistung zu erbringen. Hier käme wieder das Argument von Fratianni und Pattison zum Tragen, wonach eine erfolgreiche Koordination eher bei einer beschränkten und homogene Mitgliederzahl möglich ist.[191] Die G7 ist zudem eine Wertegemeinschaft des eingehegten, pragmatischen Liberalismus („embedded liberalism"), der ihre tiefgreifende und nachhaltige Kooperationsfähigkeit erst ermöglicht. Rode führt aus, dass der Erhalt bzw. die Erweiterung der Funktion des Gipfelclubs u.a. sinnvoller, transparenter und qualitativer Aufnahmekriterien für mittelfristig weitere, nachhaltig zuverlässige und einflussreiche Mitglieder im Weltregierungsclub bedarf. Bereits die Aufnahme Russlands durch Verleihung der Vollmitgliedschaft stellt er in diesem Zusammenhang als negatives Beispiel dar.[192] Die konzertierte Weltwirtschaftsregierung einer hegemonialen Staatengruppe im Interesse von Liberalisierung und Krisenbewältigung sei suboptimal, aber notwendig.[193]

---

[188] Vgl. dazu Teil 2, Kapitel 2, Abschnitt 2.2.2.
[189] Vgl. dazu Teil 2, Kapitel 5, Abschnitt 2.1.1.
[190] Vgl. Andersen, Uwe: Weltwirtschaftssystem, in: Handwörterbuch internationale Politik, Woyke, Wichard (Hrsg.), Opladen: Leske und Budrich, 8. Auflage, 2000, S. 537-546, S. 544.
[191] Vgl. dazu Teil 1, Kapitel 3, Abschnitt 1.1.
[192] Vgl. Teil 2, Kapitel 5, Abschnitt 2.1.
[193] Vgl. Rode, Reinhard: Weltregieren durch internationale Wirtschaftsorganisationen, Münster, Hamburg, London: Lit, 2002, S. 71f.

Ein Aufgreifen von Interessen der EL und deren Teilnahme an bestimmten Treffen ist dagegen im Interesse der Förderung von Akzeptanz bei Nichtmitgliedern unabdingbar und kann sich positiv auf die Berücksichtigung von Interessen der EL in anderen internationalen Organisationen auswirken. An einem neuen, durch EL und Industrieländer besetzten informellen Beratungsgremium dürfte jedoch von Seiten der Industrieländer kaum ein Interesse bestehen. Hierfür stehen bereits die Gremien der UN zur Verfügung.

3.5. Würdigung und Ausblick

Im Gegensatz zum innerstaatlichen Recht, bei dem demokratisch gewählte Repräsentanten der Mehrheit Entscheidungen treffen können, die auch die Minderheit verpflichten, entwickelt sich Völkerrecht (fast) ausschließlich durch die übereinstimmende Koordination aller beteiligten Staaten. Diese koordinieren sich entweder durch völkerrechtliche Verträge oder gewohnheitsrechtliche Regeln.[194] Das Völkerrecht spiegelt letztlich nur den Zustand der internationalen Beziehungen wider, es kann nicht von sich aus Probleme in den Beziehungen zwischen den Staaten verhindern oder lösen. Es kann jedoch sinnvolle und allgemein akzeptierte Regeln für die Koordination, den Interessenausgleich und die Konfliktschlichtung entwickeln und verbindlich zu machen versuchen, welche den Akteuren in der internationalen Politik eine einigermaßen stabile Grundlage für ihr Handeln bieten.[195] Völkerrecht repräsentiert die Struktur des internationalen Systems, das es regelt, ebenso wie die politischen und ideologischen Kräfte sowie die Machtverteilung in diesem System und die Art und Weise, in der die Glieder des Systems ihre Interessen verfolgen und das entsprechende Verfahren regeln.[196] Angesichts der bestehenden machtpolitischen Verteilung dürfte es daher schwierig sein, die geltenden Regeln im Interesse der EL allgemein abzuändern. Möglichkeiten, die bestehenden institutionellen Strukturen auf internationaler Ebene abzuändern, sind begrenzt. Neuen formellen oder informellen Beratungsgremien, die gleich mit EL und entwickelten Ländern besetzt sind, dürften keine großen Chancen eingeräumt werden. Ihr Einfluss auf die Weltpolitik wäre zudem fraglich. Bei einer Ausweitung der G7 um einige EL stellt sich die Frage, inwieweit ein solches Gremium fähig wäre, eine Steuerungsleistung zu erbringen. Dennoch ist eine weitergehende Beteiligung und Berücksichtigung der Interessen der EL auch im Rahmen der G7 wünschenswert.

Nach wie vor sind es die G7-Staaten, die die Weltwirtschaft durch die Wahrnehmung ihre Gruppenhegemonie auf der Basis der wirtschaftlichen Machtverteilung steuern. Eine Weiterentwicklung der bestehenden Regeln in Richtung einer gerechteren Wohlstandsverteilung ist – wie oben dargelegt – aber langfristig auch im Interesse der Industriestaaten erforderlich. Rittberger und Zangl gehen davon aus, dass

---

[194] Vgl. Volger, Helmut: Völkerrecht, in: Lexikon der internationalen Politik, Albrecht, Ullrich/ Volger, Helmut (Hrsg.), München, Wien: Oldenbourg, 1997, S. 540-543, S. 540.

[195] Vgl. Volger, Helmut: ebenda, S. 543.

[196] Vgl. Wittkämper, Gerhard W./ Obszernikus, Britta: Völkerrecht/ Internationales Recht, in: Handwörterbuch internationale Politik, Woyke, Wichard (Hrsg.), Opladen: Leske und Budrich, 8. Auflage, 2000, S. 506-513, S. 506.

die WTO vor der ständigen Herausforderung steht, flexibel zu bleiben. Es wird sehr viel davon abhängen, ob und wie es ihr gelingt, Umweltschutzbelange und Armutsbekämpfung mit der weiteren Liberalisierung des Handels zu vereinen.[197]

Auch mit den bestehenden institutionellen Regelungen ist eine Art Sonderrecht für die LDCs entstanden. Die geltenden Ausnahmen für die LDCs haben sicherlich zum Teil altruistische Hintergründe, zum anderen sind sie im Sinne einer Machterhaltung der Industriestaaten unschädlich, da sie zum einen oftmals wenig effektiv genutzt werden können und zum anderen ein Aufholen der LDCs in die Riege der Schwellenländer in den nächsten Jahrzehnten unwahrscheinlich erscheint. Im Rahmen der WTO ist mit der Verbreiterung des Regelungsbereichs auch mit einer weiteren Ausweitung von Sonderregeln für LDCs zu rechnen. Auch ein weiterer Ausbau der technischen Hilfe im Handelsbereich liegt nahe, um die LDCs zu befähigen, die geltenden Regeln anzuwenden und an der Arbeit der WTO teilzunehmen. Angesichts der für die Industrieländer eher langfristigen Vorteile und Interessen ist trotz des auf Grund der wachsenden Armut dringenden Handlungsbedarfs mit den bestehenden Strukturen ein Durchbruch bei der internationalen Politikkoordinierung zu Gunsten der LDCs jedoch nicht zu erwarten.

[197] Vgl. Rittberger, Volker/ Zangl, Bernhard: Internationale Organisationen – Politik und Geschichte, Opladen: Leske und Budrich, 3. Auflage, 2003, S. 234.

Kapitel 2: Koordination der operativen Tätigkeiten internationaler Organisationen

Neben der Tätigkeit der Politikkoordination im Rahmen internationaler Organisationen ist als zweiter großer Bereich die Koordination der operativen Tätigkeiten internationaler Organisationen auf der Ebene des einzelnen EL zu erörtern.

In Teil 1 wurde bereits herausgearbeitet, dass Koordination nicht mehr nur zur Vermeidung von Doppelarbeit oder zur Bündelung von Ressourcen erforderlich ist, sondern dass Kooperation zwischen den Organisationen daneben als ein Schlüsselfaktor zur Sicherstellung der effektiven Integration aller für die Entwicklung wichtigen Sektoren in Unterstützung globaler Strategien anzusehen ist.[198] Vor diesem Hintergrund sollen im nächsten Abschnitt Strategie- und Programminstrumente untersucht, sowie im Anschluss zwei weitere, speziell im Handelsbereich bestehende Mechanismen dargestellt und bewertet werden. Weitere Abschnitte werden sich hier, wie bereits oben im Rahmen der internationalen Politikkoordinierung, mit den Voraussetzungen und Schranken der Koordination auf Länderebene, sowie mit Möglichkeiten zur Verbesserung von Zusammenarbeit und Koordination befassen.

1. Koordinationsleistungen internationaler Organisationen auf Länderebene

Als Koordinationsleistung internationaler Organisationen auf der operativen Ebene kann angesehen werden, wenn ein Mechanismus etabliert wird, der in der Praxis funktioniert, d.h. der im Vergleich zu einer Situation ohne Koordination zu einem besseren Ergebnis führt. Im Folgenden können nicht alle Koordinationsmechanismen dargestellt werden. Wie bereits in Teil 1 dargelegt, erfolgen Zusammenarbeit und Koordination auf verschiedenen Ebenen.[199] So kann man allein für die Koordination der technischen Zusammenarbeit die folgenden Ebenen ausmachen:

1. zwischenstaatliche Ebene
2. Koordination auf der Sekretariatsebene
   a) innerhalb des einzelnen Sekretariates
   b) zwischen den Sekretariaten verschiedener Organisationen
3. Koordination vor Ort („in the field")
   a) Auf der nationalen Ebene des EL
   b) Auf regionaler Ebene.[200]

Zu verweisen ist hier auf die bereits in Teil 2 erfolgte Darlegung des „Chief Executive Board" als Koordinationsgremium auf Sekretariatsebene,[201] das durch seine

---

[198] Vgl. Teil 1, Kapitel 3, Abschnitt 2.2.2.
[199] Vgl. Teil 1, Kapitel 3, Abschnitt 3.
[200] Die Unterscheidung geht zurück auf JIU/REP/87/5: Technical co-operation between organizations of the UN system and the least developed countries, enthalten in A/43/228 vom 21. März 1988, S. 33ff, zu den Ebenen der Koordination vgl. bereits Teil 1, Kapitel 3, Abschnitt 3.2.

Richtlinien Einfluss auf die operativen Tätigkeiten auf Länderebene hat. Die auf Länderebene wichtigsten Koordinationsgremien der Entwicklungshilfe bildeten bereits seit Anfang der 80er Jahre des letzten Jahrhunderts die unter der Führung der Weltbank stattfindenden „Konsultativgruppen-Treffen“ sowie die unter der Leitung des UNDP stehenden „Runden Tische“.[202] Zu nennen ist aber auch das „Special Programme of Assistance for Africa“ (SPA), dass in „Strategic Partnership for Africa“ umbenannt wurde und unter dem Vorsitz der Weltbank steht.[203]

Im Folgenden wird sich die Arbeit auf Grund ihrer Bedeutung mit einigen Strategie- und Programminstrumenten auf Länderebene befassen und untersuchen, ob diese geeignet sind, die Zusammenarbeit der internationale Organisationen sowie mit anderen bilateralen Gebern zu fördern. In einem weiteren Abschnitt wird auf Koordinationsmechanismen und Programme speziell im Handelsbereich eingegangen.

1.1. Strategie- und Programminstrumente als Koordinationsmechanismen auf Länderebene

Politik- oder strategische Planungsrahmen (sog. „Country-level strategic planning frameworks“) verschiedener Organisationen auf Länderebene können zu verstärkter Koordination vor Ort im Entwicklungsland führen, wenn diese Planungsrahmen aufeinander abgestimmt sind und sich ergänzen und insgesamt eine in sich konsistente Entwicklungsstrategie verfolgen.[204] Bereits bei der Aufstellung derartiger Instrumente können verschiedene Akteure zusammenarbeiten.

Im Laufe der Zeit und mit der Entstehung neuer Einheiten und Organisationen wurden im UN-System und anderen internationalen Organisationen verschiedene sog. Strategie- und Programmrahmenwerke entwickelt. Einigkeit besteht, dass das EL oder in der neueren, das Partnerschaftsverhältnis zwischen den Organisationen und dem EL betonenden Terminologie, das Partnerland, selbst im Zentrum des Entwicklungsprozesses stehen, diesen leiten, koordinieren und die Prioritäten bestimmen soll. Dies wird unter dem Begriff der „Ownership“ des Landes zusammengefasst. Programminstrumente sollen also auf Plänen des Entwicklungslandes selbst aufbauen bzw. durch das Entwicklungsland selbst aufgestellt werden, mit Unterstützung der entsprechenden Organisation, die das Papier als Grundlage für die Zusammenarbeit verlangt. Resolutionen der GA in Bezug auf die operativen entwicklungspolitischen Tätigkeiten, aber z.T. auch Beschlüsse anderer Organisationen, haben wiederholt übereinstimmend das Prinzip betont, dass auf der Ebene des Entwicklungslandes die Empfänger-Regierungen die Hauptverantwortung für die Koordination, das Design und das Management der externen Entwicklungshilfe haben und das die nationalen Pläne und Prioritäten den Referenzrahmen für die nationale Programmaufstellung der operativen Entwicklungsaktivitäten des UN-

---

201 Vgl. Teil 2, Kapitel 1, Abschnitt 5.4.1.

202 Vgl. dazu Teil 2, Kapitel 2, Abschnitt 1.2.3.

203 Vgl. dazu ebenfalls Teil 2, Kapitel 2, Abschnitt 1.2.3.

204 Vgl. zu Letzterem Teil 1, Kapitel 1, Abschnitte 2 und 4.3.

Systems bilden sollten. Die GA betont, dass die Organisationen des UN-Systems die koordinierende Rolle der Regierungen durch eine rationalisierte und integrierte Reaktion aller Elemente des Systems auf die ländergesteuerten Entwicklungsprioritäten unterstützen sollen.[205]

Auch das Aktionsprogramm für die LDCs für die Dekade 2001 bis 2010[206] führt aus, es gebe eine Notwendigkeit, Kohärenz zwischen den bereits bestehenden Agenden und Aktionen der verschiedenen multilateralen Organisationen, insbesondere der UN, der WTO und der BWIs, in Bezug auf die nationale Entwicklung in jedem LDC herzustellen. Bereits in den verschiedenen internationalen Organisationen bestehende Agenden und Prozesse zur Unterstützung der LDCs könnten innerhalb von deren Mandaten und Aufgaben, das Aktionsprogramm und die nationalen Aktionsprogramme zur Identifikation von Konvergenzpunkten und Aktionen heranziehen. Regelmäßiger und systematischer Informationsaustausch und Koordination sowie Synchronisation zwischen den Beteiligten und den Akteuren könne bei der Umsetzung von Entwicklungsstrategien helfen.[207]

Bereits in einem Bericht der „Joint Inspection Unit" von 1996 wurde die Frage aufgeworfen, wie die Empfängerregierung realistischerweise derartige Rahmen koordinieren kann, welche sie nicht selbst verwaltet oder auf welche sie äußerst wenig Kontrolle ausübt, insbesondere in Bezug auf Entscheidungen über Ressourcenallokation.[208] Die JIU fasst das Problem treffend zusammen:

„The multiplicity of policy and programming frameworks employed by external development partners illustrate the challenge of coordination.... The UN intergovernmental system, its fragmentary nature is mostly responsible for the numerous frameworks and coordination problems within the multilateral development systems."[209]

Die meisten Koordinationsprobleme sind in den Ländern konzentriert, in denen die Zuflüsse an externer Hilfe einen substantiellen Anteil des Entwicklungsbudgets ausmachen. In Ländern, in denen die externe Hilfe im Vergleich zu einheimische Ressourcen und ausländische Direktinvestitionen einen relativ kleinen Umfang ausmachen, scheint es für den nationalen Entwicklungsprozess nur wenig Einfluss zu haben, ob die Rahmen der öffentlichen Entwicklungshilfe (ODA) koordiniert werden oder nicht. Da die LDCs sehr abhängig von ODA sind, ist es gerade diese Gruppe von Ländern, in denen Koordinationsprobleme entstehen. Paradoxerweise, so der JIU-Bericht, vermehren sich gerade in diesen Ländern, die ohnehin nur geringe Entwicklungsmanagement- und Koordinationsfähigkeiten haben, die Politik-

---

[205] Vgl. JIU/REP/96/3: Coordination of policy and programming frameworks for more effective development cooperation, enthalten in Dokument A/51/636 bzw. E/1996/104 vom 31. Oktober 1996, S. 1, vgl. u.a. GA-Resolutionen 44/211 (1998), 47/199 (1992) und 50/120 (1995).

[206] Vgl. dazu Teil 1, Kapitel 2, Abschnitt 3.2.

[207] Vgl. A/CONF.191/11 vom 8. Juni 2001: Programme of Action for the Least Developed Countries, angenommen am 20. Mai 2001 in Brüssel, S. 6, Ziff. 17.

[208] Vgl. die JIU: ebenda, S. 6, Ziff. 22.

[209] Vgl. die JIU: ebenda, S. V.

und Programmierungsrahmenwerke sehr stark.[210] Dies wurde insoweit durch die Einführung des neuen Erfordernisses der Aufstellung von PRSPs in Ländern mit niedrigem Einkommen als Voraussetzung für Schuldenerlass unter der HIPC-Initiative, für Kreditgewährung und Anpassungshilfen bestätigt.

1.1.1. Die „Poverty Reduction Strategy Papers"

Die Weltbank arbeitet auf der Basis von „Comprehensive Development Frameworks" (CDF)[211] und die „Country Assistance Strategies" der Weltbank bilden die Grundlage für Entscheidungen in Bezug auf die Allokation von Krediten. Der IMF fordert „Memoranda of Economic and Financial Policies", die die sog. „Letter of Intent" begleiten, und die regelmäßig an den IMF zu übersenden sind, um finanzielle Unterstützung von den BWIs zu erhalten. In Ländern mit geringem Einkommen verlangen IMF und Weltbank zudem die Aufstellung der „Poverty Reduction Strategy Papers", von denen eine Schuldenreduzierung und sonstige Unterstützung des Landes abhängig gemacht wird.[212] Sowohl CDF als auch PRSP befassen sich mit Fragen der Armutsreduzierung.

Auf seiner Sitzung am 27. September 1999 hatte das „Development Committee"[213] Vorschläge gebilligt, dass alle Länder mit niedrigem Einkommen, die Schuldenerlass unter der HIPC-Iinitiative oder konzessionelle Kredite von der Weltbank (durch die IDA) oder den IMF („Poverty Reduction and Growth Facility") erhalten, Strategien zur Reduzierung der Armut aufstellen sollen, die durch das jeweilige Land gesteuert, ergebnisorientiert und langfristig ausgerichtet sein sollen. Ergebnisorientiert heißt, dass die Länder die Natur der Armut verstehen sollten und bestimmen können, welche öffentlichen Aktionen die größte Auswirkung auf die Armen haben. Eine Transformation von diesem Ausmaß macht es erforderlich, die Institutionen so zu formen, dass sie rechenschaftspflichtig gegenüber allen sind, einschließlich den Armen und die Kapazität des Landes so aufzubauen, dass es auf die Bedürfnisse der Armen eingehen kann. Ergebnisse stellen sich nur bei langfristiger Zusage der Regierung des Entwicklungslandes und ihrer nationalen und internationalen Partner ein.[214] Da Ursachen für Armut sehr komplex und multidimensional sind, sollen die Strategien ebenfalls umfassend sein und Pläne für rapides Wirtschaftswachstum, solide makroökonomische Politiken, Strukturreformen und soziale Verbesserungen enthalten.[215]

---

[210] Vgl. JIU/REP/96/3: Coordination of policy and programming frameworks for more effective development cooperation, enthalten in Dokument A/51/636 bzw. E/1996/104 vom 31. Oktober 1996, S. 7, Ziff. 28.
[211] Vgl. Teil 2, Kapitel 2, Abschnitt 1.2.1.
[212] Vgl. dazu Teil 2, Kapitel 2, Abschnitte 1.2.1. und 2.2.1.
[213] Vgl. Teil 2, Kapitel 2, Abschnitt 1.1.
[214] World Bank: Partners in Transforming Development: New Approaches to Developing Country-Owned Poverty Reduction Strategies, The World Bank Group 2000, S. 4, im Internet unter http://www1.worldbank.org/prsp/PRSP_Related_Documents/ brochure_english.pdf.
[215] Vgl.World Bank: ebenda, S. 4.

Ziel der PRSP's ist es, die Inhaberschaft des Landes für die Strategien zur Armutsreduzierung zu stärken, die Beteiligung der Zivilgesellschaft einschließlich der Armen selbst bei der Aufstellung der Strategien zu erweitern, die Koordination zwischen den Entwicklungspartnern zu verbessern und die analytischen, Beratungs- und finanziellen Ressourcen der internationalen Gemeinschaft auf erreichbare Ergebnisse bei der Armutsreduzierung zu fokussieren.[216] Es wurde erwartet, dass die PRSPs als Rahmen für die Entwicklungszusammenarbeit nicht nur von IMF und Weltbank dienen würden. Die Verwaltungsräte von IMF und Weltbank forderten, dass nach zwei Jahren eine Überprüfung der PRSP-Methode erfolgen soll, der IMF-Verwaltungsrat forderte zusätzlich eine Überprüfung der „Poverty Reduction and Growth Facility" (PRGF).[217]

Das auf der Strategie zur Armutsreduzierung („Poverty Reduction Strategy", PRS) basierende „Poverty Reduction Strategy Paper" soll letztendlich die von der Bank entwickelten Prinzipien des „Comprehensive Development Framework" (CDF) in praktische Aktionspläne umsetzen.[218] Während das CDF eine Methode zur Politikformulierung darstellt, die auf einer größeren Balance zwischen wirtschaftlichen, humanen und strukturellen Elementen von Entwicklung und auf neuen Partnerschaften zur Unterstützung der Länder bei Erreichen der Balance basiert, soll die PRS diese Prinzipien umsetzen. Die Erfahrungen, Forschungen sowie die Meinung der Armen selbst heben hervor, dass solche Belange wie Einbeziehung, Gerechtigkeit, Korruption, Geschlechterperspektiven und Umwelt, d.h. eigentlich außerhalb des Bereichs des wirtschaftlichen Managements liegende Belange, fundamental für bleibende Entwicklungsergebnisse und nachhaltige Armutsreduzierung sind. Beide, das CDF und die PRS, stellen sich einen Entwicklungsprozess vor, der durch das Land bestimmt, umfassend, langfristig, ergebnisorientiert und mit den Entwicklungspartnern abgestimmt ist.[219] Die Weltbank betont die Komplementarität zwischen PRSP und CDF: eines, das die prinzipiellen Prioritäten für eine Anti-Armutsentwicklung indiziert, das andere, das die Strategie für Interventionen niederlegt, um diese Prioritäten anzugehen. Das CDF wurde jedoch durch die PRSPs überschattet, hauptsächlich weil es nicht mit neuen Finanzierungsmöglichkeiten verbunden ist. Die Weltbank benutzt die Formulierung der „Umsetzung der CDF-Prinzipien: „Ownership" des Landes, regierungsgeleitete Koordinierung von Entwicklungshilfe und Harmonisierung von Geberpraktiken.[220]

---

[216] Vgl. World Bank: Partners in Transforming Development: New Approaches to Developing Country-Owned Poverty Reduction Strategies, The World Bank Group 2000, S. 3, im Internet unter http://www1.worldbank.org/prsp/PRSP_Related_Documents/ brochure_english.pdf.
[217] Vgl. IMF: Public Information Notice (PIN), Nr. 02/31 vom 15. März 2002: IMF Executive Board Reviews the Poverty Reduction Strategy Paper (PRSP) Approach, S. 1 und FN 1.
[218] Vgl. dazu bereits Teil 2, Kapitel 2, Abschnitt 1.2.1.
[219] Vgl. die World Bank: ebenda, S. 4.
[220] Vgl. UNDP Policy Note: UNDP's engagement in Poverty Reduction Strategy Papers, August 2002, S. 4, im Internet unter http://www.undp.org/policy/docs/prsp.pdf, Ausdruck vom 1. April 2003.

Jedes PRSP wird zusammen mit einem „PRSP Preparation Status Report“ von zwei bis vier Seiten sowie einem etwa zweiseitigen „Joint Staff Assessment“ (JSA) an die Exekutivräte von Weltbank und IMF zur Entscheidung übermittelt. Das JSA wird von Mitarbeitern der beiden Organisationen gemeinsam erarbeitet. Hierzu wurden gemeinsame Richtlinien für die Mitarbeiter von IMF und Weltbank herausgegeben. Das JSA evaluiert die Stärken und Schwächen der Ziele der Armutsreduzierung eines Landes und legt dar, ob das PRSP oder das sog. vorläufige („interim“) PRSP eine solide Basis für konzessionelle Hilfe von Weltbank und IMF sowie für Schuldenerlass unter der „Enhanced Heavily Indebted Poor Countries“ (HIPC) Schuldeninitiative ist.[221]

Die vorläufigen PRSPs sollen eine Erklärung zum Engagement zur Armutsreduzierung durch die Regierung enthalten, bevorzugt zum Engagement in Bezug auf den Fortschritt in Richtung der Erreichung der Millenniumsentwicklungsziele. Zudem sollen sie die Natur des Armutsproblems, seinen Umfang und sein Muster sowie die wesentlichen Elemente bestehender Strategien der Regierung zu dessen Lösung darlegen. Neben einer Frist soll der vorgesehene Prozess zur Erarbeitung eines vollständigen PRSP in einer partizipatorischen Art und Weise dargelegt werden. Dies soll die erforderliche internationale Hilfe einschließen. Zudem werden eine Dreijahres-Politikmatrix und die Darlegung eines makroökonomischen Rahmens gefordert.[222] Die PRSPs sollen alle drei Jahre überprüft werden. Jährliche Fortschrittsberichte sind zu erstellen. Seit Juli 2002 formen die kompletten PRSPs (im Unterschied zu den „interim PRSPs“) die Basis für die „Country Assistance Strategies“ der Weltbank in den IDA-Ländern.[223]

Idealerweise sollten sich alle Geber und multilateralen Entwicklungsinstitutionen an der Aufstellung der PRS beteiligen, ihre spezifische Beteiligung identifizieren und direkte Zusagen zur Unterstützung dieser Beteiligung machen. Weltbank und

---

[221] Wenn dies der Fall ist, enthält das JSA das folgende Statement: „The staffs of the World Bank and the IMF consider that progress on the development of the full PRSP, as evidenced by the PRSP Preparation Status Report, is satisfactory and provides sound basis for continued access to Fund concessional assistance and IDA adjustment lending. The staffs recommend that the respective Executive Directors of the World Bank and the IMF reach the same conclusion.“, vgl. IMF and World Bank Joint Staff Guildelines on PRSP Preparation Status Reports and Accompanying JSAs, 27. September 2001, im Internet unter http://www.imf.org/external/np/prspgen/glines/2001/092701.htm, Ausdruck vom 28. Februar 2003. Eine Übersicht über die JSAs für einzelne Länder findet sich unter http://www.imf.org/external/np/jsa/index.asp, vgl. zur HIPC-Initiative Teil 2, Kapitel 2, Abschnitt 2.2.2., sowie zu den PRSPs Teil 2, Kapitel 2, Abschnitt 1.2.1.

[222] Vgl. UNDP Policy Note: UNDP's engagement in Poverty Reduction Strategy Papers, August 2002, S. 3, im Internet unter http://www.undp.org/policy/docs/prsp.pdf, Ausdruck vom 1. April 2003.

[223] Vgl. WT/LDC/SWG/IF/15/Rev.1 vom 17. April 2001: Report on the Seminar by the Integrated Framewor Core Agencies, The Policy Relevance of Mainstreaming Trade Into Country Development Strategies: Perspectives of Least-Developed Countries, WTO, Geneva, 29-30 January 2001, Panel D: Presentations, Aksoy, Ataman/ Dadush, Uri B.: Tackling the Trade Agenda in the Poorest Countries, S. 112-121, S. 114.

IMF wollten die Landesbehörden dabei unterstützen, alle Entwicklungspartner umfassend und frühzeitig in den Prozess einzubeziehen. Die PRS soll es den Gebern ermöglichen, ihre Hilfszusagen zu planen und den Empfängerregierungen und der Zivilgesellschaft ihre Expertise auf der Basis einer eigenen Strategie des Landes zur Verfügung zu stellen. Das sollte sich überschneidende Konditionalitäten, Doppelarbeit und die Vergeudung von knappen nationalen Verwaltungsressourcen vermeiden. Schließlich sollte eine stärkere und mehr koordinierte Teilnahme der gesamten Gebergemeinschaft helfen, den Prozess zur Erreichung der international vereinbarten Entwicklungsziele in Gang zu setzen.[224] Durch Identifizierung des Umfangs der externen Unterstützung, sowohl finanziell als auch technisch, die die Umsetzung der Strategie erfordert, sollen Effektivität und Effizienz erhöht werden. Die Auswirkungen höherer oder geringerer Hilfezusagen auf die Armut, einschließlich der aktuellen Einsparungen durch den Schuldenerlass könnte ebenso durch die Strategie erörtert werden.[225]

In Bezug auf den Beitrag der PRS auf den Handelsbereich wurde der PRS-Prozess vom damaligen WTO-Generaldirektor Mike Moore begrüßt. Er führte auf einer Tagung des Allgemeinen Rates der WTO aus, dass ein integrierteres Vorgehen bei der handelsbezogenen Hilfe und dem „Capacity building" erforderlich sei. In diesem Zusammenhang drückte er seine Ansicht aus, dass der neue PRSP-Prozess der Weltbank und des IMF dabei eine zentrale Rolle spielen wird und die WTO dies unterstützen müsse. Er begrüßte sehr, dass Handelspolitikreform und handelsbezogenes „Capacity building" zu einem integralen Bestandteil des PRSP-Prozesses werden sollen. Angesichts der Ressourcen, die durch den PRSP-Prozess nicht nur durch die Weltbank und den IMF, sondern auch durch alle anderen involvierten Entwicklungspartner mobilisiert werden könnten, sei es für die WTO natürlich, den PRS-Prozess als „focal point" für die eigene technische Hilfe und unterstützenden Bemühungen anzusehen. Insbesondere das „Integrated Framework" der WTO für LDCs könne einen essentiellen Beitrag zu diesem Vorgehen leisten. Wie der PRS-Prozess sei das IF nachfrageorientiert und in der Hand der Regierungen. Es schließe eine ganze Anzahl von Entwicklungspartnern jedes Landes ein. Mit einem Ausrichten des IF auf den PRS-Prozess könne man die Möglichkeiten substantiell verbessern, großzügige Geberfinanzierung dafür zu gewinnen.[226] Damit die WTO ein effektiver Partner in diesem Prozess sein könne, müsse die WTO die eigenen Ressourcen für technische Hilfe und Training erhöhen. Selbst mit zukünftig viel größerer Involvierung der Weltbank und des IMF bei der Bereitstellung von Hilfe in Bezug auf die Implementierung von WTO-Verpflichtungen bleibe dies doch eine Verpflichtung der WTO und ihrer Mitglieder.

---

[224] Vgl. World Bank: Partners in Transforming Development: New Approaches to Developing_Owned Poverty Reduction Strategies, The World Bank Group, März 2000, S. 4, http://www1.worldbank.org/prsp/PRSP_elated_Documents/brochure_english.pdf.

[225] Vgl. World Bank: ebenda, S. 5.

[226] Vgl. Moore, Mike: Coherence in global economic policy making: WTO cooperation with the IMF and the World Bank, Speaking Note, Treffen des General Council am 18. Januar 2001, http://www.wto.org/english/news_e/spmm_e/spmm49_e.htm.

„That is why I am continuing to look to improve and regularize the funding of the WTO's technical cooperation activities. We need a regular budget sufficient to enable us to plan two to three years ahead and respond to increasing demands."[227]

Dieser Voraussetzung dürfte die WTO nunmehr mit der Aufstellung von Plänen zur technischen Hilfe nähergekommen sein. Auf seinen Reisen nach New York und Afrika wiederholte Moore die Kernbotschaft:

„... trade must be mainstreamed and it is vital that capacity building is put into Poverty Reduction Strategy papers because this is the basis for World Bank and IMF funding decisions in the future."[228]

Die UN und auch andere Organisationen wie die EU wollen sich am PRSP-Prozess beteiligen. So führte u.a. die GA in ihrer Resolution 56/201 vom 21. Dezember 2001 aus, dass das UN-Entwicklungssystem, um nationale „Ownership" seiner operativen Aktivitäten für Entwicklung sicherzustellen, seine Operationen auf Länderebene in nationale Entwicklungs- und Armutsreduzierungspolitiken und Programme einschließlich, wenn geeignet, nationaler Armutsreduzierungsstrategien unter der Führung der Regierung integrieren sollte.[229] Das UNDP unterstützt Länder bei der Aufstellung ihrer PRSPs. Verschiedene UNDP Länderbüros haben u.a. in den drei LDCs Benin, Laos, und Lesotho relevante Politikberatung zur Verfügung gestellt und die Erarbeitung von Papieren über Makroökonomik und Armutsreduzierung für „Round Table Meetings" unterstützt.[230]

Wesentliche Herausforderungen sind z.B. die Kapazitätsbeschränkungen, einschließlich der Vorbereitungskapazitäten, die Verfügbarkeit von guten und aktuellen Daten und ein klares Verständnis der Erwartungen an den Inhalt und den Prozess der Aufstellung der vorläufigen und endgültigen PRSPs. Schwächen gibt es auch in Bezug auf die Kohärenz zwischen dem Makrorahmen und den PRSPs, dem Mangel an detaillierten und kalkulierten Armutsreduzierungsprogrammen und Aktionen und an einer Risikobewertung. Spannungen im PRSP-Prozess sind einem WTO-Dokument zufolge inhärent und unvermeidbar, da die Länder verschiedene Belange auszubalancieren haben: Transparenz, Verantwortlichkeit, gute Regierungsführung, „Empowerment" der Armen, die Qualität des Dokuments mit der Einhaltung des Zeitrahmens, sowie „Ownership" des Landes gegenüber der Bewertung und der Unterstützung durch die Geber. Es bestehe eine Notwendigkeit zur

---

227 Vgl. Moore, Mike: Coherence in global economic policy making: WTO cooperation with the IMF and the World Bank, Speaking Note, Treffen des General Council am 18. Januar 2001, http://www.wto.org/english/news_e/spmm_e/spmm49_e.htm.

228 Vgl. Moore, Mike: Report to the Council by the Director General, WTO News vom 13. Februar 2002, im Internet unter: http://www.wto.org/english/news_e/news02_e/swift_action_e.htm, Ausdruck vom 5. April 2002.

229 Vgl. GA-Resolution 56/201 vom 21. Dezember 2001: Triennial policy review of operational activities for development of the United Nations system, S. 3, Ziff. 7.

230 Vgl. UNDP Policy Note: The Role of Economic Policies in Poverty Reduction, April 2002, S. 5, im Internet unter http://www.undp.org/policy/docs/policynotes/economic-policies-poverty-reduction.doc, Ausdruck vom 15. Januar 2003, vgl. zum UNDP Teil 2, Kapitel 1, Abschnitt 3.2.

Klarstellung der Rolle der Entwicklungspartner und der Erwartungen von Weltbank und IMF.[231] In Bezug auf das Kriterium der „Ownership wird im Zusammenhang mit den PRSPs zum Teil starke Kritik geübt. So seien die „gewählten" Politiken und Strategien bereits weitgehend durch die Bedingungen von Krediten und multilateralen Politikzusagen bestimmt. Damit gelte das „Ownership"-Kriterium nur pro forma.[232]

Die PRSPs enthalten langfristige Ziele und Indikatoren. Jedoch sind gut definierte Ergebnisse und auch solche, die eher kurzfristig erreicht werden sollen, aufzuführen. Ist dies nicht der Fall, riskieren die PRS, dass sie wie Strategien zuvor von der „Gebermüdigkeit" erfasst werden.[233]

Die durch die „Poverty Reduction Frameworks" angestrebte Integration von Armutsreduzierung in einen makroökonomischen Politikrahmen ist nicht frei von Schwierigkeiten. Dies schließt das Gebiet der Verbindung von Mikro- und Makro-Politiken ein, das sowohl in der Theorie als auch in der Praxis der Wirtschaft oder Sozialwissenschaft noch nicht zufriedenstellend aufgenommen worden ist. Konsequenterweise besteht der gesamte Prozess zum großen Teil aus „learning by doing".[234]

Die GA sprach sich im Hinblick auf verstärkte Komplementarität und bessere Arbeitsteilung sowie bessere Kohärenz in sektoralen Aktivitäten mehrfach ausdrücklich für größere Kooperation zwischen der Weltbank, regionalen Entwicklungsbanken und allen Fonds und Programmen aus. Dabei sollten deren jeweilige Kompetenzen, Mandate und komparativen Vorteile berücksichtigt, auf bestehende Arrangements aufgebaut und in voller Übereinstimmung mit den Prioritäten der Empfängerregierung gearbeitet werden. Sie betonte die Bedeutung der unter der Leitung der Empfängerregierung erfolgenden Sicherstellung von größerer Konsistenz zwischen den von den UN Fonds, Programmen und Organisationen und den Bretton-Woods-Institutionen entwickelten strategischen Rahmen und den nationalen Strategien zur Armutsreduzierung, wo diese bestehen.[235]

---

[231] Vgl. WT/LDC/SWG/IF/15/Rev.1 vom 17. April 2001: Report on the Seminar by the Integrated Framework Core Agencies, The Policy Relevance of Mainstreaming Trade Into Country Development Strategies: Perspectives of Least-Developed Countries, WTO, Geneva, 29-30 January 2001, Panel D: Aksoy, Ataman/ Dadush, Uri B.: Tackling the Trade Agenda in the Poorest Countries, S. 112-121, S. 114.

[232] Zu dieser Kritik an den PRSPs vgl. bereits Teil 2, Kapitel 2, Abschnitt 1.2.1.

[233] Vgl. Note to Heads of Delegation, Heads of Unit and Desk Officers, Poverty Reduction Strategy Papers: Guidance Notes vom 11. Mai 2000, Annex 2, S. 14, im Internet unter http://europa.eu.int/com/development/sector/poverty_reduction/guidelines_en.pdf, Ausdruck vom 15. Januar 2001.

[234] Vgl. Bevan, David L./ Adam, Christopher S.: Poverty Reduction Strategies and the Macroeconomic Policy Framework, Department of Economics, University of Oxford, 26. Juli 2000, S. 23.

[235] Vgl. z.B. GA-Resolution 56/201 vom 21. Dezember 2001: Triennial policy review of operational activities for development of the United Nations system, S. 7, Ziff. 44.

1.1.2. Das „United Nations Development Assistance Framework“

Nach wie vor erarbeitet jedoch jede der verschiedenen Institutionen eine Reihe eigener Dokumente, die sich oft mit denselben Aspekten befassen, z.B. mit einer Beschreibung der Situation des Landes. So erstellt das UN-System „Common Country Assessments“ (CCA) und „United Nations Development Assistance Frameworks“ (UNDAFs). Diese haben die vorher nur in einigen UN-Organisationen und nur für einige Länder verwendeten „Country Strategy Notes“ (CSN) abgelöst und stellen innerhalb der UN insoweit einen Fortschritt dar.

Mit Resolution 47/199 vom 22. Dezember 1992 hatte die GA betont, dass auf der Basis von Prioritäten und Plänen der Empfängerländer unter Leitung des residierenden Koordinators eine CSN formuliert werden sollte. Ziele waren die effektive Integration der durch das UN-System zur Verfügung gestellten Entwicklungshilfe in den Entwicklungsprozess der Länder und gesteigerte Verantwortlichkeit von interessierten Empfängerregierungen. Zudem sollte die Beurteilung und die Evaluierung der Wirkung und der Nachhaltigkeit diese Hilfe mit Hilfe und in Zusammenarbeit mit dem UN-System gefördert werden. Dabei sollten folgende Aspekte berücksichtigt werden:

a) Die CSN sollte darlegen, welchen Beitrag die operationalen Entwicklungsaktivitäten des UN-Systems in Antwort auf die von den Empfängerländern in ihren Plänen, Strategien und Prioritäten identifizierten Bedürfnisse leisten können.
b) Der Beitrag des UN-Systems zur CSN sollte unter Leitung der residierenden Koordinatoren erfolgen, um eine größere Koordination und Kooperation auf der Ebene des Entwicklungslandes zu fördern.
c) Die CSN sollte zu den Regierungsorganen jeder Finanzierungsorganisation als Referenz für die Überlegungen zu den spezifischen Länderprogrammen übermittelt werden.
d) Die spezifischen Aktivitäten jeder Finanzierungsorganisation des UN-Systems innerhalb des breiten Rahmens der „Country Strategy Note“ sollte in einem spezifischen Länderprogramm niedergelegt werden, das durch die Empfängerregierung erarbeitet wird, unterstützt von der Finanzierungsorganisation.[236]

Mit Resolution 50/120 von 1995 hatte die GA entschieden, dass die CSN dort, wo sie erstellt wurde, den gemeinsamen Rahmen für die Länderprogramme der Organisationen des UN-Systems bilden sollten, sowie für Programmierung, Überwachung und Evaluierung der UN-Aktivitäten in solchen Ländern.[237] Der UN-Generalsekretär geht 1995 in einem Bericht davon aus, dass eine stärkere Koordination zwischen dem UNDP, dem „Resident Coordinator System“ und den

---

[236] Vgl. GA-Resolution 47/199 vom 22. Dezember 1992: Triennial policy review of operational activities for development within the United Nations system, Ziff. 9.
[237] Vgl. GA-Resolution 50/120 vom 20. Dezember 1995, Ziff. 18.

multilateralen Finanzinstitutionen in der Erarbeitung der CSN auf Länderebene im Einklang mit den betreffenden Ländern stattgefunden hat.[238]

Mit der UN-Reform Kofi Annans in 1997 wurden nunmehr alle UN-Fonds und Programme aufgefordert, UNDAF als einen Rahmen zu entwickeln, der sicherstellt, dass die individuellen Länderprogramme der Fonds und Programme auf gemeinsamen Zielen und harmonisierten Zeitrahmen basiert.[239] Das „Common Country Assessment" (CCA) ist demgegenüber ein länderbasierter Prozess für die gemeinsame Überprüfung und Analyse der Entwicklungssituation und die Identifikation von Schlüsselfragen und Risiken, mit denen ein Land in seinem Entwicklungsprozess konfrontiert ist. Es bildet die Basis für die Aufstellung des UNDAF. CCA war jedoch schon vor der Reform in 1997 ursprünglich von der früheren „Joint Consultative Group on Policy" eingeführt worden. Auf Grund seiner Flexibilität könne es auch für ähnliche Planungsrahmen des UN-Systems, insbesondere auch unter speziellen Umständen angewendet werden. Der CCA-Prozess soll das Wissen der verschiedenen UN-Organisationen zusammenbringen. Beiträge von Organisationen ohne Präsenz vor Ort sollen über den residierenden Koordinator eingebracht werden.

UNDAF ist dagegen ein strategisches Instrument für Entwicklungsoperationen des UN-Systems. Es wurde 1997 in einer Gruppe von 18 Pilotländern als Teil der UN-Reform eingeführt. Es soll die Grundlage für verstärkte Kooperation zwischen dem UN-System, den Regierungen und anderen Entwicklungspartnern legen.[240] Wo es existiert, soll es der gemeinsame Planungsrahmen für die Entwicklungsoperationen des UN-Systems auf Länderebene sein und gemeinsame Ziele und Strategien für Zusammenarbeit, einen Programmressourcenrahmen und Vorschlägen für die Nachverfolgung, Überwachung und Evaluierung enthalten.[241] Die GA betonte die ländergeführte und beteiligende Natur des UNDAF und seine Rolle in der Förderung der Nachverfolgung internationaler Konferenzen.[242] Das ACC erarbeitete Richtlinien und gab ein unterstützendes Statement zur Umsetzung der GA-Resolution ab.[243] GA- Resolution 56/201 betonte erneut die Notwendigkeit der

[238] Vgl. A/50/784 vom 27. November 1995: Report of the SG: implementation of the recommendation of the JIU, S. 8, Ziff. 17.

[239] Vgl. A/53/226 vom 12. August 1998: Triennial comprehensive policy review of operational activities for development of the United Nations system, Bericht des UN-Generalsekretärs, S. 14, Ziff. 72.

[240] Vgl. die ACC Guidance Note on the Implementation of the Common Country Assessment (CCA) and United Nations Development Assistance Framework (UNDAF) Processes, Ziff. 5f.

[241] Vgl. GA-Resolution 56/201 vom 21. Dezember 2001: Triennial policy review of operational activties for development of the United Nations system, Ziff. 40.

[242] Vgl. GA-Resolution 53/192 vom 15. Dezember 1998: Triennial policy review of operational activties for development of the United Nations system, Ziff. 17-20, 22.

[243] „Particular attention will be paid to the full and effective participation of the organizations of the United Nations system in the preparation of common country assessments and the United Nations Development Assistance Framework (UNDAF). Cooperation among all rele-

aktiven Teilnahme der Fonds, Programme und Sonderorganisationen des UN-Systems in der Erarbeitung des UNDAF. Sie drängte darauf, dass die Organisationen Konsistenz und Komplementarität von Länderprogrammen und ähnlichen Instrumenten, die in einzelnen Organisationen angewendet werden, mit einem angenommenen UNDAF sicherstellen.[244] Da die Notwendigkeit bestehe, die Belastung nationaler Behörden und Mitarbeiter des UN-Systems von multiplen und komplexen Programmierungsprozessen zu entlasten, sollten Mitglieder des UN-Systems die Nutzung von UNDAF und CCA als Grundlage zur Vereinfachung und Harmonisierung ihrer eigenen Prozeduren in Betracht ziehen.[245] Im Mai 2002 bestanden 101 CCAs und 32 waren in Arbeit. 53 UNDAFs waren vervollständigt und 28 weitere in Vorbereitung.[246]

Die „Joint Inspection Unit" äußerte sich kritisch zum Inhalt der CCA/UNDAF. In einem Bericht der Inspektorin Bertrand wird ausgeführt, dass die CCA und UNDAF-Dokumente auf Länderebene auf ausgewählte soziale Fragen und Sektoren beschränkt sind. Dem makroökonomischen Zusammenhang, der Ressourcensituation (einschließlich der Kapazitäten des Landes, einheimische und externe Ressourcen mobilisieren zu können), sowie der finanziellen „Lebensfähigkeit" oder Nachhaltigkeit der vorgeschlagenen Programme im sozialen Sektor werden nicht die angemessene Aufmerksamkeit eingeräumt. Beziehungen zu öffentlichen Ausgabenprogrammen fehlten zu oft. Die CCA und UNDAFs stellen keine grundlegenden Informationen über Schlüsselfragen wie Fiskalpolitik, nationales Budget und dessen sektorale Verteilung oder das Steuersystem zur Verfügung.[247]

Das Risiko, dass die CCAs und UNDAFs unter Außerachtlassung der breiteren makroökonomischen und sektoralen Betrachtungen exklusiv auf soziale Sektoren und soziale Entwicklung fokussieren könnten, war bereits im 1999er Jahresbericht des UNDP-Administrators gesehen worden. Dies müsse von den Ländern in der folgenden Phase angesprochen werden. Gleichfalls wurde festgestellt, dass die folgenden CCAs und UNDAFs auf den Erfahrungen der Pilotphase aufbauen und eine höhere und konsistentere Qualität anstreben sollten. Als Problem angesprochen wurde die begrenzte Beteiligung der nicht vor Ort im Land vertretenen Organisati-

---

vant partners of the United Nations development system, including the Bretton Woods institutions will be ensured according to their respective mandates. The guidelines for the common country assessments and UNDAF explicitly provide for effective cooperation to this end", vgl. ACC/1999/4 vom 17. Juni 1999, Annex II, Ziff.4

244 Vgl. GA-Resolution 56/201 vom 21. Dezember 2001: Triennial policy review of operational activties for development of the United Nations system, Ziff. 35 und 41.

245 Vgl. die ACC Guidance Note on the Implementation of the Common Country Assessment (CCA) and United Nations Development Assistance Framework (UNDAF) Processes, Ziff. 6.

246 Vgl. E/2002/47 vom 14. Mai 2002: Operational Activities of the United Nations for international development cooperation, Progress in the Implementation of General Assembly Resolution 56/201, Bericht des UN-Generalsekretärs, S. 6, Ziff. 18.

247 Vgl. Bertrand, Doris: Report of the Joint Inspection Unit on the results approach in the United Nations: implementing the United Nations Millennium declaration, JIU/REP/2002/2, enthalten in Dokument A/57/372 vom 3. September 2002, S. 26, Ziff. 111.

onen und Agenturen. In der weiteren Umsetzung müsse eine bessere Beteiligung, insbesondere der regionalen Kommissionen und kleiner technischer Einheiten und Agenturen durch besondere Bemühungen erreicht werden.[248] Auch der Bericht des UNCTAD-Generalsekretärs vom 9. Juli 2001 hatte festgestellt, dass trotz Informationstechnologien die UN-Institutionen, die wie UNCTAD oder die regionalen Kommissionen, nicht direkt auf Länderebene repräsentiert sind, nur begrenzt in diese Prozesse involviert sind. Dies biete die Möglichkeiten, die Effizienz und Vernetzung des Systems zu verbessern, sowie Kooperation in alle Richtungen zwischen Zentrale und Feldebene zu erhöhen.[249]

Auf das UN-System hatte die Entwicklung des UNDAF-Konzeptes dennoch einen positiven Einfluss. Neben der Identifizierung gemeinsamer strategischer Prioritäten und der Errichtung eines Rahmens für Länderprogramme haben CCA und UNDAF dazu beigetragen, eine „Systemkultur" als einen wichtigen Teambildungsmechanismus zu entwickeln. Dies hat eine kollektive Identität von Länderteams durch Informationsaustausch und gemeinsamer Partnerschaft bei der Aufstellung einer Strategie der Zusammenarbeit verstärkt. Die Prozesse erfordern einer Evaluierung zufolge jedoch beträchtliche Ressourcen und Kenntnisse.[250]

1.1.3. Die „Country Strategy Papers" der EG

Die in Teil 2 als Exkurs behandelte Europäische Gemeinschaft arbeitet auf der Basis von sog. „Country Strategy Papers" (CSP) als ihrem Hauptinstrument zur Leitung, Verwaltung und Überprüfung ihrer Hilfsprogramme. Zwar liege die Hauptverantwortung für die gesamte landesspezifische Koordination beim Partnerland, enge Kooperation der Mitgliedstaaten und der Kommission, basierend auf den Richtlinien zur Stärkung der operationalen Kooperation sei aber wichtig. In einer Entschließung des Rates, auf die auch die Planung einer neuen Entwicklungsstrategie durch die Kommission zurückging[251] führt der Rat unter der Überschrift „Stärkung von Koordination und Komplementarität" aus, dass länderspezifische enge Koordination der Entwicklungszusammenarbeit der EG auf der Basis der „Country Strategy Papers" erfolgen wird. Diese würden in Zukunft soweit wie möglich auf der lokalen Ebene durch die Kommission mit der aktiven Teilnahme der Vertretungen der Mitgliedstaaten und in enger Kooperation mit der Partnerregierung entwickelt. Diese Koordination ziele ab auf eine gegenseitige und sinnvolle Komplementarität sowie gemeinsame Bemühungen auf einer Fall-zu-Fall-Basis auf der Grundlage komparativer Vorteile von allen involvierten Beteiligten. Dadurch könne die Effektivität und der Einfluss der Europäischen Entwicklungszusammenarbeit

---

[248] Vgl. E/2000/20 vom 20. April 2000: Annual reports of the Administrator of the United Nations Development Programme and the Executive Director of the United Nations Population Fund to the Economic and Social Council, S. 7, Ziff. 25.

[249] Vgl. TD/B/48/5, TD/B/WP/139 vom 9. July 2001: Review of Technical Cooperation Activities of UNCTAD, Bericht des UNCTAD-Generalsekretärs, S. 16, Ziff. 38.

[250] Vgl. ebenda, S. 16, Ziff. 38.

[251] Vgl. dazu Teil 2, Kapitel 4, Abschnitt 2.2.

erhöht werden.[252] Diese mehrjährigen Instrumente sollen zu einer größerer Berechenbarkeit und Kohärenz bei der Programmierung der Gemeinschaft führen. Bei der Formulierung der CSP soll die Kommission die Relevanz einer Zusammenarbeit mit den UN, den BWIs und anderen Gebern untersuchen und identifizieren. Die Programmaufstellung ist der kritische Prozess, in dem alle Möglichkeiten für eine verstärkte Kooperation mit UN-Partnern in Betracht zu ziehen sind, um die effektivste Reaktion der Gemeinschaft in Bezug auf die festgestellten Bedürfnisse des Partnerlandes sicherzustellen.[253] In den vergangenen „OECD-DAC Reviews" der Entwicklungshilfe der EG[254] ist die Bedeutung der CSPs als ein Mittel zur Verbesserung von Koordination, Kohärenz und Entwicklungshilfemanagement hervorgehoben worden. Der „Aid Review 1998" stellte fest, dass Fortschritte in der Entwicklung von Länderstrategien gemacht worden sind und es Bewegung gibt, diese Strategien mit der Überprüfung von Entwicklungshilfeprogrammen zu verknüpfen. Jedoch wurde eine weitere Verbesserung der Länderstrategien als Teil einer kohärenteren Nutzung verschiedener EG-Instrumente für notwendig erachtet.

Eine globale Evaluierung der Entwicklungshilfe der EG an die AKP-Länder betonte, dass die Geberinterventionen enger koordiniert werden müssen und legte nahe, dass die CSP ein mögliches Mittel darstelle, eine Zusammenarbeit der Geber zu ermöglichen. Während jeder Geber in Bereichen tätig wird, in denen er einen komparativen Vorteil oder ein besonderes Interesse hat, sollten alle versuchen sicherzustellen, dass ihre Rollen komplementär sind.[255]

In allen diesen Dokumenten werden die Strategiedokumente der „Country Stategy Papers" als ein wichtiges Mittel bezeichnet. Das neue Cotonou-Abkommen[256] verlangt z.B., dass die „Country Support Strategie" der EG, niedergelegt im „Country Strategy Paper" auf der Grundlage der eigenen mittelfristigen Entwicklungsstrategie eines jeden AKP-Landes entwickelt werden soll. Dies betont die Notwendigkeit für die EG-Strategien, in einem konsultativen Prozess aufgestellt zu werden und auf die Unterstützung von PRSPs des jeweiligen Partnerlandes zu zielen. Erhebliche Bemühungen werden notwendig sein, die Betonung von „Sichtbarkeit" der Geber zu reduzieren und stattdessen die Kapazität der Partnerländer, ihre eigenen Entwicklungsprogramme zu verwalten, aufzubauen.

---

[252] Vgl. Council Conclusions vom 21. Mai 1999, 2180. Rat-Entwicklung, Evaluation of EC Development Instruments and Programmes, S. 5, im Internet unter http://europa.eu.int/comm/development/lex/en/pdf/ conc_99_evaluation.pdf.

[253] Vgl. COM (2001) 231 final vom 2.5.2001: Communication from the Commission to the Council and the European Parliament: Building an effective partnership with the United Nations in the fields of Development and Humanitarian Affairs, S. 6.

[254] Vgl. dazu Teil 2, Kapitel 5, Abschnitt 1.2.

[255] Vgl. Evaluation of EU aid to ACP countries, Synthesis report, November 1998.

[256] Vgl. dazu Teil 2, Kapitel 4, Abschnitt 2.5.

1.1.4. Würdigung und Ausblick

Alle oben genannten Strategierahmen sind grundsätzlich geeignet, eine bessere Abstimmung mit der Entwicklungsarbeit der anderen Geber zu erreichen. Bereits bei der Aufstellung der Strategierahmen können andere Organisationen und Geber beteiligt und damit die Aktivitäten im Land aufeinander abgestimmt werden. Dennoch bestehen einige Kritikpunkte.

CCA, UNDAFs, CDF und PRSP enthalten hauptsächlich Politiken in Bereichen wie Gesundheit, Bildung, Geschlechtergleichbehandlung, Basisdiensten, Prävention von HIV/AIDS usw. CCAs befassen sich nur selten mit Politikfragen, die die wirtschaftliche Entwicklung und das Wachstum betreffen. UNDAFs geben nur breite Richtlinien für die Orientierung von Aktivitäten der verschiedenen Partner des UN-Systems im sozialen Bereich und schließen nicht die wesentlichen Geber ein.[257] Insgesamt kann man sagen, dass, obwohl Handel ein wichtiger Bereich für eine Volkswirtschaft ist, dieser Bereich im Rahmen des UN-Systems in Bezug auf Länderoperationen einen eher geringen Stellenwert einnimmt. Eine Unterstützung im Handelsbereich erfolgt nur sehr begrenzt. Die knappen Mittel sind den sozialen Belangen vorbehalten, ist doch Handel mehr mit dem privaten Sektor verbunden als alle anderen Bereiche. Die von Weltbank und IMF initiierten PRSPs sprechen dagegen sowohl wirtschaftliche als auch soziale Probleme an, ihre Empfehlungen beziehen sich dagegen hauptsächlich auf soziale Politiken. Sie integrieren wirtschaftliche und soziale Analysen nicht wirklich so, dass die beschriebenen Anpassungspolitiken auch soziale Fragen wie Einkommensverteilung ansprechen, noch stellen sie sicher, dass die empfohlenen sozialen Politiken auf einer nachhaltigen Basis wirtschaftlich lebensfähig sind. Soziale Fragen werden also nicht in nachhaltiger Art und Weise in makroökonomische Politik einbezogen. IDA und Weltbank erstellen weiter ihre „Country Assistance Strategies" (CAS), der IMF weiter seine „Memoranda of Economic and Financial Policy" in Unterstützung ihrer unveränderten Anpassungsstrategien.[258] Bertrand kommt in ihrem JIU-Bericht zu dem Ergebnis, dass zur Zeit keine wirkliche inter-institutionelle Debatte über Strategien stattfindet, die eine Wachstumspolitik mit einer besseren Einkommensverteilung und sozialer Entwicklung in nachhaltiger Art und Weise zulassen würde. Das „Ownership"-Konzept von CDF und PRSP bleibt auf dieser Stufe eher theoretisch, als die von den Ländern „gewählten" Politiken und Strategien bereits weitgehend durch die Bedingungen der Kredite und multilateralen Politikzusagen bestimmt sind, die auf individueller Länderebene kaum einfach in Frage gestellt werden können. Die UN selbst sei weder aufgerufen worden, diese Situation zu kommentieren, noch habe sie sich angeboten, dies zu tun.[259]

---

[257] Vgl. Bertrand, Doris: Report of the Joint Inspection Unit on the results approach in the United Nations: implementing the United Nations Millennium declaration, JIU/REP/2002/2, enthalten in Dokument A/57/372 vom 3. September 2002, S. 27, Ziff. 115f.

[258] Vgl. Bertrand, Doris: ebenda, S. 27, Ziff. 115f.

[259] Vgl. Bertrand, Doris: ebenda, S. 27f, Ziff. 116.

Einem UNCTAD-Bericht zufolge sollte in Bezug auf die PRSPs die Betonung von Partizipation und „Ownership" im derzeitigen Vorgehen helfen, das Politikdesign zu verbessern und Fehler in der Umsetzung zu reduzieren. Aufmerksamkeit sollte jedoch auch diesem Bericht zufolge darauf gerichtet werden, dass die internationalen Finanzinstitutionen durch Konditionalität weiterhin einen wesentlichen Einfluss auf das Politikdesign ausüben, und nicht nur in erster Linie eine unterstützende Rolle spielen. Es scheint, dass Länder eine größere Autonomie im Entwerfen sozialer Sicherungsnetze und gezielter Ausgabenprogramme haben als in der Formulierung eigener Entwicklungsstrategien. Die Betonung von „Ownership" und Partizipation mag daher nur als Ziel zur Mobilisierung größerer politischer Unterstützung für konventionelle Anpassungsprogramme und Stabilisierungspolitiken wahrgenommen werden, denn als Einräumung größerer Autonomie beim Design ihrer Stabilisierungspolitiken und Entwicklungsstrategien. Dies unterstreiche den erfolgten Aufruf der HIPC-Minister für ein deutlicheres „Streamlining" der Konditionalität und für größeren Raum für die Länder, alternative Wege zur Armutsreduzierung mit einer größeren Betonung von Wachstum zu definieren.[260]

Eine Mitteilung der Kommission äußert sich kritisch in Bezug auf die Einbeziehung des Handels in die PRSPs. Dies stimmt insofern mit der oben genannten Kritik, die Papiere würden vornehmlich soziale Politiken empfehlen, überein. Zwar stellen die landeseigenen Strategiepapiere zur Armutsbekämpfung oder ihre Entsprechungen das natürliche Instrument zur Einbeziehung des Handels in umfassende Entwicklungsrahmen dar, die die Grundlage für die innerstaatliche Politik und die externe Hilfe bilden. Insgesamt sei jedoch die erste Generation dieser Strategiepapiere bei dem Versuch gescheitert, den Handelsfragen die gebührende Bedeutung zu verleihen. Daran würde deutlich, dass die Verbindungen zwischen Handel und Armut noch nicht vollständig erkannt und berücksichtigt werden, während sich die handelspolitischen Reformen gleichzeitig häufig auf einfache Schutzmaßnahmen beschränkt haben (Abbau tarifärer und nichttarifärer Handelsschranken). In der Zukunft sollte dies korrigiert werden, die Strategiepapiere sollten aufzeigen, wie konkrete Handelsreformen zu Wachstum, Armutsminderung und Gleichstellung der Geschlechter beitragen. Auf dem Weltgipfel zur nachhaltigen Entwicklung in Johannesburg wurde vereinbart, dass die Strategiepapiere zur Armutsbekämpfung auch als Instrument für die Konzipierung nachhaltiger nationaler Entwicklungsstrategien dienen sollten.[261]

Generell kann man sagen, dass es bislang keine wirklichen Strategiepapiere auf Länderebene gibt, die Basis von Entwicklungsbemühungen der verschiedenen multilateralen bzw. bilateralen Geber bilden können und auf einer in Teil 1 dargestellten, gesamtheitlichen Entwicklungsstrategie beruhen, die auch den Handelsbereich

---

[260] Vgl. UNCTAD/GDS/AFRICA/2: Economic Development in Africa, From Adjustment to Poverty: What is new?, UNCTAD-Bericht, United Nations, Genf und New York 2002, S. 5f.

[261] Vgl. KOM (2002) 513 endg. vom 18. September 2002, Mitteilung der Kommission an den Rat und das Europäische Parlament: Handel und Entwicklung, Unterstützung der Entwicklungsländer bei der Nutzung der Vorteile des Handels, S. 23.

umfassend einbezieht. Zudem gibt es eine ganze Reihe von Strategie- und Planungsdokumenten. Die Umsetzung einer „gemeinsamen" Strategie durch die multilateralen Organisationen ist nicht in Sicht. Wie Jonathan Fried, „Senior Assistant Deputy Finance Minister" aus Kanada, in seinen abschließenden Bemerkungen auf dem Seminar zum „Integrated Framework" ausführte, fehlt die Geberkoordination zwischen bilateralen Gebern, innerhalb und zwischen multilateralen und regionalen Institutionen und selbst auf der Länderebene „an der Basis" und bedarf der Verbesserung. Es gebe zu viele Berichte und Rahmen und zuwenig Koordination.[262]

Zum Teil wird versucht, die bestehenden verschiedenen Strategie- und Planungsinstrumente miteinander in Einklang zu bringen. So veranstaltete die OECD im November 2000 einen informellen Workshop, um die Methoden und die potentielle Konvergenz zwischen PRSP, „Comprehensive Development" Framework (CDF) und nachhaltigen Entwicklungsstrategien mit Vertretern der BWIs, den UN und den Entwicklungsländern unter der Leitung des DAC-Vorsitzenden zu überprüfen.[263] Hier wird es jedoch noch verstärkter Anstrengungen bedürfen.

1.2. Koordinationsmechanismen und Programme im Handelsbereich auf Länderebene

1.2.1. Das „Integrated Framework for Trade-Related Technical Assistance to LDCs"

Auf der WTO-Ministerkonferenz 1996 in Singapur verabschiedeten die WTO Minister den „Comprehensive and Integrated WTO Plan of Action for the Least-Developed Countries", der eine engere Kooperation zwischen der WTO und anderen multilateralen Organisationen, die den LDCs auf dem Gebiet des Handels Hilfe leisten, ins Auge fasste.[264] Verstärkte Koordination der handelsbezogenen technischen Hilfe sei fundamental, um die LDCs in dem Prozess zu unterstützen, mehr exportierfähige Güter herzustellen um den ihnen eröffneten Marktzugang ausnutzen zu können. Dies wurde auf dem daraufhin am 10. Oktober 1997 abgehaltenen „High Level meeting on Integrated Initiatives for the LDCs" anerkannt, welches ebenfalls bereits im WTO-Aktionsplan vorgesehen war. Auf dem Treffen wurde das „Integrated Framework for Trade-Related Technical Assistance to Least Developed Countries" (IF) gebilligt. Der Vorsitzende hatte auf dem Treffen vorgeschlagen, die Empfehlung auszusprechen, dass die fünf anderen zwischenstaatlichen Organisationen, die mit der WTO in das IF involviert sind, die Billigung für

---

262 Vgl. WT/LDC/SWG/IF/15/Rev.1 vom 17. April 2001: Report on the Seminar by the Integrated Framework Core Agencies, The Policy Relevance of Mainstreaming Trade Into Country Development Strategies: Perspectives of Least-Developed Countries, WTO, Geneva, 29-30 January 2001, Moderator's Concluding Remarks, S. 5, Ziff. 12.

263 Vgl. OECD/DAC (2000) 31: Overview of Progress in Preparing Guidance for Developing and Implementing Country Level Strategies for Sustainable Development, S. 4.

264 Vgl. WTO-Dokument WT/MIN (96)/14 vom 7. Januar 1997, siehe auch http://www.ldcs.org/intframe.htm.

ihre Teilnahme und ihren Beitrag daran bei ihren jeweiligen Gremien gemäß ihren jeweiligen Prozeduren und Mandaten einholen sollen.[265]

Das IF ist ein gemeinsamer Rahmen der sechs teilnehmenden Organisationen IMF, ITC, UNCTAD, UNDP, Weltbank und WTO im Bereich der technischen Hilfe. Es ist ein konkretes Resultat des WTO-Aktionsplanes. Es sollte, so kamen die sechs Institutionen überein, auf einer Fall zu Fall-Basis entwickelt und angewendet werden, um auf die konkreten Bedürfnisse einzelner LDCs zugeschnitten, diesen individuell zu helfen, ihre Handelsmöglichkeiten zu verbessern, auf Markterfordernisse zu reagieren und sie besser in das multilaterale Handelssystem zu integrieren.[266]

Die IF-Methode basiert auf drei Elementen:

1. Das IF ist bedarfsorientiert: Handelsbezogene technische Hilfe soll bedarfsorientiert sein und die Bedürfnisse des einzelnen LDCs effektiv befriedigen,
2. „Ownership"-Orientierung: Es muss sicher gestellt werden, dass das LDC selbst „Inhaber" des handelsbezogenen Programms über technische Hilfe ist
3. Ressourceneffizienz: Jeder der beteiligten Organisationen und jeder anderer Partner der Entwicklungshilfe soll befähigt werden, die Erbringung seiner handelsbezogenen technischen Hilfe effizienter und effektiver auszuführen.

Das IF wurde zunächst unter der Aufsicht einer „Inter-Agency Working Group" (IAWG) der sechs teilnehmenden Organisationen geführt. Die Gruppe traf sich regelmäßig zur Zusammenarbeit und zum Management der Programmaktivitäten des IF. Die tägliche Arbeit wurde von einer „Administrative Unit" verrichtet, die beim „International Trade Centre" (ITC) eingerichtet worden war. Die IF-Methode basierte auf fünf Schritten:

1. Aufstellung eines „Country Needs Assessment" durch das LDC selbst. Dabei konnte das LDC Hilfe bei dessen Vorbereitung, Aktualisierung oder Bestätigung von den sechs beteiligten Organisationen anfordern. Eine „Needs Assessment Checklist" steht den LDCs zur Verfügung. Jedes LDC musste einen Ansprechpartner bestimmen, der für die Koordinierung der Vorbereitung des „Needs Assesment" die Durchführung des Landesprogramms und deren Überwachung zuständig war. Ansprechpartner ist normalerweise ein höherer Beamter des relevanten Ministeriums des Landes.
2. Nach der Aufstellung des „County Needs Assessment" durch das LDC wurde ein Treffen der sechs Institutionen organisiert, um effektive, effiziente und komplementäre Aktivitäten der technischen Zusammenarbeit zu erörtern. Teilweise fanden diese Treffen mit einzelnen Staaten oder in Zusammenarbeit mit anderen LDCs statt. Das Ergebnis dieser Treffen wurde in einem provisorischen

---

[265] Vgl. High-Level meeting on Integrated Initiatives for Least-Developed Countries´ Trade Development, Outcome and Follow up, Report of the Director-General to the WTO Conference, Ziff. 11, http://www.ldcs.org/wtoreport.htm.
[266] Vgl. o.V. http://www.ldcs.org/how.htm, Ausdruck vom 1. März 2000.

„trade-related technical assistance programme" niedergelegt, welches dann dem LDC zur Stellungnahme zugeleitet wird. Nach diesen Konsultationen wurde das so vereinbarte Hilfsprogramm als „Integrated Response" zusammen mit dem „County's Needs Assessment" von der der WTO veröffentlicht.[267] Die Finanzierung erfolgte durch jede der sechs Institutionen aus bestehenden Ressourcen. Soweit weitere Finanzmittel benötigt wurden, bemühten sich die verantwortliche Organisation und das LDC gemeinsam um neue Finanzmittel aus bilateralen und multilateralen Kanälen, wobei gegebenenfalls Geberkonsultationstreffen stattfanden.

2. „Broadening the Integrated Response": Im nächsten Schritt wurde versucht, andere Entwicklungshilfegeber einzubeziehen, um bestehende Lücken zwischen den identifizierten Bedürfnissen des LDC und der „Intergrated Response" der sechs Institutionen zu schließen. Das LDC arbeitete diesbezüglich eng mit der „Administrative Unit" des ITC, mit Ansprechpartnern anderer interessierter multilateraler, regionaler oder bilateraler Geber zusammen, um die „Integrated Response" zu erweitern.
3. „Round Table Meeting" und „Multi-Year Country Programme": Auf dem „Round Table Meeting", das von dem LDC veranstaltet wird, präsentiert dieses die Schlussfolgerungen seines „needs assessment" und die erweiterte „Integrated response", welche die Basis für ein mehrjähriges Programm der handelsbezogenen technischen Zusammenarbeit bilden soll. Das LDC bestimmt einen Vorsitzenden und lädt bilaterale Geber, internationale Organisationen, andere Entwicklungspartner und Repräsentanten des privaten Sektors ein. Gegebenenfalls werden solche Geberkonsultationstreffen in den Prozess von länderspezifischen Konsultationsgruppentreffen der Weltbank oder der Runden Tische des UNDP einbezogen. Diese Treffen sollen die Möglichkeit bieten, die mehrjährigen ländespezifischen Programme der handelsbezogenen technischen Hilfe zu billigen und Umsetzungs- bzw. Ausführungsorganisationen zu bestimmen. Ebenso haben die Geber die Möglichkeit, offiziell ihr Interesse anzukündigen, bestimmte Elemente des mehrjährigen Länderprogramms finanziell oder durch technische Hilfe und Expertise zu unterstützen. Wo möglich, sollten die Ergebnisse in „Country Assistance Strategy"-Dokumente der Weltbank und die „Country Strategy Notes" bzw. nunmehr das UNDAF integriert werden.
4. Umsetzung und Evaluierung: Jede der sechs Institutionen soll eigenverantwortlich mit der Regierung des betreffenden LDCs die speziellen Modalitäten und den Zeitrahmen seiner technischen Hilfe vereinbaren. Das betreffende LDC behält die Hauptverantwortung für Koordination der Umsetzung des mehrjährigen Programms, das regelmäßig durch die 6 Organisationen und die LDCs überprüft würde. Eine durch die Administrative Unit eingerichtete und verwaltete Webseite sollte den Prozess unterstützen und Informationen über derzeitige und geplante handelsbezogene technische Hilfe für alle LDCs enthalten.[268]

---

[267] Vgl. die Dokumentserie WT/COMTD/IF/...
[268] Vgl. o.V.: http://www.ldcs.org/how.htm, Ausdruck vom 1. März 2000, S. 2.

Die Koordination unter den sechs teilnehmenden Institutionen sollte eng sein. Es sollten klare Linien zur Kommunikation vereinbart werden. So sollte im Fall der WTO der Direktor der „Technical Cooperation and Training Division" als Ansprechpartner für alle Aktivitäten in Bezug auf das IF fungieren. Neben einem regelmäßigen Informationsaustausch sollten die LDCs beim Zugang zu den Ressourcen der sechs Institutionen unterstützt werden. Überschneidungen und Doppelung sollten vermieden und richtig sequentierte und synchronisierte handelsbezogene technische Hilfe an individuelle LDCs ermöglicht werden. Die von einzelnen oder gemeinsam mit anderen Institutionen erbrachte Hilfe sollte mit dem Länderprogramm unter dem IF richtig koordiniert sein. Wenn Bedürfnisse bei mehreren LDCs gemeinsam bestehen, sollten sich die sechs Organisationen bei der Entwicklung geeigneter TA-Programme koordinieren. Dies sollte sicherstellen, dass ein Pool von Kernaktivitäten der technischen Hilfe auf Anfrage flexibel und sofort bereitgestellt werden kann.

Die fundamentale Idee hinter dem IF ist, dass eine effektive Entwicklungsstrategie mit dem LDC selbst beginnen müsse. „Capacity building", makroökonomische Stabilität, Institutionenbildung, bessere Bildung und Training von Fachkenntnissen – ausschlaggebend dafür ist die Regierung. Nur diese könne in diesen kritischen Bereichen einen Unterschied machen. Ziel sei, dass internationale Organisationen den EL nicht ihre Lösungen oder Ideen aufdrängen. Vielmehr soll mit diesen Ländern zusammengearbeitet werden, um ihnen die beste Möglichkeit und die Ressourcen zu geben, die sie brauchen, um sich selbst zu helfen. Durch das IF würden alle internationalen „Player" direkt mit den Ländern zusammenarbeiten, um ergebnisorientierte, auf deren Bedürfnisse zugeschnitte Programme zu entwerfen.[269]

Am 6. Juli 2000 trafen sich erneut die Leiter und Repräsentanten der sechs das IF tragenden Organisationen, um bessere Wege zur handelsbezogenen technischen Hilfe für die LDC zu besprechen. Das IF hatte bis dato nicht die Ergebnisse geliefert, die man sich bei dessen Einrichtung ursprünglich erhofft hatte. So führte Mike Moore anlässlich des Treffens aus:

> „We all know the IF has not been working as well as it should and we are putting in place new arrangements to rectify the situation. We have a responsibility, shared with governments and other agencies and institutions, to do better in assisting the LCDs to integrate into the world economy. Of course, it is the LDC governments themselves that must determine their policies and priorities, but we must be ready to give them effective help. It is time these countries saw more of the positive side of globalization."[270]

Das Design hatte nicht zur Setzung von Prioritäten und einer bestimmten Reihenfolge von handelsbezogener technischer Hilfe geführt. Es führte auch nicht zu einem Politikrahmen und zur Einbeziehung („Mainstreaming") von Handel in

---

[269] Vgl. Ruggiero, Renato, ehemaliger Director-General der WTO, Ansprache, 32 annual Meeting of the Joint Advisory Group of the ITC, Geneva, 19. April 1999, http://www.intracen.org/itc/itcnewsnewsrel/ruggiero.htm, Ausdruck vom 10. Mai 2000.

[270] Vgl. WTO News, Press/185, 2000, http://www.wto.org/english/news_e/press00_e/pr185_e.htm.

Entwicklungspläne und Strategien zur Armutsreduzierung. Zudem war das IF ein nicht mit Finanzmitteln ausgestattetes Mandat. Die Betonung lag auf dem „Needs Assessment" der LDCs.[271] Zudem mangelte es an Koordination zwischen den sechs Institutionen, die das Management gemeinsam führten. Aus diesem Grunde wurden Änderungen vereinbart, die die Effektivität des IF steigern sollten.

Im Juni 2000 wurden in einem gemeinsamen Statement der Leiter der sechs Organisationen Vorschläge für die Verbesserung der Umsetzung des IF gemacht. Es wurde vereinbart, dass die Unterstützung der Integration von Handel, handelsbezogener techischer Hilfe und „Capacity building" in die nationalen Entwicklungsstrategien und Pläne der LDCs erfolgen sollte. Dies würde im Prinzip durch ein Instrument wie die „Poverty Reduction Strategy Papers" (PRSPs) erfolgen und andere Entwicklungsrahmen wie das UNDAF beeinflussen. Diese Bemühungen würden eine dynamische Interaktion und einen Dialog zwischen LDCs, Gebern und Institutionen sicherstellen und die „Ownership" des Landes voll respektieren.[272] Die Einbeziehung von Handel in die nationalen Entwicklungspläne und Strategien zur Armutsreduzierung sei notwendig, weil Handelsliberalisierung und -reformen zwar notwendig für die Generierung von Ressourcen und für das Wachstum zur Armutsreduzierung sind. Sie könnten aber nicht ohne die Unterstützung durch komplementäre Politikbereiche wie Makroökonomie, regulative und strukturelle Politiken wirken. Ein integriertes Reformpaket sei essentiell, weil es enge Verbindungen zwischen den Politikbereichen gebe. So können z.B. ungeeignete Fiskal-, Währungs- und Wechselkurspolitiken einen negativen Einfluss auf die Entwicklung des Handels haben. Obwohl Handel Wachstum für die Armutsreduzierung und Entwicklung generiere, bilden solide makroökonomische Politiken die Grundlage für alle Reformen. Handelsliberalisierung und -reform funktionieren nicht in Isolation. Die Einbeziehung sei auch deshalb notwendig, da es z.B. nicht die Handelsminister seien, die das Budget für Entwicklungszusammenarbeit innehaben, sondern Entwicklungsministerien und multilaterale Organisationen.[273] Die Einbeziehung des Handels schließe „den Prozess und die Methoden der Identifizierung und der Integration vorrangiger Aktionsbereiche in den Gesamtrahmen des Entwicklungsplanes und die Strategie zur Armutsreduzierung ein". Handel sei ein Motor für Wachstum und könne einen erheblichen Beitrag zur Entwicklung leisten. Damit wichtige Handelsbereiche zur Entwicklung beitragen können, müssten diese

---

[271] Vgl. WT/LDC/SWG/IF/15/Rev.1 vom 17. April 2001: Report on the Seminar by the Integrated Framework Core Agencies, The Policy Relevance of Mainstreaming Trade Into Country Development Strategies: Perspectives of Least-Developed Countries, WTO, Geneva, 29-30 January 2001, Panel E: Presentations, Carey, Richard/ Osakwe, Chiedu: „The Challenges of Technical Assistance: A Policy Framework, Funding and the Moral Hazard", S. 124-130, S. 125.

[272] Vgl. WT/LDC/SWG/IF/2 vom 12. Juli 2000: Review of the Integrated Framework: Communique from the Heads of six core agencies, Joint Statement on the mandated review of the Integrated Framework for Trade-Related Technical Assistance to Least-Developed Countries (IF) by the six core agencies (IMF, ITC, UNCTAD, UNDP, World Bank and WTO), S. 3.

[273] Vgl. WT/LDC/SWG/IF/15/Rev.1 vom 17. April 2001: ebenda, Panel B: Mainstreaming: Concepts, Approaches, Implementation and Funding, Key Issues, S. 19-21, S. 19.

sich in den Entwicklungsplänen und den Strategien zur Armutsreduzierung wiederfinden. Der Nutzen von Handelsreformen und Handelsliberalisierung könne nur durch Vorhandensein gegenseitig unterstützender Begleitpolitiken voll realisiert werden.[274]

Diese Bemühungen zur Einbeziehung des Handels werden nunmehr von der Weltbank geleitet und koordiniert in Übereinstimmung mit den Prinzipien des „Comprehensive Development Framework"[275] und unter Teilnahme und mit Beiträgen der anderen Organisationen und Beteiligten. Aufbauend auf den „Needs Assessments" und nachfolgenden Arbeiten beinhaltet dies die Formulierung länderspezifischer Integrationsstrategien als Teil des Einbeziehungs-Prozesses. Diese Aktivitäten fließen in die Konsultativgruppen der Weltbank und die Runden Tische des UNDP ein,[276] auf denen die Länder der Gebergemeinschaft ihre mittelfristigen Politikrahmen und Finanzierungsbedürfnisse vorstellen, einschließlich der für handelsbezogene technische Hilfe.

Die Institutionen kamen überein, dass jede Organisation sich darauf konzentrieren sollte, was sie am besten könne. Die Weltbank solle den Prozess des „Mainstreaming" des Handels, mit Teilnahme anderer Institutionen anführen und koordinieren. Das UNDP soll den „Trust Fund" verwalten, die WTO würde eine koordinierende und Sekretariatsrolle in Bezug auf die Arbeitsebene der „Inter-Agency Working Group" (IAWG) des IF übernehmen, und jede der Organisationen soll bei der Erbringung der technischen Hilfe auf die Bereiche der eigenen Expertise fokussieren. So soll das ITC sich auf Unterstützung für Handelsdienstleistungen einschließlich der Unternehmensentwicklung ausrichten und die Arbeit der UNCTAD soll „Capacity building" und verschiedenes Training beinhalten, einschließlich des Trainings für die Teilnahme an Handelsverhandlungen.

Institutionell gab es Veränderungen. Die „Inter-Agency Working Group" (IAWG) besteht nunmehr neben Vertretern der sechs Organisationen aus besonderen Repräsentanten der Geber und der LDCs. Derzeit repräsentieren die Europäische Gemeinschaft sowie Kanada die Geber und Nepal und Uganda die LDCs. Die IAWG entscheidet über ihre eigenen Regeln. Ihre Verantwortung schließt den Informationsaustausch, die Koordination von Veranstaltungen und der Erstellung des Arbeitsprogramms ein. Zudem befasst sie sich mit der Reihenfolge von Aktivitäten, der Auswahl von Experten, dem Ressourcenmanagement des „Trust Funds" sowie der Überwachung und Evaluierung von Operationen vor Ort im LDC.[277] Die Gruppe wird durch das WTO-Sekretariat geleitet.

---

[274] Vgl. WT/LDC/SWG/IF/9/Rev.1 vom 10. Januar 2001: Integrated Framework (IF) seminar: The policy relevance of mainstreaming trade into country development strategies: prespective of LDCs, WTO, Geneva, 29-30 January 2001, Ziff. 2, im Internet unter http://www.wto.org/english/news_e/news01_e/ifseminar_january01_e.htm.

[275] Vgl. dazu Teil 2, Kapitel 2, Abschnitt 1.2.1.

[276] Vgl. dazu Teil 2, Kapitel 3, Abschnitt 2.3.

[277] Vgl. o.V.: http://if.wto.org/inter_agency_e.htm, Ausdruck vom 2. Juni 2003.

Weiterhin ist im Februar 2001 ein „Integrated Framework Steering Committee“ eingerichtet worden, das das Management des IF überwachen soll. In dem „Steering Committee“ sollen Vertreter von LDCs nunmehr gemeinsam mit den Geberländern und den Leitern der Kernorganisationen Aufsicht, Politikführung, adäquate Finanzierung und „Ownership“ für handelsbezogene technische Hilfe sicherstellen. Dies soll größere Transparenz, Verantwortlichkeit und „Ownership“ sicherstellen und ermöglichen, dass alle auftretenden Probleme sofort behandelt werden können. Das „Steering Committee“ trifft sich so oft wie nötig, jedoch mindestens einmal pro Jahr. Es besteht aus sechs LDC-Repräsentanten, den sechs Institutionen und Gebern. In Fällen, in denen das „Steering Committee“ die Verteilung von finanziellen Ressourcen diskutiert oder entscheidet, ist die Entscheidung auf die beitragenden Geber der jeweiligen Gelder beschränkt. LDCs sowie andere interessierte Länder haben in der Pilotphase Beobachterstatus. Neben einem Vorsitzenden Geber hat ein LDC den Co-Vorsitz inne. Die Positionen wechseln sich ab. Neben dem Erlass von Politikrichtlinien, der Koordination und der Aufsicht gehört auch die Bewertung von Fortschritten des IF zum Verantwortungsbereich des „Steering Committees“.[278] Zudem wurden nationale „Steering Committees“ eingerichtet, um die Fragen der nationalen „Ownership“ zu adressieren.

In Bezug auf die Einbeziehung der Handelsprioritäten in die Gesamtentwicklungsstrategie der LDCs organisierten die sechs Organisationen ein Seminar. Auf diesem ersten gemeinsamen Seminar im Januar 2001 wurden der Hintergrund und die Techniken für das „Mainstreaming“ des Handels in die Entwicklungspläne und PRSPs der LDCs demonstriert und gezeigt, wie das erneuerte IF als ein Mechanismus für Armutsreduzierung und zur Bereitstellung von handelsbezogener technischer Hilfe funktionieren könne. Die Notwendigkeit für dieses Seminar habe sich ergeben, weil häufig Handelsprioritäten, einschließlich der Umsetzung von WTO-Verpflichtungen und Zusagen weder in die gesamte Entwicklungsstrategie noch in den PRSP-Prozess integriert worden seien. Obwohl Offenheit von Handel mit Wirtschaftswachstum und Armutsreduzierung verbunden würde, müsse Handel als eine Wachstumsstrategie noch in die Entwicklungspläne und Strategien zur Armutsreduzierung vieler LDCs eingebunden werden. Kernprioritäten von Handelsministerien oder Abteilungen würden manchmal durch Finanz- und Planungsministerien nicht berücksichtigt. Zudem hätten einige Mitglieder der internationalen Gemeinschaft die Position eingenommen, dass sowohl multilaterale Institutionen als auch bilaterale Geber ihre Koordination bei der Erbringung technischer Hilfe in den Bereichen von Handel, Finanzen und Entwicklung verbessern und daher ihre Politiken, Programme und Projekte integrieren müssen.[279] Handel sei nur ein Element eines Politikrahmens für Wachstum, Armutsreduzierung und Entwicklung. Solide makroökonomische Politiken, Schuldenreduzierung, „Capaci-

---

[278] Vgl. o.V.: http://if.wto.org/steering_committee_e.htm, Ausdruck vom 2. Juni 2003.

[279] Vgl. WT/LDC/SWG/IF/9/Rev.1 vom 10. Januar 2001: Integrated Framework (IF) seminar: The policy relevance of mainstreaming trade into country development strategies: prespective of LDCs, WTO, Geneva, 29-30 January 2001, Ziff. 4f, im Internet unter http://www.wto.org/english/news_e/news01_e/ifseminar_january01_e.htm.

ty building" und gute Regierungsführung sind kritisch für jedes Programm. Diese Bereiche würden jedoch außerhalb des WTO-Mandates fallen, aber innerhalb der Kompetenz anderer internationaler Organisationen, einschließlich der am IF beteiligten Institutionen, liegen. Regierungen und Vertreter dieser Organisationen sind der Auffassung, dass ein koordiniertes Unterstützungsprogramm von diesen Institutionen den LDCs die Möglichkeit geben, ihre Entwicklungs- und Armutsreduzierungsbedürfnisse besser anzugehen.[280]

Hauptaufgabe in diesem „Mainstream"-Prozess ist es, Länderintegrationsstudien zu erstellen, welche die Basis für die Identifikation der Bedürfnisse für handelsbezogenes „Capacity building" in den einzelnen LDCs bilden sollen. Diese Studien erfolgen unter der Führung der Weltbank. Es wird erwartet, dass alle anderen Organisationen voll assoziiert sind.[281] Jede Integrationsstudie soll auf die speziellen Bedürfnisse des Landes und den vom Land selbst vorgeschlagenen Rahmen zugeschnitten sein. Aufbauend auf bereits erfolgte Reformen und deren Ergebnisse stellt sich die grundsätzliche Frage, welche spezifischen Politiken und Interventionen erforderlich sind, um die Reaktion oder die erwartete Reaktion auf die Reformen auszuweiten. Die Studie muss auf die Sektoren und Bereiche fokussieren, die in den „Interim-PRSPs" als Schlüsselbereiche identifiziert wurden, d.h. auf die die Länder den Schwerpunkt legen wollen. Bestehend aus fünf Teilen enthält die Studie zuerst eine Überprüfung und Analyse der Wachstums- und Integrationsleistung aus historischer und internationaler Perspektive. Indikatoren wie das Verhältnis von Export-Importquote zum GDP, FDI/GDP-Verhältnis usw. bilden die Grundlage für eine vergangenheits- und zukunftsgerichtete Analyse.

Zweiter großer Bereich ist das makroökonomische Umfeld und das Investitionsklima des Landes, insbesondere der Wechselkurs während des Liberalisierungsprozesses, da Forschungsergebnisse das Wechselkursverhalten als entscheidenden Faktor der Angebotsreaktion in Liberalisierungsphasen identifiziert hätten. In diesem Abschnitt werden auch die institutionellen Arrangements für das Management des Wechselkurses dargelegt, sowie die Struktur und Hindernisse einer effektiven Durchführung des ausländischen Währungsmarktes und wie diese verbessert werden können, um mehr wettbewerbsfähige und stabile Wechselkurse zu ereichen.

Dritte Komponente ist das internationale Politikumfeld und spezielle Hindernisse, denen Exporte aus dem Land in den internationalen Märkten ausgesetzt sind. So wurden in vielen Ländern Politikempfehlungen zur Exportförderung ohne Berücksichtigung der bestehenden Handelsbeschränkungen in den importierenden Ländern abgegeben. Eine Dokumentation der bestehenden Handelsschranken (und Handelspräferenzarrangements) in den Märkten der industrialisierten Länder für bestehende

280 Vg. Moore, Mike: Rede, http://www.wto.org/english/news_e/news01_e/ifseminar_moore stat_jan01_e.htm.

281 Vgl. TD/B/48/5 bzw. TD/B/WP/139 vom 9. Juli 2001: Review of technical cooperation acitivities of UNCTAD, Bericht des UNCTAD-Generalsekretärs, unter der Überschrift: Activities regarding the Least Developed Countries, S. 13, Ziff. 32.

und potentielle Exportprodukte soll den LDCs verlässliche Informationen geben, um für größeren Marktzugang in globalen Foren zu argumentieren sowie ihre Politikinterventionen anzupassen. Zudem soll u.a. eine Analyse der Auswirkungen eines größeren Marktzugangs für die bestehenden und potentiellen Exportwaren enthalten sein.

Die vierte Komponente fokussiert auf die Schlüsselsektoren, in denen Exporte des Landes stattfinden oder erwartet werden, und analysiert die Beschränkungen, denen diese Sektoren in Bezug auf ihre Ausweitung auf dem Weltmarkt ausgesetzt sind. In erster Linie werden die spezifischen internen Beschränkungen, denen diese Produktgruppe gegenübersteht enthalten sein. Diese Analysen fokussieren auf die in den einleitenden Konsultationen bestimmten prioritären Sektoren (z.B. Tourismus, Bergbau, Landwirtschaft, Bekleidung), die in die PRSPs des jeweiligen Landes aufgenommen wurden. Als bestehende Beschränkungen kommen u.a. Transport, zollfreier Zugang von Zwischenproduktionsmitteln, Verfügbarkeit von Exportkrediten, Verfügbarkeit und Kosten von Kommunikation und Energie in Betracht, zudem das regulatorische Umfeld wie Einfuhr- und Ausfuhrinspektionen, sowie die internationalen Regeln wie Produkt- und andere Standards, Schutz des geistigen Eigentums, neue Zollregeln und Zollwertbestimmung usw.

Der letzte Punkt soll die Auswirkungen der empfohlenen Politiken auf die Höhe und die Struktur der Armut evaluieren. Soweit möglich, sollen Analysen von Gewinnern und Verlierern der Politikänderungen erfolgen und spezifische Politiken, um deren Auswirkungen auf die Armen zu minimieren, entwickelt werden.[282]

Um die neuen Umsetzungsarrangements in der Praxis einzusetzen, nahm das „WTO-Sub-Commitee on the LDCs“ am 12. Februar 2001 das „Integrated Framework Pilot Scheme“ an.[283] Das Schema wird in den Ländern umgesetzt, die ihre Wahl und Verpflichtung dazu, Handelsintegration als Teil in ihre Gesamtentwicklungsstrategie aufzunehmen, demonstriert haben, was sich z.B. in ihren „Poverty Reduction Strategy Papers“ (PRSPs) oder dem „United Nations Development Assistance Framework“ (UNDAF) widerspiegelt.[284] Insgesamt war das IF in 2002 auf 14 weitere LDCs ausgedehnt worden. In Kambodscha, Lesotho, Madagaskar, Malawi, Mauretanien und Jemen wurden die Handelsintegrationsstudien schon beendet. In Burundi, Dschibuti, Äthiopien, Guinea, Mali und Nepal wurden die

---

[282] Vgl. WT/LDC/SWG/IF/15/Rev.1 vom 17. April 2001: Report on the Seminar by the Integrated Framework Core Agencies, The Policy Relevance of Mainstreaming Trade Into Country Development Strategies: Perspectives of Least-Developed Countries, WTO, Geneva, 29-30 January 2001, Panel D: Presentations, Annex: Prowse, Susan: Outline for a Trade Integration Study, S. 122f.

[283] Vgl. WT/LDC/SWG/IF/13 vom 13. Februar 2001: Integrated Framework-Proposal for a Pilot Scheme.

[284] Vgl. TD/B/48/5 bzw. TD/B/WP/139 vom 9. Juli 2001: Review of technical cooperation acitivities of UNCTAD, Bericht des UNCTAD-Generalsekretärs, unter der Überschrift: Activities regarding the Least Developed Countries, S. 13, Ziff. 33.

Studien eingeleitet.[285] Für die Erweiterung des IF hat die Weltbank einen Kalender erstellt.[286] In Kambodscha,[287] Lesotho, Mauretanien und Senegal wurden bereits Fertigstellungs-Workshops mit den Entwicklungspartnern der LDCs abgehalten. In den Ländern unter dem alten IF werden die Umsetzungsaktivitäten weiter durchgeführt.[288]

Die Ergebnisse der Studien für Kambodscha, Lesotho, Mauretanien und Senegal indizieren, dass effektive Teilnahme am multilateralen Handelssystem Aktionen in mehreren Bereichen erfordern: nachhaltige Politikreform, unterstützt durch gezielte technische Hilfe und „Capacity building", um physische angebotsseitige Beschränkungen anzugehen, Rechtsreformen, Human- und institutionelles „Capacity building", „Capacity building" für Handelsverhandlungen, Unterstützung des privaten Sektors wie die Verbesserung der Produktion und der Exportkapazität in spezifischen Sektoren, sowie Marktzugang mit Reduzierung von Handelsbeschränkungen bei den Handelspartnern.[289]

Einem WTO-Bericht zufolge ist die Integration handelsbezogener technische Hilfe und von Handelsintegrationsstrategien in PRSPs und UNDAFs und die nachfolgende Präsentation identifizierter und kohärenter Prioritäten auf Konsultativgruppentreffen der Weltbank oder runden Tischen des UNDP, eine realistischere Option für weitere Ressourcenmobilisierung unter dem IF.[290] Geberunterstützung für die Einbeziehung von Handels- und handelsbezogener technischer Hilfe in die Entwicklungsarchitektur wird durch freiwillige Beiträge zu einem „Integrated Framework Trust Fund" (IFTF) gesucht, der die Formulierung der Handelsintegrationsstudien als Teil ihrer PRSPs finanzieren soll.[291] Die Errichtung des IFTF und eines Steuerungsausschusses erfolgte zur Konkretisierung des oben erwähnten Pilotschemas. In dem Steuerungsausschuss sind die Geber, die LDCs, sowie die sechs Agenturen vertreten. Die Ressourcen des „Trust Funds" sollen dafür genutzt werden, den LDCs dabei zu helfen, den analytischen Politikrahmen zu entwickeln,

---

285 Vgl. WT/COMTD/LDC/INF/1 vom 28. Mai 2003: The Doha Development Agenda and the Paticipation of Least-Developed Countries, Note by the Secretariat, S. 10, Ziff. 51.

286 Vgl. o.V.: http://if.wto.org/recent_developments_e.htm, Ausdruck vom 2. Juni 2003.

287 Vgl. die Studie von Kambodscha im Internet unter http://www.moc.gov.kh/intergrated_framework/integration_and _competitiveness_study.htm, Ausdruck vom 2. Juni 2003.

288 Dies waren die Länder Bangladesch, Haiti, Gambia, Tansania und Uganda, vgl. insgesamt WT/COMTD/LDC/INF/1 vom 28. Mai 2003: ebenda, S. 10, Ziff. 51.

289 Vgl. ebenda, S. 10, Ziff. 52.

290 Vgl. WT/LDC/SWG/IF/15/Rev.1 vom 17. April 2001: Report on the Seminar by the Integrated Framework Core Agencies, The Policy Relevance of Mainstreaming Trade Into Country Development Strategies: Perspectives of Least-Developed Countries, WTO, Geneva, 29-30 January 2001, Panel E: Presentations, Carey, Richard/ Osakwe, Chiedu: „The Challenges of Technical Assistance: A Policy Framework, Funding and the Moral Hazard", S. 124-130, S. 129.

291 Vgl. WT/LDC/SWG/IF/2 vom 12. Juli 2000: Review of the Integrated Framework: Communique from the Heads of six core agencies, Joint Statement on the mandated review of the Integrated Framework for Trade-Related Technical Assistance to Least-Developed Countries (IF) by the six core agencies (IMF, ITC, UNCTAD, UNDP, World Bank and WTO), S. 3.

um Handel in die nationalen Entwicklungsstrategien zu integrieren (sog. Handelintegrationsstudien, Fenster I).[292] Schätzungen gehen davon aus, dass die Integration des Handels in die Entwicklungsstrategien und die Koordination im Land Kosten von US$ 200.000 bis 300.000 pro Land verursachen. Die Einrichtung des „IF Trust Funds" ist daher ein erster nützlicher Schritt, um diese Mittel aufzubringen.[293]

Nur begrenzt und in Ausnahmefällen können Ressourcen des IFTF für ausgewählte Projekte im Bereich der Bildung von Humankapazitäten verwendet werden (Fenster II).[294] Einem WTO-Dokument zufolge war ursprünglich vorgesehen, dass Mittel des Funds auch für die Projektvorbereitung und die Entwicklung von „Capacity building"-Projekten verwendet werden können, die als Prioritäten in den PRSPs identifiziert wurden sowie für regionale Projekte, die nicht in den Prozess der Runden Tische bzw. Konsultativgruppen fallen. Schließlich sollte der „Trust Fund" auch begrenzte und dringende „Capacity building"-Aktivitäten finanzieren, für die kein PRSP erarbeitet wird oder Konsultativgruppen oder Runde Tische nicht stattfinden.[295] Dies war jedoch lange Zeit unklar. Für die Einleitung der Nachverfolgungsaktivitäten in Kambodscha wurde die Inanspruchnahme von US$ 500.000 vom „Integrated Framework Trust Funds" genehmigt.[296] Zuvor hatte das „IF Steering Committee" (IFSC) am 16. Mai 2003 eine Klarstellung der „Terms of Reference" für die Nutzung des zweiten Fensters des IFTF angenommen und den Weg für eine Nutzung der Ressourcen des IFTF für klar identifizierte konkrete Projekte der technischen Hilfe und des „Capacity building" (außer physischer Infrastruktur) frei gemacht. Dafür müssen die Projekte in den Empfehlungen zur Politikreform und dem aus den Handelsintegrationsstudien resultierenden Aktionsplan als vorrangig identifiziert worden sein.[297]

Das Programm, einschließlich der identifizierten Infrastrukturerfordernisse soll auf den Konsultativgruppen der Weltbank und den Runden Tischen des UNDP berücksichtigt werden. Programme und Projekte, die sich aus den Konsultativgruppentref-

---

[292] Vgl. TD/B/48/5 bzw. TD/B/WP/139 vom 9. Juli 2001: Review of technical cooperation acitivities of UNCTAD, Bericht des UNCTAD-Generalsekretärs, unter der Überschrift: Activities regarding the Least Developed Countries, S. 13, Ziff. 33.

[293] Vgl. WT/LDC/SWG/IF/15/Rev.1 vom 17. April 2001: Report on the Seminar by the Integrated Framework Core Agencies, The Policy Relevance of Mainstreaming Trade Into Country Development Strategies: Perspectives of Least-Developed Countries, WTO, Geneva, 29-30 January 2001, Panel E: Presentations, Carey, Richard/ Osakwe, Chiedu: „The Challenges of Technical Assistance: A Policy Framework, Funding and the Moral Hazard", S. 124-130, S. 129.

[294] Vgl. o.V.: http://if.wto.org/it_trust_fund_e.htm, Ausdruck vom 2. Juni 2003.

[295] Vgl. WT/LDC/SWG/IF/2 vom 12. Juli 2000: Review of the Integrated Framework: Communique from the Heads of six core agencies, Joint Statement on the mandated review of the Integrated Framework for Trade-Related Technical Assistance to Least-Developed Countries (IF) by the six core agencies (IMF, ITC, UNCTAD, UNDP, World Bank and WTO), S. 3.

[296] Vgl. o.V.: http://if.wto.org/recent_developments_e.htm, Ausdruck vom 2. Juni 2003.

[297] Vgl. WT/COMTD/LDC/INF/1 vom 28. Mai 2003: The Doha Development Agenda and the Paticipation of Least-Developed Countries, Note by the Secretariat, S. 10, Ziff. 52.

fen und den Runden Tischen ergeben, würden durch relevante multilaterale und regionale zwischenstaatliche Organisationen, bilaterale Entwicklungspartner und dem privaten Sektor je nach deren komparativen Vorteilen finanziert und durchgeführt. Es soll zudem sicherstellen, dass die technische Hilfe und das „Capacity building" innerhalb eines kohärenten Politikrahmens erfolgen.[298]

Der TDB hatte im Oktober 2001 den Fortschritt, der bei der Umsetzung des „Integrated Framework Pilot Scheme" als Bestandteil der neuen Arrangements zur Revitalisierung des „Integrated Framework" gemacht wurde, zur Kenntnis genommen und die erneuerten Zusagen und die erweiterte Unterstützung der Geber durch finanzielle Zusagen an den „Integrated Framework Trust Fund" begrüßt. Zudem hatte er zu neuen und zusätzlichen Beiträgen an den „Trust Fund" im Geiste der im Brüsseler Aktionsprogramm gemachten Zusagen eingeladen.[299] Im April 2003 begann eine zweite Evaluierung des IF mit der Annahme von „Terms of Reference" und der Auswahl eines Evaluierungsteams durch den „Selection-Board". Dieser besteht aus dem Leiter der IFWG, dem Koordinator der WTO-LDC-Gruppe und einem Repräsentanten der Geber. Einem Bericht des WTO-Sekretariates zufolge ist die Evaluierung des IF ein wichtiger Faktor für die Bestimmung der zukünftigen Richtung des IF und für die Anleitung bei seiner Erweiterung auf andere LDCs. Die Auswahl des Teams soll dabei ein Schritt zur Erfüllung des Mandates von Doha sein, wonach die Kerninstitutionen, in Zusammenarbeit mit den Entwicklungspartnern, die Vergrößerung des IF mit Blick auf das Angehen von angebotsseitigen Beschränkungen der LDCs und die Erweiterung des Modells auf alle LDCs untersuchen sollen. Dies soll im Nachgang zu einer Überprüfung und Bewertung des laufenden „Pilot Scheme" in ausgewählten LDCs erfolgen (vgl. Ziff. 43 der Doha-Ministererklärung).[300]

Zur Förderung von Kenntnissen und zur Klärung der Ziele des IF zwischen allen Beteiligten wurde eine neue Internetseite eingerichtet, die für alle teilnehmenden Organisationen von der Weltbank verwaltet wird.[301]

Das IF wird von allen relevanten Organisationen, einschließlich dem DAC der OECD, begrüßt. Die GA hatte die in die Umsetzung des IF involvierten Organisationen im Vorfeld der dritten UN-LDC-Konferenz bereits Ende 1999 dringend gebeten, LDCs in ihren Handels- und handelsbezogenen Aktivitäten zu unterstützen

---

[298] Vgl. Moore, Mike: The WTO and LDCs: delivering a better future through trade, Rede auf der „Third United Nations conference on the Least Developed Countries" (LDC-III) am 17. Mai 2001 in Brüssel.

[299] Vgl. Trade and Development Board Entscheidung 467 (XLVIII) vom 12. Oktober 2001: The Programme of Action for the Least Developed Countries for the Decade 2001-2010, enthalten in TD/B/48/18 /(Vol.I) vom 19. Oktober 2001: Report of the Trade and Development Board on its forty-eight session, S. 6.

[300] Vgl. WT/COMTD/LDC/INF/1 vom 28. Mai 2003: The Doha Development Agenda and the Paticipation of Least-Developed Countries, Note by the Secretariat, S. 10, Ziff. 54.

[301] Vgl. ebenda, S. 10, Ziff. 53.

und ihre Bemühungen zur Hilfe dieser Länder bei der Verstärkung ihrer Exportangebotskapazitäten und Handelsmöglichkeiten zu intensivieren.[302]

1.2.2. Das „Joint Integrated Assistance Program for Selected Least-Developed and Other African Countries"

Das „Joint Integrated Assistance Program for Selected Least-Developed and Other African Countries" (JITAP) ist schon vor dem IF ins Leben gerufen worden. Es soll ausgewählten afrikanischen Ländern helfen, effektiver am multilateralen Handelssystem teilzunehmen. Das Programm zielte anfänglich auf acht afrikanische Länder, von denen vier LDCs sind.[303] Die sieben Länder in Afrika südlich der Sahara sind in zwei regionale Untergruppen eingeteilt, was bei der Programmumsetzung zu wichtigen „economies of scale" und Synergien führen kann. Das Programm war im Mai 1996 angenommen worden.[304] Das ITC, UNCTAD und die WTO sind an diesem umfassenden „Handelspolitik-Entwicklungsprogramm" beteiligt, das u.a. Exportangebotsfähigkeiten in Angriff nehmen soll.[305]

Anstoß für das Programm gab ein Treffen afrikanischer Handelsminister im Oktober 1994 in Tunis, die die internationale Gemeinschaft dazu aufriefen, ihnen dabei zu helfen, ihre Kapazitäten zu vergrößern, an der Arbeit der WTO teilzunehmen, sich in das neue multilaterale Handelssystem zu integrieren und von den neuen Handelsmöglichkeiten im Zuge der Globalisierung der Weltmärkte zu profitieren. Im Nachgang zu diesem Treffen trafen sich der WTO-Generalsekretär und der Exekutivdirektor des ITC in Afrika mit Staatschefs, Ministern afrikanischer Regierungen und Repräsentanten des privaten Sektors. Die Funktionäre betonten die Notwendigkeit von handelsbezogener technischer Hilfe. Während der UNCTAD IX-Konferenz in Midrand, Südafrika, im Mai 1996 verkündeten die Leiter der WTO, der UNCTAD und des ITC ihre Zusage, ein gemeinsames Programm zu entwickeln, um diesen Bedarf zu decken. Nachdem im Zeitraum von 1996 bis 1997 eine Bewertung des Bedarfs in acht Partnerländern durchgeführt worden war, wurden gemeinsam die vorrangigen Notwendigkeiten identifiziert und nationale Projekte der technischen Hilfe vorbereitet. Kritischer Bedarf bestand in ähnlicher Art und Weise in allen Ländern, was bei Planung der Programmaktivitäten berücksichtigt wurde, die auf den dringendsten Bedarf fokussiert sind. Im März 1998 wurde von den drei Organisationen zusammen mit anderen Gebern ein gemeinsamer

[302] Vgl. GA-Resolution 54/235 vom 23. Dezember 1999: Implementation of the Programme of Action for the Least Developed Countries for the 1990s, Ziff. 8.

[303] Die LDC-Länder sind Benin, Burkina Faso, Uganda und Tansania, die vier anderen Länder sind Elfenbeinküste, Ghana, Kenia und Tunesien, vgl. dazu im Internet wysiwyg://69/ http://www.ldcs.org/itc.htm, Stand 26. Januar 2000.

[304] Vgl. WT/COMTD/14 vom 12. März 1998: Committee on Trade and Development, Manual on echnical Cooperation and Training, Box 3.

[305] Vgl. o.V.: An Integrated Framework for Trade-Related Technical Assistance, including for Human and Institutional Capacity-Buiding, to support Least-Developed Countries in their Trade and Trade-Related Activities, Revision, im Internet unter http://www.ldcs.org/ intframe.htm, Ausdruck vom 15. August 2000, S. 2.

„Trust Fund" eingerichtet, um finanzielle Unterstützung zu mobilisieren.[306] 13 Geberländer unterstützen das Programm mit etwa US$ 10 Millionen.[307]

Das JITAP hat damit drei Zielstellungen: Es soll nationale Kapazitäten herausbilden, das multilaterale Handelssystem und dessen Implikationen für den Außenhandel zu verstehen, das nationale Handelssystem an die Verpflichtungen und die Disziplinen des multinationalen Handelssystems anzupassen und die Bereitschaft der Exporteure zu steigern.

Inhaltlich konzentriert sich das JITAP auf „Capacity building". Alle drei Institutionen nehmen an der Bewertung des Bedarfs sowie an der Durchführung des Programms teil. Ziel ist die Errichtung nationaler Netzwerke von Trainern und Experten in WTO-relevanten Themen. Eine internetbasierte Kommunikations- und Diskussionsfazilität soll die Vernetzung zwischen den Partnerländern untereinander und den Organisationen in Genf verbessern. Diese Internetplattform macht auch programmbezogene Informationen der allgemeinen Öffentlichkeit zugänglich.

Um Ressourcen optimal zu nutzen organisiert JITAP seine allgemeinen Ausführungsaktivitäten in sog. „Cluster" von Programmelementen. Dabei deckt jedes „Cluster" alle Partnerländer ab, die dann jeweils auf die individuellen Bedürfnisse des Landes zugeschnitten werden. Die Umsetzung erfolgt in allen acht Ländern simultan, „Cluster-by-Cluster" und gemeinsam durch die drei Institutionen. Durch dieses Arrangement arbeiten die drei Institutionen auf die Realisierung eines gemeinsamen Zieles hin. So befassen sich z.B. zwei „Cluster" mit der Stärkung der Kapazitäten, das multilaterale Handelssystem und seine Implikationen zu verstehen. Während der erste „Cluster" einen nationalen Koordinationsmechanismus unterstützt, mit WTO-relevanten Themen umzugehen, und erforderliche Kenntnisse über das Handelssystem in jedem Land aufzubauen, beschäftigt sich der zweite damit, die Auswirkungen des multilateralen Handelssystems auf die nationalen Ökonomien festzustellen, prioritäre Sektoren zu identifizieren und stellt Anleitung für die Entwicklung von Strategien zur Verfügung. Zwei weitere „Cluster" befassen sich mit der Notwendigkeit der Konformität mit dem multilateralen Handelssystem. Sie stellen Informationen und technische Hilfe über Zollreformen sowie Beratung über Anpassungen von Handelsrecht und -bestimmungen zur Verfügung.

Das Programm hat einen direkten Einfluss auf exportierende Unternehmen. Auf der strategischen Ebene analysiert es die Handelsaussichten jedes Landes im Detail und stellt Unterstützung für die Formulierung von sektoriellen und von Produktstrategien zur Verfügung. Auf der operativen Ebene bietet es technische Zusammenarbeit in Bezug auf Handelsinformationen, Qualitätsmanagement, Exportfinanzierung sowie in anderen Schlüsselbereichen von Interesse für in Exportaktivitäten

[306] Vgl. o.V.: http://www.jitap.org/info-e.htm, Ausdruck vom 26. Mai 2002.
[307] Diese Länder sind Österreich, Belgien, Kanada, Dänemark, Finnland, Frankreich, Deutschland, Irland, die Niederlanden, Norwegen, Schweden, die Schweiz und das Vereinigte Königreich, vgl. o.V.: http://www.jitap.org/news.htm, Ausdruck vom 31. Mai 2003.

engagierte Unternehmen an. Um die langfristige Nachhaltigkeit der entwickelten Kapazitäten sicherzustellen, werden u.a. Referenzzentren für Unternehmen, Wissenschaft und behördliche Nutzung aufgebaut, sowie Netzwerke von Trainern über das multilaterale Handelssystem gefördert. So stellt das Programm Trainingsmaterial zur Verfügung und stärkt die notwendigen Fähigkeiten zur Entwicklung von Humanressourcen.[308]

Die Koordination zwischen den teilnehmenden Institutionen wird auf nationaler Ebene durch sog. „National Steering Committees" gefördert. JITAP-Projekte werden in jedem der Länder innerhalb des Rahmenwerks durch technische „counterparts" ausgeführt. Ein nationaler Ansprechpartner ist im für internationalen Handel verantwortlichen Ministerium festgelegt. Typischerweise sind Gegenspieler die Abteilung für internationalen Handel im Handelsministerium, handelsfördernde Organisationen, Industrie- und Handelskammern sowie lokale akademische Institutionen. In der Zentrale in Genf begleitet eine „steering group" bestehend aus höheren Repräsentanten der drei beteiligten Organisationen Gebern und der Partnerländer das JITAP. Das tägliche Management liegt in den Händen von Ansprechpartnern der drei Institutionen, die eng zusammenarbeiten. Zwei regionale Koordinatoren vor Ort (je einer für die vier westafrikanischen und die drei ostafrikanischen Länder), koordinieren die technische Ausführung und stellen die Schnittstelle zwischen den einzelnen Ländern und Genf dar. Zum Zusammenbringen der verschiedenen in das Programm involvierten Partnern wurde eine „Communication and Discussion Facility" eingerichtet. Internetbasiert ermöglicht diese kosteneffektive Kommunikation z.B. Online-Diskussionen, Aktualisierungen der Umsetzungsdaten oder das Auffinden relevanter Dokumentationen.

Seit Beginn der Programmumsetzung in 1998 wurden Management- und Koordinationsmechanismen eingerichtet, gemeinsame Trainingskurse über das multilaterale Handelssystem für nationale Trainer und Experten organisiert, subregionale technische Workshops und Kurse über spezielle Themen des Handelssystems organisiert, Studien über den Einfluss des multilateralen Handelssystems auf die nationale Wirtschaft abgeschlossen und Länderberichte über Produkte und Märkte für exportierbare Produkte für alle acht Länder erstellt. Zudem wurden nationale Symposien und hochrangige Seminare in den meisten der JITAP-Länder abgehalten. Weitere Leistungen sind die Entwicklung von Trainingsmaterial, die Einrichtung von Referenzzentren für die Nutzung durch die Ministerien, für Unternehmen und Bildungseinrichtungen. Zudem erfolgten Beratung und Training für das in 2000 für die JITAP-Länder in Kraft getretene Übereinkommen über „Customs Valuation". Weiteres Training fand durch die nationalen Netzwerke statt. Interinstitutionelle Ausschüsse wurden eingesetzt, um die WTO-Abkommen nachzuverfolgen.

Die Überwachung, Koordinierung und Umsetzung von Aktivitäten erfolgt auf nationaler Ebene durch sog. „National Steering Committees" (NSC). Dies wird von den betroffenen Institutionen aufgestellt, wenn das Projektdokument angenommen

---

[308] Vgl. o.V.: http://www.jitap.org/info-e.htm, Ausdruck vom 26. Mai 2002.

ist. Es steht unter der Autorität eines höheren Mitarbeiters des Handelsministeriums und besteht für die Regierung des Landes aus Vertretern des Ministeriums für Handel und Industrie, für Finanzen sowie aus nationalen Organisationen zur Handelsförderung. Für den privaten Sektor ist die nationale Handelskammer und die führende Organisation des privaten Sektors vertreten. Für die drei ausführenden Organisationen ist der regionale Koordinator und „Chief Technical Advisor" im NSC. Für die Geber und Entwicklungspartner sind dies Vertreter der Geberländer, des UNDP, der Weltbank und anderer interessierter Partner. Ein regionaler Koordinator in jeder Region überwacht und koordiniert in Zusammenarbeit mit dem örtlichen UNDP-Büro die Beiträge der in Genf basierten Organisationen. Er fungiert gleichzeitig als „Chief Technical Adviser", bietet Institutionen des privaten und öffentlichen Sektors Anleitung bei verschiedenen Aktivitäten zur Formulierung von Strategien und Studien und nimmt an Workshops und Trainingsveranstaltungen als Moderator teil. Er ist Mitglied des nationalen „Steering Committees". Projektkoordination und Umsetzung auf „Headquarter"-Ebene erfolgt durch Mitarbeiter von ITC und UNCTAD. Regelmäßige Koordinierungstreffen sollen Kohäsion, Komplementarität und Synergie der jeweiligen technischen Aktivitäten sicherstellen.

Nationale Managementkapazitäten sollen durch Berufung eines „National Facilitator", einer nationalen Institution oder Beratungsfirma genutzt und gestärkt werden. Der „National Facilitator" soll als direkter Korrespondent zwischen den lokalen Gegenspielern, d.h. den Regierungsdiensten und den Institutionen und Unternehmen des privaten Sektors sowie dem regionalen Berater fungieren und an letzteren berichten.

Für die Umsetzung der Aktivitäten in der täglichen Arbeit gibt es jeweils Ansprechpartner, die die Arbeit koordinieren. Dies kann je nach Thema ein Mitarbeiter des betreffenden Ministeriums oder die nationale Organisation zur Handelsförderung, zusammen mit der nationalen Handelskammer, und führenden Organisationen des privaten Sektors sein.

Das JITAP hat eine kritische und positive Rolle für die Stärkung der Human- und institutionellen Kapazität in den acht afrikanischen Ländern seit 1997 gespielt. Das Programm wurde im Herbst 2002 überprüft und es wurden Empfehlungen für seine Verbesserung und Stärkung gemacht. Ein JITAP Management Meeting der Geber, Empfänger und der drei ausführenden Organisationen hat die Zusagen für eine neue Phase des JITAP bestätigt, die auf die Umsetzung der „Doha Development Agenda" zielen soll. In diesem Zusammenhang haben die Geber die Notwendigkeit betont, das JITAP an das Ziel der Armutsreduzierung anzupassen, zusätzlich zu seinem originären Ziel der Bildung von Human- und institutioneller Kapazität. Einige Geber haben die Notwendigkeit der Komplementarität zwischen dem JITAP und dem IF unterstrichen. Die Managementüberprüfung hat auch die Notwendigkeit deutlich gemacht, das JITAP anzupassen, um auf die Handels- und Entwicklungsbedürfnissen der Empfängerländer zu reagieren. Einer Entscheidung des „Management Committees" zufolge sollen die ausstehenden Programme der ersten Phase von JITAP II konsolidiert und fertig gestellt werden. Die nächste Phase von

JITAP II wird ein „menu-based“ (à la carte) Vorgehen in Bezug auf die Bedürfnisse der neuen Empfängerländer einschließen. Eine Entscheidung über die Anzahl der Länder ist noch vor deren Auswahl zu treffen.[309] Es hatten 32 afrikanische und zehn nichtafrikanische Länder um eine Aufnahme in das JITAP gebeten.

Unklar ist, ob das JITAP noch als eigenständiges Programm weiter laufen, oder ob es im IF aufgehen soll. Zunächst hieß es, dass Tätigkeiten unter diesem Programm nunmehr dem „Integrated Framework“ untergeordnet werden, das auf die Erfahrungen des JITAP aufbaue.[310] Einem UNCTAD-Bericht zufolge wurden jedoch Arrangements für die Umsetzung einer neuen Phase, beginnend Anfang 2003 vereinbart.[311] Ende 2002 war das Programm überprüft worden und es erfolgten Empfehlungen für dessen Stärkung, einschließlich seiner Ausweitung. Einem Bericht des WTO-Generaldirektors zufolge untersuchen die Geber praktische Schritte, um Komplementarität zwischen dem IF für die LDCs und dem JITAP zu erwirken. Diese Bemühungen müssten dem Bericht zufolge intensiviert werden mit dem Ziel, eine größere Effizienz und Effektivität sowie größere Auswirkungen auf die Empfängerländer zu erreichen. Bemühungen müssten auf das überragende Ziel hin erfolgen, Handel als Mittel zur Armutsreduzierung zu nutzen und die Entwicklungsziele zu erreichen.[312] Seit Doha ist die Beziehung zwischen dem IF und dem JITAP ein Tagesordnungspunkt im Rahmen der IFWG und bei „IF Steering Commitee Meetings“. Konsultationen diesbezüglich dauern noch an.[313]

1.2.3. Das „Global Programme“ (UNCTAD/UNDP)

Das „Global Programme on Globalization, Liberalization and Sustainable Human Development“ wurde im September 1998 zunächst für einen Zeitraum von drei Jahren gestartet. Sein Hauptziel war, die Fähigkeit von Entwicklungsländern und Transformationsländern, ihre Integration in die Weltwirtschaft zu bewerkstelligen, zu verbessern. D.h. sie sollten befähigt werden, die Möglichkeiten, die die Globalisierung eröffnet, auszunutzen, um ein hohes und nachhaltiges Wachstum zu erreichen, Beschäftigung zu schaffen, die Armut zu beseitigen, während sie gleichzeitig

---

[309] Vgl. WT/COMTD/W/104/Rev.1 vom 7. November 2002: Coordinated WTO Secretariat Annual Technical Assistance Plan 2003, Note by the Secretariat, Revision, S. 16f, Ziff. 40.

[310] Vgl. An Integrated Framework for Trade-Related Technical Assistance, including for Human and Institutional Capacity-Buiding, to support Least-Developed Countries in their Trade and Trade-Related Activities, Revision, im Internet unter http://www.ldcs.org/intframe.htm, Ausdruck vom 15. August 2000, S. 2, sowie WT/COMTD/14 vom 12. März 1998: Committee on Trade and Development, Manual on echnical Cooperation and Training, Box 3.

[311] Vgl. TD/B/COM.1/57 vom 2. Januar 2003: Progress Report on the implementation of agreed conclusions and recommendations of the Commission, including the Post-Doha follow up, Commission on Trade in Goods and Services, and Commodities, Bericht des UNCTAD-Sekretariats, S. 13, Ziff. 39.

[312] Vgl. WT/GC/W/484 vom 2. Dezember 2002: Interim Report by the Director General: Paragraph 41 of the Doha Ministerial Declaration, S. 13, Ziff. 38.

[313] Vgl. WT/COMTD/LDC/INF/1 vom 28. Mai 2003: The Doha Development Agenda and the Paticipation of Least-Developed Countries, Note by the Secretariat, S. 10, Ziff. 56.

die Risiken von Instabilität und Marginalisierung minimieren sollten. Das Programm sah Aktivitäten auf globaler und auf Länderebene vor. Auf globaler Ebene waren die Aktivitäten darauf angelegt, die Fähigkeiten der Entwicklungsländer und der Transformationsländer zu stärken, effektiv an multilateralen Diskussionen im Handels- und Investmentbereich teilzunehmen. Auf Länderebene sollten 12 bis 16 Länder mit niedrigem Einkommen dabei unterstützt werden, sich mit politischem und institutionellem Rüstzeug auszustatten, um ihre Integration in die Weltwirtschaft zu fördern. Derartige Unterstützung war darauf angelegt, Konsens zwischen den am Entwicklungsprozess beteiligten Akteuren, wie Regierung, dem privaten Sektor, Forschungsinstitutionen und NGOs über Bewertung der nationalen Entwicklungserfahrungen zu bilden. Auf Basis einer derartigen Bewertung sollte ein nationaler Aktionsplan erarbeitet werden, der das betreffende Land befähigen sollte, mit der Globalisierung umzugehen. Gleichzeitig sollte die Arbeit auf Länderebene zur Vorbereitung der dritten UN-Ministerkonferenz für die LDCs beitragen.

Das „Global Programme“ hat ebenfalls Aktivitäten durchgeführt, die auf die Verbesserung der Kapazitäten der LDCs zielen, effektiv an Diskussionen und Verhandlungen in multilateralen Foren wie der WTO teilzunehmen. Es hat bei der Organisation von Runden Tischen für die LDCs in Bezug auf die Bereitstellung von handelsbezogener technischer Hilfe geholfen.[314] Im Mai 2003 fand ein gemeinsam durch das „International Centre For Trade and Sustainable Development“ (ICTSD), einer NGO, und dem „Global Programme“ gemeinsam organisierter Dialog zum „Special and Differential treatment“ im Rahmen der WTO statt. Der Dialog brachte unter dem Thema „Making Special and Differential Treatment Effective and Responsive To Development Needs“ eine Reihe von Teilnehmern aus dem Handels- und Entwicklungsbereich zusammen wie Vertreter von Weltbank, OECD, UNCTAD, UNIDO, EG, NGOs und höhere Beamte der EL und deren Vertretungen bei der WTO in Genf.[315]

1.2.4. Würdigung und Ausblick

Das IF ist der erste Versuch einer Institutionalisierung der („inter-agency“) Koordination zwischen den sechs Wirtschaftsinstitutionen. Es ist also ein Test der Institutionen selbst. Es bestehen enorme Herausforderungen auf Grund der verschiedenen Mandate und Kulturen, jedoch gebe es, so der ehemalige WTO-Generalsekretär Moore, keine Wahl.[316]

---

314 Vgl. o.V.: http://www.unctad.org.

315 Vgl. UNCTAD/ICTSD/UNDP: International Dialogue: Making Special & Differential Treatmen More Effective And Responsive to Development Needs, Draft Meeting Report vom 19. Mai 2003, http://www.ictsd.org/dlogue/2003-05-06/Dialogue-draft-meeting-report.pdf, Ausdruck vom 15. Juni 2003.

316 Vgl. WT/LDC/SWG/IF/15/Rev.1 vom 17. April 2001: Report on the Seminar by the Integrated Framework Core Agencies, The Policy Relevance of Mainstreaming Trade Into Country Development Strategies: Perspectives of Least-Developed Countries, WTO, Geneva, 29-30 January 2001, Annex II, opening statements, Welcoming Remarks by Mr. Mike Moore, Director-General, WTO, S. 29.

Sinnvoll ist, dass die Handelsintegrationsstudien des IF die Fragen des Handels, einschließlich der makroökonomischen Fragen im LDC, umfassend analysieren und die Verbindung zur Armutsreduzierung herstellen sollen. Dies soll in Konsultation mit der jeweiligen Regierung und dem Nationalen „IF Steering Committee" erfolgen. Damit würden weitere Studien wie die bis dato durchgeführte „Country Economic Memorandum"-Studie der Weltbank überflüssig. Einfließen können auch die Ergebnisse der „Trade Policy Reviews" der WTO.[317]

Das neugestaltete IF hat Potential, die Zusammenarbeit der Organisationen zu verbessern. Die Handelsintegrationsstudien als Grundlage für die technische Hilfe für alle beteiligten Organisationen wären jedoch nur dann eine sinnvolle Basis für ein koordiniertes Vorgehen der verschiedenen Geber und internationalen Organisationen, wenn diese sie auch tatsächlich von allen Organisationen und von den beteiligten Gebern nach ihrer Erstellung als maßgeblich ansehen. Geplant ist, dass die Handelsintegrationsstudien und deren Empfehlungen für Politikreformen und Aktionspläne bei der jährlichen Überprüfung der PRSPs dort einfließen und Handelsfragen entsprechend Bestandteil der Strategien zur Armutsreduzierung werden sollen. Andernfalls bliebe sie eine weitere Studie, deren Ergebnisse nicht umgesetzt würden. Damit wäre aber auch das Potential für Geberkoordinierung nur auf die letztlich nicht umgesetzte Strategie beschränkt und das IF am Ende ein gescheiterter Versuch.

Diese Befürchtung wird untermauert von der Unbestimmtheit über die Nachverfolgung der Handelsintegrationsstudien. Während klar ist, dass die Weltbank für die Aufstellung der Studien verantwortlich ist und diesen Prozess durch ihre Berater anführt, gibt es keinen definitiven Mechanismus, der die Koordination und die Finanzierung des IF-Prozesses sicherstellt, wenn die Studie und der Aktionsplan erstellt sind.[318] Der Mechanismus über die Konsultationsgruppentreffen und die Runden Tische bietet jedenfalls keine Garantie, dass es zu einer Umsetzung der Empfehlungen von Maßnahmen der Studie kommt.

Richtig ist, dass das IF die Möglichkeit für ein umfassendes und koordiniertes Vorgehen in Bezug auf handelsbezogene Fragen bietet. Einem Bericht des WTO-Generalsekretärs zufolge ist das IF, obwohl seine Umsetzung dringend verbessert werden müsste, derzeit der Hauptmechanismus der internationalen Gemeinschaft, um Handel in die nationalen Entwicklungs- und Armutsreduzierungsstrategien einzubeziehen.[319] Seine zumindest perspektivische Bedeutung liegt daher darin, dass es die einzige vorhandene Plattform für die wesentlichen multilateralen Wirt-

---

[317] Vgl. dazu Teil 2, Kapitel 3, Abschnitt 1.2.6.

[318] Vgl. Integrated Framework: Mainstreaming Trade into Mlawi'sPoverty Reduction Strategy Paper, Draft speaking notes for an intervention by Brian G. Mtonya, IF Coordinator-Malawi, Ministry of Commerce and Industry, Malawi, S. 4, im Internet unter http://www.oecd.org/pdf/M00033000/M00033868.pdf, Ausdruck vom 2. Juni 2003.

[319] Vgl. WT/GC/W/485/Rev.1 vom 12. Dezember 2002: Interim Report by the Director-General: paragraph 43 of the Doha Ministerial Declaration, Revision; S. 2, Ziff. 3.

schaftsinstitutionen zur Koordinierung der Hilfe für die LDCs ist.[320] Es bleibt insgesamt abzuwarten, wie erfolgreich die Durchführung der eigentlichen Programme im Anschluss an die Aufstellung der Handelsintegrationsstudien sein wird. Dies wird, da in die Konsultativgruppentreffen bzw. die Runden Tische eingebunden, letztlich auch von den finanziellen Zusagen der multilateralen und bilateralen Geber abhängen. Im Zweifel dürfte eine unter der Leitung der Weltbank erarbeitete Integrationsstrategie jedoch mehr Aussicht auf Finanzierung durch die Geber haben als ein „Needs Assessment" durch das LDC selbst.

Als problematisch wird zudem die Verknüpfung des IF mit den PRSPs und damit die Anknüpfung an die Kreditvergabe durch die BWIs angesehen. Die hier bestehenden Probleme auf Grund der Abhängigkeit von einer Geberbewertung gelten somit auch für die Integrationsstudien.

Zudem besteht die Frage, inwieweit andere Organisationen wie z.B. die UNCTAD an der Aufstellung der unter der Leitung der Weltbank erfolgenden Handelsintegrationsstudien beteiligt sind bzw. deren Meinungen einfließen können. In diesem Zusammenhang bestehen bereits Zweifel in Bezug auf die PRSPs. So führt Bertrand aus, dass trotz des demonstrierten Willens der BWIs, eine größere Betonung auf soziale Programme zu legen, die Beziehung zwischen Strukturanpassungspolitiken und dem Kampf gegen Armut ein Streitpunkt bleibe. In dieser entscheidenden Debatte sei die Stimme der UN nicht laut genug erhoben worden. Während Repräsentanten des UN-Systems eingeladen sind, den Prozess der Entwicklung des PRSPs-Prozesses zu beobachten, gebe es bislang keinen Beweis für eine maßgebende Beteiligung der UN bei der Definition der Strategien zur Beseitigung der Armut. In Fällen, in denen ein Land Strukturanpassungen entsprechend den Vorschriften der BWIs unter dem Einfluss von Kreditkonditionen durchführe, würde nicht um Beratung durch die UN gebeten im Hinblick auf die „Lebensfähigkeit" und Nachhaltigkeit der Politikverordnungen, obwohl die Partner des UN-Systems ihre Auffassungen zu den Fragen hätten. Zudem scheine die UN nicht adäquat in den ländereigenen PRSP-Prozess involviert zu sein.[321] So ist z.B. das UNDP in den PRSP-Prozess involviert.[322] Inwieweit letztes aber tatsächlich einen Einfluss hat, kann hier nicht abschließend beurteilt werden. Ein Indiz dafür, dass die UN, d.h. das UNDP und die UNCTAD, im Zweifel wenig Einfluss auf die Erstellung der Handelsintegrationsstudien haben dürften, zeigt die Aufstellung des Teams zur Erarbeitung der Integrationsstudie für Kambodscha, einem der Länder des „Pilot Scheme". Dieses bestand aus 13 Mitgliedern, davon Mitarbeiter von

---

[320] Vgl. WT/LDC/SWG/IF/15/Rev.1 vom 17. April 2001: Report on the Seminar by the Integrated Framework Core Agencies, The Policy Relevance of Mainstreaming Trade Into Country Development Strategies: Perspectives of Least-Developed Countries, WTO, Geneva, 29-30 January 2001, Annex I, Message from Mike Moore, Director-General, WTO, WTO, S. 28.

[321] Vgl. Bertrand, Doris: Report of the Joint Inspection Unit on the results approach in the United Nations: implementing the United Nations Millennium declaration, JIU/REP/2002/2, enthalten in Dokument A/57/372 vom 3. September 2002, S. 24, Ziff. 106 und S. 26f, Ziff. 112.

[322] Vgl. dazu schon Teil 2, Kapitel 1, Abschnitt 3.3.

Weltbank, IMF und WTO, Sektorspezialisten und vier lokalen Beratern. Die Überprüfung der Wirtschafts- und Handelssektorleistung erfolgte durch das Weltbankteam in Washington, der Berichtsentwurf zum makroökonomischen Umfeld erfolgte durch Teammitglieder des IMF usw. Parallel wurden jedoch auch andere Geber in den Prozess einbezogen, die Unterstützung in verschiedenen Bereichen leisteten.[323] Dies kann jedoch in anderen Ländern zukünftig anders sein. Hinzu kommt, dass die UNCTAD auf Länderebene nicht durch Repräsentanten vertreten ist und so vor Ort nur begrenzt Einfluss nehmen kann.

Die JITAP-Partnerschaft der drei Organisationen, der acht teilnehmenden Länder und der 13 Geber, die den „Common Trust Fund" eingesetzt haben, stellt ein solides Medium zur Bereitstellung von Hilfe für afrikanische Länder dar.[324] Eine Einbeziehung in das IF wäre zum derzeitigen Zeitpunkt nicht sinnvoll, da das IF sich in den meisten Ländern in der Ausarbeitung der Studien erschöpft, es aber auch jetzt bereits dringend Bedarf an technischer Hilfe und „Capacity building" einschließlich der Unterstützung von Institutionen und Unternehmen in Bezug auf den Handel gibt.

2. Voraussetzungen und Schranken von Kooperation und Koordination auf der operativen Ebene

Wie in Kapitel 1 in Bezug auf die Politikkoordination werden hier die wesentlichen Voraussetzungen und Schranken für Kooperation im operativen Bereich dargelegt, um im Anschluss Möglichkeiten zur Verbesserung der Koordination zu diskutieren.

2.1. Voraussetzungen von Kooperation und Koordination auf der operativen Ebene

Es stellt sich zunächst auch für die operative Ebene die Frage nach dem Verfolgen ähnlicher Interessen und Ziele der Organisationen als Voraussetzung für Zusammenarbeit und Koordination. Diese Frage ist bereits in Bezug auf das Wachstum des internationalen Handels, einen hohen Beschäftigungsgrad und die Erhöhung des Lebensstandards usw. bejaht worden.[325] Dies ist im Folgenden für den operativen Bereich näher zu analysieren.

Festzustellen ist, dass allen hier behandelten internationalen Organisationen Aufgaben im operativen Bereich zugewiesen worden sind. Dies ist für die UNCTAD der Fall, der die Aufgabe zur technischen Zusammenarbeit auf den UNCTAD-Konferenzen übertragen wurde.[326] Gleiches gilt für das UNDP, das u.a.

---

[323] Vgl. Implementation of the Integrated Pilot Scheme in Cambodia, Madagaskar, and Mauritania, Responses by H.E. Sok Siphana, Secretary of State, Ministry of Commerce, Focal Point for the IF Pilot Scheme (Cambodia), Ziff. 7 und Annex I, http://www.moc.gov.kh/intergrated_framework/iawg_exper.htm, Ausdruck vom 2. Juni 2003.

[324] Vgl. o.V.: http://www.jitap.org/info-e.htm, Ausdruck vom 26.Mai 2002.

[325] Vgl. Kapitel 1, Abschnitt 2.1.

[326] Vgl. Teil 2, Kapitel 1, Abschnitt 2.1.

„Capacity building" und Politikberatung leisten soll.[327] Die Weltbank vergibt Kredite und führt technische Hilfe als Teil der Förderung der wirtschaftlichen Entwicklung und Erhöhung der Produktivität entsprechend ihrer Aufgabe durch.[328] Auch der IMF leistet technische Hilfe in seinem Kompetenzbereich, um die Kapazitäten der Länder zur Formulierung und Implementierung wachstumsorientierter und armutsreduzierender makroökonomische sowie Strukturpolitiken aufzubauen.[329] Die operativen Tätigkeiten dienen dem Erreichen des Gesamtzieles der jeweiligen Organisation. Die WTO ist nicht als Entwicklungs- sondern vornehmlich als Handelsorganisation gegründet worden. Ihre Aufgabe ist es u.a., die Verwaltung und die Wirkungsweise des WTO-Übereinkommens und der multilateralen Handelsübereinkommen sowie die Verwirklichung ihrer Ziele zu erleichtern und Verhandlungsforum zu sein (Art. III Abs. 1 und 2 WTO-Übereinkommen). EU-Handelskommissar Lamy führt aus:

> „In considering how to enhance the contribution of the WTO to development, it is important to bear in mind that the WTO is and will remain a trade institution."[330]

Jedoch können einer Organisation neue Aufgaben durch ihre Mitgliedsstaaten übertragen werden. So wurde bereits im Rahmen des GATT 1966 ein neuer Teil IV eingefügt, der den besonderen Interessen der EL Rechnung tragen sollte.[331] Der Entwicklungsgedanke greift mehr und mehr auch in der WTO Platz. Grund dafür ist bereits die veränderte Zusammensetzung der WTO im Vergleich zum GATT mit nunmehr 80 % EL und Transformationsländern, die damit auch Einfluss auf die Ergebnisse der Ministerkonferenzen nehmen.[332] Bereits die Präambel des WTO-Übereinkommens vom 15. April 1994 enthält die Erkenntnis, dass es positiver Bemühungen bedarf, damit sich die EL, insbesondere die LDCs, einen Anteil am Wachstum des internationalen Welthandels sichern, der den Erfordernissen ihrer wirtschaftlichen Entwicklung entspricht. Auch in den einzelnen Abkommen sind Regelungen zur technischen Hilfe enthalten.[333] Weitere Aufgaben im operativen Bereich und in Bezug auf die Berücksichtigung der Interessen der EL wurden der WTO durch die Minister auf der WTO-Konferenz 1996 in Singapur mit dem dort verabschiedeten „Comprehensive and Integrated WTO Plan of Action for the Least-Developed Countries" übertragen sowie mit der auf der Konferenz in Doha angenommenen „Doha-Development Agenda". Auf dieser Konferenz wurde die dringende Notwendigkeit für eine effektiv koordinierte technische Hilfe mit bilateralen Gebern im „Development Committee" der OECD und relevanten internationalen und regionalen Organisationen innerhalb eines kohärenten Politikrahmens und Zeitplan unterstrichen. Die Minister beauftragten den WTO-Generalsekretär,

---

[327] Vgl. Teil 2, Kapitel 1, Abschnitt 3.1.
[328] Vgl. zu den Zielen der IDA Teil 2, Kapitel 2, Abschnitt 1.1.1.
[329] Vgl. Teil 2, Kapitel 2, Abschnitt 2.2.3.
[330] Vgl. Lamy, Pascal: The link between Trade and Development – What role for the EU Trade Policy, Rede auf der AIF-Konferenz, Christiansburg, 12. September 2000, im Internet unter http://europa.eu.int/comm/trade/speeches_articles/spla31_en.htm.
[331] Vgl. Teil 2, Kapitel 3, Abschnitt 1.2.1.
[332] Vgl. dazu Teil 2, Kapitel 3, Abschnitt 2.1.1.
[333] Vgl. dazu Teil 2, Kapitel 3, Abschnitt 2.2.2.

sich zum koordinierten Erbringen von technischer Hilfe mit den relevanten Organisationen, bilateralen Gebern und den Empfängern zu konsultieren und Wege zu identifizieren, um das IF und das „Joint Integrated Technical Assistance Programme" (JITAP) zu verbessern und zu rationalisieren.[334] Dennoch verbleibt es beim Hauptziel der WTO, die Durchsetzung des internationalen Handelssystems sicherzustellen.

Claude führt aus dass:

„...the course of the development of an international organization may be determined less by the consciously adopted plans of the governments that participate in its decision or of the officials who serve it than by the cumulative influence of day-to-day pressures and case-by-case decisons. The unpredictable history of the future, no less than the ineradictable history of the past, is a factor in the shaping of political institutions."[335]

Gilt dies für die Entwicklung von Organisationen in eine bestimmte Richtung, so muss dies auch für die Zusammenarbeit zwischen den internationalen Organisationen gelten. Denn auf Grund praktischer Anforderungen und durch Absprachen in der Sache zur Lösung eines anstehenden Problems vor Ort können sich neue Mechanismen der Zusammenarbeit zwischen den Organisationen herausbilden, die die Arbeit erleichtern und die gegebenenfalls erst nachträglich, wenn überhaupt, formell verankert werden. Dies gilt z.B. für das „Integrated Framework", das aus der Notwendigkeit der Bereitstellung technischer Hilfe heraus und auf Beschluss der Minister zu einer besseren Zusammenarbeit entwickelt wurde.

Wichtig für das Zustandekommen von Zusammenarbeit überhaupt dürfte auch hier die Frage des Interesses der Mitgliedstaaten bzw. der verschiedenen internationalen Organisationen und bilateralen Geber an Zusammenarbeit und Koordination auf Länderebene sein. Denn auch hier gilt generell, dass Koordination nur dann zu erwarten ist, wenn der Nutzen von Koordination größer ist als deren Kosten. Zu fragen ist, inwieweit ein Interesse an Zusammenarbeit auf operativer Ebene besteht. Dies stimmt mit einem von einem JIU-Inspektorenteam gefunden Ergebnis überein. Dieses hatte sich bereits Anfang der 1990er Jahre die Frage gestellt, warum Fälle von Kooperation und Koordination in der Praxis gefunden werden könnten, wenn die normalen Tendenzen dem ablehnend gegenüberstehen. Beobachtungen und Analysen haben die Inspektoren überzeugt, dass effektive Kooperation und Koordination faktisch unter drei Umständen gefunden werden können. Neben einem generellen Umstand gebe es zwei spezielle. Generell finde Kooperation und Koordination zwischen den UN-System-Organisationen und den Finanzinstitutionen statt, wenn es einen gegenseitig erkannten Vorteil gebe.[336]

---

[334] Vgl. WT/MIN(01)/DEC/1 vom 20. November 2001: Ministerial Declaration, angenommen am 14. November 2001, Ziff. 39.

[335] Vgl. Claude, Inis L.: Swords Into Plowshares, The Problems and Progress of International Organization, New York, St. Louis..., 1984, S. 7.

[336] Vgl. JIU/REP/92/1 (Part I): Study of United Nations system co-operation with multilateral financial institutions, enthalten in Dokument E/1993/18, S. iii, iv.

Der Vorteil der WTO, andere Organisationen und bilaterale Geber zu mobilisieren, damit der eigene Auftrag erfüllt werden kann, die Einhaltung der WTO-Verpflichtung zu erreichen, liegt auf der Hand. Die WTO ist u.a. an der Zusammenarbeit mit anderen Organisationen im Handelsbereich interessiert, da sie über keine ausreichenden Ressourcen verfügt und die vorhandenen Ressourcen anderer Organisationen für den Handelsbereich nutzbar machen will. Hinter diesem Interesse der WTO steht das der Minister von OECD und G7/G8, die die Notwendigkeit verstärkter technischer Hilfe an die EL mehrfach betont haben. So wird in den DAC-Richtlinien „on Strengthening Trade Capacity for Development" ausgeführt, dass es im Interesse der OECD-Länder sei, dass die Entwicklungsländer ihre Lücken im Bereich der Handelskapazitäten schließen, effektiv verhandeln und die Handelsabkommen umsetzen und die Verpflichtungen unter diesen Abkommen einhalten. Handelsbezogenes „Capacity building" stelle ein nützliches Mittel dar, die Herausforderungen des multilateralen Handelssystems durch bestehende Belange und Dispute wie z.B. Handel und Arbeitsnormen oder Handel und Umwelt anzugehen. Es ist auch in deren Interesse, dass Entwicklungsländer starke Verhandlungspartner sind. Ein Land, das seine eigenen Handelsinteressen kenne und diese überzeugt darlegen kann, sei ein verlässlicherer Verhandlungspartner. Auch ist es wahrscheinlich, dass es Abkommen schließt, das seinem eigenen Interesse entspricht, auch im Land politisch getragen und daher effektiv umgesetzt wird.[337]

Die Industrieländer haben selbst ein Interesse an effektiver technischer Hilfe und „Capacity building" im Handelsbereich und insbesondere am „Integrated Framework", wenn dieses dazu beiträgt, dass WTO-Normen eingehalten werden können und Produkte den selbst gesetzten Standards entsprechen. EU-Handelskommissar Pascal Lamy zufolge stellen eine Reihe von nichttarifären Hemmnissen wie technische, gesundheitspolizeiliche und pflanzenschutzrechtliche Bestimmungen und Standards eine Herausforderung für die EL in Bezug auf Handel und Investitionen dar. Die Entwicklung von Kapazitäten für den privaten und den öffentlichen Sektor sei daher extrem notwendig und sollte Teil einer pro-aktiven Entwicklungsagenda sein. So wurde z.B. geschätzt, dass für ein durchschnittliches EL Investitionen in der Größenordnung von US$ 150 Millionen erforderlich sind, um die WTO-Verpflichtungen im Bereich der gesundheitspolizeilichen und pflanzenschutzrechtlichen Maßnahmen, der Reform bei geistigen Eigentumsrechten und Zöllen umzusetzen. Dies korrespondiere mit einem Entwicklungsbudget eines ganzen Jahres für viele LDCs. Die Umsetzung neuer Verpflichtungen und die daran anknüpfenden Übergangsperioden sollten daher mit der effektiven Bereitstellung von „Capacity building"-Bemühungen, insbesondere an die LDCs, zusammengehen. Dies könne nur erfolgreich sein, wenn alle maßgeblichen Akteure, die EL selbst, internationale Entwicklungsagenturen, die WTO und alle Geber koordiniert in Bezug auf „Capacity building" im Handelsbereich vorgehen. Dies sei die Idee, die dem IF zugrunde

337 Vgl. DAC Guidelines on Strengthening Trade Capacity for Development, OECD, 2001, S. 23.

liegt. Die Verbesserung der Leistung des IF, die bis dato enttäuschend sei, stelle daher eine Angelegenheit von höchster Priorität dar.[338]

In der neuen WTO-Strategie für technische Zusammenarbeit heißt es überzeugend, dass das Hauptmandat der WTO Handelsliberalisierung sei, die erhebliche Entwicklungsgewinne erbringen könne. Die technische Hilfe der WTO sei eine Schlüsselkomponente der Entwicklungsdimension des multilateralen Handelssystems. Technische Hilfe könne die Mitgliedstaaten befähigen, Handelsliberalisierung durchzuführen.[339] Eine weitere Ursache für den verstärkten Willen zur Zusammenarbeit auf dem Gebiet der technischen Hilfe im Handelsbereich kann daher in dem Interesse an einer neuen multilateralen Verhandlungsrunde, verbunden mit weiteren Liberalisierungsschritten, im Rahmen der WTO gesehen werden.

Die Interessen der EL auf der Seattle-Konferenz (mit Ausnahme der „emerging markets") gingen dahin, dass eine neue allgemeine große umfassende Liberalisierungsrunde nicht gewünscht wurde, solange die gerade vergangene Uruguay-Welthandelsrunde nicht ausreichend analysiert und von ihnen bewertet worden war. Sie fühlten ihre Staaten insbesondere von der Fülle von neuen multilateralen Regelungen überfordert, sowohl was deren Auswirkungen auf ihre Staaten wie die Änderungsnotwendigkeiten für ihre staatlichen Gesetze und Institutionen angeht. Eine weitere Zollsenkungsserie auf Seiten der EL mit ihren zum Teil nur rudimentär entwickelten staatlichen und parastaatlichen Einnahmen bedroht zudem die Finanzierung ihrer staatlichen und öffentlichen Institutionen, ohne dass Alternativen schnell aufbaubar sind.[340] Auf Seiten der USA und der EU lag jedoch das Interesse in der Einleitung einer neue Verhandlungsrunde. Auch auf der Ministerkonferenz in Doha im November 2001 spielte das Thema der technischen Zusammenarbeit und des „Capacity Building" für das Zustandekommen des Kompromisses eine wesentliche Rolle.[341] Bereits in deren Vorfeld wurde mehrfach die Notwendigkeit betont, dass die Hilfen an die EL im Handelsbereich effektiv sein müssen, um eine erfolgreiche Runde einleiten zu können. Z.B. Mike Moore führte aus, sein Ziel sei, eine neue multilaterale Handelsrunde einzuberufen. Vier von fünf WTO-Mitgliedern seien EL und sie fordern, die fehlende Entwicklungsdimensionen des Handelssystems anzugehen. Sie werden sicherstellen, dass eine neue, in Doha eröffnete Runde eine Entwicklungsrunde ist. Die Unterstützung, so Moore, würde jetzt und während des Jahres gebraucht, um sicherzustellen, dass die Doha-Ministerkonferenz erfolgreich und eine neue Runde mit Entwicklung in ihrem Zentrum eröffnet ist. Die WTO sei nicht das GATT. Keine neue Runde könne beginnen, und wichti-

[338] Vgl. Lamy, Pascal: The link between Trade and Development-What role for the EU Trade Policy, Rede auf der AIF-Konferenz, Christiansborg, 12. September 2000, http://europa.eu.int/comm/trade/speeches_articles/spla31_en.htm.
[339] Vgl. WT/COMTD/W/90 vom 21. September 2001, S. 1, Ziff. 1.
[340] Vgl. Skarpelis-Sperk, Sigrid: Positionen und Strategien auf der 3. WTO-Ministerkonferenz in Seattle, Nord-Süd Infodienst, März 2000, S. 3, http://www.spd.de/einewelt/service/nsi200003/skarpelis-sperk.html.
[341] Vgl. dazu Teil 2, Kapitel 3, Abschnitt 2.2.

ger, keine neue Runde könne abgeschlossen werden, ohne die Interessen LDCs und Mitgliedern der EL angegangen und behandelt zu haben. Um die Unterstützung der LDCs zu sichern und zu erhalten müsse der Fortschritt real sein.[342] Auch Ricupero verwies in einer Rede auf eine von Claire Short[343] gehaltene Rede auf der UNCTAD-Konferenz am 2. März 1999, in der diese ausführte:

„We must adress [the] challenges of implementation and participation now, as we prepare for a new round, [because] if we do not, further trade negotiations simply will not deliver the results we want."[344]

Wie bereits in Teil 2 erwähnt, sind nicht nur die Verhandlungen, sondern auch die Umsetzung von Verhandlungsergebnissen in der WTO immer komplexer geworden. Neben der Senkung von Zöllen oder der Abschaffung von Quoten sind vielmehr Abkommen wie GATS und TRIPS sowie Regeln zu neuen Themen in nationales Recht umzusetzen. Kosten für die Gesetzgebung, Schaffung von Verwaltungs- und Gerichtsstrukturen durch Einrichtung entsprechender Behörden sowie die Einstellung und Ausbildung von Fachleuten können gerade in Ländern, in denen derartige Strukturen vollständig fehlen, beträchtlich sein. Zudem ist für viele EL der Nutzen derartiger Strukturen erst auf lange Sicht erkennbar. Insbesondere den LDCs muss in besonderer Weise Hilfe geleistet werden. Die Doha-Ministererklärung bestätigte die existierenden Strukturen für die technische Hilfe. Das „Integrated Framework" wurde bestätigt.

Nicht nur die Entwicklungsländer, sondern auch die Industrieländer haben demnach ein Interesse daran, die technische Hilfe in diesem Bereich effektiv zu gestalten. Hängt doch davon auch die Zustimmung und das Verhalten der EL im weiteren Verlauf der Verhandlungen ab. Nach Eröffnung der neuen Runde führte Moore erneut aus, dass unabhängig davon, wie beeindruckend die Struktur des „Trade Negotiation Committee" (TNC) auf dem Papier aussehe, man nicht fähig sei, zu tun, was notwendig sei, um die mehr in ihrer Kapazität beschränkten Mitglieder zu befähigen, substantiell an den Verhandlungen teilzunehmen, wenn man sich nicht schnell mit dem „Capacity building" vorwärts bewegt, sowohl in den Hauptstädten der Mitgliedsländer als auch vor Ort Genf. Die Doha-Entwicklungsagenda zeigte, dass einige EL weiteren Fortschritt von Konditionen abhängig machen. Die Bedingung für weiteren Fortschritt mit der Entwicklungsdimension vieler neuer Themen sei „Capacity building", um sicherzustellen, dass die nächste Ministerkonferenz Fortschritt mache und man wie zeitlich vorgesehen die Runde zum Abschluss bringen könne. Dies sei von den wesentlichen Gebern und Förderern verstanden wor-

---

342 Vgl. Moore, Mike: The WTO and LDCs: delivering a better future through trade, Third United Nations Conference on the Least Developed Countries (LDC-III), Rede am 17. Mai 2001 in Brüssel.

343 Secretary of State for International Development im Vereinigten Königreich.

344 Vgl. Ricupero, Rubens auf dem LDC-Ministertreffen am 24. Juli 2001 in Sansibar, http://www.unctad.org/sg/sgsta036_240701zanzibar.en.htm, Ausdruck vom 9. August 2001.

den. Deswegen hätten viele Minister Genf so kurz nach der Doha-Konferenz besucht und deshalb sei das neue Budget der WTO verabschiedet worden.[345]

Die Frage ist allerdings, wie weitgehend dieses Interesse der Mitgliedstaaten der verschiedenen Organisationen an handelsbezogener technischer Hilfe und „Capacity building“ ist, oder ob es sich im Fall der WTO eher auf die Umsetzung der WTO-Verpflichtungen, die Einhaltung der WTO-Normen und die Ermöglichung der Teilnahme an den Verhandlungen beschränkt. Ob diese Aufgabe zur technischen Hilfe und „Capacity building“ nur deshalb übertragen wurde, um dem internationalen Handelssystem zur Durchsetzung zu verhelfen und die Liberalisierung im Handelsbereich voranzubringen (eigentliches Ziel der WTO), oder ob dahinter die selbständige Aufgabe „Entwicklungshilfe“ steht, ist nicht ganz unerheblich, denn im Sinne der Entwicklungspolitik ist Wachstum durch Handel nicht Selbstzweck, sondern soll zur Armutsreduzierung beitragen und die soziale Entwicklung voranbringen.[346] Die Frage, wie der Wachstumsgewinn hernach im Land verteilt wird oder wofür der Gewinn verwendet wird, ist danach nicht Thema der WTO. Insgesamt ist aber nicht nur darauf zu achten, dass die Entwicklungsländer am Wachstum teilhaben, sondern auch darauf, dass sie ein nachhaltiges Wachstum erzielen, dessen Gewinne nicht nur einer Minderheit des Landes zugute kommen. Die WTO selbst legte mehrfach klar dar, dass die Bereitstellung von über die Umsetzung von WTO-Verpflichtungen hinausgehender technischer Hilfe z.B. im Infrastrukturbereich nicht in ihrem, sondern im Mandat anderer Organisationen liege. Im Bericht der WTO 2002 wird ausgeführt, dass die Bedürfnisse von EL für handelsbezogene technische Hilfe weit über das hinaus gehen würden, was die WTO leisten könne und sollte. Man müsse absolut klar über die Grenzen sein, was die WTO in Bezug auf die „Doha-Development-Agenda“ tun kann und was nicht. Es sei nicht Aufgabe der WTO, den Ländern zu sagen, T-Shirts oder Schuhe herzustellen, Flughäfen oder Seehäfen zu bauen. 10 % des WTO-Budgets gehe an das exzellente ITC, dessen Geschäft es sei, Unternehmen durch Vereinbarungen und Regeln zu navigieren, um Produkte auf Märkte zu bringen. Das Hauptgeschäft anderer Organisationen sei, beim Aufbau physischer Infrastruktur zu helfen. Die WTO arbeite eng mit diesen anderen Institutionen zusammen. Sie müsse aber bei ihrem Kerngeschäft bleiben, welches Handelsliberalisierung ist: Absenkung der Handelsbarrieren, damit Menschen überall davon Vorteile haben. Derzeit sei die WTO auf dem Weg, das Mandat der Minister von Doha zu erfüllen. Sie würde jede Bemühung unternehmen, um sicherzustellen, dass zur Zeit der Ministerkonferenz 2005 alle Regierungen der Mitglieder fähig sein werden, effektiv ihre Ansichten vorbringen zu können. Kapazitäten für Verhandlungen und zur Formulierung von Handelspolitik werden aufgebaut.[347]

---

345 Vgl. Moore, Mike: Report to the Council by the Director General, WTO News vom 13. Februar 2002, im Internet unter: http://www.wto.org/english/news_e/news02_e/swift_action_e.htm, Ausdruck vom 5. April 2002.

346 Vgl Teil 1, Kapitel 1, Abschnitt 1.

347 Vgl. WTO: Annual Report 2002, WTO, 2002, S. 4.

In einem Zwischenbericht des WTO-Generaldirektors zu Ziff. 43 der Doha-Ministererklärung heißt es, dass die Reaktion auf die Bedürfnisse der LDCs, insbesondere die Beseitigung der Armut die größte Entwicklungsherausforderung der internationalen Gemeinschaft darstelle. Obwohl dieses dringend sei, müssten diese Herausforderungen realistisch angegangen werden. Es gäbe kein magisches Schema. Kein Plan oder Vorgehen würde unmittelbare Ergebnisse erzielen. Ein optimaler Plan zur Reaktion auf die Herausforderungen, denen die LDCs gegenüberstehen, schließe eine spezifische Verteilung der Verantwortlichkeiten ein zwischen a) den multilateralen Wirtschaftsorganisationen (IMF, ITC, UNCTAD, UNDP, Weltbank und WTO), b) den bilateralen Gebern (innerhalb des Rahmens des „Development Assistance Committee" der OECD, c) den EL und d) den LDCs, die die Verantwortung und das Recht zum Management des Prozesses für ihre Integration in das multilaterale Handelssystem und die Weltwirtschaft behalten.[348] Insgesamt besteht also ein starkes Interesse der WTO und ihrer Mitgliedstaaten an technischer Hilfe und „Capacity building" im Handelsbereich, es ist aber vorwiegend auf den Bereich der Teilnahme der LDCs an den Handelsverhandlungen und der Integration des Handels in die Entwicklungsstrategien der Länder beschränkt. Eine Zusammenarbeit mit anderen Organisationen und Gebern, die die darüber hinausgehenden Leistungen erbringen, ist daher erforderlich.

Vorteile der WTO und Interesse an einer Kooperation werden insbesondere darin gesehen, die vorhandenen Humanressourcen anderer Organisationen zu nutzen. So führte Mike Moore am 13. Februar 2002 in einem Bericht an den „General Council" der WTO aus:

„I have reported to UN secretary-General Kofi Annan on progress and have expressed appreciation for his leadership and the cooperation of his agencies. I hope to brief him again very soon. I also met with Mr. Malloch Brown of UNDP, as well as his local representative... They and the Banks have people on the ground and in capitals; we do not. Therefore they can be important partners as we develop our country file project."[349]

Der Ausbau der Tätigkeiten der Weltbank im Handelsbereich und die Zuweisung der Aufgabe die Handelsintegrationsstudien aufzustellen an die Weltbank, die vor Ort in allen Ländern vertreten ist, ist vor diesem Hintergrund ohne weiteres nachvollziehbar. Die UNCTAD, die gute analytische Fähigkeiten hat, ist selbst nicht auf Länderebene vertreten und das UNDP hat zwar breite Erfahrungen darin, die sozialen Kosten makroökonomischer Politiken und wirtschaftlicher Anpassungen herauszuheben. Jedoch hat es nach eigenen Aussagen weniger Erfahrungen mit der Bereitstellung von Politikberatung an Regierungen, um solche wirtschaftlichen Maßnahmen zu modifizieren.[350]

[348] Vgl. WT/GC/W/485/Rev.1 vom 12. Dezember 2002: Interim Report by the Director-General: paragraph 43 of the Doha Ministerial Declaration, Revision; S. 2, Ziff. 3.

[349] Vgl. Moore, Mike: Report to the Council by the Director General, WTO News vom 13. Februar 2002, im Internet unter: http://www.wto.org/english/news_e/news02_e/swift_action_e.htm, Ausdruck vom 5. April 2002.

[350] Vgl. UNDP Policy Note: The Role of Economic Policies in Poverty Reduction, April 2002, S. 4f, im Internet unter http://www.undp.org/policy/docs/policynotes/economic-

Schließlich spricht für ein Interesse an Zusammenarbeit im Handelsbereich insgesamt der Ressourcenzwang. Gerade der Bereich der handelsbezogenen technischen Hilfe erfordert einen enormen Aufwand. Allein Trainingskurse, die nur grundlegende Kenntnisse im Bereich des internationalen Handels vermitteln, erfordern einen enormen personellen und zeitlichen Aufwand, der allein von einer Institution nicht zu leisten ist. Wie bereits in Teil 2 erwähnt, führte die UNCTAD einen Trainingskurs nach Ziff. 166 des UNCTAD X-Aktionsplanes durch, in dessen Ergebnis festgestellt wurde, dass eines der größten Hindernisse zur Erbringung weiterer derartig umfassender Kurse das Ressourcenproblem ist. Im Bericht des UNCTAD-Sekretariates über den Kurs, der im Sommer 2001 in Genf stattgefunden hatte, heißt es:

„In terms of content and management of future courses, there was an understanding amongst members that a similar course could not be undertaken again by the secretariat due to resource constraints and the preparations required...There were, however, no resources available to conduct a similar course in any of the developing regions. The secretariat might be able to conduct another course, taking into account the observations made above, and to include more participants in future courses…“[351]

Das Interesse an Zusammenarbeit im Handelsbereich ist daher aus Sicht der WTO dreifach: Es sollen mehr Ressourcen mobilisiert werden, die WTO kann und will die notwendigen technische Hilfe im Handelsbereich nicht allein erbringen und es besteht zudem das Interesse, die vorhandenen institutionellen Strukturen anderer Organisationen zu nutzen.

In Bezug auf die Frage, ob rechtliche Grundlagen durch bestehende Abkommen oder sonstige Regelungen Voraussetzung für Zusammenarbeit und Koordination auf der operativen Ebene sind, ist festzuhalten, dass zwischen den hier beteiligten Organisationen Kooperationsabkommen bestehen, die die Zusammenarbeit regeln, gegebenenfalls auf der Basis von Briefwechseln. So bestehen Abkommen zwischen UN und WTO, zwischen WTO und den BWIs und zwischen letzteren und den UN. Zwischen WTO und UNCATD fehlt es derzeit noch an einem „Memorandum of Understanding“, es findet aber dennoch zumindest ad hoc eine Zusammenarbeit statt. Ungeklärte Punkte sind die allgemeinen Unkosten sowie Vorauszahlungen u.a. bei der Durchführung gemeinsamer Projekte.[352]

Prinzipiell kann man sagen, dass Zusammenarbeit und Koordination bei gegenseitig bestehendem Interesse keine detaillierte Rechtsgrundlage erfordert. Die Institutionen finden Mittel und Wege, um eine Zusammenarbeit aufzunehmen, wenn daran ein Interesse besteht. Jedoch sind auf der operativen Ebene rechtliche Rege-

---

policies-poverty-reduction.doc, Ausdruck vom 15. Januar 2003, vgl. Teil 2, Kapitel 1, Abschnitt 3.1.

[351] Vgl. TD/B/EX(28)/2 vom 15. Februar 2002: Training course on key issues on the international economic agenda pursuant to paragraph 166 of the UNCTAD Plan of Action, Bericht des UNCTAD-Sekretariats, S. 19, Ziff. 72.

[352] Vgl. WT/COMTD/W/102 vom 16. Juli 2002, S. 6f, Ziff. 35, vgl. zu den Rechtsgrundlagen der Zusammenarbeit die entsprechenden Abschnitte in Teil 2.

lungen für die Abwicklung gemeinsamen Tätigwerdens erforderlich. Der Verantwortliche auf der Länderebene ist zur Durchführung von Programmen und Projekten auf bestehende Regelungen angewiesen, die ihm ein bestimmtes Handeln erlauben. Die Frage, ob finanzielle Mittel von einer Organisation für ein bestimmtes Programm zur Verfügung gestellt werden können, bedarf nicht nur der Entscheidung der entsprechenden Gremien, sondern auch Durchführungsvereinbarungen zur Abwicklung von Vorauszahlungen, Nutzung von Konten, zur Abrechnung und Kontrolle. Fehlende Regelungen können demzufolge ein Tätigwerden an gemeinsamen Projekten behindern. Dies gilt z.B. auch für den Fall von Co-Finanzierungen oder Budgetunterstützung.[353]

Kooperation und Koordination entstehen dem bereits oben erwähnten Bericht der JIU zufolge zudem in speziellen Umständen, wenn individuelle Teilnehmer sich einander gut kennen und sich gewogen sind. Dies ist z.B. der Fall, wenn frühere Mitarbeiter der Weltbank in anderen UN-Organisationen arbeiten und erfolgreich mit ihren früheren Bankkollegen interagieren. Sie entstehe zudem auch, wenn vor Ort im EL die Dynamik schwieriger Situationen an der Basis und eine geteilte Auffassung auf „Headquarter"-Ebene zusammenkommen und man sich für starke und kooperative lokale Allianzen einsetzt.[354]

2.2. Schranken von Kooperation auf der operativen Ebene

Kooperation zwischen internationalen Organisationen auf der operativen Ebene stößt auf Hindernisse verschiedener Art. Neben fehlenden rechtlichen Regelungen setzen auch auf der Länderebene u.a. unterschiedliche Mandate und Politiken einschließlich der Auffassungen über Entwicklung, das Interesse der Organisationen an eigenen, nach außen sichtbaren Projekten einer sinnvollen Kooperation und Koordination Schranken. Nicht zuletzt kann eine Schranke für Koordination auf Länderebene in den fehlenden Kapazitäten des EL selbst liegen.

2.2.1. Bestehende Strukturen und Kompetenzen, Mandate und Politiken

Fehlende Kompetenzen und Befugnisse auf Grund von Verträgen oder Kooperationsabkommen können eine Schranke für Kooperation und Koordination darstellen. Bereits oben wurden die relativ geringen Möglichkeiten des ECOSOC zur Einflussnahme auf der Politikebene im Wirtschaftsbereich dargelegt.[355] Ähnliches gilt auch auf der operativen Ebene. Der ECOSOC kann z.B. keine verbindlichen Anweisungen geben, wie die Sonderorganisationen auf der Länderebene zusammenarbeiten sollen. Er kann weder inhaltlich verbindliche Vorgaben machen, noch kann er für die Sonderorganisationen einschließlich von Weltbank und IMF vorschreiben, welcher Koordinationsmechanismus auf Länderebene Anwendung finden soll.[356] Reformversuche, die die Koordinierungsrolle des ECOSOC in der Entwick-

---

353 Vgl. dazu unten, Abschnitt 3.2.

354 Vgl. JIU/REP/92/1 (Part I): Study of United Nations system co-operation with multilateral financial institutions, enthalten in Dokument E/1993/18, S. iii, iv.

355 Vgl. Kapitel 1, Abschnitt 2.2.

356 Vgl. zum ECOSOC auch Teil 2, Kapitel 1, Abschnitte 1.1.2., 5.3. und 5.5.

lungszusammenarbeit stärken wollten, blieben in ihrer Wirkung begrenzt. Gleiches gilt für den Ausbau der Rolle des UNDP als zentrale Finanzierungsinstanz der Entwicklungsprogramme aller UN-Organisationen oder dessen effektive Koordination der Entwicklungsaktivitäten der Sonderorganisationen auf Länderebene. So wurden zwar die residierenden Koordinatoren auf Länderebene eingesetzt, diese können jedoch keine mit Bezug auf andere internationale Organisationen verbindlichen Entscheidungen treffen und repräsentieren auch nicht alle internationalen Organisationen wie die Weltbank oder die WTO. Es besteht keine Pflicht für die Sonderorganisationen, an den Länderrahmen CCA und UNDAF teilzunehmen, die als Basis für die Arbeit von UN-Institutionen erarbeitet werden. Die „United Nations Development Group" hat die Weltbank und den IMF ermutigt, ihre Teilnahme am CCA und UNDAF-Prozess zu verstärken.[357] Dennoch erstellt z.B. die Weltbank neben dem CCA weiter eigene Papiere zur Analyse auf Länderebene.

Im Bereich der handelsbezogenen technischen Hilfe und „Capacity building" gelten dieselben unzureichenden Strukturen. Mit der WTO als einem weiteren „Player" in diesem Bereich wäre ein funktionierendes Organ, das Richtlinien zur Zusammenarbeit auf Länderebene abgibt, ebenfalls wichtig. Auf Grund der fehlenden Repräsentanz der UNCTAD auf Länderebene ist die Einflussnahme der UN in diesem Bereich vor Ort eher geringer als in anderen Bereichen. Erforderlich wäre die Übernahme der Koordinierungsrolle im Land nicht nur für die Aufstellung von Handelsstrategiepapieren, sondern auch für deren Umsetzung in allen Bereichen. In Bezug auf die technische Hilfe und das „Capacity building", die über das zentrale Mandat der WTO hinausgehen und z.B. Infrastruktur und den Aufbau von Angebotskapazitäten betrifft, gelten jedoch dieselben Schranken wie bereits oben im Rahmen der Politikkoordination ausgeführt: Zwar ist deren Notwendigkeit prinzipiell anerkannt und diese Aufgaben Organisationen wie der Weltbank, der UNIDO, dem ITC und der UNCTAD zugewiesen, jedoch befinden sich die Industriestaaten und damit auch deren Interesse an der Finanzierung dieser Leistungen in einem Widerstreit zwischen langfristigen und kurzfristigen Interessen. Obwohl langfristig mit Blick auf Stabilität und gerechterer Wohlstandsverteilung sinnvoll, können kurzfristig Ressourcen, die in derartige Entwicklungsaufgaben von Seiten der entwickelten Länder fließen, nicht für Zwecke im eigenen Land wie Forschung und Entwicklung, oder zur Abtragung eigener Verschuldung eingesetzt werden. Zudem besteht die Frage des Trittbrettfahrerphänomens. Es bleibt abzuwarten, ob und in wie weit das Interesse an einer umfassenden Zusammenarbeit in Handelsfragen auf Landesebene, das derzeit insbesondere mit Blick auf das IF nach außen hin kommuniziert wird, nach Abschluss der WTO-Verhandlungsrunde in 2005 anhält.

Eng mit den unterschiedlichen Strukturen und Politiken zusammen hängt das auf der operativen Ebene generell bestehende Problem unterschiedlicher rechtlicher Regelungen zu Prozeduren, die unzweifelhaft eine Schranke für die Zusammenar-

[357] Vgl. E/2000/46/Add.1 vom18. Mai 2000: Operational activities of the United Nations for international development cooperation, Progress in the implementationof General Assembly resolution 53/192, Bericht des UN-Generalsekretärs, S. 10, Ziff. 38.

beit internationaler Organisationen und anderer Geber auf Länderebene darstellen. Die Koordinierung der Aktivitäten von Gebern hängt unmittelbar mit der Harmonisierung von Geberpolitiken, Praktiken und Prozeduren zusammen. Dies ist ein Gebiet, auf dem Intentionen und Realität immer noch weit auseinanderfallen.

Das Fehlen von Geberharmonisierung bürdet den EL eine Last auf. Die Vielzahl von Missionen, Richtlinien und Berichte, mit denen ein Land zu tun hat, macht es in vielen Fällen fast unmöglich, „Ownership" für den eigenen Entwicklungsprozess in Anspruch zu nehmen. Harmonisierung hat auf zwei Ebenen zu erfolgen: auf der institutionellen Ebene der Geber oder Organisationen und auf der Länderebene, wo Geber- und lokale Prozeduren harmonisiert werden müssen.

Verschiedene Institutionen haben in den letzten Jahren zur Harmonisierung und Vereinfachung von Regelungen und Prozeduren aufgerufen.[358] Bereits in den 1980er Jahren hatte die GA alle Organe, Organisationen und Gremien des UN-Systems aufgefordert, die notwendigen Schritte zu unternehmen, um eine Harmonisierung administrativer, finanzieller, personeller, Planungs- und Beschaffungsprozeduren sicherzustellen.[359] In ihrer Resolution 46/219 vom 20. Dezember 1991 hatte sie das UN-System aufgefordert, die Regeln und Prozeduren für die nationale Ausführung im Rahmen der stärkeren Verantwortlichkeit zu vereinfachen, insbesondere um die administrativen Lasten für die Regierungen und die Kosten des Managements von Projekten und Programmen zu minimieren.[360] Auch das DAC der OECD beschäftigt sich wie in Teil 2 dargestellt mit der Geberkoordinierung.[361] Es führt in einem Bericht aus, dass die Entwicklungshilfe, die aus vielen Quellen kommt und verschiedenen Regelungen und Politiken unterliegt, das Potential zur Verursachung von Durcheinander und Überlappung in sich birgt.[362]

Harmonisierung muss Politiken und Regeln (Beschaffung, Evaluierung, Bewertung, Politiken gegen Korruption usw.) und auch grundlegende Praktiken umfas-

---

[358] Ein Weltbankbericht nennt u.a. die folgenden:
- DAC's Development Partners' Forum sowie Senior und High Level Meetings 1999 und Mai 2000,
- Utstein Group of Development Ministers (Workshop in Stockholm, gemeinsam veranstaltet durch die Nordischen Länder und der Weltbank), der bilaterale und multilaterale Geber und Entwicklungsländer einbezogen hatte (CDF Stockholm Workshop Report (SecM99-685), 18. Oktober 1999),
- Aid Coordinations studies des OED der Weltbank und des UNDP, vgl. World Bank: Comprehensive Development Framework Country Experience March 1999-July 2000, Weltbank, September 2000, S. 27.

[359] Vgl. GA-Resolution 38/171 vom 19. Dezember 1983: Comprehensive policy review of operational activities for development, Ziff. 28.

[360] Vgl. GA-Resolution 46/219 vom 20. Dezember 1991: Operational Activities of the United Nations system, Ziff. 10.

[361] Vgl. Teil 2, Kapitel 5, Abschnitt 1.2.

[362] Vgl. Chang, Hyun-sik/ Fell, Arthur M./ Laird, Michael: A Comparison of Management Systems for Development Co-operation in OECD/DAC Members, OECD, 1999, S. 51.

sen, wie gemeinsame Programmaufstellung und -bewertung, Nutzung gemeinsamer Berichte, gemeinsame oder synchronisierte Missionen.[363]

„Donors must consequently try to facilitate co-operation with recipient governments and other donors. Doing this effectively is a challenge because of differing policies, procedures, budgets, timing and other factors such as rivalries, disagreement over approaches and sometimes unwillingness of recipient governments to coordinate donors."[364]

Auch der Ministerrat der EG hatte in seinen Schlussfolgerungen vom 21. Mai 1999 zur Vereinfachung und Harmonisierung finanzieller und administrativer Prozeduren aufgerufen, um Schwierigkeiten zu beseitigen, die aus der Unterschiedlichkeit und Komplexität verschiedener Regelungen und Prozeduren herrühren, und um die notwendige operationelle Flexibilität zu ermöglichen. Klare Ergebnisorientierung sollte das Leitprinzip der Arbeit der Kommission sein. Der Rat erkannte an, dass die Finanzkontrolle ex ante zu Gunsten einer stärkeren Überwachung und Bewertung der Ergebnisse reduziert werden sollte.[365] Auch die Finanzierungsmechanismen wurden kritisiert.[366]

Auf den von der Weltbank zur Diskussion der Entwicklung von Partnerschaften von Juni bis September 1998 durchgeführten Konsultationen in Amerika, Europa, Asien und Afrika stimmten die Teilnehmer darin überein, dass die Notwendigkeit bestehe, eine größere Kohäsion bei der Bereitstellung von Entwicklungshilfe zu erzielen. Verbesserte Koordination sei innerhalb der Empfängerregierungen und zwischen Geberländern sowie zwischen Geberinstitutionen erforderlich. Einige argumentierten für mehr Unterstützung für die Kapazität des Landes und Institutionenbildung und plädierten für ein größeres Vertrauen in nationale Ressourcen im Gegensatz zu externen Beratern (Afrika, Asien). Alle betonten die Wichtigkeit der Koordination zwischen den Beteiligten und der Einbeziehung des IMF und der UN in die Partnerschaftsmethode. Dazu sei eine sich annähernde Ausrichtung der institutionellen Instrumente der Geber (z.B. Länderstrategiedokumente, analytische Arbeit) sowie eine Harmonisierung der Prozeduren erforderlich.[367]

---

363 Vgl. World Bank: Comprehensive Development Framework Country Experience March 1999-July 2000, Weltbank, September 2000, S. 27.

364 Vgl. Chang, Hyun-sik/ Fell, Atrhur M./ Laird, Michael: A Comparison of Management Systems for Development Co-operation in OECD/DAC Members, OECD, 1999, S. 51.

365 Vgl. Council Conclusions vom 21. Mai 1999, 2180. Rat-Entwicklung, Evaluation of EC Development Instruments and Programmes, S. 7, im Internet unter http://europa.eu.int/comm/ development/lex/en/pdf/ conc_99_evaluation.pdf.

366 „The Council supports streamlining the fragmented, cumbersome funding mechanisms by simplifying and harmonising budget lines in collaboration with the European Parliament. This should ultimately lead to greater flexibility in the budgeting of resources.", vgl. Council Conclusions vom 21. Mai 1999 : ebenda, S. 7.

367 Vgl. World Bank: Partnership for Development: From Vision to Action, Briefing to the Board of the Executive Directors, 24. September 1998, S. 3, im Internet unter http://www.worldbank.org/html/extdr/pdf-vistoact.pdf.

Die Harmonisierung von Programmierungszyklen ist kritisch für die gemeinsame Planung von Interventionen des UN-Systems durch Rahmen wie dem UNDAF. In der UN wurden die Anstrengungen zur Harmonisierung von Programmierungsperioden der Fonds und Programme beschleunigt, was zu größeren Synergien zwischen den operativen Tätigkeiten auf Länderebene führen soll.[368] In 2000 hatten etwa 98 % aller sich für Harmonisierung qualifizierenden Länder Pläne für eine Harmonisierung der Programmperioden, die bis 2004 abgeschlossen sein soll.[369] Bis 2005 sollen die Programmzyklen in 95 Ländern harmonisiert sein.[370] Schwierigkeiten bereitet, dass nicht alle UN-Organisationen auf der Basis von Länderprogrammen arbeiten, einige nutzen kurze Zyklen (zweijährige Budgetzyklen), andere operieren auf einer Projekt-für-Projekt-Basis.[371]

In Bezug auf die Vereinfachung und Harmonisierung von Prozeduren im allgemeinen hat die „United Nations Development Group" (UNDG) 1999 stichprobenartig eine Reihe von residierenden Koordinatoren in Bezug auf spezielle Bereiche, in denen Prozeduren vereinfacht werden könnten, befragt. Dabei wurden die folgenden Bereiche identifiziert und werden durch die UNDG überprüft:

- unterschiedliche Programmrahmen, Formate und Genehmigungsprozesse für Programme und Projekte,
- die Phasen für Überwachung und Evaluierung von Programmen und Projekten (d.h. jährlich, dreiseitig, d.h. zusammen mit Gebern und Empfängerland, Halbzeitüberprüfungen) sollten gemäß der Harmonisierung von Programmierungsperioden angepasst werden,
- Mangel an Übereinstimmung der operativen Prozeduren für Projektimplementierung (z.B. Bedingungen für die Dienstleistung durch nationale Berater, Beschaffung und Übertragung von Material, Beendigung von Projekten),
- unterschiedliche Finanzberichtsanforderungen der Organisationen,
- verschiedenes Vorgehen in Bezug auf Informationstechnologie für Datenbanken über UN-Aktivitäten,
- Mangel an gemeinsamen Richtlinien für Räumlichkeiten,
- Notwendigkeit für konsistente Prozeduren für die nationale Durchführung,
- Parallele und sich doppelnde Sicherheitsoperationen, die nicht in Zusammenarbeit mit dem UN „Security Coordinator" und dem dazu bestimmten offiziellen System durchgeführt werden.[372]

---

[368] Bereits die GA-Resolution 47/199 vom 22. Dezember 1992 rief zu einer Harmonisierung besonders zwischen UNDP, UNICEF, WFP, IFAD und den durch das UNDP verwalteten Fonds auf.

[369] Vgl. E/2000/20 vom 20. April 2000: Annual reports of the Administrator of the United Nations Development Programme and the Executive Director of the United Nations Population Fund to the Economic and Social Council, S. 7, Ziff. 28.

[370] Vgl. E/2000/46/Add.1 vom18. Mai 2000: Operational activities of the United Nations for international development cooperation, Progress in the implementationof General Assembly resolution 53/192, Bericht des UN-Generalsekretärs, S. 12, Ziff. 44.

[371] Vgl. ebenda, S. 11, Ziff. 41f.

[372] Vgl. E/2000/20 vom 20. April 2000: ebenda, S. 7, Ziff. 30.

Obwohl durch den CCA/UNDAF-Prozess im Rahmen der UN einige Fortschritte im Hinblick auf die Vereinfachung und Harmonisierung zwischen den am UNDG beteiligten UN-Einheiten und Organisationen erreicht werden konnte,[373] besteht in diesem Bereich noch viel Raum zu Verbesserungen. So gibt es u.a. kein systematisches Herangehen an eine Harmonisierung der Programmzyklen mit nationalen Haushalts- oder Planungszyklen. Dies erweist sich auch als besonders schwierig, da einige Regierungen keine Pläne annehmen oder Budgetzyklen variieren oder Regierungen keine formalen Planungsperioden haben oder nur einen jährlichen Haushaltsplan.[374]

Ein weiterer Belang in der Diskussion um Harmonisierung und Koordinierung ist das Problem des „untying aid", d.h. der Verbindung der Hilfeleistung mit Bedingungen, z.B. die für ein Projekt benötigten Beschaffungen im Geberland vorzunehmen oder dessen Experten einzusetzen.[375] Hier gab es in Bezug auf die LDCs einige Fortschritte.[376]

Eine weitere Schranke in Bezug auf die Zusammenarbeit stellen teilweise fehlende Co-Finanzierungsverträge dar. Dies ermöglicht es den Organisationen nicht, sich an Projekten anderer Organisationen durch finanzielle Beiträge zu beteiligen. So erfordert der von der EG nunmehr verfolgte sektorielle Ansatz, bei dem die Gemeinschaft in einigen Sektoren eine zentrale Rolle spielen, in anderen dagegen die Führung anderen Gebern überlassen und deren Aktivitäten co-finanzieren will, geänderte Regelungen, die der EG die Mitfinanzierung gestattet. Es muss festgelegt sein, wann und unter welchen Voraussetzungen die EG Finanzierungsbeiträge leisten darf, welchen Anforderungen ein solches Vorhaben genügen muss bzw. welche Zahlungsmodalitäten anzuwenden sind. So müssen sich im Falle der EG beipielsweise die Programmvorschläge stets an den gemeinsamen Prioritäten der EG-Entwicklungspolitik messen lassen.

Auch die Idee der Budgetfinanzierung, d.h. statt der Durchführung eigener Programme einen finanziellen Beitrag zum Haushalt des EL zu leisten. erfordert rechtliche Regelungen zwischen der Organisation und dem Empfängerland.[377]

Neben den oben angesprochenen fehlenden Kompetenzen und Regelungen werden unterschiedliche Natur, Mandate und Politiken der beteiligten internationalen Organisationen, angelegt bei ihrer Gründung, als Gründe angesehen, die bei einer Zusammenarbeit und Koordination auf Länderebene zu berücksichtigen sind und

---

373 So stellt die CCA eine einheitliche analytische Basis und Datengrundlage dar. U.a. hat das UNDP seine vormals geforderte „Advisory Note" zu Gunsten des UNDAF aufgegeben, vgl. E/2000/46/Add.1 vom 18. Mai 2000: ebenda, S. 8f, Ziff. 27ff.

374 Vgl. E/2000/46/Add.1 vom18. Mai 2000: Operational activities of the United Nations for international development cooperation, Progress in the implementationof General Assembly resolution 53/192, Bericht des UN-Generalsekretärs, S. 12, Ziff. 45.

375 Vgl. dazu Teil 2, Kapitel 5, Abschnitt 1.2.

376 Vgl. dazu schon oben, Kapitel 1, Abschnitt 1.

377 Vgl. dazu unten, Abschnitt 3.2.

dieser Schranken setzen. So führte eine Entscheidung des „Governing Council" des UNDP aus, dass die Zusammenarbeit mit den internationalen Finanzinstitutionen im Bereich der operativen Aktivitäten die spezielle Natur, die Mandate und Politiken der involvierten Institutionen berücksichtigen und deren Unterschiede respektieren solle.[378] Dem pflichtete die JIU bei, indem sie ausführt, dass Unterschiede zwischen den Entwicklungsinstitutionen anerkannt und respektiert werden müssten. Die Weltbank und die regionalen Entwicklungsbanken seien *Banken*, was besondere Verantwortlichkeiten, Fachkenntnisse, Perspektiven und Herangehensweisen mit sich bringe. Ähnlich haben andere multilaterale Institutionen, bilaterale Geber, NGO's, Forschungs- und Beratungsorganisationen alle ihre eigenen Prioritäten, Interessen, Fähigkeiten, Zwänge und Verfahrensweisen.[379]

Festzustellen ist, dass eine Bank, die ihre Finanzen zumindest zum Teil auf dem Kapitalmarkt beschaffen muss, andere Anforderungen an den Kreditnehmer zu stellen hat, als eine Organisation, die nicht rückzahlbare Zuschüsse vergibt. Dennoch sollten beide sicherstellen, dass die Finanzen sinnvoll und auf ein bestimmtes Ziel hin verwendet werden. Dieses Argument greift mit Blick auf die LDCs jedoch weniger, da die IDA, für die Entwicklungsfinanzierung der meisten LDCs zuständig ist, ihre Gelder nicht auf dem Kapitalmarkt beschafft, sondern in Wiederauffüllungsrunden durch die Staaten erhält. Dennoch ist es auch hier das Image der Weltbank insgesamt, als auf dem Kapitalmarkt kreditwürdige Bank, das es zu verteidigen gilt. Jedoch sollten alle Organisationen im Interesse des jeweiligen EL tätig werden und Kreditvergabe und andere Tätigkeiten nicht nur abstimmen, sondern auch in eine gemeinsame Strategie des Entwicklungslandes einstellen. Sicher ist eine bestimmte Expertise in einem Gebiet wichtig und eine Spezialisierung sinnvoll auf Grund der breiten Spanne an möglichen Tätigkeitsfeldern. Wie die JIU aber zurecht schließlich ausführt, können die verschiedenen Entwicklungsinstitutionen dennoch enger zusammenarbeiten und deren Leiter und Geldgeber hätten dies seit langem betont.[380]

In diesem Zusammenhang stellt sich die Frage nach der Einflussnahme anderer Institutionen auf die Aufstellung von Kreditprogrammen durch die Bretton-Woods-Institutionen. Diese Frage stellt sich nicht zuletzt im Zusammenhang mit den PRSPs, die maßgeblich die Entschuldung sowie die Kreditvergabe von Weltbank und IMF beeinflussen und in die Fragen des Handels integriert werden sollen.

---

[378] „As part of its strong encouragement of greater collaboration and co-ordination in operational activities, the Governing Council of UNDP noted the existing arrangements, and considered that UNDP should be particularly responsive to governments seeking support for improved economic management. The Council also stated, however, that collaboration with the international financial institutions should take into account the special character, mandates and policies of the institutions involved and respect their differerences", vgl. die Entscheidung 88/56 vom 1. Juli 1988: Operational activities for development, Governing Concil des UNDP, para 1j, zitiert in JIU/REP/92/1, (part 1): Study of United Nations system co-operation with multilateral financial institutions, enthalten in Dokument E/1993/18, S. 17.

[379] Vgl. die JIU: ebenda, S. 20.

[380] Vgl. die JIU: ebenda, S. 20.

Die Institutionen fordern zurecht die Einhaltung von Konditionen i.S. einer sinnvollen, auf das Entwicklungsziel hin ausgerichteten Nutzung der bereitgestellten Ressourcen. Fraglich ist jedoch deren Ausgestaltung, Reichweite und Abstimmung mit anderen Institutionen, die im selben Bereich tätig sind und nicht zuletzt das damit verfolgte Ziel. Die Konditionen des IMF sind auf makroökonomische Stabilität gerichtet. Die Frage ist nicht, ob EL durch den Prozess der Liberalisierung zu gehen haben oder ob sie eigene Wirtschaftsbereiche schützen, sondern wie weitgehend und in welcher zeitlichen Abfolge diese erfolgen soll, sowie wie die Kosten der Anpassung verteilt werden. Schwierige und im Einzelfall zu lösende Fragen, z.B. wie viel Inflation die Wirtschaft eines Landes verträgt bzw. ihr dienlich ist, müssen im Zusammenhang mit Möglichkeiten des nachhaltigen Wirtschaftswachstums erörtert werden. Zudem dürfen Konditionen sich nicht mit Verpflichtungen im Rahmen der WTO überschneiden oder gegenläufig sein. Die WTO-Verpflichtungen sollten sich wiederum an den Entwicklungsbedingungen des einzelnen Landes und dessen Bedürfnissen ausrichten, was eine Frage der generellen Politikkoordination darstellt. Aus entwicklungspolitischer Sicht ist daher das Aufstellen einer auf das jeweilige Land bezogenen Entwicklungsstrategie essentiell, um dessen Entwicklungsprioritäten voranzubringen. Sollen die PRSPs einen Sinn machen, so sollten sich die letztlich von Weltbank und IMF im Zusammenhang mit der Kreditvergabe zur Strukturanpassung geforderten Konditionen auf sorgfältig ausgewählte und auf der Basis der PRSPs bestimmte Konditionen beschränken, die den eigenen Entwicklungszielen des Landes Rechnung tragen. Zur Entwicklung einer eigenen Handelsstrategie muss dem EL genug Raum verbleiben. Die Frage, ob es sich um eine Bank oder eine Entwicklungsorganisation handelt, sollte sich letztlich für eine sinnvolle Zusammenarbeit erübrigen, wenn die auferlegten Konditionen nachvollziehbar und die für das betreffende EL geforderten Maßnahmen auf einer gemeinsam erörterten Strategie beruhen.

Gegen eine enge Zusammenarbeit zwischen den BWIs und der WTO wird von Seiten der Entwicklungsländer generell die Gefahr gesehen, dass die im Rahmen der BWIs angewendete Konditionalität auch Eingang in den Handelsbereich der WTO findet und dass dann bei Nichteinhaltung womöglich Handelssanktionen drohen. Ein von der EU in einer Mitteilung an den Rat und das Europäische Parlament vorgeschlagenes Vorgehen beinhaltete, auf der Seattle-Konferenz eine Vereinbarung zu treffen über den Aufbau einer Zusammenarbeit und von komplementären Aktionen aller relevanten Institutionen bei der Unterstützung der EL dabei, von weiterer Handelsliberalisierung zu profitieren und die Kapazität der EL in Bezug auf die Umsetzung der WTO-Regeln zu verbessern. Gleichfalls wurde eine Entscheidung auf Ministerebene vorgeschlagen über die Verbesserung der Kohärenz zwischen der WTO und anderen wichtigen Institutionen, hauptsächlich die Weltbank und dem IMF sowie UNCTAD, UNEP, UNDP und gegebenenfalls anderer internationaler Organisationen. Dies wurde kritisch kommentiert, eine solche Vereinbarung würde das Bollwerk der USA, der EU und ihrer Verbündeten über die Ökonomien im Süden eher weiter verfestigen, als sich mit „Capacity building“

zu beschäftigen.[381] Obwohl diese generelle Angst in der Form sicher nicht berechtigt ist, zeigt diese Aussage auf, wie die Prioritäten der verschiedenen Organisationen nach außen hin wahrgenommenen werden.

Festzustellen ist hier, dass verschiedene Politiken und Prioritäten der internationalen Organisationen auch im operativen Bereich hinderlich sein und Schranken für eine Kooperation und Koordination darstellen können. Letztlich sind die Politikfragen kaum von den Fragen im operativen Bereich zu trennen, da letztere von den auf der Politikebene getroffenen Entscheidungen abhängen.

Als eine weitere Schranke auf Seiten der internationalen Organisationen selbst kann fehlendes Interesse oder unzureichende Anweisungen der „Governing Boards" zur Zusammenarbeit auf der Ausführungsebene angesehen werden. Diese können ein Grund für mangelnde Koordination auf Länderebene sein. Whittington und Calhoun erstellten 1988 einen Erfahrungsbericht über die Errichtung eines computergestützen „decision support and management information systems" im Sudan, das eine computerisierte Datenbank aller laufenden und abgeschlossenen Entwicklungsprojekte im Sudan umfassen und dem sudanesichen Ministerium für Finanzen und Wirtschaftsplanung bei der Planung und Verwaltung der Entwicklungshilfe im Land helfen sollte. Letzeres erinnert an die von James Wolfensohn vorgeschlagenen Matrix aller Geber- und sonstigen Aktivitäten im Rahmen des CDF[382] sowie die von WTO und OECD erstellte „Doha Development Agenda Trade-Related Technical Assistance and Capacity Building Database".[383] Dabei kamen Whittington und Calhoun u.a. zu dem Ergebnis, dass, obwohl die Weltbank zu verstärkter Koordination aufrief und im Sudan als einem der ersten Länder Konsultativgruppen einrichtete, selbst die vor Ort im Land tätigen Mitarbeiter keine Bereitschaft zeigten, die erforderlichen Informationen zum Aufbau der Datenbank zur Verfügung zu stellen. Sie führten aus, dass Forderungen nach verbesserter Kooperation wahrscheinlich scheitern, wenn nicht organisatorische und Einstellungsfragen direkter und ernsthafter angegangen werden. Ein Teil des Problems sei, dass alle Geber koordinieren wollen, aber niemand koordiniert werden will. Aufbauend auf ihre Erfahrungen kommen Whittington und Calhoun zu dem Schluss, dass Verbesserungen im Bereich der Geberkoordinierung zum großen Teil von expliziten Politikdirektiven vom oberen Management, sowohl bei multilateralen als auch bei bilateralen Gebern abhängt. Bis die Spitzenmanager in den Geberagenturen ihre Anreizstruktur für ihre Mitarbeiter ändern, so dass Zeit, die für Koordination mit anderen Gebern verwendet wird, anerkannt und in Personalevaluierungen und bei Beförderungen belohnt wird, wird wirklicher Fortschritt bei der Geberkoordinierung langsam sein. Das Management müsse auch realisieren, dass Bemühungen zur Geberkoordinierung Zeit kostet und langfristige Bindungen an die institutionelle

[381] Vgl. Kwa, Aileen: World Bank Globalization: On the issue of coherence between WTO-WB-IMF, im Internet unter http://www.ased.org/documents/global/multi/wb/kwa1.htm, Ausdruck vom 1. Juli 2001.
[382] Vgl. dazu Teil 2, Kapitel 2, Abschnitt 1.2.1.
[383] Vgl. Teil 2, Kapitel 3, Abschnitt 2.3.

Entwicklung sowohl auf Seiten der Geberagentur als auch auf Seiten der nationalen Regierung erfordert. Wenn der Frage der Geberkoordinierung ernste Aufmerksamkeit gegeben wird, dann sei eine Informationsmanagementunterstützung, wie sie von Wittington und Calhoun aufzubauen versucht wurde, essentiell.[384]

Insbesondere in führungsschwachen Staaten hat der auf den Projektverantwortlichen lastende Zwang, greifbare und klar definierbare Erfolge vorzuweisen, zu Geberegoismen geführt und häufig eine effektive Koordinierung verhindert. Aktivitäten wurden deshalb nicht selten dupliziert, einzelne Geberinitiativen standen in vielen Fällen in diametralem Gegensatz.[385]

Nach mehr als 100 Interviews sowie der Durchsicht von etwa 300 relevanten Berichten kamen die Inspektoren der JIU im Jahr 1992 zu dem Ergebnis, dass obwohl jedermann Lippenbekenntnisse zu Kooperation und Koordination in der Theorie abgab, niemand diese in der Praxis wirklich begünstigte. Stattdessen wolle jede Organisation sein eigener „Think Tank" sein und seine eigenen Programme ausführen. Im Bereich der technischen Zusammenarbeit würden weder Geber noch Empfänger kooperative Beziehungen wirklich willkommen heißen. Jede Institution „wolle seine eigene Küche". Kooperation und Koordination seien für andere. Das selbe Phänomen sei auch in anderen UN-System-Bürokratien evident.[386]

Nach wie vor ist es wichtig, dass nach außen die eigene Leistung von Entwicklungshilfe erkennbar ist. Die EU betont z.B. ihre „Erkennbarkeit" auf Länderebene. Immer noch scheint es trotz anderer Ansätze eine Art Konkurrenz internationaler Organisationen auf Länderebene zu geben.

2.2.2. Schranken auf Seiten der Mitgliedstaaten

Zunächst gilt, dass der Interessenkonflikt zwischen Entwicklungspolitik und anderen Politikbereichen in den entwickelten Ländern selbst nicht nur im Rahmen der internationalen Organisationen, sondern im Land selbst ausgetragen wird. Ähnlich der unterschiedlichen Vertretung von Interessen in Gremien internationaler Organisationen durch verschiedenen Ministerien eines Landes[387] spielt die Kompetenzzersplitterung auf Landesebene auch im Rahmen der operativen Tätigkeiten auf Länderebene eine Rolle. Hier ist die Koordination innerhalb des einzelnen Geberlandes bei der Durchführung von Aktionen im Partnerland wichtig. Z.B. für Deutschland gilt, dass nicht nur das Bundesministerium für wirtschaftliche Zusammenarbeit und Entwicklung (BMZ), sondern auch andere Fachministerien vor Ort in den Entwicklungs- und Schwellenländern tätig sind. Einer Studie zufolge hat

[384] Vgl. Whittington, Dale/ Calhoun, Graig: Who really wants donor co-ordination, Development Policy Review, Band 6, 1988, S. 295-309, S. 307.
[385] Vgl. Fengler, Wolfgang: Die Zukunft der Entwicklungspolitik, in: Stabilität und Kooperation: Aufgaben internationaler Ordnungspolitik, van Scherpenberg, Jens/ Schmidt, Peter (Hrsg.) Baden-Baden: Nomos, 2000, S. 412-430, S. 427.
[386] Vgl. JIU/REP/92/1 (Part I): Study of United Nations system co-operation with multilateral financial institutions, enthalten in Dokument E/1993/18, S. iii, iv.
[387] Vgl. oben, Kapitel 1, Abschnitt 2.2.

das BMZ hier keine ausschließliche Zuständigkeit. Viele EL hätten zunehmendes Interesse an Kooperation mit den Umwelt-, Wirtschafts- und Technologieministerien des Bundes und der Länder.[388] Einen Gesamtüberblick über die internationalen Aktivitäten aller Bundesministerien gibt es zur Zeit nicht.[389] Die Überlappungen zwischen BMZ und den Aktivitäten anderer Ressorts werden weiter zunehmen – der Kooperations- und Neuordnungsbedarf wächst.[390] Dringend erforderlich sei hier eine neue Kooperationskultur statt des verbreiteten Zuständigkeitsdenkens. Nur die gemeinsame Orientierung unterschiedlicher Politikbereiche und konstruktives Zusammenwirken seien zielführend.[391] Die Vielzahl von bilateralen Aktivitäten durch ein und dasselbe Geberland, die nicht im Rahmen einer gezielten Länderstrategie erbracht werden, kann daher die administrativen Belastungen des Empfängerlandes erhöhen.

2.2.3. Schranken auf Seiten des EL

Nicht zuletzt können fehlende Kapazitäten zur „Ownership" auf der Ebene des EL selbst eine Schranke für Koordination zwischen internationalen Organisationen sowie bilateralen Gebern darstellen. In den Diskussionen im Rahmen der Weltbank zu einer neuen Partnerschaft für Entwicklung, in der mit den entwickelten CDF-Prinzipien die Empfängerländer die Koordination übernehmen sollten („putting the recipient in the drivers seat"), wurden Fragen in Bezug auf Probleme der Kapazität auf Seiten der Entwicklungsländer sowohl der Regierungen aber auch der zu beteiligenden Zivilgesellschaft aufgeworfen. Effektive Partnerschaft setzt Kapazitäten auf Seiten der Regierungen und der Organisationen der Zivilgesellschaft voraus.[392]

Auf den von der Weltbank zur Diskussion der Entwicklung von Partnerschaften von Juni bis September 1998 durchgeführten Konsultationen in Amerika, Europa, Asien und Afrika stimmten die Teilnehmer darin überein, dass die Notwendigkeit bestehe, eine größere Kohäsion bei der Bereitstellung von Entwicklungshilfe zu erzielen. Verbesserte Koordination sei innerhalb der Empfängerregierungen und zwischen Geberländern sowie zwischen Geberinstitutionen erforderlich. Einige argumentierten für mehr Unterstützung für die Kapazität des Landes und Institutionenbildung und plädierten für ein größeres Vertrauen in nationale Ressourcen im Gegensatz zu externen Beratern (Afrika, Asien).[393] Auf einem durch den „Overseas

---

[388] Vgl. Messner, Dirk: Zur Neuausrichtung deutscher Außenbeziehungen, in: E+Z, Heft 6 2002, S. 182-184, S. 182 unter Verweis auf eine Studie des Institutes für Entwicklung und Frieden (INEF) der Universität Duisburg.

[389] Vgl. Köhler, Volkmar: Zur Zukunft des Auswärtigen Dienstes – aus der Sicht der Entwicklungspolitik, in: E+Z, 2002, Heft 6, S. 177-181, S. 180.

[390] Vgl. Messner, Dirk: ebenda, S. 182.

[391] Vgl. dazu im einzelnen Köhler, Volkmar: Zur Zukunft des Auswärtigen Dienstes – aus der Sicht der Entwicklungspolitik, in: E+Z, 2002, Heft 6, S. 177-181, S. 181.

[392] Vgl. World Bank: Partnership for Development: From Vision to Action, Briefing to the Board of the Executive Directors, 24. September 1998, Annex 2, Meeting at the Overseas Development Council, 19. Juni 1998, S. 3, Ziff. 8, im Internet unter http://www.worldbank.org/html/extdr/pdf-vistoact.pdf.

[393] Vgl. World Bank: ebenda, S. 3.

Development Council" durchgeführten „runden Tisch" wurde im Zusammenhang mit der neuen Partnerschaft ebenfalls die Hilfe für schwache Staaten oder Staaten, die dagegen abgeneigt sind, Organisationen der Zivilgesellschaft zu beteiligen, angesprochen. Nicht alle Regierungen haben Strukturen und Prozesse, die effektiv sind, um die Verantwortung der Aufstellung nationaler Entwicklungsstrategien und Programme zu übernehmen sowie die Zivilgesellschaft einzubeziehen und die offen und rechenschaftspflichtig sind. Auch bestehen Zweifel daran, dass Geber Partner von nicht demokratischen Regierungen sein können.[394] Die Kapazität weniger starker Regierungen zur Entwicklungsplanung, d.h. zur Aufstellung nationaler Entwicklungsstrategien, müsse verbessert werden. Einige Teilnehmer vertraten die Auffassung, dass die Weltbank in einigen schwachen Staaten mehr „Capacity building" leisten statt Kredite vergeben sollte. Eine Notwendigkeit bestehe ebenfalls, Wege zu entwickeln, den Konflikt, der jedem Politiksetzungsprozess inhärent sei, zu institutionalisieren, und die „Verlierer" zu entschädigen.[395]

Das Grünbuch über die Beziehungen zwischen der Europäischen Union und den AKP-Staaten an der Schwelle zum 21. Jahrhundert hatte 1997, d.h. vor der Reform der Zusammenarbeit der EU mit den AKP-Staaten, ausgeführt, dass das Partnerschaftsprinzip im Rahmen des allgemeinen Rahmens der EZ der EG an Substanz verloren hat und nur teilweise in die Praxis umgesetzt wurde. Die Beziehungen zwischen den Partnern seien im Laufe der Zeit immer stärker durch die Abhängigkeit von der Hilfe, kurzfristige Erfordernisse und Krisenmanagement dominiert worden. Mit manchen Ländern wäre wegen schwacher Institutionen und wenig leistungsfähigen Verwaltungen eine echte Partnerschaft kaum möglich, sie habe sich auf kurzfristige gemeinsame Mittelverwaltung beschränkt. Auf der Ebene der praktischen finanziellen und technischen Zusammenarbeit habe die automatische Bewilligung eines Teils der finanziellen Hilfe sowie die Tendenz der EU und anderer Geldgeber, für leistungsunfähige Partner einzuspringen, nicht zum erwarteten politischen Engagement der AKP-Regierungen geführt. Die Instrumente der EZ hätten die Politik beherrscht, anstatt ihr zu dienen.[396]

Insbesondere im Bereich der Koordination auf sektoralem Level kann das Empfängerland an sich selbst die Koordinationsfunktion ausüben. Dies ist bei den hier behandelten LDCs jedoch problematisch, da diesbezüglich oftmals die Kapazitäten nur gering oder gar nicht vorhanden sind. „Capacity building" ist daher mittelbar auch ein Mittel zu verbesserter Koordination und „ownership" des Landes. Das sog. „Ownership"-Konzept, d.h. die Koordinierung der Entwicklungshilfe durch

[394] Vgl. World Bank: Partnership for Development: From Vision to Action, Briefing to the Board of the Executive Directors, 24. September 1998, Annex 2, Meeting at the Overseas Development Council, 19. Juni 1998, S. 5, Ziff. 21ff, im Internet unter http://www.worldbank.org/html/extdr/pdf-vistoact.pdf.

[395] Vgl. World Bank: ebenda, S. 7, Ziff. 34f.

[396] Vgl. Grünbuch über die Beziehungen zwischen der Europäischen Union und den AKP-Staaten an der Schwelle zum 21. Jahrhundert, Herausforderungen und Optionen für eine neue Partnerschaft, Luxemburg, Amt für amtliche Veröffentlichungen der Europäischen Gemeinschaften, 1997, S. VII.

das EL selbst, ist gerade da schwierig umzusetzen, wo die Kapazität fehlt und technische Hilfe und „Capacity building" erforderlich sind, um diese zu entwickeln. Dies dürfte gerade bei LDCs der Fall sein.

3. Möglichkeiten für verbesserte Koordination auf der operativen Ebene

In diesem Abschnitt sollen die Möglichkeiten für rechtliche Änderungen erörtert werden, die zu besserer Koordination auf Länderebene führen können. Dabei sollen Wiederholungen mit den Möglichkeiten der Verbesserung der Politikkoordination vermieden werden, obgleich Maßnahmen teilweise sowohl zu besserer Politikkoordination und damit zugleich auch zu besserer Zusammenarbeit und Koordination auf Länderebene führen können. Dies ist beispielsweise in Bezug auf den ECOSOC der Fall, der neben der Politikkoordination im Rahmen des „triennial comprehensive policy review of operational acitivities for development of the UN System" sowie des operativen Segments seiner jährlichen Tagungen auch in die Koordination internationaler Organisationen auf Länderebene involviert ist.

3.1. Abschluss oder Änderung internationaler Verträge

Wie auch im Bereich der Politikkoordination ist eine Möglichkeit, im Gründungsvertrag nicht vorgesehene Aufgaben oder Koordinationsfunktionen dennoch ausführen zu können, die Gründung neuer Organisationen. Dies war bei der Gründung von MIGA oder IFC der Fall, die Aufgaben auf der operativen Ebene übertragen bekamen, die im Gründungsvertrag der Weltbank nicht vorgesehen waren.[397] Auch in Bezug auf Kooperation können vertragliche Vereinbarungen bei entsprechendem politischem Willen der Mitgliedstaaten und einer entsprechenden Vorbereitung und Zuarbeit durch die Sekretariate oder anderer Organe der beteiligten Organisationen geschlossen werden, die eine Intensivierung der Zusammenarbeit vorsehen. Bei gleichem Aufgabengebiet zweier Organisationen kommt die Gründung eines gemeinsamen Organs in Betracht, das diese Aufgabe für beide Organisationen wahrnehmen kann. Ein Beispiel dafür ist das ITC, dass von UNCTAD und damals dem GATT gegründet wurde und Aufgaben der Handelsförderung auf operativer Ebene übernahm, die im Aufgabenbereich beider Organisationen lagen.[398]

In einigen Bereichen sind Regelungen erforderlich, damit neue Möglichkeiten der Zusammenarbeit genutzt werden können. Vorteile der sog. Co-Finanzierung, d.h. der gemeinsamen Finanzierung von Entwicklungsmaßnahmen durch mehrere Geber, ist die Finanzierbarkeit von Projekten, deren Umfang die Leistungskraft eines einzelnen Gebers übersteigt, die Bündelung von Kapital und Erfahrung, die Arbeitsteilung bei der Prüfung und Durchführung sowie die Verteilung möglicher Risiken.[399] So beabsichtigt etwa die EG, in Bereichen, in denen sie keine Führungsrolle übernehmen möchte, die sie aber dennoch für wichtig erachtet, Beiträge in

[397] Vgl. Teil 2, Kapitel 2, Abschnitt 1.1.2.

[398] Vgl. Teil 2, Kapitel 3, Abschnitt 2.4.

[399] Vgl. Girrbach, Bernd/ Krohn, Tobias: Kofinanzierungen, in: Lexikon Dritte Welt, Nohlen, Dieter (Hrsg.), Reinbeck bei Hamburg: Rowohlt, 2002, S. 472.

Form von Co-Finanzierung von Programmen leisten, in denen andere Geber die Hauptrolle spielen.[400] Voraussetzung dafür sind geänderte Regelungen, die der EG die Mitfinanzierung gestattet.[401] Die Frage bei der gemeinsamen Durchführung von Programmen ist auch, wer für das eventuelle Scheitern eines gemeinsamen Programms verantwortlich ist. Sinnvollerweise sind daher Mechanismen einer gemeinsamen Evaluierung und Bewertung von Programmen oder Planungsrahmen vorzusehen, wie dies beim IF der Fall ist.[402]

Festgestellt wurde oben, dass Kooperation und Koordination verbessert werden können, wenn die beteiligten Mitarbeiter sich gut kennen. Sinnvoll wäre daher, in den Kooperationsverträgen den regelmäßigen Austausch von Mitarbeitern vorzusehen. In dieselbe Richtung geht auch hier die bei der Politikkoordination zutreffende Erkenntnis, dass das Gewicht künftiger Interaktionen wichtig für die Stabilität von Kooperation ist. Um zur Förderung der Kooperation unter Organisationsmitgliedern beizutragen, sollten Beziehungen so strukturiert werden, dass es häufige und dauerhafte Interaktionen zwischen spezifischen Individuen gibt.[403] Regelmäßige Treffen zwischen Mitarbeitern verschiedener Organisationen vor Ort im Entwicklungsland, auch außerhalb der eher formellen Konsultationsgruppentreffen oder der Runden Tische, wären in dieser Hinsicht förderlich. Das Bestreben Kofi Annans, durch gemeinsame UN-Häuser die Mitarbeiter verschiedener UN-Organisationen zusammenzubringen und eine auch räumliche Zusammenarbeit zu ermöglichen, erscheint vor diesem Hintergrund mehr als zweckmäßig. Ein regelmäßiger Mitarbeiteraustausch kann zudem auch die unterschiedliche Denkweise von Mitarbeitern verschiedener Organisationen über bestimmte Sachfragen relativieren. Gegenseitiges Verständnis und das kritische Hinterfragen des eigenen Standpunktes durch gegenseitige Diskussionen auf Fachebene scheinen hilfreich zu sein.

3.2. Änderungen interner Regelungen internationaler Organisationen

Angepasst an neue Vereinbarungen zur Zusammenarbeit hat auch eine Änderung der internen Regelungen der jeweiligen Organisation zu erfolgen. So sind Bestimmungen erforderlich, die es ermöglichen, gemeinsame Projekte durchzuführen bzw. die die Budget-Finanzierung bzw. einen direkten Beitrag zum Budget des EL erlauben. Interne Regelungen sind auch zur Umsetzung von Koordinationsstrategien wie dem sog. „Common Pool Approach to Assistance“ notwendig. Der Ausbau der Idee, gemeinsam finanzierte Pools zu nutzen – ein Arrangement, bei dem verschiedene Geber Leistungen zu einem Fonds erbringen, durch den Projekte finanziert werden, die nach denselben Prozeduren durchgeführt werden, würden viel zur Ver-

---

400 Vgl. Nielson, Poul (EU Kommissar für Entwicklungszusammenarbeit) in einer Rede anlässlich eines DSE Forums: Neue Schwerpunkte und verbesserte Organisation für die Entwicklungszusammenarbeit der Europäischen Gemeinschaft, http://www.dse.de/ef/unity/nielsod.htm, Mai 2000, S. 5.

401 Vgl. dazu Teil 2, Kapitel 4, Abschnitt 3.2.1.

402 Vgl. oben Abschnitt 1.2.1.

403 Vgl. Axelrod, Robert: Die Evolution der Kooperation, München: Oldenbourg, 5. Auflage, 2000, S. 162.

ringerung der administrativen Lasten der Empfängerländer beitragen. Diese Möglichkeit besteht auch für den Handelsbereich. Dies zeigen bereits erbrachte Beiträge zum „IF Trust Funds". Weiter ausgebaut wäre vorstellbar, dass dessen Mittel außer technischer Hilfe und „Capacity building" auch für Infrastruktur- und andere Projekte zur Verfügung stehen. Fehlende Mittel waren letztlich ein Grund, warum das IF in seiner alten Form gescheitert war. Voraussetzung wäre, dass Regeln für die Umsetzung der Programme und Projekte im LDC und nicht nur für die Aufstellung der Handelsintegrationsstudien aufgestellt werden und die Verantwortung für die Umsetzung der erarbeiteten Handelsintegrationsstudien verteilt wird. Hierzu liegen bisher keinerlei Regeln vor. Vielmehr sollen die Handelsintegrationsstudien in die PRSPs einbezogen und die Finanzierung auf den allgemeinen Gebertreffen beschafft werden. Damit ist man noch weit vom „Common Pool Approach" entfernt.

Voraussetzung für den „Common Pool Approch" ist eine einzige Entwicklungsstrategie für jedes Land, die alle Geber leitet. Alle Geber würden den gleichen Monitoring-Bericht erhalten. In seiner endgültigen Form dieses Vorschlages würde Hilfe zu einzelnen Projekten im Empfängerland enden. Stattdessen würden die Geber ihre Hilfe in einen gemeinsamen Pool einbringen, der die Haushaltsressourcen des Empfängerlandes ergänzt. Der Vorschlag setzt voraus, dass die Geber mit der Zeit Vertrauen in die Fähigkeit des Empfängerlandes gewinnen, die Hilfe in einer Art und Weise einzusetzen, die Wachstum stärkt und Armut reduziert. Dieses Vorgehen würde die administrativen Lasten der Empfängerländer stark reduzieren, Gebergesteuerte Inkonsistenzen in den Entwicklungspolitiken beseitigen und die „Ownership" des Landes über die Entwicklungsagenda verbessern.[404]

Ein wichtiger Zwischenschritt weg von der Projektfinanzierung hin zu einem „Common Pool"-Vorgehen oder programmatischer Hilfe ist das Vorgehen mit „Sector-wide Approaches". Dabei wird die Finanzierung durch ein Investitionsprogramm für einen ausgewählten Sektor in seiner Gesamtheit bereitgestellt. Dies erfolgt auf der Basis des Politikrahmens für diesen Sektor und institutioneller Stärken. Obwohl einem Weltbank-Bericht zufolge der Erfolg bis etwa 2000 begrenzt war, sei ein wichtiger Lernprozess angelaufen. Sektorweite Programme seien hauptsächlich führend in stark hilfeabhängigen Ländern Afrikas südlich der Sahara. Dem Sekretariat der „Strategischen Partnerschaft für Afrika" zufolge,[405] waren Ende 2000 in etwa 17 Ländern 30 derartige Operationen in sechs Sektoren zugange. (Landwirtschaft, Bildung, Gesundheit, Transport, Wasser und Energie). Sektorweite Programme sind seit 1997 stark gewachsen mit jährlichen Auszahlungen von Finanzmitteln i.H.v. mehr als US$ 500 Millionen (verglichen mit den Gesamtkreditvergaben der IDA von etwa US$ 3 Billionen) in 2001. Ein weiteres Wachstum war auf der Basis von Projekten in Vorbereitung absehbar. Letzten Endes ist das Ziel für den Großteil der Finanzmittel entweder in Richtung Budgetunterstützung zu gehen und unter den nationalen Budgetprozeduren eingesetzt zu

---

404 Vgl. World Bank: Global Development Finance 2001, World Bank, Chapter 4, S. 100f mit Verweis auf Kanbur, Sandler und Morrison, 1999.

405 Vgl. dazu Teil 2, Kapitel 2, Abschnitt 1.2.3.

werden, oder in einen gemeinsamen Korb mit harmonisierten Prozeduren, die sich von denen des Empfängerlandes unterscheiden können. Obwohl budgetäre und gemeinsame Ressourcen etwas angestiegen sind, haben es Geber nach wie vor fortgesetzt, Gelder hauptsächlich in eigene Projekte zu geben, unter dem Dach des sektorweiten Programmes.[406]

„Sector-wide Approaches" wurden in verschiedenen Ländern versucht, in denen Geber ihre Finanzmittel um eine vom Land aufgestellte Sektorstrategie herum gepoolt haben. Dieses Vorgehen hat sowohl Koordination als auch „Ownership"-Probleme entspannt, weil (in seiner idealen Form) alle Projekte in einem bestimmten Sektor von der Regierung des Landes verwaltet werden.

Das IF mit der Erarbeitung von Handelsintegrationsstudien kann die Voraussetzung für die Anwendung dieses Vorgehens für den Handelsbereich schaffen. Für den Handelsbereich bieten die im Rahmen des IF erstellten Handelsintegrationsstudien zusammen mit deren Politikempfehlungen eine Chance für ein gemeinsames Vorgehen aller Geber auf Länderebene. Wie und in welchem Umfang sie aber in die PRSPs einfließen und letztlich die PRSPs von den einzelnen Ländern umgesetzt werden, ist bislang offen.

Selbst wenn man aber davon ausgeht, dass die derzeit unter der Leitung der Weltbank erstellten Handelsintegrationsstudien und deren Politikempfehlungen die für den Wirtschafts- und Handelsbereich geeignete Strategie darstellt und von den Gebern akzeptiert wird, bestehen Zweifel, ob die finanziellen Mittel zu deren Umsetzung von den verschiedenen, auch bilateralen Gebern bereitgestellt werden oder Projekte gerade in Umsetzung dieser Strategie von den verschiedenen Gebern geplant, finanziert und durchgeführt werden. War dies doch ein Grund dafür, dass das IF in seiner alten Form gescheitert war. Die durch den „IF-Trust Fund" nach dessen geänderten Regeln nunmehr mögliche „Anschubfinanzierung" kann angesichts der immensen Aufgaben nur ein kleiner Beitrag sein.

3.3. Möglichkeiten für verbesserte Koordination operativer Tätigkeiten

Eine Chartaänderung wäre erforderlich, wenn man der GA und unter ihrer Aufsicht dem ECOSOC in Bezug auf die Koordination auf Länderebene größere Kompetenzen zuweisen will. So könnten die Sonderorganisationen verpflichtet werden, einen gemeinsamen Planungsrahmen auf Länderebene zu erarbeiten und anzuwenden. Letzteres setzt jedoch auch eine Änderung der bestehenden Beziehungsabkommen mit den einzelnen Organisationen voraus. Dies macht zudem nur Sinn, wenn dieser Planungsrahmen umfassend ist und sich nicht nur auf die sozialen, aber auch nicht nur auf die wirtschaftlichen Bereiche beschränkt.

Kritische Stimmen gehen in Bezug auf die UN davon aus, dass es mit den existierenden Strukturen und den eigenen „executive bodies" der Sonderorganisationen nicht möglich sein wird, die Koordination zu verbessern. So führt de Senarclens

[406] Vgl. World Bank: Global Development Finance 2001, Weltbank, Chapter 4, S. 100f.

kritisch aus, dass es in 50 Jahren nicht möglich gewesen sei, die Koordination zwischen den UN und ihren verschiedenen Fonds und Sonderorganisationen zu verbessern. Letztere würden immer den von ihren eigenen Exekutivorganen vorgeschlagenen Orientierungen folgen und es gebe keine Hoffnung, dass deren Leiter es akzeptieren würden, Anweisungen des ECOSOC oder eines im Rang darunter die UN-Struktur repräsentierenden Funktionärs zu folgen. Es sei unmöglich sich vorzustellen, dem ECOSOC dadurch ein neues Leben zu geben, indem man ihn in eine Art „Ecnomic Security Council" mit der Teilnahme von hochrangigen Ministern umformt.[407]

Childers und Urquhart hatten vorgeschlagen, dass die GA auf der Grundlage von Art. 22 und 58 UN-Charta einen „United Nations System Consultative Board" einrichten solle. Es gebe offensichtlich eine Notwendigkeit für einen Mechanismus, der die sektoralen Repräsentanten der „Regierungen" der UN selbst zusammen bringe. Er müsse eine leicht zu handhabende Größe haben und regional repräsentieren. Er solle aus den Mitgliedern des ECOSOC-Büros, den Büros der „executive governing bodies" der großen Organisationen und einem Repräsentanten jeder anderen Agentur (die je nach Tagesordnung teilnehmen können sollen) bestehen. Der Vorsitzende des Boards solle durch die GA gewählt werden. Die Funktion des Boards sei nicht, Politik zu setzen, sondern den Regierungen der Mitgliedstaaten (und den Sekretatriaten) kritische Bewertungen des Funktionierens des Systems und Empfehlungen zu dessen Verbesserung zur Verfügung zu stellen. Der Board solle alle zwei Jahre zusammenkommen und den Fortschritt der systemweiten Umsetzung ausgewählter Politiken und Programme zu überprüfen. Seine Treffen sollten unmittelbar nach der substantiellen Tagung des ECOSOC abgehalten werden und mit einer eintägigen Konsultation mit dem ECOSOC über ein sorgfältig ausgewähltes Thema von systemweitem Belang beginnen.[408] Die Idee ist jedoch weder bei den Regierungen der Mitgliedstaaten noch bei den Sekretariaten auf Resonanz gestoßen.[409] Jedoch sind, ähnlich diesem Vorschlag, die substantiellen Sitzungen des ECOSOC selbst geändert worden. Die Auswahl eines systemweit relevanten Themas für die einzelnen Sitzungen ist beispielsweise ein Prinzip, das eingeführt wurde. Zudem nehmen an diesen Sitzungen Repräsentanten der verschiedenen UN-Organisationen, einschließlich von IMF und Weltbank sowie der WTO teil.[410]

Des Weiteren wurde verschiedentlich der Vorschlag gemacht, die Entwicklungshilfeorganisationen unter eine Leitung zu bringen. Den Vorschlag, die Exekutivorgane der wesentlichen Agenturen der UN in nur einen „Development Assistance Board"

[407] Vgl. de Senarclens, Pierre: Reforming the United Nations: A Necessity and an Illusion, in: Agenda for Change: New Tasks for the United Nations, Opladen: Leske und Budrich, 1995, S. 211-227, S. 222, vgl. dazu die Diskussion in Kapitel 1, Abschnitt 3.3.1.

[408] Vgl. Childers, Erskine/ Urquhart, Brian in: Renewing the United Nations System, development dialogue 1994:1, S. 62.

[409] Vgl. Mathiason, John R.: Managing Global Governance, E. Process, im Internet unter http://www.intlmgt.com/pastprojects/Mangov.html, Ausdruck vom 14. April 2000.

[410] Vgl. dazu Teil 2, Kapitel 1, Abschnitt 5.2.1.

zusammenzuführen, um integrierte Programme entsprechend den heutigen wirtschaftlichen und sozialen Herausforderungen umzusetzen, sieht de Senarclens als nicht realistisch an.[411] Auch nach Mathiason haben sich Bemühungen, Koordination durch Einrichtung einer Hierarchie als politisch unmöglich herausgestellt, wie dieses Beispiel zur Konsolidierung gezeigt habe.[412] De Senarcles führt an, dass die Idee, die existierenden Strukturen des Systems zu nutzen, um die heutigen Herausforderungen der Welt zu lösen, eine Illusion zu sein scheine. Tatsächlich sei es wahrscheinlich, dass keine dieser Reformen umgesetzt werde, zumindest nicht in der nahen Zukunft. Ursache dafür sei, dass sich trotz des Endes des kalten Krieges die ideologischen und politischen Differenzen über die Ziele und Mittel von Entwicklung nicht geändert hätten. Zwar würden die meisten Staaten die Vorteile der Marktwirtschaft nicht offen in Zweifel ziehen. Diese Konvergenz von Ansichten hieße jedoch nicht, dass es keine politischen Konflikte über Entwicklungsstrategien mehr gebe. Dieses vage Konzept, dass sich zunächst einer Art Konsens zu erfreuen scheine, verhehle tiefsitzende politische Konflikte z.B. in Bezug auf die Verteilung knapper Ressourcen zwischen sozialen Gruppen innerhalb von Staaten und zwischen den Ländern. Es gebe keine echte Verständigung zwischen den Akteuren der internationalen Wirtschaftpolitik über die Strukturen des internationalen Handels, über Technologietransfer, das Volumen und die Ausrichtung von öffentlicher Entwicklungshilfe, Schuldenmanagement oder das Management des internationalen Währungssystems.[413] Ähnlich argumentiert Jacobeit. Sie führt aus, dass die Betonung der nicht-makroökonomischen Ziele von Entwicklung, wie sie von der Weltbank zunehmend in verschiedenen Papieren vertreten wird und vom UNDP bereits seit dem ersten „Human Development Report" 1990 formuliert und gefordert wurde, sich in ähnlicher Form auch im „White Paper on International Development" der britischen Regierung Blair vom November 1997 oder im Koalitionsvertrag der Bundesregierung Schröder finde. Wenn eine der besonders wichtigen bi- und multilateralen Akteure in ihren entwicklungstheoretischen Vorstellungen ein hohes Maß an Übereinstimmung erkennen lassen, dann mag das jedoch auch nach Jacobeit noch keine hinreichende Bedingung für eine verbesserte Koordinierung der Entwicklungsanstrengungen sein. Notwendig sei sie aber allemal.[414]

Dem könnte entgegen gehalten werden, dass es nunmehr immerhin international vereinbarte Entwicklungsziele gibt. Jedoch beinhalten auch die Millenniumsziele keine Vereinbarung darüber, welcher Weg einzuschlagen ist, um sie zu erreichen. Der zum Teil nur generelle Politikkonsens in Bezug auf die zu erreichenden Ziele bei im Detail über die Art und Weise des Vorgehens divergierenden Auffassungen

---

[411] Vgl. de Senarclens, Pierre: Reforming the United Nations: A Necessity and an Illusion, in: Agenda for Change: New Tasks for the United Nations, Opladen: Leske und Budrich, 1995, S. 211-227, S. 221.

[412] Vgl. Mathiason, John R.: Managing Global Governance, E. Process, im Internet unter http://www.intlmgt.com/pastprojects/Mangov.html, Ausdruck vom 14. April 2000.

[413] Vgl. de Senarclens, Pierre: ebenda, S. 221.

[414] Vgl. Jakobeit, Cord: Die Weltbank und „Menschliche Entwicklung, ein neuer strategischer Ansatz aus Washington, E+Z, Nr. 5, Mai 1999, S. 124f.

stellt daher insgesamt auch eine Schranke für Zusammenarbeit und Koordination auf Länderebene dar.

Auf Grund der insgesamt fehlenden Strategiedebatte schlägt Doris Bertrand vor, eine solche auf Länderebene zu organisieren, die alle relevanten Akteure einschließt. Dies ist zu allererst das Land selbst, das den Prozess und die Ergebnisse soweit wie möglich selbst in der Hand haben sollte, die UN und ihre Organisationen, die BWIs, die WTO, regionale Finanzinstitutionen, wichtige bilaterale Geber und die Zivilgesellschaft. Die Debatte sollte alle fünf Jahre stattfinden. Die Vorbereitung dieser Ländertreffen sei wichtig. Derzeit gebe es zu viele Länderpapiere.[415]

Zur Verbesserung der Koordination auch auf Länderebene kommt eine stärkere Nutzung des „Chief Executive Board“ (CEB), dem Nachfolger des ACC in Betracht.[416] Das CEB als dem einzigen formalen Koordinationsgremium der internationalen Organisationen des UN-Systems (und unter Teilnahme der WTO) wird durch den UN-Generalsekretär als primus entre pares geleitet. Dies reflektiert das Fehlen einer zentralen Autorität. Jeder Leiter der Organisation ist unabhängig und gleich und nur dem eigenen zwischenstaatlichen Regierungsgremium verpflichtet.[417] Einer stärkeren Verrechtlichung des CEB dürften daher enge Grenzen gesetzt sein. Bislang kann das CEB nur Richtlinien wie z.B. zum UNDAF erarbeiten, die jedoch die Sonderorganisationen rechtlich nicht binden. Die Richtlinien sind zudem relativ allgemein gehalten und lassen Spielraum für Auslegung. Würde man dem CEB Kompetenzen z.B. zur Aufstellung verbindlicher Richtlinien im Programm bzw. operativen Bereich übertragen, dann würde dies bedeuten, dass die im CEB vertretenen Verwaltungsspitzen, d.h. die Leiter oder „Executive Heads“ der Organisationen ihre jeweilige Organisation bindend verpflichten könnten. Oder man würde eine Zustimmung des jeweiligen „Governing Councils“ regeln. Andernfalls könnte die Exekutive die Legislative, d.h. die Staatenvertreter, übergehen. Vorstellbar wäre aber die Einführung eines anzuwendenden Regelungs- bzw. Politiksetzungsverfahrens, in dem die Verwaltungsspitzen im Rahmen des CEB Vorschläge für derartige Richtlinien ausarbeiten, die dann von den jeweiligen Regierungsorganen der UN-Programme und Fonds bzw. der Sonderorganisationen und anderer Organisationen verbindlich angenommen werden. All dies dürfte aber wenig bringen, denn die Organisationen wären nicht verpflichtet, diese Vorschläge anzunehmen. Zudem wären derartige, die Organisationen bindende Regelungen gegebenenfalls noch vager oder weiter gefasst, um allen trotz unterschiedlicher Auffassung deren Anwendung zu ermöglichen. Eine stärkere Verrechtlichung dieses Gremiums macht auf Grund der bestehenden Strukturen insgesamt wenig Sinn.

---

415 Vgl. Bertrand, Doris: Report of the Joint Inspection Unit on the results approach in the United Nations: implementing the United Nations Millennium declaration, JIU/REP/2002/2, enthalten in Dokument A/57/372 vom 3. September 2002, S. 30, Ziff. 122ff.

416 Vgl. dazu bereits Teil 2, Kapitel 1, Abschnitt 5.4.1.

417 Vgl. Mathiason, John R.: Managing Global Governance, C. Characteristics of Agencies, im Internet unter http://www.intlmgt.com/pastprojects/Mangov.html, Ausdruck vom 14. April 2000.

Eine freiwillige Zusammenarbeit kann auf Grund der gegebenen Strukturen nicht durch Druck ersetzt werden. Letztlich bliebe auch die Frage offen, wie derartige bindende Regelungen im Falle ihrer Nichtbefolgung durchgesetzt werden können. Eine Kompetenz des IGH oder andere Streitschlichtungsmechanismen bestehen diesbezüglich nicht.[418]

Als ein wichtiges Reforminstrument hat sich die in Art. 101 der Charta festgelegte Kompetenz des Generalsekretärs (GS) erwiesen, in Übereinstimmung mit von der GA erlassenen Regelungen das Sekretariat zu organisieren. Dabei muss der GS allerdings die Budgethoheit der GA beachten, die insofern seine Reformkompetenz beschränkt.[419] Derartige Reformen sind bereits mehrfach erfolgt, zuletzt durch die Reform von Kofi Annan in 1997.[420] Hier wird nicht zu Unrecht die Meinung vertreten, dass der GS seine Kompetenzen ausgeschöpft hat, indem er Organe und Programme der UN zur Zusammenarbeit in der UNDG verpflichtete. Dafür reichte seine Kompetenz aus. Anders ist es in Bezug auf die Sonderorganisationen. Deren Teilnahme an der UNDG ist freiwillig. Es konnte das ACC als Koordinationsmechanismus eingeführt werden, der GS kann die Sonderorganisationen aber nicht zur Teilnahme verpflichten. Mehr als die bereits erfolgte Reform kann der GS ohne Mithilfe der Sonderorganisationen kaum tun. Diese bzw. deren „Governing Bodies“ müssten beschließen, enger zusammen zu arbeiten. Der GS kann sie auf Grund ihrer rechtlichen Selbständigkeit und seiner begrenzten Befugnisse ihnen gegenüber (nur Empfehlungen möglich) dazu jedoch nicht verpflichten. Dennoch sind weitere Reforminitiativen nicht ausgeschlossen. Die von Annan vorgeschlagene Überprüfung aller Tätigkeiten der Sonderorganisationen und deren Dokumentation in einem Bericht scheinen durchaus geeignet, um Überschneidungen aufzuzeigen und weitere Reformalternativen auszuarbeiten.[421] Insgesamt bleibt er dafür aber weitgehend auf Freiwilligkeit angewiesen.

Dicke geht daher zurecht davon aus, dass zu den wichtigsten, Reformen immer wieder auch hemmenden Rahmenbedingungen die Vielzahl autonomer Akteure in Reformprozessen gehört. Die Kompetenzen des GS, so Dicke, sind weitgehend von den Mitgliedstaaten, die des Sicherheitsrates weitgehend von den fünf ständigen Mitgliedern abhängig. Die 16 Sonderorganisationen sind nur in lockerer Weise mit der UN und ihren Hauptorganen verbunden. Ein regulierender Zugriff z.B. seitens der GA ist nicht möglich, so dass Reformmaßnahmen für das UN-System insgesamt von der Kooperationsbereitschaft der Sonderorganisationen abhängig sind.[422]

Für eine bessere Kooperation auf Länderebene hat der GS als weitere Schritte vorgeschlagen, im Bereich der Koordination auf der Ebene des EL das „Resident

[418] Zum IGH und den Sonderorganisationen vgl. Kapitel 1, Abschnitt 3.3.1.
[419] Vgl. Dicke, Klaus, Reform der UN, in: Lexikon der Vereinten Nationen, Volger, Helmut (Hrsg), München, Wien: Oldenbourg, 2000, S. 429-434, S. 431.
[420] Vgl. zu den Reformen Teil 2, Kapitel 1, Abschnitt 1.1.3.
[421] Vgl. Teil 2, Kapitel 1, Abschnitt 1.1.3.
[422] Vgl. Dicke, Klaus: ebenda, S. 431.

Coordinator"-System zu stärken, damit es Entwicklungs- und humanitäre Programme besser unterstützen könne. Zu entwickelnde praktische Maßnahmen würden von gemeinsamer Programmaufstellung bis hin zur integrierten Mobilisierung von Ressourcen gehen. Bei gemeinsamer Programmaufstellung würden zwei oder mehrere Organisationen denselben nationalen Partner unterstützen, entweder durch Zusammenführung von Ressourcen in ein gemeinsames Projekt oder dadurch, dass verschiedene Organisationen einzelne Elemente desselben Projektes umsetzen. Die andere Möglichkeit sei, dass die Ressourcen zusammengeführt werden und eine UN-Organisation als Treuhänder tätig wird und die Finanzmittel im Namen des UN-Systems für ein vereinbartes Programm oder Projekt verwaltet. Einzelne UN-Organisationen würden dann Zugang zu den Mitteln zur Ausführung ihrer Programm- oder Projektverantwortung haben. Dafür wären Anpassungen der finanziellen Durchführungsbestimmungen, Verbesserung von Informationsverarbeitung und ein klares System der Verantwortlichkeiten gegenüber den Gebern, einschließlich der gemeinsamen Berichterstattung und gemeinsamer Evaluierung erforderlich. Ein weiterer Bereich ist die Entwicklung gemeinsamer Datenbanken und gemeinsamer Wissensnetze, die den Länderteams Zugang zu Wissen und Erfahrungen des UN-Systems gewähren würde.[423] Der Vorschlag des GS umfasst Maßnahmen, die auch im Rahmen der Weltbank erfolgen.[424] Auch die Idee mit der gemeinsamen Datenbank ist nicht neu.[425] Wolfensohn hatte die Idee der „Donor-Matrix" bereits 1999 im Rahmen des von ihm vorgeschlagenen „Comprehensive Development Framework" vorgebracht.[426] Jedoch hat sich nach der Entscheidung über die PRSPs dieser Prozess in den Vordergrund gestellt. Es konnte nicht festgestellt werden, ob die Idee der Gebermatrix weiter verfolgt wurde. Letzteres ist jedoch nicht wahrscheinlich. Die „Doha Development Agenda Trade-Related Technical Assistance and Capacity Building Database" von der WTO, die mit der OECD entwickelt wurde, geht in eine ähnliche Richtung,[427] und soll anderen Gebern Informationen über andere Programme im Land zur Verfügung stellen. Von der Umsetzung einer gemeinsamen Strategie mit allen beteiligten Akteuren ist man aber selbst nach Umsetzung dieser Ideen, die sich, wie die Erfahrungen zeigen bereits als schwierig erweisen, insgesamt aber noch sehr weit entfernt.

In diesem Zusammenhang ist auch die Koordinierungsfunktion des UNDP zu thematisieren.[428] Die alleinige Finanzierung durch das UNDP, das Mittel an andere Ausführungsorganisationen vergibt, wäre eine Option zur Umsetzung des „Common Pool Approaches" und böte die Möglichkeit, ein abgestimmtes Programm einschließlich des Handelsbereiches zu unterstützen. Dass eine Führungsrolle des UNDP in der Praxis von bilateralen Gebern und multilateralen Organisationen

[423] Vgl. dazu A/57/387 vom 9. September 2002: Strengthening of the United Nations: an agenda for further change, Bericht des UN-Generalsekretärs, S. 21, Ziff. 118f.
[424] Vgl. z.B. zum Common Pool Approach oben, Abschnitt 3.2.
[425] Vgl. oben Abschnitt 2.2.1. das Beispiel über die Datenbank im Sudan.
[426] Vgl. Teil 2, Kapitel 2, Abschnitt 1.2.1.
[427] Vgl. dazu Teil 2, Kapitel 3, Abschnitt 2.3.
[428] Vgl. zum UNDP Teil 2, Kapitel 1, Abschnitt 3.1.

nicht gewollt ist und selbst die UN-Sonderorganisationen sich der Koordination durch das UNDP entzogen haben, zeigt, dass dies keine politisch verfolgbare Alternative ist. Gerade für den Handelsbereich, bei dem inhaltlich oft verschiedene Auffassungen einer Strategie vertreten werden, scheint dies wenig realistisch.

3.4. Würdigung und Ausblick

Ein idealer Rahmen für Entwicklungshilfekoordination auf Länderebene würde voraussetzen, dass das Entwicklungsprogramm des einzelnen LDC als gemeinsame Strategie angesehen wird, an deren Umsetzung die Entwicklungspartner im Interesse der effektiven Nutzung der Ressourcen einschließlich der Ressourcen des Empfängerlandes u.a. auf dem Wege der Co-Finanzierung teilnehmen, um gemeinsame und übereinstimmende Ziele zu erreichen. Die Realität, so eine Studie, die in Vorbereitung der zweiten UN-LDC-Konferenz 1990 erstellt worden ist, sieht anders aus. Während eine positive und zunehmend bessere Verständigung zwischen den LDCs und der Gebergemeinschaft in vielerlei Hinsicht stattfindet, gibt es jedoch divergierende Auffassungen und Forderungen. Insbesondere schwierig zu harmonisieren sind die verschiedenen Interessen der Akteure, die sich zwar über das Ziel der Koordination, die effiziente Nutzung der Ressourcen, einig sind, aber unterschiedliche und sich entgegenstehende Elemente des Prozesses hervorheben.[429] An dieser Feststellung hat sich seit dem trotz PRSP-Prozess und UNDAF nicht viel geändert. Im Rahmen des IF besteht die Schwierigkeit, eine für alle Organisationen und Geber akzeptable Strategie im Handelsbereich aufzustellen, bei der das LDC dennoch selbst die „Ownership" hat. Die Strategie sollte alle im Rahmen der WTO gegebenen Möglichkeiten für eine entwicklungsförderliche Handelsstrategie ausschöpfen.[430] Ziel sollte sein, dass die Strategie die Grundlage für operative Tätigkeiten aller beteiligten Akteure im LDC bildet und für deren Umsetzung Mittel durch verschiedene Geber bereitgestellt werden. Das IF stellt für den Umsetzungsprozess bislang keinen geeigneten Rahmen zur Verfügung.

Problematisch ist die Verknüpfung bzw. die Einbeziehung der Handelsstrategie in die Strategien zur Armutsreduzierung, die als Grundlage für die Kreditvergabe durch IMF und Weltbank sowie für den Schuldenerlass erstellt werden. Wird die Durchführung bestimmter Maßnahmen durch Konditionalität sanktioniert, kann dies die Möglichkeiten des LDCs für eine eigene Handelsstrategie einschränken.

Auf Seiten des EL sind die Kapazitäten zur Geberkoordinierung aufzubauen. Gute Regierungsführung, das Schaffen und Aufrechterhalten stabiler Strukturen und der Aufbau eines handels- und investitionsförderlichen Umfelds durch das EL sind Voraussetzung für die Nutzung des Handels zur Erzielung von Ressourcen zur Armutsreduzierung. Kriegerische Auseinandersetzungen wie derzeit in der Demokratischen Republik Kongo sind dafür negative Beispiele.

---

[429] Vgl. Panday, Devenda Raj/ Williams, Maurice: Aid Co-ordination and Effectiveness: Least Developed Countries 1981-1989, Studie, enthalten in Dokument [A/CONF.147] UNCLDC II/4/Rev.1, S. 13, Ziff. 81.

[430] Vgl. Teil 1, Kapitel 2, Abschnitt 4.

Die zur Verbesserung des Koordinationsproblems auf der operativen Ebene diskutierten Möglichkeiten scheinen insgesamt wenig erfolgversprechend. Letztlich bleibt eine bessere Kooperation und Koordination zwischen den bestehenden Organisationen im operativen Bereich auf Grund der gegebenen Strukturen auf Freiwilligkeit angewiesen.

Zusammenfassung

Im ersten Kapitel dieses Teils, das auf die internationale Politikkoordination durch oder im Rahmen internationaler Organisationen eingeht, wurden die Ergebnisse der Politikkoordination zu Gunsten der LDCs kurz dargestellt. Es wurde die Schlussfolgerung gezogen, dass auf der internationalen Ebene eine breite Übereinstimmung hinsichtlich der Notwendigkeit der Integration der LDCs in den internationalen Welthandel besteht. Entwicklungsbelange sind im Handelsbereich sowohl von den Staaten als auch im Rahmen der internationalen Organisationen anerkannt. Mehrfach haben die Leiter der verschiedenen Organisationen sowie die Entscheidungsgremien die Notwendigkeit von Sonderbehandlungen der EL und insbesondere der LDCs betont. So besteht beispielsweise in Bezug auf die Notwendigkeit zu verbessertem Marktzugang, Abbau von Handelshemmnissen, verstärkter technischer Hilfe und „Capacity building“ grundsätzliches Einvernehmen. Alle Organisationen erbringen Leistungen zu Gunsten der LDCs, so gibt es im Rahmen der WTO Ausnahmevorschriften und es wird durch WTO, UNCTAD, UNDP Weltbank und IMF technische Hilfe geleistet. Dennoch beschränkt der derzeit bestehende internationale Handelsrahmen die Optionen der EL für ihre Entwicklungspolitik. LDCs sehen sich daneben einer Reihe von Handelsbarrieren in globalen Märkten gegenüber. Ein Beispiel dafür sind Produktstandards. Bestehende Umsetzungsverpflichtungen von Übereinkommen im Handelsbereich belasten insbesondere die LDCs stark. Die in Bezug auf den Aufbau von Handelskapazitäten und für Investitionen dringend notwendige Entwicklungshilfe soll statt der an sich vereinbarten Zielmarke von 0,7% des BIP in den europäischen Ländern bis 2006 auf gerade 0,39 % des BIP angehoben werden. Inwieweit sich trotz der Beschlüsse des G8-Gipfels in Evian im Juni 2003 in Bezug auf die HIPC-Initiative als auch die Rohstoffausfallerlöse Fortschritte ergeben werden, bleibt abzuwarten.

Zwar besteht in Bezug auf die von den von den Organisationen verfolgten Ziele Übereinstimmung (Wachstum des Welthandels und dadurch hoher Beschäftigungsgrad und hohes Realeinkommen, wirtschaftliche Entwicklung, Erhöhung des Lebensstandards in allen Mitgliedsstaaten usw.) und daher an sich gute Voraussetzungen für eine Kooperation und Koordination der Organisationen. Jedoch wurde festgestellt, dass Schranken für eine Politikkoordination zu Gunsten der LDCs in den Eigeninteressen der Industrie- und Schwellenländer zu sehen sind. Es besteht ein Zielkonflikt zwischen dem Wohlstandsziel des „Wachstums der Nutzenerzeugung“ und dem Ziel der „Gerechtigkeit der Nutzenverteilung“. Obwohl die Industrieländer langfristig ebenfalls an einer gerechten Nutzenverteilung interessiert sind (Konflikte, Umwelt, sozialer Sprengstoff, Migration), scheitert die Verfolgung dieses Interesses u.a. am kurzfristigen Planungshorizont der Politik. Zudem besteht stets die Tendenz, die Kosten der notwendigen Transferleistungen selbst zu vermeiden (Trittbrettfahrerphänomen). Daher stößt auch die in Bezug auf die verstärkte Kohärenz zwischen Wirtschafts-, Finanz- und anderen Politikbereichen erforderliche Politikabstimmung durch und im Rahmen internationaler Organisationen an Schranken. Die UNCTAD ist als reine Entwicklungsorganisation errichtet worden und ihr Mandat ist auf die Verbesserung der Situation des EL und der LDCs gerichtet. Im Rahmen von Weltbank, IMF und WTO sind jedoch die industrialisierten Staaten wesentlich präsenter. Damit ist auch der auf der Ebene der entwickelten Mitgliedstaaten bestehende Zielkonflikt zwischen den langfristigen Interessen und den eher kurzfristigen Eigeninteressen dort stärker ausgeprägt.

Behandelt wurde weiter die Einflussnahme globaler „Player" auf die Politik, der unzureichende Einfluss der Entwicklungspolitik innerhalb der entwickelten Länder und das uneinheitliche Auftreten im Rahmen internationaler Organisationen. Festgestellt wurde, dass Anreize dafür fehlen, dass nationale Regierungen nicht nur nationale Interessen vertreten. Trotz internationaler Organisationen bleiben die internationalen Herrschaftsstrukturen unverändert. Dies gilt in Bezug auf die Abhängigkeit internationaler Organisationen von ihren Mitgliedern. Zudem bleiben die völkerrechtlichen Durchsetzungsprobleme bestehen.

Es wurden verschiedene Möglichkeiten zur besseren Politikkoordination zu Gunsten der LDCs diskutiert. Durch Abschluss internationaler Verträge könnten beispielsweise gemeinsame Treffen zwischen ECOSOC, den BWIs und der WTO verankert werden, die mit einem förmlichen Beschluss enden. Des Weiteren kommt die Einrichtung gemeinsamer Beratungsorgane in Betracht, oder die Regelung einer Berichtspflicht von Weltbank und IMF über maßgebliche Politikänderungen.

Eine Chartaänderung würde die Einrichtung eines neuen Organs voraussetzen. Die Einrichtung eines „Economic Security Council" wurde diesbezüglich diskutiert. Der von Delors vorgeschlagene Rat sollte aus den G7-Staaten und einigen aufsteigenden Staaten und regionalen Gruppen besetzt sein und Empfehlungen erarbeiten. Während in dem von Delors vorgeschlagenen Organ, die EL nicht gleich repräsentiert wären, wurde von der „Independent Working Group on the Future of the United Nations" der Vorschlag gemacht, einen aus 23 Mitgliedern bestehenden Rat einzusetzen, dessen Mitglieder nach verschiedenen Kriterien durch die GA ausgewählt werden. Insgesamt muss festgestellt werden, dass hier das Dilemma besteht, dass bei einem Rat, der gegebenenfalls ohne Beteiligung oder gegen den Willen der dominierenden Staaten verbindlich Entscheidungen treffen kann, die praktische Durchsetzung dieser Entscheidungen nicht sichergestellt ist und auf Grund der bestehenden Gruppenhegemonie ein dahingehender Vorschlag realistischer Weise nicht zielführend wäre. Wäre aber eine Dominanz der wichtigen Industriestaaten sichergestellt, dann würde eine dafür erforderliche Chartaänderung in der GA keine Mehrheit finden. Auch die Idee eines vom UNDP vorgeschlagenen Rats, der aus elf ständigen und elf rotierenden gewählten Mitgliedern bestehen sollte, wobei sicherzustellen sei, dass alle Entscheidungen trotz Mehrheit nur mit Billigung der Mehrheit der Industrie- bzw. der EL getroffen werden können, konnte sich in der Praxis nicht durchsetzen.

Anstelle der Einsetzung eines neuen Gremiums, welches keine zusätzlichen Kompetenzen hat, sollte dem ECOSOC vorzugsweise ein kleineres Politikberatungsgremium beiseite gestellt und seine Arbeitsweise effizienter gestaltet werden.

Alternativ könnte er seine Entscheidungskompetenzen auch auf einen kleineren „Executiv board" übertragen, um ständig präsent sein zu können.

Als eine weitere Möglichkeit zur besseren Politikkoordination wurde das Einsetzen neuer Unterorgane oder Kommissionen dargelegt. Als Beispiel wurde die ILO „Working Party on the Social Dimensions of Globalization" genannt, die nunmehr über die Handelsliberalisierung hinaus Probleme der Globalisierung diskutieren soll. Bereits mehrfach wurde zudem versucht, über hochrangig besetzte Kommissionen durch Erstellen von Berichten Einfluss auf die Politik zu nehmen. Beispiele wie die 1977 eingesetzte Brandt-Kommission, die Brundtland-Kommission oder die nunmehr von der ILO eingesetzte Weltkommission der ILO, deren Bericht für Ende 2003 erwartet wird, sind aufgeführt worden. Derartige Kommissionen, die hohe politische Vertreter von Industrie- und Entwicklungsländern, aber gegebenenfalls auch Arbeitnehmer- und Arbeitgeberseite sowie Vertreter von Forschungseinrichtungen zusammenbringen, bieten die Chance, Konsens über strittige Punkte zu erzielen. Jedoch darf an ihre unmittelbaren Wirkungen über das Anregen von Diskussionen hinaus keine zu großen Erwartungen gestellt werden, denn letztlich ist auch hier der politische Wille der Staaten und deren Organisationen zur Umsetzung von Empfehlungen erforderlich.

Die Auflösung bestehender Organisationseinheiten wurde ebenso diskutiert. Eine Auflösung der UNCTAD kann, unabhängig von der politischen Durchsetzbarkeit gegen die Mehrheit der EL in der GA, dennoch nicht angeraten werden. Die „andere" Sicht der UNCTAD als einer Entwicklungsorganisation, das vorsichtigere Herangehen und die kritischere Auseinandersetzung mit möglichen Folgen der Globalisierung und der durch ihre Arbeit erfolgte Handlungsdruck zu Gunsten der EL und insbesondere der LDCs sind auch weiter erforderlich.

In Bezug auf eine bessere Zusammenarbeit außerhalb der UN muss am bestehenden Kohärenzmandat zwischen Weltbank, IMF und WTO angesetzt werden. Festgestellt wurde, dass es anders als zwischen Ministern und Beamten für Finanzen und Entwicklung, kein internationales Forum für regelmäßige Kontakte gibt, an dem auch Handelsminister oder andere höhere Beamte teilnehmen. Eine Verknüpfung von Handels- mit Finanz- und Entwicklungspolitiken auf der multilateralen Ebene muss weitgehend indirekt durch das Management und die Mitarbeiter von WTO, IMF und Weltbank erfolgen. Daher sollte die Einrichtung eines solchen Forums auf internationaler Ebene bzw. eines institutionellen Trägers im Rahmen der WTO für regelmäßige Kontakte zwischen Funktionären im Handelsbereich mit deren Gegenspielern aus den Finanz- und Entwicklungshilfeministerien überlegt werden.

In diesem Zusammenhang wurde schließlich diskutiert, ob sich die Koordinationsprobleme der internationalen Organisationen durch Impulse der Staatenvertreter, d.h. auch ohne Änderung der rechtlichen Regelungen in den Abkommen der internationalen Organisationen, lösen oder wenigstens entschärfen lassen. So könnten die Staatenvertreter bestimmte Prioritäten vorgeben und den von ihnen gegründeten

Organisationen die Umsetzung dieser Prioritäten aufgeben und die Umsetzung in folgenden Treffen überprüfen. Festgestellt wurde, dass bereits jetzt ein großer Einfluss von Kooperationsgremien außerhalb der UN wie der G7/G8 und der G20 besteht, jedoch die EL kaum repräsentiert sind. Zwar haben Vertreter von afrikanischen Ländern z.B. auf dem G8-Gipfel in 2001 in Genua aber auch in 2002 und 2003 teilgenommen, jedoch kann darin eine „echte“ Teilnahme im Sinne der Beeinflussung der Entscheidungen nicht gesehen werden. Die Frage, ob die Weltwirtschaftsgipfel alle zwei Jahre durch eine besser legitimierte Gipfelkonferenz der Länder ersetzt werden sollten, die auch in IMF oder Weltbank einen Exekutivdirektor stellen, wurde diskutiert. Festgestellt wurde, dass auf Grund der Interessengegensätze fraglich ist, inwieweit eine um eine Reihe von Entwicklungsländern erweiterte G7 überhaupt noch handlungsfähig wäre, eine Steuerungsleistung zu erbringen. Dennoch ist eine weitergehende Beteiligung und Berücksichtigung der Interessen der EL auch im Rahmen der G7 wünschenswert.

Letztlich wurde festgestellt, dass die Möglichkeiten, die bestehenden institutionellen Strukturen auf internationaler Ebene abzuändern, begrenzt sind. Angesichts der für die Industrieländer eher langfristigen Vorteile einer Politikkoordination zu Gunsten der LDCs ist trotz der bestehenden Armut angesichts der bestehenden Strukturen ein Durchbruch bei der Politikkoordination zu Gunsten der LDCs nicht zu erwarten.

Das zweite Kapitel des dritten Teils setzt sich mit der Koordinierung im operativen Bereich auseinander. Die Darstellungen zu den Länderstrategien und Rahmen zeigt, dass im Rahmen des „United Nations Development Assistance Frameworks“ der UN (UNDAF) kaum makroökonomische Aspekte eine Rolle spielen. Handelsfragen sind bislang kaum in diese Rahmen aufgenommen und auch in den nationalen Strategien zur Armutsreduzierung (PRSPs) allenfalls unzureichend integriert worden. Die UN beschränkt sich in ihrem „Common Country Asessment“ (CCA) bzw. ihren UNDAF-Dokumenten im Wesentlichen auf soziale und andere Belange. Problematisch ist, dass reine Umverteilungsstrategien aber nicht zum Wachstum beitragen, sondern – ähnlich wie auch in entwickelten Ländern – ein zu hohes Maß an Umverteilung Auswirkungen auf das Wachstum haben kann. Bemühungen um eine Verbesserung der Armutsstrategiepapiere existieren. Es bleibt aber abzuwarten, inwieweit diese Erfolg haben werden. Diese Frage steht auch im Zusammenhang mit der bereits in Teil 2 erfolgten Darlegung, dass die Strukturanpassungsprogramme im Wesentlichen noch immer in der Kritik sind. Auch im Rahmen der Weltbank haben sich Erkenntnisse durchgesetzt, dass der Aufbau sozialer Sicherungsnetze und auch die Reihenfolge von Reformen eine Rolle spielen und dass Handelsliberalisierung an sich kein Selbstzweck sein sollte. Dies hat jedoch noch zu wenig Auswirkungen auf die durch diese Organisationen verfolgten Strategien. Inwieweit im Rahmen der PRSPs tatsächlich eigene Länderstrategien der Entwicklungsländer verfolgt werden, ist auf Grund der Verknüpfung mit der Kreditvergabe durch IMF und Weltbank sowie dem Schuldenerlass im Rahmen der Entschuldungsinitiative zumindest fraglich. Die bestehenden Programme lassen den Regierungen nur einen begrenzten Spielraum für Maßnahmen. Das „Ownership-Prinzip“ ist daher nicht vollständig etabliert.

Insgesamt kann man sagen, dass es bislang keine wirklichen Strategiepapiere auf Länderebene gibt, die die Basis von Entwicklungsbemühungen der verschiedenen multilateralen und bilateralen Geber bilden können und auf einer gesamtheitlichen Entwicklungsstrategie beruhen, die auch den Handelsbereich umfassend einbezieht.

In einem zweiten Abschnitt wurden Koordinationsmechanismen im Handelsbereich und unter ihnen das „Integrated Framework for Trade-Related Technical Assistance to Least-Developed Countries“ (IF) dargestellt, an dem die in Teil 2 dargestellten Organisationen (ITC, IMF, UNCTAD, UNDP, Weltbank und WTO) beteiligt sind. Das IF ist derzeit die einzige vorhandene Plattform für die wesentlichen multilateralen Organisationen zur Koordinierung der Hilfe im Handelsbereich für die LDCs. Das reformierte IF soll als Instrument dienen, um Handelsaspekte in die nationalen Entwicklungsstrategien der LDCs zu integrieren. Das im Rahmen dieses Rahmens durchgeführte Assessment versucht, Beziehungen zwischen Handelsentwicklung einerseits und der Armutsreduzierung andererseits zu analysieren. Die Auswirkungen von Handelspolitikreformen sollen untersucht werden. Erst die Umsetzungsmaßnahmen einer Strategie im Handelsbereich u.a. durch den Aufbau von institutionellen Strukturen, Infrastruktur und nicht zuletzt den Aufbau von Produktionsstrukturen und der Diversifizierung der Produktion ermöglichen den LDCs jedoch die stärkere Teilnahme am internationalen Handel. Hierfür stellt das IF jedoch keinen Mechanismus zur Zusammenarbeit zur Verfügung. Gleiches gilt für die erforderlichen finanziellen Ressourcen. Letztlich bleibt es abzuwarten, wie erfolgreich die Umsetzung der erarbeiteten Strategien im Anschluss an die Aufstellung der Handelsintegrationsstudien sein wird und inwieweit die finanziellen und sonstigen Mittel dazu von den Gebern bereitgestellt werden.

Auch auf operativer Ebene setzt das Zustandekommen von Kooperation voraus, dass der Nutzen für die Beteiligten größer ist als die Kosten und ein gegenseitiger Vorteil gesehen wird. Hier gibt es von Seiten der WTO ein erhebliches Interesse, die vorhandenen personellen, institutionellen und finanziellen Ressourcen der anderen internationalen Organisationen im Handelsbereich zu nutzen. Das Interesse der WTO ist jedoch begrenzt auf die Vermittlung von Kenntnissen und Kapazitäten zur Teilnahme an den Handelsverhandlungen und zur Umsetzung von WTO-Verpflichtungen. Erforderlich wäre jedoch auch die Übernahme der Koordinationsrolle durch Instrumente wie das IF nicht nur für die Aufstellung von Handelsstrategiepapieren, sondern auch für deren Umsetzung in allen Bereichen. In Bezug auf die technische Hilfe und das „Capacity building“, die über das zentrale Mandat der WTO hinausgehen und z.B. sonstiges „Capacity building“, Infrastruktur und den Aufbau von Angebotskapazitäten betrifft, gelten jedoch dieselben Schranken wie bereits im Rahmen der Politikkoordination ausgeführt: So ist zwar deren Notwendigkeit prinzipiell anerkannt, und diese Aufgaben sind Organisationen wie der Weltbank, der UNIDO, dem ITC und der UNCTAD zugewiesen, jedoch befinden sich die

Industriestaaten und damit auch deren Interesse an der Finanzierung dieser Leistungen in einem Widerstreit zwischen langfristigen und kurzfristigen Interessen.

Auf dem Gebiet der operativen Tätigkeiten gibt es Möglichkeiten zur besseren Zusammenarbeit und Koordination. Neben der Gründung neuer Organe kommt eine Änderung bestehender Verträge z.B. im Hinblick auf den regelmäßigen Personalaustausch in Betracht. Änderungen interner Regelungen bzw. der Abschluss von Durchführungsvereinbarungen durch die Organisationen können die gemeinsame Finanzierung von Projekten und Programmen oder die Anwendung des „Common Pool Aproach“ oder des „Sector-wide Approach“ ermöglichen.

Eine Übertragung weitergehender Kompetenzen auf die GA zur effektiveren Koordination würde eine Chartaänderung und zudem die Änderung der bestehenden Beziehungsabkommen voraussetzen. Eher realistisch wäre die Einrichtung eines „United Nations System Consultative Board“, der sich aus den Mitgliedern des ECOSOC-Büros und Vertretern der Büros der Regierungsorgane der großen Organisationen zusammensetzen und Empfehlungen abgeben soll. Auch Ideen, die Exekutivorgane der wesentlichen UN-Agenturen in einen „Development Assistance Board“ zusammenzubringen, konnten bislang jedoch nicht realisiert werden.

Einer stärkeren Verrechtlichung des „Chief Executive Board“ dürften enge Grenzen gesetzt sein. Im Zweifel würden nur Regelungen mit sehr vagem Inhalt verabschiedet, um trotz bestehenden unterschiedlichen Auffassungen allen beteiligten Organisationen die Anwendung zu ermöglichen. Letztlich kann eine freiwillige Zusammenarbeit unter den gegebenen Strukturen nicht durch Druck ersetzt werden. Zudem bliebe auch die Frage offen, wie derartige bindende Regelungen im Falle ihrer Nichtbefolgung durchgesetzt werden können. Der Zugang zum IGH steht internationalen Organisationen als Partei derzeit nicht offen.

Eine weitere Stärkung des „Resident Coordinator Systems“, wie vom UN-Generalsekretär vorgeschlagen, scheint sinnvoll. Schritte hin zu gemeinsamer Programmaufstellung und die Zusammenführung von Ressourcen zwischen Fonds, Organisationen und Programmen gehen in die richtige Richtung. Der Ausbau einer Führungsrolle des UNDP, das Mittel an andere Ausführungsorganisationen vergibt, ist jedoch auch angesichts der im Verhältnis zu anderen Gebern relativ geringen Finanzausstattung kaum realistisch.

Festzustellen ist, dass auch im operativen Bereich einer besseren Zusammenarbeit u.a. durch verschiedene Auffassungen, Sichtweisen und Interessen Grenzen gesetzt werden. Die Erreichung einer gemeinsamen Strategie auf Länderebene ist auch bei Einführung eines von Doris Bertrand vorgeschlagenen Strategiedialogs mit allen Beteiligten nur wenig wahrscheinlich.

Zusammenfassung der Arbeit und Ausblick

In der Arbeit sollte dargestellt werden, wie die wesentlichen Organisationen auf dem Gebiet von Handel und Entwicklung vor dem Hintergrund der zunehmenden Globalisierung im Interesse der LDCs zusammenarbeiten und ihre Politiken sowie ihre operative Arbeit koordinieren. Es sollte der Frage nachgegangen werden, ob und wie die Arbeit dieser Organisationen den „Entwicklungsprozess" der „am wenigsten entwickelten Länder" voranbringen.

Der erste Teil der Arbeit hat in das Thema eingeführt, die wichtigsten Begriffe, einschließlich des Begriffs der LDCs und dessen Entstehungsgeschichte erläutert und die Probleme der LDCs sowie Lösungsmöglichkeiten für den Handelsbereich herausgearbeitet. Zum anderen wurde die Notwendigkeit zur Kooperation und Koordination zwischen Staaten und zwischen internationalen Organisationen, sowohl in Bezug auf die Politikkoordination als auch im operativen Bereich dargelegt.

Im zweiten Teil wurden die wichtigsten Organisationen umfassend dargestellt. Neben Aufbau, Aufgaben und Tätigkeiten im Bereich von Handel und Entwicklung wurden die Rechtsgrundlagen für das Tätigwerden im Entwicklungsbereich sowie für die Kooperation und Koordination mit anderen internationalen Organisationen dargestellt. Es wurde eine Reihe von Beispielen der Zusammenarbeit in der Praxis aufgeführt und Überschneidungen der Arbeitsgebiete herausgearbeitet. Dieser darstellende Teil diente als Grundlage für die analytische prozessorientierte Herangehensweise in Teil 3. Die umfangreiche Darstellung kann darüber hinaus weitergehenden Untersuchungen über die Zusammenarbeit der dargestellten Organisationen als Basis dienen.

Teil 3 hat sich mit der internationalen Politikkoordinierung sowie der Zusammenarbeit und Koordination internationaler Organisationen auf der Länderebene befasst. Neben bisherigen Ergebnissen bzw. bestehenden Mechanismen wurden jeweils die Voraussetzungen und Schranken von Koordination und Zusammenarbeit dargestellt und Möglichkeiten für eine Verbesserung der Zusammenarbeit und Koordination analysiert.

Insgesamt kann festgestellt werden, dass die Zusammenarbeit der bestehenden internationalen Organisationen zur Förderung der LDCs auf der Politikebene als auch auf der operativen Ebene noch verbesserungsbedürftig ist. Gleichzeitig wurde herausgearbeitet, dass in beiden Bereichen diesbezüglich Schranken bestehen. Zwar besteht Einigkeit über die zu erreichenden Ziele, jedoch nicht über die Umsetzungsstrategien. Einen für alle Organisationen geltenden Politikrahmen auf Länderebene gibt es nicht. Die UNCTAD arbeitet ausschließlich im Interesse der EL, was auch Anlass für ihre Gründung war. In Weltbank, IMF und WTO sind dagegen die industrialisierten Staaten dominant. Hier ist der Zielkonflikt zwischen der Erreichung des Wohlstandsziels „Wachstum der Nutzenerzeugung" und dem Ziel der „Gerechtigkeit der Nutzenverteilung" daher entsprechend ausgeprägt. Ein UN-

Mitarbeiter führte aus, dass es mit der Koordination problematisch sei, wenn man nicht dieselben Werte teile. Obwohl mit den internationalen Entwicklungszielen insbesondere in Bezug auf die Reduzierung der Armut gemeinsam anerkannte Ziele auf internationaler Ebene bestehen und mehr Diskussionen zwischen den verschiedenen Organisationen auch im makroökonomischen Bereich stattfinden, gibt es nach wie vor unterschiedliche Auffassungen über die Wege, die zu gehen sind, um die Ziele zu erreichen. In Bezug auf das Ziel der Integration in die Weltwirtschaft im Sinne der Erhöhung des Anteils der LDC am Welthandel wird nicht zuletzt die Frage, inwieweit und wie schnell Liberalisierung erfolgen soll, unterschiedlich beantwortet. Diese Frage ist in Teil 1 ausführlich diskutiert worden. Ein auf das einzelne Land zugeschnittenes Maß an Liberalisierung sowie ein Reformtempo, dass entsprechend den Gegebenheiten und den sozialen Bedingungen machbar ist, scheinen überlegenswert, nicht jedoch das Aufschieben notwendiger Reformen, an deren Verhinderung gegebenenfalls nur eine kleine Elite ein Interesse hat. Wie schwierig strukturelle Reformen auch in den entwickelten Ländern sind, zeigen beispielsweise die Diskussionen um die Reform der europäischen Agrarpolitik oder über den Abbau von Subventionen u.a. Diesbezüglich wurde der Begriff der „Rent-seeker" geprägt.[431]

In Teil 1 wurde festgestellt, dass grundsätzlich anerkannt ist, dass Wachstum zur Armutsreduzierung erforderlich, jedoch nicht ausreichend ist. In Bezug auf die Frage der Nachhaltigkeit scheint dies jedoch zu sehr auf das Wachstum selbst als auf ökologische Nachhaltigkeit bezogen zu sein. Das ebenfalls in Teil 1 angesprochene Entwicklungsparadigma der nachhaltigen Entwicklung (sog. Ökostrategien) hat sich in der Praxis noch nicht voll durchgesetzt.[432] Wirtschaftliche Aktivitäten werden nach wie vor wenig unter Berücksichtigung von Belangen der Armutsreduzierung oder von Umweltbelangen gesteuert. Die Internalisierung externer Umwelt- und sozialer Effekte ist weiter auszubauen. Wenn andererseits der Verbraucher als gewichtige Marktmacht für umweltfreundliche oder sozial verantwortliche Herstellung der von ihm erworbenen Produkte sensibilisiert ist, sind Unternehmen nicht nur freiwillig bestrebt sondern gezwungen, die sozialen und ökologischen Aspekte ihres Handelns auch in den EL stärker zu berücksichtigen. Lösungswege in diesem Zusammenhang sind u.a. die Einbeziehung von Unternehmen in Entwicklungszusammenarbeit über Public Private Partnerships (PPP) und Ansätze des „Corporate Social Responsibility". Sinnvoll sind daher Ansätze wie der „Global Compact" der UN[433] oder die Diskussionen über CSR im Rahmen von EU oder OECD.

Festgestellt wurde, dass sich die bestehenden Zielkonflikte und der Interessenkonflikt zwischen kurzfristigen und langfristigen Interessen der entwickelten Staaten auch in den mit unterschiedlicher Stimmenverteilung ausgestatteten internationalen Organisationen widerspiegelt. Durch rechtliche Regelungen kann an der unterschiedlichen Machtverteilung nichts geändert werden. Es besteht weder die Mög-

[431] Vgl. dazu insgesamt Teil 1, Kapitel 2, Abschnitt 4.2.
[432] Vgl. Teil 1, Kapitel 1, Abschnitt 2.4.
[433] Vgl. dazu Teil 2, Kapitel 1, am Ende des Abschnitts 1.1.3.

lichkeit, derartige bindende Regeln zu erlassen, noch Mechanismen, diese gegen die dominierenden Staaten durchzusetzen. Erfolglose Versuche wie die Errichtung einer neuen internationalen Weltwirtschaftsordnung haben dies gezeigt.[434] Eine Weiterentwicklung der bestehenden Systeme auf der Basis von Zwangsmechanismen zu Kooperation und Koordination ist nicht zielführend. Die konsensbildende Funktion internationaler Organisationen steht daher im Vordergrund. Der Ansatz der UN, durch Konsultationen auf hochrangiger Ebene die Entwicklungsländer betreffende Themen anzusprechen und dadurch Änderungen im Bewusstsein herbeizuführen, sind daher realistischer Weise der einzige gangbare Weg.

In Bezug auf die zu Beginn der Arbeit gestellte Frage, inwieweit die UN neben den BWIs und der neu gegründeten WTO, der G7 und der OECD Einfluss auf makroökonomischer Ebene haben wurde bereits festgestellt, dass es u.a. mit den hochrangigen Treffen des ECOSOC mit den BWIs und der WTO sowie der Teilnahme der Institutionen an den ECOSOC-Tagungen bzw. der Teilnahme des Präsidenten des ECOSOC an den Tagungen des „Development Commitee" Veränderungen bei der Zusammenarbeit auf Politikebene zwischen den UN und den BWIs sowie der WTO gegeben hat. Die Politikkoordination im Rahmen der hochrangigen Treffen des ECOSOC mit den BWIs und der WTO führt derzeit zwar zu keinen konkreten umsetzbaren Ergebnissen oder direkten Maßnahmen. Jedoch ist der Verabschiedung von Ministerkommuniqués im Rahmen der hochrangigen Segmente des ECOSOC Bedeutung beizumessen. Letztlich kann nicht konkret festgestellt werden, inwieweit dem ein „Output" im Sinne von tatsächlichen Politikänderungen zu Gunsten der LDCs zuzurechnen ist. Dass die Belange der EL und der LDCs aber auf der internationalen Tagesordnung, auch im Rahmen der WTO stehen, ist auch ein Verdienst der fürsprechenden Arbeit der UN und ihrer Gremien.

Tatsache ist, dass grundlegende Entscheidungen in Bezug auf das internationale Umfeld zu Gunsten der LDCs – unabhängig von der bestehenden institutionellen Situation – vom Willen der dominierenden Staaten abhängen. So können internationale Organisationen zur politischen Sozialisation und Bewusstwerdung von Politikern der EL beitragen und als Instrument der Integration der EL sowie als Mittel zur Beeinflussung der Öffentlichkeit im Sinne der Dritten Welt dienen. Sie können aber auch durch die Dominanz der Industrieländer auf die internen Systeme der EL, auf die Weltwirtschaftsordnung und auf machtpolitische Konstellationen bei den WTO-Verhandlungen Einfluss nehmen.[435] Die bestehenden internationalen Organisationen leisten dennoch ohne Zweifel einen Beitrag zum Umgang mit der Globalisierung, die die Notwendigkeit von „Governance" auf internationaler Ebene verstärkt. Die Globalisierung, die den Ausgangspunkt der Arbeit bildete, wird nach wie vor unterschiedlich bewertet. Wie uneinig man sich darin ist, zeigt der Ende Juni 2002 vorgestellte Bericht der Bundestags-Enquete-Kommission zu

---

[434] Vgl. Teil 2, Kapitel 1, Abschnitt 1.2.1.

[435] Vgl. dazu Bellers, Jürgen, Entwicklungspolitik in: Politikwissenschaft III, Internationale Politik, Tauras, Olaf/ Meyers, Reinhard/ Bellers, Jürgen (Hrsg.), Münster, Hamburg: Lit, 1994, S. 167-215, S. 185.

den Folgen der Globalisierung. Während die Fraktionen der Regierungskoalition aus SPD und Grünen zu einer negativeren Bewertung der Globalisierung kommen, die zwar die Vorteile wie Warenvielfalt und Preisstabilität habe, die negativen Folgen aber als bedrückend bezeichnen, kommt die CDU zu dem Ergebnis, dass die Vorteile der Globalisierung stärker genutzt werden müssen, wozu wachsender Wohlstand, ein intensiverer Wettbewerb und die Schaffung neuer Arbeitsplätze gehören.[436] Wie bereits am Anfang der Arbeit festgestellt ist aber Globalisierung erst durch die nationalen Gesetze und internationalen Regelungen und Regimes möglich geworden, die grenzüberschreitende Aktivitäten der Akteure ermöglichen. Globalisierung kann gestaltet werden. Der oft genannte Bedeutungsverlust der Staaten gegenüber anderen Akteuren wie transnationalen Unternehmen greift zu kurz, wenn man davon ausgeht, dass ein solides staatliches Umfeld erst die Voraussetzung für unternehmerisches Handeln darstellt. Es trifft zu, dass dem Staat Möglichkeiten z.B. zur Stärkung der Konsumnachfrage kaum mehr gegeben sind, da das konsumierbare Einkommen heute auch auf ausländisch erzeugte Güter entfällt oder die Menschen Dienstleistungen im Ausland einkaufen, so dass letztlich nur der Weg von der Nachfrage- zur Standortpolitik hier gangbare Lösung sein kann. Dies gibt dem Staat aber nach wie vor Aufgaben und nicht unerheblichen Einfluss.

Wie Claude bereits 1984 feststellte haben internationale Organisationen als Institutionen eine doppelte Signifikanz: sie sind wichtige Faktoren in der heutigen Weltlage und sie sind von Bedeutung als Ausdruck und Unterstützer des Prozesses internationaler Organisation, welcher sich als das bedeutendste dynamische Element in der sich entwickelnden Realität der internationalen Beziehungen herausstellen könnte.[437] Der Prozess internationaler Organisation hat gerade durch Gründung der WTO einen neuen Schub verliehen bekommen. Insgesamt ist eine bessere Zusammenarbeit und Politikabstimmung in den und im Rahmen der bestehenden internationalen Organisationen und Gremien im Interesse der EL und LDCs erforderlich. Nur eine bessere Zusammenarbeit und Koordination wird der sich verändernden Realität durch aufsteigende EL aber auch den Erfordernissen angesichts der zur Lösung dringend anstehenden Probleme der am wenigsten entwickelten Länder gerecht.

---

[436] Vgl. dazu Heuwagen, Marianne: Kommission warnt vor Macht großer Konzerne, in: Süddeutsche Zeitung Nr. 147 vom 28. Juni 2002, S. 21.

[437] Vgl. Claude, Inis L.: Swords Into Plowshares, The Problems and Progress of International Organization, New York, St. Louis..., 1984, S. 4.

Literatur- und Quellenverzeichnis

1. Bücher und Aufsätze

Addy, David Nii: Internationale Organisationen, in: Lexikon der internationalen Politik, Ulrich Albert/ Helmut Volger (Hrsg.), München, Wien: Oldenbourg, 1997, S. 245-255.

Allock, Sheila: Industrial development and transfer of technology in: Guides to information Sources Development Studies, London, Melbourne u.a., 2000, S. 86-94.

Andersen, Uwe: Entwicklungspolitik/-hilfe, in: Handwörterbuch Internationale Politik, Woyke, Wichard (Hrsg.), Opladen: Leske und Budrich, 8. Auflage, 2000, S. 79-89,

- Internationale Währungspolitik, in: Handwörterbuch Internationale Politik, Woyke, Wichard (Hrsg.), Opladen: Leske und Budrich, 8. Auflage, 2000, S. 210-221,
- Weltwirtschaftssystem, in: Handwörterbuch internationale Politik, Woyke, Wichard (Hrsg.), Opladen: Leske und Budrich, 8. Auflage, 2000, S. 537-546.

Asche, Helmut/ Küppers, Harald/ Peltzer, Roger: Reform der entwicklungspolitischen Institutionen, in: Entwicklung und Zusammenarbeit (E+Z), Heft 2, 2001, S. 32-33.

Ashoff, Guido: Der Entwicklungshilfeausschuss der OECD und die deutsche Entwicklungszusammenarbeit: ein Verhältnis auf dem Prüfstand, Deutsches Institut für Entwicklungspolitik, Analysen und Stellungnahmen 1/2000,

- Für eine Verbesserung der Kohärenz zwischen Entwicklungspolitik und anderen Politiken, in: Entwicklung und Zusammenarbeit (E+Z), Heft 6, 2002, S. 172- 176.

Axelrod, Robert: Die Evolution der Kooperation, München: Oldenbourg, 5. Auflage, 2000.

Bass, Hans H.: Berg- und Talfahrt der Preise bei Rohkakao, in: Entwicklung und Zusammenarbeit (E+Z), Heft 3, 2001, S. 89-91.

Beermann, Victor: Wirtschaft und Entwicklung, in: Vereinte Nationen (VN) 1/1996, S. 19.

Beigbeder, Yves: Reforming the Economic and Social Sectors of the United Nations: An Incomplete Process, in: Agenda for Change: new tasks for the United Nations, Hüfner, Klaus (Hrsg.), Opladen: Leske und Budrich, 1995, S. 239-256.

Bellers, Jürgen: Entwicklungspolitik, in: Politikwissenschaft III, Internationale Politik, Tauras, Olaf/ Meyers, Reinhard/ Bellers, Jürgen (Hrsg.), Münster, Hamburg: Lit, 1994, S. 167-215.

Bender, Dieter: Anforderungen an eine wohlstands- und entwicklungsfördernde Weltwirtschaftsordnung im Zeitalter der Globalisierung, in: Globaler Wettbewerb und weltwirtschaftliche Ordnungspolitik, Reimut Joachimsen (Hrsg.), Bonn: Dietz, 2000, S. 156-181.

Berger, Barbara: Unspektakulärer Dienst am Welthandel, Das Arbeitsprogramm der UNCITRAL, in: Vereinte Nationen 1/2003, S. 6-10.

Bevan, David L./ Adam, Christopher S.: Poverty Reduction Strategies and the Macroeconomic Policy Framework, Department of Economics, University of Oxford, 26. Juli 2000.

Bertrand, Maurice: UNO- Geschichte und Bilanz, Frankfurt am Main: Fischer Taschenbuch Verlag, 1995.

Blackhurst, Richard: Regionalism in a Rules-based World Trading System, in: Regionalism and Development, Report of the European Commission and World Bank Seminar, Brüssel, 2. Juni 1997, Europäische Kommission, 1998, S. 76-82.

Bohnet, Michael: Überlegungen zur Zukunft der Entwicklungspolitik: Von der Theorie zur Praxis, in: Entwicklung und Zusammenarbeit (E+Z), Heft 8, 1998, S. 203-207.

Boutros-Ghali, Boutros: Hinter den Kulissen der Weltpolitik, Hamburg: Discorsi, 2000.

Brandt, Willy: Neustrukturierung der internationalen Beziehungen statt Hilfe, in: Vereinte Nationen (VN) 1/1980.
Büschgen, Hans E: Internationales Finanzmanagement, Frankfurt am Main: Fritz Knapp Verlag, 3. Auflage, 1997.
Cassen, Robert und Mitarbeiter: Does Aid work, The systematic effects of aid and the role of co-ordination, Oxford, 1986.
Chang, Hyun-sik/ Fell, Arthur M./ Laird, Michael: A Comparison of Management Systems for Development Co-operation in OECD/DAC Members, OECD, 1999.
Childers, Erskine/ Urquhart, Brian: Renewing the United Nations, Development Dialog, 1/1994.
Claude, Inis L.: Swords Into Plowshares, The Problems and Progress of International Organization, New York, St. Louis…, 1984.
Collier, Paul: Aid: new callenges to traditional modes of development assistance, in: the Courier, Nr. 191, März-April 2002, Europäische Kommission, Brüssel 2002, S. 25-27.
Cox, Aidan/Chapman, Jenny: The European Community External Cooperation Programmes – Policies, Management and Distribution, Overseas Development Institute, London, 1999.
Deen, Thalif: Globalisierung 2000 (II): Dritte Welt auf dem Rückzug, Die neue Machtverteilung in den Vereinten Nationen, in: Vereinte Nationen (VN) 1/2000, S. 6-11.
de Senarclens, Pierre: Reforming the United Nations: A Necessity and an Illusion, in: Agenda for Change: New Tasks for the United Nations, Opladen: Leske und Budrich, 1995, S. 211-227.
Dicke, Klaus, Reform der UN, in: Lexikon der Vereinten Nationen, Volger, Helmut (Hrsg.), München, Wien: Oldenbourg, 2000, S. 429-434,
- Effizienz und Effektivität internationaler Organisationen: Darstellung und kritische Analyse eines Topos im Reformprozess der Vereinten Nationen, Berlin: Dunker und Humblot, 1994.
Diekmann, Berend: UNCTAD, in: Internationale Wirtschaftsorganisationen: ein Taschenlexikon, Altmann, Jörn/ Kulessa, Margareta E (Hrsg.), Stuttgart: Lucius und Lucius, 1998, S. 223ff.
Dieckheuer, Gustav: Internationale Wirtschaftsbeziehungen, München, Wien: Oldenbourg, 5. Auflage, 2001.
Diesfeld, Hans-Jochen: AIDS in der Dritten Welt, in: Lexikon Dritte Welt, Nohlen, Dieter (Hrsg.), Reinbeck bei Hamburg: Rowohlt, 2002, S. 332-338.
Djafari, Nassir: Schuldenerlass allein genügt nicht, Zwischenbilanz der HIPC-II-Initiative, in: Entwicklung und Zusammenarbeit (E+Z), 43. Jahrgang, Heft 12, 2002, S. 351- 353.
Doehring, Karl: Völkerrecht: ein Lehrbuch, Heidelberg: Müller 1999.
Dolzer, Rudolf: Wirtschaft und Kultur im Völkerrecht, in: Völkerrecht, Graf Vitzthum, Wolfgang (Hrsg.), Berlin New York: de Gruyter, 2. Auflage, 2001, S. 469-544.
Donges, Jürgen B./ Freytag, Andreas: Allgemeine Wirtschaftspolitik, Stuttgart: Lucius und Lucius, 2001.
Ellisen, Tillmann: Von ihrem Spitzenwert ist die internationale ODA-Quote weit entfernt, in: Entwicklung und Zusammenarbeit (E+Z), 2003, Heft 6, S. 258,
- Privates Kapital kein Ersatz für Entwicklungshilfe, in: Entwicklung und Zusammenarbeit (E+Z) 2003, Heft 5, Mai 2003, S. 180,
- Weltbankprogramme in der Kritik: „Armutsprogramme durch Strukturanpassung“, in: Entwicklung und Zusammenarbeit (E+Z), 2002, Heft 7.
Faux, Jeff: Slouching toward Seattle, in: The American Prospect, Vol. 11, Nr. 2, 6. December 1999.
Fengler, Wolfgang: Die Zukunft der Entwicklungspolitik, in: Stabilität und Kooperation: Aufgaben internationaler Ordnungspolitik, van Scherpenberg, Jens/ Schmidt, Peter (Hrsg.) Baden-Baden: Nomos, 2000, S. 412-430.

Ferdowsi, Mir A.: Weltwirtschaftsordnung/ NWWO, in: Lexikon der Vereinten Nationen, Volger, Helmut (Hrsg.), München, Wien: Oldenbourg, 2000, S. 646-651.

Fischer, Hans Georg: Europarecht, München: Beck, 2. Auflage, 1997.

Fratianni, Michael/ Pattison, John: Globalization and the Market for International Organizations in: Economic Globalization, International Organizations and Crisis Management, Tilly, Richard/ Welfens, Paul. J.J. (Hrsg.), Berlin: Springer, 2000, S.127-154.

Fricke, Gerhard/ Hoff, Jörg/ Horndasch, Karlheinz/ König, Josef/ Rauw, Manfred/ Schmid, Walter-Jürgen (Arbeitsgruppe C) in: Deutsche Sicherheitsinteressen and der Südperipherie des OSZE-Raumes im Handlungsrahmen uni-/ bilateraler Kooperation und überstaatlicher Integration, in: Die Zukunft von Kooperation und Integration, Rondholz, Harald (Hrsg.), Berlin: Spitz, 1997, S. 157-186, S. 159.

Frisch, Dieter in: Kommentar zum EU-/EG-Vertrag, Groeben, Hans von der/ Thiesing, Jochen/ Ehlermann, Claus-Dieter (Hrsg.), Band 3, Baden-Baden: Nomos, 5. Auflage, 1999, S. 2026.

Gabler Wirtschaftslexikon, Gabler, 15. Auflage, 2000, Band Sm-U, S. 2995.

Gareis, Sven Bernhard, Johannes, Varwick: Die Vereinten Nationen, Opladen: Leske und Budrich, 2002.

Geiger, Rudolf: EUV, EGV: Vertrag über die Europäische Union und Vertrag zur Gründung der Europäischen Gemeinschaft; Kommentar, München: Beck, 3. Auflage, 2000, Art. 133.

Girrbach, Bernd/ Krohn, Tobias: Kofinanzierungen, in: Lexikon Dritte Welt, Nohlen, Dieter (Hrsg.), Reinbeck bei Hamburg: Rowohlt, 2002.

Glanzer, Hans-Peter: Wirtschaft und Entwicklung, in: Die Vereinten Nationen in Recht und Praxis, Cede, Franz, Sucharipa-Behrmann, Lilly (Hrsg.), Wien: Manz, 1999, S. 210.

Glismann, Hans Heinrich/Horn, Ernst-Jürgen/Nehring, Sighart/Vaubel, Roland: Weltwirtschaftslehre: Eine problemorientierte Einführung, I. Außenhandels- und Währungspolitik, Göttingen: Vandenhoek und Ruprecht, 3. Aufl. 1986.

Graf von Hardenberg, Albrecht: Neuer Wein in neuen Schläuchen, eine persönliche Bilanz zum PPP-Programm in der GTZ, in: Entwicklung und Zusammenarbeit (E+Z), 2003, Heft 6, S. 236-239.

Grundberg, Isabell/ Khan, Sarbuland: Globalization: The United Nations development dialogue, UNU, 2000.

Gupta, Sanjeev; Clements, Benedict; McDonald, Calvin und Schiller, Christian: The IMF and the Poor in: Waging the Global War on Poverty, Strategies and Case Studies, Halvorson-Quevedo, Raundi/ Schneider, Hartmut (Hrsg), OECD, 2000, S. 89-111.

Hartmann, Jürgen: Internationale Beziehungen, Opladen: Leske und Budrich, 2001.

Hefeker, Carsten/ Koopmann, Georg: WTO und Internationale Handelsarchitektur, Wirtschaftsdienst, Zeitschrift für Wirtschaftspolitik, Heft 6, Juni 2003, S. 402-406, S. 402.

Herdegen, Matthias: Internationales Wirtschaftsrecht, München: Beck, 3. Auflage, 2002.

Hillebrands, Bernd: Brundtland-Bericht, in: Lexikon Dritte Welt, Nohlen, Dieter (Hrsg.), Reinbeck bei Hamburg: Rowohlt, 2002, S.133-134.

Hilpold, Peter: Die EU im GATT/WTO-System: Aspekte einer Beziehung „sui generis“, Frankfurt am Main; Berlin u.a.: Lang, 2000.

Hofmann, Michael/ Drescher, Rolf: Der Monterrey-Konsens: Eine neue Entwicklungspartnerschaft, in: Entwicklung und Zusammenarbeit (E+Z), Heft 5, 2002, S. 149-151.

Holz, Uwe: Entwicklungspolitik – Bilanz und Herausforderungen in: Weltpolitik im neuen Jahrhundert, Kaiser, Karl/ Schwarz, Hans-Peter (Hrsg.), Baden-Baden: Nomos, 2000, S. 481-508.

Hüfner, Klaus: Kontrolle in den UN, externe und interne, in: Lexikon der Vereinten Nationen, Volger, Helmut (Hrsg.) München, Wien: Oldenbourg, 2000, S. 312-317.

Hüfner, Klaus/ Spröte, Wolfgang: Zur Reform des Wirtschafts- und Sozialbereichs der Vereinten Nationen, in: Die Reform der Vereinten Nationen, Die Weltorganisation zwischen Krise und Erneuerung, Hüfner, Klaus (Hrsg.), Opladen: Leske und Budrich, 1994, S. 99-118.

Hummer, Waldemar: Entwicklungsvölkerrecht, in: Lexikon Dritte Welt, Nohlen, Dieter (Hrsg.), Reinbeck bei Hamburg: Rowohlt, 2002, S. 261-264.

Jackson, Robert: A Study of the Capacity of the United Nations Development System, enthalten in DP/5, United Nations, Genf, 1969.

Jakobeit, Cord: Die Weltbank und „Menschliche Entwicklung", ein neuer strategischer Ansatz aus Washington, in Entwicklung und Zusammenarbeit (E+Z), Nr. 5, Mai 1999, S. 124f.

Johnstone, Ian: Global Co-operation, in: Global Economic Co-operation, A Guide to Agreements and Organizations, Colas, Bernard (Hrsg.), United Nations University Press, 2. Auflage, 1994, S. 41-51.

Juul-Jørgensen, Ditte: Enhancing Trade for development, in: the Courier, the magazine of ACP-EU development cooperation, Nr. 191, März-April 2002, Europäische Kommission, Brüssel 2002, S. 30-31.

Kämmerer, Jörn Axel: Welthandelsrecht, in: Lexikon der Vereinten Nationen, Volger, Helmut, (Hrsg.), München, Wien: Oldenbourg 2000, S. 635-640.

Kappel, Robert: Entwicklung durch Handel? Was bringen geöffnete Industrieländer-Märkte den armen Ländern?, in: Entwicklung und Zusammenarbeit (E+Z), Heft 9, 2001, S. 248-249,

- Zweifelhafte Vorzugsbehandlung: An einer Reform der Handelsprivilegien für die AKP-Staaten führt kein Weg vorbei, Der Überblick, 33. Jahrgang, Nr. 2, Juni 1997.

Kaul, Inge: Entwicklungstheorien und –strategien des UN-Systems in: Lexikon der Vereinten Nationen, Volger, Helmut (Hrsg), München, Wien: Oldenbourg, 2000, S. 98-107.

Kerkow, Uwe: Straßen gegen Hunger, in Entwicklung und Zusammenarbeit (E+Z), Heft 3, 2003, S. 129.

Klein, Eckart: Die Internationalen und Supranationalen Organisationen, in: Völkerrecht, Graf Vitzthum, Wolfgang (Hrsg.), Berlin, New York: de Gruyter, 2. Auflage, 2001, S. 267-377.

Klingebiel, Stephan: Leistungsfähigkeit und Reform des Entwicklungsprogramms der Vereinten Nationen (UNDP), Deutsches Institut für Entwicklungspolitik (DIE) (Hrsg.), Köln: Weltforumverlag, 1998.

Knipping, Franz/ Mangold Hand von/ Rittberger, Volker (Hrsg): Das System der Vereinten Nationen und seine Vorläufer, Band I/2, München 1995,

- Abkommen über die Internationale Entwicklungsorganisation vom 26. Januar 1960, S. 256- 303,
- Abkommen über die Internationale Bank für Wiederaufbau und Entwicklung vom 22. Juli 1944, S. 155-215,
- Übereinkommen über den Internationalen Währungsfonds vom 22. Juli 1944, S. 3-153.

Köhler, Volkmar: Zur Zukunft des Auswärtigen Dienstes – aus der Sicht der Entwicklungspolitik, in: Entwicklung und Zusammenarbeit (E+Z), Heft 6, 2002, S. 177-181.

Krüger, Klaus/ Schmalisch, Grit: EU-Erweiterung – eine Chance für die europäische Entwicklungspolitik, in Entwicklung und Zusammenarbeit (E+Z), 2003, Heft 6, S. 261.

Krugman, Paul R./ Obstfeld, Maurice: International Economics, Theory and Policy, Fifth Edition, Addison-Wesley World Student Series, Reading, Melo Park, New York u.a., 2000.

Kulessa, Margareta: UNDP, in: Internationale Wirtschaftsorganisationen: ein Taschenlexikon, Altmann, Jörn/ Kulessa, Margareta E (Hrsg.), Stuttgart: Lucius und Lucius, 1998, S. 229-232.

Lachmann, Werner: Entwicklungspolitik, Band 4: Entwicklungshilfe, (unter Mitarbeit von Schneider, Andrea M)., München, Wien: Oldenbourg, 1999, S. 52.
Lemke, Christiane: Internationale Beziehungen: Grundkonzepte, Theorien und Problemfelder, München, Wien: Oldenbourg, 2000.
Mangoldt, Hans von/ Rittberger, Volker (Hrsg.): Das System der Vereinten Nationen, Band I, München: Beck, 1995.
Martens, Jens: Armutsbekämpfung als Absichtserklärung, in: Vereinte Nationen (VN), Heft 4, 2000, S. 140-142,
- Kompendium für Gemeinplätze, >Die Agenda für die Entwicklung<: Chronologie eines gescheiterten Verhandlungsprozesses, in: Vereinte Nationen (VN), 2/1998, S. 47-52.
Mathiason, John R.: Managing Global Governance; E. Process, C. Characteristics of Agencies, im Internet unter http://www.intlmgt.com/pastprojects/Mangov.html, Ausdruck vom 14. April 2000.
May, Bernhard: Die Herausforderungen für den Freihandel, in: Weltpolitik im neuen Jahrhundert, Kaiser, Karl/ Schwarz, Hans-Peter (Hrsg.), Baden-Baden: Nomos, 2000, S. 295-306.
McKay, Andrew/ Winters, L. Alan/ Kedir, Abbi Mamo: A Review of Empirical Evidence on Trade, Trade Policy and Poverty, A Report to the Department for International Development (DFID), erarbeitet als Hintergrunddokument für das zweite „Development White Paper“, Juni 2000.
Meier-Solfrian, Walter: Globale neue Welt, Reformkonzepte für eine integrierte Wirtschaft, Zürich: Orell Füssli, 2000.
Meng, Werner: Internationale Zusammenarbeit auf wirtschaftlichem und sozialem Gebiet, in: Charta der Vereinten Nationen, Kommentar, Simma, Bruno (Hrsg.), München: Beck, 1991, S. 744-750.
Messner, Dirk: Zur Neuausrichtung deutscher Außenbeziehungen, in: Entwicklung und Zusammenarbeit (E+Z), Heft 6, 2002, S. 182-184.
Metzger, Martina: IWF, in: Lexikon der Vereinten Nationen, Helmut Volger (Hrsg.), München, Wien: Oldenbourg, 2000, S. 296-300.
Michel, James H., in: Nachhaltige Entwicklung, Politikkonzepte der OECD für das 21. Jahrhundert, OECD 1998, Kapitel 2.
Mosley, Paul/ Toye, John: The Design of Structural Adjustment Programmes, Development Policy Review, Jahrgang 6 (1988), S. 395-413.
Müller, Johannes: Entwicklungspolitik als globale Herausforderung: Methode und ethische Grundlegung, Stuttgart: Kohlhammer, 1997.
Mummert, Uwe: Anne O. Krueger, Freihandel als Schlüssel zur Entwicklung, Rent-seeking als Hindernis, in: Entwicklung und Zusammenarbeit (E+Z), Heft 9, 2001, S. 268-270.
Neuschwander, Thomas: WTO/GATT, in: Handwörterbuch Internationale Politik, Woyke, Wichard (Hrsg.), Opladen: Leske und Budrich, 8. Auflage, 2000, S. 537-552.
Nii Addy, David: Internationale Organisationen, in: Lexikon der internationalen Politik, Albert, Ulrich / Volger, Helmut (Hrsg.), München, Wien: Oldenbourg, 1997, S. 245-255.
Nohne, Dieter/ Schwehm, Johannes: Transitionsstaaten, in: Lexikon Dritte Welt, Nohlen, Dieter (Hrsg.), Reinbeck bei Hamburg: Rowohlt, 2002, S. 797f.
Nohlen, Dieter: Brandt-Bericht, in: Lexikon Dritte Welt, Nohlen, Dieter (Hrsg.), Reinbeck bei Hamburg: Rowohlt, 2002, S. 127-128,
- Importsubstitution, in: Lexikon Dritte Welt, Nohlen, Dieter (Hrsg.), Reinbeck bei Hamburg: Rowohlt, 2002, S. 382,
- Neue Weltwirtschaftsordnung (NWWO) in: Lexikon Dritte Welt, Nohlen, Dieter (Hrsg.), Reinbeck bei Hamburg: Rowohlt, 2002, S. 606-608,
- OPEC, in: Lexikon Dritte Welt, Nohlen, Dieter (Hrsg.), Reinbeck bei Hamburg: Rohwohlt, 2002, S. 637-638,

- UNCTAD, in: Lexikon Dritte Welt, Nohlen, Dieter (Hrsg.), Reinbeck bei Hamburg: Rohwohlt, 2002, S. 828.
Nohlen, Dieter/ Nuscheler, Franz: Was heißt Entwicklung, in: Handbuch der Dritten Welt, Band 1: Grundprobleme, Theorien und Strategien, Nohlen, Dieter/ Nuscheler, Franz (Hrsg.), Bonn: Dietz, 1993, S. 55-75.
Nuscheler, Franz in: Reiche Welt und arme Welt, in: Weltpolitik im neuen Jahrhundert, Kaiser, Karl/ Schwarz, Hans-Peter (Hrsg.), Baden-Baden: Nomos, 2000, S. 124-136,
- Nuscheler, Franz: Lern- und Arbeitsbuch Entwicklungspolitik, Bonn: Dietz, 1995.
Otzen, Uwe: Afrika brauch nachholende Agrarentwicklung, in: Entwicklung und Zusammenarbeit (E+Z), Heft 9, 2001, S. 257-260.
o.V.: Medienhandbuch Entwicklungspolitik 2002, BMZ (Hrsg.), 2002.
o.V.: Nach der WTO-Konferenz in Quatar: NRO's kritisieren Verhandlungsergebnisse, in: Entwicklung und Zusammenarbeit (E+Z), 2001, Heft 12, S. 350.
Paech, Norman/ Stuby, Gerhard: Völkerrecht und Machtpolitik in den internationalen Beziehungen, Hamburg: VSA-Verlag, 2001.
Page, Sheila: Helping the ACP to integrate into the World Economy: Current Challenges in trade commitments and negotiations, ecdpm, Overseas Development Institute.
Plümper, Thomas: Der Wandel weltwirtschaftlicher Institutionen, Regimedynamik durch ökonomische Prozesse, Berlin: Duncker und Humblot, 1996.
Prittwitz, Volker von: Internationale Umweltpolitik in: Lexikon der internationalen Politik, Ullrich Albrecht/Helmut Volger (Hrsg.), München, Wien: Oldenbourg, 1997, S. 256-258.
Qualmann, Regine/ Wiemann, Jürgen: Afrikas Chancen zu weltwirtschaftlicher Reintegration, Opfer oder Mitspieler der Globalisierung, in: Entwicklung und Zusammenarbeit (E+Z), Heft 9, 2001, S. 252-256.
Riedmüller, Barbara: Internationale Sozialpolitik in: Lexikon der internationalen Politik, Ullrich Albrecht/Helmut Volger (Hrsg.), München, Wien: Oldenbourg, 1997, S. 254-256.
Rittberger, Volker/ Zangl, Bernhard: Internationale Organisationen – Politik und Geschichte, Opladen: Leske und Budrich, 3. Auflage, 2003.
Robert, Maryse: International Monetary System, in: Global Economic Co-operation, A Guide to Agreements and Organizations, Colas, Bernard (Hrsg.), United Nations University Press, 2. Auflage, 1994, S. 321-336.
Rode, Reinhard: Internationale Wirtschaftsbeziehungen, Münster: Lit, 2002,
- Weltregieren durch internationale Wirtschaftsorganisationen, Münster, Hamburg, London: Lit, 2002,
- Weltwirtschaft im Zeichen der Globalisierung, in: Weltpolitik im neuen Jahrhundert, Baden-Baden: Nomos, 2000, S. 255-264.
Rondholz, Harald (Hrsg): Die Zukunft von Kooperation und Integration, Berlin: Spitz, 1997.
Rürup, Bert: Bretton-Woods-System, in: Fischer Wirtschaftslexikon, Rürup, Bert (Hrsg), unter Mitarbeit von Sesselmeier, Werner und Enke, Margit, Frankfurt am Main: Fischer Taschenbuch Verlag, 3. Auflage, 2000.
Sandte, Holger: Ist eine internationale wirtschaftspolitische Koordinierung möglich und machbar?, Bericht zur Podiumsdiskussion, in: Dialog Wirtschaft, Friedrich Ebert Stiftung, 1997.
Sangmeister, Hartmut: Grundbedürfnisse, grundbedürfnisorientierte Entwicklungspolitik, in: Lexikon Dritte Welt, Nohlen, Dieter (Hrsg.), Reinbeck bei Hamburg: Rowohlt, 2002, S. 343-345.
Schiller, Thomas: Weltwirtschaftsordnung, in: Die Vereinten Nationen, Entwicklung, Aktivitäten, Perspektiven; Herz, Dietmar/ Jetzlspanger, Christian/ Schattenmann, Marc (Hrsg.), Frankfurt am Main: Fischer Taschenbuch Verlag, S. 96-124.
Schirm, Klaus Stefan A.: Global Economic Governance? Globalisierung, Staat und Prävention weltwirtschaftlicher Krisen, in: Stabilität und Kooperation: Aufgaben

internationaler Ordnungspolitik, van Scherpenberg, Jens/ Schmidt, Peter (Hrsg.), Baden-Baden: Nomos, 2000, S. 377-392.

Schmalz, Uwe: Europäische Union als internationaler Akteur, in Handwörterbuch internationale Politik, Woyke, Wichard (Hrsg.), Opladen: Leske und Budrich, 2000, S. 109-131.

Schmidt, Uwe: Wer kann mitreden bei der Welthandelsrunde? Capacity Building für die ärmsten Länder, in: Entwicklung und Zusammenarbeit (E+Z) 2002, Heft 6, S. 190-191.

Schneider, Ann-Kathrin: Vorschlag für Insolvenzrecht ohne großes Aufsehen beerdigt, in: Entwicklung und Zusammenarbeit (E+Z), Heft 5, 2003, S. 216.

Schuler, Thomas: Annans Anlauf zur Reform, Vereinte Nationen (VN) 1/1998, S. 30.

Schwehm, Johannes: AU, in: Lexikon Dritte Welt, Nohlen, Dieter (Hrsg.), Reinbeck bei Hamburg: Rowohlt, 2002, S. 79,

- Internationale Regime, in: Lexikon Dritte Welt, Nohlen, Dieter (Hrsg.), Reinbeck bei Hamburg: Rowohlt, 2002, S. 400-401,
- Transitionsstaaten, in: Lexikon Dritte Welt, Nohlen, Dieter (Hrsg.), Reinbeck bei Hamburg: Rowohlt, 2002, S. 797-798.

Seidl-Hohenveldern, Ignaz/ Stein, Thorsten: Völkerrecht, Köln u.a.: Heymanns, 10. Auflage, 2000.

Sen, Amartya: Ökonomie für den Menschen, München: Deutscher Taschenbuch Verlag, 2002.

Shafaeddin, Mehdi: Free Trade or Fair Trade? An enquiry into the causes of failure in recent trade negotiations, Fallacies surrounding the theories of trade liberalization and protection and contradictions in international trade rules, UNCTAD Discussion Paper Nr. 153, Dezember 2000, UNCTAD/OSG/DP/153.

Siebert, Horst: Außenwirtschaft, Stuttgart: Lucius und Lucius, 7. Auflage, 2000.

Simai, Mihály: The Five Decades of the United Nations: Accomplishments and Limitations, in: Agenda for Change: New Tasks for the United Nations, Hüfner, Klaus (Hrsg.), Opladen: Leske und Budrich, 1995, S. 17-38.

Spröte, Wolfgang: Wirtschafts- und Sozialrat, in: Lexikon der Vereinten Nationen, Volger, Helmut (Hrsg.), München, Wien: Oldenbourg, 2000, S. 663.

Stathers, Erich: Entwicklungspolitik – die Richtung stimmt, in und Zusammenarbeit (E+Z), Heft 7, 2002, S. 207.

- Der Währungsfonds – eine Filiale der USA?, in: Entwicklung und Zusammenarbeit (E+Z), Heft 6, 2001, S. 201,
- Ein marginaler Politikbereich? Für eine Aufwertung der Entwicklungspolitik in: Entwicklung und Zusammenarbeit (E+Z), Heft 10, 1998, S. 252.

Steuernagel, Axel: Die UNO im internationalen Wirtschaftssystem: Ein Beitrag zur aktuellen Reformdebatte, Ferdowsi, Mir A./ Opitz, Peter J. (Hrsg.), Forschungsstelle Dritte Welt, 1998,

- Zur politischen Ökonomie multilateraler Wirtschaftsorganisationen: Ein Beitrag zur Reformdebatte der Vereinten Nationen, München: Lit, 1997.

Stiglitz, Joseph: Die Schatten der Globalisierung, Berlin: Siedler Verlag, 2002,

- Towards a New Paradigm for Development: Strategies, Policies, and Processes, in: Prebisch Lecture at UNCTAD, Genf, 19. Oktober 1998.

Stoll, Peter-Tobias/ Schorkopf, Frank: WTO – Welthandelsordnung und Welthandelsrecht, Köln u.a.: , Carl Heymanns Verlag, 2002.

Tetzlaff, Rainer: Weltbank/World Bank, in: Lexikon Dritte Welt, Nohlen, Dieter (Hrsg.), Reinbeck bei Hamburg: Rowohlt, 2002, S. 868-875.

Thiel, Reinhold E.: Mehr Geld für Entwicklungspolitik? In: Entwicklung und Zusammenarbeit (E+Z), Heft 7, 2002, S. 207.

Tietje, Christian: Einführung, in: WTO, Welthandelsorganisation, München: Deutscher Taschenbuchverlag, 1. Auflage, 2000, S. IX-XXI.
Timmer, Hans: Prospects for Developing Countries and World Trade, in: Global Economic Prospects and the Developing Countries, World Bank, Washington 2000, S. 1-47.
Twele, Cord: Die Entwicklungspolitik der Weltbankgruppe vor dem Hintergrund der Schuldenkrise der „Dritten Welt" seit Beginn der 80er Jahre, Frankfurt am Main; Berlin u.a.: Lang, 1995.
Unser, Günter: Aufgaben und Strukturen der Vereinten Nationen, München: Beck, 6. Auflage, 1997.
Varwick, Johannes: Vereinte Nationen, in: Handwörterbuch internationale Politik, Woyke, Wichard (Hrsg.), Opladen: Leske und Budrich, 8. Auflage, 2000, S. 496-506.
Verdross, Alfred/ Simma, Bruno: Universelles Völkerrecht: Theorie und Praxis, Berlin: Duncker und Humblot, 3. Auflage, 1984.
Volger, Helmut: Entwicklungspolitik/ Entwicklungstheorien/ Entwicklungspolitik/Entwicklungshilfe, in: Lexikon der Internationalen Politik, Albrecht, Ullrich/ Volger, Helmut (Hrsg.), München, Wien, 1997, S. 121-125,
- Haupt-/Neben-/Vertragsorgane in: Lexikon der Vereinten Nationen, Volger, Helmut (Hrsg.), München, Wien: Oldenbourg, 2000, S. 217-220,
- Völkerrecht, in: Lexikon der internationalen Politik, Albrecht, Ullrich/ Volger, Helmut (Hrsg.), München, Wien: Oldenbourg, 1997, S. 540- 543.
Wagner, Helmut: Wachstum und Entwicklung, München, Wien: Oldenbourg, 2. erw. Auflage, 1997.
Wendt, Johannes: NEPAD: Chance für Afrika oder nur ein Instrument im Interesse der Elite? In: Entwicklung und Zusammenarbeit(E+Z), 2002, Heft 7, S. 206- 207.
Wesel, Reinhard: Entwicklung, in: Die Vereinten Nationen, Entwicklung, Aktivitäten, Perspektiven, Herz, Dietmar/ Jetzlspanger, Christian/ Schattenmann, Marc (Hrsg.), Frankfurt am Main: Fischer Taschenbuch Verlag, S. 125-162.
Whittington, Dale/ Calhoun, Graig: Who really wants Donor Co-ordination?, Development Policy Review, Vol. 6 (1988), S.295-309.
Wiegand, Gerd: Organisatorische Aspekte der internationalen Verwaltung von Entwicklungshilfe, Ein Beitrag zur Organisationsanalyse internationaler Organisationen am Beispiel des UNDP und der Weltbank, Berlin: Dunker & Humblot, 1978.
Williams, Maurice: A Global Agenda, Issues Before the 52nd General Assembly of the United Nations, Tessitore, John/ Woolfson, Susan (Hrsg.), Lanham, New York u.a.,1997, S. 107.
Windfuhr, Michael: Globalisierung, in: Lexikon Dritte Welt, Nohlen, Dieter (Hrsg.), Reinbeck bei Hamburg: Rowohlt, 2002, S. 332-338.
Wittkämper, Gerhard W./ Obszernikus, Britta: Völkerrecht/ Internationales Recht, in: Handwörterbuch internationale Politik, Woyke, Wichard (Hrsg.), Opladen: Leske und Budrich, 8. Auflage, 2000, S. 506-513.
Wolff, Jürgen H.: Entwicklungspolitik – Entwicklungsländer: Fakten – Erfahrungen – Lehren, München: Olzog, 2. Auflage, 1998.
Wolffgang, Hans-Michael: Außenwirtschaftsrecht, in: Handbuch des Außenwirtschaftsrechts, Bieneck, Klaus (Hrsg.), Münster: Aschendorff, 1998, S. 152-157.
Wolfrum, Rüdiger: Internationale Zusammenarbeit auf wirtschaftlichem und sozialem Gebiet, in: Satzung der Vereinten Nationen, Kommentar, Simma, Bruno (Hrsg.), Beck: München 1991.
Wündisch, Martin: Die United Nations Joint Inspection Unit als Instrument zur Einführung organisatorischer Rationalität in internationale Organisationen, Frankfurt am Main u.a.: Lang 1999.

Yenal, Alparslan: Integriertes Rohstoffprogramm/ Der gemeinsame Fonds, in: Lexikon der Internationalen Politik, Albrecht, Ulrich/ Volger, Helmut (Hrsg.), München, Wien: Oldenbourg, 1997, S. 229-233.

Zacher, Mark W.: The United Nations and the International Commercial Order, United Nations, NewYork, 1999.

Zamora, Stephen: Economic Relations and Development, in: The United Nations and International Law, Joyner, Christopher C. (Hrsg.), Georgetown University/American Society of International Law, 1997, S. 232-287.

Zimmermann, Andreas in: Kommentar zum EU-/EG-Vertrag, Band 3, Groeben, Hans von der/ Thiesing, Jochen/ Ehlermann , Claus-Dieter (Hrsg.), Baden-Baden: Nomos, 5. Auflage, 1999, Artikel 130 u bis y.

2. Zeitungs- und Internetartikel

Albrecht, Christoph: Hier wird nichts gefördert, sondern erzeugt; Entwicklungshilfe schafft Sicherheit: Der Naturhistoriker Jared Diamond predigt das große Umkrempeln, in: Frankfurter Allgemeine Zeitung (FAZ), Nr. 19 vom 23. Januar 2002, S. 52.

Bitala, Michael: Verblasste Vorbilder: Fünf Afrikanische Staaten wollten Korruption bekämpfen und Investoren anziehen – das Ziel haben sie bisher verfehlt, in: Süddeutsche Zeitung vom 28. Juni 2002.

Fischermann, Thomas: Der Staat bleibt stark: Eine Kritik der Globalisierungskritik, in: Die Zeit, Nr. 30 vom 19. Juli 2001, S. 1.

Fowler, Jonathan: WTO members agree to changes in trade accords, Associated Press, The Nando Times, http://www.nandotimes.com/world/story/53344p-788588c.html, Ausdruck vom 7. August 2001.

Gwin, Catherine: The New Development Cooperation Paradigm, Overseas Development Council, June 1999, http://www.odc.org/commentary/vpjun99.htm.l.

Hanfstaengel, Michael: Bericht von der UN-LDC-III-Konferenz vom 26. Mai 2001, http://www.tanzania-network.de/aktion/bericht-ldc-konferenz.htm.

Heuwagen, Marianne: Kommission warnt vor Macht großer Konzerne, in: Süddeutsche Zeitung, Nr. 147 vom 28. Juni 2002, S. 21.

Jordan, Lisa: The Death of Development?, The Converging Policy Agendas of the World Bank and The World Trade Organization, Bank Information Center, November 1999, im Internet unter http://www.bicusa.org/publications/deathdev.htm, Ausdruck vom 19. März 2003.

Kaps, Carola: Der Internationale Währungsfonds wird sanfter und einfühlsamer, in: FAZ.NET vom 5. Oktober 2001, S.2-3.

Kwa, Aileen: World Bank Globalization: On the issue of coherence between WTO-WB-IMF, im Internet unter http://www.ased.org/documents/global/multi/wb/kwa1.htm, Ausdruck vom 1.August 2001.

Lucas, Caroline: Doha spells disaster for development, in: Guardian Unlimited, The Observer, 18. November 2001, http://www.observer.com.

Nuscheler, Franz in: Der Süden muss nicht untergehen, in: Süddeutsche Zeitung, Nr. 25230 vom 31.Oktober/ 1. November 1999, Feuilletonbeilage S. I.

o.V.: An expanding UN presence in global financial issues, in: Development Update, Nr. 30, Januar – Februar 2000, S. 6, http://www.un.org/News/devupdate/latest.htm, Ausdruck vom 15.Februar 2000.

o.V.: Brasilien hofft auf neue Milliardenhilfe vom Währungsfonds, Amerikas Finanzminister O'Neill befürwortet Kredite/ Kritik am Engagement in Lateinamerika, FAZ vom 8. August 2002, S. 11.

o.V.: Einigung über Agrarbeihilfen, 26. Juni 2003, www.faz.net, Ausdruck vom 26. Juni 2003.
o.V.: EuropaWorld Nr. 34 vom 11. Mai 2001.
o.V.: Interview mit Claire Short, New Internationalist Magazine, http://www.oneworld.org/ni/issur296/short.html.
o.V.: UN Wire: An Independent News Briefing About the UN vom 4. April 2001, http://www.unfoundation.org/unwire/archives/UNWIRE010404.cfm.
o.V.: WTO-Konferenz nur bei Patenten weitergekommen, in: vwd Europa, Eschborn, 14. November 2001, Nr. 200.
Skarpelis-Sperk, Sigrid: Positionen und Strategien auf der 3. WTO-Ministerkonferenz in Seattle, Nord-Süd Infodienst, März 2000, http://www.spd.de/einewelt/service/nsi200003/skarpelis-sperk.html.
Stiglitz, Joseph: More Instruments and Broader Goals: Moving towards the Post-Washington Consensus, the 1998 WIDER Annual Lecture, Helsinki, 7. Januar 1998, http://www.worldbank.org/html/extdr/extme/js-010798/wider.htm, Ausdruck vom 17. Oktober 2000.
Watkins, Kevin: Globalisation and liberalisation: implications for poverty, distribution and inequality, Occasional paper 32, 1997, http://www.undp.org/hdro/oc32a.htm.

3. Berichte, Dokumente und Internetressourcen

3.1. Europäische Union (European Union,EU)

Abl. C 277 vom 1. Oktober 2001: Entschließung des Europäischen Parlaments zu der Mitteilung der Kommission über die Entwicklungspolitik der Europäischen Gemeinschaft
Abl. L 345 vom 29.Dezember 2001: Verordnung (EG) Nr. 2586/2001.
Bulletin der EU, 3-2001, Entwicklungszusammenarbeit (3/6).
COM (93) 518 final vom 16. November 1993: Communicarion from the Commission to the Council and the European Parliament on the Campaign against poverty in developing countries.
COM (95) 160 final vom 3. Mai 1995: Communication from the Comission on Complementarity between the development policies and actions of the Union and the Member States.
COM (2000) 212 final: Communication on the European Community's Development Policy.
COM (2000) 561 final: proposal for a Council Regulation amending Council Regulation (EC).
COM (2000) 58 final vom 4. Februar 2000: Support to economic reform programmes and structural adjustment, Communication from the Commission to the Council.
COM (2001) 231 final vom 2. Mai 2001: Communication from the Commission to the Council and the European Parliament: Building an effective partnership with the United Nations in the fields of Development and Humanitarian Affairs.
CONV 459/02 vom 16. Dezember 2002: Schlussbericht der Gruppe VII „Außenpolitisches Handeln", S. 16-18.
CONV 848/03 vom 9. Juli 2003: Entwurf der Verfassung, Band II.
Council Conclusions vom 21. Mai 1999, 2180. Rat-Entwicklung, Evaluation of EC Development Instruments and Programmes, im Internet unter http://europa.eu.int/comm/development/lex/en/pdf/ conc_99_evaluation.pdf.
Council Regulation (EC) Nr. 2820/98 vom 21. Dezember 1998: applying a multiannual scheme of generalized tariff preferences for the period 1 July 1999 to 31 December 2001.
Council Resolution on the fight against poverty vom 2. Dezember 1993.

Declaration of the Council and of Representatives of Governments of Member States meeting in the Council on Aspects of development cooperation policy in the run-up to 2000 vom 18. November 1992.
Development co-operation with the least developed countries, Fighting poverty, Europäische Kommission, 2001.
European Communities: Annual report 2001 on the EC development policy and the implementation of the external assistance, 2002.
Europäische Kommission: The Stabex System and export revenues in ACP countries, Brüssel, Dezember 1997.
EU-Gesamtbericht 2001 – Kapitel VI: Die Rolle der Union in der Welt,
- Abschnitt 2: Internationale Organisationen und Konferenzen,
- Abschnitt 10: Beziehungen zu den Vereinigten Staaten, Japan und anderen Industrieländern, Gruppe der Acht (G8).
EU-Nachrichten vom 2. August 2002, Themenheft Nr. 2: Die Gemeinsame Außen- und Sicherheitspolitik der Europäischen Union, Vertretung der Europäischen Kommission in der Bundesrepublik Deutschland, Berlin 2002.
EU: http://europa.eu.int/comm/trade/miti/devel/eba2.htm, Ausdruck vom 13. Februar 2001,
- http://europa.eu.int/comm/trade/miti/devel/tradedevel.htm, Ausdruck vom 19. Februar 2000,
- http://www.europa.eu.int/abc/doc/off/rg/de/2001#fn3, Ausdruck vom 23. Januar 2002,
- http://europa.eu.int/comm/development/cotonou/landlocked_en.htm,
- http://europa.eu.int/comm/trade/miti/devel/index_en.html, Ausdruck vom 19. Februar 2000.
Evaluation of EU aid to ACP countries, Synthesis report, November 1998.
Grünbuch über die Beziehungen zwischen der Europäischen Union und den AKP-Staaten an der Schwelle zum 21. Jahrhundert, Herausforderungen und Optionen für eine neue Partnerschaft, Luxemburg, Amt für amtliche Veröffentlichungen der Europäischen Gemeinschaften, 1997.
KOM (2000) 212 endgültig: Mitteilung der Kommission an den Rat und das Europäische Parlament: Die Entwicklungspolitik der Europäischen Gemeinschaft.
KOM (2001) 209 endgülig vom 11. April 2001: 3. UN-Konferenz über die am wenigsten entwickelten Länder, Mitteilung der Kommission an den Rat und das Europäische Parlament.
KOM (2002) 82 endgültig vom 13. Februar 2002: Auf dem Weg zu einer globalen Partnerschaft für nachhaltige Entwicklung.
KOM (2002) 513 endgültig vom 18. September 2002: Mitteilung der Kommission an den Rat und das Europäische Parlament: Handel und Entwicklung, Unterstützung der Entwicklungsländer bei der Nutzung der Vorteile des Handels.
Lamy, Pascal: The link between Trade and Development – What role for the EU Trade Policy?, Rede auf der AIF-Konferenz, Christiansburg, 12. September 2000, http://europa.eu.int/comm/trade/speeches_articles/spla31_en.htm.
Nielson, Poul: European Community Development Policy more than Financial Assistance alone, Rede auf dem Seminar des Nobel-Institutes, Oslo, 23. April 2001, Speech/01/178, http://www.europa.eu.int.
- Rede auf dem Jahrestreffen der Internationalen Finanzinstitutionen in Prag, September 2000, http://europa.eu.int/comm/development/sector/poverty_reduction,
- Neue Schwerpunkte und verbesserte Organisation für die Entwicklungszusammenarbeit der Europäischen Gemeinschaft, Rede anlässlich eines DSE Forums, http://www.dse.de/ef/unity/nielso_d.htm, Mai 2000,
- Brief im März 2000, http://europa.eu.int/comm/development/sector/poverty_reduction/fisher_en.pdf.

Note to Heads of Delegation, Heads of Unit and Desk Officers, Poverty Reduction Strategy Papers: Guidance Notes vom 11. Mai 2000, http://europa.eu.int/com/development/sector/poverty_reduction/guidelines_en.pdf, Ausdruck vom 15. Januar 2001.
Presseerklärung IP/01/1763 vom 10. Dezember 2001: Council adopts new scheme of tariff preferences (GSP) for developing countries.
Presseerklärung vom 21. Dezember 2000: The Commission today agreed on the creation of the EuropeAid Cooperation Office in a significant move to unify all EU External Assistance management services, http://europa.eu.int/comm/europeaid/news/20001221_en.htm, Ausdruck vom 31. Januar 2001.
Presseerklärung IP/00/480 vom 16. Mai 2000: Commission shakes up management of external assistance, http://wwweuropa.eu.int/comm/europeaid/news/20000516_en.htm.
Presseerklärung IP/01/677 vom 11. Mai 2001: Commission calls for a renewed effort to fight poverty on eve of UN Conference to help least developed countries.
Presseerklärung IP/03/947 vom 3. Juli 2003: EU-WTO: Pascal Lamy welcomes Euopean Parliament resolution on the road to Cancun.
Resolution des Entwicklungsministerrates: Structural Adjustment in Developing Countries, vom 18. Mai 2000, 2263. Ratstreffen-Entwicklung.
Statement by the Council and the Comission: The European Communities Development Policy, Europäische Kommission DE 105, Luxembourg: Office for Official Publications of the European Communities, Dezember 2000.
Verordnung des Rates 416/2001vom 28. Februar 2001.
Vertrag über die Europäische Union vom 7. Februar 1992, zuletzt geändert durch den Amsterdamer Vertrag vom 2. Oktober 1997, in dieser Fassung in Kraft seit. 1. Mai 1999, BGBl. 1998 II, S. 387.
Vertrag zur Gründung der Europäischen Gemeinschaft vom 25. März 1957, zuletzt geändert durch den Amsterdamer Vertrag vom 2. Oktober 1997, in dieser Fassung in Kraft seit 1. Mai 1999, BGBl. 1998 II, S. 387.

3.2. Internationaler Währungsfonds (International Monetary Fund, IMF)

Communique des Joint Ministerial Committee of the Boards of Governors of the Bank and the Fund on the Transfer of Real Ressources to Developing Countries, Washington, 30. April 2001.
Fabius, Laurent: Rede am 24. September 2000, http://www.imf.org/external/am/2000/imfc/eng/eu.htm.
FY 2000 Annual Report of Technical Assistance, IMF, 2000, http://www.imf.org/external/np/jsa/index.asp.
IMF and World Bank Joint Staff Guildelines on PRSP Preparation Status Reports and Accompanying JSAs, 27. September 2001, http://www.imf.org/external/np/prspgen/glines/2001/092701.htm, Ausdruck vom 28. Februar 2003.
IMF: News Brief vom 31. August, Nr. 01/85, 2001.
IMF Survey, Jahrgang 30, Nr. 15 vom 30. Juli 2001, Statement des Managing Director des IMF Horst Köhler auf dem ECOSOC-Treffen am 16. Juli 2001 in Genf.
IMF Survey, Jahrgang 30, Nr. 14 vom 16. Juli 2001.
IMF Survey, Jahrgang 29, Nr. 14 vom 17. Juli 2000.
Policy Development and Review Department des IMF: Trade Policy Conditionality in Fund Supported Programs, 16. Februar 2001, http://www.imf.org/external/np/pdr/cond/2001/eng/trade/index.htm, Ausdruck vom 27. Juni 2001.
Public Information Notice (PIN), Nr. 02/31 vom 15. März 2002: IMF Executive Board Reviews the Poverty Reduction Strategy Paper (PRSP) Approach.

Technical Assistance, A Factsheet, IMF, März 2001, http://www.imf.org/external/np/exr/facts/tech.htm.
The Future Role of the IMF in Development, April 2000, http://www.odc.org/commentary/imfrpt.html.
The IMF's Poverty Reduction and Growth Facility (PRGF), A Factsheet, IMF, März 2001, http://www.imf.org/external/np/exr/facts/prgf.htm.

3.3. Organisation für Zusammenarbeit und Entwicklung (Organization for Economic Cooperation and Development, OECD)

CD/AB (2002) 2/REV1 vom 18. September 2002: Adaptive Capacity and inclusive Development, The OECD Development Centre's Proposed Programme of Work and Budget: 2003-2004.
DCD/DAC (2001) 12/FINAL: The 2001 DAC Recommendation on Untying Official Development Asistance to the Least Developed Countries.
DCD/DAC (2002) 14/REV1 vom 15. Mai 2002: Implementing the DAC Recommendation on Untying Official Development Assistance to the Least Developing Countries, First Progress Report.
OECD/DAC, Mai 1996: Shaping the 21st Century.
OECD/DAC (2000) 21/PROV, Box III-1.
OECD/DAC (2000) 31, Overview of Progress in Preparing Guidance for Developing and Implementing Country Level Strategies for Sustainable Development.
OECD Guidelines: Strengthening Trade Capacity for Development, OECD 2001.
o.V.: http://www.oecd./dac/Indicators/htm/list.htm.
o.V.: http://www.oecd.org.
o.V.: http://www.oecd.org/DAC/htm/dpngc.htm.
PAC/COM/NEWS (2002) 58 vom 16. Mai 2002: Beitrag der OECD zu einer gemeinsamen Entwicklungsagenda, Kommuniqué der Tagung des Rates der OECD auf Ministerebene, 15.-16. Mai 2002.
Statement des DAC High Level Meeting upon endorsement of the DAC Guidelines on Capacity Development for Trade in the New Global Context mit dem Titel: Trade and Development in the new global context: A partnership for building Trade capacity, Paris, 25./26. April 2001, abgedruckt in: The DAC Guidelines: Strengthening Trade Capacity for Development, OECD 2001.
Summary des Trade Committee Meetings vom 23.-24. April 2001, 131st Session, http://www.oecd.org/ech/meetings/131summary-e.htm.
Trade, Investment and Development: Policy Coherence matters, veröffentlicht unter Verantwortung des Generalsekretärs, OECD 1999.

3.4. Vereinte Nationen (United Nations, UN)

A/41/49 vom 15. August 1986.
A/43/228/Add.1: Report of the Group of High-Level Intergovernmental Experts to review the Efficiency of the Administrative and financial functioning of the United Nations.
A/48/935 vom 6. Mai 1994: An Agenda for Development, Bericht des UN-Generalsekretärs.
A/50/3/Rev.1: Report of the Economic and Social Council for the year 1995, United Nations, New York, 1996.
A/50/697 vom 27. Oktober 1995: Restructuring and revitalization iof the United Nations in the economic, social and related fields, Bericht des UN-Generalsekretärs.

A/50/745 vom 10. November 1995: High-level Intergovernmental Meeting on the Mid-term Global Review of the Implementation of the Programme of Action for the LDCs for the 1990s.
A/50/746 vom 10. November 1995: Sustainable Development and international economic cooperation: Mid-term global review of the implementation of the Programme of Action for the Least Developed Countries for the 1990s, Bericht des UN-Generalsekretärs.
A/50/784 vom 27. November 1995: implementation of the recommendation of the JIU, Bericht des UN-Generalsekretärs.
A/51/5/Rev.1: Medium-term Plan für den Zeitraum 1998-2001.
A/51/152 vom 30. Mai 1996: United Nations Conference on Trade and Development: Review of institutional and programme issues, Note des Generalsekretärs (enthält JIU/REP/96/1)
A/51/308: A Partnership for Growth and Development.
A/51/748 enthalten in Dokument A/51/5/Rev.1.
A/51/950 vom 14. Juli 1997: Renewing the United Nations: A programme for Reform, Bericht des UN-Generalsekretärs.
A/52/871- S/1998/318 vom 13. April 1998: The causes of conflict and the promotion of durable peace and sustainable development in Africa, Bericht des UN-Generalsekretärs.
A/53/16 vom 9. September 1998: Report des Committee for Programme and Coordination on the work of its thirty-eighth session.
A/53/226 vom 12. August 1998: Triennial comprehensive policy review of operational activities for development of the United Nations system, Bericht des UN-Generalsekretärs.
A/53/529 vom 21. Oktober 1998: Summary by the President of the General Assembly of the high-level dialogue on the theme of the social and economic impact of globalization and interdependence and their policy implications.
A/54/115-E/1999/59 vom 1. Juni 1999: Restructuring and revitalization of the United Nations in the economic, social and related fields, Report of the SG, Relationship between the UN and international finance and trade institutions, Bericht des UN-Generalsekretärs.
A/54/2000 vom 27. März 2000: We the peoples: the role of the United Nations in the twenty-first century", Bericht des UN-Generalsekretärs.
A/55/162 vom 13. Juli 2000: Letter dated 18 July 2000 from the Permanent Representative of Japan to the United nations addressed to the Secretary-General, Conclusions of the G8 Foreign Ministers' Meeting Miyazaki.
A/55/1000 vom 26. Juni 2001: Report of the „High-Level Panel on Financing for Development".
A/56/77-E/2001/69 vom 17. Mai 2001: Restructuring of the United Nations in the economic, social and related fields, Bericht des UN-Generalsekretärs, S. 5f.
A/56/222-S/2001/736 vom 26. Juli 2001: Letter dated 24 July 2001 from the Charge d'affaires a.i. of the Permanent Mission of Italy to the United Nations adressed to the Secretary-General.
A/56/326 vom 6. September 2001: Road map towards the implementation of the United Nations Millennium Declaration, Bericht des UN-Generalsekretärs.
A/56/376 vom 18. September 2001: International Trade and Development, Bericht des UN-Generalsekretärs.
A/56/427: Bericht des UN-Generalsekretärs und des Generalsekretärs der UNCTAD „on the specific actions related to the particular needs and problems of landlocked developing countries".
A/56/473 vom 15. Oktober 2001: Bericht des UN-Generalsekretärs „on unilateral economic measures as a means of political and economic coercion against developing countries".

A/56/482 vom16. Oktober 2001: Summary by the President of the General Assembly of the high-level dialogue on the theme „Responding to globalization: facilitating the integration of developing countries into the world economy in the twenty-first century".
A/56/568 vom 5. Dezember 2001: Globalization and interdependence: Report of the Second Committee.
A/56/645 vom 23. November 2001: Follow-up mechanism for coordinating, monitoring and reviewing the implementation of the Programme of Action for the Least Developed Countries for the Decade 2001-2010, Bericht des UN-Generalsekretärs.
A/57/3 (Part I) vom 20. September 2002: Report of the Economic and Social Council for 2002.
A/57/16 vom 11. Juli 2002: Report of the Committee for Programme and Coordination.
A/57/17 vom 17-28. Juni 2002: Report of the United Nations Commission on International Trade Law.
A/57/34 vom 1. Mai 2002: Report of the Joint Inspection Unit.
A/57/372 vom 2. September 2002: Report of the Joint Inspection Union on the results approach in the Unitd Nations: implementing the United Nations Millennium Declaration.
A/57/387 vom 9. September 2002: Strengthening of the United Nations: an agenda for further change, Bericht des UN-Generalsekretärs.
A/57/388 vom 9. September 2002: High-level dialogue on strengthening internationale economic cooperation for development through partnership, Bericht des UN-General-sekretärs.
A/57/496 vom 23. Oktober 2002: Implementation of General Assembly Resolution 56/227 on the Third United Nations Conference on the Least Developed Countries, Bericht des UN-Generalsekretärs.
A/AC.179/5 vom 9. März 1976.
A/AC.233/5: International economic co-operation, in particular the revitalization of economic growth and development of the developing countries, The state of the international economic co-operation and effective ways and means of revitalizing the economic growth and development of developing countries, Bericht des UN-Generalsekretärs.
A/AC.253/25 vom 22. März 2000: Impact of globalization on social development, Bericht des UN-Generalsekretärs.
A/AC.257/6 vom 23. März 2000: Modalities of the preparation of all relevant stakeholders in the substantive preparatory process and the high-level intergovernmental event on financing for development, Bericht des Vorbereitungskommittees.
ACC Guidance Note on the Implementation of the Common Country Assessment (CCA) and United Nations Development Assistance Framework (UNDAF) Processes.
A/CONF.104/PC/2 vom 1. September 1980: Review of progress under the immediate action programme (1979-1981), Replies received from donor countries and from multilateral donor agencies.
A/CONF/104/22/Rev.1.
A/CONF.147/DR/2 vom 3. April 1989: Self-sustained growth and accelerated Development for the Least Developed Countries during the 1990s: issues for consideration, UNCTAD-Sekretariat.
A/CONF.147/DR/3/Add.2 vom 13. März 1989: Second United Nations Conference on the Least Developed Countries: Preparatory process for the Conference, The GATT and the Least Developed Countries.
A/CONF.147/DR/3/Add.18 vom 19. Mai 1989.
A/CONF.191/11 vom 8. Juni 2001: Programme of Action for the Least Developed Countries.
A/CONF.191/12 vom 2. Juli 2001: Brüsseler Deklaration.
A/CONF.191/IPC/2 vom 23. Mai 2000: Report of the Expert-Level Preparatory Meeting for the English-Speaking.

A/CONF.191/IPC/13 vom 20. Juli 2000.
A/CONF.191/L.20 vom 20. Mai 2001: Declaration (Third United Nations Conference on the Least Developed Countries).
A/CONF.198/3 vom 1. März 2002: Draft outcome of the International Conference on Financing for Development.
A/CONF.198/8/Add.7 vom 21. März 2002: International Conference on Financing for Development, Summaries of multi-stakeholder round tables, Ministerial round table B.3, on the theme „Coherence for Development“, 20. März 2002.
A/CONF.198/8/Add.8 vom 21. März 2002: International Conference on Financing for Development, Summaries of multi-stakeholder round tables, Ministerial round table B.2, on the theme „Coherence for Development“, 20. März 2002.
Bericht des Meetings of Experts on Poverty and the Environment, http://www.undp.org/seed/pei/meetings/brussel.html, Ausdruck vom 29. Januar 2001.
Bertrand, Doris: Report of the Joint Inspection Unit on the results approach in the United Nations: implementing the United Nations Millennium declaration, JIU/REP/2002/2, enthalten in A/57/372 vom 3. September 2002.
Bertrand, Maurice: Some Reflections on Reform of the United Nations, JIU/REP/85/9.
CEB/2002/4 vom 22. März 2002: Report of the High-level Committee on Programmes on its third regular session.
Committee for Development Policy: Representation of the CDP Report to ECOSOC by Prof. Ouka Katseli, Vice-Chair, http://www.un.org/esa/analysis/devplan/rep99eco.htm.
Development Update, Nr. 30, Januar – Februar 2000, http://www.un.org/News/devupdate/latest.htm, Ausdruck vom 15. Februar 2000.
DP/1991/22 vom 15. März 1991: Programme implementation: Evaluation.
DP/1996/1, enthält Entscheidung 95/23: Successor programming arrangements.
DP/1999/2, enthält Entscheidung 98/1.
DP/2002/14 vom 10. April 2002: 2001 Results-oriented annual report of the United Nations Capital Development Fund.
DP/2002/15 vom 6. Mai 2002: Jahresbericht des UNDP-Administrators, einschließlich des ergebnisorientierten Jahresreports (results-oriented annual report, ROAP).
DP/2002/17 vom 4. Juni 2002: Issues and principles for possible improvements in the present programming arrangements.
DP/2002/23 vom 5. Juli 2002: Decisions adopted at the annual session 2002.
DP/RCF/RBA/2 vom 21. November 2001: Second regional cooperation framework for Africa (2002-2006).
E/1995/86 vom 9. Juni 1995: Coordinated follow-up to major international conferences in the economic, social and related fields, Bericht des UN-Generalsekretärs.
E/1995/125 vom 30. Oktober 1995: Letter dated 29 September 1995 from the Secretary-General to the Direcor-General of the WTO.
E/1996/61 vom 13. Juni 1996: Coordination of policies and activities of the specialized agencies and other bodies of the United Nations system related to coordination of United Nations system activities for poverty eradiction.
E/1996/72 vom 18. Juni 1996: Operational Activities of the United Nations for international development cooperation.
E/1997/35: Committee for Development Planning (neu: Committee for Development Policy der UN).
E/1998/55 vom 22. Mai 1998: Report prepared by the secretariats of the United Nations Conference on Trade and Development (UNCTAD) and the World Trade Organization on market access.

E/1998/91 vom 5. Juli 1998: Summary Conclusions by Ambassador Fulci, Permanent Representative of Italy to the UN at the special high-level meeting of the Council with the Bretton Woods Institutions in New York am 18. April 1998.

E/1999/48 vom 11. Mai 1999: Coordination, programme and other questions: reports of coordination bodies: Annual overview report of the Administrative Committee on Coordination for 1998.

E/1999/78 vom 14. Juni 1999: Special High-level meeting of ECOSOC with the Bretton Woods Institutions, 29 April 1999.

E/2000/20 vom 20. April 2000: Annual reports of the Administrator of the United Nations Development Programme and the Executive Director of the United Nations Population Fund to the Economic and Social Council.

E/2000/46/Add.1 vom18. Mai 2000: Operational activities of the United Nations for international development cooperation, Progress in the implementationof General Assembly resolution 53/192, Bericht des UN-Generalsekretärs.

E/2000/53: Bericht des Administrative Committee on Coordination (ACC) der UN.

E/2000/57 vom 23. Mai 2000: Assessment of the progress made within the United Nations system, through the conference reviews, in the promotion of an integrated and coordinated follow-up to major United Nations conferences and summits in the economic, social and related fields, Bericht des UN-Generalsekretärs.

E/2000/60 vom 26. Mai 2000: Progress report on basic indicators for the integrated and coordinated implementation of and follow-up to major United Nations conferences and summits at all levels, Bericht des UN-Generalsekretärs.

E/2000/79 vom 16. Juni 2000: Special High-level meeting of ECOSOC with the Bretton Woods Institutions, 18. April 2000.

E/2001/53 vom 30. April 2001: Theme for the high-level and for the coordination segments of the substantive session of 2002 of the Economic and Social Council.

E/2001/94 vom Juni 2001: Ensuring a smooth transition of countries graduating from least-developed country status.

E/2001/CRP.3: The Role of the United Nations in support of the efforts of the African Countries to achieve sustainable development: An overview of activities.

E/2001/INF/2/Add.3 vom 2. November 2001.

E/2002/47 vom 14. Mai 2002: Operational Activities of the United Nations for international development cooperation, Progress in the Implementation of General Assembly Resolution 56/201, Bericht des UN-Generalsekretärs.

E/2002/55 vom 3. Mai 2002: Annual overview report of the United nations Chief Executives Board for Coodination for 2001.

E/2002/60 vom 14. Mai 2002: Assessing the effectiveness of the operational activities for development of the United Nations system, Bericht des UN-Generalsekretärs.

E/2002/67 vom 30. Mai 2002: President's Summary of the spezial high-level meeting of the Economic ans Social Council with the Bretton Woods institutions and the WTO (New York, 22 April 2002).

E/2002/L.25 vom 23. Juli 2002: Arrangements for the negotiations of an agreement between the United Nations and the World Tourism Organization, draft resolution submitted by the Vice-President of the Council.

E/2003/... vom 7. May 2003: Advance unedited version: Summary by the President of the Economic and Social Council of the special high-level meeting of the Council with the Bretton Woods institutions and the World Trade Organization (New York, 14 April 2003).

E/2003/67 vom 15. Mai 2003: The role of the Economic and Social Council in the integrated and coordinated implementation of the outcomes of and follow-up to major United Nations conferences and summits, Bericht des UN-Generalsekretärs.

E/2003/74 vom 23. Mai 2003: Strengthening further the Economic and Social Council, building on its recent achievements, to help to fulfil the role ascribed to it in the Charter of the United Nations as contained in the Millennium Declaration, Bericht des UN-Generalsekretärs.

E/5524/Add.1 vom 30. Mai 1974: Review of the Agreements between the United Nations and the Specialized Agencies and the International Atomic Energy Agency, Bericht des UN-Generalsekretärs.

E/5524/Add.2 vom 28. Mai 1974.

E/5524/Add.3 vom 7. Juni 1974.

E/5524/Add.5 vom 24. Mai 1974.

E/5792 vom 15. April 1976 : Restructuring of the Economic and Social Sectors of the United Nation System, Terms of Reference of the Committee for Programme and Co-ordination.

E/CN.4/1997/22: The Intergovernmental Group of Experts on the Right to Development.

EC/ESA/3 vom 20. Juni 2001: Towards a New Aid Compact.

EC/ESA/99/2 von 1999.

ECOSOC/5707 vom 3. Juli 1997: Razali, Ismail (Malaysia) in einer Rede während des hochrangigen Segmentes des ECOSOC in Genf, Press Release GA/9279.

ECOSOC Entscheidung 20 (LVI) vom 17. Mai 1974: Machinery for programme and co-ordination.

ECOSOC Entscheidung 91/26: Implementation of evaluation recommendations, enthalten in E/1991/34.

ECOSOC Entscheidung 2002/309 vom 19. Dezember 2002.

ECOSOC-Resolution 920 (XXXIX) vom 3. August 1963.

ECOSOC-Resolution 1171 (XLI) vom 5. August 1966.

ECOSOC-Resolution 1827 (LV).

ECOSOC-Resolution 1999/51.

ECOSOC-Resolution 1998/46 vom 31. Juli 1998, Anhang B.

ECOSOC-Resolution 2001/43 vom 24. Oktober 2001: Report of the Committee for Development Policy.

ECOSOC-Resolution 2001/321 vom 24. Oktober 2001: Further consideration of the annual overview report of the Administrative Committee on Coordination, enthalten in E/2001/INF/2/Add.3 vom 2. November 2001.

ECOSOC-Resolution 2008 (LX) vom 14. Mai 1976: Terms of Reference of the Committee for Programme and Coordination.

ECOSOC-Resolution 2124 (LXIII) vom 4. August 1977.

Entwurf eines Berichtes des UN-Generalsekretärs: Implementation of the Declaration on International Economic Cooperation, in particular the Revitalization of Economic Growth and Development of the Developing Countries and the International Development Strategy for the Fourth United Nations Development Decade, vom 5. Oktober 1999, http://www.un.org/es/analysis/papers.htm.

GA-Entscheidung S-11/24 vom 15. September 1980: Global negotiations relating to international economic cooperation for development.

GA-Resolution 125 (II).

GA-Resolution 1707 (XVI) vom 19. Dezember 1961: International trade as the primary instrument for economic development.

GA-Resolution 1785 (XVII).

GA-Resolution 1995 (XIX) vom 30. Dezember 1964, zuletzt ergänzt durch Resolution 34/3 vom 4. Oktober 1979.

GA-Resolution 2029 (XX) vom 22. November 1965.

GA-Resolution 2152 (XXI) vom 17. November 1966.

GA-Resolution 2297 (XXII) vom 12. Dezember 1967: International Trade Center UNCTAD/ GATT.
GA-Resolution 2625 (XXV) vom 24.10.1970, Annex: Friendly Relations Declaration.
GA-Resolution 2626 (XXV) vom 24. Oktober 1970: International Development Strategy for the Second United Nations Development Decade.
GA-Resolution 2688 (XXV) vom 11. Dezember 1970: The capacity of the United nations development system.
GA-Resolution 2768 (XXVI).
GA-Resolution 3174 (XXVIII) vom 17. Dezember 1973: Special measures in favour of the least developed countries.
GA-Resolution 3201 (S-VI) vom 1. Mai 1974: Declaration on the Establishment of a New International Economic Order (Erklärung und zur Errichtung einer neuen Weltwirtschaftsordnung).
GA-Resolution 3202 (S-VI) vom 1. Mai 1974: Programme of Action on the Establishment of a New International Order (Aktionsprogramm zur Errichtung einer neuen Weltwirtschaftsordnung).
GA-Resolution 3281 (XXIX) vom 12. Dezember 1974: Charter of Economic Rights and Duties of States.
GA-Resolution 3362 (S-VII) vom 16. September 1975: Development and international economic co-operation.
GA-Resolution 32/197 vom 20. Dezember 1977: Restructuring of the economic and social sectors of the United Nations system.
GA-Resolution 34/194 vom 17. Dezember 1981.
GA-Resolution 34/196 vom 19. Dezember 1979: Report of the United Nations Conference on Trade and Development on its fifth session.
GA-Resolution 34/199 vom 19. Dezember 1979: Multilateral trade negotiations.
GA-Resolution 38/171 vom 19. Dezember 1983: Comprehensive policy review of operational activities for development.
GA-Resolution 40/180 vom 17. Dezember 1985.
GA-Resolution 40/182 vom 17. Dezember 1985: Charter of Economic Rights and Duties of States.
GA-Resolution 40/185 vom 17. Dezember 1985: Economic measures as a means of political and economic coersion against developing countries.
GA-Resolution 40/186 vom 17. Dezember 1985: Preferential Trade Area for Eastern and Southern African States.
GA-Resolution 40/207 vom 17. Dezember 1985: Long-term trends in economic development.
GA-Resolution 41/128 vom 4. Dezember 1986: Declaration on the right to development.
GA-Resolution 41/165 vom 5. Dezember 1986: Economic measures as a means of political and economic coercion against developing countries.
GA-Resolution 41/168 vom 8. Dezember 1986: Commodities.
GA-Resolution 42/177 vom 11. Dezember 1987: Second United Nations Conference on the Least Developed Countries.
GA-Resolution 45/199: The International Development Strategy for the Fourth UN Development.
GA-Resolution 45/201vom 21. Dezember 1990: Strengthening international organizations in the area of multilateral trade.
GA-Resolution 45/206 vom 21. Dezember 1990: on the implementation of the Programme of Action for LDCs for the 1990s.
GA-Resolutionen 45/264.
GA-Resolution 46/151, Annex: The United Nations New Agenda for the Development of Africa in the 1990s.

GA-Resolution 46/156 vom 19. Dezember 1991: Implementation of the Programme of Action for the Least Developed Countries for the 1990s.
GA-Resolution 46/219 vom 20. Dezember 1991: Operational Activities of the United Nations system.
GA-Resolution 47/173 vom 22. Dezember 1992: on the implications of the application of the new criteria for identifying the least developed countries in the implementation of the Programme of Action.
GA-Resolution 47/199 vom 22. Dezember 1992: Triennial policy review of operational activities for development within the United Nations system.
GA-Resolution 47/214 vom 23. Dezember 1992: on the United Nations System-wide Plan of Action for African Economic Recovery and Development.
GA-Resolution 48/162 vom 20. Dezember 1993: Further measures for the restructuring and revitalization of the United Nations in the economic, social and related fields, Annex I.
GA-Resolution 48/171 vom 21. Dezember 1993: Implementation of the Programme of Action for the Least Developed Countries for the 1990s.
GA-Resolution 48/214 vom 23. Dezember 1993: United Nations New Agenda for the Development of Africa in the 1990s.
GA-Resolution 49/97 vom 19. Dezember 1994: Strengthening international organizations in the area of multilateral trade.
GA-Resolution 49/98 vom 19. Dezember 1994: Implementation of the Programme of Action for the Least Developed Countries for the 1990s: High-level Intergovernmental Meeting on the Mid-term global Review of the Implementation of the Programme of Action for the Least Developed Countries for the 1990s.
GA-Resolution 49/99 vom 19. Dezember 1994: International trade and development.
GA-Resolution 49/126 vom 19. Dezember 1994: Agenda for Development.
GA-Resolution 49/142 vom 23. Dezember 1994: United Nations New Agenda for the Development of Africa for the 1990s.
GA-Resolution 50/95 vom 20. Dezember 1995: International trade and development.
GA-Resolution 50/103 vom 20. Dezember 1995: Implementation of the Programme of Action for the Least Developed Countries for the 1990s, (2nd UN Conference for LDC), Annex: Mid-term global review of progress towards the implementation of the Programme of Action for the Least Developed Countries for the 1990s.
GA-Resolution 50/120 vom 20. Dezember 1995.
GA-Resolution 50/227 vom 24. Mai 1996: Further measures for the restructuring and revitalization of the United Nations in the economic, social and related fields.
GA-Resolution 51/32 vom 6. Dezember 1996: on the mid-term review of the implementation of UN-NADAF.
GA-Resolution 51/219 vom 18. Dezember: Annahme des Medium-term Planes für den Zeitraum 1998-2001.
GA-Resolution 51/240 vom 20. Juni 1997, Annex: Agenda for Development.
GA-Resolution 52/182 vom 18. Dezember 1997: International trade and development.
GA-Resolution 52/187 vom 4. Februar 1998: on the Implementation of the Programme of Action for the Least Developed Countries.
GA-Resolution 53/169 vom 15. Dezember 1998: Role of the United Nations in promoting development in the context of globalization and interdependence.
GA-Resolution 53/192 vom 15. Dezember 1998: Triennial policy review of operational activities for development of the United Nations system.
GA-Resolution 54/196 vom 22. Dezember 1999: High-level international intergovernmental consideration of financing for development.
GA-Resolution 54/213 vom 22. Dezember 1999: Renewal of the dialogue on strenthening international economic cooperation for development through partnership.

GA-Resolution 54/231 vom 22. Dezember1999: Role of the United Nations in promoting development in the context of globalization and interdependence.
GA-Resolution 54/235 vom 23. Dezember 1999: Implementation of the Programme of Action for the Least Developed Countries for the 1990s.
GA-Resolution 55/2 vom 8. September 2000:United Nations Millennium Declaration.
GA-Resolution 55/212 vom 20. Dezember 2000: Role of the United Nations in promoting development in the context of globalization and interdependence.
GA-Resolution 56/178 vom 21. Dezember 2001: International trade and development.
GA-Resolution 56/190 vom 21. Dezember 2001: High-level dialogue on strenthening international economic cooperation for development through partnership.
GA-Resolution 56/201 vom 21. Dezember 2001: Triennial policy review of operational activities for development of the United Nations system.
GA-Resolution 56/209 vom 21. Dezember 2001: Role of the United Nations in promoting development in the context of globalization and interdependence.
GA-Resolution 57/17 vom 19. November 2002: Report of the United Nations Commission on International Trade Law on the work of ist thirty-fifth session.
GA-Resolution 57/250 vom 20. Dezember 2002: High-level Dialogue on strenthening international economic cooperation for development through partnership.
GA-Resolution S-18/3 vom 1. Mai 1990, Annex: Declaration on International Economic Cooperation, in particular the Revitalization of Economic Growth and Development of Developing Countries.
Human Resources Development, Train For Trade, http://r0.unctad.org/trainfortrade/uk/TrainForTrade/indexTFTUk.htm, Ausdruck vom 31. Mai 2003.
ILO: www.ilo.org/public/english/bureau/exrel/global/index-wpsdg.htm, Ausdruck vom 10. Mai 2003,
- GB.281/WP/SDG/1, Juni 2001,
- GB.283/WP/SDG/3, März 2002: The World Commission on the Social Dimension of Globalization established by the ILO: Information on progress to date, 283rd Session, Governing Body Geneva, Working Party on the Social Dimension of Globalization,
- GB.286/18, März 2003: Report of the Working Party on the Social Dimension of Globalization, Oral report by the Chairperson of the Working Party, Ambassador Eui-yong Chung of the Republic of Korea, 286th Session, im Internet unter http://www.ilo.org/public/english/standards/relm/gb/docs/gb286/pdf/gb-18.pdf.
ILO/01/49 vom 21. November 2001: World Comission on Globalization, im Internet unter http://www.ilo.org/public/english/bureau/inf/pr/2001/49.htm, Ausdruck vom 10. Mai 2003.
IDB.24/16/Add.1 vom 12. Juni 2001: Industrialization of the Least Developed Countries, Bericht des UNIDO-Generaldirektors.
JIU/REP/85/9: Bertrand, Maurice: Some Reflections on Reform of the United Nations.
JIU/REP/87/5: Technical co-opearation between organizations of the UN system and the least developed countries, enthalten in A/43/228 vom 21. März 1988.
JIU/REP/89/7: Concluding Report on the implementation of General Assembly relolution 32/197 concerning the restructuring of the economic and social sectors of the United Nations system, enthalten in A/44/486 vom 25. August 1989.
JIU/REP/92/1 (Teil 1): Study of United Nations system co-operation with multilateral financial institutions, enthalten in E/1993/18.
JIU/REP/96/1: Bericht der Joint Inspection Unit: UNCTAD: Review of institutional and programme issues, enthalten in A/51/152 vom 30. Mai 1996.
JIU/REP/96/3: Coordination of policy and programming frameworks for more effective development cooperation, enthalten in A/51/636 bzw. E/1996/104 vom 31.Oktober 1996.

JIU/REP/2002/2: Bertrand, Doris: Report of the Joint Inspection Unit on the results approach in the United Nations: implementing the United Nations Millennium declaration, enthalten in A/57/372 vom 3. September 2002.

Kommentare des UN-Generalsekretärs zum JIU/REP/96/1, enthalten in A/51/152 vom 30. Mai 1996, enthalten in A/51/152.

o.V.: An expanding UN presence in global financial issues, in: Development Update, Nr. 30, Januar - Februar 2000, S. 6, http://www.un.org/News/devupdate/latest.htm, Ausdruck vom 15. Februar 2000.

o.V.: http://acc.unsystem.org/-about/faq.htm, Ausdruck vom 4. November 1999.

o.V.: http://ceb.unsystem.org/hlcm/tor.htm, Ausdruck vom 22.Juni 2002.

o.V.: http://www.un.org/esa/analysis/ffd.

o.V.: http://www.un.org/esa/coordination/ecesa/ecesa.htm, Ausdruck vom 9. Juni 1999.

o.V.: http://www.un.org/esa/coordination/ecosoc/about.htm, Ausdruck vom 3. Mai 2003.

o.V.: http://www.un.org/esa/coordination/ecosoc/coorseg.htm, Ausdruck vom 14. Februar 2000.

o.V.: http://www.un.org/esa/coordination/ecosoc/coorseg2003.htm, Ausdruck vom 22. Juni 2003.

o.V.: http.//www.un.org/esa/coordination/ecosoc/subsidiary.htm, Stand 19. Januar 2000.

o.V.: http://www.unctad.org.

o.V.: http://www.unctad.org/en/subsites/ldcs/3-review.ht, Ausdruck vom 3. Juni 2000.

o.V.: http://www.unctad.org/en/subsites/ldcs/t-fund.htm, Ausdruck vom 29. August 2000.

o.V.: http://www.unctad.org/en/techcop/techcop.htm, Ausdruck vom 2. August 1999.

o.V.: http://www.undp.org/seed/pei/aboutpei/detail.htm, Ausdruck vom 29. Januar 2001.

o.V.: http://www.unido.org.

o.V.: UNDG General Information, http://www.undg.org/undg.cfm, Ausdruck vom 9. März 2003.

Panday, Devenda Raj/ Williams, Maurice: Aid Co-ordination and Effectiveness: Least Developed Countries 1981-1989, [A/CONF.147] UNLDC II/4/Rev.1, S. 12 – 15.

Repertory of Practice [of United Nations Organs]; Art 63.

Report of the Independent Working Group on the Future of the United Nations, abgedruckt in: Agenda for Change: new tasks for the United Nations, Hüfner, Klaus (Hrsg.), Opladen: Leske und Budrich, 1995, S. 271-312.

Ricupero, Rubens: Rede auf dem LDC-Ministertreffen am 24. Juli 2001, http://www.unctad.org/sg/sgsta036_240701zanzibar.en.htm, Ausdruck vom 9. August 2001.

Pressemitteilung SG/SM/8206, ECOSOC/6002 vom 22. April 2002: Ansprache des UN-Generalsekretärs.

TD/226 vom 6. März 1979: Implications for developing countries of the new protectionism in developed countries, Bericht des UNCTAD-Sekretariates.

TD/351: Final Act.

TD/364/Rev.1: The Cartagena Commitment (UNCTAD VIII).

TD/368 vom 18. Februar 2000.

TD/380: Bericht des UNCTAD-Generalsekretärs an UNCTAD X.

TD/386 vom 18. Februar 2000.

TD/B/48/5, TD/B/WP/139 vom 9. Juli 2001: Review of Technical Cooperation Activities of UNCTAD, Bericht des UNCTAD-Generalsekretärs.

TD/B/48/18 /(Vol.I) vom 19. Oktober 2001: Report of the Trade and Development Board on its forty-eight session.

TD/B/49/7 vom 1. August 2002: Least Developed Country Status: Effective Benefits and the perspective of graduation, Bericht des UNCTAD-Sekretariates.

TD/B/49/12 vom 20. September 2002: Developments and issues in the Post-Doha work programme of particular concern to the developing countries.
TD/B/337 von 1971.
TD/B/AC.17/10 vom 15. August 1978: Report of the Intergovernmental Group on the Least Developed Countries on its second session.
TD/B/AC.17/19 vom 31. Januar 1980: Technical Co-operation Programme for the external economic sector of the least developed countries.
TD/B/COM.1/54 vom 26. November 2002: Export Diversification and Market Access, Bericht des UNCTAD-Sekretariats.
TD/B/COM.1/55 vom 20. Dezember 2002: Trade in Services and Development Implications, Bericht des UNCTAD-Sekretariates.
TD/B/COM.1/57 vom 2. Januar 2003: Progress Report on the Implementation of Agreed Conclusions and Recommendations of the Commission, including the Post-Doha Follow-up, Bericht des UNCTAD-Sekretariats: Commission on Trade in Goods and Services, and Commodities, Bericht des UNCTAD-Sekretariats.
TD/B/COM.2/37 vom 10. Dezember 2001: International Arrangements for the Transfer of Technology.
TD/B/EX(14)/2 vom 4. März 1997: UNCTAD's Cooperation with international organizations in the fields of trade and development, Note des UNCTAD-Sekretariats.
TD/B/EX(28)/2 vom 15. Februar 2002: Training course on key issues on the international economic agenda pursuant to paragraph 166 of the UNCTAD Plan of Action, Bericht des UNCTAD-Sekretariats.
TD/B/EX(30)/2 vom 9. Dezember 2002: Escaping the Poverty Trap: national and international Policies for more effective Poverty Reduction in LDCs.
TD/B/INF.196 vom 17. Juli 2001: Membership of UNCTAD, Membership of the Trade and Development Board, Mitteilung des UNCTAD-Sekretariats.
TD(X)/PC/6 vom 22. Oktober 1999: Guidelines for the Participation of the European Union in the tenth session of the United Nations Conference on Trade and Development.
Treaty Reference Guide, http://untreaty.un.org/ola-internet/Assistance/Guide.htm.
UN/DESA Newsletter, August-September 2000, im Internet unter http://www.un.org/esa/desa/44.htm.
UNCTAD/ICTSD/UNDP: International Dialogue: Making Special & Differential Treatmen More Effective And Responsive to Development Needs, Draft Meeting Report vom 19. Mai 2003, http://www.ictsd.org/dlogue/2003-05-06/Dialogue-draft-meeting-report.pdf, Ausdruck vom 15. Juni 2003.
UNCTAD/GDS/AFRICA/2: Economic Development in Africa, From Adjustment to Poverty: What is new?, UNCTAD-Bericht, United Nations, Genf und New York 2002.
UNCTAD: Beyond the Unification of Markets: A Global Community of Cooperation and shared Knowledge for Security and Development, Some personal reflections, Bericht des Generalsekretärs an UNCTAD X, Bangkok, 12.-19. Februar 2000, http://www.unctad-10.org/sgrep/main.en.htm.
UNCTAD News, Vol. I, Issue 3, 1999.
UNCTAD Presseerklärung TAD/1923 vom 28. Juli 2000.
UNCTAD Resolution 24(II).
UNCTAD Resolution 62 (III).
UNCTAD Resolution 98 (IV).
UNCTAD Resolution 122 (V).
UNCTAD/DITC/TNCD/11: WTO Accessions and Development Policy, UNCTAD, New York und Genf 2001,
- Gibbs, Murray: UNCTAD's role in the WTO accession process, S. 109-115,

- Naray, Peter: Integration of countries into the multilateral trading system: The role of institutions and the human factor, S. 96-103.
UNCTAD/INF/2863, Presseerklärung zum LDC Report 2000.
UNCTAD/LDC (1998) (Overview): The Least Developed Countries Report 1998, Überblick des Generalsekretärs der UNCTAD.
UNCTAD/LDC/1999: The Least Developed Countries Report 1999, UNCTAD 1999.
UNCTAD/LDC/2000: The Least Developed Countries Report 2000: Aid, Private Capital Flows and External Debt: The Challenge of Financing Development in the LDCs, Genf 2000.
UNCTAD/LDC/2002: The Least Developed Countries Report 2002: Escaping the Poverty Trap, United Nations, New York und Genf, 2002.
UNCTAD/OSG/286: The history of UNCTAD 1964-1984.
UNDP: Overview of HDR 1992, http://www.undp.org/hdro/e92over.htm, Ausdruck vom 1. Dezember 1999.
UNDP: Overview of HDR 1994, http://www.undp.org/hdro/e94 over.htm, Ausdruck vom 1. Dezember 1999.
UNDP: Human Development Report 1999.
UNDP Policy Note: UNDP's engagement in Poverty Reduction Strategy Papers, August 2002, im Internet unter http://www.undp.org/policy/docs/prsp.pdf, Ausdruck vom 1. April 2003.
UNDP Programming Manual, Dezember 2000, http://www.undp.org/osg/pm/index.htm.
UNDP Policy Note: The Role of Economic Policies in Poverty Reduction, April 2002, im Internet unter http://www.undp.org/policy/docs/policynotes/economic-policies-poverty-reduction.doc, Ausdruck vom 15. Januar 2003.
UNDP/UNFPA, DP/RCF/RBA/2 vom 21. November 2001: Second regional cooperation framework for Africa (2002-2006).
United Nations Development Group: Reporting on the Millennium Development Goals at the Country Level, Guidance Note, October 2001, http://www.undp.org/policy/docs/MDGs_Country_%20Level.doc, Ausdruck vom 31.03.03.
UNTS 1978, Volume 1074, II-804, Abkommen zwischen UNDP und der IBRD.

3.5. Weltbank (World Bank)

Adjustment from Within - Lessons from the Structural Adjustment Participatory Review Initiative, A contribution from the World Bank to the Second Global SAPRI Forum, July 30-31, 2001.
Background and Overview of the Comprehensive Development Framework, http://www.worldbank.org/cdf/overview.htm/overview.htm, Ausdruck vom 9. Dezember 1999.
Can Africa Claim the 21st Century?, World Bank, Washington (D.C.) 2000.
Communique of the des Joint Ministerial Committee of the Boards of Governors of the Bank and the Fund on the Transfer of Real Ressources to Developing Countries, Washington, 30. April 2001.
Communiqué of the Development Committee vom 27. September 1999, http://www.worldbank.org/cdf/overview.htm/overview.htm, Ausdruck vom 9. Dezember 1999.
Comprehensive Development Framework Country Experience March 1999-July 2000, September 2000.
Comprehensive Development Framework Mid-Term Progress Report, Weltbank, Mai 2000, http://www.worldbank.org/cdf/progressreport.htm.

DC99-19 vom 14.9.1999: World Bank Support for Developing Countries on International Trade Issues.
From Adjustment Lending to Development Policy Support Lending: Key Issues in the Update of World Bank Policy, Operations Policy and Country Services, 6. Juni 2002, http://www1.worldbank.org/operations/OP860Consultations.
Global Development Finance 2001, World Bank, 1999.
Joint WTO-World Bank Symposium: Movement of Natural Persons (Mode 4) under the GATS, WTO, Geneva, 11-12 April 2002, http://www1.worldbank.org/wbiep/trade/services/hottopics.htm, Ausdruck vom 2. Juni 2003.
Hoeckmann, Bernard: Strengthening the Global Trade Architecture for Development: The Post Doha Agenda, The World Bank and CEPR, Januar 2002.
Krueger, Anne O: The Developing Countries and the Next Round of Multilateral Trade Negotiations, World Bank Workpapers, 2000/2118.
o.V.: http://www.worldbank.org/afr/index/partners.htm, Ausdruck vom 2. Mai 2003.
Overview of the Comprehensive Development Framework,http://www.worldbank.org/cdf/overview.htm/overview.htm, Ausdruck vom 9. Dezember 1999.
Partners in Transforming Development: New Approaches to Developing Country-Owned Poverty Reduction Strategies, The World Bank Group 2000, http://www1.worldbank.org/prsp/PRSP_Related_Documents/ brochure_english.pdf.
Partnership for Development: From Vision to Action, Briefing to the Board of the Executive Directors, 24. September 1998, Annex 2, Meeting at the Overseas Development Council, 19. Juni 1998, im Internet unter http://www.worldbank.org/html/extdr/pdf-vistoact.pdf.
PRSP Institutionalisation Study: Report on Progress and Preliminary Findings, prepared for the Strategic Partnership with Africa, November 2000, http://www1.worldbank.ord/prsp/newsletter/Feb_2001/Our_Partners__Perspectives/Strategic_Partnership_for_Africa/SPA_progress_report.pdf., Ausdruck vom 2. Mai 2003.
Progress Report to the World Bank's Executive Board, September 1999, http.//www.worldbank.org/cdf/progressreport0999.htm.
SAPRI-Bericht: The Policy Roots of Economic Crisis and Poverty - A Multi-Country Participatory Assessment of Structural Adjustment, Based on Results of the Joint World Bank/Civil Society/Government Structural Adjustment Participatory Review Initiative (SAPRI) and the Citizens' Assessment of Structural Adjustment (CASA), Prepared by the Structural Adjustment Participatory Review International Network (SAPRIN) First Edition, April 2002.
Transkript des Treffens von James D. Wolfensohn mit SAPRIN-Repräsentanten, 23. Juli 2002, in Washington, http://www.worldbank.org.
Weltbank-Presseerklärung: Strategic Partnership with Africa Commits to Refrom Aid, http://web.worldbank.org/WBSITE/EXTERNAL/NEWS/0,,contentMDK:20086780~menuPK :34457~pagePK:34370~piPK:34424~theSitePK:4607,00.html, Ausdruck vom 2. Mai 2003.
Wolfensohn, James: Ein Vorschlag für einen umfassenden Entwicklungsrahmen, ein Diskussionsentwurf, Washington (D.C.), Weltbank, 21. Januar 1999,
- Die andere Krise, Rede an den Verwaltungsrat, Washington (D.C.), 6. Oktober 1998 in: Comprehensive Development Framework Country Experience March 1999-July 2000, Weltbank, September 2000,
- Die Herausforderung der Integration, Ansprache zur Jahreskonferenz, Rede vor dem Delegiertenausschuss, Hongkong, China, 23. September 1997.
World Bank Development News, im Internet unter http://www.worldbank.org/dcvclopmentnews, Ausgaben vom 14. April 2003, 8. November 2002, 2. August 2002, 17. Mai 2002, 19./ 9./ 5. Juli 2001, 26./ 22./ 7. Juni

2001, 18./ 1. Mai 2001, 28./ 23./ 12./ 11./ 3. April 2001, 9. Februar 2001, 31. Januar 2001, 26./ 25./ 23./ 21. Oktober 2000 und vom 7. September 2000.
World Bank Press Review vom 14. April 2003, http://www.worldbank.org/developmentnews.
World Development Report 2000/2001: Kapitel 4: Making Markets Work Better for Poor People, World Bank, 2000.

3.6. Welthandelsorganisation (World Trade Organisation, WTO)

GATT: SR.21/9 vom 19. März 1964,
- SR.24/11 vom 23. November 1967.
High-Level Meeting on Integrated Initiatives for the Least-Developed Countries Trade Development, Minutes of the High Level Meeting, Oktober 1997, http://www.ldcs.org/hlmmin.htm, Ausdruck vom 15. August 2000.
High-Level meeting on Integrated Initiatives for Least-Developed Countries´ Trade Development, Outcome and Follow up, Report of the Director-General to the WTO Conference, Ziff 11, http://www.ldcs.org/wtoreport.htm.
Moore, Mike: Report to the Council by the Director General, WTO News vom 13. Februar 2002, im Internet unter: http://www.wto.org/english/news_e/news02_e/swift_action_e.htm, Ausdruck vom 05.04.2002,
- The WTO and LDCs: delivering a better future through trade, Rede auf der Third United Nations conference on the Least Developed Countries (LDC-III) am 17. Mai 2001 in Brüssel,
- Coherence in global economic policy making: WTO cooperation with the IMF and the World Bank, Speaking Note, Treffen des General Council am 18. Januar 2001, http://www.wto.org/english/news_e/spmm_e/spmm49_e.htm,
- Rede, http://www.wto.org/english/news_e/news01_e/ifseminar_moorestat_jan01_e.htm,
- Rede vom 18. Januar 2001, im Internet unter http://www.wto.org/english/news_e/spmm49_e.htm.
TN/S/6 vom 10. März 2003.
o.V.: An Integrated Framework for Trade-Related Technnical Assistance, including for Human and Institutional Capacity-Building, to Support Least-Developed Countries in Their Trade and Trade-Related Activities, Revision, http://www.ldcs.org/intframe.htm, Ausdruck vom 15.August 2000.
o.V.: http://www.wto.org.
o.V.: http://tcbdb.wto.org/index.asp?lang=ENG (Datenbank).
o.V.: http://www.wto.org/english/news_e/spmm_e/spmm49_e.htm.
o.V.: http://www.wto.org/english/news_e/news02_e/spec_and_diff_treatment_24july02_e.htm, Ausdruck vom 26. Juli 2002.
o.V.: http://if.wto.org/inter_agency_e.htm, Ausdruck vom 2. Juni 2003.
o.V.: http://if.wto.org/if_trust_fund_e.htm, Ausdruck vom 2. Juni 2003.
o.V.: http://if.wto.org/recent_developments_e.htm, Ausdruck vom 2. Juni 2003.
o.V.: http://if.wto.org/steering_committee_e.htm, Ausdruck vom 2. Juni 2003.
Presseerklärung unter http://www.wto.org/english/tratop_e/tpr_e/tp198_e.htm, Ausdruck vom 26. August 2002.
Ruggiero, Renato: Eröffnungsrede auf dem WTO High-Level Symposium on Trade and Development, 17-18. März 1999, vgl. http://www.wto.org, Ausdruck vom 23. Februar 2001,
- Rede auf dem „32nd annual meeting of the Joint Advisory Group of the ITC", Genf, 19. April 1999, http://www.intracen.org/itc/itcnews/newsrel/ruggiero.htm.
WT/COMTD/14 vom 12. März 1998, Committee on Trade and Development, Manual on echnical Cooperation and Training, Box 3.

WT/COMTD/30 vom 1. Mai 2001: WTO Membership Contribution to the International Conference on Financing for Development Preparatory Committee.
WT/COMTD/LDC/11 vom 13. Februar 2002: WTO Work Programme for the Least Developed Countries (LDCs) adopted by the Sub-Committee on Least-Developed Countries.
WT/COMTD/LDC/INF/1 vom 28. Mai 2003: The Doha Development Agenda and the Paticipation of Least-Developed Countries, Note by the Secretariat.
WT/COMTD/LDC/M/32 vom 17. März 2003: Sub-Committee on Least-Developed Countries, Note on the Meeting of 24 January 2003.
WT/COMTD/LDC/W/28 vom 30. Oktober 2002: Market access issues related to products of export interest originating from least developed countries.
WT/COMTD/W/66 vom 16. Februar 2000: Concerns Regarding Special and Differential Treatment Provisions in WTO Agreements and Decisions.
WT/COMTD/W/90 vom 21. September 2001: A New Strategy for WTO Technical Cooperation for Capacity Building, Growth and Integration.
WT/COMTD/W/101 vom 30. Juli 2002: Implementation of the WTO technical assistance plan 2002, Note by the Secretariat.
WT/COMTD/W/101/Add.3 vom 30. Juli 2002: Implementation of the WTO technical assistance plan 2002, Note by the Secretariat.
WT/COMTD/W/102 vom 16. Juli 2002: Inter-agency cooperation: state-of-play.
WT/COMTD/W/104/Rev.1 vom 7. November 2002: Coordinated WTO Secretariat Annual Technical Assistance Plan 2003, Note by the Secretariat, Revision.
WT/COMTD/W/104/Add.1/Rev.1 vom 7. November 2002.
WT/GC/13 vom 19. Oktober 1998: The international Monetary Fund, the World Bank and the World Trade Organization, Report of the Managing Director, President, and Director-General on Coherence.
WT/GC/M/5 vom 17. August 1995.
WT/GC/M/61.
WT/GC/W/42/Add.1 vom 4. November 1996.
WT/GC/W/43 vom 4. November 1996.
WT/GC/W/68 vom 13. November 1997: Agreements between the WTO and the IMF and the World Bank, Report by the Director General.
WT/GC/W/484 vom 2. Dezember 2002: Interim Report by the Director General: Paragraph 41 of the Doha Ministerial Declaration.
WT/GC/W/485/Rev.1 vom 12. Dezember 2002: Interim Report by the Director-General: paragraph 43 of the Doha Ministerial Declaration, Revision.
WT/IFSC/1 vom 28. Februar 2002: Joint communique by the six core agencies of the Integrated framework – IMF, ITC, UNCTAD, UNDP, World Bank and WTO, Integrated Framework Steering Committee.
WT/L/46 vom 23. Februar 1995: Entscheidung des General Council vom 31. Januar 1995.
WT/L/194 vom 18. November 1996: Agreements between the WTO and the IMF and the World Bank, Decisison adopted by the General Council at its meeting on 7, 8 and 13 November 1996.
WT/LDC/SWG/IF/2 vom 12. Juli 2000: Review of the Integrated Framework: Communique from the Heads of six core agencies, Joint Statement on the mandated review of the Integrated Framework for Trade-Related Technical Assistance to Least-Developed Countries (IF) by the six core agencies (IMF, ITC, UNCTAD, UNDP, World Bank and WTO).
WT/LDC/SWG/IF/9/Rev.1 vom 10. Januar 2001: Integrated Framework (IF) seminar: The policy relevance of mainstreaming trade into country development strategies: prespective

of LDCs, WTO, Geneva, 29-30 January 2001, im Internet unter http://www.wto.org/english/news_e/news01_e/ifseminar_january01_e.htm.

WT/LDC/SWG/IF/13 vom 13. Februar 2001: Integrated Framework-Proposal for a Pilot Scheme.

WT/LDC/SWG/IF/15/Rev.1 vom 17. April 2001: Report on the Seminar by the Integrated Framework Core Agencies, The Policy Relevance of Mainstreaming Trade Into Country Development Strategies: Perspectives of Least-Developed Countries, WTO, Geneva, 29-30 January 2001,
- Annex I, Message from Mike Moore, Director-General, WTO,
- Annex II, opening statements, Welcoming Remarks by Mr. Mike Moore, Director-General, WTO,
- Panel B: Mainstreaming: Concepts, Approaches, Implementation and Funding, Key Issues, S. 19-21,
- Panel D: Global Dimensions and core Issues in Mainstreaming, Key Issues, S. 23-24,
- Panel D: Presentations, Uri B. Dadush/ Aksoy, Ataman: Tackling the Trade Agenda in the Poorest Countries, S. 112-121,
- Panel D: Presentations, Annex, Prowse, Susan: Outline for a Trade Integration Study, Senior Economic Adviser, Department for International Development (DFID), UK, S. 122-123,
- Panel E: Presentations, Carey, Richard/ Osakwe, Chiedu: Uri B. The Challenges of Technical Assistance: A Policy Framework, Funding and the Moral Hazard, S. 124-130.

WT/MIN(01)/DEC/1 vom 20. November 2001: Ministerial Declaration, angenommen am 14. November 2001.

WT/MIN(01)/17: Decision on Implementation-Related Issues and Concerns.

WT/MIN(96)/DEC vom 18. Dezember 1996.

WT/MIN(96)/14 vom 7. Januar 1997: Comprehensive and Integrated WTO Plan of Action for the Least-developed Countries, angenommen am 13. Dezember 1996.

WT/TF/COH/13 vom 14. Februar 2003: Trade Restrictions for Balance-of-Payments Purposes.

WT/TF/COH/14 von 14. Februar 2003: Financing of Losses from Preference Erosion.

WT/TF/COH/15 vom 14. Februar 2003: Export Financing and Duty Drawbacks.

WT/TF/COH/16 vom 14. Februar 2003: Liberalizing Trade and Safeguarding Public Revenues.

WT/TF/COH/S/1 vom 18. Juni 1999: Coherence in Global Economic Policy-Making: WTO Cooperation with the IMF and the World Bank, Autonomus Trade Liberalization.

WT/TF/COH/S/3 vom 21. Oktober 1999.

WT/TF/COH/S/4 vom 14. Dezember 2000: Coherence in Global Economic Policy-Making: WTO Cooperation with the IMF and the World Bank, Bericht des Generaldirektors der WTO.

WT/TF/COH/S/5 vom 10. Oktober 2001.

WT/TF/COH/S/6 vom 26. März 2003: Coherence in Global Economic Policy-Making: WTO Cooperation with the IMF and the World Bank, Report (2002) by the Director-General.

WT/TF/COH/S/7 vom 29. April 2003: Coherence in Global Economic Policymaking and Cooperation between the WTO, the IMF and the World Bank.

WT/TPR/101 vom 18. September 2001: Trade Policy Review Mechanism, Report of the Trade Policy Review Body for 2001.

WT/TPR/OV/1 vom 1. Dezember 1995: Overview of Developments in International Trade and the Trading System.

WT/TRP/OV/8 vom 15. November 2002: WTO Annual Report of the Director General: Overview of Developments in the International Trading Environment.

WTO: Annual Report 2002, WTO, 2002.

WTO-Generaldirektor Supachai Panitchpakdi: Talking Points for OECD Ministerial, Paris, 30. April 2003, http://www.wto.org/english/news_e/spsp_e/spsp11_e.htm, Ausdruck vom 3. Mai 2003.
WTO News vom 30. October 2002: UNCTAD-ITC-WTO chiefs agree to enhance cooperation, http://www.wto.org/english/news_e/news02_e/unctad_itc_30oct02e.htm, Ausdruck vom 15. Dezember 2002.
WTO News, Press/62 vom 9. Dezember 1996: WTO and IMF sign Cooperation Agreement.
WTO News, Press/72 vom 28. April 1997: WTO and World Bank sign Coopration Agreement.
WTO News, Press/185, 2000, http://www.wto.org/english/news_e/press00_e/pr185_e.htm.
WTO News, Press/238 vom 23. Juli 2001: Moore hails G-8 pledges on development and poverty alleviation.
WTO News, Press/272 vom 13. Februar 2002: WTO adopts work programme for LDCs.
WTO News, Press/294 vom 9. Mai 2002, http://www.wto.org/english/news_e/press02_e/pr294_e.htm.
WTO News, Press/301 vom 28. Juni 2002: Council approves LDC decision with additional waiver, http://www.wto.org/english/news_e/pres02_e/pr301_e.htm, Ausdruck vom 11.Juli 2002.
WTO News, Press/313 vom 24. September 2002, http://www.wto.org/english/news_e/pres02/pr313_htm.
WTO News, Press/314 vom 27. September 2002: Food Safety and Related Measures, World Bank grant kicks off Bank-WTO assistance on standards, http://www.wto.org/english/news_e/pres02_e/pr314_e.htm, Ausdruck vom 15. Dezember 2003.
WTO News, Press/ 340 vom 12. Mai 2003: France donates 1,5 million Swiss Francs to WTO technical assistance, http://www.wto.org/english/news_e/press03_e/pr340_e.htm, Ausdruck vom 15. Mai 2003.
WTO Press Brief, http://www.wto.org/english/thewto_e/minist_e/min96_e/tradeven.htm.

3.7. Sonstiges

Bericht der Bundesregierung: Nachhaltiges Deutschland, Entwurf der nationalen Nachhaltigkeitsstrategie, vorgelegt auf dem Weltgipfel für soziale Entwicklung im September 2002 in Johannesburg.
BT-Drs. 14/6496 vom 7. Juni 2001: Bericht zur Entwicklungspolitik der Bundesregierung.
BT-Drs. 14/8757 vom 10. April 2002: Antwort der Bundesregierung: Berechnungsverfahren der Official Development Aid (ODA)-Quote eines Geberlandes.
G8-Gipfel: Zusammenfassung des Vorsitzenden, Evian, 3. Juni 2003, im Internet unter http://www.g8.fr.
G8-Kommuniqué Okinawa 2000, http://acc.unsystem.org/documents/repository/G8.communique.pdf.
Implementation of the Integrated Pilot Scheme in Cambodia, Madagaskar, and Mauritania, Responses by H.E. Sok Siphana, Secretary of State, Ministry of ommerce, Focal Point for the IF Pilot Scheme (Cambodia), Ziff. 7 und Annex I, http://www.moc.gov.kh/intergrated_framework/iawg_exper.htm, Ausdruck vom 2. Juni 2003.
Integrated Framework: Mainstreaming Trade into Mlawi'sPoverty Reduction Strategy Paper, Draft speaking notes for an intervention by Brian G. Mtonya, IF Coordinator-Malawi, Ministry of Commerce and Industry, Malawi, S. 4, im Internet unter http://www.oecd.org/pdf/M00033000/M00033868.pdf, Ausdruck vom 2. Juni 2003.
o.V.: An Integrated Framework for Trade-Related Technical Assistance, including for Human and Institutional Capacity-Buiding, to support Least-Developed Countries in Their Trade

and Trade-Related Activities, Revision, im Internet unter http://www.ldcs.org/intframe.htm, Ausdruck vom 15. August 2000.
o.V.: Request for a WTO Waiver for the ACP-EC Partnership Agreement, Brüssel, 6. März 2000, http://www.acpsec.org/gb/trade/6101100e.htm, Ausdruck vom 7. Februar 2001.
o.V.: http://www.intracen.org/itcinfo/itc.htm, Ausdruck vom 2. August 1999.
o.V.: http://www.jitap.org/info-e.htm, Ausdruck vom 26. Mai 2002.
o.V.: http://www.jitap.org/news.htm, Ausdruck vom 31. Mai 2003.
o.V.: http://www.ldcs.org/how.htm, Ausdruck vom 1. März 2000.
o.V.: http://www.ldcs.org/itc.htm, Ausdruck vom 26. Januar 2000.
o.V.: http://www.ldcs.org/intframe.htm, Ausdruck vom 15. August 2000.
ODC Task Force Report: The Future Role of the IMF in Development, ODC, April 2000, im Internet unter http://www.odc.org/commentary/imfrpt.html.
Sachverständigenrat zu Begutachtung der gesamtwirtschaftlichen Entwicklung: Für Stetigkeit – gegen Aktionismus, Jahresgutachten 2001/02, November 2001.
Studie von Kambodscha, im Internet unter http://www.moc.gov.kh/intergrated_framework/integration_and _competitiveness_study.htm, Ausdruck vom 2. Juni 2003.
The Special Programme of Assistance for Africa (SPA), Stand 10/98, http://www.spa-psa.org/1117web0.pdf, Ausdruck vom 2. Mai 2003.
Weltkommission für Umwelt und Entwicklung („Brundtland-Kommission"), 1987, zitiert in: Bericht der Bundesregierung, Nachhaltiges Deutschland, Entwurf der nationalen Nachhaltigkeitsstrategie, vorgelegt auf dem Weltgipfel für soziale Entwicklung im September 2002 in Johannesburg.
World Cronicle, Programm Nr. 787, vom 18. Mai 2000.

FSC
www.fsc.org
MIX
Papier | Fördert
gute Waldnutzung
FSC® C083411

Kolibri 360 GmbH
Ferdinand-Jühlke-Straße 7
99095 Erfurt, Deutschland
produktsicherheit@kolibri360.de

Druck:
CPI Druckdienstleistungen GmbH
im Auftrag der
Kolibri 360 GmbH
Ferdinand-Jühlke-Str. 7
99095 Erfurt